Die Steuergesetze des Bundes

(inkl. OECD-Musterabkommen)

2023

24. Auflage

eBook für iPad®/iPhone®/Android/PC

⬅ Die Zugangsnummer finden Sie auf der Umschlagseite links.

E-Mail-Update-Service

Nutzen Sie unseren kostenlosen E-Mail-Update-Service, um Ihre Sicherheit zu erhöhen und Ihr Werk – auch unter dem Jahr – stets garantiert topaktuell zu halten!

E-Mail-Update-Service aktivieren unter: «www.steuergesetze.ch/update»

Nach der Aktivierung mit der Zugangsnummer (siehe Umschlagseite links) werden Sie über beim Datum der Drucklegung nicht vorhersehbare Gesetzesänderungen betreffend das aktuelle Steuerjahr bequem per E-Mail informiert.

Bitte beachten Sie, dass die Zugangsnummer nur für die Ausgabe 2023 gültig ist.

Von professionellen Steuerfachleuten, Experten und Studierenden geschätzte Vorteile

Aktuell
Das Werk ist garantiert aktuell. Sämtliche relevanten Bekanntmachungen bis zum 14. Januar 2023 (Redaktionsschluss) und alle Änderungen, die bis zum 1. Januar 2023 in Kraft getreten sind, wurden berücksichtigt.

Hinweise auf zukünftige Änderungen
Die verabschiedeten zukünftigen Änderungen der Steuergesetze sind sauber und abgegrenzt im Text eingepflegt und erlauben eine proaktive Steuerplanung.

Wertvolle Querverweise
Wertvolle Querverweise sind diskret dort vermerkt, wo ein Gesetzesartikel in einer Verordnung oder Verwaltungsanweisung konkretisiert wird.

Übersichtliche Darstellung
Dank der übersichtlichen Darstellung sowie anhand eines raffinierten Daumenregisters findet der Anwender jeden gewünschten Artikel rasch und zielgerichtet.

Stichwortverzeichnis und Dictionnaire
Anhand des sauber strukturierten, direkt vergleichenden Stichwortverzeichnisses und dank dem Dictionnaire lässt sich jeder Begriff schnell, eindeutig und in drei Fremdsprachen finden.

E-Mail-Update-Service
Dank dem integrierten E-Mail-Update-Service wird der Nutzer, sofern er den Service aktiviert hat, über Änderungen der Steuergesetze während des Jahres bequem per E-Mail informiert.

eBook für iPad®, iPhone®, Android-Gerät oder PC
Das eBook dieses Werkes ist im Preis inbegriffen. Käufer können es folglich kostenlos freischalten und damit auf einem iPad®, iPhone®, Android-Gerät oder PC interaktiv arbeiten.

Verlagsprogramm 2023

Die Steuergesetze des Bundes (inkl. OECD-MA): Ausgabe 2023
Die Steuergesetze des Bundes – Edition Zürich (inkl. OECD-MA): Ausgabe 2023
Die steuerrechtlichen Kreis- und Rundschreiben des Bundes: Ausgabe 2023
Schweizer Steuergesetze 2023 (im Hardcover: Steuergesetze des Bundes + Kreisschreiben)
Les lois fiscales fédérales (y compris le MC de l'OCDE): Édition 2023
Circulaires et instructions fédérales en matière fiscale: Édition 2023/2024
Le leggi fiscali federali (ivi compresa la convenzione modello OCSE): Edizione 2023
Die internationalen Steuererlasse des Bundes (inkl. OECD-MA + MLI): Ausgabe 2023/2024
Die Mehrwertsteuererlasse des Bundes (Band I): Ausgabe 2023
Die Mehrwertsteuererlasse des Bundes (Band II): Ausgabe 2020/2021
La TVA fédérale – Actes législatifs fédéraux et Infos TVA: Édition 2022/2023

Bestellung steuerrechtlicher Publikationen

Die Gesetzessammlungen des Verlags Steuern und Recht und auch andere steuerrechtliche Publikationen können über unsere Partnerwebsite «www.taxbooks.ch» einfach und bequem gegen Rechnung bestellt werden.

Scan to shop.

Daniel R. Gygax
Thomas L. Gerber

Die Steuergesetze des Bundes

(inkl. OECD-Musterabkommen)

Kompaktsammlung schweizerischer Bundessteuergesetze

- **BV** Finanzordnung
- **StHG | VO StHG** Steuerharmonisierungsgesetz | Verordnungen
- **DBG | VO DBG** Gesetz über die DBSt | Ausgewählte Verordnungen
- **OECD** OECD-MA 2017 (d|e) | Two-Pillar Solution | Entwurf MindStV
- **VStG | VStV** Verrechnungssteuergesetz | Verordnung
- **StG | StV** Stempelabgabengesetz | Verordnung
- **MWSTG | MWSTV | VO MWSTG** Mehrwertsteuergesetz | Verordnungen
- **IStR** StADG | VStA | MAC | StAhiG | StAhiV | MCAA | AIAG
- **Nebenerlasse** VStrR | Auszug BGG, OR, BVG, StGB | BRP
- **Vorlagen** Vernehmlassungen, Botschaften, Initiativen
- **Hinweise auf zukünftige Änderungen**
- **Querverweise** VO | N | KS | RS | M | MB | WL | MWST-Infos
- **Dictionnaire** d|f|i|e
- **Direkt vergleichendes Stichwortverzeichnis**

- **Aktueller Stand: 14. Januar 2023**
- **Inklusive E-Mail-Update-Service**
- **Inklusive eBook für iPad® | iPhone® | Android | PC**
- **24. Auflage**

Ausgabe 2023

∥ Verlag Steuern und Recht GmbH

Die Steuergesetze des Bundes | Ausgabe 2023

Bibliografische Information der Deutschen Nationalbibliothek

Die Deutsche Nationalbibliothek verzeichnet diese Publikation in der Deutschen Nationalbibliografie; detaillierte bibliografische Daten sind im Internet über «http://www.d-nb.de/» abrufbar.

Herausgeber:
Daniel R. Gygax, lic. oec. publ., dipl. Steuerexperte, Zürich
Thomas L. Gerber, lic. oec. publ., dipl. Steuerexperte,
Beinwil am See (Mitwirkung bis Ausgabe 2009)

Alle Rechte vorbehalten.
Das Werk und seine Teile sind urheberrechtlich geschützt. Jede Verwertung in anderen als den gesetzlich zugelassenen Fällen bedarf deshalb der vorherigen schriftlichen Einwilligung des Verlages.

ISBN-13: 978-3-906842-75-2

© 2023 Verlag Steuern und Recht GmbH
© 2023 OECD
(Model Tax Convention/Statement on a Two-Pillar Solution)

Diese Rechtsdaten wurden
von der Schweizerischen Bundeskanzlei
am 4. Januar 2023 geliefert
und geben den Stand vom 1. Januar 2023 wieder.
Die Aktualisierung und das Anbringen von Hinweisen
erfolgte durch die Redaktion, wobei amtliche Bekanntmachungen
bis zum 14. Januar 2023 berücksichtigt worden sind.
Dies ist keine amtliche Veröffentlichung.
Massgebend ist allein die Veröffentlichung durch die Bundeskanzlei.

Jede Haftung ist ausgeschlossen.

Printed in Germany

Vorwort zur 24. Auflage

Die vorliegende 24. Auflage dieser garantiert aktuellen Steuergesetzsammlung wurde komplett überarbeitet und beinhaltet sämtliche relevanten Bekanntmachungen und Änderungen, die bis zum 1. Januar 2023 in Kraft getreten sind (Redaktionsschluss: 14. Januar 2023). Aufgrund von sieben Bundesgesetzen und acht Verordnungen haben im Vergleich zur letzten Ausgabe über 40 Artikel geändert oder wurden neu eingefügt.

So gilt zum Beispiel das Meldeverfahren im Konzern bei der Verrechnungssteuer ab 1. Januar 2023 neu ab einer Beteiligungsquote von 10 % und für alle juristischen Personen. Die Änderung der VStV verschafft den Unternehmen mehr Liquidität und reduziert den administrativen Aufwand auch für die Steuerbehörden. Denselben Effizienzgewinn erzeugt die Änderung des MWSTG, in welchem die Schwelle für die Steuerpflicht von nicht gewinnstrebigen Sport- oder Kulturvereinen oder gemeinnützigen Institutionen von CHF 150 000 auf CHF 250 000 erhöht wird. Des Weiteren findet die angezogene Inflation auch im Steuerrecht Niederschlag: Per 1. Januar 2023 tritt die neue Verordnung über die kalte Progression (VKP) in Kraft und mit ihr werden diverse Artikel im DBG angepasst. Betreffend das internationale Steuerrecht sind die Listen und Geltungsbereiche der VStA bzw. des MCAA aktualisiert worden.

Mit der Annahme der AHV 21 in der Volksabstimmung vom 25. September 2022 wurde auch der Bundesbeschluss zur Zusatzfinanzierung der AHV durch Erhöhung der MWST angenommen. Die Änderungen der BV und entsprechend auch im MWSTG werden am 1. Januar 2024 in Kraft treten. Die tiefgreifenden Reformen des StG (Abschaffung der Emissionsabgabe) und VStG (Stärkung des Fremdkapitalmarktes) haben sich hingegen nicht materialisiert; sie wurden vom Volk abgelehnt. Dafür nimmt die OECD/G20-Mindestbesteuerung (15 % von Unternehmensgruppen mit einem globalen Umsatz von mehr als 750 Mio. EUR) mit einer bemerkenswerten Geschwindigkeit weltweit Gestalt an und so auch in der Schweiz. Auf der Grundlage des BB vom 16. Dezember 2022 über eine besondere Besteuerung grosser Unternehmensgruppen – unter Voraussetzung der Annahme in der Volksabstimmung vom 18. Juni 2023 – wird die Mindestbesteuerungsverordnung (MindStV) erlassen und per 1. Januar 2024 in Kraft gesetzt werden. Die Vernehmlassungsvorlage ist in der Rubrik «OECD» abgedruckt.

Insgesamt sind bei Redaktionsschluss rund ein Dutzend Erlasse bekannt, die (voraussichtlich) während dem Jahr 2023 und in den Folgejahren über 40 Änderungen in den Steuergesetzen bewirken werden (siehe auch S. VI). Auf die zukünftigen Anpassungen wird sauber abgegrenzt im Text hingewiesen.

Allen, die zum Gelingen dieser Ausgabe beigetragen haben, möchte ich meinen herzlichen Dank aussprechen. Insbesondere bedanke ich mich bei Frau Janine Baechler, MLaw, bei Frau Mayowa Alaye und bei Herrn RA Lorenz Naef für deren tatkräftige Unterstützung.

Zürich, im Januar 2023   Daniel R. Gygax, lic. oec. publ., dipl. Steuerexperte

Ausgabe 2023 – Aktuelle Entwicklungen auf einen Blick

Das Gesetz ist ständig im Fluss. Damit Sie immer sicher mit den aktuellen Gesetzestexten arbeiten können, verfolgen wir die Entwicklungen im Steuerrecht systematisch. Nachfolgend sind sämtliche bis zum 14. Januar 2023 bekannten Revisionen aufgeführt, die Änderungen in den abgedruckten Texten bewirkt haben bzw. [voraussichtlich][1] bewirken werden. Die neu in Kraft getretenen Änderungen werden in den Gesetzes- und Verordnungstexten durch eine Linie am Rand hervorgehoben; Hinweise auf zukünftige Änderungen sind kursiv gedruckt und stehen in einem Kasten. Wichtige steuerrechtliche Vorlagen im gesetzgeberischen Prozess finden Sie unter N8 ab Seite 801.

Inkraftsetzung während des Jahres 2022
- BG vom 19.6.2020 (Änderung OR; verantwortungsvolle Unternehmen), in Kraft ab 1.1.2022: OR
- VO vom 3.6.2022 (Änderung TAMV; Tierarzneimittel), in Kraft ab 1.7.2022: MWSTV
- BG vom 18.6.2021 (Änderung; elektronische Verfahren im Steuerbereich), Teilinkraftsetzung, in Kraft ab 1.9.2022: VStG

Inkraftsetzung ab 1. Januar 2023
- BG vom 1.10.2021 (Änderung; Kinderbetreuungskosten), in Kraft ab 1.1.2023: DBG
- BG vom 17.12.2021 (Änderung BankG; Insolvenz etc.), in Kraft ab 1.1.2023: StHG, DBG, VStG, StG
- BG vom 17.12.2021 (Änderung MWSTG; Kultur- und Sportvereine), in Kraft ab 1.1.2023: MWSTG
- BG vom 19.6.2020 (Änderung OR; Aktienrecht), abschliessende Inkraftsetzung, in Kraft ab 1.1.2023: StHG, DBG, VStG, StG, OR
- BG vom18.12.2020 (Änderung ZGB; Erbrecht), in Kraft ab 1.1.2023: BVG
- BG vom 1.10.2021 (Änderung EOG; Adoptionsurlaub), in Kraft ab 1.1.2023: BVG
- VO vom 16.12.2022/21.12.2022 (Verlängerung der Änderung; Sars-CoV-2), in Kraft ab 1.1.2023: MWSTV
- VO vom 16.9.2022 (VO über die kalte Progression; Totalrevision), in Kraft ab 1.1.2023: DBG
- VO vom 16.9.2022 (Änderung; Berufskostenverordnung EFD), in Kraft ab 1.1.2023: VO DBG C
- VO vom 16.9.2022 (Änderung; Quellensteuerverordnung EFD), in Kraft ab 1.1.2023: VO DBG K
- VO vom 4.5.2022 (Änderung; Meldeverfahren VSt), in Kraft ab 1.1.2023: VStV, VO CH-Div.
- VO vom 12.10.2022 (Änderung BVV 2; Grenzbeträge BVG), in Kraft ab 1.1.2023: BVG
- VO vom 10.10.2022 (VO WBF; Totalrevision), in Kraft ab 1.1.2023: VO WBF Festlegung Gemeinden

Inkraftsetzung [voraussichtlich][1] im Jahr 2023, ab 1. Januar 2024 oder später
- BB vom 17.12.2021 (Zusatzfinanzierung der AHV durch Erhöhung der MWST), in Kraft ab 1.1.2024: BV
- BG vom 17.12.2021 (AHV 21), in Kraft ab 1.1.2024: BVG
- BG vom 18.6.2021 (Änderung; elektronische Verfahren im Steuerbereich), Teilinkraftsetzung, in Kraft ab 1.2.2023 / 1.1.2024: StHG, DBG, VStG
- BB vom 16.12.2022 [Änderung BV; Mindestbesteuerung], in Kraft ab 1.1.2024: BV
- BG vom 17.12.2021 (Änderung KAG; L-QIF), [in Kraft ab 1.8.2023]: StHG, DBG
- BG vom 17.6.2022 (Änderung; Besteuerung von Leibrenten), [in Kraft ab 1.1.2025]: StHG, DBG, VStG
- BG vom 25.9.2020 (Totalrevision Datenschutzgesetz), in Kraft ab 1.9.2023: MWSTG, StAhiG, AIAG, VStrR
- VO vom 31.8.2022 (Totalrevision Datenschutzverordnung), in Kraft ab 1.9.2023: MWSTV
- BG vom 18.3.2022 (Änderung OR; missbräuchlicher Konkurs), [in Kraft ab 1.1.2024]: DBG
- BG vom 17.12.2021 (Harmonisierung der Strafrahmen), [in Kraft ab 1.1.2024]: VStrR, StGB
- BG vom 17.6.2022 (Änderung AHVG; Modernisierung Aufsicht), [in Kraft ab 1.1.2024]: BVG
- VO vom 7.12.2021 (Änderung; Anhang mit Liste der Vertragsstaaten), in Kraft ab 1.2.2023: VStA 1
- VL vom 17.8.2022 [Mindestbesteuerungsverordnung], in Kraft ab 1.1.2024: MindStV
- VL vom 9.12.2022 [VO zur Änderung des MWSTG; Anhebung der Mehrwertsteuersätze], in Kraft ab 1.1.2024: MWSTG
- VO vom 10.1.2023 (Änderung; Anpassung Saldosteuersätze), in Kraft ab 1.1.2024: VO MWSTG C
- VL vom 29.6.2022 [Änderung MWSTV; elektronische Verfahren], [in Kraft ab 1.1.2024]: MWSTV
- VL vom 23.9.2022 [Änderung Kollektivanlageverordnung; L-QIF], [in Kraft ab 1.8.2023]: BVV 3

---

[1] Steht die Bezeichnung des Erlasses in einer eckigen Klammer, wurde dieser noch nicht definitiv verabschiedet. Steht das Datum in einer eckigen Klammer, ist der Inkraftsetzungszeitpunkt von der Exekutive noch nicht beschlossen worden.

0	Finanzordnung (Auszug Bundesverfassung)	BV
1	Steuerharmonisierungsgesetz (StHG) und Verordnungen (VO StHG A–C)	StHG|VO
2	Gesetz über die direkte Bundessteuer (DBG)	DBG
3	Ausgewählte Verordnungen zum DBG (VO DBG A–P)	VO DBG
4	OECD (OECD-MA 2017 (d/f)|Two-Pillar Solution|Entwurf MindStV)	OECD
5	Verrechnungssteuergesetz (VStG)	VStG
6	Verrechnungssteuerverordnung (VStV)	VStV
7	Stempelabgabengesetz (StG)	StG
8	Stempelabgabenverordnung (StV)	StV
9	Mehrwertsteuergesetz (MWSTG)	MWSTG
10	Verordnungen zum Mehrwertsteuergesetz (MWSTV|VO MWSTG A–C)	MWSTV
N	IStR|Nebenerlasse|Vorlagen	N 1–8

	Dictionnaire (d|f|i|e)	Dict.
	Stichwortverzeichnis|Liste VVO|☞ Steuerbelastungsvergleiche	S|VVO

Zeichenerklärung

☞ *Text*	Anmerkungen der Redaktion (in aller Regel kursiv gedruckt).
☐	Hinweise auf zukünftige Gesetzesänderungen stehen in einem Kasten.
Text │	Neu in Kraft getretene Gesetzestexte tragen einen Strich am Rand.
VStV 22 │ N 6	Querverweise auf im Buch enthaltene Gesetzesverordnungen und Nebenerlasse, in denen das Gesetz konkretisiert wird.
A60, B86, C15, MI 02	Querverweise auf Verwaltungsverordnungen bzw. -anweisungen (Kreisschreiben, Rundschreiben, Merkblätter, MWST-Infos, etc.). Eine Liste dieser Dokumente ist nach dem Stichwortverzeichnis aufgeführt.

Häufig verwendete Abkürzungen

Abs.	Absatz
AIAG / AIA	BG über den internationalen automatischen Informationsaustausch in Steuersachen / Automatischer Informationsaustausch
Art.	Artikel
AS	Amtliche Sammlung des Bundesrechts
BAZG	Bundesamt für Zoll und Grenzsicherheit
BB	Bundesbeschluss
BBl	Bundesblatt
BEPS	OECD-Projekt Base Erosion and Profit Shifting
BG / G	Bundesgesetz / Gesetz
BGG	Bundesgerichtsgesetz
BH	Buchhaltung
BR / BRB	Bundesrat / Bundesrecht / Bundesratsbeschluss
BSGA	Bundesgesetz gegen die Schwarzarbeit
Bst.	Buchstabe(n)
BSU	Besondere Untersuchungsmassnahmen
BV	Bundesverfassung
BVors	Berufliche Vorsorge
DBA	Doppelbesteuerungsabkommen
DBG	Bundesgesetz über die direkte Bundessteuer
DBSt	Direkte Bundessteuer
DVS	Direkte Bundessteuer, Verrechnungssteuer, Stempelabgaben
E	Erläuterungen
EFD	Eidgenössisches Finanzdepartement
ESTV	Eidgenössische Steuerverwaltung
EU	Europäische Union
ExpaV	Expatriates-Verordnung
f. / ff.	folgende(r) (Seite / Artikel) / folgende (Seiten / Artikel)
FABI	Finanzierung und Ausbau der Eisenbahninfrastruktur
FDK	Finanzdirektorenkonferenz
Fn.	Fussnote
GV	Geschäftsvermögen
HA	Hauptabteilung
iStR	internationales Steuerrecht
jP	juristische Personen
KR	Kantonsrat

KS	Kreisschreiben
M	Mitteilungen
MA	Musterabkommen
MAC	Convention on Mutual Administrative Assistance in Tax Matters resp. Übereinkommen (des Europarats und der OECD) über die gegenseitige Amtshilfe in Steuersachen, kurz «Amtshilfeübereinkommen»
MB	Merkblatt
MCAA	Multilateral Competent Authority Agreement on Automatic Exchange of Financial Account Information resp. Multilaterale Vereinbarung der zuständigen Behörden betreffend den automatischen Informationsaustausch über Finanzkonten, kurz «AIA-Vereinbarung»
MindStV	Mindestbesteuerungsverordnung
MLI	Multilaterales Übereinkommen zur Umsetzung steuerabkommensbezogener Massnahmen zur Verhinderung der Gewinnverkürzung und Gewinnverlagerung, kurz «BEPS-Übereinkommen»
MWSTG / V	Mehrwertsteuergesetz / -verordnung
N	Nebenerlass
NP / nP	natürliche Personen
Nr.	Nummer
pStA	pauschale Steueranrechnung
PV	Privatvermögen
QSt / QStV	Quellensteuer / Quellensteuerverordnung
Rev.	Revision
RL	Richtlinie
RP / BRP	Regionalpolitik / Bundesgesetz über Regionalpolitik
RR	Regierungsrat
RS	Rundschreiben
SR	Systematische Sammlung des Bundesrechts
SSK	Schweizerische Steuerkonferenz
StADG	Bundesgesetz über die Durchführung von internationalen Abkommen
STAF	Bundesgesetz über die Steuerreform und die AHV-Finanzierung
StAhiG / StAhiV	Steueramtshilfegesetz / -verordnung
StG / V	Bundesgesetz / Verordnung über die Stempelabgaben
StGB / StPO	Strafgesetzbuch / Strafprozessordnung
StHG	Steuerharmonisierungsgesetz
TBTF	Too-big-to-fail
VL	Vernehmlassungsverfahren
VO / V	Verordnung
VStA	Verordnung über die Anrechnung ausländischer Quellensteuern
VStG / V	Verrechnungssteuergesetz / -verordnung
VStrR	Bundesgesetz über das Verwaltungsstrafrecht
VVO	Verwaltungsverordnung
WBF	Eidgenössisches Departement für Wirtschaft, Bildung und Forschung
WL	Wegleitung
ZBstA / G	Zinsbesteuerungsabkommen / -gesetz
ZGB	Schweizerisches Zivilgesetzbuch
Ziff.	Ziffer

«Lies das Gesetz!»

Inhaltsverzeichnis

0	**Auszug aus der Bundesverfassung der Schweizerischen Eidgenossenschaft**	**1**
1	**Steuerharmonisierungsgesetz (StHG)**	**9**
	Erster Titel: Allgemeine Bestimmungen	10
	Zweiter Titel: Steuern der natürlichen Personen	10
	1. Kapitel: Steuerpflicht	10
	2. Kapitel: Einkommenssteuer	13
	1. Abschnitt: Einkünfte	13
	2. Abschnitt: Abzüge	20
	3. Abschnitt: Steuerberechnung	24
	3. Kapitel: Grundstückgewinnsteuer	25
	4. Kapitel: Vermögenssteuer	26
	5. Kapitel: Zeitliche Bemessung	27
	Dritter Titel: Steuern der juristischen Personen	29
	1. Kapitel: Steuerpflicht	29
	2. Kapitel: Gewinnsteuer	31
	1. Abschnitt: Steuerobjekt	31
	2. Abschnitt: Steuerberechnung	38
	3. Kapitel: Kapitalsteuer	40
	4. Kapitel: Zeitliche Bemessung	40
	Vierter Titel: Quellensteuern für natürliche und juristische Personen	41
	1. Kapitel: NP mit steuerrechtlichem Wohnsitz oder Aufenthalt im Kanton	41
	2. Kapitel: NP ohne steuerrechtlichen Wohnsitz oder Aufenthalt in der Schweiz [...]	43
	3. Kapitel: Pflichten des Schuldners der steuerbaren Leistung	45
	4. Kapitel: Örtliche Zuständigkeit und interkantonales Verhältnis	46
	Fünfter Titel: Verfahrensrecht	47
	1. Kapitel: Verfahrensgrundsätze und Veranlagungsverfahren	47
	2. Kapitel: Rekursverfahren	51
	3. Kapitel: Änderungen rechtskräftiger Verfügungen und Entscheide	52
	4. Kapitel: Inventar	53
	Sechster Titel: Steuerstrafrecht	54
	1. Kapitel: Verletzung von Verfahrenspflichten und Steuerhinterziehung	54
	2. Kapitel: Steuervergehen	58
	Siebter Titel: …	59
	Achter Titel: Schlussbestimmungen	59
	1. Kapitel: Durchführung durch die Kantone	59
	2. Kapitel: Vollzug und Änderung des geltenden Rechts	61
	3. Kapitel: Übergangsbestimmungen	61
	4. Kapitel: Referendum und Inkrafttreten	63
	Verordnungen zum Steuerharmonisierungsgesetz (VO StHG A–C)	**65**
	A VO über die Anwendung des StHG im interkantonalen Verhältnis	67
	B Patentbox-Verordnung	69
	C VO über den steuerlichen Abzug auf Eigenfinanzierung juristischer Personen	73
2	**Bundesgesetz über die direkte Bundessteuer (DBG)**	**77**
	Erster Teil: Allgemeine Bestimmungen	78
	Zweiter Teil: Besteuerung der natürlichen Personen	78

Erster Titel: Steuerpflicht 78
  1. Kapitel: Steuerliche Zugehörigkeit 78
    1. Abschnitt: Persönliche Zugehörigkeit 78
    2. Abschnitt: Wirtschaftliche Zugehörigkeit 79
    3. Abschnitt: Umfang der Steuerpflicht 80
    4. Abschnitt: Steuerberechnung bei teilweiser Steuerpflicht 80
  2. Kapitel: Beginn und Ende der Steuerpflicht 80
  3. Kapitel: Besondere Verhältnisse bei der Einkommenssteuer 81
  4. Kapitel: Steuerbefreiung 84
Zweiter Titel: Einkommenssteuer 84
  1. Kapitel: Steuerbare Einkünfte 84
    1. Abschnitt: Allgemeines 84
    2. Abschnitt: Unselbständige Erwerbstätigkeit 84
    3. Abschnitt: Selbständige Erwerbstätigkeit 85
    4. Abschnitt: Bewegliches Vermögen 87
    5. Abschnitt: Unbewegliches Vermögen 90
    6. Abschnitt: Einkünfte aus Vorsorge 90
    7. Abschnitt: Übrige Einkünfte 91
  2. Kapitel: Steuerfreie Einkünfte 92
  3. Kapitel: Ermittlung des Reineinkommens 93
    1. Abschnitt: Grundsatz 93
    2. Abschnitt: Unselbständige Erwerbstätigkeit 93
    3. Abschnitt: Selbständige Erwerbstätigkeit 94
    4. Abschnitt: Privatvermögen 96
    5. Abschnitt: Allgemeine Abzüge 96
    6. Abschnitt: Nicht abziehbare Kosten und Aufwendungen 99
  4. Kapitel: Sozialabzüge 99
  5. Kapitel: Steuerberechnung 100
    1. Abschnitt: Tarife 100
    2. Abschnitt: Sonderfälle 102
  6. Kapitel: Ausgleich der Folgen der kalten Progression 103
Dritter Titel: Zeitliche Bemessung 104
Dritter Teil: Besteuerung der juristischen Personen 105
Erster Titel: Steuerpflicht 105
  1. Kapitel: Begriff der juristischen Personen 105
  2. Kapitel: Steuerliche Zugehörigkeit 105
  3. Kapitel: Beginn und Ende der Steuerpflicht 106
  4. Kapitel: Mithaftung 107
  5. Kapitel: Ausnahmen von der Steuerpflicht 107
Zweiter Titel: Gewinnsteuer 109
  1. Kapitel: Steuerobjekt 109
    1. Abschnitt: Grundsatz 109
    2. Abschnitt: Berechnung des Reingewinns 109
  2. Kapitel: Steuerberechnung 115
    1. Abschnitt: Kapitalgesellschaften und Genossenschaften 115
    2. Abschnitt: Gesellschaften mit Beteiligungen 115
    3. Abschnitt: Vereine, Stiftungen und übrige juristische Personen 116
    4. Abschnitt: Kollektive Kapitalanlagen 117
Dritter Titel: … 117
Vierter Titel: Zeitliche Bemessung 117

Vierter Teil: Quellensteuern für natürliche und juristische Personen 118
Erster Titel: NP mit steuerrechtlichem Wohnsitz oder Aufenthalt in der Schweiz 118
Zweiter Titel: NP ohne steuerrechtlichen Wohnsitz oder Aufenthalt in der Schweiz [...] ... 121
Fünfter Teil: Verfahrensrecht 125
Erster Titel: Steuerbehörden 125
   1. Kapitel: Eidgenössische Behörden 125
   2. Kapitel: Kantonale Behörden 126
      1. Abschnitt: Organisation und Aufsicht 126
      2. Abschnitt: Örtliche Zuständigkeit 127
Zweiter Titel: Allgemeine Verfahrensgrundsätze 129
   1. Kapitel: Amtspflichten 129
   2. Kapitel: Verfahrensrechtliche Stellung der Ehegatten 131
   3. Kapitel: Verfahrensrechte des Steuerpflichtigen 131
   4. Kapitel: Fristen 132
   5. Kapitel: Verjährung 133
Dritter Titel: Veranlagung im ordentlichen Verfahren 133
   1. Kapitel: Vorbereitung der Veranlagung 133
   2. Kapitel: Verfahrenspflichten 134
      1. Abschnitt: Aufgaben der Veranlagungsbehörden 134
      2. Abschnitt: Pflichten des Steuerpflichtigen 134
      3. Abschnitt: Bescheinigungspflicht Dritter 136
      4. Abschnitt: Auskunftspflicht Dritter 136
      5. Abschnitt: Meldepflicht Dritter 136
   3. Kapitel: Veranlagung 137
   4. Kapitel: Einsprache 138
Vierter Titel: Verfahren bei der Erhebung der Quellensteuer 139
Fünfter Titel: Beschwerdeverfahren 141
   1. Kapitel: Vor kantonaler Steuerrekurskommission 141
   2. Kapitel: Vor einer weiteren kantonalen Beschwerdeinstanz 142
   3. Kapitel: Vor Bundesgericht 142
Sechster Titel: Änderung rechtskräftiger Verfügungen und Entscheide 143
   1. Kapitel: Revision 143
   2. Kapitel: Berichtigung von Rechnungsfehlern und Schreibversehen 143
   3. Kapitel: Nachsteuern 144
Siebenter Titel: Inventar 145
   1. Kapitel: Inventarpflicht 145
   2. Kapitel: Gegenstand 145
   3. Kapitel: Verfahren 145
   4. Kapitel: Behörden 146
Achter Titel: Bezug und Sicherung der Steuer 147
   1. Kapitel: Bezugskanton 147
   2. Kapitel: Fälligkeit der Steuer 147
   3. Kapitel: Steuerbezug 148
   4. Kapitel: Erlass der Steuer 149
   5. Kapitel: Rückforderung bezahlter Steuern 151
   6. Kapitel: Steuersicherung 151
Sechster Teil: Steuerstrafrecht 153
Erster Titel: Verletzung von Verfahrenspflichten und Steuerhinterziehung 153
   1. Kapitel: Verfahrenspflichten 153
   2. Kapitel: Steuerhinterziehung 153

  3. Kapitel: Juristische Personen 155
  4. Kapitel: Verfahren 156
  5. Kapitel: Verjährung der Strafverfolgung 157
  6. Kapitel: Bezug und Verjährung der Bussen und Kosten 157
 Zweiter Titel: Steuervergehen 158
 Dritter Titel: Besondere Untersuchungsmassnahmen der ESTV 159
 Siebenter Teil: Abrechnung zwischen Bund und Kantonen 161
 Achter Teil: Schlussbestimmungen 162
 Erster Titel: Ausführungsbestimmungen 162
 Zweiter Titel: Kantonale Stempelabgaben 162
 Dritter Titel: Aufhebung und Änderung bisherigen Rechts 162
 Vierter Titel: Übergangsbestimmungen 163
  1. Kapitel: Natürliche Personen 163
  2. Kapitel: Juristische Personen 164
 Fünfter Titel: Referendum und Inkrafttreten 166
  Schlussbestimmungen zur Änderung vom 8. Oktober 2004 166

3 Ausgewählte Verordnungen zum DBG (VO DBG A – P) 167
 A VO über die zeitliche Bemessung der direkten Bundessteuer 169
 B VO über die Besteuerung von natürlichen Personen im Ausland […] 173
 C Berufskostenverordnung 177
 D VO über besondere Untersuchungsmassnahmen der Eidg. Steuerverwaltung ... 183
 E VO über die Besteuerung nach dem Aufwand bei der direkten Bundessteuer ... 185
 F Liegenschaftskostenverordnung 187
 G ESTV-Liegenschaftskostenverordnung 191
 H VO über die Massnahmen zur rationellen Energieverwendung […] 193
 I Expatriates-Verordnung (ExpaV) 195
 J VO des EFD über Fälligkeit und Verzinsung der direkten Bundessteuer ... 199
 K Quellensteuerverordnung (QStV) 201
 L Steuererlassverordnung 211
 M VO über die Besteuerung der Liquidationsgewinne (LGBV) 217
 N Mitarbeiterbeteiligungsverordnung (MBV) 221
 O Gebührenverordnung ESTV (GebV-ESTV) 227
 P Zinssatzverordnung EFD 231

4 Texte betreffend OECD / G20 235
 4.1 OECD-Musterabkommen 2017 237
 4.2 Model Tax Convention on Income and Capital, Version 2017 259
 4.3 Statement on a Two-Pillar Solution 279
 4.4 Mindestbesteuerungsverordnung (MindStV) 287

5 Verrechnungssteuergesetz (VStG) 291
 Einleitung 292
  A. Gegenstand des Gesetzes 292
  B. Provision der Kantone 292
  C. Verhältnis zum kantonalen Recht 292
 Erster Abschnitt: Steuererhebung 293
  A. Gegenstand der Steuer 293
   I. Kapitalerträge 293
   II. Gewinne aus Geldspielen sowie aus Lotterien und Geschicklichkeitsspielen […] 297

  III. Versicherungsleistungen ... 297
  IV. Begriffsbestimmungen ... 298
 B. Steuerpflicht ... 298
  I. Steuerpflichtiger ... 298
  II. Art der Erfüllung ... 298
  III. Steuerentrichtung ... 299
  IV. Meldung statt Steuerentrichtung ... 301
Zweiter Abschnitt: Steuerrückerstattung ... 303
 A. Rückerstattung der Steuer auf Kapitalerträgen und auf Gewinnen [...] ... 303
  I. Allgemeine Voraussetzungen des Anspruchs ... 303
  II. Berechtigte ... 303
  III. Geltendmachung des Anspruchs ... 305
  IV. Befriedigung des Anspruchs ... 306
  V. Untergang des Anspruchs infolge Zeitablaufs ... 306
 B. Rückerstattung der Steuer auf Versicherungsleistungen ... 307
Dritter Abschnitt: Behörden und Verfahren ... 307
 A. Behörden ... 307
  I. Organisation ... 307
  II. Amtshilfe ... 308
  IIa. Datenbearbeitung ... 309
  III. Schweigepflicht ... 309
 B. Verfahren ... 310
  I. Steuererhebung ... 310
  II. Steuerrückerstattung ... 313
 C. Abrechnung zwischen Bund und Kantonen ... 316
  I. Rechnungstellung; Überprüfung; Kürzung ... 316
  II. Folgen der Kürzung ... 316
 D. Revision und Erläuterung von Entscheiden ... 317
 E. Berichtigung von kantonalen Abrechnungen ... 317
Vierter Abschnitt: Strafbestimmungen ... 317
 A. Widerhandlungen ... 317
  I. Hinterziehung ... 317
  II. Steuergefährdung ... 318
  III. Verletzung der Überwälzungsvorschrift ... 318
  IV. Ordnungswidrigkeiten ... 318
 B. Verhältnis zum Bundesgesetz über das Verwaltungsstrafrecht [...] ... 319
Fünfter Abschnitt: Schluss- und Übergangsbestimmungen ... 320
 A. Änderung bisherigen Rechts ... 320
 B. Übergangsrecht ... 320
  I. Für Ausländer ... 320
  II. 320
  III. Übergangsbestimmung zur Änderung vom 10. Oktober 1997 ... 320
  IV. Übergangsbestimmung zur Änderung vom 15. Dezember 2000 ... 320
  V. Übergangsbestimmungen zur Änderung vom 30. September 2016 ... 321
  VI. Übergangsbestimmung zur Änderung vom 28. September 2018 ... 321
 C. Aufhebung der Couponabgabe ... 321
 D. Aufhebung bisherigen Rechts ... 321
 E. Vollzug ... 322
 F. Inkrafttreten ... 322

6   Verrechnungssteuerverordnung (VStV) 323
    Erster Titel: Steuererhebung 324
    Erster Abschnitt: Allgemeine Bestimmungen 324
        I. Eidgenössische Steuerverwaltung 324
        II. Mitwirkung des Steuerpflichtigen 324
        III. Steuererhebungsverfahren 325
        IV. Bezug und Sicherung der Steuer 326
        V. Rückerstattung der nicht geschuldeten Steuer 327
        VI. Verrechnung 327
    Zweiter Abschnitt: Steuer auf Kapitalerträgen 328
        A. Steuer auf dem Ertrag von Obligationen und Kundenguthaben 328
            I. Gegenstand der Steuer 328
            II. Anmeldung als Steuerpflichtiger 329
            III. Steuerabrechnung 329
        B. Steuer auf dem Ertrag von Aktien, Stammanteilen an GmbH […] 330
            I. Gegenstand der Steuer 330
            II. Steuerabrechnung 331
            III. Meldung statt Steuerentrichtung 333
            IV. Erlass 335
        C. Steuer auf dem Ertrag von Anteilen an kollektiven Kapitalanlagen 335
            I. Gegenstand der Steuer 335
            II. Anmeldung als Steuerpflichtiger 336
            III. Steuerabrechnung 336
            IV. Nichterhebung der Steuer gegen Domizilerklärung 337
            V. Meldung statt Steuerentrichtung 339
    Dritter Abschnitt: Steuer auf Gewinnen aus Geldspielen […] (Art. 6 VStG) ... 340
        I. und II. 340
        III. Steuerentrichtung; Bescheinigung 340
        IV. Rückforderung der Steuer auf nicht bezogenen Gewinnen 341
    Vierter Abschnitt: Steuer auf Versicherungsleistungen 342
        I. Gegenstand der Steuer 342
        II. Anmeldung als Steuerpflichtiger 343
        III. Meldung statt Steuerentrichtung 343
        IV. Steuerentrichtung 344
    Zweiter Titel: Steuerrückerstattung 345
    Erster Abschnitt: Anspruchsberechtigung 345
        I. Berechtigte 345
        II. Besondere Verhältnisse 347
    Zweiter Abschnitt: Rückerstattung durch den Bund 349
        I. Eidgenössische Steuerverwaltung 349
        II. Pflichten des Antragstellers 349
        III. Abschlagsrückerstattungen 349
    Dritter Abschnitt: Rückerstattung durch den Kanton 350
        I. Behörden 350
        II. Verfahren 351
    Dritter Titel: Schlussbestimmung 352
        Schlussbestimmungen der Änderung vom 22. November 2000 352
        Übergangsbestimmung zur Änderung vom 15. Oktober 2008 352
        Übergangsbestimmung zur Änderung vom 18. Juni 2010 352

Übergangsbestimmung zur Änderung vom 3. Februar 2021 352
Übergangsbestimmung zur Änderung vom 4. Mai 2022 352

7 Bundesgesetz über die Stempelabgaben (StG) 353
Einleitung 354
    I. Gegenstand des Gesetzes 354
    II. 354
    III. Verhältnis zum kantonalen Recht 355
    IV. Begriffsbestimmungen 355
Erster Abschnitt: Emissionsabgabe 356
    I. Gegenstand der Abgabe 356
    II. Entstehung der Abgabeforderung 358
    III. Abgabesätze und Berechnungsgrundlage 359
    IV. Abgabepflicht 360
    V. Fälligkeit der Abgabeforderung 361
    VI. Stundung und Erlass der Abgabeforderung 361
Zweiter Abschnitt: Umsatzabgabe 361
    I. Gegenstand der Abgabe 361
    II. Entstehung der Abgabeforderung 364
    III. Abgabesatz und Berechnungsgrundlage 364
    IV. Abgabepflicht 365
    V. Fälligkeit der Abgabeforderung 366
Dritter Abschnitt: Abgabe auf Versicherungsprämien 367
    I. Gegenstand der Abgabe 367
    II. Entstehung der Abgabeforderung 367
    III. Abgabesätze und Berechnungsgrundlage 368
    IV. Abgabepflicht 368
    V. Fälligkeit der Abgabeforderung 368
Vierter Abschnitt: Gemeinsame Bestimmungen für alle Abgaben 368
    I. Festsetzung der Abgaben 368
    II. Umrechnung ausländischer Währungen 368
    III. Verzugszins 369
    IV. Verjährung der Abgabeforderung 369
Fünfter Abschnitt: Behörden und Verfahren 369
  A. Behörden 369
    I. Eidgenössische Steuerverwaltung 369
    II. Amtshilfe 369
    IIa. Datenbearbeitung 370
    III. Schweigepflicht 371
  B. Verfahren 371
    I. Abgabeerhebung 371
    II. Entscheide der ESTV 372
    III. Einsprache 372
    IV. Kosten 373
    IVa. Elektronische Verfahren 373
    V. Zwangsvollstreckung 373
  C. Revision und Erläuterung von Entscheiden 374
Sechster Abschnitt: Strafbestimmungen 375
  A. Widerhandlungen 375
    I. Hinterziehung 375

II. Abgabegefährdung 375
III. Ordnungswidrigkeiten 376
IV. Allgemeine Bestimmungen 376
B. Verhältnis zum Verwaltungsstrafrechtsgesetz 376
Siebenter Abschnitt: Schluss- und Übergangsbestimmungen 377
I. Anrechnung bezahlter Emissionsabgaben 377
II. Änderung des Verrechnungssteuergesetzes 377
III. Aufhebung bisherigen Rechts 377
IV. Vollzug 377
V. Inkrafttreten 377

8 Verordnung über die Stempelabgaben (StV) 379
1 Allgemeine Bestimmungen 380
2 Emissionsabgabe 382
21 Abgabe auf Aktien, Partizipationsscheinen und Stammanteilen von GmbH 382
22 Abgabe auf Genussscheinen von AG, KG und GmbH 383
23 Abgabe auf Genossenschaftsanteilen und Genussscheinen [...] 384
24 384
25 Abgabebefreiung; [...] Stundung und Erlass der Abgabeforderung 385
3 Umsatzabgabe 386
4 Abgabe auf Versicherungsprämien 390
5 Übergangsbestimmungen 392
6 Schlussbestimmungen 393
Schlussbestimmungen der Änderung vom 28. Oktober 1992 393
Übergangsbestimmung zur Änderung vom 18. Juni 2010 393

9 Bundesgesetz über die Mehrwertsteuer (Mehrwertsteuergesetz, MWSTG) ... 395
1. Titel: Allgemeine Bestimmungen 396
2. Titel: Inlandsteuer 400
   1. Kapitel: Steuersubjekt 400
   2. Kapitel: Steuerobjekt 403
   3. Kapitel: Bemessungsgrundlage und Steuersätze 412
   4. Kapitel: Rechnungsstellung und Steuerausweis 414
   5. Kapitel: Vorsteuerabzug 415
   6. Kapitel: Ermittlung, Entstehung und Verjährung der Steuerforderung 418
      1. Abschnitt: Zeitliche Bemessung 418
      2. Abschnitt: Umfang der Steuerforderung und Meldeverfahren 419
      3. Abschnitt: Entstehung, Änderung und Verjährung der Steuerforderung ... 420
3. Titel: Bezugsteuer 422
4. Titel: Einfuhrsteuer 423
5. Titel: Verfahrensrecht für die Inland- und die Bezugsteuer 431
   1. Kapitel: Allgemeine Verfahrensbestimmungen 431
   2. Kapitel: Rechte und Pflichten der steuerpflichtigen Person 432
   3. Kapitel: Auskunftspflicht von Drittpersonen 434
   4. Kapitel: Rechte und Pflichten der Behörden 434
      1. Abschnitt: Geheimhaltung und Amtshilfe 434
      2. Abschnitt: Datenschutz 436
      3. Abschnitt: Sicherstellung der korrekten Steuerentrichtung 438
   5. Kapitel: Verfügungs- und Rechtsmittelverfahren 440
   6. Kapitel: Bezug 441
   7. Kapitel: Steuersicherung 444

6. Titel: Strafbestimmungen	446
7. Titel: Schlussbestimmungen	450
1. Kapitel: Ausführungsbestimmungen	450
2. Kapitel: Aufhebung und Änderung bisherigen Rechts	451
3. Kapitel: Übergangsbestimmungen	451
4. Kapitel: Referendum und Inkrafttreten	452
Übergangsbestimmung zur Änderung vom 19. März 2010	452
10 Mehrwertsteuerverordnung (MWSTV)	**453**
1. Titel: Allgemeine Bestimmungen	454
2. Titel: Inlandsteuer	456
1. Kapitel: Steuersubjekt	456
1. Abschnitt: Unternehmerische Tätigkeit und Umsatzgrenze	456
2. Abschnitt: Gemeinwesen	458
3. Abschnitt: Gruppenbesteuerung	459
4. Abschnitt: Haftung bei der Zession von Forderungen	461
2. Kapitel: Steuerobjekt	462
1. Abschnitt: Leistungsverhältnis	462
2. Abschnitt: Mehrheit von Leistungen	463
3. Abschnitt: Von der Steuer ausgenommene Leistungen	463
4. Abschnitt: Von der Steuer befreite Leistungen	466
3. Kapitel: Bemessungsgrundlage und Steuersätze	468
1. Abschnitt: Bemessungsgrundlage	468
1a. Abschnitt: Margenbesteuerung	469
2. Abschnitt: Steuersätze	471
4. Kapitel: Rechnungsstellung und Steuerausweis	474
5. Kapitel: Vorsteuerabzug	474
1. Abschnitt: Allgemeines	474
2. Abschnitt: Abzug fiktiver Vorsteuer	475
3. Abschnitt: Korrektur des Vorsteuerabzugs	476
4. Abschnitt: Eigenverbrauch	476
5. Abschnitt: Einlageentsteuerung	477
6. Abschnitt: Kürzung des Vorsteuerabzugs	478
6. Kapitel: Ermittlung und Entstehung der Steuerforderung	479
1. Abschnitt: Geschäftsabschluss	479
2. Abschnitt: Saldosteuersatzmethode	479
3. Abschnitt: Pauschalsteuersatzmethode	487
4. Abschnitt: Meldeverfahren	489
5. Abschnitt: Abrechnungsart und Abtretung der Steuerforderung	489
3. Titel: Bezugsteuer	491
4. Titel: Einfuhrsteuer	492
1. Kapitel: Mehrheit von Leistungen und Befreiung von der Einfuhrsteuer	492
2. Kapitel: Bestimmung und Sicherstellung der Einfuhrsteuerschuld	492
3. Kapitel: Verlagerung der Steuerentrichtung	493
5. Titel: Verfahrensrecht für die Inland- und die Bezugsteuer	495
1. Kapitel: Rechte und Pflichten der steuerpflichtigen Person	495
1. Abschnitt: Verzicht auf die Anmeldung als steuerpflichtige Person	495
1a. Abschnitt: Papierlose Belege	495
2. Abschnitt: Abrechnung	496
2. Kapitel: Auskunftspflicht von Drittpersonen	498

  3. Kapitel: Rechte und Pflichten der Behörden 499
    1. Abschnitt: Datenschutz..499
    2. Abschnitt: Kontrolle 502
  4. Kapitel: Verfügungs- und Rechtsmittelverfahren 502
  6. Titel: Entlastung von der Mehrwertsteuer für Begünstigte, die nach dem GSG [...] 502
  7. Titel: Vergütung der Mehrwertsteuer an Abnehmer und Abnehmerinnen [...] 506
  8. Titel: Mehrwertsteuer-Konsultativgremium..508
  9. Titel: Schlussbestimmungen 509
    1. Kapitel: Aufhebung und Änderung bisherigen Rechts 509
    2. Kapitel: Übergangsbestimmungen...509
    3. Kapitel: Inkrafttreten 510
  Verordnungen des EFD und der ESTV zum Mehrwertsteuergesetz (VO MWSTG A–C)....511
  A Verordnung des EFD über die steuerbefreite Einfuhr von Gegenständen [...] 513
  B Verordnung des EFD über die Steuerbefreiung von Inlandlieferungen [...].......515
  C Verordnung der ESTV über die Höhe der Saldosteuersätze [...] 519

N **IStR, Nebenerlasse, Vorlagen** 539

N 1 Internationales Steuerrecht (IStR) 541
  1.1 BG über die Durchführung von internationalen Abkommen [...] (StADG) 543
  1.2 Verordnung über die Anrechnung ausländischer Quellensteuern (VStA) 553
    1.2.1 VO 1 des EFD über die Anrechnung ausländischer Quellensteuern (VStA 1) ...563
    1.2.2 VO 2 des EFD über die pauschale Steueranrechnung 581
  1.3 Verordnung über die Steuerentlastung schweizerischer Dividenden [...] 583
  1.4 Amtshilfeübereinkommen (MAC) 587
  1.5 Steueramtshilfegesetz (StAhiG) 611
    1.5.1 Steueramtshilfeverordnung (StAhiV) 627
  1.6 AIA-Vereinbarung (MCAA) 635
    1.6.1 Bundesbeschluss über den Prüfmechanismus zur Umsetzung des AIA........649
  1.7 BG über den internationalen automatischen Informationsaustausch [...] (AIAG) 651
  1.8 AIA-Abkommen mit der EU 669
    1.8.1 Bundesgesetz über die Aufhebung des Zinsbesteuerungsgesetzes [...] 671

N 2 Bundesgesetz über das Verwaltungsstrafrecht (VStrR)... 673
  Erster Titel: Geltungsbereich des Gesetzes..674
  Zweiter Titel: Verwaltungsstrafrecht 674
    Erster Abschnitt: Allgemeine Bestimmungen 674
      A. Anwendung des Schweizerischen Strafgesetzbuches...................................674
      B. Ordnungswidrigkeit...674
      C. Abweichungen vom Schweizerischen Strafgesetzbuch 674
      D. Hinterziehung; Erschleichen eines Beitrages u. dgl. 676
    Zweiter Abschnitt: Besondere Bestimmungen 677
      A. Strafbare Handlungen 677
      B. Gleichstellung der mit öffentlich-rechtlichen Aufgaben betrauten Organisationen 680
  Dritter Titel: Verwaltungsstrafverfahren 681
    Erster Abschnitt: Behörden; allgemeine Verfahrensvorschriften 681
      A. Behörden..681
      B. Beschwerde gegen Untersuchungshandlungen 683
      C. Allgemeine Verfahrensbestimmungen..685
    Zweiter Abschnitt: Untersuchung und Strafverfügung der Verwaltung............687

Erster Unterabschnitt: Allgemeine Bestimmungen ... 687
   A. Verteidiger ... 687
   B. Zustellung ... 688
   C. Teilnahme an Beweisaufnahmen ... 689
   D. Akteneinsicht ... 689
Zweiter Unterabschnitt: Untersuchung ... 689
   A. Umfang ... 689
   B. Protokollierung ... 689
   C. Einvernahmen, Auskünfte ... 690
   D. Sachverständige ... 691
   E. Augenschein ... 691
   F. Zwangsmassnahmen ... 691
   G. Schlussprotokoll ... 696
Dritter Unterabschnitt: Entscheid der Verwaltung ... 697
   A. Art des Entscheids ... 697
   B. Strafbescheid ... 697
   C. Einsprache ... 698
   D. Begehren um gerichtliche Beurteilung ... 699
Dritter Abschnitt: Gerichtliches Verfahren ... 700
   A. Verfahren vor den kantonalen Gerichten ... 700
   B. Verfahren vor dem Bundesstrafgericht ... 702
   C. Ergänzende Vorschriften ... 703
Vierter Abschnitt: Revision ... 703
   A. Entscheide der Verwaltung ... 703
   B. Urteile der Strafgerichte ... 705
Fünfter Abschnitt: Vollzug ... 705
   A. Zuständigkeit ... 705
   B. Vollstreckung von Bussen ... 705
   C. Rückgabe beschlagnahmter Gegenstände; Verwertung ... 705
   D. Verwendung der Bussen, eingezogenen Vermögenswerte usw. ... 706
Sechster Abschnitt: Kosten, Entschädigung und Rückgriff ... 706
   A. Kosten ... 706
   B. Entschädigung ... 707
Siebenter Abschnitt: Abwesenheitsverfahren ... 709
Vierter Titel: Schlussbestimmungen ... 709
   A. Änderung von Bundeserlassen ... 709
   B. Neue Zuständigkeiten ... 709
   C. Übergangsbestimmungen ... 709
   D. Ausführung. Inkrafttreten ... 710
Anhang: Änderung von Bundeserlassen ... 710
Änderung des VStrR durch das BG vom 17.12.2021 über die Harmonisierung der Strafrahmen ... 711

N 3 Auszug aus dem Bundesgesetz über das Bundesgericht (BGG) ... 713
   1. Kapitel: Stellung und Organisation ... 714
      1. Abschnitt: Stellung ... 714
   2. Kapitel: Allgemeine Verfahrensbestimmungen ... 715
      5. Abschnitt: Fristen ... 715
   3. Kapitel: Das Bundesgericht als ordentliche Beschwerdeinstanz ... 717
      3. Abschnitt: Beschwerde in öffentlich-rechtlichen Angelegenheiten ... 717

4. Kapitel: Beschwerdeverfahren ... 722
   1. Abschnitt: Anfechtbare Entscheide ... 722
   2. Abschnitt: Beschwerdegründe ... 723
   3. Abschnitt: Neue Vorbringen ... 723
   4. Abschnitt: Beschwerdefrist ... 724
   5. Abschnitt: Weitere Verfahrensbestimmungen ... 725
   6. Abschnitt: Vereinfachtes Verfahren ... 726
   7. Abschnitt: Kantonales Verfahren ... 727
5. Kapitel: Subsidiäre Verfassungsbeschwerde ... 728
5a. Kapitel: Revision gegen Entscheide von Schiedsgerichten [...] ... 729

N 4 Auszug aus dem Obligationenrecht (OR) ... 731
   Zehnter Titel: Der Arbeitsvertrag ... 732
     Erster Abschnitt: Der Einzelarbeitsvertrag ... 732
         C. Pflichten des Arbeitgebers ... 732
   Sechsundzwanzigster Titel: Die Aktiengesellschaft ... 733
     Erster Abschnitt: Allgemeine Bestimmungen ... 733
         L. Eigene Aktien ... 735
     Zweiter Abschnitt: Rechte und Pflichten der Aktionäre ... 736
     Dritter Abschnitt: Organisation der Aktiengesellschaft ... 736
         B. Der Verwaltungsrat ... 736
   Achtundzwanzigster Titel: Die Gesellschaft mit beschränkter Haftung ... 738
     Erster Abschnitt: Allgemeine Bestimmungen ... 738
         N. Erwerb eigener Stammanteile ... 738
   Zweiunddreissigster Titel: Kaufmännische Buchführung und Rechnungslegung ... 738
     Erster Abschnitt: Allgemeine Bestimmungen ... 738
         A. Pflicht zur Buchführung und Rechnungslegung ... 738
         B. Buchführung ... 739
         C. Rechnungslegung ... 739
         D. Offenlegung und Einsichtnahme ... 741
         E. Führung und Aufbewahrung der Geschäftsbücher ... 742
     Zweiter Abschnitt: Jahresrechnung ... 742
         A. Bilanz ... 742
         B. Erfolgsrechnung; Mindestgliederung ... 744
         C. Anhang ... 745
         D. Bewertung ... 746
     Dritter Abschnitt: Rechnungslegung für grössere Unternehmen ... 748
         A. Zusätzliche Anforderungen an den Geschäftsbericht ... 748
         B. Zusätzliche Angaben im Anhang zur Jahresrechnung ... 748
         C. Geldflussrechnung ... 749
         D. Lagebericht ... 749
         E. Erleichterung infolge Konzernrechnung ... 749
     Vierter Abschnitt: Abschluss nach anerkanntem Standard zur Rechnungslegung ... 750
         A. Im Allgemeinen ... 750
         B. Anerkannte Standards zur Rechnungslegung ... 750
     Fünfter Abschnitt: Konzernrechnung ... 751
         A. Pflicht zur Erstellung ... 751
         B. Befreiung von der Pflicht zur Erstellung ... 751
         C. Anerkannte Standards zur Rechnungslegung ... 752

Übergangsbestimmungen der Änderung vom 23. Dezember 2011 753
    A. Allgemeine Regel 753
    B. Kaufmännische Buchführung und Rechnungslegung 753

N 5 Berufliche Vorsorge (BVors) **755**
    5.1   Auszug aus dem Bundesgesetz über die berufliche Altersvorsorge (BVG) 757
    5.2   Auszug aus der Verordnung über die berufliche Altersvorsorge (BVV 2) 765
    5.3   Verordnung über die steuerliche Abzugsberechtigung für Beiträge [...] (BVV 3)...... 767

N 6 Regionalpolitik (RP) **773**
    6.1   Bundesgesetz über Regionalpolitik 775
    6.2   Verordnung über die Gewährung von Steuererleichterungen im Rahmen der RP 783
    6.3   Verordnung des WBF über die Festlegung der zu den Anwendungsgebieten [...] 791
    6.4   Verordnung des WBF über die Gewährung von Steuererleichterungen [...] 793

N 7 Auszug aus dem Schweizerischen Strafgesetzbuch (StGB) **797**
    Zweites Buch: Besondere Bestimmungen 798
    Siebzehnter Titel: Verbrechen und Vergehen gegen die Rechtspflege 798

N 8 Überblick über wichtige Vorlagen im gesetzgeberischen Prozess **801**
    8.1   Teilrevision des Mehrwertsteuergesetzes 802
    8.2   Abschaffung des Eigenmietwertes 802
    8.3   Mindestbesteuerung grosser Unternehmensgruppen 802
    8.4   Elektronische Verfahren bei der Mehrwertsteuer 803
    8.5   Meldung von Einzelunternehmen an das Handelsregister durch die ESTV 803
    8.6   Einführung des Trusts im OR und steuerliche Anpassungen 803

⇨ **Dictionnaire (d | f | i | e)** **805**

⇨ **Stichwortverzeichnis** **865**

⇨ **Liste wichtiger Verwaltungsverordnungen** **919**

⇨ **Steuerbelastungsvergleiche** **925**

BV

Bundesverfassung

0 Auszug aus der Bundesverfassung der Schweizerischen Eidgenossenschaft – Finanzordnung
SR 101

vom 18. April 1999 (Stand am 13. Februar 2022)

☞ Die zukünftigen Änderungen durch folgende Erlasse sind mit einem Hinweis im Text integriert:

- BB vom 17.12.2021 über die Zusatzfinanzierung der AHV durch eine Erhöhung der Mehrwertsteuer; in Kraft ab 1.1.2024
- BB vom 16.12.2022 über eine besondere Besteuerung grosser Unternehmensgruppen*; in Kraft ab 1.1.2024 (unter Voraussetzung der Annahme in der Volksabstimmung vom 18.6.2023)

---

* Damit die vom OECD/G20 Inclusive Framework on BEPS vereinbarte Mindeststeuer auch in der Schweiz eingeführt werden kann, ist eine Änderung der BV notwendig. Dazu sollen Art. 129a und Art. 197 Ziff. 15 neu in die BV eingefügt werden. Basierend auf diesen Änderungen wird der Bundesrat die Mindestbesteuerungsverordnung (MindStV) erlassen, welche unter der Rubrik OECD auf Seite 287 ff. als Entwurf enthalten ist.

I Bundesverfassung der Schweizerischen Eidgenossenschaft

3. Titel: Bund, Kantone und Gemeinden

3. Kapitel: Finanzordnung

Art. 126[1] **Haushaltführung**

1 Der Bund hält seine Ausgaben und Einnahmen auf Dauer im Gleichgewicht.

2 Der Höchstbetrag der im Voranschlag zu bewilligenden Gesamtausgaben richtet sich unter Berücksichtigung der Wirtschaftslage nach den geschätzten Einnahmen.

3 Bei ausserordentlichem Zahlungsbedarf kann der Höchstbetrag nach Absatz 2 angemessen erhöht werden. Über eine Erhöhung beschliesst die Bundesversammlung nach Artikel 159 Absatz 3 Buchstabe c.

4 Überschreiten die in der Staatsrechnung ausgewiesenen Gesamtausgaben den Höchstbetrag nach Absatz 2 oder 3, so sind die Mehrausgaben in den Folgejahren zu kompensieren.

5 Das Gesetz regelt die Einzelheiten.

Art. 127 Grundsätze der Besteuerung

1 Die Ausgestaltung der Steuern, namentlich der Kreis der Steuerpflichtigen, der Gegenstand der Steuer und deren Bemessung, ist in den Grundzügen im Gesetz selbst zu regeln.

2 Soweit es die Art der Steuer zulässt, sind dabei insbesondere die Grundsätze der Allgemeinheit und der Gleichmässigkeit der Besteuerung sowie der Grundsatz der Besteuerung nach der wirtschaftlichen Leistungsfähigkeit zu beachten.

3 Die interkantonale Doppelbesteuerung ist untersagt. Der Bund trifft die erforderlichen Massnahmen.

Art. 128 Direkte Steuern[2]

1 Der Bund kann eine direkte Steuer erheben:

a. von höchstens 11,5 Prozent auf dem Einkommen der natürlichen Personen;
b.[3] von höchstens 8,5 Prozent auf dem Reinertrag der juristischen Personen;
c.[4] ...

2 Der Bund nimmt bei der Festsetzung der Tarife auf die Belastung durch die direkten Steuern der Kantone und Gemeinden Rücksicht.

3 Bei der Steuer auf dem Einkommen der natürlichen Personen werden die Folgen der kalten Progression periodisch ausgeglichen.

---

[1] Angenommen in der Volksabstimmung vom 2. Dez. 2001 (BB vom 22. Juni 2001, BRB vom 4. Febr. 2002 – AS **2002** 241; BBl **2000** 4653, **2001** 2387 2878, **2002** 1209).
[2] Mit Übergangsbestimmung (Art. 196 Ziff. 13 BV; ☞ siehe S. 6).
[3] Angenommen in der Volksabstimmung vom 28. Nov. 2004, in Kraft seit 1. Jan. 2007 (BB vom 19. März 2004, BRB vom 26. Jan. 2005, BRB vom 2. Febr. 2006, – AS **2006** 1057; BBl **2003** 1531, **2004** 1363, **2005** 951).
[4] Aufgehoben in der Volksabstimmung vom 28. Nov. 2004, mit Wirkung seit 1. Jan. 2007 (BB vom 19. März 2004, BRB vom 26. Jan. 2005, BRB vom 2. Febr. 2006, – AS **2006** 1057; BBl **2003** 1531, **2004** 1363, **2005** 951).

⁴ Die Steuer wird von den Kantonen veranlagt und eingezogen. Vom Rohertrag der Steuer fallen ihnen mindestens 17 Prozent zu. Der Anteil kann bis auf 15 Prozent gesenkt werden, sofern die Auswirkungen des Finanzausgleichs dies erfordern.[1]

Art. 129 Steuerharmonisierung

¹ Der Bund legt Grundsätze fest über die Harmonisierung der direkten Steuern von Bund, Kantonen und Gemeinden; er berücksichtigt die Harmonisierungsbestrebungen der Kantone.

² Die Harmonisierung erstreckt sich auf Steuerpflicht, Gegenstand und zeitliche Bemessung der Steuern, Verfahrensrecht und Steuerstrafrecht. Von der Harmonisierung ausgenommen bleiben insbesondere die Steuertarife, die Steuersätze und die Steuerfreibeträge.

³ Der Bund kann Vorschriften gegen ungerechtfertigte steuerliche Vergünstigungen erlassen.

> ☞ *Art. 129a (Besondere Besteuerung grosser Unternehmensgruppen) wird gemäss BB vom 16.12.2022 über eine besondere Besteuerung grosser Unternehmensgruppen – unter Voraussetzung der Annahme in der Volksabstimmung vom 18.6.2023 – per 1.1.2024 wie folgt neu eingefügt:*
>
> *¹ Der Bund kann für grosse Unternehmensgruppen Vorschriften über eine Besteuerung im Marktstaat und eine Mindestbesteuerung erlassen.* MindStV
>
> *² Er orientiert sich dabei an internationalen Standards und Mustervorschriften.*
>
> *³ Er kann zur Wahrung der Interessen der schweizerischen Gesamtwirtschaft abweichen von:*
>
> *a. den Grundsätzen der Allgemeinheit und der Gleichmässigkeit der Besteuerung sowie dem Grundsatz der Besteuerung nach der wirtschaftlichen Leistungsfähigkeit gemäss Artikel 127 Absatz 2;*
> *b. den maximalen Steuersätzen gemäss Artikel 128 Absatz 1;*
> *c. den Vorschriften über den Vollzug gemäss Artikel 128 Absatz 4 erster Satz;*
> *d. den Ausnahmen von der Steuerharmonisierung gemäss Artikel 129 Absatz 2 zweiter Satz.*

Art. 130[2] Mehrwertsteuer[3]

¹ Der Bund kann auf Lieferungen von Gegenständen und auf Dienstleistungen einschliesslich Eigenverbrauch sowie auf Einfuhren eine Mehrwertsteuer mit einem Normalsatz von höchstens 6,5 Prozent und einem reduzierten Satz von mindestens 2,0 Prozent erheben.

² Das Gesetz kann für die Besteuerung der Beherbergungsleistungen einen Satz zwischen dem reduzierten Satz und dem Normalsatz festlegen.[4]

³ Ist wegen der Entwicklung des Altersaufbaus die Finanzierung der Alters-, Hinterlassenen- und Invalidenversicherung nicht mehr gewährleistet, so kann in der

---

[1] Angenommen in der Volksabstimmung vom 28. Nov. 2004, in Kraft seit 1. Jan. 2008 (BB vom 3. Okt. **2003**, BRB vom 26. Jan. 2005, BRB vom 7. Nov. 2007 – AS **2007** 5765; BBl **2002** 2291, **2003** 6591, **2005** 951).
[2] Angenommen in der Volksabstimmung vom 28. Nov. 2004, in Kraft seit 1. Jan. 2007 (BB vom 19. März 2004, BRB vom 26. Jan. 2005, BRB vom 2. Febr. 2006, – AS **2006** 1057; BBl **2003** 1531, **2004** 1363, **2005** 951).
[3] Mit Übergangsbestimmung (Art. 196 Ziff. 14 BV; ☞ *siehe S. 6*).
[4] Vom 1. Jan. 2018 bis längstens zum 31. Dez. 2027 beträgt der Sondersatz für Beherbergungsleistungen 3,7 % (Art. 25 Abs. 4 des Mehrwertsteuergesetzes vom 12. Juni 2009 – SR **641.20**).

Form eines Bundesgesetzes der Normalsatz um höchstens 1 Prozentpunkt und der reduzierte Satz um höchstens 0,3 Prozentpunkt erhöht werden.[1]

3bis Zur Finanzierung der Eisenbahninfrastruktur werden die Sätze um 0,1 Prozentpunkte erhöht.[2]

> ☞ *Art. 130 Abs. 3ter und 3quater wird gemäss BB vom 17.12.2021 über die Zusatzfinanzierung der AHV durch eine Erhöhung der Mehrwertsteuer per 1.1.2024 wie folgt neu eingefügt:*
>
> *3ter Zur Sicherung der Finanzierung der Alters- und Hinterlassenenversicherung erhöht der Bundesrat den Normalsatz um 0,4 Prozentpunkte, den reduzierten Satz und den Sondersatz für Beherbergungsleistungen um je 0,1 Prozentpunkte, sofern der Grundsatz der Vereinheitlichung des Referenzalters von Frauen und Männern in der Alters- und Hinterlassenenversicherung gesetzlich verankert wird.*
>
> *3quater Der Ertrag aus der Erhöhung nach Absatz 3ter wird vollumfänglich dem Ausgleichsfonds der Alters- und Hinterlassenenversicherung zugewiesen.*

4 5 Prozent des nicht zweckgebundenen Ertrags werden für die Prämienverbilligung in der Krankenversicherung zu Gunsten unterer Einkommensschichten verwendet, sofern nicht durch Gesetz eine andere Verwendung zur Entlastung unterer Einkommensschichten festgelegt wird.

Art. 131 Besondere Verbrauchssteuern[3]

1 Der Bund kann besondere Verbrauchssteuern erheben auf:

a. Tabak und Tabakwaren;
b. gebrannten Wassern;
c. Bier;
d. Automobilen und ihren Bestandteilen;
e. Erdöl, anderen Mineralölen, Erdgas und den aus ihrer Verarbeitung gewonnenen Produkten sowie auf Treibstoffen.

2 Er kann zudem erheben:

a. einen Zuschlag auf der Verbrauchssteuer auf allen Treibstoffen, ausser den Flugtreibstoffen;
b. eine Abgabe, wenn für das Motorfahrzeug andere Antriebsmittel als Treibstoffe nach Absatz 1 Buchstabe e verwendet werden.[4]

2bis Reichen die Mittel für die Erfüllung der in Artikel 87b vorgesehenen Aufgaben im Zusammenhang mit dem Luftverkehr nicht aus, so erhebt der Bund auf den Flugtreibstoffen einen Zuschlag auf der Verbrauchssteuer.[5]

---

[1] Vom 1. Jan. 2018 bis längstens zum 31. Dez. 2030 betragen die Mehrwertsteuersätze 7,7 % (Normalsatz) und 2,5 % (ermässigter Satz) (Art. 25 Abs. 1 und 2 des Mehrwertsteuergesetzes vom 12. Juni 2009 – SR **641.20**).
[2] Angenommen in der Volksabstimmung vom 9. Feb. 2014, in Kraft seit 1. Jan. 2016 (BB vom 20. Juni 2013, BRB vom 13. Mai 2014, BRB vom 2. Juni 2014, BRB vom 6. Juni 2014 – AS **2015** 645; BBl **2010** 6637, BBl **2012** 1577, **2013** 4725 6518, **2014** 4113 4117).
[3] Mit Übergangsbestimmung.
[4] Angenommen in der Volksabstimmung vom 12. Febr. 2017, in Kraft seit 1. Jan. 2018 (BB vom 30. Sept. 2016, BRB vom 10. Nov. 2016 – AS **2017** 6731; BBl **2015** 2065, **2016** 7587, **2017** 3387).
[5] Angenommen in der Volksabstimmung vom 12. Febr. 2017, in Kraft seit 1. Jan. 2018 (BB vom 30. Sept. 2016, BRB vom 10. Nov. 2016 – AS **2017** 6731; BBl **2015** 2065, **2016** 7587, **2017** 3387).

³ Die Kantone erhalten 10 Prozent des Reinertrags aus der Besteuerung der gebrannten Wasser. Diese Mittel sind zur Bekämpfung der Ursachen und Wirkungen von Suchtproblemen zu verwenden.

Art. 132 Stempelsteuer und Verrechnungssteuer

¹ Der Bund kann auf Wertpapieren, auf Quittungen von Versicherungsprämien und auf anderen Urkunden des Handelsverkehrs eine Stempelsteuer erheben; ausgenommen von der Stempelsteuer sind Urkunden des Grundstück- und Grundpfandverkehrs.

² Der Bund kann auf dem Ertrag von beweglichem Kapitalvermögen, auf Lotteriegewinnen und auf Versicherungsleistungen eine Verrechnungssteuer erheben. Vom Steuerertrag fallen 10 Prozent den Kantonen zu.¹

Art. 133 Zölle

Die Gesetzgebung über Zölle und andere Abgaben auf dem grenzüberschreitenden Warenverkehr ist Sache des Bundes.

Art. 134 Ausschluss kantonaler und kommunaler Besteuerung

Was die Bundesgesetzgebung als Gegenstand der Mehrwertsteuer, der besonderen Verbrauchssteuern, der Stempelsteuer und der Verrechnungssteuer bezeichnet oder für steuerfrei erklärt, dürfen die Kantone und Gemeinden nicht mit gleichartigen Steuern belasten.

Art. 135² Finanz- und Lastenausgleich

¹ Der Bund erlässt Vorschriften über einen angemessenen Finanz- und Lastenausgleich zwischen Bund und Kantonen sowie zwischen den Kantonen.

² Der Finanz- und Lastenausgleich soll insbesondere:
  a. die Unterschiede in der finanziellen Leistungsfähigkeit zwischen den Kantonen verringern;
  b. den Kantonen minimale finanzielle Ressourcen gewährleisten;
  c. übermässige finanzielle Lasten der Kantone auf Grund ihrer geografisch-topografischen oder soziodemografischen Bedingungen ausgleichen;
  d. die interkantonale Zusammenarbeit mit Lastenausgleich fördern;
  e. die steuerliche Wettbewerbsfähigkeit der Kantone im nationalen und internationalen Verhältnis erhalten.

³ Die Mittel für den Ausgleich der Ressourcen werden durch die ressourcenstarken Kantone und den Bund zur Verfügung gestellt. Die Leistungen der ressourcenstarken Kantone betragen mindestens zwei Drittel und höchstens 80 Prozent der Leistungen des Bundes.

...

---

1 Angenommen in der Volksabstimmung vom 28. Nov. 2004, in Kraft seit 1. Jan. 2008 (BB vom 3. Okt. **2003**, BRB vom 26. Jan. 2005, BRB vom 7. Nov. 2007 – AS **2007** 5765; BBl **2002** 2291, **2003** 6591, **2005** 951).
2 Angenommen in der Volksabstimmung vom 28. Nov. 2004, in Kraft seit 1. Jan. 2008 (BB vom 3. Okt. **2003**, BRB vom 26. Jan. 2005, BRB vom 7. Nov. 2007 – AS **2007** 5765; BBl **2002** 2291, **2003** 6591, **2005** 951).

6. Titel: Revision der Bundesverfassung und Übergangsbestimmungen

...

2. Kapitel: Übergangsbestimmungen

Art. 196 **Übergangsbestimmungen gemäss Bundesbeschluss vom 18. Dezember 1998 über eine neue Bundesverfassung**[1]

...

13.[2] **Übergangsbestimmung zu Art. 128 (Dauer der Steuererhebung)**

Die Befugnis zur Erhebung der direkten Bundessteuer ist bis Ende 2035 befristet.

14.[3] **Übergangsbestimmung zu Art. 130 (Mehrwertsteuer)**[4]

1 Die Befugnis zur Erhebung der Mehrwertsteuer ist bis Ende 2035 befristet.[5]

2 Zur Sicherung der Finanzierung der Invalidenversicherung hebt der Bundesrat die Mehrwertsteuersätze vom 1. Januar 2011 bis 31. Dezember 2017 wie folgt an: ...

3 Der Ertrag aus der Anhebung nach Absatz 2 wird vollumfänglich dem Ausgleichsfonds der Invalidenversicherung zugewiesen.[6]

4 Zur Sicherung der Finanzierung der Eisenbahninfrastruktur hebt der Bundesrat die Steuersätze nach Artikel 25 des Mehrwertsteuergesetzes vom 12. Juni 2009[7] ab 1. Januar 2018 um 0,1 Prozentpunkt an, im Fall einer Verlängerung der Frist gemäss Absatz 1 bis längstens 31. Dezember 2030.[8]

5 Der Ertrag aus der Anhebung nach Absatz 4 wird vollumfänglich dem Fonds nach Artikel 87a zugewiesen.[9]

...

---

[1] Angenommen in der Volksabstimmung vom 3. März 2002 (BB vom 5. Okt. 2001, BRB vom 26. April 2002 – AS **2002** 885; BBl **2000** 2453, **2001** 1183 5731, **2002** 3690).

[2] Angenommen in der Volksabstimmung vom 4. März 2018, in Kraft seit 1. Jan. 2021 (BB vom 16. Juni 2017, BRB vom 5. Febr. 2019 – AS **2019** 769; BBl **2016** 6221, **2017** 4205, **2018** 2761).

[3] Angenommen in der Volksabstimmung vom 28. Nov. 2004, in Kraft seit 1. Jan. 2007 (BB vom 19. März 2004, BRB vom 26. Jan. 2005, BRB vom 2. Febr. 2006 – AS **2006** 1057; BBl **2003** 1531, **2004** 1363, **2005** 951).

[4] Angenommen in der Volksabstimmung vom 27. Sept. 2009, in Kraft seit 1. Jan. 2011 (BB vom 13. Juni 2008 und vom 12. Juni 2009, BRB vom 7. Sept. 2010 – AS **2010** 3821; BBl **2005** 4623, **2008** 5241, **2009** 4371 4377 4379 8719).

[5] Angenommen in der Volksabstimmung vom 4. März 2018, in Kraft seit 1. Jan. 2021 (BB vom 16. Juni 2017, BRB vom 5. Febr. 2019 – AS **2019** 769; BBl **2016** 6221, **2017** 4205, **2018** 2761).

[6] Angenommen in der Volksabstimmung vom 27. Sept. 2009, in Kraft seit 1. Jan. 2011 (BB vom 13. Juni 2008 und vom 12. Juni 2009, BRB vom 7. Sept. 2010 – AS **2010** 3821; BBl **2005** 4623, **2008** 5241, **2009** 4371 4377 4379 8719).

[7] SR **641.20**

[8] Angenommen in der Volksabstimmung vom 9. Febr. 2014, in Kraft seit 1. Jan. 2016 (BB vom 20. Juni 2013, BRB vom 13. Mai 2014, BRB vom 2. Juni 2014, BRB vom 6. Juni 2014 – AS **2015** 645; BBl **2010** 6637, BBl **2012** 1577, **2013** 4725 6518, **2014** 4113 4117).

[9] Angenommen in der Volksabstimmung vom 9. Febr. 2014, in Kraft seit 1. Jan. 2016 (BB vom 20. Juni 2013, BRB vom 13. Mai 2014, BRB vom 2. Juni 2014, BRB vom 6. Juni 2014 – AS **2015** 645; BBl **2010** 6637, BBl **2012** 1577, **2013** 4725 6518, **2014** 4113 4117).

Art. 197[1] Übergangsbestimmungen nach Annahme der Bundesverfassung vom 18. April 1999

...

☞ *Art. 197 Ziff. 15 wird gemäss BB vom 16.12.2022 über eine besondere Besteuerung grosser Unternehmensgruppen – unter Voraussetzung der Annahme in der Volksabstimmung vom 18.6.2023 – per 1.1.2024 wie folgt neu eingefügt:*

15. Übergangsbestimmungen zu Art. 129a (Besondere Besteuerung grosser Unternehmensgruppen)

[1] Der Bundesrat kann die bis zum Inkrafttreten der gesetzlichen Bestimmungen erforderlichen Vorschriften über die Mindestbesteuerung grosser Unternehmensgruppen erlassen. MindStV

[2] Er beachtet dabei folgende Grundsätze:

a. *Die Vorschriften gelten für die Geschäftseinheiten einer multinationalen Unternehmensgruppe, die einen konsolidierten jährlichen Umsatz von 750 Millionen Euro erreicht.*

b. *Unterschreiten die massgebenden Steuern der Geschäftseinheiten in der Schweiz oder einem anderen Steuerhoheitsgebiet gesamthaft die Mindestbesteuerung zum Satz von 15 Prozent der massgebenden Gewinne, so erhebt der Bund zum Ausgleich der Differenz zwischen dem effektiven Steuersatz und dem Mindeststeuersatz eine Ergänzungssteuer.*

c. *Massgebende Steuern sind insbesondere die in der Erfolgsrechnung der Geschäftseinheiten verbuchten direkten Steuern.*

d. *Massgebender Gewinn einer Geschäftseinheit ist der für die konsolidierte Jahresrechnung der Unternehmensgruppe nach einem anerkannten Rechnungslegungsstandard ermittelte Gewinn oder Verlust vor Herausrechnung der Transaktionen zwischen den Geschäftseinheiten und nach Berücksichtigung anderer Korrekturen; nicht berücksichtigt werden Gewinne und Verluste aus dem internationalen Seeverkehr.*

e. *Der effektive Steuersatz für ein Steuerhoheitsgebiet berechnet sich, indem die Summe der massgebenden Steuern aller Geschäftseinheiten in diesem Steuerhoheitsgebiet durch die Summe der massgebenden Gewinne dieser Geschäftseinheiten geteilt wird.*

f. *Die Ergänzungssteuer für ein Steuerhoheitsgebiet berechnet sich, indem der Gewinnüberschuss mit dem Ergänzungssteuersatz multipliziert wird.*

g. *Der Gewinnüberschuss in einem Steuerhoheitsgebiet ist die Summe der massgebenden Gewinne aller Geschäftseinheiten in diesem Steuerhoheitsgebiet nach dem zulässigen Abzug für materielle Vermögenswerte und Lohnkosten.*

h. *Der Ergänzungssteuersatz für ein Steuerhoheitsgebiet entspricht der positiven Differenz zwischen 15 Prozent und dem effektiven Steuersatz.*

i. *Bei einer Unterbesteuerung in der Schweiz wird die Ergänzungssteuer den inländischen Geschäftseinheiten im Verhältnis des Ausmasses zugerechnet, in dem sie die Unterbesteuerung mitverursacht haben.*

j. *Bei einer Unterbesteuerung in einem anderen Steuerhoheitsgebiet wird die Ergänzungssteuer primär der obersten inländischen Geschäftseinheit und sekundär allen inländischen Geschäftseinheiten zugerechnet.*

---

[1] Angenommen in der Volksabstimmung vom 3. März 2002, in Kraft seit 3. März 2002 (BB vom 5. Okt. 2001, BRB vom 26. April 2002 – AS **2002** 885; BBl **2000** 2453, **2001** 1183 5731, **2002** 3690).

³ *Der Bundesrat kann ergänzende Vorschriften zur Umsetzung der Mindestbesteuerung erlassen, insbesondere über:*
a. *die Berücksichtigung besonderer Unternehmensverhältnisse;*
b. *die Abziehbarkeit der Ergänzungssteuer als Aufwand bei den Gewinnsteuern von Bund und Kantonen;*
c. *das Verfahren und die Rechtsmittel;*
d. *die Strafbestimmungen nach Massgabe des übrigen Steuerstrafrechts;*
e. *die Übergangsregelungen.*

⁴ *Sofern der Bundesrat es für die Umsetzung der Mindestbesteuerung als erforderlich erachtet, kann er von den Grundsätzen nach Absatz 2 abweichen. Er kann internationale Mustervorschriften und zugehörige Regelwerke für anwendbar erklären. Er kann diese Kompetenzen auf das Eidgenössische Finanzdepartement übertragen.*

⁵ *Die Vorschriften über die Ergänzungssteuer werden von den Kantonen unter Aufsicht der Eidgenössischen Steuerverwaltung vollzogen. Der Bundesrat kann eine Abgeltung für den administrativen Aufwand vorsehen, der beim Vollzug der Vorschriften entsteht.*

⁶ *Der Rohertrag der Ergänzungssteuer steht zu 75 Prozent den Kantonen zu, denen die Geschäftseinheiten steuerlich zugehörig sind. Die Kantone berücksichtigen die Gemeinden angemessen. Der Rohertrag der Ergänzungssteuer aus gewinnsteuerbefreiten Tätigkeiten von Geschäftseinheiten von Bund, Kantonen und Gemeinden steht dem jeweiligen Gemeinwesen zu.*

⁷ *Der Kantonsanteil am Rohertrag der Ergänzungssteuer wird im Rahmen des Finanz- und Lastenausgleichs als zusätzliche Steuereinnahme berücksichtigt.*

⁸ *Macht der Bundesrat von seiner Kompetenz in Absatz 1 Gebrauch, unterbreitet er dem Parlament innerhalb von sechs Jahren nach Inkrafttreten der Verordnung die gesetzlichen Bestimmungen über die Mindestbesteuerung grosser multinationaler Unternehmensgruppen.*

⁹ *Der Bund verwendet seinen Anteil am Rohertrag der Ergänzungssteuer, nach Abzug seiner durch die Ergänzungssteuer verursachten Mehrausgaben für den Finanz- und Lastenausgleich, zur zusätzlichen Förderung der Standortattraktivität der Schweiz.*

...

Datum des Inkrafttretens: 1. Januar 2000[1]

---

[1] BB vom 28. Sept. 1999 (AS **1999** 2555; BBl **1999** 7922)

StHG

Steuerharmonisierungsgesetz

1 Bundesgesetz über die Harmonisierung der direkten Steuern der Kantone und Gemeinden (Steuerharmonisierungsgesetz, StHG)[1]
SR 642.14

vom 14. Dezember 1990 (Stand am 1. Januar 2023)

Die Bundesversammlung der Schweizerischen Eidgenossenschaft,

gestützt auf die Artikel 127 Absatz 3 und 129 Absätze 1 und 2 der Bundesverfassung[2],[3]
nach Einsicht in eine Botschaft des Bundesrates vom 25. Mai 1983[4],

beschliesst:

☞ *Die zukünftigen Änderungen durch folgende Gesetze sind mit einem Hinweis im Text integriert:*

- *BG vom 17.12.2021 über die Änderung des Kollektivanlagengesetzes (L-QIF); voraussichtlich in Kraft ab 1.8.2023 (der Bundesrat bestimmt das Inkrafttreten)*
- *BG vom 18.6.2021 über elektronische Verfahren im Steuerbereich, abschliessende Inkraftsetzung; in Kraft ab 1.1.2024*
- *BG vom 17.6.2022 über die Besteuerung von Leibrenten und ähnlichen Vorsorgeformen; voraussichtlich in Kraft ab 1.1.2025 (der Bundesrat bestimmt das Inkrafttreten)*

---

[1] Fassung gemäss Ziff. I 3 des BG vom 28. Sept. 2018 über die Steuerreform und die AHV-Finanzierung, in Kraft seit 1. Jan. 2020 (AS **2019** 2395 2413; BBl **2018** 2527).
[2] SR **101**
[3] Fassung gemäss Ziff. I 2 des BG vom 15. Dez. 2000 zur Koordination und Vereinfachung der Veranlagungsverfahren für die direkten Steuern im interkantonalen Verhältnis (AS **2001** 1050; BBl **2000** 3898).
[4] BBl **1983** III 1

Erster Titel: Allgemeine Bestimmungen

Art. 1 Zweck und Geltungsbereich

¹ Dieses Gesetz bestimmt die von den Kantonen zu erhebenden direkten Steuern und legt die Grundsätze fest, nach denen die kantonale Gesetzgebung zu gestalten ist.

² Das Gesetz gilt auch für die Gemeinden, soweit ihnen das kantonale Recht die Steuerhoheit für vorgeschriebene Steuern der Kantone gemäss Artikel 2 Absatz 1 einräumt.

³ Soweit es keine Regelung enthält, gilt für die Ausgestaltung der Kantons- und Gemeindesteuern das kantonale Recht. Sache der Kantone bleibt insbesondere die Bestimmung der Steuertarife, Steuersätze und Steuerfreibeträge.

Art. 2 Vorgeschriebene direkte Steuern

¹ Die Kantone erheben folgende Steuern:
   a. eine Einkommens- und eine Vermögenssteuer von den natürlichen Personen;
   b. eine Gewinn- und eine Kapitalsteuer von den juristischen Personen;
   c. eine Quellensteuer von bestimmten natürlichen und juristischen Personen;
   d. eine Grundstückgewinnsteuer.

² Die Kantone können bestimmen, dass die Grundstückgewinnsteuer allein von den Gemeinden erhoben wird.

Zweiter Titel: Steuern der natürlichen Personen

1. Kapitel: Steuerpflicht

Art. 3 Steuerpflicht aufgrund persönlicher Zugehörigkeit

¹ Natürliche Personen sind aufgrund persönlicher Zugehörigkeit steuerpflichtig, wenn sie ihren steuerrechtlichen Wohnsitz im Kanton haben oder wenn sie sich im Kanton, ungeachtet vorübergehender Unterbrechung, bei Ausübung einer Erwerbstätigkeit während mindestens 30 Tage, ohne Ausübung einer Erwerbstätigkeit während mindestens 90 Tage aufhalten.

² Einen steuerrechtlichen Wohnsitz im Kanton hat eine Person, wenn sie sich hier mit der Absicht dauernden Verbleibens aufhält oder wenn ihr das Bundesrecht hier einen besonderen gesetzlichen Wohnsitz zuweist.

³ Einkommen und Vermögen der Ehegatten, die in rechtlich und tatsächlich ungetrennter Ehe leben, werden ohne Rücksicht auf den Güterstand zusammengerechnet. Einkommen und Vermögen von Kindern unter elterlicher Sorge[1] werden dem Inhaber der elterlichen Sorge zugerechnet. Erwerbseinkommen der Kinder sowie Grundstückgewinne werden selbständig besteuert.

---

[1] Ausdruck gemäss Ziff. I 2 des BG vom 25. September 2009 über die steuerliche Entlastung von Familien mit Kindern, in Kraft seit 1. Jan. 2011 (AS **2010** 455; BBl **2009** 4729). Die Anpassung wurde im ganzen Text vorgenommen.

⁴ Absatz 3 gilt für eingetragene Partnerschaften sinngemäss. Die Stellung eingetragener Partnerinnen oder Partner entspricht derjenigen von Ehegatten. Dies gilt auch bezüglich der Unterhaltsbeiträge während des Bestehens der eingetragenen Partnerschaft sowie der Unterhaltsbeiträge und der vermögensrechtlichen Auseinandersetzung bei Getrenntleben und Auflösung einer eingetragenen Partnerschaft.[1]

Art. 4 Steuerpflicht aufgrund wirtschaftlicher Zugehörigkeit VO StHG A 2

¹ Natürliche Personen ohne steuerrechtlichen Wohnsitz oder Aufenthalt im Kanton sind aufgrund wirtschaftlicher Zugehörigkeit steuerpflichtig, wenn sie im Kanton Geschäftsbetriebe oder Betriebsstätten unterhalten, Grundstücke besitzen, nutzen oder damit handeln.[2]

² Natürliche Personen ohne steuerrechtlichen Wohnsitz oder Aufenthalt in der Schweiz sind aufgrund wirtschaftlicher Zugehörigkeit steuerpflichtig, wenn sie:

a. im Kanton eine Erwerbstätigkeit ausüben;
b.[3] als Mitglieder der Verwaltung oder Geschäftsführung von juristischen Personen mit Sitz oder Betriebsstätte im Kanton Tantiemen, Sitzungsgelder, feste Entschädigungen, Mitarbeiterbeteiligungen oder ähnliche Vergütungen beziehen;
c. Gläubiger oder Nutzniesser von Forderungen sind, die durch Grund- oder Faustpfand auf Grundstücken im Kanton gesichert sind;
d. Pensionen, Ruhegehälter oder andere Leistungen erhalten, die aufgrund eines früheren öffentlich-rechtlichen Arbeitsverhältnisses von einem Arbeitgeber oder einer Vorsorgeeinrichtung mit Sitz im Kanton ausgerichtet werden;
e. Leistungen aus schweizerischen privatrechtlichen Einrichtungen der beruflichen Vorsorge oder aus anerkannten Formen der gebundenen Selbstvorsorge erhalten;
f.[4] für Arbeit im internationalen Verkehr an Bord eines Schiffes oder eines Luftfahrzeuges oder bei einem Transport auf der Strasse Lohn oder andere Vergütungen von einem Arbeitgeber mit Sitz oder Betriebsstätte im Kanton erhalten; davon ausgenommen bleibt die Besteuerung der Seeleute für Arbeit an Bord eines Hochseeschiffes;
g.[5] im Kanton gelegene Grundstücke vermitteln.

Art. 4a[6] Steuerbefreiung

Die auf Grund von Artikel 2 Absatz 2 des Gaststaatgesetzes vom 22. Juni 2007[7] gewährten steuerlichen Vorrechte bleiben vorbehalten.

---

[1] Eingefügt durch Anhang Ziff. 25 des Partnerschaftsgesetzes vom 18. Juni 2004, in Kraft seit 1. Jan. 2007 (AS **2005** 5685; BBl **2003** 1288).
[2] Fassung gemäss Ziff. I des BG vom 17. März 2017, in Kraft seit 1. Jan. 2019 (AS **2017** 5039; BBl **2016** 5357).
[3] Fassung gemäss Ziff. I 2 des BG vom 17. Dez. 2010 über die Besteuerung von Mitarbeiterbeteiligungen, in Kraft seit 1. Jan. 2013 (AS **2011** 3259; BBl **2005** 575).
[4] Fassung gemäss Anhang 2 Ziff. II 3 des Landesversorgungsgesetzes vom 17. Juni 2016, in Kraft seit 1. Juni 2017 (AS **2017** 3097; BBl **2014** 7119).
[5] Eingefügt durch Ziff. I des BG vom 17. März 2017, in Kraft seit 1. Jan. 2019 (AS **2017** 5039; BBl **2016** 5357).
[6] Eingefügt durch Anhang Ziff. II 8 des Gaststaatgesetzes vom 22. Juni 2007, in Kraft seit 1. Jan. 2008 (AS **2007** 6637; BBl **2006** 8017).
[7] SR **192.12**

Art. 4b[1] Wechsel der Steuerpflicht E53

¹ Bei Wechsel des steuerrechtlichen Wohnsitzes innerhalb der Schweiz besteht die Steuerpflicht aufgrund persönlicher Zugehörigkeit für die laufende Steuerperiode im Kanton, in dem die steuerpflichtige Person am Ende dieser Periode ihren Wohnsitz hat. Kapitalleistungen nach Artikel 11 Absatz 3 sind jedoch in dem Kanton steuerbar, in dem die steuerpflichtige Person im Zeitpunkt der Fälligkeit der Leistung ihren Wohnsitz hat. ...[2]

² Eine Steuerpflicht aufgrund wirtschaftlicher Zugehörigkeit in einem andern Kanton als demjenigen des steuerrechtlichen Wohnsitzes besteht für die gesamte Steuerperiode, auch wenn sie im Laufe des Jahres begründet, verändert oder aufgehoben wird. In diesem Fall wird der Wert der Vermögensobjekte im Verhältnis zur Dauer der Zugehörigkeit vermindert. Im Übrigen werden das Einkommen und das Vermögen zwischen den beteiligten Kantonen in sinngemässer Anwendung der Grundsätze des Bundesrechts über das Verbot der interkantonalen Doppelbesteuerung ausgeschieden.

Art. 5 Steuererleichterungen

Die Kantone können auf dem Wege der Gesetzgebung für Unternehmen, die neu eröffnet werden und dem wirtschaftlichen Interesse des Kantons dienen, für das Gründungsjahr und die neun folgenden Jahre Steuererleichterungen vorsehen. Eine wesentliche Änderung der betrieblichen Tätigkeit kann einer Neugründung gleichgestellt werden. N 6

Art. 6[3] Besteuerung nach dem Aufwand

¹ Der Kanton kann natürlichen Personen das Recht zugestehen, anstelle der Einkommens- und Vermögenssteuer eine Steuer nach dem Aufwand zu entrichten, wenn sie:
 a. nicht das Schweizer Bürgerrecht haben;
 b. erstmals oder nach mindestens zehnjähriger Unterbrechung unbeschränkt steuerpflichtig (Art. 3) sind; und
 c. in der Schweiz keine Erwerbstätigkeit ausüben.

² Ehegatten, die in rechtlich und tatsächlich ungetrennter Ehe leben, müssen beide die Voraussetzungen nach Absatz 1 erfüllen.

³ Die Steuer, die an die Stelle der Einkommenssteuer tritt, wird nach den jährlichen, in der Bemessungsperiode im In- und Ausland entstandenen Lebenshaltungskosten der steuerpflichtigen Person und der von ihr unterhaltenen Personen, mindestens aber nach dem höchsten der folgenden Beträge bemessen:
 a. einem vom Kanton festgelegten Mindestbetrag;
 b. für Steuerpflichtige mit eigenem Haushalt: dem Siebenfachen des jährlichen Mietzinses oder des von den zuständigen Behörden festgelegten Mietwerts;
 c. für die übrigen Steuerpflichtigen: dem Dreifachen des jährlichen Pensionspreises für Unterkunft und Verpflegung am Ort des Aufenthalts nach Artikel 3.

---

[1] Eingefügt durch Ziff. I 2 des BG vom 22. März 2013 über die formelle Bereinigung der zeitlichen Bemessung der direkten Steuern bei den natürlichen Personen, in Kraft seit 1. Jan. 2014 (AS **2013** 2397; BBl **2011** 3593).
[2] Dritter Satz aufgehoben durch Ziff. I 2 des BG vom 16. Dez. 2016 über die Revision der Quellenbesteuerung des Erwerbseinkommens, mit Wirkung seit 1. Jan. 2021 (AS **2018** 1813; BBl **2015** 657).
[3] Fassung gemäss Ziff. I 2 des BG vom 28. September 2012, in Kraft seit 1. Jan. 2014 (AS **2013** 779; BBl **2011** 6021). Siehe auch die UeB dieser Änd. in Art. 78e am Schluss des Textes.

⁴ Die Steuer wird nach dem ordentlichen Steuertarif berechnet.

⁵ Die Kantone bestimmen, wie die Besteuerung nach dem Aufwand die Vermögenssteuer abgilt.

⁶ Die Steuer nach dem Aufwand muss mindestens gleich hoch sein wie die Summe der nach den ordentlichen Tarifen berechneten Einkommens- und Vermögenssteuern vom gesamten Bruttobetrag:

    a. des in der Schweiz gelegenen unbeweglichen Vermögens und von dessen Einkünften; E32
    b. der in der Schweiz gelegenen Fahrnis und von deren Einkünften;
    c. des in der Schweiz angelegten beweglichen Kapitalvermögens, einschliesslich der grundpfändlich gesicherten Forderungen, und von dessen Einkünften;
    d. der in der Schweiz verwerteten Urheberrechte, Patente und ähnlichen Rechte und von deren Einkünften;
    e. der Ruhegehälter, Renten und Pensionen, die aus schweizerischen Quellen fliessen;
    f. der Einkünfte, für die die steuerpflichtige Person aufgrund eines von der Schweiz abgeschlossenen Abkommens zur Vermeidung der Doppelbesteuerung gänzliche oder teilweise Entlastung von ausländischen Steuern beansprucht.

⁷ Werden Einkünfte aus einem Staat nur dann von dessen Steuern entlastet, wenn die Schweiz diese Einkünfte allein oder mit anderen Einkünften zum Satz des Gesamteinkommens besteuert, so wird die Steuer nicht nur nach den in Absatz 6 bezeichneten Einkünften, sondern auch nach allen aufgrund des betreffenden Doppelbesteuerungsabkommens der Schweiz zugewiesenen Einkommensbestandteilen aus dem Quellenstaat bemessen.

2. Kapitel: Einkommenssteuer

1. Abschnitt: Einkünfte

Art. 7 Grundsatz

¹ Der Einkommenssteuer unterliegen alle wiederkehrenden und einmaligen Einkünfte, insbesondere solche aus unselbständiger und selbständiger Erwerbstätigkeit, aus Vermögensertrag, eingeschlossen die Eigennutzung von Grundstücken, aus Vorsorgeeinrichtungen sowie aus Leibrenten. Die vom Arbeitgeber getragenen Kosten der berufsorientierten Aus- und Weiterbildung[1], einschliesslich Umschulungskosten, stellen unabhängig von deren Höhe keine steuerbaren Einkünfte dar. Dividenden, Gewinnanteile, Liquidationsüberschüsse und geldwerte Vorteile aus Aktien, Anteilen an Gesellschaften mit beschränkter Haftung, Genossenschaftsanteilen und Partizipationsscheinen (einschliesslich Gratisaktien, Gratisnennwerterhöhungen u. dgl.) sind im Umfang von 50 Prozent steuerbar, wenn diese Beteiligungsrechte mindestens 10 Prozent des Grund- oder Stammkapitals einer Kapitalgesellschaft oder Genossenschaft darstellen.[2] Die Kantone können eine höhere Besteuerung vorsehen.[3,4] D11, E64

---

[1] Die Änd. gemäss BG vom 20. Juni 2014 über die Weiterbildung, in Kraft seit 1. Jan. 2017 betrifft nur den französischen und den italienischen Text (AS **2016** 689; BBl **2013** 3729).
[2] Fassung des dritten Satzes gemäss Ziff. I 3 des BG vom 28. Sept. 2018 über die Steuerreform und die AHV-Finanzierung, in Kraft seit 1. Jan. 2020 (AS **2019** 2395 2413; BBl **2018** 2527).
[3] Vierter Satz eingefügt durch Ziff. I 3 des BG vom 28. Sept. 2018 über die Steuerreform und die AHV-Finanzierung, in Kraft seit 1. Jan. 2020 (AS **2019** 2395 2413; BBl **2018** 2527).
[4] Fassung gemäss Ziff. I 2 des BG vom 27. Sept. 2013 über die steuerliche Behandlung der berufsorientierten Aus- und Weiterbildungskosten, in Kraft seit 1. Jan. 2016 (AS **2014** 1105; BBl **2011** 2607).

1bis Ein bei der Rückgabe von Beteiligungsrechten im Sinne von Artikel 4a des Bundesgesetzes vom 13. Oktober 1965[1] über die Verrechnungssteuer an die Kapitalgesellschaft oder Genossenschaft erzielter Vermögensertrag gilt in dem Jahr als realisiert, in welchem die Verrechnungssteuerforderung entsteht (Art. 12 Abs. 1 und 1bis des BG vom 13. Okt. 1965 über die Verrechnungssteuer).[2]

1ter Erträge aus rückkaufsfähigen Kapitalversicherungen mit Einmalprämie sind im Erlebensfall oder bei Rückkauf steuerbar, ausser wenn diese Kapitalversicherungen der Vorsorge dienen. Als der Vorsorge dienend gilt die Auszahlung der Versicherungsleistung ab dem vollendeten 60. Altersjahr des Versicherten auf Grund eines mindestens fünfjährigen Vertragsverhältnisses, das vor Vollendung des 66. Altersjahres begründet wurde. In diesem Fall ist die Leistung steuerfrei.[3]

2 Leibrenten sowie Einkünfte aus Verpfründung sind zu 40 Prozent steuerbar.[4]

> ☞ *Art. 7 Abs. 2 wird gemäss BG vom 17.6.2022 über die Besteuerung von Leibrenten und ähnlichen Vorsorgeformen voraussichtlich per 1.1.2025 wie folgt geändert:*
>
> *2 Leibrentenversicherungen sowie Leibrenten- und Verpfründungsverträge sind im Umfang ihres Ertragsanteils steuerbar. Dieser bestimmt sich wie folgt:*
>
> *a. Bei garantierten Leistungen aus Leibrentenversicherungen, die dem Versicherungsvertragsgesetz vom 2. April 1908 (VVG) unterstehen, ist der im Zeitpunkt des Vertragsabschlusses auf der Grundlage von Artikel 36 Absatz 1 des Versicherungsaufsichtsgesetzes vom 17. Dezember 2004 bestimmte maximale technische Zinssatz (m) während der gesamten Vertragsdauer massgebend:*
> *1. Ist dieser Zinssatz grösser als null, so berechnet sich der Ertragsanteil, auf den nächstliegenden ganzen Prozentwert auf- oder abgerundet, wie folgt:*
>
> $$\text{Ertragsanteil} = \left[1 - \frac{(1+m)^{22} - 1}{22 \cdot m \cdot (1+m)^{23}}\right] \cdot 100\,\%$$
>
> *2. Ist dieser Zinssatz negativ oder null, so beträgt der Ertragsanteil null Prozent.*
> *b. Bei Überschussleistungen aus Leibrentenversicherungen, die dem VVG unterstehen, entspricht der Ertragsanteil 70 Prozent dieser Leistungen.*
> *c. Bei Leistungen aus ausländischen Leibrentenversicherungen, aus Leibrenten- und aus Verpfründungsverträgen ist die Höhe der um 0,5 Prozentpunkte erhöhten annualisierten Rendite zehnjähriger Bundesobligationen (r) während des betreffenden Steuerjahres und der neun vorangegangenen Jahre massgebend:*
> *1. Ist diese Rendite grösser als null, so berechnet sich der Ertragsanteil, auf den nächstliegenden ganzen Prozentwert auf- oder abgerundet, wie folgt:*
>
> $$\text{Ertragsanteil} = \left[1 - \frac{(1+r)^{22} - 1}{22 \cdot r \cdot (1+r)^{23}}\right] \cdot 100\,\%$$
>
> *2. Ist diese Rendite negativ oder null, so beträgt der Ertragsanteil null Prozent.*

---

[1] SR **642.21**
[2] Eingefügt durch Ziff. I 2 des BG vom 10. Okt. 1997 über die Reform der Unternehmensbesteuerung 1997, in Kraft seit 1. Jan. 1998 (AS **1998** 669; BBl **1997** II 1164).
[3] Eingefügt durch Ziff. I 6 des BG vom 19. März 1999 über das Stabilisierungsprogramm 1998, in Kraft seit 1. Jan. 2001 (AS **1999** 2374; BBl **1999** 4).
[4] Fassung gemäss Ziff. I 6 des BG vom 19. März 1999 über das Stabilisierungsprogramm 1998, in Kraft seit 1. Jan. 2001 (AS **1999** 2374; BBl **1999** 4).

³ Einkünfte aus Anteilen an kollektiven Kapitalanlagen gemäss Kollektivanlagegesetz vom 23. Juni 2006¹ (KAG) werden den Anlegern anteilsmässig zugerechnet; Einkünfte aus Anteilen an kollektiven Kapitalanlagen mit direktem Grundbesitz sind nur steuerbar, soweit die Gesamterträge die Erträge aus direktem Grundbesitz übersteigen.²

⁴ Steuerfrei sind nur:

a. der Erlös aus Bezugsrechten, sofern die Vermögensrechte zum Privatvermögen gehören;
b. Kapitalgewinne auf beweglichem Privatvermögen; vorbehalten bleibt Artikel 12 Absatz 2 Buchstaben a und d;
c. Vermögensanfall infolge Erbschaft, Vermächtnis, Schenkung oder güterrechtlicher Auseinandersetzung; E62
d.³ der Vermögensanfall aus rückkaufsfähiger privater Kapitalversicherung, ausgenommen aus Freizügigkeitspolicen. Absatz 1ᵗᵉʳ bleibt vorbehalten;
e. Kapitalzahlungen, die bei Stellenwechsel vom Arbeitgeber oder von Einrichtungen der beruflichen Vorsorge ausgerichtet werden, wenn sie der Empfänger innert Jahresfrist zum Einkauf in eine Einrichtung der beruflichen Vorsorge oder zum Erwerb einer Freizügigkeitspolice verwendet; N 5.1, N 5.2
f. Unterstützungen aus öffentlichen oder privaten Mitteln;
g. Leistungen in Erfüllung familienrechtlicher Verpflichtungen, ausgenommen die vom geschiedenen, gerichtlich oder tatsächlich getrennt lebenden Ehegatten erhaltenen Unterhaltsbeiträge sowie die Unterhaltsbeiträge, die ein Elternteil für die unter seiner elterlichen Sorge stehenden Kinder erhält;
h.⁴ der Sold für Militär- und Schutzdienst sowie das Taschengeld für Zivildienst;
hᵇⁱˢ. der Sold der Milizfeuerwehrleute bis zu einem nach kantonalem Recht bestimmten jährlichen Betrag für Dienstleistungen im Zusammenhang mit der Erfüllung der Kernaufgaben der Feuerwehr (Übungen, Pikettdienste, Kurse, Inspektionen und Ernstfalleinsätze zur Rettung, Brandbekämpfung, allgemeinen Schadenwehr, Elementarschadenbewältigung und dergleichen); ausgenommen sind Pauschalzulagen für Kader, Funktionszulagen sowie Entschädigungen für administrative Arbeiten und für Dienstleistungen, welche die Feuerwehr freiwillig erbringt;⁵
i. Zahlungen von Genugtuungssummen;
k. Einkünfte aufgrund der Bundesgesetzgebung über Ergänzungsleistungen zur Alters-, Hinterlassenen- und Invalidenversicherung;
l.⁶ die Gewinne, die in Spielbanken mit Spielbankenspielen erzielt werden, die nach dem Geldspielgesetz vom 29. September 2017⁷ (BGS) zugelassen sind, sofern diese Gewinne nicht aus selbstständiger Erwerbstätigkeit stammen;

---

¹ SR **951.31**
² Fassung gemäss Anhang Ziff. II 7 des Kollektivanlagengesetzes vom 23. Juni 2006, in Kraft seit 1. Jan. 2007 (AS **2006** 5379; BBl **2005** 6391).
³ Fassung gemäss Ziff. I 6 des BG vom 19. März 1999 über das Stabilisierungsprogramm 1998, in Kraft seit 1. Jan. 2001 (AS **1999** 2374; BBl **1999** 4).
⁴ Fassung gemäss Anhang Ziff. 8 des Zivildienstgesetzes vom 6. Okt. 1995, in Kraft seit 1. Okt. 1996 (AS **1996** 1445; BBl **1994** III 1609).
⁵ Eingefügt durch Ziff. I 2 des BG vom 17. Juni 2011 über die Steuerbefreiung des Feuerwehrsoldes, in Kraft seit 1. Jan. 2013 (AS **2012** 489; BBl **2010** 2855).
⁶ Eingefügt durch Anhang Ziff. 3 des Spielbankengesetzes vom 18. Dez. 1998 (AS **2000** 677; BBl **1997** III 145). Fassung gemäss Anhang Ziff. II 6 des Geldspielgesetzes vom 29. Sept. 2017, in Kraft seit 1. Jan. 2019 (AS **2018** 5103; BBl **2015** 8387).
⁷ SR **935.51**

l^bis.[1] die einzelnen Gewinne bis zu einem Betrag von 1 Million Franken oder zu einem nach kantonalem Recht bestimmten höheren Betrag aus der Teilnahme an Grossspielen, die nach dem BGS zugelassen sind, und aus der Online-Teilnahme an Spielbankenspielen, die nach dem BGS zugelassen sind;

l^ter.[2] die Gewinne aus Kleinspielen, die nach dem BGS zugelassen sind;

m.[3] die einzelnen Gewinne aus Lotterien und Geschicklichkeitsspielen zur Verkaufsförderung, die nach Artikel 1 Absatz 2 Buchstaben d und e BGS diesem nicht unterstehen, sofern die nach kantonalem Recht bestimmte Grenze nicht überschritten wird;

n.[4] Einkünfte aufgrund des Bundesgesetzes vom 19. Juni 2020[5] über Überbrückungsleistungen für ältere Arbeitslose.

Art. 7a[6] Besondere Fälle

1 Als Vermögensertrag im Sinne von Artikel 7 Absatz 1 gilt auch:

a. der Erlös aus dem Verkauf einer Beteiligung von mindestens 20 Prozent am Grund- oder Stammkapital einer Kapitalgesellschaft oder Genossenschaft aus dem Privatvermögen in das Geschäftsvermögen einer anderen natürlichen oder einer juristischen Person, soweit innert fünf Jahren nach dem Verkauf, unter Mitwirkung des Verkäufers, nicht betriebsnotwendige Substanz ausgeschüttet wird, die im Zeitpunkt des Verkaufs bereits vorhanden und handelsrechtlich ausschüttungsfähig war; dies gilt sinngemäss auch, wenn innert fünf Jahren mehrere Beteiligte eine solche Beteiligung gemeinsam verkaufen oder Beteiligungen von insgesamt mindestens 20 Prozent verkauft werden; ausgeschüttete Substanz wird beim Verkäufer gegebenenfalls im Verfahren nach Artikel 53 nachträglich besteuert;

b.[7] der Erlös aus der Übertragung einer Beteiligung am Grund- oder Stammkapital einer Kapitalgesellschaft oder Genossenschaft aus dem Privatvermögen in das Geschäftsvermögen einer Personenunternehmung oder einer juristischen Person, an welcher der Veräusserer oder Einbringer nach der Übertragung zu mindestens 50 Prozent am Kapital beteiligt ist, soweit die gesamthaft erhaltene Gegenleistung die Summe aus dem Nennwert der übertragenen Beteiligung und den Reserven aus Kapitaleinlagen nach Artikel 7b übersteigt; dies gilt sinngemäss auch, wenn mehrere Beteiligte die Übertragung gemeinsam vornehmen.

2 Mitwirkung im Sinne von Absatz 1 Buchstabe a liegt vor, wenn der Verkäufer weiss oder wissen muss, dass der Gesellschaft zwecks Finanzierung des Kaufpreises Mittel entnommen und nicht wieder zugeführt werden.

---

1 Eingefügt durch Anhang Ziff. II 6 des Geldspielgesetzes vom 29. Sept. 2017, in Kraft seit 1. Jan. 2019 (AS **2018** 5103; BBl **2015** 8387).
2 Eingefügt durch Anhang Ziff. II 6 des Geldspielgesetzes vom 29. Sept. 2017, in Kraft seit 1. Jan. 2019 (AS **2018** 5103; BBl **2015** 8387).
3 Eingefügt durch Ziff. I 2 des BG vom 15. Juni 2012 über die Vereinfachungen bei der Besteuerung von Lotteriegewinnen (AS **2012** 5977; BBl **2011** 6517 6543). Fassung gemäss Anhang Ziff. II 6 des Geldspielgesetzes vom 29. Sept. 2017, in Kraft seit 1. Jan. 2019 (AS **2018** 5103; BBl **2015** 8387).
4 Eingefügt durch Anhang Ziff. 3 des BG vom 19. Juni 2020 über Überbrückungsleistungen für ältere Arbeitslose, in Kraft seit 1. Juli 2021 (AS **2021** 373; BBl **2019** 8251).
5 SR **837.2**
6 Eingefügt durch Ziff. I 2 des BG vom 23. Juni 2006 über dringende Anpassungen bei der Unternehmensbesteuerung, in Kraft seit 1. Jan. 2008 (AS **2006** 4883; BBl **2005** 4733).
7 Fassung gemäss Ziff. I 3 des BG vom 28. Sept. 2018 über die Steuerreform und die AHV-Finanzierung, in Kraft seit 1. Jan. 2020 (AS **2019** 2395 2413; BBl **2018** 2527).

Art. 7b[1] Kapitaleinlageprinzip

1 Die Rückzahlung von Einlagen, Aufgeldern und Zuschüssen (Reserven aus Kapitaleinlagen), die von den Inhabern der Beteiligungsrechte nach dem 31. Dezember 1996 geleistet worden sind, wird gleich behandelt wie die Rückzahlung von Grund- oder Stammkapital. Absatz 2 bleibt vorbehalten.

2 Schüttet eine Kapitalgesellschaft oder Genossenschaft, die an einer schweizerischen Börse kotiert ist, bei der Rückzahlung von Reserven aus Kapitaleinlagen nach Absatz 1 nicht mindestens im gleichen Umfang übrige Reserven aus, so ist die Rückzahlung im Umfang der halben Differenz zwischen der Rückzahlung und der Ausschüttung der übrigen Reserven steuerbar, höchstens aber im Umfang der in der Gesellschaft vorhandenen, handelsrechtlich ausschüttungsfähigen übrigen Reserven.

3 Absatz 2 ist nicht anwendbar auf Reserven aus Kapitaleinlagen:
   a. die bei fusionsähnlichen Zusammenschlüssen durch Einbringen von Beteiligungs- und Mitgliedschaftsrechten an einer ausländischen Kapitalgesellschaft oder Genossenschaft nach Artikel 24 Absatz 3 Buchstabe c oder durch eine grenzüberschreitende Übertragung auf eine inländische Tochtergesellschaft nach Artikel 24 Absatz 3 Buchstabe d nach dem 24. Februar 2008 entstanden sind;
   b. die im Zeitpunkt einer grenzüberschreitenden Fusion oder Umstrukturierung nach Artikel 24 Absatz 3 Buchstabe b und Absatz 3^{quater} oder der Verlegung des Sitzes oder der tatsächlichen Verwaltung nach dem 24. Februar 2008 bereits in einer ausländischen Kapitalgesellschaft oder Genossenschaft vorhanden waren;
   c. im Falle der Liquidation der Kapitalgesellschaft oder Genossenschaft.

4 Die Absätze 2 und 3 gelten sinngemäss auch für Reserven aus Kapitaleinlagen, die für die Ausgabe von Gratisaktien oder für Gratisnennwerterhöhungen verwendet werden.

5 Entspricht bei der Rückgabe von Beteiligungsrechten an einer Kapitalgesellschaft oder Genossenschaft, die an einer schweizerischen Börse kotiert ist, die Rückzahlung der Reserven aus Kapitaleinlagen nicht mindestens der Hälfte des erhaltenen Liquidationsüberschusses, so vermindert sich der steuerbare Anteil dieses Liquidationsüberschusses um die halbe Differenz zwischen diesem Anteil und der Rückzahlung, höchstens aber im Umfang der in der Gesellschaft vorhandenen Reserven aus Kapitaleinlagen, die auf diese Beteiligungsrechte entfallen.

6 Absatz 1 gilt für Einlagen und Aufgelder, die während eines Kapitalbands nach den Artikeln 653s ff. des Obligationenrechts (OR)[2] geleistet werden, nur soweit sie die Rückzahlungen von Reserven im Rahmen dieses Kapitalbands übersteigen.[3] N 4

---

[1] Eingefügt durch Ziff. II 3 des Unternehmenssteuerreformgesetzes II vom 23. März 2007 (AS **2008** 2893; BBl **2005** 4733). Fassung gemäss Ziff. I 3 des BG vom 28. Sept. 2018 über die Steuerreform und die AHV-Finanzierung, in Kraft seit 1. Jan. 2020 (AS **2019** 2395 2413; BBl **2018** 2527).

[2] SR 220

[3] Eingefügt durch Anhang Ziff. 8 des BG vom 19. Juni 2020 (Aktienrecht), in Kraft seit 1. Jan. 2023 (AS **2020** 4005, **2022** 109, 112; BBl **2017** 399).

Art. 7c[1] Mitarbeiterbeteiligungen

¹ Als echte Mitarbeiterbeteiligungen gelten:
a. Aktien, Genussscheine, Partizipationsscheine, Genossenschaftsanteile oder Beteiligungen anderer Art, die die Arbeitgeberin, deren Muttergesellschaft oder eine andere Konzerngesellschaft den Mitarbeiterinnen und Mitarbeitern abgibt;
b. Optionen auf den Erwerb von Beteiligungen nach Buchstabe a.

² Als unechte Mitarbeiterbeteiligung gelten Anwartschaften auf blosse Bargeldabfindungen.

Art. 7d[2] Einkünfte aus echten Mitarbeiterbeteiligungen

¹ Geldwerte Vorteile aus echten Mitarbeiterbeteiligungen, ausser aus gesperrten oder nicht börsenkotierten Optionen, sind im Zeitpunkt des Erwerbs als Einkommen aus unselbständiger Erwerbstätigkeit steuerbar. Die steuerbare Leistung entspricht deren Verkehrswert vermindert um einen allfälligen Erwerbspreis.

² Bei Mitarbeiteraktien sind für die Berechnung der steuerbaren Leistung Sperrfristen mit einem Diskont von 6 Prozent pro Sperrjahr auf deren Verkehrswert zu berücksichtigen. Dieser Diskont gilt längstens für zehn Jahre.

³ Geldwerte Vorteile aus gesperrten oder nicht börsenkotierten Mitarbeiteroptionen werden im Zeitpunkt der Ausübung besteuert. Die steuerbare Leistung entspricht dem Verkehrswert der Aktie bei Ausübung vermindert um den Ausübungspreis.

Art. 7e[3] Einkünfte aus unechten Mitarbeiterbeteiligungen

Geldwerte Vorteile aus unechten Mitarbeiterbeteiligungen sind im Zeitpunkt ihres Zuflusses steuerbar.

Art. 7f[4] Anteilsmässige Besteuerung

Hatte der Steuerpflichtige nicht während der gesamten Zeitspanne zwischen Erwerb und Entstehen des Ausübungsrechts der gesperrten Mitarbeiteroptionen (Art. 7d Abs. 3) steuerrechtlichen Wohnsitz oder Aufenthalt in der Schweiz, so werden die geldwerten Vorteile daraus anteilsmässig im Verhältnis zwischen der gesamten zu der in der Schweiz verbrachten Zeitspanne besteuert.

Art. 8 Selbständige Erwerbstätigkeit

¹ Zu den steuerbaren Einkünften aus selbständiger Erwerbstätigkeit zählen auch alle Kapitalgewinne auf Geschäftsvermögen aus Veräusserung, Verwertung, buchmässiger Aufwertung, Privatentnahme oder aus Verlegung in ausländische Betriebe oder Betriebsstätten; ausgenommen sind Gewinne aus Veräusserung von land- und forstwirtschaftlichen Grundstücken, soweit der Veräusserungserlös die Anlagekosten übersteigt. Artikel 12 Absatz 4 bleibt vorbehalten.

---

[1] Eingefügt durch Ziff. I 2 des BG vom 17. Dez. 2010 über die Besteuerung von Mitarbeiterbeteiligungen, in Kraft seit 1. Jan. 2013 (AS **2011** 3259; BBl **2005** 575).
[2] Eingefügt durch Ziff. I 2 des BG vom 17. Dez. 2010 über die Besteuerung von Mitarbeiterbeteiligungen, in Kraft seit 1. Jan. 2013 (AS **2011** 3259; BBl **2005** 575).
[3] Eingefügt durch Ziff. I 2 des BG vom 17. Dez. 2010 über die Besteuerung von Mitarbeiterbeteiligungen, in Kraft seit 1. Jan. 2013 (AS **2011** 3259; BBl **2005** 575).
[4] Eingefügt durch Ziff. I 2 des BG vom 17. Dez. 2010 über die Besteuerung von Mitarbeiterbeteiligungen, in Kraft seit 1. Jan. 2013 (AS **2011** 3259; BBl **2005** 575).

² Als Geschäftsvermögen gelten alle Vermögenswerte, die ganz oder vorwiegend der selbstständigen Erwerbstätigkeit dienen; Gleiches gilt für Beteiligungen von mindestens 20 Prozent am Grund- oder Stammkapital einer Kapitalgesellschaft oder Genossenschaft, sofern der Eigentümer sie im Zeitpunkt des Erwerbs zum Geschäftsvermögen erklärt.[1]

²ᵇⁱˢ Wird eine Liegenschaft des Anlagevermögens aus dem Geschäftsvermögen in das Privatvermögen überführt, so kann die steuerpflichtige Person verlangen, dass im Zeitpunkt der Überführung nur die Differenz zwischen den Anlagekosten und dem massgebenden Einkommenssteuerwert besteuert wird. In diesem Fall gelten die Anlagekosten als neuer massgebender Einkommenssteuerwert, und die Besteuerung der übrigen stillen Reserven als Einkommen aus selbstständiger Erwerbstätigkeit wird bis zur Veräusserung der Liegenschaft aufgeschoben.[2]

²ᵗᵉʳ Die Verpachtung eines Geschäftsbetriebs gilt nur auf Antrag der steuerpflichtigen Person als Überführung in das Privatvermögen.[3]

²ᵠᵘᵃᵗᵉʳ Wird bei einer Erbteilung der Geschäftsbetrieb nicht von allen Erben fortgeführt, so wird die Besteuerung der stillen Reserven auf Gesuch der den Betrieb übernehmenden Erben bis zur späteren Realisierung aufgeschoben, soweit diese Erben die bisherigen für die Einkommenssteuer massgebenden Werte übernehmen.[4]

²ᵠᵘⁱⁿqᵘⁱᵉˢ Dividenden, Gewinnanteile, Liquidationsüberschüsse und geldwerte Vorteile aus Aktien, Anteilen an Gesellschaften mit beschränkter Haftung, Genossenschaftsanteilen und Partizipationsscheinen sowie Gewinne aus der Veräusserung solcher Beteiligungsrechte sind nach Abzug des zurechenbaren Aufwandes im Umfang von 50 Prozent steuerbar, wenn diese Beteiligungsrechte mindestens 10 Prozent des Grund- oder Stammkapitals einer Kapitalgesellschaft oder Genossenschaft darstellen. Die Kantone können eine höhere Besteuerung vorsehen. Die Teilbesteuerung auf Veräusserungsgewinnen wird nur gewährt, wenn die veräusserten Beteiligungsrechte mindestens ein Jahr im Eigentum der steuerpflichtigen Person oder Personenunternehmung waren.[5]

³ Stille Reserven einer Personenunternehmung (Einzelunternehmen, Personengesellschaft) werden bei Umstrukturierungen, insbesondere im Fall der Fusion, Spaltung oder Umwandlung, nicht besteuert, soweit die Steuerpflicht in der Schweiz fortbesteht und die bisher für die Einkommenssteuer massgeblichen Werte übernommen werden:[6]

a. bei der Übertragung von Vermögenswerten auf eine andere Personenunternehmung;
b. bei der Übertragung eines Betriebs oder eines Teilbetriebs auf eine juristische Person;
c. beim Austausch von Beteiligungs- oder Mitgliedschaftsrechten anlässlich von Umstrukturierungen im Sinne von Artikel 24 Absatz 3 oder von fusionsähnlichen Zusammenschlüssen.[7]

---

[1] Fassung gemäss Ziff. I 6 des BG vom 19. März 1999 über das Stabilisierungsprogramm 1998, in Kraft seit 1. Jan. 2001 (AS **1999** 2374; BBl **1999** 4).
[2] Eingefügt durch Ziff. II 3 des Unternehmenssteuerreformgesetzes II vom 23. März 2007, in Kraft seit 1. Jan. 2009 (AS **2008** 2893; BBl **2005** 4733).
[3] Eingefügt durch Ziff. II 3 des Unternehmenssteuerreformgesetzes II vom 23. März 2007, in Kraft seit 1. Jan. 2009 (AS **2008** 2893; BBl **2005** 4733).
[4] Eingefügt durch Ziff. II 3 des Unternehmenssteuerreformgesetzes II vom 23. März 2007, in Kraft seit 1. Jan. 2009 (AS **2008** 2893; BBl **2005** 4733).
[5] Eingefügt durch Ziff. I 3 des BG vom 28. Sept. 2018 über die Steuerreform und die AHV-Finanzierung, in Kraft seit 1. Jan. 2020 (AS **2019** 2395 2413; BBl **2018** 2527).
[6] Fassung gemäss Anhang Ziff. 8 des BG vom 16. Dez. 2005 (GmbH-Recht sowie Anpassungen im Aktien-, Genossenschafts-, Handelsregister- und Firmenrecht), in Kraft seit 1. Jan. 2008 (AS **2007** 4791; BBl **2002** 3148, **2004** 3969).
[7] Fassung gemäss Anhang Ziff. 8 des Fusionsgesetzes vom 3. Okt. 2003, in Kraft seit 1. Juli 2004 (AS **2004** 2617; BBl **2000** 4337).

³ᵇⁱˢ Bei einer Umstrukturierung nach Absatz 3 Buchstabe b werden die übertragenen stillen Reserven im Verfahren nach Artikel 53 nachträglich besteuert, soweit während der der Umstrukturierung nachfolgenden fünf Jahre Beteiligungs- oder Mitgliedschaftsrechte zu einem über dem übertragenen steuerlichen Eigenkapital liegenden Preis veräussert werden; die juristische Person kann in diesem Fall entsprechende, als Gewinn versteuerte stille Reserven geltend machen.¹

⁴ Werden Gegenstände des betriebsnotwendigen Anlagevermögens ersetzt, so können die stillen Reserven auf die als Ersatz erworbenen Anlagegüter übertragen werden, wenn diese ebenfalls betriebsnotwendig sind und sich in der Schweiz befinden. Vorbehalten bleibt die Besteuerung beim Ersatz von Liegenschaften durch Gegenstände des beweglichen Vermögens.²   VO StHG A 5 | E51, E54

Art. 8a³ Einkommen aus Patenten und vergleichbaren Rechten bei selbstständiger Erwerbstätigkeit

Für das Einkommen aus Patenten und vergleichbaren Rechten bei selbstständiger Erwerbstätigkeit sind die Artikel 24a und 24b sinngemäss anwendbar.

2. Abschnitt: Abzüge

Art. 9 Allgemeines

¹ Von den gesamten steuerbaren Einkünften werden die zu ihrer Erzielung notwendigen Aufwendungen und die allgemeinen Abzüge abgezogen. Für die notwendigen Kosten für Fahrten zwischen Wohn- und Arbeitsstätte kann ein Maximalbetrag festgesetzt werden.⁴   D11

² Allgemeine Abzüge sind:

a.⁵ die privaten Schuldzinsen im Umfang des nach den Artikeln 7 und 7a steuerbaren Vermögensertrages und weiterer 50 000 Franken;

b.⁶ die dauernden Lasten sowie 40 Prozent der bezahlten Leibrenten;

> ☞ *Art. 9 Abs. 2 Bst. b wird gemäss BG vom 17.6.2022 über die Besteuerung von Leibrenten und ähnlichen Vorsorgeformen voraussichtlich per 1.1.2025 wie folgt geändert:*
>
> *b. die dauernden Lasten sowie der Ertragsanteil nach Artikel 7 Absatz 2 Buchstabe c der Leistungen aus Leibrenten- und aus Verpfründungsverträgen;*

---

1   Eingefügt durch Anhang Ziff. 8 des Fusionsgesetzes vom 3. Okt. 2003, in Kraft seit 1. Juli 2004 (AS **2004** 2617; BBl **2000** 4337).
2   Fassung gemäss Ziff. II 3 des Unternehmenssteuerreformgesetzes II vom 23. März 2007, in Kraft seit 1. Jan. 2009 (AS **2008** 2893; BBl **2005** 4733).
3   Eingefügt durch Ziff. I 3 des BG vom 28. Sept. 2018 über die Steuerreform und die AHV-Finanzierung, in Kraft seit 1. Jan. 2020 (AS **2019** 2395 2413; BBl **2018** 2527).
4   Fassung gemäss Ziff. II 2 des BG vom 21. Juni 2013 über die Finanzierung und den Ausbau der Eisenbahninfrastruktur, in Kraft seit 1. Jan. 2016 (AS **2015** 651; BBl **2012** 1283). Berichtigung der RedK der BVers vom 15. Februar 2015, veröffentlicht am 31. März 2015 (AS **2015** 993).
5   Fassung gemäss Ziff. II 3 des Unternehmenssteuerreformgesetzes II vom 23. März 2007, in Kraft seit 1. Jan. 2009 (AS **2008** 2893; BBl **2005** 4733).
6   Fassung gemäss Ziff. I 6 des BG vom 19. März 1999 über das Stabilisierungsprogramm 1998, in Kraft seit 1. Jan. 2001 (AS **1999** 2374; BBl **1999** 4).

c. die Unterhaltsbeiträge an den geschiedenen, gerichtlich oder tatsächlich getrennt lebenden Ehegatten sowie die Unterhaltsbeiträge an einen Elternteil für die unter dessen elterlicher Sorge stehenden Kinder, nicht jedoch Leistungen in Erfüllung anderer familienrechtlicher Unterhalts- oder Unterstützungspflichten;
d.[1] die gemäss Gesetz, Statut oder Reglement geleisteten Einlagen, Prämien und Beiträge an die Alters-, Hinterlassenen- und Invalidenversicherung und an Einrichtungen der beruflichen Vorsorge; N 5.1, N 5.2, N 5.3
e. Einlagen, Prämien und Beiträge zum Erwerb von vertraglichen Ansprüchen aus anerkannten Formen der gebundenen Selbstvorsorge, bis zu einem bestimmten Betrag;
f. die Prämien und Beiträge für die Erwerbsersatzordnung, die Arbeitslosenversicherung und für die obligatorische Unfallversicherung;
g. die Einlagen, Prämien und Beiträge für die Lebens-, die Kranken- und die nicht unter Buchstabe f fallende Unfallversicherung sowie die Zinsen von Sparkapitalien des Steuerpflichtigen und der von ihm unterhaltenen Personen, bis zu einem nach kantonalem Recht bestimmten Betrag, der pauschaliert werden kann;
h.[2] die Krankheits- und Unfallkosten des Steuerpflichtigen und der von ihm unterhaltenen Personen, soweit der Steuerpflichtige die Kosten selber trägt und diese einen vom kantonalen Recht bestimmten Selbstbehalt übersteigen;
h^{bis}. die behinderungsbedingten Kosten des Steuerpflichtigen oder der von ihm unterhaltenen Personen mit Behinderungen im Sinne des Behindertengleichstellungsgesetzes vom 13. Dezember 2002[3], soweit der Steuerpflichtige die Kosten selber trägt;[4]
i.[5] die freiwilligen Leistungen von Geld und übrigen Vermögenswerten bis zu dem nach kantonalem Recht bestimmten Ausmass an juristische Personen mit Sitz in der Schweiz, die im Hinblick auf ihre öffentlichen oder gemeinnützigen Zwecke von der Steuerpflicht befreit sind (Art. 23 Abs. 1 Bst. f), sowie an Bund, Kantone, Gemeinden und deren Anstalten (Art. 23 Abs.1 Bst. a–c);
k. ein Abzug vom Erwerbseinkommen, das ein Ehegatte unabhängig vom Beruf, Geschäft oder Gewerbe des andern Ehegatten erzielt, bis zu einem nach kantonalem Recht bestimmten Betrag; ein gleichartiger Abzug ist zulässig bei erheblicher Mitarbeit eines Ehegatten im Beruf, Geschäft oder Gewerbe des andern Ehegatten;
l.[6] die Mitgliederbeiträge und Zuwendungen bis zu einem nach kantonalem Recht bestimmten Betrag an politische Parteien, die:
1. im Parteienregister nach Artikel 76a des Bundesgesetzes vom 17. Dezember 1976[7] über die politischen Rechte eingetragen sind,
2. in einem kantonalen Parlament vertreten sind, oder
3. in einem Kanton bei den letzten Wahlen des kantonalen Parlaments mindestens 3 Prozent der Stimmen erreicht haben;

---

[1] Fassung gemäss Anhang Ziff. 4 des BG vom 18. Juni 2004, in Kraft seit 1. Jan. 2005 (AS **2004** 4635; BBl **2003** 6399).
[2] Fassung gemäss Anhang Ziff. 3 des Behindertengleichstellungsgesetzes vom 13. Dez. 2002, in Kraft seit 1. Jan. 2005 (AS **2003** 4487; BBl **2001** 1715).
[3] SR **151.3**
[4] Eingefügt durch Anhang Ziff. 3 des Behindertengleichstellungsgesetzes vom 13. Dez. 2002, in Kraft seit 1. Jan. 2005 (AS **2003** 4487; BBl **2001** 1715).
[5] Fassung gemäss Anhang Ziff. 4 des BG vom 8. Okt. 2004 (Stiftungsrecht), in Kraft seit 1. Jan. 2006 (AS **2005** 4545; BBl **2003** 8153 8191).
[6] Eingefügt durch Ziff. I 2 des BG vom 12. Juni 2009 über die steuerliche Abzugsfähigkeit von Zuwendungen an politische Parteien, in Kraft seit 1. Jan. 2011 (AS **2009** 449; BBl **2008** 7463 7485).
[7] SR **161.1**

m.¹ die nachgewiesenen Kosten, bis zu einem nach kantonalem Recht bestimmten Betrag, für die Drittbetreuung jedes Kindes, das das 14. Altersjahr noch nicht vollendet hat und mit der steuerpflichtigen Person, die für seinen Unterhalt sorgt, im gleichen Haushalt lebt, soweit diese Kosten in direktem kausalem Zusammenhang mit der Erwerbstätigkeit, Ausbildung oder Erwerbsunfähigkeit der steuerpflichtigen Person stehen;

n.² die Einsatzkosten in der Höhe eines nach kantonalem Recht bestimmten Prozentbetrags der einzelnen Gewinne aus Geldspielen, welche nicht nach Artikel 7 Absatz 4 Buchstaben l–m steuerfrei sind; die Kantone können einen Höchstbetrag für den Abzug vorsehen;

o.³ die Kosten der berufsorientierten Aus- und Weiterbildung, einschliesslich der Umschulungskosten, bis zu einem nach kantonalem Recht bestimmten Betrag, sofern:
1. ein erster Abschluss auf der Sekundarstufe II vorliegt, oder
2. das 20. Lebensjahr vollendet ist und es sich nicht um die Ausbildungskosten bis zum ersten Abschluss auf der Sekundarstufe II handelt.

³ Bei Liegenschaften im Privatvermögen können die Unterhaltskosten, die Kosten der Instandstellung von neu erworbenen Liegenschaften, die Versicherungsprämien und die Kosten der Verwaltung durch Dritte abgezogen werden. Zudem können die Kantone Abzüge für Umweltschutz, Energiesparen und Denkmalpflege vorsehen. Bei den drei letztgenannten Abzügen gilt folgende Regelung:⁴ VO DBG F, G, H | C100

a.⁵ Bei den Investitionen, die dem Energiesparen und dem Umweltschutz dienen, bestimmt das Eidgenössische Finanzdepartement in Zusammenarbeit mit den Kantonen, welche Investitionen den Unterhaltskosten gleichgestellt werden können; den Unterhaltskosten gleichgestellt sind auch die Rückbaukosten im Hinblick auf den Ersatzneubau.

b. Die nicht durch Subventionen gedeckten Kosten denkmalpflegerischer Arbeiten sind abziehbar, sofern der Steuerpflichtige solche Massnahmen aufgrund gesetzlicher Vorschriften, im Einvernehmen mit den Behörden oder auf deren Anordnung hin vorgenommen hat.

³ᵇⁱˢ Investitionen und Rückbaukosten im Hinblick auf einen Ersatzneubau nach Absatz 3 Buchstabe a sind in den zwei nachfolgenden Steuerperioden abziehbar, soweit sie in der laufenden Steuerperiode, in welcher die Aufwendungen angefallen sind, steuerlich nicht vollständig berücksichtigt werden können.⁶

⁴ Andere Abzüge sind nicht zulässig. Vorbehalten sind die Kinderabzüge und andere Sozialabzüge des kantonalen Rechts.

---

1 Eingefügt durch Ziff. I 2 des BG vom 25. September 2009 über die steuerliche Entlastung von Familien mit Kindern, in Kraft seit 1. Jan. 2011 (AS **2010** 455; BBl **2009** 4729). Berichtigt von der Redaktionskommission der BVers (Art. 58 Abs. 1 ParlG – SR **171.10**).
2 Eingefügt durch Ziff. I 2 des BG vom 15. Juni 2012 über die Vereinfachungen bei der Besteuerung von Lotteriegewinnen (AS **2012** 5977; BBl **2011** 6517 6543). Fassung gemäss Anhang Ziff. II 6 des Geldspielgesetzes vom 29. Sept. 2017, in Kraft seit 1. Jan. 2019 (AS **2018** 5103; BBl **2015** 8387).
3 Eingefügt durch Ziff. I 2 des BG vom 27. Sept. 2013 über die steuerliche Behandlung der berufsorientierten Aus- und Weiterbildungskosten, in Kraft seit 1. Jan. 2016 (AS **2014** 1105; BBl **2011** 2607).
4 Fassung gemäss Ziff. I 2 des BG vom 3. Okt. 2008 über die steuerliche Behandlung von Instandstellungskosten bei Liegenschaften, in Kraft seit 1. Jan. 2010 (AS **2009** 1515; BBl **2007** 7993 8009).
5 Fassung gemäss Anhang Ziff. II 4 des Energiegesetzes vom 30. Sept. 2016, in Kraft seit 1. Jan. 2018 (AS **2017** 6839; BBl **2013** 7561).
6 Eingefügt durch Anhang Ziff. II 4 des Energiegesetzes vom 30. Sept. 2016, in Kraft seit 1. Jan. 2018 (AS **2017** 6839; BBl **2013** 7561).

Art. 10 Selbständige Erwerbstätigkeit

¹ Als geschäfts- oder berufsmässig begründete Kosten werden namentlich abgezogen:
   a. die ausgewiesenen Abschreibungen des Geschäftsvermögens;
   b. die Rückstellungen für Verpflichtungen, deren Höhe noch unbestimmt ist, oder für unmittelbar drohende Verlustrisiken;
   c. die eingetretenen und verbuchten Verluste auf dem Geschäftsvermögen;
   d. die Zuwendungen an Vorsorgeeinrichtungen zugunsten des eigenen Personals, sofern jede zweckwidrige Verwendung ausgeschlossen ist;
   e.¹ Zinsen auf Geschäftsschulden sowie Zinsen, die auf Beteiligungen nach Artikel 8 Absatz 2 entfallen;
   f.² die Kosten der berufsorientierten Aus- und Weiterbildung, einschliesslich Umschulungskosten, des eigenen Personals;
   g.³ gewinnabschöpfende Sanktionen, soweit sie keinen Strafzweck haben.

¹ᵇⁱˢ Nicht abziehbar sind insbesondere:
   a. Zahlungen von Bestechungsgeldern im Sinne des schweizerischen Strafrechts;
   b. Aufwendungen zur Ermöglichung von Straftaten oder als Gegenleistung für die Begehung von Straftaten;
   c. Bussen und Geldstrafen;
   d. finanzielle Verwaltungssanktionen, soweit sie einen Strafzweck haben.⁴

¹ᵗᵉʳ Sind Sanktionen nach Absatz 1ᵇⁱˢ Buchstaben c und d von einer ausländischen Straf- oder Verwaltungsbehörde verhängt worden, so sind sie abziehbar, wenn:
   a. die Sanktion gegen den schweizerischen Ordre public verstösst; oder
   b. die steuerpflichtige Person glaubhaft darlegt, dass sie alles Zumutbare unternommen hat, um sich rechtskonform zu verhalten.⁵

² Verluste aus den sieben der Steuerperiode (Art. 15) vorangegangenen Geschäftsjahren können abgezogen werden, soweit sie bei der Berechnung des steuerbaren Einkommens dieser Jahre nicht berücksichtigt werden konnten.⁶ E59, E58, E50

³ Mit Leistungen Dritter, die zum Ausgleich einer Unterbilanz im Rahmen einer Sanierung erbracht werden, können auch Verluste verrechnet werden, die in früheren Geschäftsjahren entstanden und noch nicht mit Einkommen verrechnet werden konnten.

⁴ Die Absätze 2 und 3 gelten auch bei Verlegung des steuerrechtlichen Wohnsitzes oder des Geschäftsortes innerhalb der Schweiz.⁷ E58

---

1. Eingefügt durch Ziff. I 6 des BG vom 19. März 1999 über das Stabilisierungsprogramm 1998, in Kraft seit 1. Jan. 2001 (AS **1999** 2374; BBl **1999** 4).
2. Eingefügt durch Ziff. I 2 des BG vom 27. Sept. 2013 über die steuerliche Behandlung der berufsorientierten Aus- und Weiterbildungskosten, in Kraft seit 1. Jan. 2016 (AS **2014** 1105; BBl **2011** 2607).
3. Eingefügt durch Ziff. I 2 des BG vom 19. Juni 2020 über die steuerliche Behandlung finanzieller Sanktionen, in Kraft seit 1. Jan. 2022 (AS **2020** 5121; BBl **2016** 8503).
4. Eingefügt durch Ziff. II des BG vom 22. Dez. 1999 über die Unzulässigkeit steuerlicher Abzüge von Bestechungsgeldern (AS **2000** 2147; BBl **1997** II 1037, IV 1336). Fassung gemäss Ziff. I 2 des BG vom 19. Juni 2020 über die steuerliche Behandlung finanzieller Sanktionen, in Kraft seit 1. Jan. 2022 (AS **2020** 5121; BBl **2016** 8503).
5. Eingefügt durch Ziff. I 2 des BG vom 19. Juni 2020 über die steuerliche Behandlung finanzieller Sanktionen, in Kraft seit 1. Jan. 2022 (AS **2020** 5121; BBl **2016** 8503).
6. Fassung gemäss Ziff. I 2 des BG vom 22. März 2013 über die formelle Bereinigung der zeitlichen Bemessung der direkten Steuern bei den natürlichen Personen, in Kraft seit 1. Jan. 2014 (AS **2013** 2397; BBl **2011** 3593).
7. Eingefügt durch Ziff. I 2 des BG vom 15. Dez. 2000 zur Koordination und Vereinfachung der Veranlagungsverfahren für die direkten Steuern im interkantonalen Verhältnis (AS **2001** 1050; BBl **2000** 3898).

Art. 10a¹ Abzug von Forschungs- und Entwicklungsaufwand bei selbstständiger Erwerbstätigkeit E31

Für den Abzug von Forschungs- und Entwicklungsaufwand bei selbstständiger Erwerbstätigkeit ist Artikel 25a sinngemäss anwendbar.

3. Abschnitt: Steuerberechnung

Art. 11

¹ Für Ehegatten, die in rechtlich und tatsächlich ungetrennter Ehe leben, muss die Steuer im Vergleich zu alleinstehenden Steuerpflichtigen angemessen ermässigt werden.²

² Gehören zu den Einkünften Kapitalabfindungen für wiederkehrende Leistungen, so wird die Steuer unter Berücksichtigung der übrigen Einkünfte zu dem Satz berechnet, der sich ergäbe, wenn anstelle der einmaligen Leistung eine entsprechende jährliche Leistung ausgerichtet würde.

³ Kapitalleistungen aus Vorsorgeeinrichtungen sowie Zahlungen bei Tod und für bleibende körperliche oder gesundheitliche Nachteile werden für sich allein besteuert. Sie unterliegen stets einer vollen Jahressteuer.

⁴ Für kleine Arbeitsentgelte aus unselbstständiger Erwerbstätigkeit ist die Steuer ohne Berücksichtigung der übrigen Einkünfte, allfälliger Berufskosten und Sozialabzüge zu erheben; Voraussetzung ist, dass der Arbeitgeber die Steuer im Rahmen des vereinfachten Abrechnungsverfahrens nach den Artikeln 2 und 3 des Bundesgesetzes vom 17. Juni 2005³ gegen die Schwarzarbeit entrichtet. Damit sind die Einkommenssteuern von Kanton und Gemeinde abgegolten. Artikel 37 Absatz 1 Buchstabe a gilt sinngemäss. Die Steuern sind periodisch der zuständigen AHV-Ausgleichskasse abzuliefern. Diese stellt dem Steuerpflichtigen eine Aufstellung oder eine Bestätigung über den Steuerabzug aus. Sie überweist der zuständigen Steuerbehörde die einkassierten Steuerzahlungen. Das Recht auf eine Bezugsprovision nach Artikel 37 Absatz 3 wird auf die zuständige AHV-Ausgleichskasse übertragen.⁴ B21

⁵ Wird die selbstständige Erwerbstätigkeit nach dem vollendeten 55. Altersjahr oder wegen Unfähigkeit zur Weiterführung infolge Invalidität definitiv aufgegeben, so ist die Summe der in den letzten zwei Geschäftsjahren realisierten stillen Reserven getrennt vom übrigen Einkommen zu besteuern.⁵ Einkaufsbeiträge gemäss Artikel 9 Absatz 2 Buchstabe d sind abziehbar. Werden keine solchen Einkäufe vorgenommen, so wird die Steuer auf dem Betrag der realisierten stillen Reserven, für den der Steuerpflichtige die Zulässigkeit eines Einkaufs gemäss Artikel 9 Absatz 2 Buchstabe d nachweist, in gleicher Weise wie Kapitalleistungen aus Vorsorge gemäss Absatz 3 erhoben. Der auf den Restbetrag der realisierten stillen Reserven anwendbare Satz

---

1 Eingefügt durch Ziff. I 3 des BG vom 28. Sept. 2018 über die Steuerreform und die AHV-Finanzierung, in Kraft seit 1. Jan. 2020 (AS **2019** 2395 2413; BBl **2018** 2527).
2 Fassung gemäss Ziff. I 2 des BG vom 25. September 2009 über die steuerliche Entlastung von Familien mit Kindern, in Kraft seit 1. Jan. 2011 (AS **2010** 455; BBl **2009** 4729).
3 SR **822.41**
4 Eingefügt durch Anhang Ziff. 5 des BG vom 17. Juni 2005 gegen die Schwarzarbeit, in Kraft seit 1. Jan. 2008 (AS **2007** 359; BBl **2002** 3605).
5 Berichtigt von der Redaktionskommission der BVers (Art. 58 Abs. 1 ParlG – SR **171.10**).

wird durch das kantonale Recht bestimmt. Die gleiche Satzmilderung gilt auch für den überlebenden Ehegatten, die anderen Erben und die Vermächtnisnehmer, sofern sie das übernommene Unternehmen nicht fortführen; die steuerliche Abrechnung erfolgt spätestens fünf Kalenderjahre nach Ablauf des Todesjahres des Erblassers.[1]

3. Kapitel: Grundstückgewinnsteuer

Art. 12

[1] Der Grundstückgewinnsteuer unterliegen Gewinne, die sich bei Veräusserung eines Grundstückes des Privatvermögens oder eines land- oder forstwirtschaftlichen Grundstückes sowie von Anteilen daran ergeben, soweit der Erlös die Anlagekosten (Erwerbspreis oder Ersatzwert zuzüglich Aufwendungen) übersteigt.

[2] Die Steuerpflicht wird durch jede Veräusserung eines Grundstückes begründet. Den Veräusserungen sind gleichgestellt:

a. die Rechtsgeschäfte, die in Bezug auf die Verfügungsgewalt über ein Grundstück wirtschaftlich wie eine Veräusserung wirken;
b. die Überführung eines Grundstückes sowie von Anteilen daran vom Privatvermögen in das Geschäftsvermögen des Steuerpflichtigen;
c. die Belastung eines Grundstückes mit privatrechtlichen Dienstbarkeiten oder öffentlich-rechtlichen Eigentumsbeschränkungen, wenn diese die unbeschränkte Bewirtschaftung oder den Veräusserungswert des Grundstückes dauernd und wesentlich beeinträchtigen und dafür ein Entgelt entrichtet wird;
d. die Übertragung von Beteiligungsrechten des Privatvermögens des Steuerpflichtigen an Immobiliengesellschaften, soweit das kantonale Recht für diesen Fall eine Steuerpflicht vorsieht;
e. die ohne Veräusserung erzielten Planungsmehrwerte im Sinne des Raumplanungsgesetzes vom 22. Juni 1979[2], sofern das kantonale Recht diesen Tatbestand der Grundstückgewinnsteuer unterstellt.

[3] Die Besteuerung wird aufgeschoben bei:

a. Eigentumswechsel durch Erbgang (Erbfolge, Erbteilung, Vermächtnis), Erbvorbezug oder Schenkung;
b.[3] Eigentumswechsel unter Ehegatten im Zusammenhang mit dem Güterrecht, sowie zur Abgeltung ausserordentlicher Beiträge eines Ehegatten an den Unterhalt der Familie (Art. 165 ZGB[4]) und scheidungsrechtlicher Ansprüche, sofern beide Ehegatten einverstanden sind;
c. Landumlegungen zwecks Güterzusammenlegung, Quartierplanung, Grenzbereinigung, Abrundung landwirtschaftlicher Heimwesen sowie bei Landumlegungen im Enteignungsverfahren oder drohender Enteignung;
d. vollständiger oder teilweiser Veräusserung eines land- oder forstwirtschaftlichen Grundstückes, soweit der Veräusserungserlös innert angemessener Frist zum Erwerb eines selbstbewirtschafteten Ersatzgrundstückes oder zur Verbesserung der eigenen, selbstbewirtschafteten land- oder forstwirtschaftlichen Grundstücke verwendet wird; VO StHG A 5 | E54

---

[1] Eingefügt durch Ziff. II 3 des Unternehmenssteuerreformgesetzes II vom 23. März 2007, in Kraft seit 1. Jan. 2009 (AS **2008** 2893; BBl **2005** 4733).
[2] SR **700**
[3] Fassung gemäss Anhang Ziff. 4 des BG vom 26. Juni 1998, in Kraft seit 1. Jan. 2000 (AS **1999** 1118; BBl **1996** I 1).
[4] SR **210**

e. Veräusserung einer dauernd und ausschliesslich selbstgenutzten Wohnliegenschaft (Einfamilienhaus oder Eigentumswohnung), soweit der dabei erzielte Erlös innert angemessener Frist zum Erwerb oder zum Bau einer gleichgenutzten Ersatzliegenschaft in der Schweiz verwendet wird. VO StHG A 5 | E54

⁴ Die Kantone können die Grundstückgewinnsteuer auch auf Gewinnen aus der Veräusserung von Grundstücken des Geschäftsvermögens des Steuerpflichtigen erheben, sofern sie diese Gewinne von der Einkommens- und Gewinnsteuer ausnehmen oder die Grundstückgewinnsteuer auf die Einkommens- und Gewinnsteuer anrechnen. In beiden Fällen gilt:

a.[1] die in den Artikeln 8 Absätze 3 und 4 und 24 Absätze 3 und 3^{quater} genannten Tatbestände sind bei der Grundstückgewinnsteuer als steueraufschiebende Veräusserung zu behandeln;

b. die Überführung eines Grundstückes sowie von Anteilen daran vom Privatvermögen ins Geschäftsvermögen darf nicht einer Veräusserung gleichgestellt werden.

⁵ Die Kantone sorgen dafür, dass kurzfristig realisierte Grundstückgewinne stärker besteuert werden.

4. Kapitel: Vermögenssteuer

Art. 13 Steuerobjekt

¹ Der Vermögenssteuer unterliegt das gesamte Reinvermögen.

² Nutzniessungsvermögen wird dem Nutzniesser zugerechnet.

³ Bei Anteilen an kollektiven Kapitalanlagen mit direktem Grundbesitz ist die Wertdifferenz zwischen den Gesamtaktiven der kollektiven Kapitalanlage und deren direktem Grundbesitz steuerbar.[2]

⁴ Hausrat und persönliche Gebrauchsgegenstände werden nicht besteuert.

Art. 14 Bewertung

¹ Das Vermögen wird zum Verkehrswert bewertet. Dabei kann der Ertragswert angemessen berücksichtigt werden. D12

² Die land- und forstwirtschaftlich genutzten Grundstücke werden zum Ertragswert bewertet. Das kantonale Recht kann bestimmen, dass bei der Bewertung der Verkehrswert mitberücksichtigt wird oder im Falle der Veräusserung oder Aufgabe der land- oder forstwirtschaftlichen Nutzung des Grundstückes eine Nachbesteuerung für die Differenz zwischen Ertrags- und Verkehrswert erfolgt. Die Nachbesteuerung darf für höchstens 20 Jahre erfolgen.

---

[1] Fassung gemäss Anhang Ziff. 8 des Fusionsgesetzes vom 3. Okt. 2003, in Kraft seit 1. Juli 2004 (AS **2004** 2617; BBl **2000** 4337).

[2] Fassung gemäss Anhang Ziff. II 7 des Kollektivanlagengesetzes vom 23. Juni 2006, in Kraft seit 1. Jan. 2007 (AS **2006** 5379; BBl **2005** 6395).

³ Immaterielle Güter und bewegliches Vermögen, die zum Geschäftsvermögen der steuerpflichtigen Person gehören, werden zu dem für die Einkommenssteuer massgeblichen Wert bewertet. Die Kantone können für Vermögen, das auf Rechte nach Artikel 8a entfällt, eine Steuerermässigung vorsehen.[1, 2]

Art. 14a[3] Bewertung von Mitarbeiterbeteiligungen

¹ Mitarbeiterbeteiligungen nach Artikel 7d Absatz 1 sind zum Verkehrswert einzusetzen. Allfällige Sperrfristen sind angemessen zu berücksichtigen.

² Mitarbeiterbeteiligungen nach den Artikeln 7d Absatz 3 und 7e sind bei Zuteilung ohne Steuerwert zu deklarieren.

5. Kapitel: Zeitliche Bemessung

Art. 15[4] Steuerperiode

¹ Als Steuerperiode gilt das Kalenderjahr.

² Die Steuern vom Einkommen und Vermögen werden für jede Steuerperiode festgesetzt und erhoben.

³ Besteht die Steuerpflicht nur während eines Teils der Steuerperiode, so wird die Steuer auf den in diesem Zeitraum erzielten Einkünften erhoben. Dabei bestimmt sich der Steuersatz für regelmässig fliessende Einkünfte nach dem auf zwölf Monate berechneten Einkommen; nicht regelmässig fliessende Einkünfte unterliegen der vollen Jahressteuer, werden aber für die Satzbestimmung nicht in ein Jahreseinkommen umgerechnet. Die Artikel 4b und 11 Absatz 3 bleiben vorbehalten. VO DBG A

Art. 16[5] Bemessung des Einkommens VO DBG A

¹ Das steuerbare Einkommen bemisst sich nach den Einkünften in der Steuerperiode.

² Für die Ermittlung des Einkommens aus selbstständiger Erwerbstätigkeit ist das Ergebnis des in der Steuerperiode abgeschlossenen Geschäftsjahres massgebend.

³ Steuerpflichtige mit selbstständiger Erwerbstätigkeit müssen in jeder Steuerperiode einen Geschäftsabschluss erstellen.

Art. 17[6] Bemessung des Vermögens

¹ Das steuerbare Vermögen bemisst sich nach dem Stand am Ende der Steuerperiode oder der Steuerpflicht.

---

[1] Zweiter Satz eingefügt durch Ziff. I 3 des BG vom 28. Sept. 2018 über die Steuerreform und die AHV-Finanzierung, in Kraft seit 1. Jan. 2020 (AS **2019** 2395 2413; BBl **2018** 2527).
[2] Fassung gemäss Ziff. II 3 des Unternehmenssteuerreformgesetzes II vom 23. März 2007, in Kraft seit 1. Jan. 2009 (AS **2008** 2893; BBl **2005** 4733).
[3] Eingefügt durch Ziff. I 2 des BG vom 17. Dez. 2010 über die Besteuerung von Mitarbeiterbeteiligungen, in Kraft seit 1. Jan. 2013 (AS **2011** 3259; BBl **2005** 575).
[4] Fassung gemäss Ziff. I 2 des BG vom 22. März 2013 über die formelle Bereinigung der zeitlichen Bemessung der direkten Steuern bei den natürlichen Personen, in Kraft seit 1. Jan. 2014 (AS **2013** 2397; BBl **2011** 3593).
[5] Fassung gemäss Ziff. I 2 des BG vom 22. März 2013 über die formelle Bereinigung der zeitlichen Bemessung der direkten Steuern bei den natürlichen Personen, in Kraft seit 1. Jan. 2014 (AS **2013** 2397; BBl **2011** 3593).
[6] Fassung gemäss Ziff. I 2 des BG vom 22. März 2013 über die formelle Bereinigung der zeitlichen Bemessung der direkten Steuern bei den natürlichen Personen, in Kraft seit 1. Jan. 2014 (AS **2013** 2397; BBl **2011** 3593).

² Für Steuerpflichtige mit selbstständiger Erwerbstätigkeit und Geschäftsjahren, die nicht mit dem Kalenderjahr übereinstimmen, bestimmt sich das steuerbare Geschäftsvermögen nach dem Eigenkapital am Ende des in der Steuerperiode abgeschlossenen Geschäftsjahres.

³ Erbt die steuerpflichtige Person während der Steuerperiode Vermögen, so wird dieses erst von dem Zeitpunkt an dem übrigen Vermögen zugerechnet, in dem es anfällt. Absatz 4 gilt sinngemäss.

⁴ Besteht die Steuerpflicht nur während eines Teils der Steuerperiode, so wird der diesem Zeitraum entsprechende Betrag erhoben. Artikel 4b Absatz 2 bleibt vorbehalten.

Art. 18[1] Veranlagung bei Begründung und Auflösung der Ehe

¹ Ehegatten, die in rechtlich und tatsächlich ungetrennter Ehe leben, werden für die ganze Steuerperiode, in der sie die Ehe geschlossen haben, nach Artikel 3 Absatz 3 veranlagt.

² Bei Scheidung, gerichtlicher oder tatsächlicher Trennung werden die Ehegatten für die ganze Steuerperiode separat veranlagt.

³ Stirbt ein in rechtlich und tatsächlich ungetrennter Ehe lebender Ehegatte, so werden bis zu seinem Todestag beide Ehegatten gemeinsam veranlagt (Art. 3 Abs. 3). Der überlebende Ehegatte wird für den Rest der Steuerperiode separat zu dem für ihn anwendbaren Tarif veranlagt. Die Artikel 15 Absatz 3 und 17 Absätze 3 und 4 gelten sinngemäss.

Art. 19 Grundstückgewinne

Die Grundstückgewinnsteuer wird für die Steuerperiode festgesetzt, in der die Gewinne erzielt worden sind.

---

[1] Fassung gemäss Ziff. I 2 des BG vom 22. März 2013 über die formelle Bereinigung der zeitlichen Bemessung der direkten Steuern bei den natürlichen Personen, in Kraft seit 1. Jan. 2014 (AS **2013** 2397; BBl **2011** 3593).

Dritter Titel: Steuern der juristischen Personen

1. Kapitel: Steuerpflicht

Art. 20 Steuerpflicht aufgrund persönlicher Zugehörigkeit

1 Kapitalgesellschaften, Genossenschaften, Vereine, Stiftungen und die übrigen juristischen Personen sind steuerpflichtig, wenn sich ihr Sitz oder ihre tatsächliche Verwaltung im Kanton befindet. Den übrigen juristischen Personen gleichgestellt sind die kollektiven Kapitalanlagen mit direktem Grundbesitz nach Artikel 58 KAG[1]. Die Investmentgesellschaften mit festem Kapital nach Artikel 110 KAG werden wie Kapitalgesellschaften besteuert.[2]

> ☞ *Art. 20 Abs. 1 zweiter Satz wird gemäss BG vom 17.12.2021 über die Änderung des KAG (L-QIF) voraussichtlich per 1.8.2023 wie folgt geändert:*
>
> *1 ... Den übrigen juristischen Personen gleichgestellt sind die kollektiven Kapitalanlagen mit direktem Grundbesitz nach Artikel 58 oder 118a KAG. ...*

2 Juristische Personen, ausländische Handelsgesellschaften und andere ausländische Personengesamtheiten ohne juristische Persönlichkeit werden den inländischen juristischen Personen gleichgestellt, denen sie rechtlich oder tatsächlich am ähnlichsten sind.

Art. 21 Steuerpflicht aufgrund wirtschaftlicher Zugehörigkeit VO StHG A 2

1 Juristische Personen mit Sitz oder mit tatsächlicher Verwaltung ausserhalb des Kantons sind steuerpflichtig, wenn sie:
   a. Teilhaber an Geschäftsbetrieben im Kanton sind;
   b. im Kanton Betriebsstätten unterhalten;
   c. an Grundstücken im Kanton Eigentum, dingliche Rechte oder diesen wirtschaftlich gleichzuachtende persönliche Nutzungsrechte haben;
   d.[3] mit im Kanton gelegenen Grundstücken handeln.

2 Juristische Personen mit Sitz und tatsächlicher Verwaltung im Ausland sind ausserdem steuerpflichtig, wenn sie:
   a. Gläubiger oder Nutzniesser von Forderungen sind, die durch Grund- oder Faustpfand auf Grundstücken im Kanton gesichert sind;
   b.[4] im Kanton gelegene Grundstücke vermitteln.

Art. 22[5] Wechsel der Steuerpflicht E52, E50

1 Verlegt eine juristische Person während einer Steuerperiode ihren Sitz oder die tatsächliche Verwaltung von einem Kanton in einen anderen Kanton, so ist sie in den beteiligten Kantonen für die gesamte Steuerperiode steuerpflichtig. Veranlagungsbehörde im Sinne des Artikels 39 Absatz 2 ist diejenige des Kantons des Sitzes oder der tatsächlichen Verwaltung am Ende der Steuerperiode.

---

[1] SR **951.31**
[2] Fassung gemäss Anhang Ziff. II 7 des Kollektivanlagengesetzes vom 23. Juni 2006, in Kraft seit 1. Jan. 2007 (AS **2006** 5379; BBl **2005** 6395).
[3] Eingefügt durch Ziff. I des BG vom 17. März 2017, in Kraft seit 1. Jan. 2019 (AS **2017** 5039; BBl **2016** 5357).
[4] Fassung gemäss Ziff. I des BG vom 17. März 2017, in Kraft seit 1. Jan. 2019 (AS **2017** 5039; BBl **2016** 5357).
[5] Fassung gemäss Ziff. I 2 des BG vom 15. Dez. 2000 zur Koordination und Vereinfachung der Veranlagungsverfahren für die direkten Steuern im interkantonalen Verhältnis (AS **2001** 1050; BBl **2000** 3898).

² Eine Steuerpflicht auf Grund wirtschaftlicher Zugehörigkeit im Sinne von Artikel 21 Absatz 1 in einem anderen Kanton als demjenigen des Sitzes oder der tatsächlichen Verwaltung besteht für die gesamte Steuerperiode, auch wenn sie während der Steuerperiode begründet, verändert oder aufgehoben wird.

³ Der Gewinn und das Kapital werden zwischen den beteiligten Kantonen in sinngemässer Anwendung der Grundsätze des Bundesrechts über das Verbot der interkantonalen Doppelbesteuerung ausgeschieden.

Art. 23 Ausnahmen

¹ Von der Steuerpflicht sind nur befreit:
   a. der Bund und seine Anstalten nach Massgabe des Bundesrechtes;
   b. der Kanton und seine Anstalten nach Massgabe des kantonalen Rechts;
   c. die Gemeinden, die Kirchgemeinden und die anderen Gebietskörperschaften des Kantons und ihre Anstalten nach Massgabe des kantonalen Rechts;
   d. die Einrichtungen der beruflichen Vorsorge von Unternehmen mit Wohnsitz, Sitz oder Betriebsstätte in der Schweiz und von ihnen nahe stehenden Unternehmen, sofern die Mittel der Einrichtung dauernd und ausschliesslich der Personalvorsorge dienen;
   e. die inländischen Sozialversicherungs- und Ausgleichskassen, insbesondere Arbeitslosen-, Krankenversicherungs-, Alters-, Invaliden- und Hinterlassenenversicherungskassen, mit Ausnahme der konzessionierten Versicherungsgesellschaften;
   f. die juristischen Personen, die öffentliche oder gemeinnützige Zwecke verfolgen, für den Gewinn und das Kapital, die ausschliesslich und unwiderruflich diesen Zwecken gewidmet sind. Unternehmerische Zwecke sind grundsätzlich nicht gemeinnützig. Der Erwerb und die Verwaltung von wesentlichen Kapitalbeteiligungen an Unternehmen gelten als gemeinnützig, wenn das Interesse an der Unternehmenserhaltung dem gemeinnützigen Zweck untergeordnet ist und keine geschäftsleitenden Tätigkeiten ausgeübt werden;
   g. die juristischen Personen, die kantonal oder gesamtschweizerisch Kultuszwecke verfolgen, für den Gewinn und das Kapital, die ausschliesslich und unwiderruflich diesen Zwecken gewidmet sind;
   h.¹ die ausländischen Staaten für ihre inländischen, ausschliesslich dem unmittelbaren Gebrauch der diplomatischen und konsularischen Vertretungen bestimmten Liegenschaften sowie die von der Steuerpflicht befreiten institutionellen Begünstigten nach Artikel 2 Absatz 1 des Gaststaatgesetzes vom 22. Juni 2007² für die Liegenschaften, die Eigentum der institutionellen Begünstigten sind und die von deren Dienststellen benützt werden;
   i.³ die kollektiven Kapitalanlagen mit direktem Grundbesitz, sofern deren Anleger ausschliesslich steuerbefreite Einrichtungen der beruflichen Vorsorge nach Buchstabe d oder steuerbefreite inländische Sozialversicherungs- und Ausgleichskassen nach Buchstabe e sind;

---

[1] Fassung gemäss Anhang Ziff. II 8 des Gaststaatgesetzes vom 22. Juni 2007, in Kraft seit 1. Jan. 2008 (AS **2007** 6637; BBl **2006** 8017).
[2] SR **192.12**
[3] Eingefügt durch Anhang Ziff. II 7 des Kollektivanlagengesetzes vom 23. Juni 2006, in Kraft seit 1. Jan. 2007 (AS **2006** 5379; BBl **2005** 6395).

j.[1] die vom Bund konzessionierten Verkehrs- und Infrastrukturunternehmen, die für diese Tätigkeit Abgeltungen erhalten oder aufgrund ihrer Konzession einen ganzjährigen Betrieb von nationaler Bedeutung aufrecht erhalten müssen; die Steuerbefreiung erstreckt sich auch auf Gewinne aus der konzessionierten Tätigkeit, die frei verfügbar sind; von der Steuerbefreiung ausgenommen sind jedoch Nebenbetriebe und Liegenschaften, die keine notwendige Beziehung zur konzessionierten Tätigkeit haben. E65

2 ...[2]

3 Die Kantone können auf dem Wege der Gesetzgebung für Unternehmen, die neu eröffnet werden und dem wirtschaftlichen Interesse des Kantons dienen, für das Gründungsjahr und die neun folgenden Jahre Steuererleichterungen vorsehen. Eine wesentliche Änderung der betrieblichen Tätigkeit kann einer Neugründung gleichgestellt werden. N 6

4 Die in Absatz 1 Buchstaben d-g und i genannten juristischen Personen unterliegen jedoch in jedem Fall der Grundstückgewinnsteuer. Die Bestimmungen über Ersatzbeschaffungen (Art. 8 Abs. 4), über Abschreibungen (Art. 10 Abs. 1 Bst. a), über Rückstellungen (Art. 10 Abs. 1 Bst. b) und über den Verlustabzug (Art. 10 Abs. 1 Bst. c) gelten sinngemäss.[3]

2. Kapitel: Gewinnsteuer

1. Abschnitt: Steuerobjekt

Art. 24 Allgemeines

1 Der Gewinnsteuer unterliegt der gesamte Reingewinn. Dazu gehören auch:
   a. der der Erfolgsrechnung belastete, geschäftsmässig nicht begründete Aufwand;
   b. die der Erfolgsrechnung nicht gutgeschriebenen Erträge, Kapital-, Liquidations- und Aufwertungsgewinne;
   c.[4] die Zinsen auf verdecktem Eigenkapital (Art. 29a).

2 Kein steuerbarer Gewinn entsteht durch:
   a. Kapitaleinlagen von Mitgliedern von Kapitalgesellschaften und Genossenschaften einschliesslich Aufgelder und Leistungen *à fonds perdu*;
   b. Verlegung des Sitzes, der Verwaltung, eines Geschäftsbetriebes oder einer Betriebsstätte in einen andern Kanton, soweit keine Veräusserungen oder buchmässigen Aufwertungen vorgenommen werden;
   c. Kapitalzuwachs aus Erbschaft, Vermächtnis oder Schenkung.

---

[1] Eingefügt durch Ziff. II 11 des BG vom 20. März 2009 über die Bahnreform 2, in Kraft seit 1. Jan. 2010 (AS **2009** 5597; BBl **2005** 2415, **2007** 2681).
[2] Aufgehoben durch Ziff. II 11 des BG vom 20. März 2009 über die Bahnreform 2, mit Wirkung seit 1. Jan. 2010 (AS **2009** 5597; BBl **2005** 2415, **2007** 2681).
[3] Fassung gemäss Anhang Ziff. II 7 des Kollektivanlagengesetzes vom 23. Juni 2006, in Kraft seit 1. Jan. 2007 (AS **2006** 5379; BBl **2005** 6395).
[4] Fassung gemäss Ziff. I 2 des BG vom 26. Sept. 2014 (Anpassung an die allgemeinen Bestimmungen des StGB), in Kraft seit 1. Jan. 2017 (AS **2015** 779; BBl **2012** 2869).

³ Stille Reserven einer juristischen Person werden bei Umstrukturierungen, insbesondere im Fall der Fusion, Spaltung oder Umwandlung, nicht besteuert, soweit die Steuerpflicht in der Schweiz fortbesteht und die bisher für die Gewinnsteuer massgeblichen Werte übernommen werden:
   a. bei der Umwandlung in eine Personenunternehmung oder in eine andere juristische Person;
   b. bei der Auf- oder Abspaltung einer juristischen Person, sofern ein oder mehrere Betriebe oder Teilbetriebe übertragen werden und soweit die nach der Spaltung bestehenden juristischen Personen einen Betrieb oder Teilbetrieb weiterführen;
   c. beim Austausch von Beteiligungs- oder Mitgliedschaftsrechten anlässlich von Umstrukturierungen oder von fusionsähnlichen Zusammenschlüssen;
   d. bei der Übertragung von Betrieben oder Teilbetrieben, sowie von Gegenständen des betrieblichen Anlagevermögens auf eine inländische Tochtergesellschaft. Als Tochtergesellschaft gilt eine Kapitalgesellschaft oder Genossenschaft, an der die übertragende Kapitalgesellschaft oder Genossenschaft zu mindestens 20 Prozent am Grund- oder Stammkapital beteiligt ist.[1]

³ᵇⁱˢ Überträgt eine Kapitalgesellschaft oder Genossenschaft eine Beteiligung auf eine ausländische Konzerngesellschaft, so wird für die Differenz zwischen dem Gewinnsteuerwert und dem Verkehrswert der Beteiligung die Besteuerung aufgeschoben.[2] Der Steueraufschub entfällt, wenn die übertragene Beteiligung an einen konzernfremden Dritten veräussert wird, wenn die Gesellschaft, deren Beteiligungsrechte übertragen wurden, ihre Aktiven und Passiven in wesentlichem Umfang veräussert oder wenn sie liquidiert wird.[3]

³ᵗᵉʳ Bei einer Übertragung auf eine Tochtergesellschaft nach Absatz 3 Buchstabe d werden die übertragenen stillen Reserven im Verfahren nach Artikel 53 nachträglich besteuert, soweit während den der Umstrukturierung nachfolgenden fünf Jahren die übertragenen Vermögenswerte oder Beteiligungs- oder Mitgliedschaftsrechte an der Tochtergesellschaft veräussert werden; die Tochtergesellschaft kann in diesem Fall entsprechende, als Gewinn versteuerte stille Reserven geltend machen.[4]

³ᵍᵘᵃᵗᵉʳ Zwischen inländischen Kapitalgesellschaften und Genossenschaften, welche nach dem Gesamtbild der tatsächlichen Verhältnisse durch Stimmenmehrheit oder auf andere Weise unter einheitlicher Leitung einer Kapitalgesellschaft oder Genossenschaft zusammengefasst sind, können direkt oder indirekt gehaltene Beteiligungen von mindestens 20 Prozent am Grund- oder Stammkapital einer anderen Kapitalgesellschaft oder Genossenschaft, Betriebe oder Teilbetriebe sowie Gegenstände des betrieblichen Anlagevermögens zu den bisher für die Gewinnsteuer massgeblichen Werten übertragen werden. Vorbehalten bleibt die Übertragung auf eine inländische Tochtergesellschaft nach Absatz 3 Buchstabe d.[5]

---

[1] Fassung gemäss Anhang Ziff. 8 des Fusionsgesetzes vom 3. Okt. 2003, in Kraft seit 1. Juli 2004 (AS **2004** 2617; BBl **2000** 4337).
[2] Fassung gemäss Ziff. I 3 des BG vom 28. Sept. 2018 über die Steuerreform und die AHV-Finanzierung, in Kraft seit 1. Jan. 2020 (AS **2019** 2395 2413; BBl **2018** 2527).
[3] Eingefügt durch Ziff. I 2 des BG vom 10. Okt. 1997 über die Reform der Unternehmensbesteuerung 1997, in Kraft seit 1. Jan. 1998 (AS **1998** 669; BBl **1997** II 1164).
[4] Eingefügt durch Anhang Ziff. 8 des Fusionsgesetzes vom 3. Okt. 2003, in Kraft seit 1. Juli 2004 (AS **2004** 2617; BBl **2000** 4337).
[5] Eingefügt durch Anhang Ziff. 8 des Fusionsgesetzes vom 3. Okt. 2003, in Kraft seit 1. Juli 2004 (AS **2004** 2617; BBl **2000** 4337). Fassung des zweiten Satzes gemäss Ziff. I 3 des BG vom 28. Sept. 2018 über die Steuerreform und die AHV-Finanzierung, in Kraft seit 1. Jan. 2020 (AS **2019** 2395 2413; BBl **2018** 2527).

³ quinquies Werden im Fall einer Übertragung nach Absatz 3^quater während der nachfolgenden fünf Jahre die übertragenen Vermögenswerte veräussert oder wird während dieser Zeit die einheitliche Leitung aufgegeben, so werden die übertragenen stillen Reserven im Verfahren nach Artikel 53 nachträglich besteuert. Die begünstigte juristische Person kann in diesem Fall entsprechende, als Gewinn versteuerte stille Reserven geltend machen. Die im Zeitpunkt der Sperrfristverletzung unter einheitlicher Leitung zusammengefassten inländischen Kapitalgesellschaften und Genossenschaften haften für die Nachsteuer solidarisch.[1]

⁴ Die Bestimmungen über Ersatzbeschaffungen (Art. 8 Abs. 4), über Abschreibungen (Art. 10 Abs. 1 Bst. a), über Rückstellungen (Art. 10 Abs. 1 Bst. b) und über den Verlustabzug (Art. 10 Abs. 1 Bst. c) gelten sinngemäss. E54

⁴ᵇⁱˢ Beim Ersatz von Beteiligungen können die stillen Reserven auf eine neue Beteiligung übertragen werden, sofern die veräusserte Beteiligung mindestens 10 Prozent des Grund- oder Stammkapitals oder mindestens 10 Prozent des Gewinns und der Reserven der anderen Gesellschaft ausmacht und diese Beteiligung während mindestens eines Jahres im Besitz der Kapitalgesellschaft oder Genossenschaft war.[2]

⁵ Leistungen, welche gemischtwirtschaftliche, im öffentlichen Interesse tätige Unternehmen überwiegend an nahe stehende Personen erbringen, sind zum jeweiligen Marktpreis, zu den jeweiligen Gestehungskosten zuzüglich eines angemessenen Aufschlages oder zum jeweiligen Endverkaufspreis abzüglich einer angemessenen Gewinnmarge zu bewerten; das Ergebnis eines jeden Unternehmens ist entsprechend zu berichtigen.

Art. 24a[3] Patente und vergleichbare Rechte: Begriffe E31

¹ Als Patente gelten:
a. Patente nach dem Europäischen Patentübereinkommen vom 5. Oktober 1973[4] in seiner revidierten Fassung vom 29. November 2000 mit Benennung Schweiz;
b. Patente nach dem Patentgesetz vom 25. Juni 1954[5];
c. ausländische Patente, die den Patenten nach den Buchstaben a oder b entsprechen.

² Als vergleichbare Rechte gelten:
a. ergänzende Schutzzertifikate nach dem Patentgesetz vom 25. Juni 1954 und deren Verlängerung;
b. Topographien, die nach dem Topographiengesetz vom 9. Oktober 1992[6] geschützt sind;
c. Pflanzensorten, die nach dem Sortenschutzgesetz vom 20. März 1975[7] geschützt sind;

---

[1] Eingefügt durch Anhang Ziff. 8 des Fusionsgesetzes vom 3. Okt. 2003, in Kraft seit 1. Juli 2004 (AS **2004** 2617; BBl **2000** 4337).
[2] Eingefügt durch Anhang Ziff. 8 des Fusionsgesetzes vom 3. Okt. 2003 (AS **2004** 2617; BBl **2000** 4337). Fassung gemäss Ziff. II 3 des Unternehmenssteuerreformgesetzes II vom 23. März 2007, in Kraft seit 1. Jan. 2009 (AS **2008** 2893; BBl **2005** 4733).
[3] Eingefügt durch Ziff. I 3 des BG vom 28. Sept. 2018 über die Steuerreform und die AHV-Finanzierung, in Kraft seit 1. Jan. 2020 (AS **2019** 2395 2413; BBl **2018** 2527).
[4] SR **0.232.142.2**
[5] SR **232.14**
[6] SR **231.2**
[7] SR **232.16**

d. Unterlagen, die nach dem Heilmittelgesetz vom 15. Dezember 2000[1] geschützt sind;
e. Berichte, für die gestützt auf Ausführungsbestimmungen zum Landwirtschaftsgesetz vom 29. April 1998[2] ein Berichtschutz besteht;
f. ausländische Rechte, die den Rechten nach den Buchstaben a–e entsprechen.

Art. 24b[3] Patente und vergleichbare Rechte: Besteuerung VO StHG B | C102, E66, E31

¹ Der Reingewinn aus Patenten und vergleichbaren Rechten wird auf Antrag der steuerpflichtigen Person im Verhältnis des qualifizierenden Forschungs- und Entwicklungsaufwands zum gesamten Forschungs- und Entwicklungsaufwand pro Patent oder vergleichbares Recht (Nexusquotient) mit einer Ermässigung von 90 Prozent in die Berechnung des steuerbaren Reingewinns einbezogen. Die Kantone können eine geringere Ermässigung vorsehen.

² Der Reingewinn aus Patenten und vergleichbaren Rechten, die in Produkten enthalten sind, ermittelt sich, indem der Reingewinn aus diesen Produkten jeweils um 6 Prozent der diesen Produkten zugewiesenen Kosten sowie um das Markenentgelt vermindert wird.

³ Wird der Reingewinn aus Patenten und vergleichbaren Rechten erstmals ermässigt besteuert, so werden der in vergangenen Steuerperioden bereits berücksichtigte Forschungs- und Entwicklungsaufwand sowie ein allfälliger Abzug nach Artikel 25a zum steuerbaren Reingewinn hinzugerechnet. Im Umfang des hinzugerechneten Betrags ist eine versteuerte stille Reserve zu bilden. Die Kantone können diese Besteuerung innert fünf Jahren ab Beginn der ermässigten Besteuerung auf andere Weise sicherstellen.

⁴ Der Bundesrat erlässt weiterführende Bestimmungen, insbesondere:
a. zur Berechnung des ermässigt steuerbaren Reingewinns aus Patenten und vergleichbaren Rechten, namentlich zum Nexusquotienten;
b. zur Anwendung der Regelung auf Produkte, die nur geringe Abweichungen voneinander aufweisen und denen dieselben Patente und vergleichbaren Rechte zugrunde liegen;
c. zu den Dokumentationspflichten;
d. zum Beginn und Ende der ermässigten Besteuerung; und
e. zur Behandlung der Verluste aus Patenten und vergleichbaren Rechten.

Art. 24c[4] Aufdeckung stiller Reserven bei Beginn der Steuerpflicht StHG 78g | E66

¹ Deckt die steuerpflichtige Person bei Beginn der Steuerpflicht stille Reserven einschliesslich des selbst geschaffenen Mehrwerts auf, so unterliegen diese nicht der Gewinnsteuer. Nicht aufgedeckt werden dürfen stille Reserven einer Kapitalgesellschaft oder Genossenschaft aus Beteiligungen von mindestens 10 Prozent am Grund- oder Stammkapital oder am Gewinn und an den Reserven einer anderen Gesellschaft.

---

[1] SR **812.21**
[2] SR **910.1**
[3] Eingefügt durch Ziff. I 3 des BG vom 28. Sept. 2018 über die Steuerreform und die AHV-Finanzierung, in Kraft seit 1. Jan. 2020 (AS **2019** 2395 2413; BBl **2018** 2527).
[4] Eingefügt durch Ziff. I 3 des BG vom 28. Sept. 2018 über die Steuerreform und die AHV-Finanzierung, in Kraft seit 1. Jan. 2020 (AS **2019** 2395 2413; BBl **2018** 2527).

² Als Beginn der Steuerpflicht gelten die Verlegung von Vermögenswerten, Betrieben, Teilbetrieben oder Funktionen aus dem Ausland in einen inländischen Geschäftsbetrieb oder in eine inländische Betriebsstätte, das Ende einer Steuerbefreiung nach Artikel 23 Absatz 1 sowie die Verlegung des Sitzes oder der tatsächlichen Verwaltung in die Schweiz.

³ Die aufgedeckten stillen Reserven sind jährlich zum Satz abzuschreiben, der für Abschreibungen auf den betreffenden Vermögenswerten steuerlich angewendet wird.

⁴ Der aufgedeckte selbst geschaffene Mehrwert ist innert zehn Jahren abzuschreiben.

Art. 24d[1] Besteuerung stiller Reserven am Ende der Steuerpflicht

¹ Endet die Steuerpflicht, so werden die in diesem Zeitpunkt vorhandenen, nicht versteuerten stillen Reserven einschliesslich des selbst geschaffenen Mehrwerts besteuert.

² Als Ende der Steuerpflicht gelten die Verlegung von Vermögenswerten, Betrieben, Teilbetrieben oder Funktionen aus dem Inland in einen ausländischen Geschäftsbetrieb oder in eine ausländische Betriebsstätte, der Übergang zu einer Steuerbefreiung nach Artikel 23 Absatz 1 sowie die Verlegung des Sitzes oder der tatsächlichen Verwaltung ins Ausland.

Art. 25 Aufwand

¹ Zum geschäftsmässig begründeten Aufwand gehören auch:

a.[2] die eidgenössischen, kantonalen und kommunalen Steuern;
b. die Zuwendungen an Vorsorgeeinrichtungen zugunsten des eigenen Personals, sofern jede zweckwidrige Verwendung ausgeschlossen ist;
c.[3] die freiwilligen Leistungen von Geld und übrigen Vermögenswerten bis zu dem nach kantonalem Recht bestimmten Ausmass an juristische Personen mit Sitz in der Schweiz, die im Hinblick auf ihre öffentlichen oder gemeinnützigen Zwecke von der Steuerpflicht befreit sind (Art. 23 Abs. 1 Bst. f), sowie an Bund, Kantone, Gemeinden und deren Anstalten (Art. 23 Abs.1 Bst. a–c);
d. die Rabatte, Skonti, Umsatzbonifikationen und Rückvergütungen auf dem Entgelt für Lieferungen und Leistungen sowie zur Verteilung an die Versicherten bestimmte Überschüsse von Versicherungsgesellschaften;
e.[4] die Kosten der berufsorientierten Aus- und Weiterbildung, einschliesslich Umschulungskosten, des eigenen Personals;
f.[5] gewinnabschöpfende Sanktionen, soweit sie keinen Strafzweck haben.

---

1 Eingefügt durch Ziff. I 3 des BG vom 28. Sept. 2018 über die Steuerreform und die AHV-Finanzierung, in Kraft seit 1. Jan. 2020 (AS **2019** 2395 2413; BBl **2018** 2527).
2 Fassung gemäss Ziff. I 2 des BG vom 19. Juni 2020 über die steuerliche Behandlung finanzieller Sanktionen, in Kraft seit 1. Jan. 2022 (AS **2020** 5121; BBl **2016** 8503).
3 Fassung gemäss Anhang Ziff. 4 des BG vom 8. Okt. 2004 (Stiftungsrecht), in Kraft seit 1. Jan. 2006 (AS **2005** 4545; BBl **2003** 8153 8191).
4 Eingefügt durch Ziff. I 2 des BG vom 27. Sept. 2013 über die steuerliche Behandlung der berufsorientierten Aus- und Weiterbildungskosten, in Kraft seit 1. Jan. 2016 (AS **2014** 1105; BBl **2011** 2607).
5 Eingefügt durch Ziff. I 2 des BG vom 19. Juni 2020 über die steuerliche Behandlung finanzieller Sanktionen, in Kraft seit 1. Jan. 2022 (AS **2020** 5121; BBl **2016** 8503).

¹ᵇⁱˢ Nicht zum geschäftsmässig begründeten Aufwand gehören insbesondere:
  a. Zahlungen von Bestechungsgeldern im Sinne des schweizerischen Strafrechts;
  b. Aufwendungen zur Ermöglichung von Straftaten oder als Gegenleistung für die Begehung von Straftaten;
  c. Bussen;
  d. finanzielle Verwaltungssanktionen, soweit sie einen Strafzweck haben.¹

¹ᵗᵉʳ Sind Sanktionen nach Absatz 1ᵇⁱˢ Buchstaben c und d von einer ausländischen Straf- oder Verwaltungsbehörde verhängt worden, so sind sie abziehbar, wenn:
  a. die Sanktion gegen den schweizerischen Ordre public verstösst; oder
  b. die steuerpflichtige Person glaubhaft darlegt, dass sie alles Zumutbare unternommen hat, um sich rechtskonform zu verhalten.²

² Vom Reingewinn der Steuerperiode werden die Verluste aus den sieben der Steuerperiode (Art. 31 Abs. 2) vorangegangenen Geschäftsjahren abgezogen, soweit sie bei der Berechnung des steuerbaren Reingewinns dieser Jahre nicht berücksichtigt werden konnten.³ E59, E58, E50

³ Mit Leistungen zum Ausgleich einer Unterbilanz im Rahmen einer Sanierung, die nicht Kapitaleinlagen im Sinne von Artikel 24 Absatz 2 Buchstabe a sind, können auch Verluste verrechnet werden, die in früheren Geschäftsperioden entstanden und noch nicht mit Gewinnen verrechnet werden konnten.

⁴ Die Absätze 2 und 3 gelten auch bei Verlegung des Sitzes oder der tatsächlichen Verwaltung innerhalb der Schweiz.⁴ E50

Art. 25a⁵ Zusätzlicher Abzug von Forschungs- und Entwicklungsaufwand E66, E31

¹ Die Kantone können auf Antrag Forschungs- und Entwicklungsaufwand, welcher der steuerpflichtigen Person direkt oder durch Dritte im Inland indirekt entstanden ist, um höchstens 50 Prozent über den geschäftsmässig begründeten Forschungs- und Entwicklungsaufwand hinaus zum Abzug zulassen.

² Als Forschung und Entwicklung gelten die wissenschaftliche Forschung und die wissenschaftsbasierte Innovation nach Artikel 2 des Bundesgesetzes vom 14. Dezember 2012⁶ über die Förderung der Forschung und Innovation.

³ Ein erhöhter Abzug ist zulässig auf:
  a. dem direkt zurechenbaren Personalaufwand für Forschung und Entwicklung, zuzüglich eines Zuschlags von 35 Prozent dieses Personalaufwands, höchstens aber bis zum gesamten Aufwand der steuerpflichtigen Person;

---

1 Eingefügt durch Ziff. II des BG vom 22. Dez. 1999 über die Unzulässigkeit steuerlicher Abzüge von Bestechungsgeldern (AS **2000** 2147; BBl **1997** II 1037, IV 1336). Fassung gemäss Ziff. I 2 des BG vom 19. Juni 2020 über die steuerliche Behandlung finanzieller Sanktionen, in Kraft seit 1. Jan. 2022 (AS **2020** 5121; BBl **2016** 8503).
2 Eingefügt durch Ziff. I 2 des BG vom 19. Juni 2020 über die steuerliche Behandlung finanzieller Sanktionen, in Kraft seit 1. Jan. 2022 (AS **2020** 5121; BBl **2016** 8503).
3 Fassung gemäss Ziff. I 2 des BG vom 15. Dez. 2000 zur Koordination und Vereinfachung der Veranlagungsverfahren für die direkten Steuern im interkantonalen Verhältnis (AS **2001** 1050; BBl **2000** 3898).
4 Eingefügt durch Ziff. I 2 des BG vom 15. Dez. 2000 zur Koordination und Vereinfachung der Veranlagungsverfahren für die direkten Steuern im interkantonalen Verhältnis (AS **2001** 1050; BBl **2000** 3898).
5 Eingefügt durch Ziff. I 3 des BG vom 28. Sept. 2018 über die Steuerreform und die AHV-Finanzierung, in Kraft seit 1. Jan. 2020 (AS **2019** 2395 2413; BBl **2018** 2527).
6 SR **420.1**

b. 80 Prozent des Aufwands für durch Dritte in Rechnung gestellte Forschung und Entwicklung.

⁴ Ist der Auftraggeber der Forschung und Entwicklung abzugsberechtigt, so steht dem Auftragnehmer dafür kein Abzug zu.

Art. 25a^{bis}[1] Abzug auf Eigenfinanzierung   VO StHG C | C103, E66

¹ Zum geschäftsmässig begründeten Aufwand gehört auch der Abzug für Eigenfinanzierung, sofern das kantonale Gesetz dies vorsieht und im Hauptort des Kantons das kumulierte Steuermass von Kanton, Gemeinde und allfälligen anderen Selbstverwaltungskörpern über den gesamten Tarifverlauf mindestens 13,5 Prozent beträgt. Der Abzug entspricht dem kalkulatorischen Zins auf dem Sicherheitseigenkapital.

² Das Sicherheitseigenkapital entspricht dem Teil des in der Schweiz steuerbaren Eigenkapitals vor einer Ermässigung nach Artikel 29 Absatz 3, der das für die Geschäftstätigkeit langfristig benötigte Eigenkapital übersteigt. Es wird mittels Eigenkapitalunterlegungssätzen berechnet, die nach dem Risiko der Kategorie der Aktiven abgestuft sind.

³ Ausgeschlossen ist ein kalkulatorischer Zins auf:
   a. Beteiligungen nach Artikel 28 Absatz 1;
   b. nicht betriebsnotwendigen Aktiven;
   c. Aktiven nach Artikel 24*a*;
   d. den nach Artikel 24*c* aufgedeckten stillen Reserven einschliesslich des selbst geschaffenen Mehrwerts sowie auf vergleichbaren unversteuert aufgedeckten stillen Reserven;
   e. Aktiven im Zusammenhang mit Transaktionen, die eine ungerechtfertigte Steuerersparnis bewirken, namentlich Forderungen aller Art gegenüber Nahestehenden, soweit diese Forderungen aus der Veräusserung von Beteiligungen nach Artikel 28 Absätze 1–1ter oder Ausschüttungen stammen.

⁴ Der kalkulatorische Zinssatz auf dem Sicherheitseigenkapital richtet sich nach der Rendite von zehnjährigen Bundesobligationen. Soweit das Sicherheitseigenkapital anteilmässig auf Forderungen aller Art gegenüber Nahestehenden entfällt, kann ein dem Drittvergleich entsprechender Zinssatz geltend gemacht werden; Absatz 3 Buchstabe e bleibt vorbehalten.   B84

⁵ Die Berechnung des kalkulatorischen Zinses auf dem Sicherheitseigenkapital erfolgt am Ende der Steuerperiode auf der Grundlage:
   a. des Durchschnittswerts der einzelnen Aktiven, bewertet zu Gewinnsteuerwerten während der Steuerperiode;
   b. des Durchschnittswertes des Eigenkapitals während der Steuerperiode;
   c. der Eigenkapitalunterlegungssätze nach den Absätzen 2 und 3; und
   d. der Bestimmungen zum kalkulatorischen Zinssatz nach Absatz 4.

⁶ Der Bundesrat erlässt die erforderlichen Ausführungsbestimmungen zu den Absätzen 2–5.

---

[1] Eingefügt durch Ziff. I 3 des BG vom 28. Sept. 2018 über die Steuerreform und die AHV-Finanzierung, in Kraft seit 1. Jan. 2020 (AS 2019 2395 2413; BBl 2018 2527).

Art. 25b[1] Entlastungsbegrenzung E66

1 Die gesamte steuerliche Ermässigung nach den Artikeln 24b Absätze 1 und 2, 25a und 25a^{bis} darf nicht höher sein als 70 Prozent des steuerbaren Gewinns vor Verlustverrechnung, wobei der Nettobeteiligungsertrag nach Artikel 28 Absätze 1 und 1bis ausgeklammert wird, und vor Abzug der vorgenommenen Ermässigungen.

2 Die Kantone können eine geringere Ermässigung vorsehen.

3 Es dürfen weder aus den einzelnen Ermässigungen noch aus der gesamten steuerlichen Ermässigung Verlustvorträge resultieren.

Art. 26 Gewinn von Vereinen, Stiftungen und kollektiven Kapitalanlagen[2]

1 Die Mitgliederbeiträge an die Vereine und die Einlagen in das Vermögen der Stiftungen werden nicht zum steuerbaren Gewinn gerechnet.

2 Von den steuerbaren Erträgen der Vereine können die zur Erzielung dieser Erträge erforderlichen Aufwendungen in vollem Umfang abgezogen werden, andere Aufwendungen nur insoweit, als sie die Mitgliederbeiträge übersteigen.

3 Die kollektiven Kapitalanlagen mit direktem Grundbesitz unterliegen der Gewinnsteuer für den Ertrag aus direktem Grundbesitz.[3]

Art. 26a[4] Gewinne von juristischen Personen mit ideellen Zwecken

Gewinne von juristischen Personen mit ideellen Zwecken werden nicht besteuert, sofern sie einen nach kantonalem Recht bestimmten Betrag nicht übersteigen und ausschliesslich und unwiderruflich diesen Zwecken gewidmet sind.

2. Abschnitt: Steuerberechnung

Art. 27 Allgemeines

1 Kapitalgesellschaften und Genossenschaften werden nach dem gleichen Tarif besteuert.

2 Allfällige Minimalsteuern auf Ersatzfaktoren werden an die Gewinn- und Kapitalsteuern angerechnet.

---

[1] Eingefügt durch Ziff. I 3 des BG vom 28. Sept. 2018 über die Steuerreform und die AHV-Finanzierung, in Kraft seit 1. Jan. 2020 (AS **2019** 2395 2413; BBl **2018** 2527).

[2] Fassung gemäss Anhang Ziff. II 7 des Kollektivanlagengesetzes vom 23. Juni 2006, in Kraft seit 1. Jan. 2007 (AS **2006** 5379; BBl **2005** 6395).

[3] Fassung gemäss Anhang Ziff. II 7 des Kollektivanlagengesetzes vom 23. Juni 2006, in Kraft seit 1. Jan. 2007 (AS **2006** 5379; BBl **2005** 6395).

[4] Eingefügt durch Ziff. I 2 des BG vom 20. März 2015 über die Gewinnbesteuerung von juristischen Personen mit ideellen Zwecken, in Kraft seit 1. Jan. 2016 (AS **2015** 2947; BBl **2014** 5369).

Art. 28 Besondere Fälle

¹ Ist eine Kapitalgesellschaft oder Genossenschaft zu mindestens 10 Prozent am Grund- oder Stammkapital oder am Gewinn und an den Reserven einer anderen Gesellschaft beteiligt oder haben ihre Beteiligungsrechte einen Verkehrswert von mindestens einer Million Franken, so ermässigt sich die Gewinnsteuer im Verhältnis des Nettoertrages aus den Beteiligungsrechten zum gesamten Reingewinn.[1] Der Nettoertrag entspricht dem Ertrag dieser Beteiligungen abzüglich des darauf entfallenden Finanzierungsaufwandes und eines Beitrages von 5 Prozent zur Deckung des Verwaltungsaufwandes; der Nachweis des effektiven Verwaltungsaufwandes bleibt vorbehalten. Als Finanzierungsaufwand gelten Schuldzinsen sowie weiterer Aufwand, der wirtschaftlich den Schuldzinsen gleichzustellen ist.[2]

¹ᵇⁱˢ Die Kantone können die Ermässigung auf Kapitalgewinne aus Beteiligungen sowie auf Erlöse aus dazugehörigen Bezugsrechten ausdehnen, wenn die veräusserte Beteiligung mindestens 10 Prozent des Grund- oder Stammkapitals einer anderen Gesellschaft betrug oder einen Anspruch auf mindestens 10 Prozent des Gewinns und der Reserven einer anderen Gesellschaft begründete und während mindestens eines Jahres im Besitz der Kapitalgesellschaft oder Genossenschaft war. Fällt die Beteiligungsquote infolge Teilveräusserung unter 10 Prozent, so kann die Ermässigung für jeden folgenden Veräusserungsgewinn nur gewährt werden, wenn die Beteiligungsrechte am Ende des Steuerjahres vor dem Verkauf einen Verkehrswert von mindestens einer Million Franken hatten.[3]

¹ᵗᵉʳ Bei der Berechnung der Ermässigung wird der Veräusserungserlös nur so weit berücksichtigt, als er die Gestehungskosten übersteigt. Wertberichtigungen sowie Abschreibungen auf den Gestehungskosten von Beteiligungen von mindestens 10 Prozent werden dem steuerbaren Gewinn zugerechnet, soweit sie nicht mehr begründet sind.[4]

¹ᑫᵘᵃᵗᵉʳ Bei Konzernobergesellschaften von systemrelevanten Banken nach Artikel 7 Absatz 1 des Bankengesetzes vom 8. November 1934[5] (BankG) werden für die Berechnung des Nettoertrags nach Absatz 1 der Finanzierungsaufwand und die Forderung in der Bilanz aus konzernintern weitergegebenen Mitteln nicht berücksichtigt, wenn diese Mittel aus Fremdkapitalinstrumenten nach den Artikeln 11 Absatz 4 oder 30b Absatz 6 oder 7 Buchstabe b BankG stammen, die von der Eidgenössischen Finanzmarktaufsicht im Hinblick auf die Erfüllung regulatorischer Erfordernisse genehmigt wurden.[6]

² ⁻⁵ ...[7]

---

[1] Fassung gemäss Ziff. II 3 des Unternehmenssteuerreformgesetzes II vom 23. März 2007, in Kraft seit 1. Jan. 2009 (AS **2008** 2893; BBl **2005** 4733).

[2] Fassung gemäss Ziff. I 2 des BG vom 10. Okt. 1997 über die Reform der Unternehmensbesteuerung 1997, in Kraft seit 1. Jan. 1998 (AS **1998** 669; BBl **1997** II 1164).

[3] Eingefügt durch Ziff. I 2 des BG vom 10. Okt. 1997 über die Reform der Unternehmensbesteuerung 1997 (AS **1998** 669; BBl **1997** II 1164). Fassung gemäss Ziff. II 3 des Unternehmenssteuerreformgesetzes II vom 23. März 2007, in Kraft seit 1. Jan. 2009 (AS **2008** 2893; BBl **2005** 4733).

[4] Eingefügt durch Ziff. II 3 des Unternehmenssteuerreformgesetzes II vom 23. März 2007, in Kraft seit 1. Jan. 2009 (AS **2008** 2893; BBl **2005** 4733).

[5] SR **952.0**

[6] Eingefügt durch Ziff. I 2 des BG vom 14. Dez. 2018 über die Berechnung des Beteiligungsabzugs bei systemrelevanten Banken (AS **2019** 1207; BBl **2018** 1263). Fassung gemäss Anhang Ziff. 6 des BG vom 17. Dez. 2021 (Insolvenz und Einlagensicherung), in Kraft seit 1. Jan. 2023 (AS **2022** 732; BBl **2020** 6359).

[7] Aufgehoben durch Ziff. I 3 des BG vom 28. Sept. 2018 über die Steuerreform und die AHV-Finanzierung, mit Wirkung seit 1. Jan. 2020 (AS **2019** 2395 2113₁ BBl **2018** 2527).

⁶ Andere Ausnahmen von der ordentlichen Steuerberechnung gemäss Artikel 27 sind nicht zulässig.

3. Kapitel: Kapitalsteuer

Art. 29 Steuerobjekt; im Allgemeinen[1]

¹ Gegenstand der Kapitalsteuer ist das Eigenkapital.

² Das steuerbare Eigenkapital besteht:
  a. bei Kapitalgesellschaften und Genossenschaften aus dem einbezahlten Grund- oder Stammkapital, den offenen und den aus versteuertem Gewinn gebildeten stillen Reserven;
  b.[2] ...
  c. bei Vereinen, Stiftungen und den übrigen juristischen Personen aus dem Reinvermögen, wie es nach den Bestimmungen für die natürlichen Personen berechnet wird.

³ Die Kantone können für Eigenkapital, das auf Beteiligungsrechte nach Artikel 28 Absatz 1, auf Rechte nach Artikel 24a sowie auf Darlehen an Konzerngesellschaften entfällt, eine Steuerermässigung vorsehen.[3] E66

Art. 29a[4] **Steuerobjekt; verdecktes Eigenkapital**

Das steuerbare Eigenkapital von Kapitalgesellschaften und Genossenschaften wird um den Teil des Fremdkapitals erhöht, dem wirtschaftlich die Bedeutung von Eigenkapital zukommt.

Art. 30 Steuerberechnung

¹ Kapitalgesellschaften und Genossenschaften werden nach dem gleichen Tarif besteuert.

² Die Kantone können die Gewinnsteuer an die Kapitalsteuer anrechnen.[5]

4. Kapitel: Zeitliche Bemessung

Art. 31

¹ Die Steuern vom Reingewinn und vom Eigenkapital werden für jede Steuerperiode festgesetzt und erhoben.

² Als Steuerperiode gilt das Geschäftsjahr. Die Steuerpflichtigen müssen in jedem Kalenderjahr, ausgenommen im Gründungsjahr, einen Geschäftsabschluss mit Bilanz und Erfolgsrechnung erstellen. Umfasst ein Geschäftsjahr mehr oder weniger als zwölf Monate, so bestimmt sich der Steuersatz für die Gewinnsteuer nach dem auf zwölf Monate berechneten Reingewinn.

---

[1] Fassung gemäss Ziff. II des BG vom 7. Okt. 1994, in Kraft seit 1. Jan. 1995 (AS **1995** 1449; BBl **1994** II 357).
[2] Aufgehoben durch Ziff. I 3 des BG vom 28. Sept. 2018 über die Steuerreform und die AHV-Finanzierung, mit Wirkung seit 1. Jan. 2020 (AS **2019** 2395 2413; BBl **2018** 2527).
[3] Fassung gemäss Ziff. I 3 des BG vom 28. Sept. 2018 über die Steuerreform und die AHV-Finanzierung, in Kraft seit 1. Jan. 2020 (AS **2019** 2395 2413; BBl **2018** 2527).
[4] Eingefügt durch Ziff. II des BG vom 7. Okt. 1994, in Kraft seit 1. Jan. 1995 (AS **1995** 1449; BBl **1994** II 357).
[5] Eingefügt durch Ziff. II 3 des Unternehmenssteuerreformgesetzes II vom 23. März 2007, in Kraft seit 1. Jan. 2009 (AS **2008** 2893; BBl **2005** 4733).

³ Der steuerbare Reingewinn bemisst sich nach dem Ergebnis der Steuerperiode.

³ᵇⁱˢ Lautet der Geschäftsabschluss auf eine ausländische Währung, so ist der steuerbare Reingewinn in Franken umzurechnen. Massgebend ist der durchschnittliche Devisenkurs (Verkauf) der Steuerperiode.[1]

⁴ Das steuerbare Eigenkapital bemisst sich nach dem Stand am Ende der Steuerperiode.

⁵ Lautet der Geschäftsabschluss auf eine ausländische Währung, so ist das steuerbare Eigenkapital in Franken umzurechnen. Massgebend ist der Devisenkurs (Verkauf) am Ende der Steuerperiode.[2]

Vierter Titel: Quellensteuern für natürliche und juristische Personen

1. Kapitel: Natürliche Personen mit steuerrechtlichem Wohnsitz oder Aufenthalt im Kanton   E67, E51

Art. 32[3] **Geltungsbereich**

¹ Arbeitnehmer ohne Niederlassungsbewilligung, die im Kanton jedoch steuerrechtlichen Wohnsitz oder Aufenthalt haben, unterliegen für ihr Einkommen aus unselbstständiger Erwerbstätigkeit einer Quellensteuer. Davon ausgenommen sind Einkommen, die der Besteuerung im vereinfachten Abrechnungsverfahren nach Artikel 11 Absatz 4 unterstehen.

² Ehegatten, die in rechtlich und tatsächlich ungetrennter Ehe leben, unterliegen nicht der Quellensteuer, wenn einer der Ehegatten das Schweizer Bürgerrecht oder die Niederlassungsbewilligung besitzt.

³ Die Quellensteuer wird von den Bruttoeinkünften berechnet.

⁴ Steuerbar sind:

a. die Einkommen aus unselbstständiger Erwerbstätigkeit nach Absatz 1, die Nebeneinkünfte wie geldwerte Vorteile aus Mitarbeiterbeteiligungen sowie Naturalleistungen, nicht jedoch die vom Arbeitgeber getragenen Kosten der berufsorientierten Aus- und Weiterbildung nach Artikel 7 Absatz 1;

b. die Ersatzeinkünfte; und

c. die Leistungen nach Artikel 18 Absatz 3 des Bundesgesetzes vom 20. Dezember 1946[4] über die Alters- und Hinterlassenenversicherung (AHVG).

Art. 33[5] **Ausgestaltung des Steuerabzuges**

¹ Der Quellensteuerabzug wird auf der Grundlage der für die Einkommenssteuer natürlicher Personen geltenden Steuertarife festgesetzt; er umfasst die eidgenössischen, kantonalen und kommunalen Steuern.

---

[1] Eingefügt durch Anhang Ziff. 8 des BG vom 19. Juni 2020 (Aktienrecht), in Kraft seit 1. Jan. 2023 (AS **2020** 4005, **2022** 109; BBl **2017** 399).

[2] Eingefügt durch Anhang Ziff. 8 des BG vom 19. Juni 2020 (Aktienrecht), in Kraft seit 1. Jan. 2023 (AS **2020** 4005, **2022** 109; BBl **2017** 399).

[3] Fassung gemäss Ziff. I 2 des BG vom 16. Dez. 2016 über die Revision der Quellenbesteuerung des Erwerbseinkommens, in Kraft seit 1. Jan. 2021 (AS **2018** 1813; BBl **2015** 657).

[4] SR **831.10**

[5] Fassung gemäss Ziff. I 2 des BG vom 16. Dez. 2016 über die Revision der Quellenbesteuerung des Erwerbseinkommens, in Kraft seit 1. Jan. 2021 (AS **2018** 1813; BBl **2015** 657).

² Der Quellensteuerabzug für die in rechtlich und tatsächlich ungetrennter Ehe lebenden Ehegatten, die beide erwerbstätig sind, trägt ihrem Gesamteinkommen Rechnung.

³ Berufskosten, Versicherungsprämien sowie der Abzug für Familienlasten und bei Erwerbstätigkeit beider Ehegatten werden pauschal berücksichtigt. Die Kantone veröffentlichen die einzelnen Pauschalen.

⁴ Die Eidgenössische Steuerverwaltung (ESTV) legt zusammen mit den Kantonen einheitlich fest, wie insbesondere der 13. Monatslohn, Gratifikationen, unregelmässige Beschäftigung, Stundenlöhner, Teilzeit- oder Nebenerwerb sowie Leistungen nach Artikel 18 Absatz 3 AHVG[1] und welche satzbestimmenden Elemente zu berücksichtigen sind. Die ESTV regelt zusammen mit den Kantonen weiter wie bei Tarifwechsel, rückwirkenden Gehaltsanpassungen und -korrekturen, sowie Leistungen vor Beginn und nach Beendigung der Anstellung zu verfahren ist.

Art. 33a[2] Obligatorische nachträgliche ordentliche Veranlagung

¹ Personen, die nach Artikel 32 Absatz 1 der Quellensteuer unterliegen, werden nachträglich im ordentlichen Verfahren veranlagt, wenn:

    a. ihr Bruttoeinkommen in einem Steuerjahr einen bestimmten Betrag erreicht oder übersteigt; oder

    b sie über Vermögen und Einkünfte verfügen, die nicht der Quellensteuer unterliegen.

² Das Eidgenössische Finanzdepartement legt den Betrag nach Absatz 1 Buchstabe a in Zusammenarbeit mit den Kantonen fest.

³ Der nachträglichen ordentlichen Veranlagung unterliegt auch, wer mit einer Person nach Absatz 1 in rechtlich und tatsächlich ungetrennter Ehe lebt.

⁴ Personen mit Vermögen und Einkünften nach Absatz 1 Buchstabe b müssen das Formular für die Steuererklärung bis am 31. März des auf das Steuerjahr folgenden Jahres bei der zuständigen Behörde verlangen.

⁵ Die nachträgliche ordentliche Veranlagung gilt bis zum Ende der Quellensteuerpflicht.

⁶ Die an der Quelle abgezogene Steuer wird zinslos angerechnet.

Art. 33b[3] Nachträgliche ordentliche Veranlagung auf Antrag

¹ Personen, die nach Artikel 32 Absatz 1 der Quellensteuer unterliegen und keine der Voraussetzungen nach Artikel 33a Absatz 1 erfüllen, werden auf Antrag hin nachträglich im ordentlichen Verfahren veranlagt.

² Der Antrag erstreckt sich auch auf den Ehegatten, der mit dem Antragsteller in rechtlich und tatsächlich ungetrennter Ehe lebt.

³ Er muss bis am 31. März des auf das Steuerjahr folgenden Jahres eingereicht werden. Für Personen, die die Schweiz verlassen, endet die Frist für die Einreichung des Antrags im Zeitpunkt der Abmeldung.

---

[1] SR **831.10**
[2] Eingefügt durch Ziff. I 2 des BG vom 16. Dez. 2016 über die Revision der Quellenbesteuerung des Erwerbseinkommens, in Kraft seit 1. Jan. 2021 (AS **2018** 1813; BBl **2015** 657).
[3] Eingefügt durch Ziff. I 2 des BG vom 16. Dez. 2016 über die Revision der Quellenbesteuerung des Erwerbseinkommens, in Kraft seit 1. Jan. 2021 (AS **2018** 1813; BBl **2015** 657).

⁴ Erfolgt keine nachträgliche ordentliche Veranlagung auf Antrag, so tritt die Quellensteuer an die Stelle der im ordentlichen Verfahren zu veranlagenden Steuern des Bundes, des Kantons und der Gemeinde auf dem Erwerbseinkommen. Nachträglich werden keine zusätzlichen Abzüge gewährt.

⁵ Artikel 33a Absätze 5 und 6 ist anwendbar.

Art. 34¹ ...

2. Kapitel: Natürliche Personen ohne steuerrechtlichen Wohnsitz oder Aufenthalt in der Schweiz sowie juristische Personen ohne Sitz oder tatsächliche Verwaltung in der Schweiz² E67

Art. 35 Geltungsbereich

¹ Folgende natürliche Personen ohne steuerrechtlichen Wohnsitz oder Aufenthalt in der Schweiz sowie folgende juristische Personen ohne Sitz oder tatsächliche Verwaltung in der Schweiz unterliegen der Quellensteuer:³

a. Arbeitnehmer für ihr aus unselbständiger Tätigkeit im Kanton erzieltes Erwerbseinkommen;

b. Künstler, Sportler und Referenten für Einkünfte aus ihrer im Kanton ausgeübten persönlichen Tätigkeit, eingeschlossen die Einkünfte und Entschädigungen, die nicht dem Künstler, Sportler oder Referenten, sondern einem Dritten zufliessen, der seine Tätigkeit organisiert hat;

c.⁴ Mitglieder der Verwaltung oder der Geschäftsführung von juristischen Personen mit Sitz oder mit tatsächlicher Verwaltung im Kanton für die ihnen ausgerichteten Tantiemen, Sitzungsgelder, festen Entschädigungen, Mitarbeiterbeteiligungen und ähnlichen Vergütungen;

d.⁵ Mitglieder der Verwaltung oder der Geschäftsführung ausländischer Unternehmungen mit Betriebsstätten im Kanton für die ihnen zu Lasten dieser Betriebsstätten ausgerichteten Tantiemen, Sitzungsgelder, festen Entschädigungen, Mitarbeiterbeteiligungen und ähnlichen Vergütungen;

e. Gläubiger und Nutzniesser von Forderungen, die durch Grund- oder Faustpfand auf Grundstücken im Kanton gesichert sind, für die ihnen ausgerichteten Zinsen;

f.⁶ Empfänger von Pensionen, Ruhegehältern oder anderen Vergütungen, die sie auf Grund eines früheren öffentlich-rechtlichen Arbeitsverhältnisses von einem Arbeitgeber oder einer Vorsorgeeinrichtung mit Sitz im Kanton erhalten, für diese Leistungen;

---

1 Aufgehoben durch Ziff. I 2 des BG vom 16. Dez. 2016 über die Revision der Quellenbesteuerung des Erwerbseinkommens, mit Wirkung seit 1. Jan. 2021 (AS **2018** 1813; BBl **2015** 657).

2 Fassung gemäss Ziff. I 2 des BG vom 16. Dez. 2016 über die Revision der Quellenbesteuerung des Erwerbseinkommens, in Kraft seit 1. Jan. 2021 (AS **2018** 1813; BBl **2015** 657).

3 Fassung gemäss Ziff. I 2 des BG vom 16. Dez. 2016 über die Revision der Quellenbesteuerung des Erwerbseinkommens, in Kraft seit 1. Jan. 2021 (AS **2018** 1813; BBl **2015** 657).

4 Fassung gemäss Ziff. I 2 des BG vom 17. Dez. 2010 über die Besteuerung von Mitarbeiterbeteiligungen, in Kraft seit 1. Jan. 2013 (AS **2011** 3259; BBl **2005** 575).

5 Fassung gemäss Ziff. I 2 des BG vom 17. Dez. 2010 über die Besteuerung von Mitarbeiterbeteiligungen, in Kraft seit 1. Jan. 2013 (AS **2011** 3259; BBl **2005** 575).

6 Fassung gemäss Ziff. I 6 des BG vom 19. März 1999 über das Stabilisierungsprogramm 1998, in Kraft seit 1. Jan. 2001 (AS **1999** 2374; BBl **1999** 4).

g. im Ausland wohnhafte Empfänger von Leistungen aus schweizerischen privatrechtlichen Einrichtungen der beruflichen Vorsorge oder aus anerkannten Formen der gebundenen Selbstvorsorge für diese Leistungen;

h.[1] Arbeitnehmer, die für Arbeit im internationalen Verkehr an Bord eines Schiffes oder eines Luftfahrzeuges oder bei einem Transport auf der Strasse für diese Leistungen Lohn oder andere Vergütungen von einem Arbeitgeber mit Sitz oder Betriebsstätte im Kanton erhalten; davon ausgenommen bleibt die Besteuerung der Seeleute für Arbeit an Bord eines Hochseeschiffes;

i.[2] Personen, die im Zeitpunkt des Zuflusses von geldwerten Vorteilen aus Mitarbeiterbeteiligungen gemäss Artikel 7d Absatz 3 im Ausland wohnhaft sind, nach Artikel 7f[3] anteilsmässig für den geldwerten Vorteil;

j.[4] Empfänger, die Leistungen nach Artikel 18 Absatz 3 AHVG[5] erhalten, für diese Leistungen.

² Davon ausgenommen sind Einkommen, die der Besteuerung im vereinfachten Abrechnungsverfahren nach Artikel 11 Absatz 4 unterstehen.[6]

Art. 35a[7] Nachträgliche ordentliche Veranlagung auf Antrag

¹ Personen, die nach Artikel 35 Absatz 1 Buchstabe a oder h der Quellensteuer unterliegen, können für jede Steuerperiode bis am 31. März des auf das Steuerjahr folgenden Jahres eine nachträgliche ordentliche Veranlagung beantragen, wenn:

a. der überwiegende Teil ihrer weltweiten Einkünfte, einschliesslich der Einkünfte des Ehegatten, in der Schweiz steuerbar ist;

b. ihre Situation mit derjenigen einer in der Schweiz wohnhaften steuerpflichtigen Person vergleichbar ist; oder

c. eine solche Veranlagung erforderlich ist, um Abzüge geltend zu machen, die in einem Doppelbesteuerungsabkommen vorgesehen sind.

² Die an der Quelle abgezogene Steuer wird zinslos angerechnet.

³ Das Eidgenössische Finanzdepartement präzisiert in Zusammenarbeit mit den Kantonen die Voraussetzungen nach Absatz 1 und regelt das Verfahren.

---

[1] Fassung gemäss Ziff. I 2 des BG vom 16. Dez. 2016 über die Revision der Quellenbesteuerung des Erwerbseinkommens, in Kraft seit 1. Jan. 2021 (AS **2018** 1813; BBl **2015** 657).

[2] Eingefügt durch Ziff. I 2 des BG vom 17. Dez. 2010 über die Besteuerung von Mitarbeiterbeteiligungen, in Kraft seit 1. Jan. 2013 (AS **2011** 3259; BBl **2005** 575).

[3] Berichtigt von der Redaktionskommission der BVers (Art. 58 Abs. 1, ParlG; SR **171.10**).

[4] Eingefügt durch Ziff. I 2 des BG vom 16. Dez. 2016 über die Revision der Quellenbesteuerung des Erwerbseinkommens, in Kraft seit 1. Jan. 2021 (AS **2018** 1813; BBl **2015** 657).

[5] SR **831.10**

[6] Fassung gemäss Ziff. I 2 des BG vom 16. Dez. 2016 über die Revision der Quellenbesteuerung des Erwerbseinkommens, in Kraft seit 1. Jan. 2021 (AS **2018** 1813; BBl **2015** 657).

[7] Eingefügt durch Ziff. I 2 des BG vom 16. Dez. 2016 über die Revision der Quellenbesteuerung des Erwerbseinkommens, in Kraft seit 1. Jan. 2021 (AS **2018** 1813; BBl **2015** 657).

Art. 35b[1] Nachträgliche ordentliche Veranlagung von Amtes wegen

[1] Bei stossenden Verhältnissen, insbesondere betreffend die im Quellensteuersatz einberechneten Pauschalabzüge, können die zuständigen kantonalen Steuerbehörden von Amtes wegen eine nachträgliche ordentliche Veranlagung zugunsten oder zuungunsten der steuerpflichtigen Person verlangen.

[2] Das Eidgenössische Finanzdepartement legt in Zusammenarbeit mit den Kantonen die Voraussetzungen fest.

Art. 36 Ausgestaltung des Steuerabzuges

[1] In den Fällen von Artikel 35 Absatz 1 Buchstaben a und h wird die Quellensteuer nach den Vorschriften der Artikel 32 und 33 erhoben.

[2] In den Fällen von Artikel 35 Absatz 1 Buchstabe b wird die Quellensteuer von den Bruttoeinkünften nach Abzug der Gewinnungskosten erhoben. Diese betragen:
  a. 50 Prozent der Bruttoeinkünfte bei Künstlern;
  b. 20 Prozent der Bruttoeinkünfte bei Sportlern sowie Referenten.[2]

[3] In den Fällen von Artikel 35 Absatz 1 Buchstaben c–g wird die Quellensteuer von den Bruttoeinkünften berechnet.

Art. 36a[3] Abgegoltene Steuer

[1] Die Quellensteuer tritt an die Stelle der im ordentlichen Verfahren zu veranlagenden Steuern des Bundes, des Kantons und der Gemeinde auf dem Erwerbseinkommen. Nachträglich werden keine zusätzlichen Abzüge gewährt.

[2] Bei Zweiverdienerehepaaren kann eine Korrektur des steuersatzbestimmenden Erwerbseinkommens für den Ehegatten vorgesehen werden.

3. Kapitel: Pflichten des Schuldners der steuerbaren Leistung

Art. 37

[1] Der Schuldner der steuerbaren Leistung (Art. 32 und 35) haftet für die Entrichtung der Quellensteuer. Er ist verpflichtet:
  a. die geschuldete Steuer bei Fälligkeit seiner Leistung zurückzubehalten oder vom Steuerpflichtigen einzufordern;
  b. dem Steuerpflichtigen eine Bestätigung über den Steuerabzug auszustellen;
  c. die Steuern der zuständigen Steuerbehörde abzuliefern;
  d.[4] die anteilsmässigen Steuern auf im Ausland ausgeübten Mitarbeiteroptionen zu entrichten; die Arbeitgeberin schuldet die anteilsmässige Steuer auch dann, wenn der geldwerte Vorteil von einer ausländischen Konzerngesellschaft ausgerichtet wird.

---

[1] Eingefügt durch Ziff. I 2 des BG vom 16. Dez. 2016 über die Revision der Quellenbesteuerung des Erwerbseinkommens, in Kraft seit 1. Jan. 2021 (AS **2018** 1813; BBl **2015** 657).
[2] Fassung gemäss Ziff. I 2 des BG vom 16. Dez. 2016 über die Revision der Quellenbesteuerung des Erwerbseinkommens, in Kraft seit 1. Jan. 2021 (AS **2018** 1813; BBl **2015** 657).
[3] Eingefügt durch Ziff. I 2 des BG vom 16. Dez. 2016 über die Revision der Quellenbesteuerung des Erwerbseinkommens, in Kraft seit 1. Jan. 2021 (AS **2018** 1813; BBl **2015** 657).
[4] Eingefügt durch Ziff. I 2 des BG vom 17. Dez. 2010 über die Besteuerung von Mitarbeiterbeteiligungen, in Kraft seit 1. Jan. 2013 (AS **2011** 3259; BBl **2005** 575).

² Der Quellensteuerabzug ist auch dann vorzunehmen, wenn die steuerpflichtige Person in einem andern Kanton steuerpflichtig ist.[1]

³ Der Schuldner der steuerbaren Leistung erhält eine Bezugsprovision von 1–2 Prozent des gesamten Quellensteuerbetrags; die zuständige Steuerbehörde setzt die Bezugsprovision fest. Für Kapitalleistungen beträgt die Bezugsprovision 1 Prozent des gesamten Quellensteuerbetrags, jedoch höchstens 50 Franken pro Kapitalleistung für die Quellensteuer von Bund, Kanton und Gemeinde.[2]

4. Kapitel:[3] Örtliche Zuständigkeit und interkantonales Verhältnis   E67, E51

Art. 38   Örtliche Zuständigkeit

¹ Der Schuldner der steuerbaren Leistung berechnet und erhebt die Quellensteuer wie folgt:

a. für Arbeitnehmer nach Artikel 32: nach dem Recht jenes Kantons, in dem der Arbeitnehmer bei Fälligkeit der steuerbaren Leistung seinen steuerrechtlichen Wohnsitz oder Aufenthalt hat;

b. für Personen nach Artikel 35 Absatz 1 Buchstaben a und c–i: nach dem Recht jenes Kantons, in dem der Schuldner der steuerbaren Leistung bei Fälligkeit der steuerbaren Leistung seinen steuerrechtlichen Wohnsitz oder Aufenthalt oder seinen Sitz oder die Verwaltung hat; wird die steuerbare Leistung von einer Betriebsstätte in einem anderen Kanton oder von der Betriebsstätte eines Unternehmens ohne Sitz oder tatsächliche Verwaltung in der Schweiz ausgerichtet, so richten sich die Berechnung und die Erhebung der Quellensteuer nach dem Recht des Kantons, in dem die Betriebsstätte liegt;

c. für Personen nach Artikel 35 Absatz 1 Buchstabe b: nach dem Recht jenes Kantons, in dem der Künstler, Sportler oder Referent seine Tätigkeit ausübt.

² Ist der Arbeitnehmer nach Artikel 35 Wochenaufenthalter, so gilt Absatz 1 Buchstabe a sinngemäss.

³ Der Schuldner der steuerbaren Leistung überweist die Quellensteuer an den nach Absatz 1 zuständigen Kanton.

⁴ Für die nachträgliche ordentliche Veranlagung ist zuständig:

a. für Arbeitnehmer nach Absatz 1 Buchstabe a: der Kanton, in dem die steuerpflichtige Person am Ende der Steuerperiode oder der Steuerpflicht ihren steuerrechtlichen Wohnsitz oder Aufenthalt hatte;

b. für Personen nach Absatz 1 Buchstabe b: der Kanton, in dem die steuerpflichtige Person am Ende der Steuerperiode oder der Steuerpflicht erwerbstätig war;

c. für Arbeitnehmer nach Absatz 2: der Kanton, in dem die steuerpflichtige Person am Ende der Steuerperiode oder der Steuerpflicht Wochenaufenthalt hatte.

---

[1] Fassung gemäss Ziff. I 2 des BG vom 16. Dez. 2016 über die Revision der Quellenbesteuerung des Erwerbseinkommens, in Kraft seit 1. Jan. 2021 (AS **2018** 1813; BBl **2015** 657).

[2] Fassung gemäss Ziff. I 2 des BG vom 16. Dez. 2016 über die Revision der Quellenbesteuerung des Erwerbseinkommens, in Kraft seit 1. Jan. 2021 (AS **2018** 1813; BBl **2015** 657).

[3] Fassung gemäss Ziff. I 2 des BG vom 16. Dez. 2016 über die Revision der Quellenbesteuerung des Erwerbseinkommens, in Kraft seit 1. Jan. 2021 (AS **2018** 1813; BBl **2015** 657).

Art. 38a Interkantonales Verhältnis

¹ Der nach Artikel 38 Absatz 4 zuständige Kanton hat Anspruch auf allfällige im Kalenderjahr an andere Kantone überwiesene Quellensteuerbeträge. Zu viel bezogene Steuern werden dem Arbeitnehmer zurückerstattet, zu wenig bezogene Steuern nachgefordert.

² Die Kantone leisten einander bei der Erhebung der Quellensteuer unentgeltliche Amts- und Rechtshilfe.

Fünfter Titel: Verfahrensrecht

1. Kapitel: Verfahrensgrundsätze und Veranlagungsverfahren

☞ *Art. 38b (Elektronische Verfahren) wird gemäss BG vom 18.6.2021 über elektronische Verfahren im Steuerbereich, abschliessende Inkraftsetzung, per 1.1.2024 wie folgt neu eingefügt:*

¹ Die Kantone sehen die Möglichkeit elektronischer Verfahren vor. Dabei stellen sie die Authentizität und Integrität der übermittelten Daten nach kantonalem Recht sicher.

² Sie sehen bei der elektronischen Einreichung von Eingaben, deren Unterzeichnung gesetzlich vorgeschrieben ist, anstelle der Unterzeichnung die Möglichkeit einer elektronischen Bestätigung der Angaben durch die steuerpflichtige Person vor.

³ Sie sehen vor, dass die Steuerbehörde der steuerpflichtigen Person mit deren Einverständnis Dokumente in elektronischer Form zustellt.

Art. 39 Amtspflichten E50

¹ Die mit dem Vollzug der Steuergesetze betrauten Personen sind zur Geheimhaltung verpflichtet. Vorbehalten bleibt die Auskunftspflicht, soweit hiefür eine gesetzliche Grundlage im Bundesrecht oder im kantonalen Recht besteht.

² Die Steuerbehörden erteilen einander kostenlos die benötigten Auskünfte und gewähren einander Einsicht in die amtlichen Akten. Ist eine Person mit Wohnsitz oder Sitz im Kanton aufgrund der Steuererklärung auch in einem andern Kanton steuerpflichtig, so gibt die Veranlagungsbehörde der Steuerbehörde des andern Kantons Kenntnis von der Steuererklärung und von der Veranlagung.   VO StHG A 2 | E56

³ Die Behörden des Bundes, der Kantone, Bezirke, Kreise und Gemeinden erteilen den mit dem Vollzug der Steuergesetze betrauten Behörden auf Ersuchen hin alle Auskünfte, die für die Anwendung dieser Gesetze erforderlich sind. Sie können diese Behörden von sich aus darauf aufmerksam machen, wenn sie vermuten, dass eine Veranlagung unvollständig ist.

⁴ ...¹

---

¹ Eingefügt durch Anhang Ziff. 6 des BG vom 23. Juni 2006 (Neue AHV-Versichertennummer) (AS **2007** 5259; BBl **2006** 501). Aufgehoben durch Anhang Ziff. 20 des BG vom 18. Dez. 2020 (Systematische Verwendung der AHV-Nummer durch Behörden), mit Wirkung seit 1. Jan. 2022 (AS **2021** 758; BBl **2019** 7359).

Art. 39a[1] Datenbearbeitung

1 Die Eidgenössische Steuerverwaltung und die Behörden nach Artikel 39 Absatz 2 geben einander die Daten weiter, die für die Erfüllung ihrer Aufgaben dienlich sein können. Die Behörden nach Artikel 39 Absatz 3 geben der Steuerbehörde die Daten weiter, die für die Durchführung dieses Gesetzes von Bedeutung sein können.

2 Die Daten werden einzeln, auf Listen oder auf elektronischen Datenträgern übermittelt. Sie können auch mittels eines Abrufverfahrens zugänglich gemacht werden. Diese Amtshilfe ist kostenlos.

3 Es sind alle diejenigen Daten von Steuerpflichtigen weiterzugeben, die zur Veranlagung und Erhebung der Steuer dienen können, namentlich:
   a. die Personalien;
   b. Angaben über den Zivilstand, den Wohn- und Aufenthaltsort, die Aufenthaltsbewilligung und die Erwerbstätigkeit;
   c. Rechtsgeschäfte;
   d. Leistungen eines Gemeinwesens.

Art. 40 Verfahrensrechtliche Stellung der Ehegatten

1 Ehegatten, die in rechtlich und tatsächlich ungetrennter Ehe leben, üben die nach diesem Gesetz dem Steuerpflichtigen zukommenden Verfahrensrechte und -pflichten gemeinsam aus.

2 Sie unterschreiben die Steuererklärung gemeinsam. Ist die Steuererklärung nur von einem der beiden Ehegatten unterzeichnet, so wird dem nicht unterzeichnenden Ehegatten eine Frist eingeräumt. Nach deren unbenutztem Ablauf wird die vertragliche Vertretung unter Ehegatten angenommen.

3 Rechtsmittel und andere Eingaben gelten als rechtzeitig eingereicht, wenn ein Ehegatte innert Frist handelt.

Art. 41 Verfahrensrechte des Steuerpflichtigen

1 Der Steuerpflichtige kann die Akten, die er eingereicht oder unterzeichnet hat, einsehen. Die übrigen Akten stehen ihm nach Ermittlung des Sachverhaltes offen, soweit nicht öffentliche oder private Interessen entgegenstehen.

2 Die vom Steuerpflichtigen angebotenen Beweise müssen abgenommen werden, soweit sie geeignet sind, die für die Veranlagung erheblichen Tatsachen festzustellen.

3 Veranlagungsverfügungen werden dem Steuerpflichtigen schriftlich eröffnet und müssen eine Rechtsmittelbelehrung enthalten. Andere Verfügungen und Entscheide sind ausserdem zu begründen.

Art. 42 Verfahrenspflichten des Steuerpflichtigen

1 Der Steuerpflichtige muss alles tun, um eine vollständige und richtige Veranlagung zu ermöglichen. VO StHG A 2

---

[1] Eingefügt durch Ziff. VI 4 des BG vom 24. März 2000 über die Schaffung und die Anpassung gesetzlicher Grundlagen für die Bearbeitung von Personendaten, in Kraft seit 1. Sept. 2000 (AS **2000** 1891; BBl **1999** 9005).

² Er muss auf Verlangen der Veranlagungsbehörde insbesondere mündlich oder schriftlich Auskunft erteilen, Geschäftsbücher, Belege und weitere Bescheinigungen sowie Urkunden über den Geschäftsverkehr vorlegen.

³ Natürliche Personen mit Einkommen aus selbständiger Erwerbstätigkeit und juristische Personen müssen der Steuererklärung beilegen:

   a. die unterzeichneten Jahresrechnungen (Bilanzen, Erfolgsrechnungen) der Steuerperiode; oder
   b.¹ bei vereinfachter Buchführung nach Artikel 957 Absatz 2 OR²: Aufstellungen über Einnahmen und Ausgaben, über die Vermögenslage sowie über Privatentnahmen und -einlagen der Steuerperiode.³ N 4

⁴ Die Art und Weise der Führung und der Aufbewahrung der Dokumente nach Absatz 3 richtet sich nach den Artikeln 957–958f OR.⁴ N 4

Art. 43 Bescheinigungspflicht Dritter

¹ Dritte, die mit dem Steuerpflichtigen in einem Vertragsverhältnis stehen oder standen, müssen ihm das gemeinsame Vertragsverhältnis und die beiderseitigen Ansprüche und Leistungen bescheinigen.

² Reicht der Steuerpflichtige die Bescheinigung trotz Mahnung nicht ein, so kann die Steuerbehörde diese vom Dritten einfordern. Das gesetzlich geschützte Berufsgeheimnis bleibt gewahrt.

Art. 44 Auskunftspflicht Dritter

Gesellschafter, Miteigentümer und Gesamteigentümer müssen auf Verlangen den Steuerbehörden über ihr Rechtsverhältnis zum Steuerpflichtigen Auskunft erteilen.

Art. 45 Meldepflicht Dritter

Den Veranlagungsbehörden müssen für jede Steuerperiode eine Bescheinigung einreichen:

   a. die juristischen Personen über die den Mitgliedern der Verwaltung und anderer Organe ausgerichteten Leistungen; Stiftungen reichen zusätzlich eine Bescheinigung über die ihren Begünstigten erbrachten Leistungen ein;
   b. die Einrichtungen der beruflichen Vorsorge und der gebundenen Selbstvorsorge über die den Vorsorgenehmern oder Begünstigten erbrachten Leistungen;
   c. die einfachen Gesellschaften und Personengesellschaften über alle Verhältnisse, die für die Veranlagung der Teilhaber von Bedeutung sind, insbesondere über ihren Anteil an Einkommen und Vermögen der Gesellschaft;

---

¹ Fassung gemäss Anhang Ziff. 8 des BG vom 19. Juni 2020 (Aktienrecht), in Kraft seit 1. Jan. 2023 (AS **2020** 4005, **2022** 109; BBl **2017** 399).
² SR **220**
³ Fassung gemäss Ziff. I 3 des Steuererlassgesetzes vom 20. Juni 2014, in Kraft seit 1. Jan. 2016 (AS **2015** 9; BBl **2013** 8435).
⁴ Eingefügt durch Ziff. I 3 des Steuererlassgesetzes vom 20. Juni 2014, in Kraft seit 1. Jan. 2016 (AS **2015** 9; BBl **2013** 8435).

d.¹ die kollektiven Kapitalanlagen mit direktem Grundbesitz über die Verhältnisse, die für die Besteuerung des direkten Grundbesitzes und dessen Erträge massgeblich sind;

e.² die Arbeitgeber über die geldwerten Vorteile aus echten Mitarbeiterbeteiligungen sowie über die Zuteilung und die Ausübung von Mitarbeiteroptionen.

Art. 46 Veranlagung

¹ Die Veranlagungsbehörde prüft die Steuererklärung und nimmt die erforderlichen Untersuchungen vor.

² Abweichungen von der Steuererklärung gibt sie dem Steuerpflichtigen spätestens bei der Eröffnung der Veranlagungsverfügung bekannt.

³ Hat der Steuerpflichtige trotz Mahnung seine Verfahrenspflichten nicht erfüllt oder können die Steuerfaktoren mangels zuverlässiger Unterlagen nicht einwandfrei ermittelt werden, so nimmt die Veranlagungsbehörde die Veranlagung nach pflichtgemässem Ermessen vor.

Art. 47 Verjährung

¹ Das Recht, eine Steuer zu veranlagen, verjährt fünf Jahre, bei Stillstand oder Unterbrechung der Verjährung spätestens 15 Jahre nach Ablauf der Steuerperiode.

² Steuerforderungen verjähren fünf Jahre, nachdem die Veranlagung rechtskräftig geworden ist, bei Stillstand oder Unterbrechung der Verjährung jedoch spätestens zehn Jahre nach Ablauf des Jahres, in dem die Steuern rechtskräftig festgesetzt worden sind.

Art. 48 Einsprache

¹ Gegen die Veranlagungsverfügung kann der Steuerpflichtige innert 30 Tagen nach Zustellung bei der Veranlagungsbehörde schriftlich Einsprache erheben.

² Eine Veranlagung nach pflichtgemässem Ermessen kann der Steuerpflichtige nur wegen offensichtlicher Unrichtigkeit anfechten. Die Einsprache ist zu begründen und muss allfällige Beweismittel nennen.

³ Im Einspracheverfahren hat die Veranlagungsbehörde die gleichen Befugnisse wie im Veranlagungsverfahren.

⁴ Die Veranlagungsbehörde entscheidet gestützt auf die Untersuchung über die Einsprache. Sie kann alle Steuerfaktoren neu festsetzen und, nach Anhören des Steuerpflichtigen, die Veranlagung auch zu dessen Nachteil abändern.

Art. 49 Verfahren bei Erhebung der Quellensteuer E67

¹ Der Steuerpflichtige und der Schuldner der steuerbaren Leistung müssen auf Verlangen über die für die Erhebung der Quellensteuer massgebenden Verhältnisse Auskunft erteilen.

---

1 Fassung gemäss Anhang Ziff. II 7 des Kollektivanlagengesetzes vom 23. Juni 2006, in Kraft seit 1. Jan. 2007 (AS **2006** 5379; BBl **2005** 6395).

2 Eingefügt durch Ziff. I 2 des BG vom 17. Dez. 2010 über die Besteuerung von Mitarbeiterbeteiligungen, in Kraft seit 1. Jan. 2013 (AS **2011** 3259; BBl **2005** 575).

² Die steuerpflichtige Person kann von der Veranlagungsbehörde bis am 31. März des auf die Fälligkeit der Leistung folgenden Steuerjahres eine Verfügung über Bestand und Umfang der Steuerpflicht verlangen, wenn sie:

    a. mit dem Quellensteuerabzug gemäss Bescheinigung nach Artikel 37 nicht einverstanden ist; oder

    b. die Bescheinigung nach Artikel 37 vom Arbeitgeber nicht erhalten hat.[1]

²ᵇⁱˢ Der Schuldner der steuerbaren Leistung kann von der Veranlagungsbehörde bis am 31. März des auf die Fälligkeit der Leistung folgenden Steuerjahres eine Verfügung über Bestand und Umfang der Steuerpflicht verlangen.[2]

²ᵗᵉʳ Er bleibt bis zum rechtskräftigen Entscheid verpflichtet, die Quellensteuer zu erheben.[3]

³ Hat der Schuldner der steuerbaren Leistung den Steuerabzug nicht oder ungenügend vorgenommen, so verpflichtet ihn die Veranlagungsbehörde zur Nachzahlung. Der Rückgriff des Schuldners auf den Steuerpflichtigen bleibt vorbehalten.

⁴ Hat der Schuldner der steuerbaren Leistung einen zu hohen Steuerabzug vorgenommen, so muss er dem Steuerpflichtigen die Differenz zurückzahlen.

⁵ Die steuerpflichtige Person kann von der Veranlagungsbehörde zur Nachzahlung der von ihr geschuldeten Quellensteuer verpflichtet werden, wenn die ausbezahlte steuerbare Leistung nicht oder nicht vollständig um die Quellensteuer gekürzt wurde und ein Nachbezug beim Schuldner der steuerbaren Leistung nicht möglich ist.[4]

2. Kapitel: Rekursverfahren

Art. 50

¹ Der Steuerpflichtige kann gegen den Einspracheentscheid innert 30 Tagen nach Zustellung bei einer von der Steuerbehörde unabhängigen Justizbehörde schriftlich Rekurs erheben.

² Der Rekurs ist zu begründen. Es können alle Mängel des angefochtenen Entscheides und des vorangegangenen Verfahrens gerügt werden.

³ Der Steuerpflichtige und die kantonale Steuerverwaltung können den Rekursentscheid an eine weitere verwaltungsunabhängige kantonale Instanz ziehen, wenn das kantonale Recht dies vorsieht. B10

---

[1] Fassung gemäss Ziff. I 2 des BG vom 16. Dez. 2016 über die Revision der Quellenbesteuerung des Erwerbseinkommens, in Kraft seit 1. Jan. 2021 (AS **2018** 1813; BBl **2015** 657).

[2] Eingefügt durch Ziff. I 2 des BG vom 16. Dez. 2016 über die Revision der Quellenbesteuerung des Erwerbseinkommens, in Kraft seit 1. Jan. 2021 (AS **2018** 1813; BBl **2015** 657).

[3] Eingefügt durch Ziff. I 2 des BG vom 16. Dez. 2016 über die Revision der Quellenbesteuerung des Erwerbseinkommens, in Kraft seit 1. Jan. 2021 (AS **2018** 1813; BBl **2015** 657).

[4] Eingefügt durch Ziff. I 2 des BG vom 16. Dez. 2016 über die Revision der Quellenbesteuerung des Erwerbseinkommens, in Kraft seit 1. Jan. 2021 (AS **2018** 1813; BBl **2015** 657).

3. Kapitel: Änderungen rechtskräftiger Verfügungen und Entscheide

Art. 51 Revision

¹ Eine rechtskräftige Verfügung oder ein rechtskräftiger Entscheid kann auf Antrag oder von Amtes wegen zugunsten des Steuerpflichtigen revidiert werden:
   a. wenn erhebliche Tatsachen oder entscheidende Beweismittel entdeckt werden;
   b. wenn die erkennende Behörde erhebliche Tatsachen oder entscheidende Beweismittel, die ihr bekannt waren oder bekannt sein mussten, ausser acht gelassen oder in anderer Weise wesentliche Verfahrensgrundsätze verletzt hat;
   c. wenn ein Verbrechen oder ein Vergehen die Verfügung oder den Entscheid beeinflusst hat.

² Die Revision ist ausgeschlossen, wenn der Antragsteller als Revisionsgrund vorbringt, was er bei der ihm zumutbaren Sorgfalt schon im ordentlichen Verfahren hätte geltend machen können.

³ Das Revisionsbegehren muss innert 90 Tagen nach Entdeckung des Revisionsgrundes, spätestens aber innert zehn Jahren nach Eröffnung der Verfügung oder des Entscheides eingereicht werden.

⁴ Für die Behandlung des Revisionsbegehrens ist die Behörde zuständig, welche die fragliche Verfügung oder den fraglichen Entscheid erlassen hat.

Art. 52 Rechnungsfehler und Schreibversehen

Rechnungsfehler und Schreibversehen in rechtskräftigen Verfügungen und Entscheiden können innert fünf Jahren nach der Eröffnung auf Antrag oder von Amtes wegen von der Behörde berichtigt werden, der sie unterlaufen sind.

Art. 53 Ordentliche Nachsteuer[1]

¹ Ergibt sich aufgrund von Tatsachen oder Beweismitteln, die der Steuerbehörde nicht bekannt waren, dass eine Veranlagung zu Unrecht unterblieben oder eine rechtskräftige Veranlagung unvollständig ist, oder ist eine unterbliebene oder unvollständige Veranlagung auf ein Verbrechen oder Vergehen gegen die Steuerbehörde zurückzuführen, so wird die nicht erhobene Steuer samt Zins als Nachsteuer eingefordert. Wegen ungenügender Bewertung allein kann keine Nachsteuer erhoben werden.

² Das Recht, ein Nachsteuerverfahren einzuleiten, erlischt zehn Jahre nach Ablauf der Steuerperiode, für die eine Veranlagung zu Unrecht unterblieben oder eine rechtskräftige Veranlagung unvollständig ist.

³ Das Recht, die Nachsteuer festzusetzen, erlischt 15 Jahre nach Ablauf der Steuerperiode, auf die sie sich bezieht.

⁴ Wenn bei Einleitung eines Nachsteuerverfahrens ein Strafverfahren wegen Steuerhinterziehung weder eingeleitet wird, noch hängig ist, noch von vornherein ausgeschlossen werden kann, wird die steuerpflichtige Person auf die Möglichkeit der späteren Einleitung eines solchen Strafverfahrens aufmerksam gemacht.[2]

---

[1] Fassung gemäss Ziff. I 2 des BG vom 20. März 2008 über die Vereinfachung der Nachbesteuerung in Erbfällen und die Einführung der straflosen Selbstanzeige, in Kraft seit 1. Jan. 2010 (AS **2008** 4453; BBl **2006** 8795).

[2] Eingefügt durch Ziff. I 2 des BG vom 20. Dez. 2006 über Änderungen des Nachsteuerverfahrens und des Strafverfahrens wegen Steuerhinterziehung auf dem Gebiet der direkten Steuern, in Kraft seit 1. Jan. 2008 (AS **2007** 2973; BBl **2006** 4021 4039).

Steuerharmonisierungsgesetz | StHG

Art. 53a[1] **Vereinfachte Nachbesteuerung von Erben**

1 Alle Erben haben unabhängig voneinander Anspruch auf eine vereinfachte Nachbesteuerung der vom Erblasser hinterzogenen Bestandteile von Vermögen und Einkommen, wenn:

    a. die Hinterziehung keiner Steuerbehörde bekannt ist;
    b. sie die Verwaltung bei der Feststellung der hinterzogenen Vermögens- und Einkommenselemente vorbehaltlos unterstützen; und
    c. sie sich ernstlich um die Bezahlung der geschuldeten Nachsteuer bemühen.

2 Die Nachsteuer wird für die letzten drei vor dem Todesjahr abgelaufenen Steuerperioden nach den Vorschriften über die ordentliche Veranlagung berechnet und samt Verzugszins nachgefordert.

3 Die vereinfachte Nachbesteuerung ist ausgeschlossen, wenn die Erbschaft amtlich oder konkursamtlich liquidiert wird.

4 Auch der Willensvollstrecker oder der Erbschaftsverwalter kann um eine vereinfachte Nachbesteuerung ersuchen.

4. Kapitel: Inventar

Art. 54

1 Nach dem Tode eines Steuerpflichtigen wird ein amtliches Inventar aufgenommen. Die Inventaraufnahme kann unterbleiben, wenn anzunehmen ist, dass kein Vermögen vorhanden ist.

2 In das Inventar wird das am Todestag bestehende Vermögen des Erblassers, seines in ungetrennter Ehe lebenden Ehegatten und der unter seiner elterlichen Sorge stehenden minderjährigen Kinder aufgenommen.

3 Tatsachen, die für die Steuerveranlagung von Bedeutung sind, werden festgestellt und im Inventar vorgemerkt.

---

[1] Eingefügt durch Ziff. I 2 des BG vom 20. März 2008 über die Vereinfachung der Nachbesteuerung in Erbfällen und die Einführung der straflosen Selbstanzeige, in Kraft seit 1. Jan. 2010 (AS 2008 4453; BBl 2006 8795).

Sechster Titel: Steuerstrafrecht[1]

1. Kapitel: Verletzung von Verfahrenspflichten und Steuerhinterziehung

Art. 55 Verletzung von Verfahrenspflichten

Wer einer Pflicht, die ihm nach den Vorschriften des Gesetzes oder nach einer aufgrund dieses Gesetzes getroffenen Anordnung obliegt, trotz Mahnung vorsätzlich oder fahrlässig nicht nachkommt, wird mit Busse bis zu 1000 Franken, in schweren Fällen oder bei Rückfall bis zu 10 000 Franken bestraft.

Art. 56 Steuerhinterziehung

[1] Wer als Steuerpflichtiger vorsätzlich oder fahrlässig bewirkt, dass eine Veranlagung zu Unrecht unterbleibt oder dass eine rechtskräftige Veranlagung unvollständig ist,

wer als zum Steuerabzug an der Quelle Verpflichteter vorsätzlich oder fahrlässig einen Steuerabzug nicht oder nicht vollständig vornimmt,

wer vorsätzlich oder fahrlässig eine unrechtmässige Rückerstattung oder einen ungerechtfertigten Erlass erwirkt,

wird mit einer Busse entsprechend seinem Verschulden bestraft, die einen Drittel bis das Dreifache, in der Regel das Einfache der hinterzogenen Steuer beträgt.[2]

[1bis] Zeigt die steuerpflichtige Person erstmals eine Steuerhinterziehung selbst an, so wird von einer Strafverfolgung abgesehen (straflose Selbstanzeige), wenn:

a. die Hinterziehung keiner Steuerbehörde bekannt ist;
b. sie die Steuerbehörden bei der Feststellung der hinterzogenen Vermögens- und Einkommenselemente vorbehaltlos unterstützt; und
c. sie sich ernstlich um die Bezahlung der geschuldeten Nachsteuer bemüht.[3]

[1ter] Bei jeder weiteren Selbstanzeige wird die Busse unter den Voraussetzungen nach Absatz 1bis auf einen Fünftel der hinterzogenen Steuer ermässigt.[4]

[2] Wer Steuern zu hinterziehen versucht, wird mit einer Busse bestraft, die zwei Drittel der bei vollendeter Begehung auszufällenden Busse beträgt.

[3] Wer zu einer Steuerhinterziehung anstiftet, Hilfe leistet oder als Vertreter des Steuerpflichtigen vorsätzlich eine Steuerhinterziehung bewirkt oder an einer solchen mitwirkt, wird ohne Rücksicht auf die Strafbarkeit des Steuerpflichtigen mit Busse bestraft und haftet solidarisch für die hinterzogene Steuer. Die Busse beträgt bis zu 10 000 Franken, in schweren Fällen oder bei Rückfall bis zu 50 000 Franken.

---

[1] Ab 1. Jan. 2007 sind die angedrohten Strafen und die Verjährungsfristen in Anwendung von Art. 333 Abs. 2-6 des Strafgesetzbuches (SR **311.0**) in der Fassung des BG vom 13. Dez. 2002 (AS **2006** 3459; BBl **1999** 1979) zu interpretieren beziehungsweise umzurechnen.

[2] Fassung gemäss Ziff. I 2 des BG vom 20. März 2008 über die Vereinfachung der Nachbesteuerung in Erbfällen und die Einführung der straflosen Selbstanzeige, in Kraft seit 1. Jan. 2010 (AS **2008** 4453; BBl **2006** 8795).

[3] Eingefügt durch Ziff. I 2 des BG vom 20. März 2008 über die Vereinfachung der Nachbesteuerung in Erbfällen und die Einführung der straflosen Selbstanzeige, in Kraft seit 1. Jan. 2010 (AS **2008** 4453; BBl **2006** 8795).

[4] Eingefügt durch Ziff. I 2 des BG vom 20. März 2008 über die Vereinfachung der Nachbesteuerung in Erbfällen und die Einführung der straflosen Selbstanzeige, in Kraft seit 1. Jan. 2010 (AS **2008** 4453; BBl **2006** 8795).

3bis Zeigt sich eine Person nach Absatz 3 erstmals selbst an und sind die Voraussetzungen nach Absatz 1bis Buchstaben a und b erfüllt, so wird von einer Strafverfolgung abgesehen und die Solidarhaftung entfällt.[1]

4 Wer Nachlasswerte, zu deren Bekanntgabe er im Inventarverfahren verpflichtet ist, verheimlicht oder beiseite schafft, in der Absicht, sie der Inventaraufnahme zu entziehen, sowie

wer hierzu anstiftet, Hilfe leistet oder eine solche Tat begünstigt,

wird ohne Rücksicht auf die Strafbarkeit des Steuerpflichtigen mit einer Busse bis zu 10 000 Franken, in schweren Fällen oder bei Rückfall bis zu 50 000 Franken bestraft.

Der Versuch einer Verheimlichung oder Beiseiteschaffung von Nachlasswerten ist ebenfalls strafbar. Die Strafe kann milder sein als bei vollendeter Begehung.[2]

5 Zeigt sich eine Person nach Absatz 4 erstmals selbst an, so wird von einer Strafverfolgung wegen Verheimlichung oder Beiseiteschaffung von Nachlasswerten im Inventarverfahren und wegen allfälliger anderer in diesem Zusammenhang begangener Straftaten abgesehen (straflose Selbstanzeige), wenn:

a. die Widerhandlung keiner Steuerbehörde bekannt ist; und
b. die Person die Verwaltung bei der Berichtigung des Inventars vorbehaltlos unterstützt.[3]

Art. 57 Besondere Fälle

1 Werden zum Vorteil einer juristischen Person Verfahrenspflichten verletzt, Steuern hinterzogen oder Steuern zu hinterziehen versucht, so wird die juristische Person gebüsst. Die handelnden Organe oder Vertreter können zudem nach Artikel 56 Absatz 3 bestraft werden.

2 Werden im Geschäftsbereich einer juristischen Person Teilnahmehandlungen (Anstiftung, Gehilfenschaft, Mitwirkung) an Steuerhinterziehungen Dritter begangen, so ist Artikel 56 Absatz 3 auf die juristische Person anwendbar.

3 ...[4]

4 Die steuerpflichtige Person, die in rechtlich und tatsächlich ungetrennter Ehe lebt, wird nur für die Hinterziehung ihrer eigenen Steuerfaktoren gebüsst. Vorbehalten bleibt Artikel 56 Absatz 3. Die Mitunterzeichnung der Steuererklärung stellt für sich allein keine Widerhandlung nach Artikel 56 Absatz 3 dar.[5]

---

[1] Eingefügt durch Ziff. I 2 des BG vom 20. März 2008 über die Vereinfachung der Nachbesteuerung in Erbfällen und die Einführung der straflosen Selbstanzeige, in Kraft seit 1. Jan. 2010 (AS **2008** 4453; BBl **2006** 8795).

[2] Fassung gemäss Ziff. I 2 des BG vom 20. März 2008 über die Vereinfachung der Nachbesteuerung in Erbfällen und die Einführung der straflosen Selbstanzeige, in Kraft seit 1. Jan. 2010 (AS **2008** 4453; BBl **2006** 8795).

[3] Eingefügt durch Ziff. I 2 des BG vom 20. März 2008 über die Vereinfachung der Nachbesteuerung in Erbfällen und die Einführung der straflosen Selbstanzeige, in Kraft seit 1. Jan. 2010 (AS **2008** 4453; BBl **2006** 8795).

[4] Aufgehoben durch Ziff. I 2 des BG vom 8. Okt. 2004 über die Aufhebung der Haftung der Erben für Steuerbussen, mit Wirkung seit 1. März 2005 (AS **2005** 1051; BBl **2004** 1437 1451). Siehe auch Art. 78c hiernach.

[5] Fassung gemäss Ziff. I 2 des BG vom 20. Dez. 2006 über Änderungen des Nachsteuerverfahrens und des Strafverfahrens wegen Steuerhinterziehung auf dem Gebiet der direkten Steuern, in Kraft seit 1. Jan. 2008 (AS **2007** 2973; BBl **2006** 4021 4039).

Art. 57bis **Verfahren**

[1] Nach Abschluss der Untersuchung erlässt die zuständige kantonale Behörde eine Verfügung, die sie der betroffenen Person schriftlich eröffnet.[1]

[2] Entscheide der Steuerbehörden bei Hinterziehungstatbeständen sind vor Verwaltungs- und Verwaltungsgerichtsbehörden anfechtbar. Gegen letztinstanzliche kantonale Entscheide kann beim Bundesgericht nach Massgabe des Bundesgerichtsgesetzes vom 17. Juni 2005[2] Beschwerde in öffentlich-rechtlichen Angelegenheiten geführt werden. Die Strafgerichtsbarkeit ist ausgeschlossen.[3]

[3] Die Vorschriften über die Verfahrensgrundsätze, das Veranlagungs- und das Rekursverfahren gelten sinngemäss.

Art. 57a[4] **Eröffnung des Strafverfahrens wegen Steuerhinterziehung**

[1] Die Einleitung eines Strafverfahrens wegen Steuerhinterziehung wird der betroffenen Person schriftlich mitgeteilt. Es wird ihr Gelegenheit gegeben, sich zu der gegen sie erhobenen Anschuldigung zu äussern; sie wird auf ihr Recht hingewiesen, die Aussage und ihre Mitwirkung zu verweigern.

[2] Beweismittel aus einem Nachsteuerverfahren dürfen in einem Strafverfahren wegen Steuerhinterziehung nur dann verwendet werden, wenn sie weder unter Androhung einer Veranlagung nach pflichtgemässem Ermessen (Art. 46 Abs. 3) mit Umkehr der Beweislast im Sinne von Artikel 48 Absatz 2 noch unter Androhung einer Busse wegen Verletzung von Verfahrenspflichten beschafft wurden.

Art. 57b[5] **Selbstanzeige juristischer Personen**

[1] Zeigt eine steuerpflichtige juristische Person erstmals eine in ihrem Geschäftsbetrieb begangene Steuerhinterziehung selbst an, so wird von einer Strafverfolgung abgesehen (straflose Selbstanzeige), wenn:

    a. die Hinterziehung keiner Steuerbehörde bekannt ist;
    b. sie die Verwaltung bei der Festsetzung der Nachsteuer vorbehaltlos unterstützt; und
    c. sie sich ernstlich um die Bezahlung der geschuldeten Nachsteuer bemüht.

[2] Die straflose Selbstanzeige kann auch eingereicht werden:

    a. nach einer Änderung der Firma oder einer Verlegung des Sitzes innerhalb der Schweiz;

---

[1] Eingefügt durch Art. 3 Ziff. 8 des BB vom 17. Dez. 2004 über die Genehmigung und die Umsetzung der bilateralen Abk. zwischen der Schweiz und der EU über die Assoziierung an Schengen und an Dublin (AS **2008** 447; BBl **2004** 5965). Fassung gemäss Ziff. I 2 des BG vom 26. Sept. 2014 (Anpassung an die allgemeinen Bestimmungen des StGB), in Kraft seit 1. Jan. 2017 (AS **2015** 779; BBl **2012** 2869).

[2] SR **173.110**

[3] Fassung gemäss Anhang Ziff. 58 des Verwaltungsgerichtsgesetzes vom 17. Juni 2005, in Kraft seit 1. Jan. 2007 (AS **2006** 2197 1069; BBl **2001** 4202).

[4] Eingefügt durch Ziff. I 2 des BG vom 20. Dez. 2006 über Änderungen des Nachsteuerverfahrens und des Strafverfahrens wegen Steuerhinterziehung auf dem Gebiet der direkten Steuern, in Kraft seit 1. Jan. 2008 (AS **2007** 2973; BBl **2006** 4021 4039).

[5] Eingefügt durch Ziff. I 2 des BG vom 20. März 2008 über die Vereinfachung der Nachbesteuerung in Erbfällen und die Einführung der straflosen Selbstanzeige, in Kraft seit 1. Jan. 2010 (AS **2008** 4453; **2009** 5683; BBl **2006** 8795).

b. nach einer Umwandlung nach den Artikeln 53–68 des Fusionsgesetzes vom 3. Oktober 2003[1] (FusG) durch die neue juristische Person für die vor der Umwandlung begangenen Steuerhinterziehungen;
c. nach einer Absorption (Art. 3 Abs. 1 Bst. a FusG) oder Abspaltung (Art. 29 Bst. b FusG) durch die weiterbestehende juristische Person für die vor der Absorption oder Abspaltung begangenen Steuerhinterziehungen.

³ Die straflose Selbstanzeige muss von den Organen oder Vertretern der juristischen Person eingereicht werden. Von einer Strafverfolgung gegen diese Organe oder Vertreter wird abgesehen und ihre Solidarhaftung entfällt.

⁴ Zeigt ein ausgeschiedenes Organmitglied oder ein ausgeschiedener Vertreter der juristischen Person diese wegen Steuerhinterziehung erstmals an und ist die Steuerhinterziehung keiner Steuerbehörde bekannt, so wird von einer Strafverfolgung der juristischen Person, sämtlicher aktueller und ausgeschiedener Mitglieder der Organe und sämtlicher aktueller und ausgeschiedener Vertreter abgesehen. Ihre Solidarhaftung entfällt.

⁵ Bei jeder weiteren Selbstanzeige wird die Busse unter den Voraussetzungen nach Absatz 1 auf einen Fünftel der hinterzogenen Steuer ermässigt.

⁶ Nach Beendigung der Steuerpflicht einer juristischen Person in der Schweiz kann keine Selbstanzeige mehr eingereicht werden.

Art. 58[2] Verjährung der Strafverfolgung

¹ Die Strafverfolgung wegen Verletzung von Verfahrenspflichten verjährt drei Jahre und diejenige wegen versuchter Steuerhinterziehung sechs Jahre nach dem rechtskräftigen Abschluss des Verfahrens, in dem die Verfahrenspflichten verletzt oder die Steuern zu hinterziehen versucht wurden.

² Die Strafverfolgung wegen vollendeter Steuerhinterziehung verjährt zehn Jahre nach Ablauf:
a. der Steuerperiode, für welche die steuerpflichtige Person nicht oder unvollständig veranlagt wurde oder der Steuerabzug an der Quelle nicht gesetzmässig erfolgte (Art. 56 Abs. 1);
b. des Kalenderjahres, in dem eine unrechtmässige Rückerstattung oder ein ungerechtfertigter Erlass erwirkt wurde (Art. 56 Abs. 1) oder Nachlasswerte im Inventarverfahren verheimlicht oder beiseitegeschafft wurden (Art. 56 Abs. 4).

³ Die Verjährung tritt nicht mehr ein, wenn die zuständige kantonale Behörde (Art. 57bis Abs. 1) vor Ablauf der Verjährungsfrist eine Verfügung erlassen hat.

---

[1] SR **221.301**
[2] Fassung gemäss Ziff. I 2 des BG vom 26. Sept. 2014 (Anpassung an die allgemeinen Bestimmungen des StGB), in Kraft seit 1. Jan. 2017 (AS **2015** 779; BBl **2012** 2869).

2. Kapitel: Steuervergehen

Art. 59 Steuerbetrug

¹ Wer zum Zweck der Steuerhinterziehung gefälschte, verfälschte oder inhaltlich unwahre Urkunden zur Täuschung gebraucht oder als zum Steuerabzug an der Quelle Verpflichteter abgezogene Steuern zu seinem oder eines andern Nutzen verwendet, wird mit Freiheitsstrafe bis zu drei Jahren oder Geldstrafe bestraft. Eine bedingte Strafe kann mit Busse bis zu 10 000 Franken verbunden werden.[1] N7

² Die Bestrafung wegen Steuerhinterziehung bleibt vorbehalten.

²bis Liegt eine Selbstanzeige nach Artikel 56 Absatz 1bis oder Artikel 57b Absatz 1 wegen Steuerhinterziehung vor, so wird von einer Strafverfolgung wegen allen anderen Straftaten abgesehen, die zum Zweck der Steuerhinterziehung begangen wurden. Diese Bestimmung ist auch in den Fällen nach den Artikeln 56 Absatz 3bis und 57b Absätze 3 und 4 anwendbar.[2]

²ter Liegt eine straflose Selbstanzeige wegen Veruntreuung der Quellensteuer vor, so wird auch von einer Strafverfolgung wegen allen anderen Straftaten abgesehen, die zum Zweck der Veruntreuung der Quellensteuer begangen wurden. Diese Bestimmung ist auch in den Fällen nach den Artikeln 56 Absatz 3bis und 57b Absätze 3 und 4 anwendbar.[3]

³ Die allgemeinen Bestimmungen des Strafgesetzbuches[4] sind anwendbar, soweit das Gesetz nichts anderes vorschreibt.

Art. 60[5] Verjährung der Strafverfolgung

¹ Die Strafverfolgung der Steuervergehen verjährt 15 Jahre nachdem der Täter die letzte strafbare Tätigkeit ausgeführt hat.

² Die Verjährung tritt nicht mehr ein, wenn vor Ablauf der Verjährungsfrist ein erstinstanzliches Urteil ergangen ist.

Art. 61 Verfahren und Vollzug

Das Strafverfahren und der Strafvollzug richten sich nach kantonalem Recht, soweit Bundesrecht nichts anderes bestimmt. Entscheide der letzten kantonalen Instanz unterliegen der Beschwerde in Strafsachen an das Bundesgericht.[6]

---

[1] Fassung gemäss Ziff. I 2 des BG vom 26. Sept. 2014 (Anpassung an die allgemeinen Bestimmungen des StGB), in Kraft seit 1. Jan. 2017 (AS **2015** 779; BBl **2012** 2869).

[2] Eingefügt durch Ziff. I 2 des BG vom 20. März 2008 über die Vereinfachung der Nachbesteuerung in Erbfällen und die Einführung der straflosen Selbstanzeige, in Kraft seit 1. Jan. 2010 (AS **2008** 4453; **2009** 5683; BBl **2006** 8795).

[3] Eingefügt durch Ziff. I 2 des BG vom 20. März 2008 über die Vereinfachung der Nachbesteuerung in Erbfällen und die Einführung der straflosen Selbstanzeige, in Kraft seit 1. Jan. 2010 (AS **2008** 4453; **2009** 5683; BBl **2006** 8795).

[4] SR **311.0**

[5] Fassung gemäss Ziff. I 2 des BG vom 26. Sept. 2014 (Anpassung an die allgemeinen Bestimmungen des StGB), in Kraft seit 1. Jan. 2017 (AS **2015** 779; BBl **2012** 2869).

[6] Fassung des zweiten Satzes gemäss Anhang Ziff. 13 des Bundesgerichtsgesetzes vom 17. Juni 2005, in Kraft seit 1. Jan. 2007 (AS **2006** 1205 1069; BBl **2001** 4202).

Siebter Titel: ...

Art. 62 – 70[1]

...

Achter Titel: Schlussbestimmungen

1. Kapitel: Durchführung durch die Kantone

Art. 71 Mitwirkung

[1] Die Kantone vollziehen dieses Gesetz in Zusammenarbeit mit den Bundesbehörden.

[2] Die Kantone erteilen den zuständigen Bundesbehörden sämtliche für die Durchführung dieses Gesetzes nötigen Auskünfte und beschaffen ihnen die erforderlichen Unterlagen. E56, E50

[3] Für die Steuererklärungen und die dazugehörigen Beilagen werden für die ganze Schweiz einheitliche Formulare verwendet.

> ☞ *Art. 71 Abs. 3 wird gemäss BG vom 18.6.2021 über elektronische Verfahren im Steuerbereich, abschliessende Inkraftsetzung, per 1.1.2024 wie folgt geändert:*
>
> [3] *Für die Steuererklärungen und die dazugehörigen Beilagen werden für die ganze Schweiz einheitliche Datenformate verwendet. Der Bundesrat bestimmt die hierzu anzuwendenden Datenformate in Zusammenarbeit mit den Kantonen.*

Art. 72 Anpassung der kantonalen Gesetzgebungen

[1] Die Kantone passen ihre Gesetzgebung den Bestimmungen dieses Gesetzes auf den Zeitpunkt von deren Inkrafttreten an. Der Bund nimmt bei der Festlegung des Zeitpunkts der Inkraftsetzung Rücksicht auf die Kantone; er lässt ihnen in der Regel eine Frist von mindestens zwei Jahren für die Anpassung ihrer Gesetzgebung.[2]

[2] Nach ihrem Inkrafttreten finden die Bestimmungen dieses Gesetzes direkt Anwendung, wenn ihnen das kantonale Steuerrecht widerspricht.[3]

[3] Die Kantonsregierung erlässt die erforderlichen vorläufigen Vorschriften.

---

[1] Aufgehoben durch Ziff. I 2 des BG vom 22. März 2013 über die formelle Bereinigung der zeitlichen Bemessung der direkten Steuern bei den natürlichen Personen, mit Wirkung seit 1. Jan. 2014 (AS **2013** 2397; BBl **2011** 3593).

[2] Fassung gemäss Ziff. I 4 des BG vom 18. Juni 2021 über elektronische Verfahren im Steuerbereich, in Kraft seit 1. Jan. 2022 (AS **2021** 673; BBl **2020** 4705).

[3] Fassung gemäss Ziff. I 4 des BG vom 18. Juni 2021 über elektronische Verfahren im Steuerbereich, in Kraft seit 1. Jan. 2022 (AS **2021** 673; BBl **2020** 4705).

Art. 72a –72s[1]

Art. 72t[2] **Anpassung der kantonalen Gesetzgebung an die Änderung vom 20. März 2015**

1 Die Kantone passen ihre Gesetzgebung innert zwei Jahren nach Inkrafttreten der Änderung vom 20. März 2015 Artikel 26*a* an.

2 Nach Ablauf dieser Frist findet Artikel 26*a* direkt Anwendung, wenn ihm das kantonale Steuerrecht widerspricht. Dabei gilt der Betrag nach Artikel 66*a* des Bundesgesetzes vom 14. Dezember 1990[3] über die direkte Bundessteuer.

Art. 72u –72w[4]

Art. 72x[5] **Anpassung der kantonalen Gesetzgebung an die Änderung vom 29. September 2017**

1 Die Kantone passen ihre Gesetzgebung auf den Zeitpunkt des Inkrafttretens der Änderung vom 29. September 2017 den geänderten Artikeln 7 Absatz 4 Buchstaben l–m sowie 9 Absatz 2 Buchstabe n an.

2 Ab diesem Zeitpunkt finden die Artikel 7 Absatz 4 Buchstaben l–m sowie 9 Absatz 2 Buchstabe n direkt Anwendung, wenn ihnen das kantonale Steuerrecht widerspricht. Dabei gelten die Beträge nach Artikel 24 Buchstaben i^{bis} und j des Bundesgesetzes vom 14. Dezember 1990[6] über die direkte Bundessteuer.

Art. 72y[7]

Art. 72z[8]

Art. 72z^{bis}[9]

---

[1] Aufgehoben durch Ziff. I 4 des BG vom 18. Juni 2021 über elektronische Verfahren im Steuerbereich, mit Wirkung seit 1. Jan. 2022 (AS **2021** 673; BBl **2020** 4705). ☞ *siehe Art. 72*

[2] Eingefügt durch Ziff. I 2 des BG vom 20. März 2015 über die Gewinnbesteuerung von juristischen Personen mit ideellen Zwecken, in Kraft seit 1. Jan. 2016 (AS **2015** 2947; BBl **2014** 5369).

[3] SR **642.11**

[4] Aufgehoben durch Ziff. I 4 des BG vom 18. Juni 2021 über elektronische Verfahren im Steuerbereich, mit Wirkung seit 1. Jan. 2022 (AS **2021** 673; BBl **2020** 4705). ☞ *siehe Art. 72*

[5] Eingefügt durch Anhang Ziff. II 6 des Geldspielgesetzes vom 29. Sept. 2017, in Kraft seit 1. Jan. 2019 (AS **2018** 5103; BBl **2015** 8387).

[6] SR **642.11**

[7] Eingefügt durch Ziff. I 3 des BG vom 28. Sept. 2018 über die Steuerreform und die AHV-Finanzierung (AS **2019** 2395; BBl **2018** 2527). Aufgehoben durch Ziff. I 4 des BG vom 18. Juni 2021 über elektronische Verfahren im Steuerbereich, mit Wirkung seit 1. Jan. 2022 (AS **2021** 673; BBl **2020** 4705). ☞ *siehe Art. 72*

[8] Eingefügt durch Ziff. I 2 des BG vom 14. Dez. 2018 über die Berechnung des Beteiligungsabzugs bei systemrelevanten Banken (AS **2019** 1207; BBl **2018** 1263). Aufgehoben durch Ziff. I 4 des BG vom 18. Juni 2021 über elektronische Verfahren im Steuerbereich, mit Wirkung seit 1. Jan. 2022 (AS **2021** 673; BBl **2020** 4705). ☞ *siehe Art. 72*

[9] Eingefügt durch Ziff. I 2 des BG vom 19. Juni 2020 über die steuerliche Behandlung finanzieller Sanktionen (AS **2020** 5121; BBl **2016** 8503). Aufgehoben durch Ziff. I 4 des BG vom 18. Juni 2021 über elektronische Verfahren im Steuerbereich, mit Wirkung seit 1. Jan. 2022 (AS **2021** 673; BBl **2020** 4705). ☞ *siehe Art. 72*

Art. 73 Beschwerde

1 Entscheide der letzten kantonalen Instanz, die eine in den Titeln 2–5 und 6 Kapitel 1 geregelte Materie oder den Erlass der kantonalen oder kommunalen Einkommens- und Gewinnsteuer betreffen, unterliegen nach Massgabe des Bundesgerichtsgesetzes vom 17. Juni 2005[1] der Beschwerde in öffentlich-rechtlichen Angelegenheiten an das Bundesgericht.[2] N 3

2 Beschwerdebefugt sind die Steuerpflichtigen, die nach kantonalem Recht zuständige Behörde und die Eidgenössische Steuerverwaltung.

3 ...[3]

2. Kapitel: Vollzug und Änderung des geltenden Rechts

Art. 74 Vollzugsbestimmungen

Der Bundesrat erlässt die Vollzugsbestimmungen. Er regelt insbesondere die Probleme, die sich im interkantonalen Verhältnis, vor allem zwischen Kantonen mit unterschiedlicher Regelung der zeitlichen Bemessung, stellen.[4] VO StHG A

Art. 75 Änderung des AHVG

...[5]

3. Kapitel: Übergangsbestimmungen

Art. 76 Leistungen aus Militärversicherung

Artikel 47 Absatz 2 des Bundesgesetzes vom 20. September 1949[6] über die Militärversicherung ist hinsichtlich der Renten und Kapitalleistungen, die nach Inkrafttreten dieses Gesetzes zu laufen beginnen oder fällig werden, nicht anwendbar.

Art. 77 Reingewinnsteuer

1 Die Reingewinnsteuer der juristischen Personen für die erste Steuerperiode nach dem Wechsel der zeitlichen Bemessung wird nach altem und nach neuem Recht provisorisch veranlagt. Ist die nach neuem Recht berechnete Steuer höher, so wird diese, andernfalls die nach altem Recht berechnete Steuer geschuldet. Vorbehalten bleibt die Besteuerung ausserordentlicher Erträge nach altem Recht.

2 Soweit in den Fällen von Absatz 1 das im Kalenderjahr n zu Ende gehende Geschäftsjahr in das Kalenderjahr n–1 zurückreicht, wird die Steuer für diesen Zeitraum nach altem Recht festgesetzt und auf die für den gleichen Zeitraum nach neuem Recht berechnete Steuer angerechnet; ein Überschuss wird nicht zurückerstattet.

---

[1] SR **173.110**
[2] Fassung gemäss Ziff. I 3 des Steuererlassgesetzes vom 20. Juni 2014, in Kraft seit 1. Jan. 2016 (AS **2015** 9; BBl **2013** 8435).
[3] Aufgehoben durch Ziff. I 2 des BG vom 26. Sept. 2014 (Anpassung an die allgemeinen Bestimmungen des StGB), mit Wirkung seit 1. Jan. 2017 (AS **2015** 779; BBl **2012** 2869).
[4] Zweiter Satz eingefügt durch Ziff. I 2 des BG vom 15. Dez. 2000 zur Koordination und Vereinfachung der Veranlagungsverfahren für die direkten Steuern im interkantonalen Verhältnis (AS **2001** 1050; BBl **2000** 3898).
[5] Die Änderung kann unter AS **1991** 1256 konsultiert werden.
[6] [AS **1949** 1671, **1956** 759, **1959** 303, **1964** 253, **1968** 563, **1972** 897 Art. 15 Ziff. 1, **1982** 1676 Anhang Ziff. 5 2184 Art. 116, **1990** 1882 Anhang Ziff. 9, **1991** 362 Ziff. II 414, AS **1993** 3043 Anhang Ziff. 1]

Art. 78[1] Arrest

Die Kantone können Sicherstellungsverfügungen der zuständigen kantonalen Steuerbehörden den Arrestbefehlen nach Artikel 274 des Bundesgesetzes vom 11. April 1889[2] über Schuldbetreibung und Konkurs (SchKG) gleichstellen. Der Arrest wird vom zuständigen Betreibungsamt vollzogen. Die Einsprache gegen den Arrestbefehl nach Artikel 278 SchKG ist nicht zulässig.

Art. 78a[3] Kapitalversicherungen mit Einmalprämie

Artikel 7 Absatz 1ter ist auf Kapitalversicherungen mit Einmalprämie anwendbar, die nach dem 31. Dezember 1998 abgeschlossen wurden.

Art. 78b[4] ...

Art. 78c[5] Übergangsbestimmungen zur Änderung vom 8. Oktober 2004

¹ Bussen nach Artikel 57 Absatz 3[6] sind nicht mehr vollstreckbar und können von den Steuerbehörden nicht mehr verrechnungsweise geltend gemacht werden.

² Entsprechende Eintragungen im Betreibungsregister werden auf Antrag der betroffenen Person gelöscht.

Art. 78d[7] Übergangsbestimmung zur Änderung vom 20. März 2008

Auf Erbgänge, die vor Inkrafttreten der Änderung vom 20. März 2008 eröffnet wurden, sind die Bestimmungen über die Nachsteuern nach bisherigem Recht anwendbar.

Art. 78e[8] Übergangsbestimmungen zur Änderung vom 28. September 2012

Für natürliche Personen, die im Zeitpunkt des Inkrafttretens der Änderung vom 28. September 2012 des Bundesgesetzes vom 14. Dezember 1990[9] über die direkte Bundessteuer nach dem Aufwand besteuert wurden, gilt während fünf Jahren weiterhin Artikel 6 des bisherigen Rechts.

---

1 Fassung gemäss Ziff. I 2 des BG vom 26. Sept. 2014 (Anpassung an die allgemeinen Bestimmungen des StGB), in Kraft seit 1. Jan. 2017 (AS **2015** 779; BBl **2012** 2869).
2 SR **281.1**
3 Eingefügt durch Ziff. I 6 des BG vom 19. März 1999 über das Stabilisierungsprogramm 1998, in Kraft seit 1. Jan. 2001 (AS **1999** 2374; BBl **1999** 4).
4 Eingefügt durch Ziff. I 2 des BG vom 15. Dez. 2000 zur Koordination und Vereinfachung der Veranlagungsverfahren für die direkten Steuern im interkantonalen Verhältnis (AS **2001** 1050; BBl **2000** 3898). Aufgehoben durch Ziff. I 2 des BG vom 22. März 2013 über die formelle Bereinigung der zeitlichen Bemessung der direkten Steuern bei den natürlichen Personen, mit Wirkung seit 1. Jan. 2014 (AS **2013** 2397; BBl **2011** 3593).
5 Eingefügt durch Ziff. I 2 des BG vom 8. Oktober über die Aufhebung der Haftung der Erben für Steuerbussen, in Kraft seit 1. März 2005 (AS **2005** 1051; BBl **2004** 1437 1451).
6 AS **1991** 1256
7 Eingefügt durch Ziff. I 2 des BG vom 20. März 2008 über die Vereinfachung der Nachbesteuerung in Erbfällen und die Einführung der straflosen Selbstanzeige, in Kraft seit 1. Jan. 2010 (AS **2008** 4453; BBl **2006** 8795).
8 Eingefügt durch Ziff. I 2 des BG vom 28. September 2012, in Kraft seit 1. Jan. 2014 (AS **2013** 779; BBl **2011** 6021).
9 SR **642.11**

Art. 78f[1] **Übergangsbestimmung zur Änderung vom 26. September 2014**

Für die Beurteilung von Straftaten, die in Steuerperioden vor Inkrafttreten der Änderung vom 26. September 2014 begangen wurden, ist das neue Recht anwendbar, sofern dieses milder ist als das in jenen Steuerperioden geltende Recht.

Art. 78g[2] **Übergangsbestimmungen zur Änderung vom 28. September 2018**

¹ Wurden juristische Personen nach Artikel 28 Absätze 2–4[3] bisherigen Rechts besteuert, so werden die bei Ende dieser Besteuerung bestehenden stillen Reserven einschliesslich des selbst geschaffenen Mehrwerts, soweit diese bisher nicht steuerbar gewesen wären, im Falle ihrer Realisation innert den nächsten fünf Jahren gesondert besteuert.

² Die Höhe der von der juristischen Person geltend gemachten stillen Reserven einschliesslich des selbst geschaffenen Mehrwerts wird von der Veranlagungsbehörde mittels Verfügung festgesetzt.

³ Abschreibungen auf stillen Reserven einschliesslich des selbstgeschaffenen Mehrwerts, die bei Ende der Besteuerung nach Artikel 28 Absätze 2–4 bisherigen Rechts aufgedeckt wurden, werden in die Berechnung der Entlastungsbegrenzung nach Artikel 25*b* einbezogen.[4]

4. Kapitel: Referendum und Inkrafttreten

Art. 79

¹ Dieses Gesetz untersteht dem fakultativen Referendum.

² Der Bundesrat bestimmt das Inkrafttreten.

Datum des Inkrafttretens: 1. Januar 1993[5]

---

[1] Eingefügt durch Ziff. I 2 des BG vom 26. Sept. 2014 (Anpassung an die allgemeinen Bestimmungen des StGB), in Kraft seit 1. Jan. 2017 (AS **2015** 779; BBl **2012** 2869).
[2] Eingefügt durch Ziff. I 3 des BG vom 28. Sept. 2018 über die Steuerreform und die AHV-Finanzierung, in Kraft seit 9. Juli 2019 (AS **2019** 2395; BBl **2018** 2527).
[3] AS **1991** 1556, **1998** 669
[4] In Kraft seit 1. Jan. 2020 (AS **2019** 2395 2413; BBl **2018** 2527).
[5] BRB vom 3. Juni 1991

VO StHG

Verordnungen zum StHG

Verordnungen zum Steuerharmonisierungsgesetz (VO StHG A–C)

A   Verordnung über die Anwendung des Steuerharmonisierungsgesetzes im interkantonalen Verhältnis

B   Verordnung über die ermässigte Besteuerung von Gewinnen aus Patenten und vergleichbaren Rechten (Patentbox-Verordnung)

C   Verordnung über den steuerlichen Abzug auf Eigenfinanzierung juristischer Personen

A Verordnung über die Anwendung des Steuerharmonisierungsgesetzes im interkantonalen Verhältnis
SR 642.141

vom 9. März 2001 (Stand am 1. Januar 2021)

Der Schweizerische Bundesrat,

gestützt auf Artikel 74 des Bundesgesetzes vom 14. Dezember 1990[1] über die direkten Steuern der Kantone und Gemeinden (StHG),

verordnet:

Art. 1[2] ...

Art. 2 In mehreren Kantonen steuerpflichtige Personen E51, E50

1. Besteht auf Grund wirtschaftlicher Zugehörigkeit in anderen Kantonen als im Wohnsitz- oder im Sitzkanton eine Steuerpflicht, so wird auch in diesen Kantonen ein Veranlagungsverfahren durchgeführt.

2. Wer in mehreren Kantonen steuerpflichtig ist, kann seine Steuererklärungspflicht durch Einreichung einer Kopie der Steuererklärung des Wohnsitz- oder des Sitzkantons erfüllen.[3]

3. Die Steuerbehörde des Wohnsitz- oder des Sitzkantons teilt den Steuerbehörden der anderen Kantone ihre Steuerveranlagung einschliesslich der interkantonalen Steuerausscheidung und allfälliger Abweichungen gegenüber der Steuererklärung kostenlos mit.

4. Das Verfahren richtet sich nach dem jeweiligen kantonalen Verfahrensrecht.

Art. 3 Zuständigkeit in Sonderfällen E56, E51

Als Wohnsitz- oder Sitzkanton im Sinne von Artikel 2 gilt auch:

a. der Kanton, in dem sich der grösste Teil der steuerbaren Werte einer Person befindet, die keinen steuerrechtlichen Wohnsitz, Aufenthalt oder Sitz in der Schweiz hat und auf Grund wirtschaftlicher Zugehörigkeit in mehreren Kantonen steuerpflichtig ist;

b. der Kanton, in dem sich am Ende der Steuerperiode der steuerrechtliche Sitz einer juristischen Person befindet, der während einer Steuerperiode von einem Kanton in einen anderen verlegt wurde (Art. 22 Abs. 1 StHG);

c.[4] ...

---

[1] SR **642.14**
[2] Aufgehoben durch Ziff. II 3 der V vom 14. Aug. 2013 über die zeitliche Bemessung der direkten Bundessteuer, mit Wirkung seit 1. Jan. 2014 (AS **2013** 2773).
[3] Fassung gemäss Ziff. II 3 der V vom 14. Aug. 2013 über die zeitliche Bemessung der direkten Bundessteuer, in Kraft seit 1. Jan. 2014 (AS **2013** 2773).
[4] Aufgehoben durch Ziff. II 3 der V vom 14. Aug. 2013 über die zeitliche Bemessung der direkten Bundessteuer, mit Wirkung seit 1. Jan. 2014 (AS **2013** 2773).

Art. 4[1] ...

Art. 5 Verfahrenspflichten bei Ersatzbeschaffung von Grundstücken im interkantonalen Verhältnis E54, E51

1 Bei Ersatzbeschaffung von Grundstücken nach den Artikeln 8 Absatz 4, 12 Absatz 3 Buchstaben d und e und 24 Absatz 4 StHG in einem anderen Kanton muss der Steuerpflichtige den Veranlagungsbehörden der beteiligten Kantone Auskunft über den gesamten Ablauf der Ersatzbeschaffung erteilen sowie die entsprechenden Belege vorlegen.

2 Der Kanton, der die Ersatzbeschaffung gewährt, teilt seinen Entscheid der Veranlagungsbehörde des Kantons mit, wo sich das Ersatzgrundstück befindet.

Art. 6 Inkrafttreten

Diese Verordnung tritt rückwirkend auf den 1. Januar 2001 in Kraft.

---

[1] Aufgehoben durch Ziff. I 3 der V vom 11. April 2018 über die Anpassung von Verordnungen an die Revision der Quellenbesteuerung des Erwerbseinkommens, mit Wirkung seit 1. Jan. 2021 (AS **2018** 1827).

B Verordnung über die ermässigte Besteuerung von Gewinnen aus Patenten und vergleichbaren Rechten (Patentbox-Verordnung) SR 642.142.1 C102

vom 13. November 2019 (Stand am 1. Januar 2020)

Der Schweizerische Bundesrat,

gestützt auf Artikel 24*b* Absatz 4 des Bundesgesetzes vom 14. Dezember 1990[1] über die Harmonisierung der direkten Steuern der Kantone und Gemeinden (StHG),

verordnet:

Art. 1 Beginn und Ende

[1] Die ermässigte Besteuerung des Gewinns aus einem Patent oder vergleichbaren Recht beginnt am Beginn der Steuerperiode, in der das Recht erteilt wird.

[2] Sie endet am Ende der Steuerperiode, in der das Recht erlischt.

[3] Entfällt der Schutz des Rechts rückwirkend, so hat dies auf die Besteuerung in den vorangegangenen Steuerperioden keinen Einfluss. In der laufenden Steuerperiode wird keine ermässigte Besteuerung mehr gewährt.

Art. 2 Berechnungsgrundsatz

Der ermässigt steuerbare Reingewinn wird ermittelt, indem der Reingewinn aus den einzelnen Patenten und vergleichbaren Rechten vor Steueraufwand mit dem entsprechenden Nexusquotienten multipliziert wird und die Ergebnisse dieser Multiplikationen addiert werden.

Art. 3 Berechnung bei in Produkten enthaltenen Patenten und vergleichbaren Rechten

[1] Soweit die Patente und vergleichbaren Rechte in einem Produkt enthalten sind, ermittelt sich der ermässigt steuerbare Reingewinn aus diesen Rechten anhand des Reingewinns aus dem Produkt vor Steueraufwand. Dieser Reingewinn wird zusätzlich vermindert um:

a. 6 Prozent der dem Produkt zugewiesenen Kosten;
b. das Markenentgelt.

[2] Das Ergebnis dieser Berechnung wird mit dem entsprechenden Nexusquotienten multipliziert.

---

[1] SR 642.14

³ Ist der Reingewinn aus dem Produkt nicht bekannt, so werden vor der Berechnung nach den Absätzen 1 und 2 vom gesamten steuerbaren Reingewinn vor Steueraufwand folgende Erfolge abgezogen:
  a. der Finanzerfolg;
  b. der Liegenschaftserfolg;
  c. der Beteiligungserfolg;
  d. der Erfolg, der auf ein Produkt entfällt, das kein Patent oder vergleichbares Recht enthält;
  e. der Erfolg, der auf ein Produkt entfällt, das ein Patent oder vergleichbares Recht enthält, für welches die steuerpflichtige Person keine ermässigte Besteuerung beantragt.

⁴ Der nach Absatz 3 ermittelte Reingewinn wird auf die Produkte verteilt, die ein Patent oder vergleichbares Recht enthalten und für welche die steuerpflichtige Person eine ermässigte Besteuerung beantragt.

Art. 4 Berechnung nach Produktfamilien

¹ Weisen die Produkte nur geringe Abweichungen voneinander auf und liegen ihnen dieselben Patente oder vergleichbaren Rechte zugrunde (Produktfamilien), so wird die Berechnung nach Artikel 3 auf Antrag der steuerpflichtigen Person pro Produktfamilie vorgenommen.

² Die Berechnung nach Produktfamilien ist über die gesamte Laufzeit der zugrunde liegenden Rechte beizubehalten.

Art. 5 Nexusquotient

¹ Der Nexusquotient berechnet sich für eine Steuerperiode pro Patent, vergleichbares Recht, Produkt oder Produktfamilie nach der folgenden Formel, beträgt jedoch höchstens 100 Prozent:

$$\frac{(a+b) \cdot 130\%}{a+b+c+d}$$

a = sämtlicher dem Recht, dem Produkt oder der Produktfamilie zurechenbarer, bisher angefallener Aufwand für Forschung und Entwicklung, welche die steuerpflichtige Person selbst im Inland durchgeführt hat;

b = sämtlicher dem Recht, dem Produkt oder der Produktfamilie zurechenbarer, bei der steuerpflichtigen Person bisher angefallener Aufwand für Forschung und Entwicklung, welche Konzerngesellschaften nach Artikel 963 des Obligationenrechts[1] (OR) im Inland oder unabhängige Dritte im Inland oder Ausland durchgeführt haben;

c = sämtlicher bisher angefallener Aufwand für den Erwerb von Rechten, die in einem Produkt enthalten sind;

d = sämtlicher dem Recht, dem Produkt oder der Produktfamilie zurechenbarer, bei der steuerpflichtigen Person bisher angefallener Aufwand für Forschung und Entwicklung, welche Konzerngesellschaften nach Artikel 963 OR, Geschäftsbetriebe und Betriebsstätten im Ausland durchgeführt haben;

---

[1] SR 220

130 % = Faktor zur Abgeltung des tatsächlich bei Konzerngesellschaften nach Artikel 963 OR, Geschäftsbetrieben und Betriebsstätten im Ausland angefallenen Aufwands für Forschung und Entwicklung sowie zur Abgeltung des Aufwands für den Erwerb von Rechten, die in einem Produkt enthalten sind.

2 Zur Berechnung des Nexusquotienten bei der erstmaligen ermässigten Besteuerung gilt als bisher angefallener Aufwand der Aufwand der laufenden und der zehn vorangegangenen Steuerperioden. Die steuerpflichtige Person kann Aufwand weiter zurückliegender Steuerperioden geltend machen.

3 Zur Berechnung des Nexusquotienten in den folgenden Steuerperioden wird der laufende Aufwand zum Aufwand nach Absatz 2 hinzugerechnet. Der weiter als zwanzig Steuerperioden zurückliegende Aufwand wird jedoch nicht mehr berücksichtigt; dabei gilt der nach Absatz 2 berechnete Aufwand gesamthaft als in der Steuerperiode der erstmaligen ermässigten Besteuerung angefallen.

4 Zins-, Miet- und Liegenschaftsaufwand bleibt unberücksichtigt.

Art. 6 Verluste

1 Ergibt sich aus der Berechnung nach den Artikeln 2–5 ein Verlust, so erfolgt keine ermässigte Besteuerung.

2 Ergibt sich vor Anwendung des Nexusquotienten oder bei Produkten vor Ermittlung des Reingewinns nach Artikel 3 Absatz 1 ein Verlust, so wird in den folgenden Steuerperioden der Reingewinn, der ermässigt besteuert werden könnte, im Umfang dieses Verlusts nicht ermässigt besteuert.

Art. 7 Hinzurechnung bisherigen Forschungs- und Entwicklungsaufwands bei erstmaliger ermässigter Besteuerung

1 Bei der erstmaligen ermässigten Besteuerung nach Artikel 24b Absatz 3 StHG wird der in den zehn vorangegangenen Steuerperioden berücksichtigte Forschungs- und Entwicklungsaufwand zum steuerbaren Reingewinn hinzugerechnet. Nicht direkt den Patenten, vergleichbaren Rechten, Produkten oder Produktfamilien zurechenbarer Forschungs- und Entwicklungsaufwand, insbesondere Aufwand für die Grundlagenforschung, wird auf sämtliche Rechte, Produkte oder Produktfamilien verteilt.

2 Zins-, Miet- und Liegenschaftsaufwand bleibt unberücksichtigt.

Art. 8 Zuordnung des Aufwands zu einzelnen Rechten, Produkten oder Produktfamilien

1 Die steuerpflichtige Person hat den Forschungs- und Entwicklungsaufwand und den dazugehörigen Reingewinn zu dokumentieren. Dabei muss sie insbesondere den Forschungs- und Entwicklungsaufwand und den Reingewinn den einzelnen Patenten und vergleichbaren Rechten zuordnen. Die Steuerbehörde kann diese Dokumentation einfordern.

2 Erbringt eine steuerpflichtige Person den Nachweis, dass eine Zuordnung des Forschungs- und Entwicklungsaufwands und des dazugehörigen Reingewinns zu den einzelnen Rechten nicht sachgerecht ist, so kann sie diesen Aufwand und Reingewinn den einzelnen Produkten oder Produktfamilien zuordnen.

Art. 9 Berechnung des Nexusquotienten bei fehlender Zuordnung

¹ Kann bei der erstmaligen ermässigten Besteuerung der in den vorangegangenen Steuerperioden angefallene Forschungs- und Entwicklungsaufwand nicht den einzelnen Patenten, vergleichbaren Rechten, Produkten oder Produktfamilien zugeordnet werden, so wird bei der Berechnung des Nexusquotienten der gesamte Forschungs- und Entwicklungsaufwand der laufenden und der vier vorangegangenen Steuerperioden berücksichtigt.

² Diese Berechnung ist für drei weitere Steuerperioden beizubehalten. Danach wird der den einzelnen Rechten, Produkten oder Produktfamilien zugeordnete Forschungs- und Entwicklungsaufwand ab der Steuerperiode der erstmaligen ermässigten Besteuerung in die Berechnung einbezogen.

Art. 10 Inkrafttreten

Diese Verordnung tritt am 1. Januar 2020 in Kraft.

C Verordnung über den steuerlichen Abzug auf Eigenfinanzierung juristischer Personen
SR 642.142.2 C103

vom 13. November 2019 (Stand am 1. Januar 2020)

Der Schweizerische Bundesrat,

gestützt auf Artikel 25a^{bis} Absatz 6 des Bundesgesetzes vom 14. Dezember 1990[1] über die Harmonisierung der direkten Steuern der Kantone und Gemeinden (StHG),

verordnet:

Art. 1 Eigenkapitalunterlegungssätze
(Art. 25a^{bis} Abs. 2 und 3 StHG)

Die Eigenkapitalunterlegungssätze betragen auf folgenden Aktiven:

Aktiven			Eigenkapital-unterlegungssätze
1		**Betriebsnotwendiges Umlaufvermögen**	
1.1		Flüssige Mittel	0 %
1.2		Kurzfristig gehaltene Aktiven mit Börsenkurs:	
1.2.1		in- und ausländische Obligationen in Schweizerfranken	35 %
1.2.2		ausländische Obligationen in Fremdwährung	45 %
1.2.3		börsenkotierte in- und ausländische Aktien	65 %
1.3		Forderungen aus Lieferungen und Leistungen	40 %
1.4		Übrige kurzfristige Forderungen	40 %
1.5		Vorräte und nicht fakturierte Dienstleistungen	40 %
1.6		Aktive Rechnungsabgrenzungen	40 %
2		**Betriebsnotwendiges Anlagevermögen**	
2.1		Finanzanlagen:	
2.1.1		in- und ausländische Obligationen in Schweizerfranken	35 %
2.1.2		ausländische Obligationen in Fremdwährung	45 %
2.1.3		börsenkotierte in- und ausländische Aktien	65 %
2.1.4		nicht börsenkotierte Aktien und Stammanteile	75 %
2.1.5		Darlehen an Nahestehende:	
2.1.5.1		die keine ungerechtfertigte Steuerersparnis nach Artikel 25a^{bis} Absatz 3 Buchstabe e StHG bewirken	15 %
2.1.5.2		die eine ungerechtfertigte Steuerersparnis nach Artikel 25a^{bis} Absatz 3 Buchstabe e StHG bewirken	100 %
2.1.6		Darlehen an Drittparteien	40 %

---

[1] SR **642.14**

Aktiven			Eigenkapital-unterlegungssätze
2.2		Beteiligungen nach Artikel 28 Absatz 1 StHG	100 %
2.3		Sachanlagen:	
2.3.1		mobile Sachanlagen	75 %
2.3.2		immobile Sachanlagen:	
2.3.2.1		Fabrikliegenschaften, Wohnliegenschaften und Bauland	55 %
2.3.2.2		übrige Liegenschaften	45 %
2.4		Immaterielle Werte:	
2.4.1		derivative immaterielle Werte	55 %
2.4.2		selbst geschaffene immaterielle Werte:	
2.4.2.1		die nach Artikel 24b StHG besteuert werden	100 %
2.4.2.2		die nicht nach Artikel 24b StHG besteuert werden	55 %
2.5		Nicht einbezahltes Grund-, Gesellschafter- oder Stiftungskapital	100 %
3		**Nicht betriebsnotwendige Aktiven**	100 %
4		**Nach Artikel 24c StHG aufgedeckte stille Reserven, einschliesslich des selbst geschaffenen Mehrwerts, sowie vergleichbare unversteuert aufgedeckte stille Reserven**	
4.1		sofern Teil des steuerbaren Eigenkapitals	100 %
4.2		sofern nicht Teil des steuerbaren Eigenkapitals	0 %

Art. 2 Berechnung des Sicherheitseigenkapitals
(Art. 25a^{bis} Abs. 2 StHG)

[1] Das Sicherheitseigenkapital entspricht der positiven Differenz zwischen dem gesamten steuerlich massgeblichen Eigenkapital und dem Kerneigenkapital.

[2] Das Kerneigenkapital berechnet sich, indem die durchschnittlichen Gewinnsteuerwerte der Aktiven mit den Eigenkapitalunterlegungssätzen nach Artikel 1 multipliziert und die Ergebnisse summiert werden.

[3] Die durchschnittlichen Gewinnsteuerwerte berechnen sich anhand der Gewinnsteuerwerte zu Beginn und am Ende der Steuerperiode.

[4] Verfügt eine steuerpflichtige Person über Geschäftsbetriebe, Betriebsstätten oder Grundstücke im Ausland oder in einem anderen Kanton, so vermindert sich das Sicherheitseigenkapital prozentual um den Anteil der durchschnittlichen Gewinnsteuerwerte dieser Aktiven an den durchschnittlichen Gewinnsteuerwerten der gesamten Aktiven. Dabei werden die durchschnittlichen Gewinnsteuerwerte der Aktiven mit der Differenz zwischen 100 Prozent und dem jeweiligen Eigenkapitalunterlegungssatz nach Artikel 1 gewichtet.

Art. 3 Kalkulatorischer Zinssatz
(Art. 25a^{bis} Abs. 4 erster Satz StHG)

1 Der kalkulatorische Zinssatz auf dem Sicherheitseigenkapital entspricht der Rendite von zehnjährigen Bundesobligationen am letzten Handelstag des dem Beginn der Steuerperiode vorangegangenen Kalenderjahres. Bei negativer Rendite beträgt der Zinssatz 0 Prozent.

2 Der kalkulatorische Zinssatz wird jährlich von der Eidgenössischen Steuerverwaltung publiziert. 884

Art. 4 Forderungen aller Art gegenüber Nahestehenden
(Art. 25a^{bis} Abs. 4 zweiter Satz StHG)

Der Anteil des Sicherheitseigenkapitals, der auf Forderungen aller Art gegenüber Nahestehenden entfällt, entspricht dem Anteil des durchschnittlichen Gewinnsteuerwerts dieser Forderungen am durchschnittlichen Gewinnsteuerwert der Aktiven nach Anwendung von Artikel 2 Absatz 4. Dabei werden die durchschnittlichen Gewinnsteuerwerte der Aktiven mit der Differenz zwischen 100 Prozent und dem jeweiligen Eigenkapitalunterlegungssatz nach Artikel 1 gewichtet.

Art. 5 Berechnung des kalkulatorischen Zinses auf dem Sicherheitseigenkapital
(Art. 25a^{bis} Abs. 5 StHG)

1 Der massgebende Zinsaufwand berechnet sich, indem das Sicherheitseigenkapital mit dem kalkulatorischen Zinssatz multipliziert wird.

2 Der Zinsaufwand auf Sicherheitseigenkapital, das auf Forderungen aller Art gegenüber Nahestehenden entfällt, berechnet sich, indem dieser Anteil des Sicherheitseigenkapitals mit dem Zinssatz multipliziert wird, der dem Drittvergleich entspricht.

Art. 6 Inkrafttreten

Diese Verordnung tritt am 1. Januar 2020 in Kraft.

DBG

Direkte Bundessteuer

2 Bundesgesetz über die direkte Bundessteuer (DBG) SR 642.11

vom 14. Dezember 1990 (Stand am 1. Januar 2023)

Die Bundesversammlung der Schweizerischen Eidgenossenschaft,

gestützt auf die Artikel 128 und 129 der Bundesverfassung[1],[2] nach Einsicht in eine Botschaft des Bundesrates vom 25. Mai 1983[3],

beschliesst:

☞ *Die zukünftigen Änderungen durch folgende Gesetze sind mit einem Hinweis im Text integriert:*

- *BG vom 17.12.2021 über die Änderung des Kollektivanlagengesetzes (L-QIF); voraussichtlich in Kraft ab 1.8.2023 (der Bundesrat bestimmt das Inkrafttreten)*
- *BG vom 18.6.2021 über elektronische Verfahren im Steuerbereich, abschliessende Inkraftsetzung; in Kraft ab 1.1.2024*
- *BG vom 17.6.2022 über die Besteuerung von Leibrenten und ähnlichen Vorsorgeformen; voraussichtlich in Kraft ab 1.1.2025 (der Bundesrat bestimmt das Inkrafttreten)*
- *BG vom 18.3.2022 über die Bekämpfung des missbräuchlichen Konkurses; frühestens in Kraft ab 1.1.2024 (der Bundesrat bestimmt das Inkrafttreten)*

---

[1] SR **101**
[2] Fassung gemäss Ziff. I 2 des BG vom 28. Sept. 2018 über die Steuerreform und die AHV-Finanzierung, in Kraft seit 1. Jan. 2020 (AS **2019** 2395 2413; BBl **2018** 2527).
[3] BBl **1983** III 1

Erster Teil: Allgemeine Bestimmungen

Art. 1 Gegenstand des Gesetzes

Der Bund erhebt als direkte Bundessteuer nach diesem Gesetz:
a. eine Einkommenssteuer von den natürlichen Personen;
b.[1] eine Gewinnsteuer von den juristischen Personen;
c. eine Quellensteuer auf dem Einkommen von bestimmten natürlichen und juristischen Personen.

Art. 2 Steuererhebung

Die direkte Bundessteuer wird von den Kantonen unter Aufsicht des Bundes veranlagt und bezogen.

Zweiter Teil: Besteuerung der natürlichen Personen

Erster Titel: Steuerpflicht

1. Kapitel: Steuerliche Zugehörigkeit

1. Abschnitt: Persönliche Zugehörigkeit

Art. 3

1 Natürliche Personen sind aufgrund persönlicher Zugehörigkeit steuerpflichtig, wenn sie ihren steuerrechtlichen Wohnsitz oder Aufenthalt in der Schweiz haben.

2 Einen steuerrechtlichen Wohnsitz in der Schweiz hat eine Person, wenn sie sich hier mit der Absicht dauernden Verbleibens aufhält oder wenn ihr das Bundesrecht hier einen besonderen gesetzlichen Wohnsitz zuweist.

3 Einen steuerrechtlichen Aufenthalt in der Schweiz hat eine Person, wenn sie in der Schweiz ungeachtet vorübergehender Unterbrechung:
 a. während mindestens 30 Tagen verweilt und eine Erwerbstätigkeit ausübt;
 b. während mindestens 90 Tagen verweilt und keine Erwerbstätigkeit ausübt.

4 Keinen steuerrechtlichen Wohnsitz oder Aufenthalt begründet eine Person, die ihren Wohnsitz im Ausland hat und sich in der Schweiz lediglich zum Besuch einer Lehranstalt oder zur Pflege in einer Heilstätte aufhält.

5 Natürliche Personen sind ferner aufgrund persönlicher Zugehörigkeit am Heimatort steuerpflichtig, wenn sie im Ausland wohnen und dort mit Rücksicht auf ein Arbeitsverhältnis zum Bund oder zu einer andern öffentlich-rechtlichen Körperschaft oder Anstalt des Inlandes von den Einkommenssteuern ganz oder teilweise befreit sind. Ist der Steuerpflichtige an mehreren Orten heimatberechtigt, so ergibt sich die Steuerpflicht nach dem Bürgerrecht, das er zuletzt erworben hat. Hat er das Schweizer Bürgerrecht nicht, so ist er am Wohnsitz oder am Sitz des Arbeitgebers steuerpflichtig. Die Steuerpflicht erstreckt sich auch auf den Ehegatten und die Kinder im Sinne von Artikel 9. VO DBG B | E40

---

[1] Fassung gemäss Ziff. I 1 des BG vom 10. Okt. 1997 über die Reform der Unternehmensbesteuerung 1997, in Kraft seit 1. Jan. 1998 (AS **1998** 669; BBl **1997** II 1164).

2. Abschnitt: Wirtschaftliche Zugehörigkeit

Art. 4 Geschäftsbetriebe, Betriebsstätten und Grundstücke

1 Natürliche Personen ohne steuerrechtlichen Wohnsitz oder Aufenthalt in der Schweiz sind aufgrund wirtschaftlicher Zugehörigkeit steuerpflichtig, wenn sie:
   a. Inhaber, Teilhaber oder Nutzniesser von Geschäftsbetrieben in der Schweiz sind;
   b. in der Schweiz Betriebsstätten unterhalten;
   c. an Grundstücken in der Schweiz Eigentum, dingliche oder diesen wirtschaftlich gleichkommende persönliche Nutzungsrechte haben;
   d. in der Schweiz gelegene Grundstücke vermitteln oder damit handeln.

2 Als Betriebsstätte gilt eine feste Geschäftseinrichtung, in der die Geschäftstätigkeit eines Unternehmens oder ein freier Beruf ganz oder teilweise ausgeübt wird. Betriebsstätten sind insbesondere Zweigniederlassungen, Fabrikationsstätten, Werkstätten, Verkaufsstellen, ständige Vertretungen, Bergwerke und andere Stätten der Ausbeutung von Bodenschätzen sowie Bau- oder Montagestellen von mindestens zwölf Monaten Dauer.

Art. 5 Andere steuerbare Werte

1 Natürliche Personen ohne steuerrechtlichen Wohnsitz oder Aufenthalt in der Schweiz sind aufgrund wirtschaftlicher Zugehörigkeit steuerpflichtig, wenn sie:
   a. in der Schweiz eine Erwerbstätigkeit ausüben;
   b.[1] als Mitglieder der Verwaltung oder Geschäftsführung von juristischen Personen mit Sitz oder Betriebsstätte in der Schweiz Tantiemen, Sitzungsgelder, feste Entschädigungen, Mitarbeiterbeteiligungen oder ähnliche Vergütungen beziehen;
   c. Gläubiger oder Nutzniesser von Forderungen sind, die durch Grund- oder Faustpfand auf Grundstücken in der Schweiz gesichert sind; C74
   d. Pensionen, Ruhegehälter oder andere Leistungen erhalten, die aufgrund eines früheren öffentlich-rechtlichen Arbeitsverhältnisses von einem Arbeitgeber oder einer Vorsorgeeinrichtung mit Sitz in der Schweiz ausgerichtet werden; C71
   e. Leistungen aus schweizerischen privatrechtlichen Einrichtungen der beruflichen Vorsorge oder aus anerkannten Formen der gebundenen Selbstvorsorge erhalten; C70
   f.[2] für Arbeit im internationalen Verkehr an Bord eines Schiffes oder eines Luftfahrzeuges oder bei einem Transport auf der Strasse Lohn oder andere Vergütungen von einem Arbeitgeber mit Sitz oder Betriebsstätte in der Schweiz erhalten; davon ausgenommen bleibt die Besteuerung der Seeleute für Arbeit an Bord eines Hochseeschiffes. C69

2 Kommen die Vergütungen nicht den genannten Personen, sondern Dritten zu, so sind diese hierfür steuerpflichtig.

---

[1] Fassung gemäss Ziff. I 1 des BG vom 17. Dez. 2010 über die Besteuerung von Mitarbeiterbeteiligungen, in Kraft seit 1. Jan. 2013 (AS **2011** 3259; BBl **2005** 575).
[2] Fassung gemäss Anhang 2 Ziff. II 2 des Landesversorgungsgesetzes vom 17. Juni 2016, in Kraft seit 1. Juni 2017 (AS **2017** 3097; BBl **2014** 7119).

3. Abschnitt: Umfang der Steuerpflicht

Art. 6

¹ Bei persönlicher Zugehörigkeit ist die Steuerpflicht unbeschränkt; sie erstreckt sich aber nicht auf Geschäftsbetriebe, Betriebsstätten und Grundstücke im Ausland.

² Bei wirtschaftlicher Zugehörigkeit beschränkt sich die Steuerpflicht auf die Teile des Einkommens, für die nach den Artikeln 4 und 5 eine Steuerpflicht in der Schweiz besteht. Es ist mindestens das in der Schweiz erzielte Einkommen zu versteuern.

³ Die Abgrenzung der Steuerpflicht für Geschäftsbetriebe, Betriebsstätten und Grundstücke erfolgt im Verhältnis zum Ausland nach den Grundsätzen des Bundesrechts über das Verbot der interkantonalen Doppelbesteuerung. Wenn ein schweizerisches Unternehmen Verluste aus einer ausländischen Betriebsstätte mit inländischen Gewinnen verrechnet hat, innert der folgenden sieben Jahre aber aus dieser Betriebsstätte Gewinne verzeichnet, so ist im Ausmass der im Betriebsstättestaat verrechenbaren Gewinne eine Revision der ursprünglichen Veranlagung vorzunehmen; die Verluste aus dieser Betriebsstätte werden in diesem Fall in der Schweiz nachträglich nur satzbestimmend berücksichtigt. In allen übrigen Fällen sind Auslandsverluste ausschliesslich satzbestimmend zu berücksichtigen. Vorbehalten bleiben die in Doppelbesteuerungsabkommen enthaltenen Regelungen.

⁴ Die nach Artikel 3 Absatz 5 steuerpflichtigen Personen entrichten die Steuer auf dem Einkommen, für das sie im Ausland aufgrund völkerrechtlicher Verträge oder Übung von den Einkommenssteuern befreit sind.   VO DBG B

4. Abschnitt: Steuerberechnung bei teilweiser Steuerpflicht

Art. 7

¹ Die natürlichen Personen, die nur für einen Teil ihres Einkommens in der Schweiz steuerpflichtig sind, entrichten die Steuer für die in der Schweiz steuerbaren Werte nach dem Steuersatz, der ihrem gesamten Einkommen entspricht.   A75

² Steuerpflichtige mit Wohnsitz im Ausland entrichten die Steuern für Geschäftsbetriebe, Betriebsstätten und Grundstücke in der Schweiz mindestens zu dem Steuersatz, der dem in der Schweiz erzielten Einkommen entspricht.

2. Kapitel: Beginn und Ende der Steuerpflicht

Art. 8

¹ Die Steuerpflicht beginnt mit dem Tag, an dem der Steuerpflichtige in der Schweiz steuerrechtlichen Wohnsitz oder Aufenthalt nimmt oder in der Schweiz steuerbare Werte erwirbt.

² Die Steuerpflicht endet mit dem Tode oder dem Wegzug des Steuerpflichtigen aus der Schweiz oder mit dem Wegfall der in der Schweiz steuerbaren Werte.

³ Nicht als Beendigung der Steuerpflicht gelten die vorübergehende Sitzverlegung ins Ausland und die anderen Massnahmen aufgrund der Bundesgesetzgebung über die wirtschaftliche Landesversorgung.

3. Kapitel: Besondere Verhältnisse bei der Einkommenssteuer

Art. 9 Ehegatten; eingetragene Partnerinnen oder Partner; Kinder unter elterlicher Sorge[1] A75

¹ Das Einkommen der Ehegatten, die in rechtlich und tatsächlich ungetrennter Ehe leben, wird ohne Rücksicht auf den Güterstand zusammengerechnet.

¹ᵇⁱˢ Das Einkommen von Personen, die in rechtlich und tatsächlich ungetrennter eingetragener Partnerschaft leben, wird zusammengerechnet. Die Stellung eingetragener Partnerinnen oder Partner entspricht in diesem Gesetz derjenigen von Ehegatten. Dies gilt auch bezüglich der Unterhaltsbeiträge während des Bestehens der eingetragenen Partnerschaft sowie der Unterhaltsbeiträge und der vermögensrechtlichen Auseinandersetzung bei Getrenntleben und Auflösung einer eingetragenen Partnerschaft.[2]

² Das Einkommen von Kindern unter der elterlichen Sorge[3] wird dem Inhaber der elterlichen Sorge zugerechnet; für Einkünfte aus einer Erwerbstätigkeit wird das Kind jedoch selbständig besteuert. VO DBG A

Art. 10 Erbengemeinschaften, Gesellschaften und kollektive Kapitalanlagen[4]

¹ Das Einkommen von Erbengemeinschaften wird den einzelnen Erben, das Einkommen von einfachen Gesellschaften, Kollektiv- und Kommanditgesellschaften den einzelnen Teilhabern anteilmässig zugerechnet.

² Das Einkommen der kollektiven Kapitalanlagen gemäss dem Kollektivanlagegesetz vom 23. Juni 2006[5] (KAG) wird den Anlegern anteilsmässig zugerechnet; ausgenommen hievon sind die kollektiven Kapitalanlagen mit direktem Grundbesitz.[6] A70

Art. 11 Ausländische Handelsgesellschaften und andere ausländische Personengesamtheiten ohne juristische Persönlichkeit

Ausländische Handelsgesellschaften und andere ausländische Personengesamtheiten ohne juristische Persönlichkeit, die aufgrund wirtschaftlicher Zugehörigkeit steuerpflichtig sind, entrichten ihre Steuern nach den Bestimmungen für die juristischen Personen.

Art. 12 Steuernachfolge A75

¹ Stirbt der Steuerpflichtige, so treten seine Erben in seine Rechte und Pflichten ein. Sie haften solidarisch für die vom Erblasser geschuldeten Steuern bis zur Höhe ihrer Erbteile, mit Einschluss der Vorempfänge.

---

[1] Fassung gemäss Anhang Ziff. 24 des Partnerschaftsgesetzes vom 18. Juni 2004, in Kraft seit 1. Jan. 2007 (AS **2005** 5685; BBl **2003** 1288).
[2] Eingefügt durch Anhang Ziff. 24 des Partnerschaftsgesetzes vom 18. Juni 2004, in Kraft seit 1. Jan. 2007 (AS **2005** 5685; BBl **2003** 1288).
[3] Ausdruck gemäss Ziff. I 1 des BG vom 25. September 2009 über die steuerliche Entlastung von Familien mit Kindern, in Kraft seit 1. Jan. 2011 (AS **2010** 455; BBl **2009** 4729). Die Anpassung wurde im ganzen Text vorgenommen.
[4] Fassung gemäss Anhang Ziff. II 6 des Kollektivanlagegesetzes vom 23. Juni 2006, in Kraft seit 1. Jan. 2007 (AS **2006** 5379; BBl **2005** 6395).
[5] SR **951.31**
[6] Eingefügt durch Anhang Ziff. II 6 des Kollektivanlagegesetzes vom 23. Juni 2006, in Kraft seit 1. Jan. 2007 (AS **2006** 5379; BBl **2005** 6395).

² Der überlebende Ehegatte haftet mit seinem Erbteil und dem Betrag, den er aufgrund ehelichen Güterrechts vom Vorschlag oder Gesamtgut über den gesetzlichen Anteil nach schweizerischem Recht hinaus erhält.

³ Die überlebenden eingetragenen Partnerinnen oder Partner haften mit ihrem Erbteil und dem Betrag, den sie auf Grund einer vermögensrechtlichen Regelung im Sinne von Artikel 25 Absatz 1 des Partnerschaftsgesetzes vom 18. Juni 2004¹ erhalten haben.²

Art. 13 Haftung und Mithaftung für die Steuer A75

¹ Ehegatten, die in rechtlich und tatsächlich ungetrennter Ehe leben, haften solidarisch für die Gesamtsteuer. Jeder Gatte haftet jedoch nur für seinen Anteil an der Gesamtsteuer, wenn einer von beiden zahlungsunfähig ist. Ferner haften sie solidarisch für denjenigen Teil an der Gesamtsteuer, der auf das Kindereinkommen entfällt.

² Bei rechtlich oder tatsächlich getrennter Ehe entfällt die Solidarhaftung auch für alle noch offenen Steuerschulden.

³ Mit dem Steuerpflichtigen haften solidarisch:

a. die unter seiner elterlichen Sorge stehenden Kinder bis zum Betrage des auf sie entfallenden Anteils an der Gesamtsteuer;
b. die in der Schweiz wohnenden Teilhaber an einer einfachen Gesellschaft, Kollektiv- oder Kommanditgesellschaft bis zum Betrage ihrer Gesellschaftsanteile für die Steuern der im Ausland wohnenden Teilhaber;
c. Käufer und Verkäufer einer in der Schweiz gelegenen Liegenschaft bis zu 3 Prozent der Kaufsumme für die vom Händler oder Vermittler aus dieser Tätigkeit geschuldeten Steuern, wenn der Händler oder der Vermittler in der Schweiz keinen steuerrechtlichen Wohnsitz hat;
d. die Personen, die Geschäftsbetriebe oder Betriebsstätten in der Schweiz auflösen oder in der Schweiz gelegene Grundstücke oder durch solche gesicherte Forderungen veräussern oder verwerten, bis zum Betrage des Reinerlöses, wenn der Steuerpflichtige keinen steuerrechtlichen Wohnsitz in der Schweiz hat.

⁴ Mit dem Steuernachfolger haften für die Steuer des Erblassers solidarisch der Erbschaftsverwalter und der Willensvollstrecker bis zum Betrage, der nach dem Stand des Nachlassvermögens im Zeitpunkt des Todes auf die Steuer entfällt. Die Haftung entfällt, wenn der Haftende nachweist, dass er alle nach den Umständen gebotene Sorgfalt angewendet hat.

Art. 14³ Besteuerung nach dem Aufwand VO DBG E | A90

¹ Natürliche Personen haben das Recht, anstelle der Einkommenssteuer eine Steuer nach dem Aufwand zu entrichten, wenn sie:

a. nicht das Schweizer Bürgerrecht haben;
b. erstmals oder nach mindestens zehnjähriger Unterbrechung unbeschränkt steuerpflichtig (Art. 3) sind; und
c. in der Schweiz keine Erwerbstätigkeit ausüben.

---

¹ SR **211.231**
² Eingefügt durch Anhang Ziff. 24 des Partnerschaftsgesetzes vom 18. Juni 2004, in Kraft seit 1. Jan. 2007 (AS **2005** 5685; BBl **2003** 1288).
³ Fassung gemäss Ziff. I 1 des BG vom 28. Sept. 2012, in Kraft seit 1. Jan. 2016 (AS **2013** 779; BBl **2011** 6021). Siehe auch die UeB dieser Änd. in Art. 205d am Schluss des Textes.

² Ehegatten, die in rechtlich und tatsächlich ungetrennter Ehe leben, müssen beide die Voraussetzungen nach Absatz 1 erfüllen.

³ Die Steuer wird nach den jährlichen, in der Bemessungsperiode im In- und Ausland entstandenen Lebenshaltungskosten der steuerpflichtigen Person und der von ihr unterhaltenen Personen, mindestens aber nach dem höchsten der folgenden Beträge bemessen:[1]

a.[2] 421 700 Franken;
b. für Steuerpflichtige mit eigenem Haushalt: dem Siebenfachen des jährlichen Mietzinses oder des Mietwerts nach Artikel 21 Absatz 1 Buchstabe b;
c. für die übrigen Steuerpflichtigen: dem Dreifachen des jährlichen Pensionspreises für Unterkunft und Verpflegung am Ort des Aufenthalts nach Artikel 3;
d. der Summe der Bruttoerträge:
   1. der Einkünfte aus dem in der Schweiz gelegenen unbeweglichen Vermögen,
   2. der Einkünfte aus der in der Schweiz gelegenen Fahrnis,
   3. der Einkünfte aus dem in der Schweiz angelegten beweglichen Kapitalvermögen, einschliesslich der grundpfändlich gesicherten Forderungen,
   4. der Einkünfte aus den in der Schweiz verwerteten Urheberrechten, Patenten und ähnlichen Rechten,
   5. der Ruhegehälter, Renten und Pensionen, die aus schweizerischen Quellen fliessen,
   6. der Einkünfte, für die die steuerpflichtige Person aufgrund eines von der Schweiz abgeschlossenen Abkommens zur Vermeidung der Doppelbesteuerung gänzlich oder teilweise Entlastung von ausländischen Steuern beansprucht.

⁴ Die Steuer wird nach dem ordentlichen Steuertarif (Art. 36) berechnet. Die Ermässigung nach Artikel 36 Absatz 2bis zweiter Satz kommt nicht zur Anwendung.[3]

⁵ Werden Einkünfte aus einem Staat nur dann von dessen Steuern entlastet, wenn die Schweiz diese Einkünfte allein oder mit anderen Einkünften zum Satz des Gesamteinkommens besteuert, so wird die Steuer nicht nur nach den in Absatz 3 Buchstabe d bezeichneten Einkünften, sondern auch nach allen aufgrund des betreffenden Doppelbesteuerungsabkommens der Schweiz zugewiesenen Einkommensbestandteilen aus dem Quellenstaat bemessen.

⁶ Das Eidgenössische Finanzdepartement (EFD)[4] passt den Betrag nach Absatz 3 Buchstabe a an den Landesindex der Konsumentenpreise an. Artikel 39 Absatz 2 gilt sinngemäss.[5]

---

[1] Fassung gemäss Ziff. II des BG vom 22. März 2013 über die formelle Bereinigung der zeitlichen Bemessung der direkten Steuern bei den natürlichen Personen, in Kraft seit 1. Jan. 2016 (AS **2013** 2397; BBl **2011** 3593).
[2] Fassung gemäss Art. 5 der V des EFD vom 16. Sept. 2022 über die kalte Progression, in Kraft seit 1. Jan. 2023 (AS **2022** 575).
[3] Fassung gemäss Ziff. II des BG vom 22. März 2013 über die formelle Bereinigung der zeitlichen Bemessung der direkten Steuern bei den natürlichen Personen, in Kraft seit 1. Jan. 2016 (AS **2013** 2397; BBl **2011** 3593).
[4] Ausdruck gemäss Ziff. I 2 des Steuererlassgesetzes vom 20. Juni 2014, in Kraft seit 1. Jan. 2016 (AS **2015** 9; BBl **2013** 8435). Diese Änd. wurde im ganzen Erlass berücksichtigt.
[5] Fassung gemäss Ziff. II des BG vom 22. März 2013 über die formelle Bereinigung der zeitlichen Bemessung der direkten Steuern bei den natürlichen Personen, in Kraft seit 1. Jan. 2016 (AS **2013** 2397; BBl **2011** 3593).

4. Kapitel: Steuerbefreiung

Art. 15

¹ Die von der Steuerpflicht ausgenommenen begünstigten Personen nach Artikel 2 Absatz 2 des Gaststaatgesetzes vom 22. Juni 2007¹ werden insoweit nicht besteuert, als das Bundesrecht eine Steuerbefreiung vorsieht.²

² Bei teilweiser Steuerpflicht gilt Artikel 7 Absatz 1.

Zweiter Titel: Einkommenssteuer

1. Kapitel: Steuerbare Einkünfte

1. Abschnitt: Allgemeines

Art. 16

¹ Der Einkommenssteuer unterliegen alle wiederkehrenden und einmaligen Einkünfte.

² Als Einkommen gelten auch Naturalbezüge jeder Art, insbesondere freie Verpflegung und Unterkunft sowie der Wert selbstverbrauchter Erzeugnisse und Waren des eigenen Betriebes; sie werden nach ihrem Marktwert bemessen. C77, C76

³ Die Kapitalgewinne aus der Veräusserung von Privatvermögen sind steuerfrei. A81, A59

2. Abschnitt: Unselbständige Erwerbstätigkeit D11

Art. 17 Grundsatz³

¹ Steuerbar sind alle Einkünfte aus privatrechtlichem oder öffentlich-rechtlichem Arbeitsverhältnis mit Einschluss der Nebeneinkünfte wie Entschädigungen für Sonderleistungen, Provisionen, Zulagen, Dienstalters- und Jubiläumsgeschenke, Gratifikationen, Trinkgelder, Tantiemen, geldwerte Vorteile aus Mitarbeiterbeteiligungen und andere geldwerte Vorteile.⁴ A88, A82, B86, C76

¹ᵇⁱˢ Die vom Arbeitgeber getragenen Kosten der berufsorientierten Aus- und Weiterbildung⁵ einschliesslich Umschulungskosten, stellen unabhängig von deren Höhe keinen anderen geldwerten Vorteil im Sinne von Absatz 1 dar.⁶ A87

² Kapitalabfindungen aus einer mit dem Arbeitsverhältnis verbundenen Vorsorgeeinrichtung oder gleichartige Kapitalabfindungen des Arbeitgebers werden nach Artikel 38 besteuert. A48

---

¹ SR **192.12**
² Fassung gemäss Anhang Ziff. II 7 des Gaststaatgesetzes vom 22. Juni 2007, in Kraft seit 1. Jan. 2008 (AS **2007** 6637; BBl **2006** 8017).
³ Eingefügt durch Ziff. I 1 des BG vom 17. Dez. 2010 über die Besteuerung von Mitarbeiterbeteiligungen, in Kraft seit 1. Jan. 2013 (AS **2011** 3259; BBl **2005** 575).
⁴ Fassung gemäss Ziff. I 1 des BG vom 17. Dez. 2010 über die Besteuerung von Mitarbeiterbeteiligungen, in Kraft seit 1. Jan. 2013 (AS **2011** 3259; BBl **2005** 575).
⁵ Die Änd. gemäss BG vom 20. Juni 2014 über die Weiterbildung, in Kraft seit 1. Jan. 2017, betrifft nur den französischen und den italienischen Text (AS **2016** 689; BBl **2013** 3729).
⁶ Eingefügt durch Ziff. I 1 des BG vom 27. Sept. 2013 über die steuerliche Behandlung der berufsorientierten Aus- und Weiterbildungskosten, in Kraft seit 1. Jan. 2016 (AS **2014** 1105; BBl **2011** 2607).

Art. 17a[1] Mitarbeiterbeteiligungen A89, A82

¹ Als echte Mitarbeiterbeteiligungen gelten:

a. Aktien, Genussscheine, Partizipationsscheine, Genossenschaftsanteile oder Beteiligungen anderer Art, die die Arbeitgeberin, deren Muttergesellschaft oder eine andere Konzerngesellschaft den Mitarbeiterinnen und Mitarbeitern abgibt;

b. Optionen auf den Erwerb von Beteiligungen nach Buchstabe a.

² Als unechte Mitarbeiterbeteiligung gelten Anwartschaften auf blosse Bargeldabfindungen.

Art. 17b[2] Einkünfte aus echten Mitarbeiterbeteiligungen A82

¹ Geldwerte Vorteile aus echten Mitarbeiterbeteiligungen, ausser aus gesperrten oder nicht börsenkotierten Optionen, sind im Zeitpunkt des Erwerbs als Einkommen aus unselbstständiger Erwerbstätigkeit steuerbar. Die steuerbare Leistung entspricht deren Verkehrswert vermindert um einen allfälligen Erwerbspreis.

² Bei Mitarbeiteraktien sind für die Berechnung der steuerbaren Leistung Sperrfristen mit einem Diskont von 6 Prozent pro Sperrjahr auf deren Verkehrswert zu berücksichtigen. Dieser Diskont gilt längstens für zehn Jahre.

³ Geldwerte Vorteile aus gesperrten oder nicht börsenkotierten Mitarbeiteroptionen werden im Zeitpunkt der Ausübung besteuert. Die steuerbare Leistung entspricht dem Verkehrswert der Aktie bei Ausübung vermindert um den Ausübungspreis.

Art. 17c[3] Einkünfte aus unechten Mitarbeiterbeteiligungen A82

Geldwerte Vorteile aus unechten Mitarbeiterbeteiligungen sind im Zeitpunkt ihres Zuflusses steuerbar.

Art. 17d[4] Anteilsmässige Besteuerung A82

Hatte der Steuerpflichtige nicht während der gesamten Zeitspanne zwischen Erwerb und Entstehen des Ausübungsrechts der gesperrten Mitarbeiteroptionen (Art. 17b Abs. 3) steuerrechtlichen Wohnsitz oder Aufenthalt in der Schweiz, so werden die geldwerten Vorteile daraus anteilsmässig im Verhältnis zwischen der gesamten zu der in der Schweiz verbrachten Zeitspanne besteuert.

3. Abschnitt: Selbständige Erwerbstätigkeit

Art. 18 Grundsatz

¹ Steuerbar sind alle Einkünfte aus einem Handels-, Industrie-, Gewerbe-, Land- und Forstwirtschaftsbetrieb, aus einem freien Beruf sowie aus jeder anderen selbständigen Erwerbstätigkeit. A81, C77

---

[1] Eingefügt durch Ziff. I 1 des BG vom 17. Dez. 2010 über die Besteuerung von Mitarbeiterbeteiligungen, in Kraft seit 1. Jan. 2013 (AS **2011** 3259; BBl **2005** 575).

[2] Eingefügt durch Ziff. I 1 des BG vom 17. Dez. 2010 über die Besteuerung von Mitarbeiterbeteiligungen, in Kraft seit 1. Jan. 2013 (AS **2011** 3259; BBl **2005** 575).

[3] Eingefügt durch Ziff. I 1 des BG vom 17. Dez. 2010 über die Besteuerung von Mitarbeiterbeteiligungen, in Kraft seit 1. Jan. 2013 (AS **2011** 3259; BBl **2005** 575).

[4] Eingefügt durch Ziff. I 1 des BG vom 17. Dez. 2010 über die Besteuerung von Mitarbeiterbeteiligungen, in Kraft seit 1. Jan. 2013 (AS **2011** 3259; BBl **2005** 575).

² Zu den Einkünften aus selbstständiger Erwerbstätigkeit zählen auch alle Kapitalgewinne aus Veräusserung, Verwertung oder buchmässiger Aufwertung von Geschäftsvermögen. Der Veräusserung gleichgestellt ist die Überführung von Geschäftsvermögen in das Privatvermögen oder in ausländische Betriebe oder Betriebsstätten. Als Geschäftsvermögen gelten alle Vermögenswerte, die ganz oder vorwiegend der selbstständigen Erwerbstätigkeit dienen; Gleiches gilt für Beteiligungen von mindestens 20 Prozent am Grund- oder Stammkapital einer Kapitalgesellschaft oder Genossenschaft, sofern der Eigentümer sie im Zeitpunkt des Erwerbs zum Geschäftsvermögen erklärt. Artikel 18*b* bleibt vorbehalten.[1]   E61

³ Für Steuerpflichtige, die eine ordnungsgemässe Buchhaltung führen, gilt Artikel 58 sinngemäss.

⁴ Die Gewinne aus der Veräusserung von land- und forstwirtschaftlichen Grundstücken werden den steuerbaren Einkünften nur bis zur Höhe der Anlagekosten zugerechnet.   A83

Art. 18a[2] Aufschubstatbestände   VO DBG M | A73, A71

¹ Wird eine Liegenschaft des Anlagevermögens aus dem Geschäftsvermögen in das Privatvermögen überführt, so kann die steuerpflichtige Person verlangen, dass im Zeitpunkt der Überführung nur die Differenz zwischen den Anlagekosten und dem massgebenden Einkommenssteuerwert besteuert wird. In diesem Fall gelten die Anlagekosten als neuer massgebender Einkommenssteuerwert, und die Besteuerung der übrigen stillen Reserven als Einkommen aus selbstständiger Erwerbstätigkeit wird bis zur Veräusserung der Liegenschaft aufgeschoben.

² Die Verpachtung eines Geschäftsbetriebs gilt nur auf Antrag der steuerpflichtigen Person als Überführung in das Privatvermögen.   A76

³ Wird bei einer Erbteilung der Geschäftsbetrieb nicht von allen Erben fortgeführt, so wird die Besteuerung der stillen Reserven auf Gesuch der den Betrieb übernehmenden Erben bis zur späteren Realisierung aufgeschoben, soweit diese Erben die bisherigen für die Einkommenssteuer massgebenden Werte übernehmen.

Art. 18b[3] Teilbesteuerung der Einkünfte aus Beteiligungen des Geschäftsvermögens

¹ Dividenden, Gewinnanteile, Liquidationsüberschüsse und geldwerte Vorteile aus Aktien, Anteilen an Gesellschaften mit beschränkter Haftung, Genossenschaftsanteilen und Partizipationsscheinen sowie Gewinne aus der Veräusserung solcher Beteiligungsrechte sind nach Abzug des zurechenbaren Aufwandes im Umfang von 70 Prozent steuerbar, wenn diese Beteiligungsrechte mindestens 10 Prozent des Grund- oder Stammkapitals einer Kapitalgesellschaft oder Genossenschaft darstellen.[4]   A84, A68

² Die Teilbesteuerung auf Veräusserungsgewinnen wird nur gewährt, wenn die veräusserten Beteiligungsrechte mindestens ein Jahr im Eigentum der steuerpflichtigen Person oder des Personenunternehmens waren.   A68

---

[1] Fassung gemäss Ziff. II 2 des Unternehmenssteuerreformgesetzes II vom 23. März 2007, in Kraft seit 1. Jan. 2009 (AS **2008** 2893; BBl **2005** 4733).
[2] Eingefügt durch Ziff. II 2 des Unternehmenssteuerreformgesetzes II vom 23. März 2007, in Kraft seit 1. Jan. 2011 (AS **2008** 2893; BBl **2005** 4733).
[3] Eingefügt durch Ziff. II 2 des Unternehmenssteuerreformgesetzes II vom 23. März 2007, in Kraft seit 1. Jan. 2009 (AS **2008** 2893; BBl **2005** 4733).
[4] Fassung gemäss Ziff. I 2 des BG vom 28. Sept. 2018 über die Steuerreform und die AHV-Finanzierung, in Kraft seit 1. Jan. 2020 (AS **2019** 2395 2413; BBl **2018** 2527).

Art. 19 Umstrukturierungen[1] A50

[1] Stille Reserven einer Personenunternehmung (Einzelunternehmen, Personengesellschaft) werden bei Umstrukturierungen, insbesondere im Fall der Fusion, Spaltung oder Umwandlung, nicht besteuert, soweit die Steuerpflicht in der Schweiz fortbesteht und die bisher für die Einkommenssteuer massgeblichen Werte übernommen werden:[2]

a. bei der Übertragung von Vermögenswerten auf eine andere Personenunternehmung;
b. bei der Übertragung eines Betriebs oder eines Teilbetriebs auf eine juristische Person;
c. beim Austausch von Beteiligungs- oder Mitgliedschaftsrechten anlässlich von Umstrukturierungen im Sinne von Artikel 61 Absatz 1 oder von fusionsähnlichen Zusammenschlüssen.[3]

[2] Bei einer Umstrukturierung nach Absatz 1 Buchstabe b werden die übertragenen stillen Reserven im Verfahren nach den Artikeln 151–153 nachträglich besteuert, soweit während den der Umstrukturierung nachfolgenden fünf Jahren Beteiligungs- oder Mitgliedschaftsrechte zu einem über dem übertragenen steuerlichen Eigenkapital liegenden Preis veräussert werden; die juristische Person kann in diesem Fall entsprechende, als Gewinn versteuerte stille Reserven geltend machen.[4]

[3] Die Absätze 1 und 2 gelten sinngemäss für Unternehmen, die im Gesamthandverhältnis betrieben werden.

4. Abschnitt: Bewegliches Vermögen

Art. 20 Grundsatz[5]

[1] Steuerbar sind die Erträge aus beweglichem Vermögen, insbesondere:

a.[6] Zinsen aus Guthaben, einschliesslich ausbezahlter Erträge aus rückkaufsfähigen Kapitalversicherungen mit Einmalprämie im Erlebensfall oder bei Rückkauf, ausser wenn diese Kapitalversicherungen der Vorsorge dienen. Als der Vorsorge dienend gilt die Auszahlung der Versicherungsleistung ab dem vollendeten 60. Altersjahr des Versicherten auf Grund eines mindestens fünfjährigen Vertragsverhältnisses, das vor Vollendung des 66. Altersjahres begründet wurde. In diesem Fall ist die Leistung steuerfrei; A60, A36

b. Einkünfte aus der Veräusserung oder Rückzahlung von Obligationen mit überwiegender Einmalverzinsung (globalverzinsliche Obligationen, Diskont-Obligationen), die dem Inhaber anfallen; A60

---

[1] Fassung gemäss Anhang Ziff. 7 des Fusionsgesetzes vom 3. Okt. 2003, in Kraft seit 1. Juli 2004 (AS **2004** 2617; BBl **2000** 4337).
[2] Fassung gemäss Anhang Ziff. 7 des BG vom 16. Dez. 2005 (GmbH-Recht sowie Anpassungen im Aktien-, Genossenschafts-, Handelsregister- und Firmenrecht), in Kraft seit 1. Jan. 2008 (AS **2007** 4791; BBl **2002** 3148, **2004** 3969).
[3] Fassung gemäss Anhang Ziff. 7 des Fusionsgesetzes vom 3. Okt. 2003, in Kraft seit 1. Juli 2004 (AS **2004** 2617; BBl **2000** 4337).
[4] Fassung gemäss Anhang Ziff. 7 des Fusionsgesetzes vom 3. Okt. 2003, in Kraft seit 1. Juli 2004 (AS **2004** 2617; BBl **2000** 4337).
[5] Eingefügt durch Ziff. I 1 des BG vom 23. Juni 2006 über dringende Anpassungen bei der Unternehmensbesteuerung, in Kraft seit 1. Jan. 2007 (AS **2006** 4883; BBl **2005** 4733).
[6] Fassung gemäss Ziff. I 5 des BG vom 19. März 1999 über das Stabilisierungsprogramm 1998, in Kraft seit 1. Jan. 2001 (AS **1999** 2374; BBl **1999** 4).

c.¹ Dividenden, Gewinnanteile, Liquidationsüberschüsse und geldwerte Vorteile aus Beteiligungen aller Art (einschliesslich Gratisaktien, Gratisnennwerterhöhungen u. dgl.). Ein bei der Rückgabe von Beteiligungsrechten im Sinne von Artikel 4a des Bundesgesetzes vom 13. Oktober 1965² über die Verrechnungssteuer (VStG) an die Kapitalgesellschaft oder Genossenschaft erzielter Liquidationsüberschuss gilt in dem Jahre als realisiert, in welchem die Verrechnungssteuerforderung entsteht (Art. 12 Abs. 1 und 1bis VStG); Absatz 1bis bleibt vorbehalten;   A84, A42, B86, C17

d. Einkünfte aus Vermietung, Verpachtung, Nutzniessung oder sonstiger Nutzung beweglicher Sachen oder nutzbarer Rechte;

e.³ Einkünfte aus Anteilen an kollektiven Kapitalanlagen, soweit die Gesamterträge die Erträge aus direktem Grundbesitz übersteigen;   A70

f. Einkünfte aus immateriellen Gütern.

¹^bis Dividenden, Gewinnanteile, Liquidationsüberschüsse und geldwerte Vorteile aus Aktien, Anteilen an Gesellschaften mit beschränkter Haftung, Genossenschaftsanteilen und Partizipationsscheinen (einschliesslich Gratisaktien, Gratisnennwerterhöhungen u. dgl.) sind im Umfang von 70 Prozent steuerbar, wenn diese Beteiligungsrechte mindestens 10 Prozent des Grund- oder Stammkapitals einer Kapitalgesellschaft oder Genossenschaft darstellen.⁴   A84, A67

² Der Erlös aus Bezugsrechten gilt nicht als Vermögensertrag, sofern sie zum Privatvermögen des Steuerpflichtigen gehören.

³ Die Rückzahlung von Einlagen, Aufgeldern und Zuschüssen (Reserven aus Kapitaleinlagen), die von den Inhabern der Beteiligungsrechte nach dem 31. Dezember 1996 geleistet worden sind, wird gleich behandelt wie die Rückzahlung von Grund- oder Stammkapital. Absatz 4 bleibt vorbehalten.⁵

⁴ Schüttet eine Kapitalgesellschaft oder Genossenschaft, die an einer schweizerischen Börse kotiert ist, bei der Rückzahlung von Reserven aus Kapitaleinlagen nach Absatz 3 nicht mindestens im gleichen Umfang übrige Reserven aus, so ist die Rückzahlung im Umfang der halben Differenz zwischen der Rückzahlung und der Ausschüttung der übrigen Reserven steuerbar, höchstens aber im Umfang der in der Gesellschaft vorhandenen, handelsrechtlich ausschüttungsfähigen übrigen Reserven.⁶

⁵ Absatz 4 ist nicht anwendbar auf Reserven aus Kapitaleinlagen:

a. die bei fusionsähnlichen Zusammenschlüssen durch Einbringen von Beteiligungs- und Mitgliedschaftsrechten an einer ausländischen Kapitalgesellschaft oder Genossenschaft nach Artikel 61 Absatz 1 Buchstabe c oder durch eine grenzüberschreitende Übertragung auf eine inländische Tochtergesellschaft nach Artikel 61 Absatz 1 Buchstabe d nach dem 24. Februar 2008 entstanden sind;

---

1 Fassung gemäss Ziff. II 2 des Unternehmenssteuerreformgesetzes II vom 23. März 2007, in Kraft seit 1. Jan. 2009 (AS **2008** 2893; BBl **2005** 4733).

2 SR **642.21**

3 Fassung gemäss Anhang Ziff. II 6 des Kollektivanlagengesetzes vom 23. Juni 2006, in Kraft seit 1. Jan. 2007 (AS **2006** 5379; BBl **2005** 6395).

4 Eingefügt durch Ziff. II 2 des Unternehmenssteuerreformgesetzes II vom 23. März 2007 (AS **2008** 2893; BBl **2005** 4733). Fassung gemäss Ziff. I 2 des BG vom 28. Sept. 2018 über die Steuerreform und die AHV-Finanzierung, in Kraft seit 1. Jan. 2020 (AS **2019** 2395 2413; BBl **2018** 2527).

5 Eingefügt durch Ziff. II 2 des Unternehmenssteuerreformgesetzes II vom 23. März 2007 (AS **2008** 2893; BBl **2005** 4733). Fassung gemäss Ziff. I 2 des BG vom 28. Sept. 2018 über die Steuerreform und die AHV-Finanzierung, in Kraft seit 1. Jan. 2020 (AS **2019** 2395 2413; BBl **2018** 2527).

6 Eingefügt durch Ziff. I 2 des BG vom 28. Sept. 2018 über die Steuerreform und die AHV-Finanzierung, in Kraft seit 1. Jan. 2020 (AS **2019** 2395 2413; BBl **2018** 2527).

b. die im Zeitpunkt einer grenzüberschreitenden Fusion oder Umstrukturierung nach Artikel 61 Absatz 1 Buchstabe b und Absatz 3 oder der Verlegung des Sitzes oder der tatsächlichen Verwaltung nach dem 24. Februar 2008 bereits in einer ausländischen Kapitalgesellschaft oder Genossenschaft vorhanden waren;

c. im Falle der Liquidation der Kapitalgesellschaft oder Genossenschaft.[1]

6 Die Absätze 4 und 5 gelten sinngemäss auch für Reserven aus Kapitaleinlagen, die für die Ausgabe von Gratisaktien oder für Gratisnennwerterhöhungen verwendet werden.[2]

7 Entspricht bei der Rückgabe von Beteiligungsrechten an einer Kapitalgesellschaft oder Genossenschaft, die an einer schweizerischen Börse kotiert ist, die Rückzahlung der Reserven aus Kapitaleinlagen nicht mindestens der Hälfte des erhaltenen Liquidationsüberschusses, so vermindert sich der steuerbare Anteil dieses Liquidationsüberschusses um die halbe Differenz zwischen diesem Anteil und der Rückzahlung, höchstens aber im Umfang der in der Gesellschaft vorhandenen Reserven aus Kapitaleinlagen, die auf diese Beteiligungsrechte entfallen.[3]

8 Absatz 3 gilt für Einlagen und Aufgelder, die während eines Kapitalbands nach den Artikeln 653s ff. des Obligationenrechts (OR)[4] geleistet werden, nur soweit sie die Rückzahlungen von Reserven im Rahmen dieses Kapitalbands übersteigen.[5] N 4

Art. 20a[6] Besondere Fälle B11

1 Als Ertrag aus beweglichem Vermögen im Sinne von Artikel 20 Absatz 1 Buchstabe c gilt auch:

a. der Erlös aus dem Verkauf einer Beteiligung von mindestens 20 Prozent am Grund- oder Stammkapital einer Kapitalgesellschaft oder Genossenschaft aus dem Privatvermögen in das Geschäftsvermögen einer anderen natürlichen oder einer juristischen Person, soweit innert fünf Jahren nach dem Verkauf, unter Mitwirkung des Verkäufers, nicht betriebsnotwendige Substanz ausgeschüttet wird, die im Zeitpunkt des Verkaufs bereits vorhanden und handelsrechtlich ausschüttungsfähig war; dies gilt sinngemäss auch, wenn innert fünf Jahren mehrere Beteiligte eine solche Beteiligung gemeinsam verkaufen oder Beteiligungen von insgesamt mindestens 20 Prozent verkauft werden; ausgeschüttete Substanz wird beim Verkäufer gegebenenfalls im Verfahren nach den Artikeln 151 Absatz 1, 152 und 153 nachträglich besteuert; A74, A59

---

[1] Eingefügt durch Ziff. I 2 des BG vom 28. Sept. 2018 über die Steuerreform und die AHV-Finanzierung, in Kraft seit 1. Jan. 2020 (AS **2019** 2395 2413; BBl **2018** 2527).
[2] Eingefügt durch Ziff. I 2 des BG vom 28. Sept. 2018 über die Steuerreform und die AHV-Finanzierung, in Kraft seit 1. Jan. 2020 (AS **2019** 2395 2413; BBl **2018** 2527).
[3] Eingefügt durch Ziff. I 2 des BG vom 28. Sept. 2018 über die Steuerreform und die AHV-Finanzierung, in Kraft seit 1. Jan. 2020 (AS **2019** 2395 2413; BBl **2018** 2527).
[4] SR **220**
[5] Eingefügt durch Anhang Ziff. 7 des BG vom 19. Juni 2020 (Aktienrecht), in Kraft seit 1. Jan. 2023 (AS **2020** 4005, **2022** 109, 112; BBl **2017** 399).
[6] Eingefügt durch Ziff. I 1 des BG vom 23. Juni 2006 über dringende Anpassungen bei der Unternehmensbesteuerung, in Kraft seit 1. Jan. 2007 (AS **2006** 4883; BBl **2005** 4733).

b.¹ der Erlös aus der Übertragung einer Beteiligung am Grund- oder Stammkapital einer Kapitalgesellschaft oder Genossenschaft aus dem Privatvermögen in das Geschäftsvermögen einer Personenunternehmung oder einer juristischen Person, an welcher der Veräusserer oder Einbringer nach der Übertragung zu mindestens 50 Prozent am Kapital beteiligt ist, soweit die gesamthaft erhaltene Gegenleistung die Summe aus dem Nennwert der übertragenen Beteiligung und den Reserven aus Kapitaleinlagen nach Artikel 20 Absätze 3–7 übersteigt; dies gilt sinngemäss auch, wenn mehrere Beteiligte die Übertragung gemeinsam vornehmen. A74

² Mitwirkung im Sinne von Absatz 1 Buchstabe a liegt vor, wenn der Verkäufer weiss oder wissen muss, dass der Gesellschaft zwecks Finanzierung des Kaufpreises Mittel entnommen und nicht wieder zugeführt werden. A59

5. Abschnitt: Unbewegliches Vermögen

Art. 21

¹ Steuerbar sind die Erträge aus unbeweglichem Vermögen, insbesondere:
a. alle Einkünfte aus Vermietung, Verpachtung, Nutzniessung oder sonstiger Nutzung; E61
b. der Mietwert von Liegenschaften oder Liegenschaftsteilen, die dem Steuerpflichtigen aufgrund von Eigentum oder eines unentgeltlichen Nutzungsrechts für den Eigengebrauch zur Verfügung stehen;
c. Einkünfte aus Baurechtsverträgen;
d. Einkünfte aus der Ausbeutung von Kies, Sand und anderen Bestandteilen des Bodens.

² Die Festsetzung des Eigenmietwertes erfolgt unter Berücksichtigung der ortsüblichen Verhältnisse und der tatsächlichen Nutzung der am Wohnsitz selbstbewohnten Liegenschaft. B82

6. Abschnitt: Einkünfte aus Vorsorge A86, A63, A62, C71, C70

Art. 22

¹ Steuerbar sind alle Einkünfte aus der Alters-, Hinterlassenen- und Invalidenversicherung, aus Einrichtungen der beruflichen Vorsorge und aus anerkannten Formen der gebundenen Selbstvorsorge, mit Einschluss der Kapitalabfindungen und Rückzahlungen von Einlagen, Prämien und Beiträgen.

² Als Einkünfte aus der beruflichen Vorsorge gelten insbesondere Leistungen aus Vorsorgekassen, aus Spar- und Gruppenversicherungen sowie aus Freizügigkeitspolicen.

³ Leibrenten sowie Einkünfte aus Verpfründung sind zu 40 Prozent steuerbar.²

> ☞ *Art. 22 Abs. 3 wird gemäss BG vom 17.6.2022 über die Besteuerung von Leibrenten und ähnlichen Vorsorgeformen voraussichtlich per 1.1.2025 wie folgt geändert:*
>
> *³ Leibrentenversicherungen sowie Leibrenten- und Verpfründungsverträge sind im Umfang ihres Ertragsanteils steuerbar. Dieser bestimmt sich wie folgt:*

---

1 Fassung gemäss Ziff. I 2 des BG vom 28. Sept. 2018 über die Steuerreform und die AHV-Finanzierung, in Kraft seit 1. Jan. 2020 (AS **2019** 2395 2413; BBl **2018** 2527).
2 Fassung gemäss Ziff. I 5 des BG vom 19. März 1999 über das Stabilisierungsprogramm 1998, in Kraft seit 1. Jan. 2001 (AS **1999** 2374; BBl **1999** 4).

a. Bei garantierten Leistungen aus Leibrentenversicherungen, die dem Versicherungsvertragsgesetz vom 2. April 1908 (VVG) unterstehen, ist der im Zeitpunkt des Vertragsabschlusses auf der Grundlage von Artikel 36 Absatz 1 des Versicherungsaufsichtsgesetzes vom 17. Dezember 2004 bestimmte maximale technische Zinssatz (m) während der gesamten Vertragsdauer massgebend:
  1. Ist dieser Zinssatz grösser als null, so berechnet sich der Ertragsanteil, auf den nächstliegenden ganzen Prozentwert auf- oder abgerundet, wie folgt:

  $$\text{Ertragsanteil} = \left[1 - \frac{(1+m)^{22}-1}{22 \cdot m \cdot (1+m)^{23}}\right] \cdot 100\,\%$$

  2. Ist dieser Zinssatz negativ oder null, so beträgt der Ertragsanteil null Prozent.
b. Bei Überschussleistungen aus Leibrentenversicherungen, die dem VVG unterstehen, entspricht der Ertragsanteil 70 Prozent dieser Leistungen.
c. Bei Leistungen aus ausländischen Leibrentenversicherungen, aus Leibrenten- und aus Verpfründungsverträgen ist die Höhe der um 0,5 Prozentpunkte erhöhten annualisierten Rendite zehnjähriger Bundesobligationen (r) während des betreffenden Steuerjahres und der neun vorangegangenen Jahre massgebend:

  1. Ist diese Rendite grösser als null, so berechnet sich der Ertragsanteil, auf den nächstliegenden ganzen Prozentwert auf- oder abgerundet, wie folgt:

  $$\text{Ertragsanteil} = \left[1 - \frac{(1+r)^{22}-1}{22 \cdot r \cdot (1+r)^{23}}\right] \cdot 100\,\%$$

  2. Ist diese Rendite negativ oder null, so beträgt der Ertragsanteil null Prozent.

4 Artikel 24 Buchstabe b bleibt vorbehalten.

7. Abschnitt: Übrige Einkünfte

Art. 23

Steuerbar sind auch:

a. alle anderen Einkünfte, die an die Stelle des Einkommens aus Erwerbstätigkeit treten; A88, A48, B23
b. einmalige oder wiederkehrende Zahlungen bei Tod sowie für bleibende körperliche oder gesundheitliche Nachteile;
c. Entschädigungen für die Aufgabe oder Nichtausübung einer Tätigkeit; A48
d. Entschädigungen für die Nichtausübung eines Rechtes;
e.[1] ...
f. Unterhaltsbeiträge, die ein Steuerpflichtiger bei Scheidung, gerichtlicher oder tatsächlicher Trennung für sich erhält, sowie Unterhaltsbeiträge, die ein Elternteil für die unter seiner elterlichen Sorge stehenden Kinder erhält. A75

---

[1] Aufgehoben durch Anhang Ziff. II 5 des Geldspielgesetzes vom 29. Sept. 2017, mit Wirkung seit 1. Jan. 2019 (AS **2018** 5103; BBl **2015** 8387).

2. Kapitel: Steuerfreie Einkünfte

Art. 24

Steuerfrei sind:
a. der Vermögensanfall infolge Erbschaft, Vermächtnis, Schenkung oder güterrechtlicher Auseinandersetzung;
b. der Vermögensanfall aus rückkaufsfähiger privater Kapitalversicherung, ausgenommen aus Freizügigkeitspolicen. Artikel 20 Absatz 1 Buchstabe a bleibt vorbehalten;
c. die Kapitalzahlungen, die bei Stellenwechsel vom Arbeitgeber oder von Einrichtungen der beruflichen Vorsorge ausgerichtet werden, wenn sie der Empfänger innert Jahresfrist zum Einkauf in eine Einrichtung der beruflichen Vorsorge oder zum Erwerb einer Freizügigkeitspolice verwendet;   N 5.1, N 5.2 | A86, A48
d. die Unterstützungen aus öffentlichen oder privaten Mitteln;   A88
e. die Leistungen in Erfüllung familienrechtlicher Verpflichtungen, ausgenommen die Unterhaltsbeiträge nach Artikel 23 Buchstabe f;   A75
f.[1] der Sold für Militär- und Schutzdienst sowie das Taschengeld für Zivildienst;
f^bis.[2] der Sold der Milizfeuerwehrleute bis zum Betrag von jährlich 5 200 Franken für Dienstleistungen im Zusammenhang mit der Erfüllung der Kernaufgaben der Feuerwehr (Übungen, Pikettdienste, Kurse, Inspektionen und Ernstfalleinsätze zur Rettung, Brandbekämpfung, allgemeinen Schadenwehr, Elementarschadenbewältigung und dergleichen); ausgenommen sind Pauschalzulagen für Kader, Funktionszulagen sowie Entschädigungen für administrative Arbeiten und für Dienstleistungen, welche die Feuerwehr freiwillig erbringt;[3]
g. die Zahlung von Genugtuungssummen;
h. die Einkünfte aufgrund der Bundesgesetzgebung über Ergänzungsleistungen zur Alters-, Hinterlassenen- und Invalidenversicherung;
i.[4] die Gewinne, die in Spielbanken mit Spielbankenspielen erzielt werden, die nach dem Geldspielgesetz vom 29. September 2017[5] (BGS) zugelassen sind, sofern diese Gewinne nicht aus selbstständiger Erwerbstätigkeit stammen;
i^bis.[6] die einzelnen Gewinne bis zum Betrag von 1 038 300 Franken aus der Teilnahme an Grossspielen, die nach dem BGS zugelassen sind, und aus der Online-Teilnahme an Spielbankenspielen, die nach dem BGS zugelassen sind;
i^ter.[7] die Gewinne aus Kleinspielen, die nach dem BGS zugelassen sind;

---

[1] Fassung gemäss Anhang Ziff. 7 des Zivildienstgesetzes vom 6. Okt. 1995, in Kraft seit 1. Okt. 1996 (AS **1996** 1445; BBl **1994** III 1609).
[2] Eingefügt durch Ziff. I 1 des BG über die Steuerbefreiung des Feuerwehrsoldes vom 17. Juni 2011 (AS **2012** 489; BBl **2010** 2855). Fassung gemäss Art. 6 Abs. 1 der V des EFD vom 16. Sept. 2022 über die kalte Progression, in Kraft seit 1. Jan. 2023 (AS **2022** 575).
[3] Eingefügt durch Ziff. I 1 des BG vom 17. Juni 2011 über die Steuerbefreiung des Feuerwehrsoldes, in Kraft seit 1. Jan. 2013 (AS **2012** 489; BBl **2010** 2855).
[4] Eingefügt durch Anhang Ziff. 2 des Spielbankengesetzes vom 18. Dez. 1998 (AS **2000** 677; BBl **1997** III 145). Fassung gemäss Anhang Ziff. II 5 des Geldspielgesetzes vom 29. Sept. 2017, in Kraft seit 1. Jan. 2019 (AS **2018** 5103; BBl **2015** 8387).
[5] SR **935.51**
[6] Eingefügt durch Anhang Ziff. II 5 des Geldspielgesetzes vom 29. Sept. 2017 (AS **2018** 5103; BBl **2015** 8387). Fassung gemäss Art. 6 Abs. 2 der V des EFD vom 16. Sept. 2022 über die kalte Progression, in Kraft seit 1. Jan. 2023 (AS **2022** 575).
[7] Eingefügt durch Anhang Ziff. II 5 des Geldspielgesetzes vom 29. Sept. 2017, in Kraft seit 1. Jan. 2019 (AS **2018** 5103; BBl **2015** 8387).

j.[1] die einzelnen Gewinne aus Lotterien und Geschicklichkeitsspielen zur Verkaufsförderung, die nach Artikel 1 Absatz 2 Buchstaben d und e BGS diesem nicht unterstehen, sofern die Grenze von 1000 Franken nicht überschritten wird;

k.[2] Einkünfte aufgrund des Bundesgesetzes vom 19. Juni 2020[3] über Überbrückungsleistungen für ältere Arbeitslose.

3. Kapitel: Ermittlung des Reineinkommens

1. Abschnitt: Grundsatz

Art. 25[4]

Zur Ermittlung des Reineinkommens werden von den gesamten steuerbaren Einkünften die Aufwendungen und allgemeinen Abzüge nach den Artikeln 26–33a abgezogen.

2. Abschnitt: Unselbständige Erwerbstätigkeit VO DBG C | D11

Art. 26

[1] Als Berufskosten werden abgezogen:

a.[5] die notwendigen Kosten bis zu einem Maximalbetrag von 3 200 Franken für Fahrten zwischen Wohn- und Arbeitsstätte;

b. die notwendigen Mehrkosten für Verpflegung ausserhalb der Wohnstätte und bei Schichtarbeit;

c.[6] die übrigen für die Ausübung des Berufes erforderlichen Kosten; Artikel 33 Absatz 1 Buchstabe j bleibt vorbehalten; VO DBG I | A87

d.[7] ...

[2] Für die Berufskosten nach Absatz 1 Buchstaben b und c werden Pauschalansätze festgelegt; im Fall von Absatz 1 Buchstabe c steht der steuerpflichtigen Person der Nachweis höherer Kosten offen.[8] A87, B83

---

[1] Eingefügt durch Ziff. I 1 des BG vom 15. Juni 2012 über die Vereinfachungen bei der Besteuerung von Lotteriegewinnen (AS **2012** 5977; BBl **2011** 6517 6543). Fassung gemäss Anhang Ziff. II 5 des Geldspielgesetzes vom 29. Sept. 2017, in Kraft seit 1. Jan. 2019 (AS **2018** 5103; BBl **2015** 8387).

[2] Eingefügt durch Anhang Ziff. 2 des BG vom 19. Juni 2020 über Überbrückungsleistungen für ältere Arbeitslose, in Kraft seit 1. Juli 2021 (AS **2021** 373; BBl **2019** 8251).

[3] SR **837.2**

[4] Fassung gemäss Anhang Ziff. 3 des BG vom 8. Okt. 2004 (Stiftungsrecht), in Kraft seit 1. Jan. 2006 (AS **2005** 4545; BBl **2003** 8153 8191).

[5] Fassung gemäss Art. 7 der V des EFD vom 16. Sept. 2022 über die kalte Progression, in Kraft seit 1. Jan. 2023 (AS **2022** 575).

[6] Fassung gemäss Ziff. I 1 des BG vom 27. Sept. 2013 über die steuerliche Behandlung der berufsorientierten Aus- und Weiterbildungskosten, in Kraft seit 1. Jan. 2016 (AS **2014** 1105; BBl **2011** 2607).

[7] Aufgehoben durch Ziff. I 1 des BG vom 27. Sept. 2013 über die steuerliche Behandlung der berufsorientierten Aus- und Weiterbildungskosten, mit Wirkung seit 1. Jan. 2016 (AS **2014** 1105; BBl **2011** 2607).

[8] Fassung gemäss Ziff. II 1 des BG vom 21. Juni 2013 über die Finanzierung und den Ausbau der Eisenbahninfrastruktur, in Kraft seit 1. Jan. 2016 (AS **2015** 651; BBl **2012** 1577).

3. Abschnitt: Selbständige Erwerbstätigkeit

Art. 27 Allgemeines

¹ Bei selbständiger Erwerbstätigkeit werden die geschäfts- oder berufsmässig begründeten Kosten abgezogen. A95

² Dazu gehören insbesondere:
  a. die Abschreibungen und Rückstellungen nach den Artikeln 28 und 29; C78
  b. die eingetretenen und verbuchten Verluste auf Geschäftsvermögen;
  c. die Zuwendungen an Vorsorgeeinrichtungen zugunsten des eigenen Personals, sofern jede zweckwidrige Verwendung ausgeschlossen ist;
  d.[1] Zinsen auf Geschäftsschulden sowie Zinsen, die auf Beteiligungen nach Artikel 18 Absatz 2 entfallen; B86, B85
  e.[2] die Kosten der berufsorientierten Aus- und Weiterbildung, einschliesslich Umschulungskosten, des eigenen Personals; A87
  f.[3] gewinnabschöpfende Sanktionen, soweit sie keinen Strafzweck haben.

³ Nicht abziehbar sind insbesondere: A96, A95
  a. Zahlungen von Bestechungsgeldern im Sinne des schweizerischen Strafrechts;
  b. Aufwendungen zur Ermöglichung von Straftaten oder als Gegenleistung für die Begehung von Straftaten;
  c. Bussen und Geldstrafen;
  d. finanzielle Verwaltungssanktionen, soweit sie einen Strafzweck haben.[4]

⁴ Sind Sanktionen nach Absatz 3 Buchstaben c und d von einer ausländischen Straf- oder Verwaltungsbehörde verhängt worden, so sind sie abziehbar, wenn:
  a. die Sanktion gegen den schweizerischen Ordre public verstösst; oder
  b. die steuerpflichtige Person glaubhaft darlegt, dass sie alles Zumutbare unternommen hat, um sich rechtskonform zu verhalten.[5]

Art. 28 Abschreibungen C78

¹ Geschäftsmässig begründete Abschreibungen von Aktiven sind zulässig, soweit sie buchmässig oder, bei vereinfachter Buchführung nach Artikel 957 Absatz 2 OR[6], in besonderen Abschreibungstabellen ausgewiesen sind.[7] N 4

---

[1] Eingefügt durch Ziff. I 5 des BG vom 19. März 1999 über das Stabilisierungsprogramm 1998, in Kraft seit 1. Jan. 2001 (AS **1999** 2374; BBl **1999** 4).
[2] Eingefügt durch Ziff. I 1 des BG vom 27. Sept. 2013 über die steuerliche Behandlung der berufsorientierten Aus- und Weiterbildungskosten, in Kraft seit 1. Jan. 2016 (AS **2014** 1105; BBl **2011** 2607).
[3] Eingefügt durch Ziff. I 1 des BG vom 19. Juni 2020 über die steuerliche Behandlung finanzieller Sanktionen, in Kraft seit 1. Jan. 2022 (AS **2020** 5121; BBl **2016** 8503).
[4] Eingefügt durch Ziff. I des BG vom 22. Dez. 1999 über die Unzulässigkeit steuerlicher Abzüge von Bestechungsgeldern (AS **2000** 2147; BBl **1997** II 1037, IV 1336). Fassung gemäss Ziff. I 1 des BG vom 19. Juni 2020 über die steuerliche Behandlung finanzieller Sanktionen, in Kraft seit 1. Jan. 2022 (AS **2020** 5121; BBl **2016** 8503).
[5] Fassung gemäss Ziff. I 1 des BG vom 19. Juni 2020 über die steuerliche Behandlung finanzieller Sanktionen, in Kraft seit 1. Jan. 2022 (AS **2020** 5121; BBl **2016** 8503).
[6] SR **220**
[7] Fassung gemäss Anhang Ziff. 7 des BG vom 19. Juni 2020 (Aktienrecht), in Kraft seit 1. Jan. 2023 (AS **2020** 4005, **2022** 109; BBl **2017** 399).

² In der Regel werden die Abschreibungen nach dem tatsächlichen Wert der einzelnen Vermögensteile berechnet oder nach ihrer voraussichtlichen Gebrauchsdauer angemessen verteilt.

³ Abschreibungen auf Aktiven, die zum Ausgleich von Verlusten aufgewertet wurden, können nur vorgenommen werden, wenn die Aufwertungen handelsrechtlich zulässig waren und die Verluste im Zeitpunkt der Abschreibung nach Artikel 31 Absatz 1 verrechenbar gewesen wären.

Art. 29 Rückstellungen

¹ Rückstellungen zu Lasten der Erfolgsrechnung sind zulässig für:
   a. im Geschäftsjahr bestehende Verpflichtungen, deren Höhe noch unbestimmt ist;
   b. Verlustrisiken, die mit Aktiven des Umlaufvermögens, insbesondere mit Waren und Debitoren, verbunden sind;
   c. andere unmittelbar drohende Verlustrisiken, die im Geschäftsjahr bestehen;
   d. künftige Forschungs- und Entwicklungsaufträge an Dritte bis zu 10 Prozent des steuerbaren Geschäftsertrages, insgesamt jedoch höchstens bis zu 1 Million Franken.

² Bisherige Rückstellungen werden dem steuerbaren Geschäftsertrag zugerechnet, soweit sie nicht mehr begründet sind.

Art. 30 Ersatzbeschaffungen A50, E54

¹ Werden Gegenstände des betriebsnotwendigen Anlagevermögens ersetzt, so können die stillen Reserven auf die als Ersatz erworbenen Anlagegüter übertragen werden, wenn diese ebenfalls betriebsnotwendig sind und sich in der Schweiz befinden. Vorbehalten bleibt die Besteuerung beim Ersatz von Liegenschaften durch Gegenstände des beweglichen Vermögens.¹ A71

² Findet die Ersatzbeschaffung nicht im gleichen Geschäftsjahr statt, so kann im Umfange der stillen Reserven eine Rückstellung gebildet werden. Diese Rückstellung ist innert angemessener Frist zur Abschreibung auf dem Ersatzobjekt zu verwenden oder zugunsten der Erfolgsrechnung aufzulösen.

³ Als betriebsnotwendig gilt nur Anlagevermögen, das dem Betrieb unmittelbar dient; ausgeschlossen sind insbesondere Vermögensteile, die dem Unternehmen nur als Vermögensanlage oder nur durch ihren Ertrag dienen.

Art. 31 Verluste

¹ Verluste aus den sieben der Steuerperiode (Art. 40) vorangegangenen Geschäftsjahren können abgezogen werden, soweit sie bei der Berechnung des steuerbaren Einkommens dieser Jahre nicht berücksichtigt werden konnten.²

² Mit Leistungen Dritter, die zum Ausgleich einer Unterbilanz im Rahmen einer Sanierung erbracht werden, können auch Verluste verrechnet werden, die in früheren Geschäftsjahren entstanden und noch nicht mit Einkommen verrechnet werden konnten.

---

[1] Fassung gemäss Ziff. II 2 des Unternehmenssteuerreformgesetzes II vom 23. März 2007, in Kraft seit 1. Jan. 2011 (AS 2008 2893; BBl 2005 4733).
[2] Fassung gemäss Ziff. I 1 des BG vom 22. März 2013 über die formelle Bereinigung der zeitlichen Bemessung der direkten Steuern bei den natürlichen Personen, in Kraft seit 1. Jan. 2014 (AS 2013 2397; BBl 2011 3593).

4. Abschnitt: Privatvermögen

Art. 32

¹ Bei beweglichem Privatvermögen können die Kosten der Verwaltung durch Dritte und die weder rückforderbaren noch anrechenbaren ausländischen Quellensteuern abgezogen werden.

² Bei Liegenschaften im Privatvermögen können die Unterhaltskosten, die Kosten der Instandstellung von neu erworbenen Liegenschaften, die Versicherungsprämien und die Kosten der Verwaltung durch Dritte abgezogen werden.¹ Das EFD bestimmt, welche Investitionen, die dem Energiesparen und dem Umweltschutz dienen, den Unterhaltskosten gleichgestellt werden können.² Den Unterhaltskosten gleichgestellt sind auch die Rückbaukosten im Hinblick auf den Ersatzneubau.³ VO DBG F, G, H | C 100

²ᵇⁱˢ Investitionskosten nach Absatz 2 zweiter Satz und Rückbaukosten im Hinblick auf einen Ersatzneubau sind in den zwei nachfolgenden Steuerperioden abziehbar, soweit sie in der laufenden Steuerperiode, in welcher die Aufwendungen angefallen sind, steuerlich nicht vollständig berücksichtigt werden können.⁴

³ Abziehbar sind ferner die Kosten denkmalpflegerischer Arbeiten, die der Steuerpflichtige aufgrund gesetzlicher Vorschriften, im Einvernehmen mit den Behörden oder auf deren Anordnung hin vorgenommen hat, soweit diese Arbeiten nicht subventioniert sind.

⁴ Der Steuerpflichtige kann für Grundstücke des Privatvermögens anstelle der tatsächlichen Kosten und Prämien einen Pauschalabzug geltend machen. Der Bundesrat regelt diesen Pauschalabzug.

5. Abschnitt: Allgemeine Abzüge

Art. 33⁵ Schuldzinsen und andere Abzüge

¹ Von den Einkünften werden abgezogen:

a.⁶ die privaten Schuldzinsen im Umfang der nach den Artikeln 20, 20a und 21 steuerbaren Vermögenserträge und weiterer 50 000 Franken.⁷ Nicht abzugsfähig sind Schuldzinsen für Darlehen, die eine Kapitalgesellschaft einer an ihrem Kapital massgeblich beteiligten oder ihr sonst wie nahe stehenden natürlichen Person zu Bedingungen gewährt, die erheblich von den im Geschäftsverkehr unter Dritten üblichen Bedingungen abweichen; A67

---

¹ Fassung gemäss Ziff. I 1 des BG vom 3. Okt. 2008 über die steuerliche Behandlung von Instandstellungskosten bei Liegenschaften, in Kraft seit 1. Jan. 2010 (AS **2009** 1515; BBl **2007** 7993 8009).
² Fassung des zweiten Satzes gemäss Anhang Ziff. II 3 des Energiegesetzes vom 30. Sept. 2016, in Kraft seit 1. Jan. 2020 (AS **2017** 6839; BBl **2013** 7561).
³ Dritter Satz eingefügt durch Anhang Ziff. II 3 des Energiegesetzes vom 30. Sept. 2016, in Kraft seit 1. Jan. 2020 (AS **2017** 6839; BBl **2013** 7561).
⁴ Fassung gemäss Anhang Ziff. II 3 des Energiegesetzes vom 30. Sept. 2016, in Kraft seit 1. Jan. 2020 (AS **2017** 6839; BBl **2013** 7561).
⁵ Eingefügt durch Anhang Ziff. 3 des BG vom 8. Okt. 2004 (Stiftungsrecht), in Kraft seit 1. Jan. 2006 (AS **2005** 4545; BBl **2003** 8153 8191).
⁶ Fassung gemäss Ziff. I 5 des BG vom 19. März 1999 über das Stabilisierungsprogramm 1998, in Kraft seit 1. Jan. 2001 (AS **1999** 2374; BBl **1999** 4).
⁷ Fassung gemäss Ziff. II 2 des Unternehmenssteuerreformgesetzes II vom 23. März 2007, in Kraft seit 1. Jan. 2011 (AS **2008** 2893; BBl **2005** 4733).

b.[1] die dauernden Lasten sowie 40 Prozent der bezahlten Leibrenten;

> ☞ *Art. 33 Abs. 1 Bst. b wird gemäss BG vom 17.6.2022 über die Besteuerung von Leibrenten und ähnlichen Vorsorgeformen voraussichtlich per 1.1.2025 wie folgt geändert:*
>
> b. *die dauernden Lasten sowie der Ertragsanteil nach Artikel 22 Absatz 3 Buchstabe c der Leistungen aus Leibrenten- und aus Verpfründungsverträgen;*

c. die Unterhaltsbeiträge an den geschiedenen, gerichtlich oder tatsächlich getrennt lebenden Ehegatten sowie die Unterhaltsbeiträge an einen Elternteil für die unter dessen elterlicher Sorge stehenden Kinder, nicht jedoch Leistungen in Erfüllung anderer familienrechtlicher Unterhalts- oder Unterstützungspflichten; A75

d.[2] die gemäss Gesetz, Statut oder Reglement geleisteten Einlagen, Prämien und Beiträge an die Alters-, Hinterlassenen- und Invalidenversicherung und an Einrichtungen der beruflichen Vorsorge; N 5.1, 5.2 | A63, A62

e. Einlagen, Prämien und Beiträge zum Erwerb von vertraglichen Ansprüchen aus anerkannten Formen der gebundenen Selbstvorsorge; der Bundesrat legt in Zusammenarbeit mit den Kantonen die anerkannten Vorsorgeformen und die Höhe der abzugsfähigen Beiträge fest; N 5.3 | A63, A62, B84

f. die Prämien und Beiträge für die Erwerbsersatzordnung, die Arbeitslosenversicherung und die obligatorische Unfallversicherung;

g.[3] die Einlagen, Prämien und Beiträge für die Lebens-, die Kranken- und die nicht unter Buchstabe f fallende Unfallversicherung sowie die Zinsen von Sparkapitalien der steuerpflichtigen Person und der von ihr unterhaltenen Personen, bis zum Gesamtbetrag von:
  1. 3 600 Franken für Ehepaare, die in rechtlich und tatsächlich ungetrennter Ehe leben,
  2. 1 800 Franken für die übrigen Steuerpflichtigen;

h.[4] die Krankheits- und Unfallkosten des Steuerpflichtigen und der von ihm unterhaltenen Personen, soweit der Steuerpflichtige die Kosten selber trägt und diese 5 Prozent der um die Aufwendungen (Art. 26–33) verminderten steuerbaren Einkünfte übersteigen; A56

h^{bis}. die behinderungsbedingten Kosten des Steuerpflichtigen oder der von ihm unterhaltenen Personen mit Behinderungen im Sinne des Behindertengleichstellungsgesetzes vom 13. Dezember 2002[5], soweit der Steuerpflichtige die Kosten selber trägt;[6] A75, A56

---

[1] Fassung gemäss Ziff. I 5 des BG vom 19. März 1999 über das Stabilisierungsprogramm 1998, in Kraft seit 1. Jan. 2001 (AS **1999** 2374; BBl **1999** 4).

[2] Fassung gemäss Anhang Ziff. 3 des BG vom 18. Juni 2004, in Kraft seit 1. Jan. 2005 (AS **2004** 4635; BBl **2003** 6399).

[3] Fassung gemäss Art. 3 Abs. 1 der V des EFD vom 16. Sept. 2022 über die kalte Progression, in Kraft seit 1. Jan. 2023 (AS **2022** 575).

[4] Fassung gemäss Anhang Ziff. 2 des Behindertengleichstellungsgesetzes vom 13. Dez. 2002, in Kraft seit 1. Jan. 2005 (AS **2003** 4487; BBl **2001** 1715).

[5] SR **151.3**

[6] Eingefügt durch Anhang Ziff. 2 des Behindertengleichstellungsgesetzes vom 13. Dez. 2002, in Kraft seit 1. Jan. 2005 (AS **2003** 4487; BBl **2001** 1715).

i.¹ die Mitgliederbeiträge und Zuwendungen bis zum Gesamtbetrag von 10 300 Franken an politische Parteien, die:²
1. im Parteienregister nach Artikel 76a des Bundesgesetzes vom 17. Dezember 1976³ über die politischen Rechte eingetragen sind,
2. in einem kantonalen Parlament vertreten sind, oder
3. in einem Kanton bei den letzten Wahlen des kantonalen Parlaments mindestens 3 Prozent der Stimmen erreicht haben;

j.⁴ die Kosten der berufsorientierten Aus- und Weiterbildung, einschliesslich der Umschulungskosten, bis zum Gesamtbetrag von 12 700 Franken, sofern:⁵ A87
1. ein erster Abschluss auf der Sekundarstufe II vorliegt, oder
2. das 20. Lebensjahr vollendet ist und es sich nicht um die Ausbildungskosten bis zum ersten Abschluss auf der Sekundarstufe II handelt.

¹ᵇⁱˢ Die Abzüge nach Absatz 1 Buchstabe g erhöhen sich:
a. um die Hälfte für Steuerpflichtige ohne Beiträge nach Absatz 1 Buchstaben d und e;
b. um 700 Franken für jedes Kind oder jede unterstützungsbedürftige Person, für die die steuerpflichtige Person einen Abzug nach Artikel 35 Absatz 1 Buchstabe a oder b geltend machen kann.⁶

² Leben Ehegatten in rechtlich und tatsächlich ungetrennter Ehe und erzielen beide ein Erwerbseinkommen, so werden vom niedrigeren Erwerbseinkommen 50 Prozent, jedoch mindestens 8 300 Franken und höchstens 13 600 Franken abgezogen.⁷ Als Erwerbseinkommen gelten die steuerbaren Einkünfte aus unselbstständiger oder selbstständiger Erwerbstätigkeit abzüglich der Aufwendungen nach den Artikeln 26–31 und der allgemeinen Abzüge nach Absatz 1 Buchstaben d–f. Bei erheblicher Mitarbeit eines Ehegatten im Beruf, Geschäft oder Gewerbe des anderen Ehegatten oder bei gemeinsamer selbstständiger Erwerbstätigkeit wird jedem Ehegatten die Hälfte des gemeinsamen Erwerbseinkommens zugewiesen. Eine abweichende Aufteilung ist vom Ehepaar nachzuweisen.⁸ A75

³ Von den Einkünften werden abgezogen die nachgewiesenen Kosten, jedoch höchstens 25 000 Franken, für die Drittbetreuung jedes Kindes, das das 14. Altersjahr noch nicht vollendet hat und mit der steuerpflichtigen Person, die für seinen Unterhalt sorgt, im gleichen Haushalt lebt, soweit diese Kosten in direktem kausalem Zusammenhang mit der Erwerbstätigkeit, Ausbildung oder Erwerbsunfähigkeit der steuerpflichtigen Person stehen.⁹

---

[1] Fassung gemäss Art. 6 Abs. 3 der V des EFD vom 22. Sept. 2011 über die kalte Progression, in Kraft seit 1. Jan. 2012 (AS **2011** 4503).
[2] Fassung gemäss Art. 3 Abs. 2 der V des EFD vom 16. Sept. 2022 über die kalte Progression, in Kraft seit 1. Jan. 2023 (AS **2022** 575).
[3] SR **161.1**
[4] Eingefügt durch Ziff. I des BG vom 27. Sept. 2013 über die steuerliche Behandlung der berufsorientierten Aus- und Weiterbildungskosten, in Kraft seit 1. Jan. 2016 (AS **2014** 1105; BBl **2011** 2607).
[5] Fassung gemäss Art. 3 Abs. 3 der V des EFD vom 16. Sept. 2022 über die kalte Progression, in Kraft seit 1. Jan. 2023 (AS **2022** 575).
[6] Eingefügt durch Ziff. I 1 des BG vom 22. März 2013 über die formelle Bereinigung der zeitlichen Bemessung der direkten Steuern bei den natürlichen Personen, in Kraft seit 1. Jan. 2014 (AS **2013** 2397; BBl **2011** 3593).
[7] Fassung gemäss Art. 3 Abs. 4 der V des EFD vom 16. Sept. 2022 über die kalte Progression, in Kraft seit 1. Jan. 2023 (AS **2022** 575).
[8] Fassung gemäss Ziff. I 1 des BG vom 22. März 2013 über die formelle Bereinigung der zeitlichen Bemessung der direkten Steuern bei den natürlichen Personen, in Kraft seit 1. Jan. 2014 (AS **2013** 2397; BBl **2011** 3593).
[9] Eingefügt durch Ziff. I 1 des BG vom 25. Sept. 2009 über die steuerliche Entlastung von Familien mit Kindern (AS **2010** 455; BBl **2009** 4729). Fassung gemäss Ziff. I des BG vom 1. Okt. 2021 (Steuerliche Berücksichtigung der Kinderdrittbetreuungskosten), in Kraft seit 1. Jan. 2023 (AS **2022** 120).

⁴ Von den einzelnen Gewinnen aus der Teilnahme an Geldspielen, welche nicht nach Artikel 24 Buchstaben i^{bis}–j steuerfrei sind, werden 5 Prozent, jedoch höchstens 5 200 Franken, als Einsatzkosten abgezogen. Von den einzelnen Gewinnen aus der Online-Teilnahme an Spielbankenspielen nach Artikel 24 Buchstabe i^{bis} werden die vom Online-Spielerkonto abgebuchten Spieleinsätze im Steuerjahr, jedoch höchstens 26 000 Franken abgezogen.¹

Art. 33a² **Freiwillige Leistungen**

Von den Einkünften abgezogen werden auch die freiwilligen Leistungen von Geld und übrigen Vermögenswerten an juristische Personen mit Sitz in der Schweiz, die im Hinblick auf ihre öffentlichen oder gemeinnützigen Zwecke von der Steuerpflicht befreit sind (Art. 56 Bst. g), wenn diese Leistungen im Steuerjahr 100 Franken erreichen und insgesamt 20 Prozent der um die Aufwendungen (Art. 26–33) verminderten Einkünfte nicht übersteigen. Im gleichen Umfang abzugsfähig sind entsprechende freiwillige Leistungen an Bund, Kantone, Gemeinden und deren Anstalten (Art. 56 Bst. a–c). A30

6. Abschnitt: Nicht abziehbare Kosten und Aufwendungen

Art. 34

Nicht abziehbar sind die übrigen Kosten und Aufwendungen, insbesondere:

a. die Aufwendungen für den Unterhalt des Steuerpflichtigen und seiner Familie sowie der durch die berufliche Stellung des Steuerpflichtigen bedingte Privataufwand;
b.³ ...
c. die Aufwendungen für Schuldentilgung;
d. die Aufwendungen für die Anschaffung, Herstellung oder Wertvermehrung von Vermögensgegenständen;
e. Einkommens-, Grundstückgewinn- und Vermögenssteuern von Bund, Kantonen und Gemeinden und gleichartige ausländische Steuern.

4. Kapitel: Sozialabzüge

Art. 35

¹ Vom Einkommen werden abgezogen:

a.⁴ 6 600 Franken für jedes minderjährige oder in der beruflichen oder schulischen Ausbildung stehende Kind, für dessen Unterhalt die steuerpflichtige Person sorgt; werden die Eltern getrennt besteuert, so wird der Kinderabzug hälftig aufgeteilt, wenn das Kind unter gemeinsamer elterlicher Sorge steht und keine Unterhaltsbeiträge nach Artikel 33 Absatz 1 Buchstabe c für das Kind geltend gemacht werden;

---

1 Eingefügt durch Ziff. I 1 des BG vom 15. Juni 2012 über Vereinfachungen bei der Besteuerung von Lotteriegewinnen (AS **2012** 5977; BBl **2011** 6517 6543). Fassung gemäss Art. 3 Abs. 5 der V des EFD vom 16. Sept. 2022 über die kalte Progression, in Kraft seit 1. Jan. 2023 (AS **2022** 575).
2 Eingefügt durch Anhang Ziff. 3 des BG vom 8. Okt. 2004 (Stiftungsrecht), in Kraft seit 1. Jan. 2006 (AS **2005** 4545; BBl **2003** 8153 8191).
3 Aufgehoben durch Ziff. I 1 des BG vom 27. Sept. 2013 über die steuerliche Behandlung der berufsorientierten Aus- und Weiterbildungskosten, mit Wirkung seit 1. Jan. 2016 (AS **2014** 1105; BBl **2011** 2607).
4 Fassung gemäss Art. 4 der V des EFD vom 16. Sept. 2022 über die kalte Progression, in Kraft seit 1. Jan. 2023 (AS **2022** 575).

b.[1] 6 600 Franken für jede erwerbsunfähige oder beschränkt erwerbsfähige Person, zu deren Unterhalt die steuerpflichtige Person mindestens in der Höhe des Abzugs beiträgt; der Abzug kann nicht beansprucht werden für den Ehegatten und für Kinder, für die ein Abzug nach Buchstabe a gewährt wird;

c.[2] 2 700 Franken für Ehepaare, die in rechtlich und tatsächlich ungetrennter Ehe leben.[3]

[2] Die Sozialabzüge werden nach den Verhältnissen am Ende der Steuerperiode (Art. 40) oder der Steuerpflicht festgesetzt.[4]

[3] Bei teilweiser Steuerpflicht werden die Sozialabzüge anteilsmässig gewährt.

5. Kapitel: Steuerberechnung

1. Abschnitt: Tarife

Art. 36

[1] Die Steuer für ein Steuerjahr beträgt:

– bis 14 800 Franken Einkommen	0.00	Franken
und für je weitere 100 Franken Einkommen	0.77	Franken;
– für 32 200 Franken Einkommen	133.95	Franken
und für je weitere 100 Franken Einkommen	0.88	Franken mehr;
– für 42 200 Franken Einkommen	221.95	Franken
und für je weitere 100 Franken Einkommen	2.64	Franken mehr;
– für 56 200 Franken Einkommen	591.55	Franken
und für je weitere 100 Franken Einkommen	2.97	Franken mehr;
– für 73 900 Franken Einkommen	1 117.20	Franken
und für je weitere 100 Franken Einkommen	5.94	Franken mehr;
– für 79 600 Franken Einkommen	1 455.75	Franken
und für je weitere 100 Franken Einkommen	6.60	Franken mehr;
– für 105 500 Franken Einkommen	3 165.15	Franken
und für je weitere 100 Franken Einkommen	8.80	Franken mehr;
– für 137 200 Franken Einkommen	5 954.75	Franken
und für je weitere 100 Franken Einkommen	11.00	Franken mehr;
– für 179 400 Franken Einkommen	10 596.75	Franken
und für je weitere 100 Franken Einkommen	13.20	Franken mehr;
– für 769 600 Franken Einkommen	88 503.15	Franken
– für 769 700 Franken Einkommen	88 515.50	Franken
und für je weitere 100 Franken Einkommen	11.50	Franken mehr.[5]

---

[1] Fassung gemäss Art. 4 der V des EFD vom 16. Sept. 2022 über die kalte Progression, in Kraft seit 1. Jan. 2023 (AS **2022** 575).

[2] Fassung gemäss Art. 4 der V des EFD vom 16. Sept. 2022 über die kalte Progression, in Kraft seit 1. Jan. 2023 (AS **2022** 575).

[3] Fassung gemäss Ziff. I 1 des BG vom 22. März 2013 über die formelle Bereinigung der zeitlichen Bemessung der direkten Steuern bei den natürlichen Personen, in Kraft seit 1. Jan. 2014 (AS **2013** 2397; BBl **2011** 3593).

[4] Fassung gemäss Ziff. I 1 des BG vom 22. März 2013 über die formelle Bereinigung der zeitlichen Bemessung der direkten Steuern bei den natürlichen Personen, in Kraft seit 1. Jan. 2014 (AS **2013** 2397; BBl **2011** 3593).

[5] Fassung gemäss Art. 2 Abs. 1 der V des EFD vom 16. Sept. 2022 über die kalte Progression, in Kraft seit 1. Jan. 2023 (AS **2022** 575).

² Für Ehepaare, die in rechtlich und tatsächlich ungetrennter Ehe leben, beträgt die jährliche Steuer:

– bis 28 800 Franken Einkommen	0.00	Franken
und für je weitere 100 Franken Einkommen	1.00	Franken;
– für 51 800 Franken Einkommen	230.00	Franken
und für je weitere 100 Franken Einkommen	2.00	Franken mehr;
– für 59 400 Franken Einkommen	382.00	Franken
und für je weitere 100 Franken Einkommen	3.00	Franken mehr;
– für 76 700 Franken Einkommen	901.00	Franken
und für je weitere 100 Franken Einkommen	4.00	Franken mehr;
– für 92 000 Franken Einkommen	1 513.00	Franken
und für je weitere 100 Franken Einkommen	5.00	Franken mehr;
– für 105 400 Franken Einkommen	2 183.00	Franken
und für je weitere 100 Franken Einkommen	6.00	Franken mehr;
– für 116 900 Franken Einkommen	2 873.00	Franken
und für je weitere 100 Franken Einkommen	7.00	Franken mehr;
– für 126 500 Franken Einkommen	3 545.00	Franken
und für je weitere 100 Franken Einkommen	8.00	Franken mehr;
– für 134 200 Franken Einkommen	4 161.00	Franken
und für je weitere 100 Franken Einkommen	9.00	Franken mehr;
– für 139 900 Franken Einkommen	4 674.00	Franken
und für je weitere 100 Franken Einkommen	10.00	Franken mehr;
– für 143 800 Franken Einkommen	5 064.00	Franken
und für je weitere 100 Franken Einkommen	11.00	Franken mehr;
– für 145 800 Franken Einkommen	5 284.00	Franken
und für je weitere 100 Franken Einkommen	12.00	Franken mehr;
– für 147 700 Franken Einkommen	5 512.00	Franken
und für je weitere 100 Franken Einkommen	13.00	Franken mehr;
– für 912 600 Franken Einkommen	104 949.00	Franken
und für je weitere 100 Franken Einkommen	11.50	Franken mehr.[1]

²ᵇⁱˢ Für die in rechtlich und tatsächlich ungetrennter Ehe lebenden Ehepaare und die verwitweten, gerichtlich oder tatsächlich getrennt lebenden, geschiedenen und ledigen steuerpflichtigen Personen, die mit Kindern oder unterstützungsbedürftigen Personen im gleichen Haushalt zusammenleben und deren Unterhalt zur Hauptsache bestreiten, gilt Absatz 2 sinngemäss. Der so ermittelte Steuerbetrag ermässigt sich um 255 Franken für jedes Kind oder jede unterstützungsbedürftige Person.[2,3]

³ Steuerbeträge unter 25 Franken werden nicht erhoben.

---

[1] Fassung gemäss Art. 2 Abs. 2 der V des EFD vom 16. Sept. 2022 über die kalte Progression, in Kraft seit 1. Jan. 2023 (AS **2022** 575).
[2] Fassung des zweiten Satzes gemäss Art. 2 Abs. 3 der V des EFD vom 16. Sept. 2022 über die kalte Progression, in Kraft seit 1. Jan. 2023 (AS **2022** 575).
[3] Eingefügt durch Ziff. I 1 des BG vom 25. Sept. 2009 über die steuerliche Entlastung von Familien mit Kindern (AS **2010** 455; BBl **2009** 4729). Fassung gemäss Art. 2 Abs. 3 der V des EFD vom 2. Sept. 2013 über den Ausgleich der Folgen der kalten Progression für die natürlichen Personen, in Kraft seit 1. Jan. 2014 (AS **2013** 3027).

2. Abschnitt: Sonderfälle

Art. 37 Kapitalabfindungen für wiederkehrende Leistungen

Gehören zu den Einkünften Kapitalabfindungen für wiederkehrende Leistungen, so wird die Einkommenssteuer unter Berücksichtigung der übrigen Einkünfte und der zulässigen Abzüge zu dem Steuersatz berechnet, der sich ergäbe, wenn anstelle der einmaligen Leistung eine entsprechende jährliche Leistung ausgerichtet würde. A48

Art. 37a[1] Vereinfachtes Abrechnungsverfahren QStV 21 ff. | A91, B21

1 Für kleine Arbeitsentgelte aus unselbständiger Erwerbstätigkeit ist die Steuer ohne Berücksichtigung der übrigen Einkünfte, allfälliger Berufskosten und Sozialabzüge zu einem Satz von 0,5 Prozent zu erheben; Voraussetzung ist, dass der Arbeitgeber die Steuer im Rahmen des vereinfachten Abrechnungsverfahrens nach den Artikeln 2 und 3 des Bundesgesetzes vom 17. Juni 2005[2] gegen die Schwarzarbeit entrichtet. Damit ist die Einkommenssteuer abgegolten.

2 Artikel 88 Absatz 1 Buchstabe a gilt sinngemäss.

3 Der Schuldner der steuerbaren Leistung ist verpflichtet, die Steuern periodisch der zuständigen AHV-Ausgleichskasse abzuliefern.

4 Die AHV-Ausgleichskasse stellt dem Steuerpflichtigen eine Aufstellung oder eine Bestätigung über den Steuerabzug aus. Sie überweist der zuständigen Steuerbehörde die einkassierten Steuerzahlungen.

5 Das Recht auf eine Bezugsprovision nach Artikel 88 Absatz 4 wird auf die zuständige AHV-Ausgleichskasse übertragen.

6 Der Bundesrat regelt die Einzelheiten; dabei berücksichtigt er die Artikel 88 und 196 Absatz 3.[3]

Art. 37b[4] Liquidationsgewinne VO DBG M | A86, A73, A71

1 Wird die selbstständige Erwerbstätigkeit nach dem vollendeten 55. Altersjahr oder wegen Unfähigkeit zur Weiterführung infolge Invalidität definitiv aufgegeben, so ist die Summe der in den letzten zwei Geschäftsjahren realisierten stillen Reserven getrennt vom übrigen Einkommen zu besteuern. Einkaufsbeiträge gemäss Artikel 33 Absatz 1 Buchstabe d sind abziehbar. Werden keine solchen Einkäufe vorgenommen, so wird die Steuer auf dem Betrag der realisierten stillen Reserven, für den der Steuerpflichtige die Zulässigkeit eines Einkaufs gemäss Artikel 33 Absatz 1 Buchstabe d nachweist, zu einem Fünftel der Tarife nach Artikel 36 berechnet. Für die Bestimmung des auf den Restbetrag der realisierten stillen Reserven anwendbaren Satzes ist ein Fünftel dieses Restbetrages massgebend, es wird aber in jedem Falle eine Steuer zu einem Satz von mindestens 2 Prozent erhoben. A75

---

[1] Eingefügt durch Anhang Ziff. 4 des BG vom 17. Juni 2005 gegen die Schwarzarbeit, in Kraft seit 1. Jan. 2008 (AS **2007** 359; BBl **2002** 3605).
[2] SR **822.41**
[3] Fassung gemäss Ziff. I 1 des BG vom 16. Dez. 2016 über die Revision der Quellenbesteuerung des Erwerbseinkommens, in Kraft seit 1. Jan. 2021 (AS **2018** 1813; BBl **2015** 657).
[4] Eingefügt durch Ziff. II 2 des Unternehmenssteuerreformgesetzes II vom 23. März 2007, in Kraft seit 1. Jan. 2011 (AS **2008** 2893; BBl **2005** 4733).

² Absatz 1 gilt auch für den überlebenden Ehegatten, die anderen Erben und die Vermächtnisnehmer, sofern sie das übernommene Unternehmen nicht fortführen; die steuerliche Abrechnung erfolgt spätestens fünf Kalenderjahre nach Ablauf des Todesjahres des Erblassers.

Art. 38 Kapitalleistungen aus Vorsorge A86

¹ Kapitalleistungen nach Artikel 22 sowie Zahlungen bei Tod und für bleibende körperliche oder gesundheitliche Nachteile werden gesondert besteuert. Sie unterliegen stets einer vollen Jahressteuer. A63

¹ᵇⁱˢ Die Steuer wird für das Steuerjahr festgesetzt, in dem die entsprechenden Einkünfte zugeflossen sind.¹

² Sie wird zu einem Fünftel der Tarife nach Artikel 36 Absätze 1, 2 und 2ᵇⁱˢ erster Satz berechnet.²

³ Die Sozialabzüge werden nicht gewährt.³

6. Kapitel: Ausgleich der Folgen der kalten Progression

Art. 39

¹ Bei der Steuer vom Einkommen der natürlichen Personen werden die Folgen der kalten Progression durch gleichmässige Anpassung der Tarifstufen und der in Frankenbeträgen festgesetzten Abzüge vom Einkommen voll ausgeglichen. Die Beträge sind auf 100 Franken auf- oder abzurunden.

² Das EFD passt die Tarifstufen und die Abzüge jährlich an den Landesindex der Konsumentenpreise an. Massgebend ist der Indexstand am 30. Juni vor Beginn der Steuerperiode. Bei negativem Teuerungsverlauf ist eine Anpassung ausgeschlossen. Der auf eine negative Teuerung folgende Ausgleich erfolgt auf Basis des letzten Ausgleichs.⁴

³ ...⁵

---

1 Eingefügt durch Ziff. I 1 des BG vom 22. März 2013 über die formelle Bereinigung der zeitlichen Bemessung der direkten Steuern bei den natürlichen Personen, in Kraft seit 1. Jan. 2014 (AS **2013** 2397; BBl **2011** 3593).
2 Fassung gemäss Ziff. I 1 des BG vom 22. März 2013 über die formelle Bereinigung der zeitlichen Bemessung der direkten Steuern bei den natürlichen Personen, in Kraft seit 1. Jan. 2014 (AS **2013** 2397; BBl **2011** 3593).
3 Fassung gemäss Ziff. I des BG vom 25. Sept. 2009, in Kraft seit 1. Jan. 2011 (AS **2010** 453; BBl **2009** 1657).
4 Fassung gemäss Ziff. I des BG vom 25. Sept. 2009, in Kraft seit 1. Jan. 2011 (AS **2010** 453; BBl **2009** 1657).
5 Aufgehoben durch Ziff. I des BG vom 25. Sept. 2009, mit Wirkung seit 1. Jan. 2011 (AS **2010** 453; BBl **2009** 1657).

Dritter Titel:[1] Zeitliche Bemessung

Art. 40 Steuerperiode

1 Als Steuerperiode gilt das Kalenderjahr.

2 Die Einkommenssteuer wird für jede Steuerperiode festgesetzt und erhoben.

3 Besteht die Steuerpflicht nur während eines Teils der Steuerperiode, so wird die Steuer auf den in diesem Zeitraum erzielten Einkünften erhoben. Dabei bestimmt sich der Steuersatz für regelmässig fliessende Einkünfte nach dem auf zwölf Monate berechneten Einkommen; nicht regelmässig fliessende Einkünfte unterliegen der vollen Jahressteuer, werden aber für die Satzbestimmung nicht in ein Jahreseinkommen umgerechnet. Artikel 38 bleibt vorbehalten. VO DBG A

Art. 41 Bemessung des Einkommens VO DBG A

1 Das steuerbare Einkommen bemisst sich nach den Einkünften in der Steuerperiode.

2 Für die Ermittlung des Einkommens aus selbstständiger Erwerbstätigkeit ist das Ergebnis des in der Steuerperiode abgeschlossenen Geschäftsjahres massgebend.

3 Steuerpflichtige mit selbstständiger Erwerbstätigkeit müssen in jeder Steuerperiode einen Geschäftsabschluss erstellen.

Art. 42 Veranlagung bei Begründung und Auflösung der Ehe

1 Ehegatten, die in rechtlich und tatsächlich ungetrennter Ehe leben, werden für die ganze Steuerperiode, in der sie die Ehe geschlossen haben, nach Artikel 9 Absatz 1 veranlagt.

2 Bei Scheidung, gerichtlicher oder tatsächlicher Trennung werden die Ehegatten für die ganze Steuerperiode separat veranlagt.

3 Stirbt ein in rechtlich und tatsächlich ungetrennter Ehe lebender Ehegatte, so werden bis zu seinem Todestag beide Ehegatten gemeinsam veranlagt (Art. 9 Abs. 1). Der überlebende Ehegatte wird für den Rest der Steuerperiode separat zu dem für ihn anwendbaren Tarif veranlagt. Artikel 40 Absatz 3 gilt sinngemäss.

Art. 43 – 48 …

---

[1] Fassung gemäss Ziff. I 1 des BG vom 22. März 2013 über die formelle Bereinigung der zeitlichen Bemessung der direkten Steuern bei den natürlichen Personen, in Kraft seit 1. Jan. 2014 (AS **2013** 2397; BBl **2011** 3593).

Dritter Teil: Besteuerung der juristischen Personen

Erster Titel: Steuerpflicht

1. Kapitel: Begriff der juristischen Personen

Art. 49

1 Als juristische Personen werden besteuert:
   a. die Kapitalgesellschaften (Aktiengesellschaften, Kommanditaktiengesellschaften, Gesellschaften mit beschränkter Haftung) und die Genossenschaften;
   b. die Vereine, die Stiftungen und die übrigen juristischen Personen.

2 Den übrigen juristischen Personen gleichgestellt sind die kollektiven Kapitalanlagen mit direktem Grundbesitz nach Artikel 58 KAG[1]. Die Investmentgesellschaften mit festem Kapital nach Artikel 110 KAG werden wie Kapitalgesellschaften besteuert.[2] A69

> ☞ *Art. 49 Abs. 2 erster Satz wird gemäss BG vom 17.12.2021 über die Änderung des KAG (L-QIF) voraussichtlich per 1.8.2023 wie folgt geändert:*
>
> *2 Den übrigen juristischen Personen gleichgestellt sind die kollektiven Kapitalanlagen mit direktem Grundbesitz nach Artikel 58 oder 118a KAG. ...*

3 Ausländische juristische Personen sowie nach Artikel 11 steuerpflichtige, ausländische Handelsgesellschaften und andere ausländische Personengesamtheiten ohne juristische Persönlichkeit werden den inländischen juristischen Personen gleichgestellt, denen sie rechtlich oder tatsächlich am ähnlichsten sind.

2. Kapitel: Steuerliche Zugehörigkeit

Art. 50 Persönliche Zugehörigkeit

Juristische Personen sind aufgrund persönlicher Zugehörigkeit steuerpflichtig, wenn sich ihr Sitz oder ihre tatsächliche Verwaltung in der Schweiz befindet.

Art. 51 Wirtschaftliche Zugehörigkeit

1 Juristische Personen, die weder ihren Sitz noch die tatsächliche Verwaltung in der Schweiz haben, sind aufgrund wirtschaftlicher Zugehörigkeit steuerpflichtig, wenn sie:
   a. Teilhaber an Geschäftsbetrieben in der Schweiz sind;
   b. in der Schweiz Betriebsstätten unterhalten;
   c. an Grundstücken in der Schweiz Eigentum, dingliche oder diesen wirtschaftlich gleichkommende persönliche Nutzungsrechte haben;
   d. Gläubiger oder Nutzniesser von Forderungen sind, die durch Grund- oder Faustpfand auf Grundstücken in der Schweiz gesichert sind;
   e. in der Schweiz gelegene Liegenschaften vermitteln oder damit handeln.

---

[1] SR **951.31**
[2] Fassung gemäss Anhang Ziff. II 6 des Kollektivanlagengesetzes vom 23. Juni 2006, in Kraft seit 1. Jan. 2007 (AS **2006** 5379; BBl **2005** 6395).

² Als Betriebsstätte gilt eine feste Geschäftseinrichtung, in der die Geschäftstätigkeit eines Unternehmens ganz oder teilweise ausgeübt wird. Betriebsstätten sind insbesondere Zweigniederlassungen, Fabrikationsstätten, Werkstätten, Verkaufsstellen, ständige Vertretungen, Bergwerke und andere Stätten der Ausbeutung von Bodenschätzen sowie Bau- oder Montagestellen von mindestens zwölf Monaten Dauer.

Art. 52 Umfang der Steuerpflicht

¹ Bei persönlicher Zugehörigkeit ist die Steuerpflicht unbeschränkt; sie erstreckt sich aber nicht auf Geschäftsbetriebe, Betriebsstätten und Grundstücke im Ausland.

² Bei wirtschaftlicher Zugehörigkeit beschränkt sich die Steuerpflicht auf den Gewinn, für den nach Artikel 51 eine Steuerpflicht in der Schweiz besteht.[1]

³ Die Abgrenzung der Steuerpflicht für Geschäftsbetriebe, Betriebsstätten und Grundstücke erfolgt im Verhältnis zum Ausland nach den Grundsätzen des Bundesrechts über das Verbot der interkantonalen Doppelbesteuerung. Ein schweizerisches Unternehmen kann Verluste aus einer ausländischen Betriebsstätte mit inländischen Gewinnen verrechnen, soweit diese Verluste im Betriebsstättenstaat nicht bereits berücksichtigt wurden. Verzeichnet diese Betriebsstätte innert der folgenden sieben Geschäftsjahre Gewinne, so erfolgt in diesen Geschäftsjahren im Ausmass der im Betriebsstättenstaat verrechneten Verlustvorträge eine Besteuerung. Verluste aus ausländischen Liegenschaften können nur dann berücksichtigt werden, wenn im betreffenden Land auch eine Betriebsstätte unterhalten wird. Vorbehalten bleiben die in Doppelbesteuerungsabkommen enthaltenen Regelungen.[2]

⁴ Steuerpflichtige mit Sitz und tatsächlicher Verwaltung im Ausland haben den in der Schweiz erzielten Gewinn zu versteuern.[3]

Art. 53[4] ...

3. Kapitel: Beginn und Ende der Steuerpflicht

Art. 54

¹ Die Steuerpflicht beginnt mit der Gründung der juristischen Person, mit der Verlegung ihres Sitzes oder ihrer tatsächlichen Verwaltung in die Schweiz oder mit dem Erwerb von in der Schweiz steuerbaren Werten.

² Die Steuerpflicht endet mit dem Abschluss der Liquidation, mit der Verlegung des Sitzes oder der tatsächlichen Verwaltung ins Ausland mit dem Wegfall der in der Schweiz steuerbaren Werte. A19

³ Überträgt eine juristische Person Aktiven und Passiven auf eine andere juristische Person, so sind die von ihr geschuldeten Steuern von der übernehmenden juristischen Person zu entrichten.

---

[1] Fassung gemäss Ziff. I 1 des BG vom 10. Okt. 1997 über die Reform der Unternehmensbesteuerung 1997, in Kraft seit 1. Jan. 1998 (AS **1998** 669; BBl **1997** II 1164).
[2] Fassung gemäss Ziff. I 1 des BG vom 10. Okt. 1997 über die Reform der Unternehmensbesteuerung 1997, in Kraft seit 1. Jan. 1998 (AS **1998** 669; BBl **1997** II 1164).
[3] Fassung gemäss Ziff. I 1 des BG vom 10. Okt. 1997 über die Reform der Unternehmensbesteuerung 1997, in Kraft seit 1. Jan. 1998 (AS **1998** 669; BBl **1997** II 1164).
[4] Aufgehoben durch Ziff. I 1 des BG vom 10. Okt. 1997 über die Reform der Unternehmensbesteuerung 1997, mit Wirkung seit 1. Jan. 1998 (AS **1998** 669; BBl **1997** II 1164).

⁴ Nicht als Beendigung der Steuerpflicht gelten die vorübergehende Sitzverlegung ins Ausland und die anderen Massnahmen aufgrund der Bundesgesetzgebung über die wirtschaftliche Landesversorgung.

4. Kapitel: Mithaftung

Art. 55

¹ Endet die Steuerpflicht einer juristischen Person, so haften die mit ihrer Verwaltung und die mit ihrer Liquidation betrauten Personen solidarisch für die von ihr geschuldeten Steuern bis zum Betrag des Liquidationsergebnisses oder, falls die juristische Person ihren Sitz oder tatsächliche Verwaltung ins Ausland verlegt, bis zum Betrag des Reinvermögens der juristischen Person. Die Haftung entfällt, wenn der Haftende nachweist, dass er alle nach den Umständen gebotene Sorgfalt angewendet hat.

² Für die Steuern einer aufgrund wirtschaftlicher Zugehörigkeit steuerpflichtigen juristischen Person haften solidarisch bis zum Betrag des Reinerlöses Personen, die:

a. Geschäftsbetriebe oder Betriebsstätten in der Schweiz auflösen;
b. Grundstücke in der Schweiz oder durch solche Grundstücke gesicherte Forderungen veräussern oder verwerten.

³ Käufer und Verkäufer einer in der Schweiz gelegenen Liegenschaft haften für die aus der Vermittlungstätigkeit geschuldete Steuer solidarisch bis zu 3 Prozent der Kaufsumme, wenn die die Liegenschaft vermittelnde juristische Person in der Schweiz weder ihren Sitz noch ihre tatsächliche Verwaltung hat.

⁴ Für die Steuern ausländischer Handelsgesellschaften und anderer ausländischer Personengesamtheiten ohne juristische Persönlichkeit haften die Teilhaber solidarisch.

5. Kapitel: Ausnahmen von der Steuerpflicht

Art. 56

Von der Steuerpflicht sind befreit:

a. der Bund und seine Anstalten;
b. die Kantone und ihre Anstalten;
c. die Gemeinden, die Kirchgemeinden und die anderen Gebietskörperschaften der Kantone sowie ihre Anstalten;
d.¹ vom Bund konzessionierte Verkehrs- und Infrastrukturunternehmen, die für diese Tätigkeit Abgeltungen erhalten oder aufgrund ihrer Konzession einen ganzjährigen Betrieb von nationaler Bedeutung aufrecht erhalten müssen; die Steuerbefreiung erstreckt sich auch auf Gewinne aus der konzessionierten Tätigkeit, die frei verfügbar sind; von der Steuerbefreiung ausgenommen sind jedoch Nebenbetriebe und Liegenschaften, die keine notwendige Beziehung zur konzessionierten Tätigkeit haben; A80

---

¹ Fassung gemäss Ziff. II 10 des BG vom 20. März 2009 über die Bahnreform 2, in Kraft seit 1. Jan. 2010 (AS **2009** 5597; BBl **2005** 2415, **2007** 2681).

e. Einrichtungen der beruflichen Vorsorge von Unternehmen mit Wohnsitz, Sitz oder Betriebsstätte in der Schweiz und von ihnen nahe stehenden Unternehmen, sofern die Mittel der Einrichtung dauernd und ausschliesslich der Personalvorsorge dienen;

f. inländische Sozialversicherungs- und Ausgleichskassen, insbesondere Arbeitslosen-, Krankenversicherungs-, Alters-, Invaliden- und Hinterlassenenversicherungskassen, mit Ausnahme der konzessionierten Versicherungsgesellschaften;

g. juristische Personen, die öffentliche oder gemeinnützige Zwecke verfolgen, für den Gewinn, der ausschliesslich und unwiderruflich diesen Zwecken gewidmet ist.[1] Unternehmerische Zwecke sind grundsätzlich nicht gemeinnützig. Der Erwerb und die Verwaltung von wesentlichen Kapitalbeteiligungen an Unternehmen gelten als gemeinnützig, wenn das Interesse an der Unternehmenserhaltung dem gemeinnützigen Zweck untergeordnet ist und keine geschäftsleitenden Tätigkeiten ausgeübt werden; A30, B20

h.[2] juristische Personen, die gesamtschweizerisch Kultuszwecke verfolgen, für den Gewinn, der ausschliesslich und unwiderruflich diesen Zwecken gewidmet ist; A30

i.[3] die ausländischen Staaten für ihre inländischen, ausschliesslich dem unmittelbaren Gebrauch der diplomatischen und konsularischen Vertretungen bestimmten Liegenschaften sowie die von der Steuerpflicht befreiten institutionellen Begünstigten nach Artikel 2 Absatz 1 des Gaststaatgesetzes vom 22. Juni 2007[4] für die Liegenschaften, die Eigentum der institutionellen Begünstigten sind und die von deren Dienststellen benützt werden;

j.[5] die kollektiven Kapitalanlagen mit direktem Grundbesitz, sofern deren Anleger ausschliesslich steuerbefreite Einrichtungen der beruflichen Vorsorge nach Buchstabe e oder steuerbefreite inländische Sozialversicherungs- und Ausgleichskassen nach Buchstabe f sind.

---

[1] Fassung gemäss Ziff. I 1 des BG vom 10. Okt. 1997 über die Reform der Unternehmensbesteuerung 1997, in Kraft seit 1. Jan. 1998 (AS **1998** 669; BBl **1997** II 1164).

[2] Fassung gemäss Ziff. I 1 des BG vom 10. Okt. 1997 über die Reform der Unternehmensbesteuerung 1997, in Kraft seit 1. Jan. 1998 (AS **1998** 669; BBl **1997** II 1164).

[3] Fassung gemäss Anhang Ziff. II 7 des Gaststaatgesetzes vom 22. Juni 2007, in Kraft seit 1. Jan. 2008 (AS **2007** 6637; BBl **2006** 8017).

[4] SR **192.12**

[5] Eingefügt durch Anhang Ziff. II 6 des Kollektivanlagengesetzes vom 23. Juni 2006, in Kraft seit 1. Jan. 2007 (AS **2006** 5379; BBl **2005** 6395).

Zweiter Titel: Gewinnsteuer

1. Kapitel: Steuerobjekt

1. Abschnitt: Grundsatz

Art. 57

Gegenstand der Gewinnsteuer ist der Reingewinn.

2. Abschnitt: Berechnung des Reingewinns

Art. 58 Allgemeines

¹ Der steuerbare Reingewinn setzt sich zusammen aus:
  a. dem Saldo der Erfolgsrechnung unter Berücksichtigung des Saldovortrages des Vorjahres; A89
  b. allen vor Berechnung des Saldos der Erfolgsrechnung ausgeschiedenen Teilen des Geschäftsergebnisses, die nicht zur Deckung von geschäftsmässig begründetem Aufwand verwendet werden, wie insbesondere:
     – Kosten für die Anschaffung, Herstellung oder Wertvermehrung von Gegenständen des Anlagevermögens,
     – geschäftsmässig nicht begründete Abschreibungen und Rückstellungen,
     – Einlagen in die Reserven,
     – Einzahlungen auf das Eigenkapital aus Mitteln der juristischen Person, soweit sie nicht aus als Gewinn versteuerten Reserven erfolgen,
     – offene und verdeckte Gewinnausschüttungen und geschäftsmässig nicht begründete Zuwendungen an Dritte; A95, B86
  c. den der Erfolgsrechnung nicht gutgeschriebenen Erträgen, mit Einschluss der Kapital-, Aufwertungs- und Liquidationsgewinne, vorbehältlich Artikel 64. ...¹

² Der steuerbare Reingewinn juristischer Personen, die keine Erfolgsrechnung erstellen, bestimmt sich sinngemäss nach Absatz 1.

³ Leistungen, welche gemischtwirtschaftliche, im öffentlichen Interesse tätige Unternehmen überwiegend an nahe stehende Personen erbringen, sind zum jeweiligen Marktpreis, zu den jeweiligen Gestehungskosten zuzüglich eines angemessenen Aufschlages oder zum jeweiligen Endverkaufspreis abzüglich einer angemessenen Gewinnmarge zu bewerten; das Ergebnis eines jeden Unternehmens ist entsprechend zu berichtigen.

---

1 Zweiter Satz aufgehoben durch Ziff. I 2 des BG vom 28. Sept. 2018 über die Steuerreform und die AHV-Finanzierung, mit Wirkung seit 1. Jan. 2020 (AS **2019** 2395 2413; BBl **2018** 2527).

Art. 59 Geschäftsmässig begründeter Aufwand A95

1 Zum geschäftsmässig begründeten Aufwand gehören auch:

a.[1] die eidgenössischen, kantonalen und kommunalen Steuern;
b. die Zuwendungen an Vorsorgeeinrichtungen zugunsten des eigenen Personals, sofern jede zweckwidrige Verwendung ausgeschlossen ist;
c.[2] die freiwilligen Leistungen von Geld und übrigen Vermögenswerten bis zu 20 Prozent des Reingewinns an juristische Personen mit Sitz in der Schweiz, die im Hinblick auf ihre öffentlichen oder gemeinnützigen Zwecke von der Steuerpflicht befreit sind (Art. 56 Bst. g), sowie an Bund, Kantone, Gemeinden und deren Anstalten (Art. 56 Bst. a–c); A30
d. die Rabatte, Skonti, Umsatzbonifikationen und Rückvergütungen auf dem Entgelt für Lieferungen und Leistungen sowie zur Verteilung an die Versicherten bestimmte Überschüsse von Versicherungsgesellschaften;
e.[3] die Kosten der berufsorientierten Aus- und Weiterbildung, einschliesslich Umschulungskosten, des eigenen Personals; A87
f.[4] gewinnabschöpfende Sanktionen, soweit sie keinen Strafzweck haben.

2 Nicht zum geschäftsmässig begründeten Aufwand gehören insbesondere: A96, A95

a. Zahlungen von Bestechungsgeldern im Sinne des schweizerischen Strafrechts;
b. Aufwendungen zur Ermöglichung von Straftaten oder als Gegenleistung für die Begehung von Straftaten;
c. Bussen;
d. finanzielle Verwaltungssanktionen, soweit sie einen Strafzweck haben.[5]

3 Sind Sanktionen nach Absatz 2 Buchstaben c und d von einer ausländischen Straf- oder Verwaltungsbehörde verhängt worden, so sind sie abziehbar, wenn:

a. die Sanktion gegen den schweizerischen Ordre public verstösst; oder
b. die steuerpflichtige Person glaubhaft darlegt, dass sie alles Zumutbare unternommen hat, um sich rechtskonform zu verhalten.[6]

---

[1] Fassung gemäss Ziff. I 1 des BG vom 19. Juni 2020 über die steuerliche Behandlung finanzieller Sanktionen, in Kraft seit 1. Jan. 2022 (AS **2020** 5121; BBl **2016** 8503).

[2] Fassung gemäss Anhang Ziff. 3 des BG vom 8. Okt. 2004 (Stiftungsrecht), in Kraft seit 1. Jan. 2006 (AS **2005** 4545; BBl **2003** 8153 8191).

[3] Eingefügt durch Ziff. I 1 des BG vom 27. Sept. 2013 über die steuerliche Behandlung der berufsorientierten Aus- und Weiterbildungskosten, in Kraft seit 1. Jan. 2016 (AS **2014** 1105; BBl **2011** 2607).

[4] Eingefügt durch Ziff. I 1 des BG vom 19. Juni 2020 über die steuerliche Behandlung finanzieller Sanktionen, in Kraft seit 1. Jan. 2022 (AS **2020** 5121; BBl **2016** 8503).

[5] Eingefügt durch Ziff. I des BG vom 22. Dez. 1999 über die Unzulässigkeit steuerlicher Abzüge von Bestechungsgeldern (AS **2000** 2147; BBl **1997** II 1037, IV 1336). Fassung gemäss Ziff. I 1 des BG vom 19. Juni 2020 über die steuerliche Behandlung finanzieller Sanktionen, in Kraft seit 1. Jan. 2022 (AS **2020** 5121; BBl **2016** 8503).

[6] Eingefügt durch Ziff. I 1 des BG vom 19. Juni 2020 über die steuerliche Behandlung finanzieller Sanktionen, in Kraft seit 1. Jan. 2022 (AS **2020** 5121; BBl **2016** 8503).

Art. 60 Erfolgsneutrale Vorgänge

Kein steuerbarer Gewinn entsteht durch:

a. Kapitaleinlagen von Mitgliedern von Kapitalgesellschaften und Genossenschaften, einschliesslich Aufgelder und Leistungen à fonds perdu; A77, A74
b. Verlegung des Sitzes, der Verwaltung, eines Geschäftsbetriebes oder einer Betriebsstätte innerhalb der Schweiz, soweit keine Veräusserungen oder buchmässigen Aufwertungen vorgenommen werden;
c. Kapitalzuwachs aus Erbschaft, Vermächtnis oder Schenkung.

Art. 61[1] Umstrukturierungen A50

1 Stille Reserven einer juristischen Person werden bei Umstrukturierungen, insbesondere im Fall der Fusion, Spaltung oder Umwandlung, nicht besteuert, soweit die Steuerpflicht in der Schweiz fortbesteht und die bisher für die Gewinnsteuer massgeblichen Werte übernommen werden: A74

a. bei der Umwandlung in eine Personenunternehmung oder in eine andere juristische Person;
b. bei der Auf- oder Abspaltung einer juristischen Person, sofern ein oder mehrere Betriebe oder Teilbetriebe übertragen werden und soweit die nach der Spaltung bestehenden juristischen Personen einen Betrieb oder Teilbetrieb weiterführen;
c. beim Austausch von Beteiligungs- oder Mitgliedschaftsrechten anlässlich von Umstrukturierungen oder von fusionsähnlichen Zusammenschlüssen;
d. bei der Übertragung von Betrieben oder Teilbetrieben sowie von Gegenständen des betrieblichen Anlagevermögens auf eine inländische Tochtergesellschaft. Als Tochtergesellschaft gilt eine Kapitalgesellschaft oder Genossenschaft, an der die übertragende Kapitalgesellschaft oder Genossenschaft zu mindestens 20 Prozent am Grund- oder Stammkapital beteiligt ist.

2 Bei einer Übertragung auf eine Tochtergesellschaft nach Absatz 1 Buchstabe d werden die übertragenen stillen Reserven im Verfahren nach den Artikeln 151–153 nachträglich besteuert, soweit während den der Umstrukturierung nachfolgenden fünf Jahren die übertragenen Vermögenswerte oder Beteiligungs- oder Mitgliedschaftsrechte an der Tochtergesellschaft veräussert werden; die Tochtergesellschaft kann in diesem Fall entsprechende, als Gewinn versteuerte stille Reserven geltend machen.

3 Zwischen inländischen Kapitalgesellschaften und Genossenschaften, welche nach dem Gesamtbild der tatsächlichen Verhältnisse durch Stimmenmehrheit oder auf andere Weise unter einheitlicher Leitung einer Kapitalgesellschaft oder Genossenschaft zusammengefasst sind, können direkt oder indirekt gehaltene Beteiligungen von mindestens 20 Prozent am Grund- oder Stammkapital einer anderen Kapitalgesellschaft oder Genossenschaft, Betriebe oder Teilbetriebe sowie Gegenstände des betrieblichen Anlagevermögens zu den bisher für die Gewinnsteuer massgeblichen Werten übertragen werden. Die Übertragung auf eine Tochtergesellschaft nach Artikel 61 Absatz 1 Buchstabe d bleibt vorbehalten.

---

[1] Fassung gemäss Anhang Ziff. 7 des Fusionsgesetzes vom 3. Okt. 2003, in Kraft seit 1. Juli 2004 (AS **2004** 2617; BBl **2000** 4337).

⁴ Werden im Fall einer Übertragung nach Absatz 3 während der nachfolgenden fünf Jahre die übertragenen Vermögenswerte veräussert oder wird während dieser Zeit die einheitliche Leitung aufgegeben, so werden die übertragenen stillen Reserven im Verfahren nach den Artikeln 151–153 nachträglich besteuert. Die begünstigte juristische Person kann in diesem Fall entsprechende, als Gewinn versteuerte stille Reserven geltend machen. Die im Zeitpunkt der Sperrfristverletzung unter einheitlicher Leitung zusammengefassten inländischen Kapitalgesellschaften und Genossenschaften haften für die Nachsteuer solidarisch.

⁵ Entsteht durch die Übernahme der Aktiven und Passiven einer Kapitalgesellschaft oder einer Genossenschaft, deren Beteiligungsrechte der übernehmenden Kapitalgesellschaft oder Genossenschaft gehören, ein Buchverlust auf der Beteiligung, so kann dieser steuerlich nicht abgezogen werden; ein allfälliger Buchgewinn auf der Beteiligung wird besteuert.

Art. 61a[1] Aufdeckung stiller Reserven bei Beginn der Steuerpflicht E66

¹ Deckt die steuerpflichtige Person bei Beginn der Steuerpflicht stille Reserven einschliesslich des selbst geschaffenen Mehrwerts auf, so unterliegen diese nicht der Gewinnsteuer. Nicht aufgedeckt werden dürfen stille Reserven einer Kapitalgesellschaft oder Genossenschaft aus Beteiligungen von mindestens 10 Prozent am Grund- oder Stammkapital oder am Gewinn und an den Reserven einer anderen Gesellschaft.

² Als Beginn der Steuerpflicht gelten die Verlegung von Vermögenswerten, Betrieben, Teilbetrieben oder Funktionen aus dem Ausland in einen inländischen Geschäftsbetrieb oder in eine inländische Betriebsstätte, das Ende einer Steuerbefreiung nach Artikel 56 sowie die Verlegung des Sitzes oder der tatsächlichen Verwaltung in die Schweiz.

³ Die aufgedeckten stillen Reserven sind jährlich zum Satz abzuschreiben, der für Abschreibungen auf den betreffenden Vermögenswerten steuerlich angewendet wird.

⁴ Der aufgedeckte selbst geschaffene Mehrwert ist innert zehn Jahren abzuschreiben.

Art. 61b[2] Besteuerung stiller Reserven am Ende der Steuerpflicht

¹ Endet die Steuerpflicht, so werden die in diesem Zeitpunkt vorhandenen, nicht versteuerten stillen Reserven einschliesslich des selbst geschaffenen Mehrwerts besteuert.

² Als Ende der Steuerpflicht gelten die Verlegung von Vermögenswerten, Betrieben, Teilbetrieben oder Funktionen aus dem Inland in einen ausländischen Geschäftsbetrieb oder in eine ausländische Betriebsstätte, der Übergang zu einer Steuerbefreiung nach Artikel 56 sowie die Verlegung des Sitzes oder der tatsächlichen Verwaltung ins Ausland.

---

[1] Eingefügt durch Ziff. I 2 des BG vom 28. Sept. 2018 über die Steuerreform und die AHV-Finanzierung, in Kraft seit 1. Jan. 2020 (AS **2019** 2395 2413; BBl **2018** 2527).

[2] Eingefügt durch Ziff. I 2 des BG vom 28. Sept. 2018 über die Steuerreform und die AHV-Finanzierung, in Kraft seit 1. Jan. 2020 (AS **2019** 2395 2413; BBl **2018** 2527).

Art. 62 Abschreibungen C78

¹ Geschäftsmässig begründete Abschreibungen von Aktiven sind zulässig, soweit sie buchmässig oder, bei vereinfachter Buchführung nach Artikel 957 Absatz 2 OR¹, in besonderen Abschreibungstabellen ausgewiesen sind.² N 4

² In der Regel werden die Abschreibungen nach dem tatsächlichen Wert der einzelnen Vermögensteile berechnet oder nach ihrer voraussichtlichen Gebrauchsdauer angemessen verteilt.

³ Abschreibungen auf Aktiven, die zum Ausgleich von Verlusten höher bewertet wurden, können nur vorgenommen werden, wenn die Aufwertungen handelsrechtlich zulässig waren und die Verluste im Zeitpunkt der Abschreibung nach Artikel 67 Absatz 1 verrechenbar gewesen wären.

⁴ Wertberichtigungen und Abschreibungen auf den Gestehungskosten von Beteiligungen, welche die Voraussetzungen nach Artikel 70 Absatz 4 Buchstabe b erfüllen, werden dem steuerbaren Gewinn zugerechnet, soweit sie nicht mehr begründet sind.³ A72

Art. 63 Rückstellungen

¹ Rückstellungen zu Lasten der Erfolgsrechnung sind zulässig für:
  a. im Geschäftsjahr bestehende Verpflichtungen, deren Höhe noch unbestimmt ist;
  b. Verlustrisiken, die mit Aktiven des Umlaufvermögens, insbesondere mit Waren und Debitoren, verbunden sind;
  c. andere unmittelbar drohende Verlustrisiken, die im Geschäftsjahr bestehen;
  d. künftige Forschungs- und Entwicklungsaufträge an Dritte bis zu 10 Prozent des steuerbaren Gewinnes, insgesamt jedoch höchstens bis zu 1 Million Franken.

² Bisherige Rückstellungen werden dem steuerbaren Gewinn zugerechnet, soweit sie nicht mehr begründet sind.

Art. 64 Ersatzbeschaffungen E54

¹ Werden Gegenstände des betriebsnotwendigen Anlagevermögens ersetzt, so können die stillen Reserven auf die als Ersatz erworbenen Anlagegüter übertragen werden, wenn diese ebenfalls betriebsnotwendig sind und sich in der Schweiz befinden. Vorbehalten bleibt die Besteuerung beim Ersatz von Liegenschaften durch Gegenstände des beweglichen Vermögens.⁴

¹ᵇⁱˢ Beim Ersatz von Beteiligungen können die stillen Reserven auf eine neue Beteiligung übertragen werden, sofern die veräusserte Beteiligung mindestens 10 Prozent des Grund- oder Stammkapitals oder mindestens 10 Prozent des Gewinns und der Reserven der anderen Gesellschaft ausmacht und diese Beteiligung während mindestens eines Jahres im Besitz der Kapitalgesellschaft oder Genossenschaft war.⁵ A50

---

¹ SR **220**
² Fassung gemäss Ziff. I 2 des Steuererlassgesetzes vom 20. Juni 2014, in Kraft seit 1. Jan. 2016 (AS **2015** 9; BBl **2013** 8435).
³ Eingefügt durch Ziff. I 1 des BG vom 10. Okt. 1997 über die Reform der Unternehmensbesteuerung 1997 (AS **1998** 669; BBl **1997** II 1164). Fassung gemäss Ziff. II 2 des Unternehmenssteuerreformgesetzes II vom 23. März 2007, in Kraft seit 1. Jan. 2011 (AS **2008** 2893; BBl **2005** 4733).
⁴ Fassung gemäss Ziff. II 2 des Unternehmenssteuerreformgesetzes II vom 23. März 2007, in Kraft seit 1. Jan. 2011 (AS **2008** 2893; BBl **2005** 4733).
⁵ Eingefügt durch Anhang Ziff. 7 des Fusionsgesetzes vom 3. Okt. 2003 (AS **2004** 2617; BBl **2000** 4337). Fassung gemäss Ziff. II 2 des Unternehmenssteuerreformgesetzes II vom 23. März 2007, in Kraft seit 1. Jan. 2011 (AS **2008** 2893; BBl **2005** 4733).

² Findet die Ersatzbeschaffung nicht im gleichen Geschäftsjahr statt, so kann im Umfange der stillen Reserven eine Rückstellung gebildet werden. Diese Rückstellung ist innert angemessener Frist zur Abschreibung auf dem Ersatzobjekt zu verwenden oder zugunsten der Erfolgsrechnung aufzulösen.

³ Als betriebsnotwendig gilt nur Anlagevermögen, das dem Betrieb unmittelbar dient; ausgeschlossen sind insbesondere Vermögensobjekte, die dem Unternehmen nur als Vermögensanlage oder nur durch ihren Ertrag dienen.

Art. 65¹ Zinsen auf verdecktem Eigenkapital   A38

Zum steuerbaren Gewinn der Kapitalgesellschaften und Genossenschaften gehören auch die Schuldzinsen, die auf jenen Teil des Fremdkapitals entfallen, dem wirtschaftlich die Bedeutung von Eigenkapital zukommt.

Art. 66 Gewinne von Vereinen, Stiftungen und kollektiven Kapitalanlagen²

¹ Die Mitgliederbeiträge an die Vereine und die Einlagen in das Vermögen der Stiftungen werden nicht zum steuerbaren Gewinn gerechnet.

² Von den steuerbaren Erträgen der Vereine können die zur Erzielung dieser Erträge erforderlichen Aufwendungen in vollem Umfange abgezogen werden, andere Aufwendungen nur insoweit, als sie die Mitgliederbeiträge übersteigen.

³ Die kollektiven Kapitalanlagen mit direktem Grundbesitz unterliegen der Gewinnsteuer für den Ertrag aus direktem Grundbesitz.³   A70

Art. 66a⁴ Gewinne von juristischen Personen mit ideellen Zwecken

Gewinne von juristischen Personen mit ideellen Zwecken werden nicht besteuert, sofern sie höchstens 20 000 Franken betragen und ausschliesslich und unwiderruflich diesen Zwecken gewidmet sind.

Art. 67 Verluste

¹ Vom Reingewinn der Steuerperiode können Verluste aus sieben der Steuerperiode (Art. 79) vorangegangenen Geschäftsjahren abgezogen werden, soweit sie bei der Berechnung des steuerbaren Reingewinnes dieser Jahre nicht berücksichtigt werden konnten.

² Mit Leistungen zum Ausgleich einer Unterbilanz im Rahmen einer Sanierung, die nicht Kapitaleinlagen nach Artikel 60 Buchstabe a sind, können auch Verluste verrechnet werden, die in früheren Geschäftsjahren entstanden und noch nicht mit Gewinnen verrechnet werden konnten.   A77

---

1 Fassung gemäss Ziff. I 1 des BG vom 10. Okt. 1997 über die Reform der Unternehmensbesteuerung 1997, in Kraft seit 1. Jan. 1998 (AS **1998** 669; BBl **1997** II 1164).
2 Fassung gemäss Anhang Ziff. II 6 des Kollektivanlagengesetzes vom 23. Juni 2006, in Kraft seit 1. Jan. 2007 (AS **2006** 5379; BBl **2005** 6395).
3 Fassung gemäss Anhang Ziff. II 6 des Kollektivanlagengesetzes vom 23. Juni 2006, in Kraft seit 1. Jan. 2007 (AS **2006** 5379; BBl **2005** 6395).
4 Eingefügt durch Ziff. I 1 des BG vom 20. März 2015 über die Gewinnbesteuerung von juristischen Personen mit ideellen Zwecken, in Kraft seit 1. Jan. 2018 (AS 2015 **2947**; BBl **2014** 5369).

2. Kapitel: Steuerberechnung

1. Abschnitt: Kapitalgesellschaften und Genossenschaften

Art. 68[1]

Die Gewinnsteuer der Kapitalgesellschaften und Genossenschaften beträgt 8,5 Prozent des Reingewinns.

2. Abschnitt: Gesellschaften mit Beteiligungen

Art. 69[2] **Ermässigung** A72

Die Gewinnsteuer einer Kapitalgesellschaft oder Genossenschaft ermässigt sich im Verhältnis des Nettoertrages aus den Beteiligungsrechten zum gesamten Reingewinn, wenn die Gesellschaft oder Genossenschaft:

a. zu mindestens 10 Prozent am Grund- oder Stammkapital einer anderen Gesellschaft beteiligt ist;
b. zu mindestens 10 Prozent am Gewinn und an den Reserven einer anderen Gesellschaft beteiligt ist; oder
c. Beteiligungsrechte im Verkehrswert von mindestens einer Million Franken hält.

Art. 70 Nettoertrag aus Beteiligungen A72

¹ Der Nettoertrag aus Beteiligungen nach Artikel 69 entspricht dem Ertrag dieser Beteiligungen abzüglich des darauf entfallenden Finanzierungsaufwandes und eines Beitrages von 5 Prozent zur Deckung des Verwaltungsaufwandes; der Nachweis des effektiven Verwaltungsaufwandes bleibt vorbehalten. Als Finanzierungsaufwand gelten Schuldzinsen sowie weiterer Aufwand, der wirtschaftlich den Schuldzinsen gleichzustellen ist. Zum Ertrag aus Beteiligungen gehören auch die Kapitalgewinne auf diesen Beteiligungen sowie die Erlöse aus dazugehörigen Bezugsrechten. Artikel 207a bleibt vorbehalten.[3]

² Keine Beteiligungserträge sind:

a.[4] ...
b. Erträge, die bei der leistenden Kapitalgesellschaft oder Genossenschaft geschäftsmässig begründeten Aufwand darstellen;
c.[5] Aufwertungsgewinne auf Beteiligungen.

---

[1] Fassung gemäss Ziff. I 1 des BG vom 10. Okt. 1997 über die Reform der Unternehmensbesteuerung 1997, in Kraft seit 1. Jan. 1998 (AS **1998** 669; BBl **1997** II 1164).
[2] Fassung gemäss Ziff. II 2 des Unternehmenssteuerreformgesetzes II vom 23. März 2007, in Kraft seit 1. Jan. 2011 (AS **2008** 2893; BBl **2005** 4733).
[3] Fassung gemäss Ziff. I 1 des BG vom 10. Okt. 1997 über die Reform der Unternehmensbesteuerung 1997, in Kraft seit 1. Jan. 1998 (AS **1998** 669; BBl **1997** II 1164).
[4] Aufgehoben durch Ziff. I 1 des BG vom 10. Okt. 1997 über die Reform der Unternehmensbesteuerung 1997, mit Wirkung seit 1. Jan. 1998 (AS **1998** 669; BBl **1997** II 1164).
[5] Fassung gemäss Ziff. I 1 des BG vom 10. Okt. 1997 über die Reform der Unternehmensbesteuerung 1997, in Kraft seit 1. Jan. 1998 (AS **1998** 669; BBl **1997** II 1164).

³ Der Ertrag aus einer Beteiligung wird bei der Berechnung der Ermässigung nur berücksichtigt, soweit auf der gleichen Beteiligung zu Lasten des steuerbaren Reingewinns (Art. 58ff.) keine Abschreibung vorgenommen wird, die mit diesem Ertrag im Zusammenhang steht.[1]

⁴ Kapitalgewinne werden bei der Berechnung der Ermässigung nur berücksichtigt:
   a. soweit der Veräusserungserlös die Gestehungskosten übersteigt;
   b.[2] wenn die veräusserte Beteiligung mindestens 10 Prozent des Grund- oder Stammkapitals einer anderen Gesellschaft betrug oder einen Anspruch auf mindestens 10 Prozent des Gewinns und der Reserven einer anderen Gesellschaft begründete und während mindestens eines Jahres im Besitz der veräussernden Kapitalgesellschaft oder Genossenschaft war; fällt die Beteiligungsquote infolge Teilveräusserung unter 10 Prozent, so kann die Ermässigung für jeden folgenden Veräusserungsgewinn nur beansprucht werden, wenn die Beteiligungsrechte am Ende des Steuerjahres vor dem Verkauf einen Verkehrswert von mindestens einer Million Franken hatten.[3]

⁵ Transaktionen, die im Konzern eine ungerechtfertigte Steuerersparnis bewirken, führen zu einer Berichtigung des steuerbaren Reingewinns oder zu einer Kürzung der Ermässigung. Eine ungerechtfertigte Steuerersparnis liegt vor, wenn Kapitalgewinne und Kapitalverluste oder Abschreibungen auf Beteiligungen im Sinne der Artikel 62, 69 und 70 in kausalem Zusammenhang stehen.[4]

⁶ Bei Konzernobergesellschaften von systemrelevanten Banken nach Artikel 7 Absatz 1 des Bankengesetzes vom 8. November 1934 (BankG)[5] werden für die Berechnung des Nettoertrags nach Absatz 1 der Finanzierungsaufwand und die Forderung in der Bilanz aus konzernintern weitergegebenen Mitteln nicht berücksichtigt, wenn diese Mittel aus Fremdkapitalinstrumenten nach den Artikeln 11 Absatz 4 oder 30*b* Absatz 6 oder 7 Buchstabe b BankG stammen, die von der Eidgenössischen Finanzmarktaufsicht im Hinblick auf die Erfüllung regulatorischer Erfordernisse genehmigt wurden.[6]

3. Abschnitt: Vereine, Stiftungen und übrige juristische Personen

Art. 71

¹ Die Gewinnsteuer der Vereine, Stiftungen und übrigen juristischen Personen beträgt 4,25 Prozent des Reingewinnes.[7]

² Gewinne unter 5000 Franken werden nicht besteuert.

---

[1] Fassung gemäss Ziff. I 1 des BG vom 10. Okt. 1997 über die Reform der Unternehmensbesteuerung 1997, in Kraft seit 1. Jan. 1998 (AS **1998** 669; BBl **1997** II 1164).
[2] Fassung gemäss Ziff. II 2 des Unternehmenssteuerreformgesetzes II vom 23. März 2007, in Kraft seit 1. Jan. 2011 (AS **2008** 2893; BBl **2005** 4733).
[3] Eingefügt durch Ziff. I 1 des BG vom 10. Okt. 1997 über die Reform der Unternehmensbesteuerung 1997, in Kraft seit 1. Jan. 1998 (AS **1998** 669; BBl **1997** II 1164).
[4] Eingefügt durch Ziff. I 1 des BG vom 10. Okt. 1997 über die Reform der Unternehmensbesteuerung 1997, in Kraft seit 1. Jan. 1998 (AS **1998** 669; BBl **1997** II 1164).
[5] SR **952.0**
[6] Eingefügt durch Ziff. I 1 des BG vom 14. Dez. 2018 über die Berechnung des Beteiligungsabzugs bei systemrelevanten Banken (AS **2019** 1207; BBl **2018** 1263). Fassung gemäss Anhang Ziff. 5 des BG vom 17. Dez. 2021 (Insolvenz und Einlagensicherung), in Kraft seit 1. Jan. 2023 (AS **2022** 732; BBl **2020** 6359).
[7] Fassung gemäss Ziff. I 1 des BG vom 10. Okt. 1997 über die Reform der Unternehmensbesteuerung 1997, in Kraft seit 1. Jan. 1998 (AS **1998** 669; BBl **1997** II 1164).

4. Abschnitt: Kollektive Kapitalanlagen[1] A70, A69

Art. 72

Die Gewinnsteuer der kollektiven Kapitalanlagen mit direktem Grundbesitz beträgt 4,25 Prozent des Reingewinnes.

Dritter Titel: ...[2]

Art. 73 – 78 ...

Vierter Titel: Zeitliche Bemessung

Art. 79 Steuerperiode VO DBG A

[1] Die Steuer vom Reingewinn wird für jede Steuerperiode festgesetzt und erhoben.[3]

[2] Als Steuerperiode gilt das Geschäftsjahr.

[3] In jedem Kalenderjahr, ausgenommen im Gründungsjahr, muss ein Geschäftsabschluss mit Bilanz und Erfolgsrechnung erstellt werden. Ausserdem ist ein Geschäftsabschluss erforderlich bei Verlegung des Sitzes, der Verwaltung, eines Geschäftsbetriebes oder einer Betriebsstätte sowie bei Abschluss der Liquidation.

Art. 80 Bemessung des Reingewinns VO DBG A

[1] Der steuerbare Reingewinn bemisst sich nach dem Ergebnis der Steuerperiode.

[1bis] Lautet der Geschäftsabschluss auf eine ausländische Währung, so ist der steuerbare Reingewinn in Franken umzurechnen. Massgebend ist der durchschnittliche Devisenkurs (Verkauf) der Steuerperiode.[4]

[2] Wird eine juristische Person aufgelöst oder verlegt sie ihren Sitz, die Verwaltung, einen Geschäftsbetrieb oder eine Betriebsstätte ins Ausland, so werden die aus nicht versteuertem Gewinn gebildeten stillen Reserven zusammen mit dem Reingewinn des letzten Geschäftsjahres besteuert.

Art. 81[5] ...

Art. 82 Steuersätze

Anwendbar sind die am Ende der Steuerperiode geltenden Steuersätze.

---

[1] Fassung gemäss Anhang Ziff. II 6 des Kollektivanlagengesetzes vom 23. Juni 2006, in Kraft seit 1. Jan. 2007 (AS **2006** 5379; BBl **2005** 6395).
[2] Aufgehoben durch Ziff. I 1 des BG vom 10. Okt. 1997 über die Reform der Unternehmensbesteuerung 1997 (AS **1998** 669; BBl **1997** II 1164).
[3] Fassung gemäss Ziff. I 1 des BG vom 10. Okt. 1997 über die Reform der Unternehmensbesteuerung 1997, in Kraft seit 1. Jan. 1998 (AS **1998** 669; BBl **1997** II 1164).
[4] Eingefügt durch Anhang Ziff. 7 des BG vom 19. Juni 2020 (Aktienrecht), in Kraft seit 1. Jan. 2023 (AS **2020** 4005; **2022** 109; BBl **2017** 399).
[5] Aufgehoben durch Ziff. I 1 des BG vom 10. Okt. 1997 über die Reform der Unternehmensbesteuerung 1997 (AS **1998** 669; BBl **1997** II 1164).

Vierter Teil: Quellensteuern für natürliche und juristische Personen   QStV

Erster Titel: Natürliche Personen mit steuerrechtlichem Wohnsitz oder Aufenthalt in der Schweiz   QStV 9 ff. | A91, B80

Art. 83[1] **Der Quellensteuer unterworfene Arbeitnehmer**

1 Arbeitnehmer ohne Niederlassungsbewilligung, die in der Schweiz jedoch steuerrechtlichen Wohnsitz oder Aufenthalt haben, unterliegen für ihr Einkommen aus unselbstständiger Erwerbstätigkeit einer Quellensteuer. Davon ausgenommen sind Einkommen, die der Besteuerung im vereinfachten Abrechnungsverfahren nach Artikel 37a unterstehen.

2 Ehegatten, die in rechtlich und tatsächlich ungetrennter Ehe leben, unterliegen nicht der Quellensteuer, wenn einer der Ehegatten das Schweizer Bürgerrecht oder die Niederlassungsbewilligung besitzt.

Art. 84 Steuerbare Leistungen

1 Die Quellensteuer wird von den Bruttoeinkünften berechnet.

2 Steuerbar sind:
 a. die Einkommen aus unselbstständiger Erwerbstätigkeit nach Artikel 83 Absatz 1, die Nebeneinkünfte wie geldwerte Vorteile aus Mitarbeiterbeteiligungen sowie Naturalleistungen, nicht jedoch die vom Arbeitgeber getragenen Kosten der berufsorientierten Aus- und Weiterbildung nach Artikel 17 Absatz 1bis;   A82
 b. die Ersatzeinkünfte; und   C75
 c. die Leistungen nach Artikel 18 Absatz 3 des Bundesgesetzes vom 20. Dezember 1946[2] über die Alters- und Hinterlassenenversicherung (AHVG).[3]   QStV 3

3 Naturalleistungen und Trinkgelder werden in der Regel nach den für die eidgenössische Alters- und Hinterlassenenversicherung geltenden Ansätzen bewertet.

Art. 85[4] **Quellensteuerabzug**   B80

1 Die Eidgenössische Steuerverwaltung (ESTV) berechnet die Höhe des Quellensteuerabzugs auf der Grundlage der für die Einkommenssteuer natürlicher Personen geltenden Steuertarife.

2 Bei der Berechnung des Abzugs werden Pauschalen für Berufskosten (Art. 26) und für Versicherungsprämien (Art. 33 Abs. 1 Bst. d, f und g) sowie Abzüge für Familienlasten (Art. 35) berücksichtigt. Die ESTV veröffentlicht die einzelnen Pauschalen.

3 Der Abzug für die in rechtlich und tatsächlich ungetrennter Ehe lebenden Ehegatten, die beide erwerbstätig sind, richtet sich nach Tarifen, die ihr Gesamteinkommen (Art. 9 Abs. 1), die Pauschalen und Abzüge nach Absatz 2 sowie den Abzug bei Erwerbstätigkeit beider Ehegatten (Art. 33 Abs. 2) berücksichtigen.

---

[1] Fassung gemäss Ziff. I 1 des BG vom 16. Dez. 2016 über die Revision der Quellenbesteuerung des Erwerbseinkommens, in Kraft seit 1. Jan. 2021 (AS **2018** 1813; BBl **2015** 657).
[2] SR **831.10**
[3] Fassung gemäss Ziff. I 1 des BG vom 16. Dez. 2016 über die Revision der Quellenbesteuerung des Erwerbseinkommens, in Kraft seit 1. Jan. 2021 (AS **2018** 1813; BBl **2015** 657).
[4] Fassung gemäss Ziff. I 1 des BG vom 16. Dez. 2016 über die Revision der Quellenbesteuerung des Erwerbseinkommens, in Kraft seit 1. Jan. 2021 (AS **2018** 1813; BBl **2015** 657).

⁴ Die ESTV legt zusammen mit den Kantonen einheitlich fest, wie insbesondere der 13. Monatslohn, Gratifikationen, unregelmässige Beschäftigung, Stundenlöhner, Teilzeit- oder Nebenerwerb sowie Leistungen nach Artikel 18 Absatz 3 AHVG[1] und welche satzbestimmenden Elemente zu berücksichtigen sind. Die ESTV regelt zusammen mit den Kantonen weiter wie bei Tarifwechsel, rückwirkenden Gehaltsanpassungen und -korrekturen, sowie Leistungen vor Beginn und nach Beendigung der Anstellung zu verfahren ist.

⁵ Sie bestimmt im Einvernehmen mit der kantonalen Behörde die Ansätze, die als direkte Bundessteuer in den kantonalen Tarif einzurechnen sind.

Art. 86 und 87[2] ...

Art. 88 Pflichten des Schuldners der steuerbaren Leistung   QStV 5

¹ Der Schuldner der steuerbaren Leistung ist verpflichtet:

a. bei Fälligkeit von Geldleistungen die geschuldete Steuer zurückzubehalten und bei anderen Leistungen (insbesondere Naturalleistungen und Trinkgeldern) die geschuldete Steuer vom Arbeitnehmer einzufordern;   QStV 2
b. dem Steuerpflichtigen eine Aufstellung oder eine Bestätigung über den Steuerabzug auszustellen;
c. die Steuern periodisch der zuständigen Steuerbehörde abzuliefern, mit ihr hierüber abzurechnen und ihr zur Kontrolle der Steuererhebung Einblick in alle Unterlagen zu gewähren.

² Der Quellensteuerabzug ist auch dann vorzunehmen, wenn der Arbeitnehmer in einem anderen Kanton Wohnsitz oder Aufenthalt hat.[3]

³ Der Schuldner der steuerbaren Leistung haftet für die Entrichtung der Quellensteuer.

⁴ Er erhält eine Bezugsprovision von 1 bis 2 Prozent des gesamten Quellensteuerbetrags; die zuständige Steuerbehörde setzt die Bezugsprovision fest.[4]   QStV 6

Art. 89[5] Obligatorische nachträgliche ordentliche Veranlagung   QStV 9

¹ Personen, die nach Artikel 83 Absatz 1 der Quellensteuer unterliegen, werden nachträglich im ordentlichen Verfahren veranlagt, wenn:

a. ihr Bruttoeinkommen in einem Steuerjahr einen bestimmten Betrag erreicht oder übersteigt; oder
b. sie über Einkünfte verfügen, die nicht der Quellensteuer unterliegen.

² Das EFD legt den Betrag nach Absatz 1 Buchstabe a in Zusammenarbeit mit den Kantonen fest.

---

[1] SR **831.10**
[2] Aufgehoben durch Ziff. I 1 des BG vom 16. Dez. 2016 über die Revision der Quellenbesteuerung des Erwerbseinkommens, mit Wirkung seit 1. Jan. 2021 (AS **2018** 1813; BBl **2015** 657).
[3] Fassung gemäss Ziff. I 1 des BG vom 16. Dez. 2016 über die Revision der Quellenbesteuerung des Erwerbseinkommens, in Kraft seit 1. Jan. 2021 (AS **2018** 1813; BBl **2015** 657).
[4] Fassung gemäss Ziff. I 1 des BG vom 16. Dez. 2016 über die Revision der Quellenbesteuerung des Erwerbseinkommens, in Kraft seit 1. Jan. 2021 (AS **2018** 1813; BBl **2015** 657).
[5] Fassung gemäss Ziff. I 1 des BG vom 16. Dez. 2016 über die Revision der Quellenbesteuerung des Erwerbseinkommens, in Kraft seit 1. Jan. 2021 (AS **2018** 1813; BBl **2015** 657).

³ Der nachträglichen ordentlichen Veranlagung unterliegt auch, wer mit einer Person nach Absatz 1 in rechtlich und tatsächlich ungetrennter Ehe lebt.

⁴ Personen mit Einkünften nach Absatz 1 Buchstabe b müssen das Formular für die Steuererklärung bis am 31. März des auf das Steuerjahr folgenden Jahres bei der zuständigen Behörde verlangen.

⁵ Die nachträgliche ordentliche Veranlagung gilt bis zum Ende der Quellensteuerpflicht.

⁶ Die an der Quelle abgezogene Steuer wird zinslos angerechnet.

Art. 89a[1] **Nachträgliche ordentliche Veranlagung auf Antrag** QStV 10

¹ Personen, die nach Artikel 83 Absatz 1 der Quellensteuer unterliegen und keine der Voraussetzungen nach Artikel 89 Absatz 1 erfüllen, werden auf Antrag hin nachträglich im ordentlichen Verfahren veranlagt.

² Der Antrag erstreckt sich auch auf den Ehegatten, der mit dem Antragsteller in rechtlich und tatsächlich ungetrennter Ehe lebt.

³ Er muss bis am 31. März des auf das Steuerjahr folgenden Jahres eingereicht werden. Für Personen, die die Schweiz verlassen, endet die Frist für die Einreichung des Antrags im Zeitpunkt der Abmeldung.

⁴ Erfolgt keine nachträgliche ordentliche Veranlagung auf Antrag, so tritt die Quellensteuer an die Stelle der im ordentlichen Verfahren zu veranlagenden direkten Bundessteuer auf dem Erwerbseinkommen. Nachträglich werden keine zusätzlichen Abzüge gewährt.

⁵ Artikel 89 Absätze 5 und 6 ist anwendbar.

Art. 90[2] ...

---

[1] Eingefügt durch Ziff. I 1 des BG vom 16. Dez. 2016 über die Revision der Quellenbesteuerung des Erwerbseinkommens, in Kraft seit 1. Jan. 2021 (AS **2018** 1813; BBl **2015** 657).

[2] Aufgehoben durch Ziff. I 1 des BG vom 16. Dez. 2016 über die Revision der Quellenbesteuerung des Erwerbseinkommens, mit Wirkung seit 1. Jan. 2021 (AS **2018** 1813; BBl **2015** 657).

Zweiter Titel: Natürliche Personen ohne steuerrechtlichen Wohnsitz oder Aufenthalt in der Schweiz sowie juristische Personen ohne Sitz oder tatsächliche Verwaltung in der Schweiz[1] QStV 14 ff. | A91, B81, B80

Art. 91[2] Der Quellensteuer unterworfene Arbeitnehmer QStV 14

1 Im Ausland wohnhafte Grenzgänger, Wochenaufenthalter und Kurzaufenthalter unterliegen für ihr in der Schweiz erzieltes Einkommen aus unselbstständiger Erwerbstätigkeit der Quellensteuer nach den Artikeln 84 und 85. Davon ausgenommen sind Einkommen, die der Besteuerung im vereinfachten Abrechnungsverfahren nach Artikel 37a unterstehen.

2 Ebenfalls der Quellensteuer nach den Artikeln 84 und 85 unterliegen im Ausland wohnhafte Arbeitnehmer, die für Arbeit im internationalen Verkehr an Bord eines Schiffes oder eines Luftfahrzeuges oder bei einem Transport auf der Strasse Lohn oder andere Vergütungen von einem Arbeitgeber mit Sitz oder Betriebsstätte in der Schweiz erhalten; davon ausgenommen bleibt die Besteuerung der Seeleute für Arbeit an Bord eines Hochseeschiffes.

Art. 92 Künstler, Sportler und Referenten QStV 16 | C72

1 Im Ausland wohnhafte Künstler, wie Bühnen-, Film-, Rundfunk- oder Fernsehkünstler, Musiker und Artisten, sowie Sportler und Referenten sind für Einkünfte aus ihrer in der Schweiz ausgeübten persönlichen Tätigkeit und für weitere damit verbundene Entschädigungen steuerpflichtig. Dies gilt auch für Einkünfte und Entschädigungen, die nicht dem Künstler, Sportler oder Referenten selber, sondern einem Dritten zufliessen, der seine Tätigkeit organisiert hat.[3]

2 Die Steuer beträgt:

– bei Tageseinkünften bis 200 Franken	0,8 %;
– bei Tageseinkünften von 201 bis 1000 Franken	2,4 %;
– bei Tageseinkünften von 1001 bis 3000 Franken	5 %;
– bei Tageseinkünften über 3000 Franken	7 %.

3 Als Tageseinkünfte gelten die Bruttoeinkünfte, einschliesslich aller Zulagen und Nebenbezüge, nach Abzug der Gewinnungskosten. Diese betragen:

a. 50 Prozent der Bruttoeinkünfte bei Künstlern;
b. 20 Prozent der Bruttoeinkünfte bei Sportlern sowie Referenten.[4]

---

[1] Fassung gemäss Ziff. I 1 des BG vom 16. Dez. 2016 über die Revision der Quellenbesteuerung des Erwerbseinkommens, in Kraft seit 1. Jan. 2021 (AS **2018** 1813; BBl **2015** 657).
[2] Fassung gemäss Ziff. I 1 des BG vom 16. Dez. 2016 über die Revision der Quellenbesteuerung des Erwerbseinkommens, in Kraft seit 1. Jan. 2021 (AS **2018** 1813; BBl **2015** 657).
[3] Fassung gemäss Ziff. I 1 des BG vom 16. Dez. 2016 über die Revision der Quellenbesteuerung des Erwerbseinkommens, in Kraft seit 1. Jan. 2021 (AS **2018** 1813; BBl **2015** 657).
[4] Fassung gemäss Ziff. I 1 des BG vom 16. Dez. 2016 über die Revision der Quellenbesteuerung des Erwerbseinkommens, in Kraft seit 1. Jan. 2021 (AS **2018** 1813; BBl **2015** 657).

⁴ Der mit der Organisation der Darbietung in der Schweiz beauftragte Veranstalter ist für die Steuer solidarisch haftbar.

⁵ Das EFD legt in Zusammenarbeit mit den Kantonen die Höhe der Bruttoeinkünfte fest, ab welcher die Quellensteuer erhoben wird.¹

Art. 93 Verwaltungsräte QStV 14 | C68

¹ Im Ausland wohnhafte Mitglieder der Verwaltung oder der Geschäftsführung von juristischen Personen mit Sitz oder tatsächlicher Verwaltung in der Schweiz sind für die ihnen ausgerichteten Tantiemen, Sitzungsgelder, festen Entschädigungen, Mitarbeiterbeteiligungen und ähnlichen Vergütungen steuerpflichtig.² Dies gilt auch, wenn diese Vergütungen einem Dritten zufliessen.³

² Im Ausland wohnhafte Mitglieder der Verwaltung oder der Geschäftsführung von ausländischen Unternehmungen, welche in der Schweiz Betriebsstätten unterhalten, sind für die ihnen zu Lasten dieser Betriebsstätten ausgerichteten Tantiemen, Sitzungsgelder, festen Entschädigungen, Mitarbeiterbeteiligungen und ähnliche Vergütungen steuerpflichtig.⁴

³ Die Steuer beträgt 5 Prozent der Bruttoeinkünfte.

Art. 94 Hypothekargläubiger QStV 17 | C74

¹ Im Ausland wohnhafte Gläubiger oder Nutzniesser von Forderungen, die durch Grund- oder Faustpfand auf Grundstücken in der Schweiz gesichert sind, sind für die ihnen ausgerichteten Zinsen steuerpflichtig.

² Die Steuer beträgt 3 Prozent der Bruttoeinkünfte.

Art. 95⁵ Empfänger von Vorsorgeleistungen aus öffentlich-rechtlichem Arbeitsverhältnis QStV 18f. | A86, C71

¹ Im Ausland wohnhafte Empfänger von Pensionen, Ruhegehältern oder anderen Vergütungen, die sie auf Grund eines früheren öffentlich-rechtlichen Arbeitsverhältnisses von einem Arbeitgeber oder einer Vorsorgeeinrichtung mit Sitz in der Schweiz erhalten, sind für diese Leistungen steuerpflichtig.

² Die Steuer beträgt bei Renten 1 Prozent der Bruttoeinkünfte; bei Kapitalleistungen wird sie nach Artikel 38 Absatz 2 berechnet.

---

¹ Fassung gemäss Ziff. I 1 des BG vom 16. Dez. 2016 über die Revision der Quellenbesteuerung des Erwerbseinkommens, in Kraft seit 1. Jan. 2021 (AS **2018** 1813; BBl **2015** 657).
² Fassung gemäss Ziff. I 1 des BG vom 17. Dez. 2010 über die Besteuerung von Mitarbeiterbeteiligungen, in Kraft seit 1. Jan. 2013 (AS **2011** 3259; BBl **2005** 575).
³ Eingefügt durch Ziff. I 1 des BG vom 16. Dez. 2016 über die Revision der Quellenbesteuerung des Erwerbseinkommens, in Kraft seit 1. Jan. 2021 (AS **2018** 1813; BBl **2015** 657).
⁴ Fassung gemäss Ziff. I 1 des BG vom 17. Dez. 2010 über die Besteuerung von Mitarbeiterbeteiligungen, in Kraft seit 1. Jan. 2013 (AS **2011** 3259; BBl **2005** 575).
⁵ Fassung gemäss Ziff. I 5 des BG vom 19. März 1999 über das Stabilisierungsprogramm 1998, in Kraft seit 1. Jan. 2001 (AS **1999** 2374; BBl **1999** 4).

Art. 96 Empfänger von privatrechtlichen Vorsorgeleistungen   QStV 18f. | A86, C70

1 Im Ausland wohnhafte Empfänger von Leistungen aus schweizerischen privatrechtlichen Einrichtungen der beruflichen Vorsorge oder aus anerkannten Formen der gebundenen Selbstvorsorge sind hierfür steuerpflichtig.

2 Die Steuer beträgt bei Renten 1 Prozent der Bruttoeinkünfte; bei Kapitalleistungen wird sie gemäss Artikel 38 Absatz 2 berechnet.

Art. 97[1] ...

Art. 97a[2] Empfänger von Mitarbeiterbeteiligungen   A82

1 Personen, die im Zeitpunkt des Zuflusses von geldwerten Vorteilen aus gesperrten Mitarbeiteroptionen (Art. 17b Abs. 3) im Ausland wohnhaft sind, werden für den geldwerten Vorteil anteilsmässig nach Artikel 17d steuerpflichtig.

2 Die Steuer beträgt 11,5 Prozent des geldwerten Vorteils.

Art. 98[3] ...

Art. 99[4] Abgegoltene Steuer

Die Quellensteuer tritt an die Stelle der im ordentlichen Verfahren zu veranlagenden direkten Bundessteuer auf dem Erwerbseinkommen. Nachträglich werden keine zusätzlichen Abzüge gewährt.

Art. 99a[5] Nachträgliche ordentliche Veranlagung auf Antrag   QStV 14

1 Personen, die nach Artikel 91 der Quellensteuer unterliegen, können für jede Steuerperiode bis am 31. März des auf das Steuerjahr folgenden Jahres eine nachträgliche ordentliche Veranlagung beantragen, wenn:
 a. der überwiegende Teil ihrer weltweiten Einkünfte, einschliesslich der Einkünfte des Ehegatten, in der Schweiz steuerbar ist;
 b. ihre Situation mit derjenigen einer in der Schweiz wohnhaften steuerpflichtigen Person vergleichbar ist; oder
 c. eine solche Veranlagung erforderlich ist, um Abzüge geltend zu machen, die in einem Doppelbesteuerungsabkommen vorgesehen sind.

2 Die an der Quelle abgezogene Steuer wird zinslos angerechnet.

3 Das EFD präzisiert in Zusammenarbeit mit den Kantonen die Voraussetzungen nach Absatz 1 und regelt das Verfahren.

---

[1] Aufgehoben durch Ziff. I 1 des BG vom 16. Dez. 2016 über die Revision der Quellenbesteuerung des Erwerbseinkommens, mit Wirkung seit 1. Jan. 2021 (AS **2018** 1813; BBl **2015** 657).
[2] Eingefügt durch Ziff. I 1 des BG vom 17. Dez. 2010 über die Besteuerung von Mitarbeiterbeteiligungen, in Kraft seit 1. Jan. 2013 (AS **2011** 3259; BBl **2005** 575).
[3] Aufgehoben durch Ziff. I 1 des BG vom 16. Dez. 2016 über die Revision der Quellenbesteuerung des Erwerbseinkommens, mit Wirkung seit 1. Jan. 2021 (AS **2018** 1813; BBl **2015** 657).
[4] Fassung gemäss Ziff. I 1 des BG vom 16. Dez. 2016 über die Revision der Quellenbesteuerung des Erwerbseinkommens, in Kraft seit 1. Jan. 2021 (AS **2018** 1813; BBl **2015** 657).
[5] Eingefügt durch Ziff. I 1 des BG vom 16. Dez. 2016 über die Revision der Quellenbesteuerung des Erwerbseinkommens, in Kraft seit 1. Jan. 2021 (AS **2018** 1813; BBl **2015** 657).

Art. 99b[1] **Nachträgliche ordentliche Veranlagung von Amtes wegen** QStV 15

¹ Bei stossenden Verhältnissen, insbesondere betreffend die im Quellensteuersatz einberechneten Pauschalabzüge, können die zuständigen kantonalen Steuerbehörden von Amtes wegen eine nachträgliche ordentliche Veranlagung zugunsten oder zuungunsten der steuerpflichtigen Person verlangen.

² Das EFD legt in Zusammenarbeit mit den Kantonen die Voraussetzungen fest.

Art. 100 Pflichten des Schuldners der steuerbaren Leistung QStV 5

¹ Der Schuldner der steuerbaren Leistung ist verpflichtet:
   a. bei Fälligkeit von Geldleistungen die geschuldete Steuer zurückzubehalten und bei anderen Leistungen (insbesondere Naturalleistungen und Trinkgeldern) die geschuldete Steuer vom Steuerpflichtigen einzufordern; QStV 15
   b. dem Steuerpflichtigen eine Aufstellung oder eine Bestätigung über den Steuerabzug auszustellen;
   c. die Steuern periodisch der zuständigen Steuerbehörde abzuliefern, mit ihr darüber abzurechnen und ihr zur Kontrolle der Steuererhebung Einblick in alle Unterlagen zu gewähren;
   d.[2] die anteilsmässigen Steuern auf im Ausland ausgeübten Mitarbeiteroptionen zu entrichten; die Arbeitgeberin schuldet die anteilsmässige Steuer auch dann, wenn der geldwerte Vorteil von einer ausländischen Konzerngesellschaft ausgerichtet wird. A89, A82

² Der Schuldner der steuerbaren Leistung haftet für die Entrichtung der Quellensteuer.

³ Er erhält eine Bezugsprovision von 1 bis 2 Prozent des gesamten Quellensteuerbetrags; die zuständige Steuerbehörde setzt die Bezugsprovision fest. Für Kapitalleistungen beträgt die Bezugsprovision 1 Prozent des gesamten Quellensteuerbetrags, jedoch höchstens 50 Franken pro Kapitalleistung für die Quellensteuer von Bund, Kanton und Gemeinde.[3] QStV 6

Art. 101[4] ...

---

[1] Eingefügt durch Ziff. I 1 des BG vom 16. Dez. 2016 über die Revision der Quellenbesteuerung des Erwerbseinkommens, in Kraft seit 1. Jan. 2021 (AS **2018** 1813; BBl **2015** 657).

[2] Eingefügt durch Ziff. I 1 des BG vom 17. Dez. 2010 über die Besteuerung von Mitarbeiterbeteiligungen, in Kraft seit 1. Jan. 2013 (AS **2011** 3259; BBl **2005** 575).

[3] Fassung gemäss Ziff. I 1 des BG vom 16. Dez. 2016 über die Revision der Quellenbesteuerung des Erwerbseinkommens, in Kraft seit 1. Jan. 2021 (AS **2018** 1813; BBl **2015** 657).

[4] Aufgehoben durch Ziff. I 1 des BG vom 16. Dez. 2016 über die Revision der Quellenbesteuerung des Erwerbseinkommens, mit Wirkung seit 1. Jan. 2021 (AS **2018** 1813; BBl **2015** 657).

Fünfter Teil: Verfahrensrecht

Erster Titel: Steuerbehörden

1. Kapitel: Eidgenössische Behörden

Art. 102 Organisation

1 Die Aufsicht des Bundes über die Steuererhebung (Art. 2) wird vom EFD ausgeübt.

2 Die ESTV[1] sorgt für die einheitliche Anwendung dieses Gesetzes. Sie erlässt die Vorschriften für die richtige und einheitliche Veranlagung und den Bezug der direkten Bundessteuer. Sie kann die Verwendung bestimmter Formulare vorschreiben. B108, B15

3 Eidgenössische Beschwerdeinstanz ist das Bundesgericht.

4 ...[2]

Art. 103 Aufsicht

1 Die ESTV kann insbesondere:
  a. bei den kantonalen Veranlagungs- und Bezugsbehörden Kontrollen vornehmen und in die Steuerakten der Kantone und Gemeinden Einsicht nehmen;
  b. sich bei den Verhandlungen der Veranlagungsbehörden vertreten lassen und diesen Anträge stellen;
  c. im Einzelfalle Untersuchungsmassnahmen anordnen oder nötigenfalls selber durchführen;
  d. im Einzelfalle verlangen, dass die Veranlagung oder der Einspracheentscheid auch ihr eröffnet wird;
  e.[3] verlangen, dass ihr Verfügungen, Einsprache- und Beschwerdeentscheide über Gesuche um Erlass der direkten Bundessteuer eröffnet werden. VO DBG L | B13

2 Das EFD kann auf Antrag der ESTV die nötigen Anordnungen treffen, wenn sich ergibt, dass die Veranlagungsarbeiten in einem Kanton ungenügend oder unzweckmässig durchgeführt werden. Die ESTV weist den Kanton gleichzeitig mit dem Antrag an, dass einstweilen keine Veranlagungen eröffnet werden dürfen.

---

[1] Ausdruck gemäss Ziff. I 2 des Steuererlassgesetzes vom 20. Juni 2014, in Kraft seit 1. Jan. 2016 (AS **2015** 9; BBl **2013** 8435). Diese Änd. wurde im ganzen Erlass berücksichtigt.

[2] Aufgehoben durch Ziff. I 2 des Steuererlassgesetzes vom 20. Juni 2014, mit Wirkung seit 1. Jan. 2016 (AS **2015** 9; BBl **2013** 8435).

[3] Fingefügt durch Ziff. I 2 des Steuererlassgesetzes vom 20. Juni 2014, in Kraft seit 1. Jan. 2016 (AS **2015** 9; BBl **2013** 8435).

2. Kapitel: Kantonale Behörden

1. Abschnitt: Organisation und Aufsicht[1]

> ☞ Der Gliederungstitel vor Art. 104 wird gemäss BG vom 18.6.2021 über elektronische Verfahren im Steuerbereich per 1.1.2024 (abschliessende Inkraftsetzung) wie folgt geändert:
>
> *1. Abschnitt: Organisation, elektronische Verfahren und Aufsicht*

Art. 104 Organisation[2]

1 Die kantonale Verwaltung für die direkte Bundessteuer leitet und überwacht den Vollzug und die einheitliche Anwendung dieses Gesetzes. Artikel 103 Absatz 1 gilt sinngemäss.

2 Für die Veranlagung der juristischen Personen bezeichnet jeder Kanton eine einzige Amtsstelle.

3 Jeder Kanton bestellt eine kantonale Steuerrekurskommission.

4 Das kantonale Recht regelt Organisationen und Amtsführung der kantonalen Vollzugsbehörde, soweit das Bundesrecht nichts anderes bestimmt. Können die notwendigen Anordnungen von einem Kanton nicht rechtzeitig getroffen werden, so erlässt der Bundesrat vorläufig die erforderlichen Bestimmungen.

> ☞ *Art. 104a (Elektronische Verfahren) wird gemäss BG vom 18.6.2021 über elektronische Verfahren im Steuerbereich per 1.1.2024 (abschliessende Inkraftsetzung) wie folgt neu eingefügt (bisheriger Art. 104a wird zu Art. 104b):*
>
> *1 Die Kantone sehen die Möglichkeit elektronischer Verfahren vor. Dabei stellen sie die Authentizität und Integrität der übermittelten Daten nach kantonalem Recht sicher.*
>
> *2 Sie sehen bei der elektronischen Einreichung von Eingaben, deren Unterzeichnung gesetzlich vorgeschrieben ist, anstelle der Unterzeichnung die Möglichkeit einer elektronischen Bestätigung der Angaben durch die steuerpflichtige Person vor.*
>
> *3 Sie sehen vor, dass die Steuerbehörde der steuerpflichtigen Person mit deren Einverständnis Dokumente in elektronischer Form zustellt.*

Art. 104a[3] Aufsicht

1 Ein unabhängiges kantonales Finanzaufsichtsorgan prüft jährlich die Ordnungs- und Rechtmässigkeit der Erhebung der direkten Bundessteuer und der Ablieferung des Bundesanteils. Von der Prüfpflicht ausgenommen ist die materielle Prüfung der Veranlagungen. Das Finanzaufsichtsorgan erstattet der ESTV und der Eidgenössischen Finanzkontrolle bis Ende des Jahres, in dem die Staatsrechnung des Bundes abgenommen wird, Bericht.

2 Wird die Prüfung nicht vorgenommen oder erhalten die ESTV und die Eidgenössische Finanzkontrolle nicht rechtzeitig Bericht, so kann das EFD auf Antrag der ESTV und auf Kosten des Kantons ein nach den Vorschriften des Revisionsaufsichtsgesetzes

---

1 Fassung gemäss Ziff. I des BG vom 14. Dez. 2012, in Kraft seit 1. Jan. 2014 (AS **2013** 1345; BBl **2012** 4769).
2 Eingefügt durch Ziff. I des BG vom 14. Dez. 2012, in Kraft seit 1. Jan. 2014 (AS **2013** 1345; BBl **2012** 4769).
3 Eingefügt durch Ziff. I des BG vom 14. Dez. 2012, in Kraft seit 1. Jan. 2014 (AS **2013** 1345; BBl **2012** 4769).

vom 16. Dezember 2005[1] als Revisionsexperte zugelassenes Revisionsunternehmen mit der Prüfung beauftragen.

2. Abschnitt: Örtliche Zuständigkeit

Art. 105[2] Bei persönlicher Zugehörigkeit

1 Die kantonalen Behörden erheben die direkte Bundessteuer von den natürlichen Personen, die am Ende der Steuerperiode oder der Steuerpflicht ihren steuerrechtlichen Wohnsitz oder, wenn ein solcher in der Schweiz fehlt, ihren steuerrechtlichen Aufenthalt im Kanton haben. Vorbehalten bleiben die Artikel 3 Absatz 5 und 107.

2 Kinder unter elterlicher Sorge werden für ihr Erwerbseinkommen (Art. 9 Abs. 2) in dem Kanton besteuert, in dem sie für dieses Einkommen nach den bundesrechtlichen Grundsätzen betreffend das Verbot der interkantonalen Doppelbesteuerung am Ende der Steuerperiode oder der Steuerpflicht steuerpflichtig sind.

3 Die kantonalen Behörden erheben die direkte Bundessteuer von den juristischen Personen, die am Ende der Steuerperiode oder Steuerpflicht ihren Sitz oder den Ort ihrer tatsächlichen Verwaltung im Kanton haben.

4 Begünstigte von Kapitalleistungen nach Artikel 38 werden für diese Leistungen in dem Kanton besteuert, in dem sie im Zeitpunkt der Fälligkeit ihren steuerrechtlichen Wohnsitz haben.

Art. 106[3] Bei wirtschaftlicher Zugehörigkeit

1 Für die Erhebung der direkten Bundessteuer aufgrund wirtschaftlicher Zugehörigkeit ist der Kanton zuständig, in dem am Ende der Steuerperiode oder der Steuerpflicht:

a. für natürliche Personen die in Artikel 4 genannten Voraussetzungen erfüllt sind;
b. für juristische Personen die in Artikel 51 genannten Voraussetzungen erfüllt sind.

2 Treffen die Voraussetzungen von Artikel 4 oder 51 gleichzeitig in mehreren Kantonen zu, so ist derjenige Kanton zuständig, in dem sich der grösste Teil der steuerbaren Werte befindet.

3 Vorbehalten bleibt Artikel 107.

Art. 107[4] Bei Quellensteuern   A91, E67

1 Der Schuldner der steuerbaren Leistung berechnet und erhebt die Quellensteuer wie folgt:

a. für Arbeitnehmer nach Artikel 83: nach dem Recht jenes Kantons, in dem der Arbeitnehmer bei Fälligkeit der steuerbaren Leistung seinen steuerrechtlichen Wohnsitz oder Aufenthalt hat;

---

[1] SR **221.302**
[2] Fassung gemäss Ziff. I 1 des BG vom 22. März 2013 über die formelle Bereinigung der zeitlichen Bemessung der direkten Steuern bei den natürlichen Personen, in Kraft seit 1. Jan. 2014 (AS **2013** 2397; BBl **2011** 3593).
[3] Fassung gemäss Ziff. I 1 des BG vom 22. März 2013 über die formelle Bereinigung der zeitlichen Bemessung der direkten Steuern bei den natürlichen Personen, in Kraft seit 1. Jan. 2014 (AS **2013** 2397; BBl **2011** 3593).
[4] Fassung gemäss Ziff. I 1 des BG vom 16. Dez. 2016 über die Revision der Quellenbesteuerung des Erwerbseinkommens, in Kraft seit 1. Jan. 2021 (AS **2018** 1813; BBl **2015** 657).

b. für Personen nach den Artikeln 91 und 93–97a: nach dem Recht jenes Kantons, in dem der Schuldner der steuerbaren Leistung bei Fälligkeit der steuerbaren Leistung seinen steuerrechtlichen Wohnsitz oder Aufenthalt oder seinen Sitz oder die Verwaltung hat; wird die steuerbare Leistung von einer Betriebsstätte in einem anderen Kanton oder von der Betriebsstätte eines Unternehmens ohne Sitz oder tatsächliche Verwaltung in der Schweiz ausgerichtet, so richten sich die Berechnung und die Erhebung der Quellensteuer nach dem Recht des Kantons, in dem die Betriebsstätte liegt;

c. für Personen nach Artikel 92: nach dem Recht jenes Kantons, in dem der Künstler, Sportler oder Referent seine Tätigkeit ausübt.

² Ist der Arbeitnehmer nach Artikel 91 Wochenaufenthalter, so gilt Absatz 1 Buchstabe a sinngemäss.

³ Der Schuldner der steuerbaren Leistung überweist die Quellensteuer an den nach Absatz 1 zuständigen Kanton.

⁴ Für die nachträgliche ordentliche Veranlagung ist zuständig:

a. für Arbeitnehmer nach Absatz 1 Buchstabe a: der Kanton, in dem die steuerpflichtige Person am Ende der Steuerperiode oder der Steuerpflicht ihren steuerrechtlichen Wohnsitz oder Aufenthalt hatte;

b. für Personen nach Absatz 1 Buchstabe b: der Kanton, in dem die steuerpflichtige Person am Ende der Steuerperiode oder der Steuerpflicht erwerbstätig war;

c. für Arbeitnehmer nach Absatz 2: der Kanton, in dem die steuerpflichtige Person am Ende der Steuerperiode oder der Steuerpflicht Wochenaufenthalt hatte.

⁵ Der nach Absatz 4 zuständige Kanton hat Anspruch auf allfällige im Kalenderjahr an andere Kantone überwiesene Quellensteuerbeträge. Zu viel bezogene Steuern werden dem Arbeitnehmer zurückerstattet, zu wenig bezogene Steuern nachgefordert.

Art. 108 Bei ungewisser oder streitiger Zuständigkeit

¹ Ist der Ort der Veranlagung im Einzelfall ungewiss oder streitig, so wird er, wenn die Veranlagungsbehörden nur eines Kantons in Frage kommen, von der kantonalen Verwaltung für die direkte Bundessteuer, wenn mehrere Kantone in Frage kommen, von der ESTV bestimmt. Die Verfügung der ESTV unterliegt der Beschwerde nach den allgemeinen Bestimmungen über die Bundesrechtspflege.[1]

² Die Feststellung des Veranlagungsortes kann von der Veranlagungsbehörde, von der kantonalen Verwaltung für die direkte Bundessteuer und von den Steuerpflichtigen verlangt werden.

³ Hat im Einzelfall eine örtlich nicht zuständige Behörde bereits gehandelt, so übermittelt sie die Akten der zuständigen Behörde.

---

[1] Fassung des Satzes gemäss Anhang Ziff. 57 des Verwaltungsgerichtsgesetzes vom 17. Juni 2005, in Kraft seit 1. Jan. 2007 (AS **2006** 2197 1069; BBl **2001** 4202).

Zweiter Titel: Allgemeine Verfahrensgrundsätze

1. Kapitel: Amtspflichten

Art. 109 Ausstand

¹ Wer beim Vollzug dieses Gesetzes in einer Sache zu entscheiden oder an einer Verfügung oder Entscheidung in massgeblicher Stellung mitzuwirken hat, ist verpflichtet, in Ausstand zu treten, wenn er:

- a. an der Sache ein persönliches Interesse hat;
- b.¹ mit einer Partei durch Ehe oder eingetragene Partnerschaft verbunden ist oder mit ihr eine faktische Lebensgemeinschaft führt;
- b^bis. mit einer Partei in gerader Linie oder bis zum dritten Grade in der Seitenlinie verwandt oder verschwägert ist;²
- c. Vertreter einer Partei ist oder für eine Partei in der gleichen Sache tätig war;
- d. aus andern Gründen in der Sache befangen sein könnte.

² Der Ausstandsgrund kann von allen am Verfahren Beteiligten angerufen werden.

³ Ist ein Ausstandsgrund streitig, so entscheidet für kantonale Beamte die vom kantonalen Recht bestimmte Behörde, für Bundesbeamte das EFD, in beiden Fällen unter Vorbehalt der Beschwerde.

Art. 110 Geheimhaltungspflicht

¹ Wer mit dem Vollzug dieses Gesetzes betraut ist oder dazu beigezogen wird, muss über Tatsachen, die ihm in Ausübung seines Amtes bekannt werden, und über die Verhandlungen in den Behörden Stillschweigen bewahren und Dritten den Einblick in amtliche Akten verweigern.

² Eine Auskunft ist zulässig, soweit hiefür eine gesetzliche Grundlage im Bundesrecht gegeben ist. A34

Art. 111 Amtshilfe unter Steuerbehörden A34 | N 1.5

¹ Die mit dem Vollzug dieses Gesetzes betrauten Behörden unterstützen sich gegenseitig in der Erfüllung ihrer Aufgabe; sie erteilen den Steuerbehörden des Bundes, der Kantone, Bezirke, Kreise und Gemeinden die benötigten Auskünfte kostenlos und gewähren ihnen auf Verlangen Einsicht in amtliche Akten. Die in Anwendung dieser Vorschrift gemeldeten oder festgestellten Tatsachen unterliegen der Geheimhaltung nach Artikel 110.

² Muss bei einer Veranlagung der kantonale Anteil unter mehrere Kantone aufgeteilt werden, so gibt die zuständige Steuerbehörde den beteiligten kantonalen Verwaltungen für die direkte Bundessteuer davon Kenntnis.

---

[1] Fassung gemäss Anhang Ziff. 24 des Partnerschaftsgesetzes vom 18. Juni 2004, in Kraft seit 1. Jan. 2007 (AS **2005** 5685; BBl **2003** 1288).

[2] Eingefügt durch Anhang Ziff. 24 des Partnerschaftsgesetzes vom 18. Juni 2004, in Kraft seit 1. Jan. 2007 (AS **2005** 5685; BBl **2003** 1288).

Art. 112 Amtshilfe anderer Behörden A34

¹ Die Behörden des Bundes, der Kantone, Bezirke, Kreise und Gemeinden erteilen den mit dem Vollzug dieses Gesetzes betrauten Behörden auf Ersuchen hin alle erforderlichen Auskünfte. Sie können diese Behörden von sich aus darauf aufmerksam machen, wenn sie vermuten, dass eine Veranlagung unvollständig ist.

² Die gleiche Pflicht zur Amtshilfe haben Organe von Körperschaften und Anstalten, soweit sie Aufgaben der öffentlichen Verwaltung wahrnehmen.

³ Von der Auskunfts- und Mitteilungspflicht ausgenommen sind die Organe der Schweizerischen Post und der öffentlichen Kreditinstitute für Tatsachen, die einer besonderen, gesetzlich auferlegten Geheimhaltung unterstehen.[1]

> ☞ *Art. 112 Abs. 4 wird gemäss BG vom 18.3.2022 über die Bekämpfung des missbräuchlichen Konkurses frühestens per 1.1.2024 wie folgt neu eingefügt:*
>
> ⁴ *Die Steuerbehörden erstatten dem kantonalen Handelsregisteramt Meldung, falls innert 3 Monaten nach Ablauf der entsprechenden Fristen von der juristischen Person keine Jahresrechnung gemäss Artikel 125 Absatz 2 Buchstabe a eingereicht wird.*

Art. 112a[2] Datenbearbeitung

¹ Die ESTV betreibt zur Erfüllung der Aufgaben nach diesem Gesetz ein Informationssystem. Dieses kann besonders schützenswerte Personendaten über administrative und strafrechtliche Sanktionen enthalten, die steuerrechtlich wesentlich sind.

¹ᵇⁱˢ ...³

² Die ESTV und die Behörden nach Artikel 111 geben einander die Daten weiter, die für die Erfüllung ihrer Aufgaben dienlich sein können. Die Behörden nach Artikel 112 geben den mit dem Vollzug dieses Gesetzes betrauten Behörden die Daten weiter, die für die Durchführung dieses Gesetzes von Bedeutung sein können.

³ Die Daten werden einzeln, auf Listen oder auf elektronischen Datenträgern übermittelt. Sie können auch mittels eines Abrufverfahrens zugänglich gemacht werden. Diese Amtshilfe ist kostenlos.

⁴ Es sind alle diejenigen Daten von Steuerpflichtigen weiterzugeben, die zur Veranlagung und Erhebung der Steuer dienen können, namentlich:

a. die Personalien;
b. Angaben über den Zivilstand, den Wohn- und Aufenthaltsort, die Aufenthaltsbewilligung und die Erwerbstätigkeit;
c. Rechtsgeschäfte;
d. Leistungen eines Gemeinwesens.

---

[1] Fassung gemäss Anhang Ziff. 14 des Postorganisationsgesetzes vom 30. April 1997, in Kraft seit 1. Jan. 1998 (AS **1997** 2465; BBl **1996** III 1306).
[2] Eingefügt durch Ziff. VI 3 des BG vom 24. März 2000 über die Schaffung und die Anpassung gesetzlicher Grundlagen für die Bearbeitung von Personendaten, in Kraft seit 1. Sept. 2000 (AS **2000** 1891; BBl **1999** 9005).
[3] Eingefügt durch Anhang Ziff. 5 des BG vom 23. Juni 2006 (Neue AHV-Versichertennummer) (AS **2007** 5259; BBl **2006** 501). Aufgehoben durch Anhang Ziff. 19 des BG vom 18. Dez. 2020 (Systematische Verwendung der AHV-Nummer durch Behörden), mit Wirkung seit 1. Jan. 2022 (AS **2021** 758; BBl **2019** 7359).

⁵ Personendaten und die zu deren Bearbeitung verwendeten Einrichtungen wie Datenträger, EDV-Programme und Programmdokumentationen sind vor unbefugtem Verwenden, Verändern oder Zerstören sowie vor Diebstahl zu schützen.

⁶ Der Bundesrat kann Ausführungsbestimmungen erlassen, insbesondere über die Organisation und den Betrieb des Informationssystems, über die Kategorien der zu erfassenden Daten, über die Zugriffs- und Bearbeitungsberechtigung, über die Aufbewahrungsdauer sowie die Archivierung und Vernichtung der Daten.

⁷ Können sich Bundesämter über die Datenbekanntgabe nicht einigen, so entscheidet der Bundesrat endgültig. In allen andern Fällen entscheidet das Bundesgericht im Verfahren nach Artikel 120 des Bundesgerichtsgesetzes vom 17. Juni 2005[1].[2]

2. Kapitel: Verfahrensrechtliche Stellung der Ehegatten   A75

Art. 113

¹ Ehegatten, die in rechtlich und tatsächlich ungetrennter Ehe leben, üben die nach diesem Gesetz dem Steuerpflichtigen zukommenden Verfahrensrechte und Verfahrenspflichten gemeinsam aus.

² Sie unterschreiben die Steuererklärung gemeinsam. Ist die Steuererklärung nur von einem der beiden Ehegatten unterzeichnet, so wird dem nichtunterzeichnenden Ehegatten eine Frist eingeräumt. Nach deren unbenutztem Ablauf wird die vertragliche Vertretung unter Ehegatten angenommen.

³ Rechtsmittel und andere Eingaben gelten als rechtzeitig eingereicht, wenn ein Ehegatte innert Frist handelt.

⁴ Sämtliche Mitteilungen der Steuerbehörden an verheiratete Steuerpflichtige, die in rechtlich und tatsächlich ungetrennter Ehe leben, werden an die Ehegatten gemeinsam gerichtet.

3. Kapitel: Verfahrensrechte des Steuerpflichtigen

Art. 114 Akteneinsicht

¹ Steuerpflichtige sind berechtigt, in die von ihnen eingereichten oder von ihnen unterzeichneten Akten Einsicht zu nehmen. Gemeinsam zu veranlagenden Ehegatten steht ein gegenseitiges Akteneinsichtsrecht zu.[3]   A75

² Die übrigen Akten stehen dem Steuerpflichtigen zur Einsicht offen, sofern die Ermittlung des Sachverhaltes abgeschlossen ist und soweit nicht öffentliche oder private Interessen entgegenstehen.[4]

---

[1] SR **173.110**
[2] Fassung des Satzes gemäss Anh. Ziff. 57 des Verwaltungsgerichtsges. vom 17. Juni 2005, in Kraft seit 1. Jan. 2007 (AS **2006** 2197 1069; BBl **2001** 4202).
[3] Die Berichtigung der RedK der BVers vom 20. Aug. 2020, veröffentlicht am 1. Sept. 2020 betrifft nur den italienischen Text (AS **2020** 3641).
[4] Die Berichtigung der RedK der BVers vom 20. Aug. 2020, veröffentlicht am 1. Sept. 2020 betrifft nur den italienischen Text (AS **2020** 3641).

³ Wird einem Steuerpflichtigen die Einsichtnahme in ein Aktenstück verweigert, so darf darauf zum Nachteil des Steuerpflichtigen nur abgestellt werden, wenn ihm die Behörde von dem für die Sache wesentlichen Inhalt mündlich oder schriftlich Kenntnis und ausserdem Gelegenheit gegeben hat, sich zu äussern und Gegenbeweismittel zu bezeichnen.

⁴ Auf Wunsch des Steuerpflichtigen bestätigt die Behörde die Verweigerung der Akteneinsicht durch eine Verfügung, die durch Beschwerde angefochten werden kann.

Art. 115 Beweisabnahme

Die vom Steuerpflichtigen angebotenen Beweise müssen abgenommen werden, soweit sie geeignet sind, die für die Veranlagung erheblichen Tatsachen festzustellen.

Art. 116 Eröffnung

¹ Verfügungen und Entscheide werden dem Steuerpflichtigen schriftlich eröffnet und müssen eine Rechtsmittelbelehrung enthalten.

² Ist der Aufenthalt eines Steuerpflichtigen unbekannt oder befindet er sich im Ausland, ohne in der Schweiz einen Vertreter zu haben, so kann ihm eine Verfügung oder ein Entscheid rechtswirksam durch Publikation im kantonalen Amtsblatt eröffnet werden.

Art. 117 Vertragliche Vertretung

¹ Der Steuerpflichtige kann sich vor den mit dem Vollzug dieses Gesetzes betrauten Behörden vertraglich vertreten lassen, soweit seine persönliche Mitwirkung nicht notwendig ist.

² Als Vertreter wird zugelassen, wer handlungsfähig ist und in bürgerlichen Ehren und Rechten steht. Die Behörde kann den Vertreter auffordern, sich durch schriftliche Vollmacht auszuweisen.

³ Haben Ehegatten, welche in rechtlich und tatsächlich ungetrennter Ehe leben, keinen gemeinsamen Vertreter oder Zustellungsberechtigten bestellt, so ergehen sämtliche Zustellungen an die Ehegatten gemeinsam.

⁴ Zustellungen an Ehegatten, die in gerichtlich oder tatsächlich getrennter Ehe leben, erfolgen an jeden Ehegatten gesondert.

Art. 118[1] ...

4. Kapitel: Fristen

Art. 119

¹ Die vom Gesetz bestimmten Fristen können nicht erstreckt werden.

² Eine von einer Behörde angesetzte Frist wird erstreckt, wenn zureichende Gründe vorliegen und das Erstreckungsgesuch innert der Frist gestellt worden ist.

---

[1] Aufgehoben durch Ziff. I 1 des BG vom 16. Dez. 2016 über die Revision der Quellenbesteuerung des Erwerbseinkommens, mit Wirkung seit 1. Jan. 2021 (AS **2018** 1813; BBl **2015** 657).

5. Kapitel: Verjährung

Art. 120 Veranlagungsverjährung

¹ Das Recht, eine Steuer zu veranlagen, verjährt fünf Jahre nach Ablauf der Steuerperiode. Vorbehalten bleiben die Artikel 152 und 184.

² Die Verjährung beginnt nicht oder steht still:
  a. während eines Einsprache-, Beschwerde- oder Revisionsverfahrens;
  b. solange die Steuerforderung sichergestellt oder gestundet ist;
  c. solange weder der Steuerpflichtige noch der Mithaftende in der Schweiz steuerrechtlichen Wohnsitz oder Aufenthalt haben.

³ Die Verjährung beginnt neu mit:
  a. jeder auf Feststellung oder Geltendmachung der Steuerforderung gerichteten Amtshandlung, die einem Steuerpflichtigen oder Mithaftenden zur Kenntnis gebracht wird;
  b. jeder ausdrücklichen Anerkennung der Steuerforderung durch den Steuerpflichtigen oder den Mithaftenden;
  c. der Einreichung eines Erlassgesuches;
  d. der Einleitung einer Strafverfolgung wegen vollendeter Steuerhinterziehung oder wegen Steuervergehens.

⁴ Das Recht, eine Steuer zu veranlagen, ist 15 Jahre nach Ablauf der Steuerperiode auf jeden Fall verjährt.

Art. 121 Bezugsverjährung

¹ Steuerforderungen verjähren fünf Jahre, nachdem die Veranlagung rechtskräftig geworden ist.

² Stillstand und Unterbrechung der Verjährung richten sich nach Artikel 120 Absätze 2 und 3.

³ Die Verjährung tritt in jedem Fall zehn Jahre nach Ablauf des Jahres ein, in dem die Steuern rechtskräftig festgesetzt worden sind.

Dritter Titel: Veranlagung im ordentlichen Verfahren

1. Kapitel: Vorbereitung der Veranlagung

Art. 122

¹ Die Veranlagungsbehörden führen ein Verzeichnis der mutmasslich Steuerpflichtigen.

² Die zuständigen Behörden der Kantone und Gemeinden übermitteln den mit dem Vollzug dieses Gesetzes betrauten Behörden die nötigen Angaben aus den Kontrollregistern.

³ Für die Vorbereitungsarbeiten können die Veranlagungsbehörden die Mithilfe der Gemeindebehörden oder besonderer Vorbereitungsorgane in Anspruch nehmen.

2. Kapitel: Verfahrenspflichten

1. Abschnitt: Aufgaben der Veranlagungsbehörden

Art. 123

1 Die Veranlagungsbehörden stellen zusammen mit dem Steuerpflichtigen die für eine vollständige und richtige Besteuerung massgebenden tatsächlichen und rechtlichen Verhältnisse fest.

2 Sie können insbesondere Sachverständige beiziehen, Augenscheine durchführen und Geschäftsbücher und Belege an Ort und Stelle einsehen. Die sich daraus ergebenden Kosten können ganz oder teilweise dem Steuerpflichtigen oder jeder andern zur Auskunft verpflichteten Person auferlegt werden, die diese durch eine schuldhafte Verletzung von Verfahrenspflichten notwendig gemacht haben.

2. Abschnitt: Pflichten des Steuerpflichtigen A34

Art. 124 Steuererklärung

1 Die Steuerpflichtigen werden durch öffentliche Bekanntgabe oder Zustellung des Formulars aufgefordert, die Steuererklärung einzureichen. Steuerpflichtige, die kein Formular erhalten, müssen es bei der zuständigen Behörde verlangen.

2 Der Steuerpflichtige muss das Formular für die Steuererklärung wahrheitsgemäss und vollständig ausfüllen, persönlich unterzeichnen und samt den vorgeschriebenen Beilagen fristgemäss der zuständigen Behörde einreichen.

> ☞ *Art. 124 Abs. 1 und 2 wird gemäss BG vom 18.6.2021 über elektronische Verfahren im Steuerbereich per 1.1.2024 (abschliessende Inkraftsetzung) wie folgt geändert:*
>
> *1 Die zuständige Steuerbehörde fordert die Steuerpflichtigen durch öffentliche Bekanntgabe, durch persönliche Mitteilung oder durch Zustellung des Formulars auf, die Steuererklärung einzureichen. Auch Steuerpflichtige, die weder eine persönliche Mitteilung noch ein Formular erhalten haben, müssen eine Steuererklärung einreichen.*
>
> *2 Die steuerpflichtige Person muss die Steuererklärung wahrheitsgemäss und vollständig ausfüllen, persönlich unterzeichnen und samt den vorgeschriebenen Beilagen fristgemäss der zuständigen Steuerbehörde einreichen.*

3 Der Steuerpflichtige, der die Steuererklärung nicht oder mangelhaft ausgefüllt einreicht, wird aufgefordert, das Versäumte innert angemessener Frist nachzuholen.

4 Bei verspäteter Einreichung und bei verspäteter Rückgabe einer dem Steuerpflichtigen zur Ergänzung zurückgesandten Steuererklärung ist die Fristversäumnis zu entschuldigen, wenn der Steuerpflichtige nachweist, dass er durch Militär- oder Zivildienst, Landesabwesenheit, Krankheit oder andere erhebliche Gründe an der rechtzeitigen Einreichung oder Rückgabe verhindert war und dass er das Versäumte innert 30 Tagen nach Wegfall der Hinderungsgründe nachgeholt hat.[1]

---

[1] Fassung gemäss Anhang Ziff. 7 des Zivildienstgesetzes vom 6. Okt. 1995, in Kraft seit 1. Okt. 1996 (AS **1996** 1445; BBl **1994** III 1609).

Art. 125 Beilagen zur Steuererklärung

¹ Natürliche Personen müssen der Steuererklärung insbesondere beilegen:
   a. Lohnausweise über alle Einkünfte aus unselbständiger Erwerbstätigkeit;
   b. Ausweise über Bezüge als Mitglied der Verwaltung oder eines anderen Organs einer juristischen Person;
   c. Verzeichnisse über sämtliche Wertschriften, Forderungen und Schulden.

² Natürliche Personen mit Einkommen aus selbständiger Erwerbstätigkeit und juristische Personen müssen der Steuererklärung beilegen:

   a. die unterzeichneten Jahresrechnungen (Bilanzen, Erfolgsrechnungen) der Steuerperiode; oder
   b. bei vereinfachter Buchführung nach Artikel 957 Absatz 2 OR¹: Aufstellungen über Einnahmen und Ausgaben, über die Vermögenslage sowie über Privatentnahmen und -einlagen der Steuerperiode.² N 4

³ Zudem haben Kapitalgesellschaften und Genossenschaften das ihrer Veranlagung zur Gewinnsteuer dienende Eigenkapital am Ende der Steuerperiode oder der Steuerpflicht auszuweisen. Dieses besteht aus dem einbezahlten Grund- oder Stammkapital, den in der Handelsbilanz ausgewiesenen Reserven aus Kapitaleinlagen nach Artikel 20 Absätze 3–7, den offenen und den aus versteuertem Gewinn gebildeten stillen Reserven sowie aus jenem Teil des Fremdkapitals, dem wirtschaftlich die Bedeutung von Eigenkapital zukommt.³ A74

Art. 126 Weitere Mitwirkungspflichten

¹ Der Steuerpflichtige muss alles tun, um eine vollständige und richtige Veranlagung zu ermöglichen.

² Er muss auf Verlangen der Veranlagungsbehörde insbesondere mündlich oder schriftlich Auskunft erteilen, Geschäftsbücher, Belege und weitere Bescheinigungen sowie Urkunden über den Geschäftsverkehr vorlegen. A34

³ Natürliche Personen mit Einkommen aus selbständiger Erwerbstätigkeit und juristische Personen müssen Geschäftsbücher und Aufstellungen nach Artikel 125 Absatz 2 und sonstige Belege, die mit ihrer Tätigkeit in Zusammenhang stehen, während zehn Jahren aufbewahren. Die Art und Weise der Führung und der Aufbewahrung richtet sich nach den Artikeln 957–958f OR⁴,⁵,⁶ N 4 | A34

---

¹ SR 220
² Fassung gemäss Ziff. I 2 des Steuererlassgesetzes vom 20. Juni 2014, in Kraft seit 1. Jan. 2016 (AS **2015** 9; BBl **2013** 8435).
³ Eingefügt durch Ziff. I 1 des BG vom 10. Okt. 1997 über die Reform der Unternehmensbesteuerung 1997 (AS **1998** 669; BBl **1997** II 1164). Fassung gemäss Ziff. I 2 des BG vom 28. Sept. 2018 über die Steuerreform und die AHV-Finanzierung, in Kraft seit 1. Jan. 2020 (AS **2019** 2395 2413; BBl **2018** 2527).
⁴ SR 220
⁵ Fassung des zweiten Satzes gemäss Ziff. I 2 des Steuererlassgesetzes vom 20. Juni 2014, in Kraft seit 1. Jan. 2016 (AS **2015** 9; BBl **2013** 8435).
⁶ Fassung gemäss Ziff. II 1 des BG vom 22. Dez. 1999 (Die kaufmännische Buchführung), in Kraft seit 1. Juni 2002 (AS **2002** 949; BBl **1999** 5149).

Art. 126a[1] Notwendige Vertretung

Die Steuerbehörden können von einer steuerpflichtigen Person mit Wohnsitz oder Sitz im Ausland verlangen, dass sie einen Vertreter in der Schweiz bezeichnet.

3. Abschnitt: Bescheinigungspflicht Dritter A34

Art. 127

¹ Gegenüber dem Steuerpflichtigen sind zur Ausstellung schriftlicher Bescheinigungen verpflichtet:

a. Arbeitgeber über ihre Leistungen an Arbeitnehmer;
b. Gläubiger und Schuldner über Bestand, Höhe Verzinsung und Sicherstellung von Forderungen;
c. Versicherer über den Rückkaufswert von Versicherungen und über die aus dem Versicherungsverhältnis ausbezahlten oder geschuldeten Leistungen;

> ☞ *Art. 127 Abs. 1 Bst. c wird gemäss BG vom 17.6.2022 über die Besteuerung von Leibrenten und ähnlichen Vorsorgeformen voraussichtlich per 1.1.2025 wie folgt geändert:*
>
> *c. Versicherer über den Rückkaufswert von Versicherungen und über die aus dem Versicherungsverhältnis ausbezahlten oder geschuldeten Leistungen; bei Leibrentenversicherungen, die dem VVG unterstehen, müssen sie zusätzlich das Abschlussjahr, die Höhe der garantierten Leibrente, den gesamten steuerbaren Ertragsanteil nach Artikel 22 Absatz 3 sowie die Überschussleistungen und den Ertragsanteil aus diesen Leistungen nach Artikel 22 Absatz 3 Buchstabe b ausweisen;*

d. Treuhänder, Vermögensverwalter, Pfandgläubiger, Beauftragte und andere Personen, die Vermögen des Steuerpflichtigen in Besitz oder in Verwaltung haben oder hatten, über dieses Vermögen und seine Erträgnisse;
e. Personen, die mit dem Steuerpflichtigen Geschäfte tätigen oder getätigt haben, über die beiderseitigen Ansprüche und Leistungen.

² Reicht der Steuerpflichtige trotz Mahnung die nötigen Bescheinigungen nicht ein, so kann sie die Veranlagungsbehörde vom Dritten einfordern. Das gesetzlich geschützte Berufsgeheimnis bleibt vorbehalten.

4. Abschnitt: Auskunftspflicht Dritter A34

Art. 128

Gesellschafter, Miteigentümer und Gesamteigentümer müssen auf Verlangen den Steuerbehörden über ihr Rechtsverhältnis zum Steuerpflichtigen Auskunft erteilen, insbesondere über dessen Anteile, Ansprüche und Bezüge.

5. Abschnitt: Meldepflicht Dritter A34

Art. 129

¹ Den Veranlagungsbehörden müssen für jede Steuerperiode eine Bescheinigung einreichen:

---

[1] Eingefügt durch Ziff. I 1 des BG vom 16. Dez. 2016 über die Revision der Quellenbesteuerung des Erwerbseinkommens, in Kraft seit 1. Jan. 2021 (AS **2018** 1813; BBl **2015** 657).

a. juristische Personen über die den Mitgliedern der Verwaltung und anderer Organe ausgerichteten Leistungen; Stiftungen reichen zusätzlich eine Bescheinigung über die ihren Begünstigten erbrachten Leistungen ein;
b. Einrichtungen der beruflichen Vorsorge und der gebundenen Selbstvorsorge über die den Vorsorgenehmern oder Begünstigten erbrachten Leistungen (Art. 22 Abs. 2);
c. einfache Gesellschaften und Personengesellschaften über alle Verhältnisse, die für die Veranlagung der Teilhaber von Bedeutung sind, insbesondere über ihren Anteil an Einkommen und Vermögen der Gesellschaft;
d.[1] Arbeitgeber, die ihren Angestellten Mitarbeiterbeteiligungen einräumen, über alle für deren Veranlagung notwendigen Angaben; die Einzelheiten regelt der Bundesrat in einer Verordnung. VO DBG N | A89, A82

2 Dem Steuerpflichtigen ist ein Doppel der Bescheinigung zuzustellen.

3 Die kollektiven Kapitalanlagen mit direktem Grundbesitz müssen den Veranlagungsbehörden für jede Steuerperiode eine Bescheinigung über alle Verhältnisse einreichen, die für die Besteuerung des direkten Grundbesitzes und dessen Erträge massgeblich sind.[2]

3. Kapitel: Veranlagung

Art. 130 Durchführung

1 Die Veranlagungsbehörde prüft die Steuererklärung und nimmt die erforderlichen Untersuchungen vor.

2 Hat der Steuerpflichtige trotz Mahnung seine Verfahrenspflichten nicht erfüllt oder können die Steuerfaktoren mangels zuverlässiger Unterlagen nicht einwandfrei ermittelt werden, so nimmt die Veranlagungsbehörde die Veranlagung nach pflichtgemässem Ermessen vor. Sie kann dabei Erfahrungszahlen, Vermögensentwicklung und Lebensaufwand des Steuerpflichtigen berücksichtigen. A94

Art. 131 Eröffnung

1 Die Veranlagungsbehörde setzt in der Veranlagungsverfügung die Steuerfaktoren (steuerbares Einkommen, steuerbarer Reingewinn), den Steuersatz und die Steuerbeträge fest. Zudem wird den Kapitalgesellschaften und Genossenschaften der sich nach der Veranlagung zur Gewinnsteuer und Berücksichtigung von Gewinnausschüttungen ergebende Stand des Eigenkapitals bekannt gegeben.[3]

2 Abweichungen von der Steuererklärung gibt sie dem Steuerpflichtigen spätestens bei der Eröffnung der Veranlagungsverfügung bekannt.

3 Die Veranlagungsverfügung wird auch der kantonalen Verwaltung für die direkte Bundessteuer sowie der ESTV eröffnet, wenn diese im Veranlagungsverfahren mitgewirkt oder die Eröffnung verlangt haben (Art. 103 Abs. 1 Bst. d und 104 Abs. 1).

---

1 Eingefügt durch Ziff. I 1 des BG vom 17. Dez. 2010 über die Besteuerung von Mitarbeiterbeteiligungen, in Kraft seit 1. Jan. 2013 (AS **2011** 3259; BBl **2005** 575).
2 Fassung gemäss Anhang Ziff. II 6 des Kollektivanlagengesetzes vom 23. Juni 2006, in Kraft seit 1. Jan. 2007 (AS **2006** 5379; BBl **2005** 6395).
3 Fassung gemäss Ziff. I 1 des BG vom 10. Okt. 1997 über die Reform der Unternehmensbesteuerung 1997, in Kraft seit 1. Jan 1998 (AS **1998** 669; BBl **1997** II 1164).

4. Kapitel: Einsprache

Art. 132 Voraussetzungen

1 Gegen die Veranlagungsverfügung kann der Steuerpflichtige innert 30 Tagen nach Zustellung bei der Veranlagungsbehörde schriftlich Einsprache erheben.

2 Richtet sich die Einsprache gegen eine einlässlich begründete Veranlagungsverfügung, so kann sie mit Zustimmung des Einsprechers und der übrigen Antragsteller (Art. 103 Abs. 1 Bst. b und 104 Abs. 1) als Beschwerde an die kantonale Steuerrekurskommission weitergeleitet werden.

3 Eine Veranlagung nach pflichtgemässem Ermessen kann der Steuerpflichtige nur wegen offensichtlicher Unrichtigkeit anfechten. Die Einsprache ist zu begründen und muss allfällige Beweismittel nennen.

Art. 133 Fristen

1 Die Frist beginnt mit dem auf die Eröffnung folgenden Tage. Sie gilt als eingehalten, wenn die Einsprache am letzten Tag der Frist bei der Veranlagungsbehörde eingelangt ist, den schweizerischen PTT-Betrieben[1] oder einer schweizerischen diplomatischen oder konsularischen Vertretung im Ausland übergeben wurde. Fällt der letzte Tag auf einen Samstag, Sonntag oder staatlich anerkannten Feiertag, so läuft die Frist am nächstfolgenden Werktag ab.

2 Eine unzuständige Amtsstelle überweist die bei ihr eingereichte Einsprache ohne Verzug der zuständigen Veranlagungsbehörde. Die Frist zur Einreichung der Einsprache gilt als eingehalten, wenn diese am letzten Tag der Frist bei der unzuständigen Amtsstelle eingelangt ist oder den schweizerischen PTT-Betrieben[2] übergeben wurde.

3 Auf verspätete Einsprachen wird nur eingetreten, wenn der Steuerpflichtige nachweist, dass er durch Militär- oder Zivildienst, Krankheit, Landesabwesenheit oder andere erhebliche Gründe an der rechtzeitigen Einreichung verhindert war und dass die Einsprache innert 30 Tagen nach Wegfall der Hinderungsgründe eingereicht wurde.[3]

Art. 134 Befugnisse der Steuerbehörden

1 Im Einspracheverfahren haben die Veranlagungsbehörde, die kantonale Verwaltung für die direkte Bundessteuer und die ESTV die gleichen Befugnisse wie im Veranlagungsverfahren.

2 Einem Rückzug der Einsprache wird keine Folge gegeben, wenn nach den Umständen anzunehmen ist, dass die Veranlagung unrichtig war. Das Einspracheverfahren kann zudem nur mit Zustimmung aller an der Veranlagung beteiligten Steuerbehörden eingestellt werden.

---

[1] Heute: der Schweizerischen Post.
[2] Heute: der Schweizerischen Post.
[3] Fassung gemäss Anhang Ziff. 7 des Zivildienstgesetzes vom 6. Okt. 1995, in Kraft seit 1. Okt. 1996 (AS **1996** 1445; BBl **1994** III 1609).

Art. 135 Entscheid

¹ Die Veranlagungsbehörde entscheidet gestützt auf die Untersuchung über die Einsprache. Sie kann alle Steuerfaktoren neu festsetzen und, nach Anhören des Steuerpflichtigen, die Veranlagung auch zu dessen Nachteil abändern.

² Der Entscheid wird begründet und dem Steuerpflichtigen sowie der kantonalen Verwaltung für die direkte Bundessteuer zugestellt. Er wird auch der ESTV mitgeteilt, wenn diese bei der Veranlagung mitgewirkt oder die Eröffnung des Einspracheentscheides verlangt hat (Art. 103 Abs. 1).

³ Das Einspracheverfahren ist kostenfrei. Artikel 123 Absatz 2 letzter Satz ist entsprechend anwendbar.

Vierter Titel: Verfahren bei der Erhebung der Quellensteuer A91, E67

Art. 136 Verfahrenspflichten A34

Der Steuerpflichtige und der Schuldner der steuerbaren Leistung müssen der Veranlagungsbehörde auf Verlangen über die für die Erhebung der Quellensteuer massgebenden Verhältnisse mündlich oder schriftlich Auskunft erteilen. Die Artikel 123–129 gelten sinngemäss.

Art. 136a¹ Notwendige Vertretung

¹ Die Steuerbehörden können von einer steuerpflichtigen Person mit Wohnsitz oder Sitz im Ausland verlangen, dass sie einen Vertreter in der Schweiz bezeichnet.

² Personen, die nach Artikel 99a eine nachträgliche ordentliche Veranlagung beantragen, müssen die erforderlichen Unterlagen einreichen und eine Zustelladresse in der Schweiz bezeichnen. Wird keine Zustelladresse bezeichnet oder verliert die Zustelladresse während des Veranlagungsverfahrens ihre Gültigkeit, so gewährt die zuständige Behörde der steuerpflichtigen Person eine angemessene Frist für die Bezeichnung einer gültigen Zustelladresse. Läuft diese Frist unbenutzt ab, so tritt die Quellensteuer an die Stelle der im ordentlichen Verfahren zu veranlagenden direkten Bundessteuer auf dem Erwerbseinkommen. Artikel 133 Absatz 3 gilt sinngemäss.

Art. 137² Verfügung

¹ Die steuerpflichtige Person kann von der Veranlagungsbehörde bis am 31. März des auf die Fälligkeit der Leistung folgenden Steuerjahres eine Verfügung über Bestand und Umfang der Steuerpflicht verlangen, wenn sie:

a. mit dem Quellensteuerabzug gemäss Bescheinigung nach Artikel 88 oder 100 nicht einverstanden ist; oder
b. die Bescheinigung nach Artikel 88 oder 100 vom Arbeitgeber nicht erhalten hat.

---

¹ Eingefügt durch Ziff. I 1 des BG vom 16. Dez. 2016 über die Revision der Quellenbesteuerung des Erwerbseinkommens, in Kraft seit 1. Jan. 2021 (AS **2018** 1813; BBl **2015** 657).

² Fassung gemäss Ziff. I 1 des BG vom 16. Dez. 2016 über die Revision der Quellenbesteuerung des Erwerbseinkommens, in Kraft seit 1. Jan. 2021 (AS **2018** 1813; BBl **2015** 657).

² Der Schuldner der steuerbaren Leistung kann von der Veranlagungsbehörde bis am 31. März des auf die Fälligkeit der Leistung folgenden Steuerjahres eine Verfügung über Bestand und Umfang der Steuerpflicht verlangen.

³ Er bleibt bis zum rechtskräftigen Entscheid verpflichtet, die Quellensteuer zu erheben.

Art. 138 Nachforderung und Rückerstattung

¹ Hat der Schuldner der steuerbaren Leistung den Steuerabzug nicht oder ungenügend vorgenommen, so verpflichtet ihn die Veranlagungsbehörde zur Nachzahlung. Der Rückgriff des Schuldners auf den Steuerpflichtigen bleibt vorbehalten.

² Hat der Schuldner der steuerbaren Leistung einen zu hohen Steuerabzug vorgenommen, so muss er dem Steuerpflichtigen die Differenz zurückzahlen. QStV 7

³ Die steuerpflichtige Person kann von der Veranlagungsbehörde zur Nachzahlung der von ihr geschuldeten Quellensteuer verpflichtet werden, wenn die ausbezahlte steuerbare Leistung nicht oder nicht vollständig um die Quellensteuer gekürzt wurde und ein Nachbezug beim Schuldner der steuerbaren Leistung nicht möglich ist.[1]

Art. 139 Rechtsmittel

¹ Gegen eine Verfügung über die Quellensteuer kann der Betroffene Einsprache nach Artikel 132 erheben.

² Das kantonale Recht kann in seinen Vollzugsvorschriften bestimmen, dass sich das Einspracheverfahren und das Verfahren vor der kantonalen Rekurskommission nach den für die Anfechtung und Überprüfung eines Entscheides über kantonalrechtliche Quellensteuern massgebenden kantonalen Verfahrensvorschriften richtet, wenn der streitige Quellensteuerabzug sowohl auf Bundesrecht wie auf kantonalem Recht beruht.

---

[1] Eingefügt durch Ziff. I 1 des BG vom 16. Dez. 2016 über die Revision der Quellenbesteuerung des Erwerbseinkommens, in Kraft seit 1. Jan. 2021 (AS **2018** 1813; BBl **2015** 657).

Fünfter Titel: Beschwerdeverfahren

1. Kapitel: Vor kantonaler Steuerrekurskommission

Art. 140 Voraussetzungen für die Beschwerde des Steuerpflichtigen

1 Der Steuerpflichtige kann gegen den Einspracheentscheid der Veranlagungsbehörde innert 30 Tagen nach Zustellung bei einer von der Steuerbehörde unabhängigen Rekurskommission schriftlich Beschwerde erheben. Artikel 132 Absatz 2 bleibt vorbehalten.

2 Er muss in der Beschwerde seine Begehren stellen, die sie begründenden Tatsachen und Beweismittel angeben sowie Beweisurkunden beilegen oder genau bezeichnen. Entspricht die Beschwerde diesen Anforderungen nicht, so wird dem Steuerpflichtigen unter Androhung des Nichteintretens eine angemessene Frist zur Verbesserung angesetzt.

3 Mit der Beschwerde können alle Mängel des angefochtenen Entscheides und des vorangegangenen Verfahrens gerügt werden.

4 Artikel 133 gilt sinngemäss.

Art. 141 Voraussetzungen für die Beschwerde der Aufsichtsbehörden

1 Die kantonale Verwaltung für die direkte Bundessteuer und die ESTV können gegen jede Veranlagungsverfügung und jeden Einspracheentscheid der Veranlagungsbehörde Beschwerde bei der kantonalen Steuerrekurskommission erheben.

2 Die Beschwerdefrist beträgt:
  a. gegen Veranlagungsverfügungen und Einspracheentscheide, die der beschwerdeführenden Verwaltung eröffnet worden sind, 30 Tage seit Zustellung;
  b. in den andern Fällen 60 Tage seit Eröffnung an den Steuerpflichtigen.

Art. 142 Verfahren

1 Die kantonale Steuerrekurskommission fordert die Veranlagungsbehörde zur Stellungnahme und zur Übermittlung der Veranlagungsakten auf. Sie gibt auch der kantonalen Verwaltung für die direkte Bundessteuer und der ESTV Gelegenheit zur Stellungnahme.

2 Wird die Beschwerde von der kantonalen Verwaltung für die direkte Bundessteuer oder von der ESTV eingereicht, so erhält der Steuerpflichtige Gelegenheit zur Stellungnahme.

3 Enthält die von einer Behörde eingereichte Stellungnahme zur Beschwerde des Steuerpflichtigen neue Tatsachen oder Gesichtspunkte, so erhält der Steuerpflichtige Gelegenheit, sich auch dazu zu äussern.

4 Im Beschwerdeverfahren hat die Steuerrekurskommission die gleichen Befugnisse wie die Veranlagungsbehörde im Veranlagungsverfahren.

5 Die Akteneinsicht des Steuerpflichtigen richtet sich nach Artikel 114.

Art. 143 Entscheid

¹ Die kantonale Steuerrekurskommission entscheidet gestützt auf das Ergebnis ihrer Untersuchungen. Sie kann nach Anhören des Steuerpflichtigen die Veranlagung auch zu dessen Nachteil abändern.

² Sie teilt ihren Entscheid mit schriftlicher Begründung dem Steuerpflichtigen und den am Verfahren beteiligten Behörden mit.

Art. 144 Kosten

¹ Die Kosten des Verfahrens vor der kantonalen Steuerrekurskommission werden der unterliegenden Partei auferlegt; wird die Beschwerde teilweise gutgeheissen, so werden sie anteilmässig aufgeteilt.

² Dem obsiegenden Beschwerdeführer werden die Kosten ganz oder teilweise auferlegt, wenn er bei pflichtgemässem Verhalten schon im Veranlagungs- oder Einspracheverfahren zu seinem Recht gekommen wäre oder wenn er die Untersuchung der kantonalen Steuerrekurskommission durch trölerisches Verhalten erschwert hat.

³ Wenn besondere Verhältnisse es rechtfertigen, kann von einer Kostenauflage abgesehen werden.

⁴ Für die Zusprechung von Parteikosten gilt Artikel 64 Absätze 1–3 des Verwaltungsverfahrensgesetzes vom 20. Dezember 1968[1] sinngemäss.

⁵ Die Höhe der Kosten des Verfahrens vor der kantonalen Steuerrekurskommission wird durch das kantonale Recht bestimmt.

2. Kapitel: Vor einer weiteren kantonalen Beschwerdeinstanz B10

Art. 145

¹ Das kantonale Recht kann den Weiterzug des Beschwerdeentscheides an eine weitere verwaltungsunabhängige kantonale Instanz vorsehen.

² Die Artikel 140–144 gelten sinngemäss.

3. Kapitel: Vor Bundesgericht

Art. 146[2]

Gegen Entscheide letzter kantonaler Instanzen kann nach Massgabe des Bundesgerichtsgesetzes vom 17. Juni 2005[3] beim Bundesgericht Beschwerde geführt werden. Zur Beschwerde in öffentlich-rechtlichen Angelegenheiten ist auch die kantonale Verwaltung für die direkte Bundessteuer berechtigt.

---

[1] SR 172.021
[2] Fassung gemäss Ziff. I 1 des BG vom 26. Sept. 2014 (Anpassungen an die Allgemeinen Bestimmungen des StGB), in Kraft seit 1. Jan. 2017 (AS **2015** 779; BBl **2012** 2869).
[3] SR 173.110

Sechster Titel: Änderung rechtskräftiger Verfügungen und Entscheide

1. Kapitel: Revision

Art. 147 Gründe

¹ Eine rechtskräftige Verfügung oder ein rechtskräftiger Entscheid kann auf Antrag oder von Amtes wegen zugunsten des Steuerpflichtigen revidiert werden:

a. wenn erhebliche Tatsachen oder entscheidende Beweismittel entdeckt werden;
b. wenn die erkennende Behörde erhebliche Tatsachen oder entscheidende Beweismittel, die ihr bekannt waren oder bekannt sein mussten, ausser acht gelassen oder in anderer Weise wesentliche Verfahrensgrundsätze verletzt hat;
c. wenn ein Verbrechen oder ein Vergehen die Verfügung oder den Entscheid beeinflusst hat.

² Die Revision ist ausgeschlossen, wenn der Antragsteller als Revisionsgrund vorbringt, was er bei der ihm zumutbaren Sorgfalt schon im ordentlichen Verfahren hätte geltend machen können.

³ Die Revision bundesgerichtlicher Urteile richtet sich nach dem Bundesgerichtsgesetz vom 17. Juni 2005[1].[2]

Art. 148 Frist

Das Revisionsbegehren muss innert 90 Tagen nach Entdeckung des Revisionsgrundes, spätestens aber innert zehn Jahren nach Eröffnung der Verfügung oder des Entscheides eingereicht werden.

Art. 149 Verfahren und Entscheid

¹ Für die Behandlung des Revisionsbegehrens ist die Behörde zuständig, welche die frühere Verfügung oder den früheren Entscheid erlassen hat.

² Ist ein Revisionsgrund gegeben, so hebt die Behörde ihre frühere Verfügung oder ihren früheren Entscheid auf und verfügt oder entscheidet von neuem.

³ Gegen die Abweisung des Revisionsbegehrens und gegen die neue Verfügung oder den neuen Entscheid können die gleichen Rechtsmittel wie gegen die frühere Verfügung oder den früheren Entscheid ergriffen werden.

⁴ Im Übrigen sind die Vorschriften über das Verfahren anwendbar, in dem die frühere Verfügung oder der frühere Entscheid ergangen ist.

2. Kapitel: Berichtigung von Rechnungsfehlern und Schreibversehen

Art. 150

¹ Rechnungsfehler und Schreibversehen in rechtskräftigen Verfügungen und Entscheiden können innert fünf Jahren nach Eröffnung auf Antrag oder von Amtes wegen von der Behörde, der sie unterlaufen sind, berichtigt werden.

---

[1] SR **173.110**
[2] Fassung gemäss Anhang Ziff. 57 des Verwaltungsgerichtsgesetzes vom 17. Juni 2005, in Kraft seit 1. Jan. 2007 (AS **2006** 2197 1069; BBl **2001** 4202).

² Gegen die Berichtigung oder ihre Ablehnung können die gleichen Rechtsmittel wie gegen die Verfügung oder den Entscheid ergriffen werden.

3. Kapitel: Nachsteuern

Art. 151 Ordentliche Nachsteuer[1]

¹ Ergibt sich aufgrund von Tatsachen oder Beweismittel, die der Steuerbehörde nicht bekannt waren, dass eine Veranlagung zu Unrecht unterblieben oder eine rechtskräftige Veranlagung unvollständig ist, oder ist eine unterbliebene oder unvollständige Veranlagung auf ein Verbrechen oder ein Vergehen gegen die Steuerbehörde zurückzuführen, so wird die nicht erhobene Steuer samt Zins als Nachsteuer eingefordert.

² Hat der Steuerpflichtige Einkommen, Vermögen und Reingewinn in seiner Steuererklärung vollständig und genau angegeben und das Eigenkapital zutreffend ausgewiesen und haben die Steuerbehörden die Bewertung anerkannt, so kann keine Nachsteuer erhoben werden, selbst wenn die Bewertung ungenügend war.[2]

Art. 152 Verwirkung

¹ Das Recht, ein Nachsteuerverfahren einzuleiten, erlischt zehn Jahre nach Ablauf der Steuerperiode, für die eine Veranlagung zu Unrecht unterblieben oder eine rechtskräftige Veranlagung unvollständig ist.

² Die Eröffnung der Strafverfolgung wegen Steuerhinterziehung oder Steuervergehens gilt zugleich als Einleitung des Nachsteuerverfahrens.

³ Das Recht, die Nachsteuer festzusetzen, erlischt 15 Jahre nach Ablauf der Steuerperiode, auf die sie sich bezieht.

Art. 153 Verfahren

¹ Die Einleitung eines Nachsteuerverfahrens wird dem Steuerpflichtigen schriftlich mitgeteilt.

¹ᵇⁱˢ Wenn bei Einleitung des Verfahrens ein Strafverfahren wegen Steuerhinterziehung weder eingeleitet wird, noch hängig ist, noch von vornherein ausgeschlossen werden kann, wird die steuerpflichtige Person auf die Möglichkeit der späteren Einleitung eines solchen Strafverfahrens aufmerksam gemacht.[3]

² Das Verfahren, das beim Tod des Steuerpflichtigen noch nicht eingeleitet oder noch nicht abgeschlossen ist, wird gegenüber den Erben eingeleitet oder fortgesetzt.

³ Im Übrigen sind die Vorschriften über die Verfahrensgrundsätze, das Veranlagungs- und das Beschwerdeverfahren sinngemäss anwendbar.

---

[1] Fassung gemäss Ziff. I 1 des BG vom 20. März 2008 über die Vereinfachung der Nachbesteuerung in Erbfällen und die Einführung der straflosen Selbstanzeige, in Kraft seit 1. Jan. 2010 (AS **2008** 4453; BBl **2006** 8795).

[2] Fassung gemäss Ziff. I 1 des BG vom 10. Okt. 1997 über die Reform der Unternehmensbesteuerung 1997, in Kraft seit 1. Jan. 1998 (AS **1998** 669; BBl **1997** II 1164).

[3] Eingefügt durch Ziff. I 1 des BG vom 20. Dez. 2006 über Änderungen des Nachsteuerverfahrens und des Strafverfahrens wegen Steuerhinterziehung auf dem Gebiet der direkten Steuern, in Kraft seit 1. Jan. 2008 (AS **2007** 2973; BBl **2006** 4021 4039).

Art. 153a[1] Vereinfachte Nachbesteuerung von Erben A94, B15

¹ Alle Erben haben unabhängig voneinander Anspruch auf eine vereinfachte Nachbesteuerung der vom Erblasser hinterzogenen Bestandteile von Vermögen und Einkommen, wenn:

a. die Hinterziehung keiner Steuerbehörde bekannt ist;
b. sie die Verwaltung bei der Feststellung der hinterzogenen Vermögens- und Einkommenselemente vorbehaltlos unterstützen; und
c. sie sich ernstlich um die Bezahlung der geschuldeten Nachsteuer bemühen.

² Die Nachsteuer wird für die letzten drei vor dem Todesjahr abgelaufenen Steuerperioden nach den Vorschriften über die ordentliche Veranlagung berechnet und samt Verzugszins nachgefordert.

³ Die vereinfachte Nachbesteuerung ist ausgeschlossen, wenn die Erbschaft amtlich oder konkursamtlich liquidiert wird.

⁴ Auch der Willensvollstrecker oder der Erbschaftsverwalter kann um eine vereinfachte Nachbesteuerung ersuchen.

Siebenter Titel: Inventar VO DBG InvV

1. Kapitel: Inventarpflicht

Art. 154

¹ Nach dem Tod eines Steuerpflichtigen wird innert zwei Wochen ein amtliches Inventar aufgenommen.

² Die Inventaraufnahme kann unterbleiben, wenn anzunehmen ist, dass kein Vermögen vorhanden ist.

2. Kapitel: Gegenstand

Art. 155

¹ In das Inventar wird das am Todestag bestehende Vermögen des Erblassers, seines in ungetrennter Ehe lebenden Ehegatten und der unter seiner elterlichen Sorge stehenden minderjährigen Kinder aufgenommen.

² Tatsachen, die für die Steuerveranlagung von Bedeutung sind, werden festgestellt und im Inventar vorgemerkt.

3. Kapitel: Verfahren

Art. 156 Sicherung der Inventaraufnahme

¹ Die Erben und die Personen, die das Nachlassvermögen verwalten oder verwahren, dürfen über dieses vor Aufnahme des Inventars nur mit Zustimmung der Inventarbehörde verfügen.

² Zur Sicherung des Inventars kann die Inventarbehörde die sofortige Siegelung vornehmen.

---

[1] Eingefügt durch Ziff. I 1 des BG vom 20. März 2008 über die Vereinfachung der Nachbesteuerung in Erbfällen und die Einführung der straflosen Selbstanzeige, in Kraft seit 1. Jan. 2010 (AS **2008** 4453; BBl **2006** 8795).

Art. 157 Mitwirkungspflichten A34

¹ Die Erben, die gesetzlichen Vertreter von Erben, die Erbschaftsverwalter und die Willensvollstrecker sind verpflichtet:

a. über alle Verhältnisse, die für die Feststellung der Steuerfaktoren des Erblassers von Bedeutung sein können, wahrheitsgemäss Auskunft zu erteilen;
b. alle Bücher, Urkunden, Ausweise und Aufzeichnungen, die über den Nachlass Aufschluss verschaffen können, vorzuweisen;
c. alle Räumlichkeiten und Behältnisse zu öffnen, die dem Erblasser zur Verfügung gestanden haben.

² Erben und gesetzliche Vertreter von Erben, die mit dem Erblasser in häuslicher Gemeinschaft gelebt oder Vermögensgegenstände des Erblassers verwahrt oder verwaltet haben, müssen auch Einsicht in ihre Räume und Behältnisse gewähren.

³ Erhält ein Erbe, ein gesetzlicher Vertreter von Erben, ein Erbschaftsverwalter oder ein Willensvollstrecker nach Aufnahme des Inventars Kenntnis von Gegenständen des Nachlasses, die nicht im Inventar verzeichnet sind, so muss er diese innert zehn Tagen der Inventarbehörde bekannt geben.

⁴ Der Inventaraufnahme müssen mindestens ein handlungsfähiger Erbe und der gesetzliche Vertreter minderjähriger oder unter umfassender Beistandschaft stehender Erben oder die vorsorgebeauftragte Person beiwohnen.[1]

Art. 158 Auskunfts- und Bescheinigungspflicht A34

¹ Dritte, die Vermögenswerte des Erblassers verwahrten oder verwalteten oder denen gegenüber der Erblasser geldwerte Rechte oder Ansprüche hatte, sind verpflichtet, den Erben zuhanden der Inventarbehörde auf Verlangen schriftlich alle damit zusammenhängenden Auskünfte zu erteilen.

² Stehen der Erfüllung dieser Auskunftspflicht wichtige Gründe entgegen, so kann der Dritte die verlangten Angaben direkt der Inventarbehörde machen.

³ Im Übrigen gelten die Artikel 127 und 128 sinngemäss.

4. Kapitel: Behörden

Art. 159

¹ Für die Inventaraufnahme und die Siegelung ist die kantonale Behörde des Ortes zuständig, an dem der Erblasser seinen letzten steuerrechtlichen Wohnsitz oder Aufenthalt gehabt oder steuerbare Werte besessen hat.

² Ordnet die Erwachsenenschutzbehörde oder das Gericht eine Inventaraufnahme an, so wird eine Ausfertigung des Inventars der Inventarbehörde zugestellt.[2] Diese kann es übernehmen oder nötigenfalls ergänzen.

³ Die Zivilstandsämter informieren bei einem Todesfall unverzüglich die Steuerbehörde am letzten steuerrechtlichen Wohnsitz oder Aufenthalt (Art. 3) des Verstorbenen.

---

[1] Fassung gemäss Anhang Ziff. 18 des BG vom 19. Dez. 2008 (Erwachsenenschutz, Personenrecht und Kindesrecht), in Kraft seit 1. Jan. 2013 (AS **2011** 725; BBl **2006** 7001).

[2] Fassung gemäss Anhang Ziff. 18 des BG vom 19. Dez. 2008 (Erwachsenenschutz, Personenrecht und Kindesrecht), in Kraft seit 1. Jan. 2013 (AS **2011** 725; BBl **2006** 7001).

Achter Titel: Bezug und Sicherung der Steuer

1. Kapitel: Bezugskanton

Art. 160

Die Steuer wird durch den Kanton bezogen, in dem die Veranlagung vorgenommen worden ist.

2. Kapitel: Fälligkeit der Steuer VO DBG J

Art. 161

¹ Die Steuer wird in der Regel in dem vom EFD bestimmten Zeitpunkt fällig (allgemeiner Fälligkeitstermin). Sie kann in Raten bezogen werden.

² Für die Steuer von Steuerpflichtigen, bei denen das Steuerjahr nicht mit dem Kalenderjahr übereinstimmt (Art. 79 Abs. 2), kann die Steuerbehörde besondere Fälligkeitstermine festsetzen.

³ Mit der Zustellung der Veranlagungsverfügung werden fällig:

a. die Steuer auf Kapitalleistungen aus Vorsorge (Art. 38);
b.[1] ...
c. die Nachsteuer (Art. 151).

⁴ In jedem Falle wird die Steuer fällig:

a. am Tag, an dem der Steuerpflichtige, der das Land dauernd verlassen will, Anstalten zur Ausreise trifft;
b. mit der Anmeldung zur Löschung einer steuerpflichtigen juristischen Person im Handelsregister; A19
c. im Zeitpunkt, in dem der ausländische Steuerpflichtige seinen Geschäftsbetrieb oder seine Beteiligung an einem inländischen Geschäftsbetrieb, seine inländische Betriebsstätte, seinen inländischen Grundbesitz oder seine durch inländische Grundstücke gesicherten Forderungen aufgibt (Art. 4, 5 und 51);
d. bei der Konkurseröffnung über den Steuerpflichtigen;
e. beim Tode des Steuerpflichtigen.

⁵ Der Fälligkeitstermin bleibt unverändert, auch wenn zu diesem Zeitpunkt dem Steuerpflichtigen lediglich eine provisorische Rechnung zugestellt worden ist oder wenn er gegen die Veranlagung Einsprache oder Beschwerde erhoben hat.

---

[1] Aufgehoben durch Ziff. I 1 des BG vom 22. März 2013 über die formelle Bereinigung der zeitlichen Bemessung der direkten Steuern bei den natürlichen Personen, mit Wirkung seit 1. Jan. 2014 (AS **2013** 2397; BBl **2011** 3593).

3. Kapitel: Steuerbezug   VO DBG J

Art. 162 Provisorischer und definitiver Bezug

¹ Die direkte Bundessteuer wird gemäss Veranlagung bezogen. Ist die Veranlagung im Zeitpunkt der Fälligkeit noch nicht vorgenommen, so wird die Steuer provisorisch bezogen. Grundlage dafür ist die Steuererklärung, die letzte Veranlagung oder der mutmasslich geschuldete Betrag.

² Provisorisch bezogene Steuern werden auf die gemäss definitiver Veranlagung geschuldeten Steuern angerechnet.

³ Zu wenig bezahlte Beträge werden nachgefordert, zu viel bezahlte Beträge zurückerstattet. Das EFD bestimmt, inwieweit diese Beträge verzinst werden.

Art. 163 Zahlung

¹ Die Steuer muss innert 30 Tagen nach Fälligkeit entrichtet werden. Vorbehalten bleibt der ratenweise Bezug der Steuer (Art. 161 Abs. 1).

² Das EFD setzt für Steuerpflichtige, die vor Eintritt der Fälligkeit Vorauszahlungen leisten, einen Vergütungszins fest.   VO DBG P

³ Die Kantone geben die allgemeinen Fälligkeits- und Zahlungstermine und die kantonalen Einzahlungsstellen öffentlich bekannt.

Art. 164 Verzugszins

¹ Der Zahlungspflichtige muss für die Beträge, die er nicht fristgemäss entrichtet, einen Verzugszins bezahlen, der vom EFD festgesetzt wird.   VO DBG P

² Hat der Zahlungspflichtige bei Eintritt der Fälligkeit aus Gründen, die er nicht zu vertreten hat, noch keine Steuerrechnung erhalten, so beginnt die Zinspflicht 30 Tage nach deren Zustellung.

Art. 165 Zwangsvollstreckung

¹ Wird der Steuerbetrag auf Mahnung hin nicht bezahlt, so wird gegen den Zahlungspflichtigen die Betreibung eingeleitet.

² Hat der Zahlungspflichtige keinen Wohnsitz in der Schweiz oder sind ihm gehörende Vermögenswerte mit Arrest belegt, so kann die Betreibung ohne vorherige Mahnung eingeleitet werden.

³ Im Betreibungsverfahren haben die rechtskräftigen Veranlagungsverfügungen und -entscheide der mit dem Vollzug dieses Gesetzes betrauten Behörden die gleiche Wirkung wie ein vollstreckbares Gerichtsurteil.

⁴ Eine Eingabe der Steuerforderung in öffentliche Inventare und auf Rechnungsrufe ist nicht erforderlich.

Art. 166 Zahlungserleichterungen

¹ Ist die Zahlung der Steuer, Zinsen und Kosten oder einer Busse wegen Übertretung innert der vorgeschriebenen Frist für den Zahlungspflichtigen mit einer erheblichen Härte verbunden, so kann die Bezugsbehörde die Zahlungsfrist erstrecken oder Ratenzahlungen bewilligen. Sie kann darauf verzichten, wegen eines solchen Zahlungsaufschubes Zinsen zu berechnen.

² Zahlungserleichterungen können von einer angemessenen Sicherheitsleistung abhängig gemacht werden.

³ Zahlungserleichterungen werden widerrufen, wenn ihre Voraussetzungen wegfallen oder wenn die Bedingungen, an die sie geknüpft sind, nicht erfüllt werden.

4. Kapitel: Erlass der Steuer VO DBG L | B13

Art. 167[1] Voraussetzungen

¹ Bedeutet für eine steuerpflichtige Person infolge einer Notlage die Zahlung der Steuer, eines Zinses oder einer Busse wegen einer Übertretung eine grosse Härte, so können die geschuldeten Beträge auf Gesuch hin ganz oder teilweise erlassen werden.

² Der Steuererlass bezweckt, zur dauerhaften Sanierung der wirtschaftlichen Lage der steuerpflichtigen Person beizutragen. Er hat der steuerpflichtigen Person selbst und nicht ihren Gläubigerinnen oder Gläubigern zugutezukommen.

³ Bussen und Nachsteuern werden nur in besonders begründeten Ausnahmefällen erlassen.

⁴ Die Erlassbehörde tritt nur auf Erlassgesuche ein, die vor Zustellung des Zahlungsbefehls (Art. 38 Abs. 2 des BG vom 11. April 1889[2] über Schuldbetreibung und Konkurs; SchKG) eingereicht werden.

⁵ In Quellensteuerfällen kann nur die steuerpflichtige Person selbst oder die von ihr bestimmte vertragliche Vertretung ein Erlassgesuch einreichen.

Art. 167a[3] Ablehnungsgründe

Der Steuererlass kann insbesondere dann ganz oder teilweise abgelehnt werden, wenn die steuerpflichtige Person:

a. ihre Pflichten im Veranlagungsverfahren schwerwiegend oder wiederholt verletzt hat, sodass eine Beurteilung der finanziellen Situation in der betreffenden Steuerperiode nicht mehr möglich ist;
b. ab der Steuerperiode, auf die sich das Erlassgesuch bezieht, trotz verfügbarer Mittel keine Rücklagen vorgenommen hat;
c. im Zeitpunkt der Fälligkeit der Steuerforderung trotz verfügbarer Mittel keine Zahlungen geleistet hat;

---

[1] Fassung gemäss Ziff. I 2 des Steuererlassgesetzes vom 20. Juni 2014, in Kraft seit 1. Jan. 2016 (AS **2015** 9; BBl **2013** 8435).
[2] SR **281.1**
[3] Eingefügt durch Ziff. I 2 des Steuererlassgesetzes vom 20. Juni 2014, in Kraft seit 1. Jan. 2016 (AS **2015** 9; BBl 2013 8435).

d. die mangelnde Leistungsfähigkeit durch freiwilligen Verzicht auf Einkommen oder Vermögen ohne wichtigen Grund, durch übersetzte Lebenshaltung oder dergleichen leichtsinnig oder grobfahrlässig herbeigeführt hat;
e. während des Beurteilungszeitraums andere Gläubigerinnen oder Gläubiger bevorzugt behandelt hat.

Art. 167b[1] Erlassbehörde

1 Die Kantone bestimmen die für den Erlass der direkten Bundessteuer zuständige kantonale Behörde (Erlassbehörde).

2 Sie legen das Verfahren fest, soweit es nicht bundesrechtlich geregelt ist. Dies gilt auch für das Erlassverfahren in Quellensteuerfällen.

Art. 167c[2] Inhalt des Erlassgesuchs

Das Erlassgesuch muss schriftlich und begründet sein und die nötigen Beweismittel enthalten. Im Gesuch ist die Notlage darzulegen, derzufolge die Zahlung der Steuer, des Zinses oder der Busse eine grosse Härte bedeuten würde.

Art. 167d[3] Verfahrensrechte und Verfahrenspflichten der gesuchstellenden Person

1 Für die gesuchstellende Person gelten die Verfahrensrechte und Verfahrenspflichten nach diesem Gesetz. Sie hat der Erlassbehörde umfassende Auskunft über ihre wirtschaftlichen Verhältnisse zu erteilen.

2 Verweigert die gesuchstellende Person trotz Aufforderung und Mahnung die notwendige und zumutbare Mitwirkung, so kann die Erlassbehörde beschliessen, nicht auf das Gesuch einzutreten.

3 Das Verwaltungs- und das Einspracheverfahren vor der Erlassbehörde sind kostenfrei. Der gesuchstellenden Person können jedoch die Kosten ganz oder teilweise auferlegt werden, wenn sie ein offensichtlich unbegründetes Gesuch eingereicht hat.

Art. 167e[4] Untersuchungsmittel der Erlassbehörde

Die Erlassbehörde verfügt über sämtliche Untersuchungsmittel nach diesem Gesetz.

Art. 167f[5] Ausführungsbestimmungen

Das EFD umschreibt in einer Verordnung insbesondere die Voraussetzungen für den Steuererlass, die Gründe für dessen Ablehnung sowie das Erlassverfahren näher.

---

[1] Eingefügt durch Ziff. I 2 des Steuererlassgesetzes vom 20. Juni 2014, in Kraft seit 1. Jan. 2016 (AS **2015** 9; BBl **2013** 8435).
[2] Eingefügt durch Ziff. I 2 des Steuererlassgesetzes vom 20. Juni 2014, in Kraft seit 1. Jan. 2016 (AS **2015** 9; BBl **2013** 8435).
[3] Eingefügt durch Ziff. I 2 des Steuererlassgesetzes vom 20. Juni 2014, in Kraft seit 1. Jan. 2016 (AS **2015** 9; BBl **2013** 8435).
[4] Eingefügt durch Ziff. I 2 des Steuererlassgesetzes vom 20. Juni 2014, in Kraft seit 1. Jan. 2016 (AS **2015** 9; BBl **2013** 8435).
[5] Eingefügt durch Ziff. I 2 des Steuererlassgesetzes vom 20. Juni 2014, in Kraft seit 1. Jan. 2016 (AS **2015** 9; BBl **2013** 8435).

Art. 167g[1] Rechtsmittelverfahren

1 Die gesuchstellende Person kann gegen den Entscheid über den Erlass der direkten Bundessteuer dieselben Rechtsmittel ergreifen wie gegen den Entscheid über den Erlass der kantonalen Einkommens- und Gewinnsteuer.

2 Der ESTV stehen die gleichen Rechtsmittel wie der gesuchstellenden Person zu.

3 Die Erlassbehörde kann gegen den Verwaltungsbeschwerdeentscheid und gegen den Entscheid einer verwaltungsunabhängigen Instanz dieselben Rechtsmittel ergreifen wie gegen den Beschwerdeentscheid über den Erlass der kantonalen Einkommens- und Gewinnsteuer.

4 Die Artikel 132–135 und 140–145 sind sinngemäss anwendbar.

5 Die gesuchstellende Person, die Erlassbehörde und die ESTV können den Entscheid der letzten kantonalen Instanz nach Massgabe des Bundesgerichtsgesetzes vom 17. Juni 2005[2] mit Beschwerde in öffentlich-rechtlichen Angelegenheiten beim Bundesgericht anfechten. N 3

5. Kapitel: Rückforderung bezahlter Steuern

Art. 168

1 Der Steuerpflichtige kann einen von ihm bezahlten Steuerbetrag zurückfordern, wenn er irrtümlicherweise eine ganz oder teilweise nicht geschuldete Steuer bezahlt hat.

2 Zurückzuerstattende Steuerbeträge werden, wenn seit der Zahlung mehr als 30 Tage verflossen sind, vom Zeitpunkt der Zahlung an zu dem vom EFD festgesetzten Ansatz verzinst. VO DBG P

3 Der Rückerstattungsanspruch muss innert fünf Jahren nach Ablauf des Kalenderjahrs, in dem die Zahlung geleistet worden ist, bei der kantonalen Verwaltung für die direkte Bundessteuer geltend gemacht werden. Weist diese den Antrag ab, so stehen dem Betroffenen die gleichen Rechtsmittel zu wie gegen eine Veranlagungsverfügung (Art. 132). Der Anspruch erlischt zehn Jahre nach Ablauf des Zahlungsjahres.

6. Kapitel: Steuersicherung

Art. 169 Sicherstellung

1 Hat der Steuerpflichtige keinen Wohnsitz in der Schweiz oder erscheint die Bezahlung der von ihm geschuldeten Steuer als gefährdet, so kann die kantonale Verwaltung für die direkte Bundessteuer auch vor der rechtskräftigen Feststellung des Steuerbetrages jederzeit Sicherstellung verlangen. Die Sicherstellungsverfügung gibt den sicherzustellenden Betrag an und ist sofort vollstreckbar. Sie hat im Betreibungsverfahren die gleichen Wirkungen wie ein vollstreckbares Gerichtsurteil.

2 Die Sicherstellung muss in Geld, durch Hinterlegung sicherer, marktgängiger Wertschriften oder durch Bankbürgschaft geleistet werden.

---

[1] Eingefügt durch Ziff. I 2 des Steuererlassgesetzes vom 20. Juni 2014, in Kraft seit 1. Jan. 2016 (AS **2015** 9; BBl **2013** 8435).
[2] SR **173.110**

³ Der Steuerpflichtige kann gegen die Sicherstellungsverfügung innert 30 Tagen nach Zustellung bei der kantonalen Steuerrekurskommission Beschwerde führen. Artikel 146 ist anwendbar.[1]

⁴ Beschwerden gegen Sicherstellungsverfügungen haben keine aufschiebende Wirkung.[2]

Art. 170[3] Arrest

¹ Die Sicherstellungsverfügung gilt als Arrestbefehl nach Artikel 274 SchKG[4]. Der Arrest wird durch das zuständige Betreibungsamt vollzogen.

² Die Einsprache gegen den Arrestbefehl nach Artikel 278 SchKG ist nicht zulässig.

Art. 171 Löschung im Handelsregister A19

Eine juristische Person darf im Handelsregister erst dann gelöscht werden, wenn die kantonale Verwaltung für die direkte Bundessteuer dem Handelsregisteramt angezeigt hat, dass die geschuldete Steuer bezahlt oder sichergestellt ist.

Art. 172 Eintrag im Grundbuch

¹ Veräussert eine in der Schweiz ausschliesslich aufgrund von Grundbesitz (Art. 4 Abs. 1 Bst. c und 51 Abs. 1 Bst. c) steuerpflichtige natürliche oder juristische Person ein in der Schweiz gelegenes Grundstück, so darf der Erwerber im Grundbuch nur mit schriftlicher Zustimmung der kantonalen Verwaltung für die direkte Bundessteuer als Eigentümer eingetragen werden.

² Die kantonale Verwaltung für die direkte Bundessteuer bescheinigt dem Veräusserer zuhanden des Grundbuchverwalters ihre Zustimmung zum Eintrag, wenn die mit dem Besitz und der Veräusserung des Grundstückes in Zusammenhang stehende Steuer bezahlt oder sichergestellt ist oder wenn feststeht, dass keine Steuer geschuldet ist oder der Veräusserer hinreichend Gewähr für die Erfüllung der Steuerpflicht bietet.

³ Verweigert die kantonale Verwaltung die Bescheinigung, so kann dagegen Beschwerde bei der kantonalen Steuerrekurskommission erhoben werden.

Art. 173 Sicherstellung der für die Vermittlungstätigkeit an Grundstücken geschuldeten Steuern

Vermittelt eine natürliche oder juristische Person, die in der Schweiz weder Wohnsitz noch Sitz oder die tatsächliche Verwaltung hat, ein in der Schweiz gelegenes Grundstück, so kann die kantonale Verwaltung für die direkte Bundessteuer vom Käufer oder Verkäufer verlangen, 3 Prozent der Kaufsumme als Sicherheit des für die Vermittlungstätigkeit geschuldeten Steuerbetrages zu hinterlegen.

---

[1] Fassung gemäss Anhang Ziff. 57 des Verwaltungsgerichtsgesetzes vom 17. Juni 2005, in Kraft seit 1. Jan. 2007 (AS **2006** 2197 1069; BBl **2001** 4202).

[2] Fassung gemäss Anhang Ziff. 57 des Verwaltungsgerichtsgesetzes vom 17. Juni 2005, in Kraft seit 1. Jan. 2007 (AS **2006** 2197 1069; BBl **2001** 4202).

[3] Fassung gemäss Ziff. I 2 des Steuererlassgesetzes vom 20. Juni 2014, in Kraft seit 1. Jan. 2016 (AS **2015** 9; BBl **2013** 8435).

[4] SR **281.1**

Sechster Teil: Steuerstrafrecht

Erster Titel: Verletzung von Verfahrenspflichten und Steuerhinterziehung

1. Kapitel: Verfahrenspflichten A34

Art. 174

¹ Wer einer Pflicht, die ihm nach den Vorschriften dieses Gesetzes oder nach einer aufgrund dieses Gesetzes getroffenen Anordnung obliegt, trotz Mahnung vorsätzlich oder fahrlässig nicht nachkommt, insbesondere: A75

  a. die Steuererklärung oder die dazu verlangten Beilagen nicht einreicht,
  b. eine Bescheinigungs-, Auskunfts- oder Meldepflicht nicht erfüllt,
  c. Pflichten verletzt, die ihm als Erben oder Dritten im Inventarverfahren obliegen,

wird mit Busse bestraft.

² Die Busse beträgt bis zu 1000 Franken, in schweren Fällen oder bei Rückfall bis zu 10 000 Franken.

2. Kapitel: Steuerhinterziehung

Art. 175 Vollendete Steuerhinterziehung

¹ Wer als Steuerpflichtiger vorsätzlich oder fahrlässig bewirkt, dass eine Veranlagung zu Unrecht unterbleibt oder dass eine rechtskräftige Veranlagung unvollständig ist,

wer als zum Steuerabzug an der Quelle Verpflichteter vorsätzlich oder fahrlässig einen Steuerabzug nicht oder nicht vollständig vornimmt,

wer vorsätzlich oder fahrlässig eine unrechtmässige Rückerstattung oder einen ungerechtfertigten Erlass erwirkt,

wird mit Busse bestraft.

² Die Busse beträgt in der Regel das Einfache der hinterzogenen Steuer. Sie kann bei leichtem Verschulden bis auf einen Drittel ermässigt, bei schwerem Verschulden bis auf das Dreifache erhöht werden.

³ Zeigt die steuerpflichtige Person erstmals eine Steuerhinterziehung selbst an, so wird von einer Strafverfolgung abgesehen (straflose Selbstanzeige), wenn: A94, B15

  a. die Hinterziehung keiner Steuerbehörde bekannt ist;
  b. sie die Verwaltung bei der Festsetzung der Nachsteuer vorbehaltlos unterstützt; und
  c. sie sich ernstlich um die Bezahlung der geschuldeten Nachsteuer bemüht.[1]

⁴ Bei jeder weiteren Selbstanzeige wird die Busse unter den Voraussetzungen nach Absatz 3 auf einen Fünftel der hinterzogenen Steuer ermässigt.[2]

---

[1] Fassung gemäss Ziff. I 1 des BG vom 20. März 2008 über die Vereinfachung der Nachbesteuerung in Erbfällen und die Einführung der straflosen Selbstanzeige, in Kraft seit 1. Jan. 2010 (AS **2008** 4453; BBl **2006** 8795).

[2] Eingefügt durch Ziff. I 1 des BG vom 20. März 2008 über die Vereinfachung der Nachbesteuerung in Erbfällen und die Einführung der straflosen Selbstanzeige, in Kraft seit 1. Jan. 2010 (AS **2008** 4453; BBl **2006** 8795).

Art. 176 Versuchte Steuerhinterziehung

¹ Wer eine Steuer zu hinterziehen versucht, wird mit Busse bestraft.

² Die Busse beträgt zwei Drittel der Busse, die bei vorsätzlicher und vollendeter Steuerhinterziehung festzusetzen wäre.

Art. 177 Anstiftung, Gehilfenschaft, Mitwirkung

¹ Wer vorsätzlich zu einer Steuerhinterziehung anstiftet, Hilfe leistet oder als Vertreter des Steuerpflichtigen eine Steuerhinterziehung bewirkt oder an einer solchen mitwirkt, wird ohne Rücksicht auf die Strafbarkeit des Steuerpflichtigen mit Busse bestraft und haftet überdies solidarisch für die hinterzogene Steuer.

² Die Busse beträgt bis zu 10 000 Franken, in schweren Fällen oder bei Rückfall bis zu 50 000 Franken.

³ Zeigt sich eine Person nach Absatz 1 erstmals selbst an und sind die Voraussetzungen nach Artikel 175 Absatz 3 Buchstaben a und b erfüllt, so wird von einer Strafverfolgung abgesehen und die Solidarhaftung entfällt.[1]

Art. 178 Verheimlichung oder Beiseiteschaffung von Nachlasswerten im Inventarverfahren

¹ Wer Nachlasswerte, zu deren Bekanntgabe er im Inventarverfahren verpflichtet ist, verheimlicht oder beiseite schafft in der Absicht, sie der Inventaraufnahme zu entziehen,

wer zu einer solchen Handlung anstiftet oder dazu Hilfe leistet,

wird mit Busse bestraft.[2]

² Die Busse beträgt bis zu 10 000 Franken, in schweren Fällen oder bei Rückfall bis zu 50 000 Franken.

³ Der Versuch einer Verheimlichung oder Beiseiteschaffung von Nachlasswerten ist ebenfalls strafbar. Die Strafe kann milder sein als bei vollendeter Begehung.

⁴ Zeigt sich eine Person nach Absatz 1 erstmals selbst an, so wird von einer Strafverfolgung wegen Verheimlichung oder Beiseiteschaffung von Nachlasswerten im Inventarverfahren und wegen allfälliger anderer in diesem Zusammenhang begangener Straftaten abgesehen (straflose Selbstanzeige), wenn:

a. die Widerhandlung keiner Steuerbehörde bekannt ist; und
b. die Person die Verwaltung bei der Berichtigung des Inventars vorbehaltlos unterstützt.[3]

Art. 179[4] ...

---

[1] Eingefügt durch Ziff. I 1 des BG vom 20. März 2008 über die Vereinfachung der Nachbesteuerung in Erbfällen und die Einführung der straflosen Selbstanzeige, in Kraft seit 1. Jan. 2010 (AS **2008** 4453; BBl **2006** 8795).

[2] Fassung gemäss Ziff. I 1 des BG vom 20. März 2008 über die Vereinfachung der Nachbesteuerung in Erbfällen und die Einführung der straflosen Selbstanzeige, in Kraft seit 1. Jan. 2010 (AS **2008** 4453; BBl **2006** 8795).

[3] Eingefügt durch Ziff. I 1 des BG vom 20. März 2008 über die Vereinfachung der Nachbesteuerung in Erbfällen und die Einführung der straflosen Selbstanzeige, in Kraft seit 1. Jan. 2010 (AS **2008** 4453; BBl **2006** 8795).

[4] Aufgehoben durch Ziff. I 1 des BG vom 8. Okt. 2004 über die Aufhebung der Haftung der Erben für Steuerbussen, mit Wirkung seit 1. März 2005 (AS **2005** 1051; BBl **2004** 1437 1451). Siehe auch die SchlB dieser Änd. am Ende dieses Textes.

Art. 180[1] Steuerhinterziehung von Ehegatten

Die steuerpflichtige Person, die in rechtlich und tatsächlich ungetrennter Ehe lebt, wird nur für die Hinterziehung ihrer eigenen Steuerfaktoren gebüsst. Vorbehalten bleibt Artikel 177. Die Mitunterzeichnung der Steuererklärung stellt für sich allein keine Widerhandlung nach Artikel 177 dar. A75

3. Kapitel: Juristische Personen

Art. 181 Allgemeines[2]

1 Werden mit Wirkung für eine juristische Person Verfahrenspflichten verletzt, Steuern hinterzogen oder Steuern zu hinterziehen versucht, so wird die juristische Person gebüsst.

2 Werden im Geschäftsbereich einer juristischen Person Teilnahmehandlungen (Anstiftung, Gehilfenschaft, Mitwirkung) an Steuerhinterziehungen Dritter begangen, so ist Artikel 177 auf die juristische Person anwendbar.

3 Die Bestrafung der handelnden Organe oder Vertreter nach Artikel 177 bleibt vorbehalten.

4 Bei Körperschaften und Anstalten des ausländischen Rechts und bei ausländischen Personengesamtheiten ohne juristische Persönlichkeit gelten die Absätze 1–3 sinngemäss.

Art. 181a[3] Selbstanzeige

1 Zeigt eine steuerpflichtige juristische Person erstmals eine in ihrem Geschäftsbetrieb begangene Steuerhinterziehung selbst an, so wird von einer Strafverfolgung abgesehen (straflose Selbstanzeige), wenn: B15

   a. die Hinterziehung keiner Steuerbehörde bekannt ist;
   b. sie die Verwaltung bei der Festsetzung der Nachsteuer vorbehaltlos unterstützt; und
   c. sie sich ernstlich um die Bezahlung der geschuldeten Nachsteuer bemüht.

2 Die straflose Selbstanzeige kann auch eingereicht werden:

   a. nach einer Änderung der Firma oder einer Verlegung des Sitzes innerhalb der Schweiz;
   b. nach einer Umwandlung nach den Artikeln 53–68 des Fusionsgesetzes vom 3. Oktober 2003[4] (FusG) durch die neue juristische Person für die vor der Umwandlung begangenen Steuerhinterziehungen;
   c. nach einer Absorption (Art. 3 Abs. 1 Bst. a FusG) oder Abspaltung (Art. 29 Bst. b FusG) durch die weiterbestehende juristische Person für die vor der Absorption oder Abspaltung begangenen Steuerhinterziehungen.

---

[1] Fassung gemäss Ziff. I 1 des BG vom 20. Dez. 2006 über Änderungen des Nachsteuerverfahrens und des Strafverfahrens wegen Steuerhinterziehung auf dem Gebiet der direkten Steuern, in Kraft seit 1. Jan. 2008 (AS **2007** 2973; BBl **2006** 4021 4039).

[2] Fassung gemäss Ziff. I 1 des BG vom 20. März 2008 über die Vereinfachung der Nachbesteuerung in Erbfällen und die Einführung der straflosen Selbstanzeige, in Kraft seit 1. Jan. 2010 (AS **2008** 4453; BBl **2006** 8795).

[3] Eingefügt durch Ziff. I 1 des BG vom 20. März 2008 über die Vereinfachung der Nachbesteuerung in Erbfällen und die Einführung der straflosen Selbstanzeige, in Kraft seit 1. Jan. 2010 (AS **2008** 4453; BBl **2006** 8795).

[4] SR **221.301**

³ Die straflose Selbstanzeige muss von den Organen oder Vertretern der juristischen Person eingereicht werden. Von einer Strafverfolgung gegen diese Organe oder Vertreter wird abgesehen und ihre Solidarhaftung entfällt.

⁴ Zeigt ein ausgeschiedenes Organmitglied oder ein ausgeschiedener Vertreter der juristischen Person diese wegen Steuerhinterziehung erstmals an und ist die Steuerhinterziehung keiner Steuerbehörde bekannt, so wird von einer Strafverfolgung der juristischen Person, sämtlicher aktueller und ausgeschiedener Mitglieder der Organe und sämtlicher aktueller und ausgeschiedener Vertreter abgesehen. Ihre Solidarhaftung entfällt.

⁵ Bei jeder weiteren Selbstanzeige wird die Busse unter den Voraussetzungen nach Absatz 1 auf einen Fünftel der hinterzogenen Steuer ermässigt.

⁶ Nach Beendigung der Steuerpflicht einer juristischen Person in der Schweiz kann keine Selbstanzeige mehr eingereicht werden.

4. Kapitel: Verfahren

Art. 182 Allgemeines

¹ Nach Abschluss der Untersuchung erlässt die zuständige kantonale Behörde eine Verfügung und eröffnet sie der betroffenen Person schriftlich.[1]

² Gegen letztinstanzliche kantonale Entscheide kann beim Bundesgericht nach Massgabe des Bundesgerichtsgesetzes vom 17. Juni 2005[2] Beschwerde in öffentlich-rechtlichen Angelegenheiten geführt werden. Die Strafgerichtsbarkeit ist ausgeschlossen.[3]

³ Die Vorschriften über die Verfahrensgrundsätze, das Veranlagungs- und Beschwerdeverfahren gelten sinngemäss.

⁴ Der Kanton bezeichnet die Amtsstellen, denen die Verfolgung von Steuerhinterziehungen und von Verletzungen von Verfahrenspflichten obliegt.

Art. 183 Bei Steuerhinterziehungen

¹ Die Einleitung eines Strafverfahrens wegen Steuerhinterziehung wird der betroffenen Person schriftlich mitgeteilt. Es wird ihr Gelegenheit gegeben, sich zu der gegen sie erhobenen Anschuldigung zu äussern; sie wird auf ihr Recht hingewiesen, die Aussage und ihre Mitwirkung zu verweigern.[4]

¹ᵇⁱˢ Beweismittel aus einem Nachsteuerverfahren dürfen in einem Strafverfahren wegen Steuerhinterziehung nur dann verwendet werden, wenn sie weder unter Androhung einer Veranlagung nach pflichtgemässem Ermessen (Art. 130 Abs. 2) mit Umkehr der

---

[1] Fassung gemäss Ziff. I 1 des BG vom 26. Sept. 2014 (Anpassungen an die Allgemeinen Bestimmungen des StGB), in Kraft seit 1. Jan. 2017 (AS **2015** 779; BBl **2012** 2869).

[2] SR **173.110**

[3] Fassung gemäss Art. 51 des Verwaltungsgerichtsgesetzes vom 17. Juni 2005, in Kraft seit 1. März 2008 (AS **2006** 2197 1069; BBl **2001** 4202).

[4] Fassung gemäss Ziff. I 1 des BG vom 20. Dez. 2006 über Änderungen des Nachsteuerverfahrens und des Strafverfahrens wegen Steuerhinterziehung auf dem Gebiet der direkten Steuern, in Kraft seit 1. Jan. 2008 (AS **2007** 2973; BBl **2006** 4021 4039).

Beweislast nach Artikel 132 Absatz 3 noch unter Androhung einer Busse wegen Verletzung von Verfahrenspflichten beschafft wurden.[1]

2 Die ESTV kann die Verfolgung der Steuerhinterziehung verlangen. ...[2]

3 Die Straf- oder Einstellungsverfügung der kantonalen Behörde wird auch der ESTV eröffnet, wenn sie die Verfolgung verlangt hat oder am Verfahren beteiligt war.

4 Die Kosten besonderer Untersuchungsmassnahmen (Buchprüfung, Gutachten Sachverständiger usw.) werden in der Regel demjenigen auferlegt, der wegen Hinterziehung bestraft wird; sie können ihm auch bei Einstellung der Untersuchung auferlegt werden, wenn er die Strafverfolgung durch schuldhaftes Verhalten verursacht oder die Untersuchung wesentlich erschwert oder verzögert hat. VO DBG O

5. Kapitel: Verjährung der Strafverfolgung

Art. 184[3]

1 Die Strafverfolgung verjährt:

a. bei Verletzung von Verfahrenspflichten drei Jahre und bei versuchter Steuerhinterziehung sechs Jahre nach dem rechtskräftigen Abschluss des Verfahrens, in dem die Verfahrenspflichten verletzt oder die Steuern zu hinterziehen versucht wurden;

b. bei vollendeter Steuerhinterziehung zehn Jahre nach Ablauf:
1. der Steuerperiode, für welche die steuerpflichtige Person nicht oder unvollständig veranlagt wurde oder der Steuerabzug an der Quelle nicht gesetzmässig erfolgte (Art. 175 Abs. 1),
2. des Kalenderjahres, in dem eine unrechtmässige Rückerstattung oder ein ungerechtfertigter Erlass erwirkt wurde (Art. 175 Abs. 1) oder Nachlasswerte im Inventarverfahren verheimlicht oder beiseitegeschafft wurden (Art. 178 Abs. 1–3).

2 Die Verjährung tritt nicht mehr ein, wenn die zuständige kantonale Behörde (Art. 182 Abs. 1) vor Ablauf der Verjährungsfrist eine Verfügung erlassen hat.

6. Kapitel: Bezug und Verjährung der Bussen und Kosten

Art. 185[4]

1 Die im Steuerstrafverfahren auferlegten Bussen und Kosten werden nach den Artikeln 160 und 163–172 bezogen.

2 Bussen- und Kostenforderungen verjähren fünf Jahre nachdem die Veranlagung rechtskräftig geworden ist.

---

[1] Eingefügt durch Ziff. I 1 des BG vom 20. Dez. 2006 über Änderungen des Nachsteuerverfahrens und des Strafverfahrens wegen Steuerhinterziehung auf dem Gebiet der direkten Steuern, in Kraft seit 1. Jan. 2008 (AS **2007** 2973; BBl **2006** 4021 4039).

[2] Zweiter Satz aufgehoben durch Anhang 1 Ziff. II 19 der Strafprozessordnung vom 5. Okt. 2007, mit Wirkung seit 1. Jan. 2011 (AS **2010** 1881; BBl **2006** 1085).

[3] Fassung gemäss Ziff. I 1 des BG vom 26. Sept. 2014 (Anpassungen an die Allgemeinen Bestimmungen des StGB), in Kraft seit 1. Jan. 2017 (AS **2015** 779; BBl **2012** 2869).

[4] Fassung gemäss Ziff. I 1 des BG vom 26. Sept. 2014 (Anpassungen an die Allgemeinen Bestimmungen des StGB), in Kraft seit 1. Jan. 2017 (AS **2015** 779; BBl **2012** 2869).

³ Stillstand und Unterbrechung der Verjährung richten sich nach Artikel 120 Absätze 2 und 3.

⁴ Die Verjährung tritt in jedem Fall zehn Jahre nach Ablauf des Jahres ein, in dem die Steuern rechtskräftig festgesetzt worden sind.

Zweiter Titel: Steuervergehen

Art. 186 Steuerbetrug N 7

¹ Wer zum Zweck einer Steuerhinterziehung im Sinne der Artikel 175–177 gefälschte, verfälschte oder inhaltlich unwahre Urkunden wie Geschäftsbücher, Bilanzen, Erfolgsrechnungen oder Lohnausweise und andere Bescheinigungen Dritter zur Täuschung gebraucht, wird mit Freiheitsstrafe bis zu drei Jahren oder Geldstrafe bestraft. Eine bedingte Strafe kann mit Busse bis zu 10 000 Franken verbunden werden.[1]

² Die Bestrafung wegen Steuerhinterziehung bleibt vorbehalten.

³ Liegt eine Selbstanzeige nach Artikel 175 Absatz 3 oder Artikel 181*a* Absatz 1 vor, so wird von einer Strafverfolgung wegen allen anderen Straftaten abgesehen, die zum Zweck dieser Steuerhinterziehung begangen wurden. Diese Bestimmung ist auch in den Fällen nach den Artikeln 177 Absatz 3 und 181*a* Absätze 3 und 4 anwendbar.[2]

Art. 187 Veruntreuung von Quellensteuern

¹ Wer zum Steuerabzug an der Quelle verpflichtet ist und abgezogene Steuern zu seinem oder eines andern Nutzen verwendet, wird mit Freiheitsstrafe bis zu drei Jahren oder Geldstrafe bestraft. Eine bedingte Strafe kann mit Busse bis zu 10 000 Franken verbunden werden.[3]

² Liegt eine Selbstanzeige nach Artikel 175 Absatz 3 oder Artikel 181*a* Absatz 1 vor, so wird von einer Strafverfolgung wegen Veruntreuung von Quellensteuern und anderen Straftaten, die zum Zweck der Veruntreuung von Quellensteuern begangen wurden, abgesehen. Diese Bestimmung ist auch in den Fällen nach den Artikeln 177 Absatz 3 und 181*a* Absätze 3 und 4 anwendbar.[4]

Art. 188 Verfahren

¹ Vermutet die kantonale Verwaltung für die direkte Bundessteuer, es sei ein Vergehen nach den Artikeln 186–187 begangen worden, so erstattet sie der für die Verfolgung des kantonalen Steuervergehens zuständigen Behörde Anzeige. Diese Behörde verfolgt alsdann ebenfalls das Vergehen gegen die direkte Bundessteuer. A96

² Das Verfahren richtet sich nach den Vorschriften der Strafprozessordnung vom 5. Oktober 2007[5] (StPO).[6]

---

[1] Fassung gemäss Ziff. I 1 des BG vom 26. Sept. 2014 (Anpassungen an die Allgemeinen Bestimmungen des StGB), in Kraft seit 1. Jan. 2017 (AS **2015** 779; BBl **2012** 2869).
[2] Eingefügt durch Ziff. I des BG vom 20. März 2008 über die Vereinfachung der Nachbesteuerung in Erbfällen und die Einführung der straflosen Selbstanzeige, in Kraft seit 1. Jan. 2010 (AS **2008** 4453; BBl **2006** 8795).
[3] Fassung gemäss Ziff. I 1 des BG vom 26. Sept. 2014 (Anpassungen an die Allgemeinen Bestimmungen des StGB), in Kraft seit 1. Jan. 2017 (AS **2015** 779; BBl **2012** 2869).
[4] Eingefügt durch Ziff. I 1 des BG vom 20. März 2008 über die Vereinfachung der Nachbesteuerung in Erbfällen und die Einführung der straflosen Selbstanzeige, in Kraft seit 1. Jan. 2010 (AS **2008** 4453; BBl **2006** 8795).
[5] SR **312**.0
[6] Fassung gemäss Anhang 1 Ziff. II 19 der Strafprozessordnung vom 5. Okt. 2007, in Kraft seit 1. Jan. 2011 (AS **2010** 1881; BBl **2006** 1085).

³ Wird der Täter für das kantonale Steuervergehen zu einer Freiheitsstrafe verurteilt, so ist eine Freiheitsstrafe für das Vergehen gegen die direkte Bundessteuer als Zusatzstrafe zu verhängen; gegen das letztinstanzliche kantonale Urteil kann Beschwerde in Strafsachen beim Bundesgericht nach den Artikeln 78–81 des Bundesgerichtsgesetzes vom 17. Juni 2005[1] erhoben werden.[2]

⁴ Die ESTV kann die Strafverfolgung verlangen.[3]

Art. 189[4] Verjährung der Strafverfolgung

¹ Die Strafverfolgung der Steuervergehen verjährt 15 Jahre nachdem der Täter die letzte strafbare Tätigkeit ausgeführt hat.

² Die Verjährung tritt nicht mehr ein, wenn vor Ablauf der Verjährungsfrist ein erstinstanzliches Urteil ergangen ist.

Dritter Titel: Besondere Untersuchungsmassnahmen der ESTV VO DBG D | N 2

Art. 190 Voraussetzungen

¹ Besteht der begründete Verdacht, dass schwere Steuerwiderhandlungen begangen wurden oder dass zu solchen Beihilfe geleistet oder angestiftet wurde, so kann der Vorsteher des EFD die ESTV ermächtigen, in Zusammenarbeit mit den kantonalen Steuerverwaltungen eine Untersuchung durchzuführen.

² Schwere Steuerwiderhandlungen sind insbesondere die fortgesetzte Hinterziehung grosser Steuerbeträge (Art. 175 und 176) und die Steuervergehen (Art. 186 und 187).

Art. 191 Verfahren gegen Täter, Gehilfen und Anstifter

¹ Das Verfahren gegenüber dem Täter, dem Gehilfen und dem Anstifter richtet sich nach den Artikeln 19–50 des Verwaltungsstrafrechtsgesetzes vom 22. März 1974[5]. Die vorläufige Festnahme nach Artikel 19 Absatz 3 des Verwaltungsstrafrechtsgesetzes ist ausgeschlossen.

² Für die Auskunftspflicht gilt Artikel 126 Absatz 2 sinngemäss.

Art. 192 Untersuchungsmassnahmen gegen am Verfahren nicht beteiligte Dritte

¹ Die Untersuchungsmassnahmen gegenüber den am Verfahren nicht beteiligten Dritten richten sich nach den Artikeln 19–50 des Verwaltungsstrafrechtsgesetzes vom 22. März 1974[6]. Die vorläufige Festnahme nach Artikel 19 Absatz 3 des Verwaltungsstrafrechtsgesetzes ist ausgeschlossen.

² Die Artikel 127–129 betreffend die Bescheinigungs-, Auskunfts- und Meldepflicht Dritter bleiben vorbehalten. Die Verletzung dieser Pflichten kann durch die ESTV mit Busse nach Artikel 174 geahndet werden. Die Busse muss vorgängig angedroht werden.

---

[1] SR **173.110**
[2] Fassung gemäss Anhang Ziff. 12 des Bundesgerichtsgesetzes vom 17. Juni 2005, in Kraft seit 1. Jan. 2007 (AS **2006** 1205 1069; BBl **2001** 4202).
[3] Fassung gemäss Anhang 1 Ziff. II 19 der Strafprozessordnung vom 5. Okt. 2007, in Kraft seit 1. Jan. 2011 (AS **2010** 1881; BBl **2006** 1085).
[4] Fassung gemäss Ziff. I 1 des BG vom 26. Sept. 2014 (Anpassungen an die Allgemeinen Bestimmungen des StGB), in Kraft seit 1. Jan. 2017 (AS **2015** 779; BBl **2012** 2869).
[5] SR **313.0**
[6] SR **313.0**

³ Die nach den Artikeln 41 und 42 des Verwaltungsstrafrechtsgesetzes als Zeugen einvernommenen Personen können zur Herausgabe der in ihrem Besitz befindlichen sachdienlichen Unterlagen und sonstigen Gegenstände aufgefordert werden. Verweigert ein Zeuge die Herausgabe, ohne dass einer der in den Artikeln 168, 169, 171 und 172 StPO[1] genannten Gründe zur Zeugnisverweigerung vorliegt, so ist er auf die Strafandrohung von Artikel 292 des Strafgesetzbuches[2] hinzuweisen und kann gegebenenfalls wegen Ungehorsams gegen eine amtliche Verfügung dem Strafrichter überwiesen werden.[3]

Art. 193 Abschluss der Untersuchung

¹ Die ESTV erstellt nach Abschluss der Untersuchung einen Bericht, den sie dem Beschuldigten und den interessierten kantonalen Verwaltungen für die direkte Bundessteuer zustellt.

² Liegt keine Widerhandlung vor, hält der Bericht fest, dass die Untersuchung eingestellt worden ist.

³ Kommt die ESTV zum Ergebnis, es liege eine Widerhandlung vor, kann sich der Beschuldigte während 30 Tagen nach Zustellung des Berichtes dazu äussern und Antrag auf Ergänzung der Untersuchung stellen. Im gleichen Zeitraum steht ihm das Recht auf Akteneinsicht nach Artikel 114 zu.

⁴ Gegen die Eröffnung des Berichtes und seinen Inhalt ist kein Rechtsmittel gegeben. Die Ablehnung eines Antrages auf Ergänzung der Untersuchung kann im späteren Hinterziehungsverfahren oder Verfahren wegen Steuerbetruges oder Veruntreuung von Quellensteuern angefochten werden.

⁵ Einem Beschuldigten, der, ohne in der Schweiz einen Vertreter oder ein Zustellungsdomizil zu haben, unbekannten Aufenthalts ist oder im Ausland Wohnsitz oder Aufenthalt hat, muss der Bericht nicht eröffnet werden.

Art. 194 Antrag auf Weiterverfolgung

¹ Kommt die ESTV zum Ergebnis, dass eine Steuerhinterziehung (Art. 175 und 176) begangen wurde, so verlangt sie von der zuständigen kantonalen Verwaltung für die direkte Bundessteuer die Durchführung des Hinterziehungsverfahrens.

² Kommt die ESTV zum Schluss, es liege ein Steuervergehen vor, so erstattet sie bei der zuständigen kantonalen Strafverfolgungsbehörde Anzeige. A96

³ …[4]

Art. 195 Weitere Verfahrensvorschriften

¹ Die Vorschriften über die Amtshilfe (Art. 111 und 112) bleiben anwendbar.

² Die mit der Durchführung der besonderen Untersuchungsmassnahmen betrauten Beamten der ESTV unterstehen der Ausstandspflicht nach Artikel 109.

---

[1] SR **312.0**
[2] SR **311.0**
[3] Fassung zweiter Satz gemäss Anhang 1 Ziff. II 19 der Strafprozessordnung vom 5. Okt. 2007, in Kraft seit 1. Jan. 2011 (AS **2010** 1881; BBl **2006** 1085).
[4] Aufgehoben durch Anhang 1 Ziff. II 19 der Strafprozessordnung vom 5. Okt. 2007, mit Wirkung seit 1. Jan. 2011 (AS **2010** 1881; BBl **2006** 1085).

³ Die Kosten der besonderen Untersuchungsmassnahmen werden nach Artikel 183 Absatz 4 auferlegt. VO DBG O

⁴ Allfällige Entschädigungen an den Beschuldigten oder an Dritte werden nach den Artikeln 99 und 100 des Verwaltungsstrafrechtsgesetzes vom 22. März 1974[1] ausgerichtet.

⁵ Für Beschwerdeentscheide nach Artikel 27 des Verwaltungsstrafrechtsgesetzes wird eine Spruchgebühr von 10–500 Franken erhoben.

Siebenter Teil: Abrechnung zwischen Bund und Kantonen

Art. 196 Abrechnung mit dem Bund

¹ Die Kantone liefern 78,8 Prozent der bei ihnen eingegangenen Steuerbeträge, Bussen wegen Steuerhinterziehung oder Verletzung von Verfahrenspflichten sowie Zinsen dem Bund ab.[2]

¹ᵇⁱˢ Sie gelten den Gemeinden die Auswirkungen der Aufhebung der Artikel 28 Absätze 2–5[3] und 29 Absatz 2 Buchstabe b[4] des Bundesgesetzes vom 14. Dezember 1990[5] über die Harmonisierung der direkten Steuern der Kantone und Gemeinden angemessen ab.[6]

² Sie liefern den Bundesanteil an den im Laufe eines Monats bei ihnen eingegangenen Beträgen bis zum Ende des folgenden Monats ab.

³ Über die an der Quelle erhobene direkte Bundessteuer erstellen sie eine jährliche Abrechnung.

Art. 197 Verteilung der kantonalen Anteile

¹ Der kantonale Anteil an den Steuerbeträgen, Bussen wegen Steuerhinterziehung oder Verletzung von Verfahrenspflichten sowie Zinsen, die von Steuerpflichtigen mit Steuerobjekten in mehreren Kantonen geschuldet sind, wird von den Kantonen unter sich nach den bundesrechtlichen Grundsätzen betreffend das Verbot der Doppelbesteuerung verteilt. ...[7]

² Können sich die Kantone nicht einigen, so entscheidet das Bundesgericht als einzige Instanz.[8]

Art. 198 Kosten der Kantone

Soweit die Durchführung der direkten Bundessteuer den Kantonen obliegt, tragen sie die sich daraus ergebenden Kosten.

---

[1] SR **313.0**
[2] Fassung gemäss Ziff. I 2 des BG vom 28. Sept. 2018 über die Steuerreform und die AHV-Finanzierung, in Kraft seit 1. Jan. 2020 (AS **2019** 2395 2413; BBl **2018** 2527).
[3] AS **1991** 1256, **1998** 669
[4] AS **1991** 1256, **1995** 1449
[5] SR **642.14**
[6] Eingefügt durch Ziff. I 2 des BG vom 28. Sept. 2018 über die Steuerreform und die AHV-Finanzierung, in Kraft seit 1. Jan. 2020 (AS **2019** 2395 2413; BBl **2018** 2527).
[7] Zweiter Satz aufgehoben durch Ziff. II 11 des BG vom 6. Okt. 2006 zur Neugestaltung des Finanzausgleichs und der Aufgabenteilung zwischen Bund und Kantonen (NFA), mit Wirkung seit 1. Jan. 2008 (AS **2007** 5779; BBl **2005** 6029).
[8] Fassung gemäss Anhang Ziff. 57 des Verwaltungsgerichtsgesetzes vom 17. Juni 2005, in Kraft seit 1. Jan. 2007 (AS **2006** 2197 1069, BBl **2001** 4202).

Achter Teil: Schlussbestimmungen

Erster Titel: Ausführungsbestimmungen

Art. 199

Der Bundesrat erlässt die Ausführungsbestimmungen.

Zweiter Titel: Kantonale Stempelabgaben

Art. 200

Werden in einem Verfahren nach diesem Gesetz Urkunden verwendet, so müssen dafür keine kantonalen Stempelabgaben entrichtet werden.

Dritter Titel: Aufhebung und Änderung bisherigen Rechts

Art. 201 Aufhebung des BdBSt

Der Bundesratsbeschluss vom 9. Dezember 1940[1] über die Erhebung einer direkten Bundessteuer (BdBSt) wird aufgehoben.

Art. 202 Änderung des MVG

Artikel 47 Absatz 2 des Bundesgesetzes vom 20. September 1949[2] über die Militärversicherung (MVG) ist nicht anwendbar hinsichtlich der Renten und Kapitalleistungen, die nach Inkrafttreten dieses Gesetzes zu laufen beginnen oder fällig werden.

Art. 203 Änderung des AHVG

...[3]

---

[1] [BS **6** 350; AS **1950** 1467, **1954** 1316, **1958** 398, **1971** 947, **1973** 1066, **1975** 1213, **1977** 2103, **1978** 2066, **1982** 144, **1984** 584, **1985** 1222, **1988** 878, **1992** 1072]

[2] [AS **1949** 1671, **1956** 759, **1959** 303, **1964** 253, **1968** 563, **1990** 1882 Anhang Ziff. 9, **1991** 362 Ziff. II 414; SR **415.0** Art. 15 Ziff. 1, **832.20** Anhang Ziff. 5, **837.0** Art. 116. AS **1993** 3043 Anhang Ziff. 1] Siehe heute Art. 116 des BG vom 19. Juni 1992 (SR **833.1**).

[3] Die Änderung kann unter AS **1991** 1184 konsultiert werden.

Vierter Titel: Übergangsbestimmungen

1. Kapitel: Natürliche Personen

Art. 204 Renten und Kapitalabfindungen aus Einrichtungen der beruflichen Vorsorge A86

¹ Renten und Kapitalabfindungen aus beruflicher Vorsorge, die vor dem 1. Januar 1987 zu laufen begannen oder fällig wurden oder die vor dem 1. Januar 2002 zu laufen beginnen oder fällig werden und auf einem Vorsorgeverhältnis beruhen, das am 31. Dezember 1986 bereits bestand, sind wie folgt steuerbar:

a. zu drei Fünfteln, wenn die Leistungen (wie Einlagen, Beiträge, Prämienzahlungen), auf denen der Anspruch des Steuerpflichtigen beruht, ausschliesslich vom Steuerpflichtigen erbracht worden sind;
b. zu vier Fünfteln, wenn die Leistungen, auf denen der Anspruch des Steuerpflichtigen beruht, nur zum Teil, mindestens aber zu 20 Prozent vom Steuerpflichtigen erbracht worden sind;
c. zum vollen Betrag in den übrigen Fällen.

² Den Leistungen des Steuerpflichtigen im Sinne von Absatz 1 Buchstaben a und b sind die Leistungen von Angehörigen gleichgestellt; dasselbe gilt für die Leistungen von Dritten, wenn der Steuerpflichtige den Versicherungsanspruch durch Erbgang, Vermächtnis oder Schenkung erworben hat.

Art. 205 Einkauf von Beitragsjahren

Beiträge des Versicherten für den Einkauf von Beitragsjahren sind abziehbar, wenn die Altersleistungen nach dem 31. Dezember 2001 zu laufen beginnen oder fällig werden.

Art. 205a[1] Altrechtliche Kapitalversicherungen mit Einmalprämien A36

¹ Bei Kapitalversicherungen gemäss Artikel 20 Absatz 1 Buchstabe a, die vor dem 1. Januar 1994 abgeschlossen wurden, bleiben die Erträge steuerfrei, sofern bei Auszahlung das Vertragsverhältnis mindestens fünf Jahre gedauert oder der Versicherte das 60. Altersjahr vollendet hat.

² Bei Kapitalversicherungen nach Artikel 20 Absatz 1 Buchstabe a, die in der Zeit vom 1. Januar 1994 bis und mit 31. Dezember 1998 abgeschlossen wurden, bleiben die Erträge steuerfrei, sofern bei Auszahlung das Vertragsverhältnis mindestens fünf Jahre gedauert und der Versicherte das 60. Altersjahr vollendet hat.[2]

Art. 205b[3] Dringende Anpassungen bei der Unternehmensbesteuerung; Rückwirkung

Artikel 20a Absatz 1 Buchstabe a gilt auch für noch nicht rechtskräftige Veranlagungen der in den Steuerjahren ab 2001 erzielten Erträge.

---

[1] Eingefügt durch Ziff. I des BG vom 7. Okt. 1994, in Kraft seit 1. Jan. 1995 (AS **1995** 1445; BBl **1993** I 1196).
[2] Eingefügt durch Ziff. I 5 des BG vom 19. März 1999 über das Stabilisierungsprogramm 1998, in Kraft seit 1. Jan. 2001 (AS **1999** 2374; BBl **1999** 4).
[3] Eingefügt durch Ziff. I 1 des BG vom 23. Juni 2006 über dringende Anpassungen bei der Unternehmensbesteuerung, in Kraft seit 1. Jan. 2007 (AS **2006** 4883; BBl **2005** 4733).

Art. 205b^bis[1] Übergangsbestimmung zur Änderung vom 20. März 2008

Auf Erbgängen, die vor Inkrafttreten der Änderung vom 20. März 2008 eröffnet wurden, sind die Bestimmungen über die Nachsteuern nach bisherigem Recht anwendbar.

Art. 205c[2] ...

Art. 205d[3] Übergangsbestimmung zur Änderung vom 28. September 2012

Für natürliche Personen, die im Zeitpunkt des Inkrafttretens der Änderung vom 28. September 2012 nach dem Aufwand besteuert wurden, gilt während fünf Jahren weiterhin Artikel 14 des bisherigen Rechts.

Art. 205e[4] Übergangsbestimmung zur Änderung vom 20. Juni 2014

1 Über Gesuche um Erlass der direkten Bundessteuer, die im Zeitpunkt des Inkrafttretens der Änderung vom 20. Juni 2014 dieses Gesetzes bei der Eidgenössischen Erlasskommission für die direkte Bundessteuer oder bei der zuständigen kantonalen Behörde zur Antragstellung an die Eidgenössische Erlasskommission hängig sind, entscheidet die kantonale Erlassbehörde.

2 Das Einsprache- und das Beschwerdeverfahren gegen Verfügungen, die vor dem Inkrafttreten der Änderung vom 20. Juni 2014 dieses Gesetzes ergangen sind, richten sich nach dem bisherigen Recht.

Art. 205f[5,6] Übergangsbestimmung zur Änderung vom 26. September 2014

Für die Beurteilung von Straftaten, die in Steuerperioden vor Inkrafttreten der Änderung vom 26. September 2014 begangen wurden, ist das neue Recht anwendbar, sofern dieses milder ist als das in jenen Steuerperioden geltende Recht.

2. Kapitel: Juristische Personen

Art. 206[7] ...

Art. 207 Steuerermässigung bei Liquidation von Immobiliengesellschaften

1 Die Steuer auf dem Kapitalgewinn, den eine vor Inkrafttreten dieses Gesetzes gegründete Immobiliengesellschaft bei Überführung ihrer Liegenschaft auf den Aktionär erzielt, wird um 75 Prozent gekürzt, wenn die Gesellschaft aufgelöst wird.

---

[1] Ursprünglich: Art. 220a. Eingefügt durch Ziff. I 1 des BG vom 20. März 2008 über die Vereinfachung der Nachbesteuerung in Erbfällen und die Einführung der straflosen Selbstanzeige, in Kraft seit 1. Jan. 2010 (AS **2008** 4453; BBl **2006** 8795).

[2] Eingefügt durch Ziff. I des BG vom 25. Sept. 2009, in Kraft seit 1. Jan. 2011 (AS **2010** 453; BBl **2009** 1657). Aufgehoben durch Ziff. I 1 des BG vom 26. Sept. 2014 (Anpassungen an die Allgemeinen Bestimmungen des StGB), mit Wirkung seit 1. Jan. 2017 (AS **2015** 779; BBl **2012** 2869).

[3] Eingefügt durch Ziff. I 1 des BG vom 28. Sept. 2012, in Kraft seit 1. Jan. 2016 (AS **2013** 779; BBl **2011** 6021).

[4] Eingefügt durch Ziff. I 2 des Steuererlassgesetzes vom 20. Juni 2014, in Kraft seit 1. Jan. 2016 (AS **2015** 9; BBl **2013** 8435).

[5] Eingefügt durch Ziff. I 1 des BG vom 26. Sept. 2014 (Anpassungen an die Allgemeinen Bestimmungen des StGB), in Kraft seit 1. Jan. 2017 (AS **2015** 779; BBl **2012** 2869).

[6] Berichtigt von der Redaktionskommission der BVers (Art. 58 Abs. 1 ParlG; SR **171.10**).

[7] Aufgehoben durch Ziff. I 1 des BG vom 26. Sept. 2014 (Anpassungen an die Allgemeinen Bestimmungen des StGB), mit Wirkung seit 1. Jan. 2017 (AS **2015** 779; BBl **2012** 2869).

² Die Steuer auf dem Liquidationsergebnis, das dem Aktionär zufliesst, wird im gleichen Verhältnis gekürzt.

³ Liquidation und Löschung der Immobiliengesellschaft müssen spätestens bis zum 31. Dezember 2003 vorgenommen werden.[1]

⁴ Erwirbt der Aktionär einer Mieter-Aktiengesellschaft durch Hingabe seiner Beteiligungsrechte das Stockwerkeigentum an jenen Gebäudeteilen, deren Nutzungsrecht die hingegebenen Beteiligungsrechte vermittelt haben, reduziert sich die Steuer auf dem Kapitalgewinn der Gesellschaft um 75 Prozent, sofern die Mieter-Aktiengesellschaft vor dem 1. Januar 1995 gegründet worden ist. Die Übertragung des Grundstücks auf den Aktionär muss spätestens bis zum 31. Dezember 2003 im Grundbuch eingetragen werden. Unter diesen Voraussetzungen wird die Steuer auf dem Liquidationsergebnis, das dem Aktionär zufliesst, im gleichen Verhältnis gekürzt.[2]

Art. 207a[3] Übergangsbestimmung zur Änderung vom 10. Oktober 1997

¹ Kapitalgewinne auf Beteiligungen sowie der Erlös aus dem Verkauf von zugehörigen Bezugsrechten werden bei der Berechnung des Nettoertrages nach Artikel 70 Absatz 1 nicht berücksichtigt, wenn die betreffenden Beteiligungen schon vor dem 1. Januar 1997 im Besitze der Kapitalgesellschaft oder Genossenschaft waren und die erwähnten Gewinne vor dem 1. Januar 2007 erzielt werden.

² Für Beteiligungen, die vor dem 1. Januar 1997 im Besitze der Kapitalgesellschaft oder Genossenschaft waren, gelten die Gewinnsteuerwerte zu Beginn des Geschäftsjahres, das im Kalenderjahr 1997 endet, als Gestehungskosten (Art. 62 Abs. 4 und Art. 70 Abs. 4 Bst. a).

³ Überträgt eine Kapitalgesellschaft oder Genossenschaft eine Beteiligung von mindestens 20 Prozent am Grund- oder Stammkapital anderer Gesellschaften, die vor dem 1. Januar 1997 in ihrem Besitze war, auf eine ausländische Konzerngesellschaft, so wird die Differenz zwischen dem Gewinnsteuerwert und dem Verkehrswert der Beteiligung zum steuerbaren Reingewinn gerechnet. In diesem Fall gehören die betreffenden Beteiligungen weiterhin zum Bestand der vor dem 1. Januar 1997 gehaltenen Beteiligungen. Gleichzeitig ist die Kapitalgesellschaft oder Genossenschaft berechtigt, in der Höhe dieser Differenz eine unbesteuerte Reserve zu bilden. Diese Reserve ist steuerlich wirksam aufzulösen, wenn die übertragene Beteiligung an einen konzernfremden Dritten veräussert wird, wenn die Gesellschaft, deren Beteiligungsrechte übertragen wurden, ihre Aktiven und Passiven in wesentlichem Umfang veräussert oder wenn sie liquidiert wird. Die Kapitalgesellschaft oder Genossenschaft hat jeder Steuererklärung ein Verzeichnis der Beteiligungen beizulegen, für die eine unbesteuerte Reserve im Sinne dieses Artikels besteht. Am 31. Dezember 2006 wird die unbesteuerte Reserve steuerneutral aufgelöst.

⁴ Sofern das Geschäftsjahr nach dem Inkrafttreten der Änderung vom 10. Oktober 1997 endet, wird die Gewinnsteuer für dieses Geschäftsjahr nach neuem Recht festgesetzt.

---

[1] Fassung gemäss Ziff. I des BG vom 8. Okt. 1999, in Kraft seit 1. Jan. 2000 (AS **2000** 324; BBl **1999** 5966).
[2] Eingefügt durch Ziff. I des BG vom 8. Okt. 1999, in Kraft seit 1. Jan. 2000 (AS **2000** 324; BBl **1999** 5966).
[3] Eingefügt durch Ziff. I 1 des BG vom 10. Okt. 1997 über die Reform der Unternehmensbesteuerung 1997, in Kraft seit 1. Jan. 1998 (AS **1998** 669; BBl **1997** II 1164).

Art. 207b[1] **Übergangsbestimmung zur Änderung vom 20. Juni 2014**

1 Über Gesuche um Erlass der direkten Bundessteuer, die im Zeitpunkt des Inkrafttretens der Änderung vom 20. Juni 2014 dieses Gesetzes bei der Eidgenössischen Erlasskommission für die direkte Bundessteuer oder bei der zuständigen kantonalen Behörde zur Antragstellung an die Eidgenössische Erlasskommission hängig sind, entscheidet die kantonale Erlassbehörde.

2 Das Einsprache- und das Beschwerdeverfahren gegen Verfügungen, die vor dem Inkrafttreten der Änderung vom 20. Juni 2014 dieses Gesetzes ergangen sind, richten sich nach dem bisherigen Recht.

Art. 208 –**220**[2]

Art. 220a[3] ...

Fünfter Titel: Referendum und Inkrafttreten

Art. 221

1 Dieses Gesetz untersteht dem fakultativen Referendum.

2 Der Bundesrat bestimmt das Inkrafttreten.

3 Es tritt mit dem Wegfall der Verfassungsgrundlage ausser Kraft.

Art. 222[4] ...

Datum des Inkrafttretens: 1. Januar 1995[5]

Schlussbestimmungen zur Änderung vom 8. Oktober 2004[6]

1 Bussen nach Artikel 179[7] sind nicht mehr vollstreckbar und können von den Steuerbehörden nicht mehr verrechnungsweise geltend gemacht werden.

2 Entsprechende Eintragungen im Betreibungsregister werden auf Antrag der betroffenen Person gelöscht.

---

[1] Eingefügt durch Ziff. I 2 des Steuererlassgesetzes vom 20. Juni 2014, in Kraft seit 1. Jan. 2016 (AS **2015** 9; BBl **2013** 8435).
[2] Aufgehoben durch Ziff. I 1 des BG vom 22. März 2013 über die formelle Bereinigung der zeitlichen Bemessung der direkten Steuern bei den natürlichen Personen, mit Wirkung seit 1. Jan. 2014 (AS **2013** 2397; BBl **2011** 3593).
[3] Heute: Art. 205b^{bis} (AS **2013** 2397; BBl **2011** 3593).
[4] Aufgehoben durch Ziff. I 1 des BG vom 10. Okt. 1997 über die Reform der Unternehmensbesteuerung 1997 (AS **1998** 669; BBl **1997** II 1164).
[5] BRB vom 3. Juni 1991
[6] AS **2005** 1051; BBl **2004** 1437 1451
[7] AS **1991** 1184

VO DBG

Verordnungen zum DBG

3 Ausgewählte Verordnungen zum DBG (VO DBG A–P)

A	VO über die zeitliche Bemessung der DBST
B	VO über die Besteuerung von natürlichen Personen im Ausland mit einem Arbeitsverhältnis zum Bund
C	Berufskostenverordnung
D	VO über besondere Untersuchungsmassnahmen der ESTV
E	VO über die Besteuerung nach dem Aufwand bei der DBST
F	Liegenschaftskostenverordnung
G	ESTV-Liegenschaftskostenverordnung
H	VO über die Massnahmen zur rationellen Energieverwendung
I	Expatriates-Verordnung (ExpaV)
J	VO des EFD über Fälligkeit und Verzinsung der DBST
K	Quellensteuerverordnung (QStV)
L	Steuererlassverordnung
M	VO über die Besteuerung der Liquidationsgewinne (LGBV)
N	Mitarbeiterbeteiligungsverordnung (MBV)
O	Gebührenverordnung ESTV (GebV-ESTV)
P	Zinskostenverordnung EFD

☞ *Folgende Verordnungen zum DBG sind nicht enthalten:*
- VO DBG InvV (SR 642.113): Errichtung des Nachlassinventars für die DBST (InvV)
- VO DBG VKP (SR 642.119.3): Ausgleich der Folgen der kalten Progression (VKP)
  ☞ *Tarife und Beträge sind im DBG integriert*
- VO DBG Kompetenz (SR 642.118): Kompetenzzuweisungen bei der DBST an das Finanzdepartement
- VO DBG Bewertung (SR 642.112): Bewertung der Grundstücke bei der DBST

A Verordnung über die zeitliche Bemessung der direkten Bundessteuer
SR 642.117.1

vom 14. August 2013 (Stand am 1. Januar 2014)

Der Schweizerische Bundesrat,

gestützt auf Artikel 199 des Bundesgesetzes vom 14. Dezember 1990[1] über die direkte Bundessteuer (DBG),

verordnet:

Art. 1 Gegenstand

Diese Verordnung regelt die zeitliche Bemessung der direkten Bundessteuer bei natürlichen und juristischen Personen.

Art. 2 Bemessung des Einkommens natürlicher Personen

1 Massgeblich für die Bemessung des steuerbaren Einkommens natürlicher Personen sind die in der Steuerperiode tatsächlich erzielten Einkünfte (Art. 40 DBG).

2 Die Abzüge nach Artikel 33 Absätze 1 Buchstabe g, 1bis, 2 und 3 sowie Artikel 35 DBG werden entsprechend der Dauer der Steuerpflicht gewährt.

3 Bei unterjähriger Steuerpflicht werden für die Satzbestimmung die regelmässig fliessenden Einkünfte aufgrund der Dauer der Steuerpflicht auf zwölf Monate umgerechnet. Die nicht regelmässig fliessenden Einkünfte werden in ihrem tatsächlichen Umfang hinzugezählt. Die Artikel 37 und 38 DBG bleiben vorbehalten.

Art. 3 Bemessung des Einkommens aus selbstständiger Erwerbstätigkeit

1 Das Einkommen aus selbstständiger Erwerbstätigkeit bemisst sich nach dem Ergebnis jedes in der Steuerperiode abgeschlossenen Geschäftsjahres. Das gilt auch bei Aufnahme oder Aufgabe der Erwerbstätigkeit oder wenn das Geschäftsjahr aufgrund einer Änderung des Zeitpunktes für den Geschäftsabschluss nicht zwölf Monate umfasst (Art. 41 DBG).

2 Das Ergebnis des Geschäftsjahres wird, unabhängig vom Kalenderjahr, in seinem tatsächlichen Umfang für die Bemessung des für die Steuerperiode massgeblichen Einkommens herangezogen.

---

[1] SR **642.11**

³ Bei ganzjähriger Steuerpflicht ist für die Satzbestimmung das Ergebnis des Geschäftsjahres ohne Umrechnung heranzuziehen. Bei unterjähriger Steuerpflicht und unterjährigem Geschäftsjahr werden für die Satzbestimmung die ordentlichen Gewinne aufgrund der Dauer der Steuerpflicht auf zwölf Monate umgerechnet. Übersteigt jedoch die Dauer des unterjährigen Geschäftsjahres jene der unterjährigen Steuerpflicht, so werden die ordentlichen Gewinne aufgrund der Dauer des Geschäftsjahres auf zwölf Monate umgerechnet.

⁴ Bei unterjähriger Steuerpflicht und einem Geschäftsjahr, das zwölf oder mehr Monate umfasst, werden für die Satzbestimmung die ordentlichen Gewinne nicht umgerechnet.

⁵ Die ausserordentlichen Faktoren, namentlich Kapitalgewinne und buchmässig realisierte Wertvermehrungen, werden für die Satzbestimmung nicht umgerechnet.

Art. 4 Geschäftsabschluss selbstständig Erwerbstätiger

¹ Selbstständig Erwerbstätige müssen in jeder Steuerperiode einen Geschäftsabschluss einreichen (Art. 41 Abs. 3 DBG).

² Führen sie Geschäftsvermögen in das Privatvermögen oder in ausländische Betriebe oder Betriebsstätten über, so müssen sie nur einen Zwischenabschluss einreichen (Art. 18 Abs. 2 DBG).

³ Entfällt die Steuerpflicht oder wird die selbstständige Erwerbstätigkeit aufgegeben, so müssen sie einen Geschäftsabschluss einreichen.

⁴ Entfällt die Steuerpflicht ganz oder teilweise oder wird die selbstständige Erwerbstätigkeit aufgegeben, so sind alle davon betroffenen, bisher unversteuert gebliebenen stillen Reserven zusammen mit dem Reingewinn des betreffenden Geschäftsjahres zu versteuern. Vorbehalten bleibt Artikel 37*b* DBG.

Art. 5 Veranlagung bei Eintritt der Volljährigkeit

¹ Steuerpflichtige werden erstmals für die Steuerperiode separat veranlagt, in der sie volljährig werden.

² Minderjährige werden separat veranlagt, soweit sie Erwerbseinkünfte nach Artikel 9 Absatz 2 DBG erzielen oder nicht unter elterlicher Sorge stehen.

Art. 6 Steuerperiode und Geschäftsabschluss juristischer Personen

¹ Für juristische Personen gilt, unabhängig vom Kalenderjahr, das Geschäftsjahr, für welches ein Geschäftsabschluss erstellt worden ist, als Steuerperiode (Art. 79 Abs. 2 DBG).

² Der Geschäftsabschluss ist mit der Steuererklärung einzureichen.

³ Wird bei Fortführung der bisherigen Steuerpflicht ein Geschäftsbetrieb oder eine Betriebsstätte ins Ausland verlegt, so genügt ein Zwischenabschluss (Art. 79 Abs. 3 und 80 Abs. 2 DBG).

Art. 7 Veranlagung juristischer Personen

1 Die juristischen Personen werden in jedem Kalenderjahr veranlagt, ausgenommen im Gründungsjahr, sofern in diesem kein Geschäftsabschluss erstellt wird. Bei Beendigung der Steuerpflicht werden sie in jedem Fall veranlagt.

2 Die Veranlagung erfolgt aufgrund des für die Steuerperiode massgeblichen Geschäftsabschlusses.

Art. 8 Aufhebung und Änderung bisherigen Rechts

Die Aufhebung und die Änderung bisherigen Rechts werden im Anhang geregelt.

Art. 9 Inkrafttreten

Diese Verordnung tritt am 1. Januar 2014 in Kraft.

Anhang

I

Die nachstehenden Verordnungen werden aufgehoben:

1. Verordnung vom 16. September 1992[1] über die zeitliche Bemessung der direkten Bundessteuer bei natürlichen Personen;
2. Verordnung vom 16. September 1992[2] über die zeitliche Bemessung der direkten Bundessteuer bei juristischen Personen.

II

Die nachstehenden Verordnungen werden wie folgt geändert:

...[3]

---

[1] [AS **1992** 1820, **1999** 596, **2001** 1022]
[2] [AS **1992** 1826]
[3] Die Änderungen können unter AS **2013** 2773 konsultiert werden.

B Verordnung über die Besteuerung von natürlichen Personen im Ausland mit einem Arbeitsverhältnis zum Bund oder zu einer andern öffentlich-rechtlichen Körperschaft oder Anstalt des Inlandes
SR 642.110.8

vom 20. Oktober 1993 (Stand am 1. Januar 2014)

Der Schweizerische Bundesrat,

gestützt auf die Artikel 3 Absatz 5, 6 Absatz 4 sowie 199 des Bundesgesetzes vom 14. Dezember 1990[1] über die direkte Bundessteuer (DBG),

verordnet:

1. Abschnitt: Steuerpflicht und Gegenstand der Steuer

Art. 1 Steuerpflicht

[1] Steuerpflichtige im Sinne von Artikel 3 Absatz 5 DBG sind Arbeitnehmer des Bundes, der Kantone, Gemeinden und der andern öffentlich-rechtlichen Körperschaften oder Anstalten des Inlandes, wenn sie mindestens 183 Tage ununterbrochen im Ausland ansässig sind und dort aufgrund völkerrechtlicher Verträge oder Übung mit Rücksicht auf dieses Arbeitsverhältnis von den Einkommenssteuern ganz oder teilweise befreit sind. Halten sie sich weniger lang im Ausland auf, sind sie steuerpflichtig nach Artikel 3 Absatz 1 DBG.

[2] Wohnt die betreffende Person bereits im Ausland, bevor sie Arbeitnehmer nach Absatz 1 wird, ist sie sofort im Sinne von Artikel 3 Absatz 5 DBG steuerpflichtig, unabhängig von der Dauer des Arbeitsverhältnisses.

Art. 2 Steuerbare Einkünfte

[1] Für die Steuerpflichtigen, die im Ausland nach Artikel 1 Absatz 1 aufgrund ihres öffentlich-rechtlichen Arbeitsverhältnisses von den Einkommenssteuern ganz befreit sind, kommen insbesondere folgende Einkünfte zur Besteuerung:

a. die Einkünfte aus diesem Arbeitsverhältnis, ausgenommen Einkünfte, welche Spesen ersetzen; Kaufkraftunterschiede zwischen der Schweiz und dem Ausland können berücksichtigt werden;
b. die entsprechenden Naturalbezüge, wobei diese nach ihrem Marktwert am ausländischen Wohnort bemessen werden;
c. die Erträge aus schweizerischem unbeweglichem Vermögen nach Artikel 21 DBG;
d. die Erträge aus beweglichem Vermögen nach Artikel 20 DBG.

---

[1] SR 642.11

² Für die Steuerpflichtigen, die im Ausland nach Artikel 1 Absatz 1 aufgrund ihres öffentlich-rechtlichen Arbeitsverhältnisses von der Einkommenssteuer nur teilweise befreit sind, sind die Einkünfte nach Absatz 1 Buchstaben a–c steuerbar.

Art. 3 Abzugsfähige Aufwendungen

Notwendige Aufwendungen, die dem Steuerpflichtigen durch den Aufenthalt und die Arbeit im Ausland erwachsen und vom Arbeitgeber nicht ersetzt werden, können als Berufsauslagen vom steuerbaren Einkommen abgezogen werden.

Art. 4 Einkünfte des Ehegatten und der Kinder bei Wohnsitz im Ausland

¹ Bei den Steuerpflichtigen, die im Ausland von den Einkommenssteuern ganz befreit sind, gelangen auch alle Vermögenserträge des Ehegatten und der Kinder zur Besteuerung.

² Allfällige andere im Gastland erzielte Einkünfte werden in der Schweiz nicht besteuert.

2. Abschnitt: Örtliche Zuständigkeit und zeitliche Bemessung

Art. 5[1] Örtliche Zuständigkeit

¹ Wird im Laufe einer Steuerperiode eine Person durch Verlegung ihres Wohnsitzes ins Ausland nach Artikel 1 steuerpflichtig, so ist der Kanton ihrer Heimatgemeinde für die Veranlagung der ganzen Steuerperiode zuständig.

² Endet im Laufe einer Steuerperiode durch Verlegung des Wohnsitzes in die Schweiz die Steuerpflicht nach Artikel 1, so ist der Wohnsitzkanton am Ende der Steuerperiode für die Veranlagung der ganzen Steuerperiode zuständig.

³ Bleibt der Ehegatte während des Auslandaufenthalts der steuerpflichtigen Person in der Schweiz, so ist die Heimatgemeinde der im Ausland weilenden steuerpflichtigen Person für die Veranlagung beider Ehegatten zuständig, sofern für diese die Voraussetzungen von Artikel 9 DBG erfüllt sind. Der in der Schweiz verbleibende Ehegatte kann verlangen, dass die Veranlagung an seinem Wohnort vorgenommen wird.

⁴ Hat die steuerpflichtige Person keine schweizerische Heimatgemeinde, so erfolgt die Veranlagung am Sitz des Arbeitgebers. Wird ein schweizerisches Bürgerrecht erworben, so gelten die Absätze 2 und 3 sinngemäss.

Art. 6[2] ...

---

[1] Fassung gemäss Ziff. II 1 der V vom 14. Aug. 2013 über die zeitliche Bemessung der direkten Bundessteuer, in Kraft seit 1. Jan. 2014 (AS **2013** 2773).
[2] Aufgehoben durch Ziff. II 1 der V vom 14. Aug. 2013 über die zeitliche Bemessung der direkten Bundessteuer, mit Wirkung seit 1. Jan. 2014 (AS **2013** 2773).

3. Abschnitt: Verfahrenspflichten

Art. 7 Steuerpflichtiger

[1] Steuerpflichtige Personen nach Artikel 1 haben einen Vertreter in der Schweiz zu nennen. Unterlässt es der Steuerpflichtige, einen Vertreter zu bestimmen, ist die Steuerbehörde befugt, den Arbeitgeber als Vertreter zu bezeichnen.

[2] Bleibt der Ehegatte in der Schweiz, gilt dieser als Steuervertreter, solange die Ehegatten im Sinne von Artikel 9 DBG gemeinsam veranlagt werden.

[3] Bestimmt der Steuerpflichtige keinen Vertreter oder anerkennt er weder den Arbeitgeber noch seinen in der Schweiz lebenden Ehegatten als Vertreter, so kann ihm eine Verfügung oder ein Entscheid rechtswirksam durch Publikation im kantonalen Amtsblatt eröffnet werden.

Art. 8 Arbeitgeber

Der Arbeitgeber ist verpflichtet, der Eidgenössischen Steuerverwaltung die Personalien, die voraussichtliche Dauer der Anstellung sowie den Einsatzort der für einen Auslandaufenthalt vorgesehenen Steuerpflichtigen vor ihrer Ausreise zu melden. Gleichzeitig legt er die vom Steuerpflichtigen unterzeichnete Vollmacht für den Vertreter (Art. 7) bei.

4. Abschnitt: Schlussbestimmungen

Art. 9 Aufhebung bisherigen Rechts

Der Bundesratsbeschluss vom 3. Januar 1967[1] über die Anwendung der Bestimmungen des Bundesratsbeschlusses vom 9. Dezember 1940 über die Erhebung einer Wehrsteuer bei der Besteuerung der im Ausland wohnenden Beamten und ständigen Angestellten des Eidgenössischen Politischen Departementes wird aufgehoben.

Art. 10 Inkrafttreten

Diese Verordnung tritt am 1. Januar 1995 in Kraft und findet erstmals auf die für das Jahr 1995 erhobene direkte Bundessteuer Anwendung.

---

[1] In der AS nicht veröffentlicht.

C Verordnung des EFD über den Abzug der Berufskosten unselbständig Erwerbstätiger bei der direkten Bundessteuer[1] (Berufskostenverordnung)
SR 642.118.1 B83

vom 10. Februar 1993 (Stand am 1. Januar 2023)

Das Eidgenössische Finanzdepartement,

gestützt auf Artikel 26 des Bundesgesetzes vom 14. Dezember 1990[2] über die direkte Bundessteuer (DBG) sowie Artikel 1 Buchstabe a der Verordnung vom 18. Dezember 1991[3] über Kompetenzzuweisungen bei der direkten Bundessteuer an das Finanzdepartement,

verordnet:

☞ *Der Maximalabzug der Fahrkosten von bisher CHF 3 000 wird aufgrund des Ausgleichs der kalten Progression ab dem Steuerjahr 2023 auf CHF 3 200 erhöht. Die Pauschalabzüge für Berufskosten erfahren im Übrigen im Steuerjahr 2023 keine Änderungen gegenüber dem Vorjahr (vgl. RS ESTV vom 21.9.2022).*

Art. 1 Grundsatz

¹ Als steuerlich abziehbare Berufskosten der unselbständigen Erwerbstätigkeit gelten Aufwendungen, die für die Erzielung des Einkommens erforderlich sind und in einem direkten ursächlichen Zusammenhang dazu stehen.

² Nicht abziehbar sind die vom Arbeitgeber oder einem Dritten übernommenen Aufwendungen, der durch die berufliche Stellung des Steuerpflichtigen bedingte Privataufwand (sog. Standesauslagen) und die Aufwendungen für den Unterhalt des Steuerpflichtigen und seiner Familie (Art. 34 Bst. a DBG).

Art. 2 Ehegatten

Die Abzüge für Berufskosten stehen jedem unselbständig erwerbenden Ehegatten zu. Bei Mitarbeit eines Ehegatten im Beruf, Geschäft oder Gewerbe des anderen Ehegatten sind sie zulässig, wenn ein Arbeitsverhältnis besteht und hierüber mit den Sozialversicherungen abgerechnet wird.

---

[1] Fassung gemäss Ziff. I der V des EFD vom 6. März 2015, in Kraft seit 1. Jan. 2016 (AS **2015** 861).
[2] SR **642.11**
[3] SR **642.118**

Art. 3[1] Festlegung der Pauschalansätze und des Abzugs für die Benützung eines privaten Fahrzeugs

Das Eidgenössische Finanzdepartement legt die Pauschalansätze (Art. 6 Abs. 1 und 2, Art. 7 Abs. 1, Art. 9 Abs. 2 und Art. 10) und den Abzug für die Benützung eines privaten Fahrzeugs (Art. 5 Abs. 2 Bst. b) im Anhang fest.

Art. 4[2] Nachweis höherer Kosten bei Pauschalansätzen

Werden anstelle einer Pauschale nach den Artikeln 7 Absatz 1 und 10 höhere Kosten geltend gemacht, so sind die gesamten tatsächlichen Auslagen und deren berufliche Notwendigkeit nachzuweisen.

Art. 5[3] Fahrkosten

1 Die notwendigen Kosten für Fahrten zwischen Wohn- und Arbeitsstätte können bis zum Maximalbetrag nach Artikel 26 Absatz 1 Buchstabe a DBG geltend gemacht werden.[4]

2 Als Kosten sind abziehbar:
   a. die notwendigen Auslagen für die Benützung öffentlicher Verkehrsmittel; oder
   b. die notwendigen Kosten pro gefahrene Kilometer für die Benützung eines privaten Fahrzeugs, sofern kein öffentliches Verkehrsmittel zur Verfügung steht oder dessen Benützung objektiv nicht zumutbar ist.

Art. 5a[5] Fahrkosten bei der unentgeltlichen privaten Nutzung von Geschäftsfahrzeugen

1 Nutzt die steuerpflichtige Person ein Geschäftsfahrzeug unentgeltlich für Fahrten zwischen Wohn- und Arbeitsstätte sowie für weitere private Zwecke, so kann anstelle der Abrechnung über die tatsächlichen Kosten der privaten Nutzung und des Fahrkostenabzugs nach Artikel 5 eine pauschale Fahrkostenberechnung vorgenommen werden.

2 Bei der pauschalen Fahrkostenberechnung gelten 0,9 Prozent des Kaufpreises des Fahrzeugs als monatliches Einkommen aus dieser Nutzung.

Art. 6 Mehrkosten für Verpflegung

1 Bei Mehrkosten für Verpflegung ist ausschliesslich der Pauschalabzug nach Artikel 3 zulässig:
   a. wenn der Steuerpflichtige wegen grosser Entfernung zwischen Wohn- und Arbeitsstätte oder wegen kurzer Essenspause eine Hauptmahlzeit nicht zu Hause einnehmen kann; oder
   b. bei durchgehender Schicht- oder Nachtarbeit.[6]

---

[1] Fassung gemäss Ziff. I der V des EFD vom 6. März 2015, in Kraft seit 1. Jan. 2016 (AS **2015** 861).
[2] Fassung gemäss Ziff. I der V des EFD vom 6. März 2015, in Kraft seit 1. Jan. 2016 (AS **2015** 861).
[3] Fassung gemäss Ziff. I der V des EFD vom 6. März 2015, in Kraft seit 1. Jan. 2016 (AS **2015** 861).
[4] Fassung gemäss Ziff. I der V des EFD vom 16. Sept. 2022, in Kraft seit 1. Jan. 2023 (AS **2022** 573).
[5] Eingefügt durch Ziff. I der V des EFD vom 15. März 2021, in Kraft seit 1. Jan. 2022 (AS **2021** 165).
[6] Fassung gemäss Ziff. I der V des EFD vom 3. Nov. 2006, in Kraft seit 1. Jan. 2007 (AS **2006** 4887).

² Nur der halbe Abzug ist zulässig, wenn die Verpflegung vom Arbeitgeber anders als in bar verbilligt wird (Abgabe von Gutscheinen) oder wenn sie in einer Kantine, einem Personalrestaurant oder einer Gaststätte des Arbeitgebers eingenommen werden kann.[1]

³ Kein Abzug ist mangels Mehrkosten zulässig, wenn der Arbeitgeber bei der Bewertung von Naturalbezügen die von den Steuerbehörden festgelegten Ansätze unterschreitet oder wenn sich der Steuerpflichtige zu Preisen verpflegen kann, die unter diesen Bewertungsansätzen liegen.

⁴ Der Schichtarbeit ist die gestaffelte (unregelmässige) Arbeitszeit gleichgestellt, sofern beide Hauptmahlzeiten nicht zur üblichen Zeit zu Hause eingenommen werden können.

⁵ Der Arbeitgeber muss die Anzahl Tage mit Schicht- oder Nachtarbeit sowie den Arbeitsort auf Verlangen bescheinigen.[2]

⁶ Der Pauschalabzug nach Absatz 1 oder 2 kann nicht gleichzeitig mit jenem nach Artikel 9 Absatz 2 beansprucht werden.

Art. 7 Übrige Berufskosten

¹ Als übrige Berufskosten können insbesondere die für die Berufsausübung erforderlichen Auslagen für Berufswerkzeuge (inkl. EDV-Hard- und -Software), Fachliteratur, privates Arbeitszimmer, Berufskleider, besonderen Schuh- und Kleiderverschleiss sowie Schwerarbeit als Pauschale nach Artikel 3 abgezogen werden. Vorbehalten bleibt der Nachweis höherer Kosten (Art. 4).[3]

² Der Pauschalabzug ist angemessen zu kürzen, wenn die unselbständige Erwerbstätigkeit bloss während eines Teils des Jahres oder als Teilzeitarbeit ausgeübt wird.

Art. 8[4] ...

Art. 9 Auswärtiger Wochenaufenthalt

¹ Steuerpflichtige, die an den Arbeitstagen am Arbeitsort bleiben und dort übernachten müssen (sog. Wochenaufenthalt), jedoch regelmässig für die Freitage an den steuerlichen Wohnsitz zurückkehren, können die Mehrkosten für den auswärtigen Aufenthalt abziehen.

² Für den Abzug der notwendigen Mehrkosten der auswärtigen Verpflegung werden Pauschalansätze (Art. 3) festgelegt. Der Nachweis höherer Kosten ist ausgeschlossen.

³ Als notwendige Mehrkosten der Unterkunft sind die ortsüblichen Auslagen für ein Zimmer abziehbar.

⁴ Als notwendige Fahrkosten gelten die Kosten der regelmässigen Heimkehr an den steuerlichen Wohnsitz sowie die Fahrkosten zwischen auswärtiger Unterkunft und Arbeitsstätte. Sie sind bis zum Maximalbetrag nach Artikel 5 Absatz 1 abziehbar.[5]

---

1 Fassung gemäss Ziff. I der V des EFD vom 3. Nov. 2006, in Kraft seit 1. Jan. 2007 (AS **2006** 4887).
2 Fassung gemäss Ziff. I der V des EFD vom 3. Nov. 2006, in Kraft seit 1. Jan. 2007 (AS **2006** 4887).
3 Fassung gemäss Ziff. I der V des EFD vom 16. April 2014, in Kraft seit 1. Jan. 2016 (AS **2014** 1109).
4 Aufgehoben durch Ziff. I der V des EFD vom 16. April 2014, mit Wirkung seit 1. Jan. 2016 (AS **2014** 1109).
5 Fassung gemäss Ziff. I der V des EFD vom 6. März 2015, in Kraft seit 1. Jan. 2016 (AS **2015** 861).

Art. 10[1] **Nebenerwerb**

Für die mit einer Nebenerwerbstätigkeit verbundenen Berufskosten ist ein Pauschalabzug nach Artikel 3 zulässig. Der Nachweis höherer Kosten bleibt vorbehalten (Art. 4).

Art. 11 Schlussbestimmungen

¹ Die Verordnung des Eidgenössischen Finanzdepartements vom 7. Mai 1992[2] über den Abzug von Berufsauslagen bei der direkten Bundessteuer wird aufgehoben.

² Diese Verordnung tritt am 1. Januar 1995 in Kraft.

Übergangsbestimmung zur Änderung vom 3. November 2006[3]

Für Ausnahmefälle, in welchen für die Steuerperiode 2007 der alte Lohnausweis verwendet wird, gilt das bisherige Recht bis zum 31. Dezember 2007.

---

[1] Fassung gemäss Ziff. I der V des EFD vom 3. Nov. 2006, in Kraft seit 1. Jan. 2007 (AS **2006** 4887).
[2] [AS **1992** 1166]
[3] AS **2006** 4887

Anhang[1]

1. Pauschalansätze ab dem Steuerjahr 2016

		Fr.
Mehrkosten für Verpflegung		
a. Bei auswärtiger Verpflegung bzw. Schicht- oder Nachtarbeit (Art. 6 Abs. 1 und 2)		
– Voller Abzug	pro Hauptmahlzeit bzw. Tag	15.—
	im Jahr	3200.—
– Halber Abzug	pro Hauptmahlzeit bzw. Tag	7.50
	im Jahr	1600.—
b. Bei auswärtigem Wochenaufenthalt (Art. 9 Abs. 2)		
– Voller Abzug	im Tag	30.—
	im Jahr	6400.—
– Gekürzter Abzug[2]	im Tag	22.50
	im Jahr	4800.—
Übrige Berufskosten (Art. 7 Abs. 1)	3 % des Nettolohns mindestens im Jahr höchstens im Jahr	2000.— 4000.—
Nebenerwerb (Art. 10)	20 % der Nettoeinkünfte, mindestens im Jahr höchstens im Jahr	800.— 2400.—

2. Abzug für die Benützung eines privaten Fahrzeugs

		Fr.
Abzug für die Benützung eines privaten Fahrzeugs (Art. 5 Abs. 2 Bst. b)		
– Fahrräder, Motorfahrräder und Motorräder mit gelbem Kontrollschild	im Jahr	700.—
– Motorräder mit weissem Kontrollschild	pro Fahrkilometer	—.40
– Autos	pro Fahrkilometer	—.70

---

[1] Eingefügt durch Ziff. I der V des EFD vom 29. Juni 1994 (AS **1994** 1673). Fassung gemäss Ziff. II der V des EFD vom 6. März 2015 (AS **2015** 861). Bereinigt gemäss Ziff. II der V des EFD vom 16. Sept. 2022, in Kraft seit 1. Jan. 2023 (AS **2022** 573).

D Verordnung über besondere Untersuchungsmassnahmen der Eidgenössischen Steuerverwaltung
SR 642.132

vom 31. August 1992 (Stand am 1. Januar 1995)

Der Schweizerische Bundesrat,

gestützt auf die Artikel 190–195 und 199 des Bundesgesetzes vom 14. Dezember 1990[1] über die direkte Bundessteuer (DBG),

verordnet:

Art. 1 Besondere Untersuchungsorgane

1 Für die besonderen Untersuchungsmassnahmen gemäss den Artikeln 190–195 DBG bildet die Eidgenössische Steuerverwaltung unter Aufsicht des Eidgenössischen Finanzdepartementes eigens dafür bestimmte, in Gruppen aufgeteilte Untersuchungsorgane.

2 Mit dem Durchführen von Einvernahmen, Augenscheinen und Zwangsmassnahmen sind entsprechend ausgebildete Beamte zu beauftragen.

Art. 2 Aufgabe der besonderen Untersuchungsorgane, Voraussetzungen für eine Untersuchung

1 Die besonderen Untersuchungsorgane nehmen, gestützt auf die Ermächtigung des Vorstehers des Eidgenössischen Finanzdepartementes, bei Verdacht auf schwere Steuerwiderhandlungen Untersuchungen vor.

2 Die Ermächtigung nennt die Verdachtsgründe und die bei Beginn der Untersuchung bekannten Personen, gegen welche eine Untersuchung angehoben werden soll.

Art. 3 Untersuchung, Zusammenarbeit mit Kantonen und Gemeinden

1 Die Untersuchungen sind in Zusammenarbeit mit den betreffenden kantonalen Steuerverwaltungen vorzubereiten und durchzuführen.

2 Die Behörden der Kantone und Gemeinden unterstützen die besonderen Untersuchungsorgane; insbesondere dürfen die untersuchenden Beamten polizeiliche Hilfe in Anspruch nehmen, wenn ihnen bei einer Untersuchungshandlung, die innerhalb ihrer Amtsbefugnis liegt, Widerstand geleistet wird.

---

[1] SR 642.11

Art. 4 Abschluss der Untersuchung; Kosten, Entschädigungen

¹ Der Bericht der besonderen Untersuchungsorgane ist dem oder den Beschuldigten und den für die Verfahren zuständigen kantonalen Steuerverwaltungen gleichzeitig zuzustellen. Soweit eine gesetzliche Grundlage besteht, wird der Bericht auch anderen Stellen des Bundes, deren Fiskalansprüche betroffen sind, zugestellt.

² Wird die Untersuchung mangels Widerhandlungen eingestellt, ist zu prüfen, ob dem oder den Beschuldigten Kosten (Art. 183 Abs. 4 DBG) zu überbinden sind. Auf Begehren des Beschuldigten sind ihm gegebenenfalls Entschädigungen gemäss den Artikeln 99 und 100 des Verwaltungsstrafrechtsgesetzes (VStrR)[1] auszurichten; das Begehren ist binnen eines Jahres nach Eröffnung der Einstellung geltend zu machen. N 2

Art. 5 Antrag auf Weiterverfolgung

Droht vor Abschluss der Untersuchung die Verfolgungsverjährung, verlangt die Eidgenössische Steuerverwaltung die Einleitung des Hinterziehungsverfahrens durch die kantonale Verwaltung für die direkte Bundessteuer (Art. 183 und 184 DBG) oder erstattet bei Verdacht auf Steuervergehen Anzeige bei der zuständigen kantonalen Strafuntersuchungsbehörde (Art. 194 Abs. 2 DBG).

Art. 6 Beschwerden gegen Untersuchungshandlungen N 2

¹ Für Beschwerden gegen Untersuchungshandlungen der besonderen Untersuchungsorgane sind die Artikel 26–28 VStrR[2] anwendbar.

² Für Beschwerdeentscheide nach Artikel 27 VStrR bemisst sich die Spruchgebühr nach den Regeln von Artikel 8 der Verordnung vom 25. November 1974[3] über Kosten und Entschädigungen im Verwaltungsstrafverfahren.

Art. 7 Inkrafttreten

Diese Verordnung tritt am 1. Januar 1995 in Kraft.

---

[1] SR 313.0
[2] SR 313.0
[3] SR 313.32

E Verordnung über die Besteuerung nach dem Aufwand bei der direkten Bundessteuer
SR 642.123 A90

vom 20. Februar 2013 (Stand am 1. Januar 2016)

Der Schweizerische Bundesrat,

gestützt auf Artikel 199 des Bundesgesetzes vom 14. Dezember 1990[1] über die direkte Bundessteuer (DBG),

verordnet:

Art. 1 Abzüge bei der Steuerberechnung nach Artikel 14 Absatz 3 Buchstabe d DBG

[1] Bei der Steuerberechnung nach Artikel 14 Absatz 3 Buchstabe d DBG können abgezogen werden:

a. die Unterhaltskosten nach der Liegenschaftskostenverordnung vom 24. August 1992[2];
b. die Kosten für die gewöhnliche Verwaltung von beweglichem Vermögen, soweit die daraus fliessenden Einkünfte besteuert werden.

[2] Andere Abzüge, insbesondere solche für Schuldzinsen, Renten und dauernde Lasten, sind nicht zulässig.

Art. 2 Ausschluss der Sozialabzüge

Sozialabzüge nach den Artikeln 35 [und 213][3] DBG sind bei der Besteuerung nach dem Aufwand nicht zulässig.

Art. 3 Satzbestimmung

Das nicht unter Artikel 14 Absatz 3 Buchstabe d DBG fallende Einkommen der steuerpflichtigen Person wird in Abweichung von Artikel 7 Absatz 1 DBG bei der Festsetzung des Steuersatzes nicht berücksichtigt.

Art. 4 Besteuerung nach Artikel 14 Absatz 5 DBG

[1] Bei der Besteuerung nach dem Aufwand nach Artikel 14 Absatz 5 DBG (modifizierte Besteuerung nach dem Aufwand) sind nur die Kosten nach Artikel 1 Absatz 1 abziehbar.

[2] Der Steuersatz für die Einkünfte nach Artikel 14 Absatz 5 DBG bestimmt sich nach dem weltweiten Gesamteinkommen nach Artikel 7 Absatz 1 DBG.

---

[1] SR **642.11**
[2] SR **642.116**
[3] ☞ *Art. 213: Aufgehoben durch Ziff. I 1 des BG vom 22. März 2013 (AS 2013 2397).*

Art. 5 Veranlagungsergebnis

Die Veranlagungsbehörde eröffnet in der Veranlagungsverfügung nach Artikel 131 DBG stets das höchste nach Artikel 14 Absätze 3–5 DBG berechnete Veranlagungsergebnis.

Art. 6 Aufhebung bisherigen Rechts

Die Verordnung vom 15. März 1993[1] über die Besteuerung nach dem Aufwand bei der direkten Bundessteuer wird aufgehoben.

Art. 7 Übergangsbestimmungen

[1] Für Personen, die am 1. Januar 2016 nach dem Aufwand besteuert werden, gilt bis zum Steuerjahr 2020 Artikel 1 der Verordnung vom 15. März 1993[2] über die Besteuerung nach dem Aufwand bei der direkten Bundessteuer.

[2] Für Personen, die am 1. Januar 2016 nach der modifizierten Besteuerung nach dem Aufwand besteuert werden, ist Artikel 14 Absatz 5 DBG ab dem Steuerjahr 2016 anwendbar.

Art. 8 Inkrafttreten

Diese Verordnung tritt am 1. Januar 2016 in Kraft.

---

[1] [AS **1993** 1367]
[2] [AS **1993** 1367]

F Verordnung über den Abzug der Kosten von Liegenschaften des Privatvermögens bei der direkten Bundessteuer (Liegenschaftskostenverordnung)
SR 642.116 C100

vom 9. März 2018 (Stand am 1. Januar 2020)

Der Schweizerische Bundesrat,

gestützt auf Artikel 32 des Bundesgesetzes vom 14. Dezember 1990[1] über die direkte Bundessteuer (DBG),

verordnet:

Art. 1 Dem Energiesparen und dem Umweltschutz dienende Investitionen
(Art. 32 Abs. 2 zweiter Satz DBG)

¹ Als Investitionen, die dem Energiesparen und dem Umweltschutz dienen, gelten Aufwendungen für Massnahmen, die zur rationellen Energieverwendung oder zur Nutzung erneuerbarer Energien beitragen. Diese Massnahmen beziehen sich auf den Ersatz von veralteten und die erstmalige Anbringung von neuen Bauteilen oder Installationen in bestehenden Gebäuden.

² Werden die Massnahmen durch öffentliche Gemeinwesen subventioniert, so kann die steuerpflichtige Person nur die Kosten abziehen, die sie selbst trägt.

³ Das Eidgenössische Finanzdepartement bezeichnet in Zusammenarbeit mit dem Eidgenössischen Departement für Umwelt, Verkehr, Energie und Kommunikation die den Unterhaltskosten gleichgestellten Massnahmen zur rationellen Energieverwendung und zur Nutzung erneuerbarer Energien im Einzelnen.

Art. 2 Rückbaukosten im Hinblick auf den Ersatzneubau
(Art. 32 Abs. 2 dritter Satz DBG)

¹ Als abziehbare Rückbaukosten im Hinblick auf den Ersatzneubau gelten die Kosten der Demontage von Installationen, des Abbruchs des vorbestehenden Gebäudes sowie des Abtransports und der Entsorgung des Bauabfalls.

² Nicht abziehbar sind insbesondere die Kosten von Altlastensanierungen des Bodens und von Geländeverschiebungen, Rodungen, Planierungsarbeiten sowie Aushubarbeiten im Hinblick auf den Ersatzneubau.

³ Die steuerpflichtige Person hat der zuständigen Steuerbehörde die abziehbaren Kosten, gegliedert nach Demontage-, Abbruch-, Abtransport- und Entsorgungskosten, in einer separaten Abrechnung auszuweisen.

---

[1] SR 642.11

⁴ Rückbaukosten sind nur insoweit abziehbar, als der Ersatzneubau durch dieselbe steuerpflichtige Person vorgenommen wird.

Art. 3 Ersatzneubau
(Art. 32 Abs. 2 dritter Satz DBG)

Als Ersatzneubau gilt ein Bau, der nach Abschluss des Rückbaus eines Wohngebäudes oder eines gemischt genutzten Gebäudes innert angemessener Frist auf dem gleichen Grundstück errichtet wird und eine gleichartige Nutzung aufweist.

Art. 4 Auf die beiden nachfolgenden Steuerperioden übertragbare Kosten
(Art. 32 Abs. 2bis DBG)

¹ Können die dem Energiesparen und dem Umweltschutz dienenden Investitionskosten oder die Rückbaukosten im Hinblick auf den Ersatzneubau im Jahr der angefallenen Aufwendungen nicht vollständig steuerlich berücksichtigt werden, so können die verbleibenden Kosten auf die folgende Steuerperiode übertragen werden.

² Können die übertragenen Kosten auch in dieser Steuerperiode nicht vollständig steuerlich berücksichtigt werden, so können die verbleibenden Kosten auf die folgende Steuerperiode übertragen werden.

³ Der Übertrag erfolgt, sofern das Reineinkommen negativ ist.

⁴ Werden Kosten auf eine folgende Steuerperiode übertragen, so kann auch in dieser Steuerperiode kein Pauschalabzug geltend gemacht werden.

⁵ Erfolgt nach Vornahme des Ersatzneubaus ein Wohnsitzwechsel innerhalb der Schweiz oder eine Eigentumsübertragung der Liegenschaft, so behält die steuerpflichtige Person das Recht, die verbleibenden übertragbaren Kosten abzuziehen. Dies gilt auch bei Wegzug ins Ausland, wenn die Liegenschaft im Eigentum der steuerpflichtigen Person verbleibt.

Art. 5 Pauschalabzug
(Art. 32 Abs. 4 zweiter Satz DBG)

¹ Die steuerpflichtige Person kann einen Pauschalabzug geltend machen anstelle der tatsächlichen Kosten:
a. des Unterhalts;
b. der Instandstellung von neu erworbenen Liegenschaften;
c. der Verwaltung durch Dritte;
d. der Investitionen, die dem Energiesparen und dem Umweltschutz dienen;
e. der Rückbaukosten im Hinblick auf den Ersatzneubau;
f. der Versicherungsprämien.

² Der Pauschalabzug beträgt:
a. wenn das Gebäude zu Beginn der Steuerperiode bis zehn Jahre alt ist: 10 Prozent des Brutto-Mietertrags beziehungsweise des Brutto-Eigenmietwerts;
b. wenn das Gebäude zu Beginn der Steuerperiode mehr als zehn Jahre alt ist: 20 Prozent des Brutto-Mietertrags beziehungsweise des Brutto-Eigenmietwerts.

³ Ein Pauschalabzug ist ausgeschlossen, wenn die Liegenschaft von Dritten vorwiegend geschäftlich genutzt wird.

⁴ Die steuerpflichtige Person kann in jeder Steuerperiode und für jede Liegenschaft zwischen dem Abzug der tatsächlichen Kosten und dem Pauschalabzug wählen.

Art. 6 Aufhebung eines anderen Erlasses

Die Liegenschaftskostenverordnung vom 24. August 1992[1] wird aufgehoben.

Art. 7 Inkrafttreten

Diese Verordnung tritt am 1. Januar 2020 in Kraft.

---

[1] AS **1992** 1792, **2002** 1517

G Verordnung der ESTV über die abziehbaren Kosten von Liegenschaften des Privatvermögens bei der direkten Bundessteuer (ESTV-Liegenschaftskostenverordnung)[1]
SR 642.116.2

vom 24. August 1992 (Stand am 1. Januar 2010)

Die Eidgenössische Steuerverwaltung,

gestützt auf Artikel 102 Absatz 2 des Bundesgesetzes vom 14. Dezember 1990[2] über die direkte Bundessteuer sowie die Verordnung vom 24. August 1992[3] über den Abzug der Kosten von Liegenschaften des Privatvermögens bei der direkten Bundessteuer,

verordnet:

☞ *Es ist zu beachten, dass die Liegenschaftskostenverordnung vom 24.8.1992 (VO DBG F) per 1.1.2020 ersetzt worden ist (siehe S. 187ff.).*

Art. 1 Abziehbare Kosten

¹ Abziehbar sind insbesondere die folgenden Kosten:

a. Unterhaltskosten:
  1. Auslagen für Reparaturen und Renovationen, die nicht wertvermehrende Aufwendungen darstellen;
  2. Einlagen in den Reparatur- oder Erneuerungsfonds (Art. 712l ZGB[4]) von Stockwerkeigentumsgemeinschaften, sofern diese Mittel nur zur Bestreitung von Unterhaltskosten für die Gemeinschaftsanlagen verwendet werden;
  3. Betriebskosten: Wiederkehrende Gebühren für Kehrichtentsorgung (nicht aber Gebühren, die nach dem Verursacherprinzip erhoben werden), Abwasserentsorgung, Strassenbeleuchtung und -reinigung; Strassenunterhaltskosten; Liegenschaftssteuern, die als Objektsteuern gelten; Entschädigungen an den Hauswart; Kosten der gemeinschaftlich genutzten Räume, des Lifts usw., soweit der Hauseigentümer hiefür aufzukommen hat.
b. Versicherungsprämien:
  Sachversicherungsprämien für die Liegenschaft (Brand-, Wasserschäden-, Glas- und Haftpflichtversicherungen).
c. Kosten der Verwaltung:

---

[1] Fassung gemäss Ziff. I der V der ESTV vom 25. März 2009, in Kraft seit 1. Jan. 2010 (AS **2009** 1519).
[2] SR **642.11**
[3] SR **642.116**
[4] SR **210**

Auslagen für Porto, Telefon, Inserate, Formulare, Betreibungen, Prozesse, Entschädigungen an Liegenschaftsverwalter usw. (nur die tatsächlichen Auslagen, keine Entschädigung für die eigene Arbeit des Hauseigentümers).

2 Nicht abziehbar sind insbesondere die folgenden Unterhaltskosten:

a.[1] ...

b. Einmalige Beiträge des Grundeigentümers, wie Strassen-, Trottoir-, Schwellen-, Werkleitungsbeiträge, Anschlussgebühren für Kanalisation, Abwasserreinigung, Wasser, Gas, Strom, Fernseh- und Gemeinschaftsantennen usw.

c. Heizungs- und Warmwasseraufbereitungskosten, die mit dem Betrieb der Heizanlage oder der zentralen Warmwasseraufbereitungsanlage direkt zusammenhängen, insbesondere Energiekosten.

d. Wasserzinsen sind grundsätzlich nicht abziehbare Unterhaltskosten.

3 Abziehbar sind jedoch diejenigen Wasserzinsen, die der Grundeigentümer für vermietete Objekte selber übernimmt und nicht auf die Mieter überwälzt.

Art. 2 Inkrafttreten

Diese Verordnung tritt am 1. Januar 1995 in Kraft.

---

[1] Aufgehoben durch Ziff. I der V der ESTV vom 25. März 2009, mit Wirkung seit 1. Jan. 2010 (AS **2009** 1519).

H Verordnung über die Massnahmen zur rationellen Energieverwendung und zur Nutzung erneuerbarer Energien
SR 642.116.1

vom 24. August 1992 (Stand am 1. Januar 1995)

Das Eidgenössische Finanzdepartement,

gestützt auf Artikel 102 Absatz 1 des Bundesgesetzes vom 14. Dezember 1990[1] über die direkte Bundessteuer (DBG) sowie die Verordnung vom 24. August 1992[2] über den Abzug der Kosten von Liegenschaften des Privatvermögens bei der direkten Bundessteuer,

verordnet:

☞ *Es ist zu beachten, dass die Liegenschaftskostenverordnung vom 24.8.1992 (VO DBG F) per 1.1.2020 ersetzt worden ist (siehe S. 187 ff.).*

Art. 1 Massnahmen

Massnahmen zur rationellen Energieverwendung und zur Nutzung erneuerbarer Energien sind insbesondere:

a. Massnahmen zur Verminderung der Energieverluste der Gebäudehülle, wie:
   1. Wärmedämmung von Böden, Wänden, Dächern und Decken gegen Aussenklima, unbeheizte Räume oder Erdreich;
   2. Ersatz von Fenstern durch energetisch bessere Fenster als vorbestehend;
   3. Anbringen von Fugendichtungen;
   4. Einrichten von unbeheizten Windfängen;
   5. Ersatz von Jalousieläden, Rollläden;
b. Massnahmen zur rationellen Energienutzung bei haustechnischen Anlagen, wie z. B.:
   1. Ersatz des Wärmeerzeugers, ausgenommen ist der Ersatz durch ortsfeste elektrische Widerstandsheizungen;
   2. Ersatz von Wassererwärmern, ausgenommen der Ersatz von Durchlauferhitzern durch zentrale Wassererwärmer;
   3. Anschluss an eine Fernwärmeversorgung;
   4. Einbau von Wärmepumpen, Wärme-Kraft-Kopplungsanlagen und Anlagen zur Nutzung erneuerbarer Energien[3];

---

[1] SR 642.11
[2] SR 642.116
[3] Als zu fördernde erneuerbare Energien gelten: Sonnenenergie, Geothermie, mit oder ohne Wärmepumpen nutzbare Umgebungswärme, Windenergie und Biomasse (inkl. Holz oder Biogas). Die Nutzung der Wasserkraft wird im Rahmen des DBG nicht gefördert.

5. Einbau und Ersatz von Installationen, die in erster Linie der rationellen Energienutzung dienen, wie:
   - Regelungen, thermostatische Heizkörperventile, Umwälzpumpen, Ventilatoren,
   - Wärmedämmungen von Leitungen, Armaturen oder des Heizkessels,
   - Messeinrichtungen zur Verbrauchserfassung und zur Betriebsoptimierung,
   - Installationen im Zusammenhang mit der verbrauchsabhängigen Heiz- und Warmwasserkostenabrechnung;
6. Kaminsanierung im Zusammenhang mit dem Ersatz eines Wärmeerzeugers;
7. Massnahmen zur Rückgewinnung von Wärme, z. B. bei Lüftungs- und Klimaanlagen;

c. Kosten für energietechnische Analysen und Energiekonzepte;
d. Kosten für den Ersatz von Haushaltgeräten mit grossem Stromverbrauch, wie Kochherden, Backöfen, Kühlschränken, Tiefkühlern, Geschirrspülern, Waschmaschinen, Beleuchtungsanlagen usw., die im Gebäudewert eingeschlossen sind.

Art. 2 Inkrafttreten

Diese Verordnung tritt am 1. Januar 1995 in Kraft.

I Verordnung des EFD über den Abzug besonderer Berufskosten von Expatriates bei der direkten Bundessteuer[1] (Expatriates-Verordnung, ExpaV) SR 642.118.3

vom 3. Oktober 2000 (Stand am 1. Januar 2021)

Das Eidgenössische Finanzdepartement,

gestützt auf Artikel 26 des Bundesgesetzes vom 14. Dezember 1990[2] über die direkte Bundessteuer (DBG) sowie Artikel 1 Buchstabe a der Verordnung vom 18. Dezember 1991[3] über Kompetenzzuweisungen bei der direkten Bundessteuer an das Finanzdepartement,

verordnet:

Art. 1[4] Grundsatz

1 Leitende Angestellte sowie Spezialistinnen und Spezialisten mit besonderer beruflicher Qualifikation, die von ihrem ausländischen Arbeitgeber vorübergehend in die Schweiz entsandt werden (Expatriates), können bei der direkten Bundessteuer zusätzlich zu den Berufskosten nach der Berufskostenverordnung vom 10. Februar 1993[5] besondere Berufskosten abziehen. Diese besonderen Berufskosten gelten als übrige Berufskosten im Sinne von Artikel 26 Absatz 1 Buchstabe c DBG.

2 Als vorübergehend gilt eine auf höchstens fünf Jahre befristete Erwerbstätigkeit.

3 Die Abziehbarkeit besonderer Berufskosten endet in jedem Fall, wenn die befristete durch eine dauernde Erwerbstätigkeit abgelöst wird.

Art. 2 Besondere Berufskosten

1 Besondere Berufskosten von im Ausland wohnhaften Expatriates sind:
 a. die notwendigen Kosten für Reisen zwischen dem ausländischen Wohnsitz und der Schweiz;
 b. die angemessenen Wohnkosten in der Schweiz bei Beibehaltung einer ständig für den Eigengebrauch zur Verfügung stehenden Wohnung im Ausland.[6]

---

1 Fassung gemäss Ziff. I der V des EFD vom 9. Jan. 2015, in Kraft seit 1. Jan. 2016 (AS **2015** 311).
2 SR **642.11**
3 SR **642.118**
4 Fassung gemäss Ziff. I der V des EFD vom 9. Jan. 2015, in Kraft seit 1. Jan. 2016 (AS **2015** 311).
5 SR **642.118.1**
6 Fassung gemäss Ziff. I der V des EFD vom 9. Jan. 2015, in Kraft seit 1. Jan. 2016 (AS **2015** 311).

² Besondere Berufskosten von in der Schweiz wohnhaften Expatriates sind:

a. die notwendigen Kosten für den Umzug in die Schweiz und zurück in den früheren ausländischen Wohnsitzstaat sowie die notwendigen Hin- und Rückreisekosten des Expatriate und seiner Familie bei Beginn und Ende des Arbeitsverhältnisses;
b. die angemessenen Wohnkosten in der Schweiz bei Beibehaltung einer ständig für den Eigengebrauch zur Verfügung stehenden Wohnung im Ausland;
c. die Kosten für den Unterricht der minderjährigen fremdsprachigen Kinder an fremdsprachigen Privatschulen, sofern die öffentlichen Schulen keinen Unterricht in deren Sprache anbieten.[1]

³ Der Abzug besonderer Berufskosten nach den Absätzen 1 und 2 ist zulässig, wenn sie vom Expatriate selbst bezahlt und vom Arbeitgeber:

a. nicht zurückerstattet werden;
b. in Form einer Pauschale zurückerstattet werden. Diese Pauschale ist zum steuerbaren Bruttolohn hinzuzurechnen.

⁴ Kein Abzug besonderer Berufskosten nach den Absätzen 1 und 2 ist zulässig, wenn sie:

a. direkt vom Arbeitgeber bezahlt werden;
b. vorerst vom Expatriate selbst bezahlt und dann vom Arbeitgeber gegen Vorlage der Belege effektiv zurückerstattet werden.

⁵ Die Abgeltung besonderer Berufskosten durch den Arbeitgeber ist im Lohnausweis zu bescheinigen.

Art. 3 Nicht abzugsfähige Kosten

Nicht als abzugsfähige Berufskosten gelten insbesondere:

a. die Kosten der ständigen Wohnung im Ausland;
b. die Auslagen für die Wohnungseinrichtung und für Wohnnebenkosten in der Schweiz;
c. die Mehraufwendungen wegen des höheren Preisniveaus oder der höheren Steuerbelastung in der Schweiz;
d. die Kosten für Rechts- und Steuerberatung.

Art. 4[2] Geltendmachung der besonderen Berufskosten

¹ Besteht ein Anspruch auf Abzug der Wohnkosten nach Artikel 2 Absatz 1 Buchstabe b oder Absatz 2 Buchstabe b, so kann anstelle der Kosten nach Artikel 2 Absatz 1 oder Absatz 2 Buchstaben a und b ein Pauschalbetrag von monatlich 1500 Franken abgezogen werden.

² Im Quellensteuerverfahren kürzt der Arbeitgeber den für die Steuerberechnung massgebenden Bruttolohn um den Pauschalabzug nach Absatz 1. Höhere tatsächliche Kosten können vom Expatriate mittels einer nachträglichen ordentlichen Veranlagung geltend gemacht werden (Art. 89, 89a und 99a DBG).[3]

---

[1] Fassung gemäss Ziff. I der V des EFD vom 9. Jan. 2015, in Kraft seit 1. Jan. 2016 (AS **2015** 311).
[2] Fassung gemäss Ziff. I der V des EFD vom 9. Jan. 2015, in Kraft seit 1. Jan. 2016 (AS **2015** 311).
[3] Fassung des zweiten Satzes gemäss Art. 26 der Quellensteuerverordnung des EFD vom 11. April 2018, in Kraft seit 1. Jan. 2021 (AS **2018** 1829).

Art. 4a[1] Übergangsbestimmung zur Änderung vom 9. Januar 2015

Personen, die im Zeitpunkt des Inkrafttretens der Änderung vom 9. Januar 2015 als Expatriates nach Artikel 1 Absatz 1 in der Fassung vom 3. Oktober 2000[2] gelten, behalten diesen Status bis zum Ende der befristeten Erwerbstätigkeit.

Art. 5 Inkrafttreten

Diese Verordnung tritt am 1. Januar 2001 in Kraft.

---

[1] Eingefügt durch Ziff. I der V des EFD vom 9. Jan. 2015, in Kraft seit 1. Jan. 2016 (AS **2015** 311).
[2] AS **2000** 2792

J Verordnung des EFD über Fälligkeit und Verzinsung der direkten Bundessteuer[1]
SR 642.124 VO DBG P | B84

vom 10. Dezember 1992 (Stand am 1. Januar 2022)

Das Eidgenössische Finanzdepartement,

gestützt auf die Artikel 161–164 und 168 des Bundesgesetzes vom 14. Dezember 1990[2] über die direkte Bundessteuer (DBG), sowie auf Artikel 1 Buchstabe c der Verordnung vom 18. Dezember 1991[3] über Kompetenzzuweisungen bei der direkten Bundessteuer an das Finanzdepartement,

verordnet:

Art. 1 Fälligkeiten

1 Als allgemeiner Fälligkeitstermin gilt der 1. März des auf das Steuerjahr folgenden Kalenderjahres. Auf diesen Termin ist gestützt auf Artikel 162 Absatz 1 DBG eine definitive oder provisorische Rechnung zu erstellen. Der Kanton kann aber auf die Erstellung provisorischer Rechnungen mit einem unter 300 Franken liegenden Betrag verzichten.[4]

2 Vorbehalten bleiben die besonderen Fälligkeitstermine nach Artikel 161 Absätze 3 und 4 DBG.

3 Für juristische Personen, bei denen das Geschäftsjahr nicht mit dem Kalenderjahr übereinstimmt (Steuerperiode nach Art. 79 Abs. 2 DBG), kann die kantonale Verwaltung für die direkte Bundessteuer den Fälligkeitstermin bis frühestens zwei Monate nach dem Abschluss des Geschäftsjahres vorverlegen.

Art. 2 Ratenweiser Vorausbezug

1 Die Eidgenössische Steuerverwaltung kann die kantonale Verwaltung für die direkte Bundessteuer auf deren Antrag hin ermächtigen, die direkte Bundessteuer ratenweise im Voraus zu beziehen.

2 Für Ratenzahlungen ist ein Vergütungszins nach Artikel 4 zu gewähren.

3 Ein Verzugszins ist bei ratenweisem Vorausbezug nicht geschuldet.

---

[1] Fassung gemäss Ziff. I der V des EFD vom 17. Okt. 2016, in Kraft seit 1. Jan. 2017 (AS **2016** 3683).
[2] SR **642.11**
[3] SR **642.118**
[4] Satz eingefügt durch Ziff. I der V des EFD vom 23. März 2001, in Kraft seit 1. Jan. 2001 (AS **2001** 1057). Diese Änderung findet erstmals auf die Steuern der Steuerperiode 2001 Anwendung (Ziff. II der genannten Änd.).

Art. 3 Verzugszins VO DBG P

¹ Die Zinspflicht beginnt 30 Tage:

    a. nach der Zustellung der definitiven oder provisorischen Rechnung;
    b. nach der ursprünglichen Fälligkeit bei Nachsteuerfällen (Art. 151 Abs. 1 DBG);
    c. nach Zustellung von Verfügungen über Bussen und Kosten im Sinne von Artikel 185 DBG.

² Der Verzugszinssatz richtet sich nach der Zinssatzverordnung EFD vom 25. Juni 2021[1],[2].

³ Der Zinssatz gilt für alle Steuerforderungen, Bussen und Kosten im betreffenden Kalenderjahr. Der Zinssatz zu Beginn eines Betreibungsverfahrens gilt jedoch bis zu dessen Abschluss.

Art. 4 Vergütungszins VO DBG P

¹ Der Vergütungszins wird unter Vorbehalt von Absatz 2 gewährt:

    a. auf Raten- und sonstigen Vorauszahlungen vom Zahlungseingang bis zur ursprünglichen Fälligkeit;
    b. auf Guthaben der Steuerpflichtigen auch nach der ursprünglichen Fälligkeit, sofern diese Forderungen auf freiwillige Zahlungen zurückzuführen sind.

² Kein Zins wird vergütet, wenn die Rückzahlung innert 30 Tagen nach dem Zahlungseingang erfolgt.

³ Der Vergütungszinssatz für Vorauszahlungen richtet sich nach der Zinssatzverordnung EFD vom 25. Juni 2021[3],[4]. Kantone, welche die Steuer ratenweise im Voraus beziehen, können diesen Zinssatz über das Kalenderjahr hinaus bis zur Fälligkeit der Steuer anwenden.

Art. 5 Rückerstattungszins VO DBG P

¹ Auf zuviel bezogenen Beträgen, die auf eine nachträglich herabgesetzte definitive oder provisorische Rechnung zurückzuführen sind, wird der Rückerstattungszins gewährt.

² Der Vergütungszinssatz auf Rückerstattungen richtet sich nach der Zinssatzverordnung EFD vom 25. Juni 2021[5],[6].

³ Der Zinssatz gilt für alle Guthaben der Steuerpflichtigen im betreffenden Kalenderjahr.

Art. 6 Inkrafttreten

Diese Verordnung tritt am 1. Januar 1995 in Kraft und findet erstmals auf die Steuern des Jahres 1995 Anwendung.

Anhang[7]

...

---

[1] SR **631.014**
[2] Fassung gemäss Art. 3 der Zinssatzverordnung EFD vom 25. Juni 2021, in Kraft seit 1. Jan. 2022 (AS **2021** 432).
[3] SR **631.014**
[4] Fassung gemäss Art. 3 der Zinssatzverordnung EFD vom 25. Juni 2021, in Kraft seit 1. Jan. 2022 (AS **2021** 432).
[5] SR **631.014**
[6] Fassung gemäss Art. 3 der Zinssatzverordnung EFD vom 25. Juni 2021, in Kraft seit 1. Jan. 2022 (AS **2021** 432).
[7] Eingefügt durch Ziff. I der V des EFD vom 29. Nov. 1994 (AS **1994** 2786). Aufgehoben durch Art. 3 der Zinssatzverordnung EFD vom 25. Juni 2021, mit Wirkung seit 1. Jan. 2022 (AS **2021** 432).

K Verordnung des EFD über die Quellensteuer bei der direkten Bundessteuer (Quellensteuerverordnung, QStV)
SR 642.118.2 A91, B81, B80, C75–C68, E67

vom 11. April 2018 (Stand am 1. Januar 2023)

Das Eidgenössische Finanzdepartement (EFD),

gestützt auf die Artikel 89 Absatz 2, 92 Absatz 5, 99a Absatz 3, 99b Absatz 2 und 161 Absatz 1 des Bundesgesetzes vom 14. Dezember 1990[1] über die direkte Bundessteuer (DBG) sowie auf Artikel 1 Buchstabe b der Verordnung vom 18. Dezember 1991[2] über Kompetenzzuweisungen bei der direkten Bundessteuer an das Finanzdepartement,

verordnet:

1. Abschnitt: Allgemeine Bestimmungen A91, B81, B80

Art. 1 Anwendbare Quellensteuertarife

1 Folgende Tarifcodes werden bei den nachstehend aufgeführten Personen für den Quellensteuerabzug angewendet:

a. *Tarifcode A:* bei ledigen, geschiedenen, gerichtlich oder tatsächlich getrennt lebenden und verwitweten Personen, die nicht mit Kindern oder unterstützungsbedürftigen Personen im gleichen Haushalt zusammenleben;
b. *Tarifcode B:* bei in rechtlich und tatsächlich ungetrennter Ehe lebenden Eheleuten, bei welchen nur der Ehemann oder die Ehefrau erwerbstätig ist;
c. *Tarifcode C:* bei in rechtlich und tatsächlich ungetrennter Ehe lebenden Eheleuten, bei welchen beide Eheleute erwerbstätig sind;
d. *Tarifcode D:* bei Personen, die Leistungen nach Artikel 18 Absatz 3 des Bundesgesetzes vom 20. Dezember 1946[3] über die Alters- und Hinterlassenenversicherung erhalten;
e. *Tarifcode E:* bei Personen, die im vereinfachten Abrechnungsverfahren nach den Artikeln 21–24 besteuert werden;
f. *Tarifcode F:* bei Grenzgängerinnen und Grenzgängern nach der Vereinbarung vom 3. Oktober 1974[4] zwischen der Schweiz und Italien über die Besteuerung der Grenzgänger und den finanziellen Ausgleich zugunsten der italienischen Grenzgemeinden, die in einer italienischen Grenzgemeinde leben und deren Ehemann oder Ehefrau ausserhalb der Schweiz erwerbstätig ist;
g. *Tarifcode G:* bei Ersatzeinkünften nach Artikel 3, die nicht über die Arbeitgeber an die quellensteuerpflichtigen Personen ausbezahlt werden;

---

[1] SR **642.11**
[2] SR **642.118**
[3] SR **831.10**
[4] SR **0.642.045.43**

h. *Tarifcode H:* bei ledigen, geschiedenen, gerichtlich oder tatsächlich getrennt lebenden und verwitweten Personen, die mit Kindern oder unterstützungsbedürftigen Personen im gleichen Haushalt zusammenleben und deren Unterhalt zur Hauptsache bestreiten;
i. *Tarifcode L:* bei Grenzgängerinnen und Grenzgängern nach dem Abkommen vom 11. August 1971[1] zwischen der Schweizerischen Eidgenossenschaft und der Bundesrepublik Deutschland zur Vermeidung der Doppelbesteuerung auf dem Gebiete der Steuern vom Einkommen und vom Vermögen (DBA-D), welche die Voraussetzungen für den Tarifcode A erfüllen;
j. *Tarifcode M:* bei Grenzgängerinnen und Grenzgängern nach dem DBA-D, welche die Voraussetzungen für den Tarifcode B erfüllen;
k. *Tarifcode N:* bei Grenzgängerinnen und Grenzgängern nach dem DBA-D, welche die Voraussetzungen für den Tarifcode C erfüllen;
l. *Tarifcode P:* bei Grenzgängerinnen und Grenzgängern nach dem DBA-D, welche die Voraussetzungen für den Tarifcode H erfüllen;
m. *Tarifcode Q:* bei Grenzgängerinnen und Grenzgängern nach dem DBA-D, welche die Voraussetzungen für den Tarifcode G erfüllen.

2 Der Steuersatz für Einkünfte, die nach Absatz 1 Buchstaben d und g der Quellensteuer unterliegen, richtet sich nach den Ziffern 1 und 2 des Anhangs.

Art. 2 Fälligkeit und Berechnung der Quellensteuer

1 Der Quellensteuerabzug ist im Zeitpunkt der Auszahlung, Überweisung, Gutschrift oder Verrechnung der steuerbaren Leistung fällig. Der Schuldner der steuerbaren Leistung muss die Quellensteuer ungeachtet allfälliger Einwände (Art. 137 DBG) oder Lohnpfändungen abziehen.

2 Die Eidgenössische Steuerverwaltung (ESTV) legt in Zusammenarbeit mit den Kantonen gesamtschweizerisch gültige Methoden und Verfahren zur Berechnung der Quellensteuer fest.

3 Für die Berechnung der Quellensteuer gilt Artikel 40 Absatz 3 DBG sinngemäss.

Art. 3 Ersatzeinkünfte B23, C75

Der Quellensteuer unterworfen sind alle Ersatzeinkünfte aus Arbeitsverhältnissen sowie aus Kranken-, Unfall-, Invaliden- und Arbeitslosenversicherung. Insbesondere gehören dazu Taggelder, Entschädigungen, Teilrenten und an deren Stelle tretende Kapitalleistungen.

Art. 4 Ordentliche Veranlagung bei Vergütungen aus dem Ausland

1 Erhält eine steuerpflichtige Person die Vergütungen von einem nicht in der Schweiz ansässigen Schuldner der steuerbaren Leistung, so wird sie im ordentlichen Verfahren veranlagt.

2 Sie wird jedoch in der Schweiz an der Quelle besteuert, wenn:
a. die Vergütung der Leistung von einer in der Schweiz gelegenen Betriebsstätte oder festen Einrichtung des Arbeitgebers getragen wird;

---

[1] SR **0.672.913.62**

b. eine Arbeitnehmerentsendung unter verbundenen Gesellschaften vorliegt und die Gesellschaft mit Sitz in der Schweiz als faktischer Arbeitgeber zu qualifizieren ist; oder

c. ein ausländischer Personalverleiher im Widerspruch zu Artikel 12 Absatz 2 des Arbeitsvermittlungsgesetzes vom 6. Oktober 1989[1] Personal an einen Einsatzbetrieb in der Schweiz verleiht und die Vergütung der Leistung von diesem Einsatzbetrieb getragen wird.

Art. 5 Meldepflichten

1 Die Arbeitgeber müssen die Beschäftigung von Personen, die nach Artikel 83 oder 91 DBG quellensteuerpflichtig sind, der zuständigen Steuerbehörde innert acht Tagen ab Stellenantritt auf dem dafür vorgesehenen Formular melden.

2 Übermittelt der Arbeitgeber die Quellensteuerabrechnung elektronisch, so kann er Neuanstellungen mittels monatlicher Abrechnung melden.

3 Die Arbeitnehmerinnen und Arbeitnehmer müssen dem Arbeitgeber Änderungen von Sachverhalten melden, die für die Erhebung der Quellensteuer massgebend sind. Der Arbeitgeber meldet die Änderungen innerhalb der Fristen nach den Absätzen 1 und 2 der zuständigen Steuerbehörde.

Art. 6 Bezugsprovision

1 Die Kantone legen den Ansatz und die Modalitäten der Bezugsprovision fest. Sie können die Bezugsprovision nach Art und Höhe der steuerbaren Einkünfte sowie nach dem vom Schuldner der steuerbaren Leistung gewählten Abrechnungsverfahren abstufen.

2 Die zuständige Steuerbehörde kann die Bezugsprovision kürzen oder streichen, wenn der Schuldner der steuerbaren Leistung die Verfahrenspflichten verletzt.

Art. 7 Rückerstattung

Hat der Schuldner der steuerbaren Leistung einen zu hohen Quellensteuerabzug vorgenommen und hierüber bereits mit der zuständigen Steuerbehörde abgerechnet, so kann diese den Differenzbetrag direkt der steuerpflichtigen Person zurückerstatten.

Art. 8 Bundessteueranteil bei Grenzgängerinnen und Grenzgängern aus Deutschland

Werden Personen mit dem Tarifcode L, M, N, P oder Q besteuert, so beträgt der Anteil der direkten Bundessteuer 10 Prozent des gesamten Quellensteuerbetrags.

2. Abschnitt: Natürliche Personen mit steuerrechtlichem Wohnsitz oder Aufenthalt in der Schweiz A91

Art. 9 Obligatorische nachträgliche ordentliche Veranlagung

1 Eine Person wird nach Artikel 89 Absatz 1 Buchstabe a DBG nachträglich ordentlich veranlagt, wenn ihr Bruttoeinkommen aus unselbstständiger Erwerbstätigkeit in einem Steuerjahr mindestens 120 000 Franken beträgt.

---

[1] SR 823.11

² Als Bruttoeinkommen aus unselbstständiger Erwerbstätigkeit gelten die Einkünfte nach Artikel 84 Absatz 2 Buchstaben a und b DBG.

³ Zweiverdienerehepaare werden nachträglich ordentlich veranlagt, wenn das Bruttoeinkommen von Ehemann oder Ehefrau in einem Steuerjahr mindestens 120 000 Franken beträgt.

⁴ Die nachträgliche ordentliche Veranlagung wird bis zum Ende der Quellensteuerpflicht beibehalten, und zwar unabhängig davon, ob das Bruttoeinkommen vorübergehend oder dauernd unter den Mindestbetrag von 120 000 Franken fällt, Eheleute sich scheiden lassen oder sich tatsächlich oder rechtlich trennen.

⁵ Bei unterjähriger Steuerpflicht richtet sich die Berechnung des Mindestbetrags nach Artikel 40 Absatz 3 DBG.

Art. 10 Nachträgliche ordentliche Veranlagung auf Antrag

¹ Die quellensteuerpflichtige Person kann bei der zuständigen Steuerbehörde bis zum 31. März des auf das Steuerjahr folgenden Jahres schriftlich einen Antrag um Durchführung einer nachträglichen ordentlichen Veranlagung einreichen. Ein gestellter Antrag kann nicht mehr zurückgezogen werden.

² Geschiedene sowie tatsächlich oder rechtlich getrennte Eheleute, die nach Artikel 89a DBG auf Antrag nachträglich ordentlich veranlagt wurden, werden bis zum Ende der Quellensteuerpflicht nachträglich ordentlich veranlagt.

Art. 11 Regelung von Härtefällen

¹ Auf Gesuch von quellensteuerpflichtigen Personen, die Unterhaltsbeiträge nach Artikel 33 Absatz 1 Buchstabe c DBG leisten und bei denen der Tarifcode A, B, C oder H angewendet wird, kann die Steuerbehörde zur Milderung von Härtefällen bei der Berechnung der Quellensteuer Kinderabzüge bis höchstens zur Höhe der Unterhaltsbeiträge berücksichtigen.

² Wurden Unterhaltsbeiträge bei der Anwendung eines dieser Tarifcodes berücksichtigt, so wird die nachträgliche ordentliche Veranlagung nur auf Antrag der quellensteuerpflichtigen Person durchgeführt. Wird die nachträgliche ordentliche Veranlagung beantragt, so wird diese bis zum Ende der Quellensteuerpflicht durchgeführt.

Art. 12 Wechsel von der Quellenbesteuerung zur ordentlichen Besteuerung   E67

¹ Eine bisher an der Quelle besteuerte Person wird für die ganze Steuerperiode im ordentlichen Verfahren veranlagt, wenn sie:
  a. die Niederlassungsbewilligung erhält;
  b. eine Person mit Schweizer Bürgerrecht oder mit Niederlassungsbewilligung heiratet.

² Die Quellensteuer ist ab dem Folgemonat nach der Erteilung der Niederlassungsbewilligung oder der Heirat nicht mehr geschuldet. Die an der Quelle abgezogene Steuer wird zinslos angerechnet.

Art. 13 Wechsel von der ordentlichen Besteuerung zur Quellenbesteuerung E67

1 Unterliegt ein Einkommen innerhalb einer Steuerperiode zunächst der ordentlichen Besteuerung und dann der Quellensteuer, so wird die steuerpflichtige Person für das gesamte Jahr und bis zum Ende der Quellensteuerpflicht nachträglich ordentlich veranlagt.

2 Die Scheidung sowie die tatsächliche oder rechtliche Trennung von einem Ehemann oder einer Ehefrau mit Schweizer Bürgerrecht oder Niederlassungsbewilligung lösen für eine ausländische Arbeitnehmerin oder einen ausländischen Arbeitnehmer ohne Niederlassungsbewilligung ab Beginn des Folgemonats wieder die Besteuerung an der Quelle aus.

3 Allfällige Vorauszahlungen vor dem Übergang zur Quellenbesteuerung sowie an der Quelle abgezogene Steuern sind anzurechnen.

3. Abschnitt: Natürliche Personen ohne steuerrechtlichen Wohnsitz oder Aufenthalt in der Schweiz sowie juristische Personen ohne Sitz oder tatsächliche Verwaltung in der Schweiz A91, B81

Art. 14 Nachträgliche ordentliche Veranlagung bei Quasi-Ansässigkeit

1 Eine Person, die nach Artikel 5 Absatz 1 DBG steuerpflichtig ist und in der Regel mindestens 90 Prozent ihrer weltweiten Bruttoeinkünfte, einschliesslich der Bruttoeinkünfte des Ehemanns oder der Ehefrau, in der Schweiz versteuert (Quasi-Ansässigkeit), kann bei der zuständigen Steuerbehörde bis zum 31. März des auf das Steuerjahr folgenden Jahres schriftlich einen Antrag um Durchführung einer nachträglichen ordentlichen Veranlagung einreichen. Ein gestellter Antrag kann nicht mehr zurückgezogen werden.

2 Die Steuerbehörde prüft im Veranlagungsverfahren, ob die quellensteuerpflichtige Person im Steuerjahr die Voraussetzungen der Quasi-Ansässigkeit erfüllt. Dazu ermittelt sie nach den Artikeln 16–18 und 20–23 DBG zuerst die weltweiten Bruttoeinkünfte und danach den Anteil der in der Schweiz steuerbaren Bruttoeinkünfte.

Art. 15 Nachträgliche ordentliche Veranlagung von Amtes wegen

1 Die zuständigen kantonalen Steuerbehörden können von Amtes wegen eine nachträgliche ordentliche Veranlagung durchführen, wenn sich aus der Aktenlage der begründete Verdacht ergibt, dass stossende Verhältnisse zugunsten oder zuungunsten der steuerpflichtigen Person vorliegen.

2 Für die Einleitung einer nachträglichen ordentlichen Veranlagung von Amtes wegen gilt Artikel 120 DBG über die Veranlagungsverjährung.

Art. 16 Künstlerinnen und Künstler, Sportlerinnen und Sportler, Referentinnen und Referenten C72

1 Als Tageseinkünfte von im Ausland wohnhaften Künstlerinnen und Künstlern, Sportlerinnen und Sportlern sowie Referentinnen und Referenten gelten die Einkünfte nach Artikel 92 Absatz 3 DBG, dividiert durch die Zahl der Auftritts- und Probetage. Zu den Tageseinkünften zählen insbesondere:

a. die Bruttoeinkünfte einschliesslich aller Zulagen und Nebeneinkünfte sowie Naturalleistungen; und
b. alle vom Veranstalter übernommenen Spesen, Kosten und Quellensteuern.

² Ist bei Gruppen der Anteil des einzelnen Mitglieds nicht bekannt oder schwer zu ermitteln, so wird für dessen Bestimmung das durchschnittliche Tageseinkommen pro Kopf berechnet.

³ Zu den Tageseinkünften gehören auch Vergütungen, die nicht der quellensteuerpflichtigen Person selber, sondern einer Drittperson zufliessen.

Art. 17 Hypothekargläubigerinnen und Hypothekargläubiger C74

Als steuerbare Einkünfte von im Ausland ansässigen Hypothekargläubigerinnen und Hypothekargläubigern gelten die Bruttoeinkünfte aus Forderungen nach Artikel 94 DBG. Dazu gehören auch Zinsen, die nicht der quellensteuerpflichtigen Person selber, sondern einer Drittperson zufliessen.

Art. 18 Im Ausland wohnhafte Empfängerinnen und Empfänger von Renten aus Vorsorge C71, C70

¹ Soweit keine abweichende staatsvertragliche Regelung besteht, unterliegen die Renten von im Ausland wohnhaften Empfängerinnen und Empfängern nach den Artikeln 95 und 96 DBG der Quellensteuer.

² Wird die Quellensteuer nicht erhoben, weil die Besteuerung dem andern Vertragsstaat zusteht, so hat sich der Schuldner der steuerbaren Leistung den ausländischen Wohnsitz der Empfängerin oder des Empfängers schriftlich bestätigen zu lassen und diesen periodisch zu überprüfen.

Art. 19 Im Ausland wohnhafte Empfängerinnen und Empfänger von Kapitalleistungen aus Vorsorge C71, C70

¹ Kapitalleistungen an im Ausland wohnhafte Empfängerinnen und Empfänger nach den Artikeln 95 und 96 DBG unterliegen ungeachtet staatsvertraglicher Regelungen immer der Quellensteuer. Der Tarif ist in Ziffer 3 des Anhangs festgelegt.

² Die erhobene Quellensteuer wird zinslos zurückerstattet, wenn die Empfängerin oder der Empfänger der Kapitalleistung:

a. innerhalb von drei Jahren seit Auszahlung einen entsprechenden Antrag bei der zuständigen kantonalen Steuerbehörde stellt; und
b. dem Antrag eine Bestätigung der zuständigen Steuerbehörde des anspruchsberechtigten Wohnsitzstaates beilegt, wonach:
  1. diese von der Kapitalleistung Kenntnis genommen hat, und
  2. die Empfängerin oder der Empfänger der Kapitalleistung eine im Sinne des Doppelbesteuerungsabkommens mit der Schweiz dort ansässige Person ist.

Art. 20 Bezugsminima

Die Quellensteuer wird bei Personen nach den Artikeln 16–18 nicht erhoben, wenn die steuerbaren Bruttoeinkünfte unter den in Ziffer 4 des Anhangs festgelegten Beträgen liegen.

4. Abschnitt: Vereinfachtes Abrechnungsverfahren A91

Art. 21 Anwendbares Recht

Sofern sich aus Artikel 37a DBG und aus den Bestimmungen dieses Abschnitts nichts anderes ergibt, gelten die Bestimmungen des DBG über die Quellensteuer und die übrigen Bestimmungen dieser Verordnung sinngemäss auch im Verfahren der vereinfachten Abrechnung.

Art. 22 Besteuerungsgrundlage

Die Steuer wird auf der Grundlage des vom Arbeitgeber der AHV-Ausgleichskasse gemeldeten Bruttolohns erhoben.

Art. 23 Ablieferung der Quellensteuer durch den Arbeitgeber

[1] Für die Abrechnung und die Ablieferung der Quellensteuer an die zuständige AHV-Ausgleichskasse gelten die Bestimmungen der Verordnung vom 31. Oktober 1947[1] über die Alters- und Hinterlassenenversicherung über das vereinfachte Abrechnungsverfahren sinngemäss.

[2] Wird die Steuer auf Mahnung der AHV-Ausgleichskasse hin nicht abgeliefert, so erstattet diese der Steuerbehörde des Kantons Meldung, in dem der Arbeitgeber seinen Sitz oder Wohnsitz hat. Die Steuerbehörde bezieht die Steuer nach den Vorschriften der Steuergesetzgebung.

Art. 24 Überweisung der Quellensteuer an die Steuerbehörden

Die AHV-Ausgleichskasse überweist die einkassierten Steuerzahlungen nach Abzug der ihr zustehenden Bezugsprovision an die Steuerbehörde des Kantons, in dem die quellensteuerpflichtige Person ihren Wohnsitz hat.

5. Abschnitt: Schlussbestimmungen

Art. 25 Aufhebung eines anderen Erlasses

Die Quellensteuerverordnung vom 19. Oktober 1993[2] wird aufgehoben.

Art. 26 Änderung eines anderen Erlasses

...[3]

Art. 27 Inkrafttreten

Diese Verordnung tritt am 1. Januar 2021 in Kraft.

---

[1] SR **831.101**
[2] [AS **1993** 3324, **1994** 1788, **2001** 1055, **2007** 373, **2010** 4481, **2011** 4329, **2013** 783]
[3] Die Änderung kann unter AS **2018** 1829 konsultiert werden.

Anhang[1]

(Art. 1 Abs. 2, 19 Abs. 1 und 20)

Quellensteuertarife

1. Die Quellensteuer von Personen mit dem Tarifcode D beträgt 1 Prozent der Bruttoeinkünfte.
2. Die Quellensteuer auf Ersatzeinkünften mit dem Tarifcode G beträgt:

			Franken	
bis	18 000 Franken jährliche Bruttoeinkünfte und für		0.00	
	je weitere 100 Franken jährliche Bruttoeinkünfte		0.80	
für	36 000 Franken jährliche Bruttoeinkünfte und für		144.00	
	je weitere 100 Franken jährliche Bruttoeinkünfte		2.40	mehr;
für	60 000 Franken jährliche Bruttoeinkünfte und für		720.00	
	je weitere 100 Franken jährliche Bruttoeinkünfte		4.30	mehr;
für	90 000 Franken jährliche Bruttoeinkünfte und für		2 010.00	
	je weitere 100 Franken jährliche Bruttoeinkünfte		7.60	mehr;
für	120 000 Franken jährliche Bruttoeinkünfte und für		4 290.00	
	je weitere 100 Franken jährliche Bruttoeinkünfte		10.50	mehr;
für	180 000 Franken jährliche Bruttoeinkünfte und für		10 590.00	
	je weitere 100 Franken jährliche Bruttoeinkünfte		13.00	mehr;
für	792 000 Franken jährliche Bruttoeinkünfte und für		90 150.00	
	je weitere 100 Franken jährliche Bruttoeinkünfte		11.50	mehr.

3. a. Die Quellensteuer auf dem Bruttobetrag der Kapitalleistungen nach Artikel 19 Absatz 1 beträgt für alleinstehende Personen:

– auf dem Betrag bis	25 000 Franken	0,00 %
– auf dem Betrag über 25 000 bis	50 000 Franken	0,35 %
– auf dem Betrag über 50 000 bis	75 000 Franken	0,60 %
– auf dem Betrag über 75 000 bis	100 000 Franken	1,30 %
– auf dem Betrag über 100 000 bis	125 000 Franken	1,70 %
– auf dem Betrag über 125 000 bis	150 000 Franken	2,00 %
– auf dem Betrag über 150 000 bis	750 000 Franken	2,60 %
– auf dem Betrag über	750 000 Franken	2,30 %

b. Die Quellensteuer auf dem Bruttobetrag der Kapitalleistungen nach Artikel 19 Absatz 1 beträgt für verheiratete Personen:

– auf dem Betrag bis	25 000 Franken	0,00 %
– auf dem Betrag über 25 000 bis	50 000 Franken	0,20 %
– auf dem Betrag über 50 000 bis	75 000 Franken	0,50 %
– auf dem Betrag über 75 000 bis	100 000 Franken	0,85 %
– auf dem Betrag über 100 000 bis	125 000 Franken	1,20 %

---

[1] Bereinigt gemäss Ziff. I der V des EFD vom 16. Sept. 2022, in Kraft seit 1. Jan. 2023 (AS **2022** 574).

- auf dem Betrag über 125 000 bis 150 000 Franken 1,90 %
- auf dem Betrag über 150 000 bis 900 000 Franken 2,60 %
- auf dem Betrag über 900 000 Franken 2,30 %

4. Die Quellensteuer wird nach Artikel 20 nicht erhoben, wenn die steuerbaren Bruttoeinkünfte weniger betragen als:

- bei Künstlerinnen, Künstlern, Sportlerinnen, Sportlern, Referentinnen und Referenten (Art. 92 DBG)
  Fr. 300.– der von einem Schuldner der steuerbaren Leistung pro Veranstaltung ausgerichteten Leistungen;

- bei Verwaltungsrätinnen und Verwaltungsräten (Art. 93 DBG)
  Fr. 300.– der von einem Schuldner der steuerbaren Leistung gesamthaft in einem Steuerjahr ausgerichteten Leistungen;

- bei Hypothekargläubigerinnen und Hypothekargläubigern (Art. 94 DBG)
  Fr. 300.– im Steuerjahr;

- bei Empfängerinnen und Empfängern von Renten (Art. 95 und 96 DBG)
  Fr. 1000.– im Steuerjahr.

L Verordnung des EFD über die Behandlung von Gesuchen um Erlass der direkten Bundessteuer (Steuererlassverordnung)
SR 642.121 B13

vom 12. Juni 2015 (Stand am 1. Januar 2016)

Das Eidgenössische Finanzdepartement (EFD),

gestützt auf Artikel 167f des Bundesgesetzes vom 14. Dezember 1990[1] über die direkte Bundessteuer (DBG),

verordnet:

1. Abschnitt: Gegenstand

Art. 1

Diese Verordnung umschreibt die Voraussetzungen für den Steuererlass, die Gründe für dessen Ablehnung sowie das Erlassverfahren näher.

2. Abschnitt: Voraussetzungen und Ablehnungsgründe

Art. 2 Notlagen bei natürlichen Personen

[1] Eine Notlage (Art. 167 Abs. 1 DBG) einer natürlichen Person liegt vor, wenn:

a. die finanziellen Mittel der Person zur Bestreitung des betreibungsrechtlichen Existenzminimums nicht ausreichen; oder

b. der ganze geschuldete Betrag in einem Missverhältnis zur finanziellen Leistungsfähigkeit der Person steht.

[2] Ein Missverhältnis zur finanziellen Leistungsfähigkeit ist insbesondere dann gegeben, wenn die Steuerschuld trotz zumutbarer Einschränkung der Lebenshaltungskosten nicht in absehbarer Zeit vollumfänglich beglichen werden kann.

[3] Eine Einschränkung der Lebenshaltungskosten gilt als zumutbar, wenn diese das betreibungsrechtliche Existenzminimum übersteigen (Art. 93 des BG vom 11. April 1889[2] über Schuldbetreibung und Konkurs, SchKG).

Art. 3 Ursachen für eine Notlage bei natürlichen Personen

[1] Als Ursachen, die zu einer Notlage einer natürlichen Person führen, werden insbesondere anerkannt:

a. eine wesentliche und andauernde Verschlechterung der wirtschaftlichen Verhältnisse der Person ab der Steuerperiode, auf die sich das Erlassgesuch bezieht, aufgrund:

---

[1] SR **642.11**
[2] SR **281.1**

1. aussergewöhnlicher Belastungen durch den Unterhalt der Familie oder Unterhaltspflichten,
2. hoher Kosten infolge Krankheit, Unfall oder Pflege, die nicht von Dritten getragen werden, oder
3. längerer Arbeitslosigkeit;
   b. eine starke Überschuldung aufgrund ausserordentlicher Aufwendungen, die in den persönlichen Verhältnissen begründet sind und für welche die Person nicht einzustehen hat.

² Geht die Notlage auf andere Ursachen zurück, so kann die Erlassbehörde nicht zugunsten anderer Gläubiger auf die gesetzlichen Ansprüche des Bundes verzichten. Verzichten andere Gläubiger ganz oder teilweise auf ihre Forderungen, so kann ein Erlass im selben prozentualen Umfang gewährt werden, sofern dies zur dauerhaften Sanierung der wirtschaftlichen Lage der Person (Art. 167 Abs. 2 DBG) beiträgt. Als andere Ursachen gelten insbesondere:

   a. Bürgschaftsverpflichtungen;
   b. hohe Grundpfandschulden;
   c. Kleinkreditschulden aufgrund eines überhöhten Lebensstandards;
   d. erhebliche Geschäfts- und Kapitalverluste bei Selbstständigerwerbenden, welche die wirtschaftliche Existenz der Person sowie Arbeitsplätze gefährden.

³ Einkommensausfälle und Aufwendungen, die bereits mit der Veranlagung oder der Steuerberechnung berücksichtigt wurden, werden nicht als Ursache anerkannt. Dies gilt insbesondere für übliche Schwankungen des Einkommens der steuerpflichtigen Person.

Art. 4 Notlage und deren Ursachen bei juristischen Personen

¹ Eine Notlage einer juristischen Person liegt vor, wenn diese sanierungsbedürftig ist.

² Als Ursache für eine Notlage bei juristischen Personen gilt ein Kapitalverlust oder eine Überschuldung, wenn dadurch die wirtschaftliche Existenz der Person sowie Arbeitsplätze gefährdet sind.

³ Erbringen die Anteilsinhaber Sanierungsleistungen und verzichten andere Gläubiger ganz oder teilweise auf ihre Forderungen, so kann ein Erlass im selben prozentualen Umfang wie der Gläubigerverzicht gewährt werden, sofern dies zur dauerhaften Sanierung der wirtschaftlichen Lage der Person (Art. 167 Abs. 2 DBG) beiträgt.

⁴ Ein Steuererlass wird abgelehnt, wenn die Sanierungsbedürftigkeit auf die Gewährung geldwerter Vorteile, insbesondere auf offene oder verdeckte Gewinnausschüttungen, zurückzuführen ist oder wenn die juristische Person nicht mit ausreichendem Eigenkapital ausgestattet war.

3. Abschnitt: Erlassgesuch

Art. 5 Gegenstand

¹ Die steuerpflichtige Person kann ein Gesuch stellen um den Erlass von:

   a. Steuern, einschliesslich Nachsteuern;
   b. Verzugszinsen;
   c. Bussen wegen einer Übertretung.

² Die vom Gesuch betroffenen Steuern, Verzugszinsen und Bussen dürfen noch nicht gezahlt sein.

³ Auch nach der Zahlung möglich sind:
   a. Erlassgesuche in Quellensteuerfällen;
   b. Erlassgesuche, bei denen die Zahlung unter Vorbehalt erfolgt ist.

Art. 6 Inhalt

Die steuerpflichtige Person gibt in ihrem Gesuch (Art. 167c DBG) an, für welche Steuerjahre und in welchem Umfang sie um Steuererlass ersucht.

Art. 7 Abgrenzung zum Veranlagungsverfahren

¹ Ein Erlassgesuch kann erst gestellt werden, wenn die Veranlagung rechtskräftig geworden ist. Weder kann mit dem Gesuch die Revision der Veranlagung verlangt werden, noch ersetzt das Erlassverfahren das Rechtsmittelverfahren.

² Im Verfahren um Erlass einer Quellensteuer ist Absatz 1 sinngemäss anwendbar.

Art. 8 Einreichungsort und Eingangsbestätigung

¹ Das Erlassgesuch ist bei der zuständigen kantonalen Behörde einzureichen.

² Die Behörde bestätigt der gesuchstellenden Person den Eingang des Gesuchs.

Art. 9 Tod der gesuchstellenden Person

¹ Stirbt die Person, die ein Erlassgesuch gestellt hat, so wird ihr Gesuch gegenstandslos.

² Der einzelne Erbe oder die einzelne Erbin (Art. 12 DBG) kann ein Erlassgesuch stellen.

4. Abschnitt: Prüfung und Entscheid

Art. 10 Entscheidungsgrundlagen

Die Erlassbehörde entscheidet über das Erlassgesuch aufgrund aller für die Beurteilung der Voraussetzungen und der Ablehnungsgründe wesentlichen Tatsachen, insbesondere aufgrund:

a. der gesamten wirtschaftlichen Verhältnisse der gesuchstellenden Person im Zeitpunkt des Entscheids;
b. der Entwicklung ab der Steuerperiode, auf die sich das Gesuch bezieht;
c. der wirtschaftlichen Aussichten der gesuchstellenden Person; und
d. der von der gesuchstellenden Person getroffenen Massnahmen zur Verbesserung ihrer finanziellen Leistungsfähigkeit.

Art. 11 Zahlung von Steuern während des Verfahrens

Zahlt die gesuchstellende Person ohne Vorbehalt die vom Erlassgesuch betroffenen Steuern, Verzugszinsen oder Bussen ganz oder teilweise, während das Gesuch bei der Erlassbehörde hängig ist, so wird das Erlassverfahren im Umfang der Zahlung gegenstandslos.

Art. 12 Zahlung von Steuern aus dem Vermögen

1 Die Erlassbehörde prüft, wieweit die Zahlung der geschuldeten Steuer aus dem Vermögen zumutbar ist.

2 Auf jeden Fall zumutbar ist die Zahlung aus dem Vermögen bei Steuern auf einmaligen Einkünften.

3 Als Vermögen gilt das zum Verkehrswert bewertete Reinvermögen. Nicht frei verfügbare Austrittsleistungen und Anwartschaften gemäss dem Freizügigkeitsgesetz vom 17. Dezember 1993[1] gelten nicht als Vermögenselemente.

4 Handelt es sich beim Vermögen um einen unentbehrlichen Bestandteil der Altersvorsorge, so kann die Erlassbehörde in begründeten Ausnahmefällen:
   a. die Steuer ganz oder teilweise erlassen; oder
   b. der zuständigen kantonalen Behörde empfehlen, eine Stundung zu gewähren und die Sicherstellung der Steuerforderung zu verlangen.

Art. 13 Entscheid

1 Die Gewährung des Steuererlasses kann an Bedingungen und Auflagen wie Abzahlungen oder die Leistung von Sicherheiten geknüpft werden.

2 Wird ein Erlassgesuch gutgeheissen, so geht die Steuerforderung im Umfang des erlassenen Betrags unter. Davon ausgenommen sind Fälle:
   a. in denen die Bedingungen und Auflagen nach Absatz 1 nicht erfüllt werden;
   b. von Steuerhinterziehung oder Steuervergehen.

3 Kann den wirtschaftlichen Verhältnissen der gesuchstellenden Person mit Zahlungserleichterungen (Art. 166 DBG) Rechnung getragen werden, so weist die Erlassbehörde das Gesuch ganz oder teilweise ab und empfiehlt der zuständigen kantonalen Behörde, eine Stundung zu gewähren oder Ratenzahlungen zu bewilligen.

4 Der Verzugszins auf einem nicht erlassenen Forderungsbetrag gilt als geschuldet, sofern nicht gegenteilig entschieden wird.

Art. 14 Zwangsvollstreckungs- und Liquidationsverfahren: Konkurs, gerichtlicher Nachlassvertrag, Liquidation

1 Steht die gesuchstellende Person vor dem Abschluss eines gerichtlichen Nachlassvertrags oder droht ihr der Konkurs, so wird ihr Erlassgesuch abgewiesen. Die Erlassbehörde stundet der Person die Steuerforderungen, damit diese die Sanierung einleiten kann. Die Stundung wird so lange gewährt, bis Klarheit über die wirtschaftlichen Verhältnisse herrscht, jedoch nur in begründeten Ausnahmefällen länger als sechs Monate.

2 Im Fall eines gerichtlichen Nachlassverfahrens kann die zuständige kantonale Behörde dem Nachlassvertrag zustimmen (Art. 305 SchKG[2]). Im Übrigen richten sich der Untergang und die Vollstreckbarkeit der Steuerforderung nach den Bestimmungen des SchKG über den Nachlassvertrag oder den Konkurs. Das Erlassverfahren wird gegenstandslos.

3 Befindet sich die gesuchstellende Person in Liquidation, so wird ihr Gesuch abgewiesen.

---

[1] SR **831.42**
[2] SR **281.1**

Art. 15 Zwangsvollstreckungs- und Liquidationsverfahren: Aussergerichtlicher Nachlassvertrag und einvernehmliche private Schuldenbereinigung

Einem aussergerichtlichen Nachlassvertrag oder einer einvernehmlichen privaten Schuldenbereinigung kann die zuständige kantonale Behörde zustimmen, wenn die Mehrheit der übrigen gleichrangigen Gläubiger ebenfalls zustimmt und die von ihnen vertretenen Forderungen mindestens die Hälfte der gesamten Forderungen der 3. Klasse (Art. 219 SchKG[1]) ausmachen. Der nicht gedeckte Teil des Steuerbetrags gilt als erlassen.

Art. 16 Zwangsvollstreckungs- und Liquidationsverfahren: Rückkauf von Verlustscheinen

1 Über den Rückkauf von Verlustscheinen entscheidet die zuständige kantonale Behörde.

2 Der Rückkauf unter dem Nominalwert ist zulässig:
   a. soweit ein Teilerlass der Steuerschuld gerechtfertigt erscheint; oder
   b. sofern anzunehmen ist, dass die Steuerschuld nicht in absehbarer Zeit vollumfänglich beglichen werden kann.

3 Wird ein Verlustschein zurückgekauft, so geht die Steuerforderung unter.

Art. 17 Verhältnis zum Steuerbezug

1 Die Einreichung eines Erlassgesuchs hemmt den Bezug der Steuer nicht.

2 Verhindert oder verzögert die gesuchstellende Person durch ihr Verhalten die Behandlung des Erlassgesuchs, so wird der geschuldete Betrag nötigenfalls durch Zwangsvollstreckung bezogen.

Art. 18 Kosten

1 Bei einem offensichtlich unbegründeten Erlassgesuch (Art. 167*d* Abs. 3 zweiter Satz DBG) kann der gesuchstellenden Person eine Spruch- und Schreibgebühr auferlegt werden.

2 Die Gebühr bemisst sich nach dem Zeitaufwand. Sie beträgt mindestens 50 Franken und höchstens 1000 Franken.

5. Abschnitt: Schlussbestimmungen

Art. 19 Aufhebung eines anderen Erlasses

Die Steuererlassverordnung vom 19. Dezember 1994[2] wird aufgehoben.

Art. 20 Inkrafttreten

Diese Verordnung tritt am 1. Januar 2016 in Kraft.

---

[1] SR **281.1**
[2] AS **1995** 595, **2006** 4181, **2009** 2621

M Verordnung über die Besteuerung der Liquidationsgewinne bei definitiver Aufgabe der selbständigen Erwerbstätigkeit (LGBV)
SR 642.114 A73

vom 17. Februar 2010 (Stand am 1. Januar 2011)

Der Schweizerische Bundesrat,

gestützt auf die Artikel 37b und 199 des Bundesgesetzes vom 14. Dezember 1990[1] über die direkte Bundessteuer (DBG),

verordnet:

1. Abschnitt: Allgemeine Bestimmungen

Art. 1 Gegenstand und Geltungsbereich

1 Diese Verordnung regelt die Besteuerung von Liquidationsgewinnen einer steuerpflichtigen Person bei definitiver Aufgabe der selbstständigen Erwerbstätigkeit:

    a. nach dem vollendeten 55. Altersjahr; oder
    b. infolge Invalidität.

2 Der Eintritt der Invalidität bestimmt sich nach Artikel 4 Absatz 2 des Bundesgesetzes vom 19. Juni 1959[2] über die Invalidenversicherung.

3 Die Verordnung gilt nicht für:

    a. Einkünfte aus selbstständiger Erwerbstätigkeit und andere Einkünfte, die nicht aus der Liquidation stammen;
    b. Liquidationsgewinne, welche die steuerpflichtige Person nach Absatz 1 (steuerpflichtige Person) nach der Wiederaufnahme einer selbstständigen Erwerbstätigkeit erzielt.

Art. 2 Liquidationsjahr

Als Liquidationsjahr gilt das Geschäftsjahr, in dem die Liquidation abgeschlossen wird.

Art. 3 Verhältnis zu Artikel 18a DBG

1 Wird die Besteuerung von stillen Reserven als Einkommen aus selbstständiger Erwerbstätigkeit nach Artikel 18a Absatz 1 DBG bis zur Veräusserung der Liegenschaft aufgeschoben, so findet die Verordnung auf diese realisierten stillen Reserven keine Anwendung.

---

[1] SR **642.11**
[2] SR **831.20**

² Wird die Liegenschaft jedoch während des Liquidationsjahrs oder des Vorjahrs aus dem Geschäftsvermögen in das Privatvermögen überführt und in einem dieser Jahre veräussert, so sind die realisierten stillen Reserven Bestandteil des Liquidationsgewinns.

2. Abschnitt: Einkauf in eine Vorsorgeeinrichtung N 5

Art. 4

¹ Ist die steuerpflichtige Person einer Vorsorgeeinrichtung angeschlossen, so kann sie sich im Liquidationsjahr und im Vorjahr im Rahmen der reglementarischen und übrigen vorsorgerechtlichen Bestimmungen in die Vorsorgeeinrichtung einkaufen.

² Sie kann diese Einkaufsbeträge von den Einkünften abziehen (Art. 33 Abs. 1 Bst. d DBG).

³ Ein Beitragsüberhang reduziert den Liquidationsgewinn.

3. Abschnitt: Fiktiver Einkauf N 5

Art. 5 Grundsätze

¹ Die steuerpflichtige Person kann bei der Steuerbehörde Antrag auf Besteuerung eines fiktiven Einkaufs nach Artikel 8 stellen.

² Sie muss die notwendigen Belege für die Berechnung des fiktiven Einkaufs nach Artikel 6 beibringen.

Art. 6 Berechnung des fiktiven Einkaufs

¹ Der Betrag des fiktiven Einkaufs einer steuerpflichtigen Person berechnet sich aus dem Altersgutschriftensatz von 15 Prozent, multipliziert mit der Anzahl Jahre nach Absatz 2 und dem Einkommen nach den Absätzen 3–5, reduziert um die Abzüge nach Absatz 6. Er darf die Höhe des Liquidationsgewinns nicht übersteigen.

² Massgebend ist die Anzahl Jahre vom vollendeten 25. Altersjahr bis zum Alter im Liquidationsjahr, höchstens jedoch bis zum ordentlichen AHV-Rentenalter.

³ Das Einkommen entspricht dem Durchschnitt aus der Summe der AHV-pflichtigen Erwerbseinkommen aus selbstständiger Erwerbstätigkeit der letzten fünf Geschäftsjahre vor dem Liquidationsjahr, abzüglich der im Vorjahr realisierten stillen Reserven.

⁴ Weist die steuerpflichtige Person nach, dass sie bis zum Liquidationsjahr weniger als fünf Jahre selbstständig erwerbend war, so wird das Einkommen gestützt auf die tatsächliche Anzahl Jahre der selbstständigen Erwerbstätigkeit berechnet.

⁵ Das Einkommen darf den zehnfachen oberen Grenzbetrag nach Artikel 8 Absatz 1 des Bundesgesetzes vom 25. Juni 1982[1] über die berufliche Alters-, Hinterlassenen- und Invalidenvorsorge (BVG) nicht überschreiten.

---

[1] SR 831.40

6 Abgezogen werden:
   a. Altersguthaben aus beruflicher Vorsorge, insbesondere:
      1. Guthaben bei Vorsorgeeinrichtungen und Freizügigkeitseinrichtungen,
      2. Guthaben der Säule 3a nach Artikel 60a Absatz 2 der Verordnung vom 18. April 1984[1] über die berufliche Alters-, Hinterlassenen- und Invalidenvorsorge; N 5.2
   b. Vorbezüge nach Artikel 3 der Verordnung vom 13. November 1985[2] über die steuerliche Abzugsberechtigung für Beiträge an anerkannte Vorsorgeformen;
   c. Vorbezüge nach Artikel 30c BVG und Artikel 331e des Obligationenrechts[3] sowie Pfandverwertungen nach Artikel 331d Absatz 6 des Obligationenrechts;
   d. Barauszahlungen von Vorsorgeeinrichtungen, Freizügigkeitseinrichtungen und Säule-3a-Einrichtungen sowie von Wohlfahrtsfonds;
   e. Invaliden- und Altersleistungen von Vorsorgeeinrichtungen, Freizügigkeitseinrichtungen und Säule-3a-Einrichtungen sowie von Wohlfahrtsfonds.

Art. 7 Nachträglicher Anschluss an eine Vorsorgeeinrichtung

Der geltend gemachte fiktive Einkauf wird steuerrechtlich an einen späteren Einkauf in eine Vorsorgeeinrichtung angerechnet.

Art. 8 Besteuerung des fiktiven Einkaufs

Der Betrag des fiktiven Einkaufs wird nach Artikel 38 DBG besteuert.

4. Abschnitt: Übriger Liquidationsgewinn

Art. 9 Bemessung

Der übrige Liquidationsgewinn umfasst die im Liquidationsjahr und im Vorjahr realisierten stillen Reserven, abzüglich:

   a. der Beitragsüberhänge (Art. 4 Abs. 3);
   b. des fiktiven Einkaufs;
   c. des durch die Realisierung der stillen Reserven verursachten Aufwandes;
   d. des Verlustvortrags und des Verlusts des laufenden Geschäftsjahres, die nicht mit dem Einkommen aus der selbstständigen Erwerbstätigkeit verrechnet werden konnten.

Art. 10 Besteuerung

1 Für den anwendbaren Steuersatz nach Artikel 214 DBG[4] ist ein Fünftel des Liquidationsgewinns massgebend.

2 Der Steuersatz beträgt jedoch mindestens 2 Prozent.

---

[1] SR **831.441.1**
[2] SR **831.461.3**
[3] SR **220**
[4] Ab 1. Jan. 2014: Art. 36

5. Abschnitt: Erbgang

Art. 11 Liquidation durch die Erben, Erbinnen, Vermächtnisnehmer oder Vermächtnisnehmerinnen

¹ Führen die Erben, Erbinnen, Vermächtnisnehmer oder Vermächtnisnehmerinnen der steuerpflichtigen Person die selbstständige Erwerbstätigkeit nicht fort und liquidieren sie das Einzelunternehmen innert fünf Kalenderjahren nach Ablauf des Todesjahres des Erblassers oder der Erblasserin, so bestimmt sich der Steuersatz nach Artikel 10. Dasselbe gilt, wenn die Tätigkeit der steuerpflichtigen Person in einer Personengesellschaft durch die Erben, Erbinnen, Vermächtnisnehmer oder Vermächtnisnehmerinnen nicht fortgeführt wird und innert derselben Frist die Personengesellschaft liquidiert oder der Gesellschaftsanteil veräussert wird.

² Führen die Erben, Erbinnen, Vermächtnisnehmer oder Vermächtnisnehmerinnen der steuerpflichtigen Person die selbstständige Erwerbstätigkeit nicht fort und liquidieren sie das Unternehmen nicht innert fünf Kalenderjahren nach Ablauf des Todesjahres des Erblassers oder der Erblasserin, so erfolgt nach Ablauf dieser Frist eine steuersystematische Abrechnung nach Absatz 1.

³ Die blosse Erfüllung von im Zeitpunkt des Erbgangs bestehenden Verpflichtungen gilt nicht als Fortführung der selbstständigen Erwerbstätigkeit.

⁴ Ein fiktiver Einkauf nach Artikel 5 kann von den Erben, Erbinnen, Vermächtnisnehmern oder Vermächtnisnehmerinnen nicht geltend gemacht werden.

Art. 12 Fortführung der selbstständigen Erwerbstätigkeit durch die Erben, Erbinnen, Vermächtnisnehmer oder Vermächtnisnehmerinnen

Führen die Erben, Erbinnen, Vermächtnisnehmer oder Vermächtnisnehmerinnen der steuerpflichtigen Person die selbstständige Erwerbstätigkeit fort, so findet diese Verordnung nur Anwendung, wenn sie die Voraussetzungen nach Artikel 37b DBG selbst erfüllen.

6. Abschnitt: Inkrafttreten

Art. 13

Diese Verordnung tritt am 1. Januar 2011 in Kraft.

N Verordnung über die Bescheinigungspflichten bei Mitarbeiterbeteiligungen (Mitarbeiterbeteiligungsverordnung, MBV)
SR 642.115.325.1 A89, A82

vom 27. Juni 2012 (Stand am 1. Januar 2021)

Der Schweizerische Bundesrat,

gestützt auf die Artikel 129 Absatz 1 Buchstabe d und 199 des Bundesgesetzes vom 14. Dezember 1990[1] über die direkte Bundessteuer (DBG),

verordnet:

1. Abschnitt: Allgemeine Bestimmungen

Art. 1 Gegenstand

¹ Diese Verordnung regelt, welche Angaben die Arbeitgeber den Steuerbehörden in der Bescheinigung über die Mitarbeiterbeteiligungen machen müssen:
  a. im Zeitpunkt der Abgabe von Mitarbeiterbeteiligungen;
  b. im Zeitpunkt der Realisation des geldwerten Vorteils aus den Mitarbeiterbeteiligungen.

² Die Verordnung gilt für:
  a. Aktien, Genussscheine, Partizipationsscheine, Genossenschaftsanteile oder Beteiligungen anderer Art, die den Mitarbeiterinnen und Mitarbeitern Vermögens- oder Mitgliedschaftsrechte am Arbeitgeber, an dessen Muttergesellschaft oder an einer anderen Konzerngesellschaft einräumen (Mitarbeiteraktien);
  b. Mitarbeiteroptionen, Anwartschaften auf Mitarbeiteraktien und unechte Mitarbeiterbeteiligungen.

Art. 2 Vestingperiode

In dieser Verordnung gilt als Vestingperiode die Zeitdauer zwischen dem Erwerb einer Mitarbeiterbeteiligung und dem Entstehen des Ausübungsrechts.

Art. 3 Ausübungsrecht

¹ Das Ausübungsrecht entsteht im Zeitpunkt des Rechtserwerbs (Vesting).

² Sperrfristen, die nach dem Vesting enden, werden für die Festlegung des Vesting nicht berücksichtigt.

---

[1] SR 642.11

2. Abschnitt: Inhalt und Form der Bescheinigung

Art. 4 Bescheinigung über Mitarbeiteraktien

Bescheinigungen über Mitarbeiteraktien müssen die folgenden Angaben enthalten:
a. die Bezeichnung des Mitarbeiterbeteiligungsplans;
b. das Datum des Erwerbs der Mitarbeiteraktien;
c. den Verkehrswert bei kotierten Mitarbeiteraktien oder den mit einer Formel festgelegten Wert (Formelwert) bei nicht kotierten Mitarbeiteraktien im Zeitpunkt des Erwerbs;
d. allfällige Sperrfristen sowie die Dauer allfälliger Rückgabeverpflichtungen;
e. den vereinbarten Erwerbspreis;
f. die Anzahl der erworbenen Mitarbeiteraktien;
g. den im Lohnausweis beziehungsweise in der Quellensteuerabrechnung bescheinigten geldwerten Vorteil.

Art. 5 Bescheinigung über Mitarbeiteroptionen und Anwartschaften auf Mitarbeiteraktien

¹ Bescheinigungen über Mitarbeiteroptionen, die im Zeitpunkt der Abgabe besteuert werden, müssen sinngemäss die Angaben nach Artikel 4 enthalten.

² Bescheinigungen über Mitarbeiteroptionen und Anwartschaften auf Mitarbeiteraktien, die im Zeitpunkt der Realisation des geldwerten Vorteils besteuert werden, müssen die folgenden Angaben enthalten:

a. im Zeitpunkt des Erwerbs:
  1. die Bezeichnung des Mitarbeiterbeteiligungsplans,
  2. das Datum des Erwerbs der Mitarbeiterbeteiligungen,
  3. das Datum des Entstehens des Ausübungsrechts, sofern bestimmbar,
  4. die Anzahl der erworbenen Mitarbeiterbeteiligungen;
b. im Zeitpunkt der Ausübung, des Verkaufs oder der Umwandlung in Mitarbeiteraktien:
  1. die Bezeichnung des Mitarbeiterbeteiligungsplans,
  2. das Datum des Erwerbs der Mitarbeiterbeteiligungen,
  3. das Datum der Ausübung, des Verkaufs oder der Umwandlung,
  4. den Verkehrswert der zugrunde liegenden, kotierten Aktie oder den Formelwert der zugrunde liegenden, nichtkotierten Aktie im Zeitpunkt der Ausübung, des Verkaufs oder der Umwandlung,
  5. den vereinbarten Ausübungs-, Verkaufs- oder Umwandlungspreis,
  6. die Anzahl ausgeübter, verkaufter oder umgewandelter Mitarbeiterbeteiligungen,
  7. den im Lohnausweis beziehungsweise in der Quellensteuerabrechnung bescheinigten geldwerten Vorteil.

Art. 6 Bescheinigung über unechte Mitarbeiterbeteiligungen

Bescheinigungen über Einkünfte aus unechten Mitarbeiterbeteiligungen müssen sinngemäss die Angaben nach Artikel 5 Absatz 2 enthalten.

Art. 7 Bescheinigung bei Zuzug der Mitarbeiterin oder des Mitarbeiters

[1] Hat die Mitarbeiterin oder der Mitarbeiter während der Zeit, in der sie oder er im Ausland ansässig war, Mitarbeiteroptionen, Anwartschaften auf Mitarbeiteraktien oder unechte Mitarbeiterbeteiligungen erworben, die sie oder er nach dem Zuzug in die Schweiz hier realisiert hat, so hat der schweizerische Arbeitgeber zusätzlich zu den Angaben nach den Artikeln 5 und 6 die folgenden Angaben zu machen:

a. die Anzahl Tage in der Vestingperiode, die die Mitarbeiterin oder der Mitarbeiter in der Schweiz gearbeitet hat;
b. den geldwerten Vorteil.

[2] Der geldwerte Vorteil ist nach der folgenden Formel zu berechnen:

(Der von der Mitarbeiterin oder dem Mitarbeiter gesamthaft erhaltene geldwerte Vorteil) × (Anzahl Arbeitstage in der Schweiz innerhalb der Vestingperiode) ÷ (Anzahl Tage der Vestingperiode).

Art. 8 Bescheinigung bei Wegzug der Mitarbeiterin oder des Mitarbeiters

[1] Hat die Mitarbeiterin oder der Mitarbeiter während der Zeit, in der sie oder er in der Schweiz ansässig war, Mitarbeiteroptionen, Anwartschaften auf Mitarbeiteraktien oder unechte Mitarbeiterbeteiligungen erworben, die sie oder er nach dem Wegzug ins Ausland dort realisiert hat, so hat der schweizerische Arbeitgeber der nach Artikel 107 DBG zuständigen kantonalen Behörde:[1]

a. die Realisation zu melden;
b. die Anzahl Tage in der Vestingperiode, die die Mitarbeiterin oder der Mitarbeiter in der Schweiz gearbeitet hat, zu bescheinigen;
c. den geldwerten Vorteil zu bescheinigen; und
d. die Quellensteuer nach Artikel 100 Absatz 1 Buchstabe d DBG abzuliefern.

[2] Der geldwerte Vorteil ist nach der folgenden Formel zu berechnen:

(Der von der Mitarbeiterin oder dem Mitarbeiter gesamthaft erhaltene geldwerte Vorteil) × (Anzahl Arbeitstage in der Schweiz innerhalb der Vestingperiode) ÷ (Anzahl Tage der Vestingperiode).

[3] Verfügt der Arbeitgeber in der Schweiz nur über eine Betriebsstätte, so ist die zuständige Behörde nach Absatz 1 die kantonale Steuerbehörde des Kantons dieser Betriebsstätte. Verfügt er über mehrere Betriebsstätten, so ist die zuständige Behörde die Steuerbehörde des Kantons derjenigen Betriebsstätte, die die entsprechenden Löhne abrechnet.

Art. 9 Bescheinigung bei mehrfachem Wechseln der Ansässigkeit

Wechselt die Mitarbeiterin oder der Mitarbeiter seine Ansässigkeit innerhalb der Vestingperiode mehr als einmal, so gelten die Artikel 7 und 8 sinngemäss.

Art. 10 Form der Bescheinigungen

Der Arbeitgeber muss die Bescheinigung über Mitarbeiterbeteiligungen dem Lohnausweis beziehungsweise der Quellensteuerabrechnung beilegen.

---

[1] Fassung gemäss Ziff. I 1 der V vom 11. April 2018 über die Anpassung von Verordnungen an die Revision der Quellenbesteuerung des Erwerbseinkommens, in Kraft seit 1. Jan. 2021 (AS 2018 1827).

3. Abschnitt: Sonderfälle

Art. 11 Freigabe von Mitarbeiteraktien vor Ablauf der Sperrfrist

[1] Werden Mitarbeiteraktien vor Ablauf der ursprünglichen Sperrfrist frei verfügbar, so entsteht im Zeitpunkt der Freigabe zusätzliches Erwerbseinkommen.

[2] Der Berechnung des zusätzlichen Erwerbseinkommens sind der Verkehrs- oder Formelwert im Zeitpunkt der Freigabe und die Anzahl Jahre bis zum Ablauf der Sperrfrist zugrunde zu legen.

[3] Der geldwerte Vorteil ist nach der folgenden Formel zu berechnen:

$$x - x \div 1{,}06^n.$$

(x) entspricht dem Verkehrs- oder Formelwert der Aktie im Zeitpunkt der Freigabe und (n) der Anzahl Jahre vom Zeitpunkt der Freigabe bis zum Ablauf der Sperrfrist. Angebrochene Sperrjahre sind anteilsmässig zu berücksichtigen.

[4] Bescheinigungen über das zusätzliche Erwerbseinkommen infolge einer Freigabe vor Ablauf der Sperrfrist müssen die folgenden Angaben enthalten:

a. die Bezeichnung des Mitarbeiterbeteiligungsplans;
b. das Datum des ordentlichen Ablaufs der Sperrfrist;
c. das Datum der Freigabe;
d. den Diskont für die restliche Sperrfrist, auf drei Nachkommastellen gerundet;
e. den Verkehrs- oder Formelwert der Mitarbeiteraktie im Zeitpunkt der Freigabe;
f. den geldwerten Vorteil pro Mitarbeiteraktie;
g. die Anzahl Mitarbeiteraktien;
h. den im Lohnausweis beziehungsweise in der Quellensteuerabrechnung bescheinigten geldwerten Vorteil.

Art. 12 Rückgabe von Mitarbeiteraktien

[1] Ist die Mitarbeiterin oder der Mitarbeiter vertraglich verpflichtet, bei Beendigung des Arbeitsverhältnisses die Mitarbeiteraktien entschädigungslos oder unter deren aktuellen Verkehrswert dem Arbeitgeber zurückzugeben, so kann sie oder er Gewinnungskosten geltend machen. Der Berechnung der Gewinnungskosten wird die Differenz zwischen dem Verkehrs- oder Formelwert bei der Rückgabe und dem Rückgabepreis zugrunde gelegt.

[2] Die Höhe der Gewinnungskosten ist nach der folgenden Formel zu berechnen:

$$x \div 1{,}06^n - y.$$

(x) entspricht dem Verkehrs- oder Formelwert der Mitarbeiteraktie im Rückgabezeitpunkt, (y) dem Rückgabepreis und (n) der Anzahl Jahre zwischen dem Rückgabezeitpunkt und dem Ablauf der Sperrfrist. Angebrochene Sperrjahre sind anteilsmässig zu berücksichtigen.

[3] Der Arbeitgeber muss die Gewinnungskosten der Mitarbeiterin oder dem Mitarbeiter bescheinigen. Die Gewinnungskosten dürfen nicht mit den Bruttoeinkünften im Lohnausweis beziehungsweise in der Quellensteuerabrechnung verrechnet werden.

[4] Wird bei der Rückgabe mehr als der aktuelle Verkehrswert oder mehr als der Formelwert vergütet, so ist dieser Teil als zusätzliches Einkommen zu bescheinigen. Die Bescheinigung muss sinngemäss die Angaben nach Artikel 11 Absatz 4 enthalten.

Art. 13 Mitarbeiterinnen und Mitarbeiter mit Wohnsitz im Ausland

¹ Die Artikel 7 und 8 gelten nicht für Personen, die der Quellenbesteuerung nach Artikel 91 DBG unterliegen.[1]

² Diese Personen unterliegen für ihr gesamtes Einkommen aus Mitarbeiterbeteiligungen der Quellenbesteuerung nach den ordentlichen Quellensteuersätzen (Art. 85 DBG).

Art. 14 Mitglieder der Verwaltung oder Geschäftsführung mit Wohnsitz im Ausland

¹ Die Artikel 7 und 8 gelten nicht für Mitglieder der Verwaltung oder der Geschäftsführung nach Artikel 93 DBG.

² Diese Personen unterliegen für ihr gesamtes Einkommen aus Mitarbeiterbeteiligungen der Quellensteuer nach Artikel 93 Absatz 3 DBG.

Art. 15 Realisation von geldwerten Vorteilen nach Beendigung des Arbeitsverhältnisses

¹ Werden geldwerte Vorteile aus Mitarbeiteroptionen, Anwartschaften auf Mitarbeiteraktien oder unechten Mitarbeiterbeteiligungen in einem Zeitpunkt realisiert, in dem zwischen der begünstigten Person und dem Arbeitgeber kein Arbeitsverhältnis mehr besteht, so hat der Arbeitgeber der kantonalen Steuerbehörde des Wohnsitzkantons der begünstigten Person eine Bescheinigung zuzustellen.

² Hat die begünstigte Person keinen Wohnsitz in der Schweiz, so erfolgt die Bescheinigung an die nach Artikel 107 DBG zuständige Behörde.[2]

4. Abschnitt: Einteilung der Mitarbeiterbeteiligungen in Kategorien und weitere Angaben

Art. 16 Einteilung der Mitarbeiterbeteiligungen in Kategorien

Die Eidgenössische Steuerverwaltung ordnet die Mitarbeiterbeteiligungen den Kategorien nach Artikel 1 Absatz 2 zu und veröffentlicht die entsprechende Liste.

Art. 17 Weitere Angaben

Die Eidgenössische Steuerverwaltung und die kantonalen Steuerbehörden können zusätzlich zu den in dieser Verordnung vorgeschriebenen Angaben weitere Informationen vom Arbeitgeber verlangen, soweit dies für die vorschriftsgemässe Veranlagung der Einkünfte notwendig ist.

---

[1] Fassung gemäss Ziff. I 1 der V vom 11. April 2018 über die Anpassung von Verordnungen an die Revision der Quellenbesteuerung des Erwerbseinkommens, in Kraft seit 1. Jan. 2021 (AS **2018** 1827).

[2] Fassung gemäss Ziff. I 1 der V vom 11. April 2018 über die Anpassung von Verordnungen an die Revision der Quellenbesteuerung des Erwerbseinkommens, in Kraft seit 1. Jan. 2021 (AS **2018** 1827).

5. Abschnitt: Schlussbestimmungen

Art. 18 Übergangsbestimmung

Für Mitarbeiterbeteiligungen, die Mitarbeiterinnen und Mitarbeitern vor Inkrafttreten dieser Verordnung abgegeben wurden, die jedoch erst nach deren Inkrafttreten realisiert werden, gelten die Bescheinigungspflichten dieser Verordnung. Davon ausgenommen sind Mitarbeiterbeteiligungen, die vor Inkrafttreten dieser Verordnung schon besteuert wurden.

Art. 19 Inkrafttreten

Diese Verordnung tritt am 1. Januar 2013 in Kraft.

O **Verordnung über Gebühren für Verfügungen und Dienstleistungen der Eidgenössischen Steuerverwaltung (Gebührenverordnung ESTV, GebV-ESTV)**
SR 642.31

vom 21. Mai 2014 (Stand am 1. Juli 2014)

Der Schweizerische Bundesrat,

gestützt auf Artikel 46a des Regierungs- und Verwaltungsorganisationsgesetzes vom 21. März 1997[1], auf Artikel 84 Absatz 2 des Mehrwertsteuergesetzes vom 12. Juni 2009[2] sowie auf die Artikel 183 und 195 des Bundesgesetzes vom 14. Dezember 1990[3] über die direkte Bundessteuer (DBG),

verordnet:

Art. 1 Grundsätze

[1] Die Eidgenössische Steuerverwaltung (ESTV) erhebt Gebühren namentlich für folgende Dienstleistungen:

  a. Gutachten und schriftliche Auskünfte;
  b. Schulungen;
  c. umfangreiche oder komplexe Auskünfte, die von der anfragenden Person wirtschaftlich weiterverwendet werden können;
  d. umfangreiche oder komplexe Statistiken, die speziell erstellt werden müssen;
  e. Reproduktion von Dokumenten und Daten bei Gesuchen um Akteneinsicht, einschliesslich der Gesuche um Akteneinsicht bei besonderen Untersuchungsmassnahmen nach den Artikeln 190–195 DBG.

[2] Sie erhebt im Bereich der Mehrwertsteuer auch Gebühren für:

  a. Verfügungen, zu deren Erlass aufwendige, durch die steuerpflichtige Person verschuldete Beweisverfahren durchgeführt wurden;
  b. unnötige Verrichtungen, die die steuerpflichtige Person verursacht hat.

[3] Sie erhebt keine Gebühren für verbindliche Auskünfte zu einem konkreten Sachverhalt betreffend eine bestimmte Person, es sei denn, die Anfrage übersteige das übliche Ausmass.

---

[1] SR 172.010
[2] SR 641.20
[3] SR 642.11

Art. 2 Anwendbarkeit anderer Verordnungen

1 Soweit diese Verordnung keine besondere Regelung enthält, gelten die Bestimmungen der Allgemeinen Gebührenverordnung vom 8. September 2004[1] (AllgGebV).

2 Für die Kosten der besonderen Untersuchungsmassnahmen nach den Artikeln 190–195 DBG, die neben den Reproduktionskosten nach Artikel 1 Absatz 1 Buchstabe e dieser Verordnung anfallen, gilt die Verordnung vom 25. November 1974[2] über Kosten und Entschädigungen im Verwaltungsstrafverfahren.

Art. 3 Gebührenbemessung

1 Die Gebühren werden nach Zeitaufwand festgelegt.

2 Der Stundenansatz beträgt je nach erforderlicher Sachkenntnis 100–250 Franken.

3 Für Verfügungen und Dienstleistungen von aussergewöhnlichem Umfang, besonderer Schwierigkeit oder Dringlichkeit kann die ESTV Zuschläge bis zu 50 Prozent der ordentlichen Gebühr erheben.

4 Für die Reproduktion von Dokumenten und Daten nach Artikel 1 Absatz 1 Buchstabe e werden die Gebühren nach dem Anhang erhoben.

Art. 4 Auslagen

1 Als Auslagen gelten die Kosten, die im Zusammenhang mit einer gebührenpflichtigen Tätigkeit zusätzlich anfallen, insbesondere die Auslagen nach Artikel 6 AllgGebV[3] sowie Zeugenentschädigungen.

2 Die Zeugenentschädigung beträgt:
  a. 30–100 Franken, wenn die Inanspruchnahme einschliesslich Reisezeit bis zu einem halben Tag dauert;
  b. 50–150 Franken pro Tag, wenn die Inanspruchnahme einschliesslich Reisezeit länger als einen halben Tag dauert.

3 Für Erwerbsausfall beträgt die Entschädigung in der Regel 25–150 Franken pro Stunde. Wenn besondere Verhältnisse es rechtfertigen, kann der tatsächliche Erwerbsausfall entschädigt werden. Ausserordentlich hoher Erwerbsausfall wird nicht berücksichtigt.

4 Auskunftspersonen und andere Dritte, die von Beweismassnahmen betroffen sind, werden wie Zeugen und Zeuginnen entschädigt.

Art. 5 Aufhebung bisherigen Rechts

Die Verordnung vom 23. August 1989[4] über Gebühren für Dienstleistungen der Eidgenössischen Steuerverwaltung wird aufgehoben.

Art. 6 Inkrafttreten

Diese Verordnung tritt am 1. Juli 2014 in Kraft.

---

[1] SR **172.041.1**
[2] SR **313.32**
[3] SR **172.041.1**
[4] [AS **1989** 1769, **1993** 1494, **2006** 4705 Ziff. II 47]

Anhang
(Art. 3 Abs. 4)

Gebühren für die Reproduktion von Dokumenten und Daten bei Gesuchen um Akteneinsicht

	Franken pro Stück
Reproduktion von Dokumenten in Papierform	
– Kopien A4 schwarz-weiss	0.20
Kopien A3 schwarz-weiss	0.40
Kopien A4 farbig	1.—
Kopien A3 farbig	1.20
– Kopien A4 ab gebundenen oder gehefteten Vorlagen oder pro Seite bei besonderen Formaten	2.—
– Kopien A3 ab gebundenen oder gehefteten Vorlagen oder pro Seite bei besonderen Formaten	2.20
Reproduktion von Daten in elektronischer Form	
– Trägermedium, abhängig von der Grösse des Speichermediums	5.– bis 80.–

P Verordnung des EFD über die Verzugs- und die Vergütungszinssätze auf Abgaben und Steuern (Zinssatzverordnung EFD)
SR 631.014

vom 25. Juni 2021 (Stand am 1. Januar 2022)

Zinssätze
VO DBG P

Das Eidgenössische Finanzdepartement (EFD),

gestützt auf Artikel 74 Absatz 4 des Zollgesetzes vom 18. März 2005[1],
die Artikel 187 Absatz 1 und 188 Absatz 2 der Zollverordnung vom 1. November 2006[2],
Artikel 29 des Bundesgesetzes vom 27. Juni 1973[3] über die Stempelabgaben,
Artikel 108 des Mehrwertsteuergesetzes vom 12. Juni 2009[4],
Artikel 20 Absatz 4 des Tabaksteuergesetzes vom 21. März 1969[5],
Artikel 41 Absatz 1 der Tabaksteuerverordnung vom 14. Oktober 2009[6],
Artikel 25 Absatz 5 des Biersteuergesetzes vom 6. Oktober 2006[7],
Artikel 22 Absatz 1 der Biersteuerverordnung vom 15. Juni 2007[8],
die Artikel 15 Absatz 2 und 17 Absatz 3 des Automobilsteuergesetzes vom 21. Juni 1996[9],
Artikel 22 Absatz 3 des Mineralölsteuergesetzes vom 21. Juni 1996[10],
Artikel 106a Absatz 2 Mineralölsteuerverordnung vom 20. November 1996[11],
Artikel 25 Absatz 4 der Schwerverkehrsabgabeverordnung vom 6. März 2000[12],
die Artikel 163 Absatz 2, 164 Absatz 1 und 168 Absatz 2 des Bundesgesetzes vom 14. Dezember 1990[13] über die direkte Bundessteuer,
Artikel 16 Absatz 2 des Verrechnungssteuergesetzes vom 13. Oktober 1965[14]
und auf die Artikel 72 Absatz 2 und 73 Absatz 2 der Alkoholverordnung vom 15. September 2017[15],

verordnet:

☞ *Gemäss Medienmitteilung der ESTV vom 13.10.2022 erfahren die Verzugs- und Vergütungszinssätze für das Jahr 2023 keine Änderungen gegenüber dem Vorjahr.*

---

[1] SR 631.0
[2] SR 631.01
[3] SR 641.10
[4] SR 641.20
[5] SR 641.31
[6] SR 641.311
[7] SR 641.411
[8] SR 641.411.1
[9] SR 641.51
[10] SR 641.61
[11] SR 641.611
[12] SR 641.811
[13] SR 642.11
[14] SR 642.21
[15] SR 680.11

Art. 1

¹ Diese Verordnung legt für die folgenden vom Bund erhobenen Abgaben und Steuern die Zinssätze für die Verzugszinsen und Vergütungszinsen fest:
   a. Zoll;
   b. Stempelabgaben;
   c. Mehrwertsteuer;
   d. Tabaksteuer;
   e. Biersteuer;
   f. Automobilsteuer;
   g. Mineralölsteuer;
   h. leistungsabhängige Schwerverkehrsabgabe;
   i. direkte Bundessteuer;
   j. Verrechnungssteuer;
   k. Steuer auf gebrannten Wassern.

² Die Zinssätze werden für jedes Kalenderjahr festgelegt. Sie werden im Anhang festgehalten.

³ Verzugs- und Vergütungszinsen auf den Abgaben und Steuern nach Absatz 1 Buchstaben a, c–e, g, h und k werden erst ab einem Zinsbetrag von 100 Franken erhoben beziehungsweise ausgerichtet. Vorbehalten bleiben Verzugszinsen für Forderungen, die im Rahmen des Zwangsvollstreckungsverfahrens erhoben werden.

⁴ Kein Verzugszins auf der Mehrwertsteuer wird erhoben bei einer Nachforderung der Einfuhrsteuer, wenn der Importeur oder die Importeurin im Zeitpunkt der Einfuhr im Inland als steuerpflichtige Person eingetragen war und die Einfuhrsteuer als Vorsteuer hätte abziehen können.

Art. 2

Die folgenden Erlasse werden aufgehoben:
1. Verordnung vom 29. November 1996[1] über die Verzinsung ausstehender Stempelabgaben;
2. Verordnung des EFD vom 11. Dezember 2009[2] über die Verzugs- und die Vergütungszinssätze;
3. Verordnung des EFD vom 4. Dezember 2007[3] über die Verzugs- und Vergütungszinssätze auf der Tabak- und der Biersteuer;
4. Verordnung des EFD vom 6. Dezember 2001[4] über den Verzugszins bei der Automobilsteuer;
5. Verordnung vom 29. November 1996[5] über die Verzinsung ausstehender Verrechnungssteuern.

Art. 3

…[6]

---

[1] [AS **1996** 3370]
[2] [AS **2009** 6835; **2011** 6203; **2013** 4489 Art. 13; **2016** 3573; **2017** 5161 Anhang 2 Ziff. II 8; **2018** 1519]
[3] [AS **2007** 6823; **2009** 5595]
[4] [AS **2001** 3382]
[5] [AS **1996** 3432]
[6] Die Änderung kann unter AS **2021** 432 konsultiert werden.

Art. 4

¹ Für den Zoll, die Mehrwertsteuer, die Mineralölsteuer, die leistungsabhängige Schwerverkehrsabgabe und die Steuer auf gebrannten Wassern betragen die Zinssätze pro Jahr:
  a. 4,0 % für den Vergütungs- und den Verzugszins vom 1. Januar 2012 bis zum 31. Dezember 2021;
  b. 4,5 % für den Vergütungs- und den Verzugszins vom 1. Januar 2010 bis zum 31. Dezember 2011;
  c. 5 % für den Vergütungs- und den Verzugszins vom 1. Januar 1995 bis zum 31. Dezember 2009;
  d. 6 % für den Verzugszins vom 1. Juli 1990 bis zum 31. Dezember 1994;
  e. 5 % für den Verzugszins bis zum 30. Juni 1990.

² Für die Stempelabgabe und die Verrechnungssteuer, die vor dem 1. Januar 2022 fällig geworden sind, ist für die Zeit bis zum 31. Dezember 2021 der Verzugszinssatz von 5 % anwendbar.

³ Für die direkte Bundessteuer betragen die Verzugs- und die Rückerstattungszinssätze sowie die Vergütungszinssätze für Vorauszahlungen pro Jahr:
  a. 3,0 % für den Verzugs- und den Rückerstattungszins sowie 0 % für den Vergütungszins vom 1. Januar 2017 bis zum 31. Dezember 2021;
  b. 3,0 % für den Verzugs- und den Rückerstattungszins sowie 0,25 % für den Vergütungszins vom 1. Januar 2013 bis zum 31. Dezember 2016;
  c. 3,0 % für den Verzugs- und den Rückerstattungszins sowie 1,0 % für den Vergütungszins im Jahr 2012;
  d. 3,5 % für den Verzugs- und den Rückerstattungszins sowie 1,0 % für den Vergütungszins im Jahr 2011.

⁴ Für die Tabaksteuer und die Biersteuer ist für die Zeit bis zum 31. Dezember 2021 der Vergütungs- und der Verzugszinssatz von 5 % anwendbar.

⁵ Für die Automobilsteuer ist für die Zeit bis zum 31. Dezember 2021 der Verzugszinssatz von 5 % anwendbar.

Art. 5

Diese Verordnung tritt am 1. Januar 2022 in Kraft.

Anhang

(Art. 1 Abs. 2)

Verzugs- und Vergütungszinssätze

Für die Kalenderjahre ab 2022 gelten folgende Zinssätze:

Gültig für (Kalenderjahr ab)	Verzugszins (in Prozenten)	Vergütungszins auf Rückerstattungen (in Prozenten)	Vergütungszins auf freiwilligen Vorauszahlungen (in Prozenten)
2022	4,0	4,0	0,0

OECD

Texte betreffend OECD / G20

4 Texte betreffend OECD / G20

4.1 OECD-Musterabkommen 2017 auf dem Gebiet der Steuern vom Einkommen und vom Vermögen (OECD-MA 2017)

4.2 Model Tax Convention on Income and Capital, Version 2017 (OECD MC 2017)

4.3 Two Pillar Statement OECD / G20

4.4 Entwuf Mindestbesteuerungsverordnung (MindStV)

☞ Der Text «Updated guidance on tax treaties and the impact of the COVID-19 pandemic» ist an dieser Stelle nicht mehr abgedruckt (siehe dazu Ausgabe 2022). Weiterführende Erlasse in Bezug auf das internationale Steuerrecht (IStR) finden Sie unter N 1 (siehe S. 541ff.). Darüber hinaus enthält das spezifische Werk «Die internationalen Steuererlasse des Bundes 2023/2024» – welches separat erworben werden kann – neben den wichtigsten DBA und weiteren Erlassen zum IStR auch das BEPS-Übereinkommen (MLI).[1]

Scan to shop.

---

[1] Im MLI sind unter anderem die (von der Schweiz zu übernehmenden) abkommensbezogenen Mindeststandards zur Verhinderung von Abkommensmissbrauch und zur Verbesserung von Streitbeilegungsmechanismen enthalten. Diese Mindeststandards sind aber auch in das hier vorliegende OECD-MA 2017 eingeflossen, welches auf Basis der Empfehlungen aus dem BEPS Projekt im Jahr 2017 umfassend revidiert worden ist.

4.1 OECD-Musterabkommen 2017 auf dem Gebiet der Steuern vom Einkommen und vom Vermögen

21. November 2017

OECD Fiskalausschuss

Organisation für wirtschaftliche Zusammenarbeit und Entwicklung

Inoffizielle Übersetzung[1] des originalen OECD-Dokuments, das in Englisch unter dem Titel OECD (2017), Model Tax Convention on Income and on Capital: Condensed Version 2017, OECD Publishing, Paris, veröffentlicht worden ist. Weicht die deutsche Übersetzung von der Originalversion ab, ist der Text des originalen Musterabkommens massgeblich.

Titel des Abkommens

Abkommen zwischen (Staat A) und (Staat B) zur Beseitigung der Doppelbesteuerung auf dem Gebiet der Steuern vom Einkommen und vom Vermögen sowie zur Verhinderung von Steuerhinterziehung und Steuerumgehung

Präambel[2]

(Staat A) und (Staat B),

vom Wunsch geleitet, ihre wirtschaftlichen Beziehungen weiterzuentwickeln und ihre Zusammenarbeit in steuerlichen Angelegenheiten zu vertiefen,

in der Absicht, ein Abkommen zur Beseitigung der Doppelbesteuerung auf dem Gebiet der Steuern vom Einkommen und vom Vermögen zu schliessen, ohne Möglichkeiten zur Nichtbesteuerung oder reduzierten Besteuerung durch Steuerhinterziehung oder -umgehung (unter anderem durch missbräuchliche Gestaltungen mit dem Ziel des Erhalts von in diesem Abkommen vorgesehenen Erleichterungen zum mittelbaren Nutzen von in Drittstaaten ansässigen Personen) zu schaffen,

haben Folgendes vereinbart:

---

[1] In Anlehnung an die amtliche Übersetzung des OECD-Musterabkommens vom 28. Januar 2003 (OECD-MA 2003) durch das Deutsche Bundesministerium für Finanzen (BMF), Bonn, an die offizielle Übersetzung des Multilateralen Übereinkommens zur Umsetzung steuerabkommensbezogener Massnahmen zur Verhinderung der Gewinnkürzung und Gewinnverlagerung (SR 0.671.1), an die Übersetzung des Updates 2017 zum OECD-Musterabkommen vom 21. November 2017 durch die NWB Verlag GmbH, Herne, und an den Sprachgebrauch in aktuellen von der schweizerischen Eidgenossenschaft abgeschlossenen Doppelbesteuerungsabkommen (z. B. SR 0.672.919.81).

[2] Die Präambel des Abkommens richtet sich nach den verfassungsrechtlichen Vorschriften der beiden Vertragsstaaten.

Abschnitt I: Geltungsbereich des Abkommens

Art. 1 Unter das Abkommen fallende Personen

¹ Dieses Abkommen gilt für Personen, die in einem Vertragsstaat oder in beiden Vertragsstaaten ansässig sind.

² Im Sinne dieses Abkommens gelten Einkünfte, die durch oder über Rechtsträger oder Gebilde bezogen werden, die nach dem Steuerrecht eines der Vertragsstaaten als vollständig oder teilweise steuerlich transparent behandelt werden, als Einkünfte einer in einem Vertragsstaat ansässigen Person, jedoch nur, soweit die Einkünfte für Zwecke der Besteuerung durch diesen Staat als Einkünfte einer in diesem Staat ansässigen Person behandelt werden.

³ Dieses Abkommen berührt nicht die Besteuerung der in einem Vertragsstaat ansässigen Personen durch diesen Vertragsstaat, ausser in Bezug auf die Vergünstigungen nach Artikel 7 Absatz 3, Artikel 9 Absatz 2 sowie den Artikeln 19, 20, 23 [A] [B], 24, 25 und 28.

Art. 2 Unter das Abkommen fallende Steuern

¹ Dieses Abkommen gilt, ohne Rücksicht auf die Art der Erhebung, für Steuern vom Einkommen und vom Vermögen, die für Rechnung eines Vertragsstaats oder seiner politischen Unterabteilungen oder lokalen Körperschaften erhoben werden.

² Als Steuern vom Einkommen und vom Vermögen gelten alle Steuern, die vom Gesamteinkommen, vom Gesamtvermögen oder von Teilen des Einkommens oder des Vermögens erhoben werden, einschliesslich der Steuern vom Gewinn aus der Veräusserung beweglichen oder unbeweglichen Vermögens, der Lohnsummensteuern sowie der Steuern vom Vermögenszuwachs.

³ Zu den bestehenden Steuern, für die das Abkommen gilt, gehören insbesondere

a) (in Staat A): …
b) (in Staat B): …

⁴ Das Abkommen gilt auch für alle Steuern gleicher oder im Wesentlichen ähnlicher Art, die nach der Unterzeichnung des Abkommens neben den bestehenden Steuern oder an deren Stelle erhoben werden. Die zuständigen Behörden der Vertragsstaaten teilen einander die in ihren Steuergesetzen eingetretenen wichtigen Änderungen mit.

Abschnitt II: Begriffsbestimmungen

Art. 3 Allgemeine Begriffsbestimmungen

¹ Im Sinne dieses Abkommens, wenn der Zusammenhang nichts anderes erfordert,

a) umfasst der Ausdruck «Person» natürliche Personen, Gesellschaften und alle anderen Personenvereinigungen;
b) bedeutet der Ausdruck «Gesellschaft» juristische Personen oder Rechtsträger, die für die Besteuerung wie juristische Personen behandelt werden;
c) bezieht sich der Ausdruck «Unternehmen» auf die Ausübung einer Geschäftstätigkeit;

d) bedeuten die Ausdrücke «Unternehmen eines Vertragsstaats» und «Unternehmen des anderen Vertragsstaats», je nachdem, ein Unternehmen, das von einer in einem Vertragsstaat ansässigen Person betrieben wird, oder ein Unternehmen, das von einer im anderen Vertragsstaat ansässigen Person betrieben wird;
e) bedeutet der Ausdruck «internationaler Verkehr» jede Beförderung mit einem Schiff oder Luftfahrzeug, es sei denn, das Schiff oder Luftfahrzeug wird ausschliesslich zwischen Orten in einem Vertragsstaat betrieben und das Unternehmen, welches das Schiff oder Luftfahrzeug betreibt, ist nicht ein Unternehmen dieses Staates;
f) bedeutet der Ausdruck «zuständige Behörde»
   i) (in Staat A): ...
   ii) (in Staat B): ...
g) bedeutet der Ausdruck «Staatsangehöriger» in Bezug auf einen Vertragsstaat
   i) jede natürliche Person, die die Staatsangehörigkeit oder Staatsbürgerschaft dieses Vertragsstaats besitzt; und
   ii) jede juristische Person, Personengesellschaft und andere Personenvereinigung, die nach dem in diesem Vertragsstaat geltenden Recht errichtet worden ist;
h) schliesst der Ausdruck «Geschäftstätigkeit» die Ausübung einer freiberuflichen und sonstigen selbständigen Tätigkeit ein;
i) bedeutet der Ausdruck «Vorsorgeeinrichtung» eines Staates ein in diesem Staat errichteter Rechtsträger oder ein in diesem Staat errichtetes Gebilde, der beziehungsweise das nach den Steuergesetzen dieses Staats als eigenständige Person gilt und:
   i) ausschliesslich oder fast ausschliesslich errichtet und betrieben wird, um für natürliche Personen Ruhestandsleistungen und Zusatz- oder Nebenleistungen zu verwalten oder zu erbringen, und als solcher beziehungsweise solches durch diesen Staat oder eine seiner politischen Unterabteilungen oder lokalen Körperschaften gesetzlich geregelt wird, oder
   ii) ausschliesslich oder fast ausschliesslich errichtet und betrieben wird, um für unter Ziffer i genannte Rechtsträger oder Gebilde Mittel anzulegen.

2 Bei der Anwendung dieses Abkommens durch einen Vertragsstaat hat, wenn der Zusammenhang nichts anderes erfordert oder die zuständigen Behörden sich nicht gemäss den Bestimmungen nach Artikel 25 auf eine andere Bedeutung einigen, jeder im Abkommen nicht definierte Ausdruck die Bedeutung, die ihm im Anwendungszeitpunkt nach dem Recht dieses Staates über die Steuern zukommt, für die das Abkommen gilt, wobei die in der Steuergesetzgebung dieses Staates geltende Bedeutung derjenigen nach anderen Gesetzen des gleichen Staates vorgeht.

Art. 4 Ansässige Person

1 Im Sinne dieses Abkommens bedeutet der Ausdruck «eine in einem Vertragsstaat ansässige Person» eine Person, die nach dem Recht dieses Staates dort auf Grund ihres Wohnsitzes, ihres ständigen Aufenthalts, des Ortes ihrer Geschäftsleitung oder eines anderen ähnlichen Merkmals steuerpflichtig ist, und umfasst auch diesen Staat und seine politischen Unterabteilungen oder lokalen Körperschaften sowie eine Vorsorgeeinrichtung in diesem Staat. Der Ausdruck umfasst jedoch nicht eine Person, die in diesem Staat nur mit Einkünften aus Quellen in diesem Staat oder mit in diesem Staat gelegenem Vermögen steuerpflichtig ist.

² Ist nach Absatz 1 eine natürliche Person in beiden Vertragsstaaten ansässig, so gilt folgendes:
  a) Die Person gilt als nur in dem Staat ansässig, in dem sie über eine ständige Wohnstätte verfügt; verfügt sie in beiden Staaten über eine ständige Wohnstätte, so gilt sie als nur in dem Staat ansässig, zu dem sie die engeren persönlichen und wirtschaftlichen Beziehungen hat (Mittelpunkt der Lebensinteressen);
  b) kann nicht bestimmt werden, in welchem Staat die Person den Mittelpunkt ihrer Lebensinteressen hat, oder verfügt sie in keinem der Staaten über eine ständige Wohnstätte, so gilt sie als nur in dem Staat ansässig, in dem sie ihren gewöhnlichen Aufenthalt hat;
  c) hat die Person ihren gewöhnlichen Aufenthalt in beiden Staaten oder in keinem der Staaten, so gilt sie als nur in dem Staat ansässig, dessen Staatsangehöriger sie ist;
  d) ist die Person Staatsangehöriger beider Staaten oder keines der Staaten, so regeln die zuständigen Behörden der Vertragsstaaten die Frage in gegenseitigem Einvernehmen.

³ Ist nach Absatz 1 eine andere als eine natürliche Person in beiden Vertragsstaaten ansässig, so werden sich die zuständigen Behörden der Vertragsstaaten bemühen, durch Verständigung den Vertragsstaat zu bestimmen, in dem diese Person unter Berücksichtigung des Ortes ihrer tatsächlichen Geschäftsleitung, ihres Gründungsorts sowie sonstiger massgeblicher Faktoren im Sinne des Abkommens als ansässig gilt. Ohne eine solche Verständigung hat diese Person nur in dem Umfang und der Weise, die von den zuständigen Behörden der Vertragsstaaten vereinbart werden, Anspruch auf die in diesem Abkommen vorgesehenen Steuererleichterungen oder -befreiungen.

Art. 5 Betriebsstätte

¹ Im Sinne dieses Abkommens bedeutet der Ausdruck «Betriebsstätte» eine feste Geschäftseinrichtung, durch die die Geschäftstätigkeit eines Unternehmens ganz oder teilweise ausgeübt wird.

² Der Ausdruck «Betriebsstätte» umfasst insbesondere:
  a) einen Ort der Leitung,
  b) eine Zweigniederlassung,
  c) eine Geschäftsstelle,
  d) eine Fabrikationsstätte,
  e) eine Werkstätte und
  f) ein Bergwerk, ein Öl- oder Gasvorkommen, einen Steinbruch oder eine andere Stätte der Ausbeutung von Bodenschätzen.

³ Eine Bauausführung oder Montage ist nur dann eine Betriebsstätte, wenn ihre Dauer zwölf Monate überschreitet.

⁴ Ungeachtet der vorstehenden Bestimmungen dieses Artikels gelten nicht als Betriebsstätten:
  a) Einrichtungen, die ausschliesslich zur Lagerung, Ausstellung oder Auslieferung von Gütern oder Waren des Unternehmens benutzt werden;
  b) Bestände von Gütern oder Waren des Unternehmens, die ausschliesslich zur Lagerung, Ausstellung oder Auslieferung unterhalten werden;

c) Bestände von Gütern oder Waren des Unternehmens, die ausschliesslich zu dem Zweck unterhalten werden, durch ein anderes Unternehmen bearbeitet oder verarbeitet zu werden;

d) eine feste Geschäftseinrichtung, die ausschliesslich zu dem Zweck unterhalten wird, für das Unternehmen Güter oder Waren einzukaufen oder Informationen zu beschaffen;

e) eine feste Geschäftseinrichtung, die ausschliesslich zu dem Zweck unterhalten wird, für das Unternehmen andere Tätigkeiten auszuüben;

f) eine feste Geschäftseinrichtung, die ausschliesslich zu dem Zweck unterhalten wird, mehrere der unter den Buchstaben a) bis e) genannten Tätigkeiten auszuüben,

sofern diese Tätigkeit oder im Fall des Buchstabens f) die Gesamttätigkeit der festen Geschäftseinrichtung vorbereitender Art ist oder eine Hilfstätigkeit darstellt.

4.1 Absatz 4 ist nicht auf eine von einem Unternehmen genutzte oder unterhaltene feste Geschäftseinrichtung anzuwenden, wenn dasselbe Unternehmen oder ein eng verbundenes Unternehmen an demselben Ort oder an einem anderen Ort in demselben Vertragsstaat eine Geschäftstätigkeit ausübt und:

a) dieser Ort oder der andere Ort für das Unternehmen oder das eng verbundene Unternehmen nach den Bestimmungen dieses Artikels eine Betriebsstätte darstellt oder

b) die Gesamttätigkeit, die sich aus den von den beiden Unternehmen an demselben Ort oder von demselben Unternehmen oder eng verbundenen Unternehmen an den beiden Orten ausgeübten Tätigkeiten ergibt, weder vorbereitender Art ist noch eine Hilfstätigkeit darstellt,

sofern die von den beiden Unternehmen an demselben Ort oder von demselben Unternehmen oder eng verbundenen Unternehmen an den beiden Orten ausgeübten Geschäftstätigkeiten sich ergänzende Aufgaben darstellen, die Teil eines zusammenhängenden Geschäftsbetriebs sind.

5 Ungeachtet der Bestimmungen von Absatz 1 und 2, jedoch vorbehältlich des Absatzes 6, wird, wenn eine Person in einem Vertragsstaat für ein Unternehmen tätig ist und dabei gewöhnlich Verträge schliesst oder gewöhnlich die führende Rolle beim Abschluss von Verträgen einnimmt, die regelmässig ohne wesentliche Änderung durch das Unternehmen geschlossen werden, und es sich dabei um Verträge

a) im Namen des Unternehmens; oder

b) zur Übertragung des Eigentums an oder zur Gewährung des Nutzungsrechts für Vermögen, das diesem Unternehmen gehört oder für das es das Nutzungsrecht besitzt; oder

c) zur Erbringung von Dienstleistungen durch dieses Unternehmen

handelt, das Unternehmen so behandelt, als habe es in diesem Staat für alle von der Person für das Unternehmen ausgeübten Tätigkeiten eine Betriebsstätte, es sei denn, diese Tätigkeiten beschränkten sich auf die in Absatz 4 genannten Tätigkeiten, die, würden sie durch eine feste Geschäftseinrichtung ausgeübt (mit Ausnahme einer festen Geschäftseinrichtung, auf die Absatz 4.1 anzuwenden wäre), diese Einrichtung nach dem genannten Absatz nicht zu einer Betriebsstätte machen würden. B109

⁶ Absatz 5 ist nicht anzuwenden, wenn die in einem Vertragsstaat für ein Unternehmen des anderen Vertragsstaats tätige Person im erstgenannten Staat eine Geschäftstätigkeit als unabhängiger Vertreter ausübt und im Rahmen dieser ordentlichen Geschäftstätigkeit für das Unternehmen handelt. Ist eine Person jedoch ausschliesslich oder nahezu ausschliesslich für ein oder mehrere Unternehmen tätig, mit dem beziehungsweise denen sie eng verbunden ist, so gilt diese Person in Bezug auf dieses beziehungsweise diese Unternehmen nicht als unabhängiger Vertreter im Sinne dieses Absatzes.

⁷ Allein dadurch, dass eine in einem Vertragsstaat ansässige Gesellschaft eine Gesellschaft beherrscht oder von einer Gesellschaft beherrscht wird, die im anderen Vertragsstaat ansässig ist oder dort (entweder durch eine Betriebsstätte oder auf andere Weise) ihre Geschäftstätigkeit ausübt, wird keine der beiden Gesellschaften zur Betriebsstätte der anderen.

⁸ Im Sinne dieses Artikels ist eine Person oder ein Unternehmen mit einem Unternehmen eng verbunden, wenn allen massgeblichen Tatsachen und Umständen zufolge die Person das Unternehmen oder das Unternehmen die Person beherrscht oder beide von denselben Personen oder Unternehmen beherrscht werden. In jedem Fall gilt eine Person oder ein Unternehmen als mit einem Unternehmen eng verbunden, wenn einer von beiden unmittelbar oder mittelbar mehr als 50 Prozent der Eigentumsrechte am anderen (oder bei einer Gesellschaft mehr als 50 Prozent der Gesamtstimmrechte und des Gesamtwerts der Anteile der Gesellschaft oder der Eigentumsrechte an der Gesellschaft) besitzt oder wenn eine weitere Person oder ein weiteres Unternehmen unmittelbar oder mittelbar mehr als 50 Prozent der Eigentumsrechte an der Person und dem Unternehmen oder an beiden Unternehmen (oder bei einer Gesellschaft mehr als 50 Prozent der Gesamtstimmrechte und des Gesamtwerts der Anteile der Gesellschaft oder der Eigentumsrechte an der Gesellschaft) besitzt.

Abschnitt III: Besteuerung des Einkommens

Art. 6 Einkünfte aus unbeweglichem Vermögen

¹ Einkünfte, die eine in einem Vertragsstaat ansässige Person aus unbeweglichem Vermögen (einschliesslich der Einkünfte aus land- und forstwirtschaftlichen Betrieben) bezieht, das im anderen Vertragsstaat liegt, können im anderen Staat besteuert werden.

² Der Ausdruck «unbewegliches Vermögen» hat die Bedeutung, die ihm nach dem Recht des Vertragsstaats zukommt, in dem das Vermögen liegt. Der Ausdruck umfasst in jedem Fall die Zugehör zum unbeweglichen Vermögen, das lebende und tote Inventar, land- und forstwirtschaftlicher Betriebe, die Rechte, für die die Vorschriften des Privatrechts über Grundstücke gelten, Nutzungsrechte an unbeweglichem Vermögen sowie Rechte auf veränderliche oder feste Vergütungen für die Ausbeutung oder das Recht auf Ausbeutung von Mineralvorkommen, Quellen und anderen Bodenschätzen; Schiffe und Luftfahrzeuge gelten nicht als unbewegliches Vermögen.

³ Absatz 1 gilt für Einkünfte aus der unmittelbaren Nutzung, der Vermietung oder Verpachtung sowie jeder anderen Art der Nutzung unbeweglichen Vermögens.

⁴ Die Absätze 1 und 3 gelten auch für Einkünfte aus unbeweglichem Vermögen eines Unternehmens.

Art. 7 Unternehmensgewinne

1 Gewinne eines Unternehmens eines Vertragsstaates können nur in diesem Staat besteuert werden, es sei denn, das Unternehmen übt seine Geschäftstätigkeit im anderen Vertragsstaat durch eine dort gelegene Betriebstätte aus. Übt das Unternehmen seine Tätigkeit auf diese Weise aus, so können die Gewinne, die nach den Bestimmungen von Absatz 2 dieser Betriebstätte zuzurechnen sind, im anderen Staat besteuert werden.

2 Für die Zwecke dieses Artikels sowie des Artikels [23 A] [23 B] sind unter den Gewinnen, die in jedem Vertragsstaat der in Absatz 1 erwähnten Betriebstätte zuzurechnen sind, jene Gewinne zu verstehen, die sie namentlich durch ihre Beziehungen zu anderen Teilen des Unternehmens unter Berücksichtigung der vom Unternehmen über die Betriebstätte und über andere Teile des Unternehmens ausgeübten Funktionen, der verwendeten Aktiven und der übernommenen Risiken hätte erzielen können, wenn sie ein getrenntes und unabhängiges Unternehmen gewesen wäre, das eine gleiche oder ähnliche Tätigkeit unter gleichen oder ähnlichen Bedingungen ausgeübt hätte.

3 Berichtigt ein Vertragsstaat die Gewinne, die der Betriebstätte eines Unternehmens eines Vertragsstaates nach Absatz 2 zuzurechnen sind, und besteuert er demzufolge Gewinne dieses Unternehmens, die im andern Staat besteuert worden sind, so nimmt dieser andere Staat, soweit es zur Behebung der Doppelbesteuerung auf diesen Gewinnen notwendig ist, eine entsprechende Berichtigung der darauf erhobenen Steuern vor. Die zuständigen Behörden der Vertragsstaaten konsultieren sich erforderlichenfalls zur Festlegung der Berichtigung.

4 Gehören zu den Gewinnen Einkünfte, die in anderen Artikeln dieses Abkommens behandelt werden, so werden die Bestimmungen jener Artikel durch die Bestimmungen dieses Artikels nicht berührt.

Art. 8 Internationale Schifffahrt und Luftfahrt

1 Gewinne eines Unternehmens in einem Vertragsstaat aus dem Betrieb von Schiffen oder Luftfahrzeugen im internationalen Verkehr können nur in diesem Staat besteuert werden.

2 Absatz 1 gilt auch für Gewinne aus der Beteiligung an einem Pool, einer Betriebsgemeinschaft oder einer internationalen Betriebsstelle.

Art. 9 Verbundene Unternehmen

1 Wenn

  a) ein Unternehmen eines Vertragsstaats unmittelbar oder mittelbar an der Geschäftsleitung, der Kontrolle oder dem Kapital eines Unternehmens des anderen Vertragsstaats beteiligt ist oder
  b) dieselben Personen unmittelbar oder mittelbar an der Geschäftsleitung, der Kontrolle oder dem Kapital eines Unternehmens eines Vertragsstaats und eines Unternehmens des anderen Vertragsstaats beteiligt sind

  und in diesen Fällen die beiden Unternehmen in ihren kaufmännischen oder finanziellen Beziehungen an vereinbarte oder auferlegte Bedingungen gebunden sind, die von denen abweichen, die unabhängige Unternehmen miteinander vereinbaren würden, so dürfen die Gewinne, die eines der Unternehmen ohne diese Bedingungen erzielt hätte, wegen dieser Bedingungen aber nicht erzielt hat, den Gewinnen dieses Unternehmens zugerechnet und entsprechend besteuert werden.

² Werden in einem Vertragsstaat den Gewinnen eines Unternehmens dieses Staates Gewinne zugerechnet – und entsprechend besteuert –, mit denen ein Unternehmen des anderen Vertragsstaats in diesem Staat besteuert worden ist, und handelt es sich bei den zugerechneten Gewinnen um solche, die das Unternehmen des erstgenannten Staates erzielt hätte, wenn die zwischen den beiden Unternehmen vereinbarten Bedingungen die gleichen gewesen wären, die unabhängige Unternehmen miteinander vereinbaren würden, so nimmt der andere Staat eine entsprechende Änderung der dort von diesen Gewinnen erhobenen Steuer vor. Bei dieser Änderung sind die übrigen Bestimmungen dieses Abkommens zu berücksichtigen; erforderlichenfalls werden die zuständigen Behörden der Vertragsstaaten einander konsultieren.

Art. 10 Dividenden

¹ Dividenden, die eine in einem Vertragsstaat ansässige Gesellschaft an eine im anderen Vertragsstaat ansässige Person zahlt, können im anderen Staat besteuert werden.

² Dividenden, die eine in einem Vertragsstaat ansässige Gesellschaft zahlt, können jedoch auch in diesem Staat nach dem Recht dieses Staates besteuert werden; die Steuer darf aber, wenn der Nutzungsberechtigte der Dividenden eine in dem anderen Vertragsstaat ansässige Person ist, nicht übersteigen:

a) 5 Prozent des Bruttobetrags der Dividenden, wenn der Nutzungsberechtigte eine Gesellschaft ist, die während eines Zeitraums von 365 Tagen einschliesslich des Tages der Dividendenzahlung unmittelbar mindestens 25 Prozent des Kapitals der die Dividenden zahlenden Gesellschaft hält (bei der Berechnung dieses Zeitraums bleiben Änderungen der Eigentumsverhältnisse unberücksichtigt, die sich unmittelbar aus einer Umstrukturierung, wie einer Fusion oder Spaltung, der die Anteile haltenden oder die Dividenden zahlenden Gesellschaft ergeben würden);
b) 15 Prozent des Bruttobetrags der Dividenden in allen anderen Fällen.

Die zuständigen Behörden der Vertragsstaaten regeln in gegenseitigem Einvernehmen, wie diese Begrenzungsbestimmungen durchzuführen sind. Dieser Absatz berührt nicht die Besteuerung der Gesellschaft in Bezug auf die Gewinne, aus denen die Dividenden gezahlt werden.

³ Der in diesem Artikel verwendete Ausdruck «Dividenden» bedeutet Einkünfte aus Aktien, Genussaktien oder Genussscheinen, Kuxen, Gründeranteilen oder anderen Rechten – ausgenommen Forderungen – mit Gewinnbeteiligung sowie aus sonstigen Gesellschaftsanteilen stammende Einkünfte, die nach dem Recht des Staates, in dem die ausschüttende Gesellschaft ansässig ist, den Einkünften aus Aktien steuerlich gleichgestellt sind.

⁴ Die Absätze 1 und 2 sind nicht anzuwenden, wenn der in einem Vertragsstaat ansässige Nutzungsberechtigte im anderen Vertragsstaat, in dem die die Dividenden zahlende Gesellschaft ansässig ist, eine Geschäftstätigkeit durch eine dort gelegene Betriebstätte ausübt und die Beteiligung, für die die Dividenden gezahlt werden, tatsächlich zu dieser Betriebstätte gehört. In diesem Fall ist Artikel 7 anzuwenden.

⁵ Bezieht eine in einem Vertragsstaat ansässige Gesellschaft Gewinne oder Einkünfte aus dem anderen Vertragsstaat, so darf dieser andere Staat weder die von der Gesellschaft gezahlten Dividenden besteuern, es sei denn, dass diese Dividenden an eine im anderen Staat ansässige Person gezahlt werden oder dass die Beteiligung, für die die Dividenden gezahlt werden, tatsächlich zu einer im anderen Staat gelegenen Betriebsstätte gehört,

noch Gewinne der Gesellschaft einer Steuer für nichtausgeschüttete Gewinne unterwerfen, selbst wenn die gezahlten Dividenden oder die nichtausgeschütteten Gewinne ganz oder teilweise aus im anderen Staat erzielten Gewinnen oder Einkünften bestehen.

Art. 11 Zinsen

1. Zinsen, die aus einem Vertragsstaat stammen und an eine im anderen Vertragsstaat ansässige Person gezahlt werden, können im anderen Staat besteuert werden.

2. Zinsen, die aus einem Vertragsstaat stammen, können jedoch auch in diesem Staat nach dem Recht dieses Staates besteuert werden; die Steuer darf aber, wenn der Nutzungsberechtigte der Zinsen eine im anderen Vertragsstaat ansässige Person ist, 10 Prozent des Bruttobetrags der Zinsen nicht übersteigen. Die zuständigen Behörden der Vertragsstaaten regeln in gegenseitigem Einvernehmen, wie diese Begrenzungsbestimmung durchzuführen ist.

    OECD-MA Art. 12

3. Der in diesem Artikel verwendete Ausdruck «Zinsen» bedeutet Einkünfte aus Forderungen jeder Art, auch wenn die Forderungen durch Pfandrechte an Grundstücken gesichert oder mit einer Beteiligung am Gewinn des Schuldners ausgestattet sind, und insbesondere Einkünfte aus öffentlichen Anleihen und aus Obligationen einschließlich der damit verbundenen Aufgelder und der Gewinne aus Losanleihen. Zuschläge für verspätete Zahlung gelten nicht als Zinsen im Sinne dieses Artikels.

4. Die Absätze 1 und 2 sind nicht anzuwenden, wenn der in einem Vertragsstaat ansässige Nutzungsberechtigte im anderen Vertragsstaat, aus dem die Zinsen stammen, eine Geschäftstätigkeit durch eine dort gelegene Betriebsstätte ausübt und die Forderung, für die die Zinsen gezahlt werden, tatsächlich zu dieser Betriebsstätte gehört. In diesem Fall ist Artikel 7 anzuwenden.

5. Zinsen gelten dann als aus einem Vertragsstaat stammend, wenn der Schuldner eine in diesem Staat ansässige Person ist. Hat aber der Schuldner der Zinsen, ohne Rücksicht darauf, ob er in einem Vertragsstaat ansässig ist oder nicht, in einem Vertragsstaat eine Betriebsstätte und ist die Schuld, für die die Zinsen gezahlt werden, für Zwecke der Betriebsstätte eingegangen worden und trägt die Betriebsstätte die Zinsen, so gelten die Zinsen als aus dem Staat stammend, in dem die Betriebsstätte liegt.

6. Bestehen zwischen dem Schuldner und dem Nutzungsberechtigten oder zwischen jedem von ihnen und einem Dritten besondere Beziehungen und übersteigen deshalb die Zinsen, gemessen an der zugrunde liegenden Forderung, den Betrag, den Schuldner und Nutzungsberechtigter ohne diese Beziehungen vereinbart hätten, so wird dieser Artikel nur auf den letzteren Betrag angewendet. In diesem Fall kann der übersteigende Betrag nach dem Recht eines jeden Vertragsstaats und unter Berücksichtigung der anderen Bestimmungen dieses Abkommens besteuert werden.

Art. 12 Lizenzgebühren

1. Lizenzgebühren, die aus einem Vertragsstaat stammen und deren Nutzungsberechtigter eine im anderen Vertragsstaat ansässige Person ist, können nur im anderen Staat besteuert werden.

² Der in diesem Artikel verwendete Ausdruck «Lizenzgebühren» bedeutet Vergütungen jeder Art, die für die Benutzung oder für das Recht auf Benutzung von Urheberrechten an literarischen, künstlerischen oder wissenschaftlichen Werken, einschliesslich kinematographischer Filme, von Patenten, Marken, Mustern oder Modellen, Plänen, geheimen Formeln oder Verfahren oder für die Mitteilung gewerblicher, kaufmännischer oder wissenschaftlicher Erfahrungen gezahlt werden.

³ Absatz 1 ist nicht anzuwenden, wenn der in einem Vertragsstaat ansässige Nutzungsberechtigte im anderen Vertragsstaat, aus dem die Lizenzgebühren stammen, eine Geschäftstätigkeit durch eine dort gelegene Betriebsstätte ausübt und die Rechte oder Vermögenswerte, für die die Lizenzgebühren gezahlt werden, tatsächlich zu dieser Betriebsstätte gehören. In diesem Fall ist Artikel 7 anzuwenden.

⁴ Bestehen zwischen dem Schuldner und dem Nutzungsberechtigten oder zwischen jedem von ihnen und einem Dritten besondere Beziehungen und übersteigen deshalb die Lizenzgebühren, gemessen an der zugrunde liegenden Leistung, den Betrag, den Schuldner und Nutzungsberechtigter ohne diese Beziehungen vereinbart hätten, so wird dieser Artikel nur auf den letzteren Betrag angewendet. In diesem Fall kann der übersteigende Betrag nach dem Recht eines jeden Vertragsstaats und unter Berücksichtigung der anderen Bestimmungen dieses Abkommens besteuert werden.

Art. 13 Gewinne aus der Veräusserung von Vermögen

¹ Gewinne, die eine in einem Vertragsstaat ansässige Person aus der Veräusserung unbeweglichen Vermögens im Sinne des Artikels 6 bezieht, das im anderen Vertragsstaat liegt, können im anderen Staat besteuert werden.

² Gewinne aus der Veräusserung beweglichen Vermögens, das Betriebsvermögen einer Betriebsstätte ist, die ein Unternehmen eines Vertragsstaats im anderen Vertragsstaat hat, einschliesslich derartiger Gewinne, die bei der Veräusserung einer solchen Betriebsstätte (allein oder mit dem übrigen Unternehmen) erzielt werden, können im anderen Staat besteuert werden.

³ Gewinne, die ein Unternehmen in einem Vertragsstaat, das Schiffe oder Luftfahrzeuge im internationalen Verkehr betreibt, aus der Veräusserung dieser Schiffe oder Luftfahrzeuge oder von beweglichem Vermögen bezieht, das dem Betrieb dieser Schiffe oder Luftfahrzeuge dient, können nur in diesem Vertragsstaat besteuert werden.

⁴ Gewinne, die eine in einem Vertragsstaat ansässige Person aus der Veräusserung von Anteilen oder vergleichbaren Rechten, wie Rechten an einer Personengesellschaft oder einem Trust, erzielt, können im anderen Vertragsstaat besteuert werden, wenn der Wert dieser Anteile oder vergleichbaren Rechte zu irgendeinem Zeitpunkt während der 365 Tage vor der Veräusserung zu mehr als 50 Prozent unmittelbar oder mittelbar auf unbeweglichem Vermögen im Sinne des Artikel 6 beruhte, das im anderen Staat liegt.

⁵ Gewinne aus der Veräusserung des in den Absätzen 1, 2, 3 und 4 nicht genannten Vermögens können nur in dem Vertragsstaat besteuert werden, in dem der Veräusserer ansässig ist.

Art. 14 Selbständige Arbeit

(Aufgehoben)

Art. 15 Einkünfte aus unselbständiger Arbeit

1 Vorbehältlich der Artikel 16, 18 und 19 können Gehälter, Löhne und ähnliche Vergütungen, die eine in einem Vertragsstaat ansässige Person aus unselbständiger Arbeit bezieht, nur in diesem Staat besteuert werden, es sei denn, die Arbeit wird im anderen Vertragsstaat ausgeübt. Wird die Arbeit dort ausgeübt, so können die dafür bezogenen Vergütungen im anderen Staat besteuert werden.

2 Ungeachtet des Absatzes 1 können Vergütungen, die eine in einem Vertragsstaat ansässige Person für eine im anderen Vertragsstaat ausgeübte unselbständige Arbeit bezieht, nur im erstgenannten Staat besteuert werden, wenn

   a) der Empfänger sich im anderen Staat insgesamt nicht länger als 183 Tage innerhalb eines Zeitraums von 12 Monaten, der während des betreffenden Steuerjahres beginnt oder endet, aufhält und
   b) die Vergütungen von einem Arbeitgeber oder für einen Arbeitgeber gezahlt werden, der nicht im anderen Staat ansässig ist, und
   c) die Vergütungen nicht von einer Betriebsstätte getragen werden, die der Arbeitgeber im anderen Staat hat.

3 Ungeachtet der vorstehenden Bestimmungen dieses Artikels können Vergütungen für unselbständige Arbeit, die eine in einem Vertragsstaat ansässige Person als Mitglied der ständigen Besatzung an Bord eines Schiffes oder Luftfahrzeuges ausübt, das im internationalen Verkehr betrieben wird, jedoch nicht an Bord eines Schiffes oder Luftfahrzeuges, das ausschliesslich im anderen Vertragsstaat betrieben wird, nur im erstgenannten Staat besteuert werden.

Art. 16 Aufsichtsrats- und Verwaltungsratsvergütungen

Aufsichtsrats- oder Verwaltungsratsvergütungen und ähnliche Zahlungen, die eine in einem Vertragsstaat ansässige Person in ihrer Eigenschaft als Mitglied des Aufsichts- oder Verwaltungsrats einer Gesellschaft bezieht, die im anderen Vertragsstaat ansässig ist, können im anderen Staat besteuert werden.

Art. 17 Künstler und Sportler

1 Ungeachtet des Artikels 15 können Einkünfte, die eine in einem Vertragsstaat ansässige Person als Künstler, wie Bühnen-, Film-, Rundfunk- und Fernsehkünstler sowie Musiker, oder als Sportler aus ihrer im anderen Vertragsstaat persönlich ausgeübten Tätigkeit bezieht, im anderen Staat besteuert werden.

2 Fliessen Einkünfte aus einer von einem Künstler oder Sportler in dieser Eigenschaft persönlich ausgeübten Tätigkeit nicht dem Künstler oder Sportler, sondern einer anderen Person zu, so können diese Einkünfte ungeachtet des Artikels 15 in dem Vertragsstaat besteuert werden, in dem der Künstler oder Sportler seine Tätigkeit ausübt.

Art. 18 Ruhegehälter

Vorbehältlich des Artikels 19 Absatz 2 können Ruhegehälter und ähnliche Vergütungen, die einer in einem Vertragsstaat ansässigen Person für frühere unselbständige Arbeit gezahlt werden, nur in diesem Staat besteuert werden.

Art. 19 Öffentlicher Dienst

1. a) Gehälter, Löhne und ähnliche Vergütungen, die von einem Vertragsstaat oder einer seiner politischen Unterabteilungen oder lokalen Körperschaften an eine natürliche Person für die diesem Staat oder der politischen Unterabteilung oder lokalen Körperschaft geleisteten Dienste gezahlt werden, können nur in diesem Staat besteuert werden.

   b) Diese Gehälter, Löhne und ähnlichen Vergütungen können jedoch nur im anderen Vertragsstaat besteuert werden, wenn die Dienste in diesem Staat geleistet werden und die natürliche Person in diesem Staat ansässig ist und
   i) ein Staatsangehöriger dieses Staates ist oder
   ii) nicht ausschliesslich deshalb in diesem Staat ansässig geworden ist, um die Dienste zu leisten.

2. a) Ungeachtet der vorstehenden Bestimmungen dieses Artikels können Ruhegehälter und ähnliche Vergütungen, die von einem Vertragsstaat oder einer seiner politischen Unterabteilungen oder lokalen Körperschaften oder aus einem von diesem Staat oder der politischen Unterabteilung oder lokalen Körperschaft errichteten Sondervermögen an eine natürliche Person für die diesem Staat oder der politischen Unterabteilung oder lokalen Körperschaft geleisteten Dienste gezahlt werden, nur in diesem Staat besteuert werden.

   b) Diese Ruhegehälter und ähnlichen Vergütungen können jedoch nur im anderen Vertragsstaat besteuert werden, wenn die natürliche Person in diesem Staat ansässig ist und ein Staatsangehöriger dieses Staates ist.

3. Auf Gehälter, Löhne, Ruhegehälter und ähnliche Vergütungen für Dienstleistungen, die im Zusammenhang mit einer Geschäftätigkeit eines Vertragsstaats oder einer seiner politischen Unterabteilungen oder lokalen Körperschaften erbracht werden, sind die Artikel 15, 16, 17 oder 18 anzuwenden.

Art. 20 Studenten

Zahlungen, die ein Student, Praktikant oder Lehrling, der sich in einem Vertragsstaat ausschliesslich zum Studium oder zur Ausbildung aufhält und der im anderen Vertragsstaat ansässig ist oder dort unmittelbar vor der Einreise in den erstgenannten Staat ansässig war, für seinen Unterhalt, sein Studium oder seine Ausbildung erhält, dürfen im erstgenannten Staat nicht besteuert werden, sofern diese Zahlungen aus Quellen ausserhalb dieses Staates stammen.

Art. 21 Andere Einkünfte

1. Einkünfte einer in einem Vertragsstaat ansässigen Person, die in den vorstehenden Artikeln nicht behandelt wurden, können ohne Rücksicht auf ihre Herkunft nur in diesem Staat besteuert werden.

2. Absatz 1 ist auf andere Einkünfte als solche aus unbeweglichem Vermögen im Sinne des Artikels 6 Absatz 2 nicht anzuwenden, wenn der in einem Vertragsstaat ansässige Empfänger im anderen Vertragsstaat eine Geschäftätigkeit durch eine dort gelegene Betriebsstätte ausübt und die Rechte oder Vermögenswerte, für die die Einkünfte gezahlt werden, tatsächlich zu dieser Betriebsstätte gehören. In diesem Fall ist Artikel 7 anzuwenden.

Abschnitt IV: Besteuerung des Vermögens

Art. 22 Vermögen

1 Unbewegliches Vermögen im Sinne des Artikels 6, das einer in einem Vertragsstaat ansässigen Person gehört und im anderen Vertragsstaat liegt, kann im anderen Staat besteuert werden.

2 Bewegliches Vermögen, das Betriebsvermögen einer Betriebsstätte ist, die ein Unternehmen eines Vertragsstaats im anderen Vertragsstaat hat, kann im anderen Staat besteuert werden.

3 Schiffe und Luftfahrzeuge sowie bewegliches Vermögen, das dem Betrieb dieser Schiffe oder Luftfahrzeuge dient, können, wenn sie einem Unternehmen eines Vertragsstaats gehören, das diese Schiffe oder Luftfahrzeuge im internationalen Verkehr betreibt, nur in diesem Staat besteuert werden.

4 Alle anderen Vermögensteile einer in einem Vertragsstaat ansässigen Person können nur in diesem Staat besteuert werden.

Abschnitt V: Methoden zur Vermeidung der Doppelbesteuerung

Art. 23 A Befreiungsmethode

1 Bezieht eine in einem Vertragsstaat ansässige Person Einkünfte oder hat sie Vermögen und können diese Einkünfte oder dieses Vermögen nach den Bestimmungen dieses Abkommens im anderen Vertragsstaat besteuert werden (es sei denn, diese Bestimmungen gestatten die Besteuerung durch den anderen Staat allein deshalb, weil das Einkommen auch von einer in diesem Staat ansässigen Person bezogen wird oder weil sich das Vermögen auch im Besitz einer in diesem Staat ansässigen Person befindet), so nimmt der erstgenannte Staat vorbehältlich der Absätze 2 und 3 diese Einkünfte oder dieses Vermögen von der Besteuerung aus.

2 Bezieht eine in einem Vertragsstaat ansässige Person Einkünfte und können diese Einkünfte nach den Artikeln 10 und 11 im anderen Vertragsstaat besteuert werden (es sei denn, diese Artikel gestatten die Besteuerung durch den anderen Staat allein deshalb, weil das Einkommen auch von einer in diesem Staat ansässigen Person bezogen wird), so rechnet der erstgenannte Staat auf die vom Einkommen dieser Person zu erhebende Steuer den Betrag an, der der im anderen Staat gezahlten Steuer entspricht. Der anzurechnende Betrag darf jedoch den Teil der von der Anrechnung ermittelten Steuer nicht übersteigen, der auf die aus dem anderen Staat bezogenen Einkünfte entfällt.

3 Einkünfte oder Vermögen einer in einem Vertragsstaat ansässigen Person, die nach dem Abkommen von der Besteuerung in diesem Staat auszunehmen sind, können gleichwohl in diesem Staat bei der Festsetzung der Steuer für das übrige Einkommen oder Vermögen der Person einbezogen werden.

4 Absatz 1 gilt nicht für Einkünfte oder Vermögen einer in einem Vertragsstaat ansässigen Person, wenn der andere Vertragsstaat dieses Abkommen so anwendet, dass er diese Einkünfte oder dieses Vermögen von der Besteuerung ausnimmt oder Absatz 2 des Artikels 10 oder des Artikels 11 auf diese Einkünfte anwendet.

Art. 23 B Anrechnungsmethode

1 Bezieht eine in einem Vertragsstaat ansässige Person Einkünfte oder hat sie Vermögen und können diese Einkünfte oder dieses Vermögen nach den Bestimmungen dieses Abkommens im anderen Vertragsstaat besteuert werden (es sei denn, diese Bestimmungen gestatten die Besteuerung durch den anderen Staat allein deshalb, weil das Einkommen auch von einer in diesem Staat ansässigen Person bezogen wird oder weil sich das Vermögen auch im Besitz einer in diesem Staat ansässigen Person befindet), so rechnet der erstgenannte Staat:

   a) auf die vom Einkommen dieser Person zu erhebende Steuer den Betrag an, der der im anderen Staat gezahlten Steuer vom Einkommen entspricht;
   b) auf die vom Vermögen dieser Person zu erhebende Steuer den Betrag an, der in dem anderen Vertragsstaat gezahlten Steuer vom Vermögen entspricht.

   Der anzurechnende Betrag darf jedoch in beiden Fällen den Teil der vor der Anrechnung ermittelten Steuer vom Einkommen oder vom Vermögen nicht übersteigen, der auf die Einkünfte, die im anderen Staat besteuert werden können oder auf das Vermögen, das dort besteuert werden kann, entfällt.

2 Einkünfte oder Vermögen einer in einem Vertragsstaat ansässigen Person, die nach dem Abkommen von der Besteuerung in diesem Staat auszunehmen sind, können gleichwohl in diesem Staat bei der Festsetzung der Steuer für das übrige Einkommen oder Vermögen der Person einbezogen werden.

Abschnitt VI: Besondere Bestimmungen

Art. 24 Gleichbehandlung

1 Staatsangehörige eines Vertragsstaats dürfen im anderen Vertragsstaat keiner Besteuerung oder damit zusammenhängenden Verpflichtung unterworfen werden, die anders oder belastender ist als die Besteuerung und die damit zusammenhängenden Verpflichtungen, denen Staatsangehörige des anderen Staates unter gleichen Verhältnissen, insbesondere hinsichtlich der Ansässigkeit, unterworfen sind oder unterworfen werden können. Diese Bestimmung gilt ungeachtet des Artikels 1 auch für Personen, die in keinem Vertragsstaat ansässig sind.

2 Staatenlose, die in einem Vertragsstaat ansässig sind, dürfen in keinem Vertragsstaat einer Besteuerung oder damit zusammenhängenden Verpflichtung unterworfen werden, die anders oder belastender ist als die Besteuerung und die damit zusammenhängenden Verpflichtungen, denen Staatsangehörige des betreffenden Staates unter gleichen Verhältnissen, insbesondere hinsichtlich der Ansässigkeit, unterworfen sind oder unterworfen werden können.

3 Die Besteuerung einer Betriebsstätte, die ein Unternehmen eines Vertragsstaats im anderen Vertragsstaat hat, darf im anderen Staat nicht ungünstiger sein als die Besteuerung von Unternehmen des anderen Staates, die die gleiche Tätigkeit ausüben. Diese Bestimmung ist nicht so auszulegen, als verpflichte sie einen Vertragsstaat, den im anderen Vertragsstaat ansässigen Personen Steuerfreibeträge, -vergünstigungen und -ermässigungen auf Grund des Personenstandes oder der Familienlasten zu gewähren, die er seinen ansässigen Personen gewährt.

4 Sofern nicht Artikel 9 Absatz 1, Artikel 11 Absatz 6 oder Artikel 12 Absatz 4 anzuwenden ist, sind Zinsen, Lizenzgebühren und andere Entgelte, die ein Unternehmen eines Vertragsstaats an eine im anderen Vertragsstaat ansässige Person zahlt, bei der Ermittlung der steuerpflichtigen Gewinne dieses Unternehmens unter den gleichen Bedingungen wie Zahlungen an eine im erstgenannten Staat ansässige Person zum Abzug zuzulassen. Dementsprechend sind Schulden, die ein Unternehmen eines Vertragsstaats gegenüber einer im anderen Vertragsstaat ansässigen Person hat, bei der Ermittlung des steuerpflichtigen Vermögens dieses Unternehmens unter den gleichen Bedingungen wie Schulden gegenüber einer im erstgenannten Staat ansässige Person zum Abzug zuzulassen.

5 Unternehmen eines Vertragsstaats, deren Kapital ganz oder teilweise unmittelbar oder mittelbar einer im anderen Vertragsstaat ansässigen Person oder mehreren solchen Personen gehört oder ihrer Kontrolle unterliegt, dürfen im erstgenannten Staat keiner Besteuerung oder damit zusammenhängenden Verpflichtung unterworfen werden, die anders oder belastender ist als die Besteuerung und die damit zusammenhängenden Verpflichtungen, denen andere ähnliche Unternehmen des erstgenannten Staates unterworfen sind oder unterworfen werden können.

6 Dieser Artikel gilt ungeachtet des Artikels 2 für Steuern jeder Art und Bezeichnung.

Art. 25 Verständigungsverfahren

1 Ist eine Person der Auffassung, dass Massnahmen eines Vertragsstaats oder beider Vertragsstaaten für sie zu einer Besteuerung führen oder führen werden, die diesem Abkommen nicht entspricht, so kann sie ungeachtet der nach dem innerstaatlichen Recht dieser Staaten vorgesehenen Rechtsmittel ihren Fall der zuständigen Behörde eines der beiden Vertragsstaaten unterbreiten. Der Fall muss innerhalb von drei Jahren nach der ersten Mitteilung der Massnahme unterbreitet werden, die zu einer dem Abkommen nicht entsprechenden Besteuerung führt.

2 Hält die zuständige Behörde die Einwendung für begründet und ist sie selbst nicht in der Lage, eine befriedigende Lösung herbeizuführen, so wird sie sich bemühen, den Fall durch Verständigung mit der zuständigen Behörde des anderen Vertragsstaats so zu regeln, dass eine dem Abkommen nicht entsprechende Besteuerung vermieden wird. Die Verständigungsregelung ist ungeachtet der Fristen des innerstaatlichen Rechts der Vertragsstaaten durchzuführen.

3 Die zuständigen Behörden der Vertragsstaaten werden sich bemühen, Schwierigkeiten oder Zweifel, die bei der Auslegung oder Anwendung des Abkommens entstehen, in gegenseitigem Einvernehmen zu beseitigen. Sie können auch gemeinsam darüber beraten, wie eine Doppelbesteuerung in Fällen vermieden werden kann, die im Abkommen nicht behandelt sind.

4 Die zuständigen Behörden der Vertragsstaaten können zur Herbeiführung einer Einigung im Sinne der vorstehenden Absätze unmittelbar miteinander verkehren, gegebenenfalls auch durch eine aus ihnen oder ihren Vertretern bestehende gemeinsame Kommission.

5 Wenn

   a) eine Person nach Absatz 1 der zuständigen Behörde eines Vertragsstaats einen Fall mit der Begründung unterbreitet hat, dass Massnahmen eines Vertragsstaats oder beider Vertragsstaaten für sie zu einer Besteuerung geführt haben, die diesem Abkommen nicht entspricht, und

b) die zuständigen Behörden nicht in der Lage sind, sich gemäss Absatz 2 über die Lösung des Falles innerhalb von zwei Jahren seit dem Tag zu einigen, an dem beiden zuständigen Behörden alle von ihnen zur Behandlung des Falles benötigten Informationen übermittelt wurden,

werden alle ungelösten Fragen des Falles auf schriftlichen Antrag der Person einem Schiedsverfahren unterworfen. Diese ungelösten Fragen werden jedoch nicht dem Schiedsverfahren unterworfen, wenn darüber bereits ein Gericht in einem der Staaten entschieden hat. Sofern eine Person, die unmittelbar von dem Fall betroffen ist, die Verständigungsvereinbarung, durch die der Schiedsspruch umgesetzt wird, nicht ablehnt, ist der Schiedsspruch für beide Staaten verbindlich und ungeachtet der Fristen des innerstaatlichen Rechts dieser Staaten durchzuführen. Die zuständigen Behörden dieser Vertragsstaaten regeln in gegenseitigem Einvernehmen die Anwendung dieses Absatzes.

Art. 26 Informationsaustausch

¹ Die zuständigen Behörden der Vertragsstaaten tauschen die Informationen aus, die für die Durchführung dieses Abkommens oder die Verwaltung und den Vollzug des innerstaatlichen Rechts betreffend Steuern jeder Art und Bezeichnung, die für Rechnung der Vertragsstaaten oder ihrer politischen Unterabteilungen oder lokalen Körperschaften erhoben werden, voraussichtlich erheblich sind, soweit die diesem Recht entsprechende Besteuerung nicht dem Abkommen widerspricht. Der Informationsaustausch ist durch Artikel 1 und 2 nicht eingeschränkt.

² Alle Informationen, die ein Vertragsstaat nach Absatz 1 erhalten hat, sind ebenso geheim zu halten, wie die auf Grund des innerstaatlichen Rechts dieses Staates beschafften Informationen und dürfen nur den Personen oder Behörden (einschliesslich der Gerichte und der Verwaltungsbehörden) zugänglich gemacht werden, die mit der Veranlagung oder Erhebung, der Vollstreckung oder Strafverfolgung oder mit der Entscheidung von Rechtsmitteln hinsichtlich der in Absatz 1 genannten Steuern oder mit der Aufsicht über die vorgenannten Personen oder Behörden befasst sind. Diese Personen oder Behörden dürfen die Informationen nur für diese Zwecke verwenden. Sie dürfen die Informationen in einem öffentlichen Gerichtsverfahren oder in einer Gerichtsentscheidung offen legen. Ungeachtet der vorstehenden Bestimmungen kann ein Vertragsstaat die erhaltenen Informationen für andere Zwecke verwenden, wenn solche Informationen nach dem Recht beider Staaten für diese Zwecke verwendet werden können und die zuständige Behörde des übermittelnden Staates einer solchen Verwendung zustimmt.

³ Die Absätze 1 und 2 sind nicht so auszulegen, als verpflichten sie einen Vertragsstaat,
a) Verwaltungsmassnahmen durchzuführen, die von den Gesetzen und der Verwaltungspraxis dieses oder des anderen Vertragsstaats abweichen;
b) Informationen zu erteilen, die nach den Gesetzen oder im üblichen Verwaltungsverfahren dieses oder des anderen Vertragsstaats nicht beschafft werden können;
c) Informationen zu erteilen, die ein Handels-, Industrie-, Gewerbe- oder Berufsgeheimnis oder ein Geschäftsverfahren preisgeben würden oder deren Erteilung dem Ordre public widerspräche.

4 Wenn ein Vertragsstaat in Übereinstimmung mit diesem Artikel um Erteilung von Informationen ersucht, wendet der andere Vertragsstaat zur Beschaffung der Informationen seine innerstaatlichen Ermittlungsmassnahmen an, auch wenn er die Informationen nicht für seine eigenen Steuerzwecke benötigt. Die Verpflichtung unterliegt den Beschränkungen des Absatzes 3; diese sind aber nicht so auszulegen, als erlaubten sie einem Vertragsstaat, die Erteilung der Informationen abzulehnen, nur weil er kein eigenes Interesse an ihnen hat.

5 Absatz 3 ist nicht so auszulegen, als erlaube er einem Vertragsstaat, die Erteilung von Informationen abzulehnen, nur weil sie sich im Besitz einer Bank, einer anderen Finanzinstitution, eines Beauftragten, Bevollmächtigten oder Treuhänders befinden oder weil sie sich auf Beteiligungen an einer Person beziehen.

Art. 27 Amtshilfe bei der Erhebung von Steuern[1]

1 Die Vertragsstaaten leisten sich gegenseitig Amtshilfe bei der Erhebung von Steueransprüchen. Diese Amtshilfe ist durch Artikel 1 und 2 nicht eingeschränkt. Die zuständigen Behörden der Vertragsstaaten können in gegenseitigem Einvernehmen regeln, wie dieser Artikel durchzuführen ist.

2 Der in diesem Artikel verwendete Ausdruck «Steueranspruch» bedeutet einen Betrag, der auf Grund von Steuern jeder Art und Bezeichnung, die für Rechnung der Vertragsstaaten oder ihrer politischen Unterabteilungen oder lokalen Körperschaften erhoben werden, geschuldet wird, soweit die Besteuerung diesem Abkommen oder anderen völkerrechtlichen Übereinkünften, denen die Vertragsstaaten beigetreten sind, nicht widerspricht, sowie mit diesem Betrag zusammenhängende Zinsen, Geldbussen und Kosten der Erhebung oder Sicherung.

3 Ist der Steueranspruch eines Vertragsstaats nach dem Recht dieses Staates vollstreckbar und wird er von einer Person geschuldet, die zu diesem Zeitpunkt nach dem Recht dieses Staates die Erhebung nicht verhindern kann, wird dieser Steueranspruch auf Ersuchen der zuständigen Behörde dieses Staates für Zwecke der Erhebung von der zuständigen Behörde des anderen Vertragsstaats anerkannt. Der Steueranspruch wird vom anderen Staat nach dessen Rechtsvorschriften über die Vollstreckung und Erhebung seiner eigenen Steuern erhoben, als handle es sich bei dem Steueranspruch um einen Steueranspruch des anderen Staates.

4 Handelt es sich bei dem Steueranspruch eines Vertragsstaats um einen Anspruch, bei dem dieser Staat nach seinem Recht Massnahmen zur Sicherung der Erhebung einleiten kann, wird dieser Steueranspruch auf Ersuchen der zuständigen Behörde dieses Staates zum Zwecke der Einleitung von Sicherungsmassnahmen von der zuständigen Behörde des anderen Vertragsstaats anerkannt. Der andere Staat leitet nach seinen Rechtsvorschriften Sicherungsmassnahmen in Bezug auf diesen Steueranspruch ein, als wäre der Steueranspruch ein Steueranspruch dieses anderen Staates, selbst wenn der Steueranspruch im Zeitpunkt der Einleitung dieser Massnahmen im erstgenannten Staat nicht vollstreckbar ist oder von einer Person geschuldet wird, die berechtigt ist, die Erhebung zu verhindern.

---

[1] In einigen Ländern ist Amtshilfe nach diesem Artikel möglicherweise auf Grund von innerstaatlichem Recht oder aus politischen oder verwaltungstechnischen Erwägungen unrechtmässig, ungerechtfertigt oder eingeschränkt, beispielsweise auf Länder mit ähnlichen Steuersystemen oder Steuerverwaltungen oder auf bestimmte unter das Abkommen fallende Steuern. Aus diesem Grund sollte dieser Artikel nur dann Eingang in das Abkommen finden, wenn beide Staaten auf der Grundlage der in Ziffer 1 des Kommentars zu diesem Artikel beschriebenen Faktoren zu dem Schluss kommen, dass sie der Leistung von Amtshilfe bei der Erhebung von im anderen Staat erhobenen Steuern zustimmen können.

⁵ Ungeachtet der Absätze 3 und 4 unterliegt ein von einem Vertragsstaat für Zwecke der Absätze 3 oder 4 anerkannter Steueranspruch als solcher in diesem Staat nicht den Verjährungsfristen oder den Vorschriften über die vorrangige Behandlung eines Steueranspruchs nach dem Recht dieses Staates. Ferner hat ein Steueranspruch, der von einem Vertragsstaat für Zwecke der Absätze 3 oder 4 anerkannt wurde, in diesem Staat nicht den Vorrang, den dieser Steueranspruch nach dem Recht des anderen Vertragsstaats hat.

⁶ Verfahren im Zusammenhang mit dem Bestehen, der Gültigkeit oder der Höhe des Steueranspruchs eines Vertragsstaats können nicht bei den Gerichten oder Verwaltungsbehörden des anderen Vertragsstaats eingeleitet werden.

⁷ Verliert der betreffende Steueranspruch, nachdem das Ersuchen eines Vertragsstaats nach den Absätzen 3 oder 4 gestellt wurde und bevor der andere Vertragsstaat den betreffenden Steueranspruch erhoben und an den erstgenannten Staat ausgezahlt hat,

a) im Falle eines Ersuchens nach Absatz 3 seine Eigenschaft als Steueranspruch des erstgenannten Staates, der nach dem Recht dieses Staates vollstreckbar ist und von einer Person geschuldet wird, die zu diesem Zeitpunkt nach dem Recht dieses Staates die Erhebung nicht verhindern kann, oder
b) im Falle eines Ersuchens nach Absatz 4 seine Eigenschaft als Steueranspruch des erstgenannten Staates, für den dieser Staat nach seinem Recht Massnahmen zur Sicherung der Erhebung einleiten kann,

teilt die zuständige Behörde des erstgenannten Staates dies der zuständigen Behörde des anderen Staates unverzüglich mit und nach Wahl des anderen Staates setzt der erstgenannte Staat das Ersuchen entweder aus oder nimmt es zurück.

⁸ Dieser Artikel ist nicht so auszulegen, als verpflichte er einen Vertragsstaat:

a) Verwaltungsmassnahmen durchzuführen, die von den Gesetzen und der Verwaltungspraxis dieses oder des anderen Vertragsstaats abweichen;
b) Massnahmen durchzuführen, die dem Ordre public widersprächen;
c) Amtshilfe zu leisten, wenn der andere Vertragsstaat nicht alle angemessenen Massnahmen zur Erhebung oder Sicherung, die nach seinen Gesetzen oder seiner Verwaltungspraxis möglich sind, ausgeschöpft hat;
d) Amtshilfe in Fällen zu leisten, in denen der Verwaltungsaufwand für diesen Staat in einem eindeutigen Missverhältnis zu dem Nutzen steht, den der andere Vertragsstaat dadurch erlangt.

Art. 28 Mitglieder diplomatischer Missionen und konsularischer Vertretungen

Dieses Abkommen berührt nicht die steuerlichen Vorrechte, die den Mitgliedern diplomatischer Missionen und konsularischer Vertretungen nach den allgemeinen Regeln des Völkerrechts oder auf Grund besonderer Übereinkünfte zustehen.

Art. 29 Anspruch auf Vergünstigungen[1]

1 [Bestimmung, nach der vorbehältlich der Absätze 3 bis 5 einer in einem Vertragsstaat ansässigen Person Abkommensvergünstigungen versagt werden, sofern sie keine «berechtigte Person» im Sinne des Absatzes 2 ist].

2 [Begriffsbestimmung von Fällen, in denen eine ansässige Person eine berechtigte Person ist, dazu zählen
   - eine natürliche Person;
   - ein Vertragsstaat, seine politischen Unterabteilungen und deren Behörden und Institutionen;
   - bestimmte börsenkotierte Gesellschaften und Rechtsträger;
   - bestimmte verbundene Unternehmen von Publikumsgesellschaften und Rechtsträgern;
   - bestimmte gemeinnützige Organisationen und Vorsorgeeinrichtungen;
   - andere Rechtsträger, die bestimmte Eigentums- und Gewinnverkürzungskriterien erfüllen;
   - bestimmte kollektive Kapitalanlagen].

3 [Bestimmung, nach der für bestimmte Einkünfte einer Person, die keine berechtigte Person ist, Abkommensvergünstigungen gewährt werden, wenn die Person in ihrem Ansässigkeitsstaat aktiv eine Geschäftätigkeit ausübt und die Einkünfte aus dieser Geschäftigkeit stammen oder mit ihr verbunden sind].

4 [Bestimmung, nach der einer Person, die keine berechtigte Person ist, Abkommensvergünstigungen gewährt werden, wenn mindestens mehr als ein festgelegter Anteil an diesem Rechtsträger bestimmten Personen gehört, die Anspruch auf gleichwertige Vergünstigungen haben].

5 [Bestimmung, nach der einer Person Abkommensvergünstigungen gewährt werden, die als «Hauptsitzgesellschaft (Headquarters Company)» qualifiziert].

6 [Bestimmung, nach der die zuständige Behörde eines Vertragsstaats einer Person bestimmte Abkommensvergünstigungen gewähren kann, die ihr nach Absatz 1 versagt würden].

7 [Begriffsbestimmungen für die Zwecke der Absätze 1 bis 7].

---

[1] Die konkrete Formulierung dieses Artikels wird jeweils davon abhängen, wie die Vertragsstaaten ihre gemeinsame Absicht umsetzen wollen. Diese Absicht spiegelt sich in der Präambel des Abkommens wider und ist in dem Mindeststandard verkörpert, der im Rahmen des Projekts der OECD/G20 gegen Gewinnverkürzung und Gewinnverlagerung vereinbart wurde, um eine Doppelbesteuerung zu beseitigen, ohne dabei Möglichkeiten zur Nichtbesteuerung oder reduzierten Besteuerung durch Steuerhinterziehung oder -umgehung, u.a. durch Treaty-Shopping-Gestaltungen, zu schaffen. Dies kann entweder durch die alleinige Aufnahme des Absatzes 9 oder durch die Aufnahme der im Kommentar zu Artikel 29 enthaltenen ausführlichen Fassung der Absätze 1 bis 7 zusammen mit einem Mechanismus zur Bekämpfung von Durchlaufgestaltungen nach Ziffer 187 des Kommentars oder durch die Aufnahme des Absatzes 9 zusammen mit einer im Kommentar zu Artikel 29 enthaltenen Variante der Absätze 1 bis 7 erfolgen.

8 a) Wenn

   i) ein Unternehmen eines Vertragsstaats Einkünfte aus dem anderen Vertragsstaat bezieht und der erstgenannte Staat diese Einkünfte als Einkünfte betrachtet, die einer in einem Drittstaat gelegenen Betriebsstätte des Unternehmens zugerechnet werden können; und
   ii) die Gewinne, die dieser Betriebsstätte zugerechnet werden können, im erstgenannten Staat von der Steuer befreit sind,

   gelten die Vergünstigungen nach diesem Abkommens nicht für Einkünfte, für die die Steuer im Drittstaat geringer ist als der kleinere Wert von [Prozentsatz bilateral zu bestimmen] auf dem Betrag dieser Einkünfte und 60 Prozent der Steuer, die im erstgenannten Staat von diesen Einkünften erhoben würde, wenn diese Betriebsstätte im erstgenannten Staat gelegen wäre. In diesem Fall können Einkünfte, auf die die Bestimmungen dieses Absatzes anwendbar sind, ungeachtet der sonstigen Bestimmungen des Abkommens weiterhin nach dem innerstaatlichen Recht des anderen Staats besteuert werden.

   b) Die vorstehenden Bestimmungen dieses Absatzes gelten nicht, wenn die aus dem anderen Staat bezogenen Einkünfte aus einer durch die Betriebsstätte aktiv ausgeübten Geschäftstätigkeit stammen oder mit einer solchen Geschäftstätigkeit verbunden sind (mit Ausnahme der Vornahme, der Verwaltung oder des blossen Haltens von Kapitalanlagen auf eigene Rechnung des Unternehmens, es sei denn, es handelt sich dabei um Bank-, Versicherungs- oder Wertpapiergeschäfte, die entsprechend von einer Bank, einem Versicherungsunternehmen oder einem zugelassenem Wertpapierhändler ausgeübt werden).

   c) Werden Vergünstigungen nach diesem Abkommen in Bezug auf bestimmte Einkünfte einer in einem Vertragsstaat ansässigen Person gemäss den vorstehenden Bestimmungen dieses Absatzes versagt, so kann die zuständige Behörde des anderen Vertragsstaats diese Vergünstigungen gleichwohl für diese Einkünfte gewähren, wenn diese zuständige Behörde auf einen Antrag dieser ansässigen Person hin feststellt, dass die Gewährung dieser Vergünstigungen angesichts der Gründe, aus denen diese ansässige Person die Voraussetzungen unter diesem Absatz nicht erfüllt hat (wie etwa das Vorliegen von Verlusten), gerechtfertigt ist. Die zuständige Behörde des Vertragsstaats, bei der nach dem vorstehenden Satz ein Antrag gestellt worden ist, konsultiert die zuständige Behörde des anderen Vertragsstaats, bevor sie dem Antrag stattgibt oder ihn ablehnt.

9 Ungeachtet der sonstigen Bestimmungen dieses Abkommens wird eine Vergünstigung nach diesem Abkommen nicht für bestimmte Einkünfte oder Vermögenswerte gewährt, wenn unter Berücksichtigung aller massgeblichen Tatsachen und Umstände die Feststellung gerechtfertigt ist, dass der Erhalt dieser Vergünstigung einer der Hauptzwecke einer Gestaltung oder Transaktion war, die unmittelbar oder mittelbar zu dieser Vergünstigung geführt hat, es sei denn, es wird nachgewiesen, dass die Gewährung dieser Vergünstigung unter diesen Umständen mit dem Ziel und Zweck der einschlägigen Bestimmungen dieses Abkommens im Einklang steht.

Art. 30 Ausdehnung des räumlichen Geltungsbereichs[1]

1 Dieses Abkommen kann entweder als Ganzes oder mit den erforderlichen Änderungen [auf jeden Teil des Hoheitsgebiets (des Staates A) oder (des Staates B), der ausdrücklich von der Anwendung des Abkommens ausgeschlossen ist, oder] auf jeden anderen Staat oder jedes andere Hoheitsgebiet ausgedehnt werden, dessen internationale Beziehungen von (Staat A) oder von (Staat B) wahrgenommen werden und in dem Steuern erhoben werden, die im wesentlichen den Steuern ähnlich sind, für die das Abkommen gilt. Eine solche Ausdehnung wird von dem Zeitpunkt an und mit den Änderungen und Bedingungen, einschliesslich der Bedingungen für die Beendigung, wirksam, die zwischen den Vertragsstaaten durch auf diplomatischem Weg auszutauschende Noten oder auf andere, den Verfassungen dieser Staaten entsprechende Weise vereinbart werden.

2 Haben die beiden Vertragsstaaten nichts anderes vereinbart, so wird mit der Kündigung durch einen Vertragsstaat nach Artikel 32 die Anwendung des Abkommens in der in jenem Artikel vorgesehenen Weise auch [für jeden Teil des Hoheitsgebiets (des Staates A) oder (des Staates B) oder] für Staaten oder Hoheitsgebiete beendet, auf die das Abkommen nach diesem Artikel ausgedehnt worden ist.

Abschnitt VII: Schlussbestimmungen

Art. 31 Inkrafttreten

1 Dieses Abkommen bedarf der Ratifikation; die Ratifikationsurkunden werden so bald wie möglich in ... ausgetauscht.

2 Das Abkommen tritt mit dem Austausch der Ratifikationsurkunden in Kraft, und seine Bestimmungen finden Anwendung:

a) (in Staat A): ...
b) (in Staat B): ...

Art. 32 Kündigung

Dieses Abkommen bleibt in Kraft, solange es nicht von einem Vertragsstaat gekündigt wird. Jeder Vertragsstaat kann nach dem Jahr... das Abkommen auf diplomatischem Weg unter Einhaltung einer Frist von mindestens sechs Monaten zum Ende eines Kalenderjahres kündigen. In diesem Fall findet das Abkommen nicht mehr Anwendung:

a) (in Staat A): ...
b) (in Staat B): ...

Schlussklausel[2]

---

[1] Die Worte in eckigen Klammern gelten, wenn das Abkommen auf Grund einer besonderen Bestimmung für einen Teil des Hoheitsgebiets eines Vertragsstaats nicht anzuwenden ist.
[2] Die Schlussklausel über die Unterzeichnung richtet sich nach den verfassungsrechtlichen Verfahren der beiden Vertragsstaaten.

4.2 Model Tax Convention on Income and Capital, Version 2017

21 November 2017

OECD Committee on Fiscal Affairs

Organisation for Economic Co-Operation and Development

OECD (2017)[1]

Title of the Convention

Convention between (State A) and (State B) for the elimination of double taxation with respect to taxes on income and on capital and the prevention of tax evasion and avoidance

Preamble to the Convention

(State A) and (State B),

Desiring to further develop their economic relationship and to enhance their co-operation in tax matters,

Intending to conclude a Convention for the elimination of double taxation with respect to taxes on income and on capital without creating opportunities for non-taxation or reduced taxation through tax evasion or avoidance (including through treaty-shopping arrangements aimed at obtaining reliefs provided in this Convention for the indirect benefit of residents of third States),

Have agreed as follows:

---

[1] Nachdruck der englischen Originalversion mit Bewilligung der OECD, Paris

Chapter I: Scope of the Convention

Art. 1 Persons covered

¹ This Convention shall apply to persons who are residents of one or both of the Contracting States.

² For the purposes of this Convention, income derived by or through an entity or arrangement that is treated as wholly or partly fiscally transparent under the tax law of either Contracting State shall be considered to be income of a resident of a Contracting State but only to the extent that the income is treated, for purposes of taxation by that State, as the income of a resident of that State.

³ This Convention shall not affect the taxation, by a Contracting State, of its residents except with respect to the benefits granted under paragraph 3 of Article 7, paragraph 2 of Article 9 and Articles 19, 20, 23 [A] [B], 24, 25 and 28.

Art. 2 Taxes covered

¹ This Convention shall apply to taxes on income and on capital imposed on behalf of a Contracting State or of its political subdivisions or local authorities, irrespective of the manner in which they are levied.

² There shall be regarded as taxes on income and on capital all taxes imposed on total income, on total capital, or on elements of income or of capital, including taxes on gains from the alienation of movable or immovable property, taxes on the total amounts of wages or salaries paid by enterprises, as well as taxes on capital appreciation.

³ The existing taxes to which the Convention shall apply are in particular:
   a) (in State A): ...
   b) (in State B): ...

⁴ The Convention shall apply also to any identical or substantially similar taxes that are imposed after the date of signature of the Convention in addition to, or in place of, the existing taxes. The competent authorities of the Contracting States shall notify each other of any significant changes which have been made in their taxation laws.

Chapter II: Definitions

Art. 3 General definitions

¹ For the purposes of this Convention, unless the context otherwise requires:
   a) the term «person» includes an individual, a company and any other body of persons;
   b) the term «company» means any body corporate or any entity that is treated as a body corporate for tax purposes;
   c) the term «enterprise» applies to the carrying on of any business;
   d) the terms «enterprise of a Contracting State» and «enterprise of the other Contracting State» mean respectively an enterprise carried on by a resident of a Contracting State and an enterprise carried on by a resident of the other Contracting State;
   e) the term «international traffic» means any transport by a ship or aircraft except when the ship or aircraft is operated solely between places in a Contracting State and the enterprise that operates the ship or aircraft is not an enterprise of that State;

f) the term «competent authority» means:
   (i) (in State A): ...
   (ii) (in State B): ...
g) the term «national», in relation to a Contracting State, means:
   (i) any individual possessing the nationality or citizenship of that Contracting State; and
   (ii) any legal person, partnership or association deriving its status as such from the laws in force in that Contracting State;
h) the term «business» includes the performance of professional services and of other activities of an independent character;
i) the term «recognised pension fund» of a State means an entity or arrangement established in that State that is treated as a separate person under the taxation laws of that State and:
   (i) that is established and operated exclusively or almost exclusively to administer or provide retirement benefits and ancillary or incidental benefits to individuals and that is regulated as such by that State or one of its political subdivisions or local authorities; or
   (ii) that is established and operated exclusively or almost exclusively to invest funds for the benefit of entities or arrangements referred to in subdivision (i).

2 As regards the application of the Convention at any time by a Contracting State, any term not defined therein shall, unless the context otherwise requires or the competent authorities agree to a different meaning pursuant to the provisions of Article 25, have the meaning that it has at that time under the law of that State for the purposes of the taxes to which the Convention applies, any meaning under the applicable tax laws of that State prevailing over a meaning given to the term under other laws of that State.

Art. 4 Resident

1 For the purposes of this Convention, the term «resident of a Contracting State» means any person who, under the laws of that State, is liable to tax therein by reason of his domicile, residence, place of management or any other criterion of a similar nature, and also includes that State and any political subdivision or local authority thereof as well as a recognised pension fund of that State. This term, however, does not include any person who is liable to tax in that State in respect only of income from sources in that State or capital situated therein.

2 Where by reason of the provisions of paragraph 1 an individual is a resident of both Contracting States, then his status shall be determined as follows:
   a) he shall be deemed to be a resident only of the State in which he has a permanent home available to him; if he has a permanent home available to him in both States, he shall be deemed to be a resident only of the State with which his personal and economic relations are closer (centre of vital interests);
   b) if the State in which he has his centre of vital interests cannot be determined, or if he has not a permanent home available to him in either State, he shall be deemed to be a resident only of the State in which he has an habitual abode;
   c) if he has an habitual abode in both States or in neither of them, he shall be deemed to be a resident only of the State of which he is a national;
   d) if he is a national of both States or of neither of them, the competent authorities of the Contracting States shall settle the question by mutual agreement.

³ Where by reason of the provisions of paragraph 1 a person other than an individual is a resident of both Contracting States, the competent authorities of the Contracting States shall endeavour to determine by mutual agreement the Contracting State of which such person shall be deemed to be a resident for the purposes of the Convention, having regard to its place of effective management, the place where it is incorporated or otherwise constituted and any other relevant factors. In the absence of such agreement, such person shall not be entitled to any relief or exemption from tax provided by this Convention except to the extent and in such manner as may be agreed upon by the competent authorities of the Contracting States.

Art. 5 Permanent establishment

¹ For the purposes of this Convention, the term «permanent establishment» means a fixed place of business through which the business of an enterprise is wholly or partly carried on.

² The term «permanent establishment» includes especially:
a) a place of management;
b) a branch;
c) an office;
d) a factory;
e) a workshop, and
f) a mine, an oil or gas well, a quarry or any other place of extraction of natural resources.

³ A building site or construction or installation project constitutes a permanent establishment only if it lasts more than twelve months.

⁴ Notwithstanding the preceding provisions of this Article, the term «permanent establishment» shall be deemed not to include:
a) the use of facilities solely for the purpose of storage, display or delivery of goods or merchandise belonging to the enterprise;
b) the maintenance of a stock of goods or merchandise belonging to the enterprise solely for the purpose of storage, display or delivery;
c) the maintenance of a stock of goods or merchandise belonging to the enterprise solely for the purpose of processing by another enterprise;
d) the maintenance of a fixed place of business solely for the purpose of purchasing goods or merchandise or of collecting information, for the enterprise;
e) the maintenance of a fixed place of business solely for the purpose of carrying on, for the enterprise, any other activity;
f) the maintenance of a fixed place of business solely for any combination of activities mentioned in subparagraphs a) to e),

provided that such activity or, in the case of subparagraph f), the overall activity of the fixed place of business, is of a preparatory or auxiliary character.

4.1 Paragraph 4 shall not apply to a fixed place of business that is used or maintained by an enterprise if the same enterprise or a closely related enterprise carries on business activities at the same place or at another place in the same Contracting State and
a) that place or other place constitutes a permanent establishment for the enterprise or the closely related enterprise under the provisions of this Article, or

b) the overall activity resulting from the combination of the activities carried on by the two enterprises at the same place, or by the same enterprise or closely related enterprises at the two places, is not of a preparatory or auxiliary character,

provided that the business activities carried on by the two enterprises at the same place, or by the same enterprise or closely related enterprises at the two places, constitute complementary functions that are part of a cohesive business operation.

5. Notwithstanding the provisions of paragraphs 1 and 2 but subject to the provisions of paragraph 6, where a person is acting in a Contracting State on behalf of an enterprise and, in doing so, habitually concludes contracts, or habitually plays the principal role leading to the conclusion of contracts that are routinely concluded without material modification by the enterprise, and these contracts are

a) in the name of the enterprise, or
b) for the transfer of the ownership of, or for the granting of the right to use, property owned by that enterprise or that the enterprise has the right to use, or
c) for the provision of services by that enterprise,

that enterprise shall be deemed to have a permanent establishment in that State in respect of any activities which that person undertakes for the enterprise, unless the activities of such person are limited to those mentioned in paragraph 4 which, if exercised through a fixed place of business (other than a fixed place of business to which paragraph 4.1 would apply), would not make this fixed place of business a permanent establishment under the provisions of that paragraph.

6. Paragraph 5 shall not apply where the person acting in a Contracting State on behalf of an enterprise of the other Contracting State carries on business in the first-mentioned State as an independent agent and acts for the enterprise in the ordinary course of that business. Where, however, a person acts exclusively or almost exclusively on behalf of one or more enterprises to which it is closely related, that person shall not be considered to be an independent agent within the meaning of this paragraph with respect to any such enterprise.

7. The fact that a company which is a resident of a Contracting State controls or is controlled by a company which is a resident of the other Contracting State, or which carries on business in that other State (whether through a permanent establishment or otherwise), shall not of itself constitute either company a permanent establishment of the other.

8. For the purposes of this Article, a person or enterprise is closely related to an enterprise if, based on all the relevant facts and circumstances, one has control of the other or both are under the control of the same persons or enterprises. In any case, a person or enterprise shall be considered to be closely related to an enterprise if one possesses directly or indirectly more than 50 per cent of the beneficial interest in the other (or, in the case of a company, more than 50 per cent of the aggregate vote and value of the company's shares or of the beneficial equity interest in the company) or if another person or enterprise possesses directly or indirectly more than 50 per cent of the beneficial interest (or, in the case of a company, more than 50 per cent of the aggregate vote and value of the company's shares or of the beneficial equity interest in the company) in the person and the enterprise or in the two enterprises.

Chapter III: Taxation of Income

Art. 6 Income from immovable property

1. Income derived by a resident of a Contracting State from immovable property (including income from agriculture or forestry) situated in the other Contracting State may be taxed in that other State.

2. The term «immovable property» shall have the meaning which it has under the law of the Contracting State in which the property in question is situated. The term shall in any case include property accessory to immovable property, livestock and equipment used in agriculture and forestry, rights to which the provisions of general law respecting landed property apply, usufruct of immovable property and rights to variable or fixed payments as consideration for the working of, or the right to work, mineral deposits, sources and other natural resources; ships and aircraft shall not be regarded as immovable property.

3. The provisions of paragraph 1 shall apply to income derived from the direct use, letting, or use in any other form of immovable property.

4. The provisions of paragraphs 1 and 3 shall also apply to the income from immovable property of an enterprise.

Art. 7 Business profits

1. Profits of an enterprise of a Contracting State shall be taxable only in that State unless the enterprise carries on business in the other Contracting State through a permanent establishment situated therein. If the enterprise carries on business as aforesaid, the profits that are attributable to the permanent establishment in accordance with the provisions of paragraph 2 may be taxed in that other State.

2. For the purposes of this Article and Article [23 A] [23 B], the profits that are attributable in each Contracting State to the permanent establishment referred to in paragraph 1 are the profits it might be expected to make, in particular in its dealings with other parts of the enterprise, if it were a separate and independent enterprise engaged in the same or similar activities under the same or similar conditions, taking into account the functions performed, assets used and risks assumed by the enterprise through the permanent establishment and through the other parts of the enterprise.

3. Where, in accordance with paragraph 2, a Contracting State adjusts the profits that are attributable to a permanent establishment of an enterprise of one of the Contracting States and taxes accordingly profits of the enterprise that have been charged to tax in the other State, the other State shall, to the extent necessary to eliminate double taxation on these profits, make an appropriate adjustment to the amount of the tax charged on those profits. In determining such adjustment, the competent authorities of the Contracting States shall if necessary consult each other.

4. Where profits include items of income which are dealt with separately in other Articles of this Convention, then the provisions of those Articles shall not be affected by the provisions of this Article.

Art. 8 International shipping and air transport

1. Profits of an enterprise of a Contracting State from the operation of ships or aircraft in international traffic shall be taxable only in that State.

2. The provisions of paragraph 1 shall also apply to profits from the participation in a pool, a joint business or an international operating agency.

Art. 9 Associated enterprises

1. Where
   a) an enterprise of a Contracting State participates directly or indirectly in the management, control or capital of an enterprise of the other Contracting State, or
   b) the same persons participate directly or indirectly in the management, control or capital of an enterprise of a Contracting State and an enterprise of the other Contracting State,

   and in either case conditions are made or imposed between the two enterprises in their commercial or financial relations which differ from those which would be made between independent enterprises, then any profits which would, but for those conditions, have accrued to one of the enterprises, but, by reason of those conditions, have not so accrued, may be included in the profits of that enterprise and taxed accordingly.

2. Where a Contracting State includes in the profits of an enterprise of that State – and taxes accordingly – profits on which an enterprise of the other Contracting State has been charged to tax in that other State and the profits so included are profits which would have accrued to the enterprise of the first-mentioned State if the conditions made between the two enterprises had been those which would have been made between independent enterprises, then that other State shall make an appropriate adjustment to the amount of the tax charged therein on those profits. In determining such adjustment, due regard shall be had to the other provisions of this Convention and the competent authorities of the Contracting States shall if necessary consult each other.

Art. 10 Dividends

1. Dividends paid by a company which is a resident of a Contracting State to a resident of the other Contracting State may be taxed in that other State.

2. However, dividends paid by a company which is a resident of a Contracting State may also be taxed in that State according to the laws of that State, but if the beneficial owner of the dividends is a resident of the other Contracting State, the tax so charged shall not exceed:
   a) 5 per cent of the gross amount of the dividends if the beneficial owner is a company which holds directly at least 25 per cent of the capital of the company paying the dividends throughout a 365 day period that includes the day of the payment of the dividend (for the purpose of computing that period, no account shall be taken of changes of ownership that would directly result from a corporate reorganisation, such as a merger or divisive reorganisation, of the company that holds the shares or that pays the dividend);
   b) 15 per cent of the gross amount of the dividends in all other cases.

   The competent authorities of the Contracting States shall by mutual agreement settle the mode of application of these limitations. This paragraph shall not affect the taxation of the company in respect of the profits out of which the dividends are paid.

3 The term «dividends» as used in this Article means income from shares, «jouissance» shares or «jouissance» rights, mining shares, founders' shares or other rights, not being debt-claims, participating in profits, as well as income from other corporate rights which is subjected to the same taxation treatment as income from shares by the laws of the State of which the company making the distribution is a resident.

4 The provisions of paragraphs 1 and 2 shall not apply if the beneficial owner of the dividends, being a resident of a Contracting State, carries on business in the other Contracting State of which the company paying the dividends is a resident, through a permanent establishment situated therein and the holding in respect of which the dividends are paid is effectively connected with such permanent establishment. In such case the provisions of Article 7 shall apply.

5 Where a company which is a resident of a Contracting State derives profits or income from the other Contracting State, that other State may not impose any tax on the dividends paid by the company, except insofar as such dividends are paid to a resident of that other State or insofar as the holding in respect of which the dividends are paid is effectively connected with a permanent establishment situated in that other State, nor subject the company's undistributed profits to a tax on the company's undistributed profits, even if the dividends paid or the undistributed profits consist wholly or partly of profits or income arising in such other State.

Art. 11 Interest

1 Interest arising in a Contracting State and paid to a resident of the other Contracting State may be taxed in that other State.

2 However, interest arising in a Contracting State may also be taxed in that State according to the laws of that State, but if the beneficial owner of the interest is a resident of the other Contracting State, the tax so charged shall not exceed 10 per cent of the gross amount of the interest. The competent authorities of the Contracting States shall by mutual agreement settle the mode of application of this limitation.

3 The term «interest» as used in this Article means income from debt-claims of every kind, whether or not secured by mortgage and whether or not carrying a right to participate in the debtor's profits, and in particular, income from government securities and income from bonds or debentures, including premiums and prizes attaching to such securities, bonds or debentures. Penalty charges for late payment shall not be regarded as interest for the purpose of this Article.

4 The provisions of paragraphs 1 and 2 shall not apply if the beneficial owner of the interest, being a resident of a Contracting State, carries on business in the other Contracting State in which the interest arises, through a permanent establishment situated therein, and the debt-claim in respect of which the interest is paid is effectively connected with such permanent establishment. In such case the provisions of Article 7 shall apply.

5 Interest shall be deemed to arise in a Contracting State when the payer is a resident of that State. Where, however, the person paying the interest, whether he is a resident of a Contracting State or not, has in a Contracting State a permanent establishment in connection with which the indebtedness on which the interest is paid was incurred, and such interest is borne by such permanent establishment, then such interest shall be deemed to arise in the State in which the permanent establishment is situated.

6. Where, by reason of a special relationship between the payer and the beneficial owner or between both of them and some other person, the amount of the interest, having regard to the debt-claim for which it is paid, exceeds the amount which would have been agreed upon by the payer and the beneficial owner in the absence of such relationship, the provisions of this Article shall apply only to the last-mentioned amount. In such case, the excess part of the payments shall remain taxable according to the laws of each Contracting State, due regard being had to the other provisions of this Convention.

Art. 12 Royalties

1. Royalties arising in a Contracting State and beneficially owned by a resident of the other Contracting State shall be taxable only in that other State.

2. The term «royalties» as used in this Article means payments of any kind received as a consideration for the use of, or the right to use, any copyright of literary, artistic or scientific work including cinematograph films, any patent, trade mark, design or model, plan, secret formula or process, or for information concerning industrial, commercial or scientific experience.

3. The provisions of paragraph 1 shall not apply if the beneficial owner of the royalties, being a resident of a Contracting State, carries on business in the other Contracting State in which the royalties arise, through a permanent establishment situated therein and the right or property in respect of which the royalties are paid is effectively connected with such permanent establishment. In such case the provisions of Article 7 shall apply.

4. Where, by reason of a special relationship between the payer and the beneficial owner or between both of them and some other person, the amount of the royalties, having regard to the use, right or information for which they are paid, exceeds the amount which would have been agreed upon by the payer and the beneficial owner in the absence of such relationship, the provisions of this Article shall apply only to the last-mentioned amount. In such case, the excess Part of the payments shall remain taxable according to the laws of each Contracting State, due regard being had to the other provisions of this Convention.

Art. 13 Capital gains

1. Gains derived by a resident of a Contracting State from the alienation of immovable property referred to in Article 6 and situated in the other Contracting State may be taxed in that other State.

2. Gains from the alienation of movable property forming part of the business property of a permanent establishment which an enterprise of a Contracting State has in the other Contracting State, including such gains from the alienation of such a permanent establishment (alone or with the whole enterprise), may be taxed in that other State.

3. Gains that an enterprise of a Contracting State that operates ships or aircraft in international traffic derives from the alienation of such ships or aircraft, or from movable property pertaining to the operation of such ships or aircraft, shall be taxable only in that State.

4 Gains derived by a resident of a Contracting State from the alienation of shares or comparable interests, such as interests in a partnership or trust, may be taxed in the other Contracting State if, at any time during the 365 days preceding the alienation, these shares or comparable interests derived more than 50 per cent of their value directly or indirectly from immovable property, as defined in Article 6, situated in that other State.

5 Gains from the alienation of any property other than that referred to in paragraphs 1, 2, 3 and 4, shall be taxable only in the Contracting State of which the alienator is a resident.

Art. 14 Independent personal services

(Deleted)

Art. 15 Income from employment

1 Subject to the provisions of Articles 16, 18 and 19, salaries, wages and other similar remuneration derived by a resident of a Contracting State in respect of an employment shall be taxable only in that State unless the employment is exercised in the other Contracting State. If the employment is so exercised, such remuneration as is derived therefrom may be taxed in that other State.

2 Notwithstanding the provisions of paragraph 1, remuneration derived by a resident of a Contracting State in respect of an employment exercised in the other Contracting State shall be taxable only in the first-mentioned State if:

a) the recipient is present in the other State for a period or periods not exceeding in the aggregate 183 days in any twelve month period commencing or ending in the fiscal year concerned, and
b) the remuneration is paid by, or on behalf of, an employer who is not a resident of the other State, and
c) the remuneration is not borne by a permanent establishment which the employer has in the other State.

3 Notwithstanding the preceding provisions of this Article, remuneration derived by a resident of a Contracting State in respect of an employment, as a member of the regular complement of a ship or aircraft, that is exercised aboard a ship or aircraft operated in international traffic, other than aboard a ship or aircraft operated solely within the other Contracting State, shall be taxable only in the first-mentioned State.

Art. 16 Directors' fees

Directors' fees and other similar payments derived by a resident of a Contracting State in his capacity as a member of the board of directors of a company which is a resident of the other Contracting State may be taxed in that other State.

Art. 17 Entertainers and Sportspersons

1 Notwithstanding the provisions of Article 15, income derived by a resident of a Contracting State as an entertainer, such as a theatre, motion picture, radio or television artiste, or a musician, or as a sportsperson, from that resident's personal activities as such exercised in the other Contracting State, may be taxed in that other State.

2 Where income in respect of personal activities exercised by an entertainer or a sportsperson acting as such accrues not to the entertainer or sportsperson but to another person, that income may, notwithstanding the provisions of Article 15, be taxed in the Contracting State in which the activities of the entertainer or sportsperson are exercised.

Art. 18 Pensions

Subject to the provisions of paragraph 2 of Article 19, pensions and other similar remuneration paid to a resident of a Contracting State in consideration of past employment shall be taxable only in that State.

Art. 19 Government service

1. a) Salaries, wages and other similar remuneration paid by a Contracting State or a political subdivision or a local authority thereof to an individual in respect of services rendered to that State or subdivision or authority shall be taxable only in that State.
   b) However, such salaries, wages and other similar remuneration shall be taxable only in the other Contracting State if the services are rendered in that State and the individual is a resident of that State who:
   (i) is a national of that State; or
   (ii) did not become a resident of that State solely for the purpose of rendering the services.

2. a) Notwithstanding the provisions of paragraph 1, pensions and other similar remuneration paid by, or out of funds created by, a Contracting State or a political subdivision or a local authority thereof to an individual in respect of services rendered to that State or subdivision or authority shall be taxable only in that State.
   b) However, such pensions and other similar remuneration shall be taxable only in the other Contracting State if the individual is a resident of, and a national of, that State.

3. The provisions of Articles 15, 16, 17, and 18 shall apply to salaries, wages, pensions, and other similar remuneration in respect of services rendered in connection with a business carried on by a Contracting State or a political subdivision or a local authority thereof.

Art. 20 Students

Payments which a student or business apprentice who is or was immediately before visiting a Contracting State a resident of the other Contracting State and who is present in the first-mentioned State solely for the purpose of his education or training receives for the purpose of his maintenance, education or training shall not be taxed in that State, provided that such payments arise from sources outside that State.

Art. 21 Other income

1. Items of income of a resident of a Contracting State, wherever arising, not dealt with in the foregoing Articles of this Convention shall be taxable only in that State.

2. The provisions of paragraph 1 shall not apply to income, other than income from immovable property as defined in paragraph 2 of Article 6, if the recipient of such income, being a resident of a Contracting State, carries on business in the other Contracting State through a permanent establishment situated therein, and the right or

property in respect of which the income is paid is effectively connected with such permanent establishment. In such case the provisions of Article 7 shall apply.

Chapter IV: Taxation of Capital

Art. 22 Capital

1 Capital represented by immovable property referred to in Article 6, owned by a resident of a Contracting State and situated in the other Contracting State, may be taxed in that other State.

2 Capital represented by movable property forming part of the business property of a permanent establishment which an enterprise of a Contracting State has in the other Contracting State may be taxed in that other State.

3 Capital of an enterprise of a Contracting State that operates ships or aircraft in international traffic represented by such ships or aircraft, and by movable property pertaining to the operation of such ships or aircraft, shall be taxable only in that State.

4 All other elements of capital of a resident of a Contracting State shall be taxable only in that State.

Chapter V: Methods for Elimination of Double Taxation

Art. 23 A Exemption method

1 Where a resident of a Contracting State derives income or owns capital which may be taxed in the other Contracting State in accordance with the provisions of this Convention (except to the extent that these provisions allow taxation by that other State solely because the income is also income derived by a resident of that State or because the capital is also capital owned by a resident of that State), the first-mentioned State shall, subject to the provisions of paragraphs 2 and 3, exempt such income or capital from tax.

2 Where a resident of a Contracting State derives items of income which may be taxed in the other Contracting State in accordance with the provisions of Articles 10 and 11 (except to the extent that these provisions allow taxation by that other State solely because the income is also income derived by a resident of that State), the first-mentioned State shall allow as a deduction from the tax on the income of that resident an amount equal to the tax paid in that other State. Such deduction shall not, however, exceed that part of the tax, as computed before the deduction is given, which is attributable to such items of income derived from that other State.

3 Where in accordance with any provision of the Convention income derived or capital owned by a resident of a Contracting State is exempt from tax in that State, such State may nevertheless, in calculating the amount of tax on the remaining income or capital of such resident, take into account the exempted income or capital.

4 The provisions of paragraph 1 shall not apply to income derived or capital owned by a resident of a Contracting State where the other Contracting State applies the provisions of this convention to exempt such income or capital from tax or applies the provisions of paragraph 2 of Article 10 of 11 to such income.

Art. 23 B Credit method

1. Where a resident of a Contracting State derives income or owns capital which may be taxed in the other Contracting State in accordance with the provisions of this Convention (except to the extent that these provisions allow taxation by that other State solely because the income is also income derived by a resident of that State or because the capital is also capital owned by a resident of that State), the first-mentioned State shall allow:

   a) as a deduction from the tax on the income of that resident, an amount equal to the income tax paid in that other State;

   b) as a deduction from the tax on the capital of that resident, an amount equal to the capital tax paid in that other State.

   Such deduction in either case shall not, however, exceed that part of the income tax or capital tax, as computed before the deduction is given, which is attributable, as the case may be, to the income or the capital which may be taxed in that other State.

2. Where in accordance with any provision of the Convention income derived or capital owned by a resident of a Contracting State is exempt from tax in that State, such State may nevertheless, in calculating the amount of tax on the remaining income or capital of such resident, take into account the exempted income or capital.

Chapter VI: Special Provisions

Art. 24 Non-discrimination

1. Nationals of a Contracting State shall not be subjected in the other Contracting State to any taxation or any requirement connected therewith, which is other or more burdensome than the taxation and connected requirements to which nationals of that other State in the same circumstances, in particular with respect to residence, are or may be subjected. This provision shall, notwithstanding the provisions of Article 1, also apply to persons who are not residents of one or both of the Contracting States.

2. Stateless persons who are residents of a Contracting State shall not be subjected in either Contracting State to any taxation or any requirement connected therewith, which is other or more burdensome than the taxation and connected requirements to which nationals of the State concerned in the same circumstances, in particular with respect to residence, are or may be subjected.

3. The taxation on a permanent establishment which an enterprise of a Contracting State has in the other Contracting State shall not be less favourably levied in that other State than the taxation levied on enterprises of that other State carrying on the same activities. This provision shall not be construed as obliging a Contracting State to grant to residents of the other Contracting State any personal allowances, reliefs and reductions for taxation purposes on account of civil status or family responsibilities which it grants to its own residents.

4. Except where the provisions of paragraph 1 of Article 9, paragraph 6 of Article 11, or paragraph 4 of Article 12, apply, interest, royalties and other disbursements paid by an enterprise of a Contracting State to a resident of the other Contracting State shall, for the purpose of determining the taxable profits of such enterprise, be deductible under the same conditions as if they had been paid to a resident of the first-mentioned State. Similarly, any debts of an enterprise of a Contracting State to a resident of

the other Contracting State shall, for the purpose of determining the taxable capital of such enterprise, be deductible under the same conditions as if they had been contracted to a resident of the first-mentioned State.

5 Enterprises of a Contracting State, the capital of which is wholly or partly owned or controlled, directly or indirectly, by one or more residents of the other Contracting State, shall not be subjected in the first-mentioned State to any taxation or any requirement connected therewith which is other or more burdensome than the taxation and connected requirements to which other similar enterprises of the first-mentioned State are or may be subjected.

6 The provisions of this Article shall, notwithstanding the provisions of Article 2, apply to taxes of every kind and description.

Art. 25 Mutual agreement procedure

1 Where a person considers that the actions of one or both of the Contracting States result or will result for him in taxation not in accordance with the provisions of this Convention, he may, irrespective of the remedies provided by the domestic law of those States, present his case to the competent authority of either Contracting State. The case must be presented within three years from the first notification of the action resulting in taxation not in accordance with the provisions of the Convention.

2 The competent authority shall endeavour, if the objection appears to it to be justified and if it is not itself able to arrive at a satisfactory solution, to resolve the case by mutual agreement with the competent authority of the other Contracting State, with a view to the avoidance of taxation which is not in accordance with the Convention. Any agreement reached shall be implemented notwithstanding any time limits in tile domestic law of the Contracting States.

3 The competent authorities of the Contracting States shall endeavour to resolve by mutual agreement any difficulties or doubts arising as to the interpretation or application of the Convention. They may also consult together for the elimination of double taxation in cases not provided for in the Convention.

4 The competent authorities of the Contracting States may communicate with each other directly, including through a joint commission consisting of themselves or their representatives, for the purpose of reaching an agreement in the sense of the preceding paragraphs.

5 Where,

a) under paragraph 1, a person has presented a case to the competent authority of a Contracting State on the basis that the actions of one or both of the Contracting States have resulted for that person in taxation not in accordance with the provisions of this Convention, and

b) the competent authorities are unable to reach an agreement to resolve that case pursuant to paragraph 2 within two years from the date when all the information required by the competent authorities in order to address the case has been provided to both competent authorities,

any unresolved issues arising from the case shall be submitted to arbitration if the person so requests in writing. These unresolved issues shall not, however, be submitted to arbitration if a decision on these issues has already been rendered by a court or administrative tribunal of either State. Unless a person directly affected by the case does not accept the mutual agreement that implements the arbitration decision, that decision shall be binding on both Contracting States and shall be implemented notwithstanding any time limits in the domestic laws of these States. The competent authorities of the Contracting States shall by mutual agreement settle the mode of application of this paragraph.

Art. 26 Exchange of information

1 The competent authorities of the Contracting States shall exchange such information as is forseeably relevant for carrying out the provisions of this Convention or to the administration or enforcement of the domestic laws concerning taxes of every kind and description imposed on behalf of the Contracting States, or of their political subdivisions or local authorities, insofar as the taxation thereunder is not contrary to the Convention. The exchange of information is not restricted by Articles 1 and 2.

2 Any information received under paragraph 1 by a Contracting State shall be treated as secret in the same manner as information obtained under the domestic laws of that State and shall be disclosed only to persons or authorities (including courts and administrative bodies) concerned with the assessment or collection of, the enforcement or prosecution in respect of, the determination of appeals in relation to the taxes referred to in paragraph 1, or the oversight of the above. Such persons or authorities shall use the information only for such purposes. They may disclose the information in public court proceedings or in judicial decisions. Notwithstanding the foregoing, information received by a Contracting State may be used for other purposes when such information may be used for such other purposes under the laws of both States and the competent authority of the supplying State authorises such use.

3 In no case shall the provisions of paragraphs 1 and 2 be construed so as to impose on a Contracting State the obligation:

   a) to carry out administrative measures at variance with the laws and administrative practice of that or of the other Contracting State;
   b) to supply information which is not obtainable under the laws or in the normal course of the administration of that or of the other Contracting State;
   c) to supply information which would disclose any trade, business, industrial, commercial or professional secret or trade process, or information the disclosure of which would be contrary to public policy (ordre public).

4 If information is requested by a Contracting State in accordance with this Article, the other Contracting State shall use its information gathering measures to obtain the requested information, even though that other State may not need such information for its own tax purposes. The obligation contained in the preceding sentence is subject to the limitations of paragraph 3 but in no case shall such limitations be construed to permit a Contracting State to decline to supply information solely because it has no domestic interest in such information.

5 In no case shall the provisions of paragraph 3 be construed to permit a Contracting State to decline to supply information solely because the information is held by a bank, other financial institution, nominee or person acting in an agency or a fiduciary capacity or because it relates to ownership interests in a person.

Art. 27 Assistance in the collection of taxes[1]

1 The Contracting States shall lend assistance to each other in the collection of revenue claims. This assistance is not restricted by Articles 1 and 2. The competent authorities of the Contracting States may by mutual agreement settle the mode of application of this Article.

2 The term «revenue claim» as used in this Article means an amount owed in respect of taxes of every kind and description imposed on behalf of the Contracting States, or of their political subdivisions or local authorities, insofar as the taxation thereunder is not contrary to this Convention or any other instrument to which the Contracting States are parties, as well as interest, administrative penalties and costs of collection or conservancy related to such amount.

3 When a revenue claim of a Contracting State is enforceable under the laws of that State and is owed by a person who, at that time, cannot, under the laws of that State, prevent its collection, that revenue claim shall, at the request of the competent authority of that State, be accepted for purposes of collection by the competent authority of the other Contracting State. That revenue claim shall be collected by that other State in accordance with the provisions of its laws applicable to the enforcement and collection of its own taxes as if the revenue claim were a revenue claim of that other State.

4 When a revenue claim of a Contracting State is a claim in respect of which that State may, under its law, take measures of conservancy with a view to ensure its collection, that revenue claim shall, at the request of the competent authority of that State, be accepted for purposes of taking measures of conservancy by the competent authority of the other Contracting State. That other State shall take measures of conservancy in respect of that revenue claim in accordance with the provisions of its laws as if the revenue claim were a revenue claim of that other State even if, at the time when such measures are applied, the revenue claim is not enforceable in the first-mentioned State or is owed by a person who has a right to prevent its collection.

5 Notwithstanding the provisions of paragraphs 3 and 4, a revenue claim accepted by a Contracting State for purposes of paragraph 3 or 4 shall not, in that State, be subject to the time limits or accorded any priority applicable to a revenue claim under the laws of that State by reason of its nature as such. In addition, a revenue claim accepted by a Contracting State for the purposes of paragraph 3 or 4 shall not, in that State, have any priority applicable to that revenue claim under the laws of the other Contracting State.

6 Proceedings with respect to the existence, validity or the amount of a revenue claim of a Contracting State shall not be brought before the courts or administrative bodies of the other Contracting State.

7 Where, at any time after a request has been made by a Contracting State under paragraph 3 or 4 and before the other Contracting State has collected and remitted the relevant revenue claim to the first-mentioned State, the relevant revenue claim ceases to be

---

[1] In some countries, national law, policy or administrative considerations may not allow or justify the type of assistance envisaged under this Article or may require that this type of assistance be restricted, e.g. to countries that have similar tax systems or tax administrations or as to the taxes covered. For that reason, the Article should only be included in the Convention where each State concludes that, based on the factors described in paragraph 1 of the Commentary on the Article, they can agree to provide assistance in the collection of taxes levied by the other State.

a) in the case of a request under paragraph 3, a revenue claim of the first-mentioned State that is enforceable under the laws of that State and is owed by a person who, at that time, cannot, under the laws of that State, prevent its collection, or

b) in the case of a request under paragraph 4, a revenue claim of the first-mentioned State in respect of which that State may, under its laws, take measures of conservancy with a view to ensure its collection

the competent authority of the first-mentioned State shall promptly notify the competent authority of the other State of that fact and, at the option of the other State, the first-mentioned State shall either suspend or withdraw its request.

8 In no case shall the provisions of this Article be construed so as to impose on a Contracting State the obligation:

a) to carry out administrative measures at variance with the laws and administrative practice of that or of the other Contracting State;
b) to carry out measures which would be contrary to public policy (ordre public);
c) to provide assistance if the other Contracting State has not pursued all reasonable measures of collection or conservancy, as the case may be, available under its laws or administrative practice;
d) to provide assistance in those cases where the administrative burden for that State is clearly disproportionate to the benefit to be derived by the other Contracting State.

Art. 28 Members of diplomatic missions and consular posts

Nothing in this Convention shall affect the fiscal privileges of members of diplomatic missions or consular posts under the general rules of international law or under the provisions of special agreements.

Art. 29 Entitlement to benefits[1]

1 [Provision that, subject to paragraphs 3 to 5, restricts treaty benefits to a resident of a Contracting State who is a «qualified person» as defined in paragraph 2].

2 [Definition of situations where a resident is a qualified person, which covers

– an individual;
– a Contracting State, its political subdivisions and their agencies and instrumentalities;
– certain publicly-traded companies and entities;
– certain affiliates of publicly-listed companies and entities;
– certain non-profit organisations and recognised pension funds;
– other entities that meet certain ownership and base erosion requirements;
– certain collective investment vehicles.]

---

[1] The drafting of this Article will depend on how the Contracting States decide to implement their common intention, reflected in the preamble of the Convention and incorporated in the minimum standard agreed to as part of the OECD/G20 Base Erosion and Profit Shifting Project, to eliminate double taxation without creating opportunities for non-taxation or reduced taxation through tax evasion or avoidance, including through treaty-shopping arrangements. This may be done either through the adoption of paragraph 9 only, through the adoption of the detailed version of paragraphs 1 to 7 that is described in the Commentary on Article 29 together with the implementation of an anti-conduit mechanism as described in paragraph 187 of that Commentary, or through the adoption of paragraph 9 together with any variation of paragraphs 1 to 7 described in the Commentary on Article 29.

3 [Provision that provides treaty benefits to certain income derived by a person that is not a qualified person if the person is engaged in the active conduct of a business in its State of residence and the income emanates from, or is incidental to, that business].

4 [Provision that provides treaty benefits to a person that is not a qualified person if at least more than an agreed proportion of that entity is owned by certain persons entitled to equivalent benefits].

5 [Provision that provides treaty benefits to a person that qualifies as a «headquarters company»].

6 [Provision that allows the competent authority of a Contracting State to grant certain treaty benefits to a person where benefits would otherwise be denied under paragraph 1].

7 [Definitions applicable for the purposes of paragraphs 1 to 7].

8 a) Where
   (i) an enterprise of a Contracting State derives income from the other Contracting State and the first-mentioned State treats such income as attributable to a permanent establishment of the enterprise situated in a third jurisdiction, and
   (ii) the profits attributable to that permanent establishment are exempt from tax in the first-mentioned State,
   the benefits of this Convention shall not apply to any item of income on which the tax in the third jurisdiction is less than the lower of [rate to be determined bilaterally] of the amount of that item of income and 60 per cent of the tax that would be imposed in the first-mentioned State on that item of income if that permanent establishment were situated in the first-mentioned State. In such a case any income to which the provisions of this paragraph apply shall remain taxable according to the domestic law of the other State, notwithstanding any other provisions of the Convention.
   b) The preceding provisions of this paragraph shall not apply if the income derived from the other State emanates from, or is incidental to, the active conduct of a business carried on through the permanent establishment (other than the business of making, managing or simply holding investments for the enterprise's own account, unless these activities are banking, insurance or securities activities carried on by a bank, insurance enterprise or registered securities dealer, respectively).
   c) If benefits under this Convention are denied pursuant to the preceding provisions of this paragraph with respect to an item of income derived by a resident of a Contracting State, the competent authority of the other Contracting State may, nevertheless, grant these benefits with respect to that item of income if, in response to a request by such resident, such competent authority determines that granting such benefits is justified in light of the reasons such resident did not satisfy the requirements of this paragraph (such as the existence of losses). The competent authority of the Contracting State to which a request has been made under the preceding sentence shall consult with the competent authority of the other Contracting State before either granting or denying the request.

9 Notwithstanding the other provisions of this Convention, a benefit under this Convention shall not be granted in respect of an item of income or capital if it is reasonable to conclude, having regard to all relevant facts and circumstances, that obtaining that benefit was one of the principal purposes of any arrangement or transaction that resulted directly or indirectly in that benefit, unless it is established that granting that

benefit in these circumstances would be in accordance with the object and purpose of the relevant provisions of this Convention.

Art. 30 Territorial extension[1]

1. This Convention may be extended, either in its entirety or with any necessary modifications [to any part of the territory of (State A) or of (State B) which is specifically excluded from the application of the Convention or], to any State or territory for whose international relations (State A) or (State B) is responsible, which imposes taxes substantially similar in character to those to which the Convention applies. Any such extension shall take effect from such date and subject to such modifications and conditions, including conditions as to termination, as may be specified and agreed between the Contracting States in notes to be exchanged through diplomatic channels or in any other manner in accordance with their constitutional procedures.

2. Unless otherwise agreed by both Contracting States, the termination of the Convention by one of them under Article 32 shall also terminate, in the manner provided for in that Article, the application of the Convention [to any part of the territory of (State A) or of (State B) or] to any State or territory to which it has been extended under this Article.

Chapter VII: Final Provisions

Art. 31 Entry into force

1. This Convention shall be ratified and the instruments of ratification shall be exchanged at … as soon as possible.

2. The Convention shall enter into force upon the exchange of instruments of ratification and its provisions shall have effect:

   a) (in State A): …
   b) (in State B): …

Art. 32 Termination

This Convention shall remain in force until terminated by a Contracting State. Either Contracting State may terminate the Convention, through diplomatic channels, by giving notice of termination at least six months before the end of any calendar year after the year … In such event, the Convention shall cease to have effect:

a) (in State A): …
b) (in State B): …

Terminal clause[2]

---

[1] The words between brackets are of relevance when, by special provision, a part of the territory of a Contracting State is excluded from the application of the Convention.

[2] The terminal clause concerning the signing shall be drafted in accordance with the constitutional procedure of both Contracting States.

OECD/G20 Base Erosion and Profit Shifting Project[1]

4.3 Statement on a Two-Pillar Solution to Address the Tax Challenges Arising from the Digitalisation of the Economy[2] C104

8 October 2021

☞ *Der Bundesrat hat an seiner Sitzung vom 12.1.2022 beschlossen, die von der OECD und den G20-Staaten vereinbarte Mindeststeuer von 15 % für bestimmte Unternehmen (Pillar Two) mit einer Verfassungsänderung umzusetzen (siehe dazu BB vom 16.12.2022 über eine besondere Besteuerung grosser Unternehmensgruppen, S. 3 und 7 f.). Basierend darauf – unter Voraussetzung der Annahme des BB in der Volksabstimmung vom 18.6.2023 – wird eine temporäre Verordnung (siehe S. 287 ff.) sicherstellen, dass die Mindeststeuer per 1.1.2024 in Kraft treten kann. Das entsprechende Gesetz wird im Nachgang auf dem ordentlichen Weg erlassen.*

Introduction

The OECD/G20 Inclusive Framework on Base Erosion and Profit Shifting (IF) has agreed a two-pillar solution to address the tax challenges arising from the digitalisation of the economy. The agreed components of each Pillar are described in the following paragraphs.

A detailed implementation plan is provided in the Annex.

Pillar One

Scope

In-scope companies are the multinational enterprises (MNEs) with global turnover above 20 billion euros and profitability above 10% (i.e. profit before tax/revenue) calculated using an averaging mechanism with the turnover threshold to be reduced to 10 billion euros, contingent on successful implementation including of tax certainty on Amount A, with the relevant review beginning 7 years after the agreement comes into force, and the review being completed in no more than one year.

Extractives and Regulated Financial Services are excluded.

Nexus

There will be a new special purpose nexus rule permitting allocation of Amount A to a market jurisdiction when the in-scope MNE derives at least 1 million euros in revenue from that jurisdiction. For smaller jurisdictions with GDP lower than 40 billion euros, the nexus will be set at 250 000 euros.

The special purpose nexus rule applies solely to determine whether a jurisdiction qualifies for the Amount A allocation.

Compliance costs (incl. on tracing small amounts of sales) will be limited to a minimum.

---

[1] This document sets out the Statement which has been discussed in the OECD/G20 Inclusive Framework on BEPS. 137 member jurisdictions have agreed to it as of 4 November 2021. It is noted that not all Inclusive Framework members have joined as of today.

[2] © OECD (2021).

2 |

Quantum

For in-scope MNEs, 25% of residual profit defined as profit in excess of 10% of revenue will be allocated to market jurisdictions with nexus using a revenue-based allocation key.

Revenue sourcing

Revenue will be sourced to the end market jurisdictions where goods or services are used or consumed. To facilitate the application of this principle, detailed source rules for specific categories of transactions will be developed. In applying the sourcing rules, an in-scope MNE must use a reliable method based on the MNE's specific facts and circumstances.

Tax base determination

The relevant measure of profit or loss of the in-scope MNE will be determined by reference to financial accounting income, with a small number of adjustments.

Losses will be carried forward.

Segmentation

Segmentation will occur only in exceptional circumstances where, based on the segments disclosed in the financial accounts, a segment meets the scope rules.

Marketing and distribution profits safe harbour

Where the residual profits of an in-scope MNE are already taxed in a market jurisdiction, a marketing and distribution profits safe harbour will cap the residual profits allocated to the market jurisdiction through Amount A. Further work on the design of the safe harbour will be undertaken, including to take into account the comprehensive scope.

Elimination of double taxation

Double taxation of profit allocated to market jurisdictions will be relieved using either the exemption or credit method.

The entity (or entities) that will bear the tax liability will be drawn from those that earn residual profit.

Tax certainty

In-scope MNEs will benefit from dispute prevention and resolution mechanisms, which will avoid double taxation for Amount A, including all issues related to Amount A (e.g. transfer pricing and business profits disputes), in a mandatory and binding manner. Disputes on whether issues may relate to Amount A will be solved in a mandatory and binding manner, without delaying the substantive dispute prevention and resolution mechanism.

An elective binding dispute resolution mechanism will be available only for issues related to Amount A for developing economies that are eligible for deferral of their BEPS Action 14 peer review[1] and have no or low levels of MAP disputes. The eligibility of a jurisdiction for this elective mechanism will be reviewed regularly; jurisdictions found ineligible by a review will remain ineligible in all subsequent years.

---

[1] The conditions for being eligible for a deferral of the BEPS Action 14 peer review are provided in paragraph 7 of the current Action 14 Assessment Methodology published as part of the Action 14 peer review documents.

Amount B

The application of the arm's length principle to in-country baseline marketing and distribution activities will be simplified and streamlined, with a particular focus on the needs of low capacity countries. This work will be completed by the end of 2022.

Administration

The tax compliance will be streamlined (including filing obligations) and allow in-scope MNEs to manage the process through a single entity.

Unilateral measures

The Multilateral Convention (MLC) will require all parties to remove all Digital Services Taxes and other relevant similar measures with respect to all companies, and to commit not to introduce such measures in the future. No newly enacted Digital Services Taxes or other relevant similar measures will be imposed on any company from 8 October 2021 and until the earlier of 31 December 2023 or the coming into force of the MLC. The modality for the removal of existing Digital Services Taxes and other relevant similar measures will be appropriately coordinated. The IF notes reports from some members that transitional arrangements are being discussed expeditiously.

Implementation

The MLC through which Amount A is implemented will be developed and opened for signature in 2022, with Amount A coming into effect in 2023. A detailed implementation plan is set out in the Annex.

Pillar Two   C104, MindStV

Overall design

Pillar Two consists of:

- two interlocking domestic rules (together the Global anti-Base Erosion Rules (GloBE) rules): (i) an Income Inclusion Rule (IIR), which imposes top-up tax on a parent entity in respect of the low taxed income of a constituent entity; and (ii) an Undertaxed Payment Rule (UTPR), which denies deductions or requires an equivalent adjustment to the extent the low tax income of a constituent entity is not subject to tax under an IIR; and
- a treaty-based rule (the Subject to Tax Rule (STTR)) that allows source jurisdictions to impose limited source taxation on certain related party payments subject to tax below a minimum rate. The STTR will be creditable as a covered tax under the GloBE rules.

Rule status

The GloBE rules will have the status of a common approach.

This means that IF members:

- are not required to adopt the GloBE rules, but, if they choose to do so, they will implement and administer the rules in a way that is consistent with the outcomes provided for under Pillar Two, including in light of model rules and guidance agreed to by the IF;
- accept the application of the GloBE rules applied by other IF members including agreement as to rule order and the application of any agreed safe harbours.

Scope

The GloBE rules will apply to MNEs that meet the 750 million euros threshold as determined under BEPS Action 13 (country by country reporting). Countries are free to apply the IIR to MNEs headquartered in their country even if they do not meet the threshold.

Government entities, international organisations, non-profit organisations, pension funds or investment funds that are Ultimate Parent Entities (UPE) of an MNE Group or any holding vehicles used by such entities, organisations or funds are not subject to the GloBE rules.

Rule design

The IIR allocates top-up tax based on a top-down approach subject to a split-ownership rule for shareholdings below 80%.

The UTPR allocates top-up tax from low-tax constituent entities including those located in the UPE jurisdiction. The GloBE rules will provide for an exclusion from the UTPR for MNEs in the initial phase of their international activity, defined as those MNEs that have a maximum of EUR 50 million tangible assets abroad and that operate in no more than 5 other jurisdictions.[2] This exclusion is limited to a period of 5 years after the MNE comes into the scope of the GloBE rules for the first time. For MNEs that are in scope of the GloBE rules when they come into effect the period of 5 years will start at the time the UTPR rules come into effect.

ETR calculation

The GloBE rules will operate to impose a top-up tax using an effective tax rate test that is calculated on a jurisdictional basis and that uses a common definition of covered taxes and a tax base determined by reference to financial accounting income (with agreed adjustments consistent with the tax policy objectives of Pillar Two and mechanisms to address timing differences).

In respect of existing distribution tax systems, there will be no top-up tax liability if earnings are distributed within 4 years and taxed at or above the minimum level.

Minimum rate

The minimum tax rate used for purposes of the IIR and UTPR will be 15%.

Carve-outs

The GloBE rules will provide for a formulaic substance carve-out that will exclude an amount of income that is 5% of the carrying value of tangible assets and payroll. In a transition period of 10 years, the amount of income excluded will be 8% of the carrying value of tangible assets and 10% of payroll, declining annually by 0.2 percentage points for the first five years, and by 0.4 percentage points for tangible assets and by 0.8 percentage points for payroll for the last five years.

The GloBE rules will also provide for a *de minimis* exclusion for those jurisdictions where the MNE has revenues of less than EUR 10 million and profits of less than EUR 1 million.

---

[2] An MNE is considered to operate in a jurisdiction if that MNE has a Constituent Entity in that jurisdiction as defined for purposes of the GloBE rules.

Other exclusions

The GloBE rules also provide for an exclusion for international shipping income using the definition of such income under the OECD Model Tax Convention.

Simplifications

To ensure that the administration of the GloBE rules are as targeted as possible and to avoid compliance and administrative costs that are disproportionate to the policy objectives, the implementation framework will include safe harbours and/or other mechanisms.

GILTI co-existence

It is agreed that Pillar Two will apply a minimum rate on a jurisdictional basis. In that context, consideration will be given to the conditions under which the US GILTI regime will co-exist with the GloBE rules, to ensure a level playing field.

Subject to tax rule (STTR)

IF members recognise that the STTR is an integral part of achieving a consensus on Pillar Two for developing countries.[3] IF members that apply nominal corporate income tax rates below the STTR minimum rate to interest, royalties and a defined set of other payments would implement the STTR into their bilateral treaties with developing IF members when requested to do so.

The taxing right will be limited to the difference between the minimum rate and the tax rate on the payment.

The minimum rate for the STTR will be 9%.

Implementation

Pillar Two should be brought into law in 2022, to be effective in 2023, with the UTPR coming into effect in 2024. A detailed implementation plan is set out in the Annex.

---

[3] For this purpose, developing countries are defined as those with a GNI per capita, calculated using the World Bank Atlas method, of USD 12 535 or less in 2019 to be regularly updated.

Annex. Detailed Implementation Plan

This Annex describes the work needed to implement the two-pillar solution described in the body of the Statement. It also sets out a timeline for that process, including the key milestones for the Inclusive Framework (IF) going forward, noting that bespoke technical assistance will be available to developing countries to support all aspects of implementation. IF members recognise the ambitious nature of the timelines contained in this implementation plan and are fully committed to use all efforts within the context of their legislative process in achieving that goal.

Pillar One

Amount A, the removal of all Digital Service Taxes and other relevant similar measures on all companies, and Amount B will be implemented under the Pillar One solution, as described below.

Amount A

Amount A will be implemented through a Multilateral Convention (MLC), and where necessary by way of correlative changes to domestic law, with a view to allowing it to come into effect in 2023.

Multilateral Convention

In order to facilitate swift and consistent implementation, an MLC will be developed to introduce a multilateral framework for all jurisdictions that join, regardless of whether a tax treaty currently exists between those jurisdictions. The MLC will contain the rules necessary to determine and allocate Amount A and eliminate double taxation, as well as the simplified administration process, the exchange of information process and the processes for dispute prevention and resolution in a mandatory and binding manner between all jurisdictions, with the appropriate allowance for those jurisdictions for which an elective binding dispute resolution mechanism applies with respect to issues related to Amount A, thereby ensuring consistency and certainty in the application of Amount A and certainty with respect to issues related to Amount A. The MLC will be supplemented by an Explanatory Statement that describes the purpose and operation of the rules and processes. Where a tax treaty exists between parties to the MLC, that tax treaty will remain in force and continue to govern cross-border taxation outside Amount A, but the MLC will address inconsistencies with existing tax treaties to the extent necessary to give effect to the solution with respect to Amount A. The MLC will also address interactions between the MLC and future tax treaties. Where there is no tax treaty in force between parties, the MLC will create the relationship necessary to ensure the effective implementation of all aspects of Amount A.

The IF has mandated the Task Force on the Digital Economy (TFDE) to define and clarify the features of Amount A (e.g., elimination of double taxation, Marketing and Distribution Profits Safe Harbour) and develop the MLC and negotiate its content, so that all jurisdictions that have committed to the Statement will be able to participate. The TFDE will seek to conclude the text of the MLC and its Explanatory Statement by early 2022, so that the MLC is quickly open to signature and a high-level signing ceremony can be organised by mid-2022. Following its signature, jurisdictions will be expected to ratify the MLC as soon as possible, with the objective of enabling it to enter into force and effect in 2023 once a critical mass of jurisdictions as defined by the MLC have ratified it.

Removal and Standstill of All Digital Services Taxes and Other Relevant Similar Measures

The MLC will require all parties to remove all Digital Services Taxes and other relevant similar measures with respect to all companies, and to commit not to introduce such measures in the future. A detailed definition of what constitutes relevant similar measures will be finalised as part of the adoption of the MLC and its Explanatory Statement.

Domestic Law Changes

IF members may need to make changes to domestic law to implement the new taxing rights over Amount A. To facilitate consistency in the approach taken by jurisdictions and to support domestic implementation consistent with the agreed timelines and their domestic legislative procedures, the IF has mandated the TFDE to develop model rules for domestic legislation by early 2022 to give effect to Amount A. The model rules will be supplemented by commentary that describes the purpose and operation of the rules.

Amount B

The IF has mandated Working Party 6 and the FTA MAP Forum to jointly finalise the work on Amount B by end of 2022. The technical work will start by defining the in-country baseline marketing and distribution activities in scope of Amount B. Working Party 6 and the FTA MAP Forum will then jointly develop the rest of Amount B components, with a view of releasing Amount B final deliverables by end of 2022.

Pillar Two   C104, MindStV

Model rules to give effect to the GloBE rules will be developed by the end of November 2021. These model rules will define the scope and set out the mechanics of the GloBE rules. They will include the rules for determining the ETR on a jurisdictional basis and the relevant exclusions, such as the formulaic substance-based carve-out. The model rules will also cover administrative provisions that address an MNE's filing obligations and the use of any administrative safe-harbours. The model rules will further include transition rules. The model rules are supplemented by commentary that explains the purpose and operation of the rules, and addresses the need for a switch-over rule in certain treaties and in circumstances that otherwise commit the contracting parties to the use of the exemption method.

A model treaty provision to give effect to the STTR will be developed by the end of November 2021. The model treaty provision will be supplemented by commentary that explains the purpose and operation of the STTR. A process to assist in implementing the STTR will be agreed.

A multilateral instrument (MLI) will be developed by the IF by mid-2022 to facilitate the swift and consistent implementation of the STTR in relevant bilateral treaties.

At the latest by the end of 2022 an implementation framework will be developed that facilitates the coordinated implementation of the GloBE rules. This implementation framework will cover agreed administrative procedures (e.g. detailed filing obligations, multilateral review processes) and safe-harbours to facilitate both compliance by MNEs and administration by tax authorities. As part of the work on the implementation framework, IF members will consider the merits and possible content of a multilateral convention in order to further ensure co-ordination and consistent implementation of the GloBE rules.

Consultations

Within the constraints of the timeline set forth in this implementation plan, the work will continue to progress in consultation with stakeholders.

4.4 Verordnung über die Mindestbesteuerung grosser Unternehmensgruppen (Mindestbesteuerungsverordnung, MindStV)
(Vernehmlassungsvorlage vom 17.8.2022)

vom ...

Der Schweizerische Bundesrat,

gestützt auf Artikel 197 Ziffer 15[1] der Bundesverfassung (BV)[2],

verordnet:

☞ *Damit die vom OECD/G20 Inclusive Framework on BEPS vereinbarte Mindeststeuer (siehe S. 279ff.) auch in der Schweiz eingeführt werden kann, ist eine Änderung der BV notwendig. Dazu sollen Art. 129a und Art. 197 Ziff. 15 neu eingefügt werden (siehe S. 3 und 7f.). Basierend auf diesen Änderungen – unter Voraussetzung der Annahme in der Volksabstimmung vom 18.6.2023 – wird der Bundesrat die Mindestbesteuerungsverordnung (MindStV) erlassen, welche am 1.1.2024 in Kraft treten würde und hier als Entwurf (Vernehmlassungsvorlage vom 17.8.2022) abgedruckt ist.*

1. Abschnitt: Allgemeine Bestimmungen

Art. 1 Gegenstand und Geltungsbereich

¹ Diese Verordnung regelt die Mindestbesteuerung grosser multinationaler Unternehmensgruppen durch eine Ergänzungssteuer bemessen auf den Gewinnen ihrer Geschäftseinheiten, die:

  a. steuerlich der Schweiz zugehörig sind (schweizerische Ergänzungssteuer);
  b. steuerlich nicht der Schweiz zugehörig sind (internationale Ergänzungssteuer).

² Die Beurteilung der steuerlichen Zugehörigkeit richtet sich nach den Artikeln 50–52 des Bundesgesetzes vom 14. Dezember 1990[3] über die direkte Bundessteuer (DBG).

Art. 2 Anwendbares Recht

¹ Unter Vorbehalt der Bestimmungen dieser Verordnung und bundesgesetzlicher Vorschriften über die Unternehmensbesteuerung sind die «Global Anti-Base Erosion Model Rules (Pillar Two)» des OECD/G20-Inclusive Framework on Base Erosion and Profit Shifting vom 14. Dezember 2021[4] (Mustervorschriften) anwendbar.

---

[1] Die endgültige Ziffer dieser Übergangsbestimmungen wird nach der Volksabstimmung von der Bundeskanzlei festgelegt.
[2] SR **101**
[3] SR **642.11**
[4] Diese Mustervorschriften können kostenlos eingesehen werden unter www.oecd.org/tax/beps/tax-challenges-arising-from-the-digitalisation-of-the-economy-global-anti-base-erosion-model-rules-pillar-two.htm

² Die Mustervorschriften sind insbesondere nach Massgabe des zugehörigen Kommentars[1] und zugehöriger Regelwerke der OECD/G20 auszulegen.

³ Bei der Anwendung der Mustervorschriften gilt die Schweiz als:
   a. «Implementing Jurisdiction» im Sinne der Artikel 2.1, 2.4, 2.6, 6.5, 8, 9.3.5, 9.4.1 und 10.1.1 der Mustervorschriften;
   b. «Reference Jurisdiction» im Sinne von Artikel 9.3.5 der Mustervorschriften.

Art. 3 Geschäftseinheiten

Als Geschäftseinheiten gelten die «Constituent Entities» nach Artikel 1.3.1 der Mustervorschriften.

2. Abschnitt: Schweizerische Ergänzungssteuer

Art. 4 Anwendungsbereich

¹ Der schweizerischen Ergänzungssteuer unterliegen die Gewinne von steuerlich der Schweiz zugehörigen Geschäftseinheiten einer Unternehmensgruppe, deren oberste Muttergesellschaft gemäss ihrer konsolidierten Jahresrechnung einen jährlichen Umsatz von 750 Millionen Euro erreicht.

² Gilt im Steuerhoheitsgebiet der obersten Muttergesellschaft einer Unternehmensgruppe ein tieferer Schwellenwert für den konsolidierten jährlichen Umsatz, so unterliegen die Gewinne ihrer steuerlich der Schweiz zugehörigen Geschäftseinheiten ebenfalls der schweizerischen Ergänzungssteuer.

³ Der schweizerischen Ergänzungssteuer unterliegen die Gewinne einer steuerlich der Schweiz zugehörigen Geschäftseinheit unabhängig davon, welchem Steuerhoheitsgebiet ihre oberste Muttergesellschaft steuerlich zugehörig ist.

Art. 5 Berechnung

Die schweizerische Ergänzungssteuer wird sinngemäss nach den Artikeln 5.1–5.6 der Mustervorschriften berechnet; diesbezügliche Sonderregelungen der Mustervorschriften sind ebenfalls sinngemäss anwendbar. Bei der Berechnung nach Artikel 5.2.3 der Mustervorschriften wird die schweizerische Ergänzungssteuer nicht abgezogen.

3. Abschnitt: Internationale Ergänzungssteuer

Art. 6 Anwendungsbereich

¹ Die internationale Ergänzungssteuer wird bemessen auf den Gewinnen von steuerlich nicht der Schweiz zugehörigen Geschäftseinheiten einer Unternehmensgruppe, deren oberste Muttergesellschaft gemäss ihrer konsolidierten Jahresrechnung einen jährlichen Umsatz von 750 Millionen Euro erreicht.

---

[1] Dieser Kommentar kann kostenlos eingesehen werden unter https://www.oecd.org/tax/beps/tax-challenges-arising-from-the-digitalisation-of-the-economy-global-anti-base-erosion-model-rules-pillar-two-commentary.pdf

² Die internationale Ergänzungssteuer wird nach den Artikeln 2.1–2.3 der Mustervorschriften über die «Income Inclusion Rule» (IIR) bemessen auf den Gewinnen von steuerlich einem anderen Steuerhoheitsgebiet zugehörigen Geschäftseinheiten:
  a. deren oberste Muttergesellschaft steuerlich der Schweiz zugehörig ist; oder
  b. von denen eine andere als die oberste Muttergesellschaft steuerlich der Schweiz zugehörig ist, und in Bezug auf deren Gewinne keine ausländische IIR anwendbar ist.

³ Sie ist nach den Artikeln 2.4 und 2.5 der Mustervorschriften über die «Undertaxed Payments Rule» (UTPR) anwendbar in Bezug auf Gewinne von steuerlich einem anderen Steuerhoheitsgebiet zugehörigen Geschäftseinheiten, deren oberste Muttergesellschaft ebenfalls einem anderen Steuerhoheitsgebiet zugehörig ist, sofern mindestens eine Geschäftseinheit der Unternehmensgruppe steuerlich der Schweiz zugehörig ist und in Bezug auf die Gewinne der betreffenden ausländischen Geschäftseinheiten keine ausländische IIR anwendbar ist.

Art. 7 Berechnung

Die internationale Ergänzungssteuer wird nach den Artikeln 5.1–5.6 der Mustervorschriften berechnet; diesbezügliche Sonderregelungen der Mustervorschriften sind ebenfalls anwendbar.

4. Abschnitt: Zurechnung der Ergänzungssteuer zu den Geschäftseinheiten

Art. 8

¹ Die schweizerische Ergänzungssteuer einer Unternehmensgruppe wird den einzelnen Geschäftseinheiten nach Massgabe des Betrags der Ergänzungssteuer zugerechnet, der sich bei einer Berechnung anhand der Einzelabschlüsse dieser Geschäftseinheiten ergeben würde. Dazu werden die massgebenden Steuern, der massgebende Gewinn sowie der Gewinnüberschuss für jede Geschäftseinheit auf Basis des den Mustervorschriften entsprechenden Einzelabschlusses ermittelt.

² Der Betrag der nach der UTPR angewendeten internationalen Ergänzungssteuer wird den Geschäftseinheiten nach den gleichen Kriterien wie in Artikel 2.6 der Mustervorschriften zugerechnet.

³ Verfügt eine Geschäftseinheit über Steuerobjekte in mehreren Kantonen, so wird die Ergänzungssteuer nach den bundesrechtlichen Grundsätzen betreffend das Verbot der interkantonalen Doppelbesteuerung auf diese Steuerobjekte aufgeteilt.

5. Abschnitt: Verteilung des Rohertrags

Art. 9

¹ Der Rohertrag der schweizerischen Ergänzungssteuer aus nach Artikel 56 DBG[1] gewinnsteuerbefreiten Tätigkeiten von Geschäftseinheiten von Bund, Kantonen und Gemeinden, die nach den Mustervorschriften der Mindestbesteuerung unterliegen, steht dem jeweiligen Gemeinwesen zu.

---

[1] SR 642.11

² Im Übrigen steht der kantonale Anteil den Kantonen entsprechend der steuerlichen Zugehörigkeit der Geschäftseinheiten zu, denen die Ergänzungssteuer zugerechnet wurde. Verfügt eine Geschäftseinheit über Steuerobjekte in mehreren Kantonen, so steht der Rohertrag den Kantonen entsprechend der Zurechnung zu diesen Steuerobjekten zu.

6. Abschnitt: Schlussbestimmungen

Art. 10 Änderung eines anderen Erlasses

Die Verordnung vom 22. August 1967[1] über die Anrechnung ausländischer Quellensteuern wird wie folgt geändert:

Art. 8 Abs. 2 zweiter Satz

² … Eine Ergänzungssteuer nach der Mindestbesteuerungsverordnung vom … wird bei der Berechnung des Maximalbetrages nicht abgezogen.

Art. 11 Inkrafttreten

Diese Verordnung tritt am … in Kraft.

…

---

[1] SR 672.201

VStG

Verrechnungssteuergesetz

**5 Bundesgesetz über die Verrechnungssteuer
(Verrechnungssteuergesetz, VStG)**[1]
SR 642.21

vom 13. Oktober 1965 (Stand am 1. Januar 2023)

Die Bundesversammlung der Schweizerischen Eidgenossenschaft,

gestützt auf Artikel 41bis Absatz 1 Buchstaben a und b und Absätze 2 und 3 der Bundesverfassung[2],[3] nach Einsicht in eine Botschaft des Bundesrates vom 18. Oktober 1963[4],

beschliesst:

☞ *Die zukünftigen Änderungen durch folgende Gesetze sind mit einem Hinweis im Text integriert:*

- *BG vom 18.6.2021 über elektronische Verfahren im Steuerbereich, abschliessende Inkraftsetzung; in Kraft ab 1.2.2023 / 1.1.2024*

- *BG vom 17.6.2022 über die Besteuerung von Leibrenten und ähnlichen Vorsorgeformen; voraussichtlich in Kraft ab 1.1.2025 (der Bundesrat bestimmt das Inkrafttreten)*

---

[1] Fassung gemäss Ziff. I des BG vom 15. Juni 2012, in Kraft seit 1. Jan. 2013 (AS **2012** 5981; BBl **2011** 6615).
[2] [BS **1** 3; AS **1958** 362, **1985** 1026]. Den genannten Bestimmungen entsprechen heute Artikel 132 Abs. 2 und Art. 134 der BV vom 18. April 1999 (SR **101**).
[3] Fassung gemäss Ziff. II des BG vom 8. Okt. 1999, in Kraft seit 1. Jan. 2000 (AS **2000** 324; BBl **1999** 5966).
[4] BBl **1963** II 953

Einleitung

A. Gegenstand des Gesetzes

Art. 1

1 Der Bund erhebt eine Verrechnungssteuer auf dem Ertrag beweglichen Kapitalvermögens, auf Gewinnen aus Geldspielen im Sinne des Geldspielgesetzes vom 29. September 2017[1] (BGS), auf Gewinnen aus Lotterien und Geschicklichkeitsspielen zur Verkaufsförderung, die nach Artikel 1 Absatz 2 Buchstaben d und e BGS diesem nicht unterstehen, und auf Versicherungsleistungen; wo es das Gesetz vorsieht, tritt anstelle der Steuerentrichtung die Meldung der steuerbaren Leistung.[2]

2 Die Verrechnungssteuer wird dem Empfänger der um die Steuer gekürzten Leistung nach Massgabe dieses Gesetzes vom Bund oder vom Kanton zu Lasten des Bundes zurückerstattet.

B. Provision der Kantone

Art. 2[3]

1 Der Anteil der Kantone am jährlichen Reinertrag der Verrechnungssteuer beträgt 10 Prozent.

2 Er wird jeweils zu Beginn des Folgejahres auf die Kantone verteilt. Als Bemessungsgrundlage dient die Wohnbevölkerung nach dem letzten verfügbaren Ergebnis der eidgenössischen Volkszählung.

3 Der Bundesrat ordnet die Einzelheiten nach Anhörung der Kantonsregierungen.

C. Verhältnis zum kantonalen Recht

Art. 3

1 Was dieses Gesetz als Gegenstand der Verrechnungssteuer oder steuerfrei erklärt, ist der Belastung durch gleichgeartete Kantons- und Gemeindesteuern entzogen; Anstände, die sich auf Grund dieser Bestimmung ergeben, beurteilt das Bundesgericht als einzige Instanz (Art. 120 des Bundesgerichtsgesetzes vom 17. Juni 2005[4]).[5]

2 Die Verwendung von Urkunden in einem Verfahren, das in Anwendung dieses Gesetzes durchgeführt wird, begründet nicht die Pflicht zur Entrichtung kantonaler Stempelabgaben.

---

[1] SR **935.51**
[2] Fassung gemäss Anhang Ziff. II 7 des Geldspielgesetzes vom 29. Sept. 2017, in Kraft seit 1. Jan. 2019 (AS **2018** 5103; BBl **2015** 8387).
[3] Fassung gemäss Ziff. II 12 des BG vom 6. Okt. 2006 zur Neugestaltung des Finanzausgleichs und der Aufgabenteilung zwischen Bund und Kantonen (NFA), in Kraft seit 1. Jan. 2008 (AS **2007** 5779; BBl **2005** 6029).
[4] SR **173.110**
[5] Fassung gemäss Anhang Ziff. 60 des Verwaltungsgerichtsgesetzes vom 17. Juni 2005, in Kraft seit 1. Jan. 2007 (AS **2006** 2197 1069; BBl **2001** 4202).

Erster Abschnitt: Steuererhebung

A. Gegenstand der Steuer

I. Kapitalerträge VStV 14 ff., 20, 28 ff.

Art. 4 Regel 1.

¹ Gegenstand der Verrechnungssteuer auf dem Ertrag beweglichen Kapitalvermögens sind die Zinsen, Renten, Gewinnanteile und sonstigen Erträge:

a. der von einem Inländer ausgegebenen Obligationen, Serienschuldbriefe, Seriengülten und Schuldbuchguthaben; A93, A92, A60, C20

b.¹ der von einem Inländer ausgegebenen Aktien, Stammanteile an Gesellschaften mit beschränkter Haftung, Genossenschaftsanteile, Beteiligungsscheine von Genossenschaftsbanken, Partizipationsscheine und Genussscheine; A84, B86, B85, C17

c.² der von einem Inländer oder von einem Ausländer in Verbindung mit einem Inländer ausgegebenen Anteile an einer kollektiven Kapitalanlage gemäss Kollektivanlagegesetz vom 23. Juni 2006³ (KAG); A70, A69

d. der Kundenguthaben bei inländischen Banken und Sparkassen. A79

² Die Verlegung des Sitzes einer Aktiengesellschaft, Gesellschaft mit beschränkter Haftung oder Genossenschaft ins Ausland steht steuerlich der Liquidation der Gesellschaft oder Genossenschaft gleich; diese Bestimmung findet auf kollektive Kapitalanlagen gemäss KAG sinngemässe Anwendung.⁴ VStV 22, 33 | A69, A50

Art. 4a⁵ Erwerb eigener Beteiligungsrechte 1a. A42

¹ Erwirbt eine Gesellschaft oder eine Genossenschaft gestützt auf einen Beschluss über die Herabsetzung des Kapitals oder im Hinblick auf eine Herabsetzung ihres Kapitals eigene Beteiligungsrechte (Aktien, Stammanteile von Gesellschaften mit beschränkter Haftung, Anteilscheine von Genossenschaften, Beteiligungsscheine von Genossenschaftsbanken, Partizipationsscheine oder Genussscheine), so unterliegt die Differenz zwischen dem Erwerbspreis und dem einbezahlten Nennwert dieser Beteiligungsrechte der Verrechnungssteuer.⁶ Dasselbe gilt, soweit der Erwerb eigener Beteiligungsrechte den Rahmen der Artikel 659 oder 783 des Obligationenrechts (OR)⁷ überschreitet.⁸

---

1 Fassung gemäss Anhang Ziff. II 10 des Finanzinstitutsgesetzes vom 15. Juni 2018, in Kraft seit 1. Jan. 2020 (AS **2018** 5247, **2019** 4631; BBl **2015** 8901).
2 Fassung gemäss Anhang Ziff. II 8 des Kollektivanlagegesetzes vom 23. Juni 2006, in Kraft seit 1. Jan. 2007 (AS **2006** 5379; BBl **2005** 6395).
3 SR **951.31**
4 Fassung gemäss Anhang Ziff. II 8 des Kollektivanlagegesetzes vom 23. Juni 2006, in Kraft seit 1. Jan. 2007 (AS **2006** 5379; BBl **2005** 6395).
5 Eingefügt durch Ziff. I 4 des BG vom 10. Okt. 1997 über die Reform der Unternehmensbesteuerung 1997, in Kraft seit 1. Jan. 1998 (AS **1998** 669; BBl **1997** II 1164).
6 Fassung gemäss Anhang Ziff. II 10 des Finanzinstitutsgesetzes vom 15. Juni 2018, in Kraft seit 1. Jan. 2020 (AS **2018** 5247, **2019** 4631; BBl **2015** 8901).
7 SR **220**
8 Fassung des zweiten Satzes gemäss Anhang Ziff. 9 des BG vom 19. Juni 2020 (Aktienrecht), in Kraft seit 1. Jan. 2023 (AS **2020** 4005, **2022** 109; BBl **2017** 399).

² Erwirbt eine Gesellschaft oder eine Genossenschaft im Rahmen der Artikel 659 oder 783 OR eigene Beteiligungsrechte, ohne anschliessend ihr Kapital herabzusetzen, so gilt Absatz 1 sinngemäss, wenn die Gesellschaft oder die Genossenschaft diese Beteiligungsrechte nicht innerhalb von sechs Jahren wieder veräussert.[1]

³ Hat eine Gesellschaft oder Genossenschaft eigene Beteiligungsrechte aus Anlass von Verpflichtungen erworben, die auf einer Wandelanleihe, einer Optionsanleihe oder einem Mitarbeiterbeteiligungsplan beruhen, so steht die Frist zur Wiederveräusserung nach Absatz 2 bis zum Erlöschen der betreffenden Verpflichtungen, im Falle des Mitarbeiterbeteiligungsplans jedoch längstens sechs Jahre, still.

⁴ Kapitalgesellschaften und Genossenschaften, die an einer schweizerischen Börse kotiert sind, haben beim Erwerb eigener Beteiligungsrechte nach den Absätzen 1–3 den Liquidationsüberschuss mindestens zur Hälfte den Reserven aus Einlagen, Aufgeldern und Zuschüssen (Reserven aus Kapitaleinlagen) zu belasten. Ist diese Bedingung nicht erfüllt, so wird der Bestand an Reserven aus Kapitaleinlagen dementsprechend korrigiert, höchstens aber im Umfang der vorhandenen Reserven aus Kapitaleinlagen.[2]

Art. 5 Ausnahmen 2.

¹ Von der Steuer sind ausgenommen:

a.[3] die Reserven und Gewinne einer Kapitalgesellschaft gemäss Artikel 49 Absatz 1 Buchstabe a des Bundesgesetzes vom 14. Dezember 1990[4] über die direkte Bundessteuer (DBG) oder Genossenschaft, die bei einer Umstrukturierung nach Artikel 61 DBG in die Reserven einer aufnehmenden oder umgewandelten inländischen Kapitalgesellschaft oder Genossenschaft übergehen; A50

b.[5] die in einer kollektiven Kapitalanlage gemäss KAG[6] erzielten Kapitalgewinne und Erträge aus direktem Grundbesitz sowie die durch die Anleger geleisteten Kapitaleinzahlungen, sofern sie über gesonderten Coupon ausgerichtet werden; A69

c.[7] die Zinsen von Kundenguthaben, wenn der Zinsbetrag für ein Kalenderjahr 200 Franken nicht übersteigt; VStV 16, 54 | A79, B16

d. die Zinsen der Einlagen zur Bildung und Äufnung von auf den Erlebens- oder Todesfall gestellten Guthaben bei Anstalten, Kassen und sonstigen Einrichtungen, die der Alters-, Invaliditäts- oder Hinterlassenenversicherung oder -fürsorge dienen;

e.[8] ...

---

[1] Fassung gemäss Anhang Ziff. 9 des BG vom 19. Juni 2020 (Aktienrecht), in Kraft seit 1. Jan. 2023 (AS **2020** 4005, **2022** 109; BBl **2017** 399).

[2] Eingefügt durch Ziff. I 7 des BG vom 28. Sept. 2018 über die Steuerreform und die AHV-Finanzierung, in Kraft seit 1. Jan. 2020 (AS **2019** 2395 2413; BBl **2018** 2527).

[3] Fassung gemäss Anhang Ziff. 9 des Fusionsgesetzes vom 3. Okt. 2003, in Kraft seit 1. Juli 2004 (AS **2004** 2617; BBl **2000** 4337).

[4] SR **642.11**

[5] Fassung gemäss Anhang Ziff. II 8 des Kollektivanlagengesetzes vom 23. Juni 2006, in Kraft seit 1. Jan. 2007 (AS **2006** 5379; BBl **2005** 6395).

[6] SR **951.31**

[7] Fassung gemäss Ziff. II 4 des Unternehmenssteuerreformgesetzes II vom 23. März 2007, in Kraft seit 1. Jan. 2010 (AS **2008** 2893; BBl **2005** 4733).

[8] Eingefügt durch Art. 25 des ABRG vom 20. Dez. 1985 (AS **1988** 1420; BBl **1984** I 1129). Aufgehoben durch Ziff. I des BG vom 28. Sept. 2018, mit Wirkung seit 1. Jan. 2019 (AS **2019** 433; BBl **2018** 2325).

f.[1] die freiwilligen Leistungen einer Aktiengesellschaft, einer Gesellschaft mit beschränkter Haftung oder einer Genossenschaft, sofern diese Leistungen gestützt auf Artikel 59 Absatz 1 Buchstabe c DBG[2] geschäftsmässig begründet sind;

g.[3] die Zinsen von Banken oder Konzerngesellschaften von Finanzgruppen für von der Eidgenössischen Finanzmarktaufsicht (FINMA) im Hinblick auf die Erfüllung regulatorischer Erfordernisse genehmigte Fremdkapitalinstrumente nach den Artikeln 11 Absatz 4 und 30b Absatz 6 des Bankengesetzes vom 8. November 1934[4] (BankG), sofern das betreffende Fremdkapitalinstrument zwischen dem 1. Januar 2013 und dem 31. Dezember 2026 ausgegeben wird;

h.[5] Zinszahlungen von Teilnehmern an eine zentrale Gegenpartei im Sinne des Finanzmarktinfrastrukturgesetzes vom 19. Juni 2015[6] sowie von einer zentralen Gegenpartei an ihre Teilnehmer;

i.[7] die Zinsen von Banken oder Konzerngesellschaften von Finanzgruppen für Fremdkapitalinstrumente nach Artikel 30b Absatz 7 Buchstabe b BankG, die:
1. die FINMA im Hinblick auf die Erfüllung regulatorischer Erfordernisse genehmigt hat:
    – bei nicht systemrelevanten Banken oder bei Konzerngesellschaften von Finanzgruppen: im Zeitpunkt der Emission
    – bei systemrelevanten Banken nach den Artikeln 7 Absatz 1 BankG: im Zeitpunkt der Emission oder bei einem Wechsel von einem ausländischen zu einem schweizerischen Emittenten, und
2. zwischen dem 1. Januar 2017 und dem 31. Dezember 2026 ausgegeben werden oder deren Emittent während dieser Zeit nach Ziffer 1 wechselt.

^{1bis} Die Rückzahlung von Reserven aus Kapitaleinlagen, die von den Inhabern der Beteiligungsrechte nach dem 31. Dezember 1996 geleistet worden sind, wird gleich behandelt wie die Rückzahlung von Grund- oder Stammkapital, wenn die Reserven aus Kapitaleinlagen von der Kapitalgesellschaft oder Genossenschaft in der Handelsbilanz auf einem gesonderten Konto ausgewiesen werden und die Gesellschaft oder Genossenschaft jede Veränderung auf diesem Konto der Eidgenössischen Steuerverwaltung (ESTV) meldet. Absatz 1ter bleibt vorbehalten.[8] A77, A74

^{1ter} Kapitalgesellschaften und Genossenschaften, die an einer schweizerischen Börse kotiert sind, haben bei der Rückzahlung von Reserven aus Kapitaleinlagen nach Absatz 1bis mindestens im gleichen Umfang übrige Reserven auszuschütten. Ist diese Bedingung nicht erfüllt, so ist die Rückzahlung im Umfang der halben Differenz zwischen der Rückzahlung und der Ausschüttung der übrigen Reserven steuerbar, höchstens aber im Umfang der

---

[1] Eingefügt durch Anhang Ziff. 5 des BG vom 8. Okt. 2004 (Stiftungsrecht), in Kraft seit 1. Jan. 2006 (AS **2005** 4545; BBl **2003** 8153 8191).
[2] Ausdruck gemäss Ziff. I des BG vom 28. Sept. 2018, in Kraft seit 1. Jan. 2019 (AS **2019** 433; BBl **2018** 2325).
[3] Eingefügt durch Ziff. I des BG vom 15. Juni 2012 (AS **2012** 5981; BBl **2011** 6615). Fassung gemäss Anhang Ziff. 7 des BG vom 17. Dez. 2021 (Insolvenz und Einlagensicherung), in Kraft seit 1. Jan. 2023 (AS **2022** 732; BBl **2020** 6359).
[4] SR **952.0**
[5] Eingefügt durch Anhang Ziff. 7 des Finanzmarktinfrastrukturgesetzes vom 19. Juni 2015, in Kraft seit 1. Jan. 2016 (AS **2015** 5339; BBl **2014** 7483).
[6] SR **958.1**
[7] Eingefügt durch Ziff. I des BG vom 18. März 2016 (AS **2016** 3451; BBl **2015** 7083). Fassung gemäss Anhang Ziff. 7 des BG vom 17. Dez. 2021 (Insolvenz und Einlagensicherung), in Kraft seit 1. Jan. 2023 (AS **2022** 732; BBl **2020** 6359).
[8] Eingefügt durch Ziff. II 4 des Unternehmenssteuerreformgesetzes II vom 23. März 2007 (AS **2008** 2893; BBl **2005** 4733). Fassung gemäss Ziff. I 7 des BG vom 28. Sept. 2018 über die Steuerreform und die AHV-Finanzierung, in Kraft seit 1. Jan. 2020 (AS **2019** 2395 2413; BBl **2018** 2527).

vorhandenen, handelsrechtlich ausschüttungsfähigen übrigen Reserven. Im gleichen Umfang sind handelsrechtlich ausschüttungsfähige übrige Reserven dem gesonderten Konto für Reserven aus Kapitaleinlagen zuzuweisen.[1]

1^{quater} Absatz 1ter ist nicht anwendbar auf Reserven aus Kapitaleinlagen:

a. die bei fusionsähnlichen Zusammenschlüssen durch Einbringen von Beteiligungs- und Mitgliedschaftsrechten an einer ausländischen Kapitalgesellschaft oder Genossenschaft nach Artikel 61 Absatz 1 Buchstabe c DBG oder durch eine grenzüberschreitende Übertragung auf eine inländische Tochtergesellschaft nach Artikel 61 Absatz 1 Buchstabe d DBG nach dem 24. Februar 2008 entstanden sind;

b. die im Zeitpunkt einer grenzüberschreitenden Fusion oder Umstrukturierung nach Artikel 61 Absatz 1 Buchstabe b und Absatz 3 DBG oder der Verlegung des Sitzes oder der tatsächlichen Verwaltung nach dem 24. Februar 2008 bereits in einer ausländischen Kapitalgesellschaft oder Genossenschaft vorhanden waren;

c. die an in- und ausländische juristische Personen zurückgezahlt werden, die zu mindestens 10 Prozent am Grund- oder Stammkapital der leistenden Gesellschaft beteiligt sind;

d. im Falle der Liquidation oder der Verlegung des Sitzes oder der tatsächlichen Verwaltung der Kapitalgesellschaft oder Genossenschaft ins Ausland.[2]

$1^{quinquies}$ Die Gesellschaft hat die Reserven aus Kapitaleinlagen nach Absatz 1^{quater} Buchstaben a und b auf einem gesonderten Konto auszuweisen und der ESTV jede Veränderung auf diesem Konto zu melden.[3]

1^{sexies} Die Absätze 1ter–$1^{quinquies}$ gelten sinngemäss auch für Reserven aus Kapitaleinlagen, die für die Ausgabe von Gratisaktien oder für Gratisnennwerterhöhungen verwendet werden.[4]

$1^{septies}$ Absatz 1bis gilt für Einlagen und Aufgelder, die während eines Kapitalbands nach den Artikeln 653s ff. des OR[5] geleistet werden, nur soweit sie die Rückzahlungen von Reserven im Rahmen dieses Kapitalbands übersteigen.[6]   N 4

² Die Verordnung kann vorschreiben, dass Zinsen verschiedener, von einem Gläubiger oder Verfügungsberechtigten bei der gleichen Bank oder Sparkasse unterhaltener Kundenguthaben zusammenzurechnen sind; bei offenbarem Missbrauch kann die ESTV eine solche Zusammenrechnung im Einzelfall anordnen.[7]

---

[1] Eingefügt durch Ziff. I 7 des BG vom 28. Sept. 2018 über die Steuerreform und die AHV-Finanzierung, in Kraft seit 1. Jan. 2020 (AS **2019** 2395 2413; BBl **2018** 2527).

[2] Eingefügt durch Ziff. I 7 des BG vom 28. Sept. 2018 über die Steuerreform und die AHV-Finanzierung, in Kraft seit 1. Jan. 2020 (AS **2019** 2395 2413; BBl **2018** 2527).

[3] Eingefügt durch Ziff. I 7 des BG vom 28. Sept. 2018 über die Steuerreform und die AHV-Finanzierung, in Kraft seit 1. Jan. 2020 (AS **2019** 2395 2413; BBl **2018** 2527).

[4] Eingefügt durch Ziff. I 7 des BG vom 28. Sept. 2018 über die Steuerreform und die AHV-Finanzierung, in Kraft seit 1. Jan. 2020 (AS **2019** 2395 2413; BBl **2018** 2527).

[5] SR **220**

[6] Eingefügt durch Anhang Ziff. 9 des BG vom 19. Juni 2020 (Aktienrecht), in Kraft seit 1. Jan. 2023 (AS **2020** 4005, **2022** 109, 112; BBl **2017** 399).

[7] Fassung gemäss Ziff. II 4 des Unternehmenssteuerreformgesetzes II vom 23. März 2007, in Kraft seit 1. Jan. 2010 (AS **2008** 2893; BBl **2005** 4733).

II.[1] Gewinne aus Geldspielen sowie aus Lotterien und Geschicklichkeitsspielen zur Verkaufsförderung   VStV 41 ff.

Art. 6

¹ Gegenstand der Verrechnungssteuer auf Gewinnen aus Geldspielen sind ausgerichtete einzelne Gewinne, die nicht nach Artikel 24 Buchstaben i–i^{ter} DBG[2] steuerfrei sind.

² Gegenstand der Verrechnungssteuer auf Gewinnen aus Lotterien und Geschicklichkeitsspielen zur Verkaufsförderung sind ausgerichtete einzelne Gewinne, die nicht nach Artikel 24 Buchstabe j DBG steuerfrei sind.

III. Versicherungsleistungen   VStV 43 ff.

Art. 7   Regel 1.

¹ Gegenstand der Verrechnungssteuer auf Versicherungsleistungen sind Kapitalleistungen aus Lebensversicherung sowie Leibrenten und Pensionen, sofern die Versicherung zum inländischen Bestand des Versicherers gehört und bei Eintritt des versicherten Ereignisses der Versicherungsnehmer oder ein Anspruchsberechtigter Inländer ist.

² Wird eine Versicherung vom inländischen in einen ausländischen Versicherungsbestand übergeführt oder tritt ein Inländer seine Versicherungsansprüche an einen Ausländer ab, so steht dies steuerlich der Erbringung der Versicherungsleistung gleich.

³ Als Kapitalleistung aus Lebensversicherung gilt auch jede Auszahlung von Guthaben im Sinne von Artikel 5 Absatz 1 Buchstabe d, unbekümmert um den Grund dieser Auszahlung.

Art. 8   Ausnahmen 2.

¹ Von der Steuer sind ausgenommen:
  a. Kapitalleistungen, wenn der gesamte Leistungsbetrag aus derselben Versicherung 5000 Franken nicht übersteigt;
  b. Renten und Pensionen, wenn ihr Betrag einschliesslich Zulagen im Jahr 500 Franken nicht übersteigt;
  c. Leistungen auf Grund der Bundesgesetze über die Alters- und Hinterlassenenversicherung[3] und die Invalidenversicherung[4].

² Die Verordnung kann allgemein vorschreiben, dass Kapitalleistungen oder Renten und Pensionen, die beim gleichen Versicherer auf dasselbe Leben gestellt sind, zusammenzurechnen sind; bei offenbarem Missbrauch kann die ESTV eine solche Zusammenrechnung im Einzelfall anordnen.

---

[1] Fassung gemäss Anhang Ziff. II 7 des Geldspielgesetzes vom 29. Sept. 2017, in Kraft seit 1. Jan. 2019 (AS **2018** 5103; BBl **2015** 8387).
[2] SR **642.11**
[3] SR **831.10**
[4] SR **831.20**

IV. Begriffsbestimmungen

Art. 9

¹ Inländer ist, wer im Inland Wohnsitz, dauernden Aufenthalt oder statutarischen Sitz hat oder als Unternehmen im inländischen Handelsregister eingetragen ist; als Inländer im Sinne von Artikel 4 gelten auch juristische Personen oder Handelsgesellschaften ohne juristische Persönlichkeit, die ihren statutarischen Sitz im Ausland haben, jedoch tatsächlich im Inland geleitet werden und hier eine Geschäftstätigkeit ausüben.

² Als Bank oder Sparkasse gilt, wer sich öffentlich zur Annahme verzinslicher Gelder empfiehlt oder fortgesetzt Gelder gegen Zins entgegennimmt; ausgenommen sind Sparvereine, die Einlagen nur von den eigenen Mitgliedern entgegennehmen, sowie Betriebssparkassen, die als Einleger nur das Personal des Betriebes zulassen, sofern diese Vereine oder Kassen die ihnen anvertrauten Gelder ausschliesslich in Werten anlegen, deren Ertrag der Verrechnungssteuer unterliegt. A79

³ Wo in diesem Gesetz von kollektiven Kapitalanlagen gemäss KAG¹ die Rede ist, gelten seine Vorschriften für alle Personen, welche die entsprechenden Funktionen ausüben. Die Investmentgesellschaften mit festem Kapital nach Artikel 110 KAG werden in diesem Gesetz den Kapitalgesellschaften gleichgestellt.² A69

B. Steuerpflicht

I. Steuerpflichtiger VStV 17, 21, 23, 31, 40, 46

Art. 10

¹ Steuerpflichtig ist der Schuldner der steuerbaren Leistung.

² Bei kollektiven Kapitalanlagen gemäss KAG³ ist die Fondsleitung, die Investmentgesellschaft mit variablem Kapital, die Investmentgesellschaft mit festem Kapital und die Kommanditgesellschaft steuerpflichtig. Haben eine Mehrheit der unbeschränkt haftenden Gesellschafter einer Kommanditgesellschaft für kollektive Kapitalanlagen ihren Wohnsitz im Ausland oder handelt es sich bei den unbeschränkt haftenden Gesellschaftern um juristische Personen, an denen eine Mehrheit von Personen mit Wohnsitz oder Sitz im Ausland beteiligt sind, haftet die Depotbank der Kommanditgesellschaft solidarisch für die Steuer auf den ausbezahlten Erträgen.⁴ A69

II. Art der Erfüllung

Art. 11

¹ Die Steuerpflicht wird erfüllt durch:

a. Entrichtung der Steuer (Art. 12–18); oder
b. Meldung der steuerbaren Leistung (Art. 19–20*a*).⁵

---

1 SR **951.31**
2 Fassung gemäss Anhang Ziff. II 8 des Kollektivanlagengesetzes vom 23. Juni 2006, in Kraft seit 1. Jan. 2007 (AS **2006** 5379; BBl **2005** 6395).
3 SR **951.31**
4 Fassung gemäss Anhang Ziff. II 8 des Kollektivanlagengesetzes vom 23. Juni 2006, in Kraft seit 1. Jan. 2007 (AS **2006** 5379; BBl **2005** 6395).
5 Fassung gemäss Ziff. I des BG vom 28. Sept. 2018, in Kraft seit 1. Jan. 2019 (AS **2019** 433; BBl **2018** 2325).

² Die Verordnung umschreibt die Voraussetzungen, unter denen gegen Domizilerklärung (Affidavit) die Verrechnungssteuer auf Erträgen von Anteilen an kollektiven Kapitalanlagen gemäss KAG[1] nicht erhoben wird.[2] VStV 34 ff.

III. Steuerentrichtung VStV 18 f., 21, 32, 41, 49 f.

Art. 12 Entstehung der Steuerforderung 1.

¹ Bei Kapitalerträgen und bei Gewinnen aus Geldspielen, die nicht nach Artikel 24 Buchstaben i–i[ter] DBG[3] steuerfrei sind, sowie bei Gewinnen aus Lotterien und Geschicklichkeitsspielen zur Verkaufsförderung, die nicht nach Artikel 24 Buchstabe j DBG steuerfrei sind, entsteht die Steuerforderung im Zeitpunkt, in dem die steuerbare Leistung fällig wird.[4] Werden Zinsen kapitalisiert oder wird eine Sitzverlegung ins Ausland (Art. 4 Abs. 2) beschlossen, so bewirkt dies die Entstehung der Steuerforderung. VStV 41, 41b

¹ᵇⁱˢ Im Falle des Erwerbs eigener Beteiligungsrechte nach Artikel 4a Absatz 2 entsteht die Steuerforderung mit Ablauf der dort geregelten Frist.[5]

¹ᵗᵉʳ Bei Thesaurierungsfonds entsteht die Steuerforderung im Zeitpunkt der Gutschrift des steuerbaren Ertrages (Art. 4 Abs. 1 Bst. c).[6]

² Bei Versicherungsleistungen entsteht die Steuerforderung mit der Erbringung der Leistung.

³ Ist der Schuldner aus einem in seiner Person liegenden Grunde ausserstande, die steuerbare Leistung bei ihrer Fälligkeit zu erbringen, so entsteht die Steuerforderung erst im Zeitpunkt, auf den die Leistung oder eine an ihre Stelle tretende Leistung zahlbar gestellt wird, in jedem Falle aber, wenn sie tatsächlich erbracht wird. VStV 5

Art. 13 Steuersätze 2.

¹ Die Steuer beträgt:
a.[7] auf Kapitalerträgen und auf Gewinnen aus Geldspielen, die nicht nach Artikel 24 Buchstaben i–i[ter] DBG[8] steuerfrei sind, sowie aus Lotterien und Geschicklichkeitsspielen zur Verkaufsförderung, die nicht nach Artikel 24 Buchstabe j DBG steuerfrei sind: 35 Prozent der steuerbaren Leistung;
b. auf Leibrenten und Pensionen: 15 Prozent der steuerbaren Leistung;
c. auf sonstigen Versicherungsleistungen: 8 Prozent der steuerbaren Leistung.

---

1 SR **951.31**
2 Fassung gemäss Anhang Ziff. II 8 des Kollektivanlagengesetzes vom 23. Juni 2006, in Kraft seit 1. Jan. 2007 (AS **2006** 5379; BBl **2005** 6395).
3 SR **642.11**
4 Fassung gemäss Anhang Ziff. II 7 des Geldspielgesetzes vom 29. Sept. 2017, in Kraft seit 1. Jan. 2019 (AS **2018** 5103; BBl **2015** 8387).
5 Eingefügt durch Ziff. I 4 des BG vom 10. Okt. 1997 über die Reform der Unternehmensbesteuerung 1997, in Kraft seit 1. Jan. 1998 (AS **1998** 669; BBl **1997** II 1164).
6 Eingefügt durch Anhang Ziff. II 8 des Kollektivanlagengesetzes vom 23. Juni 2006, in Kraft seit 1. Jan. 2007 (AS **2006** 5379; BBl **2005** 6395).
7 Fassung gemäss Anhang Ziff. II 7 des Geldspielgesetzes vom 29. Sept. 2017, in Kraft seit 1. Jan. 2019 (AS **2018** 5103; BBl **2015** 8387).
8 SR **642.11**

² Der Bundesrat kann den in Absatz 1 Buchstabe a festgesetzten Steuersatz auf ein Jahresende auf 30 Prozent herabsetzen, wenn es die Entwicklung der Währungslage oder des Kapitalmarktes erfordert.[1]

Art. 14 Überwälzung 3.

¹ Die steuerbare Leistung ist bei der Auszahlung, Überweisung, Gutschrift oder Verrechnung ohne Rücksicht auf die Person des Gläubigers um den Steuerbetrag zu kürzen. Vereinbarungen, die dieser Verpflichtung widersprechen, sind nichtig. C22

² Der Steuerpflichtige hat dem Empfänger der steuerbaren Leistung die zur Geltendmachung des Rückerstattungsanspruchs notwendigen Angaben zu machen und auf Verlangen hierüber eine Bescheinigung auszustellen. VStV 3

Art. 15 Mithaftung 4.

¹ Mit dem Steuerpflichtigen haften solidarisch:
 a. für die Steuer einer aufgelösten juristischen Person, einer Handelsgesellschaft ohne juristische Persönlichkeit oder einer kollektiven Kapitalanlage: die mit der Liquidation betrauten Personen bis zum Betrag des Liquidationsergebnisses;
 b. für die Steuer einer juristischen Person oder einer kollektiven Kapitalanlage, die ihren Sitz ins Ausland verlegt: die Organe und im Falle der Kommanditgesellschaft für kollektive Kapitalanlage die Depotbank bis zum Betrage des reinen Vermögens der juristischen Person und der kollektiven Kapitalanlage.[2]

² Die in Absatz 1 bezeichneten Personen haften nur für Steuer-, Zins- und Kostenforderungen, die während ihrer Geschäftsführung entstehen, geltend gemacht oder fällig werden; ihre Haftung entfällt, soweit sie nachweisen, dass sie alles ihnen Zumutbare zur Feststellung und Erfüllung der Steuerforderung getan haben.

³ Der Mithaftende hat im Verfahren die gleichen Rechte und Pflichten wie der Steuerpflichtige.

Art. 16 Fälligkeit; Verzugszins 5.

¹ Die Steuer wird fällig:
 a. auf Zinsen von Kassenobligationen und Kundenguthaben bei inländischen Banken oder Sparkassen: 30 Tage nach Ablauf jedes Geschäftsvierteljahres für die in diesem Zeitraum fällig gewordenen Zinsen; VStV 19
 b.[3] ...
 c.[4] auf den übrigen Kapitalerträgen und auf Gewinnen aus Geldspielen, die nicht nach Artikel 24 Buchstaben i–i^ter DBG[5] steuerfrei sind, sowie aus Lotterien und Geschicklichkeitsspielen zur Verkaufsförderung, die nicht nach Artikel 24 Buchstabe j DBG steuerfrei sind: 30 Tage nach Entstehung der Steuerforderung (Art. 12);

---

[1] Eingefügt durch Ziff. I des BG vom 31. Jan. 1975 (AS **1975** 932; BBl **1975** I 334). Fassung gemäss Ziff. I des BG vom 15. Dez. 1978, in Kraft seit 1. Jan. 1980 (AS **1979** 499; BBl **1978** I 849).
[2] Fassung gemäss Anhang Ziff. II 8 des Kollektivanlagengesetzes vom 23. Juni 2006, in Kraft seit 1. Jan. 2007 (AS **2006** 5379; BBl **2005** 6395).
[3] Aufgehoben durch Ziff. II 4 des Unternehmenssteuerreformgesetzes II vom 23. März 2007, mit Wirkung seit 1. Jan. 2009 (AS **2008** 2893; BBl **2005** 4733).
[4] Fassung gemäss Anhang Ziff. II 7 des Geldspielgesetzes vom 29. Sept. 2017, in Kraft seit 1. Jan. 2019 (AS **2018** 5103; BBl **2015** 8387). Die Berichtigung vom 2. Juli 2019 betrifft nur den französischen Text (AS **2019** 2013).
[5] SR **642.11**

d. auf Versicherungsleistungen: 30 Tage nach Ablauf jedes Monats für die in diesem Monat erbrachten Leistungen.

² Auf Steuerbeträgen, die nach Ablauf der in Absatz 1 geregelten Fälligkeitstermine ausstehen, ist ohne Mahnung ein Verzugszins geschuldet. Der Zinssatz wird vom Eidgenössischen Finanzdepartement bestimmt.¹ VO DBG P | B104

²ᵇⁱˢ Kein Verzugszins ist geschuldet, wenn die materiellen Voraussetzungen für die Erfüllung der Steuerpflicht durch Meldung der steuerbaren Leistung erfüllt sind nach:

    a. Artikel 20 und seinen Ausführungsbestimmungen;

    aᵇⁱˢ. Artikel 20*a* und seinen Ausführungsbestimmungen; oder² VStV 41a, 41c

    b. dem im Einzelfall anwendbaren internationalen Abkommen und den Ausführungsbestimmungen zu diesem Abkommen.³

³ Wird über den Steuerpflichtigen der Konkurs eröffnet oder verlegt er seinen Wohnsitz oder Aufenthalt ins Ausland, so bewirkt dies die Fälligkeit der Steuer.

Untergang der Steuerforderung 6.

Art. 17 Verjährung a. B112

¹ Die Steuerforderung verjährt fünf Jahre nach Ablauf des Kalenderjahres, in dem sie entstanden ist (Art. 12).

² Die Verjährung beginnt nicht oder steht stille, solange die Steuerforderung sichergestellt ist oder keiner der Zahlungspflichtigen im Inland Wohnsitz hat.

³ Die Verjährung wird unterbrochen durch jede Anerkennung der Steuerforderung von Seiten eines Zahlungspflichtigen sowie durch jede auf Geltendmachung des Steueranspruchs gerichtete Amtshandlung, die einem Zahlungspflichtigen zur Kenntnis gebracht wird; mit der Unterbrechung beginnt die Verjährung von neuem.

⁴ Stillstand und Unterbrechung wirken gegenüber allen Zahlungspflichtigen.

Art. 18 Erlass b. VStV 27

Die Steuerforderung, die bei der Aufwertung sanierungshalber abgeschriebener Beteiligungsrechte oder bei der Einlösung anlässlich einer Sanierung ausgegebener Genussscheine entstanden ist, kann erlassen werden, soweit der Steuerbezug eine offenbare Härte gegen den Empfänger der steuerbaren Leistung bedeuten würde.

IV. Meldung statt Steuerentrichtung

Art. 19 Bei Versicherungsleistungen 1. VStV 47f.

¹ Der Versicherer hat seine Steuerpflicht durch Meldung der steuerbaren Versicherungsleistung zu erfüllen, sofern nicht vor Ausrichtung der Leistung der Versicherungsnehmer oder ein Anspruchsberechtigter bei ihm schriftlich Einspruch gegen die Meldung erhoben hat.

---

[1] Fassung gemäss Ziff. I 4 des BG vom 10. Okt. 1997 über die Reform der Unternehmensbesteuerung 1997, in Kraft seit 1. Jan. 1998 (AS **1998** 669; BBl **1997** II 1164).
[2] Eingefügt durch Ziff. I des BG vom 28. Sept. 2018, in Kraft seit 1. Jan. 2019 (AS **2019** 433; BBl **2018** 2325).
[3] Eingefügt durch Ziff. I des BG vom 30. Sept. 2016, in Kraft seit 15. Febr. 2017 (AS **2017** 497; BBl **2015** 5331 5365).

² Übersteigt die infolge des Einspruchs zu entrichtende Steuer die noch zu erbringende Versicherungsleistung, so ist der Einspruch nur wirksam, wenn der Einsprecher dem Versicherer den Fehlbetrag ersetzt.

³ Die Meldungen sind innert 30 Tagen nach Ablauf jedes Monats für die in diesem Monat erbrachten Leistungen schriftlich der ESTV zu erstatten.

> ☞ *Art. 19 Abs. 3 und 4 wird gemäss BG vom 17.6.2022 über die Besteuerung von Leibrenten und ähnlichen Vorsorgeformen voraussichtlich per 1.1.2025 wie folgt geändert resp. neu eingefügt:*
>
> *³ Der Versicherer muss der ESTV die in einem Monat erbrachten Leistungen innert 30 Tagen nach Ablauf dieses Monats melden.*
>
> *⁴ Er muss der ESTV die in einem Kalenderjahr erbrachten periodischen Leistungen aus Leibrentenversicherungen, die dem Versicherungsvertragsgesetz vom 2. April 1908 unterstehen, innert 30 Tagen nach Ablauf dieses Jahres melden.*

Art. 20[1] Bei Kapitalerträgen 2. VStV 24 ff., 38a | C23, C17

¹ Würde bei Kapitalerträgen die Steuerentrichtung zu unnötigen Umtrieben oder zu einer offenbaren Härte führen, so kann der steuerpflichtigen Person gestattet werden, ihre Steuerpflicht durch Meldung der steuerbaren Leistung zu erfüllen.

² Der Bundesrat umschreibt die Fälle, in denen das Meldeverfahren zulässig ist. Das Meldeverfahren ist insbesondere bei Dividendenausschüttungen und geldwerten Leistungen im inländischen und grenzüberschreitenden Konzernverhältnis zuzulassen.

³ In den Fällen nach Artikel 16 Absatz 2bis Buchstaben a und b wird das Meldeverfahren unabhängig davon gewährt, ob die Meldung der steuerbaren Leistung, das Gesuch um Bewilligung des Meldeverfahrens oder die Geltendmachung des Anspruchs auf ein Meldeverfahren rechtzeitig erfolgt oder nicht.[2] VStG 64 | A94, B105

Art. 20a[3] Bei Naturalgewinnen aus Geldspielen sowie aus Lotterien und Geschicklichkeitsspielen zur Verkaufsförderung 3. VStV 41a, 41c

¹ Bei Naturalgewinnen aus Geldspielen, die nicht nach Artikel 24 Buchstaben i–i^{ter} DBG[4] steuerfrei sind, sowie aus Lotterien und Geschicklichkeitsspielen zur Verkaufsförderung, die nicht nach Artikel 24 Buchstabe j DBG steuerfrei sind, hat die Veranstalterin die Steuerpflicht durch Meldung der steuerbaren Leistung zu erfüllen.

² Die Meldung ist innert 90 Tagen nach Fälligkeit des Gewinns schriftlich der ESTV zu erstatten. Der Meldung ist eine Wohnsitzbestätigung der Gewinnerin oder des Gewinners beizulegen.

³ Die ESTV leitet die Meldung an die Steuerbehörde des Wohnsitzkantons der Gewinnerin oder des Gewinners weiter.

⁴ Das Meldeverfahren wird auch dann gewährt, wenn die Meldung nicht innert 90 Tagen nach Fälligkeit des Gewinns erstattet wird.

---

[1] Fassung gemäss Ziff. I des BG vom 30. Sept. 2016, in Kraft seit 15. Febr. 2017 (AS **2017** 497; BBl **2015** 5331 5365).
[2] Fassung gemäss Ziff. I des BG vom 28. Sept. 2018, in Kraft seit 1. Jan. 2019 (AS **2019** 433; BBl **2018** 2325).
[3] Eingefügt durch Ziff. I des BG vom 28. Sept. 2018, in Kraft seit 1. Jan. 2019 (AS **2019** 433; BBl **2018** 2325).
[4] SR **642.11**

Zweiter Abschnitt: Steuerrückerstattung VStV 51–68

A. Rückerstattung der Steuer auf Kapitalerträgen und auf Gewinnen aus Geldspielen sowie aus Lotterien und Geschicklichkeitsspielen zur Verkaufsförderung[1]

I. Allgemeine Voraussetzungen des Anspruchs

Art. 21

¹ Ein nach den Artikeln 22–28 Berechtigter hat Anspruch auf Rückerstattung der ihm vom Schuldner abgezogenen Verrechnungssteuer:

a. auf Kapitalerträgen: wenn er bei Fälligkeit der steuerbaren Leistung das Recht zur Nutzung des den steuerbaren Ertrag abwerfenden Vermögenswertes besass; C22

b.[2] auf Gewinnen aus Geldspielen, die nicht nach Artikel 24 Buchstaben i–i^ter DBG[3] steuerfrei sind, und aus Lotterien und Geschicklichkeitsspielen zur Verkaufsförderung, die nicht nach Artikel 24 Buchstabe j DBG steuerfrei sind: wenn er bei der Ziehung Eigentümer des Loses war oder gewinnberechtigter Teilnehmer ist.

² Die Rückerstattung ist in allen Fällen unzulässig, in denen sie zu einer Steuerumgehung führen würde. A42

³ Wo besondere Verhältnisse es rechtfertigen (Börsengeschäfte u. dgl.), kann die Verordnung die Anspruchsberechtigung abweichend von Absatz 1 regeln. VStV 56–62

II. Berechtigte VStV 51–55, 56–62

Natürliche Personen 1.

Art. 22 Anspruch a.

¹ Natürliche Personen haben Anspruch auf Rückerstattung der Verrechnungssteuer, wenn sie bei Fälligkeit der steuerbaren Leistung im Inland Wohnsitz hatten.

² Die Verordnung regelt den Rückerstattungsanspruch natürlicher Personen, die infolge blossen Aufenthalts zur Entrichtung von Einkommens- oder Vermögenssteuern des Bundes, eines Kantons oder einer Gemeinde verpflichtet sind; sie kann, wo besondere Verhältnisse es rechtfertigen, die Rückerstattung auch für andere Fälle vorsehen. VStV 51 ff.

Art. 23[4] Verwirkung b. A94

¹ Wer mit der Verrechnungssteuer belastete Einkünfte oder Vermögen, woraus solche Einkünfte fliessen, entgegen gesetzlicher Vorschrift der zuständigen Steuerbehörde nicht angibt, verwirkt den Anspruch auf Rückerstattung der von diesen Einkünften abgezogenen Verrechnungssteuer.

---

[1] Fassung gemäss Anhang Ziff. II 7 des Geldspielgesetzes vom 29. Sept. 2017, in Kraft seit 1. Jan. 2019 (AS **2018** 5103; BBl **2015** 8387).
[2] Fassung gemäss Anhang Ziff. II 7 des Geldspielgesetzes vom 29. Sept. 2017, in Kraft seit 1. Jan. 2019 (AS **2018** 5103; BBl **2015** 8387).
[3] SR **642.11**
[4] Fassung gemäss Ziff. I des BG vom 28. Sept. 2018, in Kraft seit 1. Jan. 2019 (AS **2019** 433; BBl **2018** 2325).

² Die Verwirkung tritt nicht ein, wenn die Einkünfte oder Vermögen in der Steuererklärung fahrlässig nicht angegeben wurden und in einem noch nicht rechtskräftig abgeschlossenen Veranlagungs-, Revisions- oder Nachsteuerverfahren: VStG 70d | A94

a. nachträglich angegeben werden; oder
b. von der Steuerbehörde aus eigener Feststellung zu den Einkünften oder Vermögen hinzugerechnet werden.

Juristische Personen, Geschäftsbetriebe u. dgl. 2.

Art. 24 Anspruch a.

¹ Der Bund, die Kantone und die Gemeinden sowie ihre Anstalten und Betriebe und die unter ihrer Verwaltung stehenden Spezialfonds haben Anspruch auf Rückerstattung der Verrechnungssteuer, wenn der den steuerbaren Ertrag abwerfende Vermögenswert in der Rechnung ausgewiesen ist.

² Juristische Personen und Handelsgesellschaften ohne juristische Persönlichkeit haben Anspruch auf Rückerstattung der Verrechnungssteuer, wenn sie bei Fälligkeit der steuerbaren Leistung ihren Sitz im Inland hatten.

³ Ausländische Unternehmen, die für ihre Einkünfte aus einer inländischen Betriebsstätte oder für deren Betriebsvermögen Kantons- oder Gemeindesteuern zu entrichten verpflichtet sind, haben Anspruch auf Rückerstattung der von den Einkünften aus diesem Betriebsvermögen abgezogenen Verrechnungssteuer.

⁴ Ausländische Körperschaften und Anstalten ohne Erwerbszweck haben Anspruch auf Rückerstattung der Verrechnungssteuer, die von Einkünften aus Vermögen abgezogen wurde, das ausschliesslich Kultus-, Unterrichts- oder andern gemeinnützigen Zwecken des Auslandschweizertums dient.

⁵ Die Verordnung regelt den Rückerstattungsanspruch von Stockwerkeigentümergemeinschaften sowie von anderen Personenvereinigungen und Vermögensmassen, die das Recht der Persönlichkeit nicht erlangt haben, aber über eine eigene Organisation verfügen und im Inland tätig sind oder verwaltet werden.[1] VStV 55 ff. | C24

Art. 25 Verwirkung b. B105, C27, C26

¹ Juristische Personen, Handelsgesellschaften ohne juristische Persönlichkeit und ausländische Unternehmen mit inländischer Betriebsstätte (Art. 24 Abs. 2–4), welche die mit der Verrechnungssteuer belasteten Einkünfte nicht ordnungsgemäss als Ertrag verbuchen, verwirken den Anspruch auf Rückerstattung der von diesen Einkünften abgezogenen Verrechnungssteuer.

² Wo besondere Verhältnisse es rechtfertigen (Gratisaktien u. dgl.), kann die Verordnung Ausnahmen von dem in Absatz 1 aufgestellten Erfordernis der Verbuchung als Ertrag zulassen.

---

[1] Fassung gemäss Ziff. I des BG vom 23. Juni 2000, in Kraft seit 1. Jan. 2001 (AS **2000** 2741; BBl **2000** 634 4903). Sie findet erstmals Anwendung auf die Rückerstattung der Verrechnungssteuer von steuerbaren Leistungen, die nach dem 31. Dez. 2000 fällig werden (Ziff. II Abs. 2 der genanten Änd.).

Art. 26[1] **Kollektive Kapitalanlagen** 3. A69

Die kollektive Kapitalanlage, welche die Verrechnungssteuer auf den Erträgen von Anteilen an einer kollektiven Kapitalanlage gemäss KAG[2] entrichtet (Art. 10 Abs. 2), hat für Rechnung der kollektiven Kapitalanlage Anspruch auf Rückerstattung der zu ihren Lasten abgezogenen Verrechnungssteuer; Artikel 25 findet sinngemässe Anwendung.

Art. 27[3] **Ausländische Inhaber von Anteilen an kollektiven Kapitalanlagen** 4. A69

Ausländische Inhaber von Anteilen an einer kollektiven Kapitalanlage gemäss KAG[4] haben Anspruch auf Rückerstattung der von den Erträgen dieser Anteile abgezogenen Verrechnungssteuer, sofern diese Erträge zu mindestens 80 Prozent von ausländischen Quellen entstammen. VStV 34 f.

Art. 28 Ausländische Staaten, internationale Organisationen, Diplomaten u. dgl. 5.

¹ Ausländische Staaten haben Anspruch auf Rückerstattung der Verrechnungssteuer, soweit diese auf Zinsen von Guthaben abgezogen wurde, die sie ausschliesslich für die Bedürfnisse ihrer diplomatischen und konsularischen Vertretungen bei inländischen Banken unterhalten.

² Die gemäss dem Gaststaatgesetz vom 22. Juni 2007[5] von der Steuerpflicht ausgenommenen Begünstigten haben Anspruch auf Rückerstattung der Verrechnungssteuer, wenn sie bei Fälligkeit der steuerbaren Leistung nach gesetzlicher Vorschrift, Vertragsrecht oder Übung von der Entrichtung kantonaler Steuern auf Wertpapieren und Bankguthaben sowie auf dem Ertrag solcher Werte befreit waren.[6]

³ Hält ein ausländischer Staat nicht Gegenrecht, so wird ihm sowie den Angehörigen seiner diplomatischen oder konsularischen Vertretungen die Rückerstattung versagt.

III. Geltendmachung des Anspruchs

Art. 29 Antrag 1. VStV 64 f.

¹ Wer Rückerstattung der Verrechnungssteuer beansprucht, hat sie bei der zuständigen Behörde schriftlich zu beantragen.

² Der Antrag kann frühestens nach Ablauf des Kalenderjahres, in dem die steuerbare Leistung fällig geworden ist, gestellt werden.

---

1 Fassung gemäss Anhang Ziff. II 8 des Kollektivanlagengesetzes vom 23. Juni 2006, in Kraft seit 1. Jan. 2007 (AS **2006** 5379; BBl **2005** 6395).
2 SR **951.31**
3 Fassung gemäss Anhang Ziff. II 8 des Kollektivanlagengesetzes vom 23. Juni 2006, in Kraft seit 1. Jan. 2007 (AS **2006** 5379; BBl **2005** 6395).
4 SR **951.31**
5 SR **192.12**
6 Fassung gemäss Anhang Ziff. II 9 des Gaststaatgesetzes vom 22. Juni 2007, in Kraft seit 1. Jan. 2008 (AS **2007** 6637; BBl **2006** 8017).

³ Wo wichtige Gründe vorliegen (Beendigung der Steuerpflicht, Auflösung einer juristischen Person, Konkurs und dergleichen) oder wo besondere Härten es rechtfertigen, kann der Antrag vorzeitig gestellt werden.¹ VStV 65f.

⁴ ...²

Art. 30 Zuständige Behörden 2. VStV 66ff.

¹ Natürliche Personen haben ihren Antrag auf Rückerstattung bei der Steuerbehörde desjenigen Kantons einzureichen, in dem sie am Ende des Kalenderjahrs, in dem die steuerbare Leistung fällig wurde, Wohnsitz hatten.³

² Juristische Personen, Handelsgesellschaften ohne juristische Persönlichkeit und alle sonstigen in Absatz 1 nicht genannten Anspruchsberechtigten haben ihren Antrag bei der ESTV einzureichen.

³ Wo die Verhältnisse es rechtfertigen, kann der Bundesrat die Zuständigkeit abweichend ordnen.

IV. Befriedigung des Anspruchs

Art. 31

¹ Die Kantone befriedigen den Anspruch in der Regel bis zur Höhe der vom Antragsteller zu entrichtenden Kantons- und Gemeindesteuern in Form der Verrechnung, für den Überschuss durch Rückerstattung in bar; sie können in ihren Vollzugsvorschriften die volle Rückerstattung in bar vorsehen.

² Die Kantons- und Gemeindesteuern, mit welchen die Verrechnungssteuer gemäss Absatz 1 zu verrechnen ist, werden in den kantonalen Vollzugsvorschriften bezeichnet.

³ Wird der Antrag auf Rückerstattung mit der kantonalen Steuererklärung oder, wenn keine solche einzureichen ist, innert einer vom Kanton zu bestimmenden Frist gestellt, so wird mit den im gleichen Jahr zu entrichtenden Kantons- oder Gemeindesteuern verrechnet.

⁴ Die zu verrechnenden oder zurückzuerstattenden Beträge werden nicht verzinst.

V. Untergang des Anspruchs infolge Zeitablaufs B112

Art. 32

¹ Der Anspruch auf Rückerstattung erlischt, wenn der Antrag nicht innert drei Jahren nach Ablauf des Kalenderjahres, in dem die steuerbare Leistung fällig geworden ist, gestellt wird.

² Wird die Verrechnungssteuer erst auf Grund einer Beanstandung der ESTV entrichtet und überwälzt, und ist die Frist gemäss Absatz 1 bereits abgelaufen oder verbleiben von der Entrichtung der Steuer bis zu ihrem Ablauf nicht mindestens 60 Tage, so beginnt mit der Entrichtung der Steuer eine neue Frist von 60 Tagen zur Einreichung des Antrages.

---

1 Fassung gemäss Ziff. I 3 des BG vom 22. März 2013 über die formelle Bereinigung der zeitlichen Bemessung der direkten Steuern bei den natürlichen Personen, in Kraft seit 1. Jan. 2014 (AS **2013** 2397; BBl **2011** 3593).
2 Aufgehoben durch Ziff. I 3 des BG vom 22. März 2013 über die formelle Bereinigung der zeitlichen Bemessung der direkten Steuern bei den natürlichen Personen, mit Wirkung seit 1. Jan. 2014 (AS **2013** 2397; BBl **2011** 3593).
3 Fassung gemäss Ziff. I 3 des BG vom 15. Dez. 2000 zur Koordination und Vereinfachung der Veranlagungsverfahren für die direkten Steuern im interkantonalen Verhältnis (AS **2001** 1050; BBl **2000** 3898).

B. Rückerstattung der Steuer auf Versicherungsleistungen VStV 60

Art. 33

¹ Der Empfänger der um die Verrechnungssteuer gekürzten Versicherungsleistung hat Anspruch auf Rückerstattung der Steuer, wenn er die Abzugsbescheinigung des Versicherers (Art. 14 Abs. 2) beibringt und alle Angaben vermittelt, die zur Geltendmachung der mit der Versicherung zusammenhängenden Steueransprüche des Bundes und der Kantone erforderlich sind.

² Wer Rückerstattung beansprucht, hat sie bei der ESTV schriftlich zu beantragen; der Anspruch erlischt, wenn der Antrag nicht innert drei Jahren nach Ablauf des Kalenderjahres, in dem die Versicherungsleistung erbracht worden ist, gestellt wird.

³ Die Artikel 31 Absatz 4 und 32 Absatz 2 finden Anwendung.

Dritter Abschnitt: Behörden und Verfahren

A. Behörden

I. Organisation VStV 1 ff., 63 ff., 66 ff.

Art. 34 **Eidgenössische Steuerverwaltung** 1.

¹ Die ESTV erlässt für die Erhebung und Rückerstattung der Verrechnungssteuer alle Weisungen, Verfügungen und Entscheide, die nicht ausdrücklich einer andern Behörde vorbehalten sind.

² Soweit die Rückerstattung der Verrechnungssteuer den Kantonen übertragen ist, sorgt die ESTV für die gleichmässige Handhabung der Bundesvorschriften. B108

Art. 34a[1] **Elektronische Verfahren** 1a.

¹ Der Bundesrat kann die elektronische Durchführung von Verfahren nach diesem Gesetz vorschreiben. Dabei regelt er die Modalitäten der Durchführung.

² Die ESTV stellt bei der elektronischen Durchführung von Verfahren die Authentizität und Integrität der übermittelten Daten sicher.

³ Sie kann bei der elektronischen Einreichung von Eingaben, deren Unterzeichnung gesetzlich vorgeschrieben ist, anstelle der qualifizierten elektronischen Signatur eine andere elektronische Bestätigung der Angaben durch die steuerpflichtige oder antragstellende Person anerkennen.

Art. 35 **Kantonale Behörden** 2.

¹ Organisation und Amtsführung der mit dem Vollzug dieses Gesetzes betrauten kantonalen Behörden werden, soweit das Bundesrecht nichts anderes bestimmt, durch das kantonale Recht geregelt.

² Jeder Kanton bestellt eine von der Verwaltung unabhängige Rekurskommission.

---

[1] Eingefügt durch Ziff. I 5 des BG vom 18. Juni 2021 über elektronische Verfahren im Steuerbereich, in Kraft seit 1. Jan. 2022 (AS **2021** 673; BBl **2020** 4705).

³ Die Kantone bestimmen in ihren Vollzugsvorschriften die Amtsstellen, denen die Rückerstattung der Verrechnungssteuer obliegt (Verrechnungssteuerämter).

⁴ Die kantonalen Vollzugsvorschriften zu diesem Gesetze sind dem Bund[1] zur Genehmigung zu unterbreiten.

> ☞ *Der Gliederungstitel und Art. 35a werden gemäss BG vom 18.6.2021 über elektronische Verfahren im Steuerbereich per 1.1.2024 (abschliessende Inkraftsetzung) wie folgt neu eingefügt:*
>
> *2a. Elektronische Verfahren im Kanton*
>
> *¹ Die Kantone sehen die Möglichkeit elektronischer Verfahren vor. Dabei stellen sie die Authentizität und Integrität der übermittelten Daten nach kantonalem Recht sicher.*
>
> *² Sie sehen bei der elektronischen Einreichung von Eingaben, deren Unterzeichnung gesetzlich vorgeschrieben ist, anstelle der Unterzeichnung die Möglichkeit einer elektronischen Bestätigung der Angaben durch die antragstellende Person vor.*
>
> *³ Sie sehen vor, dass die Steuerbehörde der antragstellenden Person mit deren Einverständnis Dokumente in elektronischer Form zustellt.*

II. Amtshilfe

Art. 36

¹ Die Steuerbehörden der Kantone, Bezirke, Kreise und Gemeinden und die ESTV unterstützen sich gegenseitig in der Erfüllung ihrer Aufgabe; sie haben sich kostenlos die zweckdienlichen Meldungen zu erstatten, die benötigten Auskünfte zu erteilen und in amtliche Akten Einsicht zu gewähren.

² Die Verwaltungsbehörden des Bundes und die andern als die in Absatz 1 genannten Behörden der Kantone, Bezirke, Kreise und Gemeinden sind gegenüber der ESTV auskunftspflichtig, sofern die verlangten Auskünfte für die Durchführung dieses Gesetzes von Bedeutung sein können. Eine Auskunft darf nur verweigert werden, soweit ihr wesentliche öffentliche Interessen, insbesondere die innere oder äussere Sicherheit des Bundes oder der Kantone entgegenstehen, oder die Auskunft die angegangene Behörde in der Durchführung ihrer Aufgabe wesentlich beeinträchtigen würde. Das Post-, Telefon- und Telegrafengeheimnis ist zu wahren.

³ Anstände über die Auskunftspflicht von Verwaltungsbehörden des Bundes entscheidet der Bundesrat, Anstände über die Auskunftspflicht von Behörden der Kantone, Bezirke, Kreise und Gemeinden, sofern die kantonale Regierung das Auskunftsbegehren abgelehnt hat, das Bundesgericht (Art. 110 ff. des Bundesrechtspflegegesetzes vom 16. Dez. 1943[2]).

⁴ Die mit öffentlich-rechtlichen Aufgaben betrauten Organisationen sind im Rahmen dieser Aufgaben gleich den Behörden zur Auskunft verpflichtet; Absatz 3 findet sinngemässe Anwendung.

---

[1] Ausdruck gemäss Ziff. III des BG vom 15. Dez. 1989 über die Genehmigung kantonaler Erlasse durch den Bund, in Kraft seit 1. Febr. 1991 (AS **1991** 362; BBl **1988** II 1333).
[2] Siehe heute das Bundesgerichtsgesetz vom 17. Juni 2005 (SR **173.110**).

IIa. Datenbearbeitung

Art. 36a[1]

¹ Die ESTV betreibt zur Erfüllung der Aufgaben nach diesem Gesetz ein Informationssystem. Dieses kann besonders schützenswerte Personendaten über administrative und strafrechtliche Sanktionen enthalten, die steuerrechtlich wesentlich sind.

² Die ESTV und die Behörden nach Artikel 36 Absatz 1 geben einander die Daten weiter, die für die Erfüllung ihrer Aufgaben dienlich sein können. Die Behörden nach Artikel 36 Absätze 2 und 4 geben der ESTV die Daten weiter, die für die Durchführung dieses Gesetzes von Bedeutung sein können. Die ESTV und die Behörden nach Artikel 36 Absatz 1 können dabei die AHV-Nummer nach Artikel 50c des Bundesgesetzes vom 20. Dezember 1946[2] über die Alters- und Hinterlassenenversicherung systematisch verwenden.[3]

³ Die Daten werden einzeln, auf Listen oder auf elektronischen Datenträgern übermittelt. Sie können auch mittels eines Abrufverfahrens zugänglich gemacht werden. Diese Amtshilfe ist kostenlos.

⁴ Personendaten und die zu ihrer Bearbeitung verwendeten Einrichtungen wie Datenträger, EDV-Programme und Programmdokumentationen sind vor unbefugtem Verwenden, Verändern oder Zerstören sowie vor Diebstahl zu schützen.

⁵ Der Bundesrat kann Ausführungsbestimmungen erlassen, insbesondere über die Organisation und den Betrieb des Informationssystems, über die Kategorien der zu erfassenden Daten, über die Zugriffs- und Bearbeitungsberechtigung, über die Aufbewahrungsdauer sowie die Archivierung und Vernichtung der Daten.

III. Schweigepflicht

Art. 37

¹ Wer mit dem Vollzug dieses Gesetzes betraut ist oder dazu beigezogen wird, hat gegenüber andern Amtsstellen und Privaten über die in Ausübung seines Amtes gemachten Wahrnehmungen Stillschweigen zu bewahren und den Einblick in amtliche Akten zu verweigern.

² Keine Geheimhaltungspflicht besteht:

a. bei Leistung von Amtshilfe nach Artikel 36 Absatz 1 und bei Erfüllung einer Pflicht zur Anzeige strafbarer Handlungen;

b. gegenüber Organen der Rechtspflege und der Verwaltung, die vom Bundesrat allgemein oder vom Eidgenössischen Finanzdepartement[4] im Einzelfalle zur Einholung amtlicher Auskünfte bei den mit dem Vollzug dieses Gesetzes betrauten Behörden ermächtigt worden sind.

---

[1] Eingefügt durch Ziff. VI 2 des BG vom 24. März 2000 über die Schaffung und die Anpassung gesetzlicher Grundlagen für die Bearbeitung von Personendaten, in Kraft seit 1. Sept. 2000 (AS **2000** 1891; BBl **1999** 9005).
[2] SR **831.10**
[3] Dritter Satz gegenstandslos (AS **2021** 673 Ziff. II; BBl **2020** 4705).
[4] Bezeichnung gemäss nicht veröffentlichtem BRB vom 19. Dez. 1997.

B. Verfahren

I. Steuererhebung VStV 1ff., 6f.

Art. 38 Anmeldung als Steuerpflichtiger; Selbstveranlagung 1. VStV 17, 23, 31, 46

1 Wer auf Grund dieses Gesetzes steuerpflichtig wird, hat sich unaufgefordert bei der ESTV anzumelden.

2 Der Steuerpflichtige hat der ESTV bei Fälligkeit der Steuer (Art. 16) unaufgefordert die vorgeschriebene Abrechnung mit den Belegen einzureichen und gleichzeitig die Steuer zu entrichten oder die an ihre Stelle tretende Meldung (Art. 19 und 20) zu erstatten.

3 Für Meldeverfahren nach Artikel 20a Absatz 1 ist die Meldung innert 90 Tagen nach Fälligkeit der steuerbaren Leistung zusammen mit den Belegen und einer Wohnsitzbestätigung der Gewinnerin oder des Gewinners zu erstatten.[1]

4 ...[2]

> ☞ *Art. 38 Abs. 4 wird gemäss BG vom 18.6.2021 über elektronische Verfahren im Steuerbereich per 1.2.2023 (Teilinkraftsetzung) wie folgt neu eingefügt:*
>
> *4 Bei Meldungen nach Artikel 19 über Versicherungsleistungen an inländische natürliche Personen ist deren AHV-Nummer anzugeben.*

5 Inländische natürliche Personen mit Anspruch auf Versicherungsleistungen nach Artikel 7 müssen der nach Artikel 19 meldepflichtigen Person ihre AHV-Nummer bekanntgeben. Fehlt die Selbstauskunft, so werden die Verzugsfolgen aus Gesetz oder Vertrag bei der meldepflichtigen Person bis zum Erhalt der AHV-Nummer aufgeschoben. Artikel 19 Absatz 3 bleibt vorbehalten.[3]

Art. 39 Auskunftspflicht 2. VStV 6

1 Der Steuerpflichtige hat der ESTV über alle Tatsachen, die für die Steuerpflicht oder für die Steuerbemessung von Bedeutung sein können, nach bestem Wissen und Gewissen Auskunft zu erteilen; er hat insbesondere:

   a. Steuerabrechnungen, Steuererklärungen und Fragebogen vollständig und genau auszufüllen;
   b. seine Geschäftsbücher ordnungsgemäss zu führen und sie, die Belege und andere Urkunden auf Verlangen beizubringen. VStV 2

2 Die Bestreitung der Pflicht, die Verrechnungssteuer zu entrichten oder eine an ihre Stelle tretende Meldung zu erstatten, entbindet nicht von der Auskunftspflicht.

3 Wird die Auskunftspflicht bestritten, so trifft die ESTV eine Verfügung.[4]

---

[1] Fassung gemäss Ziff. I des BG vom 28. Sept. 2018, in Kraft seit 1. Jan. 2019 (AS **2019** 433; BBl **2018** 2325).
[2] Tritt am 1. Febr. 2023 in Kraft (AS **2021** 673; BBl **2020** 4705).
[3] Eingefügt durch Ziff. I 5 des BG vom 18. Juni 2021 über elektronische Verfahren im Steuerbereich, in Kraft seit 1. Sept. 2022 (AS **2021** 673; BBl **2020** 4705).
[4] Fassung gemäss Anhang Ziff. 60 des Verwaltungsgerichtsgesetzes vom 17. Juni 2005, in Kraft seit 1. Jan. 2007 (AS **2006** 2197 1069; BBl **2001** 4202).

Art. 40 Überprüfung 3.

1 Die Erfüllung der Pflicht zur Anmeldung als Steuerpflichtiger, die Steuerabrechnungen und -ablieferungen sowie die Erfüllung der Meldepflicht gemäss den Artikeln 19 und 20 werden durch die ESTV überprüft.

2 Die ESTV kann zur Abklärung des Sachverhalts die Geschäftsbücher, die Belege und andere Urkunden des Steuerpflichtigen an Ort und Stelle prüfen. VStV 2, 7

3 Ergibt sich, dass der Steuerpflichtige seinen gesetzlichen Pflichten nicht nachgekommen ist, so ist ihm Gelegenheit zu geben, zu den erhobenen Aussetzungen Stellung zu nehmen.

4 Lässt sich der Anstand nicht erledigen, so trifft die ESTV einen Entscheid.

5 Die anlässlich einer Prüfung gemäss Absatz 1 oder 2 bei einer Bank oder Sparkasse im Sinne des Bankengesetzes vom 8. November 1934[1], bei der Schweizerischen Nationalbank oder bei einer Pfandbriefzentrale gemachten Feststellungen dürfen ausschliesslich für die Durchführung der Verrechnungssteuer verwendet werden. Das Bankgeheimnis ist zu wahren.

Art. 41 Entscheide der ESTV 4. VStV 1

Die ESTV trifft alle Verfügungen und Entscheide, welche die Erhebung der Verrechnungssteuer notwendig macht; sie trifft einen Entscheid insbesondere dann, wenn:

a. die Steuerforderung, die Mithaftung oder die Überwälzungspflicht bestritten wird;
b. für einen bestimmten Fall vorsorglich die amtliche Feststellung der Steuerpflicht, der Grundlagen der Steuerberechnung, der Mithaftung oder der Überwälzungspflicht beantragt wird;
c. der Steuerpflichtige oder Mithaftende die gemäss Abrechnung geschuldete Steuer nicht entrichtet.

Art. 42[2] Einsprache 5.

1 Verfügungen und Entscheide der ESTV können innert 30 Tagen nach der Eröffnung mit Einsprache angefochten werden.

2 Die Einsprache ist schriftlich bei der ESTV einzureichen; sie hat einen bestimmten Antrag zu enthalten und die zu seiner Begründung dienenden Tatsachen anzugeben.

3 Ist gültig Einsprache erhoben worden, so hat die ESTV die Verfügung oder den Entscheid ohne Bindung an die gestellten Anträge zu überprüfen.

4 Das Einspracheverfahren ist trotz Rückzug der Einsprache weiterzuführen, wenn Anhaltspunkte dafür vorliegen, dass die Verfügung oder der Entscheid dem Gesetz nicht entspricht.

5 Der Einspracheentscheid ist zu begründen und hat eine Rechtsmittelbelehrung zu enthalten.

---

1 SR **952.**0
2 Fassung gemäss Anhang Ziff. 60 des Verwaltungsgerichtsgesetzes vom 17. Juni 2005, in Kraft seit 1. Jan. 2007 (AS **2006** 2197 1069; BBl **2001** 4202).

Art. 42a[1] ...

Art. 43[2] ...

Art. 44 Kosten 6.

¹ Im Veranlagungs- und im Einspracheverfahren werden in der Regel keine Kosten berechnet.

² Ohne Rücksicht auf den Ausgang des Verfahrens können Kosten von Untersuchungsmassnahmen demjenigen auferlegt werden, der sie schuldhaft verursacht hat.

Zwangsvollstreckung 7. VStV 8

Art. 45 Betreibung a.

¹ Wird der Anspruch auf Steuern, Zinsen und Kosten auf Mahnung hin nicht befriedigt, so ist Betreibung einzuleiten; vorbehalten bleibt die Eingabe in einem Konkurs.

² Ist die Steuerforderung noch nicht rechtskräftig festgesetzt und wird sie bestritten, so unterbleibt ihre endgültige Kollokation, bis ein rechtskräftiger Steuerentscheid vorliegt.

Art. 46 Übergang der Rückgriffsansprüche b.[3]

¹ Fällt der Steuerpflichtige in Konkurs oder wird in einer gegen ihn gerichteten Betreibung das Pfändungsbegehren gestellt, bevor er seiner Pflicht zur Steuerüberwälzung nachgekommen ist, so gehen die ihm zustehenden Rückgriffsansprüche bis zur Höhe der noch nicht bezahlten Steuer auf den Bund über.

² ...[4]

Art. 47 Sicherstellung c. VStV 9 f.

¹ Die ESTV kann Steuern, Zinsen und Kosten, auch wenn sie weder rechtskräftig festgesetzt noch fällig sind, sicherstellen lassen, wenn:
   a. der Bezug als gefährdet erscheint;
   b. der Zahlungspflichtige keinen Wohnsitz in der Schweiz hat oder Anstalten trifft, den Wohnsitz in der Schweiz aufzugeben oder sich im Handelsregister löschen zu lassen;
   c. der Zahlungspflichtige mit der Zahlung der Steuer in Verzug ist oder wiederholt in Verzug war.

² Die Sicherstellungsverfügung hat den Rechtsgrund der Sicherstellung, den sicherzustellenden Betrag und die Stelle, welche die Sicherheiten entgegennimmt, anzugeben. Wird die Sicherstellung aufgrund von Absatz 1 Buchstabe a oder b angeordnet, so gilt die Sicherstellungsverfügung als Arrestbefehl im Sinne von Artikel 274

---

[1] Eingefügt durch Anhang Ziff. 28 des BG vom 4. Okt. 1991, in Kraft seit 1. Jan. 1994 (AS **1992** 288; BBl **1991** II 465). Aufgehoben durch Anhang Ziff. 60 des Verwaltungsgerichtsgesetzes vom 17. Juni 2005, mit Wirkung seit 1. Jan. 2007 (AS **2006** 2197 1069; BBl **2001** 4202).
[2] Aufgehoben durch Anhang Ziff. 60 des Verwaltungsgerichtsgesetzes vom 17. Juni 2005, mit Wirkung seit 1. Jan. 2007 (AS **2006** 2197 1069; BBl **2001** 4202).
[3] Fassung gem. Anhang Ziff. 12 des BG vom 16. Dez. 1994, in Kraft seit 1. Jan. 1997 (AS **1995** 1227; BBl **1991** III 1).
[4] Aufgehoben durch Anhang Ziff. 12 des BG vom 16. Dez. 1994 (AS **1995** 1227; BBl **1991** III 1).

des Bundesgesetzes über Schuldbetreibung und Konkurs[1]; die Einsprache gegen den Arrestbefehl ist ausgeschlossen.[2]

3 Gegen Sicherstellungsverfügungen der ESTV kann beim Bundesverwaltungsgericht Beschwerde geführt werden.[3]

4 Beschwerden gegen Sicherstellungsverfügungen haben keine aufschiebende Wirkung.[4]

5 ...[5]

II. Steuerrückerstattung VStV 51 ff., 68 ff.

Allgemeine Bestimmungen 1.

Art. 48 Pflichten des Antragstellers a. VStV 2, 64

1 Wer Rückerstattung der Verrechnungssteuer verlangt, hat der zuständigen Behörde über alle Tatsachen, die für den Rückerstattungsanspruch von Bedeutung sein können, nach bestem Wissen und Gewissen Auskunft zu erteilen; er hat insbesondere:

a. die Antragsformulare und Fragebogen vollständig und genau auszufüllen;
b. auf Verlangen Steuerabzugsbescheinigungen (Art. 14 Abs. 2) zu beschaffen und Geschäftsbücher, Belege und andere Urkunden beizubringen.

2 Kommt der Antragsteller seinen Auskunftspflichten nicht nach und kann der Rückerstattungsanspruch ohne die von der Behörde verlangten Auskünfte nicht abgeklärt werden, so wird der Antrag abgewiesen.

Art. 49 Pflichten Dritter b. VStV 3

1 Der Aussteller einer Steuerabzugsbescheinigung ist verpflichtet, dem Antragsteller auf sein Verlangen zuhanden der zuständigen Behörde ergänzende schriftliche Auskünfte zu erteilen.

2 Mitgesellschafter, Miteigentümer und Gesamthänder sind verpflichtet, der zuständigen Behörde auf Verlangen über das Rechtsverhältnis, das sie mit dem Antragsteller verbindet, insbesondere über seine Anteile, Ansprüche und Bezüge, Auskunft zu erteilen.

3 Bestreitet der Dritte seine Auskunftspflicht, so trifft die Behörde eine Verfügung, die mit Einsprache und Beschwerde angefochten werden kann.

---

[1] SR **281.1**
[2] Fassung gem. Anhang Ziff. 12 des BG vom 16. Dez. 1994, in Kraft seit 1. Jan. 1997 (AS **1995** 1227; BBl **1991** III 1).
[3] Fassung gemäss Anhang Ziff. 60 des Verwaltungsgerichtsgesetzes vom 17. Juni 2005, in Kraft seit 1. Jan. 2007 (AS **2006** 2197 1069; BBl **2001** 4202).
[4] Eingefügt durch Anhang Ziff. 28 des BG vom 4. Okt. 1991 (AS **1992** 288; BBl **1991** II 465). Fassung gemäss Anhang Ziff. 60 des Verwaltungsgerichtsgesetzes vom 17. Juni 2005, in Kraft seit 1. Jan. 2007 (AS **2006** 2197 1069; BBl **2001** 4202).
[5] Eingefügt durch Anhang Ziff. 28 des BG vom 4. Okt. 1991 (AS **1992** 288; BBl **1991** II 465). Aufgehoben durch Anhang Ziff. 60 des Verwaltungsgerichtsgesetzes vom 17. Juni 2005, mit Wirkung seit 1. Jan. 2007 (AS **2006** 2197 1069; BBl **2001** 4202).

Art. 50 Überprüfung c. VStV 6

¹ Die zuständige Behörde ist befugt, die vom Antragsteller oder gemäss Artikel 49 Absatz 2 von Dritten erteilten Auskünfte an Ort und Stelle nachzuprüfen und dabei in die Bücher und Belege sowie in andere Urkunden Einblick zu nehmen.

² Die ESTV ist überdies befugt, die Steuerabzugsbescheinigungen (Art. 14 Abs. 2) und die sie ergänzenden Auskünfte (Art. 49 Abs. 1) beim Aussteller zu überprüfen. Artikel 40 Absatz 5 findet Anwendung.

³ Die kantonalen Behörden können im Übrigen von den ihnen als Veranlagungsbehörde eingeräumten Befugnissen Gebrauch machen.

Art. 51 Rückerstattung durch den Bund 2. VStV 63–65a

¹ Entspricht die ESTV einem Antrag nicht oder nur teilweise, und lässt sich der Anstand nicht auf andere Weise erledigen, so trifft sie einen Entscheid.

² Die nicht auf einem Entscheid nach Absatz 1 beruhende Rückerstattung steht unter dem Vorbehalt einer späteren Nachprüfung des Anspruchs; nach Ablauf von drei Jahren seit Gewährung der Rückerstattung ist die Nachprüfung nur noch in Verbindung mit einem Strafverfahren zulässig.

³ Ergibt die Nachprüfung, dass die Rückerstattung zu Unrecht gewährt worden ist, und verweigern der Antragsteller, seine Erben oder die Mithaftenden die Wiedereinzahlung, so trifft die ESTV einen auf Wiedereinzahlung lautenden Entscheid.

⁴ Die Artikel 42–44 über das Einsprache- und Beschwerdeverfahren und die Verfahrenskosten sowie, im Falle von Absatz 3, auch die Artikel 45 und 47 über Betreibung und Sicherstellung finden sinngemässe Anwendung.

Rückerstattung durch den Kanton 3. VStV 66–68

Art. 52 Entscheid des Verrechnungssteueramtes a.

¹ Das kantonale Verrechnungssteueramt prüft die bei ihm eingereichten Anträge, untersucht den Sachverhalt und trifft alle Massnahmen, welche die richtige Ermittlung des Rückerstattungsanspruchs nötig macht.

² Nach Abschluss seiner Untersuchung trifft das Verrechnungssteueramt einen Entscheid über den Rückerstattungsanspruch; der Entscheid kann mit der Veranlagungsverfügung verbunden werden.

³ Wird dem Rückerstattungsantrag nicht oder nicht in vollem Umfange entsprochen, so ist der Entscheid kurz zu begründen.

⁴ Die vom Verrechnungssteueramt bewilligte Rückerstattung steht unter dem Vorbehalt einer Überprüfung des Anspruchs durch die ESTV gemäss Artikel 57.

Art. 53 Einsprache b.

¹ Gegen den Entscheid des kantonalen Verrechnungssteueramtes kann innert 30 Tagen nach der Eröffnung bei dieser Amtsstelle schriftlich Einsprache erhoben werden.

² Auf das Einspracheverfahren finden die Bestimmungen der Artikel 42 und 44 sinngemässe Anwendung.

³ Vorbehalten bleibt Artikel 55.

Art. 54 Beschwerde an die kantonale Rekurskommission c.

¹ Gegen den Einspracheentscheid des kantonalen Verrechnungssteueramtes kann innert 30 Tagen nach der Eröffnung bei der kantonalen Rekurskommission schriftlich Beschwerde erhoben werden; die Beschwerde hat einen bestimmten Antrag zu enthalten und die zu seiner Begründung dienenden Tatsachen anzugeben. Vorbehalten bleibt Artikel 55.

² Die Rekurskommission trifft die erforderlichen Untersuchungsmassnahmen; die Artikel 48–50 finden sinngemässe Anwendung.

³ Der ESTV ist Gelegenheit zu geben, am Verfahren teilzunehmen und Anträge zu stellen.

⁴ Das Beschwerdeverfahren ist trotz Rückzug der Beschwerde weiterzuführen, wenn Anhaltspunkte dafür vorliegen, dass der Entscheid dem Gesetz nicht entspricht, oder wenn die Eidgenössische oder die kantonale Steuerverwaltung Anträge gestellt hat und aufrechterhält.

⁵ Die Rekurskommission trifft den Beschwerdeentscheid auf Grund des Ergebnisses ihrer Untersuchung ohne Bindung an die gestellten Anträge.

⁶ Der Beschwerdeentscheid ist zu begründen und hat eine Rechtsmittelbelehrung zu enthalten; er ist den von ihm unmittelbar Betroffenen sowie der kantonalen und der ESTV schriftlich zu eröffnen.

Art. 55 Ergänzendes kantonales Recht d.

Der Kanton kann in seinen Vollzugsvorschriften bestimmen, dass sich das Einspracheverfahren und das Verfahren vor der kantonalen Rekurskommission nach den für die Anfechtung und Überprüfung der Steuerveranlagung massgebenden kantonalen Verfahrensvorschriften (einschliesslich der Fristen) richtet, wenn der Entscheid über den Rückerstattungsanspruch mit einer Veranlagungsverfügung verbunden worden ist.

Art. 56[1] Beschwerde an das Bundesgericht e.

Der Entscheid der kantonalen Rekurskommission kann durch Beschwerde beim Bundesgericht angefochten werden.

---

[1] Fassung gemäss Anhang Ziff. 60 des Verwaltungsgerichtsgesetzes vom 17. Juni 2005, in Kraft seit 1. Jan. 2007 (AS **2006** 2197 1069; BBl **2001** 4202).

C. Abrechnung zwischen Bund und Kantonen

I. Rechnungstellung; Überprüfung; Kürzung

Art. 57

¹ Die Kantone stellen dem Bund Rechnung über die von ihnen zurückerstatteten Verrechnungssteuern.

² Die ESTV überprüft die Abrechnungen der Kantone; sie kann dabei in alle massgebenden Unterlagen der Kantone, Bezirke, Kreise und Gemeinden Einsicht nehmen, im Einzelfalle weitere Untersuchungsmassnahmen anordnen oder von den Untersuchungsbefugnissen eines Verrechnungssteueramtes selber Gebrauch machen.

³ Ergibt die Überprüfung, dass die vom Verrechnungssteueramt gewährte Rückerstattung zu Unrecht erfolgt ist, so ordnet die ESTV vorsorglich eine entsprechende Kürzung des Betrages an, den der Kanton mit einer der nächsten Abrechnungen beansprucht.

⁴ Nach Ablauf von drei Jahren seit Ende des Kalenderjahres, in dem der Entscheid des Verrechnungssteueramtes über die Rückerstattung rechtskräftig geworden ist, kann die Kürzung nur noch in Verbindung mit einem Strafverfahren angeordnet werden.

II. Folgen der Kürzung

Art. 58

¹ Ist gemäss Artikel 57 Absatz 3 vorsorglich eine Kürzung angeordnet worden, so kann das kantonale Verrechnungssteueramt von demjenigen, der in den Genuss der beanstandeten Rückerstattung gelangt ist, deren Rückleistung verlangen; der Rückleistungsanspruch des Kantons erlischt, wenn er nicht innert sechs Monaten seit Eröffnung der vorsorglichen Kürzung durch Entscheid geltend gemacht wird.

² Gegen den Entscheid über die Rückleistungspflicht kann der Betroffene innert 30 Tagen seit der Eröffnung bei der kantonalen Rekurskommission Beschwerde erheben; die Artikel 54 und 56 finden Anwendung.

³ Stellt der Beschwerdeentscheid fest, dass keine Rückleistungspflicht besteht, so fällt die vorsorgliche Kürzung dahin; schützt er den Rückleistungsanspruch ganz oder zum Teil, so wird die Kürzung in diesem Umfange endgültig.

⁴ Macht das Verrechnungssteueramt ohne Zustimmung der ESTV die Rückleistung nicht geltend oder hat es sie in seinem rechtskräftig gewordenen Entscheid nicht in der vollen Höhe geltend gemacht, so wird die vorsorgliche Kürzung endgültig, sofern sie der Kanton nicht innert neun Monaten nach ihrer Eröffnung durch Klage beim Bundesgericht anficht (Art. 120 des Bundesgerichtsgesetzes vom 17. Juni 2005[1]).[2]

⁵ Der rechtskräftige Rückleistungsentscheid des kantonalen Verrechnungssteueramtes oder der kantonalen Rekurskommission steht einem vollstreckbaren Gerichtsurteil im Sinne von Artikel 80 des Schuldbetreibungs- und Konkursgesetzes[3] gleich.

---

[1] SR **173.110**
[2] Fassung gemäss Anhang Ziff. 60 des Verwaltungsgerichtsgesetzes vom 17. Juni 2005, in Kraft seit 1. Jan. 2007 (AS **2006** 2197 1069; BBl **2001** 4202).
[3] SR **281.1**

D. Revision und Erläuterung von Entscheiden[1]

Art. 59

1 Auf die Revision und die Erläuterung von Entscheiden der ESTV und der kantonalen Behörden werden die Artikel 66–69 des Verwaltungsverfahrensgesetzes[2] sinngemäss angewandt.[3]

2 ...[4]

3 ...[5]

E. Berichtigung von kantonalen Abrechnungen

Art. 60

1 Rechnungsfehler und Schreibversehen in der Abrechnung der Kantone gemäss Artikel 57 können innert drei Jahren seit der Rechnungsstellung berichtigt werden.[6]

2 Lässt sich der Anstand nicht erledigen, so trifft die zuständige Behörde einen Entscheid, der mit Einsprache und Beschwerde angefochten werden kann.

Vierter Abschnitt: Strafbestimmungen

A. Widerhandlungen

I. Hinterziehung N 2

Art. 61[7]

Wer vorsätzlich oder fahrlässig, zum eigenen oder zum Vorteil eines andern

a. dem Bunde Verrechnungssteuern vorenthält,
b. die Pflicht zur Meldung einer steuerbaren Leistung (Art. 19 und 20) nicht erfüllt oder eine unwahre Meldung erstattet,
c. eine ungerechtfertigte Rückerstattung der Verrechnungssteuer oder einen andern unrechtmässigen Steuervorteil erwirkt,

wird, sofern nicht die Strafbestimmung von Artikel 14 des Verwaltungsstrafrechtsgesetzes[8] zutrifft, wegen Hinterziehung mit Busse bis zu 30 000 Franken oder, sofern dies einen höheren Betrag ergibt, bis zum Dreifachen der hinterzogenen Steuer oder des unrechtmässigen Vorteils bestraft. N 2

---

1 Fassung gemäss Art. 52 des BG vom 27. Juni 1973 über die Stempelabgaben, in Kraft seit 1. Juli 1974 (AS **1974** 11; BBl **1972** II 1278).
2 SR **172.021**
3 Fassung gemäss Art. 52 des BG vom 27. Juni 1973 über die Stempelabgaben, in Kraft seit 1. Juli 1974 (AS **1974** 11; BBl **1972** II 1278).
4 Aufgehoben durch Art. 52 des BG vom 27. Juni 1973 über die Stempelabgaben (AS **1974** 11; BBl **1972** II 1278).
5 Aufgehoben durch Anhang Ziff. 60 des Verwaltungsgerichtsgesetzes vom 17. Juni 2005, mit Wirkung seit 1. Jan. 2007 (AS **2006** 2197 1069; BBl **2001** 4202).
6 Fassung gemäss Art. 52 des BG vom 27. Juni 1973 über die Stempelabgaben, in Kraft seit 1. Juli 1947 (AS **1974** 11; BBl **1972** II 1278).
7 Fassung gemäss Ziff. 10 des Anhangs zum VStrR, in Kraft seit 1. Jan. 1975 (AS **1974** 1857; BBl **1971** I 993).
8 SR **313.0**

II. Steuergefährdung

Art. 62

¹ Wer die gesetzmässige Durchführung der Verrechnungssteuer gefährdet, indem er vorsätzlich oder fahrlässig:

a. im Steuererhebungsverfahren der Pflicht zur Anmeldung als Steuerpflichtiger, zur Einreichung von Steuererklärungen, Aufstellungen und Abrechnungen, zur Erteilung von Auskünften und zur Vorlage von Geschäftsbüchern und Belegen nicht nachkommt;
b. als Steuerpflichtiger oder an seiner Stelle eine unrichtige Abzugsbescheinigung aushändigt (Art. 14 Abs. 2);
c. in einer Aufstellung oder Abrechnung, in einer Meldung oder einem Affidavit (Art. 11), in einem Antrag auf Rückerstattung der Steuer, in einem Gesuch um Steuererlass oder -befreiung unwahre Angaben macht oder erhebliche Tatsachen verschweigt oder dabei unwahre Belege über erhebliche Tatsachen vorlegt;
d.¹ als Steuerpflichtiger, Antragsteller oder auskunftspflichtiger Dritter unrichtige Auskünfte erteilt;
e. Rückerstattungsansprüche geltend macht, die ihm nicht zustehen oder für die er bereits befriedigt worden ist;
f. der Pflicht zur ordnungsgemässen Führung und Aufbewahrung der Geschäftsbücher, Register und Belege zuwiderhandelt, oder
g. die ordnungsgemässe Durchführung einer Buchprüfung oder andern amtlichen Kontrolle erschwert, behindert oder verunmöglicht,

wird, sofern nicht eine der Strafbestimmungen der Artikel 14–16 des Verwaltungsstrafrechtsgesetzes vom 22. März 1974² zutrifft, mit Busse bis zu 20 000 Franken bestraft.³ N 2

² Bei einer Widerhandlung im Sinne von Absatz 1 Buchstabe *g* bleibt die Strafverfolgung nach Artikel 285 des Strafgesetzbuches⁴ vorbehalten.

III. Verletzung der Überwälzungsvorschrift

Art. 63

Wer vorsätzlich oder fahrlässig die Überwälzung der Verrechnungssteuer unterlässt oder zu unterlassen verspricht, wird mit Busse bis zu 10 000 Franken bestraft.

IV. Ordnungswidrigkeiten

Art. 64

¹ Mit Busse bis zu 5000 Franken wird bestraft, wer:

a. eine Bedingung, an welche eine besondere Bewilligung geknüpft wurde, nicht einhält;

---

[1] Fassung gemäss Ziff. 10 des Anhangs zum VStrR, in Kraft seit 1. Jan. 1975 (AS **1974** 1857; BBl **1971** I 993).
[2] SR **313.0**
[3] Fassung des letzten Satzes gemäss Ziff. 10 des Anhangs zum VStrR, in Kraft seit 1. Jan. 1975 (AS **1974** 1857; BBl **1971** I 993).
[4] SR **311.0**

b. einer Vorschrift dieses Gesetzes, einer Ausführungsverordnung oder einer aufgrund solcher Vorschriften erlassenen allgemeinen Weisung oder unter Hinweis auf die Strafdrohung dieses Artikels an ihn gerichteten Einzelverfügung zuwiderhandelt;
c. für die Handlungen nach Artikel 20 Absatz 3 die Fristen nach dessen Ausführungsbestimmungen nicht einhält;
d. die Frist nach Artikel 20a Absatz 2 nicht einhält.[1]

² Strafbar ist auch die fahrlässige Begehung.

Art. 65 –66[2] ...

B. Verhältnis zum Bundesgesetz über das Verwaltungsstrafrecht; Besonderheiten für Widerhandlungen im kantonalen Verfahren[3] N 2

Art. 67

¹ Das Verwaltungsstrafrechtsgesetz vom 22. März 1974[4] findet Anwendung; verfolgende und urteilende Verwaltungsbehörde im Sinne jenes Gesetzes ist die ESTV.[5]

² Wird die Widerhandlung im Verfahren vor einer kantonalen Behörde begangen, so ist diese zur Anzeige an die ESTV verpflichtet.

³ Die kantonale Behörde kann für Ordnungswidrigkeiten (Art. 64) Bussen bis zu 500 Franken verhängen; das Verfahren richtet sich nach den einschlägigen Bestimmungen der kantonalen Steuergesetzgebung.

---

1 Fassung gemäss Ziff. I des BG vom 28. Sept. 2018, in Kraft seit 1. Jan. 2019 (AS **2019** 433; BBl **2018** 2325).
2 Aufgehoben durch Ziff. 10 des Anhangs zum VStrR (AS **1974** 1857; BBl **1971** I 993).
3 Fassung gemäss Ziff. 10 des Anhangs zum VStrR, in Kraft seit 1. Jan. 1975 (AS **1974** 1857; BBl **1971** I 993).
4 SR **313.0**
5 Fassung gemäss Ziff. 10 des Anhangs zum VStrR, in Kraft seit 1. Jan. 1975 (AS **1974** 1857; BBl **1971** I 993).

Fünfter Abschnitt: Schluss- und Übergangsbestimmungen

A. Änderung bisherigen Rechts

Art. 68

...[1]

B. Übergangsrecht

I. Für Ausländer

Art. 69

[1] Ausländische Inhaber von Obligationen, die von einer inländischen öffentlich-rechtlichen Körperschaft vor dem 10. Oktober 1921 mit dem Versprechen ausgegeben worden sind, dass die Zinsen ohne jeden Steuerabzug ausbezahlt werden, haben Anspruch auf Rückerstattung der von diesen Zinsen abgezogenen Verrechnungssteuer.

[2] ...[2]

II. ...

Art. 70[3] ...

III. Übergangsbestimmung zur Änderung vom 10. Oktober 1997[4]

Art. 70a[5]

Die Artikel 4a, 12 Absatz 1bis und 16 Absatz 2 sind auch auf Tatbestände anwendbar, welche vor Inkrafttreten dieser Bestimmungen eingetreten sind, es sei denn, die Steuerforderung sei verjährt oder bereits rechtskräftig festgesetzt.

IV. Übergangsbestimmung zur Änderung vom 15. Dezember 2000

Art. 70b[6]

Natürliche Personen haben ihren Antrag auf Rückerstattung der Verrechnungssteuer für die vor dem 1. Januar 2001 fälligen steuerbaren Einkünfte bei der Steuerbehörde desjenigen Kantons einzureichen, in dem sie zu Beginn des der Fälligkeit der steuerbaren Leistung folgenden Kalenderjahres Wohnsitz hatten.

---

[1] Die Änderungen können unter AS **1966** 385 konsultiert werden.
[2] Aufgehoben durch Anhang Ziff. II 8 des Kollektivanlagengesetzes vom 23. Juni 2006, mit Wirkung seit 1. Jan. 2007 (AS **2006** 5379; BBl **2005** 6395).
[3] Aufgehoben durch Anhang Ziff. II 8 des Kollektivanlagengesetzes vom 23. Juni 2006, mit Wirkung seit 1. Jan. 2007 (AS **2006** 5379; BBl **2005** 6395).
[4] AS **1988** 669
[5] Eingefügt durch Ziff. I 4 des BG vom 10. Okt. 1997 über die Reform der Unternehmensbesteuerung 1997, in Kraft seit 1. Jan. 1998 (AS **1998** 669; BBl **1997** II 1164).
[6] Eingefügt durch Ziff. I 3 des BG vom 15. Dez. 2000 zur Koordination und Vereinfachung der Veranlagungsverfahren für die direkten Steuern im interkantonalen Verhältnis (AS **2001** 1050; BBl **2000** 3898).

V. Übergangsbestimmungen zur Änderung vom 30. September 2016 B104

Art. 70c[1]

1 Die Artikel 16 Absatz 2bis und 20 sind auch auf Sachverhalte anwendbar, die vor Inkrafttreten der Änderungen vom 30. September 2016 eingetreten sind, es sei denn, die Steuerforderung oder die Verzugszinsforderung sei verjährt oder bereits vor dem 1. Januar 2011 rechtskräftig festgesetzt worden.

2 Erfüllt die steuerpflichtige Person die Voraussetzungen nach Artikel 16 Absatz 2bis, so wird auf ihr Gesuch der bereits bezahlte Verzugszins ohne Vergütungszins zurückerstattet.

3 Das Gesuch ist innerhalb eines Jahres nach Inkrafttreten dieser Änderung zu stellen.

VI. Übergangsbestimmung zur Änderung vom 28. September 2018

Art. 70d[2]

Artikel 23 Absatz 2 gilt für Ansprüche, die seit dem 1. Januar 2014 entstanden sind, sofern über den Anspruch auf Rückerstattung der Verrechnungssteuer noch nicht rechtskräftig entschieden worden ist. A94

C. Aufhebung der Couponabgabe

Art. 71

1 Die Stempelabgabe auf Coupons wird vom Inkrafttreten dieses Gesetzes an nicht mehr erhoben; die damit in Widerspruch stehenden Bestimmungen der Bundesgesetzgebung treten ausser Kraft.

2 Die ausser Kraft gesetzten Bestimmungen bleiben mit Bezug auf Abgabeforderungen, Tatsachen und Rechtsverhältnisse, die vor dem Inkrafttreten dieses Gesetzes entstanden oder eingetreten sind, auch nach diesem Zeitpunkt anwendbar.

3 Ist die Abgabe auf Coupons ausländischer Wertpapiere durch einmalige Pauschalzahlung entrichtet worden, so wird für Coupons, die nach dem Inkrafttreten dieses Gesetzes fällig werden, kein anteilmässiger Betrag zurückerstattet.

4 Die Coupons im Sinne des Bundesgesetzes vom 25. Juni 1921[3] betreffend die Stempelabgabe auf Coupons und die ihnen durch die eidgenössische Stempelgesetzgebung gleichgestellten Urkunden dürfen von den Kantonen nicht mit Stempelabgaben oder Registrierungsgebühren belegt werden.

D. Aufhebung bisherigen Rechts

Art. 72

1 Mit dem Inkrafttreten dieses Gesetzes sind aufgehoben:

a. der Bundesratsbeschluss vom 1. September 1943[4] über die Verrechnungssteuer;

---

[1] Eingefügt durch Ziff. I des BG vom 30. Sept. 2016, in Kraft seit 15. Febr. 2017 (AS **2017** 497; BBl **2015** 5331 5365).
[2] Eingefügt durch Ziff. I des BG vom 28. Sept. 2018, in Kraft seit 1. Jan. 2019 (AS **2019** 433; BBl **2018** 2325).
[3] [BS **127**]
[4] [BS **6** 326; AS **1949** II 1801 Art. 1 Bst. B Ziff. 1 Bst. d, **1950** II 1463 Art. 2 ad Art. 2, **1954** 1314 Art. 2, **1958** 362]

b. der Bundesratsbeschluss vom 13. Februar 1945[1] über die Sicherung der Steueransprüche bei Versicherungen;
c. die Artikel 34–40 und 48 des Bundesbeschlusses vom 22. Dezember 1938[2] über die Durchführung der Übergangsordnung des Finanzhaushaltes.

² Die Artikel 35–40 und 48 des Bundesbeschlusses vom 22. Dezember 1938[3] über die Durchführung der Übergangsordnung des Finanzhaushaltes bleiben anwendbar auf alle während ihrer Gültigkeitsdauer eingetretenen Tatsachen.

E. Vollzug

Art. 73

¹ Der Bundesrat und die Kantone erlassen die erforderlichen Vollzugsvorschriften.

² Kann ein Kanton die Vollzugsvorschriften nicht rechtzeitig erlassen, so trifft der Bundesrat vorläufig die erforderlichen Massnahmen.

F. Inkrafttreten

Art. 74

Der Bundesrat bestimmt den Zeitpunkt des Inkrafttretens dieses Gesetzes.

Datum des Inkrafttretens: 1. Januar 1967[4]

---

[1] [BS **6** 345; AS **1949** II 1801 Art. 1 Bst. B Ziff. 1 Bst. e, **1950** II 1463 Art. 2 ad Art. 2, **1954** 1314 Art. 2]
[2] [BS **6** 38 40; AS **1949** II 1801 Art. 1 Bst. A, **1950** II 1463 Art. 2 ad Art. 1, **1954** 1314 Art. 2]
[3] [BS **6** 38 40; AS **1949** II 1801 Art. 1 Bst. A, **1950** II 1463 Art. 2 ad Art. 1, **1954** 1314 Art. 2]
[4] BRB vom 28. Jan. 1966

VStV

Verrechnungssteuerverordnung

**6 Verordnung über die Verrechnungssteuer
(Verrechnungssteuerverordnung, VStV)[1]
SR 642.211**

vom 19. Dezember 1966 (Stand am 1. Januar 2023)

Der Schweizerische Bundesrat,

gestützt auf Artikel 73 Absatz 1 des Verrechnungssteuergesetzes vom 13. Oktober 1965[2] (VStG),[3]

beschliesst:

---

[1] Fassung gemäss Ziff. I der V vom 24. Juni 2009, in Kraft seit 1. Jan. 2010 (AS **2009** 3471).
[2] SR **642.21**
[3] Fassung gemäss Ziff. I 1 der V vom 4. Mai 2022 über das Meldeverfahren im Konzern bei der Verrechnungssteuer, in Kraft seit 1. Jan. 2023 (AS **2022** 307).

Erster Titel: Steuererhebung

Erster Abschnitt: Allgemeine Bestimmungen

I. Eidgenössische Steuerverwaltung

Art. 1

¹ Die Eidgenössische Steuerverwaltung (ESTV) erlässt die allgemeinen Weisungen und trifft die Einzelverfügungen, die für die Erhebung der Verrechnungssteuer erforderlich sind; sie bestimmt Form und Inhalt der Formulare für die Anmeldung als Steuerpflichtiger sowie für die Steuerabrechnungen, Steuererklärungen und Fragebogen.¹

² Sie ist zur Beschwerde an das Bundesgericht berechtigt.²

II. Mitwirkung des Steuerpflichtigen

Art. 2 Buchführung 1.

¹ Der Steuerpflichtige hat seine Bücher so einzurichten und zu führen, dass sich aus ihnen die für die Steuerpflicht und Steuerbemessung massgebenden Tatsachen ohne besonderen Aufwand zuverlässig ermitteln und nachweisen lassen.

² Bedient sich der Steuerpflichtige für sein Rechnungswesen der automatischen oder elektronischen Datenverarbeitung, so wird diese Art der Buchführung für die Erhebung der Verrechnungssteuer nur zugelassen, wenn die vollständige und richtige Verarbeitung aller steuerlich wesentlichen Geschäftsvorfälle und Zahlen vom Urbeleg bis zur Jahresrechnung und Steuerabrechnung sichergestellt ist und wenn die zur Festsetzung der geschuldeten Steuer erforderlichen Unterlagen übersichtlich angeordnet und lesbar sind.

³ Die ESTV³ kann unter den von ihr festzulegenden Bedingungen und Auflagen den Steuerpflichtigen gestatten, Belege in Form von Aufnahmen auf Mikrofilm aufzubewahren. In diesem Falle hat der Steuerpflichtige auf seine Kosten der ESTV Rückvergrösserungen der von ihr bestimmten Belege beizubringen und ihr anlässlich der Buchprüfung gemäss Artikel 40 VStG⁴ auf Verlangen ein Lesegerät und die zu seiner Bedienung erforderlichen Hilfskräfte zur Verfügung zu stellen.

Art. 3 Abrechnung und Bescheinigung über den Steuerabzug 2.

¹ Händigt der Steuerpflichtige dem Empfänger der steuerbaren Leistung eine Abrechnung aus, so sind darin die Fälligkeit dieser Leistung und ihr Bruttobetrag vor Abzug der Verrechnungssteuer und von Spesen anzugeben.

---

¹ Fassung gemäss Ziff. I 1 der V vom 4. Mai 2022 über das Meldeverfahren im Konzern bei der Verrechnungssteuer, in Kraft seit 1. Jan. 2023 (AS **2022** 307).
² Eingefügt durch Ziff. II 46 der V vom 8. Nov. 2006 über die Anpassung von Bundesratsverordnungen an die Totalrevision der Bundesrechtspflege, in Kraft seit 1. Jan. 2007 (AS **2006** 4705).
³ Ausdruck gemäss Ziff. I 1 der V vom 4. Mai 2022 über das Meldeverfahren im Konzern bei der Verrechnungssteuer, in Kraft seit 1. Jan. 2023 (AS **2022** 307). Diese Änd. wurde im ganzen Erlass berücksichtigt.
⁴ Ausdruck gemäss Ziff. I 1 der V vom 4. Mai 2022 über das Meldeverfahren im Konzern bei der Verrechnungssteuer, in Kraft seit 1. Jan. 2023 (AS **2022** 307). Diese Änd. wurde im ganzen Erlass berücksichtigt.

² Verlangt der Empfänger der steuerbaren Leistung eine besondere Bescheinigung (Art. 14 Abs. 2 VStG), so sind darin anzugeben:
   a. der Name und die dem Aussteller bekannte Adresse des Empfängers;
   b. die Art und der Nennbetrag des Vermögenswertes, der die steuerbare Leistung abgeworfen hat;
   c. der Bruttobetrag der steuerbaren Leistung, der Zeitraum, auf den sie sich bezieht, und das Fälligkeitsdatum;
   d. der Betrag der abgezogenen Verrechnungssteuer;
   e. das Datum der Ausstellung sowie Name und Adresse (Firmastempel) und Unterschrift des Ausstellers.

³ Für jede steuerbare Leistung darf nur eine Bescheinigung ausgestellt werden; Kopien oder Ersatzbescheinigungen sind als solche zu kennzeichnen.

⁴ Die ESTV kann unter den von ihr festzulegenden Bedingungen und Auflagen nicht unterschriebene Bescheinigungen und unmittelbar auf dem Rückerstattungsantrag angebrachte Bescheinigungen zulassen.

Art. 4 Leistung in ausländischer Währung 3.

¹ Lautet die steuerbare Leistung auf eine ausländische Währung, so ist sie auf den Zeitpunkt ihrer Fälligkeit in Schweizer Franken umzurechnen.

² In der Bescheinigung über den Steuerabzug (Art. 3 Abs. 2) sind die Bruttobeträge der Leistung in beiden Währungen und der Umrechnungskurs anzugeben.

³ Ist unter den Parteien kein bestimmter Umrechnungskurs vereinbart worden, so ist der Umrechnung das Mittel der Geld- und Briefkurse am letzten Werktage vor der Fälligkeit der Leistung zugrundezulegen.

Art. 5 Meldung bei Leistungsverzug u. dgl. 4.

¹ Ist der Schuldner wegen Zahlungsunfähigkeit ausserstande, die steuerbare Leistung bei ihrer Fälligkeit zu erbringen, oder ist ihm auf Grund der Bundesgesetzgebung eine Stundung bewilligt worden, so hat er unaufgefordert der ESTV diesen Sachverhalt und den voraussichtlichen Zeitpunkt, auf den die Leistung zahlbar gestellt wird, mitzuteilen.

² Wird über den Steuerpflichtigen der Konkurs eröffnet, so hat über die auf den Zeitpunkt der Konkurseröffnung fällig gewordene Steuer (Art. 16 Abs. 3 VStG) die Konkursverwaltung die vorgeschriebene Abrechnung zu erstellen und mit den Belegen der ESTV einzureichen (Art. 38 Abs. 2 VStG).

III. Steuererhebungsverfahren

Art. 6 Einholen von Auskünften; Einvernahme 1.

¹ Die ESTV kann Auskünfte schriftlich oder mündlich einholen und den Steuerpflichtigen zur Einvernahme laden.

² Wo es angezeigt erscheint, sind die Auskünfte in Gegenwart des Einvernommenen zu protokollieren; das Protokoll ist von diesem und vom einvernehmenden Beamten und vom allenfalls beigezogenen Protokollführer zu unterzeichnen.

³ Vor jeder Einvernahme nach Absatz 2 ist der Einzuvernehmende zur Wahrheit zu ermahnen und auf die Folgen unrichtiger Auskünfte (Art. 62 Abs. 1 Bst. d VStG) hinzuweisen.

Art. 7 Buchprüfung 2.

¹ Der Steuerpflichtige ist berechtigt und auf Verlangen verpflichtet, der Buchprüfung (Art. 40 Abs. 2 VStG) beizuwohnen und die erforderlichen Aufschlüsse zu erteilen.

² Die ESTV ist nicht verpflichtet, die Buchprüfung zum voraus anzuzeigen.

IV. Bezug und Sicherung der Steuer

Art. 8 Zwangsvollstreckung 1.

¹ Die ESTV ist zuständig, für die Forderungen des Bundes an Verrechnungssteuern, Zinsen, Kosten und Bussen die Betreibung anzuheben, sie in einem Konkurs einzugeben, die Aufhebung des Rechtsvorschlages zu verlangen und alle weiteren zur Sicherung oder Eintreibung der Forderung notwendigen Vorkehren zu treffen.

² Vorbehalten bleibt die Zuständigkeit der Eidgenössischen Finanzverwaltung zur Verwahrung von Verlustscheinen und zur Geltendmachung der in einem Verlustschein verurkundeten Forderung.

Sicherstellung 2.

Art. 9 Durch Ausländer beherrschte Gesellschaften a.

¹ Sind am Grundkapital einer Aktiengesellschaft oder am Stammkapital einer Gesellschaft mit beschränkter Haftung zu mehr als 80 Prozent (direkt oder indirekt) Personen mit Wohnsitz im Ausland beteiligt, und befinden sich die Aktiven der Gesellschaft zur Hauptsache im Ausland oder bestehen sie überwiegend aus Forderungen oder anderen Rechten gegenüber Ausländern, und schüttet die Gesellschaft nicht alljährlich einen angemessenen Teil des Reinertrages als Dividende oder Gewinnanteil an die Inhaber der Aktien, Stammanteile oder Genussscheine aus, so kann die ESTV wegen Gefährdung des Steuerbezuges eine Sicherstellung verfügen (Art. 47 Abs. 1 Bst. a VStG).[1]

² Der sicherzustellende Betrag hat der Steuer zu entsprechen, die bei einer Liquidation der Gesellschaft zu entrichten wäre, und wird nötigenfalls alljährlich auf Grund der Jahresrechnung neu festgesetzt.

Art. 10 Sicherheitsleistung b.

¹ Die nach Artikel 47 VStG verfügte Sicherstellung ist gemäss der Verordnung vom 21. Juni 1957[2] über Sicherstellungen zugunsten der Eidgenossenschaft durch Realkaution, Bürgschaften, Garantien oder Kautionsversicherung zu leisten.

---

[1] Fassung gemäss Ziff. I 2 der V vom 15. Okt. 2008, in Kraft seit 1. Jan. 2009 (AS **2008** 5073).
[2] [AS **1957** 509, **1975** 2373 Art. 19 Abs. 1 Bst. b. AS **1986** 154 Art. 51 Ziff. 3]. Heute: gemäss Art. 49 der Finanzhaushaltverordnung vom 5. April 2006 (SR **611.01**).

² Eine geleistete Sicherheit ist freizugeben, sobald die sichergestellten Steuern, Zinsen und Kosten bezahlt sind oder der Grund der Sicherstellung dahingefallen ist.

³ ...[1]

Art. 11 Löschung im Handelsregister 3.

¹ Eine Aktiengesellschaft, Gesellschaft mit beschränkter Haftung oder Genossenschaft darf in Handelsregister erst dann gelöscht werden, wenn die ESTV dem kantonalen Handelsregisteramt angezeigt hat, dass die geschuldeten Verrechnungssteuern bezahlt sind.

² Auf die Löschung einer anderen Rechtseinheit im Sinne von Artikel 2 Buchstabe a der Handelsregisterverordnung vom 17. Oktober 2007[2] findet Absatz 1 Anwendung, wenn die ESTV dem kantonalen Handelsregisteramt mitgeteilt hat, dass die Rechtseinheit aufgrund des VStG steuerpflichtig geworden ist.[3]

V. Rückerstattung der nicht geschuldeten Steuer

Art. 12

¹ Bezahlte Steuern und Zinsen, die nicht durch Entscheid der ESTV festgesetzt worden sind, werden zurückerstattet, sobald feststeht, dass sie nicht geschuldet waren.

² Ist eine nicht geschuldete Steuer schon überwälzt worden, (Art. 14 Abs. 1 VStG), so wird die Rückerstattung nur gewährt, wenn feststeht, dass der von der Überwälzung Betroffene die Rückerstattung nicht im ordentlichen Rückerstattungsverfahren erlangt hat und dass er in den Genuss der Rückerstattung gemäss Absatz 1 gebracht wird.

³ Die Rückerstattung ist insoweit ausgeschlossen, als nach dem Sachverhalt, den der Rückfordernde geltend macht, eine andere, wenn auch inzwischen verjährte Bundessteuer geschuldet war.

⁴ Der Rückerstattungsanspruch verjährt fünf Jahre nach Ablauf des Kalenderjahres, in dem die Zahlung geleistet worden ist.

⁵ Die Vorschriften des VStG und dieser Verordnung über die Steuererhebung finden sinngemässe Anwendung; kommt der Gesuchsteller seinen Auskunftspflichten nicht nach, und kann der Anspruch ohne die von der ESTV verlangten Auskünfte nicht abgeklärt werden, so wird das Gesuch abgewiesen.

VI. Verrechnung

Art. 13

Die ESTV kann eine gefährdete fällige Steuerforderung mit der Verrechnungssteuer, deren Rückerstattung der Zahlungspflichtige beansprucht, verrechnen.

---

[1] Aufgehoben durch Anhang 3 Ziff. 14 der V vom 3. Febr. 1993 über Organisation und Verfahren eidgenössischer Rekurs- und Schiedskommissionen, mit Wirkung seit 1. Jan. 1994 (AS **1993** 879).
[2] SR **221.411**
[3] Fassung gemäss Ziff. I 2 der V vom 15. Okt. 2008, in Kraft seit 1. Jan. 2009 (AS **2008** 5073).

Zweiter Abschnitt: Steuer auf Kapitalerträgen

A. Steuer auf dem Ertrag von Obligationen und Kundenguthaben

I. Gegenstand der Steuer

Art. 14 Steuerbarer Ertrag 1.

¹ Steuerbarer Ertrag von Obligationen, Serienschuldbriefen, Seriengülten und Schuldbuchguthaben sowie von Kundenguthaben ist jede auf dem Schuldverhältnis beruhende geldwerte Leistung an den Gläubiger, die sich nicht als Rückzahlung der Kapitalschuld darstellt.

² ...[1]

Art. 14a[2] Guthaben im Konzern 1a.

¹ Zwischen Konzerngesellschaften bestehende Guthaben gelten weder als Obligationen nach Artikel 4 Absatz 1 Buchstabe a noch als Kundenguthaben nach Artikel 4 Absatz 1 Buchstabe d VStG; dies gilt unabhängig von ihrer Laufzeit, ihrer Währung und ihrem Zinssatz.

² Als Konzerngesellschaften gelten Gesellschaften, deren Jahresrechnungen nach anerkannten Standards zur Rechnungslegung in der Konzernrechnung voll- oder teilkonsolidiert werden.[3]

³ Absatz 1 ist nicht anwendbar, wenn:
  a. eine inländische Konzerngesellschaft eine Obligation einer ausländischen Konzerngesellschaft garantiert; und
  b. die von der ausländischen Konzerngesellschaft an die inländische Konzerngesellschaft weitergeleiteten Mittel per Bilanzstichtag den Umfang des Eigenkapitals der ausländischen Konzerngesellschaft übersteigen.[4]

Art. 15 Begriff der Obligationen und Serientitel 2.

¹ Obligationen sind auf den Inhaber, an Ordre oder auf den Namen lautende
  a. Anleihensobligationen, mit Einschluss der Partialen von Anleihen, die durch Grundpfand sichergestellt sind, Rententitel, Pfandbriefe, Kassenobligationen, Kassen- und Depositenscheine;
  b. in einer Mehrzahl ausgegebene wechselähnliche Schuldverschreibungen und andere Diskontopapiere, die zur Unterbringung im Publikum bestimmt sind.

² Serienschuldbriefe und Seriengülten sind in einer Mehrzahl zu gleichartigen Bedingungen ausgegebene Schuldbriefe und Gülten, die auf den Inhaber oder an Ordre gestellt oder mit auf den Inhaber oder an Ordre lautenden Coupons versehen sind und in ihrer wirtschaftlichen Bedeutung den Partialen von Anleihen gleichstehen.

---

[1] Aufgehoben durch Ziff. I der V vom 22. Nov. 2000, mit Wirkung seit 1. Jan. 2001 (AS **2000** 2994). Siehe dazu die SchlB am Ende dieses Textes.
[2] Eingefügt durch Ziff. I 2 der V vom 18. Juni 2010, in Kraft seit 1. Aug. 2010 (AS **2010** 2963).
[3] Fassung gemäss Ziff. I der V vom 10. März 2017, in Kraft seit 1. April 2017 (AS **2017** 775).
[4] Fassung gemäss Ziff. I der V vom 10. März 2017, in Kraft seit 1. April 2017 (AS **2017** 775).

Art. 16[1] **Kundenguthaben** 3.

Die Freigrenze nach Artikel 5 Absatz 1 Buchstabe c VStG gilt für Zinsbeträge, die für das Kundenguthaben einmal pro Kalenderjahr vergütet werden.

II. Anmeldung als Steuerpflichtiger

Art. 17

1 Der Inländer (Art. 9 Abs. 1 VStG), der Obligationen, Serienschuldbriefe oder Seriengülten ausgibt, sich öffentlich zur Annahme verzinslicher Gelder empfiehlt oder fortgesetzt Gelder gegen Zins entgegennimmt, hat sich, bevor er mit seinem Vorhaben beginnt, unaufgefordert bei der ESTV anzumelden.[2]

2 In der Anmeldung sind anzugeben: der Name (die Firma) und der Sitz des Unternehmens sowie aller inländischen Zweigniederlassungen, auf welche die Voraussetzungen von Absatz 1 zutreffen, oder, wenn es sich um eine juristische Person oder um eine Handelsgesellschaft ohne juristische Persönlichkeit mit statutarischem Sitz im Ausland handelt, die Firma und der Sitz der Hauptniederlassung und die Adresse der inländischen Leitung; die Art der Tätigkeit und das Datum ihrer Aufnahme; das Rechnungsjahr und die Zinstermine. Mit der Anmeldung sind die für die Überprüfung der Steuerpflicht erforderlichen Belege (Emissionsprospekt, Reglement für die Sparhefte oder Einlagen u. dgl.) einzureichen.

3 Nach Aufnahme der Geschäftstätigkeit eintretende Änderungen an den gemäss Absatz 2 zu meldenden Tatsachen und einzureichenden Belegen, insbesondere die Errichtung neuer Zweigniederlassungen und die Änderung der Reglemente, sind unaufgefordert der ESTV zu melden.

4 Gibt ein Unternehmen, das bei der ESTV als Steuerpflichtiger schon angemeldet ist, neue Titel aus, oder schafft es neue Anlagemöglichkeiten, deren Ertrag der Verrechnungssteuer unterliegt, so kann sich die Anmeldung auf diesen Sachverhalt beschränken.

III. Steuerabrechnung

Art. 18 Anleihensobligationen u. dgl. 1.

Die Steuer auf dem Ertrag von Anleihensobligationen, der ihnen von der ESTV für die Steuerabrechnung gleichgestellten Obligationen, Serienschuldbriefe und Seriengülten sowie von Schuldbuchguthaben ist auf Grund der Abrechnung nach amtlichem Formular innert 30 Tagen nach Fälligkeit des Ertrages (Coupontermin) unaufgefordert der ESTV zu entrichten.

---

1 Fassung gemäss Ziff. I der V vom 24. Juni 2009, in Kraft seit 1. Jan. 2010 (AS **2009** 3471).
2 Fassung gemäss Ziff. II der V vom 15. Febr. 2012, in Kraft seit 1. März 2012 (AS **2012** 791).

Art. 19 Kassenobligationen u. dgl.; Kundenguthaben 2.

¹ Die Steuer auf dem Ertrag von Kassenobligationen, Kassen- und Depositenscheinen, wechselähnlichen Schuldverschreibungen und anderen Diskontopapieren, der ihnen von der ESTV für die Steuerabrechnung gleichgestellten Obligationen, Serienschuldbriefe und Seriengülten sowie von Kundenguthaben bei Banken und Sparkassen ist auf Grund der Abrechnung nach amtlichem Formular innert 30 Tagen nach Ablauf des Geschäftsvierteljahres für die in diesem Zeitraum fällig gewordenen Zinsen und sonstigen Erträge unaufgefordert der ESTV zu entrichten.

² Um unverhältnismässige Umtriebe zu vermeiden, kann die ESTV eine von Absatz 1 abweichende Art der Steuerabrechnung gestatten oder anordnen; sie kann insbesondere zulassen,

a. dass die in den ersten drei Geschäftsvierteljahren fällig gewordenen Steuern annäherungsweise ermittelt werden und über die im ganzen Geschäftsjahr fällig gewordenen Steuern erst nach Ablauf des letzten Geschäftsvierteljahres genau abgerechnet wird;

b.¹ dass in Fällen, wo der Gesamtwert der Obligationen und Kundenguthaben im Sinne von Absatz 1 nicht mehr als 1 000 000 Franken beträgt, über die auf ihren Erträgen fällig gewordenen Steuern nur einmal jährlich abgerechnet wird.

³ Der Steuerpflichtige hat in seinen Geschäftsbüchern gesondert die folgenden Bestände mit den entsprechenden Erträgen auszuweisen: Kassenobligationen (mit Einschluss der ihnen für die Steuerabrechnung gleichgestellten Obligationen, Serienschuldbriefe und Seriengülten); wechselähnliche Schuldverschreibungen und andere Diskontopapiere sowie Kundenguthaben, unterteilt in Guthaben, deren Zinsen von der Steuer ausgenommen sind (Art. 5 Abs. 1 Bst. c VStG) und in Guthaben, deren Zinsen der Steuer unterliegen.²

B. Steuer auf dem Ertrag von Aktien, Stammanteilen an Gesellschaften mit beschränkter Haftung, Genossenschaftsanteilen, Beteiligungsscheinen von Genossenschaftsbanken und Genussscheinen³

I. Gegenstand der Steuer

Art. 20

¹ Steuerbarer Ertrag von Aktien, Stammanteilen an Gesellschaften mit beschränkter Haftung und Genossenschaftsanteilen ist jede geldwerte Leistung der Gesellschaft oder Genossenschaft an die Inhaber gesellschaftlicher Beteiligungsrechte oder an ihnen nahestehende Dritte, die sich nicht als Rückzahlung der im Zeitpunkt der Leistung bestehenden Anteile am einbezahlten Grund- oder Stammkapital darstellt (Dividenden, Boni, Gratisaktien, Gratis-Partizipationsscheine, Liquidationsüberschüsse und dergleichen).⁴

---

[1] Fassung gemäss Ziff. I der V vom 22. Nov. 2000, in Kraft seit 1. Jan. 2001 (AS **2000** 2994).
[2] Fassung gemäss Ziff. II der V vom 15. Febr. 2012, in Kraft seit 1. März 2012 (AS **2012** 791).
[3] Fassung gemäss Anhang 1 Ziff. II 5 der Finanzinstitutsverordnung vom 6. Nov. 2019, in Kraft seit 1. Jan. 2020 (AS **2019** 4633).
[4] Fassung gemäss Ziff. I 2 der V vom 15. Okt. 2008, in Kraft seit 1. Jan. 2009 (AS **2008** 5073).

² Steuerbarer Ertrag von Partizipations-, Genuss- und Beteiligungsscheinen ist jede geldwerte Leistung an den Inhaber des Partizipations-, Genuss- oder Beteiligungsscheins; die Rückzahlung des Nennwertes von unentgeltlich ausgegebenen Partizipationsscheinen oder Beteiligungsscheinen bildet nicht Bestandteil des steuerbaren Ertrags, wenn die Gesellschaft oder die Genossenschaftsbank nachweist, dass sie die Verrechnungssteuer auf dem Nennwert bei der Ausgabe der Titel entrichtet hat.[1]

³ ...[2]

II. Steuerabrechnung

Aktiengesellschaften und Gesellschaften mit beschränkter Haftung 1.

Art. 21 Im Allgemeinen a.

¹ Jede inländische Aktiengesellschaft oder Gesellschaft mit beschränkter Haftung (Art. 9 Abs. 1 VStG) hat unaufgefordert der ESTV innert 30 Tagen nach Genehmigung der Jahresrechnung den Geschäftsbericht oder eine unterzeichnete Abschrift der Jahresrechnung (Bilanz und Gewinn- und Verlustrechnung) sowie eine Aufstellung nach amtlichem Formular einzureichen, woraus der Kapitalbestand am Ende des Geschäftsjahres, das Datum der Generalversammlung, die beschlossene Gewinnverteilung und ihre Fälligkeit ersichtlich sind, und die Steuer auf den mit Genehmigung der Jahresrechnung fällig gewordenen Erträgen zu entrichten, wenn:

a. die Bilanzsumme mehr als fünf Millionen Franken beträgt;
b. mit der beschlossenen Gewinnverteilung eine steuerbare Leistung vorliegt;
c. im Geschäftsjahr eine steuerbare Leistung vorgelegen ist;
d. die Gesellschaft aufgrund von Artikel 69 des Bundesgesetzes vom 14. Dezember 1990[3] über die direkte Bundessteuer oder Artikel 28 des Bundesgesetzes vom 14. Dezember 1990[4] über die Harmonisierung der direkten Steuern der Kantone und Gemeinden veranlagt wird; oder
e. die Gesellschaft ein Doppelbesteuerungsabkommen zwischen der Schweiz und einem anderen Staat in Anspruch genommen hat.[5]

¹ᵇⁱˢ In den übrigen Fällen sind die Unterlagen auf Verlangen der ESTV einzureichen.[6]

² Die Steuer auf Erträgen, die nicht mit Genehmigung der Jahresrechnung fällig oder die nicht auf Grund der Jahresrechnung ausgerichtet werden (Interimsdividenden, Bauzinsen, Gratisaktien, Liquidationsüberschüsse, Ablösung von Genussscheinen, geldwerte Leistungen anderer Art) ist auf Grund der Abrechnung nach amtlichem Formular innert 30 Tagen nach der Fälligkeit des Ertrages unaufgefordert der ESTV zu entrichten.

---

[1] Fassung gemäss Anhang 1 Ziff. II 5 der Finanzinstitutsverordnung vom 6. Nov. 2019, in Kraft seit 1. Jan. 2020 (AS **2019** 4633).
[2] Aufgehoben durch Ziff. I 1 der V vom 4. Mai 2022 über das Meldeverfahren im Konzern bei der Verrechnungssteuer, mit Wirkung seit 1. Jan. 2023 (AS **2022** 307).
[3] SR **642.11**
[4] SR **642.14**
[5] Fassung gemäss Ziff. I 2 der V vom 15. Okt. 2008, in Kraft seit 1. Jan. 2009 (AS **2008** 5073).
[6] Eingefügt durch Ziff. I 2 der V vom 15. Okt. 2008, in Kraft seit 1. Jan. 2009 (AS **2008** 5073).

³ Ist für den Ertrag ein Fälligkeitstermin nicht bestimmt, so beginnt die 30-tägige Frist am Tage, an dem die Ausrichtung beschlossen oder, mangels eines solchen Beschlusses, an dem der Ertrag ausgerichtet wird, zu laufen.

⁴ Wird die Jahresrechnung nicht innert sechs Monaten nach Ablauf des Geschäftsjahres genehmigt, so hat die Gesellschaft der ESTV vor Ablauf des siebenten Monats den Grund der Verzögerung und den mutmasslichen Zeitpunkt der Rechnungsabnahme mitzuteilen.

Art. 22 Auflösung; Sitzverlegung ins Ausland b.

¹ Wird eine Aktiengesellschaft oder Gesellschaft mit beschränkter Haftung aufgelöst (Art. 736 und 820 OR¹), so hat sie das unverzüglich der ESTV mitzuteilen.

² Die aufgelöste Gesellschaft hat der ESTV eine unterzeichnete Abschrift der von den Liquidatoren aufgestellten Bilanz einzureichen und nach ihrer Anordnung regelmässig über den Stand der Liquidation und über die Verwendung der Aktiven Auskunft zu erteilen; nach Beendigung der Liquidation ist der ESTV eine unterzeichnete Abschrift der Liquidationsrechnung mit einer Aufstellung über die Verteilung des Liquidationsüberschusses einzureichen.

³ Innert 30 Tagen nach jeder Verteilung eines Anteils am Liquidationsüberschuss hat die Gesellschaft unaufgefordert die auf diesem Anteil geschuldete Steuer auf Grund einer besonderen Abrechnung zu entrichten.

⁴ Bei einer Auflösung ohne Liquidation finden die Absätze 1–3 sinngemässe Anwendung.

⁵ Will eine Gesellschaft ihren Sitz ins Ausland verlegen, so hat sie dieses Vorhaben unverzüglich der ESTV mitzuteilen, ihr eine auf den Tag der Sitzverlegung erstellte Bilanz und Gewinn- und Verlustrechnung einzureichen und gleichzeitig die auf dem Überschuss des Vermögens über das einbezahlte Grund- oder Stammkapital geschuldete Steuer zu entrichten. Das gilt auch, wenn eine Gesellschaft mit statutarischem Sitz im Ausland den Ort ihrer tatsächlichen Leitung ins Ausland verlegen will.

Art. 23 Genossenschaften 2.

¹ Jede inländische Genossenschaft, deren Statuten Geldleistungen der Genossenschafter oder die Schaffung eines Genossenschaftskapitals durch Genossenschaftsanteile und jede Genossenschaftsbank, deren Statuten, die Schaffung eines Beteiligungskapitals durch Beteiligungsscheine vorsehen, haben sich unverzüglich nach ihrer Eintragung in das Handelsregister oder nach Aufnahme entsprechender Bestimmungen in ihre Statuten unaufgefordert bei der ESTV anzumelden; der Anmeldung ist ein unterzeichnetes Exemplar der Statuten beizulegen.[2]

² Für die Steuerabrechnung, die Einreichung der Jahresrechnung und die Auflösung der Genossenschaft finden die Artikel 21 und 22 sinngemäss Anwendung.[3]

3–5 ...[4]

---

[1] SR **220**
[2] Fassung gemäss Anhang 1 Ziff. II 5 der Finanzinstitutsverordnung vom 6. Nov. 2019, in Kraft seit 1. Jan. 2020 (AS **2019** 4633).
[3] Fassung gemäss Ziff. I 2 der V vom 15. Okt. 2008, in Kraft seit 1. Jan. 2009 (AS **2008** 5073).
[4] Aufgehoben durch Ziff. I 2 der V vom 15. Okt. 2008, mit Wirkung seit 1. Jan. 2009 (AS **2008** 5073).

III. Meldung statt Steuerentrichtung

Art. 24 Fälle 1.

¹ Der Gesellschaft oder Genossenschaft kann auf Gesuch hin gestattet werden, ihre Steuerpflicht durch Meldung der steuerbaren Leistung zu erfüllen (Art. 20 VStG),

  a. wenn die anlässlich einer amtlichen Kontrolle oder Buchprüfung geltend gemachte Steuer eine Leistung betrifft, die in einem Vorjahre fällig geworden ist;
  b. bei der Ausgabe oder Nennwerterhöhung von Aktien, Gesellschafts- oder Genossenschaftsanteilen zulasten der Reserven der Gesellschaft oder Genossenschaft (Gratisaktien u. dgl.);
  c. bei der Ausrichtung von Naturaldividenden oder des Liquidationsüberschusses durch Abtretung von Aktiven;
  d. bei der Verlegung des Sitzes ins Ausland.

² Das Meldeverfahren ist in allen Fällen nur zulässig, wenn feststeht, dass die Personen, auf die die Steuer zu überwälzen wäre (Leistungsempfänger), nach dem VStG oder dieser Verordnung Anspruch auf Rückerstattung dieser Steuer hätten, und wenn ihre Zahl zwanzig nicht übersteigt.

Art. 24a[1] **Meldung beim Rückkauf eigener Beteiligungsrechte** 2.

Der Gesellschaft oder Genossenschaft kann auf Gesuch hin gestattet werden, ihre Steuerpflicht durch Meldung der steuerbaren Leistung zu erfüllen, wenn:

  a. die Steuer aufgrund von Artikel 4a Absatz 2 VStG geschuldet ist;
  b. die steuerpflichtige Gesellschaft oder Genossenschaft den Nachweis erbringt, dass die zurückgekauften Beteiligungsrechte aus dem Geschäftsvermögen des Verkäufers stammen;
  c. der Verkäufer zum Zeitpunkt des Verkaufs im Inland unbeschränkt steuerpflichtig war; und
  d. der Verkauf vom Verkäufer ordnungsgemäss verbucht worden ist.

Art. 25 Gesuch; Bewilligung[2] 3.

¹ Das Gesuch ist der ESTV schriftlich einzureichen; im Gesuch sind anzugeben:

  a. die Namen der Leistungsempfänger und der Ort ihres Wohnsitzes oder Aufenthalts im Zeitpunkt der Fälligkeit der Leistung;
  b. Art und Bruttobetrag der einem jeden Leistungsempfänger zustehenden Leistung, das Fälligkeitsdatum und gegebenenfalls der Zeitraum, auf den sie sich bezieht.

² Die ESTV klärt den Sachverhalt ab und trifft ihren Entscheid; sie kann die Bewilligung des Gesuches an Bedingungen knüpfen und mit Auflagen verbinden. Betrifft der Entscheid noch nicht fällig gewordene Leistungen, so steht er unter dem Vorbehalt der Nachprüfung des Rückerstattungsanspruchs der Leistungsempfänger bei Fälligkeit.

³ Die Bewilligung entbindet die Gesellschaft oder Genossenschaft nicht von der Pflicht, sich vor der Meldung zu vergewissern, ob der Leistungsempfänger auch noch bei Fälligkeit der Leistung im Inland Wohnsitz oder dauernden Aufenthalt hatte.

---

[1] Eingefügt durch Ziff. I der V vom 22. Nov. 2000, in Kraft seit 1. Jan. 2001 (AS **2000** 2994). Siehe dazu die SchlB am Ende dieses Textes.
[2] Fassung gemäss Ziff. I der V vom 22. Nov. 2000, in Kraft seit 1. Jan. 2001 (AS **2000** 2994)

Art. 26 Meldung; nachträgliche Einforderung der Steuer[1] 4.

¹ Die Meldung der steuerbaren Leistung hat die in Artikel 3 Absatz 2 genannten Angaben zu enthalten und ist der ESTV mit je einem Doppel für jeden Leistungsempfänger innert der Frist von Artikel 21 und mit den dort vor geschriebenen Belegen einzureichen.

² Erfüllt das Gesuch im Sinne von Artikel 25 Absatz 1 nach Inhalt und Zahl der Exemplare die Erfordernisse von Absatz 1, so braucht keine neue Meldung eingereicht zu werden; andernfalls ist die anstelle einer nachträglichen Steuerentrichtung tretende Meldung (Art. 24 Abs. 1 Bst. a) innert 30 Tagen nach der Bewilligung einzureichen.

³ Die ESTV leitet die Meldungen an die zuständigen kantonalen Behörden weiter. Diese haben, sofern die ESTV es infolge eines Vorbehalts nach Artikel 25 Absatz 2 verfügt, ihr zu melden, ob der Leistungsempfänger die Rückerstattung der Steuer beanspruchen könnte.

⁴ Hätte der Leistungsempfänger keinen Anspruch auf Rückerstattung der Steuer, so ist sie von der ESTV bei der Gesellschaft oder Genossenschaft oder beim Mithaftenden einzufordern. Vorbehalten bleibt die Einleitung eines Strafverfahrens.

Art. 26a[2] Meldung statt Steuerentrichtung für Dividenden im Konzernverhältnis 5.

¹ Ist eine juristische Person, eine kollektive Kapitalanlage oder ein Gemeinwesen nach Artikel 24 Absatz 1 VStG unmittelbar zu mindestens 10 Prozent am Grund- oder Stammkapital einer Kapitalgesellschaft oder Genossenschaft beteiligt, so kann sie diese mittels eines amtlichen Formulars anweisen, ihr die Dividende ohne Abzug der Verrechnungssteuer auszurichten.[3] N 1.3 | C23

² Die steuerpflichtige Gesellschaft ihrerseits vervollständigt das Gesuch und reicht dieses der ESTV innert 30 Tagen nach Fälligkeit der Dividende zusammen mit dem amtlichen Formular zur Jahresrechnung unaufgefordert ein. Artikel 21 findet Anwendung.

³ Das Meldeverfahren ist nur zulässig, wenn feststeht, dass die juristische Person, die kollektive Kapitalanlage oder das Gemeinwesen, worauf die Steuer zu überwälzen wäre, nach VStG oder dieser Verordnung Anspruch auf Rückerstattung dieser Steuer hätte.[4]

⁴ Ergibt die Nachprüfung durch die ESTV, dass vom Meldeverfahren zu Unrecht Gebrauch gemacht wurde, ist die Verrechnungssteuer nachzuerheben; wird die Steuerforderung bestritten, so trifft die ESTV einen entsprechenden Entscheid. Vorbehalten bleibt die Einleitung eines Strafverfahrens.

---

[1] Fassung gemäss Ziff. I der V vom 22. Nov. 2000, in Kraft seit 1. Jan. 2001 (AS **2000** 2994).
[2] Eingefügt durch Ziff. I der V vom 22. Nov. 2000, in Kraft seit 1. Jan. 2001 (AS **2000** 2994).
[3] Fassung gemäss Ziff. I 1 der V vom 4. Mai 2022 über das Meldeverfahren im Konzern bei der Verrechnungssteuer, in Kraft seit 1. Jan. 2023 (AS **2022** 307). Siehe auch die UeB dieser Änd. am Schluss des Textes.
[4] Fassung gemäss Ziff. I 1 der V vom 4. Mai 2022 über das Meldeverfahren im Konzern bei der Verrechnungssteuer, in Kraft seit 1. Jan. 2023 (AS **2022** 307). Siehe auch die UeB dieser Änd. am Schluss des Textes.

IV. Erlass

Art. 27

¹ Das Gesuch um Erlass der Steuerforderung gemäss Artikel 18 VStG ist spätestens mit der Abrechnung über die fällig gewordene Steuer (Art. 21) oder mit der Steuererklärung (Art. 23 Abs. 2) der ESTV einzureichen.

² Die ESTV kann vom Gesuchsteller über alle Tatsachen, die für den Erlass von Bedeutung sein können, die erforderlichen Auskünfte und Belege verlangen; kommt der Gesuchsteller seinen Auskunftspflichten nicht nach, so wird das Gesuch abgewiesen.

C. Steuer auf dem Ertrag von Anteilen an kollektiven Kapitalanlagen[1]

I. Gegenstand der Steuer

Art. 28[2] Steuerbarer Ertrag 1.

¹ Steuerbarer Ertrag von Anteilen an einer kollektiven Kapitalanlage ist jede auf dem Anteil beruhende geldwerte Leistung an den Anteilsinhaber, die nicht über einen ausschliesslich der Ausschüttung von Kapitalgewinnen, von Erträgen aus direktem Grundbesitz oder der Rückzahlung der Kapitaleinzahlungen dienenden Coupon ausgerichtet wird (Art. 5 Abs. 1 Bst. b VStG).

² Bei der Rückzahlung von Anteilen wird die Steuer nur erhoben, wenn die Rückzahlung infolge Auflösung oder Liquidation der kollektiven Kapitalanlage erfolgt.

³ Sind Anteilscheine ohne Coupons ausgegeben worden, wird die Leistung gegen Rückgabe des Anteilscheins erbracht oder bestehen keine Anteilscheine, so bleiben die ausgerichteten Kapitalgewinne, Kapitalauszahlungen und Erträge aus direktem Grundbesitz von der Steuer ausgenommen, wenn sie in der Abrechnung für den Anteilsinhaber gesondert ausgewiesen werden.

Art. 29 Verlegung von Verlusten und Kosten 2.

Die in einer kollektiven Kapitalanlage eingetretenen Verluste sowie die mit Kapitalgewinnen zusammenhängenden Kosten (Gewinnungskosten, Ausschüttungskommissionen usw.) sind zulasten der erzielten Kapitalgewinne und des Kapitals zu verbuchen.

Art. 30 Fondsleitung und Depotbank[3] 3.

¹ ...[4]

² Wo von Fondsleitung oder Depotbank die Rede ist, gelten die Vorschriften sinngemäss für alle Personen, welche diese Funktionen ausüben.

---

[1] Ausdruck gemäss Ziff. I 2 der V vom 15. Okt. 2008, in Kraft seit 1. Jan. 2009 (AS **2008** 5073). Diese Änd. ist im ganzen Erlass berücksichtigt.
[2] Fassung gemäss Ziff. I 2 der V vom 15. Okt. 2008, in Kraft seit 1. Jan. 2009 (AS **2008** 5073).
[3] Fassung gemäss Ziff. I 2 der V vom 15. Okt. 2008, in Kraft seit 1. Jan. 2009 (AS **2008** 5073).
[4] Aufgehoben durch Ziff. I 2 der V vom 15. Okt. 2008, mit Wirkung seit 1. Jan. 2009 (AS **2008** 5073).

II. Anmeldung als Steuerpflichtiger

Art. 31

¹ Der nach Artikel 10 Absatz 2 VStG steuerpflichtige Inländer hat sich, bevor mit der Ausgabe von Anteilen begonnen wird, unaufgefordert bei der ESTV anzumelden.[1]

² In der Anmeldung sind anzugeben: der Name (die Firma) und der Sitz der Fondsleitung und der Depotbank sowie, wenn sich Fondsleitung und Depotbank im Ausland befinden, des Inländers, der sich mit ihnen zur Ausgabe der Anteilscheine verbunden hat, und aller inländischen Zahlstellen (Art. 10 Abs. 2 VStG); der Name des Anlagefonds; das Datum, von dem an Anteile ausgegeben werden; das Rechnungsjahr und die Dauer des Anlagefonds.[2]

²ᵇⁱˢ Mit der Anmeldung sind folgende Dokumente einzureichen:
a. der Kollektivanlagevertrag des vertraglichen Anlagefonds;
b. die Statuten und das Anlagereglement der Investmentgesellschaft mit variablem Kapital (SICAV);
c. der Gesellschaftsvertrag der Kommanditgesellschaft für kollektive Kapitalanlagen;
d. die Statuten und das Anlagereglement der Investmentgesellschaft mit festem Kapital (SICAF).[3]

³ Nach Aufnahme der Geschäftstätigkeit eintretende Änderungen an den Angaben und Dokumenten nach den Absätzen 2 und 2ᵇⁱˢ, insbesondere die Errichtung neuer Zahlstellen, sind unaufgefordert der ESTV zu melden.[4]

⁴ Werden die Anteile von einem Ausländer in Verbindung mit einem Inländer ausgegeben, so ist der Inländer verpflichtet, die Bücher der kollektiven Kapitalanlage samt den Belegen der ESTV auf Verlangen vorzulegen.

III. Steuerabrechnung

Art. 32 Im Allgemeinen 1.

¹ Der nach Artikel 10 Absatz 2 VStG Steuerpflichtige hat die Steuer auf Grund der Abrechnung nach amtlichem Formular innert 30 Tagen nach Fälligkeit des Ertrages (Coupontermin) unaufgefordert der ESTV zu entrichten.

² Innert sechs Monaten nach Ablauf des Rechnungsjahres hat der Steuerpflichtige unaufgefordert der ESTV den Jahresbericht und die Jahresrechnung gemäss Kollektivanlagengesetz vom 23. Juni 2006[5] (KAG) einzureichen.[6]

³ In der gemäss Absatz 2 einzureichenden Jahresrechnung ist anzugeben, welcher Betrag der ausgewiesenen Kapitalgewinne in der zur kollektiven Kapitalanlage gehörenden Gesellschaften erzielt worden ist.

---

[1] Fassung gemäss Ziff. I 2 der V vom 15. Okt. 2008, in Kraft seit 1. Jan. 2009 (AS **2008** 5073).
[2] Fassung gemäss Ziff. I 2 der V vom 15. Okt. 2008, in Kraft seit 1. Jan. 2009 (AS **2008** 5073).
[3] Eingefügt durch Ziff. I 2 der V vom 15. Okt. 2008, in Kraft seit 1. Jan. 2009 (AS **2008** 5073).
[4] Fassung gemäss Ziff. I 2 der V vom 15. Okt. 2008, in Kraft seit 1. Jan. 2009 (AS **2008** 5073).
[5] SR **951.31**
[6] Fassung gemäss Ziff. I 2 der V vom 15. Okt. 2008, in Kraft seit 1. Jan. 2009 (AS **2008** 5073).

⁴ Liegen der Jahresbericht und die Jahresrechnung innert sechs Monaten nach Ablauf des Rechnungsjahres noch nicht vor, so hat der Steuerpflichtige der ESTV vor Ablauf des siebenten Monats den Grund der Verzögerung und den mutmasslichen Zeitpunkt der Erstellung des Jahresberichts und der Jahresrechnung mitzuteilen.¹

Art. 33 Liquidation; Sitzverlegung ins Ausland 2.

¹ Wird eine kollektive Kapitalanlage aufgelöst, so hat das der Steuerpflichtige, bevor er mit einer Liquidationshandlung beginnt, der ESTV mitzuteilen.

² Auf den Zeitpunkt der Auflösung ist der Handel der Anteilscheine an einem Handelsplatz oder organisierten Handelssystem einzustellen.²

³ Die Verteilung des Liquidationsergebnisses ist erst zulässig, nachdem die ESTV zugestimmt hat.

⁴ Will der Steuerpflichtige seinen Sitz ins Ausland verlegen, und tritt an seiner Stelle nicht gemäss Artikel 10 Absatz 2 VStG ein anderer Inländer in die Steuerpflicht ein, so hat er sein Vorhaben unverzüglich der ESTV mitzuteilen.

IV. Nichterhebung der Steuer gegen Domizilerklärung³

Art. 34 Voraussetzungen 1.

¹ Macht der Steuerpflichtige glaubhaft, dass der steuerbare Ertrag von Anteilen an einer kollektiven Kapitalanlage voraussichtlich dauernd zu mindestens 80 Prozent ausländischen Quellen entstammen wird, so kann ihn die ESTV auf sein Gesuch hin ermächtigen, die Steuer insoweit nicht zu entrichten, als der Ertrag gegen Domizilerklärung (Affidavit) zugunsten eines Ausländers ausbezahlt, überwiesen oder gutgeschrieben wird.

² Die Ermächtigung wird erteilt, wenn der Steuerpflichtige für eine zuverlässige Überprüfung der Jahresrechnung und der ihm abgegebenen Domizilerklärungen Gewähr bietet; sie kann auf die Erklärung bestimmter Institute beschränkt werden.⁴

³ Die ESTV hat die Ermächtigung zu widerrufen, wenn die Gewähr für ihren zuverlässigen Gebrauch oder für die Überprüfung nicht mehr besteht.

Art. 35 Befristung 2.

¹ Nach Ablauf von drei Jahren seit dem Ende des Kalenderjahres, in dem der steuerbare Ertrag fällig geworden ist, darf er, auch wenn im Übrigen die Voraussetzungen erfüllt wären, nicht mehr gegen Domizilerklärung steuerfrei ausgeschüttet werden.

² Die Zahlstellen haften solidarisch mit dem Steuerpflichtigen für die Bezahlung der gemäss Absatz 1 zu Unrecht nicht entrichteten Steuer.

---

1 Fassung gemäss Ziff. I 2 der V vom 15. Okt. 2008, in Kraft seit 1. Jan. 2009 (AS **2008** 5073).
2 Fassung gemäss Anhang 1 Ziff. 9 der Finanzmarktinfrastrukturverordnung vom 25. Nov. 2015, in Kraft seit 1. Jan. 2016 (AS **2015** 5413).
3 Ausdruck gemäss Ziff. I 2 der V vom 15. Okt. 2008, in Kraft seit 1. Jan. 2009 (AS **2008** 5073). Diese Änd. ist im ganzen Erlass berücksichtigt.
4 Fassung gemäss Ziff. I 2 der V vom 15. Okt. 2008, in Kraft seit 1. Jan. 2009 (AS **2008** 5073).

Domizilerklärung 3.

Art. 36 Ausstellung a.

¹ Eine Domizilerklärung darf nur durch folgende Institute ausgestellt werden:
  a. Banken im Sinne des Bankengesetzes vom 8. November 1934[1];
  b.[2] inländische Fondsleitungen nach Artikel 32 des Finanzinstitutsgesetzes vom 15. Juni 2018[3] (FINIG);
  c.[4] inländische Verwalter von Kollektivvermögen nach Artikel 24 FINIG;
  d. inländische Depotstellen, die einer behördlichen Aufsicht unterstellt sind;
  e.[5] inländische Wertpapierhäuser nach Artikel 41 FINIG.[6]

² Das Institut hat in der Erklärung schriftlich zu bestätigen, dass:[7]
  a. bei Fälligkeit des steuerbaren Ertrages ein Ausländer das Recht zur Nutzung am Anteil besitzt;
  b. der Anteil bei Fälligkeit des steuerbaren Ertrages bei ihr im offenen Depot liegt;
  c. der steuerbare Ertrag einem bei ihr für diesen Ausländer geführten Konto gutgeschrieben wird.

³ Die ESTV umschreibt den Kreis der Ausländer, zu deren Gunsten eine Domizilerklärung ausgestellt werden darf.

⁴ Ein Institut, das den Anteil bei Fälligkeit des steuerbaren Ertrages nicht im eigenen Depot hat, darf eine Domizilerklärung nur gestützt auf die entsprechende Erklärung eines anderen inländischen Instituts ausstellen.[8]

⁵ Die ESTV kann auch Domizilerklärungen einer ausländischen Bank oder Depotstelle zulassen, die der behördlichen Aufsicht unterstellt ist.[9]

⁶ Domizilerklärungen in elektronischer Form dürfen nur ausgestellt werden, wenn die ESTV sie bewilligt hat.[10]

Art. 37[11] Überprüfung b.

¹ Das Institut, das eine Domizilerklärung abgibt, hat die zu ihrer Überprüfung erforderlichen Unterlagen, einschliesslich der nötigenfalls zu beschaffenden Unterlagen der ausländischen Bank oder Depotstelle (Art. 36 Abs. 5), der ESTV auf Verlangen vorzuweisen.

---

[1] SR 952.0
[2] Fassung gemäss Anhang 1 Ziff. II 5 der Finanzinstitutsverordnung vom 6. Nov. 2019, in Kraft seit 1. Jan. 2020 (AS **2019** 4633).
[3] SR 954.1
[4] Fassung gemäss Anhang 1 Ziff. II 5 der Finanzinstitutsverordnung vom 6. Nov. 2019, in Kraft seit 1. Jan. 2020 (AS **2019** 4633).
[5] Fassung gemäss Anhang 1 Ziff. II 5 der Finanzinstitutsverordnung vom 6. Nov. 2019, in Kraft seit 1. Jan. 2020 (AS **2019** 4633).
[6] Fassung gemäss Ziff. I 2 der V vom 15. Okt. 2008, in Kraft seit 1. Jan. 2009 (AS **2008** 5073).
[7] Fassung gemäss Ziff. I 2 der V vom 15. Okt. 2008, in Kraft seit 1. Jan. 2009 (AS **2008** 5073).
[8] Fassung gemäss Ziff. I 2 der V vom 15. Okt. 2008, in Kraft seit 1. Jan. 2009 (AS **2008** 5073).
[9] Fassung gemäss Ziff. I 2 der V vom 15. Okt. 2008, in Kraft seit 1. Jan. 2009 (AS **2008** 5073).
[10] Eingefügt durch Ziff. I 2 der V vom 15. Okt. 2008, in Kraft seit 1. Jan. 2009 (AS **2008** 5073).
[11] Fassung gemäss Ziff. I 2 der V vom 15. Okt. 2008, in Kraft seit 1. Jan. 2009 (AS **2008** 5073).

² Weigert sich das Institut, die Unterlagen vorzuweisen, sind seine Unterlagen ungenügend oder hat es eine unrichtige Erklärung abgegeben, so ist die betreffende Steuer zu entrichten. Die ESTV kann dem Institut untersagen, Erklärungen auszustellen; falls sie dies untersagt, unterrichtet sie die anderen Institute sowie den Steuerpflichtigen davon, dass künftige Erklärungen dieses Instituts unwirksam sind. Vorbehalten bleibt die Einleitung des Strafverfahrens.

Art. 38 Abrechnung 4.

¹ Steht bei Fälligkeit der Steuer noch nicht fest, in welchem Betrage steuerbare Erträge ohne Domizilerklärung ausgeschüttet werden, so ist die Verrechnungssteuer vorläufig auf Grund einer Schätzung dieses Betrages zu entrichten.

² Die endgültige Abrechnung über die zu entrichtende Steuer ist sechs Monate nach ihrer Fälligkeit zu erstellen.

³ Werden nach der endgültigen Abrechnung noch steuerbare Erträge gegen Domizilerklärung ausgeschüttet, so kann die auf diesen Erträgen schon entrichtete Verrechnungssteuer in der nächsten Abrechnung abgezogen werden.

V. Meldung statt Steuerentrichtung

Art. 38a[1]

¹ Sind die Anleger einer kollektiven Kapitalanlage ausschliesslich steuerbefreite inländische Einrichtungen der beruflichen Vorsorge, der gebundenen Vorsorge, Freizügigkeitseinrichtungen oder Sozialversicherungs- oder Ausgleichskassen sowie der Aufsicht des Bundes unterstellte Lebensversicherer oder inländische öffentlichrechtliche Lebensversicherer, so kann die ESTV der kollektiven Kapitalanlage auf Gesuch hin gestatten, ihre Steuerpflicht durch Meldung der steuerbaren Ausschüttung zu erfüllen.

² Das Meldeverfahren ist in allen Fällen nur zulässig, wenn feststeht, dass die Leistungsempfänger, auf die die Steuer zu überwälzen wäre, nach dem VStG oder dieser Verordnung Anspruch auf Rückerstattung dieser Steuer hätten. Das Verfahren richtet sich sinngemäss nach den Artikeln 25 und 26 Absätze 1, 2 und 4.

---

1 Eingefügt durch Ziff. I 2 der V vom 15. Okt. 2008, in Kraft seit 1. Jan. 2009 (AS **2008** 5073).

Dritter Abschnitt: Steuer auf Gewinnen aus Geldspielen sowie Lotterien und Geschicklichkeitsspielen zur Verkaufsförderung (Art. 6 VStG)[1]

I. und II.

Art. 39 und 40 ...[2]

III. Steuerentrichtung; Bescheinigung

Gewinne aus Geldspielen 1.

Art. 41 Geldgewinne a.[3]

¹ Die Steuer ist auf dem Betrag der einzelnen Geldgewinne aus der Teilnahme an Geldspielen von über 1 Million Franken zu berechnen. Sie ist aufgrund der Abrechnung auf amtlichem Formular innert 30 Tagen nach der Resultatermittlung unaufgefordert der ESTV zu entrichten.[4]

² Der Veranstalter hat der ESTV Mitteilung zu machen, wenn er vor dem Verkauf der Lose oder bevor der Verkauf aller Lose abgeschlossen ist, zu einer Ziehung schreiten will. Die ESTV setzt hierauf die Zahlungstermine fest.

³ ...[5]

Art. 41a[6] **Naturalgewinne** b.

Die Meldung von Naturalgewinnen von über einer Million Franken aus der Teilnahme an Geldspielen ist auf amtlichem Formular innert 90 Tagen nach der Resultatermittlung unaufgefordert der ESTV einzureichen. Dem Formular ist eine gültige Wohnsitzbestätigung der Gewinnerin oder des Gewinners beizulegen. Artikel 41 Absatz 2 gilt sinngemäss.

---

[1] Fassung gemäss Anhang 2 Ziff. II 3 der Geldspielverordnung vom 7. Nov. 2018, in Kraft seit 1. Jan. 2019 (AS **2018** 5155).
[2] Aufgehoben durch Anhang 2 Ziff. II 3 der Geldspielverordnung vom 7. Nov. 2018, mit Wirkung seit 1. Jan. 2019 (AS **2018** 5155).
[3] Fassung gemäss Anhang 2 Ziff. II 3 der Geldspielverordnung vom 7. Nov. 2018, in Kraft seit 1. Jan. 2019 (AS **2018** 5155).
[4] Fassung gemäss Anhang 2 Ziff. II 3 der Geldspielverordnung vom 7. Nov. 2018, in Kraft seit 1. Jan. 2019 (AS **2018** 5155).
[5] Aufgehoben durch Anhang 2 Ziff. II 3 der Geldspielverordnung vom 7. Nov. 2018, mit Wirkung seit 1. Jan. 2019 (AS **2018** 5155).
[6] Eingefügt durch Anhang 2 Ziff. II 3 der Geldspielverordnung vom 7. Nov. 2018, in Kraft seit 1. Jan. 2019 (AS **2018** 5155).

Gewinne aus Lotterien und Geschicklichkeitsspielen zur Verkaufsförderung 2.

Art. 41b[1] **Geldgewinne** a.

Die Steuer ist auf den einzelnen Geldgewinnen von über 1000 Franken aus Lotterien und Geschicklichkeitsspielen zur Verkaufsförderung zu berechnen; sie ist aufgrund der Abrechnung auf amtlichem Formular innert 30 Tagen nach der Resultatermittlung unaufgefordert der ESTV zu entrichten.

Art. 41c[2] **Naturalgewinne** b.

Die Meldung von Naturalgewinnen von über 1000 Franken aus Lotterien und Geschicklichkeitsspielen zur Verkaufsförderung ist auf amtlichem Formular innert 90 Tagen nach der Resultatermittlung unaufgefordert der ESTV einzureichen. Dem Formular ist eine gültige Wohnsitzbestätigung der Gewinnerin oder des Gewinners beizulegen.

IV. Rückforderung der Steuer auf nicht bezogenen Gewinnen

Art. 42

1 Ist die Frist, nach deren Ablauf nicht bezogene Gewinne verfallen, verstrichen, so kann der Veranstalter die auf den nicht bezogenen Gewinnen nachweisbar entrichtete Steuer bei der ESTV zurückfordern oder, mit ihrer Zustimmung, in seiner nächsten Steuerabrechnung abziehen.

2 Dem Rückforderungsbegehren oder der Steuerabrechnung ist eine Aufstellung beizulegen, die Auskunft gibt über die Bezeichnung der Veranstaltung, das Datum der Ziehung, die Nummer des nicht eingelösten Loses und die Höhe des Treffers vor Abzug der Steuer; gleichzeitig ist unterschriftlich zu bestätigen, dass die zurückerstattete oder verrechnete Steuer zugunsten des Zweckes der Lotterie verwendet und entsprechend verbucht wird.

3 Die Rückforderung verjährt fünf Jahre nach Ablauf des Kalenderjahres, in dem die Steuer entrichtet worden ist.

---

[1] Eingefügt durch Anhang 2 Ziff. II 3 der Geldspielverordnung vom 7. Nov. 2018, in Kraft seit 1. Jan. 2019 (AS **2018** 5155).
[2] Eingefügt durch Anhang 2 Ziff. II 3 der Geldspielverordnung vom 7. Nov. 2018, in Kraft seit 1. Jan. 2019 (AS **2018** 5155).

Vierter Abschnitt: Steuer auf Versicherungsleistungen

I. Gegenstand der Steuer

Art. 43 Vorzeitige Auflösung der Versicherung; Abtretung u. dgl. 1.

¹ Beruht eine Versicherungsleistung auf einer vorzeitigen Auflösung der Versicherung, so ist sie Gegenstand der Steuer, sofern der Versicherungsnehmer oder Anspruchsberechtigte im Zeitpunkt seines Auflösungsbegehrens (Rückkaufsbegehrens u. dgl.) oder bei der Auflösungserklärung des Versicherers Inländer ist.

² Wird eine Versicherung vorzeitig ganz oder teilweise aufgelöst, und übersteigt die Leistung des Versicherers allein oder zusammengerechnet mit den auf Grund der gleichen Versicherung schon ausgerichteten Beträgen 5 000 Franken, so ist die Leistung mit Einschluss der noch nicht versteuerten früheren Leistungen Gegenstand der Steuer.

³ Wird eine Versicherung vom inländischen in einen ausländischen Versicherungsbestand übergeführt, oder tritt ein Inländer seine Versicherungsansprüche an einen Ausländer ab (Art. 7 Abs. 2 VStG), so ist die Steuer auf dem Höchstbetrage der Kapitalleistungen zu berechnen, die für den Eintritt des versicherten Ereignisses vereinbart sind, bei Renten und Pensionen auf dem Betrage ihres Barwertes am Tage des vereinbarten Beginns.

Art. 44 Gewinnanteile 2.

¹ Gewinnanteile unterliegen der Steuer nicht, wenn sie als Prämie einer zusätzlichen Versicherung verwendet, fortlaufend mit geschuldeten Prämien verrechnet oder dem Berechtigten ausbezahlt werden.

² Werden Gewinnanteile den Berechtigten zur freien Verfügung fortgesetzt verzinslich gutgeschrieben, so begründen diese Gutschriften Kundenguthaben im Sinne von Artikel 4 Absatz 1 Buchstabe d VStG.

³ Die übrigen Gewinnanteile unterliegen als Versicherungsleistung der Steuer im Zeitpunkt ihrer Ausrichtung.

Art. 45 Gruppenversicherung u. dgl.; Stellenwechsel versicherter Arbeitnehmer 3.

¹ Um unverhältnismässige Umtriebe zu vermeiden, kann die ESTV unter den von ihr festzulegenden Bedingungen und Auflagen bei der Gruppenversicherung die Leistungen des Gruppenversicherers oder diejenigen des Gruppenversicherungsnehmers von der Steuerpflicht ausnehmen.

² Richtet der Gruppenversicherer seine Leistung unmittelbar an den Versicherten oder einen Anspruchsberechtigten aus, so hat er in seiner Meldung der steuerbaren Leistung auch den Gruppenversicherungsnehmer zu nennen.

³ Die Ausnahme des Gruppenversicherers oder Gruppenversicherungsnehmers von der Steuerpflicht (Abs. 1) entbindet nicht von der Buchführungspflicht gemäss Artikel 2. Im Falle von Absatz 2 hat der Gruppenversicherungsnehmer der ESTV seine Unterlagen über das Versicherungsverhältnis auf Verlangen vorzuweisen.

⁴ Die Abgangsentschädigung an den versicherten Arbeitnehmer bei vorzeitiger Auflösung des Dienstverhältnisses bleibt von der Steuer ausgenommen, sofern sie von der Versicherungseinrichtung des bisherigen Arbeitgebers unmittelbar und zwecks Einkaufs an diejenige des neuen Arbeitgebers überwiesen wird.

⁵ Auf Einzelversicherungen, die eine Fürsorgeeinrichtung als Versicherungsnehmer abschliesst, findet dieser Artikel sinngemässe Anwendung.

II. Anmeldung als Steuerpflichtiger

Art. 46

¹ Wer im Inlande Lebens-, Renten- oder Pensionsversicherungen übernimmt, hat sich, bevor er mit seinem Vorhaben beginnt, unaufgefordert bei der ESTV anzumelden; die Anmeldung kann mit derjenigen für die Stempelabgabe auf Quittungen für Versicherungsprämien verbunden werden.

² Die konzessionierten Versicherungsunternehmen haben in der Anmeldung anzugeben: den Namen (die Firma) und den Sitz des Unternehmens; die Versicherungszweige und das Datum der Geschäftsaufnahme.

³ Auf die Anstalten, Kassen und sonstigen Einrichtungen, die der Alters-, Invaliditäts- oder Hinterlassenenversicherung oder -fürsorge dienen, sowie auf Arbeitgeber und Berufsverbände, die Versicherungs- oder Fürsorgeeinrichtungen unterhalten, findet Absatz 2 sinngemässe Anwendung; sie haben mit der Anmeldung die Statuten, Reglemente und alle sonstigen für die Überprüfung der Steuerpflicht erforderlichen Belege einzureichen und gegebenenfalls den Gruppenversicherer zu nennen.

⁴ Nach Aufnahme der Geschäftstätigkeit eintretende Änderungen an den gemäss den Absätzen 2 und 3 zu meldenden Tatsachen und einzureichenden Belegen, insbesondere neue Gruppenversicherer, sind unaufgefordert der ESTV zu melden.

III. Meldung statt Steuerentrichtung

Art. 47 Meldung 1.

¹ Der Versicherer hat die Meldungen gemäss Artikel 19 VStG auf den vorgeschriebenen Formularen und unaufgefordert zu erstatten.

² Die ESTV kann unter den von ihr festzulegenden Bedingungen und Auflagen nicht unterschriebene Meldungen zulassen.

³ Sind auf Grund eines Versicherungsverhältnisses nacheinander mehrere Kapitalleistungen zu erbringen, so ist in der Meldung über die erste Leistung auf die später fällig werdenden Leistungen hinzuweisen.

⁴ Zeitrenten sind bei der ersten Rentenzahlung als Kapitalleistung mit dem Barwert zu melden; die Berechnungsgrundlagen des Barwertes und die Fälligkeit der letzten Rentenzahlung sind anzugeben.

⁵ Bei Leibrenten und Pensionen sind in der Meldung der ersten Rente der Beginn des Rentenlaufs, der Betrag der Jahresrente und die Fälligkeitsdaten der künftigen Renten anzugeben; eine neue Meldung ist jeweils nur zu erstatten, wenn der Rentenbetrag erhöht wird oder der Anspruchsberechtigte wechselt.

Art. 48 Einspruch gegen die Meldung 2.

¹ Gegen die Meldung einer Rente aus Haftpflichtversicherung kann nur der geschädigte Dritte Einspruch erheben, es sei denn, die Versicherungsleistung werde mit seiner Einwilligung dem Versicherungsnehmer ausgerichtet.

² Weist der Inhaber einer Police, nach deren Bestimmungen der Versicherer an den Inhaber leisten darf, weder sich noch einen Dritten mit Namen und Adresse als Versicherungsnehmer oder Anspruchsberechtigten aus, oder gibt der Beauftragte oder Willensvollstrecker des Versicherungsnehmers oder Versicherten dem Versicherer den Namen und die Adresse des Anspruchsberechtigten nicht bekannt, so steht diese Unterlassung dem Einspruch gegen die Meldung gleich.

IV. Steuerentrichtung

Art. 49 Abrechnung 1.

Die Steuer auf Versicherungsleistungen, gegen deren Meldung Einspruch erhoben wurde, ist auf Grund der Abrechnung nach amtlichem Formular innert 30 Tagen nach Ablauf jedes Monats für die in diesem Monat erbrachten Leistungen unaufgefordert der ESTV zu entrichten.

Art. 50 Bescheinigung über den Steuerabzug 2.

¹ Der Versicherer hat den Empfänger einer um die Steuer gekürzten Versicherungsleistung darauf hinzuweisen, dass er die Steuer nur auf Grund einer Bescheinigung gemäss Artikel 3 Absatz 2 zurückerhält, und ihm auf Verlangen die Bescheinigung auf vorgeschriebenem Formular auszustellen.

² Für die Steuer auf Leibrenten und Pensionen ist eine das ganze Kalenderjahr umfassende Bescheinigung auszustellen.

³ Wird die Versicherungsleistung anteilmässig mehreren Anspruchsberechtigten ausgerichtet, so kann jeder für seinen Teil eine besondere Bescheinigung verlangen, die als Teilbescheinigung zu kennzeichnen ist.

Zweiter Titel: Steuerrückerstattung

Erster Abschnitt: Anspruchsberechtigung

I. Berechtigte

Art. 51 Aufenthalter; beschränkt Steuerpflichtige 1.

¹ Wer infolge blossen Aufenthalts nach der kantonalen Steuergesetzgebung unbeschränkt steuerpflichtig ist, hat Anspruch auf Rückerstattung der Verrechnungssteuer, wenn die steuerbare Leistung im Zeitraum seiner Steuerpflicht fällig wurde.

² Eine natürliche Person, die nach der kantonalen Steuergesetzgebung nicht unbeschränkt steuerpflichtig ist, jedoch kraft gesetzlicher Vorschrift des Bundes, des Kantons oder der Gemeinde auf Einkünften, die der Verrechnungssteuer unterliegen, oder auf dem Vermögen, woraus solche Einkünfte fliessen, Einkommens- oder Vermögenssteuern zu entrichten verpflichtet ist, hat bis zum Betrag, den diese Steuern ausmachen, Anspruch auf Rückerstattung der von den Einkünften abgezogenen Verrechnungssteuer, wenn die steuerbare Leistung im Zeitraum ihrer Steuerpflicht fällig wurde.

³ Wer nach Absatz 1 oder 2 die Rückerstattung beansprucht, hat den Antrag bei der Steuerbehörde des Kantons einzureichen, der für die Veranlagung der Einkommens- oder Vermögenssteuern zuständig ist.

Art. 52 Bundesbedienstete im Ausland 2.

¹ Bundesbedienstete, die bei Fälligkeit der steuerbaren Leistung ihren Wohnsitz oder Aufenthalt im Ausland hatten und dort auf Grund eines Vertrages oder völkerrechtlicher Übung von den direkten Steuern befreit waren, haben Anspruch auf Rückerstattung der von dieser Leistung abgezogenen Verrechnungssteuer.

² Der Antrag auf Rückerstattung ist auf dem amtlichen Formular der ESTV einzureichen.

³ …¹

Art. 53 Versicherungskassen und Fürsorgeeinrichtungen 3.

¹ Anstalten, Kassen und sonstige Einrichtungen, die der Alters-, Invaliditäts- oder Hinterlassenenversicherung oder -fürsorge dienen, haben Anspruch auf Rückerstattung der Verrechnungssteuer, die von den Erträgen ihrer im eigenen oder im Namen der Einleger unterhaltenen Anlagen abgezogen wurde.

² Der Antrag ist der ESTV einzureichen; umfasst er Erträge von Anlagen, die im Namen der Einleger unterhalten werden, so ist ihm ein Verzeichnis beizulegen, das die Namen und Adressen dieser Einleger sowie den Betrag ihrer Anlagen und der auf sie entfallenden Bruttoerträge angibt.

³ Dem einzelnen Einleger steht kein Anspruch auf Rückerstattung der gemäss Absatz 1 zurückzufordernden Verrechnungssteuer zu, und es darf ihm keine Bescheinigung zur Geltendmachung eines Rückerstattungsanspruchs ausgestellt werden.

---

1 Aufgehoben durch Ziff. I der V vom 3. Febr. 2021, mit Wirkung seit 1. Jan. 2022 (AS **2021** 77),

⁴ Auf die rechtlich nicht verselbständigten Einrichtungen findet Artikel 25 VStG über die Verwirkung des Rückerstattungsanspruchs mangels Verbuchung der Einkünfte sinngemässe Anwendung.

Art. 54 Sparvereine und Betriebssparkassen 4.

¹ Ein Sparverein oder eine Betriebssparkasse im Sinne von Artikel 9 Absatz 2 VStG hat Anspruch auf Rückerstattung der Verrechnungssteuer für Rechnung des Einlegers, wenn dessen Anteil am Bruttoertrag 200 Franken im Kalenderjahr nicht übersteigt. Der Antrag ist bei der ESTV einzureichen.[1]

² Übersteigt dieser Anteil 200 Franken, so muss der Verein oder die Kasse den Einleger darauf hinweisen, dass dieser die Rückerstattung der Verrechnungssteuer selbst zu beantragen hat und sie nur aufgrund einer Bescheinigung nach Artikel 3 Absatz 2 zurückerhält. Auf Verlangen des Einlegers muss der Verein oder die Kasse die Bescheinigung ausstellen.[2]

³ Um unverhältnismässige Umtriebe zu vermeiden, kann die ESTV unter den von ihr festzulegenden Bedingungen und Auflagen einem Verein oder einer Kasse gestatten, die Rückerstattung der Verrechnungssteuer unbekümmert um die Höhe der Einlegeranteile zu beantragen.

Art. 55 Personenvereinigungen und Vermögensmassen ohne Rechtspersönlichkeit 5.

Gleich den juristischen Personen haben Anspruch auf Rückerstattung der Verrechnungssteuer:

a.[3] Gemeinschaftsunternehmen (Baukonsortien u. dgl.) und Stockwerkeigentümergemeinschaften (Art. 712a ff. Zivilgesetzbuch[4]) für den auf Teilhaber mit Domizil im Inland entfallenden Anteil, wenn die Verrechnungssteuer von Kapitalerträgen auf Vermögenswerten abgezogen wurde, die ausschliesslich für Zwecke des Gemeinschaftsunternehmens bzw. zur Finanzierung der gemeinsamen Kosten und Lasten der Stockwerkeigentümergemeinschaft eingesetzt werden und sofern dem Rückerstattungsantrag ein Verzeichnis aller Beteiligten (enthaltend Name, Adresse, Wohnsitz und Beteiligungsquote) beigelegt wird;
b. Personenvereinigungen, die das Recht der Persönlichkeit nicht erlangt haben, aber über eine eigene Organisation verfügen und ausschliesslich oder vorwiegend im Inland tätig sind, wenn die Mitglieder für ihren Anteil am Einkommen und Vermögen der Vereinigung nicht steuerpflichtig sind und für ihren Anteil an den Einkünften der Vereinigung persönlich keinen Rückerstattungsanspruch geltend machen;
c. im Inland verwaltete Vermögensmassen, die einem besonderen Zweck gewidmet sind, jedoch das Recht der Persönlichkeit nicht erlangt haben, wenn die Vermögenswerte und ihr Ertrag steuerlich nicht bestimmten Personen zugerechnet werden können.

---

[1] Fassung gemäss Ziff. I der V vom 24. Juni 2009, in Kraft seit 1. Jan. 2010 (AS **2009** 3471).
[2] Fassung gemäss Ziff. I der V vom 24. Juni 2009, in Kraft seit 1. Jan. 2010 (AS **2009** 3471).
[3] Fassung gemäss Ziff. I der V vom 22. Nov. 2000, in Kraft seit 1. Jan. 2001 (AS **2000** 2994).
[4] SR **210**

II. Besondere Verhältnisse

Art. 56 Privatbankiers 1.

1 Die dem Bundesgesetz vom 8. November 1934[1] über die Banken und Sparkassen unterstellten Privatbankiers, die ihr Geschäft als Einzelfirma betreiben, haben den Antrag auf Rückerstattung der Verrechnungssteuer, die von Einkünften aus Geschäftsaktiven abgezogen wurde, bei der ESTV einzureichen.

2 Auf die von den Einkünften aus Geschäftsaktiven abgezogene Verrechnungssteuer findet die Vorschrift von Artikel 25 VStG über die Verwirkung des Rückerstattungsanspruchs mangels Verbuchung Anwendung.

Art. 57 Steuervertreter und Steuernachfolger 2.

1 Wer für die mit der Verrechnungssteuer belasteten Einkünfte oder für das Vermögen, woraus diese Einkünfte fliessen, einen andern in der Steuerpflicht vertritt (Ehemann, Inhaber der elterlichen Gewalt u. dgl.) oder in die Steuerpflicht eines andern eingetreten ist, hat an Stelle des Vertretenen oder Rechtsvorgängers Anspruch auf Rückerstattung der Verrechnungssteuer.

2 Die Rückerstattung richtet sich nach den für den Vertretenen oder Rechtsvorgänger massgebenden Bestimmungen.

Erbfälle 3.

Art. 58 Anspruch a.

1 Ist eine mit der Verrechnungssteuer belastete Leistung bei Lebzeiten des Erblassers fällig geworden, so steht der Anspruch auf Rückerstattung dieser Steuer an seiner Stelle den Erben zu, ohne Rücksicht auf ihren Wohnsitz oder Aufenthalt.

2 Wird ein der Verrechnungssteuer unterliegender Ertrag eines Erbschaftsgegenstandes nach dem Tode des Erblassers und vor der Teilung der Erbschaft fällig, so steht jedem Erben, soweit er persönlich die Voraussetzungen erfüllt, nach Massgabe seines Anteils[2] an der Erbschaft ein Anspruch auf Rückerstattung dieser Steuer zu.

3 Ist nach der kantonalen Steuergesetzgebung eine Erbengemeinschaft als solche verpflichtet, auf den der Verrechnungssteuer unterliegenden Einkünften oder auf dem Vermögen, woraus solche Einkünfte fliessen, Einkommens- oder Vermögenssteuern zu entrichten, so findet Absatz 2 sinngemässe Anwendung.

Art. 59[3] **Verfahren** b.

1 Ist eine mit der Verrechnungssteuer belastete Leistung zu Lebzeiten des Erblassers fällig geworden, so ist der Antrag auf Rückerstattung dieser Steuer durch alle Erben gemeinsam oder durch deren gemeinsamen Vertreter bei der Steuerbehörde zu stellen, die für die Rückerstattung der Verrechnungssteuer an den Erblasser zuständig war.

---

1 SR **952.0**
2 Ausdruck gemäss Ziff. I der V vom 3. Febr. 2021, in Kraft seit 1. Jan. 2022 (AS **2021** 77).
3 Fassung gemäss Ziff. I der V vom 3. Febr. 2021, in Kraft seit 1. Jan. 2022 (AS **2021** 77).

² Ist eine mit der Verrechnungssteuer belastete Leistung nach dem Ableben des Erblassers fällig geworden, so ist der Antrag auf Rückerstattung durch jeden Erben nach Massgabe seines Anteils an der Erbschaft bei der für ihn zuständigen Steuerbehörde zu stellen.

³ In den Fällen nach Absatz 2 gibt die für die Rückerstattung der Verrechnungssteuer an den Erblasser zuständige Steuerbehörde der für den Erben zuständigen Steuerbehörde die Namen und Adressen der übrigen Erben und deren Anteile an der Erbschaft bekannt.

Art. 60 Mehrheit von Anspruchsberechtigten (Investment-Klub, Geldspiele, Lotterien und Geschicklichkeitsspiele zur Verkaufsförderung, Versicherungsleistung)[1] 4.

¹ Haben sich nicht mehr als 20 Personen vertragsmässig miteinander verbunden, um gemeinsam Anlagen in Wertpapieren zu tätigen und zu verwalten (Investment-Klub), so kann ihnen die ESTV unter den von ihr festzulegenden Bedingungen und Auflagen gestatten, die Rückerstattung der Verrechnungssteuer, die vom Ertrag der Wertpapiere abgezogen wurde, durch gemeinsamen Antrag beim Bund geltend zu machen. C24

² Haben mehrere Personen durch gemeinsame Teilnahme einen um die Verrechnungssteuer gekürzten Geldspielgewinn oder Gewinn aus einer Lotterie oder einem Geschicklichkeitsspiel zur Verkaufsförderung erzielt, so ist die Rückerstattung von allen Teilnehmenden nach Massgabe ihres Anteils am Gewinn zu beantragen; dem Antrag ist eine vom Inhaber der Originalbescheinigung (Art. 3 Abs. 2) unterzeichnete Bescheinigung beizulegen, die alle Angaben der Originalbescheinigung enthält sowie den Gewinnanteil des Antragstellers nennt. Sind alle Teilnehmenden im gleichen Kanton steuerpflichtig, so kann ihnen die zuständige kantonale Behörde unter den von ihr festzulegenden Bedingungen und Auflagen gestatten, die Rückerstattung durch gemeinsamen Antrag geltend zu machen.[2]

³ Waren auf eine um die Verrechnungssteuer gekürzte Versicherungsleistung mehrere Personen anspruchsberechtigt, ist aber nur eine Abzugsbescheinigung ausgestellt worden, so kann die Rückerstattung der Steuer nur von demjenigen beantragt werden, der die Abzugsbescheinigung vorlegt.

⁴ Enthält die Abzugsbescheinigung des Versicherers den Vermerk, dass der Versicherungsanspruch bei Erbringung der Leistung verpfändet war, so wird die Verrechnungssteuer dem Anspruchsberechtigten oder dem Pfandgläubiger je nur mit Zustimmung des andern zurückerstattet.

Art. 61 Treuhandverhältnis 5. C15, C14

¹ Die Verrechnungssteuer, die vom Ertrag treuhänderisch übereigneter Werte abgezogen wurde, wird nur zurückerstattet, wenn die Voraussetzungen zur Rückerstattung beim Treugeber erfüllt sind.

² Der Antrag auf Rückerstattung ist vom Treugeber einzureichen; er hat auf das Treuhandverhältnis hinzuweisen und die an ihm beteiligten Personen mit Namen und Adresse zu bezeichnen.

---

[1] Fassung gemäss Anhang 2 Ziff. II 3 der Geldspielverordnung vom 7. Nov. 2018, in Kraft seit 1. Jan. 2019 (AS **2018** 5155).

[2] Fassung gemäss Anhang 2 Ziff. II 3 der Geldspielverordnung vom 7. Nov. 2018, in Kraft seit 1. Jan. 2019 (AS **2018** 5155).

Art. 62 Termingeschäft an oder ausserhalb der Börse 6.

Wird der Ertrag eines Wertpapiers, das Gegenstand eines an oder ausserhalb der Börse abgeschlossenen Termingeschäftes bildet, zwischen dem Abschluss- und dem Liquidationstag fällig, so steht der Anspruch auf Rückerstattung der von diesem Ertrag abgezogenen Verrechnungssteuer dem Terminverkäufer zu, wenn ihm bei Fälligkeit des Ertrages das Wertpapier und der Coupon gehörten, ansonst dem Dritten, der bei Fälligkeit des Ertrages das Recht zur Nutzung des am Termin gelieferten Wertpapiers besass.

Zweiter Abschnitt: Rückerstattung durch den Bund

I. ESTV

Art. 63

1 Die ESTV erlässt die allgemeinen Weisungen und trifft die Einzelverfügungen, die für die Rückerstattung der Verrechnungssteuer durch den Bund erforderlich sind; sie bestimmt Form und Inhalt der Antragsformulare und Fragebogen und bezeichnet die den Anträgen beizufügenden Belege.

2 Die Artikel 6 und 7 über das Einholen von Auskünften, die Einvernahme und die Buchprüfung finden auf das Rückerstattungsverfahren sinngemässe Anwendung.

II. Pflichten des Antragstellers

Art. 64

1 Der Rückerstattungsantrag ist der ESTV auf dem amtlichen Formular einzureichen.

2 Vom gleichen Rückerstattungsberechtigten wird ein Antrag in der Regel nur einmal jährlich entgegengenommen; vorbehalten bleiben Anträge gemäss den Artikeln 29 Absatz 3 und 32 Absatz 2 VStG.

3 Buchführungspflichtige Antragsteller haben ihre Bücher so einzurichten und zu führen, dass sich aus ihnen die für den Rückerstattungsanspruch massgebenden Tatsachen ohne besonderen Aufwand zuverlässig ermitteln und nachweisen lassen; Artikel 2 Absätze 2 und 3 finden sinngemässe Anwendung.

III. Abschlagsrückerstattungen

Art. 65 Voraussetzungen und Verfahren[1] 1.

1 Macht der Berechtigte glaubhaft, dass sich sein für das ganze Jahr berechneter Rückerstattungsanspruch auf mindestens 4 000 Franken belaufen wird, so gewährt ihm die ESTV auf Antrag Abschlagsrückerstattungen.

2 ...[2]

3 Wer Abschlagsrückerstattungen erhalten hat, ist verpflichtet, innert drei Monaten nach Ablauf des betreffenden Jahres einen vollständigen Rückerstattungsantrag einzureichen und in ihm die erhaltenen Abschlagsrückerstattungen anzugeben.

---

[1] Fassung gemäss Ziff. I der V vom 22. Nov. 2000, in Kraft seit 1. Jan. 2001 (AS **2000** 2994).
[2] Aufgehoben durch Ziff. I der V vom 22. Nov. 2000, mit Wirkung seit 1. Jan. 2001 (AS **2000** 2994).

Art. 65a[1] **Bemessung 2.**

¹ Die Abschlagsrückerstattungen werden jeweils auf das Ende der ersten drei Vierteljahre geleistet und grundsätzlich so bemessen, dass sie annähernd je einem Viertel des voraussichtlichen Rückerstattungsanspruchs des betreffenden Kalender- oder Geschäftsjahres entsprechen.

² Falls die Fälligkeiten der mit der Verrechnungssteuer belasteten Erträge vorwiegend in einem Quartal des Kalender- oder Geschäftsjahres eintreten, ist dies bei der Bemessung der Abschlagsrückerstattungen zu berücksichtigen.

³ Bei der Bemessung der Abschlagsrückerstattungen werden die Ansprüche auf Rückerstattung der Verrechnungssteuer insoweit nicht berücksichtigt, als die entsprechenden Verrechnungssteuerbeträge erst im folgenden Kalender- oder Geschäftsjahr zur Zahlung an die ESTV fällig werden.

Dritter Abschnitt: Rückerstattung durch den Kanton

I. Behörden

Art. 66 ESTV 1.

¹ Die Aufsicht des Bundes über die Rückerstattung der Verrechnungssteuer durch die Kantone wird von der ESTV ausgeübt.

² Die ESTV sorgt für die gleichmässige Handhabung der Bundesvorschriften und erlässt die erforderlichen allgemeinen Weisungen an die kantonalen Behörden. Sie ist insbesondere befugt:

a. die Verwendung bestimmter Formulare vorzuschreiben;
b. bei den Steuerbehörden der Kantone, Bezirke, Kreise und Gemeinden in alle massgebenden Unterlagen Einsicht zu nehmen, im Einzelfalle Untersuchungsmassnahmen anzuordnen und selber von den Untersuchungsbefugnissen eines Verrechnungssteueramtes Gebrauch zu machen;
c. am Verfahren vor der kantonalen Rekurskommission teilzunehmen und Anträge zu stellen;
d. ein Begehren um Revision eines rechtskräftig abgeschlossenen Verfahrens zu stellen.

³ Die ESTV ist zur Beschwerde an das Bundesgericht berechtigt.[2]

Art. 67 Kantonale Behörden 2.

¹ Die vom Kanton zu bezeichnende Behörde sorgt für die gleichmässige Anwendung der Bundesvorschriften im Gebiet ihres Kantons und übt die Aufsicht über die Amtsstellen aus, denen die Rückerstattung der Verrechnungssteuer obliegt.

² Die Kantone haben die Formulare, mit denen der Rückerstattungsanspruch geltend zu machen ist, vor der Ausgabe der ESTV zur Genehmigung zu unterbreiten.

---

[1] Eingefügt durch Ziff. I der V vom 22. Nov. 2000, in Kraft seit 1. Jan. 2001 (AS **2000** 2994).
[2] Fassung gemäss Ziff. II 46 der V vom 8. Nov. 2006 über die Anpassung von Bundesratsverordnungen an die Totalrevision der Bundesrechtspflege, in Kraft seit 1. Jan. 2007 (AS **2006** 4705).

³ Über die bewilligten Rückerstattungen ist ein besonderes Register zu führen; die behandelten Rückerstattungsanträge und die Beweismittel sind während fünf Jahren seit Ende des Kalenderjahres, in dem der Entscheid über die Rückerstattung rechtskräftig geworden ist, geordnet aufzubewahren.

⁴ Will eine kantonale Behörde eine Steuerabzugsbescheinigung und die sie ergänzenden Auskünfte gemäss Artikel 50 Absatz 2 VStG beim Aussteller überprüfen lassen, so hat sie der ESTV das Begehren schriftlich zu stellen.

II. Verfahren

Art. 68 Antrag 1.

¹ Der Rückerstattungsantrag ist der zuständigen Behörde auf dem amtlichen Formular einzureichen.

² Dem Antrag ist unaufgefordert eine Bescheinigung über den Steuerabzug (Art. 3 Abs. 2) beizulegen, wenn die Steuer, deren Rückerstattung beantragt wird:

a. aus Geldspielgewinnen oder Gewinnen aus Lotterien und Geschicklichkeitsspielen zur Verkaufsförderung stammt;
b. aus dem Ertrag der Anlagen eines Sparvereins oder einer Betriebssparkasse stammt, sofern die Rückerstattung vom Einleger zu beantragen ist (Art. 54 Abs. 2).[1]

Art. 69[2] ... 2.

---

[1] Fassung gemäss Anhang 2 Ziff. II 3 der Geldspielverordnung vom 7. Nov. 2018, in Kraft seit 1. Jan. 2019 (AS **2018** 5155).
[2] Aufgehoben durch Anhang Ziff. 4 der V vom 14. Aug. 2013 über die zeitliche Bemessung der direkten Bundessteuer, mit Wirkung seit 1. Jan. 2014 (AS **2013** 2773).

Dritter Titel: Schlussbestimmung

Art. 70

¹ Diese Verordnung tritt am 1. Januar 1967 in Kraft.

² Auf den gleichen Zeitpunkt sind die Verfügungen des Eidgenössischen Finanz- und Zolldepartements Nr. 1a vom 20. November 1944[1], Nr. 2 vom 30. Juni 1944[2], Nr. 3 vom 21. Januar 1946[3] und Nr. 4b vom 19. Dezember 1951[4] über die Verrechnungssteuer sowie vom 31. August 1945[5] über die Sicherung der Steueransprüche bei Versicherungen aufgehoben.

Schlussbestimmungen der Änderung vom 22. November 2000[6]

¹ Die geänderten Bestimmungen gelten für die nach dem 31. Dezember 2000 fällig werdenden steuerbaren Leistungen. Artikel 24*a* gilt für Fälle, in denen die Frist nach Artikel 4*a* Absatz 2 VStG nach dem 31. Dezember 2000 abläuft.

² Die Aufhebung von Artikel 14 Absatz 2 gilt für die nach dem 31. Dezember 2000 neu ausgegebenen Obligationen, Serienschuldbriefe und Seriengülten.

Übergangsbestimmung zur Änderung vom 15. Oktober 2008[7]

Diese Änderung gilt für die nach dem 31. Dezember 2008 fällig werdenden steuerbaren Leistungen.

Übergangsbestimmung zur Änderung vom 18. Juni 2010[8]

Die geänderten Bestimmungen gelten für die nach dem 31. Juli 2010 fällig werdenden steuerbaren Leistungen.

Übergangsbestimmung zur Änderung vom 3. Februar 2021[9]

Diese Änderung ist auf steuerbare Leistungen anwendbar, die ab dem 1. Januar 2022 fällig werden.

Übergangsbestimmung zur Änderung vom 4. Mai 2022[10]

Auf Gesuche, die beim Inkrafttreten der Änderung vom 4. Mai 2022 hängig sind, ist Artikel 26*a* Absätze 1 und 3 bisherigen Rechts anwendbar.

---

[1] [BS **6** 338]
[2] [BS **6** 341]
[3] [BS **6** 343]
[4] [AS **1951** 1274]
[5] [BS **6** 348]
[6] AS **2000** 2994
[7] AS **2008** 5073
[8] AS **2010** 2963
[9] AS **2021** 77
[10] AS **2022** 307

StG

Stempelabgabengesetz

7 Bundesgesetz über die Stempelabgaben (StG)
SR 641.10

vom 27. Juni 1973 (Stand am 1. Januar 2023)

Die Bundesversammlung der Schweizerischen Eidgenossenschaft,

gestützt auf die Artikel 132 Absatz 1 und 134 der Bundesverfassung[1],[2] nach Einsicht in eine Botschaft des Bundesrates vom 25. Oktober 1972[3],

beschliesst:

---

[1] SR **101**
[2] Fassung gemäss Ziff. I des BG vom 29. Sept. 2017, in Kraft seit 1. März 2018 (AS **2018** 705; BBl **2017** 1511).
[3] BBl **1972** II 1278

Einleitung

I. Gegenstand des Gesetzes

Art. 1

¹ Der Bund erhebt Stempelabgaben:

a.¹ auf der Ausgabe folgender inländischer Urkunden: StG 5 ff.
   1. Aktien,
   2.² Stammanteile von Gesellschaften mit beschränkter Haftung und Anteilscheine von Genossenschaften,
   2bis.³ Partizipationsscheine und Beteiligungsscheine von Genossenschaftsbanken,
   3. Genussscheine,
   4. und 5. ...⁴

b.⁵ auf dem Umsatz der folgenden inländischen und ausländischen Urkunden: StG 13 ff.
   1. Obligationen,
   2. Aktien,
   3.⁶ Stammanteile von Gesellschaften mit beschränkter Haftung und Anteilscheine von Genossenschaften,
   3bis.⁷ Partizipationsscheine und Beteiligungsscheine von Genossenschaftsbanken,
   4. Genussscheine,
   5.⁸ Anteile an kollektiven Kapitalanlagen gemäss Kollektivanlagegesetz vom 23. Juni 2006⁹ (KAG),
   6. Papiere, die dieses Gesetz den Urkunden nach den Ziffern 1–5 gleichstellt;

c. auf der Zahlung von Versicherungsprämien gegen Quittung. StG 21 ff.

² Werden bei den in Absatz 1 erwähnten Rechtsvorgängen keine Urkunden ausgestellt oder umgesetzt, so treten an ihre Stelle die der Feststellung der Rechtsvorgänge dienenden Geschäftsbücher oder sonstigen Urkunden.

II. ...

Art. 2¹⁰ ...

---

[1] Fassung gemäss Ziff. I des BG vom 4. Okt. 1991, in Kraft seit 1. April 1993 (AS **1993** 222; BBl **1991** IV 497 521).
[2] Fassung gemäss Anhang Ziff. 6 des BG vom 16. Dez. 2005 (GmbH-Recht sowie Anpassungen im Aktien-, Genossenschafts-, Handelsregister- und Firmenrecht), in Kraft seit 1. Jan. 2008 (AS **2007** 4791; BBl **2002** 3148, **2004** 3969).
[3] Fassung gemäss Anhang Ziff. II 7 des Finanzinstitutsgesetzes vom 15. Juni 2018, in Kraft seit 1. Jan. 2020 (AS **2018** 5247, **2019** 4631; BBl **2015** 8901).
[4] Aufgehoben durch Anhang Ziff. 2 des BG vom 30. Sept. 2011 (Stärkung der Stabilität im Finanzsektor), mit Wirkung seit 1. März 2012 (AS **2012** 811; BBl **2011** 4717).
[5] Fassung gemäss Ziff. I des BG vom 4. Okt. 1991, in Kraft seit 1. April 1993 (AS **1993** 222; BBl **1991** IV 497 521).
[6] Fassung gemäss Anhang Ziff. 6 des BG vom 16. Dez. 2005 (GmbH-Recht sowie Anpassungen im Aktien-, Genossenschafts-, Handelsregister- und Firmenrecht), in Kraft seit 1. Jan. 2008 (AS **2007** 4791; BBl **2002** 3148, **2004** 3969).
[7] Fassung gemäss Anhang Ziff. II 7 des Finanzinstitutsgesetzes vom 15. Juni 2018, in Kraft seit 1. Jan. 2020 (AS **2018** 5247, **2019** 4631; BBl **2015** 8901).
[8] Fassung gemäss Anhang Ziff. II 4 des Kollektivanlagegesetzes vom 23. Juni 2006, in Kraft seit 1. Jan. 2007 (AS **2006** 5379; BBl **2005** 6395).
[9] SR **951.31**
[10] Aufgehoben durch Ziff. I des BG vom 5. Okt. 1984 (AS **1985** 1963; BBl **1981** III 737).

III. Verhältnis zum kantonalen Recht

Art. 3

¹ Urkunden, welche dieses Gesetz als Gegenstand einer Stempelabgabe oder steuerfrei erklärt, dürfen von den Kantonen nicht mit gleichgearteten Abgaben oder Registrierungsgebühren belastet werden. Anstände, die sich auf Grund dieser Bestimmung ergeben, beurteilt das Bundesgericht als einzige Instanz (Art. 116 des Bundesrechtspflegegesetzes vom 16. Dez. 1943 – OG[1]).

² Zu den steuerfreien Urkunden gehören auch die Frachturkunden im Gepäck-, Tier- und Güterverkehr der Schweizerischen Bundesbahnen und der vom Bund konzessionierten Transportunternehmen.[2]

IV. Begriffsbestimmungen A93, A92, A69, A60, A57

Art. 4

¹ Inländer ist, wer im Inland Wohnsitz, dauernden Aufenthalt, statutarischen oder gesetzlichen Sitz hat oder als Unternehmen im inländischen Handelsregister eingetragen ist. A57

² Investmentgesellschaften mit festem Kapital nach Artikel 110 KAG[3] werden in diesem Gesetz den Kapitalgesellschaften gleichgestellt.[4] A69

³ Obligationen sind schriftliche, auf feste Beträge lautende Schuldanerkennungen, die zum Zwecke der kollektiven Kapitalbeschaffung oder Anlagegewährung oder der Konsolidierung von Verbindlichkeiten in einer Mehrzahl von Exemplaren ausgegeben werden, namentlich Anleihensobligationen mit Einschluss der Partialen von Anleihen, für welche ein Grundpfandrecht gemäss Artikel 875 des Zivilgesetzbuches[5] besteht, Rententitel, Pfandbriefe, Kassenobligationen, Kassen- und Depositenscheine sowie Schuldbuchforderungen.[6] A93, A60

⁴ Den Obligationen gleichgestellt sind: A92
   a. in einer Mehrzahl ausgegebene Wechsel, wechselähnliche Schuldverschreibungen und andere Diskontpapiere, sofern sie zur Unterbringung im Publikum bestimmt sind;
   b. Ausweise über Unterbeteiligungen an Darlehensforderungen;
   c.[7] in einer Mehrzahl ausgegebene, der kollektiven Kapitalbeschaffung dienende Buchforderungen.

⁵ Geldmarktpapiere sind Obligationen mit einer festen Laufzeit von nicht mehr als zwölf Monaten.[8] C20

---

1 Siehe heute das Bundesgerichtsgesetz vom 17. Juni 2005 (SR **173.110**).
2 Eingefügt durch Ziff. I des BG vom 8. Okt. 1999 (AS **2000** 322; BBl **1999** 7922). Fassung gemäss Ziff. II 9 des BG vom 20. März 2009 über die Bahnreform 2, in Kraft seit 1. Jan. 2010 (AS **2009** 5597; BBl **2005** 2415, **2007** 2681).
3 SR **951.31**
4 Fassung gemäss Anhang Ziff. II 4 des Kollektivanlagengesetzes vom 23. Juni 2006, in Kraft seit 1. Jan. 2007 (AS **2006** 5379; BBl **2005** 6395).
5 SR **210**
6 Eingefügt durch Ziff. I des BG vom 4. Okt. 1991, in Kraft seit 1. April 1993 (AS **1993** 222; BBl **1991** IV 497 521).
7 Eingefügt durch Ziff. I des BG vom 4. Okt. 1991, in Kraft seit 1. April 1993 (AS **1993** 222; BBl **1991** IV 497 521).
8 Eingefügt durch Ziff. I des BG vom 4. Okt. 1991, in Kraft seit 1. April 1993 (AS **1993** 222; BBl **1991** IV 497 521).

Erster Abschnitt: Emissionsabgabe

I. Gegenstand der Abgabe

Art. 5 Beteiligungsrechte[1]   StV 9 ff.

¹ Gegenstand der Abgabe sind:

a. die entgeltliche oder unentgeltliche Begründung und Erhöhung des Nennwertes von Beteiligungsrechten in Form von: StV 9
   - Aktien inländischer Aktiengesellschaften und Kommanditaktiengesellschaften;
   - Stammanteilen inländischer Gesellschaften mit beschränkter Haftung;[2]
   - Genossenschaftsanteilen inländischer Genossenschaften;
   - Genussscheinen inländischer Gesellschaften oder Genossenschaften. Als Genussscheine gelten Urkunden über Ansprüche auf einen Anteil am Reingewinn oder am Liquidationsergebnis;   StV 11 f. | A 77
   -[3] Partizipationsscheinen inländischer Gesellschaften, Genossenschaften oder gewerblicher Unternehmen des öffentlichen Rechts;
   -[4] Beteiligungsscheinen von Genossenschaftsbanken.

b.[5] ...

² Der Begründung von Beteiligungsrechten im Sinne von Absatz 1 Buchstabe a sind gleichgestellt: StV 10

a. die Zuschüsse, die die Gesellschafter oder Genossenschafter ohne entsprechende Gegenleistung an die Gesellschaft oder Genossenschaft erbringen, ohne dass das im Handelsregister eingetragene Gesellschaftskapital oder der einbezahlte Betrag der Genossenschaftsanteile erhöht wird;   A 84, A 77, C 22

b.[6] der Handwechsel der Mehrheit der Aktien, Stammanteilen oder Genossenschaftsanteile an einer inländischen Gesellschaft oder Genossenschaft, die wirtschaftlich liquidiert oder in liquide Form gebracht worden ist;

c.[7] ...

Art. 5a[8] ...

---

[1] Fassung gemäss Ziff. I des BG vom 4. Okt. 1991, in Kraft seit 1. April 1993 (AS **1993** 222; BBl **1991** IV 497 521).
[2] Fassung gemäss Anhang Ziff. 6 des BG vom 16. Dez. 2005 (GmbH-Recht sowie Anpassungen im Aktien-, Genossenschafts-, Handelsregister- und Firmenrecht), in Kraft seit 1. Jan. 2008 (AS **2007** 4791; BBl **2002** 3148, **2004** 3969).
[3] Fünfter Strich eingefügt durch Ziff. III Art. 7 Ziff. 1 des BG vom 4. Okt. 1991 über die Änderung des OR (Die Aktiengesellschaft), in Kraft seit 1. Juli 1992 (AS **1992** 733; BBl **1983** II 745).
[4] Eingefügt durch Anhang Ziff. II 7 des Finanzinstitutsgesetzes vom 15. Juni 2018, in Kraft seit 1. Jan. 2020 (AS **2018** 5247, **2019** 4631; BBl **2015** 8901).
[5] Aufgehoben durch Ziff. I des BG vom 4. Okt. 1991 (AS **1993** 222; BBl **1991** IV 497 521).
[6] Fassung gemäss Anhang Ziff. 6 des BG vom 16. Dez. 2005 (GmbH-Recht sowie Anpassungen im Aktien-, Genossenschafts-, Handelsregister- und Firmenrecht), in Kraft seit 1. Jan. 2008 (AS **2007** 4791; BBl **2002** 3148, **2004** 3969).
[7] Aufgehoben durch Ziff. I des BG vom 4. Okt. 1991 (AS **1993** 222; BBl **1991** IV 497 521).
[8] Eingefügt durch Ziff. I des BG vom 4. Okt. 1991 (AS **1993** 222; BBl **1991** IV 497 521). Aufgehoben durch Anhang Ziff. 2 des BG vom 30. Sept. 2011 (Stärkung der Stabilität im Finanzsektor), mit Wirkung seit 1. März 2012 (AS **2012** 811; BBl **2011** 4717).

Art. 6 Ausnahmen

¹ Von der Abgabe sind ausgenommen: StV 16

a. die Beteiligungsrechte an Aktiengesellschaften, Kommanditaktiengesellschaften, Gesellschaften mit beschränkter Haftung oder Genossenschaften, die sich, ohne einen Erwerbszweck zu verfolgen, entweder der Fürsorge für Bedürftige und Kranke, der Förderung des Kultus, des Unterrichts sowie anderer gemeinnütziger Zwecke oder der Beschaffung von Wohnungen zu mässigen Mietzinsen oder der Gewährung von Bürgschaften widmen, sofern nach den Statuten
   - die Dividende auf höchstens 6 Prozent des einbezahlten Gesellschafts- oder Genossenschaftskapitals beschränkt,
   - die Ausrichtung von Tantiemen ausgeschlossen und
   - bei der Auflösung der Gesellschaft oder Genossenschaft der nach Rückzahlung des einbezahlten Gesellschafts- oder Genossenschaftskapitals verbleibende Teil des Vermögens einem der erwähnten Zwecke zuzuwenden ist;

a[bis]. Beteiligungsrechte, die in Durchführung von Beschlüssen über Fusionen oder diesen wirtschaftlich gleichkommende Zusammenschlüsse, Umwandlungen und Spaltungen von Aktiengesellschaften, Kommanditaktiengesellschaften, Gesellschaften mit beschränkter Haftung oder Genossenschaften begründet oder erhöht werden;[1] A50

b.[2] die Begründung oder Nennwerterhöhung von Beteiligungsrechten an Genossenschaften, soweit die Leistungen der Genossenschafter im Sinne von Artikel 5 gesamthaft eine Million Franken nicht übersteigen;

c.[3] die Beteiligungsrechte an Transportunternehmen, die aus Investitionsbeiträgen der öffentlichen Hand zu deren Gunsten begründet oder erhöht werden;

d. die Beteiligungsrechte, die unter Verwendung früherer Aufgelder und Zuschüsse der Gesellschafter oder Genossenschafter begründet oder erhöht werden, sofern die Gesellschaft oder Genossenschaft nachweist, dass sie auf diesen Leistungen die Abgabe entrichtet hat;

e.[4] ...

f.[5] ...

g.[6] die Beteiligungsrechte, die unter Verwendung eines Partizipationskapitals oder Beteiligungskapitals einer Genossenschaftsbank begründet oder erhöht werden, sofern die Gesellschaft oder Genossenschaft nachweist, dass sie auf diesem Partizipationskapital oder Beteiligungskapital die Abgabe entrichtet hat;

h.[7] die bei der Gründung oder Kapitalerhöhung einer Aktiengesellschaft, einer Kommanditaktiengesellschaft oder einer Gesellschaft mit beschränkter Haftung entgeltlich ausgegebenen Beteiligungsrechte, soweit die Leistungen der Gesellschafter gesamthaft eine Million Franken nicht übersteigen;

---

[1] Eingefügt durch Ziff. I des BG vom 4. Okt. 1991 (AS **1993** 222; BBl **1991** IV 497). Fassung gemäss Anhang Ziff. 6 des Fusionsgesetzes vom 3. Okt. 2003, in Kraft seit 1. Juli 2004 (AS **2004** 2617; BBl **2000** 4337).
[2] Fassung gemäss Ziff. II 1 des Unternehmenssteuerreformgesetzes II vom 23. März 2007, in Kraft seit 1. Jan. 2009 (AS **2008** 2893; BBl **2005** 4733).
[3] Fassung gemäss Ziff. I 9 des BG vom 20. März 2009 über die Bahnreform 2, in Kraft seit 1. Jan. 2010 (AS **2009** 5597; BBl **2005** 2415, **2007** 2681).
[4] Aufgehoben durch Ziff. I des BG vom 4. Okt. 1991 (AS **1993** 222; BBl **1991** IV 497 521).
[5] Eingefügt durch Art. 25 des ABRG vom 20. Dez. 1985 (AS **1988** 1420; BBl **1984** I 1129). Aufgehoben durch Ziff. II des BG vom 28. Sept. 2018, mit Wirkung seit 1. Jan. 2019 (AS **2019** 433; BBl **2018** 2325).
[6] Eingefügt durch Ziff. III Art. 7 Ziff. 1 des BG vom 4. Okt. 1991 über die Änderung des OR (Die Aktiengesellschaft) (AS **1992** 733; BBl **1983** II 745). Fassung gemäss Anhang Ziff. II 7 des Finanzinstitutsgesetzes vom 15. Juni 2018, in Kraft seit 1. Jan. 2020 (AS **2018** 5247, **2019** 4631; BBl **2015** 8901).
[7] Eingefügt durch Ziff. I des BG vom 24. März 1995 (AS **1995** 4259; BBl **1995** I 89). Fassung gemäss Ziff. I des BG vom 18. März 2005, in Kraft seit 1. Jan. 2006 (AS **2005** 3577; BBl **2004** 4899).

i.[1] die Begründung von Anteilen von kollektiven Kapitalanlagen gemäss KAG[2]; A69

j.[3] Beteiligungsrechte, die zur Übernahme eines Betriebes oder Teilbetriebes einer Aktiengesellschaft, Kommanditaktiengesellschaft, Gesellschaft mit beschränkter Haftung oder Genossenschaft begründet oder erhöht werden, sofern gemäss letzter Jahresbilanz die Hälfte des Kapitals und der gesetzlichen Reserven dieser Gesellschaft oder Genossenschaft nicht mehr gedeckt ist; N 4 725 | A77

k.[4] die bei offenen Sanierungen vorgenommene Begründung von Beteiligungsrechten oder die Erhöhung von deren Nennwert bis zur Höhe vor der Sanierung sowie Zuschüsse von Gesellschaftern oder Genossenschaftern bei stillen Sanierungen, soweit: A77
- bestehende Verluste beseitigt werden, und
- die Leistungen der Gesellschafter oder Genossenschafter gesamthaft 10 Millionen Franken nicht übersteigen;

l.[5] die Beteiligungsrechte an Banken oder Konzerngesellschaften von Finanzgruppen, die unter Verwendung des von der Eidgenössischen Finanzmarktaufsicht im Hinblick auf die Erfüllung regulatorischer Erfordernisse genehmigten Wandlungskapitals nach den Artikeln 13 Absatz 1 oder 30*b* Absatz 7 Buchstabe b des Bankengesetzes vom 8. November 1934[6] begründet oder erhöht werden;

m.[7] ...

² Fallen die Voraussetzungen der Abgabebefreiung dahin, so ist auf den noch bestehenden Beteiligungsrechten die Abgabe zu entrichten.[8]

II. Entstehung der Abgabeforderung

Art. 7

¹ Die Abgabeforderung entsteht: StV 9 ff.

a.[9] bei Aktien, Partizipationsscheinen, Stammanteilen von Gesellschaften mit beschränkter Haftung und bei Beteiligungsscheinen von Genossenschaftsbanken: im Zeitpunkt der Eintragung der Begründung oder der Erhöhung der Beteiligungsrechte ins Handelsregister;

---

1 Eingefügt durch Anhang Ziff. II 4 des Kollektivanlagengesetzes vom 23. Juni 2006, in Kraft seit 1. Jan. 2007 (AS **2006** 5379; BBl **2005** 6395).
2 SR **951.31**
3 Eingefügt durch Ziff. II 1 des Unternehmenssteuerreformgesetzes II vom 23. März 2007, in Kraft seit 1. Jan. 2009 (AS **2008** 2893; BBl **2005** 4733).
4 Eingefügt durch Ziff. II 1 des Unternehmenssteuerreformgesetzes II vom 23. März 2007, in Kraft seit 1. Jan. 2009 (AS **2008** 2893; BBl **2005** 4733).
5 Eingefügt durch Anhang Ziff. 2 des BG vom 30. Sept. 2011 (Stärkung der Stabilität im Finanzsektor) (AS **2012** 811; BBl **2011** 4717). Fassung gemäss Anhang Ziff. 4 des BG vom 17. Dez. 2021 (Insolvenz und Einlagensicherung), in Kraft seit 1. Jan. 2023 (AS **2022** 732; BBl **2020** 6359).
6 SR **952.0**
7 Eingefügt durch Ziff. II des BG vom 18. März 2016 (AS **2016** 3451; BBl **2015** 7083). Aufgehoben durch Anhang Ziff. 4 des BG vom 17. Dez. 2021 (Insolvenz und Einlagensicherung), mit Wirkung seit 1. Jan. 2023 (AS **2022** 732; BBl **2020** 6359).
8 Im Sinne einer Berichtigung nach Art. 33 Abs. 1 GVG (AS **1974** 1051) hat die Redaktionskommission der BVers den Passus «oder Anteilen an Anlagefonds» gestrichen.
9 Fassung gemäss Anhang Ziff. II 7 des Finanzinstitutsgesetzes vom 15. Juni 2018, in Kraft seit 1. Jan. 2020 (AS **2018** 5247, **2019** 4631; BBl **2015** 8901).

a^{bis}. bei Beteiligungsrechten, die im Verfahren der bedingten Kapitalerhöhung begründet werden: im Zeitpunkt ihrer Ausgabe;[1]

b.[2] ...

c. bei Genossenschaftsanteilen: im Zeitpunkt ihrer Begründung oder Erhöhung;

d. bei Genussscheinen: im Zeitpunkt ihrer Ausgabe oder Erhöhung;

e. bei Zuschüssen und bei einem Handwechsel der Mehrheit von Beteiligungsrechten: im Zeitpunkt des Zuschusses oder des Handwechsels;

f.[3] bei Beteiligungsrechten, die im Rahmen eines Kapitalbands nach den Artikeln 653s ff. des Obligationenrechts[4] ausgegeben werden, am Ende des Kapitalbands. N 4

2 ...[5]

III. Abgabesätze und Berechnungsgrundlage

Art. 8 Beteiligungsrechte[6]

1 Die Abgabe auf Beteiligungsrechten beträgt 1 Prozent und wird berechnet:[7]

a. bei der Begründung und Erhöhung von Beteiligungsrechten: vom Betrag, der der Gesellschaft oder Genossenschaft als Gegenleistung für die Beteiligungsrechte zufliesst, mindestens aber vom Nennwert;

b. auf Zuschüssen: vom Betrag des Zuschusses;

c. beim Handwechsel der Mehrheit von Beteiligungsrechten: vom Reinvermögen, das sich im Zeitpunkt des Handwechsels in der Gesellschaft oder Genossenschaft befindet, mindestens aber vom Nennwert aller bestehenden Beteiligungsrechte.

2 ...[8]

3 Sachen und Rechte sind zum Verkehrswert im Zeitpunkt ihrer Einbringung zu bewerten.

Art. 9 Besondere Fälle

1 Die Abgabe beträgt:

a.[9] ...

b.[10] ...

c.[11] ...

d.[12] auf unentgeltlich ausgegebenen Genussscheinen: 3 Franken je Genussschein;

---

[1] Eingefügt durch Ziff. III Art. 7 Ziff. 1 des BG vom 4. Okt. 1991 über die Änderung des OR (Die Aktiengesellschaft), in Kraft seit 1. Juli 1992 (SR **220** am Ende, SchlB zum Tit. XXVI).

[2] Aufgehoben durch Ziff. I 3 des BG vom 10. Okt. 1997 über die Reform der Unternehmensbesteuerung 1997 (AS **1998** 669; BBl **1997** II 1164).

[3] Eingefügt durch Ziff. I des BG vom 4. Okt. 1991 (AS **1993** 222; BBl **1991** IV 497 521). Fassung gemäss Anhang Ziff. 6 des BG vom 19. Juni 2020 (Aktienrecht), in Kraft seit 1. Jan. 2023 (AS **2020** 4005, **2022** 109; BBl **2017** 399).

[4] SR **220**

[5] Aufgehoben durch Ziff. I des BG vom 4. Okt. 1991 (AS **1993** 222; BBl **1991** IV 497 521).

[6] Fassung gemäss Ziff. I des BG vom 4. Okt. 1991, in Kraft seit 1. April 1993 (AS **1993** 222; BBl **1991** IV 497 521).

[7] Fassung gemäss Ziff. I 3 des BG vom 10. Okt. 1997 über die Reform der Unternehmensbesteuerung 1997, in Kraft seit 1. April 1998 (AS **1998** 669; BBl **1997** II 1164).

[8] Aufgehoben durch Ziff. I des BG vom 4. Okt. 1991 (AS **1993** 222; BBl **1991** IV 497 521).

[9] Aufgehoben durch Ziff. I des BG vom 4. Okt. 1991 (AS **1993** 222; BBl **1991** IV 497 521).

[10] Aufgehoben durch Ziff. I 3 des BG vom 10. Okt. 1997 über die Reform der Unternehmensbesteuerung 1997 (AS **1998** 669; BBl **1997** II 1164).

[11] Aufgehoben durch Ziff. I des BG vom 4. Okt. 1991 (AS **1993** 222; BBl **1991** IV 497 521).

[12] Fassung gemäss Ziff. III Art. 7 Ziff. 1 des BG vom 4. Okt. 1991 über die Änderung des OR (Die Aktiengesellschaft), in Kraft seit 1. Juli 1992 (SR **220** am Ende, SchlB zum Tit. XXVI).

e.[1] auf Beteiligungsrechten, die in Durchführung von Beschlüssen über die Fusion, Spaltung oder Umwandlung von Einzelunternehmen, Handelsgesellschaften ohne juristische Persönlichkeit, Vereinen, Stiftungen oder Unternehmen des öffentlichen Rechts begründet oder erhöht werden, sofern der bisherige Rechtsträger während mindestens fünf Jahren bestand: 1 Prozent des Nennwerts, vorbehältlich der Ausnahmen in Artikel 6 Absatz 1 Buchstabe h. Über den Mehrwert wird nachträglich abgerechnet, soweit während den der Umstrukturierung nachfolgenden fünf Jahren die Beteiligungsrechte veräussert werden.

² Von den Einzahlungen, die während eines Geschäftsjahres auf das Genossenschaftskapital gemacht werden, wird die Abgabe nur soweit erhoben, als diese Einzahlungen die Rückzahlungen auf dem Genossenschaftskapital während des gleichen Geschäftsjahres übersteigen.

³ Auf den Beträgen, die der Gesellschaft im Rahmen eines Kapitalbands nach den Artikeln 653s ff. des Obligationenrechts[2] zufliessen, wird die Abgabe nur soweit erhoben, als diese Zuflüsse die Rückzahlungen im Rahmen dieses Kapitalbands übersteigen.[3] N 4

Art. 9a[4] ...

IV. Abgabepflicht

Art. 10

¹ Für Beteiligungsrechte ist die Gesellschaft oder Genossenschaft abgabepflichtig.[5] Für die beim Handwechsel der Mehrheit von Beteiligungsrechten (Art. 5 Abs. 2 Bst. b) geschuldete Abgabe haftet der Veräusserer der Beteiligungsrechte solidarisch.

² ...[6]

³ und 4 ...[7]

---

[1] Eingefügt durch Anhang Ziff. 6 des Fusionsgesetzes vom 3. Okt. 2003 (AS **2004** 2617; BBl **2000** 4337). Fassung gemäss Anhang Ziff. 6 des BG vom 16. Dez. 2005 (GmbH-Recht sowie Anpassungen im Aktien-, Genossenschafts-, Handelsregister- und Firmenrecht), in Kraft seit 1. Jan. 2008 (AS **2007** 4791; BBl **2002** 3148, **2004** 3969).
[2] SR **220**
[3] Eingefügt durch Ziff. I des BG vom 4. Okt. 1991 (AS **1993** 222; BBl **1991** IV 497 521). Fassung gemäss Anhang Ziff. 6 des BG vom 19. Juni 2020 (Aktienrecht), in Kraft seit 1. Jan. 2023 (AS **2020** 4005, **2022** 109; BBl **2017** 399).
[4] Eingefügt durch Ziff. I des BG vom 4. Okt. 1991 (AS **1993** 222; BBl **1991** IV 497 521). Aufgehoben durch Anhang Ziff. 2 des BG vom 30. Sept. 2011 (Stärkung der Stabilität im Finanzsektor), mit Wirkung seit 1. März 2012 (AS **2012** 811; BBl **2011** 4717).
[5] Fassung gemäss Ziff. I des BG vom 4. Okt. 1991, in Kraft seit 1. April 1993 (AS **1993** 222; BBl **1991** IV 497 521).
[6] Aufgehoben durch Ziff. I des BG vom 4. Okt. 1991 (AS **1993** 222; BBl **1991** IV 497 521).
[7] Eingefügt durch Ziff. I des BG vom 4. Okt. 1991 (AS **1993** 222; BBl **1991** IV 497 521). Aufgehoben durch Anhang Ziff. 2 des BG vom 30. Sept. 2011 (Stärkung der Stabilität im Finanzsektor), mit Wirkung seit 1. März 2012 (AS **2012** 811; BBl **2011** 4717).

V. Fälligkeit der Abgabeforderung   StV 9 ff.

Art. 11

Die Abgabe wird fällig:

a.[1] auf Genossenschaftsanteilen: 30 Tage nach Geschäftsabschluss;
b.[2] auf Beteiligungsrechten: 30 Tage nach Ablauf des Vierteljahres, in dem die Abgabeforderung entstanden ist (Art. 7);
c. in allen andern Fällen: 30 Tage nach Entstehung der Abgabeforderung (Art. 7).

VI. Stundung und Erlass der Abgabeforderung   StV 17

Art. 12

Wenn bei der offenen oder stillen Sanierung einer Aktiengesellschaft, Kommanditaktiengesellschaft, Gesellschaft mit beschränkter Haftung oder Genossenschaft die Erhebung der Emissionsabgabe eine offenbare Härte bedeuten würde, so soll die Abgabe gestundet oder erlassen werden.   A77

Zweiter Abschnitt: Umsatzabgabe   StV 18–25a | A57

I. Gegenstand der Abgabe

Art. 13 Regel   A57

1 Gegenstand der Abgabe ist die entgeltliche Übertragung von Eigentum an den in Absatz 2 bezeichneten Urkunden, sofern eine der Vertragsparteien oder einer der Vermittler Effektenhändler nach Absatz 3 ist.[3]

2 Steuerbare Urkunden sind:

  a. die von einem Inländer ausgegebenen:
    1. Obligationen (Art. 4 Abs. 3 und 4),   A93
    2.[4] Aktien, Stammanteile von Gesellschaften mit beschränkter Haftung, Anteilscheine und Beteiligungsscheine von Genossenschaften, Partizipationsscheine, Genussscheine,
    3.[5] Anteile an kollektiven Kapitalanlagen gemäss KAG[6];   A69
  b. die von einem Ausländer ausgegebenen Urkunden, die in ihrer wirtschaftlichen Funktion den Titeln nach Buchstabe a gleichstehen. Der Bundesrat hat die Ausgabe von ausländischen Titeln von der Abgabe auszunehmen, wenn die Entwicklung der Währungslage oder des Kapitalmarktes es erfordert;

---

[1] Fassung gemäss Ziff. II 1 des Unternehmenssteuerreformgesetzes II vom 23. März 2007, in Kraft seit 1. Jan. 2009 (AS **2008** 2893; BBl **2005** 4733).
[2] Fassung gemäss Anhang Ziff. 2 des BG vom 30. Sept. 2011 (Stärkung der Stabilität im Finanzsektor), in Kraft seit 1. März 2012 (AS **2012** 811; BBl **2011** 4717).
[3] Fassung gemäss Ziff. I des BG vom 18. März 2005, in Kraft seit 1. Jan. 2006 (AS **2005** 3577; BBl **2004** 4899).
[4] Fassung gemäss Anhang Ziff. II 7 des Finanzinstitutsgesetzes vom 15. Juni 2018, in Kraft seit 1. Jan. 2020 (AS **2018** 5247, **2019** 4631; BBl **2015** 8901).
[5] Fassung gemäss Anhang Ziff. II 4 des Kollektivanlagengesetzes vom 23. Juni 2006, in Kraft seit 1. Jan. 2007 (AS **2006** 5379; BBl **2005** 6395).
[6] SR **951.31**

c.[1] Ausweise über Unterbeteiligungen an Urkunden der in Buchstaben a und b bezeichneten Arten. A92, A60

3 Effektenhändler sind:

a.[2] die Banken, die bankähnlichen Finanzgesellschaften im Sinne des Bankengesetzes vom 8. November 1934[3], die Schweizerische Nationalbank sowie die zentralen Gegenparteien im Sinne des Finanzmarktinfrastrukturgesetzes vom 19. Juni 2015[4];

b. die nicht unter Buchstabe a fallenden inländischen natürlichen und juristischen Personen und Personengesellschaften, inländischen Anstalten und Zweigniederlassungen ausländischer Unternehmen, deren Tätigkeit ausschliesslich oder zu einem wesentlichen Teil darin besteht,
   1. für Dritte den Handel mit steuerbaren Urkunden zu betreiben (Händler), oder
   2. als Anlageberater oder Vermögensverwalter Kauf und Verkauf von steuerbaren Urkunden zu vermitteln (Vermittler);

c.[5] ...

d.[6] die nicht unter die Buchstaben a und b fallenden inländischen Aktiengesellschaften, Kommanditaktiengesellschaften, Gesellschaften mit beschränkter Haftung und Genossenschaften sowie inländischen Einrichtungen der beruflichen Vorsorge und der gebundenen Vorsorge, deren Aktiven nach Massgabe der letzten Bilanz zu mehr als 10 Millionen Franken aus steuerbaren Urkunden nach Absatz 2 bestehen;

e.[7] ...

f.[8] der Bund, die Kantone und die politischen Gemeinden samt ihren Anstalten, sofern sie in ihrer Rechnung für mehr als 10 Millionen Franken steuerbare Urkunden nach Absatz 2 ausweisen, sowie die inländischen Einrichtungen der Sozialversicherung.[9]

4 Als inländische Einrichtungen der beruflichen Vorsorge und der gebundenen Vorsorge nach Absatz 3 Buchstabe d gelten:

a. die Einrichtungen nach Artikel 48 des Bundesgesetzes vom 25. Juni 1982[10] über die berufliche Alters-, Hinterlassenen- und Invalidenvorsorge (BVG) und nach Artikel 331 des Obligationenrechts[11], der Sicherheitsfonds sowie die Auffangeinrichtung nach den Artikeln 56 und 60 BVG;

---

[1] Fassung gemäss Ziff. I des BG vom 4. Okt. 1991, in Kraft seit 1. April 1993 (AS **1993** 222; BBl **1991** IV 497 521).
[2] Fassung gemäss Anhang Ziff. 5 des Finanzmarktinfrastrukturgesetzes vom 19. Juni 2015, in Kraft seit 1. Jan. 2016 (AS **2015** 5339; BBl **2014** 7483).
[3] SR **952.0**
[4] SR **958.1**
[5] Aufgehoben durch Ziff. I des BG vom 18. März 2005, mit Wirkung seit 1. Jan. 2006 (AS **2005** 3577; BBl **2004** 4899).
[6] Fassung gemäss Ziff. I des BG vom 18. März 2005, in Kraft seit 1. Jan. 2006 (AS **2005** 3577; BBl **2004** 4899).
[7] Eingefügt durch Ziff. I des BB vom 19. März 1999 über dringliche Massnahmen im Bereich der Umsatzabgabe (AS **1999** 1287; BBl **1999** 1025). Aufgehoben durch Ziff. I des BG vom 19. März 2010, mit Wirkung seit 1. Juli 2010 (AS **2010** 3317; BBl **2009** 8745 8753).
[8] Eingefügt durch Ziff. I des BG vom 15. Dez. 2000 über neue dringliche Massnahmen im Bereich der Umsatzabgabe (AS **2000** 2991; BBl **2000** 5835). Fassung gemäss Ziff. I des BG vom 18. März 2005, in Kraft seit 1. Jan. 2006 (AS **2005** 3577; BBl **2004** 4899).
[9] Fassung gemäss Ziff. I des BG vom 4. Okt. 1991, in Kraft seit 1. April 1993 (AS **1993** 222; BBl **1991** IV 497 521).
[10] SR **831.40**
[11] SR **220**

b. Freizügigkeitsstiftungen nach den Artikeln 10 Absatz 3 und 19 der Freizügigkeitsverordnung vom 3. Oktober 1994[1] über die Freizügigkeit in der beruflichen Alters-, Hinterlassenen- und Invalidenvorsorge;
c. die Träger der in Artikel 1 Absatz 1 der Verordnung vom 13. November 1985[2] über die steuerliche Abzugsberechtigung für Beiträge an anerkannte Vorsorgeformen erwähnten gebundenen Vorsorgeversicherungen und Vorsorgevereinbarungen;
d.[3] Anlagestiftungen, die sich der Anlage und der Verwaltung von Vermögen von Vorsorgeeinrichtungen nach den Buchstaben a–c widmen und unter der Stiftungsaufsicht des Bundes oder der Kantone stehen.

⁵ Als inländische Einrichtungen der Sozialversicherung nach Absatz 3 Buchstabe f gelten: der Ausgleichsfonds der Alters- und Hinterlassenenversicherung sowie der Ausgleichsfonds der Arbeitslosenversicherung.[4]

Art. 14 Ausnahmen A57

¹ Von der Abgabe sind ausgenommen:
a.[5] die Ausgabe inländischer Aktien, Stammanteile von Gesellschaften mit beschränkter Haftung und von Genossenschaften, Beteiligungsscheine von Genossenschaftsbanken, Partizipationsscheine, Genussscheine, Anteile an kollektiven Kapitalanlagen nach KAG[6], Obligationen und Geldmarktpapiere, einschliesslich der Festübernahme durch eine Bank oder Beteiligungsgesellschaft und der Zuteilung bei einer nachfolgenden Emission;
b.[7] die Sacheinlage von Urkunden zur Liberierung in- oder ausländischer Aktien, Stammanteile von Gesellschaften mit beschränkter Haftung, Genossenschaftsanteile, Beteiligungsscheine von Genossenschaftsbanken, Partizipationsscheine und Anteile von kollektiven Kapitalanlagen nach KAG; B110
c.[8] ...
d. der Handel mit Bezugsrechten;
e. die Rückgabe von Urkunden zur Tilgung;
f.[9] die Ausgabe von Obligationen ausländischer Schuldner, die auf eine fremde Währung lauten (Euroobligationen), sowie von Beteiligungsrechten an ausländischen Gesellschaften. Als Euroobligationen gelten ausschliesslich Titel, bei denen sowohl die Vergütung des Zinses als auch die Rückzahlung des Kapitals in einer fremden Währung erfolgen;

---

[1] SR **831.425**
[2] SR **831.461.3**
[3] Eingefügt durch Ziff. I des BG vom 15. Dez. 2000 über neue dringliche Massnahmen im Bereich der Umsatzabgabe (AS **2000** 2991; BBl **2000** 5835). Fassung gemäss Ziff. I des BG vom 18. März 2005, in Kraft seit 1. Jan. 2006 (AS **2005** 3577; BBl **2004** 4899).
[4] Eingefügt durch Ziff. I des BG vom 15. Dez. 2000 über neue dringliche Massnahmen im Bereich der Umsatzabgabe (AS **2000** 2991; BBl **2000** 5835). Fassung gemäss Ziff. I des BG vom 18. März 2005, in Kraft seit 1. Jan. 2006 (AS **2005** 3577; BBl **2004** 4899).
[5] Fassung gemäss Anhang Ziff. II 7 des Finanzinstitutsgesetzes vom 15. Juni 2018, in Kraft seit 1. Jan. 2020 (AS **2018** 5247, **2019** 4631; BBl **2015** 8901).
[6] SR **951.31**
[7] Fassung gemäss Anhang Ziff. II 7 des Finanzinstitutsgesetzes vom 15. Juni 2018, in Kraft seit 1. Jan. 2020 (AS **2018** 5247, **2019** 4631; BBl **2015** 8901).
[8] Aufgehoben durch Ziff. I des BG vom 4. Okt. 1991 (AS **1993** 222; BBl **1991** IV 497 521).
[9] Eingefügt durch Ziff. I des BG vom 4. Okt. 1991, in Kraft seit 1. April 1993 (AS **1993** 222; BBl **1991** IV 497 521).

g.¹ der Handel mit in- und ausländischen Geldmarktpapieren;

h.² die Vermittlung oder der Kauf und Verkauf von ausländischen Obligationen, soweit der Käufer oder der Verkäufer eine ausländische Vertragspartei ist;

i.³ die mit einer Umstrukturierung, insbesondere einer Fusion, Spaltung oder Umwandlung verbundene Übertragung steuerbarer Urkunden von der übernommenen, spaltenden oder umwandelnden Unternehmung auf die aufnehmende oder umgewandelte Unternehmung; A50

j.⁴ der Erwerb oder die Veräusserung von steuerbaren Urkunden im Rahmen von Umstrukturierungen nach den Artikeln 61 Absatz 3 und 64 Absatz 1bis des Bundesgesetzes vom 14. Dezember 1990⁵ über die direkte Bundessteuer sowie bei der Übertragung von Beteiligungen von mindestens 20 Prozent am Grund- oder Stammkapital anderer Gesellschaften auf eine in- oder ausländische Konzerngesellschaft. A50

² ...⁶

³ Der gewerbsmässige Effektenhändler gemäss Artikel 13 Absatz 3 Buchstabe a und b Ziffer 1 ist von dem auf ihn selbst entfallenden Teil der Abgaben befreit, soweit er Titel aus seinem Handelsbestand veräussert oder zur Äuffnung dieses Bestandes erwirbt. Als Handelsbestand gelten die aus steuerbaren Urkunden zusammengesetzten Titelbestände, die sich aus der Handelstätigkeit der gewerbsmässigen Händler ergeben, nicht aber Beteiligungen und Bestände mit Anlagecharakter.⁷ StV 25a

II. Entstehung der Abgabeforderung A57

Art. 15

¹ Die Abgabeforderung entsteht mit dem Abschluss des Geschäftes.

² Bei bedingten oder ein Wahlrecht einräumenden Geschäften entsteht die Abgabeforderung mit der Erfüllung des Geschäftes.

III. Abgabesatz und Berechnungsgrundlage A57

Art. 16 Regel⁸

¹ Die Abgabe wird auf dem Entgelt berechnet und beträgt: StV 22

---

1 Eingefügt durch Ziff. I des BG vom 4. Okt. 1991, in Kraft seit 1. April 1993 (AS **1993** 222; BBl **1991** IV 497 521).
2 Eingefügt durch Ziff. I des BG vom 4. Okt. 1991 (AS **1993** 222; BBl **1991** IV 497 521). Fassung gemäss Ziff. I des BB vom 19. März 1999 über dringliche Massnahmen im Bereich der Umsatzabgabe (AS **1999** 1287; BBl **1999** 1025). Fassung gemäss Ziff. I des BG vom 18. März 2005, in Kraft seit 1. Jan. 2006 (AS **2005** 3577; BBl **2004** 4899).
3 Eingefügt durch Anhang Ziff. 6 des Fusionsgesetzes vom 3. Okt. 2003, in Kraft seit 1. Juli 2004 (AS **2004** 2617; BBl **2000** 4337).
4 Eingefügt durch Anhang Ziff. 6 des Fusionsgesetzes vom 3. Okt. 2003, in Kraft seit 1. Juli 2004 (AS **2004** 2617; BBl **2000** 4337).
5 SR **642.11**
6 Aufgehoben durch Ziff. I des BG vom 4. Okt. 1991 (AS **1993** 222; BBl **1991** IV 497 521).
7 Eingefügt durch Ziff. I des BG vom 4. Okt. 1991, in Kraft seit 1. April 1993 (AS **1993** 222; BBl **1991** IV 497 521).
8 Sachüberschrift eingefügt durch Ziff. I des BG vom 7. Okt. 1977, in Kraft seit 1. April 1978 (AS **1978** 201; BBl **1977** II 1453).

a. 1,5 Promille[1] für von einem Inländer ausgegebene Urkunden;
   b. 3 Promille[2] für von einem Ausländer ausgegebene Urkunden.

2 Besteht das Entgelt nicht in einer Geldsumme, so ist der Verkehrswert der vereinbarten Gegenleistung massgebend.

IV. Abgabepflicht A57

Art. 17 Regel StV 18 ff.

1 Abgabepflichtig ist der Effektenhändler.

2 Er schuldet eine halbe Abgabe:
   a. wenn er vermittelt: für jede Vertragspartei, die sich weder als registrierter Effektenhändler noch als von der Abgabe befreiter Anleger ausweist;
   b. wenn er Vertragspartei ist: für sich selbst und die Gegenpartei, die sich weder als registrierter Effektenhändler noch als von der Abgabe befreiter Anleger ausweist.[3]

3 Der Effektenhändler gilt als Vermittler, wenn er
   a. mit seinem Auftraggeber zu den Originalbedingungen des mit der Gegenpartei abgeschlossenen Geschäftes abrechnet;
   b. lediglich Gelegenheit zum Geschäftsabschluss nachweist;
   c. die Urkunden am Tage ihres Erwerbs weiterveräussert.

4 ...[4]

Art. 17a[5] Von der Abgabe befreite Anleger A57

1 Von der Abgabe nach Artikel 17 Absatz 2 befreit sind:
   a. ausländische Staaten und Zentralbanken;
   b.[6] inländische kollektive Kapitalanlagen nach Artikel 7 KAG[7];
   c.[8] ausländische kollektive Kapitalanlagen nach Artikel 119 KAG;
   d. ausländische Einrichtungen der Sozialversicherung;
   e. ausländische Einrichtungen der beruflichen Vorsorge;
   f. ausländische Lebensversicherer, die einer der Bundesaufsicht vergleichbaren ausländischen Regulierung unterstehen;
   g. ausländische Gesellschaften, deren Aktien an einer anerkannten Börse kotiert sind, sowie ihre ausländischen konsolidierten Konzerngesellschaften.

---

1 Abgabesatz gemäss Ziff. I des BG vom 7. Okt. 1977, in Kraft seit 1. April 1978 (AS **1978** 201; BBl **1977** II 1453).
2 Abgabesatz gemäss Ziff. I des BG vom 7. Okt. 1977, in Kraft seit 1. April 1978 (AS **1978** 201; BBl **1977** II 1453).
3 Fassung gemäss Ziff. I des BG vom 18. März 2005, in Kraft seit 1. Jan. 2006 (AS **2005** 3577; BBl **2004** 4899).
4 Eingefügt durch Ziff. I des BB vom 19. März 1999 über dringliche Massnahmen im Bereich der Umsatzabgabe (AS **1999** 1287; BBl **1999** 1025). Aufgehoben durch Ziff. I des BG vom 19. März 2010, mit Wirkung seit 1. Juli 2010 (AS **2010** 3317; BBl **2009** 8745 8753).
5 Eingefügt durch Ziff. I des BG vom 15. Dez. 2000 über neue dringliche Massnahmen im Bereich der Umsatzabgabe (AS **2000** 2991; BBl **2000** 5835). Fassung gemäss Ziff. I des BG vom 18. März 2005, in Kraft seit 1. Jan. 2006 (AS **2005** 3577; BBl **2004** 4899).
6 Fassung gemäss Anhang Ziff. II 4 des Kollektivanlagengesetzes vom 23. Juni 2006, in Kraft seit 1. Jan. 2007 (AS **2006** 5379; BBl **2005** 6395).
7 SR **951.31**
8 Fassung gemäss Anhang Ziff. II 4 des Kollektivanlagengesetzes vom 23. Juni 2006, in Kraft seit 1. Jan. 2007 (AS **2006** 5379; BBl **2005** 6395).

² Als ausländische Einrichtungen der Sozialversicherung gelten Einrichtungen, welche die gleichen Aufgaben wie die inländischen Einrichtungen nach Artikel 13 Absatz 5 erfüllen und einer vergleichbaren Aufsicht unterstellt sind.

³ Als ausländische Einrichtungen der beruflichen Vorsorge gelten Einrichtungen:
  a. die der Alters-, Hinterlassenen- und Invalidenvorsorge dienen;
  b. deren Mittel dauernd und ausschliesslich für die berufliche Vorsorge bestimmt sind; und
  c. die einer der Bundesaufsicht vergleichbaren Aufsicht unterstellt sind.

Art. 18 Emissionsgeschäfte A57

¹ Der Effektenhändler gilt als Vertragspartei, wenn er die Urkunden bei ihrer Emission fest übernimmt.

² Übernimmt der Effektenhändler die Urkunden als Unterbeteiligter von einem andern Effektenhändler und gibt er sie während der Emission weiter, so ist er von dem auf ihn entfallenden Teil der Abgaben ausgenommen.

³ Der Effektenhändler gilt ferner als Vertragspartei, wenn er Ausweise über Unterbeteiligungen an Darlehensforderungen ausgibt.[1]

Art. 19[2] Geschäfte mit ausländischen Banken und Börsenagenten A57

¹ Ist beim Abschluss eines Geschäftes eine ausländische Bank, ein ausländischer Börsenagent oder eine zentrale Gegenpartei im Sinne des Finanzmarktinfrastrukturgesetzes vom 19. Juni 2015[3] Vertragspartei, so entfällt die diese Partei betreffende halbe Abgabe.[4] Das Gleiche gilt für Titel, die von einer als Gegenpartei auftretenden Börse bei der Ausübung von standardisierten Derivaten übernommen oder geliefert werden.

² ...[5]

Art. 19a[6] Zum Zweck der Steuersicherung zwischengeschaltete Organisationen

Wer im Wohnsitzstaat einer natürlichen Person einer staatlichen Bewilligungs- oder Kontrollpflicht untersteht und ausschliesslich die Melde- und Steuerpflichten für deren in der Schweiz gehaltene Vermögenswerte erfüllt, ist für die damit verbundenen Geschäfte von der Umsatzabgabe befreit.

V. Fälligkeit der Abgabeforderung StV 24

Art. 20

Die Abgabe wird 30 Tage nach Ablauf des Vierteljahres fällig, in dem die Abgabeforderung entstanden ist (Art. 15)

---

[1] Eingefügt durch Ziff. I des BG vom 4. Okt. 1991, in Kraft seit 1. April 1993 (AS **1993** 222; BBl **1991** IV 497 521).
[2] Fassung gemäss Ziff. I des BG vom 18. März 2005, in Kraft seit 1. Jan. 2006 (AS **2005** 3577; BBl **2004** 4899).
[3] SR **958.1**
[4] Fassung gemäss Anhang Ziff. 5 des Finanzmarktinfrastrukturgesetzes vom 19. Juni 2015, in Kraft seit 1. Jan. 2016 (AS **2015** 5339; BBl **2014** 7483).
[5] Aufgehoben durch Ziff. I des BG vom 19. März 2010, mit Wirkung seit 1. Juli 2010 (AS **2010** 3317; BBl **2009** 8745).
[6] Eingefügt durch Ziff. I des BG vom 29. Sept. 2017, in Kraft seit 1. März 2018 (AS **2018** 705; BBl **2017** 1511).

Dritter Abschnitt: Abgabe auf Versicherungsprämien   StV 26–28 | A78

I. Gegenstand der Abgabe

Art. 21 Regel

Gegenstand der Abgabe sind die Prämienzahlungen für Versicherungen,

a. die zum inländischen Bestand eines der Aufsicht des Bundes unterstellten oder eines inländischen öffentlich-rechtlichen Versicherers gehören;
b. die ein inländischer Versicherungsnehmer mit einem nicht der Bundesaufsicht unterstellten ausländischen Versicherer abgeschlossen hat.

Art. 22 Ausnahmen

Von der Abgabe ausgenommen sind die Prämienzahlungen für die

a.[1] nichtrückkaufsfähige Lebensversicherung sowie die rückkaufsfähige Lebensversicherung mit periodischer Prämienzahlung; der Bundesrat legt in einer Verordnung die notwendigen Abgrenzungen fest;   StV 26a f.
a[bis]. Lebensversicherung, soweit diese der beruflichen Vorsorge im Sinne des BVG[2] dient;[3]
a[ter]. Lebensversicherung, welche von einem Versicherungsnehmer mit Wohnsitz im Ausland abgeschlossen wird;[4]
b. Kranken- und Invaliditätsversicherung;
c. Unfallversicherung;
d. Transportversicherung für Güter;
e. Versicherung für Elementarschäden an Kulturland und Kulturen;
f. Arbeitslosenversicherung;
g. Hagelversicherung;
h. Viehversicherung;
i. Rückversicherung;
k. Kaskoversicherung für die in der Verordnung[5] zu umschreibenden Luftfahrzeuge und Schiffe, die im Wesentlichen im Ausland der gewerbsmässigen Beförderung von Personen und Gütern dienen;   StV 27
l. Feuer-, Diebstahl-, Glas-, Wasserschaden-, Kredit-, Maschinen- und Schmuckversicherung, sofern der Abgabepflichtige nachweist, dass sich die versicherte Sache im Ausland befindet.

II. Entstehung der Abgabeforderung

Art. 23

Die Abgabeforderung entsteht mit der Zahlung der Prämie.

---

[1] Fassung gemäss Ziff. I 3 des BG vom 10. Okt. 1997 über die Reform der Unternehmensbesteuerung 1997, in Kraft seit 1. April 1998 (AS **1998** 669; BBl **1997** II 1164).
[2] SR **831.40**
[3] Eingefügt durch Ziff. I 3 des BG vom 10. Okt. 1997 über die Reform der Unternehmensbesteuerung 1997, in Kraft seit 1. April 1998 (AS **1998** 669; BBl **1997** II 1164).
[4] Eingefügt durch Ziff. I 3 des BG vom 10. Okt. 1997 über die Reform der Unternehmensbesteuerung 1997, in Kraft seit 1. April 1998 (AS **1998** 669; BBl **1997** II 1164).
[5] V vom 3. Dez. 1973 über die Stempelabgaben (SR **641.101**).

III. Abgabesätze und Berechnungsgrundlage

Art. 24

1 Die Abgabe beträgt 5 Prozent der Barprämie; für die Lebensversicherung beträgt sie 2,5 Prozent der Barprämie.[1]

2 Die Abgabepflichtigen haben in ihren Büchern für jeden einzelnen Versicherungszweig die steuerbaren und die befreiten Prämien gesondert auszuweisen. StV 28

IV. Abgabepflicht StV 26, 28

Art. 25

Abgabepflichtig ist der Versicherer. Ist die Versicherung mit einem ausländischen Versicherer abgeschlossen worden (Art. 21 Bst. b), so hat der inländische Versicherungsnehmer die Abgabe zu entrichten.

V. Fälligkeit der Abgabeforderung StV 28

Art. 26

Die Abgabe wird 30 Tage nach Ablauf des Vierteljahres fällig, in dem die Abgabeforderung entstanden ist (Art. 23).

Vierter Abschnitt: Gemeinsame Bestimmungen für alle Abgaben

I. Festsetzung der Abgaben

Art. 27

1 Für die Festsetzung der Abgaben ist der wirkliche Inhalt der Urkunden oder Rechtsvorgänge massgebend; von den Beteiligten gebrauchte unrichtige Bezeichnungen und Ausdrucksweisen fallen nicht in Betracht.

2 Kann der für die Abgabepflicht oder für die Abgabebemessung massgebende Sachverhalt nicht eindeutig abgeklärt werden, so ist er durch Abwägung aller auf Grund pflichtgemässer Ermittlung festgestellten Umstände zu erschliessen.

II. Umrechnung ausländischer Währungen

Art. 28

1 Lautet der für die Abgabeberechnung massgebende Betrag auf eine ausländische Währung, so ist er auf den Zeitpunkt der Entstehung der Abgabeforderung (Art. 7, 15, 23) in Schweizerfranken umzurechnen.

2 Ist unter den Parteien kein bestimmter Umrechnungskurs vereinbart worden, so ist der Umrechnung das Mittel der Geld- und Briefkurse am letzten Werktage vor der Entstehung der Abgabeforderung zugrunde zu legen.

---

[1] Fassung gemäss Ziff. I 3 des BG vom 10. Okt. 1997 über die Reform der Unternehmensbesteuerung 1997, in Kraft seit 1. April 1998 (AS **1998** 669; BBl **1997** II 1164).

III.[1] Verzugszins[2]

Art. 29

Auf Abgabebeträgen, die nach Ablauf der in den Artikeln 11, 20 und 26 geregelten Fälligkeitstermine ausstehen, ist ohne Mahnung ein Verzugszins geschuldet. Der Zinssatz wird vom Eidgenössischen Finanzdepartement bestimmt. VO DBG P

IV. Verjährung der Abgabeforderung

Art. 30

¹ Die Abgabeforderung verjährt fünf Jahre nach Ablauf des Kalenderjahres, in dem sie entstanden ist (Art. 7, 15, 23).

² Die Verjährung beginnt nicht oder steht still, solange die Abgabeforderung sichergestellt oder gestundet ist oder keiner der Zahlungspflichtigen im Inland Wohnsitz hat.

³ Die Verjährung wird unterbrochen durch jede Anerkennung der Abgabeforderung von Seiten eines Zahlungspflichtigen sowie durch jede auf Geltendmachung des Abgabeanspruches gerichtete Amtshandlung, die einem Zahlungspflichtigen zur Kenntnis gebracht wird; mit der Unterbrechung beginnt die Verjährung von neuem.

⁴ Stillstand und Unterbrechung wirken gegenüber allen Zahlungspflichtigen.

Fünfter Abschnitt: Behörden und Verfahren

A. Behörden StV 1

I. Eidgenössische Steuerverwaltung

Art. 31[3]

Die Eidgenössische Steuerverwaltung (ESTV) erlässt für die Erhebung der Stempelabgaben alle Weisungen, Verfügungen und Entscheide, die nicht ausdrücklich einer anderen Behörde vorbehalten sind. B 108

II. Amtshilfe

Art. 32

¹ Die Steuerbehörden der Kantone, Bezirke, Kreise und Gemeinden und die ESTV[4] unterstützen sich gegenseitig in der Erfüllung ihrer Aufgabe; sie haben sich kostenlos die zweckdienlichen Meldungen zu erstatten, die benötigten Auskünfte zu erteilen und in amtliche Akten Einsicht zu gewähren.

---

1 Fassung gemäss Ziff. I des BG vom 24. März 1995, in Kraft seit 1. Jan. 1996 (AS **1995** 4259; BBl **1995** I 89).
2 Berichtigt von der Redaktionskommission der BVers (Art. 33 GVG - AS **1974** 1051).
3 Fassung gemäss Ziff. I 1 des BG vom 18. Juni 2021 über elektronische Verfahren im Steuerbereich, in Kraft seit 1. Jan. 2022 (AS **2021** 673; BBl **2020** 4705).
4 Ausdruck gemäss Ziff. I 1 des BG vom 18. Juni 2021 über elektronische Verfahren im Steuerbereich, in Kraft seit 1. Jan. 2022 (AS **2021** 673; BBl **2020** 4705). Diese Anpassung wurde im ganzen Text vorgenommen.

² Die Verwaltungsbehörden des Bundes und die andern als die in Absatz 1 genannten Behörden der Kantone, Bezirke, Kreise und Gemeinden sind gegenüber der ESTV auskunftspflichtig, sofern die verlangten Auskünfte für die Durchführung dieses Gesetzes von Bedeutung sein können. Eine Auskunft darf nur verweigert werden, soweit ihr wesentliche öffentliche Interessen, insbesondere die innere oder äussere Sicherheit des Bundes oder der Kantone entgegenstehen, oder die Auskunft die angegangene Behörde in der Durchführung ihrer Aufgabe wesentlich beeinträchtigen würde. Das Post-, Telefon- und Telegrafengeheimnis ist zu wahren.

³ Anstände über die Auskunftspflicht von Verwaltungsbehörden des Bundes entscheidet der Bundesrat, Anstände über die Auskunftspflicht von Behörden der Kantone, Bezirke, Kreise und Gemeinden, sofern die kantonale Regierung das Auskunftsbegehren abgelehnt hat, das Bundesgericht (Art. 120 des Bundesgerichtsgesetzes vom 17. Juni 2005[1]).[2]

⁴ Die mit öffentlich-rechtlichen Aufgaben betrauten Organisationen sind im Rahmen dieser Aufgaben gleich den Behörden zur Auskunft verpflichtet; Absatz 3 findet sinngemässe Anwendung.

IIa.[3] Datenbearbeitung

Art. 32a

¹ Die ESTV betreibt zur Erfüllung der Aufgaben nach diesem Gesetz ein Informationssystem. Dieses kann besonders schützenswerte Personendaten über administrative und strafrechtliche Sanktionen enthalten, die steuerrechtlich wesentlich sind.

² Die ESTV und die Behörden nach Artikel 32 Absatz 1 geben einander die Daten weiter, die für die Erfüllung ihrer Aufgaben dienlich sein können. Die Behörden nach Artikel 32 Absätze 2 und 4 geben der ESTV die Daten weiter, die für die Durchführung dieses Gesetzes von Bedeutung sein können.

³ Die Daten werden einzeln, auf Listen oder auf elektronischen Datenträgern übermittelt. Sie können auch mittels eines Abrufverfahrens zugänglich gemacht werden. Diese Amtshilfe ist kostenlos.

⁴ Personendaten und die zu ihrer Bearbeitung verwendeten Einrichtungen wie Datenträger, EDV-Programme und Programmdokumentationen sind vor unbefugtem Verwenden, Verändern oder Zerstören sowie vor Diebstahl zu schützen.

⁵ Der Bundesrat kann Ausführungsbestimmungen erlassen, insbesondere über die Organisation und den Betrieb des Informationssystems, über die Kategorien der zu erfassenden Daten, über die Zugriffs- und Bearbeitungsberechtigung, über die Aufbewahrungsdauer sowie die Archivierung und Vernichtung der Daten.

---

[1] SR **173**.110
[2] Fassung gemäss Anhang Ziff. 51 des Verwaltungsgerichtsgesetzes vom 17. Juni 2005, in Kraft seit 1. Jan. 2007 (AS **2006** 2197 1069; BBl **2001** 4202).
[3] Eingefügt durch Ziff. VI 1 des BG vom 24. März 2000 über die Schaffung und die Anpassung gesetzlicher Grundlagen für die Bearbeitung von Personendaten, in Kraft seit 1. Sept. 2000 (AS **2000** 1891; BBl **1999** 9005).

III. Schweigepflicht

Art. 33

¹ Wer mit dem Vollzug dieses Gesetzes betraut ist oder dazu beigezogen wird, hat gegenüber andern Amtsstellen und Privaten über die in Ausübung seines Amtes gemachten Wahrnehmungen Stillschweigen zu bewahren und den Einblick in amtliche Akten zu verweigern.

² Keine Geheimhaltungspflicht besteht:

    a. bei Leistung von Amtshilfe nach Artikel 32 Absatz 1 und bei Erfüllung einer Pflicht zur Anzeige strafbarer Handlungen;

    b. gegenüber Organen der Rechtspflege und der Verwaltung, die vom Bundesrat allgemein oder vom Eidgenössischen Finanzdepartement[1] im Einzelfalle zur Einholung amtlicher Auskünfte bei den mit dem Vollzug dieses Gesetzes betrauten Behörden ermächtigt worden sind.

B. Verfahren

I. Abgabeerhebung

Art. 34 Anmeldung als Abgabepflichtiger; Selbstveranlagung   StV 9, 19, 26

¹ Wer auf Grund dieses Gesetzes abgabepflichtig wird, hat sich unaufgefordert bei der ESTV anzumelden. A57

² Der Abgabepflichtige hat der ESTV bei Fälligkeit der Abgabe (Art. 11, 20, 26) unaufgefordert die vorgeschriebene Abrechnung mit den Belegen einzureichen und gleichzeitig die Abgabe zu entrichten. StV 24, 28

³ ...[2]

Art. 35 Auskunft des Abgabepflichtigen   StV 2 f.

¹ Der Abgabepflichtige hat der ESTV über alle Tatsachen, die für die Abgabepflicht oder für die Abgabebemessung von Bedeutung sein können, nach bestem Wissen und Gewissen Auskunft zu erteilen; er hat insbesondere:

    a. Steuerabrechnungen, Steuererklärungen und Fragebogen vollständig und genau auszufüllen;

    b. seine Geschäftsbücher ordnungsgemäss zu führen und sie, die Belege und andere Urkunden auf Verlangen beizubringen.

² Die Bestreitung der Abgabepflicht entbindet nicht von der Auskunftspflicht.

³ Wird die Auskunftspflicht bestritten, so trifft die ESTV eine Verfügung.[3]

---

[1] Bezeichnung gemäss nicht veröffentlichtem BRB vom 19. Dez. 1997.
[2] Aufgehoben durch Ziff. II 1 des Unternehmenssteuerreformgesetz II vom 23. März 2007, mit Wirkung seit 1. Jan. 2009 (AS **2008** 2893; BBl **2005** 4733).
[3] Fassung gemäss Ziff. II 26 des BG vom 20. März 2008 zur formellen Bereinigung des Bundesrechts, in Kraft seit 1. Aug. 2008 (AS **2008** 3437; BBl **2007** 6121).

Art. 36 Auskunft Dritter

¹ Die bei der Gründung oder Kapitalerhöhung einer Gesellschaft oder Genossenschaft mitwirkenden Personen (insbesondere Banken, Notare und Treuhänder) haben der ESTV auf Verlangen über alle Tatsachen, die für die Abgabepflicht oder für die Bemessung der Emissionsabgabe von Bedeutung sein können, nach bestem Wissen und Gewissen Auskunft zu erteilen.

² Wird die Auskunftspflicht bestritten, so findet Artikel 35 Absatz 3 Anwendung.

Art. 37 Überprüfung

¹ Die Erfüllung der Pflicht zur Anmeldung als Abgabepflichtiger sowie die Steuerabrechnungen und -ablieferungen werden von der ESTV überprüft.

² Die ESTV kann zur Abklärung des Sachverhalts die Geschäftsbücher, die Belege und andere Urkunden des Abgabepflichtigen an Ort und Stelle prüfen. StV 4

³ Ergibt sich, dass der Abgabepflichtige seinen gesetzlichen Pflichten nicht nachgekommen ist, so ist ihm Gelegenheit zu geben, zu den erhobenen Aussetzungen Stellung zu nehmen.

⁴ Lässt sich der Anstand nicht erledigen, so trifft die ESTV einen Entscheid.

⁵ Die anlässlich einer Prüfung gemäss Absatz 1 oder 2 bei einer Bank oder Sparkasse im Sinne des Bankengesetzes vom 8. November 1934[1], bei der Schweizerischen Nationalbank oder bei einer Pfandbriefzentrale gemachten Feststellungen dürfen ausschliesslich für die Durchführung der Stempelabgaben verwendet werden. Das Bankgeheimnis ist zu wahren.

II. Entscheide der ESTV

Art. 38

Die ESTV trifft alle Verfügungen und Entscheide, welche die Abgabeerhebung notwendig macht; sie trifft einen Entscheid insbesondere dann, wenn

a. die Abgabeforderung oder die Mithaftung bestritten wird;
b. für einen bestimmten Fall vorsorglich die amtliche Feststellung der Abgabepflicht, der Grundlagen der Abgabebemessung oder der Mithaftung beantragt wird;
c. der Abgabepflichtige oder Mithaftende die gemäss Abrechnung geschuldete Abgabe nicht entrichtet.

III. Einsprache[2] StV 1

Art. 39 …[3]

¹ Verfügungen und Entscheide der ESTV können innert 30 Tagen nach der Eröffnung mit Einsprache angefochten werden.

---

[1] SR **952.0**
[2] Fassung gemäss Anhang Ziff. 51 des Verwaltungsgerichtsgesetzes vom 17. Juni 2005, in Kraft seit 1. Jan. 2007 (AS **2006** 2197 1069; BBl **2001** 4202).
[3] Aufgehoben durch Anhang Ziff. 51 des Verwaltungsgerichtsgesetzes vom 17. Juni 2005, mit Wirkung seit 1. Jan. 2007 (AS **2006** 2197 1069; BBl **2001** 4202).

² Die Einsprache ist schriftlich bei der ESTV einzureichen; sie hat einen bestimmten Antrag zu enthalten und die zu seiner Begründung dienenden Tatsachen anzugeben.

³ Ist gültig Einsprache erhoben worden, so hat die ESTV die Verfügung oder den Entscheid ohne Bindung an die gestellten Anträge zu überprüfen.

⁴ Das Einspracheverfahren ist trotz Rückzug der Einsprache weiterzuführen, wenn Anhaltspunkte dafür vorliegen, dass die Verfügung oder der Entscheid dem Gesetz nicht entspricht.

⁵ Der Einspracheentscheid ist zu begründen und hat eine Rechtsmittelbelehrung zu enthalten.

Art. 39a[1] ...

Art. 40[2] ...

IV. Kosten

Art. 41

¹ Im Veranlagungs- und im Einspracheverfahren werden in der Regel keine Kosten berechnet.

² Ohne Rücksicht auf den Ausgang des Verfahrens können die Kosten von Untersuchungsmassnahmen demjenigen auferlegt werden, der sie schuldhaft verursacht hat.

IVa.[3] Elektronische Verfahren

Art. 41a

¹ Der Bundesrat kann die elektronische Durchführung von Verfahren nach diesem Gesetz vorschreiben. Dabei regelt er die Modalitäten der Durchführung.

² Die ESTV stellt bei der elektronischen Durchführung von Verfahren die Authentizität und Integrität der übermittelten Daten sicher.

³ Sie kann bei der elektronischen Einreichung von Eingaben, deren Unterzeichnung gesetzlich vorgeschrieben ist, anstelle der qualifizierten elektronischen Signatur eine andere elektronische Bestätigung der Angaben durch die abgabepflichtige Person anerkennen.

V. Zwangsvollstreckung

Art. 42 Betreibung   StV 5

¹ Wird der Anspruch auf Abgaben, Zinsen und Kosten auf Mahnung hin nicht befriedigt, so ist Betreibung einzuleiten; vorbehalten bleibt die Eingabe in einem Konkurs.

---

[1] Eingefügt durch Anhang Ziff. 26 des BG vom 4. Okt. 1991, in Kraft seit 1. Jan. 1994 (AS **1992** 288; BBl **1991** II 465). Aufgehoben durch Anhang Ziff. 51 des Verwaltungsgerichtsgesetzes vom 17. Juni 2005, mit Wirkung seit 1. Jan. 2007 (AS **2006** 2197 1069; BBl **2001** 4202).

[2] Aufgehoben durch Anhang Ziff. 51 des Verwaltungsgerichtsgesetzes vom 17. Juni 2005, mit Wirkung seit 1. Jan. 2007 (AS **2006** 2197 1069; BBl **2001** 4202).

[3] Eingefügt durch Ziff. I 1 des BG vom 18. Juni 2021 über elektronische Verfahren im Steuerbereich, in Kraft seit 1. Jan. 2022 (AS **2021** 673; BBl **2020** 4705).

² Ist die Abgabeforderung noch nicht rechtskräftig festgesetzt und wird sie bestritten, so unterbleibt ihre endgültige Kollokation, bis ein rechtskräftiger Abgabeentscheid vorliegt.

Art. 43 Sicherstellung StV 6

¹ Die ESTV kann Abgaben, Zinsen und Kosten, auch wenn sie weder rechtskräftig festgesetzt noch fällig sind, sicherstellen lassen, wenn

a. der Bezug als gefährdet erscheint;
b. der Zahlungspflichtige keinen Wohnsitz in der Schweiz hat oder Anstalten trifft, den Wohnsitz in der Schweiz aufzugeben oder sich im Handelsregister löschen zu lassen;
c. der Zahlungspflichtige mit der Zahlung der Abgabe in Verzug ist oder wiederholt in Verzug war.

² Die Sicherstellungsverfügung hat den Rechtsgrund der Sicherstellung, den sicherzustellenden Betrag und die Stelle, welche die Sicherheiten entgegennimmt, anzugeben. Wird die Sicherstellung aufgrund von Absatz 1 Buchstaben a oder b angeordnet, so gilt die Sicherstellungsverfügung als Arrestbefehl im Sinne von Artikel 274 des Bundesgesetzes über Schuldbetreibung und Konkurs[1]; die Einsprache gegen den Arrestbefehl ist ausgeschlossen.[2]

³ Gegen Sicherstellungsverfügungen der ESTV kann beim Bundesverwaltungsgericht Beschwerde geführt werden.[3]

⁴ Beschwerden gegen Sicherstellungsverfügungen haben keine aufschiebende Wirkung.[4]

⁵ ...[5]

C. Revision und Erläuterung von Entscheiden

Art. 44

¹ Auf die Revision und die Erläuterung von Entscheiden der ESTV werden die Artikel 66–69 des Verwaltungsverfahrensgesetzes vom 20. Dezember 1968[6] sinngemäss angewandt.

² ...[7]

---

[1] SR **281.1**
[2] Fassung gem. Anhang Ziff. 10 des BG vom 16. Dez. 1994, in Kraft seit 1. Jan. 1997 (AS **1995** 1227; BBl **1991** III 1).
[3] Fassung gemäss Anhang Ziff. 51 des Verwaltungsgerichtsgesetzes vom 17. Juni 2005, in Kraft seit 1. Jan. 2007 (AS **2006** 2197 1069; BBl **2001** 4202).
[4] Eingefügt durch Anhang Ziff. 26 des BG vom 4. Okt. 1991, in Kraft seit 1. Jan. 1994 (AS **1992** 288; BBl **1991** II 465). Fassung gemäss Anhang Ziff. 51 des Verwaltungsgerichtsgesetzes vom 17. Juni 2005, in Kraft seit 1. Jan. 2007 (AS **2006** 2197 1069; BBl **2001** 4202).
[5] Eingefügt durch Anhang Ziff. 26 des BG vom 4. Okt. 1991 (AS **1992** 288; BBl **1991** II 465). Aufgehoben durch Anhang Ziff. 51 des Verwaltungsgerichtsges. vom 17. Juni 2005, mit Wirkung seit 1. Jan. 2007 (AS **2006** 2197 1069; BBl **2001** 4202).
[6] SR **172.021**
[7] Aufgehoben durch Anhang Ziff. 51 des Verwaltungsgerichtsgesetzes vom 17. Juni 2005, mit Wirkung seit 1. Jan. 2007 (AS **2006** 2197 1069; BBl **2001** 4202).

Sechster Abschnitt: Strafbestimmungen

A. Widerhandlungen

I. Hinterziehung[1] N2

Art. 45

¹ Wer vorsätzlich oder fahrlässig, zum eigenen oder zum Vorteil eines andern, dem Bunde Stempelabgaben vorenthält oder sich oder einem andern auf andere Weise einen unrechtmässigen Abgabevorteil verschafft, wird, sofern nicht die Strafbestimmung von Artikel 14 des Verwaltungsstrafrechtsgesetzes vom 22. März 1974[2] zutrifft, wegen Hinterziehung mit Busse bis zu 30 000 Franken oder, sofern dies einen höheren Betrag ergibt, bis zum Dreifachen der hinterzogenen Abgabe oder des unrechtmässigen Vorteils bestraft.[3] N2

2–4 ...[4]

II. Abgabegefährdung

Art. 46

¹ Wer die gesetzmässige Erhebung der Stempelabgaben gefährdet, indem er vorsätzlich oder fahrlässig

a. der Pflicht zur Anmeldung als Abgabepflichtiger, zur Einreichung von Steuererklärungen, Aufstellungen und Abrechnungen, zur Erteilung von Auskünften und zur Vorlage von Geschäftsbüchern, Registern und Belegen nicht nachkommt;
b. in einer Steuererklärung, Aufstellung oder Abrechnung, in einem Antrag auf Befreiung, Rückerstattung, Stundung oder Erlass von Abgaben unwahre Angaben macht oder erhebliche Tatsachen verschweigt oder dabei unwahre Belege über erhebliche Tatsachen vorlegt;
c.[5] als Abgabepflichtiger oder auskunftspflichtiger Dritter unrichtige Auskünfte erteilt;
d. der Pflicht zur ordnungsgemässen Führung und Aufbewahrung der Geschäftsbücher, Register und Belege zuwiderhandelt;
e. die ordnungsgemässe Durchführung einer Buchprüfung oder andern amtlichen Kontrolle erschwert, behindert oder verunmöglicht oder
f. wahrheitswidrig erklärt, Effektenhändler zu sein oder nach Streichung im Register der Effektenhändler die abgegebenen Erklärungen nicht widerruft,

wird, sofern nicht eine der Strafbestimmungen der Artikel 14–16 des Verwaltungsstrafrechtsgesetzes vom 22. März 1974[6] zutrifft, mit Busse bis zu 20 000 Franken bestraft.[7] N2

---

[1] Fassung gemäss Ziff. 8 des Anhangs zum VStrR, in Kraft seit 1. Jan. 1975 (AS **1974** 1857; BBl **1971** I 993).
[2] SR **313.0**
[3] Fassung gemäss Ziff. 8 des Anhangs zum VStrR, in Kraft seit 1. Jan. 1975 (AS **1974** 1857; BBl **1971** I 993).
[4] Aufgehoben durch Ziff. 8 des Anhangs zum VStrR (AS **1974** 1857; BBl **1971** I 993).
[5] Fassung gemäss Ziff. 8 des Anhangs zum VStrR, in Kraft seit 1. Jan. 1975 (AS **1974** 1857; BBl **1971** I 993).
[6] SR **313.0**
[7] Fassung des letzten Satzes gemäss Ziff. 8 des Anhangs zum VStrR, in Kraft seit 1. Jan. 1975 (AS **1974** 1857; BBl **1971** I 993).

² Bei einer Widerhandlung im Sinne von Absatz 1 Buchstabe e bleibt die Strafverfolgung nach Artikel 285 des Strafgesetzbuches¹ vorbehalten.

III. Ordnungswidrigkeiten

Art. 47

¹ Wer eine Bedingung, an die eine besondere Bewilligung geknüpft wurde, nicht einhält, wer einer Vorschrift dieses Gesetzes, einer Verordnung oder einer auf Grund solcher Vorschriften erlassenen allgemeinen Weisung oder unter Hinweis auf die Strafdrohung dieses Artikels an ihn gerichteten Einzelverfügung zuwiderhandelt,

wird mit Busse bis zu 5 000 Franken bestraft.

² Strafbar ist auch die fahrlässige Begehung.

IV. Allgemeine Bestimmungen

Art. 48 –49² ...

B. Verhältnis zum Verwaltungsstrafrechtsgesetz³ N 2

Art. 50

¹ Das Verwaltungsstrafrechtsgesetz vom 22. März 1974⁴ findet Anwendung; verfolgende und urteilende Verwaltungsbehörde im Sinne jenes Gesetzes ist die ESTV.⁵

² ...⁶

---

1 SR 311.0
2 Aufgehoben durch Ziff. 8 des Anhangs zum VStrR (AS **1974** 1857; BBl **1971** I 993).
3 Fassung gemäss Ziff. 8 des Anhangs zum VStrR, in Kraft seit 1. Jan. 1975 (AS **1974** 1857; BBl **1971** I 993).
4 SR 313.0
5 Fassung gemäss Ziff. 8 des Anhangs zum VStrR, in Kraft seit 1. Jan. 1975 (AS **1974** 1857; BBl **1971** I 993).
6 Aufgehoben durch Ziff. I des BG vom 5. Okt. 1984 (AS **1985** 1963; BBl **1981** III 737).

Siebenter Abschnitt: Schluss- und Übergangsbestimmungen

I. Anrechnung bezahlter Emissionsabgaben

Art. 51[1] ...

II. Änderung des Verrechnungssteuergesetzes

Art. 52

...[2]

III. Aufhebung bisherigen Rechts

Art. 53

[1] Mit dem Inkrafttreten dieses Gesetzes werden aufgehoben:
  a. das Bundesgesetz vom 4. Oktober 1917[3] über die Stempelabgaben;
  b. das Bundesgesetz vom 15. Februar 1921[4] betreffend Erlass und Stundung von Stempelabgaben;
  c. das Bundesgesetz vom 24. Juni 1937[5] über Ergänzung und Abänderung der eidgenössischen Stempelgesetzgebung.

[2] Die ausser Kraft gesetzten Bestimmungen bleiben in Bezug auf Abgabeforderungen, Tatsachen und Rechtsverhältnisse, die vor dem Inkrafttreten dieses Gesetzes entstanden oder eingetreten sind, auch nach diesem Zeitpunkt anwendbar.

IV. Vollzug

Art. 54

Der Bundesrat erlässt die für den Vollzug erforderlichen Vorschriften.

V. Inkrafttreten

Art. 55

Der Bundesrat bestimmt den Zeitpunkt des Inkrafttretens dieses Gesetzes.

Datum des Inkrafttretens: 1. Juli 1974[6]

Art. 21–26: 1. Januar 1975

---

[1] Aufgehoben durch Ziff. I 3 des BG vom 10. Okt. 1997 über die Reform der Unternehmensbesteuerung 1997 (AS **1998** 669; BBl **1997** II 1164).
[2] Die Änderungen können unter AS **1974** 11 konsultiert werden.
[3] [BS **6** 101; AS **1966** 371 Art. 68 Ziff. I]
[4] [BS **6** 126]
[5] [BS **6** 165; AS **1966** 371 Art. 68 Ziff. II]
[6] BRB vom 30. Okt. 1973

StV

Stempelabgabenverordnung

8 Verordnung über die Stempelabgaben (StV)
SR 641.101

vom 3. Dezember 1973 (Stand am 1. Januar 2020)

Der Schweizerische Bundesrat,

gestützt auf die Artikel 22 Buchstabe a und 54 des Bundesgesetzes vom 27. Juni 1973[1] über die Stempelabgaben (im folgenden Gesetz genannt),[2]

verordnet:

---

[1] SR **641.10**
[2] Fassung gemäss Ziff. I der V vom 9. März 1998 (AS **1998** 961).

1 Allgemeine Bestimmungen

Art. 1 Eidgenössische Steuerverwaltung

¹ Die Eidgenössische Steuerverwaltung erlässt die allgemeinen Weisungen und trifft die Einzelverfügungen, die für die Erhebung der Stempelabgaben erforderlich sind; sie bestimmt Form und Inhalt der Formulare für die Anmeldung als Abgabepflichtiger sowie für die Steuerabrechnungen, Steuererklärungen, Register und Fragebogen.

² Sie ist zur Beschwerde an das Bundesgericht berechtigt.[1]

Art. 2[2] Buchführung des Abgabepflichtigen

¹ Der Abgabepflichtige hat seine Bücher so einzurichten und zu führen, dass sich aus ihnen die für die Abgabepflicht und Abgabebemessung massgebenden Tatsachen ohne besonderen Aufwand zuverlässig ermitteln und nachweisen lassen. Die abgabepflichtigen Effektenhändler, die gemäss Obligationenrecht nicht buchführungspflichtig sind, haben bei der Führung ihrer Umsatzregister die Bestimmungen der Geschäftsbücherverordnung vom 24. April 2002[3] sinngemäss anzuwenden.

² Werden die Bücher elektronisch oder auf vergleichbare Weise geführt und aufbewahrt, müssen alle steuerlich wesentlichen Geschäftsvorfälle und Zahlen vom Urbeleg bis zur Jahresrechnung und Steuerabrechnung sichergestellt sein.

³ Die Bücher sind sorgfältig, geordnet und vor schädlichen Einwirkungen geschützt aufzubewahren. Sie müssen von der Eidgenössischen Steuerverwaltung innert angemessener Frist eingesehen und geprüft werden können.

⁴ Soweit für die Buchprüfung erforderlich, sind das entsprechende Personal sowie die Geräte oder Hilfsmittel für die Eidgenössische Steuerverwaltung unentgeltlich verfügbar zu halten. Dabei muss die Möglichkeit bestehen, die Geschäftsunterlagen oder Teile davon der Eidgenössischen Steuerverwaltung auf deren Begehren auf Papier ausgedruckt zur Verfügung zu stellen.

Art. 3 Auskünfte; Gutachten von Sachverständigen; Einvernahme

¹ Die Eidgenössische Steuerverwaltung kann Auskünfte schriftlich oder mündlich einholen, Sachverständige beiziehen und den Abgabepflichtigen zur Einvernahme laden.

² Wo es angezeigt erscheint, sind die Auskünfte in Gegenwart des Einvernommenen zu protokollieren; das Protokoll ist von diesem und vom einvernehmenden Beamten und vom allenfalls beigezogenen Protokollführer zu unterzeichnen.

³ Vor jeder Einvernahme nach Absatz 2 ist der Einzuvernehmende zur Wahrheit zu ermahnen und auf die Folgen unrichtiger Auskünfte (Art. 46 Abs. 1 Bst. c des Gesetzes) hinzuweisen.

---

[1] Eingefügt durch Ziff. II 44 der V vom 8. Nov. 2006 über die Anpassung von Bundesratsverordnungen an die Totalrevision der Bundesrechtspflege, in Kraft seit 1. Jan. 2007 (AS **2006** 4705).
[2] Fassung gemäss Ziff. I der V vom 24. Mai 2006, in Kraft seit 1. Juli 2006 (AS **2006** 2349).
[3] SR **221.431**

Art. 4 Buchprüfung

¹ Der Abgabepflichtige ist berechtigt und auf Verlangen verpflichtet, der Buchprüfung (Art. 37 Abs. 2 des Gesetzes) beizuwohnen und die erforderlichen Aufschlüsse zu erteilen.

² Die Eidgenössische Steuerverwaltung ist nicht verpflichtet, die Buchprüfung zum voraus anzuzeigen.

Art. 5 Zwangsvollstreckung

¹ Die Eidgenössische Steuerverwaltung ist zuständig, für die Forderungen des Bundes an Stempelabgaben, Zinsen, Kosten und Bussen die Betreibung anzuheben, sie in einem Konkurs einzugeben, die Aufhebung des Rechtsvorschlages zu verlangen und alle weiteren zur Sicherung oder Eintreibung der Forderung notwendigen Vorkehren zu treffen.

² Vorbehalten bleibt die Zuständigkeit der Eidgenössischen Finanzverwaltung zur Verwahrung von Verlustscheinen und zur Geltendmachung der in einem Verlustschein verurkundeten Forderung.

Art. 6 Sicherheitsleistung

¹ Die nach Artikel 43 des Gesetzes verfügte Sicherstellung ist gemäss der Verordnung vom 21. Juni 1957¹ über Sicherstellungen zugunsten der Eidgenossenschaft durch Realkaution, Bürgschaften, Garantien oder Kautionsversicherung zu leisten.

² Eine geleistete Sicherheit ist freizugeben, sobald die sichergestellten Abgaben, Zinsen und Kosten bezahlt sind oder der Grund der Sicherstellung dahingefallen ist.

³ ...²

Art. 7 Löschung im Handelsregister

¹ Eine Aktiengesellschaft, Kommanditaktiengesellschaft, Gesellschaft mit beschränkter Haftung oder Genossenschaft darf im Handelsregister erst dann gelöscht werden, wenn die Eidgenössische Steuerverwaltung dem kantonalen Handelsregisteramt angezeigt hat, dass die geschuldeten Stempelabgaben bezahlt sind.

² Auf die Löschung einer anderen Rechtseinheit im Sinne von Artikel 2 Buchstabe a der Handelsregisterverordnung vom 17. Oktober 2007³ findet Absatz 1 Anwendung, wenn die Eidgenössische Steuerverwaltung dem kantonalen Handelsregisteramt mitgeteilt hat, dass die Rechtseinheit aufgrund des Gesetzes steuerpflichtig geworden ist.⁴

Art. 8 Rückerstattung nicht geschuldeter Abgaben

¹ Bezahlte Abgaben und Zinsen, die nicht durch Entscheid der Eidgenössischen Steuerverwaltung festgesetzt worden sind, werden zurückerstattet, sobald feststeht, dass sie nicht geschuldet waren.

---

1 [AS **1957** 509, **1975** 2373 Art. 19 Abs. 1 Bst. b. AS **1986** 154 Art. 51 Ziff. 3]. Heute: gemäss Art. 49 der Finanzhaushaltverordnung vom 5. April 2006 (SR **611.01**).
2 Aufgehoben durch Anhang 3 Ziff. 13 der V vom 3. Febr. 1993 über Organisation und Verfahren eidgenössischer Rekurs- und Schiedskommissionen (AS **1993** 879).
3 SR **221.411**
4 Fassung gemäss Ziff. I 1 der V vom 15. Okt. 2008, in Kraft seit 1. Jan. 2009 (AS **2008** 5073).

² Ist eine nicht geschuldete Abgabe überwälzt worden, so wird die Rückerstattung nur gewährt, wenn feststeht, dass der von der Überwälzung Betroffene in den Genuss der Rückerstattung gebracht wird.

³ Die Rückerstattung ist insoweit ausgeschlossen, als nach dem Sachverhalt, den der Rückfordernde geltend macht, eine andere, wenn auch inzwischen verjährte Bundessteuer geschuldet war.

⁴ Der Rückerstattungsanspruch verjährt fünf Jahre nach Ablauf des Kalenderjahres, in dem die Zahlung geleistet worden ist.

⁵ Die Vorschriften des Gesetzes und der Verordnung über die Abgabeerhebung finden sinngemässe Anwendung; kommt der Gesuchsteller seinen Auskunftspflichten nicht nach und kann der Anspruch ohne die von der Eidgenössischen Steuerverwaltung verlangten Auskünfte nicht abgeklärt werden, so wird das Gesuch abgewiesen.

2 Emissionsabgabe

21 Abgabe auf Aktien, Partizipationsscheinen und Stammanteilen von Gesellschaften mit beschränkter Haftung[1]

Art. 9 Begründung und Erhöhung des Nennwertes von Beteiligungsrechten

¹ Wird für eine inländische Aktiengesellschaft, Kommanditaktiengesellschaft oder Gesellschaft mit beschränkter Haftung beim kantonalen Handelsregisteramt die entgeltliche oder unentgeltliche Begründung oder Erhöhung des Nennwertes von Aktien, Partizipationsscheinen oder Stammanteilen angemeldet, so hat die Gesellschaft die Abgabe aufgrund der Abrechnung nach amtlichem Formular innert 30 Tagen nach Ablauf des Vierteljahres, in welchem die Beteiligungsrechte ausgegeben wurden, der Eidgenössischen Steuerverwaltung unaufgefordert zu entrichten.[2]

² Der Abrechnung sind die öffentliche Urkunde über die Gründung oder die Kapitalerhöhung, ein unterzeichnetes Exemplar der Statuten oder des Protokolls der Generalversammlung über die Statutenänderung, der Beschluss des Verwaltungsrates über die genehmigte Kapitalerhöhung, Emissionsprospekt sowie bei Sacheinlagen der Sacheinlagevertrag, die Eingangsbilanz und eine Erklärung nach amtlichem Formular über den Verkehrswert der Sacheinlagen samt der Prüfungsbestätigung des Revisors beizulegen.[3]

³ …[4]

⁴ Jede inländische Aktiengesellschaft, Kommanditaktiengesellschaft oder Gesellschaft mit beschränkter Haftung hat unaufgefordert der Eidgenössischen Steuerverwaltung innert 30 Tagen nach Genehmigung der Jahresrechnung den Geschäftsbericht oder eine unterzeichnete Abschrift der Jahresrechnung (Bilanz und Erfolgsrechnung) einzureichen, sofern die Bilanzsumme mehr als fünf Millionen Franken beträgt. In den

---

[1] Fassung gemäss Ziff. I 1 der V vom 15. Okt. 2008, in Kraft seit 1. Jan. 2009 (AS **2008** 5073).
[2] Fassung gemäss Anhang 1 Ziff. II 4 der Finanzinstitutverordnung vom 6. Nov. 2019, in Kraft seit 1. Jan. 2020 (AS **2019** 4633).
[3] Fassung gemäss Ziff. I der V vom 28. Okt. 1992, in Kraft seit 1. April 1993 (AS **1993** 228).
[4] Aufgehoben durch Ziff. I der V vom 9. März 1998 (AS **1998** 961).

übrigen Fällen sind die Unterlagen auf Verlangen der Eidgenössischen Steuerverwaltung einzureichen.[1]

5 ...[2]

Art. 10 Zuschüsse; Handwechsel der Mehrheit von Beteiligungsrechten

[1] Jede inländische Aktiengesellschaft, Kommanditaktiengesellschaft oder Gesellschaft mit beschränkter Haftung muss die Abgabe aufgrund der Abrechnung innert 30 Tagen unaufgefordert der Eidgenössischen Steuerverwaltung entrichten, wenn:

a. sie von ihren Gesellschaftern Zuschüsse im Sinne von Artikel 5 Absatz 2 Buchstabe a des Gesetzes erhält;
b. ihre Beteiligungsrechte unter den in Artikel 5 Absatz 2 Buchstabe b des Gesetzes genannten Umständen zur Mehrheit die Hand gewechselt haben.[3]

[1bis] Die 30-Tage Frist beginnt mit dem Ablauf des Vierteljahres:

a. in dem der Zuschuss geleistet wurde: für die Fälle nach Absatz 1 Buchstabe a;
b. in dem der Handwechsel erfolgte: für die Fälle nach Absatz 1 Buchstabe b.[4]

[2] Der Abrechnung sind ein unterzeichnetes Exemplar der Beschlüsse und eine Erklärung nach amtlichem Formular über den Verkehrswert der Sacheinlagen beizulegen; beim Handwechsel der Mehrheit der Beteiligungsrechte ist überdies die dem Handwechsel zugrunde liegende Bilanz beizufügen.

22 Abgabe auf Genussscheinen von Aktiengesellschaften, Kommanditaktiengesellschaften und Gesellschaften mit beschränkter Haftung

Art. 11[5]

[1] Jede inländische Aktiengesellschaft, Kommanditaktiengesellschaft oder Gesellschaft mit beschränkter Haftung, die beschliesst, dass Genussscheine begründet werden können, hat unaufgefordert der Eidgenössischen Steuerverwaltung innert 30 Tagen ein unterzeichnetes Exemplar der Beschlüsse einzureichen.

[2] Die Abgabe auf den Genussscheinen ist der Eidgenössischen Steuerverwaltung aufgrund der Abrechnung nach amtlichem Formular unaufgefordert zu entrichten, und zwar innert 30 Tagen nach Ablauf jedes Vierteljahres für die in diesem Zeitraum ausgegebenen Genussscheine.[6]

[3] Der Abrechnung sind die Beschlüsse über die Ausgabe von Genussscheinen sowie der Emissionsprospekt beizulegen.

---

[1] Fassung gemäss Ziff. I 1 der V vom 15. Okt. 2008, in Kraft seit 1. Jan. 2009 (AS **2008** 5073).
[2] Aufgehoben durch Ziff. I der V vom 28. Okt. 1992 (AS **1993** 228).
[3] Fassung gemäss Anhang 1 Ziff. II 4 der Finanzinstitutsverordnung vom 6. Nov. 2019, in Kraft seit 1. Jan. 2020 (AS **2019** 4633).
[4] Eingefügt durch Anhang 1 Ziff. II 4 der Finanzinstitutsverordnung vom 6. Nov. 2019, in Kraft seit 1. Jan. 2020 (AS **2019** 4633).
[5] Fassung gemäss Ziff. I der V vom 28. Okt. 1992, in Kraft seit 1. April 1993 (AS **1993** 228).
[6] Fassung gemäss Anhang 1 Ziff. II 4 der Finanzinstitutsverordnung vom 6. Nov. 2019, in Kraft seit 1. Jan. 2020 (AS **2019** 4633).

23 Abgabe auf Genossenschaftsanteilen und Genussscheinen von Genossenschaften sowie auf Beteiligungsscheinen von Genossenschaftsbanken[1]

Art. 12

[1] Jede inländische Genossenschaft, deren Statuten Geldleistungen der Genossenschafter oder die Schaffung eines Genossenschaftskapitals durch Genossenschaftsanteile oder von Genussscheinen vorsehen, hat sich unverzüglich nach ihrer Eintragung im Handelsregister oder nach Aufnahme solcher Bestimmungen in ihre Statuten unaufgefordert bei der Eidgenössischen Steuerverwaltung anzumelden; der Anmeldung ist ein unterzeichnetes Exemplar der geltenden Statuten beizulegen.

[1bis] Die Genossenschaft hat die Abgabe aufgrund der Abrechnung nach amtlichem Formular innert 30 Tagen nach Geschäftsabschluss unaufgefordert der Eidgenössischen Steuerverwaltung zu entrichten.[2]

[2] Die Genossenschaft hat unaufgefordert der Eidgenössischen Steuerverwaltung innert 30 Tagen nach Genehmigung der Jahresrechnung den Geschäftsbericht oder eine unterzeichnete Abschrift der Jahresrechnung (Bilanz und Erfolgsrechnung) einzureichen, sofern die Bilanzsumme mehr als fünf Millionen Franken beträgt. In den übrigen Fällen sind die Unterlagen auf Verlangen der Eidgenössischen Steuerverwaltung einzureichen.[3]

[2bis] Die Genossenschaftsbanken, deren Statuten die Aufnahme von Beteiligungskapital vorsehen, haben der Eidgenössischen Steuerverwaltung die Abgabe auf Beteiligungsscheinen aufgrund der Abrechnung nach amtlichem Formular unaufgefordert zu entrichten, und zwar innert 30 Tagen nach Ablauf des Vierteljahres, in dem die Begründung oder Erhöhung von Beteiligungskapital im Handelsregister eingetragen wurde. Im Übrigen sind die Absätze 1 und 2 anwendbar.[4]

[3] –4 …[5]

24 …

Art. 13 –15[6] …

---

[1] Fassung gemäss Anhang 1 Ziff. II 4 der Finanzinstitutsverordnung vom 6. Nov. 2019, in Kraft seit 1. Jan. 2020 (AS **2019** 4633).
[2] Eingefügt durch Anhang 1 Ziff. II 4 der Finanzinstitutsverordnung vom 6. Nov. 2019, in Kraft seit 1. Jan. 2020 (AS **2019** 4633).
[3] Fassung gemäss Ziff. I 1 der V vom 15. Okt. 2008, in Kraft seit 1. Jan. 2009 (AS **2008** 5073).
[4] Eingefügt durch Anhang 1 Ziff. II 4 der Finanzinstitutsverordnung vom 6. Nov. 2019, in Kraft seit 1. Jan. 2020 (AS **2019** 4633).
[5] Aufgehoben durch Ziff. I 1 der V vom 15. Okt. 2008, mit Wirkung seit 1. Jan. 2009 (AS **2008** 5073).
[6] Aufgehoben durch Ziff. I der V vom 28. Okt. 1992 (AS **1993** 228).

25 Abgabebefreiung; Guthaben im Konzern; Stundung und Erlass der Abgabeforderung[1]

Art. 16 Abgabebefreiung

¹ Das Gesuch um Abgabebefreiung nach Artikel 6 Absatz 1 Buchstaben a, c, d, f, g, j und l des Gesetzes ist der Eidgenössischen Steuerverwaltung einzureichen. Es hat eine Begründung mit Angabe der Beweismittel zu enthalten; die als Beweismittel angerufenen Urkunden sind beizulegen.[2]

² Die Eidgenössische Steuerverwaltung kann vom Gesuchsteller über alle Tatsachen, die für die Befreiung von Bedeutung sein können, die erforderlichen Auskünfte und Belege verlangen; erfüllt der Gesuchsteller die Auflage nicht, so wird das Gesuch abgewiesen.

Art. 16a[3] ...

Art. 17 Stundung und Erlass der Abgabeforderung

¹ Das Gesuch um Stundung oder Erlass von Emissionsabgaben, die bei der offenen oder stillen Sanierung entstanden sind (Art. 12 des Gesetzes), ist bei der Eidgenössischen Steuerverwaltung einzureichen. Das Gesuch hat die Ursachen der Verluste und die zu ihrer Beseitigung getroffenen und vorgesehenen Massnahmen darzustellen; Unterlagen über die Sanierung, wie Rundschreiben, Rechenschaftsberichte, Generalversammlungsprotokolle sowie die Geschäftsberichte oder Jahresrechnungen der letzten Jahre und eine Aufstellung der Sanierungsbuchungen sind beizulegen. Mit besonderem amtlichen Formular sind die von den Gesellschaftern oder Genossenschaftern bei der Sanierung erlittenen Einbussen und ihre in Beteiligungsrechte umgewandelten Forderungen zu melden.

² Die Eidgenössische Steuerverwaltung kann vom Gesuchsteller über alle Tatsachen, die für die Stundung oder den Erlass von Bedeutung sein können, die erforderlichen Auskünfte und Belege verlangen; erfüllt der Gesuchsteller die Auflage nicht, so wird das Gesuch abgewiesen.

³ Die Einspracheentscheide der Eidgenössischen Steuerverwaltung über Stundung und Erlass von Abgaben unterliegen der Beschwerde nach den allgemeinen Bestimmungen über die Bundesrechtspflege.[4]

Art. 17a –17b[5] ...

---

[1] Fassung gemäss Ziff. I 1 der V vom 18. Juni 2010, in Kraft seit 1. Aug. 2010 (AS **2010** 2963).
[2] Fassung gemäss Ziff. I der V vom 15. Febr. 2012, in Kraft seit 1. März 2012 (AS **2012** 791).
[3] Eingefügt durch Ziff. I 1 der V vom 18. Juni 2010 (AS **2010** 2963). Aufgehoben durch Ziff. I der V vom 15. Febr. 2012, mit Wirkung seit 1. März 2012 (AS **2012** 791).
[4] Fassung gemäss Ziff. II 44 der V vom 8. Nov. 2006 über die Anpassung von Bundesratsverordnungen an die Totalrevision der Bundesrechtspflege, in Kraft seit 1. Jan. 2007 (AS **2006** 4705).
[5] Eingefügt durch Ziff. I der V vom 28. Okt. 1992 (AS **1993** 228). Aufgehoben durch Ziff. I der V vom 15. Febr. 2012, mit Wirkung seit 1. März 2012 (AS **2012** 791).

3 Umsatzabgabe

Art. 18[1] **Beginn der Abgabepflicht**

[1] Die Abgabepflicht des Effektenhändlers beginnt mit der Aufnahme der Geschäftstätigkeit.

[2] Gesellschaften, Genossenschaften, Einrichtungen der beruflichen und gebundenen Vorsorge sowie die öffentliche Hand nach Artikel 13 Absatz 3 Buchstaben d und f des Gesetzes werden sechs Monate nach Ablauf des Geschäftsjahres, in dem die dort genannten Voraussetzungen eingetreten sind, abgabepflichtig. Nachweisbar treuhänderisch verwaltete Urkunden sind nicht Aktiven im Sinne jener Bestimmung, sofern sie in der Eidgenössischen Steuerverwaltung einzureichenden Bilanz gesondert ausgewiesen sind.[2]

Art. 19 Anmeldung als Abgabepflichtiger

[1] Der Effektenhändler hat sich vor Beginn der Abgabepflicht (Art. 18) unaufgefordert bei der Eidgenössischen Steuerverwaltung anzumelden.

[2] In der Anmeldung sind anzugeben: der Name (die Firma) und der Sitz des Unternehmens sowie aller inländischen Zweigniederlassungen, auf welche die Voraussetzungen der Abgabepflicht zutreffen, oder, wenn es sich um eine juristische Person oder um eine Handelsgesellschaft ohne juristische Persönlichkeit mit statutarischem Sitz im Ausland handelt, die Firma und der Sitz der Hauptniederlassung und die Adresse der inländischen Zweigniederlassungen; das Rechnungsjahr; das Datum des Beginns der Abgabepflicht. Mit der Anmeldung sind die für die Überprüfung der Abgabepflicht erforderlichen Belege (Statuten, Bilanzen, Beschlüsse über Kapitalerhöhungen u. dgl.) einzureichen.

[3] Nach Beginn der Abgabepflicht eintretende Änderungen an den gemäss Absatz 2 zu meldenden Tatsachen und einzureichenden Belegen, insbesondere die Errichtung neuer Zweigniederlassungen, sind unaufgefordert der Eidgenössischen Steuerverwaltung zu melden.

Art. 20 Registrierung der Effektenhändler

Die Eidgenössische Steuerverwaltung registriert die Effektenhändler und gibt jedem die ihm zugeteilte Effektenhändler-Nummer bekannt.

Art. 21 Führung des Umsatzregisters

[1] Der Effektenhändler hat für seinen Hauptsitz und für jede abgabepflichtige Zweigniederlassung je ein Umsatzregister zu führen. Wenn er seine Bücher so einrichtet, dass sich aus ihnen die für die Abgabebemessung massgebenden Tatsachen ohne besonderen Aufwand zuverlässig ermitteln und nachweisen lassen, kann ihn die Eidgenössische Steuerverwaltung von der Führung eines besonderen Umsatzregisters entbinden.

---

[1] Fassung gemäss Ziff. I der V vom 28. Okt. 1992, in Kraft seit 1. April 1993 (AS **1993** 228).
[2] Fassung gemäss Ziff. I der V vom 24. Mai 2006, in Kraft seit 1. Juli 2006 (AS **2006** 2349).

² Das Register ist wie folgt der Reihe nach in Spalten zu gliedern:
1. Datum des Geschäftsabschlusses;
2. Art des Geschäftes;
3. Anzahl oder Nennwert der Titel;
4. Bezeichnung der Titel;
5.[1] Titelkurs, Währung sowie Umrechnungskurs bei Fremdwährungen;
6.[2] Name, Domizil, Ansässigkeitsstaat und Effektenhändler-Nummer des Verkäufers und des Käufers;
7. Entgelt in Schweizer Währung
   a. abgabebelastete Umsätze
      aa. inländische Titel
      bb. ausländische Titel,
   b. nicht abgabebelastete Umsätze.

³ Jedes Geschäft ist innert drei Tagen nach seinem Abschluss oder nach Eingang der Abrechnung im Register einzutragen, sofern es nicht gemäss Artikel 14 Absatz 1 Buchstaben a, b oder d–g des Gesetzes von der Abgabe ausgenommen ist. Der Zugriff auf die Daten der nicht einzutragenden Geschäfte ist für Kontrollzwecke der Eidgenössischen Steuerverwaltung auf deren Begehren zu gewährleisten.[3]

⁴ In der Spalte «Art des Geschäftes» ist das Geschäft, sofern es sich nicht um einen einfachen Kauf oder Verkauf handelt, nach seiner Art zu bezeichnen (z. B. Umwandlung, Unterbeteiligung, Report, Tausch). In der Spalte «Name, Domizil, Ansässigkeitsstaat und Effektenhändler-Nummer des Käufers und des Verkäufers» ist der Ansässigkeitsstaat aufzuführen (mindestens die Angabe Schweiz/Liechtenstein oder Ausland); das Domizil ist nur anzugeben, wenn keine Abgabe geschuldet ist.[4]

⁵ Um unverhältnismässige Umtriebe zu vermeiden, kann die Eidgenössische Steuerverwaltung eine von Absatz 2 abweichende Art der Eintragung gestatten. Der Antrag des Abgabepflichtigen ist unter Vorlage von Mustern zu begründen.

⁶ Das Entgelt für die abgabebelasteten Umsätze ist Seite für Seite oder Tag für Tag und auf Ende jedes Quartals zusammenzuzählen.[5]

⁷ Die Registerseiten sind fortlaufend zu nummerieren und geheftet oder in Büchern zusammengefasst während fünf Jahren nach Ablauf des Kalenderjahres, in dem die letzte Eintragung erfolgt ist, aufzubewahren. Die Aufbewahrung kann elektronisch erfolgen, sofern die in Artikel 2 erwähnten Voraussetzungen erfüllt sind.[6]

⁸ Effektenhändler nach Artikel 13 Absatz 3 Buchstaben b Ziffer 2 sowie d und f des Gesetzes müssen die mit inländischen Banken im Sinne des Bankengesetzes wie auch die mit inländischen Händlern nach Artikel 13 Absatz 3 Buchstabe b Ziffer 1 des Gesetzes getätigten Geschäfte nicht im Register eintragen, wenn sie sich beim Abschluss dieser Geschäfte nicht als Effektenhändler ausgewiesen haben.[7]

---

[1] Fassung gemäss Ziff. I der V vom 28. Okt. 1992, in Kraft seit 1. April 1993 (AS **1993** 228).
[2] Fassung gemäss Ziff. I der V vom 24. Mai 2006, in Kraft seit 1. Juli 2006 (AS **2006** 2349).
[3] Fassung gemäss Ziff. I der V vom 24. Mai 2006, in Kraft seit 1. Juli 2006 (AS **2006** 2349).
[4] Fassung gemäss Ziff. I der V vom 24. Mai 2006, in Kraft seit 1. Juli 2006 (AS **2006** 2349).
[5] Fassung gemäss Ziff. I der V vom 28. Okt. 1992, in Kraft seit 1. April 1993 (AS **1993** 228).
[6] Fassung gemäss Ziff. I der V vom 24. Mai 2006, in Kraft seit 1. Juli 2006 (AS **2006** 2349).
[7] Eingefügt durch Ziff. I der V vom 28. Okt. 1992 (AS **1993** 228). Fassung gemäss Ziff. I der V vom 24. Mai 2006, in Kraft seit 1. Juli 2006 (AS **2006** 2349).

Art. 22 Eintragung des Entgelts

¹ Als Entgelt (Art. 16 Abs. 1 des Gesetzes) darf im Register eingetragen werden:
  a. entweder der in der Abrechnung enthaltene Kurswert der gehandelten Urkunden, einschliesslich der Vergütung für laufende Zinsen oder für noch nicht abgetrennte Coupons;
  b. oder der Endbetrag der Abrechnung.

² Die Art des Eintrages darf nur auf Beginn eines Geschäftsjahres gewechselt werden.

³ Ein Entgelt in ausländischer Währung ist in Schweizerfranken umzurechnen (Art. 28 des Gesetzes) und einzutragen.

⁴ Sind inländische und ausländische Urkunden in der Weise miteinander verbunden, dass sie nur als Einheit gehandelt werden können, so ist das ganze Entgelt in der Spalte «inländische Titel» einzutragen.

Art. 23[1] Abrechnung unter Effektenhändlern

¹ Die Banken im Sinne des Bankengesetzes vom 8. November 1934[2], die Schweizerische Nationalbank, die zentralen Gegenparteien im Sinne des Finanzmarktinfrastrukturgesetzes vom 19. Juni 2015[3] und die Pfandbriefzentralen gelten ohne besonderen Ausweis als registrierte Effektenhändler.[4]

² Alle sonstigen Effektenhändler haben sich gegenüber ihren Vertragsparteien mit einer Erklärung nach amtlichem Formular (Karte) als registrierte Effektenhändler auszuweisen. Die abgegebenen Karten sind zu nummerieren, über sie ist ein besonderes Verzeichnis anzulegen (mit Name und Adresse des Empfängers, Datum der Ausstellung, fortlaufende Nummer) und diese zur Verfügung der Eidgenössischen Steuerverwaltung zu halten.

³ Die Effektenhändler nach Artikel 13 Absatz 3 Buchstaben b Ziffer 2 sowie d und f des Gesetzes können im geschäftlichen Verkehr mit inländischen Banken sowie mit inländischen Händlern nach Artikel 13 Absatz 3 Buchstabe b Ziffer 1 des Gesetzes davon absehen, sich als Effektenhändler auszuweisen (Art. 21 Abs. 8).[5]

⁴ Der Abgabepflichtige hat die ihm abgegebenen Karten geordnet nach den Effektenhändler-Nummern zur Verfügung der Eidgenössischen Steuerverwaltung zu halten.

Art. 24 Abgabeabrechnung

¹ Der Abgabepflichtige hat die Abgabe auf Grund der Abrechnung nach amtlichem Formular innert 30 Tagen nach Ablauf des Geschäftsvierteljahres für die in diesem Zeitraum abgeschlossenen oder erfüllten Geschäfte (Art. 15 Abs. 1 und 2 des Gesetzes) unaufgefordert der Eidgenössischen Steuerverwaltung zu entrichten.

---

[1] Fassung gemäss Ziff. I der V vom 28. Okt. 1992, in Kraft seit 1. April 1993 (AS **1993** 228). *Siehe auch Abs. 2 der SchlB dieser Änd. am Ende dieses Textes.*
[2] SR **952.0**
[3] SR **958.1**
[4] Fassung gemäss Anhang 1 Ziff. 7 der Finanzmarktinfrastrukturverordnung vom 25. Nov. 2015, in Kraft seit 1. Jan. 2016 (AS **2015** 5413).
[5] Fassung gemäss Ziff. I der V vom 24. Mai 2006, in Kraft seit 1. Juli 2006 (AS **2006** 2349).

² Um unverhältnismässige Umtriebe zu vermeiden, kann die Eidgenössische Steuerverwaltung ein von Absatz 1 abweichendes Abrechnungsverfahren gestatten oder anordnen.

Art. 25 Entlassung aus der Abgabepflicht

¹ Wer seine Geschäftstätigkeit aufgeben will oder die gesetzlichen Eigenschaften als Effektenhändler nicht mehr als erfüllt erachtet, hat das unverzüglich der Eidgenössischen Steuerverwaltung anzuzeigen.

² Die Eidgenössische Steuerverwaltung entscheidet auf Grund der Anzeige oder von Amtes wegen, ob und auf welchen Zeitpunkt die Abgabepflicht aufhört und die Streichung als registrierter Effektenhändler in Kraft tritt.

³ Macht eine Gesellschaft, Genossenschaft, Einrichtung der beruflichen und gebundenen Vorsorge sowie die öffentliche Hand glaubhaft, dass sie die in Artikel 13 Absatz 3 Buchstaben d und f des Gesetzes umschriebenen Voraussetzungen bald wieder erfüllen werde, so kann sie auf ihr Ersuchen freiwillig als Effektenhändler registriert bleiben, jedoch längstens während zweier Jahre.[1]

⁴ Der Betroffene hat auf das Datum seiner Streichung als registrierter Effektenhändler hin alle von ihm abgegebenen Erklärungen mit amtlichem Formular zu widerrufen und diesen Widerruf der Eidgenössischen Steuerverwaltung unter Beilage des in Artikel 23 Absatz 2 erwähnten Verzeichnisses zu melden.[2]

⁵ Innert 30 Tagen nach der Streichung als registrierter Effektenhändler sind der Eidgenössischen Steuerverwaltung die Schlussabrechnung einzureichen und die geschuldeten Abgaben zu überweisen.

Art. 25a[3] Handelsbestand der gewerbsmässigen Händler

¹ Die Banken und die bankähnlichen Finanzgesellschaften im Sinne des Bankengesetzes vom 8. November 1934[4], die Schweizerische Nationalbank und die zentralen Gegenparteien im Sinne des Finanzmarktinfrastrukturgesetzes vom 19. Juni 2015[5] sind gewerbsmässige Händler im Sinne von Artikel 14 Absatz 3 des Gesetzes.[6]

² Effektenhändler nach Artikel 13 Absatz 3 Buchstabe b Ziffer 1 des Gesetzes können die Befreiung des Handelsbestandes erst beanspruchen, wenn sie der Eidgenössischen Steuerverwaltung den Nachweis erbracht haben, dass sie den Handel mit steuerbaren Urkunden gewerbsmässig betreiben.

³ Handelsbestand im Sinne von Artikel 14 Absatz 3 des Gesetzes ist die Gesamtheit der liberierten Titel, welche der gewerbsmässige Effektenhändler mit der Absicht der Weiterveräusserung für eigene Rechnung erworben hat. Die von der Schweizerischen Nationalbank zur Durchführung ihrer Geld- und Währungspolitik erworbenen Urkunden gelten als Handelsbestand der Nationalbank.

---

1 Fassung gemäss Ziff. I der V vom 24. Mai 2006, in Kraft seit 1. Juli 2006 (AS **2006** 2349).
2 Fassung gemäss Ziff. I der V vom 28. Okt. 1992, in Kraft seit 1. April (AS **1993** 228).
3 Eingefügt durch Ziff. I der V vom 28. Okt. 1992, in Kraft seit 1. April 1993 (AS **1993** 228).
4 SR 952.0
5 SR 958.1
6 Fassung gemäss Anhang 1 Ziff. 7 der Finanzmarktinfrastrukturverordnung vom 25. Nov. 2015, in Kraft seit 1. Jan. 2016 (AS **2015** 5413).

⁴ Nicht zum Handelsbestand gehören steuerbare Urkunden, die:
  a. vom Effektenhändler gestützt auf Artikel 665 des Obligationenrechts[1] zu den Anschaffungskosten in die Bilanz eingestellt werden;
  b.[2] zu den dauernden Beteiligungen im Sinne der auf Artikel 42 der Bankenverordnung vom 30. April 2014[3] gestützten Ausführungsbestimmungen der FINMA gehören;
  c. nicht jederzeit und frei handelbar sind, insbesondere weil sie:
     1. als Garantie oder als Pfanddeckung dienen, insbesondere beim Lombard,
     2. vom Effektenhändler für fremde Rechnung gehalten werden,
     3. einen kommerziellen Kredit verkörpern;
  d. vom Effektenhändler bei einer Emission fest übernommen werden.

⁵ Der gewerbsmässige Händler hat für sich eine halbe Umsatzabgabe zu entrichten für die Überführung von:
  a. steuerfrei erworbenen Titeln aus dem Handelsbestand in einen anderen Bestand;
  b. Titeln aus einem anderen Bestand in den Handelsbestand.

4 Abgabe auf Versicherungsprämien

Art. 26 Anmeldung als Abgabepflichtiger

¹ Die der Aufsicht des Bundes unterstellten sowie die inländischen öffentlich-rechtlichen Versicherer haben sich, bevor sie Versicherungen übernehmen, unaufgefordert bei der Eidgenössischen Steuerverwaltung anzumelden. Nicht verpflichtet zur Anmeldung sind Versicherer, die ausschliesslich Versicherungen übernehmen, deren Prämien von der Abgabe ausgenommen sind (Art. 22 des Gesetzes).

² In der Anmeldung sind anzugeben: der Name (die Firma) und der Sitz des Unternehmens sowie aller inländischen Zweigniederlassungen, auf welche die Voraussetzungen der Abgabepflicht (Art. 21 f. des Gesetzes) zutreffen, das Rechnungsjahr, das Datum der Aufnahme der Geschäftstätigkeit und die zu betreibenden Versicherungszweige.

³ Nach Beginn der Abgabepflicht eintretende Änderungen an den gemäss Absatz 2 zu meldenden Tatsachen sind unaufgefordert der Eidgenössischen Steuerverwaltung zu melden.

⁴ Der inländische Versicherungsnehmer, der mit einem nicht der Bundesaufsicht unterstellten ausländischen Versicherer Verträge abschliesst, deren Prämien der Abgabe unterliegen, hat sich nach Vertragsabschluss unaufgefordert bei der Eidgenössischen Steuerverwaltung anzumelden. In der Anmeldung sind der Name und die Adresse des Versicherungsnehmers, der Versicherungszweig, der ausländische Versicherer und das Fälligkeitsdatum der Prämie anzugeben.

---

[1] SR **220**
[2] Fassung gemäss Anhang 2 Ziff. 2 der Bankenverordnung vom 30. April 2014, in Kraft seit 1. Jan. 2015 (AS **2014** 1269).
[3] SR **952.02**

Art. 26a[1] Rückkaufsfähige Lebensversicherung

¹ Als rückkaufsfähige Lebensversicherungen im Sinne von Artikel 22 Buchstabe a des Gesetzes gelten Lebensversicherungen, bei denen der Eintritt des versicherten Ereignisses gewiss ist. Darunter fallen insbesondere die gemischte Versicherung, die lebenslängliche Todesfallversicherung und die Rentenversicherung mit Prämienrückgewähr.

² Werden eine rückkaufsfähige und eine nicht rückkaufsfähige Versicherung in einem Vertrag miteinander kombiniert, so unterliegt nur die für die rückkaufsfähige Versicherung gesondert ausgewiesene Prämie der Abgabe.

Art. 26b[2] Periodische Prämienzahlung

¹ Als rückkaufsfähige Lebensversicherungen mit periodischer Prämienzahlung im Sinne von Artikel 22 Buchstabe a des Gesetzes gelten Versicherungen, die mit im wesentlichen gleich hohen, über die gesamte Vertragslaufzeit verteilten Jahresprämien finanziert werden. Darunter fallen auch:
   a. Versicherungen mit regelmässig steigenden Prämien;
   b. Versicherungen mit indexierten Prämien;
   c. Versicherungen, bei denen die höchste der für die ersten fünf Jahre der Vertragslaufzeit vereinbarten Jahresprämien die tiefste um nicht mehr als 20 Prozent übersteigt;
   d. lebenslängliche Todesfallversicherungen mit abgekürzter Prämienzahlung.

² Keine periodische Prämienzahlung im Sinne von Artikel 22 Buchstabe a des Gesetzes liegt insbesondere vor, wenn:
   a. die Vertragslaufzeit weniger als fünf Jahre beträgt; oder
   b. trotz vertraglich vereinbarter periodischer Prämienzahlung in den ersten fünf Jahren der Vertragslaufzeit nicht fünf Jahresprämien bezahlt werden, es sei denn, dass:
      1. die Prämienzahlungspflicht wegen Tod oder Invalidität der versicherten Person erlischt, oder
      2. der Abfindungswert (Rückkaufswert einschliesslich sämtlicher Überschussbeteiligungen) tiefer als die bezahlten Prämien ist.

Art. 27 Fahrzeugkaskoversicherung

¹ Als Fahrzeugkaskoversicherung im Sinne der Artikel 22 Buchstabe k und 24 Absatz 1 des Gesetzes gilt jede Versicherung gegen die Gefahr irgendeiner Beschädigung oder eines Diebstahls des Fahrzeuges.

² Die Prämie der Kaskoversicherung für ein Luftfahrzeug gemäss Artikel 22 Buchstabe k des Gesetzes ist von der Abgabe ausgenommen, wenn sein Abfluggewicht 5700 kg übersteigt.

---

[1] Eingefügt durch Ziff. I der V vom 9. März 1998, in Kraft seit 1. April 1998 (AS **1998** 961).
[2] Eingefügt durch Ziff. I der V vom 9. März 1998, in Kraft seit 1. April 1998 (AS **1998** 961).

Art. 28 Abgabeabrechnung

1 Der Versicherer hat die Abgabe aufgrund der Abrechnung nach amtlichem Formular innert 30 Tagen nach Ablauf des Geschäftsvierteljahres für die in diesem Zeitraum vereinnahmten Prämien (Art. 23 des Gesetzes), gesondert nach Versicherungszweigen, unaufgefordert der Eidgenössischen Steuerverwaltung zu entrichten. Die Aufteilung auf Versicherungszweige erstreckt sich auch auf kombinierte Versicherungen, sofern die Prämienanteile verschiedenen Abgabesätzen unterliegen. Enthält die Prämienrechnung aufgrund gesetzlicher Bestimmungen eines Kantons oder des Bundes Forderungen, die nicht als Prämienzahlung für eine Versicherung qualifizieren, so sind diese eindeutig zu bezeichnen und gesondert aufzuführen; andernfalls ist die Abgabe auf dem Gesamtbetrag geschuldet.[1]

2 Wird eine Versicherung von mehreren Versicherern gemeinschaftlich übernommen (Mitversicherung), so hat jeder Versicherer die Abgabe nach Absatz 1 für den auf ihn entfallenden Prämienanteil zu entrichten. Sind an einem Mitversicherungsvertrag jedoch ausschliesslich der Aufsicht des Bundes unterstellte oder inländische öffentlich- rechtliche Versicherer beteiligt, so hat der federführende Versicherer die gesamte Abgabe zu entrichten.[2]

3 Der abgabepflichtige inländische Versicherungsnehmer (Art. 25 Satz 2 des Gesetzes) hat die Abgabe innert 30 Tagen nach Ablauf jedes Quartals für die in diesem Zeitraum bezahlten Prämien mit amtlichem Formular unaufgefordert der Eidgenössischen Steuerverwaltung zu entrichten.

4 Um unverhältnismässige Umtriebe zu vermeiden, kann die Eidgenössische Steuerverwaltung ein von den Absätzen 1 und 3 abweichendes Abgabeabrechnungsverfahren gestatten oder anordnen.

5 Übergangsbestimmungen

Art. 29 und Art. 30[3] ...

Art. 30a[4] **Lebensversicherungen**

Die Abgabe auf den Prämien für die rückkaufsfähige Lebensversicherung wird auf Versicherungen mit Versicherungsbeginn nach dem 31. März 1998 erhoben.

---

[1] Fassung gemäss Ziff. I 1 der V vom 15. Okt. 2008, in Kraft seit 1. Jan. 2010 (AS **2008** 5073).
[2] Fassung gemäss Ziff. I der V vom 24. Mai 2006, in Kraft seit 1. Juli 2006 (AS **2006** 2349).
[3] Aufgehoben durch Ziff. I der V vom 24. Mai 2006, mit Wirkung seit 1. Juli 2006 (AS **2006** 2349).
[4] Eingefügt durch Ziff. I der V vom 9. März 1998 (AS **1998** 961).

6 Schlussbestimmungen

Art. 31 Aufhebung bisherigen Rechts

Aufgehoben werden:

am 1. Juli 1974:

- die Vollziehungsverordnung vom 7. Juni 1928[1] zu den Bundesgesetzen über die Stempelabgaben, mit Ausnahme der Artikel 75–83;
- die Vollziehungsverordnung vom 1. Oktober 1937[2] zum Bundesgesetz vom 24. Juni 1937 über Ergänzung und Abänderung der eidgenössischen Stempelgesetzgebung;

am 1. Januar 1975:

- die Artikel 75–83 der Vollziehungsverordnung vom 7. Juni 1928[3] zu den Bundesgesetzen über die Stempelabgaben.

Art. 32 Inkrafttreten

Diese Verordnung tritt wie folgt in Kraft:

am 1. Juli 1974: die Artikel 1–25 und 29–31;
am 1. Januar 1975: die Artikel 26–28.

Schlussbestimmungen der Änderung vom 28. Oktober 1992[4]

1 Die Effektenhändlererklärungen, welche vor dem Inkrafttreten dieser Änderung abgegeben wurden, sind ab 1. April 1993 nicht mehr gültig.

2 Neben den in Artikel 23 Absatz 1 genannten Banken und Pfandbriefzentralen darf der Effektenhändler nur solche Gegenparteien zu den Effektenhändlern zählen, welche sich ihm gegenüber als Abgabepflichtige ausweisen, die nach der Änderung vom 4. Oktober 1991 des Gesetzes[5] registriert worden sind.

3 Für die in Artikel 13 Absatz 3 Buchstabe d des Gesetzes erwähnten Gesellschaften und Genossenschaften beginnt die Pflicht zur Entrichtung der Umsatzabgabe am 1. April 1993, sofern ihre letzte, vor oder auf den 30. September 1992 erstellte Bilanz steuerbare Urkunden von mehr als 10 Millionen Franken ausweist.

Übergangsbestimmung zur Änderung vom 18. Juni 2010[6]

Die geänderten Bestimmungen gelten für die nach dem 31. Juli 2010 fällig werdenden steuerbaren Leistungen.

---

[1] [BS **6** 134; AS **1954** 1145 Ziff. I, **1958** 362 UeB Art. 7 Abs. 1, **1966** 371 Art. 71 Abs. 1688]
[2] [BS **6** 170; AS **1954** 1145 Ziff. II]
[3] [BS **6** 134; AS **1954** 1145 Ziff. I, **1958** 362 UeB Art. 7 Abs. 1, **1966** 371 Art. 71 Abs. 1688]
[4] AS **1993** 228
[5] AS **1993** 222
[6] AS **2010** 2963

☞ Erhöhung der Mehrwertsteuersätze per 1.1.2024*

Ab dem 1.1.2024 gelten folgende Mehrwertsteuersätze:

Normalsatz: 8,1 % (bis zum 31.12.2023: 7,7 %)
Reduzierter Satz: 2,6 % (bis zum 31.12.2023: 2,5 %)
Sondersatz für Beherbergung: 3,8 % (bis zum 31.12.2023: 3,7 %)

*Grund für die Erhöhung der Steuersätze: In der Abstimmung vom 25.9.2022 wurden die Änderung des AHV-Gesetzes (AHV 21) und der BB über die Zusatzfinanzierung der AHV durch eine Erhöhung der MWST angenommen. Das Gesetz und der BB treten per 1.1.2024 in Kraft.

MWSTG

Mehrwertsteuergesetz

9 **Bundesgesetz über die Mehrwertsteuer
(Mehrwertsteuergesetz, MWSTG)
SR 641.20**

vom 12. Juni 2009 (Stand am 1. Januar 2023)

Die Bundesversammlung der Schweizerischen Eidgenossenschaft,

gestützt auf Artikel 130 der Bundesverfassung[1], nach Einsicht in die Botschaft des Bundesrates vom 25. Juni 2008[2],

beschliesst:

☞ *Die zukünftigen Änderungen durch folgende Erlasse sind mit einem Hinweis im Text integriert:*

- *BG vom 25.9.2020 über den Datenschutz (Totalrevision); in Kraft ab 1.9.2023*
- *VO über die Anhebung der Mehrwertsteuersätze zur Zusatzfinanzierung der AHV; in Kraft ab 1.1.2024 (Vernehmlassungsvorlage vom 9.12.2022; siehe auch BB vom 17.12.2021, S. 4)*

☞ *Die MWST-Infos und diverse Zoll-Informationen zur MWST finden Sie im umfassenden Werk «Die Mehrwertsteuererlasse des Bundes I 2023».*

Scan to shop.

---

[1] SR **101**
[2] BBl **2008** 6885

1. Titel: Allgemeine Bestimmungen

Art. 1 Gegenstand und Grundsätze

¹ Der Bund erhebt eine allgemeine Verbrauchssteuer nach dem System der Netto-Allphasensteuer mit Vorsteuerabzug (Mehrwertsteuer). Die Steuer bezweckt die Besteuerung des nicht unternehmerischen Endverbrauchs im Inland.

² Als Mehrwertsteuer erhebt er:
  a. eine Steuer auf den im Inland von steuerpflichtigen Personen gegen Entgelt erbrachten Leistungen (Inlandsteuer);
  b. eine Steuer auf dem Bezug von Leistungen von Unternehmen mit Sitz im Ausland durch Empfänger und Empfängerinnen im Inland (Bezugsteuer);
  c. eine Steuer auf der Einfuhr von Gegenständen (Einfuhrsteuer).

³ Die Erhebung erfolgt nach den Grundsätzen:
  a. der Wettbewerbsneutralität;
  b. der Wirtschaftlichkeit der Entrichtung und der Erhebung;
  c. der Überwälzbarkeit.

Art. 2 Verhältnis zum kantonalen Recht

¹ Billettsteuern und Handänderungssteuern, die von den Kantonen und Gemeinden erhoben werden, gelten nicht als gleichartige Steuern im Sinne von Artikel 134 der Bundesverfassung.

² Sie dürfen erhoben werden, soweit sie nicht die Mehrwertsteuer in ihre Bemessungsgrundlage einbeziehen.

Art. 3 Begriffe

Im Sinne dieses Gesetzes bedeuten:
  a. Inland: das schweizerische Staatsgebiet mit den Zollanschlussgebieten nach Artikel 3 Absatz 2 des Zollgesetzes vom 18. März 2005[1] (ZG); MWSTV 1
  b. Gegenstände: bewegliche und unbewegliche Sachen sowie Elektrizität, Gas, Wärme, Kälte und Ähnliches;
  c. Leistung: die Einräumung eines verbrauchsfähigen wirtschaftlichen Wertes an eine Drittperson in Erwartung eines Entgelts, auch wenn sie von Gesetzes wegen oder aufgrund behördlicher Anordnung erfolgt; MI 04
  d. Lieferung:
     1. Verschaffen der Befähigung, im eigenen Namen über einen Gegenstand wirtschaftlich zu verfügen,
     2. Abliefern eines Gegenstandes, an dem Arbeiten besorgt worden sind, auch wenn dieser Gegenstand dadurch nicht verändert, sondern bloss geprüft, geeicht, reguliert, in der Funktion kontrolliert oder in anderer Weise behandelt worden ist,
     3. Überlassen eines Gegenstandes zum Gebrauch oder zur Nutzung; MWSTV 2
  e. Dienstleistung: jede Leistung, die keine Lieferung ist; eine Dienstleistung liegt auch vor, wenn:

---

[1] SR **631.0**

1. immaterielle Werte und Rechte überlassen werden,
2. eine Handlung unterlassen oder eine Handlung beziehungsweise ein Zustand geduldet wird;
f. Entgelt: Vermögenswert, den der Empfänger oder die Empfängerin oder an seiner oder ihrer Stelle eine Drittperson für den Erhalt einer Leistung aufwendet;
g.[1] hoheitliche Tätigkeit: Tätigkeit eines Gemeinwesens oder einer von einem Gemeinwesen eingesetzten Person oder Organisation, die nicht unternehmerischer Natur ist, namentlich nicht marktfähig ist und nicht im Wettbewerb mit Tätigkeiten privater Anbieter steht, selbst wenn für die Tätigkeit Gebühren, Beiträge oder sonstige Abgaben erhoben werden; MBl 19
h.[2] eng verbundene Personen:
  1. die Inhaber und Inhaberinnen von mindestens 20 Prozent des Stamm- oder Grundkapitals eines Unternehmens oder von einer entsprechenden Beteiligung an einer Personengesellschaft oder ihnen nahestehende Personen,
  2. Stiftungen und Vereine, zu denen eine besonders enge wirtschaftliche, vertragliche oder personelle Beziehung besteht; nicht als eng verbundene Personen gelten Vorsorgeeinrichtungen;
i.[3] Spende: freiwillige Zuwendung in der Absicht, den Empfänger oder die Empfängerin zu bereichern ohne Erwartung einer Gegenleistung im mehrwertsteuerlichen Sinne; eine Zuwendung gilt auch dann als Spende, wenn:
  1. die Zuwendung in einer Publikation in neutraler Form einmalig oder mehrmalig erwähnt wird, selbst wenn dabei die Firma oder das Logo des Spenders oder der Spenderin verwendet wird,
  2. es sich um Beiträge von Passivmitgliedern sowie von Gönnern und Gönnerinnen an Vereine oder an gemeinnützige Organisationen handelt; Beiträge von Gönnern und Gönnerinnen an gemeinnützige Organisationen gelten auch dann als Spende, wenn die gemeinnützige Organisation ihren Gönnern und Gönnerinnen freiwillig Vorteile im Rahmen des statutarischen Zwecks gewährt, sofern sie dem Gönner oder der Gönnerin mitteilt, dass kein Anspruch auf die Vorteile besteht; MI 05
j. gemeinnützige Organisation: Organisation, die die Voraussetzungen erfüllt, welche gemäss Artikel 56 Buchstabe g DBG für die direkte Bundessteuer gelten;
k. Rechnung: jedes Dokument, mit dem gegenüber einer Drittperson über das Entgelt für eine Leistung abgerechnet wird, gleichgültig, wie dieses Dokument im Geschäftsverkehr bezeichnet wird. MI 16

Art. 4 Samnaun und Sampuoir

[1] Solange die Talschaften Samnaun und Sampuoir aus dem schweizerischen Zollgebiet ausgeschlossen sind, gilt dieses Gesetz in den beiden Talschaften nur für Dienstleistungen.[4]

[2] Die dem Bund aufgrund von Absatz 1 entstehenden Steuerausfälle sind durch die Gemeinden Samnaun und Valsot zu kompensieren.[5]

---

[1] Fassung gemäss Ziff. I des BG vom 30. Sept. 2016, in Kraft seit 1. Jan. 2018 (AS **2017** 3575; BBl **2015** 2615).
[2] Fassung gemäss Ziff. I des BG vom 30. Sept. 2016, in Kraft seit 1. Jan. 2018 (AS **2017** 3575; BBl **2015** 2615).
[3] Fassung gemäss Ziff. I des BG vom 30. Sept. 2016, in Kraft seit 1. Jan. 2018 (AS **2017** 3575; BBl **2015** 2615).
[4] Als Rechtsnachfolgerin der Gemeinde Tschlin hat Valsot ab dem 1. Januar 2013 die Kompensation der auf ihrem Teil des Zollausschlussgebietes ausgeführten steuerfreien Lieferungen an den Bund zu leisten. (AS **2012** 2551).
[5] Fassung gemäss Ziff. I des BG vom 30. Sept. 2016, in Kraft seit 1. Jan. 2018 (AS **2017** 3575; BBl **2015** 2615).

³ Der Bundesrat regelt die Einzelheiten im Einvernehmen mit den Gemeinden Samnaun und Valsot. Er berücksichtigt dabei die Einsparungen infolge des geringeren Erhebungsaufwands angemessen.[1]

Art. 5 Indexierung

Der Bundesrat beschliesst die Anpassung der in den Artikeln 31 Absatz 2 Buchstabe c, 37 Absatz 1, 38 Absatz 1 und 45 Absatz 2 Buchstabe b genannten Frankenbeträge, sobald sich der Landesindex der Konsumentenpreise seit der letzten Festlegung um mehr als 30 Prozent erhöht hat.

Art. 6 Steuerüberwälzung

¹ Die Überwälzung der Steuer richtet sich nach privatrechtlichen Vereinbarungen.

² Zur Beurteilung von Streitigkeiten über die Steuerüberwälzung sind die Zivilgerichte zuständig.

Art. 7 Ort der Lieferung   MI 06

¹ Als Ort einer Lieferung gilt der Ort, an dem: MWSTV 4

a. sich der Gegenstand zum Zeitpunkt der Verschaffung der Befähigung, über ihn wirtschaftlich zu verfügen, der Ablieferung oder der Überlassung zum Gebrauch oder zur Nutzung befindet;
b. die Beförderung oder Versendung des Gegenstandes zum Abnehmer oder zur Abnehmerin oder in dessen oder deren Auftrag zu einer Drittperson beginnt.

² Als Ort der Lieferung von Elektrizität in Leitungen, Gas über das Erdgasverteilnetz und Fernwärme gilt der Ort, an dem der Empfänger oder die Empfängerin der Lieferung den Sitz der wirtschaftlichen Tätigkeit oder eine Betriebsstätte hat, für welche die Lieferung erbracht wird, oder in Ermangelung eines solchen Sitzes oder einer solchen Betriebsstätte der Ort, an dem die Elektrizität, das Gas oder die Fernwärme tatsächlich genutzt oder verbraucht wird.[2]   MWSTV 5 | MBI 07

³ Bei der Lieferung eines Gegenstands vom Ausland ins Inland gilt der Ort der Lieferung als im Inland gelegen, sofern der Leistungserbringer oder die Leistungserbringerin:

a. über eine Bewilligung der Eidgenössischen Steuerverwaltung (ESTV) verfügt, die Einfuhr im eigenen Namen vorzunehmen (Unterstellungserklärung), und im Zeitpunkt der Einfuhr nicht darauf verzichtet; oder   MWSTV 3
b. mit Gegenständen, die nach Artikel 53 Absatz 1 Buchstabe a aufgrund des geringfügigen Steuerbetrags von der Einfuhrsteuer befreit sind, Lieferungen nach Absatz 1 Buchstabe b des vorliegenden Artikels erbringt und daraus mindestens einen Umsatz von 100 000 Franken pro Jahr erzielt.[3]   MWSTV 4a, 77, 166b

---

[1] Fassung gemäss Ziff. I des BG vom 30. Sept. 2016, in Kraft seit 1. Jan. 2018 (AS **2017** 3575; BBl **2015** 2615).
[2] Fassung gemäss Ziff. I des BG vom 30. Sept. 2016, in Kraft seit 1. Jan. 2018 (AS **2017** 3575; BBl **2015** 2615).
[3] Eingefügt durch Ziff. I des BG vom 30. Sept. 2016, Bst. a in Kraft seit 1. Jan. 2018 und Bst. b in Kraft seit 1. Jan. 2019 (AS **2017** 3575; BBl **2015** 2615).

Art. 8 Ort der Dienstleistung MI 06

1 Als Ort der Dienstleistung gilt unter Vorbehalt von Absatz 2 der Ort, an dem der Empfänger oder die Empfängerin der Dienstleistung den Sitz der wirtschaftlichen Tätigkeit oder eine Betriebsstätte hat, für welche die Dienstleistung erbracht wird, oder in Ermangelung eines solchen Sitzes oder einer solchen Betriebsstätte der Wohnort oder der Ort seines oder ihres üblichen Aufenthaltes. MWSTV 5

2 Als Ort der nachfolgend aufgeführten Dienstleistungen gilt:
   a. bei Dienstleistungen, die typischerweise unmittelbar gegenüber physisch anwesenden natürlichen Personen erbracht werden, auch wenn sie ausnahmsweise aus der Ferne erbracht werden: der Ort, an dem die dienstleistende Person den Sitz der wirtschaftlichen Tätigkeit oder eine Betriebsstätte hat, oder in Ermangelung eines solchen Sitzes oder einer solchen Betriebsstätte der Wohnort oder der Ort, von dem aus sie tätig wird; als solche Dienstleistungen gelten namentlich: Heilbehandlungen, Therapien, Pflegeleistungen, Körperpflege, Ehe-, Familien- und Lebensberatung, Sozialleistungen und Sozialhilfeleistungen sowie Kinder- und Jugendbetreuung;
   b. bei Dienstleistungen von Reisebüros und Organisatoren von Veranstaltungen: der Ort, an dem die dienstleistende Person den Sitz der wirtschaftlichen Tätigkeit oder eine Betriebsstätte hat, oder in Ermangelung eines solchen Sitzes oder einer solchen Betriebsstätte der Wohnort oder der Ort, von dem aus sie tätig wird;
   c. bei Dienstleistungen auf dem Gebiet der Kultur, der Künste, des Sportes, der Wissenschaft, des Unterrichts, der Unterhaltung oder ähnlichen Leistungen, einschliesslich der Leistungen der jeweiligen Veranstalter und der gegebenenfalls damit zusammenhängenden Leistungen: der Ort, an dem diese Tätigkeiten tatsächlich ausgeübt werden;
   d. bei gastgewerblichen Leistungen: der Ort, an dem die Dienstleistung tatsächlich erbracht wird;
   e. bei Personenbeförderungsleistungen: der Ort, an dem die Beförderung gemessen an der zurückgelegten Strecke tatsächlich stattfindet; der Bundesrat kann bestimmen, dass bei grenzüberschreitenden Beförderungen kurze inländische Strecken als ausländische und kurze ausländische Strecken als inländische Strecken gelten; MWSTV 5a
   f. bei Dienstleistungen im Zusammenhang mit einem Grundstück: der Ort, an dem das Grundstück gelegen ist; als solche Dienstleistungen gelten namentlich: Vermittlung, Verwaltung, Begutachtung und Schätzung des Grundstückes, Dienstleistungen im Zusammenhang mit dem Erwerb oder der Bestellung von dinglichen Rechten am Grundstück, Dienstleistungen im Zusammenhang mit der Vorbereitung oder der Koordinierung von Bauleistungen wie Architektur-, Ingenieur- und Bauaufsichtsleistungen, Überwachung von Grundstücken und Gebäuden sowie Beherbergungsleistungen;
   g. bei Dienstleistungen im Bereich der internationalen Entwicklungszusammenarbeit und der humanitären Hilfe: der Ort, für den die Dienstleistung bestimmt ist.

Art. 9 Vermeidung von Wettbewerbsverzerrungen MWSTV 6, 6a

Um Wettbewerbsverzerrungen durch Doppelbesteuerungen oder Nichtbesteuerungen bei grenzüberschreitenden Leistungen zu vermeiden, kann der Bundesrat die Abgrenzung zwischen Lieferungen und Dienstleistungen abweichend von Artikel 3 regeln sowie den Ort der Leistungserbringung abweichend von den Artikeln 7 und 8 bestimmen.

2. Titel: Inlandsteuer

1. Kapitel: Steuersubjekt MI 02, MI 21, MI 22

Art. 10 Grundsatz MWSTV 7 ff. | MI 22

¹ Steuerpflichtig ist, wer unabhängig von Rechtsform, Zweck und Gewinnabsicht ein Unternehmen betreibt und:
   a. mit diesem Unternehmen Leistungen im Inland erbringt; oder MWSTV 166a
   b. Sitz, Wohnsitz oder Betriebsstätte im Inland hat.[1]

1bis Ein Unternehmen betreibt, wer:
   a. eine auf die nachhaltige Erzielung von Einnahmen aus Leistungen ausgerichtete berufliche oder gewerbliche Tätigkeit selbstständig ausübt, unabhängig von der Höhe des Zuflusses von Mitteln, die nach Artikel 18 Absatz 2 nicht als Entgelt gelten; und
   b. unter eigenem Namen nach aussen auftritt.[2]

1ter Das Erwerben, Halten und Veräussern von Beteiligungen nach Artikel 29 Absätze 2 und 3 stellt eine unternehmerische Tätigkeit dar.[3]

² Von der Steuerpflicht ist befreit, wer:
   a. innerhalb eines Jahres im In- und Ausland weniger als 100 000 Franken Umsatz aus Leistungen erzielt, die nicht nach Artikel 21 Absatz 2 von der Steuer ausgenommen sind; MWSTV 9, 9a
   b. ein Unternehmen mit Sitz im Ausland betreibt, das im Inland, unabhängig vom Umsatz, ausschliesslich eine oder mehrere der folgenden Leistungsarten erbringt:
      1. von der Steuer befreite Leistungen,
      2. Dienstleistungen, deren Ort sich nach Artikel 8 Absatz 1 im Inland befindet; nicht von der Steuerpflicht befreit ist jedoch, wer Telekommunikations- oder elektronische Dienstleistungen an nicht steuerpflichtige Empfänger und Empfängerinnen erbringt, MWSTV 10 | MBI 13
      3. Lieferung von Elektrizität in Leitungen, Gas über das Erdgasverteilnetz und Fernwärme an steuerpflichtige Personen im Inland;
   c.[4] als nicht gewinnstrebiger, ehrenamtlich geführter Sport- oder Kulturverein oder als gemeinnützige Institution innerhalb eines Jahres im In- und Ausland weniger als 250 000 Franken Umsatz aus Leistungen erzielt, die nicht nach Artikel 21 Absatz 2 von der Steuer ausgenommen sind.[5] MWSTV 9, 9a | MBI 23, 24

2bis Der Umsatz berechnet sich nach den vereinbarten Entgelten ohne die Steuer.[6]

³ Der Sitz im Inland sowie alle inländischen Betriebsstätten bilden zusammen ein Steuersubjekt. MWSTV 5

---

[1] Fassung gemäss Ziff. I des BG vom 30. Sept. 2016, in Kraft seit 1. Jan. 2018 (AS **2017** 3575; BBl **2015** 2615).
[2] Eingefügt durch Ziff. I des BG vom 30. Sept. 2016, in Kraft seit 1. Jan. 2018 (AS **2017** 3575; BBl **2015** 2615).
[3] Eingefügt durch Ziff. I des BG vom 30. Sept. 2016, in Kraft seit 1. Jan. 2018 (AS **2017** 3575; BBl **2015** 2615).
[4] Fassung gemäss Ziff. I des BG vom 17. Dez. 2021, in Kraft seit 1. Jan. 2023 (AS **2022** 228; BBl **2021** 1100, 1944).
[5] Fassung gemäss Ziff. I des BG vom 30. Sept. 2016, in Kraft seit 1. Jan. 2018 (AS **2017** 3575; BBl **2015** 2615).
[6] Eingefügt durch Ziff. I des BG vom 30. Sept. 2016, in Kraft seit 1. Jan. 2018 (AS **2017** 3575; BBl **2015** 2615).

Art. 11 Verzicht auf die Befreiung von der Steuerpflicht

¹ Wer ein Unternehmen betreibt und nach Artikel 10 Absatz 2 oder 12 Absatz 3 von der Steuerpflicht befreit ist, hat das Recht, auf die Befreiung von der Steuerpflicht zu verzichten.

² Auf die Befreiung von der Steuerpflicht muss mindestens während einer Steuerperiode verzichtet werden.

Art. 12 Gemeinwesen   MWSTV 12, 14 | MBI 19

¹ Steuersubjekte der Gemeinwesen sind die autonomen Dienststellen von Bund, Kantonen und Gemeinden und die übrigen Einrichtungen des öffentlichen Rechts.

² Dienststellen können sich zu einem einzigen Steuersubjekt zusammenschliessen. Der Zusammenschluss kann auf den Beginn jeder Steuerperiode gewählt werden. Er muss während mindestens einer Steuerperiode beibehalten werden.

³ Ein Steuersubjekt eines Gemeinwesens ist von der Steuerpflicht befreit, solange weniger als 100 000 Franken Umsatz pro Jahr aus steuerbaren Leistungen an Nichtgemeinwesen stammen. Der Umsatz bemisst sich nach den vereinbarten Entgelten ohne die Steuer.[1]

⁴ Der Bundesrat bestimmt, welche Leistungen von Gemeinwesen als unternehmerisch und damit steuerbar gelten.   MWSTV 14

Art. 13 Gruppenbesteuerung   MWSTV 15–21 | MI 03

¹ Rechtsträger mit Sitz oder Betriebsstätte in der Schweiz, die unter einheitlicher Leitung eines Rechtsträgers miteinander verbunden sind, können sich auf Antrag zu einem einzigen Steuersubjekt zusammenschliessen (Mehrwertsteuergruppe). In die Gruppe können auch Rechtsträger, die kein Unternehmen betreiben, und natürliche Personen einbezogen werden.

² Der Zusammenschluss zu einer Mehrwertsteuergruppe kann auf den Beginn jeder Steuerperiode gewählt werden. Die Beendigung einer Mehrwertsteuergruppe ist jeweils auf das Ende einer Steuerperiode möglich.

Art. 14 Beginn und Ende der Steuerpflicht und der Befreiung von der Steuerpflicht   MI 21, MI 22

¹ Die Steuerpflicht beginnt:
   a. für Unternehmen mit Sitz, Wohnsitz oder Betriebsstätte im Inland: mit der Aufnahme der unternehmerischen Tätigkeit;   MWSTV 9
   b. für alle anderen Unternehmen: mit dem erstmaligen Erbringen einer Leistung im Inland.[2]   MWSTV 9a

² Die Steuerpflicht endet:
   a. für Unternehmen mit Sitz, Wohnsitz oder Betriebsstätte im Inland:
      1. mit der Beendigung der unternehmerischen Tätigkeit,
      2. bei Vermögensliquidation: mit Abschluss des Liquidationsverfahrens;

---

[1] Fassung gemäss Ziff. I des BG vom 30. Sept. 2016, in Kraft seit 1. Jan. 2018 (AS **2017** 3575; BBl **2015** 2615).
[2] Fassung gemäss Ziff. I des BG vom 30. Sept. 2016, in Kraft seit 1. Jan. 2018 (AS **2017** 3575; BBl **2015** 2615).

b. für alle anderen Unternehmen: am Schluss des Kalenderjahres, in dem letztmals eine Leistung im Inland erbracht wird.[1]

3 Die Befreiung von der Steuerpflicht endet, sobald das Total der im letzten Geschäftsjahr erzielten Umsätze die Grenze von Artikel 10 Absatz 2 Buchstabe a oder c oder 12 Absatz 3 erreicht hat oder absehbar ist, dass diese Grenze innerhalb von 12 Monaten nach der Aufnahme oder Ausweitung der unternehmerischen Tätigkeit überschritten wird. MWSTV 9, 9a

4 Der Verzicht auf die Befreiung von der Steuerpflicht kann frühestens auf den Beginn der laufenden Steuerperiode erklärt werden.

5 Unterschreitet der massgebende Umsatz der steuerpflichtigen Person die Umsatzgrenze nach Artikel 10 Absatz 2 Buchstabe a oder c oder 12 Absatz 3 und ist zu erwarten, dass der massgebende Umsatz auch in der folgenden Steuerperiode nicht mehr erreicht wird, so muss sich die steuerpflichtige Person abmelden. Die Abmeldung ist frühestens möglich auf das Ende der Steuerperiode, in der der massgebende Umsatz nicht erreicht worden ist. Die Nichtabmeldung gilt als Verzicht auf die Befreiung von der Steuerpflicht nach Artikel 11. Der Verzicht gilt ab Beginn der folgenden Steuerperiode.

Art. 15 Mithaftung

1 Mit der steuerpflichtigen Person haften solidarisch:
a. die Teilhaber und Teilhaberinnen an einer einfachen Gesellschaft, Kollektiv- oder Kommanditgesellschaft im Rahmen ihrer zivilrechtlichen Haftbarkeit;
b. Personen, die eine freiwillige Versteigerung durchführen oder durchführen lassen;
c.[2] jede zu einer Mehrwertsteuergruppe (Art. 13) gehörende Person oder Personengesellschaft, mit Ausnahme von Vorsorgeeinrichtungen, für sämtliche von der Gruppe geschuldeten Steuern; tritt eine Person oder Personengesellschaft aus der Gruppe aus, so haftet sie nur noch für die Steuerforderungen, die sich aus ihren eigenen unternehmerischen Tätigkeiten ergeben haben; MWSTV 22 | MI 03
d. bei der Übertragung eines Unternehmens: der bisherige Steuerschuldner oder die bisherige Steuerschuldnerin noch während dreier Jahre seit der Mitteilung oder Auskündigung der Übertragung für die vor der Übertragung entstandenen Steuerforderungen;
e. bei Beendigung der Steuerpflicht einer aufgelösten juristischen Person, Handelsgesellschaft oder Personengesamtheit ohne Rechtspersönlichkeit: die mit der Liquidation betrauten Personen bis zum Betrag des Liquidationsergebnisses;
f. für die Steuer einer juristischen Person, die ihren Sitz ins Ausland verlegt: die geschäftsführenden Organe bis zum Betrag des reinen Vermögens der juristischen Person.

2 Die in Absatz 1 Buchstaben e und f bezeichneten Personen haften nur für Steuer-, Zins- und Kostenforderungen, die während ihrer Geschäftsführung entstehen oder fällig werden; ihre Haftung entfällt, soweit sie nachweisen, dass sie alles ihnen Zumutbare zur Feststellung und Erfüllung der Steuerforderung getan haben.

3 Die Haftung nach Artikel 12 Absatz 3 des Bundesgesetzes vom 22. März 1974[3] über das Verwaltungsstrafrecht (VStrR) bleibt vorbehalten. N 2

---

[1] Fassung gemäss Ziff. I des BG vom 30. Sept. 2016, in Kraft seit 1. Jan. 2018 (AS **2017** 3575; BBl **2015** 2615).
[2] Fassung gemäss Ziff. I des BG vom 30. Sept. 2016, in Kraft seit 1. Jan. 2018 (AS **2017** 3575; BBl **2015** 2615).
[3] SR **313**.0.

⁴ Tritt eine steuerpflichtige Person Forderungen aus ihrem Unternehmen an Dritte ab, so haften diese subsidiär für die mit den Forderungen mitzedierte Mehrwertsteuer, wenn im Zeitpunkt der Abtretung die Steuerschuld gegenüber der ESTV noch nicht entstanden ist und ein Verlustschein vorliegt.[1]   MWSTV 23–25, 164

⁵ Die mithaftende Person hat im Verfahren die gleichen Rechte und Pflichten wie die steuerpflichtige Person.

Art. 16 Steuernachfolge

¹ Stirbt eine steuerpflichtige natürliche Person, so treten ihre Erben und Erbinnen in ihre Rechte und Pflichten ein. Sie haften solidarisch für die vom Erblasser oder von der Erblasserin geschuldeten Steuern bis zur Höhe ihrer Erbteile, mit Einschluss der Vorempfänge.

² Wer ein Unternehmen übernimmt, tritt in die steuerlichen Rechte und Pflichten des Rechtsvorgängers oder der Rechtsvorgängerin ein.

Art. 17 Steuersubstitution

Die Erfüllung der Steuerpflicht ausländischer Handelsgesellschaften und ausländischer Personengesamtheiten ohne Rechtspersönlichkeit obliegt auch deren Teilhabern und Teilhaberinnen.

2. Kapitel: Steuerobjekt   MI 04

Art. 18 Grundsatz   MWSTV 26–44

¹ Der Inlandsteuer unterliegen die im Inland durch steuerpflichtige Personen gegen Entgelt erbrachten Leistungen; sie sind steuerbar, soweit dieses Gesetz keine Ausnahme vorsieht.

² Mangels Leistung gelten namentlich die folgenden Mittelflüsse nicht als Entgelt:
  a. Subventionen und andere öffentlich-rechtliche Beiträge, auch wenn sie gestützt auf einen Leistungsauftrag oder eine Programmvereinbarung gemäss Artikel 46 Absatz 2 der Bundesverfassung ausgerichtet werden;   MWSTV 29 | MI 05
  b. Gelder, die Kur- und Verkehrsvereine ausschliesslich aus öffentlich-rechtlichen Tourismusabgaben erhalten und die sie im Auftrag von Gemeinwesen zugunsten der Allgemeinheit einsetzen;   MBI 12
  c. Beiträge aus kantonalen Wasser-, Abwasser- oder Abfallfonds an Entsorgungsanstalten oder Wasserwerke;
  d. Spenden;   MI 05
  e. Einlagen in Unternehmen, insbesondere zinslose Darlehen, Sanierungsleistungen und Forderungsverzichte;
  f. Dividenden und andere Gewinnanteile;
  g. vertraglich oder gesetzlich geregelte Kostenausgleichszahlungen, die durch eine Organisationseinheit, namentlich durch einen Fonds, an Akteure und Akteurinnen innerhalb einer Branche geleistet werden;
  h. Pfandgelder, namentlich auf Umschliessungen und Gebinden;
  i. Zahlungen für Schadenersatz, Genugtuung und dergleichen;

---

[1] Fassung gemäss Ziff. I des BG vom 30. Sept. 2016, in Kraft seit 1. Jan. 2018 (AS **2017** 3575; BBl **2015** 2615).

j. Entschädigungen für unselbstständig ausgeübte Tätigkeiten wie Verwaltungsrats- und Stiftungsratshonorare, Behördenentschädigungen oder Sold;
k. Erstattungen, Beiträge und Beihilfen bei Lieferungen ins Ausland, die nach Artikel 23 Absatz 2 Ziffer 1 von der Steuer befreit sind;
l. Gebühren, Beiträge oder sonstige Zahlungen, die für hoheitliche Tätigkeiten empfangen werden.

Art. 19 Mehrheit von Leistungen

¹ Voneinander unabhängige Leistungen werden selbstständig behandelt. MWSTV 31

² Mehrere voneinander unabhängige Leistungen, die zu einer Sachgesamtheit vereinigt sind oder als Leistungskombination angeboten werden, können einheitlich nach der überwiegenden Leistung behandelt werden, wenn sie zu einem Gesamtentgelt erbracht werden und die überwiegende Leistung wertmässig mindestens 70 Prozent des Gesamtentgelts ausmacht (Kombination). MWSTV 32, 33, 112

³ Leistungen, die wirtschaftlich eng zusammengehören und so ineinander greifen, dass sie als unteilbares Ganzes anzusehen sind, gelten als ein einheitlicher wirtschaftlicher Vorgang und sind nach dem Charakter der Gesamtleistung zu behandeln.

⁴ Nebenleistungen, namentlich Umschliessungen und Verpackungen, werden steuerlich gleich behandelt wie die Hauptleistung.

Art. 20 Zuordnung von Leistungen

¹ Eine Leistung gilt als von derjenigen Person erbracht, die nach aussen als Leistungserbringerin auftritt.

² Handelt eine Person im Namen und für Rechnung einer anderen Person, so gilt die Leistung als durch die vertretene Person getätigt, wenn die Vertreterin:
a. nachweisen kann, dass sie als Stellvertreterin handelt und die vertretene Person eindeutig identifizieren kann; und
b. das Bestehen eines Stellvertretungsverhältnisses dem Leistungsempfänger oder der Leistungsempfängerin ausdrücklich bekannt gibt oder sich dieses aus den Umständen ergibt.

³ Findet Absatz 1 in einem Dreiparteienverhältnis Anwendung, so wird das Leistungsverhältnis zwischen der nach aussen auftretenden Person und der die eigentliche Leistung erbringenden Person gleich qualifiziert wie das Leistungsverhältnis zwischen der nach aussen auftretenden Person und der leistungsempfangenden Person.

Art. 21 Von der Steuer ausgenommene Leistungen

¹ Eine Leistung, die von der Steuer ausgenommen ist und für deren Versteuerung nicht nach Artikel 22 optiert wird, ist nicht steuerbar.

² Von der Steuer ausgenommen sind:
1. die Beförderung von Gegenständen, die unter die reservierten Dienste nach Artikel 3 des Postgesetzes vom 30. April 1997¹ fällt;
2. die Spitalbehandlung und die ärztliche Heilbehandlung in Spitälern im Bereich der Humanmedizin einschliesslich der damit eng verbundenen Leistungen, die von Spitälern sowie Zentren für ärztliche Heilbehandlung und Diagnostik erbracht werden. Die Abgabe von selbst hergestellten oder zugekauften Prothesen und orthopädischen Apparaten gilt als steuerbare Lieferung; MBI 21
3. die von Ärzten und Ärztinnen, Zahnärzten und Zahnärztinnen, Psychotherapeuten und Psychotherapeutinnen, Chiropraktoren und Chiropraktorinnen, Physiotherapeuten und Physiotherapeutinnen, Naturarzten und Naturärztinnen, Entbindungspflegern und Hebammen, Pflegefachmännern und Pflegefachfrauen oder Angehörigen ähnlicher Heil- und Pflegeberufe erbrachten Heilbehandlungen im Bereich der Humanmedizin, soweit die Leistungserbringer und Leistungserbringerinnen über eine Berufsausübungsbewilligung verfügen; der Bundesrat bestimmt die Einzelheiten. Die Abgabe von selbst hergestellten oder zugekauften Prothesen und orthopädischen Apparaten gilt als steuerbare Lieferung; MWSTV 34 f.
4. die von Krankenpflegepersonen, Organisationen der Krankenpflege und der Hilfe zu Hause (Spitex) oder in Heimen erbrachten Pflegeleistungen, sofern sie ärztlich verordnet sind;
5. die Lieferung von menschlichen Organen durch medizinisch anerkannte Institutionen und Spitäler sowie von menschlichem Vollblut durch Inhaber und Inhaberinnen einer hiezu erforderlichen Bewilligung;
6. die Dienstleistungen von Gemeinschaften, deren Mitglieder Angehörige der in Ziffer 3 aufgeführten Berufe sind, soweit diese Dienstleistungen anteilsmässig zu Selbstkosten an die Mitglieder für die unmittelbare Ausübung ihrer Tätigkeiten erbracht werden;
7. die Beförderung von kranken oder verletzten Personen oder Personen mit Behinderungen in dafür besonders eingerichteten Transportmitteln;
8.² Leistungen von Einrichtungen der Sozialhilfe und der sozialen Sicherheit, von gemeinnützigen Organisationen der Krankenpflege und der Hilfe zu Hause (Spitex) und von Alters-, Wohn- und Pflegeheimen;
9. die mit der Kinder- und Jugendbetreuung verbundenen Leistungen durch dafür eingerichtete Institutionen; MBI 22
10. die mit der Kultur- und Bildungsförderung von Jugendlichen eng verbundenen Leistungen von gemeinnützigen Jugendaustauschorganisationen; Jugendliche im Sinne dieser Bestimmung sind Personen bis zum vollendeten 25. Altersjahr;

---

¹ [AS **1997** 2452, **2000** 2355 Anhang Ziff. 23, **2003** 4297, **2006** 2197 Anhang Ziff. 85, **2007** 5645. AS **2012** 4993 Anhang Ziff. I]. Siehe heute (AS **2012** 4993): Art. 18 des Postgesetzes vom 17. Dez. 2010 (SR **783.0**).
² Fassung gemäss Ziff. I des BG vom 30. Sept. 2016, in Kraft seit 1. Jan. 2018 (AS **2017** 3575; BBl **2015** 2615).

11. die folgenden Leistungen im Bereich der Erziehung und Bildung:[1] MBI 20
    a. die Leistungen im Bereich der Erziehung von Kindern und Jugendlichen, des Unterrichts, der Ausbildung, der Fortbildung und der beruflichen Umschulung einschliesslich des von Privatlehrern und Privatlehrerinnen oder an Privatschulen erteilten Unterrichts,
    b. Kurse, Vorträge und andere Veranstaltungen wissenschaftlicher oder bildender Art; die Referententätigkeit ist von der Steuer ausgenommen, unabhängig davon, ob das Honorar der unterrichtenden Person oder ihrem Arbeitgeber ausgerichtet wird,
    c. im Bildungsbereich durchgeführte Prüfungen,
    d. Organisationsdienstleistungen (mit Einschluss der damit zusammenhängenden Nebenleistungen) der Mitglieder einer Einrichtung, die von der Steuer ausgenommene Leistungen nach den Buchstaben a–c erbringt, an diese Einrichtung,
    e. Organisationsdienstleistungen (mit Einschluss der damit zusammenhängenden Nebenleistungen) an Dienststellen von Bund, Kantonen und Gemeinden, die von der Steuer ausgenommene Leistungen nach den Buchstaben a–c entgeltlich oder unentgeltlich erbringen;
12. das Zurverfügungstellen von Personal durch religiöse oder weltanschauliche, nichtgewinnstrebige Einrichtungen für Zwecke der Krankenbehandlung, der Sozialhilfe und der sozialen Sicherheit, der Kinder- und Jugendbetreuung, der Erziehung und Bildung sowie für kirchliche, karitative und gemeinnützige Zwecke;
13. die Leistungen, die nichtgewinnstrebige Einrichtungen mit politischer, gewerkschaftlicher, wirtschaftlicher, religiöser, patriotischer, weltanschaulicher, philanthropischer, ökologischer, sportlicher, kultureller oder staatsbürgerlicher Zielsetzung ihren Mitgliedern gegen einen statutarisch festgesetzten Beitrag erbringen;
14. dem Publikum unmittelbar erbrachte oder, sofern nicht unmittelbar erbracht, von diesem unmittelbar wahrnehmbare kulturelle Dienstleistungen der nachstehend aufgeführten Arten:[2]
    a. Theater-, musikalische und choreographische Aufführungen sowie Filmvorführungen, MBI 23
    b.[3] Darbietungen von Schauspielern und Schauspielerinnen, Musikern und Musikerinnen, Tänzern und Tänzerinnen und anderen ausübenden Künstlern und Künstlerinnen, Leistungen von Personen, die an solchen Darbietungen künstlerisch mitwirken, sowie Leistungen von Schaustellern und Schaustellerinnen, einschliesslich der von diesen angebotenen Geschicklichkeitsspiele, MWSTV 36
    c. Besuche von Museen, Galerien, Denkmälern, historischen Stätten sowie botanischen und zoologischen Gärten,
    d. Dienstleistungen von Bibliotheken, Archiven und Dokumentationsstellen, namentlich die Einsichtgewährung in Text-, Ton- und Bildträger in ihren Räumlichkeiten; steuerbar ist jedoch die Lieferung von Gegenständen (einschliesslich Gebrauchsüberlassung) solcher Institutionen;
15. für sportliche Anlässe verlangte Entgelte einschliesslich derjenigen für die Zulassung zur Teilnahme an solchen Anlässen (z. B. Startgelder) samt den darin eingeschlossenen Nebenleistungen; MBI 24

---

[1] Fassung gemäss Ziff. I des BG vom 30. Sept. 2016, in Kraft seit 1. Jan. 2018 (AS **2017** 3575; BBl **2015** 2615).
[2] Fassung gemäss Ziff. I des BG vom 30. Sept. 2016, in Kraft seit 1. Jan. 2018 (AS **2017** 3575; BBl **2015** 2615).
[3] Fassung gemäss Ziff. I des BG vom 30. Sept. 2016, in Kraft seit 1. Jan. 2018 (AS **2017** 3575; BBl **2015** 2615).

16.[1] kulturelle Dienstleistungen, die Lieferung von Werken kultureller Natur durch deren Urheber und Urheberinnen wie Schriftsteller und Schriftstellerinnen, Komponisten und Komponistinnen, Filmschaffende, Kunstmaler und Kunstmalerinnen, Bildhauer und Bildhauerinnen sowie Dienstleistungen, die von den Verlegern und Verlegerinnen und den Verwertungsgesellschaften zur Verbreitung dieser Werke erbracht werden; dies gilt auch für Werke zweiter Hand nach Artikel 3 des Urheberrechtsgesetzes vom 9. Oktober 1992[2], die kultureller Natur sind; MWSTV 36 | MBl 23

17.[3] die Leistungen bei Veranstaltungen wie Basaren, Flohmärkten und Tombolas von Einrichtungen, die von der Steuer ausgenommene Tätigkeiten auf dem Gebiet des nichtgewinnstrebigen Sports und Kulturschaffens, auf dem Gebiet der Krankenbehandlung, der Sozialhilfe und der sozialen Sicherheit und der Kinder- und Jugendbetreuung ausüben, sowie von gemeinnützigen Organisationen der Krankenpflege und der Hilfe zu Hause (Spitex) und von Alters-, Wohn- und Pflegeheimen, sofern die Veranstaltungen dazu bestimmt sind, diesen Einrichtungen eine finanzielle Unterstützung zu verschaffen, und ausschliesslich zu ihrem Nutzen durchgeführt werden; Leistungen von Einrichtungen der Sozialhilfe und der sozialen Sicherheit, die diese mittels Brockenhäusern ausschliesslich zu ihrem Nutzen erbringen; MBl 22, 24

18.[4] im Versicherungsbereich:
 a. Versicherungs- und Rückversicherungsleistungen,
 b. Sozialversicherungsleistungen,
 c. die folgenden Leistungen im Bereich der Sozialversicherungen und Prävention:
   – Leistungen von Einrichtungen der Sozialversicherungen untereinander
   – Leistungen von Durchführungsorganen aufgrund gesetzlich vorgeschriebener Präventionsaufgaben
   – Leistungen, die der beruflichen Aus- und Weiterbildung dienen,
 d. Leistungen im Rahmen der Tätigkeit als Versicherungsvertreter oder Versicherungsvertreterin, als Versicherungsmakler oder Versicherungsmaklerin; MBl 16

19. die folgenden Umsätze im Bereich des Geld- und Kapitalverkehrs: MBl 14
 a. die Gewährung und die Vermittlung von Krediten und die Verwaltung von Krediten durch die Kreditgeber und Kreditgeberinnen,
 b. die Vermittlung und die Übernahme von Verbindlichkeiten, Bürgschaften und anderen Sicherheiten und Garantien sowie die Verwaltung von Kreditsicherheiten durch die Kreditgeber und Kreditgeberinnen,
 c. die Umsätze, einschliesslich Vermittlung, im Einlagengeschäft und Kontokorrentverkehr, im Zahlungs- und Überweisungsverkehr, im Geschäft mit Geldforderungen, Checks und anderen Handelspapieren; steuerbar ist jedoch die Einziehung von Forderungen im Auftrag des Gläubigers (Inkassogeschäft),
 d. die Umsätze, einschliesslich Vermittlung, die sich auf gesetzliche Zahlungsmittel (in- und ausländische Valuten wie Devisen, Banknoten, Münzen) beziehen; steuerbar sind jedoch Sammlerstücke (Banknoten und Münzen), die normalerweise nicht als gesetzliches Zahlungsmittel verwendet werden,

---

[1] Fassung gemäss Ziff. I des BG vom 30. Sept. 2016, in Kraft seit 1. Jan. 2018 (AS **2017** 3575; BBl **2015** 2615).
[2] SR **231.1**
[3] Fassung gemäss Ziff. I des BG vom 30. Sept. 2016, in Kraft seit 1. Jan. 2018 (AS **2017** 3575; BBl **2015** 2615).
[4] Fassung gemäss Ziff. I des BG vom 30. Sept. 2016, in Kraft seit 1. Jan. 2018 (AS **2017** 3575; BBl **2015** 2615).

e. die Umsätze (Kassa- und Termingeschäfte), einschliesslich Vermittlung, von Wertpapieren, Wertrechten und Derivaten sowie von Anteilen an Gesellschaften und anderen Vereinigungen; steuerbar sind jedoch die Verwahrung und die Verwaltung von Wertpapieren, Wertrechten und Derivaten sowie von Anteilen (namentlich Depotgeschäft) einschliesslich Treuhandanlagen,

f.[1] dem Anbieten von Anteilen an kollektiven Kapitalanlagen gemäss Kollektivanlagengesetz vom 23. Juni 2006[2] (KAG) und die Verwaltung von kollektiven Kapitalanlagen nach dem KAG durch Personen, die diese verwalten oder aufbewahren, die Fondsleitungen, die Depotbanken und deren Beauftragte; als Beauftragte werden alle natürlichen oder juristischen Personen betrachtet, denen die kollektiven Kapitalanlagen nach dem KAG oder dem Finanzinstitutsgesetz vom 15. Juni 2018[3] Aufgaben delegieren können; das Anbieten von Anteilen und die Verwaltung von Investmentgesellschaften mit festem Kapital nach Artikel 110 KAG richtet sich nach Buchstabe e;

20. die Übertragung und die Bestellung von dinglichen Rechten an Grundstücken sowie die Leistungen von Stockwerkeigentümergemeinschaften an die Stockwerkeigentümer und Stockwerkeigentümerinnen, soweit die Leistungen in der Überlassung des gemeinschaftlichen Eigentums zum Gebrauch, seinem Unterhalt, seiner Instandsetzung und sonstigen Verwaltung sowie der Lieferung von Wärme und ähnlichen Gegenständen bestehen; MBI 17

21. die Überlassung von Grundstücken und Grundstücksteilen zum Gebrauch oder zur Nutzung; steuerbar sind jedoch: MBI 17
    a. die Vermietung von Wohn- und Schlafräumen zur Beherbergung von Gästen sowie die Vermietung von Sälen im Hotel- und Gastgewerbe, MBI 08
    b. die Vermietung von Campingplätzen,
    c. die Vermietung von nicht im Gemeingebrauch stehenden Plätzen für das Abstellen von Fahrzeugen, ausser es handle sich um eine unselbstständige Nebenleistung zu einer von der Steuer ausgenommenen Immobilienvermietung,
    d. die Vermietung und Verpachtung von fest eingebauten Vorrichtungen und Maschinen, die zu einer Betriebsanlage, nicht jedoch zu einer Sportanlage gehören,
    e. die Vermietung von Schliessfächern,
    f. die Vermietung von Messestandflächen und einzelner Räume in Messe- und Kongressgebäuden;

22. die Lieferung von im Inland gültigen Postwertzeichen und sonstigen amtlichen Wertzeichen höchstens zum aufgedruckten Wert;

23.[4] die Umsätze bei Geldspielen, soweit die Bruttospielerträge der Spielbankenabgabe nach Artikel 119 des Geldspielgesetzes vom 29. September 2017[5] unterliegen oder der damit erzielte Reingewinn vollumfänglich für gemeinnützige Zwecke im Sinne von Artikel 125 des genannten Gesetzes verwendet wird; MWSTV 10

24. die Lieferung gebrauchter beweglicher Gegenstände, die ausschliesslich zur Erbringung von nach diesem Artikel von der Steuer ausgenommenen Leistungen verwendet wurden;

---

[1] Fassung gemäss Anhang Ziff. II 8 des Finanzinstitutsgesetzes vom 15. Juni 2018, in Kraft seit 1. Jan. 2020 (AS **2018** 5247, **2019** 4631; BBl **2015** 8901).
[2] SR **951.31**
[3] SR **954.1**
[4] Fassung gemäss Anhang Ziff. II 4 des Geldspielgesetzes vom 29. Sept. 2017, in Kraft seit 1. Jan. 2019 (AS **2018** 5103; BBl **2015** 8387).
[5] SR **935.51**

25.[1] ...
26. die Veräusserung von im eigenen Betrieb gewonnenen Erzeugnissen der Landwirtschaft, der Forstwirtschaft sowie der Gärtnerei durch Landwirte und Landwirtinnen, Forstwirte und Forstwirtinnen oder Gärtner und Gärtnerinnen sowie der Verkauf von Vieh durch Viehhändler und Viehhändlerinnen und der Verkauf von Milch durch Milchsammelstellen an milchverarbeitende Betriebe; MBl 01
27. Bekanntmachungsleistungen, die gemeinnützige Organisationen zugunsten Dritter oder Dritte zugunsten gemeinnütziger Organisationen erbringen;
28.[2] Leistungen:
   a. zwischen den Organisationseinheiten des gleichen Gemeinwesens,
   b. zwischen privat- oder öffentlich-rechtlichen Gesellschaften, an denen ausschliesslich Gemeinwesen beteiligt sind, und den an der Gesellschaft beteiligten Gemeinwesen und deren Organisationseinheiten, MWSTV 38
   c. zwischen Anstalten oder Stiftungen, die ausschliesslich von Gemeinwesen gegründet wurden, und den an der Gründung beteiligten Gemeinwesen und deren Organisationseinheiten; MWSTV 38 | MBl 19
28bis. das Zurverfügungstellen von Personal durch Gemeinwesen an andere Gemeinwesen;[3]
29. die Ausübung von Funktionen der Schiedsgerichtsbarkeit; MBl 18
30.[4] Leistungen zwischen Bildungs- und Forschungsinstitutionen, die an einer Bildungs- und Forschungskooperation beteiligt sind, sofern sie im Rahmen der Kooperation erfolgen, unabhängig davon, ob die Bildungs- und Forschungskooperation als Mehrwertsteuersubjekt auftritt.

3 Ob eine in Absatz 2 genannte Leistung von der Steuer ausgenommen ist, bestimmt sich unter Vorbehalt von Absatz 4 ausschliesslich nach deren Gehalt und unabhängig davon, wer die Leistung erbringt oder empfängt.

4 Ist eine Leistung in Absatz 2 entweder aufgrund von Eigenschaften des Leistungserbringers beziehungsweise der Leistungserbringerin oder des Leistungsempfängers beziehungsweise der Leistungsempfängerin von der Steuer ausgenommen, so gilt die Ausnahme nur für Leistungen, die von einer Person mit diesen Eigenschaften erbracht oder empfangen werden.

5 Der Bundesrat bestimmt die von der Steuer ausgenommenen Leistungen näher; dabei beachtet er das Gebot der Wettbewerbsneutralität.

6 Organisationseinheiten eines Gemeinwesens nach Absatz 2 Ziffer 28 sind dessen Dienststellen, dessen privat- und öffentlich-rechtliche Gesellschaften, sofern weder andere Gemeinwesen noch andere Dritte daran beteiligt sind, sowie dessen Anstalten und Stiftungen, sofern das Gemeinwesen sie ohne Beteiligung anderer Gemeinwesen oder anderer Dritter gegründet hat.[5]

7 Der Bundesrat legt fest, welche Institutionen als Bildungs- und Forschungsinstitutionen nach Absatz 2 Ziffer 30 gelten.[6] MWSTV 38a

---

1 Aufgehoben durch Ziff. I des BG vom 30. Sept. 2016, mit Wirkung seit 1. Jan. 2018 (AS **2017** 3575; BBl **2015** 2615).
2 Fassung gemäss Ziff. I des BG vom 30. Sept. 2016, in Kraft seit 1. Jan. 2018 (AS **2017** 3575; BBl **2015** 2615). Die Berichtigung vom 31. Aug. 2017 betrifft nur den französischen Text (AS 2017 4857).
3 Eingefügt durch Ziff. I des BG vom 30. Sept. 2016, in Kraft seit 1. Jan. 2018 (AS **2017** 3575; BBl **2015** 2615).
4 Eingefügt durch Ziff. I des BG vom 30. Sept. 2016, in Kraft seit 1. Jan. 2018 (AS **2017** 3575; BBl **2015** 2615).
5 Eingefügt durch Ziff. I des BG vom 30. Sept. 2016, in Kraft seit 1. Jan. 2018 (AS **2017** 3575; BBl **2015** 2615).
6 Eingefügt durch Ziff. I des BG vom 30. Sept. 2016, in Kraft seit 1. Jan. 2018 (AS **2017** 3575; BBl **2015** 2615).

Art. 22 Option für die Versteuerung der von der Steuer ausgenommenen Leistungen MWSTV 39

1 Die steuerpflichtige Person kann unter Vorbehalt von Absatz 2 jede von der Steuer ausgenommene Leistung durch offenen Ausweis der Steuer oder durch Deklaration in der Abrechnung versteuern (Option).[1]

2 Die Option ist ausgeschlossen für:
 a. Leistungen nach Artikel 21 Absatz 2 Ziffern 18, 19 und 23;
 b.[2] Leistungen nach Artikel 21 Absatz 2 Ziffern 20 und 21, wenn der Gegenstand vom Empfänger oder von der Empfängerin ausschliesslich für Wohnzwecke genutzt wird oder genutzt werden soll.

Art. 23 Von der Steuer befreite Leistungen

1 Ist eine Leistung nach diesem Artikel von der Steuer befreit, so ist auf dieser Leistung keine Inlandsteuer geschuldet.

2 Von der Steuer sind befreit:
 1. die Lieferung von Gegenständen mit Ausnahme der Überlassung zum Gebrauch oder zur Nutzung, die direkt ins Ausland befördert oder versendet werden;
 2.[3] die Überlassung zum Gebrauch oder zur Nutzung, namentlich die Vermietung und Vercharterung, von Gegenständen, sofern die Gegenstände vom Lieferungsempfänger oder von der Lieferungsempfängerin selbst überwiegend im Ausland genutzt werden;
 3.[4] die Lieferung von Gegenständen, die im Rahmen eines Transitverfahrens (Art. 49 ZG[5]), Zolllagerverfahrens (Art. 50–57 ZG), Zollverfahrens der vorübergehenden Verwendung (Art. 58 ZG) oder der aktiven Veredelung (Art. 59 ZG) nachweislich im Inland unter Zollüberwachung standen, sofern das Verfahren ordnungsgemäss oder mit nachträglicher Bewilligung des Bundesamtes für Zoll und Grenzsicherheit (BAZG) abgeschlossen wurde;
 3bis.[6] die Lieferung von Gegenständen, die wegen Einlagerung in einem Zollfreilager (Art. 62–66 ZG) nachweislich im Inland unter Zollüberwachung standen und diesen Zollstatus nicht rückwirkend verloren haben;
 4. das Verbringen oder Verbringenlassen von Gegenständen ins Ausland, das nicht im Zusammenhang mit einer Lieferung steht;
 5. das mit der Einfuhr von Gegenständen im Zusammenhang stehende Befördern oder Versenden von Gegenständen und alle damit zusammenhängenden Leistungen bis zum Bestimmungsort, an den die Gegenstände im Zeitpunkt der Entstehung der Steuerschuld nach Artikel 56 zu befördern sind; entsteht keine Steuerschuld, so gilt für den massgebenden Zeitpunkt Artikel 69 ZG sinngemäss;

---

[1] Fassung gemäss Ziff. I des BG vom 30. Sept. 2016, in Kraft seit 1. Jan. 2018 (AS **2017** 3575; BBl **2015** 2615).
[2] Fassung gemäss Ziff. I des BG vom 30. Sept. 2016, in Kraft seit 1. Jan. 2018 (AS **2017** 3575; BBl **2015** 2615).
[3] Fassung gemäss Ziff. I des BG vom 30. Sept. 2016, in Kraft seit 1. Jan. 2018 (AS **2017** 3575; BBl **2015** 2615).
[4] Fassung gemäss Ziff. I 18 der V vom 12. Juni 2020 über die Anpassung von Gesetzen infolge der Änderung der Bezeichnung der Eidgenössischen Zollverwaltung im Rahmen von deren Weiterentwicklung, in Kraft seit 1. Jan. 2022 (AS **2020** 2743).
[5] SR **631.0**
[6] Eingefügt durch Ziff. I des BG vom 30. Sept. 2016, in Kraft seit 1. Jan. 2018 (AS **2017** 3575; BBl **2015** 2615).

6. das mit der Ausfuhr von Gegenständen des zollrechtlich freien Verkehrs im Zusammenhang stehende Befördern oder Versenden von Gegenständen und alle damit zusammenhängenden Leistungen;
7.[1] Beförderungsleistungen und Nebentätigkeiten des Logistikgewerbes wie Beladen, Entladen, Umschlagen, Abfertigen oder Zwischenlagern:
   a. bei denen der Ort der Dienstleistung nach Artikel 8 Absatz 1 im Inland liegt, die Dienstleistung selbst aber ausschliesslich im Ausland ausgeführt wird, oder
   b. die im Zusammenhang mit Gegenständen unter Zollüberwachung erbracht werden;
8. die Lieferung von Luftfahrzeugen an Luftverkehrsunternehmen, die gewerbsmässige Luftfahrt im Beförderungs- oder Charterverkehr betreiben und deren Umsätze aus internationalen Flügen jene aus dem Binnenluftverkehr übertreffen; Umbauten, Instandsetzungen und Wartungen an Luftfahrzeugen, die solche Luftverkehrsunternehmen im Rahmen einer Lieferung erworben haben; Lieferungen, Instandsetzungen und Wartungen der in diese Luftfahrzeuge eingebauten Gegenstände oder der Gegenstände für ihren Betrieb; Lieferungen von Gegenständen zur Versorgung dieser Luftfahrzeuge sowie Dienstleistungen, die für den unmittelbaren Bedarf dieser Luftfahrzeuge und ihrer Ladungen bestimmt sind;
9. die Dienstleistungen von ausdrücklich in fremdem Namen und für fremde Rechnung handelnden Vermittlern und Vermittlerinnen, wenn die vermittelte Leistung entweder nach diesem Artikel von der Steuer befreit ist oder ausschliesslich im Ausland bewirkt wird; wird die vermittelte Leistung sowohl im Inland als auch im Ausland bewirkt, so ist nur der Teil der Vermittlung von der Steuer befreit, der auf Leistungen im Ausland oder auf Leistungen, die nach diesem Artikel von der Steuer befreit sind, entfällt;
10. in eigenem Namen erbrachte Dienstleistungen von Reisebüros und Organisatoren von Veranstaltungen, soweit sie Lieferungen und Dienstleistungen Dritter in Anspruch nehmen, die von diesen im Ausland bewirkt werden; werden diese Leistungen Dritter sowohl im Inland als auch im Ausland erbracht, so ist nur der Teil der Dienstleistung des Reisebüros oder des Organisators von der Steuer befreit, der auf Leistungen im Ausland entfällt;
11.[2] die Lieferung von Gegenständen nach Artikel 17 Absatz 1bis des ZG an ins Ausland abfliegende oder aus dem Ausland ankommende Reisende.

³ Direkte Ausfuhr nach Absatz 2 Ziffer 1 liegt vor, wenn der Gegenstand der Lieferung ohne Ingebrauchnahme im Inland ins Ausland ausgeführt oder in ein offenes Zolllager oder Zollfreilager ausgeführt wird. Bei Reihengeschäften erstreckt sich die direkte Ausfuhr auf alle beteiligten Lieferanten und Lieferantinnen. Der Gegenstand der Lieferung kann vor der Ausfuhr durch Beauftragte des nicht steuerpflichtigen Abnehmers oder der nicht steuerpflichtigen Abnehmerin bearbeitet oder verarbeitet werden.

⁴ Der Bundesrat kann zur Wahrung der Wettbewerbsneutralität Beförderungen im grenzüberschreitenden Luft-, Eisenbahn- und Busverkehr von der Steuer befreien. MWSTV 41 ff.

⁵ Das Eidgenössische Finanzdepartement (EFD) regelt die Bedingungen, unter denen Inlandlieferungen zwecks Ausfuhr im Reiseverkehr von der Steuer befreit sind, und legt die hierfür erforderlichen Nachweise fest. VO MWSTG B

---

[1] Fassung gemäss Ziff. I des BG vom 30. Sept. 2016, in Kraft seit 1. Jan. 2018 (AS **2017** 3575; BBl **2015** 2615).
[2] Eingefügt durch Ziff. I 2 des BG vom 17. Dez. 2010 über den Einkauf von Waren in Zollfreiläden auf Flughäfen, in Kraft seit 1. Juni 2011 (AS **2011** 1743; BBl **2010** 2169).

3. Kapitel: Bemessungsgrundlage und Steuersätze   MI 07

Art. 24 **Bemessungsgrundlage**   MWSTV 45 ff.

1 Die Steuer wird vom tatsächlich empfangenen Entgelt berechnet. Zum Entgelt gehören namentlich auch der Ersatz aller Kosten, selbst wenn diese gesondert in Rechnung gestellt werden, sowie die von der steuerpflichtigen Person geschuldeten öffentlich-rechtlichen Abgaben. Die Absätze 2 und 6 bleiben vorbehalten.

2 Bei Leistungen an eng verbundene Personen (Art. 3 Bst. h) gilt als Entgelt der Wert, der unter unabhängigen Dritten vereinbart würde.   MWSTV 26

3 Bei Tauschverhältnissen gilt der Marktwert jeder Leistung als Entgelt für die andere Leistung.

4 Bei Austauschreparaturen umfasst das Entgelt lediglich den Werklohn für die ausgeführte Arbeit.   MBI 05

5 Bei Leistungen an Zahlungs statt gilt als Entgelt der Betrag, der dadurch ausgeglichen wird.

6 Nicht in die Bemessungsgrundlage einbezogen werden:
  a. Billettsteuern, Handänderungssteuern sowie die auf der Leistung geschuldete Mehrwertsteuer selbst;
  b. Beträge, welche die steuerpflichtige Person von der die Leistung empfangenden Person als Erstattung der in deren Namen und für deren Rechnung getätigten Auslagen erhält, sofern sie diese gesondert ausweist (durchlaufende Posten);
  c. der Anteil des Entgelts, der bei der Veräusserung eines unbeweglichen Gegenstandes auf den Wert des Bodens entfällt;   MBI 04, 17
  d. die im Preis für Entsorgungs- und Versorgungsleistungen eingeschlossenen kantonalen Abgaben an Wasser-, Abwasser- oder Abfallfonds, soweit diese Fonds daraus an Entsorgungsanstalten oder Wasserwerke Beiträge ausrichten.   MWSTV 48

Art. 24a[1] **Margenbesteuerung**   MWSTV 48a–48d

1 Hat die steuerpflichtige Person Sammlerstücke wie Kunstgegenstände, Antiquitäten und dergleichen erworben, so kann sie für die Berechnung der Steuer den Ankaufspreis vom Verkaufspreis abziehen, sofern sie auf dem Ankaufspreis keine Vorsteuern abgezogen hat (Margenbesteuerung). Ist der Ankaufspreis höher als der Verkaufspreis, so kann der Verlust verrechnet werden, indem die Differenz vom steuerbaren Umsatz abgezogen wird.

2 Werden solche Sammlerstücke durch den Wiederverkäufer oder die Wiederverkäuferin eingeführt, so kann die entrichtete Einfuhrsteuer zum Ankaufspreis hinzugerechnet werden.

3 Als Wiederverkäufer oder Wiederverkäuferin gilt, wer auf eigene Rechnung oder aufgrund eines Einkaufs- oder Verkaufskommissionsvertrages auf fremde Rechnung handelt.

4 Der Bundesrat legt fest, was als Sammlerstück gilt.   MWSTV 48a

5 Werden mehrere Sammlerstücke zu einem Gesamtpreis bezogen, so kann die Steuer von der Gesamtdifferenz zwischen dem Gesamtverkaufspreis und dem Gesamtankaufspreis berechnet werden. Der Bundesrat regelt die Voraussetzungen.   MWSTV 48b

---

[1] Eingefügt durch Ziff. I des BG vom 30. Sept. 2016, in Kraft seit 1. Jan. 2018 (AS **2017** 3575; BBl **2015** 2615).

Art. 25 Steuersätze MWSTV 49ff.

¹ Die Steuer beträgt 7,7 Prozent (Normalsatz);¹ vorbehalten bleiben die Absätze 2 und 3.

² Der reduzierte Steuersatz von 2,5 Prozent findet Anwendung:²
   a. auf der Lieferung folgender Gegenstände:
      1. Wasser in Leitungen,
      2.³ Lebensmittel nach dem Lebensmittelgesetz vom 20. Juni 2014⁴, mit Ausnahme alkoholischer Getränke,
      3. Vieh, Geflügel, Fische, MBI 01
      4. Getreide,
      5. Sämereien, Setzknollen und -zwiebeln, lebende Pflanzen, Stecklinge, Pfropfreiser sowie Schnittblumen und Zweige, auch zu Arrangements, Sträussen, Kränzen und dergleichen veredelt; gesonderte Rechnungsstellung vorausgesetzt, unterliegt die Lieferung dieser Gegenstände auch dann dem reduzierten Steuersatz, wenn sie in Kombination mit einer zum Normalsatz steuerbaren Leistung erbracht wird, MBI 02
      6. Futtermittel, Silagesäuren, Streumittel für Tiere,
      7. Dünger, Pflanzenschutzmittel, Mulch und anderes pflanzliches Abdeckmaterial, MBI 01
      8. Medikamente, MWSTV 49 | MBI 21
      9. Zeitungen, Zeitschriften, Bücher und andere Druckerzeugnisse ohne Reklamecharakter der vom Bundesrat zu bestimmenden Arten; MWSTV 50, 51, 52 | MBI 03
    a[bis].⁵ auf elektronische Zeitungen, Zeitschriften und Bücher ohne Reklamecharakter der vom Bundesrat zu bestimmenden Arten; MWSTV 50a, 51a, 52 | MBI 03
   b. auf den Dienstleistungen der Radio- und Fernsehgesellschaften, mit Ausnahme der Dienstleistungen mit gewerblichem Charakter; MBI 13
   c. auf den Leistungen nach Artikel 21 Absatz 2 Ziffern 14–16;
   d. auf den Leistungen im Bereich der Landwirtschaft, die in einer mit der Urproduktion in unmittelbarem Zusammenhang stehenden Bearbeitung des Bodens oder Bearbeitung von mit dem Boden verbundenen Erzeugnissen der Urproduktion bestehen.

³ Für Lebensmittel, die im Rahmen von gastgewerblichen Leistungen abgegeben werden, gilt der Normalsatz. Als gastgewerbliche Leistung gilt die Abgabe von Lebensmitteln, wenn die steuerpflichtige Person sie beim Kunden oder bei der Kundin zubereitet beziehungsweise serviert oder wenn sie für deren Konsum an Ort und Stelle besondere Vorrichtungen bereithält. Sind Lebensmittel, mit Ausnahme alkoholischer Getränke, zum Mitnehmen oder zur Auslieferung bestimmt, so findet der reduzierte Steuersatz Anwendung, sofern geeignete organisatorische Massnahmen zur Abgrenzung dieser Leistungen von den gastgewerblichen Leistungen getroffen worden sind; andernfalls gilt der Normalsatz. Werden Lebensmittel, mit

---

1 Fassung des ersten Teilsatzes gemäss Ziff. I der V vom 8. Nov. 2017 über die befristete Anhebung der Mehrwertsteuersätze zur Finanzierung des Ausbaus der Eisenbahninfrastruktur, in Kraft vom 1. Jan. 2018, längstens bis zum 31. Dez. 2030 (AS **2017** 6305).

2 Fassung gemäss Ziff. I der V vom 8. Nov. 2017 über die befristete Anhebung der Mehrwertsteuersätze zur Finanzierung des Ausbaus der Eisenbahninfrastruktur, in Kraft vom 1. Jan. 2018, längstens bis zum 31. Dez. 2030 (AS **2017** 6305).

3 Fassung gemäss Anhang Ziff. II 3 des Lebensmittelgesetzes vom 20. Juni 2014, in Kraft seit 1. Mai 2017 (AS **2017** 249; BBl **2011** 5571).

4 SR 817.0

5 Eingefügt durch Ziff. I des BG vom 30. Sept. 2016, in Kraft seit 1. Jan. 2018 (AS **2017** 3575; BBl **2015** 2615).

Ausnahme alkoholischer Getränke, in Verpflegungsautomaten angeboten, so findet der reduzierte Steuersatz Anwendung.[1] MWSTV 53–56 | MBl 08

4 Die Steuer auf Beherbergungsleistungen beträgt 3,7 Prozent (Sondersatz). Der Sondersatz gilt bis zum 31. Dezember 2020 oder, sofern die Frist nach Artikel 196 Ziffer 14 Absatz 1 Bundesverfassung verlängert wird, bis längstens zum 31. Dezember 2027. Als Beherbergungsleistung gilt die Gewährung von Unterkunft einschliesslich der Abgabe eines Frühstücks, auch wenn dieses separat berechnet wird.[2]

> ☞ *Art. 25 Abs. 1, 2 Einleitungssatz und 4 erster Satz wird gemäss VO über die Anhebung der Mehrwertsteuersätze zur Zusatzfinanzierung der AHV per 1.1.2024 wie folgt geändert (Entwurf; siehe auch BB vom 17.12.2021, S. 4):*
>
> *1 Die Steuer beträgt 8,1 Prozent (Normalsatz); vorbehalten bleiben die Absätze 2 und 3.*
>
> *2 Der reduzierte Steuersatz von 2,6 Prozent findet Anwendung:*
>
> *4 Die Steuer auf Beherbergungsleistungen beträgt 3,8 Prozent (Sondersatz). ...*

5 Der Bundesrat bestimmt die in Absatz 2 bezeichneten Gegenstände und Dienstleistungen näher; dabei beachtet er das Gebot der Wettbewerbsneutralität.

4. Kapitel: Rechnungsstellung und Steuerausweis   MI 16

Art. 26 Rechnung

1 Der Leistungserbringer oder die Leistungserbringerin hat dem Leistungsempfänger oder der Leistungsempfängerin auf Verlangen eine Rechnung auszustellen, die den Anforderungen nach den Absätzen 2 und 3 genügt.

2 Die Rechnung muss den Leistungserbringer oder die Leistungserbringerin, den Leistungsempfänger oder die Leistungsempfängerin und die Art der Leistung eindeutig identifizieren und in der Regel folgende Elemente enthalten:

a.[3] den Namen und den Ort des Leistungserbringers oder der Leistungserbringerin, wie er oder sie im Geschäftsverkehr auftritt, den Hinweis, dass er oder sie im Register der steuerpflichtigen Personen eingetragen ist, sowie die Nummer, unter der er oder sie eingetragen ist;

b. den Namen und den Ort des Leistungsempfängers oder der Leistungsempfängerin, wie er oder sie im Geschäftsverkehr auftritt;

c. Datum oder Zeitraum der Leistungserbringung, soweit diese nicht mit dem Rechnungsdatum übereinstimmen;

d. Art, Gegenstand und Umfang der Leistung;

e. das Entgelt für die Leistung;

f. den anwendbaren Steuersatz und den vom Entgelt geschuldeten Steuerbetrag; schliesst das Entgelt die Steuer ein, so genügt die Angabe des anwendbaren Steuersatzes.

---

[1] Fassung gemäss Ziff. IV des BG vom 30. Sept. 2016, in Kraft seit 1. Jan. 2018 (AS **2017** 3575; BBl **2015** 2615).

[2] Fassung gemäss Ziff. II 1 des BG vom 16. Juni 2017, in Kraft seit 1. Jan. 2018 (AS **2017** 7667; BBl **2017** 3429 3443).

[3] Fassung gemäss Anhang Ziff. 2 des BG vom 18. Juni 2010 über die Unternehmens-Identifikationsnummer, in Kraft seit 1. Jan. 2011 (AS **2010** 4989; BBl **2009** 7855).

³ Bei Rechnungen, die von automatisierten Kassen ausgestellt werden (Kassenzettel), müssen die Angaben über den Leistungsempfänger oder die Leistungsempfängerin nicht aufgeführt sein, sofern das auf dem Beleg ausgewiesene Entgelt einen vom Bundesrat festzusetzenden Betrag nicht übersteigt. MWSTV 57

Art. 27 Unrichtiger oder unberechtigter Steuerausweis

¹ Wer nicht im Register der steuerpflichtigen Personen eingetragen ist oder wer das Meldeverfahren nach Artikel 38 anwendet, darf in Rechnungen nicht auf die Steuer hinweisen.

² Wer in einer Rechnung eine Steuer ausweist, obwohl er zu deren Ausweis nicht berechtigt ist, oder wer für eine Leistung eine zu hohe Steuer ausweist, schuldet die ausgewiesene Steuer, es sei denn:

a. es erfolgt eine Korrektur der Rechnung nach Absatz 4; oder
b.¹ er oder sie macht glaubhaft, dass dem Bund kein Steuerausfall entstanden ist; kein Steuerausfall entsteht namentlich, wenn der Rechnungsempfänger oder die Rechnungsempfängerin keinen Vorsteuerabzug vorgenommen hat oder die geltend gemachte Vorsteuer dem Bund zurückerstattet worden ist.

³ Die Rechtsfolgen von Absatz 2 treten auch bei Gutschriften ein, soweit der Gutschriftsempfänger oder die Gutschriftsempfängerin einer unberechtigt ausgewiesenen Steuer oder einem zu hohen Steuerbetrag nicht schriftlich widerspricht.²

⁴ Die nachträgliche Korrektur einer Rechnung kann innerhalb des handelsrechtlich Zulässigen durch ein empfangsbedürftiges Dokument erfolgen, das auf die ursprüngliche Rechnung verweist und diese widerruft.

5. Kapitel: Vorsteuerabzug   MWSTV 58–75 | MI 09

Art. 28 Grundsatz

¹ Die steuerpflichtige Person kann im Rahmen ihrer unternehmerischen Tätigkeit, unter Vorbehalt der Artikel 29 und 33, die folgenden Vorsteuern abziehen:

a. die ihr in Rechnung gestellte Inlandsteuer; MWSTV 59
b. die von ihr deklarierte Bezugsteuer (Art. 45–49);
c. die von ihr entrichtete oder zu entrichtende Einfuhrsteuer, die mit unbedingter Forderung veranlagt wurde oder die mit bedingter Forderung veranlagt wurde und fällig geworden ist, sowie die von ihr für die Einfuhr von Gegenständen deklarierte Steuer (Art. 52 und 63).

² Hat die steuerpflichtige Person bei nicht steuerpflichtigen Landwirten und Landwirtinnen, Forstwirten und Forstwirtinnen, Gärtnern und Gärtnerinnen, Viehhändlern und Viehhändlerinnen und Milchsammelstellen Erzeugnisse der Landwirtschaft, der Forstwirtschaft, der Gärtnerei, Vieh oder Milch im Rahmen ihrer zum Vorsteuerabzug berechtigenden unternehmerischen Tätigkeit bezogen, so kann sie als Vorsteuer 2,5 Prozent des ihr in Rechnung gestellten Betrags abziehen.³   MBl 01

---

1 Fassung gemäss Ziff. I des BG vom 30. Sept. 2016, in Kraft seit 1. Jan. 2018 (AS **2017** 3575; BBl **2015** 2615).
2 Fassung gemäss Ziff. I des BG vom 30. Sept. 2016, in Kraft seit 1. Jan. 2018 (AS **2017** 3575; BBl **2015** 2615).
3 Fassung gemäss Ziff. I der V vom 8. Nov. 2017 über die befristete Anhebung der Mehrwertsteuersätze zur Finanzierung des Ausbaus der Eisenbahninfrastruktur, in Kraft vom 1. Jan. 2018, längstens bis zum 31. Dez. 2030 (AS **2017** 6305).

> ☞ *Art. 28 Abs. 2 letzter Teilsatz wird gemäss VO über die Anhebung der Mehrwertsteuersätze zur Zusatzfinanzierung der AHV per 1.1.2024 wie folgt geändert (Entwurf; siehe auch BB vom 17.12.2021, S. 4)*
>
> ² ... , *so kann sie als Vorsteuer 2,6 Prozent des ihr in Rechnung gestellten Betrags abziehen.*

³ Der Abzug der Vorsteuer nach Absatz 1 ist zulässig, wenn die steuerpflichtige Person nachweist, dass sie die Vorsteuer bezahlt hat.[1]

Art. 28a[2] Abzug fiktiver Vorsteuer MWSTV 62, 63 | MBl 05

¹ Die steuerpflichtige Person kann eine fiktive Vorsteuer abziehen, wenn:

a. sie im Rahmen ihrer zum Vorsteuerabzug berechtigenden unternehmerischen Tätigkeit einen individualisierbaren beweglichen Gegenstand bezieht; und
b. ihr beim Bezug des Gegenstands keine Mehrwertsteuer offen überwälzt wird.

² Die fiktive Vorsteuer wird auf dem von der steuerpflichtigen Person bezahlten Betrag berechnet. Der von ihr bezahlte Betrag versteht sich inklusive Steuer zu dem im Zeitpunkt des Bezugs anwendbaren Steuersatz.

³ Für Gegenstände, die der Margenbesteuerung nach Artikel 24a unterliegen, können keine fiktiven Vorsteuern abgezogen werden.

Art. 29 Ausschluss des Anspruchs auf Vorsteuerabzug

¹ Kein Anspruch auf Vorsteuerabzug besteht bei Leistungen und bei der Einfuhr von Gegenständen, die für die Erbringung von Leistungen, die von der Steuer ausgenommen sind und für deren Versteuerung nicht optiert wurde, verwendet werden.

¹ᵇⁱˢ Der Vorsteuerabzug für Leistungen, die im Ausland erbracht wurden, ist im selben Umfang möglich, wie wenn sie im Inland erbracht worden wären und nach Artikel 22 für deren Versteuerung hätte optiert werden können.[3]

² Ungeachtet von Absatz 1 besteht ein Anspruch auf Vorsteuerabzug im Rahmen der zum Vorsteuerabzug berechtigenden unternehmerischen Tätigkeit für das Erwerben, Halten und Veräussern von Beteiligungen sowie für Umstrukturierungen im Sinne von Artikel 19 oder 61 des BG vom 14. Dezember 1990[4] über die direkte Bundessteuer (DBG).

³ Beteiligungen sind Anteile am Kapital anderer Unternehmen, die mit der Absicht dauernder Anlage gehalten werden und einen massgeblichen Einfluss vermitteln. Anteile von mindestens 10 Prozent am Kapital gelten als Beteiligung.

⁴ Holdinggesellschaften können zur Ermittlung der abziehbaren Vorsteuer auf die zum Vorsteuerabzug berechtigende unternehmerische Tätigkeit der von ihnen gehaltenen Unternehmen abstellen.[5]

---

[1] Ursprünglich: Abs. 4. Ursprünglicher Abs. 3 aufgehoben durch Ziff. I des BG vom 30. Sept. 2016, mit Wirkung seit 1. Jan. 2018 (AS **2017** 3575; BBl **2015** 2615).
[2] Eingefügt durch Ziff. I des BG vom 30. Sept. 2016, in Kraft seit 1. Jan. 2018 (AS **2017** 3575; BBl **2015** 2615).
[3] Eingefügt durch Ziff. I des BG vom 30. Sept. 2016, in Kraft seit 1. Jan. 2018 (AS **2017** 3575; BBl **2015** 2615).
[4] SR **642.11**
[5] Fassung gemäss Ziff. I des BG vom 30. Sept. 2016, in Kraft seit 1. Jan. 2018 (AS **2017** 3575; BBl **2015** 2615).

Art. 30 Gemischte Verwendung MWSTV 65–68

1 Verwendet die steuerpflichtige Person Gegenstände, Teile davon oder Dienstleistungen auch ausserhalb ihrer unternehmerischen Tätigkeit oder innerhalb ihrer unternehmerischen Tätigkeit sowohl für Leistungen, die zum Vorsteuerabzug berechtigen, als auch für Leistungen, die vom Vorsteuerabzug ausgeschlossen sind, so hat sie den Vorsteuerabzug nach dem Verhältnis der Verwendung zu korrigieren.

2 Wird eine solche Vorleistung zu einem überwiegenden Teil im Rahmen der unternehmerischen Tätigkeit verwendet für Leistungen, die zum Vorsteuerabzug berechtigen, so kann die Vorsteuer ungekürzt abgezogen und am Ende der Steuerperiode korrigiert werden (Art. 31).

Art. 31 Eigenverbrauch MWSTV 69 ff. | MI 10

1 Fallen die Voraussetzungen des Vorsteuerabzugs nachträglich weg (Eigenverbrauch), so ist der Vorsteuerabzug in demjenigen Zeitpunkt zu korrigieren, in welchem die Voraussetzungen hierfür weggefallen sind. Die früher in Abzug gebrachte Vorsteuer, einschliesslich ihrer als Einlageentsteuerung korrigierten Anteile, muss zurückerstattet werden.

2 Eigenverbrauch liegt namentlich vor, wenn die steuerpflichtige Person aus ihrem Unternehmen Gegenstände oder Dienstleistungen dauernd oder vorübergehend entnimmt, sofern sie beim Bezug oder der Einlage des Ganzen oder seiner Bestandteile einen Vorsteuerabzug vorgenommen hat oder die Gegenstände oder Dienstleistungen im Rahmen des Meldeverfahrens nach Artikel 38 bezogen hat, und die:

a. sie ausserhalb ihrer unternehmerischen Tätigkeit, insbesondere für private Zwecke, verwendet;
b. sie für eine unternehmerische Tätigkeit verwendet, die nach Artikel 29 Absatz 1 nicht zum Vorsteuerabzug berechtigt;
c. sie unentgeltlich abgibt, ohne dass ein unternehmerischer Grund besteht; bei Geschenken bis 500 Franken pro Person und Jahr sowie bei Werbegeschenken und Warenmustern zur Erzielung steuerbarer oder von der Steuer befreiter Umsätze wird der unternehmerische Grund ohne weiteres vermutet;
d. sich bei Wegfall der Steuerpflicht noch in ihrer Verfügungsmacht befinden.

3 Wurde der Gegenstand oder die Dienstleistung in der Zeit zwischen dem Empfang der Leistung und dem Wegfall der Voraussetzungen für den Vorsteuerabzug in Gebrauch genommen, so ist der Vorsteuerabzug im Umfang des Zeitwerts des Gegenstandes oder der Dienstleistung zu korrigieren. Zur Ermittlung des Zeitwertes wird der Vorsteuerbetrag linear für jedes abgelaufene Jahr bei beweglichen Gegenständen und bei Dienstleistungen um einen Fünftel, bei unbeweglichen Gegenständen um einen Zwanzigstel reduziert. Die buchmässige Behandlung ist nicht von Bedeutung. Der Bundesrat kann in begründeten Fällen Abweichungen von den Abschreibungsvorschriften festlegen. MWSTV 70

4 Wird ein Gegenstand nur vorübergehend ausserhalb der unternehmerischen Tätigkeit oder für eine nicht zum Vorsteuerabzug berechtigende unternehmerische Tätigkeit verwendet, so ist der Vorsteuerabzug im Umfang der Steuer, die auf einer einer unabhängigen Drittperson dafür in Rechnung gestellten Miete anfallen würde, zu korrigieren.

Art. 32 Einlageentsteuerung MWSTV 72 ff., 165 | MI 10

¹ Treten die Voraussetzungen des Vorsteuerabzugs nachträglich ein (Einlageentsteuerung), so kann der Vorsteuerabzug in der Abrechnungsperiode vorgenommen werden, in der die Voraussetzungen hierfür eingetreten sind. Die früher nicht in Abzug gebrachte Vorsteuer, einschliesslich ihrer als Eigenverbrauch korrigierten Anteile, kann abgezogen werden.

² Wurde der Gegenstand oder die Dienstleistung in der Zeit zwischen dem Empfang der Leistung oder der Einfuhr und dem Eintritt der Voraussetzungen für den Vorsteuerabzug in Gebrauch genommen, so beschränkt sich die abziehbare Vorsteuer auf den Zeitwert des Gegenstandes oder der Dienstleistung. Zur Ermittlung des Zeitwertes wird der Vorsteuerbetrag linear für jedes abgelaufene Jahr bei beweglichen Gegenständen und bei Dienstleistungen um einen Fünftel, bei unbeweglichen Gegenständen um einen Zwanzigstel reduziert. Die buchmässige Behandlung ist nicht von Bedeutung. Der Bundesrat kann in begründeten Fällen Abweichungen von den Abschreibungsvorschriften festlegen. MWSTV 73

³ Wird ein Gegenstand nur vorübergehend für eine zum Vorsteuerabzug berechtigende unternehmerische Tätigkeit verwendet, so kann der Vorsteuerabzug im Umfang der Steuer, die auf einer einer unabhängigen Drittperson dafür in Rechnung gestellten Miete anfallen würde, geltend gemacht werden.

Art. 33 Kürzung des Vorsteuerabzugs

¹ Mittelflüsse, die nicht als Entgelte gelten (Art. 18 Abs. 2), führen unter Vorbehalt von Absatz 2 zu keiner Kürzung des Vorsteuerabzugs.

² Die steuerpflichtige Person hat ihren Vorsteuerabzug verhältnismässig zu kürzen, wenn sie Gelder nach Artikel 18 Absatz 2 Buchstaben a–c erhält. MWSTV 75

6. Kapitel: Ermittlung, Entstehung und Verjährung der Steuerforderung

1. Abschnitt: Zeitliche Bemessung MI 15

Art. 34 Steuerperiode

¹ Die Steuer wird je Steuerperiode erhoben.

² Als Steuerperiode gilt das Kalenderjahr.

³ Die ESTV gestattet der steuerpflichtigen Person auf Antrag, das Geschäftsjahr als Steuerperiode heranzuziehen.[1] MWSTV 76

Art. 35 Abrechnungsperiode

¹ Innerhalb der Steuerperiode erfolgt die Abrechnung der Steuer:
  a. in der Regel vierteljährlich;
  b. bei der Abrechnung nach Saldosteuersätzen (Art. 37 Abs. 1 und 2): halbjährlich;
  c. bei regelmässigem Vorsteuerüberschuss: auf Antrag der steuerpflichtigen Person monatlich.

² Auf Antrag gestattet die ESTV in begründeten Fällen andere Abrechnungsperioden und setzt die Bedingungen dafür fest.

---

[1] Noch nicht in Kraft (AS **2009** 5203; ☞ *vgl. Art. 116 Abs. 2 MWSTG*).

2. Abschnitt: Umfang der Steuerforderung und Meldeverfahren

Art. 36 Effektive Abrechnungsmethode

¹ Grundsätzlich ist nach der effektiven Abrechnungsmethode abzurechnen.

² Bei Anwendung der effektiven Abrechnungsmethode berechnet sich die Steuerforderung nach der Differenz zwischen der geschuldeten Inlandsteuer, der Bezugsteuer (Art. 45) sowie der im Verlagerungsverfahren deklarierten Einfuhrsteuer (Art. 63) und dem Vorsteuerguthaben der entsprechenden Abrechnungsperiode.

Art. 37 Abrechnung nach Saldo- und nach Pauschalsteuersätzen   MWSTV 77-100, 166 | MI 12, 13

¹ Wer als steuerpflichtige Person jährlich nicht mehr als 5 005 000 Franken Umsatz aus steuerbaren Leistungen erzielt und im gleichen Zeitraum nicht mehr als 103 000 Franken Steuern, berechnet nach dem für sie massgebenden Saldosteuersatz, zu bezahlen hat, kann nach der Saldosteuersatzmethode abrechnen.¹   VO MWSTG C

> ☞ *Art. 37 Abs. 1 wird gemäss VO über die Anhebung der Mehrwertsteuersätze zur Zusatzfinanzierung der AHV per 1.1.2024 wie folgt geändert (Entwurf; siehe auch BB vom 17.12.2021, S. 4)*
>
> *¹ Wer als steuerpflichtige Person jährlich nicht mehr als 5 024 000 Franken Umsatz aus steuerbaren Leistungen erzielt und im gleichen Zeitraum nicht mehr als 108 000 Franken Steuern, berechnet nach dem für sie massgebenden Saldosteuersatz, zu bezahlen hat, kann nach der Saldosteuersatzmethode abrechnen.*

² Bei Anwendung der Saldosteuersatzmethode wird die Steuerforderung durch Multiplikation des Totals aller in einer Abrechnungsperiode erzielten steuerbaren Entgelte, einschliesslich Steuer, mit dem von der ESTV bewilligten Saldosteuersatz ermittelt.

³ Die Saldosteuersätze berücksichtigen die branchenübliche Vorsteuerquote. Sie werden von der ESTV nach Konsultation der betroffenen Branchenverbände festgelegt.²

⁴ Die Abrechnung nach der Saldosteuersatzmethode ist bei der ESTV zu beantragen und muss während mindestens einer Steuerperiode beibehalten werden. Entscheidet sich die steuerpflichtige Person für die effektive Abrechnungsmethode, so kann sie frühestens nach drei Jahren zur Saldosteuersatzmethode wechseln. Wechsel sind jeweils auf Beginn einer Steuerperiode möglich.

⁵ Gemeinwesen und verwandte Einrichtungen, namentlich private Spitäler und Schulen oder konzessionierte Transportunternehmungen, sowie Vereine und Stiftungen können nach der Pauschalsteuersatzmethode abrechnen. Der Bundesrat regelt die Einzelheiten.   MWSTV 97–100

Art. 38 Meldeverfahren   MWSTV 101–105 | MI 11

¹ Übersteigt die auf dem Veräusserungspreis zum gesetzlichen Satz berechnete Steuer 10 000 Franken oder erfolgt die Veräusserung an eine eng verbundene Person, so hat die steuerpflichtige Person ihre Abrechnungs- und Steuerentrichtungspflicht in den folgenden Fällen durch Meldung zu erfüllen:

---

1 Fassung gemäss Ziff. I der V vom 8. Nov. 2017 über die befristete Anhebung der Mehrwertsteuersätze zur Finanzierung des Ausbaus der Eisenbahninfrastruktur, in Kraft vom 1. Jan. 2018, längstens bis zum 31. Dez. 2030 (AS **2017** 6305).

2 Fassung des zweiten Satzes gemäss Ziff. I des BG vom 30. Sept. 2016, in Kraft seit 1. Jan. 2018 (AS **2017** 3575; BBl **2015** 2615).

a.[1] bei Umstrukturierungen nach Artikel 19 oder 61 DBG[2];
b.[3] bei anderen Übertragungen eines Gesamt- oder eines Teilvermögens auf eine andere steuerpflichtige Person im Rahmen einer Gründung, einer Liquidation, einer Umstrukturierung, einer Geschäftsveräusserung oder eines im Fusionsgesetz vom 3. Oktober 2003[4] geregelten Rechtsgeschäfts. MWSTV 101–103

2 Der Bundesrat kann bestimmen, in welchen anderen Fällen das Meldeverfahren anzuwenden ist oder angewendet werden kann. MWSTV 104

3 Die Meldungen sind im Rahmen der ordentlichen Abrechnung vorzunehmen.

4 Durch die Anwendung des Meldeverfahrens übernimmt der Erwerber oder die Erwerberin für die übertragenen Vermögenswerte die Bemessungsgrundlage und den zum Vorsteuerabzug berechtigenden Verwendungsgrad des Veräusserers oder der Veräussererin. MWSTV 105

5 Wurde in den Fällen von Absatz 1 das Meldeverfahren nicht angewendet und ist die Steuerforderung gesichert, so kann das Meldeverfahren nicht mehr angeordnet werden.

3. Abschnitt: Entstehung, Änderung und Verjährung der Steuerforderung

Art. 39 Abrechnungsart MWSTV 106, 107 | MI 15

1 Über die Steuer wird nach vereinbarten Entgelten abgerechnet.

2 Die ESTV gestattet der steuerpflichtigen Person auf Antrag, über die Steuer nach vereinnahmten Entgelten abzurechnen.

3 Die gewählte Abrechnungsart muss während mindestens einer Steuerperiode beibehalten werden.

4 Die ESTV kann die steuerpflichtige Person verpflichten, nach vereinnahmten Entgelten abzurechnen, wenn:
a. diese zu einem erheblichen Teil Entgelte erhält, bevor sie die Leistung ausführt oder darüber Rechnung stellt; oder
b. der begründete Verdacht besteht, dass die steuerpflichtige Person die Abrechnung nach vereinbarten Entgelten missbraucht, um sich oder einer Drittperson einen unrechtmässigen Vorteil zu verschaffen.

Art. 40 Entstehung der Steuerforderung MI 15

1 Im Falle der Abrechnung nach vereinbarten Entgelten entsteht der Anspruch auf Vorsteuerabzug im Zeitpunkt des Empfangs der Rechnung. Die Umsatzsteuerschuld entsteht:
a. mit der Rechnungsstellung;
b. mit der Ausgabe der Teilrechnung oder mit der Vereinnahmung der Teilzahlung, wenn die Leistungen zu aufeinander folgenden Teilrechnungen oder Teilzahlungen Anlass geben;
c. mit der Vereinnahmung des Entgelts bei Vorauszahlungen für nicht von der Steuer befreite Leistungen sowie bei Leistungen ohne Rechnungsstellung.

---

[1] Fassung gemäss Ziff. I des BG vom 30. Sept. 2016, in Kraft seit 1. Jan. 2018 (AS **2017** 3575; BBl **2015** 2615).
[2] SR **642.11**
[3] Fassung gemäss Ziff. I des BG vom 30. Sept. 2016, in Kraft seit 1. Jan. 2018 (AS **2017** 3575; BBl **2015** 2615).
[4] SR **221.301**

² Im Falle der Abrechnung nach vereinnahmten Entgelten entsteht der Anspruch auf Vorsteuerabzug im Zeitpunkt der Bezahlung. Die Umsatzsteuerschuld entsteht mit der Vereinnahmung des Entgelts.

³ Der Anspruch auf Vorsteuerabzug aufgrund der Bezugsteuer entsteht im Zeitpunkt der Abrechnung über diese Bezugsteuer (Art. 47).

⁴ Der Anspruch auf Vorsteuerabzug aufgrund der Einfuhrsteuer entsteht am Ende der Abrechnungsperiode, in der die Steuer festgesetzt wurde.

Art. 41 Nachträgliche Änderung der Umsatzsteuerschuld und des Vorsteuerabzugs

¹ Wird das vom Leistungsempfänger oder der Leistungsempfängerin bezahlte oder mit ihm oder ihr vereinbarte Entgelt korrigiert, so ist im Zeitpunkt, in dem die Korrektur verbucht oder das korrigierte Entgelt vereinnahmt wird, eine Anpassung der Umsatzsteuerschuld vorzunehmen.

² Wird das von der steuerpflichtigen Person aufgewendete Entgelt korrigiert, so ist im Zeitpunkt, in dem die Korrektur verbucht oder das korrigierte Entgelt bezahlt wird, eine Anpassung des Vorsteuerabzuges vorzunehmen.

Art. 42 Festsetzungsverjährung

¹ Das Recht, eine Steuerforderung festzusetzen, verjährt fünf Jahre nach Ablauf der Steuerperiode, in der die Steuerforderung entstanden ist.

² Die Verjährung wird durch eine auf Festsetzung oder Korrektur der Steuerforderung gerichtete empfangsbedürftige schriftliche Erklärung, eine Verfügung, einen Einspracheentscheid oder ein Urteil unterbrochen. Zu einer entsprechenden Unterbrechung der Verjährung führen auch die Ankündigung einer Kontrolle nach Artikel 78 Absatz 3 oder der Beginn einer unangekündigten Kontrolle.

³ Wird die Verjährung durch die ESTV oder eine Rechtsmittelinstanz unterbrochen, so beginnt die Verjährungsfrist neu zu laufen. Sie beträgt neu zwei Jahre.

⁴ Die Verjährung steht still, solange für die entsprechende Steuerperiode ein Steuerstrafverfahren nach diesem Gesetz durchgeführt wird und der zahlungspflichtigen Person dies mitgeteilt worden ist (Art. 104 Abs. 4).

⁵ Unterbrechung und Stillstand wirken gegenüber allen zahlungspflichtigen Personen.

⁶ Das Recht, die Steuerforderung festzusetzen, verjährt in jedem Fall zehn Jahre nach Ablauf der Steuerperiode, in der die Steuerforderung entstanden ist.

Art. 43 Rechtskraft der Steuerforderung

¹ Die Steuerforderung wird rechtskräftig durch:
   a. eine in Rechtskraft erwachsene Verfügung, einen in Rechtskraft erwachsenen Einspracheentscheid oder ein in Rechtskraft erwachsenes Urteil;
   b. die schriftliche Anerkennung oder die vorbehaltlose Bezahlung einer Einschätzungsmitteilung durch die steuerpflichtige Person;
   c. den Eintritt der Festsetzungsverjährung.

² Bis zum Eintritt der Rechtskraft können die eingereichten und bezahlten Abrechnungen korrigiert werden.

Art. 44 Abtretung und Verpfändung der Steuerforderung

¹ Die steuerpflichtige Person kann ihre Steuerforderung nach den Vorschriften des Zivilrechts abtreten und verpfänden.

² Die Rechte der ESTV, namentlich deren Einreden und die Massnahmen zur Steuersicherung, bleiben durch die Abtretung oder Verpfändung unberührt.¹ MWSTV 108

3. Titel: Bezugsteuer   MI 14

Art. 45 Bezugsteuerpflicht

¹ Der Bezugsteuer unterliegen:

a.² Dienstleistungen, deren Ort sich nach Artikel 8 Absatz 1 im Inland befindet und die erbracht werden durch Unternehmen mit Sitz im Ausland, die nicht im Register der steuerpflichtigen Personen eingetragen sind, mit Ausnahme von Telekommunikations- oder elektronischen Dienstleistungen an nicht steuerpflichtige Empfänger und Empfängerinnen;

b. die Einfuhr von Datenträgern ohne Marktwert mit den darin enthaltenen Dienstleistungen und Rechten (Art. 52 Abs. 2); MWSTV 111

c.³ die Lieferung von unbeweglichen Gegenständen im Inland, die nicht der Einfuhrsteuer unterliegt und die erbracht wird durch Unternehmen mit Sitz im Ausland, die nicht im Register der steuerpflichtigen Personen eingetragen sind, mit Ausnahme des Überlassens solcher Gegenstände zum Gebrauch oder zur Nutzung;

d.⁴ die Lieferung von Elektrizität in Leitungen, Gas über das Erdgasverteilnetz und Fernwärme durch Unternehmen mit Sitz im Ausland an steuerpflichtige Personen im Inland.

² Steuerpflichtig für Leistungen nach Absatz 1 ist deren Empfänger oder Empfängerin, sofern er oder sie:⁵

a. nach Artikel 10 steuerpflichtig ist; oder

b.⁶ im Kalenderjahr solche Leistungen für mehr als 10 000 Franken bezieht.

Art. 45a⁷ Nicht der Bezugsteuer unterliegende Leistungen

Nicht der Bezugsteuer unterliegen Leistungen, die nach Artikel 21 von der Inlandsteuer ausgenommen oder nach Artikel 23 von der Inlandsteuer befreit sind.

Art. 46 Steuerbemessung und Steuersätze

Für die Steuerbemessung und die Steuersätze gelten die Bestimmungen der Artikel 24 und 25.

Art. 47 Steuer- und Abrechnungsperiode

¹ Für steuerpflichtige Personen nach Artikel 45 Absatz 2 Buchstabe a gelten die gleichen Steuer- und Abrechnungsperioden wie für die Inlandsteuer (Art. 34 und 35).

² Als Steuer- und Abrechnungsperiode für steuerpflichtige Personen nach Artikel 45 Absatz 2 Buchstabe b gilt das Kalenderjahr.

---

[1] Fassung gemäss Ziff. I des BG vom 30. Sept. 2016, in Kraft seit 1. Jan. 2018 (AS **2017** 3575; BBl **2015** 2615).
[2] Fassung gemäss Ziff. I des BG vom 30. Sept. 2016, in Kraft seit 1. Jan. 2018 (AS **2017** 3575; BBl **2015** 2615).
[3] Fassung gemäss Ziff. I des BG vom 30. Sept. 2016, in Kraft seit 1. Jan. 2018 (AS **2017** 3575; BBl **2015** 2615).
[4] Eingefügt durch Ziff. I des BG vom 30. Sept. 2016, in Kraft seit 1. Jan. 2018 (AS **2017** 3575; BBl **2015** 2615).
[5] Fassung gemäss Ziff. I des BG vom 30. Sept. 2016, in Kraft seit 1. Jan. 2018 (AS **2017** 3575; BBl **2015** 2615).
[6] Fassung gemäss Ziff. I des BG vom 30. Sept. 2016, in Kraft seit 1. Jan. 2018 (AS **2017** 3575; BBl **2015** 2615).
[7] Eingefügt durch Ziff. I des BG vom 30. Sept. 2016, in Kraft seit 1. Jan. 2018 (AS **2017** 3575; BBl **2015** 2615).

Art. 48 Entstehung und Festsetzungsverjährung der Bezugsteuerschuld

¹ Die Bezugsteuerschuld entsteht:
  a. mit der Zahlung des Entgelts für die Leistung;
  b. bei steuerpflichtigen Personen nach Artikel 45 Absatz 2 Buchstabe a, die nach vereinbarten Entgelten (Art. 40 Abs. 1) abrechnen: im Zeitpunkt des Empfangs der Rechnung sowie bei Leistungen ohne Rechnungsstellung mit der Zahlung des Entgelts.

² Festsetzungsverjährung und Rechtskraft richten sich nach den Artikeln 42 und 43.

Art. 49 Mithaftung, Steuernachfolge und Substitution

Für die Mithaftung, die Steuernachfolge und die Substitution gelten die Bestimmungen der Artikel 15–17.

4. Titel: Einfuhrsteuer   MWSTV 112–121 | ZI 01

Art. 50 Anwendbares Recht

Für die Steuer auf der Einfuhr von Gegenständen gilt die Zollgesetzgebung, soweit die nachfolgenden Bestimmungen nichts anderes anordnen.

Art. 51 Steuerpflicht

¹ Steuerpflichtig ist, wer nach Artikel 70 Absätze 2 und 3 ZG[1] Zollschuldner oder Zollschuldnerin ist.

² Die Solidarhaftung nach Artikel 70 Absatz 3 ZG ist für Personen, die gewerbsmässig Zollanmeldungen ausstellen (Art. 109 ZG), aufgehoben, wenn der Importeur oder die Importeurin:
  a. zum Vorsteuerabzug (Art. 28) berechtigt ist;
  b.[2] die Einfuhrsteuerschuld über das Konto des zentralisierten Abrechnungsverfahrens des BAZG[3] (ZAZ) belastet erhält; und
  c. der Person, die gewerbsmässig Zollanmeldungen ausstellt, einen Auftrag zur direkten Stellvertretung erteilt hat.

³ Das BAZG kann von der Person, die gewerbsmässig Zollanmeldungen ausstellt, den Nachweis für ihre Vertretungsbefugnis verlangen.[4]

Art. 52 Steuerobjekt

¹ Der Steuer unterliegen:
  a. die Einfuhr von Gegenständen einschliesslich der darin enthaltenen Dienstleistungen und Rechte;

---

[1] SR **631.0**
[2] Fassung gemäss Ziff. I des BG vom 30. Sept. 2016, in Kraft seit 1. Jan. 2018 (AS **2017** 3575; BBl **2015** 2615).
[3] Ausdruck gemäss Ziff. I 18 der V vom 12. Juni 2020 über die Anpassung von Gesetzen infolge der Änderung der Bezeichnung der Eidgenössischen Zollverwaltung im Rahmen von deren Weiterentwicklung, in Kraft seit 1. Jan. 2022 (AS **2020** 2743). Diese Änd. wurde im ganzen Erlass berücksichtigt.
[4] Fassung gemäss Ziff. I des BG vom 30. Sept. 2016, in Kraft seit 1. Jan. 2018 (AS **2017** 3575; BBl **2015** 2615).

b. das Überführen von Gegenständen nach Artikel 17 Absatz 1bis des ZG[1] in den zollrechtlich freien Verkehr durch Reisende, die im Flugverkehr aus dem Ausland ankommen.[2]

2 Lässt sich bei der Einfuhr von Datenträgern kein Marktwert feststellen und ist die Einfuhr nicht nach Artikel 53 von der Steuer befreit, so ist hierauf keine Einfuhrsteuer geschuldet und die Bestimmungen über die Bezugsteuer (Art. 45–49) sind anwendbar.[3] MWSTV 111 | ZI 21

3 Bei einer Mehrheit von Leistungen gelten die Bestimmungen von Artikel 19. MWSTV 112 | ZI 24

Art. 53 Steuerbefreite Einfuhren

1 Von der Steuer befreit ist die Einfuhr von:

a. Gegenständen in kleinen Mengen, von unbedeutendem Wert oder mit geringfügigem Steuerbetrag; das EFD erlässt die näheren Bestimmungen; VO MWSTG A
b. menschlichen Organen durch medizinisch anerkannte Institutionen und Spitäler sowie von menschlichem Vollblut durch Inhaber und Inhaberinnen einer hierzu erforderlichen Bewilligung;
c. Kunstwerken, die von Kunstmalern und Kunstmalerinnen oder Bildhauern und Bildhauerinnen persönlich geschaffen wurden und von ihnen selbst oder in ihrem Auftrag ins Inland verbracht werden, unter Vorbehalt von Artikel 54 Absatz 1 Buchstabe c; ZI 22
d. Gegenständen, die nach Artikel 8 Absatz 2 Buchstaben b–d, g und i–l ZG[4] zollfrei sind;
e. Gegenständen nach Artikel 23 Absatz 2 Ziffer 8, die im Rahmen einer Lieferung von Luftverkehrsunternehmen nach Artikel 23 Absatz 2 Ziffer 8 eingeführt oder die von solchen Luftverkehrsunternehmen ins Inland verbracht werden, sofern diese die Gegenstände vor der Einfuhr im Rahmen einer Lieferung bezogen haben und nach der Einfuhr für eigene zum Vorsteuerabzug berechtigende unternehmerische Tätigkeiten (Art. 28) verwenden;
f. Gegenständen, die nach dem Ausfuhrverfahren (Art. 61 ZG) veranlagt worden sind und unverändert an den Absender oder die Absenderin im Inland zurückgesandt werden, sofern sie nicht wegen der Ausfuhr von der Steuer befreit worden sind; ist die Steuer beachtlich, so erfolgt die Steuerbefreiung durch Rückerstattung; die Bestimmungen von Artikel 59 gelten sinngemäss; ZI 85
g.[5] Elektrizität in Leitungen, Gas über das Erdgasverteilnetz und Fernwärme;
h. Gegenständen, die in völkerrechtlichen Verträgen für steuerfrei erklärt werden;
i. Gegenständen, die nach den Artikeln 9 und 58 ZG zur vorübergehenden Verwendung oder nach den Artikeln 12 und 59 ZG zur aktiven Veredelung nach dem Verfahren mit Rückerstattungsanspruch ins Inland eingeführt werden, unter Vorbehalt von Artikel 54 Absatz 1 Buchstabe d;
j. Gegenständen, die zur Lohnveredelung im Rahmen eines Werkvertrags von einer im Inland als steuerpflichtig eingetragenen Person vorübergehend ins Inland eingeführt und nach dem Verfahren der aktiven Veredelung mit bedingter Zahlungspflicht (Nichterhebungsverfahren) veranlagt werden (Art. 12 und 59 ZG);

---

[1] SR **631.0**
[2] Fassung gemäss Ziff. I 2 des BG vom 17. Dez. 2010 über den Einkauf von Waren in Zollfreiläden auf Flughäfen, in Kraft seit 1. Juni 2011 (AS **2011** 1743; BBl **2010** 2169).
[3] Fassung gemäss Ziff. I des BG vom 30. Sept. 2016, in Kraft seit 1. Jan. 2018 (AS **2017** 3575; BBl **2015** 2615).
[4] SR **631.0**
[5] Fassung gemäss Ziff. I des BG vom 30. Sept. 2016, in Kraft seit 1. Jan. 2018 (AS **2017** 3575; BBl **2015** 2615).

k. Gegenständen, die nach den Artikeln 9 und 58 ZG zur vorübergehenden Verwendung oder nach den Artikeln 13 und 60 ZG zur passiven Lohnveredelung im Rahmen eines Werkvertrages aus dem Inland ausgeführt und an den Absender oder die Absenderin im Inland zurückgesandt werden, unter Vorbehalt von Artikel 54 Absatz 1 Buchstabe e;

l. Gegenständen, die zur Lohnveredelung im Rahmen eines Werkvertrags nach dem Ausfuhrverfahren (Art. 61 ZG) ins Ausland verbracht worden sind und an den Absender oder die Absenderin im Inland zurückgesandt werden, unter Vorbehalt von Artikel 54 Absatz 1 Buchstabe f.

² Der Bundesrat kann Gegenstände, die er nach Artikel 8 Absatz 2 Buchstabe a ZG für zollfrei erklärt, von der Einfuhrsteuer befreien. MWSTV 113

Art. 54 Bemessungsgrundlage[1]

¹ Die Steuer wird berechnet:

a. auf dem Entgelt, wenn die Gegenstände in Erfüllung eines Veräusserungs- oder Kommissionsgeschäfts eingeführt werden;

b. auf dem Entgelt für werkvertragliche Lieferungen oder Arbeiten im Sinne von Artikel 3 Buchstabe d Ziffer 2, die unter Verwendung von in den zollrechtlich freien Verkehr übergeführten Gegenständen besorgt (Art. 48 ZG[2]) und durch eine im Inland nicht als steuerpflichtig eingetragene Person ausgeführt werden;

c. auf dem Entgelt für die im Auftrag von Kunstmalern und Kunstmalerinnen sowie Bildhauern und Bildhauerinnen an ihren eigenen Kunstwerken im Ausland besorgten Arbeiten (Art. 3 Bst. d Ziff. 2), sofern die Kunstwerke von ihnen selbst oder in ihrem Auftrag ins Inland verbracht wurden;

d. auf dem Entgelt für den Gebrauch von Gegenständen, die nach den Artikeln 9 und 58 ZG zur vorübergehenden Verwendung eingeführt wurden, sofern die Steuer auf diesem Entgelt beachtlich ist; wird für den vorübergehenden Gebrauch kein oder ein ermässigtes Entgelt gefordert, so ist das Entgelt massgebend, das einer unabhängigen Drittperson berechnet würde; ZI 10

e. auf dem Entgelt für die im Ausland besorgten Arbeiten an Gegenständen (Art. 3 Bst. d Ziff. 2), die nach den Artikeln 9 und 58 ZG zur vorübergehenden Verwendung oder die nach den Artikeln 13 und 60 ZG zur passiven Lohnveredelung im Rahmen eines Werkvertrags ausgeführt wurden und an den Absender oder die Absenderin im Inland zurückgesandt werden;

f. auf dem Entgelt für die im Ausland besorgten Arbeiten an Gegenständen (Art. 3 Bst. d Ziff. 2), sofern diese zur Lohnveredelung im Rahmen eines Werkvertrags nach dem Ausfuhrverfahren (Art. 61 ZG) ins Ausland verbracht worden sind und an den Absender oder die Absenderin im Inland zurückgesandt werden;

g.[3] auf dem Marktwert in den übrigen Fällen; als Marktwert gilt, was der Importeur oder die Importeurin auf der Stufe, auf der die Einfuhr bewirkt wird, an einen selbstständigen Lieferanten oder eine selbständige Lieferantin im Herkunftsland der Gegenstände zum Zeitpunkt der Entstehung der Einfuhrsteuerschuld nach Artikel 56 unter den Bedingungen des freien Wettbewerbs zahlen müsste, um die gleichen Gegenstände zu erhalten.

---

[1] Fassung gemäss Ziff. I des BG vom 30. Sept. 2016, in Kraft seit 1. Jan. 2018 (AS **2017** 3575; BBl **2015** 2615).
[2] SR **631.0**
[3] Die Berichtigung der RedK der BVers vom 28. April 2016, veröffentlicht am 10. Mai 2016, betrifft nur den französischen Text (AS **2016** 1357).

² Richtet sich die Steuerberechnung nach dem Entgelt, so ist das vom Importeur oder der Importeurin oder an seiner oder ihrer Stelle von einer Drittperson entrichtete oder zu entrichtende Entgelt nach Artikel 24 massgebend, unter Vorbehalt von Artikel 18 Absatz 2 Buchstabe h. Bei einer nachträglichen Änderung dieses Entgelts gilt Artikel 41 sinngemäss.

³ In die Bemessungsgrundlage sind einzubeziehen, soweit nicht bereits darin enthalten:
   a. die ausserhalb des Inlands sowie aufgrund der Einfuhr geschuldeten Steuern, Zölle und sonstigen Abgaben, mit Ausnahme der zu erhebenden Mehrwertsteuer;
   b.[1] die Kosten für das Befördern oder Versenden und alle damit zusammenhängenden Leistungen bis zum Bestimmungsort im Inland, an den die Gegenstände zum Zeitpunkt der Entstehung der Einfuhrsteuerschuld nach Artikel 56 zu befördern sind; ist dieser Ort unbekannt, so gilt als Bestimmungsort der Ort, an dem das Umladen nach Entstehung der Einfuhrsteuerschuld im Inland erfolgt.

⁴ Bestehen Zweifel an der Richtigkeit der Zollanmeldung oder fehlen Wertangaben, so kann das BAZG die Steuerbemessungsgrundlage nach pflichtgemässem Ermessen schätzen.

⁵ Für die Ermittlung der Bemessungsgrundlage herangezogene Preis- oder Wertangaben in ausländischer Währung sind nach dem am letzten Börsentag vor der Entstehung der Einfuhrsteuerschuld nach Artikel 56 notierten Devisenkurs (Verkauf) in Schweizerfranken umzurechnen.

Art. 55[2] Steuersätze

¹ Die Steuer auf der Einfuhr von Gegenständen beträgt 7,7 Prozent; vorbehalten bleibt Absatz 2.

² Auf der Einfuhr von Gegenständen nach Artikel 25 Absatz 2 Buchstaben a und a^{bis} beträgt die Steuer 2,5 Prozent.

> ☞ Art. 55 (Steuersätze) wird gemäss VO über die Anhebung der Mehrwertsteuersätze zur Zusatzfinanzierung der AHV per 1.1.2024 wie folgt geändert (Entwurf; siehe auch BB vom 17.12.2021, S. 4)
>
> *¹ Die Steuer auf der Einfuhr von Gegenständen beträgt 8,1 Prozent; vorbehalten bleibt Absatz 2.*
>
> *² Auf der Einfuhr von Gegenständen nach Artikel 25 Absatz 2 Buchstaben a und a^{bis} beträgt die Steuer 2,6 Prozent.*

Art. 56 Entstehung, Verjährung und Entrichtung der Einfuhrsteuerschuld

¹ Die Einfuhrsteuerschuld entsteht zur gleichen Zeit wie die Zollschuld (Art. 69 ZG[3]).

---

[1] Die Berichtigung der RedK der BVers vom 28. April 2016, veröffentlicht am 10. Mai 2016, betrifft nur den französischen Text (AS **2016** 1357).
[2] Fassung gemäss Ziff. I der V vom 8. Nov. 2017 über die befristete Anhebung der Mehrwertsteuersätze zur Finanzierung des Ausbaus der Eisenbahninfrastruktur, in Kraft vom 1. Jan. 2018, längstens bis zum 31. Dez. 2030 (AS **2017** 6305).
[3] SR **631.0**

² Der steuerpflichtigen Person nach Artikel 51, welche die Einfuhrsteuerschuld über das ZAZ begleicht, steht für die Bezahlung eine Frist von 60 Tagen nach Ausstellung der Rechnung zu; ausgenommen sind Einfuhren im Reiseverkehr, die mündlich zur Zollveranlagung angemeldet werden.

³ Hinsichtlich der Sicherstellung können Erleichterungen gewährt werden, wenn dadurch der Steuereinzug nicht gefährdet wird. MWSTV 114f.

⁴ Die Einfuhrsteuerschuld verjährt zur gleichen Zeit wie die Zollschuld (Art. 75 ZG). Die Verjährung steht still, solange ein Steuerstrafverfahren nach diesem Gesetz durchgeführt wird und der zahlungspflichtigen Person dies mitgeteilt worden ist (Art. 104 Abs. 4).

⁵ Ändert sich die Einfuhrsteuerschuld wegen nachträglicher Anpassung des Entgelts, namentlich aufgrund von Vertragsänderungen oder wegen Preisanpassungen zwischen verbundenen Unternehmen aufgrund anerkannter Richtlinien, so muss die zu niedrig bemessene Steuer innert 30 Tagen nach dieser Anpassung dem BAZG angezeigt werden. Die Meldung sowie die Anpassung der Steuerveranlagung können unterbleiben, wenn die nachzuentrichtende Steuer als Vorsteuer nach Artikel 28 abgezogen werden könnte. MWSTV 116

Art. 57 **Verzugszins** VO DBG P

¹ Wird die Einfuhrsteuerschuld nicht fristgerecht bezahlt, so ist ein Verzugszins geschuldet.

² Die Verzugszinspflicht beginnt:
a. bei Bezahlung über das ZAZ: mit dem Ablauf der eingeräumten Zahlungsfrist;
b. bei Erhebung der Steuer auf dem Entgelt nach Artikel 54 Absatz 1 Buchstabe d: mit dem Ablauf der eingeräumten Zahlungsfrist;
c. bei nachträglicher Erhebung einer zu Unrecht erwirkten Rückerstattung von Steuern: mit dem Datum der Auszahlung;
d. in den übrigen Fällen: mit der Entstehung der Einfuhrsteuerschuld nach Artikel 56.

³ Die Verzugszinspflicht besteht auch während eines Rechtsmittelverfahrens und bei Ratenzahlungen.

Art. 58 **Ausnahmen von der Verzugszinspflicht**

Kein Verzugszins wird erhoben, wenn:

a. die Einfuhrsteuerschuld durch Barhinterlage sichergestellt wurde;
b. in den zollrechtlich freien Verkehr übergeführte Gegenstände (Art. 48 ZG[1]) vorerst provisorisch veranlagt werden (Art. 39 ZG) und der Importeur oder die Importeurin im Zeitpunkt der Annahme der Zollanmeldung im Inland als steuerpflichtige Person eingetragen war;
c.[2] bedingt veranlagte Gegenstände (Art. 49, 51 Abs. 2 Bst. b, 58 und 59 ZG) unter Abschluss des Zollverfahrens:
  1. wieder ausgeführt werden, oder
  2. in ein anderes Zollverfahren übergeführt werden (Art. 47 ZG);

---

[1] SR **631.0**
[2] Fassung gemäss Ziff. I des BG vom 30. Sept. 2016, in Kraft seit 1. Jan. 2018 (AS **2017** 3575; BBl **2015** 2615).

c^bis.[1] bei bedingt veranlagten Gegenständen der Importeur oder die Importeurin im Zeitpunkt der Annahme der Zollanmeldung im Inland als steuerpflichtige Person eingetragen war;

d.[2] ...

e. die Gegenstände periodisch zum Zollveranlagungsverfahren anzumelden sind (Art. 42 Abs. 1 Bst. c ZG) oder aufgrund eines vereinfachten Zollveranlagungsverfahrens nachträglich veranlagt werden (Art. 42 Abs. 2 ZG) und der Importeur oder die Importeurin im Zeitpunkt der Einfuhr im Inland als steuerpflichtige Person eingetragen war.

Art. 59 Anspruch auf Steuerrückerstattung und Verjährung

[1] Für zu viel erhobene oder nicht geschuldete Steuern besteht ein Anspruch auf Rückerstattung.

[2] Nicht zurückerstattet werden zu viel erhobene, nicht geschuldete sowie wegen nachträglicher Veranlagung der Gegenstände nach den Artikeln 34 und 51 Absatz 3 ZG[3] oder wegen deren Wiederausfuhr nach den Artikeln 49 Absatz 4, 51 Absatz 3, 58 Absatz 3 und 59 Absatz 4 ZG nicht mehr geschuldete Steuern, wenn der Importeur oder die Importeurin im Inland als steuerpflichtige Person eingetragen ist und die dem BAZG zu entrichtende oder entrichtete Steuer als Vorsteuer nach Artikel 28 abziehen kann.

[3] Der Anspruch verjährt fünf Jahre nach Ablauf des Kalenderjahres, in dem er entstanden ist.

[4] Die Verjährung wird unterbrochen durch die Geltendmachung des Anspruchs gegenüber dem BAZG.

[5] Sie steht still, solange über den geltend gemachten Anspruch ein Rechtsmittelverfahren hängig ist.

[6] Der Anspruch auf Rückerstattung zu viel erhobener oder nicht geschuldeter Steuern verjährt in jedem Fall 15 Jahre nach Ablauf des Kalenderjahres, in dem er entstanden ist.

Art. 60 Rückerstattung wegen Wiederausfuhr Zl 86

[1] Die bei der Einfuhr erhobene Steuer wird auf Antrag zurückerstattet, wenn die Voraussetzungen für den Vorsteuerabzug nach Artikel 28 fehlen und:

a. die Gegenstände ohne vorherige Übergabe an eine Drittperson im Rahmen einer Lieferung im Inland und ohne vorherige Ingebrauchnahme unverändert wieder ausgeführt werden; oder

b. die Gegenstände im Inland in Gebrauch genommen wurden, aber wegen Rückgängigmachung der Lieferung wieder ausgeführt werden; in diesem Fall wird die Rückerstattung gekürzt um den Betrag, welcher der Steuer auf dem Entgelt für den Gebrauch der Gegenstände oder auf der durch den Gebrauch eingetretenen Wertverminderung sowie auf den nicht zurückerstatteten Einfuhrzollabgaben und Abgaben nach nichtzollrechtlichen Bundesgesetzen entspricht.

[2] Die Steuer wird nur zurückerstattet, wenn:

---

[1] Eingefügt durch Ziff. I des BG vom 30. Sept. 2016, in Kraft seit 1. Jan. 2018 (AS **2017** 3575; BBl **2015** 2615).
[2] Aufgehoben durch Ziff. I des BG vom 30. Sept. 2016, mit Wirkung seit 1. Jan. 2018 (AS **2017** 3575; BBl **2015** 2615).
[3] SR **631.0**

a. die Wiederausfuhr innert fünf Jahren nach Ablauf des Kalenderjahres erfolgt, in dem die Steuer erhoben worden ist; und
b. die Identität der ausgeführten mit den seinerzeit eingeführten Gegenständen nachgewiesen ist.

³ Die Rückerstattung kann im Einzelfall von der ordnungsgemässen Anmeldung im Einfuhrland abhängig gemacht werden.

⁴ Die Anträge auf Rückerstattung sind bei der Anmeldung zum Ausfuhrverfahren zu stellen. Nachträgliche Rückerstattungsanträge können berücksichtigt werden, wenn sie innert 60 Tagen seit Ausstellung des Ausfuhrdokuments, mit dem die Gegenstände nach dem Ausfuhrverfahren (Art. 61 ZG[1]) veranlagt worden sind, schriftlich beim BAZG eingereicht werden.

Art. 61 Vergütungszins VO DBG P

¹ Ein Vergütungszins wird bis zur Auszahlung ausgerichtet:
a. bei Rückerstattung einer zu viel erhobenen oder nicht geschuldeten Steuer nach Artikel 59: ab dem 61. Tag nach Eintreffen der schriftlichen Geltendmachung des Anspruchs beim BAZG;
b. bei Rückerstattung der Steuer wegen Wiederausfuhr nach Artikel 60: ab dem 61. Tag nach Eintreffen des Antrages beim BAZG;
c. bei Verfahren mit bedingter Zahlungspflicht (Art. 49, 51, 58 und 59 ZG[2]): ab dem 61. Tag nach ordnungsgemässem Abschluss des Verfahrens.

² Die zinslose Frist von 60 Tagen beginnt erst zu laufen, wenn:
a. sämtliche für die Feststellung des Sachverhalts und die Beurteilung des Begehrens notwendigen Unterlagen beim BAZG eingetroffen sind;
b. die Beschwerde gegen die Veranlagungsverfügung den Anforderungen von Artikel 52 des Bundesgesetzes vom 20. Dezember 1968[3] über das Verwaltungsverfahren (VwVG) genügt;
c. die Grundlagen für die Berechnung der Steuer auf dem Entgelt nach Artikel 54 Absatz 1 Buchstabe d dem BAZG bekannt sind.

³ Kein Vergütungszins wird ausgerichtet beim Steuererlass nach Artikel 64.

Art. 62 Zuständigkeit und Verfahren

¹ Die Einfuhrsteuer wird durch das BAZG erhoben. Diese trifft die erforderlichen Anordnungen und Verfügungen.

² Die Organe des BAZG sind befugt, zur Prüfung der für die Steuerveranlagung wesentlichen Tatsachen alle erforderlichen Erhebungen vorzunehmen. Die Artikel 68–70, 73–75 und 79 gelten sinngemäss. Das BAZG kann Erhebungen bei im Inland als steuerpflichtig eingetragenen Personen im Einvernehmen mit der ESTV dieser übertragen.

---

[1] SR **631.0**
[2] SR **631.0**
[3] SR **172.021**

Art. 63 Verlagerung der Steuerentrichtung MWSTV 117–121

¹ Bei der ESTV registrierte und nach der effektiven Methode abrechnende steuerpflichtige Importeure und Importeurinnen können die auf der Einfuhr von Gegenständen geschuldete Steuer, statt sie dem BAZG zu entrichten, in der periodischen Steuerabrechnung mit der ESTV deklarieren (Verlagerungsverfahren), sofern sie regelmässig Gegenstände ein- und ausführen und sich daraus regelmässig beachtliche Vorsteuerüberschüsse ergeben.

² Werden die im Verlagerungsverfahren eingeführten Gegenstände nach der Einfuhr im Inland noch bearbeitet oder verarbeitet, so kann die ESTV steuerpflichtigen Personen bewilligen, die bearbeiteten oder verarbeiteten Gegenstände ohne Berechnung der Steuer an andere steuerpflichtige Personen zu liefern. MWSTV 121

³ Der Bundesrat regelt die Einzelheiten des Verlagerungsverfahrens.

Art. 64 Steuererlass

¹ Die Einfuhrsteuer kann ganz oder teilweise erlassen werden, wenn:
  a. im Gewahrsam des BAZG stehende oder in ein Transitverfahren (Art. 49 ZG[1]), ein Zolllagerverfahren (Art. 50–57 ZG), ein Verfahren der vorübergehenden Verwendung (Art. 58 ZG) oder ein Verfahren der aktiven Veredelung (Art. 59 ZG) übergeführte Gegenstände durch Zufall, höhere Gewalt oder mit amtlicher Einwilligung ganz oder teilweise vernichtet werden;
  b. in den zollrechtlich freien Verkehr übergeführte Gegenstände auf amtliche Verfügung hin ganz oder teilweise vernichtet oder wieder aus dem Inland ausgeführt werden;
  c. eine Nachforderung im Sinne von Artikel 85 ZG mit Rücksicht auf besondere Verhältnisse die steuerpflichtige Person nach Artikel 51 unverhältnismässig belasten würde;
  d. die mit der Zollanmeldung beauftragte Person (z. B. der Spediteur) die Steuer wegen Zahlungsunfähigkeit des Importeurs oder der Importeurin nicht weiterbelasten kann und der Importeur oder die Importeurin im Zeitpunkt der Annahme der Zollanmeldung im Inland als steuerpflichtige Person eingetragen war; von der Zahlungsunfähigkeit des Importeurs oder der Importeurin ist auszugehen, wenn die Forderung der beauftragten Person ernsthaft gefährdet erscheint.

² Die Oberzolldirektion entscheidet über den Steuererlass auf schriftliches, mit den nötigen Nachweisen belegtes Gesuch.

³ Die Frist für die Einreichung eines Gesuchs beträgt:
  a. bei Veranlagung mit unbedingter Einfuhrsteuerschuld: ein Jahr seit der Ausstellung des Einfuhrdokuments, mit dem die Einfuhrsteuer veranlagt wurde;
  b. bei Veranlagung mit bedingter Einfuhrsteuerschuld: ein Jahr seit Abschluss des gewählten Zollverfahrens.

---

[1] SR 631.0

5. Titel: Verfahrensrecht für die Inland- und die Bezugsteuer

1. Kapitel: Allgemeine Verfahrensbestimmungen

Art. 65 Grundsätze[1]

¹ Die ESTV ist für die Erhebung und den Einzug der Inland- und der Bezugsteuer zuständig.

² Für eine gesetzeskonforme Erhebung und den gesetzeskonformen Einzug der Steuer erlässt die ESTV alle erforderlichen Verfügungen, deren Erlass nicht ausdrücklich einer andern Behörde vorbehalten ist.

³ Sie veröffentlicht ohne zeitlichen Verzug alle Praxisfestlegungen, die nicht ausschliesslich verwaltungsinternen Charakter haben. MI 20

⁴ Sämtliche Verwaltungshandlungen sind beförderlich zu vollziehen.

⁵ Die steuerpflichtige Person darf durch die Steuererhebung nur soweit belastet werden, als dies für die Durchsetzung dieses Gesetzes zwingend erforderlich ist.

Art. 65a[2] **Elektronische Verfahren**

¹ Der Bundesrat kann die elektronische Durchführung von Verfahren nach diesem Gesetz vorschreiben. Dabei regelt er die Modalitäten der Durchführung.

² Die ESTV stellt bei der elektronischen Durchführung von Verfahren die Authentizität und Integrität der übermittelten Daten sicher.

³ Sie kann bei der elektronischen Einreichung von Eingaben, deren Unterzeichnung gesetzlich vorgeschrieben ist, anstelle der qualifizierten elektronischen Signatur eine andere elektronische Bestätigung der Angaben durch die steuerpflichtige oder antragstellende Person anerkennen.

---

[1] Eingefügt durch Ziff. I 2 des BG vom 18. Juni 2021 über elektronische Verfahren im Steuerbereich, in Kraft seit 1. Jan. 2022 (AS **2021** 673; BBl **2020** 4705).
[2] Eingefügt durch Ziff. I 2 des BG vom 18. Juni 2021 über elektronische Verfahren im Steuerbereich, in Kraft seit 1. Jan. 2022 (AS **2021** 673; BBl **2020** 4705).

2. Kapitel: Rechte und Pflichten der steuerpflichtigen Person MI 21

Art. 66 An- und Abmeldung als steuerpflichtige Person MI 02

¹ Personen, die nach Artikel 10 steuerpflichtig werden, haben sich unaufgefordert innert 30 Tagen nach Beginn ihrer Steuerpflicht bei der ESTV schriftlich anzumelden. Diese teilt ihnen eine nicht übertragbare Nummer nach den Vorgaben des Bundesgesetzes vom 18. Juni 2010[1] über die Unternehmens-Identifikationsnummer zu, die registriert wird.[2] MWSTV 121a

² Endet die Steuerpflicht nach Artikel 14 Absatz 2, so hat sich die steuerpflichtige Person innert 30 Tagen nach der Beendigung der unternehmerischen Tätigkeit, spätestens aber mit dem Abschluss des Liquidationsverfahrens bei der ESTV schriftlich abzumelden.

³ Wer einzig aufgrund der Bezugsteuer steuerpflichtig wird (Art. 45 Abs. 2), hat sich innert 60 Tagen nach Ablauf des Kalenderjahres, für das er steuerpflichtig ist, schriftlich bei der ESTV anzumelden und gleichzeitig die bezogenen Leistungen zu deklarieren.

Art. 67 Steuervertretung

¹ Steuerpflichtige Personen ohne Wohn- oder Geschäftssitz im Inland haben für die Erfüllung ihrer Verfahrenspflichten eine Vertretung zu bestimmen, die im Inland Wohn- oder Geschäftssitz hat. MI 22

² Bei Gruppenbesteuerung (Art. 13) muss die Mehrwertsteuergruppe für die Erfüllung ihrer Verfahrenspflichten eine Vertretung mit Wohn- oder Geschäftssitz in der Schweiz bestimmen. MWSTV 18

³ Durch die Bestimmung einer Vertretung nach den Absätzen 1 und 2 wird keine Betriebsstätte nach den Bestimmungen über die direkten Steuern begründet.

Art. 68 Auskunftspflicht

¹ Die steuerpflichtige Person hat der ESTV über alle Tatsachen, die für die Steuerpflicht oder für die Steuerbemessung von Bedeutung sein können, nach bestem Wissen und Gewissen Auskunft zu erteilen und die erforderlichen Unterlagen einzureichen.

² Das gesetzlich geschützte Berufsgeheimnis bleibt vorbehalten. Träger und Trägerinnen des Berufsgeheimnisses sind zur Vorlage der Bücher oder Aufzeichnungen verpflichtet, dürfen aber Namen und Adresse, nicht jedoch den Wohnsitz oder den Sitz der Klienten und Klientinnen abdecken oder durch Codes ersetzen. In Zweifelsfällen werden auf Antrag der ESTV oder der steuerpflichtigen Person vom Präsidenten oder der Präsidentin der zuständigen Kammer des Bundesverwaltungsgerichts ernannte neutrale Sachverständige als Kontrollorgane eingesetzt.

Art. 69 Auskunftsrecht

Auf schriftliche Anfrage der steuerpflichtigen Person zu den mehrwertsteuerlichen Konsequenzen eines konkret umschriebenen Sachverhalts erteilt die ESTV innert

---

[1] SR 431.03
[2] Fassung des zweiten Satzes gemäss Anhang Ziff. 2 des BG vom 18. Juni 2010 über die Unternehmens-Identifikationsnummer, in Kraft seit 1. Jan. 2011 (AS **2010** 4989; BBl **2009** 7855).

angemessener Frist Auskunft. Die Auskunft ist für die anfragende steuerpflichtige Person und die ESTV rechtsverbindlich; sie kann auf keinen anderen Sachverhalt bezogen werden.

Art. 70 Buchführung und Aufbewahrung   MI 16

¹ Die steuerpflichtige Person hat ihre Geschäftsbücher und Aufzeichnungen nach den handelsrechtlichen Grundsätzen zu führen. Die ESTV kann ausnahmsweise darüber hinausgehende Aufzeichnungspflichten erlassen, wenn dies für die ordnungsgemässe Erhebung der Mehrwertsteuer unerlässlich ist.

² Die steuerpflichtige Person hat ihre Geschäftsbücher, Belege, Geschäftspapiere und sonstigen Aufzeichnungen bis zum Eintritt der absoluten Verjährung der Steuerforderung (Art. 42 Abs. 6) ordnungsgemäss aufzubewahren. Artikel 958f des Obligationenrechts[1] bleibt vorbehalten.[2]

³ Geschäftsunterlagen, die im Zusammenhang mit der Berechnung der Einlageentsteuerung und des Eigenverbrauchs von unbeweglichen Gegenständen benötigt werden, sind während 20 Jahren aufzubewahren (Art. 31 Abs. 3 und 32 Abs. 2).

⁴ Der Bundesrat regelt die Voraussetzungen, unter welchen Belege, die nach diesem Gesetz für die Durchführung der Steuer nötig sind, papierlos übermittelt und aufbewahrt werden können.   MWSTV 122

Art. 71 Einreichung der Abrechnung   MWSTV 126–128 | MI 15

¹ Die steuerpflichtige Person hat gegenüber der ESTV innert 60 Tagen nach Ablauf der Abrechnungsperiode unaufgefordert in der vorgeschriebenen Form über die Steuerforderung abzurechnen.

² Endet die Steuerpflicht, so läuft die Frist von diesem Zeitpunkt an.

Art. 72 Korrektur von Mängeln in der Abrechnung   MWSTV 126–129

¹ Stellt die steuerpflichtige Person im Rahmen der Erstellung ihres Jahresabschlusses Mängel in ihren Steuerabrechnungen fest, so muss sie diese spätestens in der Abrechnung über jene Abrechnungsperiode korrigieren, in die der 180. Tag seit Ende des betreffenden Geschäftsjahres fällt.

² Die steuerpflichtige Person ist verpflichtet, erkannte Mängel in Abrechnungen über zurückliegende Steuerperioden nachträglich zu korrigieren, soweit die Steuerforderungen dieser Steuerperioden nicht in Rechtskraft erwachsen oder verjährt sind.

³ Die nachträglichen Korrekturen der Abrechnungen haben in der von der ESTV vorgeschriebenen Form zu erfolgen.

⁴ Bei schwierig ermittelbaren systematischen Fehlern kann die ESTV der steuerpflichtigen Person eine Erleichterung nach Artikel 80 gewähren.

---

[1] SR **220**
[2] Fassung des zweiten Satzes gemäss Anhang Ziff. 4 des BG vom 23. Dez. 2011 (Rechnungslegungsrecht), in Kraft seit 1. Jan. 2013 (AS **2012** 6679; BBl **2008** 1589).

3. Kapitel: Auskunftspflicht von Drittpersonen

Art. 73

¹ Auskunftspflichtige Drittpersonen nach Absatz 2 haben der ESTV auf Verlangen kostenlos:

a. alle Auskünfte zu erteilen, die für die Feststellung der Steuerpflicht oder für die Berechnung der Steuerforderung gegenüber einer steuerpflichtigen Person erforderlich sind;
b. Einblick in Geschäftsbücher, Belege, Geschäftspapiere und sonstige Aufzeichnungen zu gewähren, sofern die nötigen Informationen bei der steuerpflichtigen Person nicht erhältlich sind.

² Auskunftspflichtige Drittperson ist, wer:

a. als steuerpflichtige Person in Betracht fällt;
b. neben der steuerpflichtigen Person oder an ihrer Stelle für die Steuer haftet;
c. Leistungen erhält oder erbracht hat; MWSTV 130
d. an einer Gesellschaft, die der Gruppenbesteuerung unterliegt, eine massgebende Beteiligung hält.

³ Das gesetzlich geschützte Berufsgeheimnis bleibt vorbehalten.

4. Kapitel: Rechte und Pflichten der Behörden

1. Abschnitt: Geheimhaltung und Amtshilfe[1]

Art. 74 Geheimhaltung

¹ Wer mit dem Vollzug dieses Gesetzes betraut ist oder dazu beigezogen wird, hat gegenüber anderen Behörden und Privaten über die in Ausübung seines Amtes gemachten Wahrnehmungen Stillschweigen zu bewahren und den Einblick in amtliche Akten zu verweigern.

² Keine Geheimhaltungspflicht besteht:

a. bei Leistung von Amtshilfe nach Artikel 75 und bei Erfüllung einer Pflicht zur Anzeige strafbarer Handlungen;
b. gegenüber Organen der Rechtspflege oder der Verwaltung, wenn die mit dem Vollzug dieses Gesetzes betraute Behörde durch das EFD zur Auskunftserteilung ermächtigt worden ist;
c. im Einzelfall gegenüber den Schuldbetreibungs- und Konkursbehörden oder bei der Anzeige von Schuldbetreibungs- und Konkursdelikten zum Nachteil der ESTV;
d.[2] für die folgenden im Register der steuerpflichtigen Personen enthaltenen Informationen: Nummer, unter der er oder sie eingetragen ist, Adresse und wirtschaftliche Tätigkeit sowie Beginn und Ende der Steuerpflicht.

---

[1] Eingefügt durch Ziff. I des BG vom 30. Sept. 2016, in Kraft seit 1. Jan. 2018 (AS **2017** 3575; BBl **2015** 2615).
[2] Fassung gemäss Anhang Ziff. 2 des BG vom 18. Juni 2010 über die Unternehmens-Identifikationsnummer, in Kraft seit 1. Jan. 2011 (AS **2010** 4989; BBl **2009** 7855).

Art. 75 Amtshilfe

¹ Die Steuerbehörden des Bundes, der Kantone, Bezirke, Kreise und Gemeinden unterstützen sich gegenseitig in der Erfüllung ihrer Aufgaben; sie haben sich kostenlos die zweckdienlichen Meldungen zu erstatten, die benötigten Auskünfte zu erteilen und Akteneinsicht zu gewähren.

² Die Verwaltungsbehörden des Bundes und die autonomen eidgenössischen Anstalten und Betriebe sowie alle sonstigen nicht in Absatz 1 genannten Behörden der Kantone, Bezirke, Kreise und Gemeinden sind gegenüber der ESTV auskunftspflichtig, sofern die verlangten Auskünfte für die Durchführung dieses Gesetzes, für die Einforderung der Steuer gemäss diesem Gesetz sowie für die Erhebung der Unternehmensabgabe gemäss Bundesgesetz vom 24. März 2006[1] über Radio und Fernsehen von Bedeutung sein können; die Auskunftserteilung hat kostenlos zu erfolgen. Auf Wunsch sind der ESTV Unterlagen kostenlos zuzustellen.[2]

³ Eine Auskunft darf nur verweigert werden, soweit ihr wesentliche öffentliche Interessen entgegenstehen oder die Auskunft die angefragte Behörde in der Durchführung ihrer Aufgabe wesentlich beeinträchtigen würde. Das Post- und das Fernmeldegeheimnis ist zu wahren.

⁴ Über Streitigkeiten betreffend die Auskunftspflicht von Verwaltungsbehörden des Bundes entscheidet der Bundesrat. Über Streitigkeiten betreffend die Auskunftspflicht von Behörden der Kantone, Bezirke, Kreise und Gemeinden entscheidet das Bundesgericht (Art. 120 des Bundesgerichtsgesetzes vom 17. Juni 2005[3]), sofern die kantonale Regierung das Auskunftsbegehren abgelehnt hat.

⁵ Die mit öffentlich-rechtlichen Aufgaben betrauten Organisationen haben im Rahmen dieser Aufgaben die gleiche Auskunftspflicht wie die Behörden; Absatz 4 gilt sinngemäss.

Art. 75a[4] Internationale Amtshilfe

¹ Die ESTV kann im Rahmen ihrer Zuständigkeit ausländischen Behörden auf deren Ersuchen Amtshilfe bei der Erfüllung ihrer Aufgaben leisten, namentlich bei der Sicherstellung der ordnungsgemässen Anwendung des Mehrwertsteuerrechts und bei der Verhütung, Aufdeckung und Verfolgung von Widerhandlungen gegen das Mehrwertsteuerrecht, sofern ein völkerrechtlicher Vertrag dies vorsieht.

² Sie vollzieht die Amtshilfe in analoger Anwendung der Artikel 115a–115i ZG[5].

---

[1] SR **784.40**
[2] Fassung gemäss Anhang Ziff. 3 des BG vom 26. Sept. 2014, in Kraft seit 1. Juli 2016 (AS **2016** 2131; BBl **2013** 4975).
[3] SR **173.110**
[4] Eingefügt durch Anhang Ziff. 3 des Steueramtshilfegesetzes vom 28. Sept. 2012, in Kraft seit 1. Febr. 2013 (AS **2013** 231; BBl **2011** 6193).
[5] SR **631.0**

2. Abschnitt: Datenschutz[1] MWSTV 131–138

Art. 76[2] Datenbearbeitung

[1] Die ESTV darf zur Erfüllung ihrer gesetzlichen Aufgaben besonders schützenswerte Personendaten und Persönlichkeitsprofile bearbeiten, einschliesslich Daten über administrative und strafrechtliche Verfolgungen und Sanktionen. MWSTV 131, 132

[2] ...[3]

> ☞ *Art. 76 Abs. 1 und 3 wird gemäss BG vom 25.9.2020 über den Datenschutz (Totalrevision) per 1.9.2023 wie folgt geändert bzw. neu eingefügt:*
>
> *[1] Die ESTV darf zur Erfüllung ihrer gesetzlichen Aufgaben besonders schützenswerte Personendaten, einschliesslich Daten über verwaltungs- und strafrechtliche Verfolgungen und Sanktionen, bearbeiten.*
>
> *[3] Zur Erfüllung ihrer Aufgaben ist sie überdies zum Profiling, einschliesslich zum Profiling mit hohem Risiko, nach dem Datenschutzgesetz vom 25. September 2020 befugt:*
>
> *a. für die Überprüfung und Kontrolle;*
> *b. für die Feststellung der Steuerpflicht;*
> *c. für die Erhebung der Steuer;*
> *d. für die Verhinderung und Verfolgung von Widerhandlungen;*
> *e. für die Analyse und Erstellung von Risikoprofilen;*
> *f. für die Erstellung von Statistiken.*

Art. 76a[4] Informationssystem

[1] Die ESTV betreibt ein Informationssystem zur Bearbeitung von Personendaten sowie von besonders schützenswerten Daten über administrative und strafrechtliche Verfolgungen und Sanktionen und von Persönlichkeitsprofilen. MWSTV 132–134

> ☞ *Art. 76a Abs. 1 wird gemäss BG vom 25.9.2020 über den Datenschutz (Totalrevision) per 1.9.2023 wie folgt geändert:*
>
> *[1] Die ESTV betreibt ein Informationssystem zur Bearbeitung von Personendaten einschliesslich besonders schützenswerter Daten über verwaltungs- und strafrechtliche Verfolgungen und Sanktionen.*

[2] Das System dient den folgenden Zwecken: MWSTV 132

a. Feststellen der Steuerpflicht von natürlichen und juristischen Personen und Personengesamtheiten;
b. Feststellen der steuerbaren Leistungen sowie Erheben und Überprüfen der darauf geschuldeten Steuer und der abziehbaren Vorsteuern;
c. Überprüfen der als von der Steuer ausgenommen geltend gemachten Leistungen und der in diesem Zusammenhang stehenden Vorsteuern;

---

[1] Eingefügt durch Ziff. I des BG vom 30. Sept. 2016, in Kraft seit 1. Jan. 2018 (AS **2017** 3575; BBl **2015** 2615).
[2] Fassung gemäss Ziff. I des BG vom 30. Sept. 2016, in Kraft seit 1. Jan. 2018 (AS **2017** 3575; BBl **2015** 2615).
[3] Aufgehoben durch Anhang Ziff. 18 des BG vom 18. Dez. 2020 (Systematische Verwendung der AHV-Nummer durch Behörden), mit Wirkung seit 1. Jan. 2022 (AS **2021** 758; BBl **2019** 7359).
[4] Eingefügt durch Ziff. I des BG vom 30. Sept. 2016, in Kraft seit 1. Jan. 2018 (AS **2017** 3575; BBl **2015** 2615).

d. Überprüfen der Steuerbefreiung von Leistungen, die von Gesetzes wegen der Steuer unterliegen oder für deren Versteuerung optiert wird;
e. Durchführen der für die Erhebung der Mehrwertsteuer relevanten Kontrollen von Einfuhr- und Ausfuhrbelegen;
f. Sicherstellen des Bezugs der geschuldeten Steuern bei den steuerpflichtigen und mithaftenden Personen;
g. Verhängen und Vollstrecken von administrativen oder strafrechtlichen Sanktionen;
h. Bearbeitung von Amts- und Rechtshilfeersuchen;
i. Deliktsbekämpfung im Steuerbereich;
j. Führen der für die Steuererhebung nötigen Statistiken; MWSTV 135
k. Erstellen von Analysen und Risikoprofilen.

³ Das Informationssystem kann folgende Personendaten, einschliesslich besonders schützenswerter Personendaten, enthalten: MWSTV 134

a. Angaben über die Identität von Personen;
b. Angaben über die wirtschaftlichen Tätigkeiten;
c. Angaben über die Einkommens- und Vermögensverhältnisse;
d. Angaben über die Steuerverhältnisse;
e. Angaben über die Schuldverhältnisse und Forderungszessionen;
f. Angaben über Betreibungs-, Konkurs- und Arrestverfahren;
g. Persönlichkeitsprofile nach Artikel 3 Buchstabe d des Bundesgesetzes vom 19. Juni 1992[1] über den Datenschutz;

> ☞ *Art. 76a Abs. 3 Bst. g wird gemäss BG vom 25.9.2020 über den Datenschutz (Totalrevision) per 1.9.2023 aufgehoben.*

h. Angaben über die Befolgung von steuerrechtlichen Pflichten;
i. Angaben über Verdacht auf Widerhandlungen;
j. Angaben über Straftaten, beschlagnahmte Gegenstände und Beweismittel;
k. Angaben über Administrativ- und Strafverfahren sowie Amts- und Rechtshilfeverfahren.

> ☞ *Art. 76a Abs. 4 wird gemäss BG vom 25.9.2020 über den Datenschutz (Totalrevision) frühestens per 1.9.2023 wie folgt neu eingefügt:*
>
> *⁴ Der Eidgenössische Datenschutz- und Öffentlichkeitsbeauftragte erhält für seine Aufsichtstätigkeit Zugang zum Informationssystem der ESTV.*

---

[1] SR **235.1**

Art. 76b[1] Datenbekanntgabe

¹ Die Eidgenössische Finanzkontrolle hat zur Erfüllung ihrer gesetzlichen Aufgaben nach Artikel 10 des Finanzkontrollgesetzes vom 28. Juni 1967[2] Zugang zum Informationssystem der ESTV.

² Die ESTV darf den im BAZG mit der Erhebung und dem Einzug der Mehrwertsteuer sowie mit der Durchführung von Straf- und Administrativverfahren betrauten Personen die Daten nach Artikel 76a Absatz 3 bekannt geben oder im Abrufverfahren zugänglich machen, sofern dies für die Erfüllung von deren Aufgaben nötig ist. MWSTV 136

> ☞ *Art. 76b Abs. 2 wird gemäss BG vom 25.9.2020 über den Datenschutz (Totalrevision) per 1.9.2023 wie folgt geändert:*
>
> ² *Die ESTV darf den im BAZG mit der Erhebung und dem Einzug der Mehrwertsteuer sowie mit der Durchführung von Straf- und Administrativverfahren betrauten Personen die Personendaten aus einem Profiling, einschliesslich aus einem Profiling mit hohem Risiko, nach Artikel 76 Absatz 3 und die Daten nach Artikel 76a Absatz 3 bekannt geben oder im Abrufverfahren zugänglich machen, sofern dies für die Erfüllung von deren Aufgaben nötig ist.*

Art. 76c[3] Aufbewahrung der Daten und Dokumente MWSTV 137

¹ Daten und Dokumente, die in Anwendung dieses Gesetzes genutzt und bearbeitet werden, sind sorgfältig und systematisch aufzubewahren und vor schädlichen Einwirkungen zu schützen.

² Die gestützt auf diese Bestimmung aufbewahrten Dokumente sind den Originalen gleichgestellt.

Art. 76d[4] Ausführungsbestimmungen MWSTV 138

Der Bundesrat erlässt Ausführungsbestimmungen über:
a. das Informationssystem; MWSTV 133
b. die Kategorien der bearbeiteten Personendaten; MWSTV 134
c. den Katalog der besonders schützenswerten Daten über administrative und strafrechtliche Verfolgungen und Sanktionen; MWSTV 134
d. die Zugriffs- und Bearbeitungsberechtigung;
e. die Aufbewahrungsdauer der Daten; und MWSTV 137
f. die Archivierung und Vernichtung der Daten. MWSTV 137

3. Abschnitt: Sicherstellung der korrekten Steuerentrichtung[5]

Art. 77 Überprüfung

Die Erfüllung der Pflicht zur Anmeldung als steuerpflichtige Person sowie die Steuerabrechnungen und -ablieferungen werden von der ESTV überprüft.

---

1 Eingefügt durch Ziff. I des BG vom 30. Sept. 2016, in Kraft seit 1. Jan. 2018 (AS **2017** 3575; BBl **2015** 2615).
2 SR **614.0**
3 Eingefügt durch Ziff. I des BG vom 30. Sept. 2016, in Kraft seit 1. Jan. 2018 (AS **2017** 3575; BBl **2015** 2615).
4 Eingefügt durch Ziff. I des BG vom 30. Sept. 2016, in Kraft seit 1. Jan. 2018 (AS **2017** 3575; BBl **2015** 2615).
5 Eingefügt durch Ziff. I des BG vom 30. Sept. 2016, in Kraft seit 1. Jan. 2018 (AS **2017** 3575; BBl **2015** 2615).

Art. 78 Kontrolle

¹ Die ESTV kann bei steuerpflichtigen Personen Kontrollen durchführen, soweit dies zur Abklärung des Sachverhalts erforderlich ist. Zu diesem Zweck haben diese Personen der ESTV den Zugang zu ihrer Buchhaltung sowie zu den dazugehörigen Belegen zu gewähren. Dasselbe gilt für auskunftspflichtige Drittpersonen nach Artikel 73 Absatz 2.

² Als Kontrolle gilt auch das Einfordern und die Überprüfung von umfassenden Unterlagen durch die ESTV. MWSTV 140

³ Eine Kontrolle ist schriftlich anzukündigen. In begründeten Fällen kann ausnahmsweise von der Ankündigung einer Kontrolle abgesehen werden.

⁴ Die steuerpflichtige Person kann mittels begründeten Gesuchs die Durchführung einer Kontrolle verlangen. Die Kontrolle ist innerhalb von zwei Jahren durchzuführen.

⁵ Die Kontrolle ist innert 360 Tagen seit Ankündigung mit einer Einschätzungsmitteilung abzuschliessen; diese hält den Umfang der Steuerforderung in der kontrollierten Periode fest.

⁶ Feststellungen, die Dritte betreffen und bei einer Kontrolle nach den Absätzen 1–4 bei folgenden Einrichtungen gemacht werden, dürfen ausschliesslich für die Durchführung der Mehrwertsteuer verwendet werden:
a. der Schweizerischen Nationalbank;
b. einer Pfandbriefzentrale;
c. einer Bank oder Sparkasse im Sinne des Bankengesetzes vom 8. November 1934[1];
d. bei einem Finanzinstitut im Sinne des Finanzinstitutsgesetzes vom 15. Juni 2018[2];
e. bei einer Finanzmarktinfrastruktur im Sinne des Finanzmarktinfrastrukturgesetzes vom 19. Juni 2015[3].[4]

⁷ Die Berufsgeheimnisse nach dem Bankengesetz, nach dem Finanzinstitutsgesetz und nach dem Finanzmarktinfrastrukturgesetz sind zu wahren.[5]

Art. 79 Ermessenseinschätzung

¹ Liegen keine oder nur unvollständige Aufzeichnungen vor oder stimmen die ausgewiesenen Ergebnisse mit dem wirklichen Sachverhalt offensichtlich nicht überein, so schätzt die ESTV die Steuerforderung nach pflichtgemässem Ermessen ein.

² Die Festsetzung der Steuerforderung erfolgt mit einer Einschätzungsmitteilung.

Art. 80 Vereinfachungen

Erwachsen der steuerpflichtigen Person aus der genauen Feststellung einzelner für die Bemessung der Steuer wesentlicher Tatsachen übermässige Umtriebe, so gewährt die ESTV Erleichterungen und lässt zu, dass die Steuer annäherungsweise ermittelt wird, sofern sich dadurch kein namhafter Steuerausfall oder -mehrertrag, keine beachtenswerte Verzerrung der Wettbewerbsverhältnisse und keine übermässige Erschwerung der Steuerabrechnung für andere steuerpflichtige Personen und der Steuerkontrolle ergeben.

---

[1] SR **952.0**
[2] SR **954.1**
[3] SR **958.1**
[4] Fassung gemäss Anhang Ziff. II 8 des Finanzinstitutsgesetzes vom 15. Juni 2018, in Kraft seit 1. Jan. 2020 (AS **2018** 5247, **2019** 4631; BBl **2015** 8901).
[5] Eingefügt durch Anhang Ziff. II 8 des Finanzinstitutsgesetzes vom 15. Juni 2018, in Kraft seit 1. Jan. 2020 (AS **2018** 5247, **2019** 4631; BBl **2015** 8901).

5. Kapitel: Verfügungs- und Rechtsmittelverfahren

Art. 81 Grundsätze MWSTV 141

¹ Die Vorschriften des VwVG¹ sind anwendbar. Artikel 2 Absatz 1 VwVG findet auf das Mehrwertsteuerverfahren keine Anwendung.

² Die Behörden stellen den rechtserheblichen Sachverhalt von Amtes wegen fest.

³ Es gilt der Grundsatz der freien Beweiswürdigung. Es ist unzulässig, Nachweise ausschliesslich vom Vorliegen bestimmter Beweismittel abhängig zu machen.

Art. 82 Verfügungen der ESTV

¹ Die ESTV trifft von Amtes wegen oder auf Verlangen der steuerpflichtigen Person alle für die Steuererhebung erforderlichen Verfügungen, insbesondere wenn:
   a. Bestand oder Umfang der Steuerpflicht bestritten wird;
   b. die Eintragung oder Löschung im Register der steuerpflichtigen Personen bestritten wird;
   c. Bestand oder Umfang der Steuerforderung, der Mithaftung oder des Anspruchs auf Rückerstattung von Steuern streitig ist;
   d. die steuerpflichtige Person oder Mithaftende die Steuer nicht entrichten;
   e. sonstige Pflichten nicht anerkannt oder nicht erfüllt werden, die sich aus diesem Gesetz oder aus gestützt darauf ergangenen Verordnungen ergeben;
   f. für einen bestimmten Fall vorsorglich die amtliche Feststellung der Steuerpflicht, der Steuerforderung, der Grundlagen der Steuerbemessung, des anwendbaren Steuersatzes oder der Mithaftung beantragt wird oder als geboten erscheint.

² Verfügungen werden der steuerpflichtigen Person schriftlich eröffnet. Sie müssen eine Rechtsmittelbelehrung sowie eine angemessene Begründung enthalten.

Art. 83 Einsprache

¹ Verfügungen der ESTV können innert 30 Tagen nach der Eröffnung mit Einsprache angefochten werden.

² Die Einsprache ist schriftlich bei der ESTV einzureichen. Sie hat den Antrag, dessen Begründung mit Angabe der Beweismittel sowie die Unterschrift des Einsprechers oder der Einsprecherin oder seiner oder ihrer Vertretung zu enthalten. Die Vertretung hat sich durch schriftliche Vollmacht auszuweisen. Die Beweismittel sind in der Einspracheschrift zu bezeichnen und ihr beizulegen.

³ Genügt die Einsprache diesen Anforderungen nicht oder lässt der Antrag oder dessen Begründung die nötige Klarheit vermissen, so räumt die ESTV dem Einsprecher oder der Einsprecherin eine kurze Nachfrist zur Verbesserung ein. Sie verbindet diese Nachfrist mit der Androhung, nach unbenutztem Fristablauf aufgrund der Akten zu entscheiden oder, wenn Antrag, Begründung, Unterschrift oder Vollmacht fehlen, auf die Einsprache nicht einzutreten.

⁴ Richtet sich die Einsprache gegen eine einlässlich begründete Verfügung der ESTV, so ist sie auf Antrag oder mit Zustimmung des Einsprechers oder der Einsprecherin als Beschwerde an das Bundesverwaltungsgericht weiterzuleiten.

---

¹ SR 172.021

⁵ Das Einspracheverfahren ist trotz Rückzugs der Einsprache weiterzuführen, wenn Anhaltspunkte dafür vorliegen, dass die angefochtene Verfügung den massgebenden Gesetzesbestimmungen nicht entspricht.

Art. 84 Kosten und Entschädigungen

¹ Im Verfügungs- und im Einspracheverfahren werden in der Regel keine Kosten erhoben. Es werden keine Parteientschädigungen ausgerichtet.

² Ohne Rücksicht auf den Ausgang des Verfahrens können die Verfahrenskosten derjenigen Person oder Behörde auferlegt werden, die sie schuldhaft verursacht hat. VO DBG 0

Art. 85 Revision, Erläuterung und Berichtigung

Auf die Revision, Erläuterung und Berichtigung von Einschätzungsmitteilungen, Verfügungen und Einspracheentscheiden der ESTV sind die Artikel 66–69 VwVG[1] anwendbar.

6. Kapitel: Bezug

Art. 86 Entrichtung der Steuer   MI 15

¹ Innert 60 Tagen nach Ablauf der Abrechnungsperiode hat die steuerpflichtige Person die in diesem Zeitraum entstandene Steuerforderung zu begleichen.

² Erbringt die steuerpflichtige Person keine oder eine offensichtlich ungenügende Zahlung, so setzt die ESTV den für die jeweilige Abrechnungsperiode provisorisch geschuldeten Steuerbetrag nach vorgängiger Mahnung in Betreibung. Liegt keine oder eine offensichtlich ungenügende Abrechnung der steuerpflichtigen Person vor, so bestimmt die ESTV den provisorisch geschuldeten Steuerbetrag vorgängig nach pflichtgemässem Ermessen.

³ Durch Rechtsvorschlag eröffnet die steuerpflichtige Person das Verfahren um Rechtsöffnung. Für die Beseitigung des Rechtsvorschlages ist die ESTV im Verfügungs- und Einspracheverfahren zuständig.

⁴ Die Verfügung betreffend den Rechtsvorschlag kann innert 10 Tagen nach der Eröffnung mit Einsprache bei der ESTV angefochten werden. Der Einspracheentscheid ist unter Vorbehalt von Absatz 5 endgültig.

⁵ Hat die ESTV den in Betreibung gesetzten provisorisch geschuldeten Steuerbetrag nach pflichtgemässem Ermessen bestimmt, so kann gegen den Einspracheentscheid beim Bundesverwaltungsgericht Beschwerde geführt werden. Die Beschwerde hat keine aufschiebende Wirkung, es sei denn, das Gericht ordne diese auf begründetes Ersuchen hin an. Das Bundesverwaltungsgericht entscheidet endgültig.

⁶ Artikel 85a des Bundesgesetzes vom 11. April 1889[2] über Schuldbetreibung und Konkurs (SchKG) ist nicht anwendbar.

---

[1] SR **172.021**
[2] SR **281.1**

⁷ Der Einzug eines Steuerbetrags nach Absatz 2 berührt die Festsetzung nach den Artikeln 72, 78 und 82 der endgültigen Steuerforderung nicht. Unterbleibt die Festsetzung der Steuerforderung wegen Untätigkeit der steuerpflichtigen Person, insbesondere weil diese weder Mängel nach Artikel 72 korrigiert noch eine Verfügung nach Artikel 82 verlangt, so gelten mit Eintritt der Festsetzungsverjährung auch die von der ESTV nach Absatz 2 bestimmten Steuerbeträge als Steuerforderung.[1]

⁸ Anstelle einer Zahlung des Steuerbetrags kann die steuerpflichtige Person auch Sicherheiten gemäss Artikel 93 Absatz 7 leisten.

⁹ Unmittelbar nach Eingang der Zahlung oder der Sicherheitsleistung zieht die ESTV die Betreibung zurück. MWSTV 142

Art. 87 Verzugszins VO DBG P

¹ Bei verspäteter Zahlung wird ohne Mahnung ein Verzugszins geschuldet.

² Kein Verzugszins ist geschuldet bei einer Nachbelastung, wenn diese auf einem Fehler beruht, der bei richtiger Abwicklung beim Bund zu keinem Steuerausfall geführt hätte.

Art. 88 Vergütungen an die steuerpflichtige Person

¹ Ergibt sich aus der Steuerabrechnung ein Überschuss zugunsten der steuerpflichtigen Person, so wird dieser ausbezahlt.

² Vorbehalten bleiben:
a. die Verrechnung dieses Überschusses mit Einfuhrsteuerschulden, selbst wenn diese noch nicht fällig sind;
b. die Verwendung des Überschusses zur Steuersicherung nach Artikel 94 Absatz 1;
c. die Verwendung des Überschusses zur Verrechnung unter Bundesstellen.

³ Die steuerpflichtige Person kann bezahlte, aber nicht geschuldete Steuern zurückfordern, sofern die Steuerforderung noch nicht rechtskräftig ist.[2]

⁴ Erfolgt die Auszahlung des Überschusses nach Absatz 1 oder die Rückerstattung nach Absatz 3 später als 60 Tage nach Eintreffen der Steuerabrechnung beziehungsweise der schriftlichen Geltendmachung des Anspruches bei der ESTV, so wird für die Zeit vom 61. Tag bis zur Auszahlung oder Rückerstattung ein Vergütungszins ausgerichtet. VO DBG P

Art. 89 Betreibung

¹ Wird der Anspruch auf Steuern, Zinsen, Kosten und Bussen nicht befriedigt, so leitet die ESTV die Betreibung ein und trifft alle zweckdienlichen zivil- und vollstreckungsrechtlichen Vorkehrungen.

² Ist die Steuerforderung noch nicht rechtskräftig und wird sie bestritten, so erlässt die ESTV eine Verfügung. Bis eine rechtskräftige Verfügung vorliegt, unterbleibt die endgültige Kollokation.[3]

---

[1] Fassung gemäss Ziff. I des BG vom 30. Sept. 2016, in Kraft seit 1. Jan. 2018 (AS **2017** 3575; BBl **2015** 2615).
[2] Fassung gemäss Ziff. I des BG vom 30. Sept. 2016, in Kraft seit 1. Jan. 2018 (AS **2017** 3575; BBl **2015** 2615).
[3] Fassung gemäss Ziff. I des BG vom 30. Sept. 2016, in Kraft seit 1. Jan. 2018 (AS **2017** 3575; BBl **2015** 2615).

³ Wird in der Betreibung Recht vorgeschlagen, so eröffnet die steuerpflichtige Person das Verfahren um Rechtsöffnung. Für die Beseitigung des Rechtsvorschlages ist die ESTV zuständig.

⁴ ...¹

⁵ Die ESTV muss die Steuerforderung in die öffentlichen Inventare oder auf Rechnungsrufe eingeben.²

⁶ Die im Rahmen von Zwangsvollstreckungsverfahren anfallenden Steuern stellen Verwertungskosten dar.

⁷ Die ESTV kann in begründeten Fällen auf den Einzug der Steuer verzichten, wenn die Durchführung eines Betreibungsverfahrens keinen Erfolg bringen würde.

Art. 90 Zahlungserleichterungen

¹ Ist die Zahlung der Steuer, Zinsen und Kosten innert der vorgeschriebenen Frist für die zahlungspflichtige Person mit einer erheblichen Härte verbunden, so kann die ESTV mit der steuerpflichtigen Person die Erstreckung der Zahlungsfrist oder Ratenzahlungen vereinbaren.

² Zahlungserleichterungen können von einer angemessenen Sicherheitsleistung abhängig gemacht werden.

³ Zahlungserleichterungen fallen dahin, wenn ihre Voraussetzungen wegfallen oder wenn die Bedingungen, an die sie geknüpft sind, nicht erfüllt werden.

⁴ Die Einreichung eines Antrags um Vereinbarung von Zahlungserleichterung hemmt die Vollstreckung nicht.

Art. 91 Bezugsverjährung

¹ Das Recht, die Steuerforderung, Zinsen und Kosten geltend zu machen, verjährt fünf Jahre, nachdem der entsprechende Anspruch rechtskräftig geworden ist.

² Die Verjährung steht still, solange die zahlungspflichtige Person in der Schweiz nicht betrieben werden kann.

³ Die Verjährung wird unterbrochen durch jede Einforderungshandlung und jede Stundung seitens der ESTV sowie durch jede Geltendmachung des Anspruchs seitens der steuerpflichtigen Person.

⁴ Unterbrechung und Stillstand wirken gegenüber allen zahlungspflichtigen Personen.

⁵ Die Verjährung tritt in jedem Fall zehn Jahre nach Ablauf des Jahres ein, in dem der Anspruch rechtskräftig geworden ist.

⁶ Wird über eine Steuerforderung ein Verlustschein ausgestellt, so richtet sich die Bezugsverjährung nach den Bestimmungen des SchKG³.

---

1 Aufgehoben durch Ziff. I des BG vom 30. Sept. 2016, mit Wirkung seit 1. Jan. 2018 (AS **2017** 3575; BBl **2015** 2615).
2 Fassung gemäss Ziff. I des BG vom 30. Sept. 2016, in Kraft seit 1. Jan. 2018 (AS **2017** 3575; BBl **2015** 2615).
3 SR **281.1**

Art. 92 Steuererlass

¹ Die ESTV kann rechtskräftig festgesetzte Steuern ganz oder teilweise erlassen, wenn die steuerpflichtige Person:
   a. die Steuer aus einem entschuldbaren Grund nicht in Rechnung gestellt und eingezogen hat, eine nachträgliche Überwälzung nicht möglich oder nicht zumutbar ist und die Bezahlung der Steuer eine grosse Härte bedeuten würde;
   b. die Steuer einzig aufgrund der Nichteinhaltung von formellen Vorschriften oder aufgrund von Abwicklungsfehlern schuldet und erkennbar ist oder die steuerpflichtige Person nachweist, dass für den Bund kein Steuerausfall entstanden ist; oder
   c. aus einem entschuldbaren Grund ihren Veranlagungspflichten nicht nachkommen konnte, nachträglich aber nachweisen oder glaubhaft machen kann, dass die durch die ESTV vorgenommene Ermessenseinschätzung zu hoch ausgefallen ist; in diesem Falle ist ein Steuererlass nur bis zur Höhe des zu viel veranlagten Betrages möglich.

² Die ESTV kann ferner im Rahmen eines gerichtlichen Nachlassverfahrens einem Steuererlass zustimmen beziehungsweise auf die Sicherstellung ihrer Forderung verzichten.

³ Das Erlassgesuch muss schriftlich begründet und mit den nötigen Beweismitteln versehen bei der ESTV eingereicht werden. Die Einsprache gegen die Verfügung der ESTV ist ausgeschlossen. Gegen die Verfügung kann beim Bundesverwaltungsgericht Beschwerde geführt werden.

⁴ Die Einreichung eines Gesuchs um Steuererlass hemmt die Vollstreckung der rechtskräftig festgesetzten Steuern nicht.

⁵ Das Steuererlassverfahren ist kostenfrei. Dem Gesuchsteller oder der Gesuchstellerin können indessen die Kosten ganz oder teilweise auferlegt werden, wenn er oder sie ein offensichtlich unbegründetes Gesuch eingereicht hat.

⁶ …[1]

7. Kapitel: Steuersicherung

Art. 93 Sicherstellung

¹ Die ESTV kann Steuern, Zinsen und Kosten, auch wenn sie weder rechtskräftig festgesetzt noch fällig sind, sicherstellen lassen, wenn:

   a. deren rechtzeitige Bezahlung als gefährdet erscheint;
   b. die zahlungspflichtige Person Anstalten trifft, ihren Wohn- oder Geschäftssitz oder ihre Betriebsstätte in der Schweiz aufzugeben oder sich im schweizerischen Handelsregister löschen zu lassen;
   c. die zahlungspflichtige Person mit ihrer Zahlung in Verzug ist;
   d. die steuerpflichtige Person ein Unternehmen, über das der Konkurs eröffnet worden ist, ganz oder teilweise übernimmt;
   e. die steuerpflichtige Person offensichtlich zu tiefe Abrechnungen einreicht.

---

[1] Aufgehoben durch Ziff. I des BG vom 30. Sept. 2016, mit Wirkung seit 1. Jan. 2018 (AS **2017** 3575; BBl **2015** 2615).

² Verzichtet die steuerpflichtige Person auf die Befreiung von der Steuerpflicht (Art. 11) oder optiert sie für die Versteuerung von ausgenommenen Leistungen (Art. 22), so kann die ESTV von ihr die Leistung von Sicherheiten gemäss Absatz 7 verlangen.

³ Die Sicherstellungsverfügung hat den Rechtsgrund der Sicherstellung, den sicherzustellenden Betrag und die Stelle, welche die Sicherheiten entgegennimmt, anzugeben; sie gilt als Arrestbefehl im Sinne von Artikel 274 SchKG[1]. Die Einsprache gegen die Sicherstellungsverfügung ist ausgeschlossen.

⁴ Gegen die Verfügung kann beim Bundesverwaltungsgericht Beschwerde geführt werden.

⁵ Beschwerden gegen Sicherstellungsverfügungen haben keine aufschiebende Wirkung.

⁶ Die Zustellung einer Verfügung über die Steuerforderung gilt als Anhebung der Klage nach Artikel 279 SchKG. Die Frist für die Einleitung der Betreibung beginnt mit dem Eintritt der Rechtskraft der Verfügung über die Steuerforderung zu laufen.

⁷ Die Sicherstellung ist zu leisten durch Barhinterlage, solvente Solidarbürgschaften, Bankgarantien, Schuldbriefe und Grundpfandverschreibungen, Lebensversicherungspolicen mit Rückkaufswert, kotierte Frankenobligationen von schweizerischen Schuldnern oder Kassenobligationen von schweizerischen Banken.

Art. 94 Andere Sicherungsmassnahmen

¹ Ein Überschuss aus der Steuerabrechnung zugunsten der steuerpflichtigen Person kann:
  a. mit Schulden für frühere Perioden verrechnet werden;
  b. zur Verrechnung mit zu erwartenden Schulden für nachfolgende Perioden gutgeschrieben werden, sofern die steuerpflichtige Person mit der Steuerentrichtung im Rückstand ist oder andere Gründe eine Gefährdung der Steuerforderung wahrscheinlich erscheinen lassen; der gutgeschriebene Betrag wird vom 61. Tag nach Eintreffen der Steuerabrechnung bei der ESTV bis zum Zeitpunkt der Verrechnung zum Satz verzinst, der für den Vergütungszins gilt; oder
  c. mit einer von der ESTV geforderten Sicherstellungsleistung verrechnet werden.

² Bei steuerpflichtigen Personen ohne Wohn- oder Geschäftssitz in der Schweiz kann die ESTV ausserdem Sicherstellung der voraussichtlichen Schulden durch Leistung von Sicherheiten nach Artikel 93 Absatz 7 verlangen.

³ Bei wiederholtem Zahlungsverzug kann die ESTV die zahlungspflichtige Person dazu verpflichten, künftig monatliche oder halbmonatliche Vorauszahlungen zu leisten.

Art. 95 Löschung im Handelsregister

Eine juristische Person oder eine Betriebsstätte eines ausländischen Unternehmens darf im schweizerischen Handelsregister erst dann gelöscht werden, wenn die ESTV dem für die Führung des Registers zuständigen Amt angezeigt hat, dass die geschuldete Steuer bezahlt oder sichergestellt ist.

---

[1] SR **281.1**

6. Titel: Strafbestimmungen

Art. 96 Steuerhinterziehung

¹ Mit Busse bis zu 400 000 Franken wird bestraft, wer vorsätzlich oder fahrlässig die Steuerforderung zulasten des Staates verkürzt, indem er:

a. in einer Steuerperiode nicht sämtliche Einnahmen, zu hohe Einnahmen aus von der Steuer befreiten Leistungen, nicht sämtliche der Bezugsteuer unterliegenden Ausgaben oder zu hohe zum Vorsteuerabzug berechtigende Ausgaben deklariert;
b. eine unrechtmässige Rückerstattung erwirkt; oder
c. einen ungerechtfertigten Steuererlass erwirkt.

² Die Busse beträgt bis zu 800 000 Franken, wenn die hinterzogene Steuer in den in Absatz 1 genannten Fällen in einer Form überwälzt wird, die zum Vorsteuerabzug berechtigt.

³ Mit Busse bis zu 200 000 Franken wird bestraft, wer die Steuerforderung zulasten des Staates verkürzt, indem er die für die Steuerfestsetzung relevanten Faktoren zwar wahrheitsgetreu deklariert, aber steuerlich falsch qualifiziert, sofern er vorsätzlich klare gesetzliche Bestimmungen, Anordnungen der Behörden oder publizierte Praxisfestlegungen nicht richtig anwendet und die Behörden darüber nicht vorgängig schriftlich in Kenntnis setzt. Bei fahrlässiger Begehung beträgt die Busse bis zu 20 000 Franken.

⁴ Mit Busse bis zu 800 000 Franken wird bestraft, wer die Steuerforderung zulasten des Staates verkürzt, indem er:

a. vorsätzlich oder fahrlässig bei der Einfuhr Waren nicht oder unrichtig anmeldet oder verheimlicht;
b. vorsätzlich im Rahmen einer behördlichen Kontrolle oder eines Verwaltungsverfahrens, das auf die Festsetzung der Steuerforderung oder den Steuererlass gerichtet ist, auf entsprechende Nachfrage hin keine, unwahre oder unvollständige Angaben macht.

⁵ Der Versuch ist strafbar.

⁶ Wird der Steuervorteil aufgrund einer fehlerhaften Abrechnung erzielt, so ist die Steuerhinterziehung erst strafbar, wenn die Frist zur Korrektur von Mängeln in der Abrechnung (Art. 72 Abs. 1) abgelaufen ist und der Fehler nicht korrigiert wurde.

Art. 97 Strafzumessung und qualifizierte Steuerhinterziehung

¹ Die Busse wird in Anwendung von Artikel 106 Absatz 3 des Strafgesetzbuches[1] (StGB) bemessen; dabei kann Artikel 34 StGB sinngemäss herangezogen werden. Sofern der durch die Tat erzielte Steuervorteil höher ist als die Strafdrohung, kann die Busse bei vorsätzlicher Begehung bis zum Doppelten des Steuervorteils erhöht werden.

² Bei erschwerenden Umständen wird das Höchstmass der angedrohten Busse um die Hälfte erhöht. Zugleich kann auf eine Freiheitsstrafe von bis zu zwei Jahren erkannt werden. Als erschwerende Umstände gelten:

a. das Anwerben einer oder mehrerer Personen für eine Widerhandlung gegen das Mehrwertsteuerrecht;
b. das gewerbsmässige Verüben von Widerhandlungen gegen das Mehrwertsteuerrecht.

---

[1] SR 311.0

Art. 98 Verletzung von Verfahrenspflichten

Mit Busse wird bestraft, sofern die Tat nicht nach einer anderen Bestimmung mit höherer Strafe bedroht ist, wer vorsätzlich oder fahrlässig:
a. die Anmeldung als steuerpflichtige Person nicht vornimmt;
b. trotz Mahnung eine Steuerabrechnung nicht fristgerecht einreicht;
c. die Steuer nicht periodengerecht deklariert;
d. Sicherheiten nicht gehörig leistet;
e. Geschäftsbücher, Belege, Geschäftspapiere und sonstige Aufzeichnungen nicht ordnungsgemäss führt, ausfertigt, aufbewahrt oder vorlegt;
f. trotz Mahnung nicht oder nicht richtig Auskunft erteilt oder die für die Steuererhebung oder für die Überprüfung der Steuerpflicht massgebenden Daten und Gegenstände nicht oder nicht richtig deklariert;
g. in Rechnungen eine nicht oder nicht in dieser Höhe geschuldete Mehrwertsteuer ausweist;
h. durch Angabe einer Registernummer eine Eintragung im Register der steuerpflichtigen Personen vortäuscht;
i. trotz Mahnung die ordnungsgemässe Durchführung einer Kontrolle erschwert, behindert oder verunmöglicht.

Art. 99 Steuerhehlerei

Wer Gegenstände, von denen er weiss oder annehmen muss, dass die darauf geschuldete Einfuhrsteuer vorsätzlich hinterzogen worden ist, erwirbt, sich schenken lässt, zu Pfand oder sonst wie in Gewahrsam nimmt, verheimlicht, absetzen hilft oder in Verkehr bringt, wird nach der Strafandrohung, die auf den Täter oder die Täterin Anwendung findet, bestraft.

Art. 100 Widerhandlung im Geschäftsbetrieb N 2

Fällt eine Busse von höchstens 100 000 Franken in Betracht und würde die Ermittlung der nach Artikel 6 VStrR[1] strafbaren Personen Untersuchungsmassnahmen bedingen, die im Hinblick auf die verwirkte Strafe unverhältnismässig wären, so kann die Behörde von einer Verfolgung dieser Personen absehen und an ihrer Stelle den Geschäftsbetrieb (Art. 7 VStrR) zur Bezahlung der Busse verurteilen.

Art. 101 Konkurrenz N 2

1 Die Artikel 7, 9, 11 und 12 Absatz 4 und 13 VStrR[2] sind nicht anwendbar.

2 Eine Bestrafung nach Artikel 98 Buchstabe a dieses Gesetzes schliesst eine Bestrafung nach den Artikeln 96 und 97 nicht aus.

3 Eine Bestrafung nach Artikel 14 VStrR schliesst eine zusätzliche Bestrafung wegen derselben Tat nach den Artikeln 96 und 97 des vorliegenden Gesetzes aus.

4 Erfüllt eine Handlung sowohl den Tatbestand einer Hinterziehung der Einfuhrsteuer oder einer Steuerhehlerei als auch einer durch das BAZG zu verfolgenden Widerhandlung gegen andere Abgabenerlasse des Bundes, so wird die Strafe für die schwerste Widerhandlung verhängt; diese kann angemessen erhöht werden.

---

[1] SR 313.0
[2] SR 313.0

⁵ Hat der Täter oder die Täterin durch eine oder mehrere Handlungen die Voraussetzungen für mehrere Strafen erfüllt, die in den Zuständigkeitsbereich der ESTV fallen, so wird die Strafe für die schwerste Widerhandlung verhängt; diese kann angemessen erhöht werden.

Art. 102 Selbstanzeige

¹ Zeigt die steuerpflichtige Person eine Widerhandlung gegen dieses Gesetz an, bevor sie der zuständigen Behörde bekannt wird, wird von einer Strafverfolgung abgesehen, wenn:

a. sie die Behörde bei der Festsetzung der geschuldeten oder rückzuerstattenden Steuer in zumutbarer Weise unterstützt; und

b. sie sich ernstlich um die Bezahlung der geschuldeten oder rückzuerstattenden Steuer bemüht.

² Zeigt eine nicht steuerpflichtige Person, die eine Widerhandlung gegen dieses Gesetz begangen oder an einer solchen teilgenommen hat, die Widerhandlung an, so wird von einer Strafverfolgung abgesehen.

³ Die Selbstanzeige einer juristischen Person erfolgt durch ihre Organe oder Vertreter und Vertreterinnen. Die Solidarhaftung gemäss Artikel 12 Absatz 3 VStrR[1] der Organe oder der Vertreter und Vertreterinnen wird aufgehoben und von einer Strafverfolgung wird abgesehen.

⁴ Eine Korrektur der Abrechnung nach Artikel 72 Absatz 2 gilt als Selbstanzeige.

Art. 103 Strafverfolgung N 2

¹ Auf die Strafverfolgung ist mit Ausnahme der Artikel 63 Absätze 1 und 2, 69 Absatz 2, 73 Absatz 1 letzter Satz sowie 77 Absatz 4 das VStrR[2] anwendbar.

² Die Strafverfolgung obliegt bei der Inlandsteuer und bei der Bezugsteuer der ESTV, bei der Einfuhrsteuer dem BAZG.

³ In Strafsachen mit engem Sachzusammenhang, bei denen sowohl die Zuständigkeit der ESTV als auch die des BAZG gegeben ist, kann die ESTV im Einvernehmen mit dem BAZG die Vereinigung der Strafverfolgung bei einer der beiden Behörden beschliessen.

⁴ Die Strafverfolgung kann unterbleiben, wenn Schuld und Tatfolgen gering sind (Artikel 52 StGB[3]). In diesen Fällen wird eine Nichtanhandnahme- oder Einstellungsverfügung erlassen.

⁵ Hat die zuständige Behörde auch andere strafbare Handlungen, für welche das VStrR anwendbar ist, zu untersuchen oder zu beurteilen, so gilt Absatz 1 für alle strafbaren Handlungen.

Art. 104 Verfahrensgarantien

¹ Die beschuldigte Person hat Anspruch auf ein faires Strafverfahren gemäss der Bundesverfassung und den einschlägigen Strafverfahrensgesetzen.

² Die beschuldigte Person ist nicht verpflichtet, sich in einem Strafverfahren selbst zu belasten.

---

[1] SR 313.0
[2] SR 313.0
[3] SR 311.0

³ Die von der beschuldigten Person im Steuererhebungsverfahren erteilten Auskünfte (Art. 68 und 73) oder Beweismittel aus einer Kontrolle nach Artikel 78 dürfen in einem Strafverfahren nur dann verwendet werden, wenn die beschuldigte Person in diesem hierzu ihre Zustimmung erteilt.

⁴ Die Eröffnung einer Strafuntersuchung ist der beschuldigten Person unverzüglich schriftlich mitzuteilen, soweit nicht wichtige Gründe entgegenstehen.

Art. 105 Verfolgungsverjährung N 2

¹ Das Recht, eine Strafuntersuchung einzuleiten, verjährt:
  a. bei Verletzung von Verfahrenspflichten: im Zeitpunkt der Rechtskraft der Steuerforderung, welche im Zusammenhang mit dieser Tat steht;
  b.¹ im Bereich der Inland- und der Bezugsteuer:
    1. bei Übertretungen nach Artikel 96 Absätze 1–3: sechs Monate nach Eintritt der Rechtskraft der entsprechenden Steuerforderung,
    2. bei der Steuerhinterziehung nach Artikel 96 Absatz 4: zwei Jahre nach Eintritt der Rechtskraft der entsprechenden Steuerforderung,
    3. bei Vergehen nach Artikel 97 Absatz 2 sowie bei Vergehen nach den Artikeln 14–17 VStrR²: sieben Jahre nach Ablauf der betreffenden Steuerperiode;
  c.³ im Bereich der Einfuhrsteuer: für alle Vergehen und Übertretungen nach den Artikeln 96, 97 Absatz 2 und 99 sowie bei Vergehen nach den Artikeln 14–17 VStrR: in sieben Jahren;
  d. ...⁴
  e. ...⁵

² Die Verfolgungsverjährung tritt nicht mehr ein, wenn vor Ablauf der Verjährungsfrist eine Strafverfügung oder ein erstinstanzliches Urteil ergangen ist.

³ Die Verjährung für die Leistungs- und Rückleistungspflicht gemäss Artikel 12 VStrR richtet sich:
  a. grundsätzlich nach Artikel 42;
  b. falls ein Tatbestand der Artikel 96 Absatz 4, 97 Absatz 2 oder 99 oder nach den Artikeln 14–17 VStrR erfüllt ist, nach den Absätzen 1 und 2.

⁴ Das Recht, eine eingeleitete Strafuntersuchung durchzuführen, verjährt in fünf Jahren; die Verjährung ruht, solange sich die beschuldigte Person im Ausland befindet.

Art. 106 Bezug und Verjährung der Bussen und Kosten

¹ Die im Steuerstrafverfahren auferlegten Bussen und Kosten werden im Verfahren nach den Artikeln 86–90 bezogen. Artikel 36 StGB⁶ ist anwendbar.

² Die Bezugsverjährung richtet sich nach Artikel 91.

---

1 Fassung gemäss Ziff. I des BG vom 30. Sept. 2016, in Kraft seit 1. Jan. 2018 (AS **2017** 3575; BBl **2015** 2615).
2 SR **313.0**
3 Fassung gemäss Ziff. I des BG vom 30. Sept. 2016, in Kraft seit 1. Jan. 2018 (AS **2017** 3575; BBl **2015** 2615).
4 Aufgehoben durch Ziff. I des BG vom 30. Sept. 2016, mit Wirkung seit 1. Jan. 2018 (AS **2017** 3575; BBl **2015** 2615).
5 Aufgehoben durch Ziff. I des BG vom 30. Sept. 2016, mit Wirkung seit 1. Jan. 2018 (AS **2017** 3575; BBl **2015** 2615).
6 SR **311.0**

7. Titel: Schlussbestimmungen

1. Kapitel: Ausführungsbestimmungen

Art. 107 Bundesrat

¹ Der Bundesrat:

a. regelt die Entlastung von der Mehrwertsteuer für Begünstigte nach Artikel 2 des Gaststaatgesetzes vom 22. Juni 2007[1], die von der Steuerpflicht befreit sind; MWSTV 143–150 | MI 17

b. bestimmt, unter welchen Voraussetzungen den Abnehmern und Abnehmerinnen mit Wohn- oder Geschäftssitz im Ausland die Steuer auf den an sie im Inland ausgeführten Leistungen sowie auf ihren Einfuhren bei Gewährung des Gegenrechts durch das Land ihres Wohn- oder Geschäftssitzes vergütet werden kann; dabei haben grundsätzlich die gleichen Anforderungen zu gelten, wie sie bei inländischen steuerpflichtigen Personen in Bezug auf den Vorsteuerabzug bestehen; MWSTV 151–156 | MI 18

c.[2] regelt die mehrwertsteuerrechtliche Behandlung von Leistungen an Personen, die zum Personal gehören und zugleich eng verbundene Personen sind; er beachtet dabei die Behandlung dieser Leistungen bei der direkten Bundessteuer und kann Ausnahmen von Artikel 24 Absatz 2 festlegen.

² Der Bundesrat kann von diesem Gesetz abweichende Bestimmungen über die Besteuerung der Umsätze und der Einfuhr von Münz- und Feingold erlassen. MWSTV 44, 61, 113

³ Der Bundesrat erlässt die Vollzugsvorschriften.

Art. 108 Eidgenössisches Finanzdepartement VO DBG P

Das EFD:

a. legt marktübliche Verzugs- und Vergütungszinssätze fest und passt diese periodisch an;
b. legt die Fälle fest, in denen kein Verzugszins erhoben wird;
c. regelt, bis zu welchem Betrag geringfügige Verzugs- und Vergütungszinsen nicht erhoben werden oder nicht zu entrichten sind.

Art. 109 Konsultativgremium MWSTV 157–162

¹ Der Bundesrat kann ein Konsultativgremium, bestehend aus Vertretern und Vertreterinnen der steuerpflichtigen Personen, der Kantone, der Wissenschaft, der Steuerpraxis und der Konsumenten und Konsumentinnen, einsetzen.[3]

² Das Konsultativgremium berät Anpassungen dieses Gesetzes sowie der gestützt darauf erlassenen Ausführungsbestimmungen und Praxisfestlegungen bezüglich der Auswirkungen auf die steuerpflichtigen Personen und die Volkswirtschaft.

³ Es nimmt zu den Entwürfen Stellung und kann selbstständig Empfehlungen für Änderungen abgeben.

---

[1] SR **192.12**
[2] Eingefügt durch Ziff. I des BG vom 30. Sept. 2016, in Kraft seit 1. Jan. 2018 (AS **2017** 3575; BBl **2015** 2615).
[3] Fassung gemäss Ziff. I des BG vom 30. Sept. 2016, in Kraft seit 1. Jan. 2018 (AS **2017** 3575; BBl **2015** 2615).

2. Kapitel: Aufhebung und Änderung bisherigen Rechts MI 20

Art. 110 Aufhebung bisherigen Rechts

Das Mehrwertsteuergesetz vom 2. September 1999[1] wird aufgehoben.

Art. 111 Änderung bisherigen Rechts

Die nachstehenden Bundesgesetze werden wie folgt geändert:

...[2]

3. Kapitel: Übergangsbestimmungen

Art. 112 Anwendung bisherigen Rechts

[1] Die bisherigen gesetzlichen Bestimmungen sowie die darauf gestützt erlassenen Vorschriften bleiben, unter Vorbehalt von Artikel 113, weiterhin auf alle während ihrer Geltungsdauer eingetretenen Tatsachen und entstandenen Rechtsverhältnisse anwendbar. Die Verjährung richtet sich weiterhin nach den Artikeln 49 und 50 des bisherigen Rechts.

[2] Für Leistungen, die vor Inkrafttreten dieses Gesetzes erbracht worden sind, sowie für Einfuhren von Gegenständen, bei denen die Einfuhrsteuerschuld vor Inkrafttreten dieses Gesetzes entstanden ist, gilt das bisherige Recht.

[3] Leistungen, die teilweise vor Inkrafttreten dieses Gesetzes erbracht worden sind, sind für diesen Teil nach bisherigem Recht zu versteuern. Leistungen, die teilweise ab Inkrafttreten dieses Gesetzes erbracht werden, sind für diesen Teil nach neuem Recht zu versteuern.

Art. 113 Anwendung des neuen Rechts

[1] Für die Feststellung, ob die Befreiung von der Steuerpflicht nach Artikel 10 Absatz 2 mit dem Inkrafttreten dieses Gesetzes besteht, ist das neue Recht auf die in den vorangegangenen zwölf Monaten vor dem Inkrafttreten erzielten, nach diesem Gesetz steuerbaren Leistungen anzuwenden.

[2] Die Bestimmungen über die Einlageentsteuerung nach Artikel 32 gelten auch für Leistungen, für die vor dem Inkrafttreten des neuen Rechts kein Anspruch auf Vorsteuerabzug gegeben war.

[3] Unter Vorbehalt von Artikel 91 ist das neue Verfahrensrecht auf sämtliche im Zeitpunkt des Inkrafttretens hängigen Verfahren anwendbar.

Art. 114 Wahlmöglichkeiten MWSTV 166

[1] Die steuerpflichtigen Personen können mit dem Inkrafttreten dieses Gesetzes von den in diesem Gesetz vorgesehenen Wahlmöglichkeiten erneut Gebrauch machen. Sofern die Wahlmöglichkeiten an bestimmte Fristen geknüpft sind, beginnen diese mit dem Datum des Inkrafttretens neu zu laufen.

---

[1] [AS **2000** 1300 1134, **2001** 3086, **2002** 1480, **2004** 4719 Anhang Ziff. II 5, **2005** 4545 Anhang Ziff. 2, **2006** 2197 Anhang Ziff. 52 2673 5379 Anhang Ziff. II 5, **2007** 1411 Anhang Ziff. 7 3425 Anhang Ziff. 1 6637 Anhang Ziff. II 5]

[2] Die Änderungen können unter AS **2009** 5203 konsultiert werden.

² Äussert sich die steuerpflichtige Person nicht innert 90 Tagen nach Inkrafttreten des Gesetzes zu den Wahlmöglichkeiten, so wird vermutet, dass sie ihre bisherige Wahl beibehält, sofern dies rechtlich weiterhin möglich ist.

Art. 115 Änderung der Steuersätze MI 19

¹ Bei einer Änderung der Steuersätze gelten die Artikel 112 und 113 sinngemäss. Der Bundesrat passt die in Artikel 37 Absatz 1 festgelegten Höchstbeträge angemessen an.¹

² Für die Abrechnung der Steuerbeträge mit den bisherigen Sätzen sind den steuerpflichtigen Personen genügend lange Fristen einzuräumen, die sich nach der Natur der Liefer- und Dienstleistungsverträge richten.

Art. 115a² Übergangsbestimmung zur Änderung vom 30. September 2016

Auf Sammlerstücken wie Kunstgegenständen, Antiquitäten und dergleichen, für die bei Inkrafttreten der Änderung vom 30. September 2016 bereits Vorsteuer abgezogen wurde, ist der Vorsteuerabzug nicht rückgängig zu machen, sofern der Verkauf im Inland erfolgt und auf dem gesamten Verkaufspreis die Mehrwertsteuer entrichtet wird.

4. Kapitel: Referendum und Inkrafttreten

Art. 116

¹ Dieses Gesetz untersteht dem fakultativen Referendum.³

² Es tritt unter Vorbehalt von Absatz 3 am 1. Januar 2010 in Kraft. Der Bundesrat bestimmt das Inkrafttreten der Artikel 34 Absatz 3 und 78 Absatz 4.⁴

³ Wird das Referendum ergriffen und wird das Gesetz in der Volksabstimmung angenommen, so bestimmt der Bundesrat das Inkrafttreten.

Übergangsbestimmung zur Änderung vom 19. März 2010⁵

...

---

1 Fassung gemäss Ziff. I des BG vom 30. Sept. 2016, in Kraft seit 1. Jan. 2018 (AS **2017** 3575; BBl **2015** 2615).
2 Eingefügt durch Ziff. I des BG vom 30. Sept. 2016, in Kraft seit 1. Jan. 2018 (AS **2017** 3575; BBl **2015** 2615). Die Berichtigung der RedK der BVers vom 30. Aug. 2017 betrifft nur den italienischen Text (AS **2017** 4857).
3 Die Referendumsfrist für dieses Gesetz ist am 1. Oktober 2009 unbenützt abgelaufen (BBl **2009** 4407).
4 Art. 78 Abs. 4 tritt am 1. Jan. 2012 in Kraft (AS **2011** 4737).
5 AS **2011** 1167; BBl **2008** 7733. Gegenstandslos aufgrund von Art. 21 Abs. 2 Ziff. 28 Bst. c hiervor, in Kraft seit 1. Jan. 2018.

MWSTV

Mehrwertsteuerverordnung

10 Mehrwertsteuerverordnung (MWSTV) SR 641.201

vom 27. November 2009 (Stand am 1. Januar 2023)

Der Schweizerische Bundesrat,

gestützt auf das Mehrwertsteuergesetz vom 12. Juni 2009[1] (MWSTG),

verordnet:

☞ *Die zukünftigen Änderungen durch folgende Verordnungen sind mit einem Hinweis im Text integriert:*
- *VO vom 31.8.2022 über den Datenschutz (Totalrevision); in Kraft ab 1.9.2023*
- *VO zur Änderung der MWSTV (elektronische Verfahren); voraussichtlich in Kraft ab 1.1.2024 (Vernehmlassungsvorlage vom 29.6.2022)*

---

[1] SR **641.20**

1. Titel: Allgemeine Bestimmungen

Art. 1 Schweizerisches Staatsgebiet
(Art. 3 Bst. a MWSTG)

Schweizerische Hochseeschiffe gelten nicht als schweizerisches Staatsgebiet im Sinn von Artikel 3 Buchstabe a MWSTG.

Art. 2 Verpfändung und besondere Verhältnisse beim Verkauf
(Art. 3 Bst. d MWSTG)

¹ Der Verkauf eines Gegenstands stellt auch dann eine Lieferung dar, wenn ein Eigentumsvorbehalt eingetragen wird.

² Die Übertragung eines Gegenstands im Rahmen einer Sicherungsübereignung oder einer Verpfändung stellt keine Lieferung dar. Wird das Recht aus der Sicherungsübereignung oder aus der Verpfändung in Anspruch genommen, so findet eine Lieferung statt.

³ Der Verkauf eines Gegenstands bei dessen gleichzeitiger Rücküberlassung zum Gebrauch an den Verkäufer oder die Verkäuferin (Sale-and-lease-back-Geschäft) gilt nicht als Lieferung, wenn im Zeitpunkt des Vertragsschlusses eine Rückübereignung vereinbart wird. In diesem Fall gilt die Leistung des Leasinggebers oder der Leasinggeberin nicht als Gebrauchsüberlassung des Gegenstands, sondern als Finanzierungsdienstleistung nach Artikel 21 Absatz 2 Ziffer 19 Buchstabe a MWSTG.

Art. 3 Unterstellungserklärung bei Einfuhr eines Gegenstands[1]
(Art. 7 Abs. 3 Bst. a MWSTG)

¹ ...[2]

² Wird die Einfuhr aufgrund der Unterstellungserklärung im eigenen Namen vorgenommen, so gelten bei Reihengeschäften die vorangehenden Lieferungen als im Ausland und die nachfolgenden als im Inland ausgeführt.

³ Verzichtet der Leistungserbringer oder die Leistungserbringerin darauf, die Einfuhr im eigenen Namen vorzunehmen, so muss er oder sie auf der Rechnung an den Abnehmer oder die Abnehmerin darauf hinweisen.[3]

Art. 4[4] Lieferung eines aus dem Ausland ins Inland verbrachten Gegenstands ab Lager im Inland
(Art. 7 Abs. 1 MWSTG)

Bei Gegenständen, die aus dem Ausland in ein Lager im Inland verbracht und ab diesem Lager geliefert werden, liegt der Ort der Lieferung im Ausland, wenn der Lieferungsempfänger oder die Lieferungsempfängerin und das zu entrichtende Entgelt beim Verbringen der Gegenstände ins Inland feststehen und sich die Gegenstände im Zeitpunkt der Lieferung im zollrechtlich freien Verkehr befinden.

---

[1] Fassung gemäss Ziff. I der V vom 18. Okt. 2017, in Kraft seit 1. Jan. 2018 (AS **2017** 6307)
[2] Aufgehoben durch Ziff. I der V vom 18. Okt. 2017, mit Wirkung seit 1. Jan. 2018 (AS **2017** 6307).
[3] Fassung gemäss Ziff. I der V vom 18. Okt. 2017, in Kraft seit 1. Jan. 2018 (AS **2017** 6307).
[4] Fassung gemäss Ziff. I der V vom 30. Okt. 2013, in Kraft seit 1. Jan. 2014 (AS **2013** 3839).

Art. 4a[1] Zeitpunkt des Übergangs des Lieferungsortes beim Versandhandel
(Art. 7 Abs. 3 Bst. b MWSTG)

1 Werden Gegenstände aus dem Ausland ins Inland geliefert, die aufgrund des geringfügigen Steuerbetrags von der Einfuhrsteuer befreit sind, so gilt der Ort der Lieferung bis zum Ende desjenigen Monats als im Ausland gelegen, in dem der Leistungserbringer oder die Leistungserbringerin die Umsatzgrenze von 100 000 Franken aus solchen Lieferungen erreicht hat.

2 Ab dem Folgemonat gilt der Ort der Lieferung für alle Lieferungen des Leistungserbringers oder der Leistungserbringerin vom Ausland ins Inland als im Inland gelegen. Ab diesem Zeitpunkt muss er oder sie die Einfuhr im eigenen Namen vornehmen.

3 Der Ort der Lieferung bleibt bis zum Ende desjenigen Kalenderjahres im Inland gelegen, in dem der Leistungserbringer oder die Leistungserbringerin die Umsatzgrenze von 100 000 Franken aus Lieferungen nach Absatz 1 unterschreitet.

4 Unterschreitet der Leistungserbringer oder die Leistungserbringerin die Umsatzgrenze und teilt er oder sie dies der ESTV nicht schriftlich mit, so gilt er oder sie als unterstellt nach Artikel 7 Absatz 3 Buchstabe a MWSTG.

Art. 5 Betriebsstätte
(Art. 7 Abs. 2 , 8 und 10 Abs. 3 MWSTG)

1 Als Betriebsstätte gilt eine feste Geschäftseinrichtung, durch welche die Tätigkeit eines Unternehmens ganz oder teilweise ausgeübt wird.

2 Als Betriebsstätten gelten namentlich:
   a. Zweigniederlassungen;
   b. Fabrikationsstätten;
   c. Werkstätten;
   d. Einkaufs- oder Verkaufsstellen;
   e. ständige Vertretungen;
   f. Bergwerke und andere Stätten der Ausbeutung von Bodenschätzen;
   g. Bau- und Montagestellen von mindestens zwölf Monaten Dauer;
   h. land-, weide- oder waldwirtschaftlich genutzte Grundstücke.

3 Nicht als Betriebsstätten gelten namentlich:
   a. reine Auslieferungslager;
   b. Beförderungsmittel, die entsprechend ihrem ursprünglichen Zweck eingesetzt werden;
   c. Informations-, Repräsentations- und Werbebüros von Unternehmen, die nur zur Ausübung von entsprechenden Hilfstätigkeiten befugt sind.

Art. 5a[2] Schiffsverkehr auf dem Bodensee, dem Untersee und dem Rhein bis zur Schweizer Grenze unterhalb Basel
(Art. 8 Abs. 2 Bst. e MWSTG)

Die Beförderung von Personen mit Schiffen auf dem Bodensee, dem Untersee sowie dem Rhein zwischen dem Untersee und der Schweizer Grenze unterhalb Basel gilt als im Ausland erbracht.

---

[1] Eingefügt durch Ziff. I der V vom 15. Aug. 2018, in Kraft seit 1. Jan. 2019 (AS **2018** 3143).
[2] Eingefügt durch Ziff. I der V vom 12. Okt. 2011, in Kraft seit 1. Jan. 2012 (AS **2011** 4739).

Art. 6 Beförderungsleistungen
(Art. 9 MWSTG)

Eine Beförderungsleistung liegt auch vor, wenn ein Beförderungsmittel mit Bedienungspersonal zu Beförderungszwecken zur Verfügung gestellt wird.

Art. 6a[1] Ort der Leistung für gastgewerbliche, kulturelle und ähnliche Leistungen im Rahmen einer Personenbeförderung im Grenzgebiet
(Art. 9 MWSTG)

¹ Werden Leistungen nach Artikel 8 Absatz 2 Buchstaben c und d MWSTG im Rahmen einer Personenbeförderung erbracht, die im Grenzgebiet teilweise im Inland und teilweise im Ausland oder auf dem Bodensee stattfindet, und lässt sich der Ort der Leistung nicht eindeutig als im Inland oder im Ausland liegend bestimmen, so gilt die Leistung als am Ort erbracht, an dem die dienstleistende Person den Sitz der wirtschaftlichen Tätigkeit oder eine Betriebsstätte hat, oder in Ermangelung eines solchen Sitzes oder einer solchen Betriebsstätte am Wohnort oder am Ort, von dem aus sie tätig wird.

² Weist die steuerpflichtige Person nach, dass eine Leistung nach Absatz 1 im Ausland erbracht worden ist, so gilt Artikel 8 Absatz 2 Buchstaben c und d MWSTG.

2. Titel: Inlandsteuer

1. Kapitel: Steuersubjekt

1. Abschnitt: Unternehmerische Tätigkeit und Umsatzgrenze

Art. 7 Betriebsstätten von ausländischen Unternehmen MI 22
(Art. 10 MWSTG)

Alle inländischen Betriebsstätten eines Unternehmens mit Sitz im Ausland gelten zusammen als ein einziges selbstständiges Steuersubjekt.

Art. 8[2] ...

Art. 9[3] Befreiung und Ende der Befreiung von der Steuerpflicht bei inländischen Unternehmen
(Art. 10 Abs. 2 Bst. a und c sowie 14 Abs. 1 Bst. a und 3 MWSTG)

¹ Unternehmen mit Sitz, Wohnsitz oder Betriebsstätte im Inland, die ihre Tätigkeit aufnehmen oder durch Geschäftsübernahme oder Eröffnung eines neuen Betriebszweiges ausweiten, sind von der Steuerpflicht befreit, wenn zu diesem Zeitpunkt nach den Umständen anzunehmen ist, dass innerhalb der folgenden zwölf Monate die Umsatzgrenze nach Artikel 10 Absatz 2 Buchstabe a oder c MWSTG aus Leistungen im In- und Ausland nicht erreicht wird. Kann zu diesem Zeitpunkt noch nicht beurteilt werden, ob die Umsatzgrenze erreicht wird, so ist spätestens nach drei Monaten eine erneute Beurteilung vorzunehmen.

---

[1] Eingefügt durch Ziff. I der V vom 12. Okt. 2011, in Kraft seit 1. Jan. 2012 (AS **2011** 4739).
[2] Aufgehoben durch Ziff. I der V vom 18. Okt. 2017, mit Wirkung seit 1. Jan. 2018 (AS **2017** 6307).
[3] Fassung gemäss Ziff. I der V vom 18. Okt. 2017, in Kraft seit 1. Jan. 2018 (AS **2017** 6307).

² Ist aufgrund der erneuten Beurteilung anzunehmen, dass die Umsatzgrenze erreicht wird, so endet die Befreiung von der Steuerpflicht wahlweise auf den Zeitpunkt:
   a. der Aufnahme oder der Ausweitung der Tätigkeit; oder
   b. der erneuten Beurteilung, spätestens aber mit Beginn des vierten Monats.

³ Bei bisher von der Steuerpflicht befreiten Unternehmen endet die Befreiung von der Steuerpflicht nach Ablauf des Geschäftsjahres, in dem die Umsatzgrenze erreicht wird. Wurde die für die Steuerpflicht massgebende Tätigkeit nicht während eines ganzen Jahres ausgeübt, so ist der Umsatz auf ein volles Jahr umzurechnen.

Art. 9a[1] Befreiung und Ende der Befreiung von der Steuerpflicht bei ausländischen Unternehmen   MI 22
(Art. 10 Abs. 2 Bst. a und c sowie 14 Abs. 1 Bst. b und 3 MWSTG)

¹ Unternehmen ohne Sitz, Wohnsitz oder Betriebsstätte im Inland, die erstmals eine Leistung im Inland erbringen, sind von der Steuerpflicht befreit, wenn zu diesem Zeitpunkt nach den Umständen anzunehmen ist, dass innerhalb der folgenden zwölf Monate die Umsatzgrenze nach Artikel 10 Absatz 2 Buchstabe a oder c MWSTG aus Leistungen im In- und Ausland nicht erreicht wird. Kann zu diesem Zeitpunkt noch nicht beurteilt werden, ob die Umsatzgrenze erreicht wird, so ist spätestens nach drei Monaten eine erneute Beurteilung vorzunehmen.

² Ist aufgrund der erneuten Beurteilung anzunehmen, dass die Umsatzgrenze erreicht wird, so endet die Befreiung von der Steuerpflicht wahlweise auf den Zeitpunkt:
   a. des erstmaligen Erbringens einer Leistung im Inland; oder
   b. der erneuten Beurteilung, spätestens aber mit Beginn des vierten Monats.

³ Bei bisher von der Steuerpflicht befreiten Unternehmen endet die Befreiung von der Steuerpflicht nach Ablauf des Geschäftsjahres, in dem die Umsatzgrenze erreicht wird. Wurde die für die Steuerpflicht massgebende Tätigkeit nicht während eines ganzen Jahres ausgeübt, so ist der Umsatz auf ein volles Jahr umzurechnen.

Art. 10 Telekommunikations- und elektronische Dienstleistungen
(Art. 10 Abs. 2 Bst. b MWSTG)

¹ Als Telekommunikations- und elektronische Dienstleistungen gelten insbesondere:
   a. Radio- und Fernsehdienstleistungen;
   b. das Verschaffen von Zugangsberechtigungen, namentlich zu Festnetzen und Mobilfunknetzen und zur Satellitenkommunikation sowie zu anderen Informationsnetzen;
   c. das Bereitstellen und Zusichern von Datenübertragungskapazitäten;
   d. das Bereitstellen von Websites, Webhosting, Fernwartung von Programmen und Ausrüstungen;
   e. das elektronische Bereitstellen von Software und deren Aktualisierung;
   f. das elektronische Bereitstellen von Bildern, Texten und Informationen sowie das Bereitstellen von Datenbanken;
   g.[2] das elektronische Bereitstellen von Musik, Filmen und Spielen, einschliesslich Geldspielen.

---

[1] Eingefügt durch Ziff. I der V vom 12. Nov. 2014 (AS 2014 3847). Fassung gemäss Ziff. I der V vom 18. Okt. 2017, in Kraft seit 1. Jan. 2018 (AS 2017 6305).
[2] Fassung gemäss Anhang 2 Ziff. II 2 der Geldspielverordnung vom 7. Nov. 2018, in Kraft seit 1. Jan. 2019 (AS 2018 5155).

² Nicht als Telekommunikations- oder elektronische Dienstleistung gelten namentlich:
   a. die blosse Kommunikation zwischen leistungserbringender und leistungsempfangender Person über Draht, Funk, optische oder sonstige elektromagnetische Medien;
   b. Bildungsleistungen im Sinn von Artikel 21 Absatz 2 Ziffer 11 MWSTG in interaktiver Form;
   c. die blosse Gebrauchsüberlassung von genau bezeichneten Anlagen oder Anlageteilen für die alleinige Verfügung des Mieters oder der Mieterin zwecks Übertragung von Daten.

Art. 11[1] ...

2. Abschnitt: Gemeinwesen

Art. 12 Steuersubjekt
(Art. 12 Abs. 1 MWSTG)

¹ Die Unterteilung eines Gemeinwesens in Dienststellen richtet sich nach der Gliederung des finanziellen Rechnungswesens (Finanzbuchhaltung), soweit dieses dem organisatorischen und funktionalen Aufbau des Gemeinwesens entspricht.

² Übrige Einrichtungen des öffentlichen Rechts nach Artikel 12 Absatz 1 MWSTG sind:
   a. in- und ausländische öffentlich-rechtliche Körperschaften wie Zweckverbände;
   b. öffentlich-rechtliche Anstalten mit eigener Rechtspersönlichkeit;
   c. öffentlich-rechtliche Stiftungen mit eigener Rechtspersönlichkeit;
   d. einfache Gesellschaften von Gemeinwesen.

³ Im Rahmen der grenzüberschreitenden Zusammenarbeit können auch ausländische Gemeinwesen in Zweckverbände und einfache Gesellschaften aufgenommen werden.

⁴ Eine Einrichtung nach Absatz 2 ist als Ganzes ein Steuersubjekt.

Art. 13[2] ...

Art. 14 Unternehmerische Leistungen eines Gemeinwesens
(Art. 12 Abs. 4 MWSTG)

Als unternehmerisch und damit steuerbar gelten Leistungen eines Gemeinwesens, die nicht hoheitliche Tätigkeiten nach Artikel 3 Buchstabe g MWSTG sind. Namentlich die folgenden Leistungen von Gemeinwesen sind unternehmerischer Natur:[3]
   1. Dienstleistungen im Bereich von Radio und Fernsehen, Telekommunikationsdienstleistungen sowie elektronische Dienstleistungen;
   2. Lieferung von Wasser, Gas, Elektrizität, thermischer Energie, Ethanol, Vergällungsmitteln und ähnlichen Gegenständen;
   3. Beförderung von Gegenständen und Personen;
   4. Dienstleistungen in Häfen und auf Flughäfen;
   5. Lieferung von zum Verkauf bestimmten neuen Fertigwaren;
   6.[4] ...

---

[1] Aufgehoben durch Ziff. I der V vom 18. Okt. 2017, mit Wirkung seit 1. Jan. 2018 (AS **2017** 6307).
[2] Aufgehoben durch Ziff. I der V vom 18. Okt. 2017, mit Wirkung seit 1. Jan. 2018 (AS **2017** 6307).
[3] Fassung gemäss Ziff. I der V vom 18. Juni 2010, in Kraft seit 1. Jan. 2010 (AS **2010** 2833).
[4] Aufgehoben durch Ziff. I der V vom 18. Okt. 2017, mit Wirkung seit 1. Jan. 2018 (AS **2017** 6307).

7. Veranstaltung von Messen und Ausstellungen mit gewerblichem Charakter;
8. Betrieb von Sportanlagen wie Badeanstalten und Kunsteisbahnen;
9. Lagerhaltung;
10. Tätigkeiten gewerblicher Werbebüros;
11. Tätigkeiten von Reisebüros;
12. Leistungen von betrieblichen Kantinen, Personalrestaurants, Verkaufsstellen und ähnlichen Einrichtungen;
13. Tätigkeiten von Amtsnotaren und Amtsnotarinnen;
14. Tätigkeiten von Vermessungsbüros;
15. Tätigkeiten im Entsorgungsbereich;
16. Tätigkeiten, die durch vorgezogene Entsorgungsgebühren gestützt auf Artikel 32a^{bis} des Umweltschutzgesetzes vom 7. Oktober 1983[1] (USG) finanziert werden;
17. Tätigkeiten im Rahmen der Erstellung von Verkehrsanlagen;
18. Rauchgaskontrollen;
19. Werbeleistungen.

3. Abschnitt: Gruppenbesteuerung

Art. 15 Einheitliche Leitung
(Art. 13 MWSTG)

Eine einheitliche Leitung liegt vor, wenn durch Stimmenmehrheit, Vertrag oder auf andere Weise das Verhalten eines Rechtsträgers kontrolliert wird.

Art. 16 Gruppenmitglieder
(Art. 13 MWSTG)

¹ Nicht rechtsfähige Personengesellschaften sind Rechtsträgern im Sinn von Artikel 13 MWSTG gleichgestellt.

² Versicherungsvertreter und Versicherungsvertreterinnen können Mitglieder einer Gruppe sein.

³ ...²

Art. 17 Gruppenbildung
(Art. 13 MWSTG)

¹ Der Kreis der Mitglieder der Mehrwertsteuergruppe kann, innerhalb der zur Teilnahme an der Gruppenbesteuerung Berechtigten, frei bestimmt werden.

² Die Bildung mehrerer Teilgruppen ist zulässig.

Art. 18 Bewilligung der Gruppenbesteuerung
(Art. 13 und 67 Abs. 2 MWSTG)

¹ Die ESTV erteilt auf entsprechendes Gesuch hin die Bewilligung zur Gruppenbesteuerung, sofern die massgebenden Voraussetzungen erfüllt sind.

---

[1] SR **814.01**
[2] Aufgehoben durch Ziff. I der V vom 12. Nov. 2014, mit Wirkung seit 1. Jan. 2015 (AS **2014** 3847).

² Dem Gesuch sind schriftliche Erklärungen der einzelnen Mitglieder beizulegen, in denen sich diese mit der Gruppenbesteuerung und deren Wirkungen sowie der gemeinsamen Vertretung durch das darin bestimmte Gruppenmitglied oder die darin bestimmte Person einverstanden erklären.

³ Das Gesuch ist von der Gruppenvertretung einzureichen. Gruppenvertretung kann sein:
 a. ein in der Schweiz ansässiges Mitglied der Mehrwertsteuergruppe; oder
 b. eine Person, die nicht Mitglied ist, mit Wohn- oder Geschäftssitz in der Schweiz.

Art. 19 Änderungen der Gruppenvertretung
(Art. 13 MWSTG)

¹ Ein Rücktritt von der Vertretung einer Mehrwertsteuergruppe ist nur auf das Ende einer Steuerperiode möglich. Dabei ist der Rücktritt mindestens einen Monat im Voraus der ESTV schriftlich anzuzeigen.

² Tritt die bisherige Gruppenvertretung zurück und wird der ESTV nicht bis einen Monat vor Ende der Steuerperiode eine neue Gruppenvertretung schriftlich gemeldet, so kann die ESTV nach vorgängiger Mahnung eines der Gruppenmitglieder zur Gruppenvertretung bestimmen.

³ Die Gruppenmitglieder können gemeinsam der Gruppenvertretung das Mandat entziehen, sofern sie gleichzeitig eine neue Gruppenvertretung bestimmen. Absatz 1 gilt sinngemäss.

Art. 20 Änderungen im Bestand der Gruppe
(Art. 13 MWSTG)

¹ Erfüllt ein Mitglied die Voraussetzungen nicht mehr, um an der Gruppenbesteuerung teilzunehmen, so muss die Gruppenvertretung dies der ESTV schriftlich melden.

² Auf Gesuch hin kann ein Rechtsträger in eine bestehende Gruppe eintreten oder ein Mitglied aus einer Gruppe austreten. Die ESTV bewilligt den Ein- oder den Austritt auf den Beginn der folgenden beziehungsweise auf das Ende der laufenden Steuerperiode.

³ Erfüllt ein Rechtsträger, bei dem die Voraussetzungen zur Teilnahme an der Gruppenbesteuerung bisher nicht gegeben waren, neu diese Voraussetzungen, so kann der Eintritt in eine bestehende Mehrwertsteuergruppe auch während der laufenden Steuerperiode verlangt werden, sofern das entsprechende Gesuch der ESTV innert 30 Tagen nach Bekanntgabe der massgebenden Änderung im Handelsregister beziehungsweise nach Eintritt der Voraussetzungen schriftlich eingereicht wird.

Art. 21 Administrative und buchhalterische Erfordernisse
(Art. 13 MWSTG)

¹ Die Mitglieder müssen ihre Buchhaltung am gleichen Bilanzstichtag abschliessen; davon ausgenommen sind Holdinggesellschaften, wenn diese aus Gründen der Rechnungslegung einen anderen Bilanzstichtag aufweisen.

² Jedes Mitglied muss eine interne Mehrwertsteuerabrechnung erstellen, die in der Abrechnung der Mehrwertsteuergruppe zu konsolidieren ist.

Art. 22 Mithaftung bei Gruppenbesteuerung
(Art. 15 Abs. 1 Bst. c MWSTG)

¹ Die Mithaftung eines Mitglieds einer Mehrwertsteuergruppe erstreckt sich auf alle Steuer-, Zins- und Kostenforderungen, die während dessen Zugehörigkeit zur Gruppe entstehen, ausgenommen Bussen.

² Wurde gegenüber einem Gruppenmitglied eine Betreibung eingeleitet, bei der Gruppenvertretung eine Steuernachforderung mittels Einschätzungsmitteilung geltend gemacht oder wurde eine Kontrolle angekündigt, so kann sich ein Gruppenmitglied nicht durch Austritt aus der Gruppe der Mithaftung entziehen.

4. Abschnitt: Haftung bei der Zession von Forderungen

Art. 23 Umfang der Abtretung
(Art. 15 Abs. 4 MWSTG)

Bei der Abtretung eines Teilbetrags einer Forderung auf ein Entgelt gilt die Mehrwertsteuer als anteilig mitzediert. Die Abtretung der Nettoforderung ohne Mehrwertsteuer ist nicht möglich.

Art. 24 Umfang der Haftung
(Art. 15 Abs. 4 MWSTG)

¹ Die Haftung nach Artikel 15 Absatz 4 MWSTG beschränkt sich auf die Höhe des Mehrwertsteuerbetrags, der während eines Zwangsvollstreckungsverfahrens gegen die steuerpflichtige Person ab dem Zeitpunkt der Pfändung beziehungsweise ab dem Zeitpunkt der Konkurseröffnung durch den Zessionar oder die Zessionarin tatsächlich vereinnahmt worden ist.

² Im Rahmen eines Pfändungs- oder Pfandverwertungsverfahrens gegen eine steuerpflichtige Person muss die ESTV den Zessionar oder die Zessionarin nach Erhalt der Pfändungsurkunde unverzüglich über seine oder ihre Haftung informieren.

³ Nach der Eröffnung des Konkurses über eine steuerpflichtige Person kann die ESTV die Haftung des Zessionars oder der Zessionarin unabhängig von einer vorgängigen Mitteilung in Anspruch nehmen.

Art. 25 Befreiung von der Haftung
(Art. 15 Abs. 4 MWSTG)

Durch Weiterleitung der mit der Forderung mitzedierten und vereinnahmten Mehrwertsteuer an die ESTV befreit sich der Zessionar oder die Zessionarin im entsprechenden Umfang von der Haftung.

2. Kapitel: Steuerobjekt

1. Abschnitt: Leistungsverhältnis

Art. 26[1] **Leistungen an eng verbundene Personen**
(Art. 18 Abs. 1 MWSTG)

Das Erbringen von Leistungen an eng verbundene Personen gilt als Leistungsverhältnis. Die Bemessung richtet sich nach Artikel 24 Absatz 2 MWSTG.

Art. 27 Vorgezogene Entsorgungsgebühren
(Art. 18 Abs. 1 MWSTG)

Private Organisationen im Sinn von Artikel $32a^{bis}$ USG[2] erbringen durch ihre Tätigkeiten Leistungen gegenüber den Herstellern und Importeuren. Die vorgezogenen Entsorgungsgebühren sind Entgelt für diese Leistungen.

Art. 28 Grenzüberschreitende Entsendung von Mitarbeitenden im Konzern
(Art. 18 MWSTG)

Kein Leistungsverhältnis bei grenzüberschreitender Entsendung von Mitarbeitenden innerhalb eines Konzerns liegt vor, wenn:

a. ein ausländischer Arbeitgeber einen Arbeitnehmer oder eine Arbeitnehmerin in einem zum gleichen Konzern gehörenden Einsatzbetrieb im Inland einsetzt oder ein inländischer Arbeitgeber einen Arbeitnehmer oder eine Arbeitnehmerin in einem zum gleichen Konzern gehörenden ausländischen Einsatzbetrieb einsetzt;
b. der Arbeitnehmer oder die Arbeitnehmerin die Arbeitsleistung dem Einsatzbetrieb erbringt, jedoch den Arbeitsvertrag mit dem entsendenden Unternehmen beibehält; und
c. die Löhne, Sozialabgaben und dazugehörenden Spesen vom entsendenden Arbeitgeber ohne Zuschläge dem Einsatzbetrieb belastet werden.

Art. 29 Subventionen und andere öffentlich-rechtliche Beiträge
(Art. 18 Abs. 2 Bst. a MWSTG)

Als Subventionen oder andere öffentlich-rechtliche Beiträge gelten namentlich die von Gemeinwesen ausgerichteten:

a. Finanzhilfen im Sinn von Artikel 3 Absatz 1 des Subventionsgesetzes vom 5. Oktober 1990[3] (SuG);
b. Abgeltungen im Sinn von Artikel 3 Absatz 2 Buchstabe a SuG, sofern kein Leistungsverhältnis vorliegt;
c. Forschungsbeiträge, sofern dem Gemeinwesen kein Exklusivrecht auf die Resultate der Forschung zusteht;
d. mit den Buchstaben a–c vergleichbaren Mittelflüsse, die gestützt auf kantonales und kommunales Recht ausgerichtet werden.

---

[1] Die Berichtigung vom 12. Dez. 2017 betrifft nur den französischen Text (AS **2017** 7263).
[2] SR **814.01**
[3] SR **616.1**

Art. 30 Weiterleiten von Mittelflüssen, die nicht als Entgelte gelten
(Art. 18 Abs. 2 MWSTG)

¹ Das Weiterleiten von Mittelflüssen, die nach Artikel 18 Absatz 2 MWSTG nicht als Entgelte gelten, namentlich innerhalb von Bildungs- und Forschungskooperationen, unterliegt nicht der Steuer.

² Die Kürzung des Vorsteuerabzugs nach Artikel 33 Absatz 2 MWSTG erfolgt beim letzten Zahlungsempfänger oder der letzten Zahlungsempfängerin.

2. Abschnitt: Mehrheit von Leistungen

Art. 31 Spezialwerkzeuge
(Art. 19 Abs. 1 MWSTG)

¹ Spezialwerkzeuge, die eine steuerpflichtige Person eigens für die Ausführung eines Fabrikationsauftrages zukauft, anfertigen lässt oder selbst anfertigt, gelten als Teil der Lieferung des damit hergestellten Gegenstands. Unerheblich ist, ob die Spezialwerkzeuge:

a. dem Leistungsempfänger oder der Leistungsempfängerin allenfalls gesondert fakturiert oder in den Preis der Erzeugnisse eingerechnet werden;
b. nach Ausführung des Fabrikationsauftrages dem Leistungsempfänger oder der Leistungsempfängerin oder einer von ihm oder ihr bezeichneten Drittperson abgeliefert werden oder nicht.

² Als Spezialwerkzeuge gelten namentlich Klischees, Fotolithos und Satz, Stanz- und Ziehwerkzeuge, Lehren, Vorrichtungen, Press- und Spritzformen, Gesenke, Giessereimodelle, Kokillen und Filme für gedruckte Schaltungen.

Art. 32¹ Sachgesamtheiten und Leistungskombinationen
(Art. 19 Abs. 2 MWSTG)

Für die Bestimmung, ob der Ort der Leistung bei Leistungskombinationen im Inland oder im Ausland liegt, ist Artikel 19 Absatz 2 MWSTG sinngemäss anwendbar.

Art. 33 Geltung der Einfuhrsteuerveranlagung für die Inlandsteuer
(Art. 19 Abs. 2 MWSTG)

Eine Einfuhrsteuerveranlagung nach Artikel 112 ist auch für die Inlandsteuer massgebend, sofern nach der Einfuhrveranlagung keine Bearbeitung oder Veränderung der Leistungskombination vorgenommen wurde.

3. Abschnitt: Von der Steuer ausgenommene Leistungen

Art. 34 Heilbehandlungen
(Art. 21 Abs. 2 Ziff. 3 MWSTG)

¹ Als Heilbehandlungen gelten die Feststellung und Behandlung von Krankheiten, Verletzungen und anderen Störungen der körperlichen und seelischen Gesundheit des Menschen sowie Tätigkeiten, die der Vorbeugung von Krankheiten und Gesundheitsstörungen des Menschen dienen.

---

¹ Fassung gemäss Ziff. I der V vom 18. Okt. 2017, in Kraft seit 1. Jan. 2018 (AS **2017** 6307).

² Den Heilbehandlungen gleichgestellt sind:
a. besondere Leistungen bei Mutterschaft, wie Kontrolluntersuchungen, Geburtsvorbereitung oder Stillberatung;
b. Untersuchungen, Beratungen und Behandlungen, die mit künstlicher Befruchtung, Empfängnisverhütung oder Schwangerschaftsabbruch im Zusammenhang stehen;
c. Lieferungen und Dienstleistungen eines Arztes, einer Ärztin, eines Zahnarztes oder einer Zahnärztin für die Erstellung eines medizinischen Berichts oder Gutachtens zur Abklärung sozialversicherungsrechtlicher Ansprüche.

³ Nicht als Heilbehandlungen gelten namentlich:
a. Untersuchungen, Beratungen und Behandlungen, die lediglich der Hebung des Wohlbefindens oder der Leistungsfähigkeit dienen oder lediglich aus ästhetischen Gründen vorgenommen werden, ausser die Untersuchung, Beratung oder Behandlung erfolge durch einen Arzt, eine Ärztin, einen Zahnarzt oder eine Zahnärztin, die im Inland zur Ausübung der ärztlichen oder zahnärztlichen Tätigkeit berechtigt sind;
b. die zur Erstellung eines Gutachtens vorgenommenen Untersuchungen, die nicht mit einer konkreten Behandlung der untersuchten Person im Zusammenhang stehen, ausser in Fällen nach Absatz 2 Buchstabe c;
c. die Abgabe von Medikamenten oder von medizinischen Hilfsmitteln, es sei denn, diese werden von der behandelnden Person im Rahmen einer Heilbehandlung verwendet;
d. die Abgabe von selbst hergestellten oder zugekauften Prothesen und orthopädischen Apparaten, auch wenn diese im Rahmen einer Heilbehandlung erfolgt; als Prothese gilt ein Körper-Ersatz, der ohne operativen Eingriff vom Körper entfernt und wieder eingesetzt oder angebracht werden kann;
e. Massnahmen der Grundpflege; diese gelten als Pflegeleistungen nach Artikel 21 Absatz 2 Ziffer 4 MWSTG.

Art. 35 Voraussetzung für die Anerkennung als Erbringer oder Erbringerin einer Heilbehandlung
(Art. 21 Abs. 2 Ziff. 3 MWSTG)

¹ Ein Leistungserbringer oder eine Leistungserbringerin verfügt über eine Berufsausübungsbewilligung im Sinn von Artikel 21 Absatz 2 Ziffer 3 MWSTG, wenn er oder sie:
a. im Besitz der nach kantonalem Recht erforderlichen Bewilligung zur selbstständigen Berufsausübung ist; oder
b. zur Ausübung der Heilbehandlung nach der kantonalen Gesetzgebung zugelassen ist.

² Als Angehörige von Heil- und Pflegeberufen im Sinn von Artikel 21 Absatz 2 Ziffer 3 MWSTG gelten namentlich:
a. Ärzte und Ärztinnen;
b. Zahnärzte und Zahnärztinnen;
c. Zahnprothetiker und Zahnprothetikerinnen;
c^bis.[1] Dentalhygieniker und Dentalhygienikerinnen;
d. Psychotherapeuten und Psychotherapeutinnen;
e. Chiropraktoren und Chiropraktorinnen;
f. Physiotherapeuten und Physiotherapeutinnen;
g. Ergotherapeuten und Ergotherapeutinnen;

---
[1] Eingefügt durch Ziff. I der V vom 30. Okt. 2013, in Kraft seit 1. Jan. 2014 (AS **2013** 3839).

h. Naturärzte, Naturärztinnen, Heilpraktiker, Heilpraktikerinnen, Naturheilpraktiker und Naturheilpraktikerinnen;
i. Entbindungspfleger und Hebammen;
j. Pflegefachmänner und Pflegefachfrauen;
k. medizinische Masseure und Masseurinnen;
l. Logopäden und Logopädinnen;
m. Ernährungsberater und Ernährungsberaterinnen;
n. Podologen und Podologinnen;
o.[1] Personen, die nach der Covid-19-Verordnung 3 vom 19. Juni 2020[2] zur Durchführung von Analysen auf Sars-CoV-2 berechtigt sind, für die Durchführung dieser Analysen;
p.[3] Apotheker und Apothekerinnen für die Durchführung von Covid-19-Impfungen.

Art. 36 Kulturelle Leistungen
(Art. 21 Abs. 2 Ziff. 14 und 16 MWSTG)

1 ...[4]

2 Als Urheber und Urheberinnen im Sinn von Artikel 21 Absatz 2 Ziffer 16 MWSTG gelten Urheber und Urheberinnen von Werken nach den Artikeln 2 und 3 URG, soweit sie kulturelle Dienstleistungen und Lieferungen erbringen.

Art. 37[5] ...

Art. 38[6] Zusammenarbeit zwischen Gemeinwesen
(Art. 21 Abs. 2 Ziff. 28 Bst. b und c MWSTG)

1 Als Beteiligung von Gemeinwesen an privat- oder öffentlich-rechtlichen Gesellschaften im Sinn von Artikel 21 Absatz 2 Ziffer 28 Buchstabe b MWSTG gilt sowohl eine direkte als auch eine indirekte Beteiligung.

2 Als von Gemeinwesen gegründete Anstalten und Stiftungen im Sinn von Artikel 21 Absatz 2 Ziffer 28 Buchstabe c MWSTG gelten sowohl direkt als auch indirekt von Gemeinwesen gegründete Anstalten und Stiftungen.

3 Die Steuerausnahme erstreckt sich auf:
a. die Leistungen zwischen privat- oder öffentlich-rechtlichen Gesellschaften, an denen ausschliesslich Gemeinwesen beteiligt sind, und den ausschliesslich von diesen Gesellschaften direkt oder indirekt gehaltenen Gesellschaften oder direkt oder indirekt gegründeten Anstalten und Stiftungen;
b. die Leistungen zwischen ausschliesslich von Gemeinwesen gegründeten Anstalten oder Stiftungen und den ausschliesslich von diesen Anstalten oder Stiftungen direkt oder indirekt gehaltenen Gesellschaften oder direkt oder indirekt gegründeten Anstalten und Stiftungen.

---

[1] Eingefügt durch Ziff. II der V vom 18. Dez. 2020 (Sars-CoV-2-Schnelltests) (AS **2020** 5801). Fassung gemäss Ziff. I der V vom 17. Dez. 2021, in Kraft vom 1. Jan. 2022 bis zum 31. Dez. 2022, verlängert bis zum 30. Juni 2024 (AS **2021** 891; **2022** 838).
[2] SR **818.101.24**
[3] Eingefügt durch Ziff. II der V vom 27. Jan. 2021 (AS **2021** 53). Fassung gemäss Ziff. II der V vom 3. Dez. 2021, in Kraft vom 1. Jan. 2022 bis zum 31. Dez. 2022, verlängert bis zum 31. Dez. 2023 (AS **2021** 825; **2022** 835 Ziff. II).
[4] Aufgehoben durch Ziff. I der V vom 18. Okt. 2017, mit Wirkung seit 1. Jan. 2018 (AS **2017** 6307).
[5] Aufgehoben durch Ziff. I der V vom 18. Okt. 2017, mit Wirkung seit 1. Jan. 2018 (AS **2017** 6307).
[6] Fassung gemäss Ziff. I der V vom 18. Okt. 2017, in Kraft seit 1. Jan. 2018 (AS **2017** 6307).

Art. 38a[1] **Bildungs- und Forschungsinstitutionen**
(Art. 21 Abs. 7 MWSTG)

1 Als Bildungs- und Forschungsinstitutionen gelten:

a. Institutionen des Hochschulwesens, die von Bund und Kantonen im Rahmen von Artikel 63*a* der Bundesverfassung[2] gestützt auf eine gesetzliche Grundlage gefördert werden;
b. gemeinnützige Organisationen nach Artikel 3 Buchstabe j MWSTG sowie Gemeinwesen nach Artikel 12 MWSTG;
c. öffentliche Spitäler unabhängig von ihrer Rechtsform.

2 Unternehmen der Privatwirtschaft gelten nicht als Bildungs- oder Forschungsinstitutionen.

Art. 39[3] **Option für die Versteuerung der von der Steuer ausgenommenen Leistungen**
(Art. 22 MWSTG)

Die Option durch Deklaration in der Abrechnung muss in der Steuerperiode ausgeübt werden, in der die Umsatzsteuerschuld entstanden ist. Nach Ablauf der Finalisierungsfrist gemäss Artikel 72 Absatz 1 MWSTG ist eine Ausübung der Option oder ein Verzicht auf eine ausgeübte Option nicht mehr möglich.

4. Abschnitt: Von der Steuer befreite Leistungen

Art. 40[4] ...

Art. 41 Steuerbefreiung des internationalen Luftverkehrs
(Art. 23 Abs. 4 MWSTG)

1 Von der Steuer sind befreit:

a. Beförderungen im Luftverkehr, bei denen entweder der Ankunfts- oder der Abflugsort im Inland liegt;
b. Beförderungen im Luftverkehr von einem ausländischen Flughafen zu einem anderen ausländischen Flughafen über inländisches Gebiet.

2 Inlandstrecken im internationalen Luftverkehr sind von der Steuer befreit, wenn der Flug im Inland lediglich durch eine technische Zwischenlandung oder zum Umsteigen auf einen Anschlussflug unterbrochen wird.

Art. 42 Steuerbefreiung des internationalen Eisenbahnverkehrs
(Art. 23 Abs. 4 MWSTG)

1 Beförderungen im grenzüberschreitenden Eisenbahnverkehr sind unter Vorbehalt von Absatz 2 von der Steuer befreit, soweit es sich um Strecken handelt, wofür ein internationaler Fahrausweis besteht. Darunter fallen:

a. Beförderungen auf Strecken, bei denen entweder der Abgangs- oder der Ankunftsbahnhof im Inland liegt;

---

[1] Eingefügt durch Ziff. I der V vom 18. Okt. 2017, in Kraft seit 1. Jan. 2018 (AS **2017** 6307).
[2] SR **101**
[3] Fassung gemäss Ziff. I der V vom 18. Okt. 2017, in Kraft seit 1. Jan. 2018 (AS **2017** 6307).
[4] Aufgehoben durch Ziff. I der V vom 18. Okt. 2017, mit Wirkung seit 1. Jan. 2018 (AS **2017** 6307).

b. Beförderungen auf inländischen Strecken, die im Transit benutzt werden, um die im Ausland liegenden Abgangs- und Ankunftsbahnhöfe zu verbinden.

² Für eine Steuerbefreiung muss der Fahrpreisanteil der ausländischen Strecke grösser sein als die wegen der Steuerbefreiung entfallende Mehrwertsteuer.

³ Für den Verkauf von Pauschalfahrausweisen, namentlich Generalabonnementen und Halbtax-Abonnementen, die ganz oder teilweise für steuerbefreite Beförderungen verwendet werden, wird keine Steuerbefreiung gewährt.

Art. 43 Steuerbefreiung des internationalen Busverkehrs
(Art. 23 Abs. 4 MWSTG)

¹ Von der Steuer befreit sind die Beförderungen von Personen mit Autobussen auf Strecken, die:

a. überwiegend über ausländisches Gebiet führen; oder
b. im Transit benutzt werden, um die im Ausland liegenden Abgangs- und Ankunftsorte zu verbinden.

² Von der Steuer befreit sind Personenbeförderungen auf reinen Inlandstrecken, die allein für das unmittelbare Zubringen einer Person zu einer Beförderungsleistung nach Absatz 1 bestimmt sind, sofern diese gemeinsam mit der Beförderungsleistung nach Absatz 1 in Rechnung gestellt wird.

Art. 44 Steuerbefreite Umsätze von Münz- und Feingold
(Art. 107 Abs. 2 MWSTG)

¹ Von der Steuer sind befreit die Umsätze von:

a. staatlich geprägten Goldmünzen der Zolltarifnummern 7118.9010 und 9705.0000[1];
b.[2] Gold zu Anlagezwecken im Mindestfeingehalt von 995 Tausendsteln, in Form von:

1. gegossenen Barren, versehen mit der Angabe des Feingehalts und dem Stempelzeichen eines anerkannten Prüfer-Schmelzers, oder
2. gestanzten Plättchen, versehen mit der Angabe des Feingehalts und dem Stempelzeichen eines anerkannten Prüfer-Schmelzers oder einer in der Schweiz registrierten Verantwortlichkeitsmarke;
c.[3] Gold in Form von Granalien im Mindestfeingehalt von 995 Tausendsteln, die von einem anerkannten Prüfer-Schmelzer verpackt und versiegelt wurden;
d. Gold in Rohform oder in Form von Halbzeug, das zur Raffination oder Wiedergewinnung bestimmt ist;
e. Gold in Form von Abfällen und Schrott.

² Als Gold im Sinn von Absatz 1 Buchstaben d und e gelten auch Legierungen, die zwei oder mehr Gewichtsprozent Gold oder, wenn Platin enthalten ist, mehr Gold als Platin aufweisen.

---

[1] SR **632.10** Anhang
[2] Fassung gemäss Ziff. I der V vom 30. Okt. 2013, in Kraft seit 1. Jan. 2014 (AS **2013** 3839).
[3] Fassung gemäss Ziff. I der V vom 30. Okt. 2013, in Kraft seit 1. Jan. 2014 (AS **2013** 3839).

3. Kapitel: Bemessungsgrundlage und Steuersätze

1. Abschnitt: Bemessungsgrundlage

Art. 45 Entgelte in ausländischer Währung
(Art. 24 Abs. 1 MWSTG)

¹ Zur Berechnung der geschuldeten Mehrwertsteuer sind Entgelte in ausländischer Währung im Zeitpunkt der Entstehung der Steuerforderung in Landeswährung umzurechnen.

² Ein Entgelt in ausländischer Währung liegt vor, wenn die Rechnung oder Quittung in ausländischer Währung ausgestellt ist. Wird keine Rechnung oder Quittung ausgestellt, so ist die Verbuchung beim Leistungserbringer oder bei der Leistungserbringerin massgebend. Unerheblich ist, ob in Landes- oder in ausländischer Währung bezahlt wird und in welcher Währung das Retourgeld ausbezahlt wird.

³ Die Umrechnung erfolgt nach dem von der ESTV veröffentlichten Wechselkurs, wobei wahlweise der Monatsmittelkurs oder der Tageskurs für den Verkauf von Devisen verwendet werden kann.[1]

³ᵇⁱˢ Bei ausländischen Währungen, für welche die ESTV keinen Kurs veröffentlicht, gilt der publizierte Tageskurs für den Verkauf von Devisen einer inländischen Bank.[2]

⁴ Steuerpflichtige Personen, die Teil eines Konzerns sind, können für die Umrechnung ihren Konzernumrechnungskurs verwenden. Dieser ist sowohl für die Leistungen innerhalb des Konzerns als auch im Verhältnis zu Dritten anzuwenden.[3]

⁵ Das gewählte Vorgehen (Monatsmittel-, Tages- oder Konzernkurs) ist während mindestens einer Steuerperiode beizubehalten.

Art. 46 Kreditkartenkommissionen und Scheckgebühren
(Art. 24 Abs. 1 MWSTG)

Nicht als Entgeltsminderungen gelten Kreditkartenkommissionen, Scheckgebühren, WIR-Einschläge und dergleichen.

Art. 47 Leistungen an das Personal
(Art. 24 MWSTG)

¹ Bei entgeltlichen Leistungen an das Personal ist die Steuer vom tatsächlich empfangenen Entgelt zu berechnen. Artikel 24 Absätze 2 und 3 MWSTG bleiben vorbehalten.

² Leistungen des Arbeitgebers an das Personal, die im Lohnausweis zu deklarieren sind, gelten als entgeltlich erbracht. Die Steuer ist von dem Betrag zu berechnen, der auch für die direkten Steuern massgebend ist.

³ Leistungen, die im Lohnausweis nicht zu deklarieren sind, gelten als nicht entgeltlich erbracht und es wird vermutet, dass ein unternehmerischer Grund besteht.

---

[1] Fassung gemäss Ziff. I der V vom 18. Okt. 2017, in Kraft seit 1. Jan. 2018 (AS **2017** 6307).
[2] Eingefügt durch Ziff. I der V vom 18. Okt. 2017, in Kraft seit 1. Jan. 2018 (AS **2017** 6307).
[3] Fassung gemäss Ziff. I der V vom 18. Okt. 2017, in Kraft seit 1. Jan. 2018 (AS **2017** 6307).

⁴ Soweit bei den direkten Steuern Pauschalen für die Ermittlung von Lohnanteilen zulässig sind, die auch für die Bemessung der Mehrwertsteuer dienlich sind, können diese für die Mehrwertsteuer ebenfalls angewendet werden.

⁵ Für die Anwendung der Absätze 2–4 ist nicht erheblich, ob es sich dabei um eng verbundene Personen nach Artikel 3 Buchstabe h MWSTG handelt.[1]

Art. 48 Kantonale Abgaben an Wasser-, Abwasser- oder Abfallfonds
(Art. 24 Abs. 6 Bst. d MWSTG)

¹ Die ESTV legt für jeden Fonds den Umfang des Abzuges in Prozenten fest, der für die einzelnen angeschlossenen Entsorgungsanstalten und Wasserwerke gilt.

² Sie berücksichtigt dabei, dass:
  a. der Fonds nicht alle eingenommenen Abgaben wieder ausrichtet; und
  b. die steuerpflichtigen Bezüger und Bezügerinnen von Entsorgungsdienstleistungen und Wasserlieferungen die ihnen darauf in Rechnung gestellte Steuer vollumfänglich als Vorsteuer abgezogen haben.

1a. Abschnitt:[2] Margenbesteuerung

Art. 48a Kunstgegenstände, Antiquitäten und andere Sammlerstücke
(Art. 24*a* Abs. 4 MWSTG)

¹ Als Kunstgegenstände gelten folgende körperliche Werke von Urhebern und Urheberinnen nach Artikel 21 Absatz 2 Ziffer 16 MWSTG:
  a. vom Künstler oder von der Künstlerin persönlich geschaffene Bildwerke wie Ölgemälde, Aquarelle, Pastelle, Zeichnungen, Collagen und dergleichen; ausgenommen sind Baupläne und -zeichnungen, technische Zeichnungen und andere Pläne und Zeichnungen zu Gewerbe-, Handels-, topografischen oder ähnlichen Zwecken, bemalte oder verzierte gewerbliche Erzeugnisse, bemalte Gewebe für Theaterdekorationen, Atelierhintergründe und dergleichen;
  b. Originalstiche, -schnitte und -steindrucke, die unmittelbar in begrenzter Stückzahl von einer oder mehreren vom Künstler oder von der Künstlerin vollständig handgearbeiteten Platten nach einem beliebigen, jedoch nicht mechanischen oder fotomechanischen Verfahren auf ein beliebiges Material in Schwarz-Weiss oder farbig abgezogen wurden;
  c. Serigrafien, die die Merkmale eines künstlerisch individuell gestalteten Originalwerks aufweisen, in begrenzter Stückzahl hergestellt und von vom Urheber oder von der Urheberin vollständig handgearbeiteten Vervielfältigungsformen abgezogen worden sind;
  d. Originalwerke der Bildhauerkunst, die vollständig vom Künstler oder von der Künstlerin geschaffen wurden, sowie unter Aufsicht des Künstlers oder der Künstlerin beziehungsweise deren Rechtsnachfolger hergestellte Bildgüsse in begrenzter Stückzahl;
  e. handgearbeitete Tapisserien und Textilwaren für Wandbekleidung nach Originalentwürfen von Künstlern und Künstlerinnen in begrenzter Stückzahl;

---

[1] Die Berichtigung vom 12. Dez. 2017 betrifft nur den französischen Text (AS **2017** 7263).
[2] Eingefügt durch Ziff. I der V vom 18. Okt. 2017, in Kraft seit 1. Jan. 2018 (AS **2017** 6307).

f. Originalwerke aus Keramik, die vollständig vom Künstler oder von der Künstlerin geschaffen und von ihm oder ihr signiert wurden;
g. Werke der Emaillekunst in begrenzter Stückzahl, die vollständig von Hand geschaffen wurden, nummeriert und mit der Signatur des Künstlers oder der Künstlerin oder des Kunstateliers versehen sind;
h. vom Künstler oder von der Künstlerin aufgenommene Fotografien, die von ihm oder ihr oder unter deren Aufsicht in begrenzter Stückzahl abgezogen sowie zertifiziert oder von ihm oder ihr signiert wurden;
i. in den Buchstaben a–h nicht genannte, vom Künstler oder von der Künstlerin persönlich geschaffene Kunstgegenstände in begrenzter Stückzahl.

² Als Antiquitäten gelten bewegliche Gegenstände, die mehr als 100 Jahre alt sind.

³ Als Sammlerstücke gelten namentlich auch:

a. Briefmarken, Stempelmarken, Steuerzeichen, Ersttagsbriefe, Ganzsachen und dergleichen, entwertet oder nicht entwertet, die nicht zum Umlauf vorgesehen sind;
b. zoologische, botanische, mineralogische oder anatomische Sammlerstücke und Sammlungen; Sammlerstücke von geschichtlichem, archäologischem, paläontologischem, völkerkundlichem oder münzkundlichem Wert;
c. Motorfahrzeuge, deren erste Inverkehrsetzung beim Ankauf länger als 30 Jahre zurückliegt;
d. Weine und andere Alkoholika, die mit Jahrgang versehen sind und mittels Nummerierung oder auf andere Art und Weise individualisierbar sind;
e. Gegenstände aus Edelmetallen, Edelmetallplattierungen, Edelsteinen, Schmucksteinen und dergleichen wie Bijouterie, Juwelierwaren, Uhren und Münzen, die einen Sammlerwert haben.

Art. 48b Margenbesteuerung bei zu einem Gesamtpreis erworbenen Gegenständen
(Art. 24a Abs. 5 MWSTG)

¹ Hat der Wiederverkäufer oder die Wiederverkäuferin Sammlerstücke zu einem Gesamtpreis erworben, so muss er oder sie für den Verkauf sämtlicher dieser Sammlerstücke die Margenbesteuerung anwenden.

² Das Entgelt aus dem Wiederverkauf einzelner zu einem Gesamtpreis erworbener Sammlerstücke ist in der Abrechnungsperiode, in der es erzielt wurde, zu deklarieren. Sobald die Entgelte zusammen den Gesamtpreis übersteigen, sind sie zu versteuern.

³ Werden Sammlerstücke zusammen mit anderen Gegenständen zu einem Gesamtpreis erworben, so ist die Margenbesteuerung nur anwendbar, wenn der Anteil am Ankaufspreis, der auf die Sammlerstücke entfällt, annäherungsweise ermittelt werden kann.

Art. 48c Rechnungsstellung
(Art. 24a MWSTG)

Weist die steuerpflichtige Person die Steuer beim Wiederverkauf von Sammlerstücken offen aus, so schuldet sie die Steuer und kann weder die Margenbesteuerung anwenden noch die fiktive Vorsteuer abziehen.

Art. 48d Aufzeichnungen
(Art. 24a MWSTG)

Die steuerpflichtige Person muss über die Sammlerstücke eine Bezugs- und Verkaufskontrolle führen. Bei zu einem Gesamtpreis erworbenen Gegenständen sind pro Gesamtheit separate Aufzeichnungen zu führen.

2. Abschnitt: Steuersätze

Art. 49[1] Medikamente
(Art. 25 Abs. 2 Bst. a Ziff. 8 MWSTG)

Als Medikamente gelten:
a. nach Artikel 9 Absatz 1 des Heilmittelgesetzes vom 15. Dezember 2000[2] (HMG) zugelassene verwendungsfertige Arzneimittel- und Tierarzneimittel-Vormischungen sowie die entsprechenden galenisch fertigen Produkte;
b.[3] verwendungsfertige Arzneimittel, die nach Artikel 9 Absätze 2 und 2ter HMG keiner Zulassung bedürfen, mit Ausnahme von menschlichem und tierischem Vollblut;
c.[4] verwendungsfertige Arzneimittel, die nach Artikel 9a HMG eine befristete Zulassung oder nach Artikel 9b HMG eine befristete Bewilligung erhalten haben;
d.[5] nicht zugelassene verwendungsfertige Arzneimittel nach den Artikeln 48 und 49 Absätze 1–4 der Arzneimittel-Bewilligungsverordnung vom 14. November 2018[6] sowie nach den Artikeln 7–7c der Tierarzneimittelverordnung vom 18. August 2004[7].

Art. 50 Zeitungen und Zeitschriften ohne Reklamecharakter
(Art. 25 Abs. 2 Bst. a Ziff. 9 MWSTG)

Als Zeitungen und Zeitschriften ohne Reklamecharakter gelten Druckerzeugnisse, welche die folgenden Voraussetzungen erfüllen:
a. Sie erscheinen periodisch, mindestens zweimal pro Jahr.
b. Sie dienen der laufenden Orientierung über Wissenswertes oder der Unterhaltung.
c. Sie tragen einen gleich bleibenden Titel.
d. Sie enthalten eine fortlaufende Nummerierung sowie die Angabe des Erscheinungsdatums und der Erscheinungsweise.
e. Sie sind äusserlich als Zeitungen oder Zeitschriften aufgemacht.
f. Sie weisen nicht überwiegend Flächen zur Aufnahme von Eintragungen auf.

Art. 50a[8] Elektronische Zeitungen und Zeitschriften ohne Reklamecharakter
(Art. 25 Abs. 2 Bst. a^{bis} MWSTG)

1 Als elektronische Zeitungen und Zeitschriften ohne Reklamecharakter gelten elektronische Erzeugnisse, die:

---

1 Fassung gemäss Ziff. I der V vom 18. Juni 2010, in Kraft seit 1. Jan. 2010 (AS **2010** 2833).
2 SR **812.21**
3 Fassung gemäss Ziff. I der V vom 8. März 2019, in Kraft seit 1. April 2019 (AS **2019** 911).
4 Fassung gemäss Ziff. I der V vom 8. März 2019, in Kraft seit 1. April 2019 (AS **2019** 911).
5 Fassung gemäss Ziff. III 1 der V vom 3. Juni 2022, in Kraft seit 1. Juli 2022 (AS **2022** 349).
6 SR **812.212.1**
7 SR **812.212.27**
8 Eingefügt durch Ziff. I der V vom 18. Okt. 2017, in Kraft seit 1. Jan. 2018 (AS **2017** 6307).

a. auf elektronischem Weg übermittelt oder auf Datenträgern angeboten werden;
  b. überwiegend text- oder bildbasiert sind; und
  c. im Wesentlichen die gleiche Funktion wie gedruckte Zeitungen und Zeitschriften nach Artikel 50 erfüllen.

² Zu den elektronischen Zeitungen und Zeitschriften ohne Reklamecharakter gehören auch Hörzeitungen und -zeitschriften, die inhaltlich überwiegend dem Originalwerk entsprechen.

Art. 51 Bücher und andere Druckerzeugnisse ohne Reklamecharakter
(Art. 25 Abs. 2 Bst. a Ziff. 9 MWSTG)

Als Bücher und andere Druckerzeugnisse ohne Reklamecharakter gelten Druckerzeugnisse, welche die folgenden Voraussetzungen erfüllen:

  a. Sie weisen Buch-, Broschüren- oder Loseblattform auf; Loseblattwerke gelten als Bücher, wenn sie sich aus einer Einbanddecke, versehen mit einer Schraub-, Spiral- oder Schnellheftung, und den darin einzuordnenden losen Blättern zusammensetzen, als vollständiges Werk mindestens 16 Seiten umfassen und der Titel des Werks auf der Einbanddecke erscheint.
  b. Sie weisen inklusive Umschlag und Deckseiten mindestens 16 Seiten auf, mit Ausnahme von Kinderbüchern, gedruckten Musikalien und Teilen zu Loseblattwerken.
  c. Sie weisen einen religiösen, literarischen, künstlerischen, unterhaltenden, erzieherischen, belehrenden, informierenden, technischen oder wissenschaftlichen Inhalt auf.
  d. Sie sind nicht zur Aufnahme von Eintragungen oder Sammelbildern bestimmt, mit Ausnahme von Schul- und Lehrbüchern sowie bestimmten Kinderbüchern wie Übungsheften mit Illustrationen und ergänzendem Text und Zeichen- und Malbüchern mit Vorgaben und Anleitungen.

Art. 51a[1] Elektronische Bücher ohne Reklamecharakter
(Art. 25 Abs. 2 Bst. a^{bis} MWSTG)

¹ Als elektronische Bücher ohne Reklamecharakter gelten elektronische Erzeugnisse, die:

  a. auf elektronischem Weg übermittelt oder auf Datenträgern angeboten werden;
  b. in sich geschlossene, überwiegend text- oder bildbasierte und nicht interaktive Einzelwerke sind; und
  c. im Wesentlichen die gleiche Funktion wie gedruckte Bücher nach Artikel 51 erfüllen.

² Zu den elektronischen Büchern ohne Reklamecharakter gehören auch Hörbücher, die inhaltlich überwiegend dem Originalwerk entsprechen.

Art. 52[2] Reklamecharakter
(Art. 25 Abs. 2 Bst. a Ziff. 9 und Bst. a^{bis} MWSTG)

¹ Druck- und elektronische Erzeugnisse haben Reklamecharakter, wenn bei ihrem Inhalt die Werbung für die geschäftlichen Tätigkeiten der Herausgeberschaft oder einer hinter dieser stehenden Drittperson im Vordergrund steht.

---

[1] Eingefügt durch Ziff. I der V vom 18. Okt. 2017, in Kraft seit 1. Jan. 2018 (AS **2017** 6307).
[2] Fassung gemäss Ziff. I der V vom 18. Okt. 2017, in Kraft seit 1. Jan. 2018 (AS **2017** 6307).

2   Als hinter der Herausgeberschaft stehende Drittpersonen gelten:
   a. Personen und Unternehmen, für die die Herausgeberschaft handelt oder die die Herausgeberschaft beherrscht; oder
   b. sonstige mit der Herausgeberschaft eng verbundene Personen im Sinn von Artikel 3 Buchstabe h MWSTG.

3   Als Werbung gelten sowohl die direkte Werbung, wie Reklame oder Inserate, als auch die indirekte Werbung, wie Publireportagen oder Publimitteilungen.

Art. 53   Zubereitung vor Ort und Servierleistung
(Art. 25 Abs. 3 MWSTG)

1   Als Zubereitung gelten namentlich das Kochen, Erwärmen, Mixen, Rüsten und Mischen von Lebensmitteln[1]. Nicht als Zubereitung gilt das blosse Bewahren der Temperatur konsumbereiter Lebensmittel.

2   Als Servierleistung gelten namentlich das Anrichten von Speisen auf Tellern, das Bereitstellen von kalten oder warmen Buffets, der Ausschank von Getränken, das Decken und Abräumen von Tischen, das Bedienen der Gäste, die Leitung oder Beaufsichtigung des Service-Personals sowie die Betreuung und Versorgung von Selbstbedienungsbuffets.

Art. 54   Besondere Konsumvorrichtungen an Ort und Stelle
(Art. 25 Abs. 3 MWSTG)

1   Als besondere Vorrichtungen zum Konsum von Lebensmitteln an Ort und Stelle (Konsumvorrichtungen) gelten namentlich Tische, Stehtische, Theken und andere für den Konsum zur Verfügung stehende Abstellflächen oder entsprechende Vorrichtungen, namentlich in Beförderungsmitteln. Unerheblich ist:
   a. wem die Vorrichtungen gehören;
   b. ob der Kunde oder die Kundin die Vorrichtung tatsächlich benutzt;
   c. ob die Vorrichtungen ausreichen, um sämtlichen Kunden und Kundinnen den Konsum an Ort und Stelle zu ermöglichen.

2   Nicht als Konsumvorrichtungen gelten:
   a. blosse Sitzgelegenheiten ohne dazugehörige Tische, die in erster Linie als Ausruhmöglichkeit dienen;
   b. bei Kiosks oder Restaurants auf Campingplätzen: die Zelte und Wohnwagen der Mieter und Mieterinnen.

Art. 55   Zum Mitnehmen oder zur Auslieferung bestimmte Lebensmittel
(Art. 25 Abs. 3 MWSTG)

1   Als Auslieferung gilt die Lieferung von Lebensmitteln durch die steuerpflichtige Person an ihre Kundschaft an deren Domizil oder an einen andern von ihr bezeichneten Ort ohne jede weitere Zubereitung oder Servierleistung.

---

[1] Ausdruck gemäss Anhang Ziff. 1 der Lebensmittel- und Gebrauchsgegenständeverordnung vom 16. Dez. 2016, in Kraft seit 1. Mai 2017 (AS **2017** 283). Diese Änd. wurde im ganzen Erlass berücksichtigt.

² Als zum Mitnehmen bestimmte Lebensmittel gelten Lebensmittel, die der Kunde oder die Kundin nach dem Kauf an einen anderen Ort verbringt und nicht im Betrieb des Leistungserbringers oder der Leistungserbringerin konsumiert. Für das Mitnehmen spricht namentlich:
   a. der durch den Kunden oder die Kundin bekannt gegebene Wille zum Mitnehmen der Lebensmittel;
   b. die Abgabe der Lebensmittel in einer speziellen, für den Transport geeigneten Verpackung;
   c. die Abgabe von Lebensmitteln, die nicht für den unmittelbaren Verzehr geeignet sind.

³ Für bestimmte Betriebe und Anlässe sieht die ESTV Vereinfachungen im Sinn von Artikel 80 MWSTG vor.

Art. 56 Geeignete organisatorische Massnahme
(Art. 25 Abs. 3 MWSTG)

Eine geeignete organisatorische Massnahme ist namentlich das Ausstellen von Belegen, anhand derer festgestellt werden kann, ob eine gastgewerbliche Leistung oder eine Auslieferung beziehungsweise eine Lieferung zum Mitnehmen erbracht wurde.

4. Kapitel: Rechnungsstellung und Steuerausweis

(Art. 26 Abs. 3 MWSTG)

Art. 57

Kassenzettel für Beträge bis 400 Franken müssen keine Angaben über den Leistungsempfänger oder die Leistungsempfängerin enthalten. Solche Kassenzettel berechtigen nicht zu einer Steuerrückerstattung im Vergütungsverfahren.

5. Kapitel: Vorsteuerabzug

1. Abschnitt: Allgemeines

Art. 58 Vorsteuerabzug bei ausländischer Währung
(Art. 28 MWSTG)

Für die Berechnung der abziehbaren Vorsteuern gilt Artikel 45 sinngemäss.

Art. 59 Nachweis
(Art. 28 Abs. 1 Bst. a MWSTG)

¹ Die Inlandsteuer gilt als in Rechnung gestellt, wenn der Leistungserbringer oder die Leistungserbringerin für den Leistungsempfänger oder die Leistungsempfängerin erkennbar von diesem oder dieser die Mehrwertsteuer eingefordert hat.

² Der Leistungsempfänger oder die Leistungsempfängerin muss nicht prüfen, ob die Mehrwertsteuer zu Recht eingefordert wurde. Weiss er oder sie aber, dass die Person, die die Mehrwertsteuer überwälzt hat, nicht als steuerpflichtige Person eingetragen ist, so ist der Vorsteuerabzug ausgeschlossen.

Art. 60[1] ...

Art. 61 Vorsteuerabzug bei Münz- und Feingold
(Art. 107 Abs. 2 MWSTG)

Die Steuer auf den Lieferungen von Gegenständen und auf den Dienstleistungen, die für Umsätze nach Artikel 44 und Einfuhren nach Artikel 113 Buchstabe g verwendet werden, kann als Vorsteuer abgezogen werden.

2. Abschnitt:[2] Abzug fiktiver Vorsteuer

Art. 62 Edelmetalle und Edelsteine
(Art. 28a Abs. 1 Bst. a MWSTG)

Nicht als individualisierbare bewegliche Gegenstände gelten Edelmetalle der Zolltarifnummern 7106–7112[3] und Edelsteine der Zolltarifnummern 7102–7105.

Art. 63 Berechtigung zum Abzug der fiktiven Vorsteuer
(Art. 28a Abs. 1 und 2 MWSTG)

¹ Werden ausschliesslich individualisierbare bewegliche Gegenstände zu einem Gesamtpreis erworben, so ist ein Abzug der fiktiven Vorsteuer zulässig.[4]

² Der Abzug der fiktiven Vorsteuer ist ausgeschlossen, wenn im Gesamtpreis Sammlerstücke (Art. 48a) oder nicht individualisierbare bewegliche Gegenstände enthalten sind und der Anteil am Ankaufspreis, der auf Gegenstände nach Artikel 28a MWSTG entfällt, nicht annährungsweise ermittelt werden kann.

³ Der Abzug der fiktiven Vorsteuer ist ausgeschlossen, wenn:
   a. beim Erwerb des Gegenstands das Meldeverfahren nach Artikel 38 MWSTG zur Anwendung kam;
   b. die steuerpflichtige Person den Gegenstand eingeführt hat;
   c. Gegenstände nach Artikel 44 Absatz 1 Buchstaben a und b und Absatz 2 erworben wurden;
   d. die steuerpflichtige Person weiss oder wissen müsste, dass der Gegenstand steuerbefreit eingeführt wurde.

⁴ Bei Zahlungen im Rahmen der Schadenregulierung ist der Abzug der fiktiven Vorsteuer nur auf dem tatsächlichen Wert des Gegenstandes im Zeitpunkt der Übernahme zulässig.

Art. 64 ...

---

[1] Aufgehoben durch Ziff. I der V vom 18. Okt. 2017, mit Wirkung seit 1. Jan. 2018 (AS **2017** 6307).
[2] Fassung gemäss Ziff. I der V vom 18. Okt. 2017, in Kraft seit 1. Jan. 2018 (AS **2017** 6307).
[3] SR **632.10** Anhang
[4] Die Berichtigung vom 30. Jan. 2018 betrifft nur den italienischen Text (AS **2018** 521).

3. Abschnitt: Korrektur des Vorsteuerabzugs

Art. 65 Methoden zur Berechnung der Korrektur
(Art. 30 MWSTG)

Die Korrektur des Vorsteuerabzugs kann berechnet werden:
a. nach dem effektiven Verwendungszweck;
b. anhand von Pauschalmethoden mit von der ESTV festgelegten Pauschalen;
c. gestützt auf eigene Berechnungen.

Art. 66 Pauschalmethoden
(Art. 30 MWSTG)

Die ESTV legt namentlich Pauschalen fest für:
a. Tätigkeiten von Banken;
b. die Tätigkeit von Versicherungsgesellschaften;
c. Tätigkeiten von spezialfinanzierten Dienststellen von Gemeinwesen;
d. die Gewährung von Krediten sowie für Zinseinnahmen und Einnahmen aus dem Handel mit Wertpapieren;
e. die Verwaltung von eigenen Immobilien, für deren Versteuerung nicht nach Artikel 22 MWSTG optiert wird;
f. Transportunternehmen des öffentlichen Verkehrs.

Art. 67 Eigene Berechnungen
(Art. 30 MWSTG)

Stützt die steuerpflichtige Person die Korrektur des Vorsteuerabzugs auf eigene Berechnungen, so muss sie die Sachverhalte, die ihren Berechnungen zugrunde liegen, umfassend belegen sowie eine Plausibilitätsprüfung durchführen.

Art. 68 Wahl der Methode
(Art. 30 MWSTG)

¹ Die steuerpflichtige Person kann zur Berechnung der Korrektur des Vorsteuerabzugs eine oder mehrere Methoden anwenden, sofern dies zu einem sachgerechten Ergebnis führt.

² Als sachgerecht gilt jede Anwendung einer oder mehrerer Methoden, die den Grundsatz der Erhebungswirtschaftlichkeit berücksichtigt, betriebswirtschaftlich nachvollziehbar ist und die Vorsteuern nach Massgabe der Verwendung für eine bestimmte Tätigkeit zuteilt.

4. Abschnitt: Eigenverbrauch

Art. 69 Grundsätze
(Art. 31 MWSTG)

¹ Der Vorsteuerabzug ist auf nicht in Gebrauch genommenen Gegenständen und Dienstleistungen vollumfänglich zu korrigieren.

² Der Vorsteuerabzug ist auf in Gebrauch genommenen Gegenständen und Dienstleistungen zu korrigieren, die im Zeitpunkt des Wegfalls der Voraussetzungen des Vorsteuerabzugs noch vorhanden sind und einen Zeitwert haben. Bei Dienstleistungen in den Bereichen Beratung, Buchführung, Personalbeschaffung, Management und Werbung wird vermutet, dass sie bereits im Zeitpunkt ihres Bezugs verbraucht und nicht mehr vorhanden sind.

³ Bei selbst hergestellten Gegenständen ist für die Ingebrauchnahme der Infrastruktur ein Pauschalzuschlag von 33 Prozent auf den Vorsteuern auf Material und allfälligen Drittarbeiten bei Halbfabrikaten vorzunehmen. Vorbehalten bleibt der effektive Nachweis der Vorsteuern, die auf die Ingebrauchnahme der Infrastruktur entfallen.

⁴ Fallen die Voraussetzungen des Vorsteuerabzugs nur teilweise weg, so ist die Korrektur im Ausmass der nicht mehr zum Vorsteuerabzug berechtigenden Nutzung vorzunehmen.

Art. 70 Ermittlung des Zeitwerts
(Art. 31 Abs. 3 MWSTG)

¹ Zu berechnen ist der Zeitwert auf der Grundlage des Anschaffungspreises, bei Immobilien ohne Wert des Bodens, sowie der wertvermehrenden Aufwendungen. Nicht zu berücksichtigen sind die werterhaltenden Aufwendungen. Werterhaltende Aufwendungen sind solche, die lediglich dazu dienen, den Wert eines Gegenstands sowie seine Funktionsfähigkeit zu erhalten, namentlich Service-, Unterhalts-, Betriebs-, Reparatur- und Instandstellungskosten.

² Bei der Ermittlung des Zeitwerts von in Gebrauch genommenen Gegenständen und Dienstleistungen ist in der ersten Steuerperiode der Ingebrauchnahme der Wertverlust für die ganze Steuerperiode zu berücksichtigen. In der letzten noch nicht abgelaufenen Steuerperiode ist hingegen keine Abschreibung vorzunehmen, ausser die Nutzungsänderung tritt am letzten Tag der Steuerperiode ein.

Art. 71 Grossrenovationen von Liegenschaften
(Art. 31 MWSTG)

Übersteigen die Renovationskosten einer Bauphase insgesamt 5 Prozent des Gebäudeversicherungswerts vor der Renovation, so muss der Vorsteuerabzug um die gesamten Kosten korrigiert werden, unabhängig davon, ob es sich um Kosten für wertvermehrende oder für werterhaltende Aufwendungen handelt.

5. Abschnitt: Einlageentsteuerung

Art. 72 Grundsätze
(Art. 32 MWSTG)

¹ Der Vorsteuerabzug kann auf nicht in Gebrauch genommenen Gegenständen und Dienstleistungen vollumfänglich korrigiert werden.

² Der Vorsteuerabzug kann auf in Gebrauch genommenen Gegenständen und Dienstleistungen korrigiert werden, die im Zeitpunkt des Eintritts der Voraussetzungen des Vorsteuerabzugs noch vorhanden sind und einen Zeitwert haben. Bei Dienstleistungen in den Bereichen Beratung, Buchführung, Personalbeschaffung, Management und Werbung wird vermutet, dass sie bereits im Zeitpunkt ihres Bezugs verbraucht und nicht mehr vorhanden sind.

³ Bei selbst hergestellten Gegenständen kann für die Ingebrauchnahme der Infrastruktur ein Pauschalzuschlag von 33 Prozent auf den Vorsteuern auf Material und allfälligen Drittarbeiten bei Halbfabrikaten vorgenommen werden. Vorbehalten bleibt der effektive Nachweis der Vorsteuern, die auf die Ingebrauchnahme der Infrastruktur entfallen.

⁴ Treten die Voraussetzungen des Vorsteuerabzugs nur teilweise ein, so kann die Korrektur nur im Ausmass der nun zum Vorsteuerabzug berechtigenden Nutzung vorgenommen werden.

Art. 73 Ermittlung des Zeitwerts
(Art. 32 Abs. 2 MWSTG)

¹ Zu berechnen ist der Zeitwert auf der Grundlage des Anschaffungspreises, bei Immobilien ohne Wert des Bodens, sowie der wertvermehrenden Aufwendungen. Nicht zu berücksichtigen sind die werterhaltenden Aufwendungen. Werterhaltende Aufwendungen sind solche, die lediglich dazu dienen, den Wert eines Gegenstands sowie seine Funktionsfähigkeit zu erhalten, namentlich Service-, Unterhalts-, Betriebs-, Reparatur- und Instandstellungskosten.

² Bei der Ermittlung des Zeitwerts von in Gebrauch genommenen Gegenständen und Dienstleistungen ist in der ersten Steuerperiode der Ingebrauchnahme der Wertverlust für die ganze Steuerperiode zu berücksichtigen. In der letzten noch nicht abgelaufenen Steuerperiode ist hingegen keine Abschreibung vorzunehmen, ausser die Nutzungsänderung tritt am letzten Tag der Steuerperiode ein.

Art. 74 Grossrenovationen von Liegenschaften
(Art. 32 MWSTG)

Übersteigen die Renovationskosten einer Bauphase insgesamt 5 Prozent des Gebäudeversicherungswerts vor der Renovation, so kann der Vorsteuerabzug um die gesamten Kosten korrigiert werden, unabhängig davon, ob es sich um Kosten für wertvermehrende oder für werterhaltende Aufwendungen handelt.

6. Abschnitt: Kürzung des Vorsteuerabzugs
(Art. 33 Abs. 2 MWSTG)

Art. 75

¹ Keine Vorsteuerabzugskürzung ist vorzunehmen, soweit die Mittel nach Artikel 18 Absatz 2 Buchstaben a–c MWSTG einem Tätigkeitsbereich zuzuordnen sind, für den keine Vorsteuer anfällt oder für den kein Anspruch auf Vorsteuerabzug besteht.

² Soweit die Mittel nach Artikel 18 Absatz 2 Buchstaben a–c MWSTG einem bestimmten Tätigkeitsbereich zugeordnet werden können, ist nur die Vorsteuer auf den Aufwendungen für diesen Tätigkeitsbereich zu kürzen.

³ Werden die Mittel nach Artikel 18 Absatz 2 Buchstaben a–c MWSTG zur Deckung eines Betriebsdefizits entrichtet, so ist die Vorsteuer gesamthaft im Verhältnis dieser Mittel zum Gesamtumsatz exklusive Mehrwertsteuer zu kürzen.

6. Kapitel: Ermittlung und Entstehung der Steuerforderung

1. Abschnitt: Geschäftsabschluss
(Art. 34 Abs. 3 MWSTG)

Art. 76[1] ...

2. Abschnitt: Saldosteuersatzmethode

Art. 77 Grundsätze
(Art. 37 Abs. 1–4 MWSTG)

1 Bei der Abklärung, ob die Voraussetzungen nach Artikel 37 MWSTG erfüllt sind, sind die im Inland gegen Entgelt erbrachten steuerbaren Leistungen zu berücksichtigen.

2 Die Saldosteuersatzmethode kann nicht gewählt werden von steuerpflichtigen Personen, die:
  a. nach Artikel 37 Absatz 5 MWSTG nach der Pauschalsteuersatzmethode abrechnen können;
  b. das Verlagerungsverfahren nach Artikel 63 MWSTG anwenden;
  c. die Gruppenbesteuerung nach Artikel 13 MWSTG anwenden;
  d. ihren Sitz oder eine Betriebsstätte in den Talschaften Samnaun oder Sampuoir haben;
  e.[2] mehr als 50 Prozent ihres Umsatzes aus steuerbaren Leistungen an andere steuerpflichtige, nach der effektiven Abrechnungsmethode abrechnende Personen erzielen, sofern die beteiligten Personen unter einheitlicher Leitung stehen;
  f.[3] gestützt auf Artikel 7 Absatz 3 MWSTG Lieferungen im Inland erbringen.

3 Steuerpflichtige Personen, die mit der Saldosteuersatzmethode abrechnen, können nicht für die Versteuerung von Leistungen nach Artikel 21 Absatz 2 Ziffern 1–24, 27, 29 und 30 MWSTG optieren. Wird die Steuer gleichwohl in Rechnung gestellt, so ist die ausgewiesene Steuer unter Vorbehalt von Artikel 27 Absatz 2 MWSTG der ESTV abzuliefern.[4]

Art. 78 Unterstellung unter die Saldosteuersatzmethode bei Beginn der Steuerpflicht
(Art. 37 Abs. 1–4 MWSTG)

1 Neu ins Register der steuerpflichtigen Personen (Mehrwertsteuerregister) eingetragene Personen, die sich der Saldosteuersatzmethode unterstellen wollen, müssen dies der ESTV innert 60 Tagen nach Zustellung der Mehrwertsteuernummer schriftlich melden.

2 Die ESTV bewilligt die Anwendung der Saldosteuersatzmethode, wenn in den ersten 12 Monaten sowohl der erwartete Umsatz als auch die erwarteten Steuern die Grenzen von Artikel 37 Absatz 1 MWSTG nicht überschreiten.

---

1 Tritt zu einem späteren Zeitpunkt in Kraft.
2 Fassung gemäss Ziff. I der V vom 18. Okt. 2017, in Kraft seit 1. Jan. 2018 (AS **2017** 6307).
3 Eingefügt durch Ziff. I der V vom 15. Aug. 2018, in Kraft seit 1. Jan. 2019 (AS **2018** 3143).
4 Fassung gemäss Ziff. I der V vom 18. Okt. 2017, in Kraft seit 1. Jan. 2018 (AS **2017** 6307).

³ Erfolgt keine Meldung innert der Frist von Absatz 1, so muss die steuerpflichtige Person mindestens drei Jahre nach der effektiven Abrechnungsmethode abrechnen, bevor sie sich der Saldosteuersatzmethode unterstellen kann. Ein früherer Wechsel ist bei jeder Anpassung des betreffenden Saldosteuersatzes möglich, die nicht auf eine Änderung der Steuersätze nach den Artikeln 25 und 55 MWSTG zurückzuführen ist.[1]

⁴ Die Absätze 1–3 gelten auch bei rückwirkenden Eintragungen sinngemäss.

⁵ Die bei Beginn der Steuerpflicht auf dem Warenlager, den Betriebsmitteln und den Anlagegütern lastende Mehrwertsteuer wird mit der Anwendung der Saldosteuersatzmethode berücksichtigt. Eine Einlageentsteuerung kann nicht vorgenommen werden.

Art. 79 Wechsel von der effektiven Abrechnungsmethode zur Saldosteuersatzmethode
(Art. 37 Abs. 1–4 MWSTG)

¹ Steuerpflichtige Personen, die von der effektiven Abrechnungsmethode zur Saldosteuersatzmethode wechseln wollen, müssen dies der ESTV bis spätestens 60 Tage nach Beginn der Steuerperiode schriftlich melden, ab welcher der Wechsel erfolgen soll. Bei verspäteter Meldung erfolgt der Wechsel auf den Beginn der nachfolgenden Steuerperiode.

² Die ESTV bewilligt die Anwendung der Saldosteuersatzmethode, wenn in der vorangegangenen Steuerperiode keine der Grenzen von Artikel 37 Absatz 1 MWSTG überschritten wurde.

³ Beim Wechsel von der effektiven Abrechnungsmethode zur Saldosteuersatzmethode erfolgen keine Korrekturen auf dem Warenlager, den Betriebsmitteln und den Anlagegütern. Vorbehalten bleibt eine Korrektur nach Artikel 93, wenn unbewegliche Gegenstände ab dem Wechsel in geringerem Umfang für eine zum Vorsteuerabzug berechtigende Tätigkeit verwendet werden.[2]

⁴ Wird gleichzeitig mit der Unterstellung unter die Saldosteuersatzmethode auch die Abrechnungsart nach Artikel 39 MWSTG geändert, so sind folgende Korrekturen vorzunehmen:

a. Wird von vereinbarten auf vereinnahmte Entgelte gewechselt, so schreibt die ESTV der steuerpflichtigen Person auf den im Zeitpunkt der Umstellung von ihr in Rechnung gestellten, aber noch nicht bezahlten steuerbaren Leistungen (Debitorenposten) die Steuer zum entsprechenden gesetzlichen Steuersatz gut und belastet gleichzeitig die Vorsteuer auf den ihr in Rechnung gestellten, aber noch nicht bezahlten steuerbaren Leistungen (Kreditorenposten).
b. Wird von vereinnahmten auf vereinbarte Entgelte gewechselt, so belastet die ESTV die Steuer auf den im Zeitpunkt der Umstellung bestehenden Debitorenposten zum entsprechenden gesetzlichen Steuersatz und schreibt gleichzeitig die auf den Kreditorenposten lastende Vorsteuer gut.

---

[1] Fassung gemäss Ziff. I der V vom 18. Okt. 2017, in Kraft seit 1. Jan. 2018 (AS **2017** 6307).
[2] Fassung gemäss Ziff. I der V vom 18. Okt. 2017, in Kraft seit 1. Jan. 2018 (AS **2017** 6307).

Art. 80 Entzug der Bewilligung
(Art. 37 Abs. 1–4 MWSTG)

Steuerpflichtigen Personen, denen die Anwendung der Saldosteuersatzmethode aufgrund falscher Angaben gewährt wurde, kann die ESTV die Bewilligung rückwirkend bis auf den Zeitpunkt der Gewährung dieser Abrechnungsmethode entziehen.

Art. 81 Wechsel von der Saldosteuersatzmethode zur effektiven Abrechnungsmethode
(Art. 37 Abs. 1–4 MWSTG)

¹ Steuerpflichtige Personen, die von der Saldosteuersatzmethode zur effektiven Methode wechseln wollen, müssen dies der ESTV bis spätestens 60 Tage nach Beginn der Steuerperiode schriftlich melden, ab welcher der Wechsel erfolgen soll. Bei verspäteter Meldung erfolgt der Wechsel auf den Beginn der nachfolgenden Steuerperiode.

² Wer eine oder beide der in Artikel 37 Absatz 1 MWSTG festgelegten Grenzen in zwei aufeinander folgenden Steuerperioden um höchstens 50 Prozent überschreitet, muss auf den Beginn der folgenden Steuerperiode zur effektiven Abrechnungsmethode wechseln.

³ Wer eine oder beide der in Artikel 37 Absatz 1 MWSTG festgelegten Grenzen um mehr als 50 Prozent überschreitet, muss auf den Beginn der folgenden Steuerperiode zur effektiven Abrechnungsmethode wechseln. Werden die Grenzen bereits in den ersten 12 Monaten der Unterstellung unter die Saldosteuersatzmethode überschritten, so wird die Bewilligung rückwirkend entzogen.

⁴ Ist die Überschreitung einer oder beider Grenzen um mehr als 50 Prozent auf die Übernahme eines Gesamt- oder Teilvermögens im Meldeverfahren zurückzuführen, so kann die steuerpflichtige Person entscheiden, ob sie rückwirkend auf den Beginn der Steuerperiode, in der die Übernahme erfolgte, oder auf den Beginn der nachfolgenden Steuerperiode zur effektiven Abrechnungsmethode wechseln will.

⁵ Beim Wechsel von der Saldosteuersatzmethode zur effektiven Abrechnungsmethode erfolgen keine Korrekturen auf dem Warenlager, den Betriebsmitteln und den Anlagegütern. Vorbehalten bleibt eine Einlageentsteuerung nach Artikel 32 MWSTG, wenn Warenlager, Betriebsmittel oder Anlagegüter ab dem Wechsel in grösserem Umfang für eine zum Vorsteuerabzug berechtigende Tätigkeit verwendet werden.[1]

⁶ Wird gleichzeitig mit dem Wechsel zur effektiven Abrechnungsmethode auch die Abrechnungsart nach Artikel 39 MWSTG geändert, so sind folgende Korrekturen vorzunehmen:

a. Wird von vereinbarten auf vereinnahmte Entgelte gewechselt, so schreibt die ESTV der steuerpflichtigen Person auf den im Zeitpunkt der Umstellung bestehenden Debitorenposten die Steuer zu den bewilligten Saldosteuersätzen gut. Auf den Kreditorenposten sind keine Korrekturen vorzunehmen.

b. Wird von vereinnahmten auf vereinbarte Entgelte gewechselt, so belastet die ESTV die Steuer auf den im Zeitpunkt der Umstellung bestehenden Debitorenposten zu den bewilligten Saldosteuersätzen. Auf den Kreditorenposten sind keine Korrekturen vorzunehmen.

---

[1] Fassung gemäss Ziff. I der V vom 18. Okt. 2017, in Kraft seit 1. Jan. 2018 (AS **2017** 6307).

Art. 82 Ende der Steuerpflicht
(Art. 37 Abs. 1–4 MWSTG)

¹ Stellt eine nach der Saldosteuersatzmethode abrechnende steuerpflichtige Person ihre Geschäftstätigkeit ein oder wird sie infolge Unterschreitens der Umsatzgrenze von Artikel 10 Absatz 2 Buchstabe a MWSTG von der Steuerpflicht befreit, so sind die bis zur Löschung aus dem Mehrwertsteuerregister erzielten Umsätze, die angefangenen Arbeiten und bei Abrechnung nach vereinnahmten Entgelten auch die Debitorenposten mit den bewilligten Saldosteuersätzen abzurechnen.

² Im Zeitpunkt der Löschung aus dem Mehrwertsteuerregister ist die Steuer auf dem Zeitwert der unbeweglichen Gegenstände zum in diesem Zeitpunkt geltenden Normalsatz abzurechnen, wenn:[1]

   a. der Gegenstand von der steuerpflichtigen Person erworben, erbaut oder umgebaut wurde, als sie nach der effektiven Methode abrechnete, und sie den Vorsteuerabzug vorgenommen hat;

   b.[2] der Gegenstand von der steuerpflichtigen Person im Rahmen des Meldeverfahrens von einer effektiv abrechnenden steuerpflichtigen Person erworben wurde.

³ Zur Ermittlung des Zeitwerts der unbeweglichen Gegenstände wird für jedes abgelaufene Jahr linear ein Zwanzigstel abgeschrieben.

Art. 83 Übernahme von Vermögen im Meldeverfahren
(Art. 37 Abs. 1–4 MWSTG)

¹ Verwendet eine nach der Saldosteuersatzmethode abrechnende steuerpflichtige Person ein im Meldeverfahren nach Artikel 38 MWSTG übernommenes Gesamt- oder Teilvermögen ab der Übernahme nicht oder zu einem geringeren Anteil als der Veräusserer oder die Veräusserin für eine zum Vorsteuerabzug berechtigende Tätigkeit, so ist wie folgt vorzugehen:[3]

   a. Rechnet der Veräusserer oder die Veräusserin nach der Saldosteuersatzmethode ab, so sind keine Korrekturen vorzunehmen.

   b. Rechnet der Veräusserer oder die Veräusserin nach der effektiven Methode ab, so ist auf dem Teil des übernommenen Vermögens, der neu für eine nicht zum Vorsteuerabzug berechtigende Tätigkeit verwendet wird, der Eigenverbrauch im Sinn von Artikel 31 MWSTG unter Berücksichtigung von Artikel 38 Absatz 4 MWSTG abzurechnen.

² Verwendet eine nach der Saldosteuersatzmethode abrechnende steuerpflichtige Person ein im Meldeverfahren nach Artikel 38 MWSTG übernommenes Gesamt- oder Teilvermögen zu einem grösseren Anteil als der Veräusserer oder die Veräusserin für eine zum Vorsteuerabzug berechtigende Tätigkeit, so kann keine Korrektur vorgenommen werden.

Art. 84 Abrechnung nach Saldosteuersätzen
(Art. 37 Abs. 1–4 MWSTG)

¹ Steuerpflichtige Personen müssen ihre Tätigkeiten zu den von der ESTV bewilligten Saldosteuersätzen abrechnen.

---

[1] Fassung gemäss Ziff. I der V vom 18. Okt. 2017, in Kraft seit 1. Jan. 2018 (AS **2017** 6307).
[2] Fassung gemäss Ziff. I der V vom 18. Okt. 2017, in Kraft seit 1. Jan. 2018 (AS **2017** 6307).
[3] Fassung gemäss Ziff. I der V vom 18. Okt. 2017, in Kraft seit 1. Jan. 2018 (AS **2017** 6307).

² Wird eine Tätigkeit aufgegeben oder eine neue aufgenommen oder verändern sich die Umsatzanteile der Tätigkeiten derart, dass eine Neuzuteilung der Saldosteuersätze notwendig wird, so muss sich die steuerpflichtige Person mit der ESTV in Verbindung setzen.

³ Steuerpflichtige Personen, denen zwei verschiedene Saldosteuersätze bewilligt wurden, müssen die Erträge für jeden der beiden Saldosteuersätze separat verbuchen.

Art. 85 Bewilligung der Anwendung eines einzigen Saldosteuersatzes
(Art. 37 Abs. 1–4 MWSTG)

Der steuerpflichtigen Person wird die Anwendung eines einzigen Saldosteuersatzes bewilligt, ausser es liegt ein Fall nach Artikel 86 Absatz 1 oder Artikel 89 Absätze 3 oder 5 vor.

Art. 86 Bewilligung der Anwendung von zwei Saldosteuersätzen
(Art. 37 Abs. 1–4 MWSTG)

¹ Der steuerpflichtigen Person wird die Anwendung von zwei Saldosteuersätzen bewilligt, wenn:
  a. sie zwei oder mehr Tätigkeiten ausübt, deren von der ESTV festgelegte Saldosteuersätze sich unterscheiden; und
  b.¹ mindestens zwei dieser Tätigkeiten einen Anteil von je mehr als 10 Prozent am Gesamtumsatz aus steuerbaren Leistungen haben.

² Die 10-Prozent-Grenze wird berechnet:
  a. bei Personen, die neu steuerpflichtig werden, und bei steuerpflichtigen Personen, die eine neue Tätigkeit aufnehmen: gestützt auf die voraussichtlichen Umsätze;
  b. bei den übrigen steuerpflichtigen Personen: gestützt auf den Umsatz in den vorangegangenen zwei Steuerperioden.

³ Die Umsätze von Tätigkeiten mit gleichem Saldosteuersatz sind bei der Abklärung, ob die 10-Prozent-Grenze überschritten wird, zusammenzuzählen.

⁴ Überschreiten bei einer steuerpflichtigen Person, der die Anwendung von zwei Saldosteuersätzen bewilligt wurde, während zwei aufeinander folgenden Steuerperioden nur noch eine Tätigkeit beziehungsweise mehrere Tätigkeiten, für die derselbe Saldosteuersatz vorgesehen ist, die 10-Prozent-Grenze, so fällt die Bewilligung für die Anwendung des zweiten Saldosteuersatzes auf den Beginn der dritten Steuerperiode dahin.

Art. 87 Höhe der bewilligten Saldosteuersätze
(Art. 37 Abs. 1–4 MWSTG)

¹ Überschreiten nur zwei Tätigkeiten der steuerpflichtigen Person die 10-Prozent-Grenze, so wird die Anwendung der zwei für diese Tätigkeiten vorgesehenen Saldosteuersätze bewilligt.

² Überschreiten mehr als zwei Tätigkeiten die 10-Prozent-Grenze, so wird die Anwendung der folgenden Saldosteuersätze bewilligt:
  a. der höchste der Saldosteuersätze, die für die entsprechenden Tätigkeiten, deren Anteil am Gesamtumsatz mehr als 10 Prozent beträgt, vorgesehen sind;

---

¹ Fassung gemäss Ziff. I der V vom 18. Okt. 2017, in Kraft seit 1. Jan. 2018 (AS **2017** 6307).

b. ein zweiter Saldosteuersatz, den die steuerpflichtige Person unter jenen Sätzen wählt, die für ihre übrigen Tätigkeiten, deren Anteil am Gesamtumsatz mehr als 10 Prozent beträgt, vorgesehen sind.

Art. 88 Versteuerung der einzelnen Tätigkeiten
(Art. 37 Abs. 1–4 MWSTG)

¹ Die Umsätze aus Tätigkeiten der steuerpflichtigen Person, der die Anwendung von zwei Saldosteuersätzen bewilligt worden sind, sind zu versteuern:

a. zum höheren bewilligten Saldosteuersatz, wenn der für die betreffende Tätigkeit vorgesehene Saldosteuersatz über dem tieferen bewilligten Satz liegt;
b. zum tieferen bewilligten Satz in den übrigen Fällen.

² In Fällen von Artikel 19 Absatz 2 MWSTG kann das Gesamtentgelt mit dem bewilligten Saldosteuersatz abgerechnet werden, der für die überwiegende Leistung gilt. Unterliegen die Leistungen jedoch alle dem gleichen Steuersatz nach Artikel 25 MWSTG, so ist das Gesamtentgelt zum höheren bewilligten Saldosteuersatz abzurechnen, ausser die steuerpflichtige Person kann nachweisen, welcher Anteil der Gesamtleistung auf die einzelnen Teilleistungen entfällt.[1]

Art. 89 Sonderregelung für Mischbranchen
(Art. 37 Abs. 1–4 MWSTG)

¹ Mischbranchen sind Branchen, in denen üblicherweise mehrere Tätigkeiten ausgeübt werden, die für sich allein betrachtet zu unterschiedlichen Saldosteuersätzen abzurechnen wären.

² Die ESTV legt in einer Verordnung fest:

a. den für die jeweilige Mischbranche anwendbaren Saldosteuersatz;
b. die in der jeweiligen Mischbranche üblichen Haupt- und Nebentätigkeiten.

³ Überschreitet der Anteil einer branchenüblichen Nebentätigkeit oder mehrerer branchenüblichen Nebentätigkeiten, für die nach der Verordnung der ESTV derselbe Saldosteuersatz anwendbar wäre, 50 Prozent des Umsatzes aus der steuerbaren Haupttätigkeit und den steuerbaren branchenüblichen Nebentätigkeiten, so gelten für die Abrechnung nach Saldosteuersätzen die Artikel 86–88.[2]

⁴ Die 50-Prozent-Grenze wird berechnet:

a. bei Personen, die neu steuerpflichtig werden, und bei steuerpflichtigen Personen, die eine neue Tätigkeit aufnehmen: gestützt auf die voraussichtlichen Umsätze;
b. bei den übrigen steuerpflichtigen Personen: gestützt auf den Umsatz in den vorangegangenen zwei Steuerperioden.

⁵ Übt eine steuerpflichtige Person, die in einer Mischbranche tätig ist, noch branchenfremde Tätigkeiten aus, so richtet sich die Abrechnung nach Saldosteuersätzen für diese Tätigkeiten nach den Artikeln 86–88.

---

[1] Eingefügt durch Ziff. I der V vom 18. Okt. 2017, in Kraft seit 1. Jan. 2018 (AS **2017** 6307).
[2] Fassung gemäss Ziff. I der V vom 18. Okt. 2017, in Kraft seit 1. Jan. 2018 (AS **2017** 6307).

Art. 90 Besondere Verfahren
(Art. 37 Abs. 1–4 MWSTG)

¹ Die ESTV stellt den nach der Saldosteuersatzmethode abrechnenden steuerpflichtigen Personen ein Verfahren zur annäherungsweisen Abgeltung der angefallenen Vorsteuern zur Verfügung bei:
  a. Lieferungen von Gegenständen ins Ausland, sofern der Gegenstand selbst hergestellt oder steuerbelastet eingekauft worden ist;
  b. Leistungen an Begünstigte nach Artikel 2 des Gaststaatgesetzes vom 22. Juni 2007[1] (GSG), sofern der Ort der Leistung im Inland liegt und bei Lieferungen der Gegenstand selbst hergestellt oder steuerbelastet eingekauft worden ist.

² Nach der Saldosteuersatzmethode abrechnende steuerpflichtige Personen, die individualisierbare bewegliche Gegenstände ohne offen überwälzte Steuer beziehen, können beim Verkauf dieser Gegenstände das von der ESTV zur Verfügung gestellte Verfahren zur Abgeltung der fiktiven Vorsteuer anwenden. Nicht anwendbar ist das Verfahren für gebrauchte Automobile bis zu einem Gesamtgewicht von 3500 kg sowie für Gegenstände:
  a. welche die steuerpflichtige Person im Meldeverfahren von einer effektiv abrechnenden Person übernommen hat;
  b. von denen die steuerpflichtige Person weiss oder wissen müsste, dass sie steuerbefreit eingeführt wurden;
  c. welche die steuerpflichtige Person im Inland steuerbefreit bezogen hat; oder
  d. welche die steuerpflichtige Person im Rahmen einer Schadenregulierung übernommen hat, wenn die ausgerichteten Zahlungen den tatsächlichen Wert des Gegenstandes im Zeitpunkt der Übernahme übersteigen.[2]

²ᵇⁱˢ Das Verfahren nach Absatz 2 ist sinngemäss anwendbar, wenn Sammlerstücke (Art. 48a) verkauft werden.[3]

³ Für Betriebe und Anlässe nach Artikel 55 Absatz 3 sieht die ESTV eine Pauschalregelung zur annäherungsweisen Aufteilung der Umsätze auf die beiden Saldosteuersätze vor.

Art. 91 Abrechnung der Bezugsteuer
(Art. 37 Abs. 1–4 MWSTG)

Nach der Saldosteuersatzmethode abrechnende steuerpflichtige Personen, die Leistungen von Unternehmen mit Sitz im Ausland nach den Artikeln 45–49 MWSTG beziehen, müssen die Bezugsteuer halbjährlich zum entsprechenden gesetzlichen Steuersatz entrichten.

Art. 92 Eigenverbrauch
(Art. 37 Abs. 1–4 MWSTG)

Der Eigenverbrauch ist, mit Ausnahme von Artikel 83 Absatz 1 Buchstabe b, mit der Anwendung der Saldosteuersatzmethode berücksichtigt.

---

[1] SR **192.12**
[2] Fassung gemäss Ziff. I der V vom 18. Okt. 2017, in Kraft seit 1. Jan. 2018 (AS **2017** 6307).
[3] Eingefügt durch Ziff. I der V vom 18. Okt. 2017, in Kraft seit 1. Jan. 2018 (AS **2017** 6307).

Art. 93 Korrekturen bei unbeweglichen Gegenständen
(Art. 37 Abs. 1–4 MWSTG)

¹ Wird ein unbeweglicher Gegenstand nicht mehr im Rahmen der unternehmerischen Tätigkeit der steuerpflichtigen Person oder neu für eine nach Artikel 21 Absatz 2 MWSTG von der Steuer ausgenommene Tätigkeit verwendet, so ist auf dem Zeitwert die Steuer zum in diesem Zeitpunkt geltenden Normalsatz zu belasten, wenn:[1]

  a. der Gegenstand von der steuerpflichtigen Person erworben, erbaut oder umgebaut wurde, als sie nach der effektiven Methode abrechnete, und sie den Vorsteuerabzug vorgenommen hat;
  b.[2] der Gegenstand von der steuerpflichtigen Person im Rahmen des Meldeverfahrens von einer effektiv abrechnenden steuerpflichtigen Person erworben wurde.

² Zur Ermittlung des Zeitwerts der unbeweglichen Gegenstände wird für jedes abgelaufene Jahr linear ein Zwanzigstel abgeschrieben.

Art. 94 Leistungen an eng verbundene Personen und an das Personal[3]
(Art. 37 Abs. 1–4 MWSTG)

¹ Leistungen an eng verbundene Personen sind, unter Vorbehalt von Artikel 93, bei der Abrechnung mit Saldosteuersätzen wie folgt zu behandeln:

a. und b[4] ...

  c.[5] Gegenstände und Dienstleistungen sind zum bezahlten Entgelt, mindestens aber zum Wert, der unter unabhängigen Dritten vereinbart würde, mit dem bewilligten Saldosteuersatz abzurechnen.
  d. Wird mit zwei Saldosteuersätzen abgerechnet und kann die Leistung nicht einer Tätigkeit zugeordnet werden, so kommt der höhere Satz zur Anwendung.

² Leistungen an das Personal sind bei der Abrechnung mit Saldosteuersätzen wie folgt zu behandeln:

  a. Entgeltlich abgegebene Gegenstände und entgeltlich erbrachte Dienstleistungen an das Personal sind mit dem bewilligten Saldosteuersatz abzurechnen.
  b. Wird mit zwei Saldosteuersätzen abgerechnet und kann die Leistung nicht einer Tätigkeit zugeordnet werden, so kommt der höhere Satz zur Anwendung.

³ Für eng verbundene Personen, die zum Personal gehören, gilt Absatz 2.[6]

⁴ Leistungen, die im Lohnausweis zuhanden der direkten Steuern aufgeführt werden müssen, gelten immer als entgeltlich erbracht. Die Steuer ist auf dem Betrag zu berechnen, der auch für die direkten Steuern massgebend ist.[7]

---

1 Fassung gemäss Ziff. I der V vom 18. Okt. 2017, in Kraft seit 1. Jan. 2018 (AS **2017** 6307).
2 Fassung gemäss Ziff. I der V vom 18. Okt. 2017, in Kraft seit 1. Jan. 2018 (AS **2017** 6307).
3 Die Berichtigung vom 12. Dez. 2017 betrifft nur den französischen Text (AS **2017** 7263).
4 Aufgehoben durch Ziff. I der V vom 18. Okt. 2017, mit Wirkung seit 1. Jan. 2018 (AS **2017** 6307).
5 Fassung gemäss Ziff. I der V vom 18. Okt. 2017, in Kraft seit 1. Jan. 2018 (AS **2017** 6307).
6 Fassung gemäss Ziff. I der V vom 18. Okt. 2017, in Kraft seit 1. Jan. 2018 (AS **2017** 6307).
7 Fassung gemäss Ziff. I der V vom 18. Okt. 2017, in Kraft seit 1. Jan. 2018 (AS **2017** 6307).

Art. 95[1] Verkäufe von Betriebsmitteln und Anlagegütern
(Art. 37 Abs. 1–4 MWSTG)

Verkäufe von Betriebsmitteln und Anlagegütern, die nicht ausschliesslich zur Erbringung von Leistungen, die von der Steuer ausgenommen sind, eingesetzt wurden, sind zum bewilligten Saldosteuersatz zu versteuern. Wird mit zwei Saldosteuersätzen abgerechnet und wurde das Betriebsmittel oder das Anlagegut für beide Tätigkeiten verwendet, so sind die Entgelte zum höheren Saldosteuersatz abzurechnen.

Art. 96 Rechnungsstellung zu einem zu hohen Steuersatz
(Art. 37 Abs. 1–4 MWSTG)

Stellt eine mit Saldosteuersätzen abrechnende steuerpflichtige Person eine Leistung zu einem zu hohen Steuersatz in Rechnung, so muss sie zusätzlich zu der mit dem Saldosteuersatz berechneten Mehrwertsteuer auch die Differenz zwischen der nach dem ausgewiesenen Steuersatz berechneten Steuer und der nach dem Steuersatz nach Artikel 25 MWSTG berechneten Steuer entrichten. Dabei wird das Entgelt als inklusive Mehrwertsteuer betrachtet.

3. Abschnitt: Pauschalsteuersatzmethode

Art. 97 Grundsätze
(Art. 37 Abs. 5 MWSTG)

¹ Verwandte Einrichtungen nach Artikel 37 Absatz 5 MWSTG sind namentlich Gemeindezweckverbände und andere Zusammenschlüsse von Gemeinwesen, Kirchgemeinden, private Schulen und Internate, private Spitäler, Zentren für ärztliche Heilbehandlungen, Rehabilitationszentren, Kurhäuser, private Spitexorganisationen, Altersheime, Pflegeheime, Seniorenresidenzen, sozial tätige Unternehmen wie Behindertenwerkstätten, Wohnheime und Sonderschulen, von Gemeinwesen subventionierte Betreiber von Sportanlagen und Kulturzentren, kantonale Gebäudeversicherungen, Wassergenossenschaften, Transportunternehmen des öffentlichen Verkehrs, von Gemeinwesen subventionierte privatrechtliche Waldkorporationen, Veranstalter und Veranstalterinnen von nicht wiederkehrenden Anlässen in den Bereichen Kultur und Sport, Vereine nach den Artikeln 60–79 des Zivilgesetzbuchs[2] (ZGB) und Stiftungen nach den Artikeln 80–89bis ZGB.

² Es bestehen keine betragsmässigen Grenzen für die Anwendung der Pauschalsteuersatzmethode.

³ Steuerpflichtige Personen, die mit der Pauschalsteuersatzmethode abrechnen, können nicht für die Versteuerung von Leistungen nach Artikel 21 Absatz 2 Ziffern 1–24, 27, 29 und 30 MWSTG optieren. Wird die Steuer gleichwohl in Rechnung gestellt, so ist die ausgewiesene Steuer unter Vorbehalt von Artikel 27 Absatz 2 MWSTG der ESTV abzuliefern.[3]

⁴ Autonome Dienststellen nach Artikel 12 Absatz 1 MWSTG, die sich zu einem einzigen Steuersubjekt zusammenschliessen (Art. 12 Abs. 2 MWSTG), können die Pauschalsteuersatzmethode anwenden.[4]

---

[1] Fassung gemäss Ziff. I der V vom 18. Okt. 2017, in Kraft seit 1. Jan. 2018 (AS **2017** 6307).
[2] SR **210**
[3] Fassung gemäss Ziff. I der V vom 18. Okt. 2017, in Kraft seit 1. Jan. 2018 (AS **2017** 6307).
[4] Eingefügt durch Ziff. I der V vom 18. Okt. 2017, in Kraft seit 1. Jan. 2018 (AS **2017** 6307).

Art. 98 Unterstellung unter die Pauschalsteuersatzmethode und Wechsel der Abrechnungsmethode
(Art. 37 Abs. 5 MWSTG)

¹ Gemeinwesen sowie verwandte Einrichtungen nach Artikel 97 Absatz 1, die nach der Pauschalsteuersatzmethode abrechnen wollen, müssen dies der ESTV schriftlich melden.

² Die Pauschalsteuersatzmethode muss während mindestens dreier Steuerperioden beibehalten werden. Entscheidet sich die steuerpflichtige Person für die effektive Abrechnungsmethode, so kann sie frühestens nach zehn Jahren zur Pauschalsteuersatzmethode wechseln. Ein früherer Wechsel ist bei jeder Anpassung des betreffenden Pauschalsteuersatzes möglich, die nicht auf eine Änderung der Steuersätze nach den Artikeln 25 und 55 MWSTG zurückzuführen ist.[1]

³ Wechsel der Abrechnungsmethode sind auf den Beginn einer Steuerperiode möglich. Sie müssen der ESTV bis spätestens 60 Tage nach Beginn der Steuerperiode schriftlich gemeldet werden, ab welcher der Wechsel erfolgen soll. Bei verspäteter Meldung erfolgt der Wechsel auf den Beginn der nachfolgenden Steuerperiode.

Art. 99 Pauschalsteuersätze
(Art. 37 Abs. 5 MWSTG)

¹ Bei Anwendung der Pauschalsteuersatzmethode wird die Steuerforderung durch Multiplikation des Totals der in einer Abrechnungsperiode erzielten steuerbaren Entgelte, einschliesslich der Steuer, mit dem von der ESTV bewilligten Pauschalsteuersatz ermittelt.

² Die ESTV legt die Pauschalsteuersätze unter Berücksichtigung der branchenüblichen Vorsteuerquote fest. Eine Tätigkeit, für die kein Pauschalsteuersatz festgelegt wurde, ist mit dem bei der Saldosteuersatzmethode geltenden Satz abzurechnen.

³ Die steuerpflichtige Person muss jede ihrer Tätigkeiten zum massgebenden Pauschalsteuersatz abrechnen. Die Anzahl der anwendbaren Pauschalsteuersätze ist nicht beschränkt.

Art. 99a[2] Abrechnung der Bezugsteuer
(Art. 37 Abs. 5 MWSTG)

Nach der Pauschalsteuersatzmethode abrechnende steuerpflichtige Personen, die Leistungen von Unternehmen mit Sitz im Ausland nach den Artikeln 45–49 MWSTG beziehen, müssen die Bezugsteuer vierteljährlich zum entsprechenden gesetzlichen Steuersatz entrichten.

Art. 100 Anwendbarkeit der Regeln der Saldosteuersatzmethode
(Art. 37 Abs. 5 MWSTG)

Soweit dieser Abschnitt keine Regelung enthält, gelten ergänzend die Artikel 77–96.

---

[1] Fassung gemäss Ziff. I der V vom 18. Okt. 2017, in Kraft seit 1. Jan. 2018 (AS **2017** 6307).
[2] Eingefügt durch Ziff. I der V vom 18. Okt. 2017, in Kraft seit 1. Jan. 2018 (AS **2017** 6307).

4. Abschnitt: Meldeverfahren

Art. 101 Teilvermögen
(Art. 38 Abs. 1 MWSTG)

Als Teilvermögen gilt jede kleinste für sich lebensfähige Einheit eines Unternehmens.

Art. 102 Steuerpflicht des Erwerbers oder der Erwerberin
(Art. 38 Abs. 1 MWSTG)

Das Meldeverfahren ist auch dann anzuwenden, wenn der Erwerber oder die Erwerberin erst im Zusammenhang mit der Übertragung des Gesamt- oder Teilvermögens steuerpflichtig wird.

Art. 103 Rechnung
(Art. 38 Abs. 1 MWSTG)

Wird das Meldeverfahren angewendet, so muss dies auf der Rechnung vermerkt werden.

Art. 104 Freiwillige Anwendung des Meldeverfahrens
(Art. 38 Abs. 2 MWSTG)

Unter der Voraussetzung, dass beide Parteien steuerpflichtig sind oder werden, kann das Meldeverfahren angewendet werden:
a. bei der Übertragung eines Grundstücks oder von Grundstücksteilen;
b. auf Gesuch der übertragenden Person, sofern gewichtige Interessen vorliegen.

Art. 105 Verwendungsgrad
(Art. 38 Abs. 4 MWSTG)

Es wird vermutet, dass der Veräusserer oder die Veräusserin die übertragenen Vermögenswerte vollumfänglich für zum Vorsteuerabzug berechtigende Tätigkeiten verwendet hat. Ein anderer Verwendungsgrad ist vom Erwerber oder der Erwerberin nachzuweisen.

5. Abschnitt: Abrechnungsart und Abtretung der Steuerforderung

Art. 106 Wechsel der Abrechnungsart bei Abrechnung nach der effektiven Methode
(Art. 39 MWSTG)

[1] Beim Wechsel von der Abrechnung nach vereinnahmten Entgelten zur Abrechnung nach vereinbarten Entgelten muss die steuerpflichtige Person in der auf den Wechsel folgenden Abrechnungsperiode:
a. die Steuer auf den im Zeitpunkt des Wechsels bestehenden Debitorenposten abrechnen; und
b. die Vorsteuern auf den im Zeitpunkt des Wechsels bestehenden Kreditorenposten im Rahmen der zum Vorsteuerabzug berechtigenden unternehmerischen Tätigkeit abziehen.

² Beim Wechsel von der Abrechnung nach vereinbarten Entgelten zur Abrechnung nach vereinnahmten Entgelten muss die steuerpflichtige Person in der auf den Wechsel folgenden Abrechnungsperiode:
    a. die im Zeitpunkt des Wechsels bestehenden Debitorenposten von den in dieser Abrechnungsperiode vereinnahmten Entgelten abziehen; und
    b. die Vorsteuern auf den im Zeitpunkt des Wechsels bestehenden Kreditorenposten von den in dieser Abrechnungsperiode bezahlten Vorsteuern abziehen.

³ Wird gleichzeitig mit dem Wechsel der Abrechnungsart auch die Abrechnungsmethode nach den Artikeln 36 und 37 MWSTG geändert, so gilt Artikel 79 Absatz 4 beziehungsweise Artikel 81 Absatz 6 dieser Verordnung.

Art. 107 Wechsel der Abrechnungsart bei Abrechnung nach der Saldosteuersatzmethode oder der Pauschalsteuersatzmethode[1]
(Art. 39 MWSTG)

¹ Beim Wechsel von der Abrechnung nach vereinnahmten Entgelten zur Abrechnung nach vereinbarten Entgelten muss die steuerpflichtige Person in der auf den Wechsel folgenden Abrechnungsperiode die im Zeitpunkt des Wechsels bestehenden Forderungen mit den bewilligten Saldosteuersätzen beziehungsweise Pauschalsteuersätzen abrechnen.[2]

² Beim Wechsel von der Abrechnung nach vereinbarten Entgelten zur Abrechnung nach vereinnahmten Entgelten muss die steuerpflichtige Person in der auf den Wechsel folgenden Abrechnungsperiode die im Zeitpunkt des Wechsels bestehenden Debitorenposten von den in dieser Abrechnungsperiode vereinnahmten Entgelten abziehen.

³ Wird gleichzeitig mit dem Wechsel der Abrechnungsart auch die Abrechnungsmethode geändert, so gilt Artikel 79 Absatz 4 beziehungsweise Artikel 81 Absatz 6.

Art. 108 Abtretung und Verpfändung der Steuerforderung
(Art. 44 Abs. 2 MWSTG)

Bei der Abtretung und der Verpfändung der Steuerforderung gelten die Bestimmungen über die Geheimhaltung nach Artikel 74 MWSTG nicht.

---

[1] Fassung gemäss Ziff. I der V vom 18. Okt. 2017, in Kraft seit 1. Jan. 2018 (AS **2017** 6307).
[2] Fassung gemäss Ziff. I der V vom 18. Okt. 2017, in Kraft seit 1. Jan. 2018 (AS **2017** 6307).

3. Titel: Bezugsteuer

Art. 109 und Art. 110[1] ...

Art. 111 Datenträger ohne Marktwert
(Art. 45 Abs. 1 Bst. b und 52 Abs. 2 MWSTG)

[1] Als Datenträger ohne Marktwert gilt, unabhängig vom Trägermaterial oder der Art der Datenspeicherung, jeder Träger von Daten, der in der Art und Beschaffenheit, wie er eingeführt wird:
  a. nicht gegen Entrichtung eines im Zeitpunkt der Einfuhr feststehenden Entgelts erworben werden kann; und
  b. nicht gegen Entrichtung einer einmaligen, im Zeitpunkt der Einfuhr feststehenden Lizenzgebühr vertragsmässig genutzt werden kann.

[2] Der Datenträger kann namentlich Computerprogramme und dateien, deren Updates und Upgrades sowie Ton- und Bilddaten enthalten.

[3] Massgebend für die Beurteilung, ob ein Datenträger ohne Marktwert vorliegt, ist der Träger selbst mit den darin enthaltenen Dienstleistungen und den damit verbundenen Rechten ohne Berücksichtigung des zur Einfuhr führenden Rechtsgeschäfts.

[4] Den Datenträgern ohne Marktwert sind namentlich die folgenden Gegenstände gleichgestellt, sofern der Gegenstand dem Auftraggeber oder der Auftraggeberin aufgrund eines selbstständigen Rechtsgeschäftes übergeben oder überlassen wird:
  a. Pläne, Zeichnungen und Illustrationen namentlich von Architekten und Architektinnen, Ingenieuren und Ingenieurinnen, Grafikern und Grafikerinnen sowie Designern und Designerinnen;
  b. Rechtsschriften von Anwälten und Anwältinnen, Gutachten von Sachverständigen, Übersetzungen, Forschungs- und Versuchsergebnisse sowie Ergebnisse aus Analysen, Bewertungen und Ähnlichem;
  c. verbriefte Rechte und immaterielle Werte.

---

[1] Aufgehoben durch Ziff. I der V vom 18. Okt. 2017, mit Wirkung seit 1. Jan. 2018 (AS **2017** 6307).

4. Titel: Einfuhrsteuer

1. Kapitel: Mehrheit von Leistungen und Befreiung von der Einfuhrsteuer

Art. 112 Sachgesamtheiten und Leistungskombinationen
(Art. 52 Abs. 3 und 19 Abs. 2 MWSTG)

¹ Wird bei der Einfuhr die Veranlagung nach Artikel 19 Absatz 2 MWSTG verlangt, so muss im Zeitpunkt der Zollanmeldung eine Kostenkalkulation eingereicht werden.

² Aus der Kostenkalkulation müssen ersichtlich sein:
  a. die Selbstkosten der einzelnen Leistungen;
  b. das Gesamtentgelt.

³ Kostenbestandteile, die den einzelnen Leistungen nicht vollständig zugeordnet werden können, wie Gemeinkosten, Gewinn oder Beförderungskosten, sind wertanteilig auf die einzelnen Leistungen aufzuteilen.

⁴ Das Bundesamt für Zoll und Grenzsicherheit (BAZG)[1] kann im Einzelfall zur Überprüfung der Kalkulation weitere Unterlagen einfordern.

Art. 113 Befreiung von der Einfuhrsteuer
(Art. 53 Abs. 2 und 107 Abs. 2 MWSTG)

Von der Einfuhrsteuer sind befreit:
  a. Gegenstände für Staatsoberhäupter sowie für diplomatische, konsularische und internationale Stellen und deren Mitglieder, die nach Artikel 6 der Zollverordnung vom 1. November 2006[2] (ZV) zollfrei sind;
  b. Särge, Urnen und Trauerschmuck, die nach Artikel 7 ZV zollfrei sind;
  c. Ehrenpreise, Erinnerungszeichen und Ehrengaben, die nach Artikel 8 ZV zollfrei sind;
  d. Speisewagenvorräte, die nach Artikel 10 ZV zollfrei sind;
  e. Vorräte, Ersatzteile und Ausrüstungsgegenstände auf Schiffen, die nach Artikel 11 ZV zollfrei sind;
  f. Vorräte, Ersatzteile und Ausrüstungsgegenstände an Bord von Luftfahrzeugen, die nach Artikel 12 ZV zollfrei sind;
  g. Münz- und Feingold nach Artikel 44.

2. Kapitel: Bestimmung und Sicherstellung der Einfuhrsteuerschuld

Art. 114 Sicherheit bei Bezahlung der Steuer über das zentralisierte Abrechnungsverfahren des BAZG
(Art. 56 Abs. 3 MWSTG)

Wird die Steuer über das zentralisierte Abrechnungsverfahren (ZAZ) bezahlt, so kann das BAZG aufgrund ihrer Risikobeurteilung eine pauschale Sicherheit verlangen. Diese berechnet sich wie folgt:

---

[1] Die Bezeichnung der Verwaltungseinheit wurde in Anwendung von Art. 20 Abs. 2 der Publikationsverordnung vom 7. Okt. 2015 (AS **2015** 3989) auf den 1. Jan. 2022 angepasst. Diese Anpassung wurde im ganzen Text vorgenommen.

[2] SR **631.01**

a. mindestens 20 Prozent der innerhalb einer Periode von 60 Tagen aufgelaufenen Steuer, sofern der Importeur oder die Importeurin bei der ESTV als steuerpflichtige Person eingetragen ist und die Bedingungen des ZAZ eingehalten werden;
b. 100 Prozent der innerhalb einer Periode von 60 Tagen aufgelaufenen Steuer, sofern der Importeur oder die Importeurin bei der ESTV nicht als steuerpflichtige Person eingetragen ist oder die Bedingungen des ZAZ nicht eingehalten werden.

Art. 115 Höhe der Sicherheit bei bedingt entstandener Steuerforderung und bei Zahlungserleichterungen
(Art. 56 Abs. 3 MWSTG)

¹ Die Höhe der Sicherheit beträgt bei bedingt entstandenen Steuerforderungen oder in Fällen, in denen Zahlungserleichterungen nach Artikel 76 Absatz 1 ZG¹ gewährt werden:
  a. 100 Prozent bei der Lagerung von Massengütern;
  a^{bis}.² höchstens 10 Prozent für den nach Artikel 42a ZG zugelassenen Wirtschaftsbeteiligten («Authorised Economic Operator», AEO);
  b. mindestens 25 Prozent in den übrigen Fällen.

² Bei internationalen Transiten richtet sich die Höhe der Sicherheit nach den völkerrechtlichen Verträgen.

Art. 116 Nachträgliche Anpassung der Entgelte
(Art. 56 Abs. 5 MWSTG)

¹ Die Meldung einer nachträglichen Anpassung der Entgelte muss folgende Informationen enthalten:
  a. Anfangs- und Enddatum der Periode, für welche die Entgelte nachträglich angepasst werden;
  b. die in dieser Periode berechneten Entgelte;
  c. das Total der Entgeltsanpassungen;
  d. die Aufteilung der Entgeltsanpassung auf die verschiedenen Steuersätze.

² Für die Ermittlung der Entgeltsanpassung herangezogene Preis- oder Wertangaben in ausländischer Währung sind nach dem durchschnittlichen Devisenkurs (Verkauf) der Periode in Schweizerfranken umzurechnen.

³ Das BAZG kann im Einzelfall zur Bestimmung der Einfuhrsteuerschuld weitere Unterlagen einfordern.

3. Kapitel: Verlagerung der Steuerentrichtung

Art. 117 Verlagerung der Entrichtung der Einfuhrsteuer
(Art. 63 MWSTG)

¹ Wer Steuern im Verlagerungsverfahren entrichten will, bedarf einer Bewilligung der ESTV.

² Bestehen Zweifel darüber, ob die Voraussetzungen für die Verlagerung der Einfuhrsteuer erfüllt sind, so erhebt das BAZG die Steuer.

---

¹ SR **631.0**
² Eingefügt durch Anhang Ziff. 2 der V vom 18. Nov. 2015, in Kraft seit 1. Jan. 2016 (AS **2015** 4917).

³ Die Verjährung der verlagerten Einfuhrsteuerschuld richtet sich nach Artikel 42 MWSTG.

⁴ Die ESTV regelt den Vollzug im Einvernehmen mit dem BAZG.

Art. 118 Bewilligungsvoraussetzungen
(Art. 63 MWSTG)

¹ Die Bewilligung wird erteilt, wenn die steuerpflichtige Person:
   a. die Mehrwertsteuer nach der effektiven Methode abrechnet;
   b. im Rahmen ihrer unternehmerischen Tätigkeit regelmässig Gegenstände importiert und exportiert;
   c. über diese Gegenstände eine detaillierte Einfuhr-, Lager- und Ausfuhrkontrolle führt;
   d.¹ in ihren periodischen Steuerabrechnungen mit der ESTV regelmässig Vorsteuerüberschüsse aus Ein- und Ausfuhren von Gegenständen nach Buchstabe b von mehr als 10 000 Franken pro Jahr ausweist, die aus der Entrichtung der Einfuhrsteuer an das BAZG herrühren; und
   e. Gewähr bietet für einen ordnungsgemässen Ablauf des Verfahrens.

² Die Erteilung oder Aufrechterhaltung der Bewilligung kann von der Leistung von Sicherheiten in Höhe der mutmasslichen Ansprüche abhängig gemacht werden.

Art. 119 Wegfall der Bewilligungsvoraussetzungen
(Art. 63 MWSTG)

Fällt eine der Voraussetzungen der Bewilligung nach Artikel 118 Absatz 1 Buchstaben a–d weg, so muss die steuerpflichtige Person die ESTV unverzüglich schriftlich benachrichtigen.

Art. 120 Entzug der Bewilligung
(Art. 63 MWSTG)

Die Bewilligung wird entzogen, wenn die steuerpflichtige Person nicht mehr Gewähr für einen ordnungsgemässen Ablauf des Verfahrens bietet.

Art. 121 Nichterhebung der Inlandsteuer
(Art. 63 Abs. 2 MWSTG)

Für die Bewilligung nach Artikel 63 Absatz 2 MWSTG gelten die Artikel 118–120 sinngemäss.

---

¹ Fassung gemäss Ziff. I der V vom 18. Okt. 2017, in Kraft seit 1. Jan. 2018 (AS **2017** 6307).

5. Titel: Verfahrensrecht für die Inland- und die Bezugsteuer

1. Kapitel: Rechte und Pflichten der steuerpflichtigen Person

1. Abschnitt:[1] Verzicht auf die Anmeldung als steuerpflichtige Person
(Art. 66 Abs. 1 MWSTG)

Art. 121a

Unternehmen, die im Inland ausschliesslich von der Steuer ausgenommene Leistungen erbringen, können auf die Anmeldung bei der ESTV als steuerpflichtige Person verzichten. Bei Unternehmen ohne Sitz, Wohnsitz oder Betriebsstätte im Inland gilt dies auch, wenn sie zudem Leistungen erbringen, für die sie nach Artikel 10 Absatz 2 Buchstabe b MWSTG von der Steuerpflicht befreit sind.

1a. Abschnitt:[2] Papierlose Belege
(Art. 70 Abs. 4 MWSTG)

> ☞ Der Gliederungstitel vor und die Sachüberschrift von Art. 122 sollen durch die VO zur Änderung der MWSTV (elektronische Verfahren) voraussichtlich per 1.1.2024 wie folgt geändert werden (Entwurf):
>
> 1a. Abschnitt: Papierlose Belege, elektronische Verfahren
>
> Art. 122 Papierlose Belege
> (Art. 70 Abs. 4 MWSTG)

Art. 122[3]

Für die Übermittlung und Aufbewahrung papierloser Belege gelten die Artikel 957–958f des Obligationenrechts[4] und die Geschäftsbücherverordnung vom 24. April 2002[5]. N 4

Art. 123 –125[6]

...

> ☞ Art. 123 soll durch die VO zur Änderung der MWSTV (elektronische Verfahren) voraussichtlich per 1.1.2024 wie folgt neu eingefügt werden (Entwurf):
>
> Art. 123 Elektronische Verfahren
> (Art. 65a MWSTG)
>
> Die Anmeldung als steuerpflichtige Person (Art. 66 Abs. 1 MWSTG), die Abrechnung (Art. 71 MWSTG) und die nachträglichen Korrekturen der Abrechnung (Art. 72 MWSTG) müssen elektronisch über das hierfür vorgesehene Portal erfolgen.

---

[1] Eingefügt durch Ziff. I der V vom 18. Okt. 2017, in Kraft seit 1. Jan. 2018 (AS **2017** 6307).
[2] Eingefügt durch Ziff. I der V vom 18. Okt. 2017, in Kraft seit 1. Jan. 2018 (AS **2017** 6307).
[3] Fassung gemäss Ziff. I der V vom 18. Okt. 2017, in Kraft seit 1. Jan. 2018 (AS **2017** 6307).
[4] SR **220**
[5] SR **221.431**
[6] Aufgehoben durch Ziff. I der V vom 18. Okt. 2017, mit Wirkung seit 1. Jan. 2018 (AS **2017** 6307).

2. Abschnitt: Abrechnung

Art. 126 Effektive Abrechnungsmethode
(Art. 71 und 72 MWSTG)

¹ Bei der effektiven Abrechnungsmethode muss die steuerpflichtige Person für die Abrechnung mit der ESTV die folgenden Werte in geeigneter Weise festhalten:
  a. das Total aller der Inlandsteuer unterliegenden Entgelte; dieses umfasst namentlich die Entgelte für:
     1. besteuerte Leistungen, aufgeteilt nach Steuersätzen,
     2. Leistungen, die nach Artikel 22 MWSTG freiwillig versteuert werden (Option),
     3. Leistungen, die nach Artikel 23 MWSTG von der Steuer befreit sind,
     4. Leistungen an Begünstigte nach Artikel 2 GSG[1], die nach Artikel 143 dieser Verordnung von der Mehrwertsteuer befreit sind,
     5. Leistungen, für die das Meldeverfahren nach Artikel 38 MWSTG angewendet wurde,
     6. Leistungen, die nach Artikel 21 MWSTG von der Steuer ausgenommen sind;
  b. Minderungen des Entgelts bei Abrechnung nach vereinbarten Entgelten, soweit sie nicht in einer anderen Position berücksichtigt sind;
  c. die nicht im Anwendungsbereich der Mehrwertsteuer liegenden:
     1. Entgelte aus Leistungen, deren Ort nach den Artikeln 7 und 8 MWSTG im Ausland liegt,
     2. nicht als Entgelte geltenden Mittelflüsse nach Artikel 18 Absatz 2 Buchstaben a–c MWSTG,
     3. andere nicht als Entgelte geltende Mittelflüssen nach Artikel 18 Absatz 2 Buchstaben d–l MWSTG;
  d. das Total der Entgelte für der Bezugsteuer unterliegende Leistungen, aufgeteilt nach Steuersätzen;
  e. das Total aller abziehbaren Vorsteuern, vor den Korrekturen und Kürzungen nach Buchstabe f, aufgeteilt in:
     1. Vorsteuer auf Material- und Dienstleistungsaufwand,
     2. Vorsteuer auf Investitionen und übrigem Betriebsaufwand,
     3. Einlageentsteuerung;
  f. die Beträge, um die der Vorsteuerabzug korrigiert oder gekürzt werden muss infolge:
     1. gemischter Verwendung nach Artikel 30 MWSTG,
     2. Eigenverbrauchs nach Artikel 31 MWSTG,
     3. Erhalts von Mittelflüssen, die nicht als Entgelt gelten, nach Artikel 33 Absatz 2 MWSTG;
  g. das Total der im Verlagerungsverfahren abgerechneten Einfuhrsteuer.

² Die ESTV kann mehrere Werte nach Absatz 1 unter einer Ziffer des Abrechnungsformulars zusammenfassen oder darauf verzichten, sie im Rahmen der periodischen Abrechnung zu verlangen.

---

[1] SR **192.12**

Art. 127 Abrechnung nach der Saldosteuersatz- oder der Pauschalsteuersatzmethode
(Art. 71 und 72 MWSTG)

1 Bei der Saldosteuersatz- und der Pauschalsteuersatzmethode muss die steuerpflichtige Person für die Abrechnung mit der ESTV die folgenden Werte in geeigneter Weise festhalten:
   a. das Total aller der Inlandsteuer unterliegenden Entgelte; dieses umfasst namentlich die Entgelte für:
      1. besteuerte Leistungen, aufgeteilt nach Saldosteuersätzen beziehungsweise Pauschalsteuersätzen,
      2. Leistungen, die nach Artikel 23 MWSTG von der Steuer befreit sind,
      3. Leistungen an Begünstigte nach Artikel 2 GSG[1], die nach Artikel 143 dieser Verordnung von der Mehrwertsteuer befreit sind,
      4. Leistungen, für die das Meldeverfahren nach Artikel 38 MWSTG angewendet wurde,
      5. Leistungen, die nach Artikel 21 MWSTG von der Steuer ausgenommen sind;
   b. Minderungen des Entgelts bei Abrechnung nach vereinbarten Entgelten, soweit sie nicht in einer anderen Position berücksichtigt sind;
   c. die nicht im Anwendungsbereich der Mehrwertsteuer liegenden:
      1. Entgelte aus Leistungen, deren Ort nach den Artikeln 7 und 8 MWSTG im Ausland liegt,
      2. nicht als Entgelte geltenden Mittelflüsse nach Artikel 18 Absatz 2 Buchstaben a–c MWSTG,
      3. anderen nicht als Entgelte geltenden Mittelflüsse nach Artikel 18 Absatz 2 Buchstaben d–l MWSTG;
   d. das Total der Entgelte für der Bezugsteuer unterliegende Leistungen, aufgeteilt nach Steuersätzen;
   e. Steueranrechnungen aus der Anwendung eines von der ESTV zur Verfügung gestellten besonderen Verfahrens nach Artikel 90 Absätze 1 und 2;
   f. Zeitwert der unbeweglichen Gegenstände nach Artikel 93, die nicht mehr im Rahmen der unternehmerischen Tätigkeit oder neu für eine nach Artikel 21 Absatz 2 MWSTG von der Steuer ausgenommene Tätigkeit verwendet werden.

2 Die ESTV kann mehrere Werte nach Absatz 1 unter einer Ziffer des Abrechnungsformulars zusammenfassen oder darauf verzichten, sie im Rahmen der periodischen Abrechnung zu verlangen.

Art. 128 Zusätzliche Unterlagen
(Art. 71 und 72 MWSTG)

1 Die ESTV kann von der steuerpflichtigen Person die Einreichung namentlich folgender Unterlagen verlangen:
   a. eine Zusammenfassung der in Artikel 126 beziehungsweise 127 genannten Angaben für die gesamte Steuerperiode (Deklaration für die Steuerperiode);
   b. die rechtsgültig unterzeichnete Jahresrechnung oder, wenn die steuerpflichtige Person nicht buchführungspflichtig ist, eine Aufstellung über die Einnahmen und Ausgaben sowie über das Geschäftsvermögen zu Beginn und am Ende der Steuerperiode;

---

[1] SR **192.12**

c. den Revisionsbericht, soweit für die steuerpflichtige Person ein solcher zu erstellen ist;
d. eine Umsatzabstimmung nach Absatz 2;
e. bei steuerpflichtigen Personen, die nach der effektiven Methode abrechnen, eine Vorsteuerabstimmung nach Absatz 3;
f. bei steuerpflichtigen Personen, die nach der effektiven Methode abrechnen, eine Aufstellung über die Berechnung der vorgenommenen Vorsteuerkorrekturen und -kürzungen, aus der die Vorsteuerkorrekturen nach Artikel 30 MWSTG, die Eigenverbrauchstatbestände nach Artikel 31 MWSTG und die Vorsteuerabzugskürzungen nach Artikel 33 Absatz 2 MWSTG ersichtlich sind.

² Aus der Umsatzabstimmung muss ersichtlich sein, wie die Deklaration für die Steuerperiode unter Berücksichtigung der verschiedenen Steuersätze beziehungsweise der Saldo- oder Pauschalsteuersätze mit dem Jahresabschluss in Übereinstimmung gebracht wird. Namentlich zu berücksichtigen sind:
a. der in der Jahresrechnung ausgewiesene Betriebsumsatz;
b. die Erträge, die auf Aufwandkonten verbucht wurden (Aufwandminderungen);
c. die konzerninternen Verrechnungen, die nicht im Betriebsumsatz enthalten sind;
d. die Verkäufe von Betriebsmitteln;
e. die Vorauszahlungen;
f. die übrigen Zahlungseingänge, die nicht im ausgewiesenen Betriebsumsatz enthalten sind;
g. die geldwerten Leistungen;
h. die Erlösminderungen;
i. die Debitorenverluste; und
j. die Abschlussbuchungen wie die zeitlichen Abgrenzungen, die Rückstellungen und internen Umbuchungen, die nicht umsatzrelevant sind.

³ Aus der Vorsteuerabstimmung muss ersichtlich sein, dass die Vorsteuern gemäss Vorsteuerkonti oder sonstigen Aufzeichnungen mit den deklarierten Vorsteuern abgestimmt wurden.

⁴ Die Einforderung zusätzlicher Unterlagen nach den Absätzen 1–3 stellt kein Einfordern von umfassenden Unterlagen im Sinne von Artikel 78 Absatz 2 MWSTG dar.

Art. 129 Korrektur
(Art. 72 MWSTG)

Die Korrektur von Mängeln in zurückliegenden Abrechnungen muss getrennt von den ordentlichen Abrechnungen erfolgen.

2. Kapitel: Auskunftspflicht von Drittpersonen
(Art. 73 Abs. 2 Bst. c MWSTG)

Art. 130

Die Auskunftspflicht von Drittpersonen nach Artikel 73 Absatz 2 Buchstabe c MWSTG gilt nicht für Unterlagen, die:

a. der auskunftspflichtigen Person zur Erbringung ihrer Leistung anvertraut worden sind;
b. die auskunftspflichtige Person zur Erbringung ihrer Leistung selbst erstellt hat.

… Mehrwertsteuerverordnung | **MWSTV**

3. Kapitel: Rechte und Pflichten der Behörden

1. Abschnitt: Datenschutz[1]

Art. 131[2] **Datenschutzberatung**
(Art. 76 Abs. 1 MWSTG)

¹ Die ESTV bezeichnet eine für die Datenschutz- und Datensicherheitsberatung verantwortliche Person.

² Diese überwacht die Einhaltung der Datenschutzbestimmungen und sorgt insbesondere für eine regelmässige Überprüfung der Richtigkeit und Sicherheit der Daten.

³ Sie sorgt ausserdem dafür, dass regelmässige Kontrollen betreffend die Richtigkeit und die vollständige Übertragung der erhobenen Daten auf Datenträger stattfinden.

Art. 132 Datenbearbeitung[3]
(Art. 76 Abs. 1 und 76a Abs. 1 und 2 MWSTG)

¹ Die Bearbeitung von Daten erfolgt im Rahmen der Erfüllung der gesetzlich vorgeschriebenen Aufgaben ausschliesslich durch Mitarbeitende der ESTV oder durch von der ESTV kontrolliertes Fachpersonal.

² Die ESTV kann Daten, die sie selbst erhebt oder zusammenstellt oder von Verfahrensbeteiligten, Drittpersonen oder Behörden erhält, in elektronischer oder anderer Form bearbeiten.[4]

³ …[5]

Art. 133[6] **Verantwortlichkeit für das Informationssystem**
(Art. 76a Abs. 1 und 76d Bst. a MWSTG)

Die ESTV ist verantwortlich für den sicheren Betrieb und den Unterhalt des Informationssystems und die Rechtmässigkeit der Datenbearbeitung.

Art. 134[7] **Datenkategorien**
(Art. 76a Abs. 1 und 3 sowie 76d Bst. b und c MWSTG)

Die Daten, welche die ESTV nach Artikel 76a Absatz 3 MWSTG bearbeiten kann, sind die folgenden:

a. Angaben über die Identität von Personen: insbesondere Namen, Rechtsform, Handelsregistereintrag, Geburtsdatum oder Gründungszeitpunkt, Adresse, Wohn- und Geschäftssitz, Telekommunikationsnummern, E-Mail-Adresse, Heimatort, Bankverbindung, rechtlicher Vertreter oder rechtliche Vertreterin, AHV-Nummer[8];

---

[1] Fassung gemäss Ziff. I der V vom 18. Okt. 2017, in Kraft seit 1. Jan. 2018 (AS **2017** 6307).
[2] Fassung gemäss Ziff. I der V vom 18. Okt. 2017, in Kraft seit 1. Jan. 2018 (AS **2017** 6307).
[3] Fassung gemäss Ziff. I der V vom 18. Okt. 2017, in Kraft seit 1. Jan. 2018 (AS **2017** 6307).
[4] Fassung gemäss Ziff. I der V vom 18. Okt. 2017, in Kraft seit 1. Jan. 2018 (AS **2017** 6307).
[5] Aufgehoben durch Ziff. I der V vom 18. Okt. 2017, mit Wirkung seit 1. Jan. 2018 (AS **2017** 6307).
[6] Fassung gemäss Ziff. I der V vom 18. Okt. 2017, in Kraft seit 1. Jan. 2018 (AS **2017** 6307).
[7] Fassung gemäss Ziff. I der V vom 18. Okt. 2017, in Kraft seit 1. Jan. 2018 (AS **2017** 6307).
[8] Ausdruck gemäss Anhang Ziff. II 24 der V vom 17. Nov. 2021, in Kraft seit 1. Jan. 2022 (AS **2021** 800).

b. Angaben über die wirtschaftlichen Tätigkeiten: Art der Geschäftstätigkeit, erzielte oder voraussichtliche Umsätze, Eintragungs- und Löschungszeitpunkt, Ort der Leistungserbringung sowie für die Erhebung der Mehrwertsteuer erforderliche Angaben über das Verbringen sowie die Ein- und Ausfuhr von Waren;
c. Angaben über die Einkommens- und Vermögensverhältnisse: insbesondere Angaben aus Geschäftsbüchern, betriebswirtschaftliche Zahlen, Liegenschaften, Barschaft, Post- und Bankkonten, Wertpapiere und sonstige bewegliche Wertsachen sowie unverteilte Erbschaften;
d. Angaben über die Steuerverhältnisse: Steuerabrechnungen;
e. Angaben über Schuldverhältnisse und Forderungszessionen: Dauer und Umfang von Forderungszessionen, Höhe steuerbarer zedierter Forderungen;
f. Angaben über Betreibungs-, Konkurs- und Arrestverfahren: Betreibungs-, Konkurs-, Nachlass- und Arrestverfahren, gerichtliche und aussergerichtliche auf den Bezug von Forderungen gerichtete Handlungen;
g. Angaben über die Befolgung von steuerrechtlichen Pflichten: Befolgung steuerrechtlicher Mitwirkungspflichten, fristgerechte Entrichtung geschuldeter Abgaben, Buchführungspflichten, Feststellungen, die im Rahmen einer Kontrolle gemacht wurden, sowie Angaben, die für das Sicherstellen des Bezugs der geschuldeten Steuern bei den steuerpflichtigen und mithaftenden Personen benötigt werden;
h. Angaben über den Verdacht auf Widerhandlungen, über Straftaten, beschlagnahmte Gegenstände und Beweismittel sowie über Strafverfahren: begründeter Verdacht auf Widerhandlungen, beschlagnahmte Gegenstände und Beweismittel, Straftaten sowie die daraus resultierenden Sanktionen und Nachforderungen nach Artikel 12 des Bundesgesetzes vom 22. März 1974[1] über das Verwaltungsstrafrecht; N 2
i. Angaben über Administrativverfahren: Daten über Verwaltungs- und Steuerjustizverfahren, die für das Ausstellen von Einschätzungsmitteilungen sowie für die Beurteilung von Steuerrückerstattungsansprüchen und Gesuchen um Steuererlass erforderlich sind;
j. Angaben über Amts- und Rechtshilfeverfahren: ersuchende Behörde, Datum und Gegenstand des Ersuchens, betroffene Personen, Verlauf des Verfahrens sowie Art der Massnahmen.

Art. 135[2] **Statistiken**
(Art. 76*a* Abs. 2 Bst. j MWSTG)

¹ Die ESTV erstellt und führt Statistiken, soweit es zur Erfüllung ihrer gesetzlichen Aufgaben erforderlich ist.

² Sie kann den Behörden des Bundes und der Kantone sowie weiteren interessierten Personen Daten zu statistischen Zwecken abgeben, sofern diese anonymisiert sind und keine Rückschlüsse auf die betroffenen Personen erlauben. Artikel 10 Absätze 4 und 5 des Bundesstatistikgesetzes vom 9. Oktober 1992[3] bleibt vorbehalten.

---

[1] SR 313.0
[2] Fassung gemäss Ziff. I der V vom 18. Okt. 2017, in Kraft seit 1. Jan. 2018 (AS **2017** 6307).
[3] SR **431.01**

☞ *Art. 135 Abs. 2 wird gemäss VO vom 31.8.2022 über den Datenschutz (Totalrevision) per 1.9.2023 wie folgt geändert:*

² Sie kann den Behörden des Bundes und der Kantone sowie weiteren interessierten Personen Daten zu statistischen Zwecken bekanntgeben, sofern diese anonymisiert sind und keine Rückschlüsse auf die betroffenen Personen erlauben. Artikel 10 Absätze 4 und 5 des Bundesstatistikgesetzes vom 9. Oktober 1992 sowie Artikel 14 Absatz 3 des Nationalbankgesetzes vom 3. Oktober 2003 bleiben vorbehalten.

³ Nicht anonymisierte Daten dürfen für interne Geschäftskontrollen und für die interne Geschäftsplanung verwendet werden.

Art. 135a[1] Bekanntgabe von Daten an das Bundesamt für Statistik
(Art. 76b und 76d Bst. d MWSTG)

Die ESTV darf dem Bundesamt für Statistik (BFS) zur Durchführung von statistischen Erhebungen die Mehrwertsteuerabrechnungen im Abrufverfahren zugänglich machen, sofern die steuerpflichtige Person gegenüber dem BFS ihr Einverständnis erklärt hat, dass dieses sich die Daten bei der ESTV beschafft.

Art. 136[2] Bekanntgabe von Daten an das BAZG
(Art. 76b Abs. 2 MWSTG)

Die ESTV macht den im BAZG mit der Erhebung und dem Einzug der Mehrwertsteuer betrauten Personen die Daten nach Artikel 134 in einem Abrufverfahren zugänglich, soweit diese Daten für die korrekte und vollständige Veranlagung der Einfuhrsteuer oder für die Durchführung von Straf- oder Administrativverfahren erforderlich sind.

Art. 137[3] Aufbewahrungsdauer, Vernichtung und Archivierung der Daten
(Art. 76c Abs. 1 und 76d Bst. e und f MWSTG)

¹ Die ESTV vernichtet die Daten spätestens nach Ablauf der in Artikel 70 Absätze 2 und 3 MWSTG beziehungsweise der in Artikel 105 MWSTG festgesetzten Fristen. Ausgenommen sind Daten, die für die Erhebung der Mehrwertsteuer immer wieder benötigt werden.

² Vor der Vernichtung werden die Daten dem Bundesarchiv nach dem Archivierungsgesetz vom 26. Juni 1998[4] zur Archivierung angeboten.

Art. 138[5] Auswertung des Internetangebots der ESTV
(Art. 76d MWSTG)

¹ Zur Auswertung ihres Internetangebots kann die ESTV die Daten von Personen bearbeiten, die von diesem Angebot Gebrauch machen (Logfiles).

² Die Daten dürfen nur für diese Auswertung und nur so lange wie nötig bearbeitet werden. Sie sind nach der Auswertung zu vernichten oder zu anonymisieren.

---

1 Eingefügt durch Ziff. I der V vom 8. März 2019, in Kraft seit 1. April 2019 (AS **2019** 911).
2 Fassung gemäss Ziff. I der V vom 18. Okt. 2017, in Kraft seit 1. Jan. 2018 (AS **2017** 6307).
3 Fassung gemäss Ziff. I der V vom 18. Okt. 2017, in Kraft seit 1. Jan. 2018 (AS **2017** 6307).
4 SR **152.1**
5 Fassung gemäss Ziff. I der V vom 18. Okt. 2017, in Kraft seit 1. Jan. 2018 (AS **2017** 6307).

Art. 139[1] ...

2. Abschnitt: Kontrolle
(Art. 78 Abs. 2 MWSTG)

Art. 140

Ein Einfordern von umfassenden Unterlagen liegt vor, wenn die Geschäftsbücher eines Geschäftsjahres verlangt werden, sei es mit oder ohne die dazugehörigen Buchungsbelege.

4. Kapitel: Verfügungs- und Rechtsmittelverfahren

Art. 141 Beschwerdeverfahren
(Art. 81 MWSTG)

Die ESTV ist im Sinn von Artikel 89 Absatz 2 Buchstabe a des Bundesgerichtsgesetzes vom 17. Juni 2005[2] zur Beschwerde an das Bundesgericht berechtigt.

Art. 142 Betreibungskosten
(Art. 86 MWSTG)

Wird die Betreibung nach Artikel 86 Absatz 9 MWSTG zurückgezogen, so trägt die steuerpflichtige Person die angefallenen Betreibungskosten.

6. Titel: Entlastung von der Mehrwertsteuer für Begünstigte, die nach dem GSG von der Mehrwertsteuer befreit sind

Art. 143 Anspruchsberechtigung für die Steuerentlastung
(Art. 107 Abs. 1 Bst. a MWSTG)

[1] Anspruch auf Entlastung von der Mehrwertsteuer haben institutionelle Begünstigte und begünstigte Personen.

[2] Als institutionelle Begünstigte gelten:
  a. Begünstigte nach Artikel 2 Absatz 1 GSG[3], die aufgrund des Völkerrechts, einer mit dem Bundesrat abgeschlossenen Vereinbarung über die Befreiung von den indirekten Steuern oder eines Entscheids des Eidgenössischen Departementes für auswärtige Angelegenheiten (EDA) nach Artikel 26 Absatz 3 GSG von den indirekten Steuern befreit sind;
  b. Begünstigte nach Artikel 2 Absatz 1 GSG mit Sitz im Ausland, sofern sie durch die Gründungsakte, ein Protokoll über die Vorrechte und Immunitäten oder sonstige völkerrechtliche Vereinbarungen von den indirekten Steuern befreit sind.

[3] Als begünstigte Personen gelten:
  a. Staatsoberhäupter sowie Regierungschefs und Regierungschefinnen während der tatsächlichen Ausübung einer offiziellen Funktion in der Schweiz sowie die zu ihrer Begleitung berechtigten Personen, die den diplomatischen Status geniessen;

---

[1] Aufgehoben durch Ziff. I der V vom 18. Okt. 2017, mit Wirkung seit 1. Jan. 2018 (AS **2017** 6307).
[2] SR **173.110**
[3] SR **192.12**

b. diplomatische Vertreter und Vertreterinnen, Konsularbeamte und Konsularbeamtinnen sowie die zu ihrer Begleitung berechtigten Personen, sofern sie in der Schweiz denselben diplomatischen Status wie diese geniessen;

c. hohe Beamte und Beamtinnen von institutionellen Begünstigten nach Absatz 2 Buchstabe a, die in der Schweiz diplomatischen Status geniessen, sowie die zu ihrer Begleitung berechtigten Personen, sofern sie denselben diplomatischen Status geniessen, wenn sie aufgrund einer Vereinbarung zwischen dem Bundesrat oder dem EDA und dem betreffenden institutionellen Begünstigten oder aufgrund eines einseitigen Entscheids des Bundesrates oder des EDA von den indirekten Steuern befreit sind;

d. die Delegierten internationaler Konferenzen, die diplomatischen Status geniessen, wenn die internationale Konferenz, an der sie teilnehmen, in Übereinstimmung mit Absatz 2 Buchstabe a selbst von den indirekten Steuern befreit ist;

e. die ein internationales Mandat ausübenden Persönlichkeiten nach Artikel 2 Absatz 2 Buchstabe b GSG, die in der Schweiz diplomatischen Status geniessen und aufgrund eines Entscheids des Bundesrates von den indirekten Steuern befreit sind, sowie die zu ihrer Begleitung berechtigten Personen, sofern sie denselben diplomatischen Status geniessen.

4 Keinen Anspruch auf Steuerentlastung haben Personen mit Schweizer Bürgerrecht.

5 Die Entlastung von der Mehrwertsteuer wird durch die Steuerbefreiung an der Quelle nach den Artikeln 144 und 145 und ausnahmsweise durch die Rückerstattung nach Artikel 146 bewirkt.

Art. 144 Steuerbefreiung
(Art. 107 Abs. 1 Bst. a MWSTG)

1 Von der Steuer befreit sind:

a. die Lieferungen von Gegenständen und die Dienstleistungen im Inland durch steuerpflichtige Personen an institutionelle Begünstigte und begünstigte Personen;

b.[1] der Bezug von Leistungen von Unternehmen mit Sitz im Ausland durch institutionelle Begünstigte und begünstigte Personen.

2 Die Steuerbefreiung gilt nur für Lieferungen und Dienstleistungen:

a. an begünstigte Personen, wenn sie ausschliesslich zum persönlichen Gebrauch bestimmt sind;

b. an institutionelle Begünstigte, wenn sie ausschliesslich zum amtlichen Gebrauch bestimmt sind.

Art. 145 Voraussetzungen für die Steuerbefreiung
(Art. 107 Abs. 1 Bst. a MWSTG)

1 Ein institutioneller Begünstigter, der die Steuerbefreiung beanspruchen will, muss vor jedem Bezug von Leistungen auf dem amtlichen Formular bescheinigen, dass die bezogenen Leistungen zum amtlichen Gebrauch bestimmt sind.

2 Eine begünstigte Person, welche die Steuerbefreiung beanspruchen will, muss sich vor jedem Bezug von Leistungen von dem institutionellen Begünstigten, dem sie angehört, auf dem amtlichen Formular bescheinigen lassen, dass sie den Status

---

[1] Fassung gemäss Ziff. I der V vom 18. Okt. 2017, in Kraft seit 1. Jan. 2018 (AS **2017** 6307).

nach Artikel 143 Absatz 3 geniesst, der sie zum steuerfreien Bezug berechtigt. Die begünstigte Person muss das eigenhändig unterzeichnete amtliche Formular dem Leistungserbringer oder der Leistungserbringerin übergeben und sich bei jedem Bezug von Leistungen mit der von der zuständigen eidgenössischen Behörde ausgestellten Legitimationskarte ausweisen.

³ Die Steuerbefreiung nach Artikel 144 Absatz 1 Buchstabe a kann nur in Anspruch genommen werden, wenn der effektive Bezugspreis der in der Rechnung oder einem gleichwertigen Dokument ausgewiesenen Leistungen insgesamt mindestens 100 Franken einschliesslich Steuer beträgt. Dieser Mindestbetrag gilt nicht für Telekommunikations- und elektronische Dienstleistungen nach Artikel 10 sowie für Lieferungen von Wasser in Leitungen, Gas und Elektrizität durch Versorgungsbetriebe.

⁴ Die Voraussetzungen nach den Absätzen 1–3 für die Beanspruchung einer Steuerbefreiung gelten nicht für Bezüge von Treibstoff, für die der institutionelle Begünstigte oder die begünstigte Person auf Grund der Artikel 26–28 der Mineralölsteuerverordnung vom 20. November 1996[1], der Artikel 30 und 31 der Verordnung vom 23. August 1989[2] über Zollvorrechte der diplomatischen Missionen in Bern und der konsularischen Posten in der Schweiz sowie der Artikel 28 und 29 der Verordnung vom 13. November 1985[3] über Zollvorrechte der internationalen Organisationen, der Staaten in ihren Beziehungen zu diesen Organisationen und der Sondermissionen fremder Staaten die Befreiung von der Mineralölsteuer beanspruchen kann. In diesem Fall muss der Leistungserbringer oder die Leistungserbringerin nachweisen können, dass das BAZG die Mineralölsteuer nicht erhoben oder rückvergütet hat.

Art. 146 Steuerrückerstattung
(Art. 107 Abs. 1 Bst. a MWSTG)

¹ In begründeten Einzelfällen kann die ESTV auf Antrag bereits bezahlte Steuerbeträge, für die ein Anspruch auf Steuerentlastung besteht, zurückerstatten; sie kann dafür, im Einvernehmen mit dem EDA, eine Bearbeitungsgebühr erheben.

² Für die Steuerrückerstattung gilt Artikel 145 Absatz 3 sinngemäss.

³ Ein institutioneller Begünstigter kann pro Kalenderjahr höchstens zwei Anträge auf Steuerrückerstattung stellen. Er muss dafür das amtliche Formular benutzen.

⁴ Begünstigte Personen können pro Kalenderjahr höchstens einen Antrag auf Steuerrückerstattung stellen. Die Anträge der begünstigten Personen sind durch die Einrichtung, der sie angehören, zur einmaligen jährlichen Einreichung zusammenzustellen.

⁵ Die ESTV kann, im Einvernehmen mit dem EDA, einen Mindestrückerstattungsbetrag pro Antrag festsetzen. Auf Rückerstattungsbeträgen wird kein Vergütungszins ausgerichtet.

---

[1] SR **641.611**
[2] SR **631.144.0**
[3] SR **631.145.0**

Art. 147 Aufbewahrungspflicht
(Art. 107 Abs. 1 Bst. a MWSTG)

Die steuerpflichtige Person muss die verwendeten amtlichen Formulare im Original zusammen mit den übrigen Belegen vollständig nach Artikel 70 Absatz 2 MWSTG aufbewahren. Bezüglich elektronisch übermittelter und aufbewahrter amtlicher Formulare gilt Artikel 122[1] sinngemäss.

Art. 148 Vorsteuerabzug
(Art. 107 Abs. 1 Bst. a MWSTG)

Die Steuer auf den Lieferungen und den Einfuhren von Gegenständen sowie den Dienstleistungen, die zur Bewirkung von steuerfreien Leistungen an institutionelle Begünstigte und begünstigte Personen verwendet werden, kann als Vorsteuer abgezogen werden.

Art. 149 Steuernachbezug und Widerhandlungen
(Art. 107 Abs. 1 Bst. a MWSTG)

[1] Sind die Voraussetzungen der Steuerbefreiung nach den Artikeln 144 und 145 nicht gegeben oder entfallen sie nachträglich, so ist in Fällen der Steuerbefreiung nach Artikel 144 Absatz 1 Buchstabe a der institutionelle Begünstigte oder die begünstigte Person verpflichtet, der steuerpflichtigen Person den auf die Steuer entfallenden Betrag zu bezahlen. Wird dieser Betrag nicht bezahlt, so wird er von der steuerpflichtigen Person geschuldet, sofern diese ein Verschulden trifft. Beim Bezug von Dienstleistungen von Unternehmen mit Sitz im Ausland sind die institutionellen Begünstigten und begünstigten Personen verpflichtet, die Steuer nachzuentrichten.

[2] Die Bestimmungen der Wiener Übereinkommen vom 18. April 1961[2] über diplomatische Beziehungen und vom 24. April 1963[3] über konsularische Beziehungen sowie der Sitzabkommen bleiben vorbehalten.

Art. 150 Freiwillige Versteuerung von ausgenommenen Leistungen
(Art. 107 Abs. 1 Bst. a MWSTG)

Die ESTV kann die freiwillige Versteuerung der in Artikel 21 Absatz 2 Ziffern 20 und 21 MWSTG genannten Leistungen, ohne den Wert des Bodens, bewilligen, sofern diese gegenüber institutionellen Begünstigten nach Artikel 143 Absatz 2 Buchstabe a erbracht werden, unabhängig davon, ob der institutionelle Begünstigte im Inland steuerpflichtig ist oder nicht. Diese Option ist beschränkt auf Grundstücke und Grundstücksteile, die administrativen Zwecken dienen, namentlich für Büros, Konferenzsäle, Lager, Parkplätze, oder die ausschliesslich für die Residenz des Chefs oder der Chefin einer diplomatischen Mission, einer ständigen Mission oder anderen Vertretung bei zwischenstaatlichen Organisationen oder eines konsularischen Postens bestimmt sind.

---

[1] Der Verweis wurde in Anwendung von Art. 12 Abs. 2 des Publikationsgesetzes vom 18. Juni 2004 (SR **170.512**) auf den 1. Jan. 2018 angepasst.
[2] SR **0.191.01**
[3] SR **0.191.02**

7. Titel: Vergütung der Mehrwertsteuer an Abnehmer und Abnehmerinnen mit Wohn- oder Geschäftssitz im Ausland

Art. 151 Anspruchsberechtigte
(Art. 107 Abs. 1 Bst. b MWSTG)

¹ Anspruch auf Vergütung der angefallenen Steuern nach Artikel 28 Absatz 1 Buchstaben a und c MWSTG hat, wer Gegenstände einführt oder sich in der Schweiz Leistungen gegen Entgelt erbringen lässt und zudem:[1]

    a. Wohnsitz, Geschäftssitz oder Betriebstätte im Ausland hat;
    b. im Inland nicht steuerpflichtige Person ist;
    c. unter Vorbehalt von Absatz 2 im Inland keine Leistungen erbringt; und
    d. seine oder ihre Unternehmereigenschaft im Land des Wohnsitzes, des Geschäftssitzes oder der Betriebsstätte gegenüber der ESTV nachweist.

² Der Anspruch auf Steuervergütung bleibt gewahrt, wenn die Person nach Artikel 10 Absatz 2 Buchstabe b MWSTG von der Steuerpflicht befreit ist und nicht auf diese Befreiung verzichtet.[2]

³ Die Steuervergütung setzt voraus, dass der Staat des Wohn- oder Geschäftssitzes beziehungsweise der Betriebstätte des antragstellenden ausländischen Unternehmens ein entsprechendes Gegenrecht gewährt.

Art. 152 Gegenrecht
(Art. 107 Abs. 1 Bst. b MWSTG)

¹ Gegenrecht gilt als gewährt, wenn:

    a. Unternehmen mit Wohn- oder Geschäftssitz in der Schweiz im betreffenden ausländischen Staat für die auf dort bezogenen Leistungen bezahlte Mehrwertsteuer ein Vergütungsanspruch zusteht, der bezüglich Umfang und Einschränkungen dem Vorsteuerabzugsrecht entspricht, das im ausländischen Staat ansässige Unternehmen geniessen;
    b. im betreffenden ausländischen Staat keine mit der schweizerischen Mehrwertsteuer vergleichbare Steuer erhoben wird; oder
    c. im betreffenden ausländischen Staat eine andere Art von Umsatzsteuer als die schweizerische Mehrwertsteuer erhoben wird, die Unternehmen mit Wohn- oder Geschäftssitz im ausländischen Staat gleich belastet wie Unternehmen mit Wohn- oder Geschäftssitz in der Schweiz.

² Die ESTV führt eine Liste mit den Staaten, mit denen nach Absatz 1 Buchstabe a eine Gegenrechtserklärung ausgetauscht wurde.

Art. 153 Umfang der Steuervergütung
(Art. 107 Abs. 1 Bst. b MWSTG)

¹ Die Steuervergütung entspricht bezüglich Umfang und Einschränkungen dem Vorsteuerabzugsrecht nach den Artikeln 28–30 und 33 Absatz 2 MWSTG. Eine Vergütung erfolgt höchstens in der Höhe des für die Leistung gesetzlich vorgesehenen

---

[1] Fassung gemäss Ziff. I der V vom 18. Okt. 2017, in Kraft seit 1. Jan. 2018 (AS **2017** 6307).
[2] Fassung gemäss Ziff. I der V vom 18. Okt. 2017, in Kraft seit 1. Jan. 2018 (AS **2017** 6307).

Steuersatzes. Bezahlte Mehrwertsteuer auf Leistungen, die nach dem MWSTG nicht der Mehrwertsteuer unterliegen oder davon befreit sind, wird nicht vergütet.[1]

[2] Reisebüros und Organisatoren von Veranstaltungen mit Sitz im Ausland haben keinen Anspruch auf Vergütung der Steuern, die ihnen in der Schweiz beim Bezug von Lieferungen und Dienstleistungen, die sie den Kunden und Kundinnen weiterfakturieren, in Rechnung gestellt worden sind.[2]

[3] Rückzahlbare Steuern werden nur vergütet, wenn deren Betrag in einem Kalenderjahr mindestens 500 Franken erreicht.

Art. 154[3] Vergütungsperiode
(Art. 107 Abs. 1 Bst. b MWSTG)

[1] Die Vergütungsperiode entspricht dem Kalenderjahr. Der Antrag auf Vergütung ist innerhalb von sechs Monaten nach Ablauf des Kalenderjahrs zu stellen, in dem die Leistung in Rechnung gestellt wurde.

[2] Wird der Leistungserbringer oder die Leistungserbringerin steuerpflichtig, so endet die Vergütungsperiode in diesem Zeitpunkt. Der Antrag auf Vergütung für diese Periode ist zusammen mit der ersten Mehrwertsteuerabrechnung einzureichen.

Art. 155 Verfahren
(Art. 107 Abs. 1 Bst. b MWSTG)

[1] Der Antrag auf Steuervergütung ist mit den Originalrechnungen der Leistungserbringer und Leistungserbringerinnen beziehungsweise mit den Veranlagungsverfügungen des BAZG an die ESTV zu richten. Die Originalrechnungen müssen die Anforderungen nach Artikel 26 Absatz 2 MWSTG erfüllen und auf den Namen des Antragsstellers oder der Antragstellerin lauten.

[2] Für den Antrag ist das Formular der ESTV zu verwenden.

[3] Der Antragsteller oder die Antragstellerin muss eine Vertretung mit Wohn- oder Geschäftssitz in der Schweiz bestellen.

[4] Die auf Kassenzetteln ausgewiesene Steuer kann nicht rückerstattet werden.

[5] Die ESTV kann weitere Angaben und Unterlagen verlangen.

Art. 156 Vergütungszins
(Art. 107 Abs. 1 Bst. b MWSTG)

Wird die Steuervergütung später als 180 Tage nach Eintreffen des vollständigen Antrags bei der ESTV ausgezahlt, so wird für die Zeit vom 181. Tag bis zur Auszahlung ein vom EFD festzusetzender Vergütungszins ausgerichtet, sofern der entsprechende Staat Gegenrecht gewährt.

---

1 Fassung gemäss Ziff. I der V vom 18. Okt. 2017, in Kraft seit 1. Jan. 2018 (AS **2017** 6307).
2 Fassung gemäss Ziff. I der V vom 18. Okt. 2017, in Kraft seit 1. Jan. 2018 (AS **2017** 6307).
3 Fassung gemäss Ziff. I der V vom 15. Aug. 2018, in Kraft seit 1. Jan. 2019 (AS **2018** 3143).

8. Titel: Mehrwertsteuer-Konsultativgremium[1]

Art. 157[2] Stellung
(Art. 109 MWSTG)

Das Mehrwertsteuer-Konsultativgremium (Konsultativgremium) ist eine ausserparlamentarische Kommission nach Artikel 57a des Regierungs- und Verwaltungsorganisationsgesetzes vom 21. März 1997[1].

Art. 158[2] Zusammensetzung des Konsultativgremiums
(Art. 109 MWSTG)

Das Konsultativgremium setzt sich aus vierzehn ständigen Mitgliedern zusammen.

Art. 159 Arbeitsweise und Sekretariat
(Art. 109 MWSTG)

[1] Das Konsultativgremium tagt nach Bedarf. Die Einladung erfolgt durch den Vorsitzenden oder die Vorsitzende.

[1bis] Die ESTV nimmt beratend an den Sitzungen des Konsultativgremiums teil.[3]

[2] Die ESTV übernimmt die administrativen Sekretariatsaufgaben und führt das Protokoll; dieses enthält die Empfehlungen des Konsultativgremiums und allfällige Mehrheits- und Minderheitsmeinungen.[6]

Art. 160[7] Stellungnahmen und Empfehlungen
(Art. 109 MWSTG)

Das Konsultativgremium richtet seine Stellungnahmen und Empfehlungen an das EFD. Es kann darin die Mehrheits- und Minderheitsmeinungen kenntlich machen.

Art. 161 Entscheidkompetenz
(Art. 109 MWSTG)

[1] Das Konsultativgremium hat keine Entscheidkompetenz.

[2] Der Entscheid über die Festlegung der Praxis liegt bei der ESTV.[8]

Art. 162[9] Information der Öffentlichkeit

[1] Die Beratungen sowie die Dokumente, die dem Konsultativgremium vorgelegt oder von ihm erstellt werden, sind vertraulich. Davon ausgenommen sind Entwürfe von Praxisfestlegungen der ESTV; diese werden gleichzeitig mit dem Versand der Einladung zur Sitzung des Konsultativgremiums, an der sie voraussichtlich behandelt werden, auf der Website der ESTV[10] veröffentlicht.

---

[1] Fassung gemäss Ziff. I der V vom 12. Okt. 2011, in Kraft seit 1. Jan. 2012 (AS **2011** 4739).
[2] Fassung gemäss Ziff. I der V vom 12. Okt. 2011, in Kraft seit 1. Jan. 2012 (AS **2011** 4739).
[1] SR **172.010**
[2] Fassung gemäss Ziff. I der V vom 18. Okt. 2017, in Kraft seit 1. Jan. 2018 (AS **2017** 6307).
[3] Eingefügt durch Ziff. I der V vom 18. Okt. 2017, in Kraft seit 1. Jan. 2018 (AS **2017** 6307).
[6] Fassung gemäss Ziff. I der V vom 18. Okt. 2017, in Kraft seit 1. Jan. 2018 (AS **2017** 6307).
[7] Fassung gemäss Ziff. I der V vom 18. Okt. 2017, in Kraft seit 1. Jan. 2018 (AS **2017** 6307).
[8] Fassung gemäss Ziff. I der V vom 18. Okt. 2017, in Kraft seit 1. Jan. 2018 (AS **2017** 6307).
[9] Fassung gemäss Ziff. I der V vom 18. Okt. 2017, in Kraft seit 1. Jan. 2018 (AS **2017** 6307).
[10] www.estv.admin.ch > Mehrwertsteuer > Fachinformationen > Konsultativgremium.

² Mit Zustimmung der ESTV darf das Konsultativgremium über seine Geschäfte öffentlich informieren.

9. Titel: Schlussbestimmungen

1. Kapitel: Aufhebung und Änderung bisherigen Rechts

Art. 163

Die Verordnung vom 29. März 2000[1] zum Bundesgesetz über die Mehrwertsteuer wird aufgehoben.

2. Kapitel: Übergangsbestimmungen

Art. 164 Subsidiäre Haftung bei der Zession
(Art. 15 Abs. 4 MWSTG)

Der Zessionar oder die Zessionarin haftet nur für die Mehrwertsteuer auf Forderungen, die er oder sie gestützt auf eine nach dem 1. Januar 2010 zustande gekommene Zession oder Globalzession erwirbt.

Art. 165 Einlageentsteuerung
(Art. 32 MWSTG)

Die Bestimmungen über die Einlageentsteuerung sind nicht anwendbar bei:
a.[2] nicht als Entgelt geltenden Mittelflüssen (Art. 18 Abs. 2 MWSTG), die mit Inkrafttreten des neuen Rechts nach Artikel 33 Absatz 1 MWSTG nicht mehr zu einer Kürzung des Vorsteuerabzugs führen;
b. im Rahmen des Baueigenverbrauchs nach Artikel 9 Absatz 2 des Mehrwertsteuergesetzes vom 2. September 1999[3] besteuerten Eigenleistungen.

Art. 166 Wahlmöglichkeiten
(Art. 37 und 114 MWSTG)

¹ Mit dem Inkrafttreten des MWSTG beginnen die Fristen nach Artikel 37 Absatz 4 MWSTG für die Wechsel von der effektiven Abrechnungsmethode zur Saldosteuersatzmethode und umgekehrt neu zu laufen.

² Mit dem Inkrafttreten des MWSTG beginnen die Fristen nach Artikel 98 Absatz 2 dieser Verordnung für die Wechsel von der effektiven Abrechnungsmethode zur Pauschalsteuersatzmethode und umgekehrt neu zu laufen.

³ Für Fälle, in denen Artikel 114 Absatz 2 MWSTG eine Frist von 90 Tagen vorsieht, geht diese Frist der 60-Tage-Frist nach den Artikeln 79, 81 und 98 dieser Verordnung vor.[4]

---

1 [AS **2000** 1347, **2001** 3294 Ziff. II 4, **2004** 5387, **2006** 2353 4705 Ziff. II 45, **2007** 1469 Anhang 4 Ziff. 24 6657 Anhang Ziff. 9]
2 Fassung gemäss Ziff. I der V vom 18. Juni 2010, in Kraft seit 1. Jan. 2010 (AS **2010** 2833).
3 [AS **2000** 1300]
4 Fassung gemäss Ziff. I der V vom 30. Okt. 2013, in Kraft seit 1. Jan. 2014 (AS **2013** 3839).

Art. 166a[1] Übergangsbestimmung zur Änderung vom 18. Oktober 2017 MI 22
(Art. 10 Abs. 1 Bst. a MWSTG)

Für ausländische Unternehmen ohne Betriebsstätte im Inland, die in den zwölf Monaten vor Inkrafttreten dieser Verordnung steuerbare Leistungen im Inland erbracht haben, endet die Befreiung von der Steuerpflicht nach Artikel 9a mit Inkrafttreten dieser Verordnung, wenn sie in diesen zwölf Monaten die Umsatzgrenze nach Artikel 10 Absatz 2 Buchstabe a oder c MWSTG aus nicht von der Steuer ausgenommenen Leistungen im In- oder Ausland erreicht haben und anzunehmen ist, dass sie auch in den zwölf Monaten ab Inkrafttreten steuerbare Leistungen im Inland erbringen werden. Wurden die Leistungen nicht während der gesamten zwölf Monate vor Inkrafttreten erbracht, so ist der Umsatz auf ein volles Jahr umzurechnen.

Art. 166b[2] Übergangsbestimmung zur Änderung vom 15. August 2018
(Art. 7 Abs. 3 Bst. b MWSTG)

Werden Gegenstände aus dem Ausland ins Inland geliefert, die aufgrund des geringfügigen Steuerbetrags von der Einfuhrsteuer befreit sind, so beginnt die Steuerpflicht des Leistungserbringers oder der Leistungserbringerin mit Inkrafttreten der Änderung vom 15. August 2018, wenn er oder sie in den vorangegangenen zwölf Monaten mit der Lieferung solcher Gegenstände einen Umsatz von mindestens 100 000 Franken erzielt hat und anzunehmen ist, dass er oder sie auch in den zwölf Monaten ab Inkrafttreten solche Lieferungen ausführen wird.

> ☞ *Art. 166c soll durch die VO zur Änderung der MWSTV (elektronische Verfahren) voraussichtlich per 1.1.2024 wie folgt neu eingefügt werden (Entwurf):*
>
> *Art. 166c Übergangsbestimmungen zur Änderung vom ...*
> *(Art. 65a MWSTG und Art. 123 der vorliegenden Verordnung)*
>
> *¹ Abrechnungen, die eine Abrechnungsperiode vor Inkrafttreten der Änderung vom ... betreffen, sind elektronisch einzureichen.*
>
> *² Korrekturen von Abrechnungen sind in Papierform einzureichen, wenn:*
>
> *a. die Abrechnung in Papierform eingereicht wurde; oder*
> *b. die elektronische Einreichung der Korrektur technisch nicht möglich ist.*

3. Kapitel: Inkrafttreten

Art. 167

¹ Diese Verordnung tritt mit Ausnahme von Artikel 76 am 1. Januar 2010 in Kraft.

² Artikel 76 wird zu einem späteren Zeitpunkt in Kraft gesetzt.

---

[1] Eingefügt durch Ziff. I der V vom 18. Okt. 2017, in Kraft seit 1. Jan. 2018 (AS **2017** 6307).
[2] Eingefügt durch Ziff. I der V vom 15. Aug. 2018, in Kraft seit 1. Jan. 2019 (AS **2018** 3143).

VO MWSTG

Verordnungen des EFD und der ESTV zum Mehrwertsteuergesetz

Verordnungen des EFD und der ESTV zum Mehrwertsteuergesetz

A   Verordnung des EFD über die steuerbefreite Einfuhr von Gegenständen in kleinen Mengen, von unbedeutendem Wert oder mit geringfügigem Steuerbetrag

B   Verordnung des EFD über die Steuerbefreiung von Inlandlieferungen von Gegenständen zwecks Ausfuhr im Reiseverkehr

C   Verordnung der ESTV über die Höhe der Saldosteuersätze nach Branchen und Tätigkeiten

A Verordnung des EFD über die steuerbefreite Einfuhr von Gegenständen in kleinen Mengen, von unbedeutendem Wert oder mit geringfügigem Steuerbetrag
SR 641.204

vom 2. April 2014 (Stand am 1. Juli 2014)

Das Eidgenössische Finanzdepartement (EFD),

gestützt auf Artikel 53 Absatz 1 Buchstabe a des Mehrwertsteuergesetzes vom 12. Juni 2009[1],

verordnet:

Art. 1 Steuerbefreiung

Von der Einfuhrsteuer sind befreit:

a. Geschenke, die eine Privatperson mit Wohnsitz im Ausland an eine Privatperson mit Wohnsitz im Inland sendet: bis zu einem Wert von 100 Franken pro Sendung, mit Ausnahme von Tabakfabrikaten und alkoholischen Getränken;

b. persönliche Gebrauchsgegenstände und Reiseproviant, die nach den Artikeln 63 und 64 der Zollverordnung vom 1. November 2006[2] zollfrei sind;

c. Waren des Reiseverkehrs nach Artikel 16 Absatz 2 des Zollgesetzes vom 18. März 2005[3]: bis zu einem Gesamtwert von 300 Franken pro Person (Wertfreigrenze); die Gegenstände nach Buchstabe b werden für die Berechnung des Gesamtwertes nicht berücksichtigt;

d. Gegenstände, bei denen der Steuerbetrag je Veranlagungsverfügung nicht mehr als 5 Franken beträgt.

Art. 2 Gewährung der Wertfreigrenze für Waren des Reiseverkehrs

1 Die Wertfreigrenze nach Artikel 1 Buchstabe c wird der reisenden Person nur für Gegenstände gewährt, welche sie zu ihrem privaten Gebrauch oder zum Verschenken einführt. Sie wird der gleichen Person nur einmal täglich gewährt.

2 Übersteigt der Gesamtwert der Gegenstände 300 Franken pro Person, so ist die ganze eingeführte Menge steuerpflichtig.

3 Ein Gegenstand im Wert von über 300 Franken ist immer steuerpflichtig.

4 Die Bestimmungen von Artikel 3 des Abkommens vom 4. Juni 1954[4] über die Zollerleichterungen im Reiseverkehr bleiben vorbehalten.

---

[1] SR **641.20**
[2] SR **631.01**
[3] SR **631.0**
[4] SR **0.631.250.21**

Art. 3 Aufhebung eines anderen Erlasses

Die Verordnung des EFD vom 11. Dezember 2009[1] über die steuerbefreite Einfuhr von Gegenständen in kleinen Mengen, von unbedeutendem Wert oder mit geringfügigem Steuerbetrag wird aufgehoben.

Art. 4 Inkrafttreten

Diese Verordnung tritt am 1. Juli 2014 in Kraft.

---

[1] [AS 2009 6833]

B Verordnung des EFD über die Steuerbefreiung von Inlandlieferungen von Gegenständen zwecks Ausfuhr im Reiseverkehr
SR 641.202.2

vom 24. März 2011 (Stand am 1. Januar 2022)

Das Eidgenössische Finanzdepartement (EFD),

gestützt auf Artikel 23 Absatz 5 des Mehrwertsteuergesetzes vom 12. Juni 2009[1],

verordnet:

Art. 1 Voraussetzungen für die Steuerbefreiung

Inlandlieferungen von Gegenständen zwecks Ausfuhr im Reiseverkehr sind von der Mehrwertsteuer befreit, wenn die folgenden Voraussetzungen erfüllt sind:
a. Die Gegenstände sind für den privaten Gebrauch des Abnehmers oder der Abnehmerin oder für Geschenkzwecke bestimmt.
b. Der Preis der Gegenstände beträgt je Ausfuhrdokument und Abnehmer oder Abnehmerin mindestens 300 Franken (mit Einschluss der Mehrwertsteuer).
c. Der Abnehmer oder die Abnehmerin hat nicht im Inland Wohnsitz.
d.[2] Die Gegenstände werden innert 90 Tagen nach ihrer Übergabe an den Abnehmer oder die Abnehmerin ins Zollausland verbracht.

Art. 2 Nachweis für die Steuerbefreiung

1 Die Voraussetzungen nach Artikel 1 gelten als erfüllt, wenn der Lieferant oder die Lieferantin der Eidgenössischen Steuerverwaltung (ESTV) vorlegt:
a. ein bestätigtes Ausfuhrdokument nach den Artikeln 3–5; oder
b. ein Ausfuhrdokument zusammen mit einer Einfuhrveranlagung nach Artikel 6.

2 Für Reisegruppen gilt Artikel 7.

Art. 3 Ausfuhrdokument

1 Das Ausfuhrdokument muss enthalten:
a. Aufdruck «Ausfuhrdokument im Reiseverkehr»;
b. Name und Ort des Lieferanten oder der Lieferantin, wie er oder sie im Geschäftsverkehr auftritt, sowie die Nummer, unter der er oder sie im Mehrwertsteuerregister eingetragen ist;
c. Name und Anschrift des Abnehmers oder der Abnehmerin;

---

[1] SR **641.20**
[2] Fassung gemäss Ziff. I der V des EFD vom 8. Juni 2020, in Kraft seit 1. August 2020 (AS **2020** 2853).

d. Nummer eines amtlichen Ausweises des Abnehmers oder der Abnehmerin und Art dieses Ausweises;
e. Datum der Lieferung der Gegenstände;
f. genaue Beschreibung und Preis der Gegenstände;
g. Feld für die Bestätigung nach den Artikeln 4 und 5.

² Der Lieferant oder die Lieferantin sowie der Abnehmer oder die Abnehmerin müssen mit ihrer Unterschrift bestätigen, dass sie die Voraussetzungen für eine Steuerbefreiung kennen und dass die Angaben auf dem Dokument richtig sind.

Art. 4 Bestätigung durch das Bundesamt für Zoll und Grenzsicherheit[1] bei der Ausfuhr

¹ Werden die im Ausfuhrdokument aufgeführten Gegenstände über eine besetzte Zollstelle ins Zollausland verbracht, so muss der Abnehmer oder die Abnehmerin sie unter Vorlage des Ausfuhrdokuments bei der Zollstelle mündlich anmelden.

² Die Zollstelle bestätigt die Ausfuhr auf dem Ausfuhrdokument.

³ Der Abnehmer oder die Abnehmerin ist für die Zustellung des bestätigten Ausfuhrdokuments an den Lieferanten oder die Lieferantin verantwortlich.

Art. 5 Nachträgliche Bestätigung

¹ Erfolgt die Ausfuhr nicht nach Artikel 4, so können die folgenden Stellen auf dem Ausfuhrdokument bestätigen, dass die Gegenstände im Ausland sind:

a. eine ausländische Zollbehörde;
b. eine schweizerische Botschaft oder ein schweizerisches Konsulat im Wohnsitzstaat des Abnehmers oder der Abnehmerin.

² Der Abnehmer oder die Abnehmerin muss dem Lieferanten oder der Lieferantin das bestätigte Ausfuhrdokument zustellen.

Art. 6 Einfuhrveranlagung

¹ Ist das Ausfuhrdokument nicht bestätigt, so kann es zusammen mit einer Einfuhrveranlagung einer ausländischen Zollbehörde als Nachweis nach Artikel 2 Absatz 1 eingereicht werden.

² Die Einfuhrveranlagung muss in einer Schweizer Landessprache oder in Englisch oder in einer beglaubigten Übersetzung in eine dieser Sprachen vorliegen.

Art. 7 Steuerbefreiung von Lieferungen an Reisegruppen

¹ Lieferanten und Lieferantinnen, die steuerfreie Inlandlieferungen an Teilnehmende von geführten Gruppenreisen im Inland erbringen wollen, benötigen eine Bewilligung der ESTV.

² Inlandlieferungen an Teilnehmende von geführten Gruppenreisen sind von der Mehrwertsteuer befreit, wenn die Voraussetzungen nach Artikel 1 erfüllt sind und der Lieferant oder die Lieferantin:

---

[1] Die Bezeichnung der Verwaltungseinheit wurde in Anwendung von Art. 20 Abs. 2 der Publikationsverordnung vom 7. Okt. 2015 (SR **170.512.1**) auf den 1. Jan. 2022 angepasst (AS **2021** 589).

a. über eine Liste der Reiseteilnehmenden mit Angaben zu Beginn und Ende der Reise, Reiseprogramm und Reiseroute sowie zum Zeitpunkt der Ein- und Ausreise verfügt;
   b. über eine durch die Unterschrift des Reiseveranstalters oder der Reiseveranstalterin bestätigte Erklärung verfügt, dass alle Reiseteilnehmenden Wohnsitz im Ausland haben, gemeinsam ins Inland eingereist sind und gemeinsam ausreisen werden; und
   c. für alle Abnehmer und Abnehmerinnen Ausfuhrdokumente nach Artikel 3 ausstellt und sie um eine Kopie der amtlichen Ausweise der Abnehmer und Abnehmerinnen ergänzt.

³ Der Lieferant oder die Lieferantin muss die Dokumente nach Absatz 2 in einem Dossier zusammenfassen und auf Verlangen der ESTV vorweisen.

Art. 8 Aufhebung bisherigen Rechts

Die Verordnung des EFD vom 11. Dezember 2009[1] über die Steuerbefreiung von Inlandlieferungen von Gegenständen zwecks Ausfuhr im Reiseverkehr wird aufgehoben.

Art. 8a[2] Übergangsbestimmung zur Änderung vom 8. Juni 2020

Findet die Übergabe vor dem 1. August 2020 statt, so müssen die Gegenstände innert 30 Tagen nach ihrer Übergabe an den Abnehmer oder die Abnehmerin ins Zollausland verbracht werden.

Art. 9 Inkrafttreten

Diese Verordnung tritt am 1. Mai 2011 in Kraft.

---

[1] [AS 2009 6813]
[2] Eingefügt durch Ziff. I der V des EFD vom 8. Juni 2020, in Kraft seit 1. August 2020 (AS **2020** 2853).

Anpassung der Saldosteuersätze per 1.1.2024

☞ *Aufgrund der Erhöhung der Mehrwertsteuersätze* per 1.1.2024 werden die Saldosteuersätze gemäss VO vom 10.1.2023 per 1.1.2024 wie folgt angepasst:*

Sätze bis 31.12.2023	Sätze ab 1.1.2024
0,1 %	0,1 %
0,6 %	0,6 %
1,2 %	1,3 %
2,0 %	2,1 %
2,8 %	3,0 %
3,5 %	3,7 %
4,3 %	4,5 %
5,1 %	5,3 %
5,9 %	6,2 %
6,5 %	6,8 %

* *Grund für die Erhöhung der Mehrwertsteuersätze: In der Abstimmung vom 25.9.2022 wurden die Änderung des AHV-Gesetzes (AHV 21) und der BB über die Zusatzfinanzierung der AHV durch eine Erhöhung der MWST angenommen. Das Gesetz und der BB treten per 1.1.2024 in Kraft.*

C Verordnung der ESTV über die Höhe der Saldosteuersätze nach Branchen und Tätigkeiten
SR 641.202.62

vom 6. Dezember 2010 (Stand am 1. Januar 2018)

Die Eidgenössische Steuerverwaltung (ESTV),

gestützt auf Artikel 37 Absatz 3 des Mehrwertsteuergesetzes vom 12. Juni 2009[1] (MWSTG),

verordnet:

☞ *Gemäss VO vom 10.1.2023 erhält die vorliegende Verordnung per 1.1.2024 eine neue Fassung. Die Saldosteuersätze werden darin angepasst (siehe Tabelle links).*

Art. 1 Saldosteuersätze nach Branchen und Tätigkeiten

1 Die Saldosteuersätze (SSS) nach Branchen und Tätigkeiten richten sich nach der Tabelle im Anhang.

2 Die Mischbranchen sind mit einem Stern gekennzeichnet. Die branchenübliche Haupttätigkeit steht in der ersten Tabellenspalte. Die branchenüblichen Nebentätigkeiten, für welche die 50-Prozent-Regel nach Artikel 89 Absatz 3 der Mehrwertsteuerverordnung vom 27. November 2009[2] gilt, stehen in der zweiten Tabellenspalte.

3 Die für Herstellungsbranchen und -tätigkeiten geltenden Saldosteuersätze sind nur anwendbar, wenn im Preis für die Leistung auch das Material eingeschlossen ist. Für Akkordarbeiten, Lohnarbeiten, Montagearbeiten und die reine Bearbeitung von Gegenständen gelten die dafür vorgesehenen Saldosteuersätze.

4 Beim Grosshandel kommt der Saldosteuersatz zur Anwendung, der für den Detailhandel mit gleichartigen Gegenständen gilt.

Art. 2 Aufhebung bisherigen Rechts

Die Verordnung der ESTV vom 8. Dezember 2009[3] über die Höhe der Saldosteuersätze nach Branchen und Tätigkeiten wird aufgehoben.

Art. 3 Inkrafttreten

Diese Verordnung tritt am 1. Januar 2011 in Kraft.

---

[1] SR **641.20**
[2] SR **641.201**
[3] [AS **2009 6815**]

Anhang[1]
(Art. 1)

Liste der Saldosteuersätze nach Branchen und Tätigkeiten

Branchen und Tätigkeiten	*Nebentätigkeiten bei Mischbranchen*	SSS
Abbruchunternehmen		4,3 %
Abdichtungen aller Art		4,3 %
Abschleppdienst		4,3 %
Akkordunternehmen/Anschläger im Baugewerbe		6,5 %
Alarmaufschaltungen: alle Umsätze einschliesslich Entschädigungen für Fehlalarme		5,9 %
Alkoholische Getränke: Handel, sofern mit offen überwälzter Steuer bezogen		1,2 %
Alkoholische Getränke: Handel, sofern ohne offen überwälzte Steuer bezogen		6,5 %
Altmaterial: Handel		4,3 %
Anbieten von kostenpflichtigen Mehrwertdiensten, namentlich unter 0900-Nummern		4,3 %
Anhängerbau		2,8 %
Antennenbau		3,5 %
Antikschreinerei		5,1 %
Antiquitäten: Handel		5,1 %
Anwaltsbüro		5,9 %
Apotheke*	*Handel mit Parfümerieartikeln*	0,6 %
Apparatebau		3,5 %
Architekturbüro, einschliesslich Bauleitung		5,9 %
Arztpraxis: Verkauf von Medikamenten und Verbandsmaterial*	*Lieferung von Gegenständen, die zum Normalsatz steuerbar sind*	0,6 %
Aufzüge: Service und Unterhalt		5,1 %
Auto-Elektro-Werkstatt		2,8 %
Auto-Karosseriespenglerei*	*Mechanische und elektrische Arbeiten an Fahrzeugen; Pneuhandel*	4,3 %
Auto-Malerei/Auto-Spritzwerk*	*Mechanische und elektrische Arbeiten an Fahrzeugen; Pneuhandel*	4,3 %
Auto-Neuwagen: Handel		0,6 %

[1] Fassung gemäss Ziff. I der V vom 27. Sept. 2017, in Kraft seit 1. Jan. 2018 (AS **2017** 5587).

Branchen und Tätigkeiten	Nebentätigkeiten bei Mischbranchen	SSS
Auto-Occasionen bis 3,5 t: Handel		0,6 %
Auto-Reparaturwerkstätte*	Karosseriearbeiten; Automalerarbeiten; Pneuhandel	2,8 %
Autoverwertung		4,3 %
Autowaschanlage		3,5 %
Bäckerei*	Lieferung von Gegenständen, die zum Normalsatz steuerbar sind	0,6 %
Baggerunternehmen		4,3 %
Bankdienstleistungen/Finanzdienstleistungen		5,9 %
Bar: Leistungen, die zum Normalsatz steuerbar sind		5,1 %
Baugeschäft		4,3 %
Baumaschinen und Baugeräte: Handel*	Reparatur- und Servicearbeiten; Vermietungen; Handel mit gebrauchten Gegenständen	1,2 %
Baumaterial: Handel		2,0 %
Bäume/Sträucher: Pflege, Schnitt		4,3 %
Baumschule: Verkauf von im eigenen Betrieb gewonnenen Erzeugnissen der Urproduktion, die zum reduzierten Satz steuerbar sind		0,6 %
Bautrocknung		4,3 %
Bearbeiten von zum Normalsatz steuerbaren Gegenständen, soweit nicht anderswo genannt		5,9 %
Bearbeiten von zum reduzierten Satz steuerbaren Gegenständen, soweit nicht anderswo genannt		1,2 %
Beherbergung in Hotellerie und Parahotellerie: Übernachtung mit Frühstück		2,0 %
Beizwerkstatt		5,9 %
Beratung, soweit nicht anderswo genannt		5,9 %
Bergführertätigkeit		5,9 %
Berufssport		5,9 %
Bestattungen		3,5 %
Betäubungsmittel: Handel		6,5 %
Betäubungsmittel: Herstellung		6,5 %
Bibliothek: Ausleihe von Büchern		0,6 %

Branchen und Tätigkeiten	Nebentätigkeiten bei Mischbranchen	SSS
Bibliothek: zum Normalsatz steuerbare Leistungen wie die Ausleihe von DVDs, CDs und Videokassetten		3,5 %
Bijouterie-/Uhrengeschäft*	Reparatur- und Servicearbeiten	2,0 %
Bildhauerei aller Art: reine Bearbeitungen		5,9 %
Billardcenter		5,1 %
Blitzschutzanlagen: Lieferung mit Installation		3,5 %
Blumengeschäft*	Lieferung von Gegenständen, die zum Normalsatz steuerbar sind	0,6 %
Boden- und Teppichbeläge: Lieferung mit Verlegen		3,5 %
Bodenschätze: Abbaurecht		6,5 %
Body-Piercing		5,1 %
Bohrunternehmen		4,3 %
Boote und Zubehör: Handel		2,0 %
Boote: Herstellung, Reparaturen, Überwinterung, Ein- und Auswasserung		3,5 %
Bootsplatzvermietung		3,5 %
Brauerei: Brauen von alkoholfreiem Bier		0,1 %
Brauerei: Brauen von alkoholhaltigem Bier		2,8 %
Brennerei ohne Lohnbrennerei		3,5 %
Briefmarken: Handel		5,1 %
Buch-Antiquariat: Handel mit gebrauchten Büchern		0,6 %
Buchbinderei: Binden von zum Normalsatz steuerbaren Gegenständen		5,1 %
Buchbinderei: Binden von zum reduzierten Satz steuerbaren Gegenständen		1,2 %
Bücherrestaurationsatelier		1,2 %
Buchhaltungsbüro		5,9 %
Buchhandlung*	Handel mit Gegenständen, die zum Normalsatz steuerbar sind	0,6 %
Buchverlag: Leistungen, die zum reduzierten Satz steuerbar sind		0,1 %
Büromaschinen: Handel*	Reparatur- und Servicearbeiten; Vermietungen; Handel mit gebrauchten Gegenständen	2,0 %

VO der ESTV zum Mehrwertsteuergesetz | VO MWSTG C | Saldosteuersätze

Branchen und Tätigkeiten	Nebentätigkeiten bei Mischbranchen	SSS
Bus- und Carunternehmen		4,3 %
Callcenter		5,1 %
Camping: gastgewerbliche Leistungen		5,1 %
Camping: sämtliche campingbezogenen Tätigkeiten ohne gastgewerbliche Leistungen		2,0 %
Cheminée-Bau		2,8 %
Chemische Produkte: Herstellung		3,5 %
Chemische Reinigung		5,1 %
Coiffeursalon*	Handel	5,1 %
Computerhardware- und -software: Handel*	Reparatur- und Servicearbeiten; Vermietungen; Handel mit gebrauchten Gegenständen	1,2 %
Dachdeckergeschäft		3,5 %
Datenbank: Verkauf von Daten und Informationen aller Art		5,9 %
Deckenverkleidungen: Lieferung mit Montage		3,5 %
Décolletage: Drehen, Fräsen, Bohren, wobei das Material von der Kundin oder vom Kunden zur Verfügung gestellt wird		5,1 %
Detektei		5,9 %
Dienstleistungen, sofern zum Normalsatz steuerbar und soweit nicht anderswo genannt		5,9 %
Dienstleistungen, sofern zum reduzierten Satz steuerbar und soweit nicht anderswo genannt		1,2 %
Digitalisierung von Gegenständen wie Schallplatten, Filme, Druckerzeugnisse und Pläne		4,3 %
Dolmetschleistungen		6,5 %
Drechslerei		3,5 %
Drogerie*	Lieferung von Parfümeriewaren	1,2 %
Druckerei: Leistungen, die zum Normalsatz steuerbar sind		4,3 %
Druckerei: Leistungen, die zum reduzierten Satz steuerbar sind		0,1 %
Druckvorstufenbetrieb		5,1 %
Dünger: Handel		0,1 %
Dünger: Herstellung		0,1 %

Branchen und Tätigkeiten	*Nebentätigkeiten bei Mischbranchen*	SSS
Edelsteinfasserei		5,9 %
EDV-Serviceleistungen/ EDV-Beratungen		6,5 %
Einrahmungen		4,3 %
Eisenlegen: Akkordarbeiten		6,5 %
Eisenwaren- und Haushaltartikelgeschäft		2,0 %
Elektroinstallationsgeschäft		4,3 %
Elektronik: Herstellung von elektronischen Bauteilen, Steuerungen, Geräten und anderen Elektronikartikeln		3,5 %
Energie, namentlich in Form von Elektrizität, Gas und Fernwärme: Lieferung		2,8 %
Engineeringbüro/Technisches Büro		5,9 %
Entschädigung wegen Auflösung oder Verletzung eines Vertrags, sofern steuerbar		6,5 %
Entsorgungsleistungen		2,8 %
Erotikdienstleistungen ohne eigene Räumlichkeiten		6,5 %
Erotiketablissement/Erotiksauna		5,9 %
Events, Kongresse, Messen und andere Veranstaltungen: Durchführen und Veranstalten in eigenem Namen		2,0 %
Fahrten mit Fahrzeugen wie Pferdekutschen und Pferdeschlitten		5,1 %
Fahrzeugbau, eingeschlossen Handel		2,8 %
Fahrzeuge: Vermietung mit Bedienung		4,3 %
Ferienwohnungen: Vermietung		2,0 %
Feuerlöscher: Lieferung und Unterhalt		4,3 %
Film- und Videoproduktion		3,5 %
Film- und Videoverleih		3,5 %
Fitness-Center: sämtliche branchenüblichen Leistungen		4,3 %
Flugbetrieb: Flüge mit Fluggeräten wie Flugzeug, Helikopter, Ballon oder Gleitschirm		2,8 %
Flugzeugunterhalt		2,8 %
Formenbau		4,3 %
Forschung		5,1 %

Branchen und Tätigkeiten	Nebentätigkeiten bei Mischbranchen	SSS
Forstwirtschaftliche Arbeiten		4,3 %
Fotogeschäft*	Alle branchenüblichen Leistungen, die nicht den Handel mit neuen Gegenständen betreffen	2,0 %
Fotografinnen und Fotografen		5,1 %
Fotokopien		4,3 %
Foto-Labor		3,5 %
Foto-Lithos		5,1 %
Fotoreporterinnen und Fotoreporter		5,1 %
Foto-Satz		5,1 %
Foto-Studio		5,1 %
Führungen, namentlich in Museen und Städten		6,5 %
Fundgegenstände: Verkauf		6,5 %
Fusspflege/Pedicure		5,1 %
Futtermittel: Handel		0,1 %
Futtermittel: Herstellung		0,1 %
Galerie: Handel im eigenen Namen		5,1 %
Galerie: Handel im fremden Namen und auf fremde Rechnung		5,9 %
Galvanische Werkstätte		4,3 %
Garagentore: Lieferung mit Montage		2,8 %
Garderobe		5,1 %
Gartenbau: Leistungen mit Ausnahme der gesondert fakturierten Pflanzenlieferungen		4,3 %
Gartenbau: Pflanzenlieferungen, wenn gesondert fakturiert		0,6 %
Gartenunterhalt		4,3 %
Gärtnerei: Verkauf von im eigenen Betrieb gewonnenen Erzeugnissen der Urproduktion, die zum reduzierten Satz steuerbar sind*	Lieferung von Gegenständen, die zum Normalsatz steuerbar sind	0,1 %
Gas wie Propan oder Butan: Handel in Flaschen		2,0 %
Gastgewerblicher Betrieb: Leistungen, die zum Normalsatz steuerbar sind		5,1 %
Gastgewerblicher Betrieb: Leistungen, die zum Sondersatz für Beherbergung steuerbar sind		2,0 %

Saldosteuersätze | Die Steuergesetze des Bundes | Ausgabe 2023

Branchen und Tätigkeiten	Nebentätigkeiten bei Mischbranchen	SSS
Gebäudereinigungen		5,9 %
Gebrauchtwaren: Handel		4,3 %
Geigenbau		4,3 %
Gemüse: Handel		0,6 %
Gemüsebaubetrieb: Verkauf von im eigenen Betrieb gewonnenen Erzeugnissen der Urproduktion, die zum reduzierten Satz steuerbar sind		0,1 %
Generalunternehmen (GU) im Baugewerbe: Leistungen aufgrund eines GU-Vertrags		2,8 %
Geometerbüro		5,9 %
Gerüstbau: Vermietung mit Montage		5,1 %
Geschicklichkeitsspielautomaten, Musikautomaten: Betrieb		3,5 %
Getränke: Handel*	Lieferung von Gegenständen, die zum Normalsatz steuerbar sind und mit offen überwälzter Steuer bezogen wurden	0,6 %
Giesserei		3,5 %
Gipserei		5,1 %
Glasbläserei		3,5 %
Glaserei: Lieferung mit Einbau		3,5 %
Goldschmiede-Atelier		3,5 %
Grabstein-Bildhauerei: Lieferung mit Bearbeitung		4,3 %
Grabunterhalt		4,3 %
Grafikatelier		5,9 %
Gravier-Atelier: Gravuren		5,1 %
Gravier-Atelier: Handel mit Gegenständen, einschliesslich der Kosten der Gravur		2,8 %
Hafnerei		2,8 %
Handel mit zum Normalsatz steuerbaren Gegenständen, soweit nicht anderswo genannt		2,0 %
Handel mit zum reduzierten Satz steuerbaren Gegenständen, soweit nicht anderswo genannt		0,6 %

Branchen und Tätigkeiten	Nebentätigkeiten bei Mischbranchen	SSS
Haushaltgeräte: Handel*	Reparatur- und Servicearbeiten; Vermietungen; Handel mit gebrauchten Gegenständen	2,0 %
Haushalthilfe		5,9 %
Hauswartungen		5,9 %
Heizöl: Handel		0,6 %
Heizungen und Lüftungen: Lieferung mit Montage*	Reparatur- und Servicearbeiten	2,8 %
Herstellung von zum Normalsatz steuerbaren Gegenständen, soweit nicht anderswo genannt; gilt nicht für reine Bearbeitungen und Lohnarbeiten		3,5 %
Herstellung von zum reduzierten Satz steuerbaren Gegenständen, soweit nicht anderswo genannt; gilt nicht für reine Bearbeitungen und Lohnarbeiten		0,1 %
Holz aus eigenem Wald: Verkauf		2,8 %
Holz: Handel		2,8 %
Holzbildhauerei/Holzschnitzerei: Lieferung mit Bearbeitung		5,1 %
Holzschnitzel, die zum Normalsatz steuerbar sind: Handel		2,8 %
Holzschnitzel, die zum reduzierten Satz steuerbar sind: Handel		0,6 %
Hörgeräte: Verkauf mit Service sowie Beratung		3,5 %
Hotel: Leistungen, die zum Normalsatz steuerbar sind		5,1 %
Hotel: Leistungen, die zum Sondersatz für Beherbergung steuerbar sind		2,0 %
Hufschmiede		0,1 %
Hundesalon		5,1 %
Hundezucht		5,1 %
Indoor-Freizeitaktivitäten, soweit nicht anderswo genannt: Anbieten		3,5 %
Informatikdienstleistungen		6,5 %
Ingenieurbüro, einschliesslich Bauleitung		5,9 %
Inkassobüro		5,9 %
Innenarchitekturbüro		5,9 %
Innendekorationen		3,5 %

Saldosteuersätze | Die Steuergesetze des Bundes | Ausgabe 2023

Branchen und Tätigkeiten	*Nebentätigkeiten bei Mischbranchen*	SSS
Inneneinrichtungen: Handel		2,0 %
Internet: Werbeeinnahmen		5,9 %
Internet-Anbieter/Provider		2,0 %
Internet-Café		5,1 %
Internet-Dienstleistungen wie Web-Design, Hosting, Domain-Registrierung, Betreiben einer Datenbank		5,9 %
Isolierungen		4,3 %
Journalismus		5,9 %
Kabelnetzbetreiber		2,0 %
Kalibrieren von Gegenständen aller Art		5,9 %
Kälte- und Klimaanlagen: Lieferung mit Montage*	*Reparatur- und Servicearbeiten*	2,8 %
Kaminfeger-Geschäft		5,9 %
Kaminsanierungen		2,8 %
Kanalfernsehen/Videoinspektionen		4,3 %
Kanalisationsreinigung und -entleerung		4,3 %
Kartografie		5,1 %
Käserei*	*Handel mit Gegenständen, die zum reduzierten Satz steuerbar sind*	0,1 %
Kernbohrungen		4,3 %
Kieferorthopädische Praxis: Herstellung		5,1 %
Kieferorthopädische Praxis: mit offen überwälzter Steuer bezogene Leistungen, die ohne Zuschlag und gesondert weiterfakturiert werden		0,1 %
Kies- und Betonwerk		2,8 %
Kieswerk: Gewinnung von Steinen, Schotter, Kies und Sand		2,8 %
Kinesiologiepraxis		5,9 %
Kiosk: alle branchenüblichen Umsätze mit Ausnahme der Einnahmen aus Provisionen und Agenturtätigkeit		0,6 %
Kiosk: Einnahmen aus Provisionen und Agenturtätigkeit		6,5 %
Klavierstimmen, eingeschlossen Reparaturen		5,1 %

Branchen und Tätigkeiten	Nebentätigkeiten bei Mischbranchen	SSS
Kleideränderungsatelier		5,1 %
Klima- und Lüftungsanlagen: Reinigen		5,1 %
Kolonialwaren: Handel*	Lieferung von Gegenständen, die zum Normalsatz steuerbar sind	0,6 %
Konditorei*	Lieferung von Gegenständen, die zum Normalsatz steuerbar sind	0,6 %
Konfektionsgeschäft: Handel mit Bekleidung		2,0 %
Körpertherapie, soweit nicht anderswo genannt		5,9 %
Körpertraining mit Instruktion wie Aqua-Fit, Aerobic, Pilates, Zumba, Yoga		5,9 %
Kosmetiksalon		5,1 %
Kosmetische Produkte: Handel		2,0 %
Kosmetische Produkte: Herstellung		3,5 %
Kostümverleih		5,1 %
Küchenbau: Lieferung mit Montage von Möbeln, Abdeckplatten und Geräten		3,5 %
Küferei		3,5 %
Kunsthandel: Handel im eigenen Namen		5,1 %
Kunsthandel: Handel im fremden Namen und auf fremde Rechnung		5,9 %
Kunsthandwerk		5,1 %
Kunststoffe und Kunststoffwaren: Herstellung		3,5 %
Kürschnerei		3,5 %
Labor		5,1 %
Lagerung von Gegenständen aller Art		4,3 %
Landmaschinen: Vermietung		2,8 %
Landmaschinen-Werkstatt: sämtliche branchenüblichen Tätigkeiten*	Reparatur- und Servicearbeiten	1,2 %
Landwirtschaftliche Genossenschaft*	Lieferung von Gegenständen, die zum Normalsatz steuerbar sind	0,1 %
Landwirtschaftliche Lohnarbeiten: zum reduzierten Satz steuerbare Arbeiten mit eigenen Maschinen		0,1 %
Landwirtschaftliche Lohnarbeiten: zum reduzierten Satz steuerbare Arbeiten ohne eigene Maschinen		1,2 %

Branchen und Tätigkeiten	Nebentätigkeiten bei Mischbranchen	SSS
Landwirtschaftsbetrieb: Verkauf von im eigenen Betrieb gewonnenen Erzeugnissen der Urproduktion, die zum reduzierten Satz steuerbar sind		0,1 %
Lebensmittel, mit Ausnahme von alkoholischen Getränken: Fabrikation		0,1 %
Lebensmittel, mit Ausnahme von alkoholischen Getränken: Handel*	*Lieferung von Gegenständen, die zum Normalsatz steuerbar sind*	0,6 %
Lederwaren/Reiseartikel: Handel		2,0 %
Lehrmittel, die zum reduzierten Satz steuerbar sind: Handel		0,6 %
Leitungsisolierungen		4,3 %
Lichtpausen: Herstellung		4,3 %
Liegenschaften: Vermittlung		5,9 %
Liegenschaften: Verwaltung		5,9 %
Lizenzeinnahmen		5,1 %
Lizenzen: Handel		2,0 %
Lohnarbeiten ausserhalb des Baugewerbes, sofern zum Normalsatz steuerbar		5,9 %
Lohnarbeiten im Baugewerbe		6,5 %
Lohnarbeiten, sofern zum reduzierten Satz steuerbar und soweit nicht anderswo genannt		1,2 %
Lohnbrennerei		5,1 %
Lohnkelterei		5,1 %
Lohnmetzgerei/Störmetzgerei		1,2 %
Lohnmosterei für Süssmost		1,2 %
Lohnsägerei		5,1 %
Mahlzeiten-Kurierdienst: Lieferung von alkoholischen Getränken		1,2 %
Mahlzeiten-Kurierdienst: Lieferung von Lebensmitteln mit Ausnahme von alkoholischen Getränken		0,1 %
Malerei/Tapeziererei		5,1 %
Markt-Kaufleute: Handel mit Gegenständen, die zum Normalsatz steuerbar sind		2,0 %
Markt-Kaufleute: Handel mit Gegenständen, die zum reduzierten Satz steuerbar sind		0,6 %
Marroni: Verkauf		0,6 %

VO der ESTV zum Mehrwertsteuergesetz | VO MWSTG C | Saldosteuersätze

Branchen und Tätigkeiten	Nebentätigkeiten bei Mischbranchen	SSS
Maschinen: Vermietung mit Bedienung		4,3 %
Maschinenbau		3,5 %
Massagepraxen aller Art		5,9 %
Maurerarbeiten		4,3 %
Maurerarbeiten: Akkordarbeiten		6,5 %
Mechanische Werkstätte*	Handel; Lohnarbeiten	3,5 %
Melkmaschinen: Lieferung mit Installation		2,0 %
Messungen aller Art		5,9 %
Metallbau		3,5 %
Metzgerei*	Handel mit Gegenständen, die zum reduzierten Satz steuerbar sind	0,1 %
Möbelgeschäft		2,0 %
Modellbau		5,1 %
Modellschreinerei		5,1 %
Moderatorinnen und Moderatoren		5,9 %
Molkerei*	Handel mit Gegenständen, die zum reduzierten Satz steuerbar sind	0,1 %
Montagearbeiten ausserhalb des Baugewerbes		5,9 %
Motoren: Handel*	Reparatur- und Servicearbeiten; Vermietungen; Handel mit gebrauchten Gegenständen	2,0 %
Motorgeräte: Handel*	Reparatur- und Servicearbeiten; Vermietungen; Handel mit gebrauchten Gegenständen	2,0 %
Mühle		0,1 %
Musikinstrumente: Bau		4,3 %
Musikinstrumente: Handel*	Reparatur- und Servicearbeiten; Stimmen; Vermietungen; Handel mit Musikalien; Handel mit gebrauchten Gegenständen	2,0 %
Nachtclub: Leistungen, die zum Normalsatz steuerbar sind		5,1 %
Nagelstudio		5,1 %
Nähmaschinen: Handel*	Reparatur- und Servicearbeiten; Handel mit gebrauchten Gegenständen	2,8 %

Branchen und Tätigkeiten	Nebentätigkeiten bei Mischbranchen	SSS
Naturheilarztpraxis: Behandlungen		5,9 %
Naturheilarztpraxis: Heilmittelverkauf		2,0 %
Niederspannungskontrollen		5,9 %
Notariat		5,9 %
Oberflächenveredelung, -bearbeitung von Uhrenbestandteilen und Schmuck		5,9 %
Oberflächenveredelung, soweit nicht anderswo genannt		4,3 %
Ofenbau		2,8 %
Öl- und Gasbrennerservice, eingeschlossen Installationen		4,3 %
Optikergeschäft: sämtliche branchenüblichen Tätigkeiten		3,5 %
Orgelbau, eingeschlossen Reparaturen		4,3 %
Orgelstimmen, eingeschlossen Reparaturen		4,3 %
Orientteppiche: Handel		2,0 %
Orthopädische Werkstätte: Handel		2,0 %
Orthopädische Werkstätte: Herstellung		4,3 %
Outdoor-Freizeitaktivitäten, soweit nicht anderswo genannt: Anbieten		3,5 %
Paintball: Anbieten		3,5 %
Papeterie*	*Lieferung von Gegenständen, die zum reduzierten Satz steuerbar sind*	2,0 %
Parahotellerie: Leistungen, die zum Normalsatz steuerbar sind		5,1 %
Parahotellerie: Leistungen, die zum Sondersatz für Beherbergung steuerbar sind		2,0 %
Parfümerie: Handel		2,0 %
Parkett: Lieferung mit Verlegen		3,5 %
Parkplätze im Freien oder in Unterständen: Vermietung		5,1 %
Parkplätze in und auf Gebäuden: Vermietung		3,5 %
Party-Service/Catering: Lieferung von alkoholischen Getränken ohne Serviceleistung bei der Kundin oder beim Kunden		1,2 %

Branchen und Tätigkeiten	Nebentätigkeiten bei Mischbranchen	SSS
Party-Service/Catering: Lieferung von Lebensmitteln mit Ausnahme von alkoholischen Getränken, ohne Serviceleistung bei der Kundin oder beim Kunden		0,1 %
Party-Service/Catering: mit Serviceleistung bei der Kundin oder beim Kunden		5,1 %
Patente: Handel		2,0 %
Patenteinnahmen		5,1 %
Pelzhandel und Kürschnerei*	Kürschnerarbeiten	2,8 %
Personalverleih		6,5 %
Perücken: Herstellung		3,5 %
Pferde: Handel		0,6 %
Pferde: Pension		4,3 %
Pflanzenschutzmittel, die im Pflanzenschutzmittelverzeichnis aufgeführt sind: Herstellung		0,1 %
Plakatwände: Nutzungsrecht		5,1 %
Plattenlegerei		4,3 %
Plattenlegerei: Lohnarbeiten		6,5 %
Pneu: Handel*	Montagearbeiten; Reparaturarbeiten	2,0 %
Polierwerkstatt		5,9 %
Polsterei		3,5 %
Postagentur: Vergütung durch die Schweizerische Post		5,9 %
Publicrelations-Büro/PR-Tätigkeiten		5,9 %
Quartierladen*	Lieferung von Gegenständen, die zum Normalsatz steuerbar sind	0,6 %
Radio- und Fernsehstudio: Werbeeinnahmen		4,3 %
Radio-/TV-Geschäft*	Reparatur- und Servicearbeiten; Antennenbau; Vermietungen; Handel mit gebrauchten Gegenständen	2,0 %
Raucherwaren: Handel		1,2 %
Raucherwaren: Provisionseinnahmen		6,5 %
Raumplanungsbüro/Stadtplanungsbüro		5,9 %
Rechte: Einräumen oder Übertragen		5,1 %

Saldosteuersätze | Die Steuergesetze des Bundes | Ausgabe 2023

Branchen und Tätigkeiten	*Nebentätigkeiten bei Mischbranchen*	SSS
Rechte: Handel		2,0 %
Reinigungsunternehmen		5,9 %
Reisebüro: reiner Retailer		0,6 %
Reiseveranstalter		2,0 %
Reitstall		4,3 %
Reparaturen aller Art, soweit nicht anderswo genannt		4,3 %
Restaurant: Leistungen, die zum Normalsatz steuerbar sind		5,1 %
Restaurationsatelier		5,1 %
Rollladen, Storen, Fensterläden: Lieferung mit Montage*	*Reparatur- und Servicearbeiten*	2,8 %
Sägerei		3,5 %
Sandstrahlerei		4,3 %
Sanitäre Installationen: Lieferung mit Montage*	*Reparatur- und Servicearbeiten*	2,8 %
Sanitätsgeschäft: Handel mit Gehhilfen, Rollstühlen, Badehilfen, Verbandsmaterial und anderen Sanitätsartikeln*	*Reparatur- und Servicearbeiten*	2,0 %
Sattlerei		3,5 %
Sauna, ohne Erotiksauna		3,5 %
Schädlingsbekämpfung		5,1 %
Schaufensterdekorationsatelier		4,3 %
Schleifwerkstätte		4,3 %
Schliess-/Sicherheitsanlagen: Lieferung mit Montage sowie Nachmachen von Schlüsseln		3,5 %
Schlosserei		3,5 %
Schmiede		3,5 %
Schneeräumung		4,3 %
Schneiderei		5,1 %
Schreinerei		3,5 %
Schriftenmalerei		4,3 %
Schuhgeschäft: nur Handel		2,0 %
Schuhmacherei: Reparaturen sowie Nachmachen von Schlüsseln		3,5 %
Schweiss-, Lötwerkstätte		3,5 %
Second-Hand-Boutique		5,1 %
Seilbahn		3,5 %

Branchen und Tätigkeiten	Nebentätigkeiten bei Mischbranchen	SSS
Seilerei		3,5 %
Sicherheitsdienstleistungen		5,9 %
Silberschmuck: Herstellung		3,5 %
Ski-/Snowboardservice		5,1 %
Skilift		3,5 %
Software: Programmierung/Entwicklung		6,5 %
Solarium		3,5 %
Souvenirartikel und Geschenke: Handel		2,0 %
Spenglerei		3,5 %
Spielsalon		5,1 %
Spinnerei		2,8 %
Sponsoringeinnahmen		5,9 %
Sportanlagen wie Schwimmbad, Kunsteisbahn, Minigolfanlage, Kartbahn: alle branchenüblichen Leistungen mit Ausnahme der gastgewerblichen Leistungen		3,5 %
Sportgeschäft*	Reparatur- und Servicearbeiten; Vermietungen; Handel mit gebrauchten Gegenständen	2,0 %
Stadion-/Bandenwerbung: Einnahmen		5,1 %
Standbau; gilt nicht für reine Montage		3,5 %
Steinbildhauerei: Lieferung mit Bearbeitung		4,3 %
Steinbruch		4,3 %
Stickerei		4,3 %
Strassenmarkierungsunternehmen		4,3 %
Strassenreinigungsunternehmen		4,3 %
Take-away mit Konsumationsmöglichkeit		5,1 %
Take-away ohne Konsumationsmöglichkeit*	Lieferung von Gegenständen, die zum Normalsatz steuerbar sind	0,6 %
Tankrevisionsunternehmen		5,1 %
Tätowierungsstudio		5,1 %
Taxiunternehmen		5,1 %
Taxi-Zentrale		5,1 %
Tea-Room: Leistungen, die zum Normalsatz steuerbar sind		5,1 %
Temporärfirma		6,5 %
Teppich- und Polsterreinigung		5,1 %

Saldosteuersätze | Die Steuergesetze des Bundes | Ausgabe 2023

Branchen und Tätigkeiten	*Nebentätigkeiten bei Mischbranchen*	SSS
Teppiche: Handel		2,0 %
Textilien: Handel		2,0 %
Textilveredelung		3,5 %
Tierarztpraxis: Behandlung von Kleintieren		5,1 %
Tierarztpraxis: Behandlung von Vieh und Medikamentenverkauf		0,6 %
Tiere ohne Vieh: Dressur, Ausbildung, Training		5,9 %
Tiere, ausschliesslich Vieh: Dressur, Ausbildung, Training		1,2 %
Tierfriedhof		3,5 %
Tierheim/Tierhotel		5,1 %
Tierkrematorium		3,5 %
Tierpräparations-Atelier		5,1 %
Tiersalon		5,1 %
Tonaufnahmestudio		3,5 %
Tonträger: Handel mit neuen Tonträgern wie CDs und Kassetten		2,0 %
Töpferei		5,1 %
Tourenbegleitung		5,9 %
Transport von Gegenständen, sofern zu Fuss oder mit Hilfe von Fahrrädern, Mofas oder Motorrädern erbracht		5,9 %
Transport von Gegenständen, soweit nicht anderswo genannt		4,3 %
Traxunternehmen		4,3 %
Treibstoffverkauf auf Provisionsbasis		5,9 %
Treibstoffverkauf im eigenen Namen		0,1 %
Treuhandbüro		5,9 %
Übersetzungsbüro		6,5 %
Überwachungsfirma		5,9 %
Uhren, Uhrenteile: Montage		5,9 %
Uhrmacherei: Reparaturen		5,1 %
Unterlagsböden		3,5 %
Unternehmensberatung		5,9 %
Velo- und Motogeschäft: sämtliche branchenüblichen Tätigkeiten		2,0 %
Veranstaltungstechnik: Vermietung mit Installation und allenfalls Bedienung		3,5 %

Branchen und Tätigkeiten	Nebentätigkeiten bei Mischbranchen	SSS
Vergoldungsarbeiten		4,3 %
Verlag von Gegenständen, die zum Normalsatz steuerbar sind		3,5 %
Verlag: Inserateeinnahmen		3,5 %
Verlag: Leistungen, die zum reduzierten Satz steuerbar sind		0,1 %
Vermietung von zum Normalsatz steuerbaren Gegenständen, soweit nicht anderswo genannt		2,8 %
Vermietung von zum reduzierten Satz steuerbaren Gegenständen, soweit nicht anderswo genannt		1,2 %
Vermittlung von Dienstleistungen, soweit nicht anderswo genannt		5,9 %
Vermittlung von Gegenständen aller Art		5,9 %
Vermittlung von Personal/Stellen/Arbeit		5,9 %
Vermögensverwaltung		5,9 %
Verpackungsleistungen		4,3 %
Verzinkerei		4,3 %
Video-Studio: Aufnahmen und Überspielungen		3,5 %
Videothek		3,5 %
Vieh: Handel		0,6 %
Waffengeschäft*	Reparatur- und Servicearbeiten	2,0 %
Waffenmechanische Werkstätte		3,5 %
Wäscherei/Glätterei		5,1 %
Wasseraufbereitungsanlagen: Lieferung mit Montage*	Reparatur- und Servicearbeiten	2,8 %
WC-Anlagen: Benutzungsgebühr		5,1 %
Weberei		2,8 %
Weinbau		4,3 %
Werbeagentur		5,9 %
Werbetextbüro		5,9 %
Werkzeugbau		4,3 %
Werkzeug-Schärferei		4,3 %
Zahnarztpraxis: mit offen überwälzter Steuer bezogene Leistungen, die ohne Zuschlag und gesondert weiterfakturiert werden		0,1 %
Zahntechnisches Labor		5,1 %

Branchen und Tätigkeiten	*Nebentätigkeiten bei Mischbranchen*	SSS
Zäune: Herstellung, Lieferung mit Montage sowie Reparaturen		3,5 %
Zeitschriftenverlag: Inserateeinnahmen		3,5 %
Zeitschriftenverlag: Leistungen, die zum reduzierten Satz steuerbar sind		0,1 %
Zeitungsverlag: Inserateeinnahmen		3,5 %
Zeitungsverlag: Leistungen, die zum reduzierten Satz steuerbar sind		0,1 %
Zeltbau: Vermietung mit Montage		3,5 %
Zimmerei		3,5 %
Zoo-Handlung: Handel mit zum Normalsatz steuerbaren Tieren und Gegenständen		2,0 %
Zoo-Handlung: Handel mit zum reduzierten Satz steuerbaren Gegenständen		0,1 %
Zügelunternehmen		4,3 %
Zurverfügungstellen von Personal		6,5 %
Zwirnerei		2,8 %

N 1-8

IStR, Nebenerlasse, Vorlagen

N 1 Internationales Steuerrecht (IStR)

N 2 Verwaltungsstrafrechtsgesetz (VStrR)

N 3 Bundesgerichtsgesetz (Auszug BGG)

N 4 Obligationenrecht (Auszug OR)

N 5 Berufliche Vorsorge (Auszug BVG | BVV 2 | BVV 3)

N 6 Regionalpolitik (BRP | VO Steuererleichterungen | VO Gemeinden)

N 7 Schweizerisches Strafgesetzbuch (Auszug StGB)

N 8 Vorlagen

IStR

Internationales Steuerrecht

N 1 Internationales Steuerrecht (IStR)

1.1 Bundesgesetz über die Durchführung von internationalen Abkommen im Steuerbereich (StADG)
1.2 Verordnung über die Anrechnung ausländischer Quellensteuern (VStA)
    1.2.1 VO 1 EFD über die Anrechnung ausländischer Quellensteuern (VStA 1)
    1.2.2 VO 2 EFD über die pauschale Steueranrechnung (VO pStA 2)
1.3 Verordnung über die Steuerentlastung schweizerischer Dividenden aus wesentlichen Beteiligungen ausländischer Gesellschaften
1.4 Übereinkommen über die gegenseitige Amtshilfe in Steuersachen (Amtshilfeübereinkommen; MAC)
1.5 Steueramtshilfegesetz, StAhiG
    1.5.1 Steueramtshilfeverordnung, StAhiV
1.6 Multilaterale Vereinbarung der zuständigen Behörden über den automatischen Informationsaustausch über Finanzkonten (AIA-Vereinbarung; MCAA)
    1.6.1 BB über den Prüfmechanismus zur Umsetzung des AIA ab 2018/2019
1.7 Bundesgesetz über den internationalen automatischen Informationsaustausch in Steuersachen (AIAG)
1.8 Auszug aus dem AIA-Abkommen mit der EU
    1.8.1 BG über die Aufhebung des ZBstG und IQG

☞ *Weitere Erlasse zum IStR finden Sie im Werk «Die internationalen Steuererlasse des Bundes 2023/2024». Darin sind z.B. neben 23 Doppelbesteuerungsabkommen (DBA) auch das BEPS-Übereinkommen (MLI), das FATCA-Abkommen, der gemeinsame Meldestandard (GMS) und die wichtigsten DBA-Listen enthalten.*

Scan to shop.

1.1 Bundesgesetz über die Durchführung von internationalen Abkommen im Steuerbereich (StADG)
SR 672.2

vom 18. Juni 2021 (Stand am 1. Januar 2022)

Die Bundesversammlung der Schweizerischen Eidgenossenschaft,

gestützt auf Artikel 173 Absatz 2 der Bundesverfassung[1],
nach Einsicht in die Botschaft des Bundesrates vom 4. November 2020[2],

beschliesst:

1. Kapitel: Gegenstand

Art. 1

¹ Dieses Gesetz regelt die Durchführung von internationalen Abkommen des Bundes im Steuerbereich, insbesondere zur Vermeidung der Doppelbesteuerung, soweit deren Durchführung nicht durch andere Bundesgesetze im Steuerbereich geregelt wird.

² Es regelt insbesondere:

a. das Verständigungsverfahren zur Vermeidung einer dem Abkommen nicht entsprechenden Besteuerung;
b. die Entlastung von der Verrechnungssteuer;
c. die Bestrafung von Widerhandlungen im Zusammenhang mit Quellensteuern auf Kapitalerträgen.

³ Vorbehalten sind die abweichenden Bestimmungen des im Einzelfall anwendbaren Abkommens.

2. Kapitel: Verständigungsverfahren zur Vermeidung einer dem Abkommen nicht entsprechenden Besteuerung

1. Abschnitt: Allgemeine Bestimmungen

Art. 2 Geltungsbereich dieses Kapitels

Die Bestimmungen dieses Kapitels gelten für zwischen den Staaten geführte Verfahren, die nach dem anwendbaren Abkommen auf Gesuch durchgeführt werden, um bestehende oder absehbare dem Abkommen nicht entsprechende Besteuerungen zu vermeiden (Verständigungsverfahren).

---

[1] SR **101**
[2] BBl **2020** 9219

Art. 3 Zuständige Behörde

Für die Durchführung der Verständigungsverfahren zuständig ist das Staatssekretariat für internationale Finanzfragen (SIF).

Art. 4 Gesuchstellende Person

Eine Person, die der Auffassung ist, dass sie oder eine mit ihr verbundene Person von einer dem anwendbaren Abkommen nicht entsprechenden Besteuerung betroffen ist oder sein wird, kann um Durchführung eines Verständigungsverfahrens ersuchen.

2. Abschnitt: Einleitung des Verständigungsverfahrens

Art. 5 Gesuch

¹ Das Gesuch um Durchführung eines Verständigungsverfahrens ist beim SIF einzureichen.

² Es muss die Anträge und deren Begründung mit Angabe der Beweismittel enthalten.

³ Es muss in einer Amtssprache oder auf Englisch verfasst sein.

⁴ Genügt es diesen Anforderungen nicht, oder lassen die Anträge oder die Begründung die nötige Klarheit vermissen, so fordert das SIF die gesuchstellende Person auf, die Mängel zu beheben.

Art. 6 Mitwirkungspflicht

Die gesuchstellende Person muss dem SIF über alle Tatsachen, die für das Verständigungsverfahren von Bedeutung sein können, Auskunft erteilen und auf Verlangen die benötigten Unterlagen einreichen.

Art. 7 Nichteintreten auf das Gesuch

Das SIF leitet kein Verständigungsverfahren ein, wenn:
a. die Voraussetzungen für die Einleitung eines Verständigungsverfahrens nach dem anwendbaren Abkommen nicht erfüllt sind;
b. das Gesuch die Anforderungen nach Artikel 5 nicht erfüllt und die Mängel nicht behoben worden sind; oder
c. die gesuchstellende Person ihren Pflichten nach Artikel 6 nicht nachkommt.

Art. 8 Kosten und Entschädigungen

¹ Für die Einleitung des Verständigungsverfahrens werden keine Kosten auferlegt.

² Es werden keine Entschädigungen ausgerichtet.

Art. 9 Anwendbares Verfahrensrecht

Für die Einleitung des Verständigungsverfahrens ist im Übrigen das Verwaltungsverfahrensgesetz vom 20. Dezember 1968[1] anwendbar.

---

[1] SR 172.021

3. Abschnitt: Zusammenarbeit der Behörden

Art. 10 Information der schweizerischen Steuerbehörden

1 Das SIF informiert die Steuerbehörden, die für die Erhebung der vom Verständigungsverfahren betroffenen Steuern zuständig sind (zuständige Steuerbehörde), über die in der Schweiz oder im andern Staat eingereichten Gesuche um ein Verständigungsverfahren.

2 Es gibt den zuständigen Steuerbehörden Gelegenheit zur Stellungnahme, sofern die Besteuerung in der Schweiz vom Verständigungsverfahren betroffen ist.

3 Die zuständigen Steuerbehörden können eine Besprechung mit dem SIF verlangen.

Art. 11 Amtshilfe

1 Die Steuerbehörden der Kantone, Bezirke, Kreise und Gemeinden, die Eidgenössische Steuerverwaltung (ESTV) sowie das SIF unterstützen sich gegenseitig bei der Durchführung des Verständigungsverfahrens; sie erstatten einander kostenlos die zweckdienlichen Meldungen, erteilen einander die benötigten Auskünfte und gewähren einander Einsicht in die Akten.

2 Die andern Behörden des Bundes, der Kantone, Bezirke, Kreise und Gemeinden leisten dem SIF Amtshilfe, sofern dies für die Durchführung des Verständigungsverfahrens erforderlich ist. Die gleiche Pflicht zur Amtshilfe haben Organe von Körperschaften und Anstalten, soweit sie Aufgaben der öffentlichen Verwaltung wahrnehmen.

3 Von der Auskunfts- und Mitteilungspflicht ausgenommen sind die Organe der Schweizerischen Post und der öffentlichen Kreditinstitute für Tatsachen, die einer besonderen, gesetzlich auferlegten Geheimhaltung unterstehen.

4. Abschnitt: Durchführung des Verständigungsverfahrens

Art. 12 Stellung und Mitwirkungspflicht der gesuchstellenden Person

1 Bei der Durchführung des Verständigungsverfahrens ist die gesuchstellende Person nicht Partei. Sie kann weder die Akten des Verfahrens einsehen noch am Verfahren teilnehmen. Das SIF erteilt der gesuchstellenden Person Auskünfte, soweit dies nach dem anwendbaren Abkommen möglich ist.

2 Das SIF kann von der gesuchstellenden Person während des Verfahrens weitere Auskünfte und Unterlagen verlangen. Es kann mit ihrer Einwilligung, allenfalls zusammen mit der zuständigen Behörde des andern Staates, einen Augenschein durchführen, wenn dies der Feststellung des Sachverhalts dient.

Art. 13 Übertragung der Verhandlungsführung

1 Das SIF kann eine Behörde eines Staates, der nicht Partei des anwendbaren Abkommens ist, in das Verständigungsverfahren einbeziehen oder dieser die Verhandlungsführung übertragen.

2 Soweit dies der Sicherung der Interessen der Schweiz dient, kann das SIF die Verhandlungsführung in einem Verständigungsverfahren für einen andern Staat übernehmen, auch wenn die Schweiz nicht Partei des anwendbaren Abkommens ist.

Art. 14 Abschluss des Verständigungsverfahrens

1 Das Verständigungsverfahren wird durch eine Vereinbarung zwischen dem SIF und der zuständigen Behörde des andern Staates abgeschlossen (Verständigungsvereinbarung).

2 Gegen die Verständigungsvereinbarung steht kein Rechtsmittel zur Verfügung.

Art. 15 Zustimmung zur Umsetzung

1 Sofern die Verständigungsvereinbarung in der Schweiz umzusetzen ist, wird sie mit Zustimmung der Person verbindlich, deren Besteuerung in der Schweiz sie betrifft (betroffene Person).

2 Mit der Zustimmung verzichtet die betroffene Person auf sämtliche Rechtsmittel im Zusammenhang mit dem in der Verständigungsvereinbarung geregelten Gegenstand. Sie verpflichtet sich zudem, ergriffene Rechtsmittel umgehend zurückzuziehen.

Art. 16 Innerstaatliche Übereinkunft

1 Der Verständigungsvereinbarung gleichgestellt ist eine Übereinkunft zwischen der zuständigen Steuerbehörde und dem SIF über die Besteuerung der betroffenen Person in der Schweiz, wenn dadurch ein Verständigungsverfahren vermieden werden kann.

2 Diese Übereinkunft bedarf der Zustimmung der betroffenen Person.

3 Mit der Zustimmung verzichtet die betroffene Person auf sämtliche Rechtsmittel im Zusammenhang mit dem in der Übereinkunft geregelten Gegenstand. Sie verpflichtet sich zudem, ergriffene Rechtsmittel umgehend zurückzuziehen.

Art. 17 Kosten und Entschädigungen

1 Für die Durchführung des Verständigungsverfahrens werden keine Kosten auferlegt.

2 Es werden keine Entschädigungen ausgerichtet.

5. Abschnitt: Umsetzung der Verständigungsvereinbarung

Art. 18 Grundsätze

1 Das SIF teilt die verbindliche Verständigungsvereinbarung der zuständigen Steuerbehörde mit.

2 Diese setzt die Verständigungsvereinbarung von Amtes wegen um.

3 Rechtsmittelverfahren im Zusammenhang mit dem in der Verständigungsvereinbarung geregelten Gegenstand müssen vor oder mit der Umsetzung abgeschlossen sein.

4 Ausgleichszahlungen, welche schweizerische Gesellschaften als Folge von ausländischen Gewinnberichtigungen an ausländische verbundene Gesellschaften zu entrichten haben, unterliegen nicht der schweizerischen Verrechnungssteuer, sofern solche Ausgleichszahlungen als Folge einer Verständigungsvereinbarung oder einer innerstaatlichen Übereinkunft geleistet werden. B111

Art. 19 Umsetzungsverfügung

1 Die zuständige Steuerbehörde erlässt auf Grundlage der Verständigungsvereinbarung eine Verfügung, soweit dies zu deren Umsetzung notwendig ist (Umsetzungsverfügung).

2 Die betroffene Person muss der zuständigen Steuerbehörde alle für die Umsetzung notwendigen Auskünfte erteilen und auf Verlangen die benötigten Unterlagen einreichen.

3 Im Übrigen sind für den Erlass der Umsetzungsverfügung die Vorschriften über das Verfahren anwendbar, in dem die den Gegenstand der Umsetzungsverfügung betreffende Verfügung der zuständigen Steuerbehörde ergangen ist oder ergangen wäre.

4 Gegen die Umsetzungsverfügung können die gleichen Rechtsmittel ergriffen werden wie gegen die Verfügung der zuständigen Steuerbehörde, die den Gegenstand der Umsetzungsverfügung betroffen hat oder hätte.

5 Die sich aus der Umsetzungsverfügung ergebenden Forderungen der zuständigen Steuerbehörde oder der betroffenen Person verjähren fünf Jahre nachdem die Umsetzungsverfügung rechtskräftig geworden ist. Stillstand und Unterbrechung richten sich nach den Vorschriften über das Verfahren, in dem die den Gegenstand der Umsetzungsverfügung betreffende Verfügung der zuständigen Steuerbehörde ergangen ist oder ergangen wäre.

Art. 20 Rechtskräftige Verfügungen und Entscheide

Eine rechtskräftige Verfügung oder ein rechtskräftiger Entscheid ist nicht vollstreckbar, soweit der Gegenstand der Umsetzungsverfügung davon betroffen ist.

Art. 21 Dauer der Umsetzungspflicht

1 Die zuständige Steuerbehörde setzt die Verständigungsvereinbarung um, sofern das Gesuch um Durchführung des Verständigungsverfahrens im Inland oder im Ausland abkommenskonform innert zehn Jahren nach Eröffnung der Verfügung oder des Entscheids eingereicht wird, die oder der den Gegenstand der Umsetzungsverfügung betrifft.

2 In allen andern Fällen erlischt die Pflicht der zuständigen Steuerbehörde zur Umsetzung der Verständigungsvereinbarung, sofern das Gesuch um Durchführung des Verständigungsverfahrens mehr als zehn Jahre nach Fälligkeit der Steuer eingereicht wird.

Art. 22 Verzinsung

Die betroffene Person hat keinen Anspruch auf einen für die Rückerstattung bereits bezahlter Steuern gesetzlich geschuldeten Zins, wenn sie:
   a. die Veranlagung, die zu einer dem anwendbaren Abkommen nicht entsprechenden Besteuerung geführt hat, absichtlich oder durch fehlende Sorgfalt erwirkt hat; oder
   b. die vorgesehenen Verfahren zur Vermeidung der dem Abkommen nicht entsprechenden Besteuerung, mit Ausnahme der Rechtsmittelverfahren, absichtlich oder durch fehlende Sorgfalt versäumt oder unsorgfältig geführt hat.

Art. 23 Kosten und Entschädigungen

¹ Die zuständige Steuerbehörde kann der betroffenen Person die Kosten der Umsetzung auferlegen, sofern das Verständigungsverfahren bei zumutbarer Sorgfalt hätte vermieden werden können.

² Es werden keine Entschädigungen für die Umsetzung der Verständigungsvereinbarung ausgerichtet.

3. Kapitel: Entlastung von der Verrechnungssteuer, Widerhandlungen im Zusammenhang mit Quellensteuern auf Kapitalerträgen

1. Abschnitt: Entlastung von der Verrechnungssteuer

Art. 24 Organisation

¹ Die ESTV ist für die Durchführung des Verfahrens zur Entlastung von der Verrechnungssteuer zuständig.

² Sie regelt die Modalitäten der Geltendmachung des Anspruchs auf Entlastung von der Verrechnungssteuer. Für die elektronische Übermittlung von Rückerstattungsanträgen bestimmt sie die Zustellplattform.

Art. 25 Mitwirkungspflicht

¹ Wer einen Antrag auf Entlastung von der Verrechnungssteuer stellt, muss der ESTV über alle Tatsachen, die für die Entlastung von Bedeutung sein können, Auskunft erteilen und auf Verlangen die benötigten Unterlagen einreichen.

² Kommt die antragstellende Person ihren Mitwirkungspflichten nicht nach und kann die ESTV den Anspruch ohne die verlangten Auskünfte nicht abklären, so weist sie den Antrag ab.

Art. 26 Mitteilung und Entscheid

¹ Weist die ESTV einen Antrag ab oder entspricht sie ihm nur teilweise, so teilt sie dies der antragstellenden Person mit.

² Ist die antragstellende Person mit der Mitteilung der ESTV nicht einverstanden und lässt sich der Anstand nicht auf andere Weise erledigen, so kann sie einen Entscheid der ESTV verlangen.

³ Eine nicht auf einem Entscheid beruhende Rückerstattung steht unter dem Vorbehalt einer späteren Nachprüfung des Anspruchs. Nach Ablauf von drei Jahren seit Gewährung der Rückerstattung ist die Nachprüfung nur noch in Verbindung mit einem Strafverfahren nach Artikel 28 zulässig.

Art. 27 Antragsfristen für die Rückerstattung   B112

¹ Der Anspruch auf Rückerstattung der Verrechnungssteuer erlischt, wenn der Antrag nicht innert drei Jahren nach Ablauf des Kalenderjahres gestellt wird, in dem die steuerbare Leistung fällig geworden ist.

² Für die Antragstellung beginnt im Zeitpunkt der Entrichtung der Steuer eine neue Frist von 60 Tagen, wenn:
  a. die Verrechnungssteuer erst aufgrund einer Beanstandung der ESTV entrichtet und überwälzt wurde; und
  b. in diesem Zeitpunkt die Frist nach Absatz 1 bereits abgelaufen ist oder von der Frist nach Absatz 1 weniger als 60 Tage verbleiben.

2. Abschnitt: Strafbestimmungen im Zusammenhang mit Quellensteuern auf Kapitalerträgen

Art. 28 Ungerechtfertigte Rückerstattung der schweizerischen Verrechnungssteuer

Wer vorsätzlich oder fahrlässig, zum eigenen oder zum Vorteil einer andern Person, eine in einem internationalen Abkommen im Steuerbereich vorgesehene Rückerstattung der schweizerischen Verrechnungssteuer zu Unrecht oder in ungerechtfertigtem Umfang erwirkt, wird mit Busse bis zu 30 000 Franken oder, sofern dies einen höheren Betrag ergibt, bis zum Dreifachen des unrechtmässigen Vorteils bestraft.

Art. 29 Gefährdung der schweizerischen Verrechnungssteuer

Mit Busse bis zu 20 000 Franken wird bestraft, wer vorsätzlich oder fahrlässig:

a. in einem Antrag auf Rückerstattung der schweizerischen Verrechnungssteuer unwahre Angaben macht, erhebliche Tatsachen verschweigt oder dabei unwahre Belege über erhebliche Tatsachen vorlegt;
b. als antragstellende Person oder auskunftspflichtige Drittperson unrichtige Auskünfte erteilt;
c. ungerechtfertigte oder bereits erfüllte Ansprüche geltend macht.

Art. 30 Ungerechtfertigte Anrechnung der ausländischen Residualsteuer

Wer vorsätzlich oder fahrlässig, zum eigenen oder zum Vorteil einer andern Person, eine ungerechtfertigte Steueranrechnung der ausländischen Residualsteuer erwirkt, wird mit Busse bis zu 30 000 Franken oder, sofern dies einen höheren Betrag ergibt, bis zum Dreifachen des unrechtmässigen Vorteils bestraft.

Art. 31 Gefährdung der schweizerischen Einkommens- oder Gewinnsteuer

Mit Busse bis zu 20 000 Franken wird bestraft, wer vorsätzlich oder fahrlässig:

a. in einem Antrag auf Steueranrechnung der ausländischen Residualsteuer unwahre Angaben macht, erhebliche Tatsachen verschweigt oder dabei unwahre Belege über erhebliche Tatsachen vorlegt;
b. als antragstellende Person unrichtige Auskünfte erteilt;
c. ungerechtfertigte oder bereits erfüllte Ansprüche auf Steueranrechnung geltend macht;
d. die ordnungsgemässe Durchführung einer Buchprüfung oder andern amtlichen Kontrolle erschwert, behindert oder verunmöglicht.

Art. 32 Anzeige an die ESTV

Wird die Widerhandlung nach Artikel 30 oder 31 im Veranlagungsverfahren einer kantonalen Behörde begangen, so ist diese zur Anzeige an die ESTV verpflichtet.

Art. 33 Strafverfahren und Zuständigkeit

¹ Auf Widerhandlungen gegen Strafbestimmungen dieses Gesetzes ist das Bundesgesetz vom 22. März 1974¹ über das Verwaltungsstrafrecht anwendbar.

² Verfolgende und urteilende Behörde ist die ESTV.

4. Kapitel: Geheimhaltung

Art. 34

¹ Wer mit dem Vollzug eines internationalen Abkommens im Steuerbereich oder dieses Gesetzes betraut ist oder zu deren Vollzug beigezogen wird, muss gegenüber andern Behörden und Privaten über Tatsachen, die ihr oder ihm in Ausübung des Amtes bekannt werden, Stillschweigen bewahren und den Einblick in die Akten verweigern.

² Keine Geheimhaltungspflicht besteht:

a. bei der Übermittlung von Informationen nach dem anwendbaren Abkommen an einen andern Staat;
b. bei Auskünften und der Übermittlung von Informationen, soweit dafür eine gesetzliche Grundlage im Bundesrecht besteht.

5. Kapitel: Schlussbestimmungen

Art. 35 Ausführungsbestimmungen

¹ Der Bundesrat regelt:

a. das Verfahren der staatsvertraglich vereinbarten Entlastung von an der Quelle erhobenen schweizerischen Steuern auf Kapitalerträgen;
b. das Verfahren der staatsvertraglich vereinbarten Anrechnung von Steuern des andern Vertragsstaats an die in der Schweiz geschuldeten Steuern;
c. unter welchen Voraussetzungen eine schweizerische Betriebsstätte eines ausländischen Unternehmens für Erträge aus einem Drittstaat, die mit nicht rückforderbaren Steuern belastet sind, die Steueranrechnung beanspruchen kann;
d. die Unterstellung der nach dem anwendbaren Abkommen zu treffenden Entscheide und Verfügungen der ESTV, welche Steuern des andern Vertragsstaats zum Gegenstand haben, unter die eidgenössische Verwaltungsgerichtsbarkeit; er stellt diese Entscheide und Verfügungen in Bezug auf ihre Vollstreckbarkeit den Entscheiden über Bundessteuern gleich.

² Er kann den Erlass von Verfahrensbestimmungen dem Eidgenössischen Finanzdepartement (EFD) übertragen.

---

¹ SR 313.0

³ Das EFD regelt im Einvernehmen mit den Kantonen deren Beteiligung an Zahlungen, die die Schweiz dem andern Vertragsstaat in einem Abkommen im Steuerbereich zugesichert hat.

Art. 36 Aufhebung und Änderung anderer Erlasse

¹ Das Bundesgesetz vom 22. Juni 1951[1] über die Durchführung von zwischenstaatlichen Abkommen des Bundes zur Vermeidung der Doppelbesteuerung wird aufgehoben.

² ...[2]

Art. 37 Übergangsbestimmung

Die Artikel 18–23 gelten für die Umsetzung von Verständigungsvereinbarungen, die das SIF der zuständigen Steuerbehörde nach dem Inkrafttreten dieses Gesetzes mitgeteilt hat.

Art. 38 Inkrafttreten

¹ Dieses Gesetz untersteht dem fakultativen Referendum.

² Der Bundesrat bestimmt das Inkrafttreten.

Datum des Inkrafttretens: 1. Januar 2022[3]

---

[1] [AS **1951** 889; **2013** 231 Anhang Ziff. 5; **2017** 5517; **2019** 2395 Ziff. I 4]
[2] Die Änderung kann unter AS **2021** 703 konsultiert werden.
[3] BRB vom 10. Nov. 2021

1.2 Verordnung über die Anrechnung ausländischer Quellensteuern (VStA[1])[2]
SR 672.201 C25

vom 22. August 1967 (Stand am 1. Januar 2022)

Der Schweizerische Bundesrat,

gestützt auf Artikel 35 Absatz 1 des Bundesgesetzes vom 18. Juni 2021[3] über die Durchführung von internationalen Abkommen im Steuerbereich,[4]

verordnet:

I. Allgemeine Bestimmungen C25

Art. 1 Geltungsbereich 1.

¹ Diese Verordnung gilt für Erträge[5] (Abs. 2) aus Staaten (Vertragsstaaten), mit denen die Schweiz zwischenstaatliche Abkommen zur Vermeidung der Doppelbesteuerung (Doppelbesteuerungsabkommen) abgeschlossen hat, die für diese Erträge eine Entlastung von den schweizerischen Steuern vorsehen.

² Als Erträge im Sinne dieser Verordnung gelten Dividenden, Zinsen, Lizenzgebühren, Dienstleistungserträge und Renten, die im Vertragsstaat, aus dem sie stammen, gemäss dem internen Recht dieses Vertragsstaates und in Übereinstimmung mit dem mit diesem Vertragsstaat abgeschlossenen Doppelbesteuerungsabkommen tatsächlich einer begrenzten Steuer unterliegen.[6] Sieht ein Doppelbesteuerungsabkommen für bestimmte Erträge ausdrücklich vor, dass für die Entlastung eine nach einem festen Satz bemessene Steuer in Rechnung zu stellen ist, so gelten diese Erträge, ohne Rücksicht auf die tatsächliche Besteuerung im Vertragsstaat, als zu diesem Satze besteuert.

---

[1] ☞ *Inoffizielle Abkürzung*
[2] Fassung gemäss Ziff. I der V vom 13. Nov. 2019, in Kraft seit 1. Jan. 2020 (AS **2019** 3873).
[3] SR 672.2
[4] Fassung gemäss Ziff. II 1 der V vom 10. Nov. 2021 über Anpassungen des Bundesrechts im Bereich der Durchführung von internationalen Abkommen im Steuerbereich, in Kraft seit 1. Jan. 2022 (AS **2021** 704).
[5] Ausdruck gemäss Ziff. I Abs. 2 der V vom 13. Nov. 2019, in Kraft seit 1. Jan. 2020 (AS **2019** 3873). Diese Änd. wurde im ganzen Erlass berücksichtigt.
[6] Fassung gemäss Ziff. I der V vom 13. Nov. 2019, in Kraft seit 1. Jan. 2020 (AS **2019** 3873).

Entlastung in der Schweiz 2.

Art. 2 In der Schweiz ansässige natürliche und juristische Personen[1] a.

¹ In der Schweiz ansässige natürliche und juristische Personen können für die in Übereinstimmung mit einem Doppelbesteuerungsabkommen in einem Vertragsstaat erhobene begrenzte Steuer von aus diesem Vertragsstaat stammenden Erträgen eine Anrechnung ausländischer Quellensteuern[2] beantragen.

² Fliessen die Erträge einer Kollektiv- oder Kommanditgesellschaft zu, so steht der Anspruch auf Anrechnung ausländischer Quellensteuern der Gesellschaft zu.

³ Wer die Anrechnung ausländischer Quellensteuern nicht beantragt oder darauf gemäss den Artikeln 3–7 keinen Anspruch hat, kann verlangen, dass bei der Veranlagung zu den schweizerischen Steuern vom Einkommen die im Vertragsstaat in Übereinstimmung mit dem Doppelbesteuerungsabkommen erhobenen Steuern vom Bruttobetrag der Erträge abgezogen werden.

Art. 2a Schweizerische Betriebsstätten ausländischer Unternehmen b.[3] C25

¹ Eine schweizerische Betriebsstätte eines ausländischen Unternehmens kann für Erträge aus einem Drittstaat, die mit nicht rückforderbaren Quellensteuern belastet sind, die Anrechnung dieser Steuern beanspruchen, wenn Doppelbesteuerungsabkommen bestehen zwischen:

a. der Schweiz und dem Ansässigkeitsstaat des Unternehmens; und
b. jedem der beiden Staaten und dem Drittstaat, aus dem die Erträge stammen.

² Legen die beiden Doppelbesteuerungsabkommen mit dem Drittstaat für die nicht rückforderbaren Quellensteuern unterschiedliche Steuersätze zugrunde, so kann nur der niedrigere der beiden Beträge geltend gemacht werden.

Art. 3[4] **Allgemeine Voraussetzungen der Anrechnung ausländischer Quellensteuern** 3.

¹ Die Anrechnung ausländischer Quellensteuern kann nur für Erträge beansprucht werden, die den Einkommens- oder Gewinnsteuern des Bundes oder der Kantone und der Gemeinden unterliegen.

² Erträge, für die die Anrechnung ausländischer Quellensteuern beansprucht wird, sind ohne Abzug der Steuer des Vertragsstaates zu deklarieren; gehören sie indessen zum Ertrag eines zur Führung kaufmännischer Bücher verpflichteten Unternehmens, so sind die Nettoerträge, der Betrag der vom Vertragsstaat gewährten Steuerrückerstattung und der Betrag der anrechenbaren ausländischen Quellensteuern als Ertrag zu verbuchen.

---

[1] Eingefügt durch Ziff. I der V vom 13. Nov. 2019, in Kraft seit 1. Jan. 2020 (AS **2019** 3873).
[2] Ausdruck gemäss Ziff. I Abs. 1 der V vom 13. Nov. 2019, in Kraft seit 1. Jan. 2020 (AS **2019** 3873). Diese Änd. wurde im ganzen Erlass berücksichtigt.
[3] Eingefügt durch Ziff. I der V vom 13. Nov. 2019, in Kraft seit 1. Jan. 2020 (AS **2019** 3873).
[4] Fassung gemäss Ziff. I der V vom 13. Nov. 2019, in Kraft seit 1. Jan. 2020 (AS **2019** 3873).

Sonderfälle 4.

Art. 4[1] **Natürliche Personen im Genuss einer Steuer nach dem Aufwand** a.[2]

¹ Natürliche Personen können nur für diejenigen Steuern eine Anrechnung ausländischer Quellensteuern verlangen, für die sie nicht nach dem Aufwand gemäss Artikel 14 des Bundesgesetzes vom 14. Dezember 1990[3] über die direkte Bundessteuer (DBG) oder gemäss den gestützt auf Artikel 6 des Bundesgesetzes vom 14. Dezember 1990[4] über die Harmonisierung der direkten Steuern der Kantone und Gemeinden (StHG) erlassenen kantonalen Bestimmungen besteuert werden.

² Natürliche Personen, die nach dem Aufwand besteuert werden, aber auf allen Einkünften aus einem Vertragsstaat nach Artikel 14 Absatz 5 DBG oder nach den gestützt auf Artikel 6 Absatz 7 StHG erlassenen kantonalen Bestimmungen die vollen Steuern zum Satz des Gesamteinkommens entrichten, können für die aus diesem Vertragsstaat stammenden Erträge die Anrechnung ausländischer Quellensteuern beanspruchen. Durch den Abzug der nach Artikel 20 dem Bund einerseits sowie den Kantonen und Gemeinden andererseits zu belastenden Anteile dürfen die geschuldeten schweizerischen Einkommens- und Vermögenssteuern nicht unter den Betrag der Steuer gesenkt werden, die nach dem Aufwand oder nach höheren anderen Einkommens- und Vermögensbestandteilen, für die keine Anrechnung ausländischer Quellensteuern gewährt wird, zu bemessen ist.

Art. 5 Dividenden aus Beteiligungen b.[5]

Dividenden, für die bei den Gewinnsteuern des Bundes, der Kantone, der Gemeinden und der Kirchgemeinden eine besondere Steuerermässigung (Art. 69 DBG[6] und gestützt auf Art. 28 Abs. 1 StHG[7] erlassene kantonale Bestimmungen) gewährt wird, gelten für die Anwendung dieser Verordnung als nicht besteuerte Erträge.

Art. 6[8] **Ausschluss von Abkommensvorteilen** c.

¹ Sind die im anwendbaren Doppelbesteuerungsabkommen enthaltenen Voraussetzungen nicht erfüllt oder nimmt eine Person das Doppelbesteuerungsabkommen missbräuchlich in Anspruch, so kann sie keine Anrechnung ausländischer Quellensteuern beanspruchen.

² Das Eidgenössische Finanzdepartement (EFD) kann für bestimmte Fälle Ausnahmen vorsehen.

Art. 7[9] **Bagatellfälle** d.

Die Anrechnung ausländischer Quellensteuern wird nur gewährt, wenn die nicht rückforderbaren Quellensteuern der Vertragsstaaten von den aus diesen Vertragsstaaten stammenden Erträgen insgesamt den Gegenwert von 100 Franken übersteigen.

---

[1] Fassung gemäss Ziff. I der V vom 13. Nov. 2019, in Kraft seit 1. Jan. 2020 (AS **2019** 3873).
[2] Fassung gemäss Ziff. I der V vom 9. März 2001, in Kraft seit 1. Jan. 2001 (AS **2001** 1060).
[3] SR **642.11**
[4] SR **642.14**
[5] Fassung gemäss Ziff. I der V vom 13. Nov. 2019, in Kraft seit 1. Jan. 2020 (AS **2019** 3873).
[6] SR **642.11**
[7] SR **642.14**
[8] Fassung gemäss Ziff. I der V vom 13. Nov. 2019, in Kraft seit 1. Jan. 2020 (AS **2019** 3873).
[9] Fassung gemäss Ziff. I der V vom 13. Nov. 2019, in Kraft seit 1. Jan. 2020 (AS **2019** 3873).

II. Betrag der anrechenbaren ausländischen Quellensteuern[1] C25

Art. 8 Grundsatz 1.[2]

[1] Die Anrechnung ausländischer Quellensteuern erfolgt für die von Bund, Kantonen, Gemeinden und Kirchgemeinden erhobenen Steuern gesamthaft und wird in einem Betrag vergütet.

[2] Der Betrag der anrechenbaren ausländischen Quellensteuern entspricht der Summe der nicht rückforderbaren Quellensteuern, die in den Vertragsstaaten von den im Laufe eines Jahres (Fälligkeitsjahres) fällig gewordenen Erträgen in Übereinstimmung mit den anwendbaren Doppelbesteuerungsabkommen erhoben worden sind, höchstens aber der Summe der auf diese Erträge entfallenden schweizerischen Steuern (Maximalbetrag).

[3] Er wird getrennt nach folgenden Erträgen ermittelt:
 a. Dividenden;
 b. Zinsen;
 c. Lizenzgebühren, die nach Artikel 8*a* oder 24*b* StHG[3] besteuert werden;
 d. Lizenzgebühren, die nicht nach Artikel 8*a* oder 24*b* StHG besteuert werden;
 e. Dienstleistungserträge;
 f. Renten.

[4] Er wird nicht verzinst.

Maximalbetrag 2.

Art. 9[4] **Berechnung für natürliche Personen** a.[5]

[1] Der Berechnung des Maximalbetrags für Erträge im Privatvermögen sind die Steuersätze zugrunde zu legen, die bei der Berechnung der für das Fälligkeitsjahr geschuldeten Einkommenssteuern angewandt werden. Dabei wird der Maximalbetrag für die Steuern des Bundes einerseits sowie der Kantone und Gemeinden andererseits gesondert berechnet. Zuschläge für Kirchensteuern sind nicht zu berücksichtigen.

[2] Bei Erträgen im Geschäftsvermögen wird der Maximalbetrag nach Artikel 10 berechnet; jedoch ohne Berücksichtigung der Kirchensteuern.

[3] Die Kantone können für die Berechnung des Maximalbetrags eigene Tarife vorsehen. Dabei ist Artikel 11 Absatz 1 StHG[6] zu beachten. Die Tarife sind dem EFD zur Genehmigung zu unterbreiten.

[4] Wurde der Maximalbetrag aufgrund eines kantonalen Tarifs berechnet und weist die Antragstellerin oder der Antragsteller nach, dass die Berechnung gemäss Absatz 1 zu einem höheren Anrechnungsbetrag geführt hätte, so ist ihr oder ihm die Differenz zu vergüten. Die Differenz muss innert 30 Tagen nach der Eröffnung des Entscheids über die Anrechnung ausländischer Quellensteuern oder, wenn die definitive Veranlagung später erfolgt, innert 30 Tagen nach der Eröffnung der Veranlagung in schriftlicher Form bei der zuständigen Behörde nachgewiesen und geltend gemacht werden.

---

[1] Fassung gemäss Ziff. I der V vom 13. Nov. 2019, in Kraft seit 1. Jan. 2020 (AS **2019** 3873).
[2] Fassung gemäss Ziff. I der V vom 13. Nov. 2019, in Kraft seit 1. Jan. 2020 (AS **2019** 3873).
[3] SR **642.14**
[4] Fassung gemäss Ziff. I der V vom 13. Nov. 2019, in Kraft seit 1. Jan. 2020 (AS **2019** 3873).
[5] Fassung gemäss Ziff. I der V vom 9. März 2001, in Kraft seit 1. Jan. 2001 (AS **2001** 1060).
[6] SR **642.14**

⁵ Der Maximalbetrag darf nicht höher sein als die Summe der schweizerischen Einkommenssteuern im Fälligkeitsjahr.

Art. 10 Berechnung für juristische Personen b.[1]

¹ Der Maximalbetrag entspricht der Summe der Steuern des Bundes, der Kantone, der Gemeinden und der Kirchgemeinden, die auf dem Gewinn des Fälligkeitsjahres berechnet werden. Dabei wird der Maximalbetrag für die Steuern des Bundes einerseits sowie der Steuern der Kantone, Gemeinden und Kirchgemeinden andererseits gesondert berechnet.

² Der Teilbetrag der Gewinnsteuer, der auf die aus den Vertragsstaaten stammenden Erträge entfällt, wird ermittelt, indem die Steuer im Verhältnis der aus den Vertragsstaaten stammenden Erträge nach Abzug der Schuldzinsen und Aufwendungen nach Artikel 11 zum gesamten dieser Steuer unterliegenden Reingewinn des Fälligkeitsjahres aufgeteilt wird. Der Teilbetrag kann nicht höher sein als die tatsächlich geschuldete Steuer.

³ Wird gemäss Artikel 30 Absatz 2 StHG[2] die Gewinnsteuer an die Kapitalsteuer angerechnet, so darf die Anrechnung ausländischer Quellensteuern nicht zu einer Kantons-, Gemeinde- und Kirchensteuer führen, die tiefer ist als die Kapitalsteuer vor Anrechnung der Gewinnsteuer.

Art. 11 Berücksichtigung von Schuldzinsen, anderen Aufwendungen und steuerwirksamen Abzügen c.[3]

¹ Für die Berechnung des Maximalbetrags werden die Erträge um die Schuldzinsen, die anderen Aufwendungen und die steuerwirksamen Abzüge gekürzt.

² Für die Kürzung gelten die folgenden Verteilungsregeln:
a. Die Schuldzinsen werden proportional zu den Aktiven verteilt.
b. Die direkt mit den Erträgen zusammenhängenden anderen Aufwendungen werden auf die jeweiligen Erträge, die indirekt mit ihnen zusammenhängenden anderen Aufwendungen proportional zu den Erträgen verteilt.
c. Die direkt mit den Erträgen zusammenhängenden steuerwirksamen Abzüge werden auf die jeweiligen Erträge, die indirekt mit ihnen zusammenhängenden steuerwirksamen Abzüge proportional zu den Erträgen verteilt.

³ Zu den anderen Aufwendungen gehören auch Geschäftsführungs- und allgemeine Verwaltungskosten sowie die auf die Erträge entfallenden Steuern, die nach dem anwendbaren Recht vom Reinertrag abgezogen werden.

⁴ Bei Dividenden und Zinsen, die den Kapitalgesellschaften, Genossenschaften, Betriebsstätten nach Artikel 2a und natürlichen Personen im Geschäftsvermögen zugeflossen sind, wird die Kürzung um andere Aufwendungen auf 5 Prozent der verbuchten Dividenden und Zinsen festgesetzt.

⁵ Bei Lizenzgebühren, die nicht nach den Artikeln 8a und 24b StHG[4] besteuert werden, und bei Dienstleistungserträgen wird die Kürzung um Schuldzinsen und andere Aufwendungen auf die Hälfte der Bruttobeträge dieser Erträge festgesetzt.

---

[1] Fassung gemäss Ziff. I der V vom 13. Nov. 2019, in Kraft seit 1. Jan. 2020 (AS **2019** 3873).
[2] SR **642.14**
[3] Fassung gemäss Ziff. I der V vom 13. Nov. 2019, in Kraft seit 1. Jan. 2020 (AS **2019** 3873).
[4] SR **642.14**

⁶ Der Nachweis, dass die tatsächlichen Aufwendungen nach Absatz 4 oder 5 wesentlich höher oder niedriger sind, bleibt vorbehalten.

Art. 12¹ ... 3.

III. Geltendmachung des Anspruchs auf Anrechnung ausländischer Quellensteuern C25

Art. 13 Antrag 1.

¹ Die Anrechnung ausländischer Quellensteuern wird nur auf Antrag gewährt.

² Der Antrag ist gemäss den Vorgaben der Steuerbehörde des Kantons einzureichen, in dem die Antragstellerin oder der Antragsteller am Ende der Steuerperiode, in der die Erträge fällig wurden, ansässig war.²

²ᵇⁱˢ Erträge, die bei der Gewinn- oder Einkommenssteuer ermässigt besteuert werden, sind im Antrag besonders zu bezeichnen.³

³ Die Erträge des Geschäftsvermögens, die im selben Geschäftsjahr fällig wurden, sind in einem Antrag zusammenzufassen.⁴

Art. 14⁵ Fristen 2.

¹ Der Antrag auf Anrechnung ausländischer Quellensteuern kann frühestens nach Ablauf der Steuerperiode, in der die Erträge fällig geworden sind, gestellt werden.

² Der Anspruch auf Anrechnung ausländischer Quellensteuern erlischt, wenn der Antrag nicht innert drei Jahren nach Ablauf der Steuerperiode, in der die Erträge fällig geworden sind, gestellt wird.

IV. Behörden und Verfahren C25

Art. 15⁶ Behörden 1.

Die Durchführung der Anrechnung ausländischer Quellensteuern obliegt den Kantonen. Sie bestimmen die Behörden, die für die Entgegennahme und Entscheidung der Anträge auf Anrechnung ausländischer Quellensteuern zuständig sind.

---

1 Aufgehoben durch Ziff. I der V vom 13. Nov. 2019, mit Wirkung seit 1. Jan. 2020 (AS **2019** 3873).
2 Fassung gemäss Ziff. I der V vom 13. Nov. 2019, in Kraft seit 1. Jan. 2020 (AS **2019** 3873).
3 Eingefügt durch Ziff. I der V vom 13. Nov. 2019, in Kraft seit 1. Jan. 2020 (AS **2019** 3873).
4 Eingefügt durch Ziff. I der V vom 9. März 2001, in Kraft seit 1. Jan. 2001 (AS **2001** 1060).
5 Fassung gemäss Ziff. I der V vom 9. März 2001, in Kraft seit 1. Jan. 2001 (AS **2001** 1060).
6 Fassung gemäss Ziff. I der V vom 13. Nov. 2019, in Kraft seit 1. Jan. 2020 (AS **2019** 3873).

Verfahren 2.

Art. 16 Pflichten der Antragstellerin oder des Antragstellers[1] a.

Wer die Anrechnung ausländischer Quellensteuern beansprucht, hat der Steuerbehörde[2] über alle Tatsachen, die für die Beurteilung des Anspruchs von Bedeutung sein können, nach bestem Wissen und Gewissen Auskunft zu erteilen. Artikel 48 des Bundesgesetzes vom 13. Oktober 1965[3] über die Verrechnungssteuer (im folgenden Verrechnungssteuergesetz genannt) findet sinngemäss Anwendung.

Art. 17 Entscheid b.

[1] Die Steuerbehörde prüft die eingereichten Anträge. Es stehen ihr hiefür die gleichen Befugnisse zu wie für die Prüfung der Anträge auf Rückerstattung der eidgenössischen Verrechnungssteuer (Art. 50 Abs. 1 und 3 des Verrechnungssteuergesetzes[4]).

[2] Wird dem Antrag nicht oder nicht in vollem Umfange entsprochen, so ist der Entscheid kurz zu begründen.

[3] Der von der Steuerbehörde festgesetzte Betrag der anrechenbaren ausländischen Quellensteuern steht unter dem Vorbehalt einer Überprüfung des Anspruchs durch die Eidgenössische Steuerverwaltung (Art. 20 Abs. 3).[5]

Art. 18 Einsprache und Beschwerde c.

Die Entscheide über die Anrechnung ausländischer Quellensteuern unterliegen den gleichen Rechtsmitteln wie die Entscheide über die Rückerstattung der eidgenössischen Verrechnungssteuer durch die Kantone (Art. 53–56 des Verrechnungssteuergesetzes[6]).

Art. 19 Auszahlung oder Verrechnung des Betrags der anrechenbaren ausländischen Quellensteuern[7] d.

[1] Der von der Steuerbehörde festgesetzte Betrag der anrechenbaren ausländischen Quellensteuern wird entweder ausbezahlt oder mit Steuern des Bundes, des Kantons, der Gemeinde oder der Kirchgemeinde verrechnet.[8]

[2] Die Kantone führen besondere Register über die Anrechnung ausländischer Quellensteuern.

---

1 Fassung gemäss Ziff. I der V vom 13. Nov. 2019, in Kraft seit 1. Jan. 2020 (AS **2019** 3873).
2 Ausdruck gemäss Ziff. I Abs. 3 der V vom 13. Nov. 2019, in Kraft seit 1. Jan. 2020 (AS **2019** 3873). Diese Änd. wurde im ganzen Erlass berücksichtigt.
3 SR **642.21**
4 SR **642.21**
5 Eingefügt durch Ziff. I der V vom 7. Dez. 1981 (AS **1981** 1996). Fassung gemäss Ziff. I der V vom 13. Nov. 2019, in Kraft seit 1. Jan. 2020 (AS **2019** 3873).
6 SR **642.21**
7 Fassung gemäss Ziff. I der V vom 13. Nov. 2019, in Kraft seit 1. Jan. 2020 (AS **2019** 3873).
8 Fassung gemäss Ziff. I der V vom 13. Nov. 2019, in Kraft seit 1. Jan. 2020 (AS **2019** 3873).

Art. 20 Abrechnung zwischen Bund und Kantonen 3.[1]

[1] Der Betrag der anrechenbaren ausländischen Quellensteuern wird zwischen dem Bund einerseits sowie den Kantonen und Gemeinden andererseits wie folgt verteilt:
   a. bei natürlichen Personen gemäss den Steuersätzen nach Artikel 9 Absatz 1;
   b. bei juristischen Personen im Verhältnis der Steuern auf dem Gewinn nach Artikel 10 Absatz 1.

[2] Die Kantone belasten dem Bund dessen Anteil. Dieser Anteil wird um den dem Kanton verbleibenden Anteil an der direkten Bundessteuer gemäss Artikel 196 Absatz 1 DBG[2] gekürzt. Die Aufteilung des dem Bund nicht zu belastenden Teils der Anrechnungsbeträge auf die Kantone und Gemeinden ist Sache der Kantone.

[3] Auf die Abrechnung der Kantone mit dem Bund und auf die Pflicht zur Rückleistung zu Unrecht erfolgter Auszahlungen oder Verrechnungen (Art. 19) sind die Artikel 57 und 58 des Verrechnungssteuergesetzes vom 13. Oktober 1965[3] anwendbar; dabei gilt Artikel 58 Absätze 1, 2 und 5 gleichermassen für die zulasten des Bundes wie für die zulasten des Kantons gewährten Anrechnungsbeträge.

Art. 21 ...

Art. 22 Revision und Berichtigung von Entscheiden 4.

Die Revision und Berichtigung von Entscheiden über die Anrechnung ausländischer Quellensteuern richten sich nach den Artikeln 59 und 60 des Verrechnungssteuergesetzes[4].

V. ...

Art. 23[5] ...

---

[1] Fassung gemäss Ziff. I der V vom 13. Nov. 2019, in Kraft seit 1. Jan. 2020 (AS **2019** 3873).
[2] SR **642.11**
[3] SR **642.21**
[4] SR **642.21**
[5] Aufgehoben durch Ziff. II 1 der V vom 10. Nov. 2021 über Anpassungen des Bundesrechts im Bereich der Durchführung von internationalen Abkommen im Steuerbereich, mit Wirkung seit 1. Jan. 2022 (AS **2021** 704).

VI. Schlussbestimmungen

Art. 24 Durchführung 1.

1 Das EFD[1] erlässt die für die Anrechnung ausländischer Quellensteuern erforderlichen Verfahrensvorschriften.

2 Es genehmigt insbesondere die für natürliche Personen anwendbaren kantonalen Tarife (Art. 9 Abs. 2) und veröffentlicht die Liste der in den Vertragsstaaten erhobenen abkommensmässigen Steuersätze, für welche die Anrechnung ausländischer Quellensteuern beansprucht werden kann.[2]

Art. 25 Inkrafttreten 2.

1 Diese Verordnung tritt am 1. September 1967 in Kraft.

2 Sie findet auf Erträge Anwendung, die nach dem 31. Dezember 1966 fällig geworden sind, sofern nicht ein Doppelbesteuerungsabkommen die Entlastung (Art. 1) ausdrücklich für später fällig werdende Erträge vorsieht.

3 …[3]

Schlussbestimmungen der Änderung vom 7. Dezember 1981[4]

…

Schlussbestimmungen der Änderung vom 9. März 2001[5]

II

Kantone, welche die Steuern der natürlichen Personen auch nach dem 1. Januar 2001 im System der zweijährigen Pränumerandobesteuerung veranlagen, können bis zum Systemwechsel zur einjährigen Postnumerandobesteuerung für die in ihrem Kanton wohnhaften natürlichen Personen und für die Kollektiv- und Kommanditgesellschaften mit Sitz in ihrem Kanton den Maximalbetrag gemäss vereinfachter Berechnung im Sinne des Artikels 9 vor Änderung vom 9. März 2001 und des darauf beruhenden Anrechnungtarifs festlegen.

III

1 Diese Änderung findet auf Erträge Anwendung, die nach dem 31. Dezember 2000 fällig werden.

2 Sie tritt rückwirkend auf den 1. Januar 2001 in Kraft.

---

[1] Ausdruck gemäss Ziff. I Abs. 4 der V vom 13. Nov. 2019, in Kraft seit 1. Jan. 2020 (AS **2019** 3873).
[2] Fassung gemäss Ziff. I der V vom 9. März 2001, in Kraft seit 1. Jan. 2001 (AS **2001** 1060).
[3] Aufgehoben durch Art. 12 der V vom 7. Febr. 1973 zum schweizerisch-deutschen Doppelbesteuerungsabkommen [AS **1973** 296].
[4] AS **1981** 1996. Aufgehoben durch Ziff. IV 16 der V vom 22. Aug. 2007 zur formellen Bereinigung des Bundesrechts, mit Wirkung seit 1. Jan. 2008 (AS **2007** 4477).
[5] AS **2001** 1060

Übergangsbestimmung zur Änderung vom 15. Oktober 2008[1]

Diese Änderung gilt für Erträge, die nach dem 31. Dezember 2008 fällig werden.

Übergangsbestimmung zur Änderung vom 13. November 2019[2]

Diese Änderung gilt für Erträge, die nach dem 31. Dezember 2019 fällig werden.

---

[1] AS **2008** 5073
[2] AS **2019** 3873

1.2.1 Verordnung 1 des EFD über die Anrechnung ausländischer Quellensteuern (VStA 1[1])
SR 672.201.1 C25

vom 4. Dezember 2019 (Stand am 1. Februar 2023)

Das Eidgenössische Finanzdepartement (EFD),

gestützt auf Artikel 24 Absatz 1 der Verordnung vom 22. August 1967[2] über die Anrechnung ausländischer Quellensteuern,

verordnet:

Art. 1

[1] Die Liste der Staaten, mit denen die Schweiz Doppelbesteuerungsabkommen abgeschlossen hat, sowie die Höhe der nicht rückforderbaren Quellensteuern auf Dividenden, Zinsen, Lizenzgebühren und Vergütungen für Dienstleistungen wird im Anhang festgehalten.

[2] Das Staatssekretariat für internationale Finanzfragen passt die Liste dem neuesten Stand der Entwicklung an.

Art. 2

Die Verordnung 1 des EFD vom 6. Dezember 1967[3] über die pauschale Steueranrechnung wird aufgehoben.

Art. 3

Diese Verordnung tritt am 1. Februar 2020 in Kraft.

---

[1] ☞ *Inoffizielle Abkürzung*
[2] SR **672.201**
[3] [AS **1967** 1711, **1981** 1999, **1988** 604, **2001** 1065, **2012** 5983, **2019** 167]

Anhang[1]
(Art. 1 Abs. 1)

Liste der Vertragsstaaten

(Gilt für die im Jahr 2022 fällig gewordenen Erträge)[2]

Die nicht rückforderbaren ausländischen Quellensteuern sind zurzeit aufgrund der in der nachstehenden Liste[3] genannten Doppelbesteuerungsabkommen (DBA) anzurechnen.

Vertragsstaaten Datum des DBA	Erträge [A1][4]	Nicht rückforderbare Quellensteuern der Vertragsstaaten in % [A2]
Ägypten 20.5.1987	Dividenden Zinsen Lizenzgebühren	0 [B1] [B3] 15 [C2] 12,5 [D22]
Albanien 12.11.1999	Dividenden – von Tochtergesellschaften (ab 10 %) – übrige Dividenden Zinsen Lizenzgebühren	 5 8 [B1] 5 5
Algerien 3.6.2006	Dividenden – von Tochtergesellschaften (ab 20 %) – übrige Dividenden Zinsen Lizenzgebühren	 5 15 10 10
Argentinien 20.3.2014	Dividenden Zinsen Lizenzgebühren Vergütungen für technische Unterstützungsleistungen	7 [B4] 12 15 [D6] 10
Armenien 12.6.2006	Dividenden – von Tochtergesellschaften (ab 25 %) – übrige Dividenden Zinsen Lizenzgebühren	 5 [B5] 5/10 [B1] [B43] 10 [C29] 5

---

[1] Fassung gemäss Ziff. I der V des SIF vom 7. Dez. 2022, in Kraft seit 1. Febr. 2023 (AS **2022** 848).
[2] Für die 2021 fällig gewordenen Erträge siehe AS **2021** 915.
[3] Die vorliegende Übersicht hält die nicht rückforderbaren Quellensteuern aufgrund der von der Schweiz abgeschlossenen Doppelbesteuerungsabkommen fest. Art. 9 des Abkommens vom 26. Okt. 2004 zwischen der Schweizerischen Eidgenossenschaft und der Europäischen Union über den automatischen Informationsaustausch über Finanzkonten zur Förderung der Steuerehrlichkeit bei internationalen Sachverhalten (SR **0.641.926.81**) sieht unter bestimmten Voraussetzungen ein ausschliessliches Besteuerungsrecht im Ansässigkeitsstaat der empfangenden Person für zwischen verbundenen Gesellschaften gezahlte Dividenden, Zinsen und Lizenzgebühren vor. Eine schweizerische Gesellschaft, die aufgrund von Art. 9 dieses Abkommens von der ausländischen Quellensteuer befreite Dividenden, Zinsen, Lizenzgebühren vereinnahmt, kann für diese Einkünfte keine Anrechnung an die Schweizer Steuern geltend machen.
[4] Die Anmerkungen finden sich am Schluss der Liste.

Vertragsstaaten Datum des DBA	Erträge [A1]		Nicht rückforderbare Quellensteuern der Vertragsstaaten in % [A2]	
Aserbaidschan 23.2.2006	Dividenden			
	–	von Tochtergesellschaften (ab 20 %)	5	[B6]
	–	übrige Dividenden	10	[B1]
	Zinsen		10	[C3]
				[C21]
	Lizenzgebühren		10	[D4]
Australien 30.7.2013	Dividenden		0	[B7]
	Zinsen		10	
	Lizenzgebühren		5	
Bahrain 23.11.2019	Dividenden			
	–	von Tochtergesellschaften (ab 10 %)	0	[B3]
	–	übrige Dividenden	0	[B1]
Bangladesch 10.12.2007	Dividenden			
	–	von Tochtergesellschaften (ab 20 %)	10	
	–	übrige Dividenden	15	
	Zinsen		10	
	Lizenzgebühren		10	
Belarus 26.4.1999	Dividenden			
	–	von Tochtergesellschaften (ab 25 %)	5	
	–	an juristische Personen	12	[B1]
	–	übrige Dividenden	13	[B1]
	Zinsen		8	[C3]
	Lizenzgebühren			
	–	für Patente und Knowhow	3	
	–	Leasinggebühren	5	
	–	übrige Lizenzgebühren	10	
Belgien 28.8.1978	Dividenden			
	–	von Tochtergesellschaften (ab 10 %)	0	
	–	übrige Dividenden	15	
	Zinsen		10	
Brasilien 3.5.2018	Dividenden		0	[B14]
	Zinsen		15	[C23]
	Lizenzgebühren			
	für das Recht auf Benutzung einer Marke		15	
	andere		10	
	Vergütungen für technische Dienstleistungen		10	
Bulgarien 28.10.1991	Dividenden			
	–	von Tochtergesellschaften (ab 10 %)	0	
	–	übrige Dividenden	5	[B2]
	Zinsen		10	
Chile 2.4.2008	Dividenden		15	[B8]
	Zinsen		10	[C8]
	Lizenzgebühren			
	–	Leasing	2	
	–	übrige Lizenzgebühren	10	
China 25.9.2013	Dividenden			
	–	von Tochtergesellschaften (ab 25 %)	5	
	–	übrige Dividenden	10	
	Zinsen		10	
	Lizenzgebühren		9	

Vertragsstaaten Datum des DBA	Erträge [A1]	Nicht rückforderbare Quellensteuern der Vertragsstaaten in % [A2]
Dänemark 23.11.1973	Dividenden – von Tochtergesellschaften (ab 10 %) – übrige Dividenden	0 15
Deutschland 11.8.1971	Dividenden – von Grenzkraftwerken – von Tochtergesellschaften (ab 10 %) – Einkünfte aus Genussrechten, Gewinnobligationen, stillen Beteiligungen und partiarischen Darlehen – übrige Dividenden	5 0 26,375 [B9] 15
Ecuador 28.11.1994	Dividenden Zinsen Lizenzgebühren	10 [B10] 10 [C7] 10
Elfenbeinküste 23.11.1987	Dividenden Zinsen Lizenzgebühren	10 [B11] 15 [C27] [C10] 10
Estland 11.6.2002	Dividenden	0 [B12]
Finnland 16.12.1991	Dividenden – von Tochtergesellschaften (ab 10 %) – übrige Dividenden	0 10
Frankreich 9.9.1966	Dividenden – von Tochtergesellschaften (ab 10 %) – übrige Dividenden Lizenzgebühren	0 [B13] 12,8 / 15 [B26] 5
Georgien 15.6.2010	Dividenden – von Tochtergesellschaften (ab 10 %) – übrige Dividenden	0 5 [B2]
Ghana 23.7.2008	Dividenden – von Tochtergesellschaften (ab 10 %) – übrige Dividenden Zinsen Lizenzgebühren Dienstleistungsvergütungen	5 8 [B1] 8 [C4] [C32] 8 8 [E1]
Griechenland 16.6.1983	Dividenden – von Tochtergesellschaften (ab 25 %) – übrige Dividenden Zinsen Lizenzgebühren	5 5 [B1] 7 [C17] 5
Hongkong 4.11.2011	Lizenzgebühren	3
Indien 2.11.1994	Dividenden Zinsen Lizenzgebühren (inkl. Leasing) Gebühren für technische Dienstleistungen	5 [B45] 10 10 10

Vertragsstaaten Datum des DBA	Erträge [A1]	Nicht rückforderbare Quellensteuern der Vertragsstaaten in % [A2]
Indonesien 29.8.1988	Dividenden – von Tochtergesellschaften (ab 25 %) – übrige Dividenden Zinsen Lizenzgebühren Dienstleistungsvergütungen	10 15 10 10 5
Iran 27.10.2002	Dividenden – von Tochtergesellschaften (ab 15 %) – übrige Dividenden Zinsen Lizenzgebühren	0 [B3] 0 [B1] 0 [C4] 5 bis 7,5 [D25]
Island 10.7.2014	Dividenden – von Tochtergesellschaften (ab 10 %) – übrige Dividenden Lizenzgebühren	0 15 5
Israel 2.7.2003	Dividenden – von Tochtergesellschaften (ab 10 %) – von Tochtergesellschaften (ab 10 %), jedoch keine ordentliche Besteuerung der ausschüttenden israelischen Gesellschaft – übrige Dividenden Zinsen Lizenzgebühren	5 10 15 10 [C3] [C28] 5
Italien 9.3.1976	Dividenden Zinsen Lizenzgebühren (inkl. Leasing)	15 12,5 [C30] 5
Jamaika 6.12.1994	Dividenden – von Tochtergesellschaften (ab 10 %) – übrige Dividenden Zinsen Lizenzgebühren Dienstleistungsvergütungen	10 15 10 [C2] [C3] 10 [D5] [D8] 5 [E2]
Japan 19.1.1971	Dividenden – von Tochtergesellschaften (ab 50 %) – von Tochtergesellschaften (ab 10 %) – übrige Dividenden Zinsen	0 5 10 10
Kanada 5.5.1997	Dividenden – von Tochtergesellschaften (ab 10 %) – übrige Dividenden Zinsen – an verbundene Personen – an unverbundene Personen Lizenzgebühren	5 15 10 0 10
Kasachstan 21.10.1999	Dividenden – von Tochtergesellschaften (ab 10 %) – übrige Dividenden Zinsen Lizenzgebühren (inkl. Leasing)	5 [B17] [B39] 15 10 10 [D9]
Katar 24.9.2009	Dividenden	0 [B1][B2][B3]

Vertragsstaaten Datum des DBA	Erträge [A1]	Nicht rückforderbare Quellensteuern der Vertragsstaaten in % [A2]
Kosovo 26.5.2017	Dividenden Zinsen	0 [B1] [B3] 5
Kirgisistan 26.1.2001	Dividenden – von Tochtergesellschaften (ab 25 %) – übrige Dividenden Zinsen Lizenzgebühren	 5 10 [B1] 5 5
Kolumbien 26.10.2007	Dividenden – von Tochtergesellschaften (ab 20 %) – übrige Dividenden Zinsen Lizenzgebühren Vergütungen für Dienstleistungen	 0 10 [B1][B38] 10 [C26] 10 10
Korea (Süd-) 12.2.1980	Dividenden – von Tochtergesellschaften (ab 10 %) – übrige Dividenden Zinsen Lizenzgebühren	 5 15 10 [C3] 5
Kuwait 16.2.1999	Dividenden Zinsen Lizenzgebühren	0 [B1] 0 [C4] 0 [D2]
Kroatien 12.3.1999	Dividenden – von Tochtergesellschaften (ab 25 %) – übrige Dividenden Zinsen	 5 10 [B1] 5
Lettland 31.1.2002	Dividenden – von Tochtergesellschaften (ab 10 %) – an juristische Personen – übrige Dividenden Zinsen – an juristische Personen – andere Lizenzgebühren – an juristische Personen – andere	 0 [B3] 0 [B1] 10/0 [B1] [B41] 0 [C4] 10 0 [D2] 5
Liechtenstein 10.7.2015	Dividenden	0 [B1]
Litauen 27.5.2002	Dividenden – von Tochtergesellschaften (ab 10 %) – übrige Dividenden Zinsen – an juristische Personen – andere Lizenzgebühren	 0 15 0 [C4] 10 0 [D7]
Luxemburg 21.1.1993	Dividenden – von Tochtergesellschaften (ab 10 %) – übrige Dividenden	 0 [B18] [B19] 15 [B19]
Malaysia 30.12.1974	Dividenden Zinsen Lizenzgebühren	0 [B20] 10 [C24] 10 [D11]

N 1.2.1 | VO 1 des EFD über die Anrechnung ausländischer Quellensteuern | VStA 1

Vertragsstaaten Datum des DBA	Erträge [A1]	Nicht rückforderbare Quellensteuern der Vertragsstaaten in % [A2]
Malta 25.2.2011	Dividenden	0 [B1] [B21]
Marokko 31.3.1993	Dividenden – von Tochtergesellschaften (ab 25 %) – übrige Dividenden Zinsen Lizenzgebühren	7 15 10 [C2] 10
Mexiko 3.8.1993	Dividenden – von Tochtergesellschaften (ab 10 %) – übrige Dividenden Zinsen – an Börsen in Mexiko oder in einem Land, mit dem Mexiko ein DBA abgeschlossen hat, gehandelte Wertpapiere – an eine Bank oder Versicherung gezahlt – andere Lizenzgebühren	0 10 [B1] 4,9 5 10 10 [D24]
Moldau 13.1.1999	Dividenden – von Tochtergesellschaften (ab 25 %) – übrige Dividenden Zinsen	5 6 [B1] 10
Mongolei 20.9.1999	Dividenden – von Tochtergesellschaften (ab 25 %) – übrige Dividenden Zinsen	5 15 10
Montenegro 13.4.2005	Dividenden – von Tochtergesellschaften (ab 20 %) – übrige Dividenden Zinsen	5 15 10
Neuseeland 6.6.1980	Dividenden Zinsen Lizenzgebühren	15 10 [C16] 10
Niederlande 26.2.2010	Dividenden – von Tochtergesellschaften (ab 10 %) – übrige Dividenden	[B19] 0 15
Nordmazedonien 14.4.2000	Dividenden – von Tochtergesellschaften (ab 25 %) – übrige Dividenden Zinsen	5 10 [B1] 10
Norwegen 7.9.1987	Dividenden – von Tochtergesellschaften (ab 10 %) – übrige Dividenden	0 15
Oman 22.5.2015	Dividenden – von Tochtergesellschaften (ab 10 %) – übrige Dividenden Zinsen Lizenzgebühren	0/5 [B42] 0/10 [B1] [B42] 0/5 [C31] 8
Österreich 30.1.1974	Dividenden – von Tochtergesellschaften (ab 20 %) – übrige Dividenden	0 15

Vertragsstaaten Datum des DBA	Erträge [A1]	Nicht rückforderbare Quellensteuern der Vertragsstaaten in % [A2]
Pakistan 21.03.2017	Dividenden – von Tochtergesellschaften (ab 20 %) – übrige Dividenden Zinsen Lizenzgebühren Vergütungen für technische Dienstleistungen	 7,5 bis 10 [B22] 7,5 bis 20 [B22] 10 [C15] 10 7
Peru 21.9.2012	Dividenden Zinsen Lizenzgebühren Vergütungen für technische Unterstützung und numerische Dienste	5 [B37] 10 [C25] 15 10
Philippinen 24.6.1998	Dividenden – von Tochtergesellschaften (ab 10 %) – übrige Dividenden Zinsen Lizenzgebühren	 10 15 10 10 [D12]
Polen 2.9.1991	Dividenden – von Tochtergesellschaften (ab 10 %) – übrige Dividenden Zinsen Lizenzgebühren	 0 15 5 [C6] [C18] 5 [D13] [D14]
Portugal 26.9.1974	Dividenden – von Tochtergesellschaften (ab 25 %) – übrige Dividenden Zinsen Lizenzgebühren	 5 [B35] 15 10 [C33] 5
Rumänien 25.10.1993	Dividenden – von Tochtergesellschaften (ab 25 %) – übrige Dividenden Zinsen	 0 5 [B1] 5 [C6]
Russland 15.11.1995	Dividenden – von Tochtergesellschaften (ab 20 %) – übrige Dividenden	 5 [B5] 15
Sambia 29.8.2017	Dividenden – von Tochtergesellschaften (ab 10 %) – übrige Dividenden Zinsen Lizenzgebühren	 5 15 10 5
Saudi-Arabien 18.2.2018	Dividenden – von Tochtergesellschaften (ab 10 %) – übrige Dividenden Zinsen Lizenzgebühren	 5 5 [B1] 5 [C36] 5/7 [D15]
Schweden 7.5.1965	Dividenden – von Tochtergesellschaften (ab 10 %) – übrige Dividenden	 0 15
Serbien 13.4.2005	Dividenden – von Tochtergesellschaften (ab 20 %) – übrige Dividenden Zinsen	 5 15 10

Vertragsstaaten Datum des DBA	Erträge [A1]	Nicht rückforderbare Quellensteuern der Vertragsstaaten in % [A2]	
Singapur 24.02.2011	Dividenden Zinsen Lizenzgebühren	0 5 5	[B23] [C14]
Slowakei 14.2.1997	Dividenden Zinsen Lizenzgebühren	7 5 5	[B1] [B24] [C6] [D13]
Slowenien 12.6.1996	Dividenden – von Tochtergesellschaften (ab 25 %) – übrige Dividenden Zinsen Lizenzgebühren	 0 15 5 5	 [C6] [D13]
Spanien 26.4.1966	Dividenden – von Tochtergesellschaften (ab 10 %) – übrige Dividenden Lizenzgebühren	 0 15 5	 [B25] [D16]
Sri Lanka 11.1.1983	Dividenden – von Tochtergesellschaften (ab 25 %) – übrige Dividenden Zinsen Lizenzgebühren Dienstleistungsvergütungen	 0 0 5 10 5	 [B2] [B44] [B1] [B44]
Südafrika 8.5.2007	Dividenden – von Tochtergesellschaften (ab 20 %) – übrige Dividenden Zinsen	 5 15 5	
Tadschikistan 23.6.2010	Dividenden – von Tochtergesellschaften (ab 20 %) – übrige Dividenden Zinsen Lizenzgebühren	 5 12 10 5	 [B40] [B1] [B40]
Taiwan (Chinesisches Taipei) 8.10.2007 [A3]	Dividenden – von Tochtergesellschaften (ab 20 %) – übrige Dividenden Zinsen Lizenzgebühren	 10 15 10 10	
Thailand 12.2.1996	Dividenden – von Tochtergesellschaften (ab 10 %) – übrige Dividenden Zinsen Lizenzgebühren (inkl. Leasing)	 10 10 10 10	 [B27] [B1] [B27] [C9] [C19] [C20] [D17] [D18] [D19]
Trinidad und Tobago 1.2.1973	Dividenden Zinsen Lizenzgebühren Geschäftsleitungsvergütungen	10 10 10 5	[B28] [C2]
Tschechien 4.12.1995	Dividenden – von Tochtergesellschaften (ab 10 %) – übrige Dividenden Lizenzgebühren	 0 15 5	 [D13]

Vertragsstaaten Datum des DBA	Erträge [A1]	Nicht rückforderbare Quellensteuern der Vertragsstaaten in % [A2]
Tunesien 10.2.1994	Dividenden Zinsen Lizenzgebühren	10 10 [C2] 10 [D8]
Türkei 18.6.2010	Dividenden – von Tochtergesellschaften (ab 20 %) – übrige Dividenden Zinsen Lizenzgebühren Ausgeschüttete Gewinne einer Betriebsstätte	5 10 [B1] 0 bis 15 [C22] 10 5 [B15]
Turkmenistan 8.10.2012	Dividenden – von Tochtergesellschaften (ab 25 %) – übrige Dividenden Zinsen Lizenzgebühren	5 10/15 [B1][B16] 10 10
Ukraine 30.10.2000	Dividenden – von Tochtergesellschaften (ab 10 %) – übrige Dividenden Zinsen Lizenzgebühren	5 15 5 5 [D21]
Ungarn 12.9.2013	Dividenden – an Gesellschaften – an natürliche Personen	0 [B1] 15
Uruguay 18.10.2010	Dividenden – von Tochtergesellschaften (ab 25 %) – übrige Dividenden Zinsen Lizenzgebühren	5 7 [B1] 10 [C11] 10
Usbekistan 3.4.2002	Dividenden – von Tochtergesellschaften (ab 20 %) – übrige Dividenden Zinsen Lizenzgebühren	5 0/5 [B1] [B36] 5 [C35] 5
Venezuela 20.12.1996	Dividenden Zinsen Lizenzgebühren	0 [B30] 5 [C5] 5
Vereinigte Arabische Emirate 6.10.2011	Dividenden	0 [B31]
Vereinigte Staaten 2.10.1996	Dividenden – von Tochtergesellschaften (ab 10 %) – übrige Dividenden	5 [B29] 15 [B29]
Vereinigtes Königreich 8.12.1977	Dividenden	0 [B32]

Vertragsstaaten Datum des DBA	Erträge [A1]	Nicht rückforderbare Quellensteuern der Vertragsstaaten in % [A2]
Vietnam 6.5.1996	Dividenden – an Gesellschaften – an natürliche Personen Zinsen – an Gesellschaften – an natürliche Personen Lizenzgebühren (inkl. Leasing) – an Gesellschaften – an natürliche Personen	[B33] [B34] 0 5 5 [C4] [C12] 5 [C12] 10 [D10] 5 [D2] [D10]
Zypern 25.7.2014	Dividenden	0 [B1]

Anmerkungen

A. Allgemein

[1] Bei Dividenden von Tochtergesellschaften wird in Klammern die Mindestbeteiligung angegeben.

[2] Die Steuersätze gelten für den Normalfall. In einigen Fällen sind die effektiv erhobenen Steuern niedriger. Einzelne Gesetzgebungen sehen für bestimmte Erträge Steuerermässigungen oder -befreiungen vor; in diesen Fällen wird die Anrechnung der ausländischen Quellensteuer nur für die tatsächlich erhobene Steuer gewährt. Ausnahmen gelten für Ägypten [C2, D22], Jamaika [C2, D8, E2], Malaysia [C24, D11], Marokko [C2], Singapur [B14], Thailand [B27, C20, D19], Trinidad und Tobago [C2], Tunesien [D8] und Vietnam [B33, C12, D10].

[3] Zwischen der Schweiz und Taiwan besteht kein DBA. Es besteht lediglich eine private Doppelbesteuerungsvereinbarung. Diese wurde vom Bundesrat am 9. Dezember 2011 anerkannt. Ihre Bestimmungen sind seit dem 1. Januar 2011 anwendbar.

B. Dividenden

[1] Berechtigung des Quellenstaats nach DBA zur Erhebung einer Quellensteuer von 15 %.

[2] Berechtigung des Quellenstaats nach DBA zur Erhebung einer Quellensteuer von 10 %.

[3] Berechtigung des Quellenstaats nach DBA zur Erhebung einer Quellensteuer von 5 %.

[4] Argentinien erhebt eine Quellensteuer von 7 % auf Dividenden. Nach DBA wäre Argentinien berechtigt, eine Quellensteuer von 15 % bzw. 10 % bei einer Beteiligung von mindestens 25 % des Kapitals zu erheben.

[5] Vorausgesetzt, das ausländisch investierte Kapital übersteigt 200 000 Franken oder deren Gegenwert in anderer Währung.

[6] Vorausgesetzt, die getätigten Investitionen betragen mindestens 200 000 US-Dollar.

[7] In gewissen Fällen («unfranked dividends») wird eine Quellensteuer von 30 % erhoben. In diesen Fällen wird eine Anrechnung der ausländischen Quellensteuer von 15 % gewährt, bei Dividenden von Tochtergesellschaften bei einer Beteiligung von mindestens 10 % jedoch nur 5 %, und bei einer Beteiligung von mindestens 80 % wird in der Regel gar keine Anrechnung der ausländischen Quellensteuer gewährt.

[8] Anrechnung der ausländischen Quellensteuer, soweit die chilenische Gutschrift der Steuer erster Kategorie auf der chilenischen zusätzlichen Steuer gewährt wird. Als Bruttobetrag der Dividenden sind die erhaltenen Dividenden zuzüglich 15 % zu verstehen.

[9] Gilt nur, wenn diese Beträge bei der Gewinnermittlung des Schuldners abzugsfähig sind (inkl. Solidaritätszuschlag). Deutschland wäre nach DBA berechtigt, eine Quellensteuer von 30 % zu erheben.

[10] Seit 2020 erhebt Ecuador eine Quellensteuer auf Dividenden, deren Satz in der Regel 10 % beträgt. Nach DBA wäre es berechtigt, eine Quellensteuer von 15 % zu erheben.

[11] 10 % auf ausgeschütteten Dividenden von kotierten Gesellschaften, 15 % auf ausgeschütteten Dividenden von Gesellschaften, wenn die Gewinne nicht der Gewinnsteuer unterliegen.

[12] Estland erhebt keine Quellensteuern auf Dividenden. Nach DBA wäre es berechtigt, eine Quellensteuer auf Dividenden von 10 % bzw. 0 % bei einer Beteiligung von mindestens 10 % des Kapitals zu erheben.

[13] Bei wesentlichen ausländischen Interessen von nicht in der EU ansässigen Personen an der schweizerischen Gesellschaft allenfalls 15 % (Art. 11 Abs. 2 Bst. b Ziff. iii).

[14] Brasilien erhebt zurzeit keine Quellensteuern auf Dividenden. Nach DBA wäre es berechtigt, eine Quellensteuer von 15 % bzw. 10 % bei einer Beteiligung von mindestens 10 % des Kapitals zu erheben.

[15] In der Türkei kann auf den Gewinnen einer Betriebsstätte eine Quellensteuer in Höhe von maximal 5 % («branch profits tax») erhoben werden (nach innerstaatlichem türkischem Recht: 15 %), sofern diese Gewinne in der Schweiz (Sitzstaat des Unternehmens) steuerbefreit sind. Die Steuerbefreiung der Betriebsstätten ist in Artikel 52 des Bundesgesetzes vom 14. Dezember 1990 über die direkte Bundessteuer (SR *642.11*) und in den einschlägigen kantonalen Bestimmungen verankert.

[16] Gemäss internem Recht 10 % bei Dividenden, die an nicht ansässige natürliche Personen gezahlt werden.

[17] Keine Quellensteuer für Dividenden aus Beteiligungen ab 50 % und im Mindestwert von 1 Million US-Dollar, sofern die Investition von der Regierung Kasachstans genehmigt worden ist und seitens der Schweiz vollumfänglich garantiert oder versichert ist.

[18] Wenn die Beteiligung, aufgrund derer die Dividende bezahlt wird, nicht während eines ununterbrochenen Zeitraums von zwei Jahren vor der Zahlung der Dividende gehalten worden ist, beträgt die nicht rückforderbare Steuer 5 %.

[19] Zinsen aus Gewinnobligationen werden wie Dividenden behandelt.

[20] Malaysia erhebt keine Quellensteuern auf Dividenden. Nach DBA wäre es berechtigt, eine Quellensteuer von 15 % bzw. 5 % bei einer Beteiligung von mindestens 25 % zu erheben.

[21] Malta erhebt zurzeit keine Quellensteuern auf Dividenden.

[22] Pakistan ist nach DBA berechtigt, eine Quellensteuer von 20 % zu erheben. Dividenden werden in Pakistan zu Sätzen zwischen 7,5 und 20 % besteuert, weshalb im Einzelfall Anrechnungen von ausländischen Quellensteuern von bis zu 20 % gewährt werden müssen, bzw. von bis zu 10 % bei einer Beteiligung von mindestens 20 % am Kapital.

[23] Singapur erhebt auf Dividenden, mit Ausnahme von Dividenden von REIT («Real Estate Investment Trusts»), keine Quellensteuern. Nach DBA wäre es berechtigt, eine Quellensteuer von 15 % bzw. 5 % bei einer Beteiligung von mindestens 10 % am Kapital zu erheben.

[24] Die Slowakei erhebt eine Quellensteuer von 7 % auf Dividenden, die mit nach dem 1. Januar 2017 erzielten Gewinnen finanziert wurden.

[25] Keine Sockelsteuer, wenn die Bedingungen von Artikel 10 Absatz 2 Buchstabe b des DBA und der Absätze II und III des Protokolls erfüllt sind.

[26] Seit dem 1. Januar 2018 erhebt Frankreich eine Quellensteuer von 12,8 % auf Dividenden, die an natürliche Personen gezahlt werden. Seit dem 1. Januar 2022 erhebt Frankreich eine Quellensteuer von 25 % auf Dividenden, die an juristische Personen gezahlt werden. Im ersten Fall beträgt die anrechenbare ausländische Quellensteuer 12,8 %, im zweiten Fall 15 %.

[27] Bei Dividenden, die nach dem «Investment Promotion Act» (B.E. 2520) oder nach dem «Revenue Code» (B.E. 2481) oder nach einer anderen besonderen Gesetzgebung zur Förderung der Wirtschaft von der thailändischen Steuer befreit sind oder niedriger besteuert werden als zu dem im DBA vorgesehenen Satz, beträgt die anrechenbare ausländische Quellensteuer 10 %.

[28] 5 %, falls die begünstigte Gesellschaft mindestens 50 % der bezahlenden Gesellschaft hält.

[29] Keine Anrechnung der ausländischen Quellensteuer für Einkünfte aus den Vereinigten Staaten, die aufgrund von Artikel 10 Absatz 2 (Dividenden, die von einem in den Vereinigten Staaten ansässigen REIT-«Real Estate Investment Trust» gezahlt werden), von Artikel 11 Absatz 6 oder von Artikel 22 des DBA der amerikanischen Quellensteuer zum Satz von 30 % unterliegen.

[30] Venezuela erhebt keine Quellensteuern auf Dividenden, wenn sie aus besteuerten Gewinnen ausbezahlt werden. Nach DBA wäre es berechtigt, eine Quellensteuer von 10 % zu erheben, ausser es besteht eine Beteiligung von 25 % am Kapital.

[31] Die Vereinigten Arabischen Emirate erheben zurzeit keine Quellensteuern auf Dividenden. Nach DBA wären sie berechtigt, eine Quellensteuer von 15 % bzw. 5 % bei einer Beteiligung von mindestens 10 % des Kapitals zu erheben.

[32] Das Vereinigte Königreich erhebt keine Quellensteuern auf Dividenden, mit Ausnahme von Dividenden von REIT («Real Estate Investment Trusts»). Nach DBA wäre es berechtigt, eine Quellensteuer von 15 % zu erheben, ausser es besteht eine Beteiligung von 10 % am Kapital.

[33] Bei Dividenden, die zum Zweck der Wirtschaftsförderung in Vietnam nicht oder zu einem niedrigeren als im DBA vorgesehenen Satz besteuert werden, wird die Anrechnung der ausländischen Quellensteuer entsprechend den im DBA vorgesehenen Sätzen gewährt.

[34] Vietnam wäre nach DBA berechtigt, eine Quellensteuer wie folgt zu erheben: 7 % bei Dividenden an Gesellschaften mit einer Beteiligung ab 50 % an der ausschüttenden Gesellschaft, 10 % bei Dividenden an Gesellschaften mit einer Beteiligung ab 25 % an der ausschüttenden Gesellschaft und 15 % in den übrigen Fällen.

[35] 0 %, wenn die Gesellschaft, welche die Dividenden erhält, direkt und während mindestens zwei Jahren mindestens 25 % des Kapitals an der die Dividenden zahlenden Gesellschaft hält, beide Gesellschaften der Steuer unterstellt sind, ohne von einer Steuer nach Artikel 2 des DBA befreit zu sein, keine dieser Gesellschaften gemäss einem mit einem Drittstaat abgeschlossenen DBA in diesem Drittstaat ansässig ist und beide Gesellschaften die Rechtsform einer Kapitalgesellschaft aufweisen.

[36] 0 % für an natürliche Personen bezahlte Dividenden und 5 % für an juristische Personen bezahlte Dividenden (bis zum 31.12.2024).

[37] Auf Dividenden erhebt Peru eine Quellensteuer von 5 %. Aufgrund einer evolutiven Meistbegünstigungsklausel wäre es berechtigt, eine Quellensteuer von 10 % zu erheben.

[38] Kolumbien erhebt in der Regel eine Quellensteuer von 10 % auf Dividenden. Nach DBA wäre es berechtigt, eine Quellensteuer von 15 % zu erheben, ausser es besteht eine Beteiligung von 20 % am Kapital.

[39] Nach kasachischem Recht wird keine Steuer erhoben, sofern die Beteiligung, für die die Dividenden bezahlt wird, vor der Bezahlung während dreier Jahren ununterbrochen gehalten wurde, die ausschüttende Gesellschaft keine Bodenschätze ausbeutet und auch nicht zu mehr als 50 % von einer Gesellschaft gehalten wird, die Bodenschätze ausbeutet.

[40] 15 % bei Auszahlung von Dividenden an nicht ansässige natürliche Personen.

[41] Auf der Auszahlung der Dividenden, die nach dem 31. Dezember 2017 erzielt wurden, wird keine Quellensteuer erhoben.

[42] Der Oman hat die Quellensteuer auf Dividenden vom 6. Mai 2019 bis zum 6. Mai 2022 ausgesetzt. Auf davor und danach bezahlte Dividenden wird nach omanischem Recht eine Quellenteuer von 10 % erhoben.

[43] Gemäss internem Recht 5 % bei Dividenden, die an nicht ansässige natürliche Personen gezahlt werden.

[44] Ab dem 1. Januar 2020 sind Dividenden in Sri Lanka, die an nicht ansässige Personen bezahlt werden, von der Quellensteuer befreit; folglich wird keine Anrechnung der ausländischen Quellensteuer gewährt.

[45] Aufgrund der evolutiven Meistbegünstigungsklausel zwischen der Schweiz und Indien hat der Beitritt Litauens bzw. Kolumbiens zur OECD zur Folge, dass im Verhältnis zwischen Indien und der Schweiz der Anspruch auf die Anrechnung der ausländischen Quellensteuer für Dividenden, die ab dem 1. Januar 2021 fällig werden, auf 5 % begrenzt ist.

C. Zinsen

[1] …

[2] Ohne Rücksicht auf den Betrag der tatsächlich abgezogenen Steuer, weil das DBA eine fiktive Steueranrechnung vorsieht.

[3] 5 % auf Zinsen von Bankdarlehen.

[4] Berechtigung des Quellenstaats nach DBA zur Erhebung einer Quellensteuer von 10 %.

[5] 0 % auf Zinsen von einer öffentlich-rechtlichen Körperschaft emittierten Obligationen und auf Zinsen, die für ein auf Grund der schweizerischen Bestimmungen über die Exportrisikogarantie gewährtes, garantiertes oder versichertes Darlehen oder einen genehmigten, garantierten oder versicherten Kredit gezahlt werden; 4,95 % für überwiesene Zinsen an internationale nicht ansässige Finanzinstitute.

[6] 0 % zwischen verbundenen Unternehmen.

[7] Der ecuadorianische Quellensteuersatz beträgt 0 % auf Zinsen, die an private internationale oder multilaterale Finanzinstitute bezahlt werden.

[8] 0 % auf Zinsen, die von einem Finanzinstitut in Chile an eine Bank, an ein ausländisches Finanzinstitut oder an ein internationales Finanzinstitut gezahlt werden; 4 % auf Kontokorrentkonten oder Termingeldanlagen bei autorisierten Finanzinstituten, für Zinsen auf Darlehen, die durch Banken, Versicherungen, autorisierte internationale Finanzinstitute oder durch Unternehmen, die zur Hauptsache ihre Einkünfte aus Darlehens- oder Finanzgeschäften erzielen, gewährt werden, sowie auf Zinsen bei Kreditverkäufen, die vom Käufer dem Verkäufer von Maschinen und Ausrüstungen gezahlt werden; 5 % auf Obligationsanleihen oder andere Wertschriften, die an einer anerkannten Börse gehandelt werden.

[9] Sofern es sich nicht um Zinsen für ein durch ein Finanzinstitut oder ein Versicherungsunternehmen gewährtes Darlehen handelt (vgl. [C19]), kann Thailand unter dem DBA eine Steuer von 15 % erheben. Die Anrechnung der ausländischen Quellensteuer beträgt 10 % der Bruttozinsen. Als weitere Entlastung müssen nur 95 % des Bruttobetrags der Zinsen versteuert werden.

[10] 1 %, 5 %, oder 10 % für Zinsen auf Bankkonten; 2 % für Schuldtitel mit einer Laufzeit von mindestens 5 Jahren; 8.25 % für Zinsen auf Darlehen, die durch ausländische Finanzinstitutionen gewährt werden im Hinblick auf die Finanzierung des Erwerbs von Ausrüstungen und für Zinsen, die von einer Holdinggesellschaft bezahlt werden für von ausländischen Finanzinstitutionen gewährten Darlehen im Hinblick auf die Finanzierung des Erwerbs von Beteiligungen.

[11] 0 % auf Zinsen, die im Zusammenhang mit dem Verkauf auf Kredit von gewerblichen, kaufmännischen oder wissenschaftlichen Ausrüstungen oder im Zusammenhang mit dem Verkauf auf Kredit von Waren durch ein Unternehmen an ein anderes Unternehmen gezahlt werden, sowie für Zinsen auf Bankdarlehen zur Finanzierung von Investitionsprojekten mit einer Dauer von mindestens drei Jahren. 7 % auf Zinsen, die von Finanzinstitutionen auf Einlagen in uruguayischer Währung bezahlt wurden, oder auf «indexed units», deren Verfalldatum über ein Jahr entfernt ist; 7 % auf Zinsen aus Obligationen, deren Verfalldatum mehr als 3 Jahre entfernt ist und die durch eine öffentliche Ausschreibung herausgegeben wurden und börsenkotiert sind; 7 % auf von Finanztrusts öffentlich herausgegebene Einkommenszertifikate («fideicomisos financieros»), die kotiert sind, wenn ihre Dauer 3 Jahre übersteigt; 7 % auf Zinsen von Einlagen von einer Dauer von einem Jahr oder weniger.

[12] Bei Zinsen, die zum Zweck der Wirtschaftsförderung in Vietnam nicht oder zu einem niedrigeren Satz als im DBA vorgesehen besteuert werden, wird die Anrechnung der ausländischen Quellensteuer entsprechend den im DBA vorgesehenen Sätzen gewährt.

[13] Volle Entlastung im Quellenstaat auf Zinsen im Zusammenhang mit Kreditverkäufen zwischen nicht verbundenen Unternehmen.

[14] Für zwischen Banken bezahlte Zinsen ist keine Anrechnung der ausländischen Quellensteuer möglich.

[15] Pakistan darf Zinsen für von der pakistanischen Regierung genehmigte Kredite nicht besteuern.

[16] Keine Anrechnung der ausländischen Quellensteuer, wenn anstelle der Quellensteuer eine «approved issuers levy» von 2 % erhoben wird.

[17]   0 % auf Zinsen für Obligationen, Schuldanerkennung oder andere ähnliche Titel, die von der Regierung, der Zentralbank, politischen Unterabteilungen oder lokalen Körperschaften herausgegeben werden. 0 % auf Zinsen, die bezahlt werden für Darlehen, für die eine Garantie oder Versicherung besteht von der Regierung, der Zentralbank, einer Agentur oder eines Organs (einschliesslich Finanzinstitute), die Griechenland gehört oder von Griechenland kontrolliert wird. 0 % auf Zinsen für Kreditverkauf von gewerblicher, kaufmännischer oder wissenschaftlicher Ausrüstung sowie Kreditverkauf von Waren zwischen zwei Unternehmen.

[18]   Gilt seit dem 1. Juli 2013. Zuvor 10 % auf Zinsen.

[19]   10 % für Zinsen auf Darlehen, die durch ein Finanzinstitut oder eine Versicherungsgesellschaft gewährt werden.

[20]   Bei Zinsen, die nach dem «Investment Promotion Act» (B.E. 2520) oder nach dem «Revenue Code» (B.E. 2481) oder nach einer anderen besonderen Gesetzgebung zur Förderung der Wirtschaft von der thailändischen Steuer befreit sind oder niedriger besteuert werden als zu dem im DBA vorgesehenen Satz, beträgt die anrechenbare ausländische Quellensteuer 10 %.

[21]   5 % für Zinsen, die im Zusammenhang mit dem Verkauf von Waren auf Kredit durch ein Unternehmen an ein anderes Unternehmen gezahlt werden.

[22]   Es bestehen verschiedene Befreiungen für Zinsen im nationalen türkischen Recht und unter dem DBA. Mit der Türkei wurden für die Quellenbesteuerung der Zinsen folgende Steuersätze vereinbart: 0 % für Zinsen, die einem Vertragsstaat oder seiner Zentralbank bezahlt werden; 5 % für Zinsen, die aufgrund eines von einer Export-Import-Bank oder einer ähnlichen Einrichtung, die die Exportförderung bezweckt, gewährten, garantierten oder versicherten Darlehens oder Kredits gezahlt werden; 15 % in allen anderen Fällen (Ziff. 3 des Protokolls).

[23]   10 % des Bruttobetrags der Zinsen, die an eine nutzungsberechtigte Bank gezahlt werden, wenn das Darlehen für mindestens fünf Jahre für den Kauf von Ausrüstung oder Investitionsvorhaben gewährt wurde.

[24]   Gilt auch für unter dem DBA in Malaysia steuerbefreite Zinsen, die für von den malaysischen Behörden genehmigte Darlehen bezahlt werden.

[25]   Aufgrund einer evolutiven Meistbegünstigungsklausel: 0 % für Zinsen, die von der Zentralbank oder einer peruanischen öffentlich-rechtlichen Körperschaft gezahlt werden, sowie für Zinsen, die auf Darlehen gezahlt werden, die von einer Einrichtung garantiert, versichert oder indirekt finanziert werden, die vollständig im Besitz einer schweizerischen öffentlich-rechtlichen Körperschaft ist; 4,99 % für Zinsen, die von peruanischen Banken und Finanzinstituten auf ausländischen Darlehen gezahlt werden, sowie Zinsen auf Obligationen, die durch peruanische Banken und Finanzinstitute herausgegeben werden; Aufgrund einer evolutiven Meistbegünstigungsklausel beträgt der generelle Residualsatz 10 %.

[26]   5 % auf Darlehen von mindestens 8 Jahren Laufzeit im Rahmen von öffentlich-privaten Partnerschaften. 1 % für Leasingverträge für Helikopter, Flugzeuge und deren Einzelteile.

[27]   Es sind nur 95 % des Bruttoertrags der Zinsen zu versteuern. Der Betrag der anrechenbaren ausländischen Quellensteuer entspricht 10 % des vollen Bruttoertrags.

[28]   Es bestehen zahlreiche Befreiungen in Israel. Insbesondere Zinsen an natürliche Personen und Zinsen für Staatsanleihen und Fremdwährungseinlagen bei Banken werden in Israel nicht besteuert.

[29]   0 % gemäss internem Recht auf Zinsen von gewissen Staatsobligationen in ausländischer Währung. Nach dem DBA 0 % für Kreditverkäufe von industriellen, kaufmännischen oder wissenschaftlichen Ausrüstungen und ausserdem auf Darlehen, die von einer Bank gewährt werden.

[30]   Der italienische Quellensteuersatz ist in gewissen Fällen, wie z. B. für Zinsen aus gewissen Obligationen, niedriger als 12,5 %.

[31]   Der Oman hat die Quellensteuer auf Zinsen vom 6. Mai 2019 bis zum 6. Mai 2022 ausgesetzt. Auf davor und danach bezahlte Zinsen wird nach omanischem Recht eine Quellensteuer von 10 % erhoben, die durch das DBA auf höchstens 5 % beschränkt wird und in gewissen Fällen gar nicht erhoben werden darf (u.a. bei Darlehen zwischen Gesellschaften, Zinsen für Kreditkauf oder Bankdarlehen).

[32] 0 % für Zinsen auf ghanaische Staatsobligationen.
[33] Es bestehen verschiedene Befreiungen von Zinsen im nationalen portugiesischen Recht und unter dem DBA, z. B. Zinsen für Staatsanleihen, Kreditverkäufe und Darlehen zwischen Finanzinstituten.
[34] ...
[35] 0 % gemäss internem Recht auf Zinsen von Obligationen.
[36] Saudi-Arabien darf unter dem DBA in verschiedenen Fällen keine Steuer auf Zinsen erheben (z.B. auf Zinsen für Kreditkauf, auf Zinsen für Darlehen zwischen Gesellschaften oder auf Zinsen für Darlehen von Finanzinstituten)

D. Lizenzgebühren

[1] ...
[2] Berechtigung des Quellenstaates nach DBA zur Erhebung einer Quellensteuer von 10 %.
[3] 5 % für Leasingzahlungen.
[4] 5 % auf die Bezahlung für Patente, Muster oder Modelle, Pläne, geheime Formeln oder Verfahren sowie Knowhow.
[5] Es wird nur auf 60 % des Bruttobetrags der Einkünfte aus Leasing eine Quellensteuer erhoben.
[6] 12,25 % für die Benützung oder das Recht zur Benützung von Urheberrechten an literarischen, dramaturgischen, musikalischen oder anderen künstlerischen Werken, wenn die nutzungsberechtigte Person eine Gesellschaft ist; 10 % für die Benützung oder das Recht zur Benützung von industriellen, kaufmännischen oder wissenschaftlichen Ausrüstungen oder von Patenten, Marken, Mustern oder Modellen, Plänen, geheimer Formeln oder Verfahren, oder von Informationen über industrielle oder wissenschaftliche Erfahrung; 5 % für die Benützung oder das Recht zur Benützung von Urheberrechten an literarischen, dramaturgischen, musikalischen oder anderen künstlerischen Werken, sofern die nutzungsberechtigte Person der Urheber oder dessen Erbe ist; 3 % für die Benützung oder das Recht zur Benützung von Nachrichten; keine Anrechnung der ausländischen Quellensteuer für Leasinggebühren im Zusammenhang mit Kaufoptionen.
[7] Aufgrund einer Evolutivklausel.
[8] Ohne Rücksicht auf den Betrag der tatsächlich abgezogenen Steuer, weil das DBA eine fiktive Steueranrechnung vorsieht.
[9] Für Leasinggebühren Optionsrecht auf Nettobesteuerung (Art. 12 Abs. 4 DBA). In diesem Fall keine Anrechnung der ausländischen Quellensteuer.
[10] Bei Lizenzgebühren, die zum Zweck der Wirtschaftsförderung in Vietnam nicht oder zu einem niedrigeren als im DBA vorgesehenen Satz besteuert werden, wird die Anrechnung der ausländischen Quellensteuer entsprechend den im DBA vorgesehenen Sätzen gewährt.
[11] Gilt auch für die (aufgrund genehmigter Verträge gezahlten) Lizenzgebühren, die unter dem DBA steuerbefreit sind.
[12] Es sind nur 95 % des Bruttoertrags der Lizenzgebühren zu versteuern. Der Betrag der anrechenbaren ausländischen Quellensteuer entspricht 10 % des vollen Bruttoertrags.
[13] 0 % zwischen verbundenen Unternehmen.
[14] Gilt seit dem 1. Juli 2013. Zuvor 0 % auf Lizenzgebühren.
[15] 5 % auf Zahlungen für die Nutzung von gewerblicher, kaufmännischer oder wissenschaftlicher Ausrüstung und 7% für übrige Lizenzgebühren.
[16] 0 %, wenn die Bedingungen von Artikel 12 Absatz 7 DBA erfüllt sind (verbundene Unternehmen).
[17] Bei Finanzleasing beträgt die Quellensteuer 1 %.
[18] 5 % bei Lizenzen für literarische, künstlerische oder wissenschaftliche Werke.
[19] Bei Lizenzgebühren, die nach dem «Investment Promotion Act» (B.E. 2520) oder nach dem «Revenue Code» (B.E. 2481) oder nach einer anderen besonderen Gesetzgebung zur Förderung der Wirtschaft von der thailändischen Steuer befreit sind oder niedriger besteuert werden als zu dem im DBA vorgesehenen Satz, beträgt die anrechenbare ausländische Quellensteuer 10 %.

[20] ...
[21] Volle Entlastung im Quellenstaat betreffend Lizenzgebühren für Urheberrechte an wissenschaftlichen Werken, für Patente, Marken, Muster oder Modelle, geheime Formeln oder Verfahren oder für die Mitteilung gewerblicher, kaufmännischer oder wissenschaftlicher Erfahrungen.
[22] Es sind nur 97,5 % des Bruttoertrags der Lizenzgebühren zu versteuern. Der Betrag der anrechenbaren ausländischen Quellensteuer entspricht 10 % des vollen Bruttoertrags.
[23] ...
[24] 5 % für die Benützung oder das Recht zur Benützung von Eisenbahnwagen.
[25] Die Höhe der nach iranischem Recht erhobenen Quellensteuer auf Lizenzgebühren hängt von der Art des Gläubigers und der wirtschaftlichen Leistungsfähigkeit ab.

E. Dienstleistungsvergütungen

[1] Dienstleistungsentschädigungen für Geschäftsleitungsaufgaben, technische Dienstleistungen oder Beratung für eine natürliche Person (mit Ausnahme von Angestellten der Person, die die Entschädigungen zahlt).
[2] Ohne Rücksicht auf den Betrag der tatsächlich abgezogenen Steuer, weil das DBA eine fiktive Steueranrechnung vorsieht.

1.2.2 Verordnung 2 des EFD über die pauschale Steueranrechnung[1] SR 672.201.3 C25

vom 12. Februar 1973 (Stand am 1. Januar 1982)

Das Eidgenössische Finanz- und Zolldepartement,

gestützt auf Artikel 6 Absatz 2 der Verordnung vom 22. August 1967[2] über die pauschale Steueranrechnung (im folgenden Verordnung des Bundesrates genannt),[3]

verordnet:

☞ *Es ist zu beachten, dass die Verordnung vom 22.8.1967 über die pauschale Steueranrechnung per 1.1.2020 vollständig revidiert worden ist. Unter anderem lautet der Titel neu «Verordnung über die Anrechnung ausländischer Quellensteuern» (siehe S. 553ff.).*

Art. 1

1 Abweichend von Artikel 6 Absatz 1 der Verordnung des Bundesrates wird die pauschale Steueranrechnung für deutsche Dividenden im Sinne des Artikels 10 Absatz 6 des Abkommens vom 11. August 1971[4] zwischen der Schweizerischen Eidgenossenschaft und der Bundesrepublik Deutschland zur Vermeidung der Doppelbesteuerung auf dem Gebiete der Steuern vom Einkommen und vom Vermögen (Abkommen) gewährt:

a. den natürlichen und juristischen Personen, die auf Grund des Artikels 4 Absätze 3, 4 und 9 des Abkommens nicht die in Artikel 10 Absätze 2–5[5] des Abkommens vorgesehene Entlastung von der deutschen Steuer beanspruchen können, und

b. den schweizerischen Kollektiv- oder Kommanditgesellschaften, an denen nicht in der Schweiz ansässige Personen beteiligt sind, denen mehr als ein Viertel der Gewinne der Gesellschaft zufliessen.

2 In diesen Fällen ist der Betrag der deutschen Steuer, für den die pauschale Steueranrechnung verlangt werden kann, auf den Betrag begrenzt, den die Bundesrepublik Deutschland erheben dürfte, wenn Artikel 10 Absätze 2–5[6] des Abkommens anzuwenden wären.

Art. 2

1 Diese Verordnung tritt am 1. März 1973 in Kraft.

2 Sie findet auf deutsche Dividenden Anwendung, die nach dem 31. Dezember 1971 fällig geworden sind.

---

[1] Fassung gemäss Ziff. II der V des EFD vom 14. Dez. 1981 (AS **1981** 1999).
[2] SR **672.201**
[3] Fassung gemäss Ziff. II der V des EFD vom 14. Dez. 1981 (AS **1981** 1999).
[4] SR **0.672.913.62**. Heute: im Sinne des Art. 10 Abs. 4
[5] Heute: Art. 10 Abs. 2 und 3
[6] Heute: Art. 10 Abs. 2 und 3

1.3 Verordnung über die Steuerentlastung schweizerischer Dividenden aus wesentlichen Beteiligungen ausländischer Gesellschaften
SR 672.203

vom 22. Dezember 2004 (Stand am 1. Januar 2023)

Der Schweizerische Bundesrat,

gestützt auf Artikel 35 Absatz 1 des Bundesgesetzes vom 18. Juni 2021[1] über die Durchführung von internationalen Abkommen im Steuerbereich, in Ausführung der vom Bund abgeschlossenen Abkommen zur Vermeidung der Doppelbesteuerung (Doppelbesteuerungsabkommen) und anderer Staatsverträge, die ebenfalls die Besteuerung von Dividenden zum Gegenstand haben (anderer Staatsvertrag),[2]

verordnet:

Art. 1 Gegenstand und Geltungsbereich

1 Diese Verordnung regelt das Meldeverfahren, mit dem die in einem Doppelbesteuerungsabkommen oder in einem anderen Staatsvertrag für wesentliche Beteiligungen vorgesehene Steuerentlastung von Dividenden an der Quelle erfolgt.

2 Sie gilt für schweizerische Gesellschaften, die nach dem Verrechnungssteuergesetz vom 13. Oktober 1965[3] Steuern auf Dividenden zu erheben haben und an denen eine Gesellschaft im Sinne des anwendbaren Doppelbesteuerungsabkommens oder anderen Staatsvertrags wesentlich beteiligt ist, die in einem Staat ansässig ist, mit dem die Schweiz ein Doppelbesteuerungsabkommen oder einen anderen Staatsvertrag abgeschlossen hat (ausländische Gesellschaft).[4]

Art. 2 Wesentliche Beteiligung

1 Eine ausländische Gesellschaft ist dann wesentlich an der schweizerischen Gesellschaft beteiligt, wenn sie mindestens über die Beteiligung verfügt, die sie nach dem massgebenden Doppelbesteuerungsabkommen oder einem anderen Staatsvertrag zur Beanspruchung einer zusätzlichen oder vollständigen Entlastung von der Verrechnungssteuer berechtigt.

---

[1] SR **672.2**
[2] Fassung gemäss Ziff. II 2 der V vom 10. Nov. 2021 über Anpassungen des Bundesrechts im Bereich der Durchführung von internationalen Abkommen im Steuerbereich, in Kraft seit 1. Jan. 2022 (AS **2021** 704).
[3] SR **642.21**
[4] Fassung gemäss Ziff. I 2 der V vom 4. Mai 2022 über das Meldeverfahren im Konzern bei der Verrechnungssteuer, in Kraft seit 1. Jan. 2023 (AS **2022** 307).

² Enthält das massgebende Doppelbesteuerungsabkommen oder der andere Staatsvertrag keine Bestimmung über die zusätzliche oder vollständige Entlastung bei wesentlichen Beteiligungen, so muss die ausländische Gesellschaft unmittelbar über mindestens 10 Prozent des Kapitals der schweizerischen Gesellschaft verfügen.[1]

Art. 3 Bewilligung des Meldeverfahrens

¹ Die Eidgenössische Steuerverwaltung (ESTV) kann der schweizerischen Gesellschaft auf Gesuch hin die Bewilligung erteilen, auf die an eine ausländische Gesellschaft ausgerichteten Dividenden direkt die im massgebenden Doppelbesteuerungsabkommen oder in einem anderen Staatsvertrag für wesentliche Beteiligungen vorgesehene Entlastung von der Verrechnungssteuer vorzunehmen.

² Das Gesuch ist vor Fälligkeit der Dividenden mit amtlichem Formular einzureichen.

³ Die ESTV prüft, ob die ausländische Gesellschaft nach dem massgebenden Doppelbesteuerungsabkommen oder dem anderen Staatsvertrag Anspruch auf die Entlastung hat.

⁴ Die Bewilligung wird schriftlich mitgeteilt und gilt fünf Jahre.[2]

⁵ Wird das Gesuch ganz oder teilweise abgelehnt, so kann die schweizerische Gesellschaft von der ESTV einen Entscheid verlangen.

Art. 4 Wegfall der Bewilligungsvoraussetzungen

Die die Dividenden zahlende schweizerische Gesellschaft muss der ESTV unverzüglich Meldung erstatten, sobald die Voraussetzungen für die Beanspruchung des Meldeverfahrens nicht mehr erfüllt sind.

Art. 5 Meldung an die ESTV

¹ Verfügt die die Dividenden zahlende schweizerische Gesellschaft über eine Bewilligung, so meldet sie die Ausrichtung der Dividende unaufgefordert und innert 30 Tagen mit Formular 108. Dieses ist zusammen mit dem amtlichen Erhebungsformular bei der ESTV einzureichen.

² Absatz 1 gilt auch, wenn die Bewilligung noch nicht erteilt oder das Gesuch aus wichtigen Gründen nicht rechtzeitig eingereicht wurde. Im letzteren Fall ist das Formular 108 zusammen mit dem Gesuch nachzureichen. Ergibt die Prüfung nach Artikel 3 Absatz 3, dass vom Meldeverfahren zu Unrecht Gebrauch gemacht wurde, so werden die Verrechnungssteuer und ein allfälliger Verzugszins nacherhoben. Wird die Nacherhebung bestritten, so trifft die ESTV einen Entscheid.

---

[1] Fassung gemäss Ziff. I 2 der V vom 4. Mai 2022 über das Meldeverfahren im Konzern bei der Verrechnungssteuer, in Kraft seit 1. Jan. 2023 (AS **2022** 307).

[2] Fassung gemäss Ziff. I 2 der V vom 4. Mai 2022 über das Meldeverfahren im Konzern bei der Verrechnungssteuer, in Kraft seit 1. Jan. 2023 (AS **2022** 307).

Art. 6[1] Rechtsmittel

1 Entscheide der ESTV unterliegen der Beschwerde nach den allgemeinen Bestimmungen über die Bundesrechtspflege.

2 Zur Beschwerde an das Bundesgericht ist auch die ESTV berechtigt.

Art. 7 Informationsaustausch

Die ESTV kann den zuständigen ausländischen Steuerbehörden Doppel der Formulare 108 übermitteln.

Art. 8 Reziprozität

1 Die ESTV entscheidet darüber, inwieweit das Meldeverfahren nur auf Staaten angewendet wird, die Gegenseitigkeit gewähren.

2 Staaten, auf die das Meldeverfahren nicht angewendet wird, werden in einem Anhang dieser Verordnung aufgeführt. Die ESTV passt diese Liste nach Bedarf dem neuesten Stand der Entwicklung an.

Art. 8a[2] Übergangsbestimmungen zur Änderung vom 4. Mai 2022

1 Auf Gesuche, die beim Inkrafttreten der Änderung vom 4. Mai 2022 hängig sind, ist Artikel 2 Absatz 2 bisherigen Rechts anwendbar.

2 Auf Bewilligungsgesuche, die beim Inkrafttreten dieser Änderung hängig sind, sind Artikel 1 Absatz 2 und Artikel 3 Absatz 4 bisherigen Rechts anwendbar.

Art. 9 Inkrafttreten

Diese Verordnung tritt am 1. Januar 2005 in Kraft.

---

[1] Fassung gemäss Ziff. II 50 der V vom 8. Nov. 2006 über die Anpassung von Bundesratsverordnungen an die Totalrevision der Bundesrechtspflege, in Kraft seit 1. Jan. 2007 (AS **2006** 4705).

[2] Eingefügt durch Ziff. I 2 der V vom 4. Mai 2022 über das Meldeverfahren im Konzern bei der Verrechnungssteuer, in Kraft seit 1. Jan. 2023 (AS **2022** 307).

1.4 Übereinkommen über die gegenseitige Amtshilfe in Steuersachen (Amtshilfeübereinkommen, MAC[1])
SR 0.652.1

Abgeschlossen am 25. Januar 1988, geändert durch das Protokoll vom 27. Mai 2010
Von der Bundesversammlung genehmigt am 18. Dezember 2015[2]
Schweizerische Ratifikationsurkunde hinterlegt am 26. September 2016
Für die Schweiz in Kraft getreten am 1. Januar 2017

(Stand am 17. Feburar 2021)

Übersetzung[3]

Präambel

Die Mitgliedstaaten des Europarats und die Mitgliedstaaten der Organisation für wirtschaftliche Zusammenarbeit und Entwicklung (OECD), die dieses Übereinkommen unterzeichnen,

in der Erwägung, dass durch die – ansonsten höchst nützliche – Entwicklung des internationalen Personen-, Kapital-, Waren- und Dienstleistungsverkehrs auch die Möglichkeiten der Steuervermeidung und Steuerhinterziehung zugenommen haben und daher eine verstärkte Zusammenarbeit zwischen den Steuerbehörden erforderlich ist;

erfreut über die vielfältigen Anstrengungen, die in den letzten Jahren zur Bekämpfung der Steuervermeidung und Steuerhinterziehung auf internationaler Ebene zweiseitig oder mehrseitig unternommen worden sind;

in der Erwägung, dass zwischen den Staaten abgestimmte Anstrengungen erforderlich sind, um alle Formen der Amtshilfe im Zusammenhang mit Steuern jeder Art zu fördern und zugleich einen angemessenen Schutz der Rechte der Steuerpflichtigen zu gewährleisten;

in der Erkenntnis, dass internationale Zusammenarbeit eine wichtige Rolle dabei spielen kann, die ordnungsgemässe Ermittlung der Steuerpflicht zu erleichtern und die Steuerpflichtigen bei der Wahrnehmung ihrer Rechte zu unterstützen;

AS **2016** 5071; BBL **2015** 5585
[1] *Multilateral Convention on Mutual Administrative Assistance in Tax Matters*
[2] AS **2016** 5059
[3] Übersetzung des französischen Originaltextes

in der Erwägung, dass die Grundprinzipien, nach denen jede Person bei der Feststellung ihrer Rechte und Pflichten Anspruch auf ein ordnungsgemässes rechtliches Verfahren hat, in allen Staaten als für Steuersachen geltend anerkannt werden sollen und dass sich die Staaten bemühen sollen, die berechtigten Interessen der Steuerpflichtigen zu schützen und auch einen angemessenen Schutz gegen Ungleichbehandlung und Doppelbesteuerung zu gewähren;

in der Überzeugung demzufolge, dass die Staaten Massnahmen ergreifen oder Informationen erteilen sollen, wobei der Notwendigkeit, die Vertraulichkeit der Informationen zu wahren, Rechnung zu tragen ist und die völkerrechtlichen Übereinkünfte zum Schutz der Privatsphäre und des Verkehrs personenbezogener Daten zu berücksichtigen sind;

in der Erwägung, dass ein neues Umfeld für die Zusammenarbeit entstanden ist und dass es wünschenswert ist, eine mehrseitige Übereinkunft verfügbar zu machen, um einer möglichst grossen Anzahl von Staaten die Nutzung der Vorteile des neuen Umfelds für die Zusammenarbeit und gleichzeitig die Umsetzung der höchsten internationalen Standards für die Zusammenarbeit im Steuerbereich zu gestatten;

von dem Wunsch geleitet, ein Übereinkommen über die gegenseitige Amtshilfe in Steuersachen zu schliessen,

haben Folgendes vereinbart:

Kapitel I
Geltungsbereich des Übereinkommens

Art. 1   Ziel des Übereinkommens und unter das Übereinkommen fallende Personen

1. Vorbehaltlich des Kapitels IV leisten die Vertragsparteien einander Amtshilfe in Steuersachen. Diese Amtshilfe kann gegebenenfalls auch Massnahmen von Justizbehörden umfassen.

2. Diese Amtshilfe umfasst:

    a. den Informationsaustausch, einschliesslich gleichzeitiger Steuerprüfungen und der Teilnahme an Steuerprüfungen im Ausland;

    b. die Amtshilfe bei der Vollstreckung, einschliesslich Sicherungsmassnahmen; und

    c. die Zustellung von Schriftstücken.

3. Eine Vertragspartei leistet Amtshilfe unabhängig davon, ob die betroffene Person in einer Vertragspartei oder in einem anderen Staat ansässig ist oder die Staatsangehörigkeit einer Vertragspartei oder eines anderen Staates besitzt.

Art. 2 Unter das Übereinkommen fallende Steuern

1. Dieses Übereinkommen gilt:
   a. für die folgenden Steuern:
      i. Steuern vom Einkommen oder vom Gewinn,
      ii. Steuern von Gewinnen aus der Veräusserung von Vermögen, die getrennt von der Steuer vom Einkommen oder vom Gewinn erhoben werden,
      iii. Steuern vom Vermögen,

      die für Rechnung einer Vertragspartei erhoben werden; und
   b. für die folgenden Steuern:
      i. Steuern, die für Rechnung der politischen Unterabteilungen oder lokalen Gebietskörperschaften einer Vertragspartei vom Einkommen, vom Gewinn, von Gewinnen aus der Veräusserung von Vermögen oder vom Vermögen erhoben werden,
      ii. Pflichtbeiträge zur Sozialversicherung, die an den Staat oder an öffentlich-rechtliche Sozialversicherungseinrichtungen zu zahlen sind,
      iii. Steuern anderer Art, ausgenommen Zölle, die für Rechnung einer Vertragspartei erhoben werden, nämlich:
         A. Nachlass-, Erbschafts- und Schenkungssteuern,
         B. Steuern vom unbeweglichen Vermögen,
         C. allgemeine Verbrauchssteuern wie Mehrwert- und Umsatzsteuern,
         D. besondere Steuern auf Waren und Dienstleistungen wie Verbrauchssteuern,
         E. Steuern für die Benutzung von oder das Eigentum an Kraftfahrzeugen,
         F. Steuern für die Benutzung von oder das Eigentum an beweglichem Vermögen mit Ausnahme von Kraftfahrzeugen,
         G. alle anderen Steuern,
      iv. die unter die in Ziffer iii genannten Kategorien fallenden Steuern, die für Rechnung der politischen Unterabteilungen oder lokalen Gebietskörperschaften einer Vertragspartei erhoben werden.

2. Die bestehenden Steuern, für die das Übereinkommen gilt, sind in Anlage A unter den in Absatz 1 genannten Kategorien aufgelistet.

3. Die Vertragsparteien notifizieren dem Generalsekretär des Europarats oder dem Generalsekretär der OECD (im Folgenden als «Verwahrer» bezeichnet) jede Änderung der Anlage A, die wegen einer Änderung der in Absatz 2 erwähnten Liste vorzunehmen ist. Die Änderung wird am ersten Tag des Monats wirksam, der auf einen Zeitabschnitt von drei Monaten nach Eingang der Notifikation bei dem Verwahrer folgt.

4. Das Übereinkommen gilt auch für alle Steuern gleicher oder im Wesentlichen ähnlicher Art – und zwar mit Wirkung vom Zeitpunkt ihrer Einführung –, die in einer Vertragspartei nach dem Inkrafttreten des Übereinkommens für diese Vertragspartei neben den in Anlage A aufgelisteten bestehenden Steuern oder an deren Stelle erhoben werden; in diesem Fall notifiziert die betreffende Vertragspartei einem der Verwahrer die Einführung der betreffenden Steuer.

Kapitel II
Allgemeine Begriffsbestimmungen

Art. 3 Begriffsbestimmungen

1. Im Sinne dieses Übereinkommens, wenn der Zusammenhang nichts anderes erfordert:
   a. bedeuten die Ausdrücke «ersuchender Staat» und «ersuchter Staat» eine Vertragspartei, die um Amtshilfe in Steuersachen ersucht, beziehungsweise eine Vertragspartei, die um solche Amtshilfe ersucht wird;
   b. bedeutet der Ausdruck «Steuer» jede Steuer oder jeden Sozialversicherungsbeitrag, für die beziehungsweise den das Übereinkommen nach Artikel 2 gilt;
   c. bedeutet der Ausdruck «Steuerforderung» jeden Steuerbetrag, die darauf entfallenden Zinsen sowie die damit zusammenhängenden Geldbussen und Vollstreckungskosten, die geschuldet werden und noch nicht gezahlt worden sind;
   d. bedeutet der Ausdruck «zuständige Behörde» die in Anlage B aufgelisteten Personen und Behörden;
   e. bedeutet der Ausdruck «Staatsangehöriger» in Bezug auf eine Vertragspartei:
      i. alle natürlichen Personen, welche die Staatsangehörigkeit der betreffenden Vertragspartei besitzen, und
      ii. alle juristischen Personen, Personengesellschaften oder anderen Personenvereinigungen sowie alle Rechtsträger, die nach dem in der betreffenden Vertragspartei geltenden Recht errichtet worden sind.

Für jede Vertragspartei, die eine diesbezügliche Erklärung abgegeben hat, haben die vorstehenden Ausdrücke die Bedeutung, die sich aus der jeweiligen Begriffsbestimmung in Anlage C ergibt.

2. Bei der Anwendung des Übereinkommens durch eine Vertragspartei hat, wenn der Zusammenhang nichts anderes erfordert, jeder im Übereinkommen nicht definierte Ausdruck die Bedeutung, die ihm nach dem Recht der betreffenden Vertragspartei über die Steuern zukommt, die unter das Übereinkommen fallen.

3. Die Vertragsparteien notifizieren einem der Verwahrer jede Änderung, die an den Anlagen B und C vorzunehmen ist. Die Änderung wird am ersten Tag des Monats wirksam, der auf einen Zeitabschnitt von drei Monaten nach Eingang der Notifikation bei dem betreffenden Verwahrer folgt.

Kapitel III
Formen der Amtshilfe

Abschnitt I
Informationsaustausch

Art. 4 Allgemeine Bestimmungen

1. Die Vertragsparteien tauschen alle Informationen aus, insbesondere wie in diesem Abschnitt vorgesehen, die für die Anwendung beziehungsweise Durchsetzung

ihres innerstaatlichen Rechts betreffend die unter dieses Übereinkommen fallenden Steuern voraussichtlich erheblich sind.

2. *Gestrichen*

3. Jede Vertragspartei kann durch eine an einen der Verwahrer gerichtete Erklärung anzeigen, dass ihre Behörden in Übereinstimmung mit ihren innerstaatlichen Rechtsvorschriften die betroffene ansässige Person oder den betroffenen Staatsangehörigen unterrichten können, bevor sie nach den Artikeln 5 und 7 Informationen über sie beziehungsweise ihn übermitteln.

Art. 5 Informationsaustausch auf Ersuchen

1. Auf Ersuchen des ersuchenden Staates erteilt der ersuchte Staat dem ersuchenden Staat alle in Artikel 4 genannten Informationen über bestimmte Personen oder Transaktionen.

2. Reichen die in den Steuerakten des ersuchten Staates vorhandenen Informationen nicht aus, um dem Informationsersuchen zu entsprechen, so trifft dieser Staat alle erforderlichen Massnahmen, um dem ersuchenden Staat die erbetenen Informationen zu erteilen.

Art. 6 Automatischer Informationsaustausch

Für Fallkategorien und nach Verfahren, die sie einvernehmlich festlegen, tauschen zwei oder mehr Vertragsparteien die in Artikel 4 genannten Informationen automatisch aus.

Art. 7 Spontaner Informationsaustausch

1. In den folgenden Fällen übermittelt eine Vertragspartei einer anderen Vertragspartei ohne vorheriges Ersuchen Informationen, die ihr bekannt geworden sind:

   a. wenn die eine Vertragspartei Gründe für die Vermutung einer Steuerverkürzung in der anderen Vertragspartei hat;

   b. wenn ein Steuerpflichtiger in der einen Vertragspartei eine Steuerermässigung oder Steuerbefreiung erhält, die eine Steuererhöhung oder eine Besteuerung in der anderen Vertragspartei zur Folge haben würde;

   c. bei Geschäftsbeziehungen zwischen einem Steuerpflichtigen einer Vertragspartei und einem Steuerpflichtigen einer anderen Vertragspartei, die über ein oder mehrere weitere Länder in einer Weise geleitet werden, die in einer der beiden oder in beiden Vertragsparteien zur Steuerersparnis führen kann;

   d. wenn eine Vertragspartei Gründe für die Vermutung einer Steuerersparnis durch künstliche Gewinnverlagerungen innerhalb eines Konzerns hat;

   e. wenn im Zusammenhang mit Informationen, die der einen Vertragspartei von der anderen Vertragspartei übermittelt worden sind, ein Sachverhalt ermittelt worden ist, der für die Steuerfestsetzung in der anderen Vertragspartei erheblich sein kann.

2. Jede Vertragspartei trifft die Massnahmen und führt die Verfahren durch, die erforderlich sind, um sicherzustellen, dass die in Absatz 1 genannten Informationen für die Weiterleitung an eine andere Vertragspartei zur Verfügung gestellt werden.

Art. 8 Gleichzeitige Steuerprüfungen

1. Zwei oder mehr Vertragsparteien konsultieren einander auf Ersuchen einer von ihnen, um die Fälle, in denen gleichzeitige Steuerprüfungen stattfinden sollen, und die entsprechenden Verfahren festzulegen. Jede betroffene Vertragspartei entscheidet, ob sie an einer bestimmten gleichzeitigen Steuerprüfung teilnehmen will.

2. Im Sinne dieses Übereinkommens bedeutet «gleichzeitige Steuerprüfung» eine Vereinbarung zwischen zwei oder mehr Vertragsparteien, gleichzeitig im jeweils eigenen Hoheitsgebiet die steuerlichen Verhältnisse einer Person oder mehrerer Personen, an denen sie ein gemeinsames oder ergänzendes Interesse haben, zu prüfen, um die auf diesem Wege gewonnenen sachdienlichen Informationen auszutauschen.

Art. 9 Steuerprüfungen im Ausland

1. Auf Ersuchen der zuständigen Behörde des ersuchenden Staates kann die zuständige Behörde des ersuchten Staates gestatten, dass Vertreter der zuständigen Behörde des ersuchenden Staates während des relevanten Teils einer Steuerprüfung im ersuchten Staat anwesend sind.

2. Ist dem Ersuchen stattgegeben worden, so unterrichtet die zuständige Behörde des ersuchten Staates so bald wie möglich die zuständige Behörde des ersuchenden Staates über Zeitpunkt und Ort der Prüfung, über die mit der Durchführung der Prüfung beauftragte Behörde oder den damit beauftragten Bediensteten sowie über die vom ersuchten Staat für die Durchführung der Prüfung vorgeschriebenen Verfahren und Bedingungen. Alle Entscheidungen im Zusammenhang mit der Durchführung der Steuerprüfung trifft der ersuchte Staat.

3. Eine Vertragspartei kann einen der Verwahrer von ihrer Absicht unterrichten, Ersuchen nach Absatz 1 in der Regel nicht anzunehmen. Eine solche Erklärung kann jederzeit abgegeben oder widerrufen werden.

Art. 10 Widersprüchliche Informationen

Erhält eine Vertragspartei von einer anderen Vertragspartei Informationen über die steuerlichen Verhältnisse einer Person, die nach ihrer Auffassung zu den ihr zur Verfügung stehenden Informationen in Widerspruch stehen, so unterrichtet sie davon die Vertragspartei, welche die Informationen erteilt hat.

Abschnitt II
Amtshilfe bei der Vollstreckung

Art. 11 Vollstreckung von Steuerforderungen

1. Auf Ersuchen des ersuchenden Staates trifft der ersuchte Staat vorbehaltlich der Artikel 14 und 15 die erforderlichen Massnahmen, um die Steuerforderungen des erstgenannten Staates zu vollstrecken, als handele es sich um seine eigenen Steuerforderungen.

2. Absatz 1 gilt nur für Steuerforderungen, für die ein Titel besteht, der ihre Vollstreckung im ersuchenden Staat ermöglicht, und die, sofern zwischen den betreffenden Vertragsparteien nichts anderes vereinbart ist, nicht angefochten werden.

Richtet sich die Forderung jedoch gegen eine Person, die nicht im ersuchenden Staat ansässig ist, so gilt Absatz 1 nur, sofern zwischen den betreffenden Vertragsparteien nichts anderes vereinbart ist, wenn die Forderung nicht mehr angefochten werden kann.

3. Die Verpflichtung zur Amtshilfe bei der Vollstreckung von Steuerforderungen betreffend einen Erblasser oder seinen Nachlass beschränkt sich auf den Wert des Nachlasses oder desjenigen Teils des Vermögens, der auf jeden Nachlassbegünstigten entfällt, je nachdem, ob die Forderung aus dem Nachlass oder von den Nachlassbegünstigten zu vollstrecken ist.

Art. 12   Sicherungsmassnahmen

Auf Ersuchen des ersuchenden Staates trifft der ersuchte Staat zum Zweck der Vollstreckung eines Steuerbetrags Sicherungsmassnahmen, selbst wenn die Forderung angefochten wird oder für sie noch kein Vollstreckungstitel besteht.

Art. 13   Dem Ersuchen beizufügende Schriftstücke

1. Dem Amtshilfeersuchen nach diesem Abschnitt ist Folgendes beizufügen:

   a. eine Erklärung, dass die Steuerforderung eine unter das Übereinkommen fallende Steuer betrifft und, im Fall der Vollstreckung, dass die Steuerforderung vorbehaltlich des Artikels 11 Absatz 2 nicht angefochten wird oder nicht angefochten werden kann;

   b. eine amtliche Ausfertigung des Titels, der die Vollstreckung im ersuchenden Staat ermöglicht; und

   c. sonstige für die Vollstreckung beziehungsweise die Sicherungsmassnahmen erforderliche Schriftstücke.

2. Der Titel, der die Vollstreckung im ersuchenden Staat ermöglicht, wird gegebenenfalls und in Übereinstimmung mit den im ersuchten Staat geltenden Bestimmungen nach Eingang des Amtshilfeersuchens so bald wie möglich angenommen, anerkannt, ergänzt oder ersetzt durch einen Titel, der die Vollstreckung im ersuchten Staat ermöglicht.

Art. 14   Fristen

1. Fragen im Zusammenhang mit den Fristen, nach deren Ablauf Steuerforderungen nicht mehr vollstreckt werden können, werden nach dem Recht des ersuchenden Staates geregelt. Das Amtshilfeersuchen muss genaue Angaben über diese Fristen enthalten.

2. Die vom ersuchten Staat aufgrund eines Amtshilfeersuchens durchgeführten Vollstreckungsmassnahmen, die nach dem Recht dieses Staates eine Hemmung oder Unterbrechung der in Absatz 1 genannten Fristen bewirken würden, entfalten diese

Wirkung auch nach dem Recht des ersuchenden Staates. Der ersuchte Staat unterrichtet den ersuchenden Staat über derartige Massnahmen.

3. Der ersuchte Staat ist in keinem Fall verpflichtet, einem Amtshilfeersuchen nachzukommen, das später als 15 Jahre ab dem Datum des ursprünglichen Vollstreckungstitels übermittelt wird.

Art. 15 Bevorzugung

Steuerforderungen, bei deren Vollstreckung Amtshilfe geleistet wird, geniessen im ersuchten Staat nicht die Bevorzugung, die den Steuerforderungen dieses Staates besonders gewährt wird, selbst wenn das angewandte Vollstreckungsverfahren demjenigen für seine eigenen Steuerforderungen entspricht.

Art. 16 Zahlungsaufschub

Der ersuchte Staat kann einen Zahlungsaufschub oder Ratenzahlungen gestatten, wenn sein Recht oder seine Verwaltungspraxis dies in ähnlichen Fällen zulässt; er unterrichtet hierüber jedoch den ersuchenden Staat im Voraus.

Abschnitt III
Zustellung von Schriftstücken

Art. 17 Zustellung von Schriftstücken

1. Auf Ersuchen des ersuchenden Staates stellt der ersuchte Staat dem Empfänger die Schriftstücke, einschliesslich derjenigen zu Gerichtsentscheidungen, zu, die aus dem ersuchenden Staat stammen und eine unter das Übereinkommen fallende Steuer betreffen.

2. Der ersuchte Staat nimmt die Zustellung von Schriftstücken wie folgt vor:

   a. in einer Form, die sein innerstaatliches Recht für die Zustellung im Wesentlichen ähnlicher Schriftstücke vorschreibt;

   b. soweit möglich in einer besonderen vom ersuchenden Staat gewünschten Form oder in einer dieser am nächsten kommenden Form, die das innerstaatliche Recht des ersuchten Staates vorsieht.

3. Eine Vertragspartei kann die Zustellung von Schriftstücken an eine Person im Hoheitsgebiet einer anderen Vertragspartei unmittelbar durch die Post vornehmen.

4. Dieses Übereinkommen ist nicht so auszulegen, als bewirke es die Nichtigkeit einer durch eine Vertragspartei in Übereinstimmung mit ihrem Recht vorgenommenen Zustellung von Schriftstücken.

5. Wird ein Schriftstück nach diesem Artikel zugestellt, so braucht keine Übersetzung beigefügt zu werden. Ist jedoch der ersuchte Staat überzeugt, dass der Empfänger die Sprache, in der das Schriftstück abgefasst ist, nicht versteht, so veranlasst der ersuchte Staat die Übersetzung in seine Amtssprache oder eine seiner Amtssprachen oder die Anfertigung einer Kurzfassung in seiner Amtssprache oder einer seiner

Amtssprachen. Andernfalls kann er den ersuchenden Staat bitten, das Schriftstück entweder in eine der Amtssprachen des ersuchten Staates, des Europarats oder der OECD übersetzen oder eine Kurzfassung in einer dieser Sprachen beifügen zu lassen.

Kapitel IV
Für alle Formen der Amtshilfe geltende Bestimmungen

Art. 18 Vom ersuchenden Staat zu erteilende Informationen

1. Ein Amtshilfeersuchen enthält, soweit erforderlich:

    a. Angaben über die Behörde oder Stelle, von der das durch die zuständige Behörde gestellte Ersuchen ausgeht;

    b. den Namen, die Anschrift oder alle sonstigen Angaben, welche die Identifizierung der Person, derentwegen das Ersuchen gestellt wird, ermöglichen;

    c. bei einem Informationsersuchen Angaben über die Form, in welcher der ersuchende Staat die Informationen erteilt bekommen möchte, damit sie seinen Erfordernissen entsprechen;

    d. bei einem Ersuchen um Amtshilfe bei der Vollstreckung oder bei Sicherungsmassnahmen Angaben über die Art der Steuerforderung, die Bestandteile der Steuerforderung und die Vermögenswerte, aus denen die Steuerforderung vollstreckt werden kann;

    e. bei einem Ersuchen um Zustellung von Schriftstücken Angaben über die Art und den Gegenstand des zuzustellenden Schriftstücks;

    f. Angaben darüber, ob das Ersuchen dem Recht und der Verwaltungspraxis des ersuchenden Staates entspricht und ob es unter Berücksichtigung der Erfordernisse des Artikels 21 Absatz 2 Buchstabe g gerechtfertigt ist.

2. Sobald dem ersuchenden Staat weitere im Zusammenhang mit dem Amtshilfeersuchen sachdienliche Informationen zur Kenntnis gelangen, übermittelt er sie dem ersuchten Staat.

Art. 19
Gestrichen

Art. 20 Beantwortung des Amtshilfeersuchens

1. Wird dem Amtshilfeersuchen entsprochen, so unterrichtet der ersuchte Staat den ersuchenden Staat so bald wie möglich über die getroffenen Massnahmen und das Ergebnis der Amtshilfe.

2. Wird das Ersuchen abgelehnt, so unterrichtet der ersuchte Staat den ersuchenden Staat so bald wie möglich über seine Entscheidung und deren Gründe.

3. Hat der ersuchende Staat bei einem Informationsersuchen angegeben, in welcher Form er die Informationen erteilt haben möchte, und ist der ersuchte Staat in der Lage, dem zu entsprechen, so erteilt der ersuchte Staat die Informationen in der gewünschten Form.

Art. 21 Schutz der Person und Grenzen der Verpflichtung zur Leistung von Amtshilfe

1. Dieses Übereinkommen berührt nicht die Rechte und Sicherheiten, die Personen durch das Recht oder die Verwaltungspraxis des ersuchten Staates gewährt werden.

2. Mit Ausnahme des Artikels 14 ist dieses Übereinkommen nicht so auszulegen, als verpflichte es den ersuchten Staat:

   a. Massnahmen durchzuführen, die von seinem eigenen Recht oder seiner eigenen Verwaltungspraxis oder dem Recht oder der Verwaltungspraxis des ersuchenden Staates abweichen;

   b. Massnahmen durchzuführen, die der öffentlichen Ordnung (*ordre public*) widersprächen;

   c. Informationen zu erteilen, die nach seinem eigenen Recht oder seiner eigenen Verwaltungspraxis oder nach dem Recht des ersuchenden Staates oder dessen Verwaltungspraxis nicht beschafft werden können;

   d. Informationen zu erteilen, die ein Handels-, Industrie-, Gewerbe- oder Berufsgeheimnis oder ein Geschäftsverfahren preisgeben würden oder deren Preisgabe der öffentlichen Ordnung (*ordre public*) widerspräche;

   e. Amtshilfe zu leisten, wenn und soweit nach seiner Auffassung die Besteuerung im ersuchenden Staat im Widerspruch zu allgemein anerkannten Besteuerungsgrundsätzen, zu einem Abkommen zur Vermeidung der Doppelbesteuerung oder zu einem anderen Abkommen, das der ersuchte Staat mit dem ersuchenden Staat geschlossen hat, steht;

   f. für die Zwecke der Anwendung beziehungsweise Durchsetzung einer Bestimmung des Steuerrechts des ersuchenden Staates oder der Erfüllung einer damit zusammenhängenden Verpflichtung Amtshilfe zu leisten, die einen Staatsangehörigen des ersuchten Staates gegenüber einem Staatsangehörigen des ersuchenden Staates, der sich in der gleichen Situation befindet, benachteiligt;

   g. Amtshilfe zu leisten, wenn der ersuchende Staat nicht alle angemessenen und nach seinem Recht oder seiner Verwaltungspraxis zur Verfügung stehenden Massnahmen ausgeschöpft hat, es sei denn, das Zurückgreifen auf diese Massnahmen würde unverhältnismässig grosse Schwierigkeiten mit sich bringen;

   h. Amtshilfe bei der Vollstreckung in den Fällen zu leisten, in denen der Verwaltungsaufwand für diesen Staat in einem eindeutigen Missverhältnis zu dem Nutzen steht, den der ersuchende Staat dadurch erlangt.

3. Ersucht der ersuchende Staat nach diesem Übereinkommen um Informationen, so nutzt der ersuchte Staat die ihm zur Verfügung stehenden Möglichkeiten zur Be-

schaffung der erbetenen Informationen, selbst wenn der ersuchte Staat diese Informationen für seine eigenen steuerlichen Zwecke nicht benötigt. Die im vorstehenden Satz enthaltene Verpflichtung unterliegt den in dem Übereinkommen enthaltenen Beschränkungen, jedoch sind diese Beschränkungen, insbesondere diejenigen der Absätze 1 und 2, in keinem Fall so auszulegen, dass ein ersuchter Staat die Erteilung von Informationen nur deshalb ablehnen kann, weil er kein innerstaatliches Interesse an diesen Informationen hat.

4. Die Bestimmungen dieses Übereinkommens, insbesondere diejenigen der Absätze 1 und 2, sind in keinem Fall so auszulegen, dass ein ersuchter Staat die Erteilung von Informationen nur deshalb ablehnen kann, weil sich die Informationen bei einer Bank, einem sonstigen Finanzinstitut, einem Bevollmächtigten, Vertreter oder Treuhänder befinden oder sich auf Eigentumsanteile an einer Person beziehen.

Art. 22 Geheimhaltung

1. Alle Informationen, die eine Vertragspartei nach diesem Übereinkommen erhalten hat, sind ebenso geheim zu halten und zu schützen wie die Informationen, die sie nach ihrem innerstaatlichen Recht erhalten hat; soweit dies für die Sicherstellung des erforderlichen Schutzniveaus der personenbezogenen Daten notwendig ist, sind die Informationen ferner nach den Schutzbestimmungen geheim zu halten und zu schützen, die von der erteilenden Vertragspartei als nach ihrem innerstaatlichen Recht erforderlich bezeichnet werden können.

2. Diese Informationen dürfen in jedem Fall nur den Personen oder Behörden (einschliesslich der Gerichte und Verwaltungs- oder Aufsichtsbehörden) zugänglich gemacht werden, die mit der Festsetzung, Erhebung, Vollstreckung oder Strafverfolgung oder der Entscheidung über Rechtsmittel hinsichtlich der Steuern dieser Vertragspartei oder mit der Aufsicht darüber befasst sind. Nur die genannten Personen oder Behörden dürfen die Informationen verwenden, und zwar nur für diese Zwecke. Sie dürfen sie jedoch ungeachtet des Absatzes 1 in einem öffentlichen Gerichtsverfahren oder in einer Gerichtsentscheidung im Zusammenhang mit diesen Steuern offenlegen.

3. Hat eine Vertragspartei einen in Artikel 30 Absatz 1 Buchstabe a vorgesehenen Vorbehalt angebracht, so verwenden alle anderen Vertragsparteien, die Informationen von dieser Vertragspartei erhalten, diese nicht für eine Steuer einer Kategorie, die unter diesen Vorbehalt fällt. Ebenso verwendet die Vertragspartei, die den Vorbehalt angebracht hat, aufgrund des Übereinkommens erhaltene Informationen nicht für eine Steuer einer Kategorie, die unter diesen Vorbehalt fällt.

4. Ungeachtet der Absätze 1, 2 und 3 können Informationen, die eine Vertragspartei erhalten hat, auch für andere Zwecke verwendet werden, sofern diese Informationen nach dem Recht der erteilenden Vertragspartei für diese anderen Zwecke verwendet werden dürfen und die zuständige Behörde dieser Vertragspartei diese Verwendung gestattet. Informationen, die eine Vertragspartei einer anderen Vertragspartei erteilt, können von letzterer nach vorheriger Zustimmung durch die zuständige Behörde der erstgenannten Vertragspartei an eine dritte Vertragspartei weitergeleitet werden.

Art. 23   Rechtsbehelfe

1. Rechtsbehelfe gegen die vom ersuchten Staat nach diesem Übereinkommen ergriffenen Massnahmen sind nur bei der zuständigen Stelle dieses Staates einzulegen.

2. Rechtsbehelfe gegen die vom ersuchenden Staat nach diesem Übereinkommen ergriffenen Massnahmen, insbesondere diejenigen, die hinsichtlich der Vollstreckung das Bestehen oder die Höhe der Steuerforderung oder den Vollstreckungstitel betreffen, sind nur bei der zuständigen Stelle dieses Staates einzulegen. Wird ein solcher Rechtsbehelf eingelegt, so unterrichtet der ersuchende Staat den ersuchten Staat; dieser setzt das Vollstreckungsverfahren aus, bis die Entscheidung der betreffenden Stelle vorliegt. Auf Wunsch des ersuchenden Staates trifft jedoch der ersuchte Staat Sicherungsmassnahmen zur Gewährleistung der Vollstreckung. Der ersuchte Staat kann auch von jedem Beteiligten von dem Rechtsbehelf unterrichtet werden. Nach Eingang der entsprechenden Mitteilung konsultiert der ersuchte Staat in dieser Angelegenheit gegebenenfalls den ersuchenden Staat.

3. Sobald eine endgültige Entscheidung über den Rechtsbehelf getroffen ist, unterrichtet der ersuchte beziehungsweise der ersuchende Staat den jeweils anderen Staat von der Entscheidung und ihren Auswirkungen auf das Amtshilfeersuchen.

Kapitel V
Besondere Bestimmungen

Art. 24   Durchführung des Übereinkommens

1. Zur Durchführung dieses Übereinkommens verkehren die Vertragsparteien durch ihre jeweiligen zuständigen Behörden miteinander. Die zuständigen Behörden können zu diesem Zweck unmittelbar miteinander verkehren und nachgeordneten Behörden gestatten, für sie zu handeln. Die zuständigen Behörden von zwei oder mehr Vertragsparteien können sich über die Modalitäten der Anwendung des Übereinkommens untereinander einigen.

2. Ist der ersuchte Staat der Auffassung, dass die Anwendung dieses Übereinkommens in einem bestimmten Fall schwerwiegende und unerwünschte Folgen haben würde, so konsultieren die zuständigen Behörden des ersuchten und des ersuchenden Staates einander und bemühen sich, die Situation in gegenseitigem Einvernehmen zu regeln.

3. Ein Koordinierungsgremium, das sich aus Vertretern der zuständigen Behörden der Vertragsparteien zusammensetzt, überwacht unter der Leitung der OECD die Durchführung und Entwicklung dieses Übereinkommens. Zu diesem Zweck spricht das Koordinierungsgremium Empfehlungen über Massnahmen aus, die den allgemeinen Zielen des Übereinkommens förderlich sein können. Insbesondere dient es als Forum für die Untersuchung neuer Methoden und Verfahren zur Intensivierung der internationalen Zusammenarbeit in Steuersachen und kann gegebenenfalls Revisionen oder Änderungen des Übereinkommens empfehlen. Staaten, die das Übereinkommen unterzeichnet, aber noch nicht ratifiziert, angenommen oder ge-

nehmigt haben, sind berechtigt, bei den Sitzungen des Koordinierungsgremiums als Beobachter vertreten zu sein.

4. Eine Vertragspartei kann bei dem Koordinierungsgremium Stellungnahmen zur Auslegung des Übereinkommens anfordern.

5. Ergeben sich zwischen zwei oder mehr Vertragsparteien Schwierigkeiten oder Zweifel bezüglich der Durchführung oder Auslegung des Übereinkommens, so bemühen sich die zuständigen Behörden dieser Vertragsparteien, die Angelegenheit in gegenseitigem Einvernehmen zu regeln. Die Vereinbarung wird dem Koordinierungsgremium mitgeteilt.

6. Der Generalsekretär der OECD unterrichtet die Vertragsparteien und die Unterzeichnerstaaten, die das Übereinkommen noch nicht ratifiziert, angenommen oder genehmigt haben, von den nach Absatz 4 von dem Koordinierungsgremium abgegebenen Stellungnahmen und den nach Absatz 5 in gegenseitigem Einvernehmen getroffenen Vereinbarungen.

Art. 25   Sprache

Amtshilfeersuchen und die entsprechenden Antworten werden in einer der Amtssprachen der OECD und des Europarats oder in einer anderen von den betreffenden Vertragsparteien zweiseitig vereinbarten Sprache abgefasst.

Art. 26   Kosten

Wenn die betreffenden Vertragsparteien zweiseitig nichts anderes vereinbart haben:

a. gehen übliche bei der Leistung von Amtshilfe entstehende Kosten zu Lasten des ersuchten Staates;

b. gehen aussergewöhnliche bei der Leistung von Amtshilfe entstehende Kosten zu Lasten des ersuchenden Staates.

Kapitel VI
Schlussbestimmungen

Art. 27   Andere völkerrechtliche Übereinkünfte

1. Die in diesem Übereinkommen vorgesehenen Möglichkeiten der Amtshilfe beschränken nicht die Möglichkeiten, die in bestehenden oder künftigen völkerrechtlichen Übereinkünften zwischen den betroffenen Vertragsparteien oder in sonstigen die Zusammenarbeit in Steuersachen betreffenden Rechtsinstrumenten vorgesehen sind, noch werden sie von diesen beschränkt.

2. Ungeachtet des Absatzes 1 können die Vertragsparteien, die Mitgliedstaaten der Europäischen Union sind, in ihren gegenseitigen Beziehungen die durch das Übereinkommen vorgesehenen Möglichkeiten der Amtshilfe insoweit anwenden, als diese eine umfassendere Zusammenarbeit gestatten als die Möglichkeiten, durch die anzuwendenden Regeln der Europäischen Union geboten werden.

Art. 28 Unterzeichnung und Inkrafttreten des Übereinkommens

1. Dieses Übereinkommen liegt für die Mitgliedstaaten des Europarats und die Mitgliedstaaten der OECD zur Unterzeichnung auf. Es bedarf der Ratifikation, Annahme oder Genehmigung. Die Ratifikations-, Annahme- oder Genehmigungsurkunden werden bei einem der Verwahrer hinterlegt.

2. Dieses Übereinkommen tritt am ersten Tag des Monats in Kraft, der auf einen Zeitabschnitt von drei Monaten nach dem Tag folgt, an dem fünf Staaten nach Absatz 1 ihre Zustimmung ausgedrückt haben, durch das Übereinkommen gebunden zu sein.

3. Für jeden Mitgliedstaat des Europarats beziehungsweise jeden Mitgliedstaat der OECD, der später seine Zustimmung ausdrückt, durch dieses Übereinkommen gebunden zu sein, tritt das Übereinkommen am ersten Tag des Monats in Kraft, der auf einen Zeitabschnitt von drei Monaten nach Hinterlegung der Ratifikations-, Annahme- oder Genehmigungsurkunde folgt.

4. Jeder Mitgliedstaat des Europarats beziehungsweise jeder Mitgliedstaat der OECD, der nach dem Inkrafttreten des am 27. Mai 2010 zur Unterzeichnung aufgelegten Protokolls zur Änderung des Übereinkommens (im Folgenden als «Protokoll von 2010» bezeichnet) Vertragspartei des Übereinkommens wird, ist Vertragspartei des Übereinkommens in der durch das genannte Protokoll geänderten Fassung, sofern er nicht in einer an einen der Verwahrer gerichteten schriftlichen Mitteilung eine andere Absicht bekundet.

5. Nach Inkrafttreten des Protokolls von 2010 kann jeder Staat, der nicht Mitglied des Europarats oder der OECD ist, darum ersuchen, zur Unterzeichnung und Ratifikation dieses Übereinkommens in der durch das Protokoll von 2010 geänderten Fassung eingeladen zu werden. Jedes diesbezügliche Ersuchen ist an einen der Verwahrer zu richten, der es an die Vertragsparteien weiterleitet. Der Verwahrer unterrichtet zudem das Ministerkomitee des Europarats und den Rat der OECD. Die Entscheidung, ersuchende Staaten einzuladen, Vertragsparteien des Übereinkommens zu werden, wird einvernehmlich von den Vertragsparteien des Übereinkommens durch das Koordinierungsgremium getroffen. Für jeden Staat, der das Übereinkommen in der durch das Protokoll von 2010 geänderten Fassung in Übereinstimmung mit diesem Absatz ratifiziert, tritt es am ersten Tag des Monats in Kraft, der auf einen Zeitabschnitt von drei Monaten nach Hinterlegung der Ratifikationsurkunde bei einem der Verwahrer folgt.

6. Dieses Übereinkommen in der durch das Protokoll von 2010 geänderten Fassung gilt für die Amtshilfe im Zusammenhang mit Besteuerungszeiträumen, die am oder nach dem 1. Januar des Jahres beginnen, das auf das Jahr folgt, in dem das Übereinkommen in der durch das Protokoll von 2010 geänderten Fassung für eine Vertragspartei in Kraft getreten ist, oder, wenn es keinen Besteuerungszeitraum gibt, für die Amtshilfe im Zusammenhang mit Steuerverbindlichkeiten, die am oder nach dem 1. Januar des Jahres entstehen, das auf das Jahr folgt, in dem das Übereinkommen in der durch das Protokoll von 2010 geänderten Fassung für eine Vertragspartei in Kraft getreten ist. Zwei oder mehr Vertragsparteien können in gegenseitigem Einvernehmen vereinbaren, dass das Übereinkommen in der durch das Protokoll

von 2010 geänderten Fassung für die Amtshilfe im Zusammenhang mit früheren Besteuerungszeiträumen oder Steuerverbindlichkeiten gilt.

7. Ungeachtet des Absatzes 6 gilt dieses Übereinkommen in der durch das Protokoll von 2010 geänderten Fassung für Steuersachen im Zusammenhang mit vorsätzlichem Verhalten, das nach dem Strafrecht der ersuchenden Vertragspartei der strafrechtlichen Verfolgung unterliegt, und zwar ab dem Zeitpunkt des Inkrafttretens für eine Vertragspartei im Zusammenhang mit früheren Besteuerungszeiträumen oder Steuerverbindlichkeiten.

Art. 29   Räumlicher Geltungsbereich des Übereinkommens

1. Jeder Staat kann bei der Unterzeichnung oder bei der Hinterlegung seiner Ratifikations-, Annahme- oder Genehmigungsurkunde einzelne oder mehrere Hoheitsgebiete bezeichnen, auf die dieses Übereinkommen Anwendung findet.

2. Jeder Staat kann jederzeit danach durch eine an einen der Verwahrer gerichtete Erklärung die Anwendung dieses Übereinkommens auf jedes weitere in der Erklärung bezeichnete Hoheitsgebiet erstrecken. Das Übereinkommen tritt für dieses Hoheitsgebiet am ersten Tag des Monats in Kraft, der auf einen Zeitabschnitt von drei Monaten nach Eingang der Erklärung bei dem Verwahrer folgt.

3. Jede nach den Absätzen 1 und 2 abgegebene Erklärung kann in Bezug auf jedes darin bezeichnete Hoheitsgebiet durch eine an einen der Verwahrer gerichtete Notifikation zurückgenommen werden. Die Rücknahme wird am ersten Tag des Monats wirksam, der auf einen Zeitabschnitt von drei Monaten nach Eingang der Notifikation bei dem Verwahrer folgt.

Art. 30   Vorbehalte

1. Jeder Staat kann bei der Unterzeichnung oder bei der Hinterlegung seiner Ratifikations-, Annahme- oder Genehmigungsurkunde oder jederzeit danach erklären, dass er sich das Recht vorbehält:

    a. in keiner Form Amtshilfe zu leisten hinsichtlich Steuern anderer Vertragsparteien, die unter eine der in Artikel 2 Absatz 1 Buchstabe b aufgelisteten Kategorien fallen, es sei denn, er hat innerstaatliche Steuern, die unter die betreffende Kategorie fallen, in Anlage A des Übereinkommens aufgenommen;

    b. in Bezug auf alle in Artikel 2 Absatz 1 aufgelisteten Steuern oder nur in Bezug auf Steuern, die unter eine oder mehrere der in Artikel 2 Absatz 1 aufgelisteten Kategorien fallen, keine Amtshilfe zu leisten bei der Vollstreckung jeglicher Steuerforderungen oder bei der Vollstreckung von Geldbussen;

    c. keine Amtshilfe zu leisten in Bezug auf jegliche Steuerforderungen, die im Zeitpunkt des Inkrafttretens des Übereinkommens für diesen Staat oder die, wenn früher ein Vorbehalt nach Buchstabe a oder b angebracht worden ist, im Zeitpunkt der Rücknahme dieses Vorbehalts hinsichtlich Steuern der betreffenden Kategorie bestehen;

d. in Bezug auf alle in Artikel 2 Absatz 1 aufgelisteten Steuern oder nur in Bezug auf Steuern, die unter eine oder mehrere der in Artikel 2 Absatz 1 aufgelisteten Kategorien fallen, keine Amtshilfe zu leisten bei der Zustellung von Schriftstücken;

e. die in Artikel 17 Absatz 3 vorgesehene Zustellung von Schriftstücken durch die Post nicht zu gestatten;

f. Artikel 28 Absatz 7 ausschliesslich auf Amtshilfe im Zusammenhang mit Besteuerungszeiträumen anzuwenden, die am oder nach dem 1. Januar des dritten Jahres vor dem Jahr beginnen, in dem das Übereinkommen in der durch das Protokoll von 2010 geänderten Fassung für eine Vertragspartei in Kraft getreten ist, oder, wenn es keinen Besteuerungszeitraum gibt, auf Amtshilfe im Zusammenhang mit Steuerverbindlichkeiten, die am oder nach dem 1. Januar des dritten Jahres entstehen, das dem Jahr vorangeht, in dem das Übereinkommen in der durch das Protokoll von 2010 geänderten Fassung für eine Vertragspartei in Kraft getreten ist.

2. Weitere Vorbehalte sind nicht zulässig.

3. Nach dem Inkrafttreten des Übereinkommens für eine Vertragspartei kann diese einen oder mehrere der in Absatz 1 aufgeführten Vorbehalte anbringen, den beziehungsweise die sie bei der Ratifikation, der Annahme oder der Genehmigung nicht angebracht hat. Diese Vorbehalte treten am ersten Tag des Monats in Kraft, der auf einen Zeitabschnitt von drei Monaten nach Eingang des Vorbehalts bei einem der Verwahrer folgt.

4. Jede Vertragspartei, die einen Vorbehalt nach den Absätzen 1 und 3 angebracht hat, kann ihn durch eine an einen der Verwahrer gerichtete Notifikation ganz oder teilweise zurücknehmen. Die Rücknahme wird mit dem Eingang der Notifikation bei dem betreffenden Verwahrer wirksam.

5. Eine Vertragspartei, die einen Vorbehalt zu einer Bestimmung dieses Übereinkommens angebracht hat, kann nicht verlangen, dass eine andere Vertragspartei diese Bestimmung anwendet; sie kann jedoch, wenn es sich um einen Teilvorbehalt handelt, die Anwendung der betreffenden Bestimmung insoweit verlangen, als sie selbst sie angenommen hat.

Art. 31 Kündigung

1. Jede Vertragspartei kann dieses Übereinkommen jederzeit durch eine an einen der Verwahrer gerichtete Notifikation kündigen.

2. Die Kündigung wird am ersten Tag des Monats wirksam, der auf einen Zeitabschnitt von drei Monaten nach Eingang der Notifikation bei dem Verwahrer folgt.

3. Jede Vertragspartei, die das Übereinkommen kündigt, bleibt durch Artikel 22 gebunden, solange sie Schriftstücke oder Informationen in ihrem Besitz behält, die sie aufgrund des Übereinkommens erhalten hat.

Art. 32 Die Verwahrer und ihre Aufgaben

1. Der Verwahrer, dem eine Handlung, Notifikation oder Mitteilung zur Kenntnis gebracht worden ist, notifiziert den Mitgliedstaaten des Europarats und den Mitgliedstaaten der OECD und jeder Vertragspartei dieses Übereinkommens:

   a. jede Unterzeichnung;

   b. jede Hinterlegung einer Ratifikations-, Annahme- oder Genehmigungsurkunde;

   c. jeden Zeitpunkt des Inkrafttretens dieses Übereinkommens nach den Artikeln 28 und 29;

   d. jede nach Artikel 4 Absatz 3 oder Artikel 9 Absatz 3 abgegebene Erklärung und die Rücknahme jeder dieser Erklärungen;

   e. jeden nach Artikel 30 angebrachten Vorbehalt und jede nach Artikel 30 Absatz 4 erfolgte Rücknahme eines Vorbehalts;

   f. jede nach Artikel 2 Absatz 3 oder 4, Artikel 3 Absatz 3, Artikel 29 oder Artikel 31 Absatz 1 eingegangene Notifikation;

   g. jede andere Handlung, Notifikation oder Mitteilung im Zusammenhang mit diesem Übereinkommen.

2. Der Verwahrer, bei dem nach Absatz 1 eine Mitteilung eingeht oder der nach Absatz 1 eine Notifikation vornimmt, unterrichtet den anderen Verwahrer unverzüglich hiervon.

Zu Urkund dessen haben die hierzu gehörig befugten Unterzeichneten dieses Übereinkommen unterschrieben.

(Es folgen die Unterschriften)

Geschehen durch die Verwahrer am 1. Juni 2011 nach Artikel X.4 des Änderungsprotokolls zum Übereinkommen über die gegenseitige Amtshilfe in Steuersachen in französischer und englischer Sprache, wobei jeder Wortlaut gleichermassen verbindlich ist, in zwei Urschriften, von denen je eine im Archiv jeden Verwahrers hinterlegt wird. Die Verwahrer übermitteln allen Vertragsparteien des Übereinkommens in der durch das Protokoll geänderten Fassung sowie allen zum Beitritt berechtigten Staaten beglaubigte Abschriften.

Geltungsbereich am 17. Februar 2021[2]

Vertragsstaaten	Ratifikation		Inkrafttreten	
Albanien*	8. August	2013	1. Dezember	2013
Andorra*	28. August	2016	1. Dezember	2016
Antigua und Barbuda*	16. Oktober	2018	1. Februar	2019
Argentinien*	13. September	2012	1. Januar	2013
Armenien*	6. Februar	2020	1. Juni	2020
Aserbaidschan*	29. Mai	2015	1. September	2015
Australien*	30. August	2012	1. Dezember	2012
Bahamas*	26. April	2018	1. August	2018
Bahrain*	3. Mai	2018	1. September	2018
Barbados*	4. Juli	2016	1. November	2016
Belgien*	8. Dezember	2014	1. April	2015
Belize*	29. Mai	2013	1. September	2013
Bosnien und Herzegowina*	21. September	2020	1. Januar	2021
Brasilien*	1. Juni	2016	1. Oktober	2016
Brunei*	28. März	2019	1. Juli	2019
Bulgarien*	14. März	2016	1. Juli	2016
Chile*	7. Juli	2016	1. November	2016
China*	16. Oktober	2015	1. Februar	2016
Hongkong*	16. Oktober	2015	1. Februar	2016
Macau*	16. Oktober	2015	1. Februar	2016
Cook-Inseln*	29. Mai	2017	1. September	2017
Costa Rica*	5. April	2013	1. August	2013
Deutschland*	28. August	2015	1. Dezember	2015
Dänemark*	28. Januar	2011	1. Juni	2011
Färöer	28. Januar	2011	1. Juni	2011
Grönland	28. Januar	2011	1. Juni	2011
Dominica*	30. April	2019	1. August	2019
Dominikanische Republik	2. August	2019	1. Dezember	2019
Ecuador*	26. August	2019	1. Dezember	2019
El Salvador*	26. Februar	2019	1. Juni	2019
Estland*	8. Juli	2014	1. November	2014
Finnland*	21. Dezember	2010	1. Juni	2011
Frankreich*	13. Dezember	2011	1. April	2012
Neukaledonien*	1. Dezember	2018	1. Dezember	2018
Georgien*	28. Februar	2011	1. Juni	2011
Ghana*	29. Mai	2013	1. September	2013
Grenada*	31. Mai	2018	1. September	2018
Griechenland*	29. Mai	2013	1. September	2013
Guatemala*	9. Juni	2017	1. Oktober	2017
Indien*	21. Februar	2012	1. Juni	2012

---

[2] AS **2016** 5071; **2017** 3729; **2019** 847; **2020** 2893; **2021** 105. Eine aktualisierte Fassung des Geltungsbereichs ist auf der Publikationsplattform des Bundesrechts «Fedlex» unter folgender Adresse veröffentlicht: https://fedlex.admin.ch/de/Treaty.

Vertragsstaaten	Ratifikation		Inkrafttreten	
Indonesien*	21. Januar	2015	1. Mai	2015
Irland*	29. Mai	2013	1. September	2013
Island*	28. Oktober	2011	1. Februar	2012
Israel*	31. August	2016	1. Dezember	2016
Italien*	17. Januar	2012	1. Mai	2012
Jamaika*	29. November	2018	1. März	2019
Japan*	28. Juni	2013	1. Oktober	2013
Kamerun*	30. Juni	2015	1. Oktober	2015
Kanada*	21. November	2013	1. März	2014
Kap Verde	6. Januar	2020	1. Mai	2020
Kasachstan*	8. April	2015	1. August	2015
Katar*	17. September	2018	1. Januar	2019
Kenia*	22. Juli	2020	1. November	2020
Kolumbien*	19. März	2014	1. Juli	2014
Korea (Süd-)*	26. März	2012	1. Juli	2012
Kroatien*	28. Februar	2014	1. Juni	2014
Kuwait*	17. August	2018	1. Dezember	2018
Lettland*	15. Juli	2014	1. November	2014
Libanon*	12. Mai	2017	1. September	2017
Liechtenstein*	22. August	2016	1. Dezember	2016
Litauen*	4. Februar	2014	1. Juni	2014
Luxemburg*	11. Juli	2014	1. November	2014
Malaysia*	3. Januar	2017	1. Mai	2017
Malta*	29. Mai	2013	1. September	2013
Marokko*	22. Mai	2019	1. September	2019
Marshallinseln*	22. Dezember	2016	1. April	2017
Mauritius*	31. August	2015	1. Dezember	2015
Mexiko*	23. Mai	2012	1. September	2012
Moldau*	24. November	2011	1. März	2012
Monaco*	14. Dezember	2016	1. Mai	2017
Mongolei*	19. Februar	2020	1. Juni	2020
Montenegro*	28. Januar	2020	1. Mai	2020
Namibia*	9. Dezember	2020	1. April	2021
Nauru*	28. Juni	2016	1. Oktober	2016
Neuseeland*	21. November	2013	1. März	2014
Niederlande*	29. Mai	2013	1. September	2013
Aruba*	29. Mai	2013	1. September	2013
Curaçao*	29. Mai	2013	1. September	2013
Karibische Gebiete (Bonaire, Sint Eustatius und Saba)*	29. Mai	2013	1. September	2013
Sint Maarten*	29. Mai	2013	1. September	2013
Nigeria*	29. Mai	2015	1. September	2015
Niue*	6. Juni	2016	1. Oktober	2016
Nordmazedonien*	30. September	2019	1. Januar	2020
Norwegen*	18. Februar	2011	1. Juni	2011
Oman*	7. Juli	2020	1. November	2020

Vertragsstaaten	Ratifikation		Inkrafttreten	
Österreich*	28. August	2014	1. Dezember	2014
Pakistan*	14. Dezember	2016	1. Mai	2017
Panama*	16. März	2017	1. Juli	2017
Peru*	28. Mai	2018	1. September	2018
Polen*	22. Juni	2011	1. Oktober	2011
Portugal*	17. November	2014	1. März	2015
Rumänien*	11. Juli	2014	1. November	2014
Russland*†	4. März	2015	1. Juli	2015
Samoa*	31. August	2016	1. Dezember	2016
San Marino*	28. August	2015	1. Dezember	2015
Saudi-Arabien*	17. Dezember	2015	1. April	2016
Schweden*	27. Mai	2011	1. September	2011
Schweiz*	26. September	2016	1. Januar	2017
Senegal*	25. August	2016	1. Dezember	2016
Serbien*	30. August	2019	1. Dezember	2019
Seychellen*	25. Juni	2015	1. Oktober	2015
Singapur*	20. Januar	2016	1. Mai	2016
Slowakei*	21. November	2013	1. März	2014
Slowenien*	31. Januar	2011	1. Mai	2011
Spanien*	28. September	2012	1. Januar	2013
St. Kitts und Nevis*	25. August	2016	1. Dezember	2016
St. Lucia*	21. November	2016	1. März	2017
St. Vincent und die Grenadinen*	31. August	2016	1. Dezember	2016
Südafrika*	21. November	2013	1. März	2014
Tschechische Republik*	11. Oktober	2013	1. Februar	2014
Tunesien*	31. Oktober	2013	1. Februar	2014
Türkei*	26. März	2018	1. Juli	2018
Uganda*	26. Mai	2016	1. September	2016
Ukraine*	22. Mai	2013	1. September	2013
Ungarn*	7. November	2014	1. März	2015
Uruguay*	31. August	2016	1. Dezember	2016
Vanuatu*	23. August	2018	1. Dezember	2018
Vereinigte Arabische Emirate*	21. Mai	2018	1. September	2018
Vereinigtes Königreich*	30. Juni	2011	1. Oktober	2011
Anguilla*	1. März	2014	1. März	2014
Bermudas*	1. März	2014	1. März	2014
Britische Jungferninseln*	1. März	2014	1. März	2014
Gibraltar*	1. März	2014	1. März	2014
Guernsey*	1. August	2014	1. August	2014
Insel Man*	1. März	2014	1. März	2014
Jersey*	1. Juni	2014	1. Juni	2014
Kaimaninseln*	1. Januar	2014	1. Januar	2014
Montserrat*	1. Oktober	2013	1. Oktober	2013
Turks- und Caicosinseln*	1. Dezember	2013	1. Dezember	2013

† ☞ *Die Datenübermittlung an Russland ist derzeit suspendiert (Stand am 19.12.2022).*

Vertragsstaaten	Ratifikation	Inkrafttreten
Vereinigte Staaten[3]		
Zypern* **	19. Dezember 2014	1. April 2015

* Vorbehalte, Erklärungen.
** Einwendungen.
Vorbehalte, Erklärungen und Einwendungen werden in der AS nicht veröffentlicht, mit Ausnahme der Vorbehalte und Erklärungen der Schweiz. Die französischen und englischen Texte können auf der Internetseite des Europarates: www.coe.int > Deutsch > Mehr > Vertragsbüro > Gesamtverzeichnis eingesehen oder bei der Direktion für Völkerrecht, Sektion Staatsverträge, 3003 Bern, bezogen werden.

Vorbehalte und Erklärungen
Schweiz[4]

Vorbehalte zu Art. 2 Abs. 1, 11–17 und 28 Abs. 7 des Übereinkommens:

1. Gestützt auf Artikel 30 Absatz 1 Buchstabe a leistet die Schweiz keine Amtshilfe hinsichtlich Steuern, die unter eine der in Artikel 2 Absatz 1 Buchstabe b Ziffern ii bis iv des Übereinkommens aufgeführten Kategorien fallen.

2. Gestützt auf Artikel 30 Absatz 1 Buchstabe b leistet die Schweiz keine Amtshilfe bei der Vollstreckung von Steuerforderungen gemäss den Artikeln 11 bis 16 hinsichtlich Steuern, die in Artikel 2 Absatz 1 des Übereinkommens aufgeführt sind.

3. Gestützt auf Artikel 30 Absatz 1 Buchstabe c leistet die Schweiz keine Amtshilfe in Bezug auf Steuerforderungen, die im Zeitpunkt des Inkrafttretens des Übereinkommens für die Schweiz bestehen; bei der Rücknahme eines Vorbehalts gemäss den Ziffern 1 und 2 leistet die Schweiz keine Amtshilfe in Bezug auf Steuerforderungen, die im Zeitpunkt der Rücknahme des Vorbehalts hinsichtlich Steuern der betreffenden Kategorie bestehen.

4. Gestützt auf Artikel 30 Absatz 1 Buchstabe d leistet die Schweiz keine Amtshilfe bei der Zustellung von Schriftstücken gemäss Artikel 17 Absatz 1 des Übereinkommens im Zusammenhang mit Steuern, die in Artikel 2 Absatz 1 aufgelistet sind.

5. Gestützt auf Artikel 30 Absatz 1 Buchstabe f wendet die Schweiz Artikel 28 Absatz 7 des Übereinkommens nur an:
    a. wenn es einen Besteuerungszeitraum gibt, auf Amtshilfe im Zusammenhang mit Besteuerungszeiträumen, die am oder nach dem 1. Januar

---

[3] Ratifiziert wurde nur das Übereinkommen über die gegenseitige Amtshilfe in Steuersachen vom 25.1.1988. Der französische und englische Text können auf der Internetseite des Europarates eingesehen werden:
www.coe.int/fr/web/conventions/full-list/-/conventions/treaty/127
[4] BB vom 18. Dez. 2015 (AS **2016** 5059).

des dritten Jahres vor dem Jahr beginnen, in dem das Übereinkommen für eine Vertragspartei in Kraft getreten ist;

    b. wenn es keinen Besteuerungszeitraum gibt, auf Amtshilfe im Zusammenhang mit Steuerverbindlichkeiten, die am oder nach dem 1. Januar des dritten Jahres entstehen, das dem Jahr vorangeht, in dem das Übereinkommen für eine Vertragspartei in Kraft getreten ist.

Erklärungen zu Art. 4 Abs. 3 und 9 Abs. 3 des Übereinkommens:

1. Die zuständige Schweizer Behörde kann die betroffenen Personen unterrichten, bevor sie gemäss den Artikeln 5 und 7 Informationen über sie übermittelt.
2. Die Schweiz nimmt Ersuchen, dass Vertreter der zuständigen Behörde des ersuchenden Staates während Steuerprüfungen in der Schweiz anwesend sind, nicht an.

Mitteilungen:

1. Folgende Steuerkategorien sind für die Schweiz in Anlage A des Übereinkommens aufzulisten:

    a. Artikel 2 Absatz 1 Buchstabe a Ziffer i:
  - vom Bund erhobene Steuern vom Einkommen (Gesamteinkommen, Erwerbseinkommen, Vermögensertrag, Geschäftsertrag, Kapitalgewinn und andere Einkünfte);

    b. Artikel 2 Absatz 1 Buchstabe b Ziffer i:
  - von Kantonen und Gemeinden erhobene Steuern vom Einkommen (Gesamteinkommen, Erwerbseinkommen, Vermögensertrag, Geschäftsertrag, Kapitalgewinn und andere Einkünfte);
  - von Kantonen und Gemeinden erhobene Steuern vom Vermögen (Gesamtvermögen, bewegliches und unbewegliches Vermögen, Geschäftsvermögen, Kapital und Reserven und andere Vermögensteile).

2. Als zuständige Schweizer Behörde ist in Anlage B des Übereinkommens der «Vorsteher des Eidgenössischen Finanzdepartements oder sein Stellvertreter» aufzuführen (Wiederholung der Mitteilung der Schweiz vom 22. Januar 2016).

Erklärung zum zeitlichen Geltungsbereich für den Informationsaustausch gemäss der multilateralen Vereinbarung der zuständigen Behörden über den Austausch länderbezogener Berichte

1. Dezember 2017

In der Erwägung, dass die Schweiz beabsichtigt, ab 2018 die ersten länderbezogenen Berichte automatisch auszutauschen, und um sicherzustellen, dass sie in der Lage sein wird, diese Informationen gestützt auf Artikel 6 des Übereinkommens über die gegenseitige Amtshilfe in Steuersachen, geschehen am 25. Januar 1988 in Strassburg, in der durch das Änderungsprotokoll von 2010, geschehen am 27. Mai 2010 in Paris, geänderten Fassung (im Folgenden: das geänderte Übereinkommen) automatisch auszutauschen, hat die Schweiz am 27. Januar 2016[5] die Multilaterale Vereinbarung der zuständigen Behörden über den Austausch länderbezogener Berichte (im Folgenden: die Vereinbarung) unterzeichnet;

in der Erwägung, dass die Schweiz aufgrund der Vereinbarung rechtlich verpflichtet ist, die länderbezogenen Berichte für Besteuerungszeiträume, die am oder nach dem 1. Januar 2018 beginnen auszutauschen, oder, wenn es keinen Besteuerungszeitraum gibt, für die Amtshilfe im Zusammenhang mit Steuerverbindlichkeiten, die ab 2018 entstehen, und dass die Schweiz für die Besteuerungszeiträume 2016 und 2017 sowie für die 2016 oder 2017 entstandenen Steuerverbindlichkeiten nur freiwillig eingereichte länderbezogene Berichte austauschen wird;

in der Erwägung, dass das geänderte Übereinkommen gemäss dessen Artikel 28 Absatz 6 für die Amtshilfe im Zusammenhang mit Besteuerungszeiträumen gilt, die am oder nach dem 1. Januar des Jahres beginnen, das auf das Jahr folgt, in dem das geänderte Übereinkommen für eine Vertragspartei in Kraft getreten ist, oder, wenn es keinen Besteuerungszeitraum gibt, für die Amtshilfe im Zusammenhang mit Steuerverbindlichkeiten, die am oder nach dem 1. Januar des Jahres entstehen, das auf das Jahr folgt, in dem das geänderte Übereinkommen für eine Vertragspartei in Kraft getreten ist;

in der Erwägung, dass nach Artikel 28 Absatz 6 des geänderten Übereinkommens zwei oder mehr Vertragsparteien vereinbaren können, dass das geänderte Übereinkommen für die Amtshilfe im Zusammenhang mit früheren Besteuerungszeiträumen oder Steuerverbindlichkeiten gilt;

wissend, dass gemäss geändertem Übereinkommen Informationen nur für Besteuerungszeiträume oder Steuerverbindlichkeiten eines Empfängerstaates, auf den das geänderte Übereinkommen anwendbar ist, ausgetauscht werden dürfen, und demzufolge die Senderstaaten, für die das Übereinkommen in einem bestimmten Jahr in Kraft getreten ist, den Empfängerstaaten nur für die am oder nach dem 1. Januar des Folgejahres entstandenen Besteuerungszeiträume oder Steuerverbindlichkeiten Amtshilfe leisten dürfen;

in Anerkennung dessen, dass eine bestehende Vertragspartei des geänderten Übereinkommens von einer neuen Vertragspartei gestützt auf Artikel 6 des geänderten Übereinkommens sowie gestützt auf die Vereinbarung Informationen über Besteuerungszeiträume oder Steuerverbindlichkeiten aus der Zeit vor dem im geänderten Übereinkommen vorgesehenen Datum erhalten kann, wenn die beiden Vertragsparteien sich auf einen anderen zeitlichen Geltungsbereich geeinigt haben;

und in Anerkennung dessen, dass eine neue Vertragspartei des geänderten Übereinkommens einer bestehenden Vertragspartei gestützt auf Artikel 6 des geänderten Übereinkommens sowie gestützt auf die Vereinbarung Informationen über Besteuerungszeiträume oder Steuerverbindlichkeiten aus der Zeit vor dem im geänderten Übereinkommen vorgesehenen Datum senden kann, wenn die beiden Vertragsparteien sich auf einen anderen zeitlichen Geltungsbereich geeinigt haben;

---

[5] SR **0.654.1**

in Bestätigung der Tatsache, dass sich die Befugnis eines Staates, gestützt auf Artikel 6 des geänderten Übereinkommens sowie gestützt auf die Vereinbarung länderbezogene Berichte auszutauschen, nach den Bestimmungen der Vereinbarung, einschliesslich den darin genannten Meldezeiträumen des Senderstaates richtet, unabhängig von den Besteuerungszeiträumen oder den Steuerverbindlichkeiten des Empfängerstaates, auf die sich die Informationen beziehen;

erklärt die Schweiz, dass in Übereinstimmung mit den Bestimmungen der Vereinbarung das geänderte Übereinkommen auch Anwendung findet auf die Amtshilfe gemäss der Vereinbarung zwischen der Schweiz und den anderen Vertragsparteien des geänderten Übereinkommens, die ähnliche Erklärungen abgegeben haben, unabhängig von den Besteuerungszeiträumen oder den Steuerverbindlichkeiten des Empfängerstaates, auf die sich die Informationen beziehen.

1.5 Bundesgesetz über die internationale Amtshilfe in Steuersachen (Steueramtshilfegesetz, StAhiG)
SR 651.1

vom 28. September 2012 (Stand am 1. Januar 2022)

Die Bundesversammlung der Schweizerischen Eidgenossenschaft,
gestützt auf Artikel 173 Absatz 2 der Bundesverfassung[1], nach Einsicht in die Botschaft des Bundesrates vom 6. Juli 2011[2],
beschliesst:

☞ *Die zukünftige Änderung durch folgendes Gesetz ist mit einem Hinweis im Text integriert:*
- *BG vom 25.9.2020 über den Datenschutz (Totalrevision); in Kraft ab 1.9.2023*

1. Kapitel: Allgemeine Bestimmungen[3]

Art. 1 Gegenstand und Geltungsbereich

¹ Dieses Gesetz regelt den Vollzug der Amtshilfe beim Informationsaustausch auf Ersuchen sowie beim spontanen Informationsaustausch:[4] StAhiV 1 ff.
   a. nach den Abkommen zur Vermeidung der Doppelbesteuerung;
   b. nach anderen internationalen Abkommen, die einen auf Steuersachen bezogenen Informationsaustausch vorsehen.

² Vorbehalten sind die abweichenden Bestimmungen des im Einzelfall anwendbaren Abkommens.

Art. 2[5] Zuständigkeit

¹ Die Eidgenössische Steuerverwaltung (ESTV) ist für den Vollzug der Amtshilfe zuständig.

---

[1] SR **101**
[2] BBl **2011** 6193
[3] Fassung gemäss Anhang des BB vom 18. Dez. 2015 über die Genehmigung und die Umsetzung des Übereinkommens des Europarats und der OECD über die gegenseitige Amtshilfe in Steuersachen, in Kraft seit 1. Jan. 2017 (AS **2016** 5059; BBl **2015** 5585).
[4] Fassung gemäss Anhang des BB vom 18. Dez. 2015 über die Genehmigung und die Umsetzung des Übereinkommens des Europarats und der OECD über die gegenseitige Amtshilfe in Steuersachen, in Kraft seit 1. Jan. 2017 (AS **2016** 5059; BBl **2015** 5585).
[5] Fassung gemäss Anhang des BB vom 18. Dez. 2015 über die Genehmigung und die Umsetzung des Übereinkommens des Europarats und der OECD über die gegenseitige Amtshilfe in Steuersachen, in Kraft seit 1. Jan. 2017 (AS **2016** 5059; BBl **2015** 5585).

² Schweizerische Gerichte und die nach kantonalem oder kommunalem Recht zuständigen Steuerbehörden können einer Person in einem ausländischen Staat Schriftstücke unmittelbar durch die Post zustellen, wenn das anwendbare Abkommen dies zulässt.¹

Art. 3 Begriffe

In diesem Gesetz gelten als:

a.² *betroffene Person:* Person, über die im Amtshilfeersuchen Informationen verlangt werden, oder Person, deren Steuersituation Gegenstand des spontanen Informationsaustauschs ist;

b. *Informationsinhaberin oder Informationsinhaber:* Person, die in der Schweiz über die verlangten Informationen verfügt;

b^{bis}.³ *Informationsaustausch auf Ersuchen:* Austausch von Informationen gestützt auf ein Amtshilfeersuchen;

c.⁴ *Gruppenersuchen:* Amtshilfeersuchen, mit welchen Informationen über mehrere Personen verlangt werden, die nach einem identischen Verhaltensmuster vorgegangen sind und die anhand präziser Angaben identifizierbar sind; StAhiV 2 f.

d.⁵ *spontaner Informationsaustausch:* unaufgeforderter Austausch von bei der ESTV oder den kantonalen Steuerverwaltungen vorhandenen Informationen, die für die zuständige ausländische Behörde voraussichtlich von Interesse sind. StAhiV 5 ff.

Art. 4 Grundsätze

¹ ...⁶

² Das Amtshilfeverfahren wird zügig durchgeführt.

³ Die Übermittlung von Informationen zu Personen, die nicht betroffene Personen sind, ist unzulässig, wenn diese Informationen für die Beurteilung der Steuersituation der betroffenen Person nicht voraussichtlich relevant sind oder wenn berechtigte Interessen von Personen, die nicht betroffene Personen sind, das Interesse der ersuchenden Seite an der Übermittlung der Informationen überwiegen.⁷

---

¹ Eingefügt durch Ziff. I 3 des BG vom 21. Juni 2019 zur Umsetzung von Empfehlungen des Globalen Forums über Transparenz und Informationsaustausch für Steuerzwecke, in Kraft seit 1. Nov. 2019 (AS **2019** 3161; BBl **2019** 279).

² Fassung gemäss Anhang des BB vom 18. Dez. 2015 über die Genehmigung und die Umsetzung des Übereinkommens des Europarats und der OECD über die gegenseitige Amtshilfe in Steuersachen, in Kraft seit 1. Jan. 2017 (AS **2016** 5059; BBl **2015** 5585).

³ Eingefügt durch den Anhang des BB vom 18. Dez. 2015 über die Genehmigung und die Umsetzung des Übereinkommens des Europarats und der OECD über die gegenseitige Amtshilfe in Steuersachen, in Kraft seit 1. Jan. 2017 (AS **2016** 5059; BBl **2015** 5585).

⁴ Eingefügt durch Ziff. I des BG vom 21. März 2014, in Kraft seit 1. Aug. 2014 (AS **2014** 2309; BBl **2013** 8369).

⁵ Eingefügt durch den Anhang des BB vom 18. Dez. 2015 über die Genehmigung und die Umsetzung des Übereinkommens des Europarats und der OECD über die gegenseitige Amtshilfe in Steuersachen, in Kraft seit 1. Jan. 2017 (AS **2016** 5059; BBl **2015** 5585).

⁶ Aufgehoben durch den Anhang des BB vom 18. Dez. 2015 über die Genehmigung und die Umsetzung des Übereinkommens des Europarats und der OECD über die gegenseitige Amtshilfe in Steuersachen, mit Wirkung seit 1. Jan. 2017 (AS **2016** 5059; BBl **2015** 5585).

⁷ Fassung gemäss Anhang des BB vom 18. Dez. 2015 über die Genehmigung und die Umsetzung des Übereinkommens des Europarats und der OECD über die gegenseitige Amtshilfe in Steuersachen, in Kraft seit 1. Jan. 2017 (AS **2016** 5059; BBl **2015** 5585).

Art. 4a[1] **Elektronische Verfahren**

¹ Der Bundesrat kann die elektronische Durchführung von Verfahren nach diesem Gesetz vorschreiben. Dabei regelt er die Modalitäten der Durchführung.

² Die ESTV stellt bei der elektronischen Durchführung von Verfahren die Authentizität und Integrität der übermittelten Daten sicher.

³ Sie kann bei der elektronischen Einreichung von Eingaben, deren Unterzeichnung gesetzlich vorgeschrieben ist, anstelle der qualifizierten elektronischen Signatur eine andere elektronische Bestätigung der Angaben durch die eingebende Person anerkennen.

Art. 5 Anwendbares Verfahrensrecht

¹ Soweit dieses Gesetz nichts anderes bestimmt, ist das Verwaltungsverfahrensgesetz vom 20. Dezember 1968[2] (VwVG) anwendbar.

² Artikel 22a Absatz 1 VwVG über den Stillstand der Fristen ist nicht anwendbar.

Art. 5a[3] **Vereinbarungen über den Datenschutz**

Sieht das anwendbare Abkommen vor, dass die informierende Behörde Datenschutzbestimmungen bezeichnen kann, die von der empfangenden Behörde einzuhalten sind, so kann der Bundesrat Vereinbarungen über den Datenschutz abschliessen. Die einzuhaltenden Datenschutzbestimmungen müssen mindestens dem Schutzniveau des Bundesgesetzes vom 19. Juni 1992[4] über den Datenschutz entsprechen.

> ☞ *Art. 5a zweiter Satz wird gemäss BG vom 25.9.2020 über den Datenschutz (Totalrevision) per 1.9.2023 wie folgt geändert:*
>
> *... Die einzuhaltenden Datenschutzbestimmungen müssen mindestens dem Schutzniveau des Datenschutzgesetzes vom 25. September 2020 entsprechen.*

---

[1] Eingefügt durch Ziff. I 6 des BG vom 18. Juni 2021 über elektronische Verfahren im Steuerbereich, in Kraft seit 1. Jan. 2022 (AS **2021** 673; BBl **2020** 4705).
[2] SR **172.021**
[3] Eingefügt durch den Anhang des BB vom 18. Dez. 2015 über die Genehmigung und die Umsetzung des Übereinkommens des Europarats und der OECD über die gegenseitige Amtshilfe in Steuersachen, in Kraft seit 1. Jan. 2017 (AS **2016** 5059; BBl **2015** 5585).
[4] SR **235.1**

2. Kapitel: Informationsaustausch auf Ersuchen[1]

1. Abschnitt: Ausländische Amtshilfeersuchen[2]

Art. 6 Ersuchen

[1] Das Ersuchen eines ausländischen Staates muss schriftlich in einer schweizerischen Amtssprache oder in Englisch gestellt werden und die im anwendbaren Abkommen vorgesehenen Angaben enthalten.

[2] Enthält das anwendbare Abkommen keine Bestimmungen über den Inhalt eines Ersuchens und lässt sich aus dem Abkommen nichts anderes ableiten, so muss das Ersuchen folgende Angaben enthalten:

a. die Identität der betroffenen Person, wobei diese Identifikation auch auf andere Weise als durch Angabe des Namens und der Adresse erfolgen kann;
b. eine Beschreibung der verlangten Informationen sowie Angaben zur Form, in der der ersuchende Staat diese Informationen zu erhalten wünscht;
c. den Steuerzweck, für den die Informationen verlangt werden;
d. die Gründe zur Annahme, dass die verlangten Informationen sich im ersuchten Staat oder im Besitz oder unter der Kontrolle einer Informationsinhaberin oder eines Informationsinhabers befinden, die oder der im ersuchten Staat ansässig ist;
e. den Namen und die Adresse der mutmasslichen Informationsinhaberin oder des mutmasslichen Informationsinhabers, soweit bekannt;
f. die Erklärung, dass das Ersuchen den gesetzlichen und reglementarischen Vorgaben sowie der Verwaltungspraxis des ersuchenden Staates entspricht, sodass die ersuchende Behörde diese Informationen, wenn sie sich in ihrer Zuständigkeit befinden würden, in Anwendung ihres Rechts oder im ordentlichen Rahmen ihrer Verwaltungspraxis erhalten könnte;
g. die Erklärung, welche präzisiert, dass der ersuchende Staat die nach seinem innerstaatlichen Steuerverfahren üblichen Auskunftsquellen ausgeschöpft hat.

[2bis] Der Bundesrat bestimmt den erforderlichen Inhalt eines Gruppenersuchens.[3] StAhiV 3

[3] Sind die Voraussetzungen nach den Absätzen 1 und 2 nicht erfüllt, so teilt die ESTV dies der ersuchenden Behörde schriftlich mit und gibt ihr Gelegenheit, ihr Ersuchen schriftlich zu ergänzen.[4]

Art. 7 Nichteintreten

Auf das Ersuchen wird nicht eingetreten, wenn:

a. es zum Zweck der Beweisausforschung gestellt worden ist;
b. Informationen verlangt werden, die von den Amtshilfebestimmungen des anwendbaren Abkommens nicht erfasst sind; oder

---

[1] Eingefügt durch den Anhang des BB vom 18. Dez. 2015 über die Genehmigung und die Umsetzung des Übereinkommens des Europarats und der OECD über die gegenseitige Amtshilfe in Steuersachen, in Kraft seit 1. Jan. 2017 (AS **2016** 5059; BBl **2015** 5585).
[2] Fassung gemäss Anhang des BB vom 18. Dez. 2015 über die Genehmigung und die Umsetzung des Übereinkommens des Europarats und der OECD über die gegenseitige Amtshilfe in Steuersachen, in Kraft seit 1. Jan. 2017 (AS **2016** 5059; BBl **2015** 5585).
[3] Eingefügt durch Ziff. I des BG vom 21. März 2014, in Kraft seit 1. Aug. 2014 (AS **2014** 2309; BBl **2013** 8369).
[4] Fassung gemäss Ziff. I des BG vom 21. März 2014, in Kraft seit 1. Aug. 2014 (AS **2014** 2309; BBl **2013** 8369).

c. es den Grundsatz von Treu und Glauben verletzt, insbesondere wenn es auf Informationen beruht, die durch nach schweizerischem Recht strafbare Handlungen erlangt worden sind.

2. Abschnitt: Informationsbeschaffung[1]

Art. 8 Grundsätze

1 Zur Beschaffung von Informationen dürfen nur Massnahmen durchgeführt werden, die nach schweizerischem Recht zur Veranlagung und Durchsetzung der Steuern, die Gegenstand des Ersuchens sind, durchgeführt werden könnten.

2 Informationen, die sich im Besitz einer Bank, eines anderen Finanzinstituts, einer beauftragten oder bevollmächtigten Person, einer Treuhänderin oder eines Treuhänders befinden oder die sich auf Beteiligungen an einer Person beziehen, können verlangt werden, wenn das anwendbare Abkommen ihre Übermittlung vorsieht.

3 Die ESTV wendet sich zur Beschaffung der Informationen an die Personen und Behörden nach den Artikeln 9–12, von denen sie annehmen kann, dass sie über die Informationen verfügen.

4 Die ersuchende Behörde hat keinen Anspruch auf Akteneinsicht oder Anwesenheit bei den Verfahrenshandlungen in der Schweiz.

5 Die Kosten aus der Informationsbeschaffung werden nicht erstattet.

6 Anwältinnen und Anwälte, die nach dem Anwaltsgesetz vom 23. Juni 2000[2] (BGFA) zur Vertretung vor schweizerischen Gerichten berechtigt sind, können die Herausgabe von Unterlagen und Informationen verweigern, die durch das Anwaltsgeheimnis geschützt sind.

Art. 9 Beschaffung von Informationen bei der betroffenen Person

1 Ist die betroffene Person in der Schweiz beschränkt oder unbeschränkt steuerpflichtig, so verlangt die ESTV von ihr die Herausgabe der Informationen, die voraussichtlich für die Beantwortung des Ersuchens erforderlich sind. Sie setzt hierfür eine Frist.

2 Sie informiert die betroffene Person über den Inhalt des Ersuchens, soweit dies für die Informationsbeschaffung notwendig ist.

3 Die betroffene Person muss alle relevanten Informationen herausgeben, die sich in ihrem Besitz oder unter ihrer Kontrolle befinden.

4 Die ESTV führt Verwaltungsmassnahmen wie Buchprüfungen oder Augenscheine durch, soweit dies für die Beantwortung des Ersuchens erforderlich ist. Sie informiert die für die Veranlagung der betroffenen Person zuständige kantonale Steuerverwaltung über die Massnahmen und gibt ihr Gelegenheit, an deren Durchführung teilzunehmen.

5 …[3]

---

[1] Fassung gemäss Anhang des BB vom 18. Dez. 2015 über die Genehmigung und die Umsetzung des Übereinkommens des Europarats und der OECD über die gegenseitige Amtshilfe in Steuersachen, in Kraft seit 1. Jan. 2017 (AS **2016** 5059; BBl **2015** 5585).

[2] SR **935.61**

[3] Aufgehoben durch den Anhang des BB vom 18. Dez. 2015 über die Genehmigung und die Umsetzung des Übereinkommens des Europarats und der OECD über die gegenseitige Amtshilfe in Steuersachen, mit Wirkung seit 1. Jan. 2017 (AS **2016** 5059; BBl **2015** 5585).

Art. 10 Beschaffung von Informationen bei der Informationsinhaberin oder dem Informationsinhaber

¹ Die ESTV verlangt von der Informationsinhaberin oder dem Informationsinhaber die Herausgabe der Informationen, die voraussichtlich für die Beantwortung des Ersuchens erforderlich sind. Sie setzt hierfür eine Frist.

² Sie informiert die Informationsinhaberin oder den Informationsinhaber über den Inhalt des Ersuchens, soweit dies für die Informationsbeschaffung notwendig ist.

³ Die Informationsinhaberin oder der Informationsinhaber muss alle relevanten Informationen herausgeben, die sich in eigenem Besitz oder unter eigener Kontrolle befinden.

⁴ ...¹

Art. 11 Beschaffung von Informationen im Besitz der kantonalen Steuerverwaltungen

¹ Die ESTV verlangt von den zuständigen kantonalen Steuerverwaltungen die Übermittlung der Informationen, die voraussichtlich für die Beantwortung des Ersuchens erforderlich sind. Soweit notwendig, kann sie die Übermittlung des vollständigen Steuerdossiers verlangen.

² Sie übermittelt den kantonalen Steuerverwaltungen den vollständigen Inhalt des Ersuchens und setzt für die Übermittlung der Informationen eine Frist.

Art. 12 Beschaffung von Informationen im Besitz anderer schweizerischer Behörden

¹ Die ESTV verlangt von den Behörden des Bundes, der Kantone und der Gemeinden die Übermittlung der Informationen, die voraussichtlich für die Beantwortung des Ersuchens erforderlich sind.

² Sie informiert die Behörden über den wesentlichen Inhalt des Ersuchens und setzt für die Übermittlung eine Frist.

Art. 13 Zwangsmassnahmen

¹ Zwangsmassnahmen können angeordnet werden:
  a. wenn das schweizerische Recht die Durchführung von Zwangsmassnahmen vorsieht; oder
  b. zur Einforderung von Informationen nach Artikel 8 Absatz 2.

² Die ESTV kann zur Beschaffung von Informationen ausschliesslich folgende Zwangsmassnahmen anwenden:
  a. die Durchsuchung von Räumen oder von Gegenständen und Unterlagen in Schriftform oder auf Bild- oder Datenträgern;
  b. die Beschlagnahme von Gegenständen und Unterlagen in Schriftform oder auf Bild- oder Datenträgern;
  c. die polizeiliche Vorführung gehörig vorgeladener Zeuginnen und Zeugen.

---

¹ Aufgehoben durch den Anhang des BB vom 18. Dez. 2015 über die Genehmigung und die Umsetzung des Übereinkommens des Europarats und der OECD über die gegenseitige Amtshilfe in Steuersachen, mit Wirkung seit 1. Jan. 2017 (AS **2016** 5059; BBl **2015** 5585).

³ Die Zwangsmassnahmen sind vom Direktor oder von der Direktorin der ESTV oder von der zur Stellvertretung befugten Person anzuordnen.

⁴ Ist Gefahr im Verzug und kann eine Zwangsmassnahme nicht rechtzeitig angeordnet werden, so darf die mit dem Vollzug der Informationsbeschaffung betraute Person von sich aus eine Zwangsmassnahme durchführen. Diese Zwangsmassnahme hat nur Bestand, wenn sie vom Direktor oder von der Direktorin der ESTV oder von der zur Stellvertretung befugten Person innert drei Werktagen genehmigt wird.

⁵ Die Polizeibehörden der Kantone und Gemeinden sowie andere Behörden unterstützen die ESTV bei der Durchführung der Zwangsmassnahmen.

⁶ Die betroffenen kantonalen Steuerverwaltungen können an der Durchführung der Zwangsmassnahmen teilnehmen.

⁷ Im Übrigen sind die Artikel 42 sowie 45–50 Absätze 1 und 2 des Bundesgesetzes vom 22. März 1974¹ über das Verwaltungsstrafrecht anwendbar.

Art. 14 Information der beschwerdeberechtigten Personen

¹ Die ESTV informiert die betroffene Person über die wesentlichen Teile des Ersuchens.²

² Sie informiert die weiteren Personen, von deren Beschwerdeberechtigung nach Artikel 19 Absatz 2 sie aufgrund der Akten ausgehen muss, über das Amtshilfeverfahren.³

³ Ist eine Person nach Absatz 1 oder 2 (beschwerdeberechtigte Person) im Ausland ansässig, so ersucht die ESTV die Informationsinhaberin oder den Informationsinhaber, diese Person aufzufordern, in der Schweiz eine zur Zustellung bevollmächtigte Person zu bezeichnen. Sie setzt hierfür eine Frist.

⁴ Sie kann die im Ausland ansässige beschwerdeberechtigte Person direkt informieren, wenn:
a. es zulässig ist, Schriftstücke im betreffenden Staat durch die Post zuzustellen; oder
b. die ersuchende Behörde diesem Vorgehen im Einzelfall ausdrücklich zustimmt.⁴

⁵ Kann eine beschwerdeberechtigte Person nicht erreicht werden, so informiert die ESTV sie auf dem Weg der ersuchenden Behörde oder durch Veröffentlichung im Bundesblatt über das Ersuchen. Sie fordert sie auf, eine zur Zustellung bevollmächtigte Person zu bezeichnen. Sie setzt hierfür eine Frist von zehn Tagen.⁵

Art. 14a⁶ Information bei Gruppenersuchen

¹ Auf Verlangen der ESTV muss die Informationsinhaberin oder der Informationsinhaber die von einem Gruppenersuchen betroffenen Personen identifizieren.

---

1 SR **313.0**
2 Fassung gemäss Ziff. I des BG vom 21. März 2014, in Kraft seit 1. Aug. 2014 (AS **2014** 2309; BBl **2013** 8369).
3 Fassung gemäss Ziff. I des BG vom 21. März 2014, in Kraft seit 1. Aug. 2014 (AS **2014** 2309; BBl **2013** 8369).
4 Fassung gemäss Anhang des BB vom 18. Dez. 2015 über die Genehmigung und die Umsetzung des Übereinkommens des Europarats und der OECD über die gegenseitige Amtshilfe in Steuersachen, in Kraft seit 1. Jan. 2017 (AS **2016** 5059; BBl **2015** 5585).
5 Fassung des dritten Satzes gemäss Anhang des BB vom 18. Dez. 2015 über die Genehmigung und Umsetzung des Übereinkommens des Europarats und der OECD über die gegenseitige Amtshilfe in Steuersachen, in Kraft seit 1. Jan. 2017 (AS **2016** 5059; BBl **2015** 5585).
6 Eingefügt durch Ziff. I des BG vom 21. März 2014, in Kraft seit 1. Aug. 2014 (AS **2014** 2309; BBl **2013** 8369).

² Die ESTV informiert die beschwerdeberechtigten Personen mit Sitz oder Wohnsitz in der Schweiz über das Ersuchen.

³ Sie ersucht die Informationsinhaberin oder den Informationsinhaber darum, die beschwerdeberechtigten Personen mit Sitz oder Wohnsitz im Ausland über das Ersuchen zu informieren und sie gleichzeitig aufzufordern, eine zur Zustellung bevollmächtigte Person in der Schweiz zu bezeichnen.

³bis Sie kann die im Ausland ansässige beschwerdeberechtigte Person direkt informieren, wenn:

    a. es zulässig ist, Schriftstücke im betreffenden Staat durch die Post zuzustellen; oder
    b. die ersuchende Behörde diesem Vorgehen im Einzelfall ausdrücklich zustimmt.[1]

⁴ Sie informiert zudem die vom Gruppenersuchen betroffenen Personen ohne Namensnennung durch Publikation im Bundesblatt:

    a. über den Eingang und den Inhalt des Ersuchens;
    b.[2] über ihre Pflicht, der ESTV eine der folgenden Adressen anzugeben:
        1. ihre inländische Adresse, sofern sie ihren Sitz oder Wohnsitz in der Schweiz haben,
        2. ihre ausländische Adresse, sofern es zulässig ist, Schriftstücke im betreffenden Staat durch die Post zuzustellen, oder
        3. die Adresse einer zur Zustellung bevollmächtigten Person in der Schweiz;
    c. über das vereinfachte Verfahren nach Artikel 16; und
    d. darüber, dass eine Schlussverfügung für jede beschwerdeberechtigte Person erlassen wird, sofern diese nicht dem vereinfachten Verfahren zugestimmt hat.

⁵ Die Frist zur Angabe der Adresse nach Absatz 4 Buchstabe b beträgt 20 Tage. Sie beginnt am Tag nach der Publikation im Bundesblatt zu laufen.[3]

⁶ Kann die ESTV eine Schlussverfügung den beschwerdeberechtigten Personen nicht zustellen, so notifiziert sie diesen die Verfügung ohne Namensnennung durch Mitteilung im Bundesblatt. Die Beschwerdefrist beginnt am Tag nach der Notifikation im Bundesblatt zu laufen.

Art. 15 Mitwirkungsrecht und Akteneinsicht

¹ Die beschwerdeberechtigten Personen können sich am Verfahren beteiligen und Einsicht in die Akten nehmen.

² Soweit die ausländische Behörde Geheimhaltungsgründe hinsichtlich gewisser Aktenstücke glaubhaft macht, kann die ESTV einer beschwerdeberechtigten Person die Einsicht in die entsprechenden Aktenstücke nach Artikel 27 VwVG[4] verweigern.[5]

---

[1] Eingefügt durch den Anhang des BB vom 18. Dez. 2015 über die Genehmigung und die Umsetzung des Übereinkommens des Europarats und der OECD über die gegenseitige Amtshilfe in Steuersachen, in Kraft seit 1. Jan. 2017 (AS **2016** 5059; BBl **2015** 5585).

[2] Fassung gemäss Anhang des BB vom 18. Dez. 2015 über die Genehmigung und die Umsetzung des Übereinkommens des Europarats und der OECD über die gegenseitige Amtshilfe in Steuersachen, in Kraft seit 1. Jan. 2017 (AS **2016** 5059; BBl **2015** 5585).

[3] Fassung gemäss Anhang des BB vom 18. Dez. 2015 über die Genehmigung und die Umsetzung des Übereinkommens des Europarats und der OECD über die gegenseitige Amtshilfe in Steuersachen, in Kraft seit 1. Jan. 2017 (AS **2016** 5059; BBl **2015** 5585).

[4] SR **172.021**

[5] Fassung gemäss Ziff. I des BG vom 21. März 2014, in Kraft seit 1. Aug. 2014 (AS **2014** 2309; BBl **2013** 8369).

3. Abschnitt: Verfahren[1]

Art. 16 Vereinfachtes Verfahren

1 Stimmen die beschwerdeberechtigten Personen der Übermittlung der Informationen an die ersuchende Behörde zu, so teilen sie dies der ESTV schriftlich mit. Diese Zustimmung ist unwiderruflich.

2 Die ESTV schliesst das Verfahren ab, indem sie die Informationen unter Hinweis auf die Zustimmung der beschwerdeberechtigten Personen an die ersuchende Behörde übermittelt.

3 Betrifft die Zustimmung nur einen Teil der Informationen, so wird für die übrigen Informationen das ordentliche Verfahren durchgeführt.

Art. 17 Ordentliches Verfahren

1 Die ESTV eröffnet jeder beschwerdeberechtigten Person eine Schlussverfügung, in der die Amtshilfeleistung begründet und der Umfang der zu übermittelnden Informationen bestimmt werden.

2 Informationen, die voraussichtlich nicht erheblich sind, dürfen nicht übermittelt werden. Sie werden von der ESTV ausgesondert oder unkenntlich gemacht.

3 Einer im Ausland ansässigen beschwerdeberechtigten Person eröffnet die ESTV die Schlussverfügung über die zur Zustellung bevollmächtigte Person oder direkt, sofern es zulässig ist, Schriftstücke im betreffenden Staat durch die Post zuzustellen. Andernfalls eröffnet sie die Verfügung durch Veröffentlichung im Bundesblatt.[2]

4 Über den Erlass und den Inhalt der Schlussverfügung informiert sie gleichzeitig die betroffenen kantonalen Steuerverwaltungen.

Art. 18 Kosten StAhiV 4

1 Die Amtshilfeersuchen werden ohne Kostenauferlegung ausgeführt.

2 Die ESTV kann Kosten, die ihr im Zusammenhang mit dem Informationsaustausch erwachsen, der betroffenen Person, der Informationsinhaberin oder dem Informationsinhaber ganz oder teilweise auferlegen, wenn:

a. die Kosten einen ausserordentlichen Umfang erreichen; und
b. die betroffene Person, die Informationsinhaberin oder der Informationsinhaber durch eigenes Fehlverhalten wesentlich zur Entstehung der Kosten beigetragen hat.

3 Der Bundesrat umschreibt die Voraussetzungen nach Absatz 2 näher und regelt die Einzelheiten.

---

[1] Fassung gemäss Anhang des BB vom 18. Dez. 2015 über die Genehmigung und die Umsetzung des Übereinkommens des Europarats und der OECD über die gegenseitige Amtshilfe in Steuersachen, in Kraft seit 1. Jan. 2017 (AS **2016** 5059; BBl **2015** 5585).

[2] Fassung gemäss Anhang des BB vom 18. Dez. 2015 über die Genehmigung und die Umsetzung des Übereinkommens des Europarats und der OECD über die gegenseitige Amtshilfe in Steuersachen, in Kraft seit 1. Jan. 2017 (AS **2016** 5059; BBl **2015** 5585).

Art. 18a[1] Verstorbene Personen

Amtshilfe kann betreffend verstorbene Personen geleistet werden. Deren Rechtsnachfolgerinnen und Rechtsnachfolger erhalten Parteistellung.

Art. 19 Beschwerdeverfahren

¹ Jede der Schlussverfügung vorangehende Verfügung, einschliesslich einer Verfügung über Zwangsmassnahmen, ist sofort vollstreckbar und kann nur zusammen mit der Schlussverfügung angefochten werden.

² Zur Beschwerde berechtigt sind die betroffene Person sowie weitere Personen unter den Voraussetzungen von Artikel 48 VwVG[2].

³ Die Beschwerde hat aufschiebende Wirkung. Artikel 55 Absätze 2–4 VwVG ist anwendbar.

⁴ Es findet grundsätzlich nur ein Schriftenwechsel statt.

⁵ Im Übrigen gelten die Bestimmungen über die Bundesrechtspflege.

Art. 20 Abschluss des Verfahrens

¹ Ist die Schlussverfügung oder der Beschwerdeentscheid rechtskräftig geworden, so übermittelt die ESTV die zum Austausch bestimmten Informationen an die ersuchende Behörde.

² Sie weist die ersuchende Behörde auf die Einschränkung der Verwendbarkeit der übermittelten Informationen sowie auf die Geheimhaltungspflichten nach den Amtshilfebestimmungen des anwendbaren Abkommens hin.

³ Sieht das anwendbare Abkommen vor, dass die im Rahmen des Amtshilfeverfahrens erhaltenen Informationen auch für andere Zwecke als für Steuerzwecke verwendet oder an einen Drittstaat weitergeleitet werden dürfen, sofern die zuständige Behörde des ersuchten Staates dieser Verwendung oder Weiterleitung zustimmt, so erteilt die ESTV nach entsprechender Prüfung ihre Zustimmung.[3] Sollen die erhaltenen Informationen an Strafbehörden weitergeleitet werden, so erteilt die ESTV die Zustimmung im Einvernehmen mit dem Bundesamt für Justiz.

Art. 21 Verwendung der Informationen zur Durchsetzung des schweizerischen Steuerrechts

¹ Zur Durchsetzung des schweizerischen Steuerrechts dürfen nur die der ersuchenden Behörde übermittelten Informationen verwendet werden.

² Bankinformationen dürfen nur weiterverwendet werden, soweit sie nach schweizerischem Recht hätten beschafft werden können.

---

[1] Eingefügt durch Ziff. I 3 des BG vom 21. Juni 2019 zur Umsetzung von Empfehlungen des Globalen Forums über Transparenz und Informationsaustausch für Steuerzwecke, in Kraft seit 1. Nov. 2019 (AS **2019** 3161; BBl **2019** 279).

[2] SR **172.021**

[3] Fassung gemäss Anhang des BB vom 18. Dez. 2015 über die Genehmigung und die Umsetzung des Übereinkommens des Europarats und der OECD über die gegenseitige Amtshilfe in Steuersachen, in Kraft seit 1. Jan. 2017 (AS **2016** 5059; BBl **2015** 5585).

³ Wurden die Informationen aufgrund der Mitwirkungspflicht einer Person erlangt, so dürfen sie in einem Strafverfahren gegen diese Person nur verwendet werden, wenn die Person zustimmt oder die Informationen auch ohne ihre Mitwirkung hätten erlangt werden können.

Art. 21a[1] Verfahren mit nachträglicher Information der beschwerdeberechtigten Personen[2]

¹ Die ESTV informiert die beschwerdeberechtigten Personen ausnahmsweise erst nach Übermittlung der Informationen mittels Verfügung über ein Ersuchen, wenn die ersuchende Behörde glaubhaft macht, dass der Zweck der Amtshilfe und der Erfolg ihrer Untersuchung durch die vorgängige Information vereitelt würde.

² Wird gegen die Verfügung Beschwerde erhoben, so kann lediglich die Feststellung der Rechtswidrigkeit verlangt werden.

³ Die ESTV informiert die Informationsinhaberinnen, Informationsinhaber und Behörden, denen das Ersuchen zur Kenntnis gebracht wurde, über den Informationsaufschub. Diese Personen und Behörden dürfen die beschwerdeberechtigten Personen bis zu deren nachträglicher Information nicht über das Ersuchen informieren.

⁴ und ⁵ ...[3]

4. Abschnitt: Schweizerische Amtshilfeersuchen[4]

Art. 22

¹ Die interessierten Steuerbehörden richten ihr Ersuchen um internationale Amtshilfe an die ESTV.

² Die ESTV prüft das Ersuchen und entscheidet, ob die Voraussetzungen nach den Amtshilfebestimmungen des anwendbaren Abkommens erfüllt sind. Sind die Voraussetzungen nicht erfüllt, so teilt sie dies der ersuchenden Behörde schriftlich mit und gibt ihr Gelegenheit, ihr Ersuchen schriftlich zu ergänzen.

³ Die ESTV leitet das Ersuchen an die zuständige ausländische Behörde weiter und begleitet das Amtshilfeverfahren bis zu seinem Abschluss.

⁴ Gegen schweizerische Ersuchen um internationale Amtshilfe kann keine Beschwerde erhoben werden.

⁵ Die ESTV leitet die aus dem Ausland erhaltenen Informationen an die interessierten Steuerbehörden weiter und verweist gleichzeitig auf die Einschränkungen bei deren Verwendung und die Geheimhaltungspflichten nach den Amtshilfebestimmungen des anwendbaren Abkommens.

---

1 Eingefügt durch Ziff. I des BG vom 21. März 2014, in Kraft seit 1. Aug. 2014 (AS **2014** 2309; BBl **2013** 8369).
2 Eingefügt durch den Anhang des BB vom 18. Dez. 2015 über die Genehmigung und die Umsetzung des Übereinkommens des Europarats und der OECD über die gegenseitige Amtshilfe in Steuersachen, in Kraft seit 1. Jan. 2017 (AS **2016** 5059; BBl **2015** 5585).
3 Aufgehoben durch den Anhang des BB vom 18. Dez. 2015 über die Genehmigung und die Umsetzung des Übereinkommens des Europarats und der OECD über die gegenseitige Amtshilfe in Steuersachen, mit Wirkung seit 1. Jan. 2017 (AS **2016** 5059; BBl **2015** 5585).
4 Fassung gemäss Anhang des BB vom 18. Dez. 2015 über die Genehmigung und die Umsetzung des Übereinkommens des Europarats und der OECD über die gegenseitige Amtshilfe in Steuersachen, in Kraft seit 1. Jan. 2017 (AS **2016** 5059; BBl **2015** 5585).

5ᵇⁱˢ Die ESTV prüft, ob die aus dem Ausland erhaltenen Informationen für weitere schweizerische Behörden von Interesse sind, und leitet die Informationen an diese weiter, sofern dies nach dem anwendbaren Abkommen zulässig und nach schweizerischem Recht vorgesehen ist. Sie holt gegebenenfalls die Zustimmung der zuständigen Behörde des ersuchten Staates ein.[1]

6 Amtshilfeersuchen zu Bankinformationen dürfen nur gestellt werden, soweit diese Informationen nach schweizerischem Recht beschafft werden könnten.

7 Absatz 6 gilt nicht in Bezug auf Staaten, von denen die Schweiz Informationen ohne vorgängiges Ersuchen erhalten kann.[2]

3. Kapitel:[3] Spontaner Informationsaustausch   B108

Art. 22a Grundsätze

1 Der Bundesrat regelt die Pflichten im Zusammenhang mit dem spontanen Informationsaustausch im Einzelnen. Er orientiert sich dabei an den internationalen Standards und an der Praxis anderer Staaten. StAhiV 5 ff.

2 Die ESTV und die kantonalen Steuerverwaltungen treffen die notwendigen Massnahmen, damit die Fälle identifiziert werden, in denen spontan Informationen auszutauschen sind.

3 Die kantonalen Steuerverwaltungen stellen der ESTV die zur Übermittlung an die zuständigen ausländischen Behörden vorgesehenen Informationen unaufgefordert und fristgerecht zu.

4 Die ESTV prüft diese Informationen und entscheidet, welche Informationen übermittelt werden.

5 Das Eidgenössische Finanzdepartement (EFD) kann Weisungen erlassen; insbesondere kann es den kantonalen Steuerverwaltungen die Verwendung bestimmter Formulare vorschreiben und verlangen, dass gewisse Formulare ausschliesslich in elektronischer Form eingereicht werden.

Art. 22b Information der beschwerdeberechtigten Personen

1 Die ESTV informiert die betroffene Person und weitere Personen, von deren Beschwerdeberechtigung nach Artikel 48 VwVG[4] sie aufgrund der Akten ausgehen muss, über den vorgesehenen spontanen Informationsaustausch.

---

[1] Eingefügt durch den Anhang des BB vom 18. Dez. 2015 über die Genehmigung und die Umsetzung des Übereinkommens des Europarats und der OECD über die gegenseitige Amtshilfe in Steuersachen, in Kraft seit 1. Jan. 2017 (AS **2016** 5059; BBl **2015** 5585).

[2] Eingefügt durch Art. 40 des BG vom 18. Dez. 2015 über den internationalen automatischen Informationsaustausch in Steuersachen (AS **2016** 1297; BBl **2015** 5437). Fassung gemäss Anhang des BB vom 18. Dez. 2015 über die Genehmigung und die Umsetzung des Übereinkommens des Europarats und der OECD über die gegenseitige Amtshilfe in Steuersachen, in Kraft seit 1. Jan. 2017 (AS **2016** 5059; BBl **2015** 5585).

[3] Eingefügt durch den Anhang des BB vom 18. Dez. 2015 über die Genehmigung und die Umsetzung des Übereinkommens des Europarats und der OECD über die gegenseitige Amtshilfe in Steuersachen, in Kraft seit 1. Jan. 2017 (AS **2016** 5059; BBl **2015** 5585).

[4] SR **172.021**

² Sie informiert diese Personen ausnahmsweise erst nach dem spontanen Informationsaustausch über dessen Durchführung, wenn der Zweck der Amtshilfe und der Erfolg einer Untersuchung durch die vorgängige Information vereitelt würden. Im Übrigen gilt Artikel 21a Absätze 2 und 3 sinngemäss.

³ Kann eine beschwerdeberechtigte Person nicht erreicht werden, so informiert die ESTV sie durch Veröffentlichung im Bundesblatt über die vorgesehene Übermittlung von Informationen. Sie fordert sie auf, eine zur Zustellung bevollmächtigte Person zu bezeichnen. Sie setzt hierfür eine Frist.

Art. 22c Mitwirkungsrecht und Akteneinsicht der beschwerdeberechtigten Personen

Für das Mitwirkungsrecht und die Akteneinsicht gilt Artikel 15 sinngemäss.

Art. 22d Verfahren

Für die Verfahren gelten die Artikel 16, 17, 19 und 20 sinngemäss.

Art. 22e Vom Ausland spontan übermittelte Informationen

¹ Die ESTV leitet Informationen, die ihr andere Staaten spontan übermittelt haben, zur Anwendung und Durchsetzung des schweizerischen Steuerrechts den interessierten Steuerbehörden weiter. Sie weist diese Behörden auf die Einschränkungen bei der Verwendung der übermittelten Informationen sowie auf die Geheimhaltungspflichten nach den Amtshilfebestimmungen des anwendbaren Abkommens hin.

² Sie leitet die von einem anderen Staat spontan übermittelten Informationen weiteren schweizerischen Behörden, für die die Informationen von Interesse sind, weiter, sofern dies nach dem anwendbaren Abkommen zulässig und nach schweizerischem Recht vorgesehen ist. Sie holt gegebenenfalls die Zustimmung der zuständigen Behörde des informierenden Staates ein.

4. Kapitel:[1] Datenbearbeitung, Schweigepflicht und Statistik

Art. 22f Datenbearbeitung

Die ESTV kann zur Erfüllung ihrer Aufgaben nach den anwendbaren Abkommen und diesem Gesetz Personendaten, einschliesslich Personendaten über administrative und strafrechtliche Verfolgungen und Sanktionen in Steuersachen, bearbeiten.

Art. 22g Informationssystem

¹ Die ESTV betreibt ein Informationssystem zur Bearbeitung von Personendaten, einschliesslich Personendaten über administrative und strafrechtliche Verfolgungen und Sanktionen in Steuersachen, die sie gestützt auf die anwendbaren Abkommen und dieses Gesetz erhalten hat.

² Die Daten dürfen nur durch Mitarbeiter und Mitarbeiterinnen der ESTV oder durch von der ESTV kontrollierte Fachpersonen bearbeitet werden.

---

[1] Eingefügt durch den Anhang des BB vom 18. Dez. 2015 über die Genehmigung und die Umsetzung des Übereinkommens des Europarats und der OECD über die gegenseitige Amtshilfe in Steuersachen, in Kraft seit 1. Jan. 2017 (AS 2016 5059; BBl 2015 5585).

³ Das Informationssystem dient der ESTV zur Erfüllung ihrer Aufgaben nach den anwendbaren Abkommen und diesem Gesetz. Es darf namentlich verwendet werden, um:

a. Informationen nach Massgabe der anwendbaren Abkommen und des schweizerischen Rechts zu empfangen und weiterzuleiten;
b. Rechtsverfahren im Zusammenhang mit den anwendbaren Abkommen und diesem Gesetz zu bearbeiten;
c. administrative und strafrechtliche Sanktionen zu verhängen und zu vollstrecken;
d. Amts- und Rechtshilfeersuchen zu bearbeiten;
e. die Begehung von Steuerdelikten zu bekämpfen;
f. Statistiken zu erstellen.

³bis Die ESTV kann den schweizerischen Steuerbehörden, denen sie vom Ausland spontan übermittelte Informationen weiterleitet, im Abrufverfahren Zugriff auf die Daten im Informationssystem gewähren, die diese zur Erfüllung ihrer gesetzlichen Aufgaben benötigen.[1]

⁴ Der Bundesrat legt die Einzelheiten fest, insbesondere über:

a. die Organisation und Führung des Informationssystems;
b. die Kategorien der bearbeiteten Personendaten;
c. den Katalog der Daten über administrative und strafrechtliche Verfolgungen und Sanktionen;
d. die Zugriffs- und Bearbeitungsberechtigungen;
e. die Dauer der Aufbewahrung, die Archivierung und die Vernichtung der Daten.

Art. 22h Geheimhaltungspflicht

¹ Wer mit dem Vollzug eines anwendbaren Abkommens und dieses Gesetzes betraut ist oder zu deren Vollzug beigezogen wird, hat gegenüber anderen Amtsstellen und Privaten über die in Ausübung dieser Tätigkeit gemachten Wahrnehmungen Stillschweigen zu bewahren.

² Keine Geheimhaltungspflicht besteht:

a. bei der Übermittlung von Informationen und bei Bekanntmachungen nach dem anwendbaren Abkommen und diesem Gesetz;
b. gegenüber Organen der Rechtspflege und der Verwaltung, die das EFD ermächtigt hat, im Einzelfall amtliche Auskünfte bei den mit dem Vollzug dieses Gesetzes betrauten Behörden einzuholen;
c. soweit das anwendbare Abkommen die Aufhebung der Geheimhaltungspflicht zulässt und im schweizerischen Recht eine gesetzliche Grundlage für diese Aufhebung besteht.

Art. 22i Statistiken

¹ Die ESTV veröffentlicht die für die Länderüberprüfung des Global Forum über Transparenz und Informationsaustausch für Steuerzwecke erforderlichen Statistiken.

---

[1] Eingefügt durch Ziff. I 3 des BG vom 21. Juni 2019 zur Umsetzung von Empfehlungen des Globalen Forums über Transparenz und Informationsaustausch für Steuerzwecke, in Kraft seit 1. Nov. 2019 (AS **2019** 3161; BBl **2019** 279).

² Es besteht kein Recht auf Zugang zu weiter gehenden als den nach Absatz 1 veröffentlichten Informationen.

4a. Kapitel:[1] Transparenz von Rechtseinheiten mit Hauptsitz im Ausland und tatsächlicher Verwaltung in der Schweiz   D14

Art. 22i[bis]

Hat eine Rechtseinheit mit Hauptsitz im Ausland ihre tatsächliche Verwaltung in der Schweiz, so muss sie am Ort der tatsächlichen Verwaltung ein Verzeichnis ihrer Inhaberinnen und Inhaber führen. Das Verzeichnis muss den Vor- und den Nachnamen oder die Firma sowie die Adresse dieser Personen enthalten.

5. Kapitel:[2] Strafbestimmungen

Art. 22j   Widerhandlungen gegen behördliche Anordnungen

Leistet die betroffene Person, der Informationsinhaber oder die Informationsinhaberin einer von der ESTV unter Hinweis auf die Strafdrohung dieser Bestimmung ergangenen vollstreckbaren Verfügung zur Herausgabe der Informationen nach Artikel 9 oder 10 vorsätzlich nicht Folge, so wird er oder sie mit Busse bis zu 10 000 Franken bestraft.

Art. 22k   Verstoss gegen das Informationsverbot

Mit Busse bis zu 10 000 Franken wird bestraft, wer vorsätzlich oder fahrlässig gegen das Informationsverbot nach Artikel 21*a* Absatz 3 verstösst.

Art. 22l   Verfahren

¹ Für die Verfolgung und Beurteilung von Widerhandlungen gegen dieses Gesetz ist das Bundesgesetz vom 22. März 1974[3] über das Verwaltungsstrafrecht anwendbar.

² Verfolgende und urteilende Behörde ist die ESTV.

6. Kapitel: Schlussbestimmungen[4]

Art. 23   Änderung bisherigen Rechts

Die Änderung bisherigen Rechts wird im Anhang geregelt.

---

[1] Eingefügt durch Ziff. I 3 des BG vom 21. Juni 2019 zur Umsetzung von Empfehlungen des Globalen Forums über Transparenz und Informationsaustausch für Steuerzwecke, in Kraft seit 1. Nov. 2019 (AS **2019** 3161; BBl **2019** 279).

[2] Eingefügt durch den Anhang des BB vom 18. Dez. 2015 über die Genehmigung und die Umsetzung des Übereinkommens des Europarats und der OECD über die gegenseitige Amtshilfe in Steuersachen, in Kraft seit 1. Jan. 2017 (AS **2016** 5059; BBl **2015** 5585).

[3] SR **313.0**

[4] Fassung gemäss Anhang des BB vom 18. Dez. 2015 über die Genehmigung und die Umsetzung des Übereinkommens des Europarats und der OECD über die gegenseitige Amtshilfe in Steuersachen, in Kraft seit 1. Jan. 2017 (AS **2016** 5059; BBl **2015** 5585).

Art. 24 Übergangsbestimmung

Die Ausführungsbestimmungen, die sich auf den Bundesbeschluss vom 22. Juni 1951[1] über die Durchführung von zwischenstaatlichen Abkommen des Bundes zur Vermeidung der Doppelbesteuerung stützen, gelten weiter für die Amtshilfeersuchen, die beim Inkrafttreten dieses Gesetzes bereits eingereicht waren.

Art. 24a[2] Übergangsbestimmungen zur Änderung vom 21. März 2014

1 Die Artikel 6 Absatz 2bis und 14a gelten für Gruppenersuchen, die seit dem 1. Februar 2013 eingereicht worden sind.

2 Die Artikel 14 Absätze 1 und 2, 15 Absatz 2 sowie 21a der Änderung vom 21. März 2014 des vorliegenden Gesetzes gelten auch für Amtshilfeersuchen, die im Zeitpunkt des Inkrafttretens der Änderung vom 21. März 2014 bereits eingereicht waren.

Art. 25 Inkrafttreten

1 Dieses Gesetz untersteht dem fakultativen Referendum.

2 Der Bundesrat bestimmt das Inkrafttreten.

Datum des Inkrafttretens: 1. Februar 2013[3]

---

[1] SR **672**.2
[2] Eingefügt durch Ziff. I des BG vom 21. März 2014, in Kraft seit 1. Aug. 2014 (AS **2014** 2309; BBl **2013** 8369).
[3] BRB vom 16. Jan. 2013

1.5.1 Verordnung über die internationale Amtshilfe in Steuersachen (Steueramtshilfeverordnung, StAhiV)
SR 651.11

vom 23. November 2016 (Stand am 1. Januar 2017)

Der Schweizerische Bundesrat,

gestützt auf die Artikel 6 Absatz 2bis, 18 Absatz 3 und 22*a* Absatz 1 des Steueramtshilfegesetzes vom 28. September 2012[1] (StAhiG),

verordnet:

1. Abschnitt: Gegenstand

Art. 1

Diese Verordnung regelt den Vollzug der internationalen Amtshilfe in Steuersachen beim Informationsaustausch auf Ersuchen sowie beim spontanen Informationsaustausch.

2. Abschnitt: Informationsaustausch auf Ersuchen

Art. 2 Gruppenersuchen

¹ Gruppenersuchen nach Artikel 3 Buchstabe c StAhiG sind zulässig für Informationen über Sachverhalte, welche die Zeit seit dem 1. Februar 2013 betreffen.

² Vorbehalten sind die abweichenden Bestimmungen des im Einzelfall anwendbaren Abkommens.

Art. 3 Inhalt eines Gruppenersuchens

¹ Ein Gruppenersuchen muss folgende Angaben enthalten:

a. eine detaillierte Umschreibung der Gruppe und der dem Ersuchen zugrunde liegenden Tatsachen und Umstände;
b. eine Beschreibung der verlangten Informationen sowie Angaben zur Form, in der der ersuchende Staat diese Informationen zu erhalten wünscht;
c. den Steuerzweck, für den die Informationen verlangt werden;
d. die Gründe zur Annahme, dass die verlangten Informationen sich im ersuchten Staat oder im Besitz oder unter der Kontrolle einer Informationsinhaberin oder eines Informationsinhabers befinden, die oder der im ersuchten Staat ansässig ist;
e. soweit bekannt, den Namen und die Adresse der mutmasslichen Informationsinhaberin oder des mutmasslichen Informationsinhabers;

---

[1] SR **651.1**

f. eine Erläuterung des anwendbaren Rechts;
g. eine klare und auf Tatsachen gestützte Begründung der Annahme, dass die Steuerpflichtigen der Gruppe, über welche die Informationen verlangt werden, das anwendbare Recht nicht eingehalten haben;
h. eine Darlegung, dass die verlangten Informationen helfen würden, die Rechtskonformität der Steuerpflichtigen der Gruppe zu bestimmen;
i. sofern die Informationsinhaberin oder der Informationsinhaber oder eine andere Drittpartei aktiv zum nicht rechtskonformen Verhalten der Steuerpflichtigen der Gruppe beigetragen hat, eine Darlegung dieses Beitrages;
j. die Erklärung, dass das Ersuchen den gesetzlichen und reglementarischen Vorgaben sowie der Verwaltungspraxis des ersuchenden Staates entspricht, sodass die ersuchende Behörde diese Informationen, wenn sie sich in ihrer Zuständigkeit befinden würden, in Anwendung ihres Rechts oder im ordentlichen Rahmen ihrer Verwaltungspraxis erhalten könnte;
k. die Erklärung, dass der ersuchende Staat die nach seinem innerstaatlichen Steuerverfahren üblichen Auskunftsquellen ausgeschöpft hat.

² Sind diese Voraussetzungen nicht erfüllt, so teilt die Eidgenössische Steuerverwaltung (ESTV) dies der ersuchenden Behörde schriftlich mit und gibt ihr Gelegenheit, ihr Ersuchen schriftlich zu ergänzen.

Art. 4 Kosten

¹ Kosten von ausserordentlichem Umfang liegen insbesondere vor, wenn sie auf Ersuchen zurückzuführen sind, die einen überdurchschnittlichen Aufwand verursacht haben, besonders schwierig zu bearbeiten oder dringlich waren.

² Die Kosten setzen sich zusammen aus:

a. den direkten Personalkosten;
b. den direkten Arbeitsplatzkosten;
c. einem Zuschlag von 20 Prozent auf den direkten Personalkosten zur Deckung der Gemeinkosten;
d. den direkten Material- und Betriebskosten;
e. den Auslagen.

³ Die Auslagen setzen sich zusammen aus:

a. den Reise- und Transportkosten;
b. den Kosten für beigezogene Dritte.

⁴ Soweit diese Verordnung keine besondere Regelung enthält, gelten die Bestimmungen der Allgemeinen Gebührenverordnung vom 8. September 2004[1].

---

[1] SR 172.041.1

3. Abschnitt: Spontaner Informationsaustausch

Art. 5 Ausnahmen für Bagatellfälle

¹ Vom spontanen Informationsaustausch können Bagatellfälle ausgenommen werden.

² Als Bagatellfälle gelten insbesondere Fälle, in denen die steuerlich relevanten Beträge und die potenziellen Steuererträge des Empfängerstaates in einem offensichtlichen Missverhältnis zum Aufwand für den spontanen Informationsaustausch stehen.

Art. 6 Zusammenarbeit der Behörden

Das Staatssekretariat für internationale Finanzfragen (SIF), die ESTV und die kantonalen Steuerverwaltungen arbeiten zusammen, um einen schweizweit einheitlichen spontanen Informationsaustausch zu gewährleisten.

Art. 7 Organisationseinheiten für den spontanen Informationsaustausch

¹ Die ESTV und die kantonalen Steuerverwaltungen bezeichnen die für den spontanen Informationsaustausch zuständigen Organisationseinheiten.

² Die Organisationseinheiten stellen die Verbindung mit der für den Informationsaustausch in Steuersachen zuständigen Abteilung der ESTV (zuständige Abteilung der ESTV) sowie die Durchführung des spontanen Informationsaustauschs in ihrer Steuerverwaltung sicher.

Art. 8 Steuervorbescheid: Definition B108

Als Steuervorbescheid gilt eine Auskunft, Bestätigung oder Zusicherung einer Steuerverwaltung:
a. die diese einer steuerpflichtigen Person gegeben hat;
b. die die steuerlichen Folgen eines von der steuerpflichtigen Person dargelegten Sachverhalts betrifft; und
c. auf die sich die steuerpflichtige Person berufen kann.

Art. 9 Steuervorbescheid: Verpflichtung zum spontanen Informationsaustausch

¹ Ein spontaner Informationsaustausch ist durchzuführen, sofern ein Steuervorbescheid:
a. Sachverhalte nach Artikel 28 Absätze 2–4 des Bundesgesetzes vom 14. Dezember 1990[1] über die Harmonisierung der direkten Steuern der Kantone und Gemeinden betrifft, eine Steuerermässigung für Erträge aus Immaterialgütern oder vergleichbaren Rechten oder eine internationale Steuerausscheidung von Prinzipalgesellschaften zum Gegenstand hat;
b. mit grenzüberschreitendem Bezug Verrechnungspreise zwischen nahestehenden Personen oder eine Verrechnungspreismethodik zum Gegenstand hat, die die zuständige Schweizer Behörde ohne Beizug der zuständigen Behörden anderer Staaten festgelegt hat;
c. mit grenzüberschreitendem Bezug eine Reduktion des in der Schweiz steuerbaren Gewinns ermöglicht, die in der Jahresrechnung und der Konzernrechnung nicht ersichtlich ist;

---

[1] SR **642.14**

d. feststellt, dass in der Schweiz oder im Ausland eine Betriebsstätte besteht oder nicht besteht oder welche Gewinne einer Betriebsstätte zugewiesen werden; oder
e. einen Sachverhalt zum Gegenstand hat, der die Ausgestaltung grenzüberschreitender Finanzierungsflüsse oder Einkünfte über schweizerische Rechtsträger an nahestehende Personen in anderen Staaten betrifft.

² Als einander nahestehend gelten Personen, wenn eine Person zu mindestens 25 Prozent an der anderen beteiligt ist oder wenn eine dritte Person je zu mindestens 25 Prozent an beiden Personen beteiligt ist. Als an einer Person beteiligt gilt, wer direkt oder indirekt über einen entsprechenden Anteil der Stimmrechte oder des Grund- oder Gesellschaftskapitals dieser Person verfügt.

³ Die Verpflichtung zum spontanen Informationsaustausch besteht unabhängig davon, ob der dem Steuervorbescheid zugrunde gelegte Sachverhalt sich verwirklicht hat.

Art. 10 Steuervorbescheid: Empfängerstaaten

¹ Erfüllt ein Steuervorbescheid mindestens eine der Voraussetzungen nach Artikel 9 Absatz 1, so ist ein spontaner Informationsaustausch mit den zuständigen Behörden der Sitzstaaten der direkt kontrollierenden Gesellschaft und der Konzernobergesellschaft durchzuführen.

² Der spontane Informationsaustausch ist zudem in den folgenden Fällen mit den nachfolgenden Staaten durchzuführen:
a. sofern ein Steuervorbescheid nach Artikel 9 Absatz 1 Buchstabe a vorliegt: mit den Sitzstaaten von nahestehenden Personen, mit welchen die steuerpflichtige Person Transaktionen durchführt, die zu einer Besteuerung gemäss dem Steuervorbescheid führen oder die bei der steuerpflichtigen Person zu Einkünften vonseiten nahestehender Personen führen, die gemäss dem Steuervorbescheid besteuert werden;
b. sofern ein Steuervorbescheid nach Artikel 9 Absatz 1 Buchstabe b oder c vorliegt: mit den Sitzstaaten von nahestehenden Personen, mit welchen die steuerpflichtige Person Transaktionen durchführt, deren Steuerfolgen Gegenstand des Steuervorbescheids sind;
c. sofern ein Steuervorbescheid nach Artikel 9 Absatz 1 Buchstabe d vorliegt: mit dem Staat, in dem sich die ausländische Betriebsstätte befindet, oder mit dem Sitzstaat der Person, die in der Schweiz eine Betriebsstätte hat;
d. sofern ein Steuervorbescheid nach Artikel 9 Absatz 1 Buchstabe e vorliegt: mit den Sitzstaaten von nahestehenden Personen, die direkt oder indirekt Zahlungen an die steuerpflichtige Person vornehmen, sowie mit dem Sitzstaat der an diesen Zahlungen endgültig berechtigten Person.

³ Ist ein an einer Transaktion oder Zahlung nach Absatz 2 Buchstabe a, b oder d beteiligter Rechtsträger eine Betriebsstätte einer in einem anderen Staat ansässigen Person, so ist der spontane Informationsaustausch jeweils sowohl mit dem Staat, in dem sich die Betriebsstätte befindet, als auch mit dem Sitzstaat der Person durchzuführen, die über die Betriebsstätte verfügt.

⁴ Die zuständige Abteilung der ESTV kann die Übermittlung auf diejenigen Staaten beschränken, die sich zum Standard der OECD betreffend den spontanen Informationsaustausch über Steuervorbescheide bekennen.

Art. 11 An die zuständige Abteilung der ESTV zu übermittelnde Informationen

¹ Liegt ein Steuervorbescheid vor, so sind der zuständigen Abteilung der ESTV folgende Informationen zu übermitteln:
   a. eine Kopie des Steuervorbescheids;
   b. das Datum, an dem der Steuervorbescheid erteilt worden ist;
   c. Angaben zur Identifikation der steuerpflichtigen Person, einschliesslich deren Adresse;
   d. die Steueridentifikationsnummer der steuerpflichtigen Person sowie der Name der Unternehmensgruppe, der sie angehört;
   e. die Steuerjahre, für die der Steuervorbescheid gilt;
   f. die Voraussetzungen nach Artikel 9 Absatz 1, die der Steuervorbescheid erfüllt;
   g. eine kurze Zusammenfassung des Inhalts des Steuervorbescheids, falls möglich in französischer oder englischer Sprache, andernfalls in deutscher oder italienischer Sprache;
   h. Angaben zum Sitz der direkt kontrollierenden Gesellschaft und der Konzernobergesellschaft, einschliesslich deren Adresse;
   i. sofern es sich um einen Steuervorbescheid nach Artikel 9 Absatz 1 Buchstabe a handelt: Angaben zu nahestehenden Personen oder Betriebsstätten, mit welchen die steuerpflichtige Person Transaktionen durchführt, die zu einer Besteuerung gemäss dem Steuervorbescheid führen oder die bei der steuerpflichtigen Person zu Einkünften vonseiten nahestehender Personen oder Betriebsstätten führen, die gemäss dem Steuervorbescheid besteuert werden, einschliesslich deren Name und Adresse;
   j. sofern es sich um einen Steuervorbescheid nach Artikel 9 Absatz 1 Buchstabe b oder c handelt: Angaben zu nahestehenden Personen oder Betriebsstätten, mit welchen die steuerpflichtige Person Transaktionen durchführt, die Gegenstand des Steuervorbescheids sind, einschliesslich deren Name und Adresse;
   k. sofern es sich um einen Steuervorbescheid nach Artikel 9 Absatz 1 Buchstabe d handelt: Angaben zur ausländischen Betriebsstätte oder zur ausländischen Person, deren Tätigkeit in der Schweiz eine Betriebsstätte begründet, einschliesslich deren Name und Adresse;
   l. sofern es sich um einen Steuervorbescheid nach Artikel 9 Absatz 1 Buchstabe e handelt: Angaben zu nahestehenden Personen oder Betriebsstätten, die direkt oder indirekt Zahlungen an die steuerpflichtige Person vornehmen, sowie zu der an diesen Zahlungen endgültig berechtigten Person, einschliesslich deren Name und Adresse;
   m. eine Liste der Empfängerstaaten nach Artikel 10;
   n. weitere Informationen, die für die zuständige Abteilung der ESTV notwendig sein könnten, um zu beurteilen, ob die Informationen spontan auszutauschen sind.

² Sofern vorhanden, sind der zuständigen Abteilung der ESTV zudem folgende Informationen zu übermitteln:

   a. die Referenznummer des Steuervorbescheids;
   b. die Steueridentifikationsnummer der direkt kontrollierenden Gesellschaft und der Konzernobergesellschaft;
   c. in den Fällen nach Absatz 1 Buchstaben i–l: die Steueridentifikationsnummern der betreffenden Personen oder Betriebsstätten.

³ Der zuständigen Abteilung der ESTV können zudem folgende Informationen übermittelt werden:
   a. Angaben zur hauptsächlichen Geschäftstätigkeit der steuerpflichtigen Person;
   b. Angaben zum Transaktionsvolumen, zum Umsatz und zum Gewinn der steuerpflichtigen Person.

⁴ In den übrigen Fällen von spontanem Informationsaustausch gestützt auf das im Einzelfall anwendbare Abkommen sind der zuständigen Abteilung der ESTV folgende Informationen zu übermitteln:
   a. die für die Übermittlung an den Empfängerstaat vorgesehenen Informationen;
   b. eine kurze Zusammenfassung des Sachverhalts, falls möglich in französischer oder englischer Sprache, andernfalls in deutscher oder italienischer Sprache, und die Gründe, weshalb diese Informationen spontan auszutauschen sind;
   c. eine Liste der Staaten, für welche die Informationen voraussichtlich von Interesse sind;
   d. weitere Informationen, die für die zuständige Abteilung der ESTV notwendig sein könnten, um zu beurteilen, ob die Informationen spontan auszutauschen sind.

Art. 12 Fristen

Die Organisationseinheiten für den spontanen Informationsaustausch stellen der zuständigen Abteilung der ESTV die zu übermittelnden Informationen fortlaufend, spätestens aber innerhalb folgender Fristen zu:
   a. bei Vorliegen eines Steuervorbescheids: 60 Tage nach Erteilung des Steuervorbescheids;
   b. in den übrigen Fällen: 60 Tage nach rechtskräftiger Veranlagung des Sachverhalts.

Art. 13 Übermittlung an Empfängerstaaten

¹ Liegt ein Steuervorbescheid vor, so übermittelt die zuständige Abteilung der ESTV die nach Artikel 11 Absätze 1 Buchstaben b–l, 2 und 3 erhaltenen Informationen innerhalb von drei Monaten nach deren Erhalt an die Empfängerstaaten. Diese Frist verlängert sich, sofern Gründe nach den Artikeln 22*b*–22*d* StAhiG dies erfordern.

² In den übrigen Fällen übermittelt die zuständige Abteilung der ESTV die nach Artikel 11 Absatz 4 Buchstaben a und b erhaltenen Informationen an die Empfängerstaaten.

Art. 14 Falsche oder nicht relevante Informationen

¹ Erweisen sich an die zuständige Abteilung der ESTV übermittelte Informationen nachträglich als falsch oder als für die Veranlagung der steuerpflichtigen Person nicht relevant, so informiert die betreffende Steuerverwaltung die zuständige Abteilung der ESTV umgehend darüber und übermittelt ihr die entsprechend berichtigten Informationen.

² Die zuständige Abteilung der ESTV übermittelt die berichtigten Informationen an die betroffenen Empfängerstaaten.

4. Abschnitt: Schlussbestimmungen

Art. 15 Aufhebung eines anderen Erlasses

Die Steueramtshilfeverordnung vom 20. August 2014[1] wird aufgehoben.

Art. 16 Übergangsbestimmungen

¹ Die Bestimmungen über den spontanen Informationsaustausch gelten auch für Steuervorbescheide, die zwischen dem 1. Januar 2010 und dem Inkrafttreten dieser Verordnung erteilt worden sind und sich auf Steuerjahre beziehen, für die die staatsvertragliche Norm anwendbar ist, welche die Schweiz zum spontanen Informationsaustausch verpflichtet.

² Liegt ein solcher Steuervorbescheid vor, so übermittelt die betreffende Steuerverwaltung der zuständigen Abteilung der ESTV alle bei ihr vorhandenen Informationen nach Artikel 11 Absätze 1–3 laufend innerhalb von neun Monaten nach Beginn der Anwendbarkeit der staatsvertraglichen Norm, welche die Schweiz zum spontanen Informationsaustausch verpflichtet. Sofern einer Steuerverwaltung nicht alle Informationen nach Artikel 11 Absätze 1 und 2 vorliegen, übermittelt sie die bei ihr vorhandenen Informationen und informiert die zuständige Abteilung der ESTV hierüber.

³ Die zuständige Abteilung der ESTV übermittelt den Empfängerstaaten diese Informationen innerhalb von zwölf Monaten nach Beginn der Anwendbarkeit der staatsvertraglichen Norm, welche die Schweiz zum spontanen Informationsaustausch verpflichtet. Diese Frist verlängert sich, sofern Gründe nach den Artikeln 22b–22d StAhiG dies erfordern.

⁴ Für Steuervorbescheide, die nach Inkrafttreten dieser Verordnung, aber vor dem Beginn der Anwendbarkeit der staatsvertraglichen Norm, welche die Schweiz zum spontanen Informationsaustausch verpflichtet, erteilt wurden, beginnt die Frist nach Artikel 12 Buchstabe a am Tag der Anwendbarkeit dieser staatsvertraglichen Norm. Für die Frist in den übrigen Fällen nach Artikel 12 Buchstabe b gilt dieser Absatz sinngemäss.

Art. 17 Inkrafttreten

Diese Verordnung tritt am 1. Januar 2017 in Kraft.

---

[1] AS **2014** 2753, **2015** 4939

1.6 Multilaterale Vereinbarung der zuständigen Behörden über den automatischen Informationsaustausch über Finanzkonten (AIA-Vereinbarung; MCAA[1])
SR 0.653.1

Abgeschlossen am 29. Oktober 2014
Von der Bundesversammlung genehmigt am 18. Dezember 2015[2]
In Kraft getreten am 1. Januar 2017

(Stand am 1. Januar 2022) ☞ *Geltungsbereich gemäss SIF am 19. Dezember 2022*

Übersetzung

In der Erwägung, dass die Staaten der Unterzeichner der multilateralen Vereinbarung der zuständigen Behörden über den automatischen Informationsaustausch über Finanzkonten («Vereinbarung») Vertragsparteien des Übereinkommens über die gegenseitige Amtshilfe in Steuersachen beziehungsweise des Übereinkommens über die gegenseitige Amtshilfe in Steuersachen in der durch das Protokoll zur Änderung des Übereinkommens über die gegenseitige Amtshilfe in Steuersachen geänderten Fassung («Amtshilfeübereinkommen»)[3] oder darunter fallende Hoheitsgebiete sind oder das Amtshilfeübereinkommen unterzeichnet oder ihre entsprechende Absicht bekundet haben und anerkennen, dass das Amtshilfeübereinkommen vor dem ersten Austausch von Informationen über Finanzkonten für sie in Kraft und wirksam sein muss;

in der Erwägung, dass die Staaten beabsichtigen, die Steuerehrlichkeit bei internationalen Sachverhalten durch den weiteren Ausbau ihrer Beziehungen im Bereich der gegenseitigen Unterstützung in Steuersachen zu fördern;

in der Erwägung, dass der gemeinsame Meldestandard von der OECD zusammen mit den G20-Staaten zur Bekämpfung der Steuervermeidung und -hinterziehung sowie zur Förderung der Steuerehrlichkeit entwickelt wurde;

in der Erwägung, dass ein Land, welches das Amtshilfeübereinkommen unterzeichnet oder seine entsprechende Absicht bekundet hat, erst ein Staat im Sinne von Abschnitt 1 dieser Vereinbarung werden wird, wenn es Vertragspartei des Amtshilfeübereinkommens geworden ist;

in der Erwägung, dass das Recht der jeweiligen Staaten Finanzinstitute verpflichtet oder verpflichten soll, gemäss dem Austauschumfang, der in Abschnitt 2 dieser Vereinbarung und in den im gemeinsamen Meldestandard dargelegten Verfahren zur Erfüllung der Melde- und Sorgfaltspflichten vorgesehen ist, Informationen über bestimmte Konten zu melden und entsprechende Verfahren zur Erfüllung der Sorgfaltspflichten einzuhalten;

AS **2016** 4721; BBl **2015** 5437
[1] *Multilateral Competent Authority Agreement on Automatic Exchange of Financial Account Information*
[2] AS **2016** 4717
[3] SR **0.652.1**

in der Erwägung, dass das Recht der Staaten voraussichtlich von Zeit zu Zeit geändert wird, um Aktualisierungen des gemeinsamen Meldestandards Rechnung zu tragen, und dass, sobald diese Änderungen von einem Staat in Kraft gesetzt wurden, die Bestimmung des Begriffs «gemeinsamer Meldestandard» für diesen Staat als Bezugnahme auf die aktualisierte Fassung gelten wird;

in der Erwägung, dass Kapitel III des Amtshilfeübereinkommens die Grundlage für den Informationsaustausch zu Steuerzwecken einschliesslich des automatischen Informationsaustauschs schafft sowie den zuständigen Behörden der Staaten gestattet, den Umfang und die Modalitäten dieses automatischen Austauschs zu vereinbaren;

in der Erwägung, dass Artikel 6 des Amtshilfeübereinkommens vorsieht, dass zwei oder mehr Vertragsparteien einen automatischen Informationsaustausch einvernehmlich vereinbaren können und der Informationsaustausch bilateral zwischen den zuständigen Behörden erfolgen wird;

in der Erwägung, dass die Staaten zum Zeitpunkt des ersten Austauschs über (i) geeignete Schutzvorkehrungen zur Sicherstellung der vertraulichen Behandlung der nach dieser Vereinbarung erhaltenen Informationen und deren ausschliesslicher Verwendung für die im Amtshilfeübereinkommen genannten Zwecke sowie (ii) die Infrastruktur für eine wirksame Austauschbeziehung (einschliesslich bestehender Verfahren zur Gewährleistung eines fristgerechten, fehlerfreien und vertraulichen Informationsaustauschs, wirksame und zuverlässige Übertragungswege sowie Ressourcen für die zügige Klärung von Fragen und Anliegen zum Austausch oder zu Austauschersuchen sowie für die Durchführung von Abschnitt 4 dieser Vereinbarung) verfügen oder verfügen sollen;

in der Erwägung, dass die zuständigen Behörden der Staaten beabsichtigen, eine Vereinbarung zu schliessen zur Förderung der Steuerehrlichkeit bei internationalen Sachverhalten auf der Grundlage eines automatischen Austauschs nach dem Amtshilfeübereinkommen, unbeschadet (etwaiger) innerstaatlicher Gesetzgebungsverfahren, unter Einhaltung des EU-Rechts (sofern anwendbar) und vorbehaltlich der im Amtshilfeübereinkommen vorgesehenen Vertraulichkeitsvorschriften und sonstigen Schutzvorkehrungen einschliesslich der Bestimmungen, welche die Verwendung der danach ausgetauschten Informationen einschränken;

sind die zuständigen Behörden wie folgt übereingekommen:

Abschnitt 1: Begriffsbestimmungen

1. Im Sinne dieser Vereinbarung haben die nachstehenden Ausdrücke folgende Bedeutung:

a) der Ausdruck «Staat» bedeutet ein Land oder ein Hoheitsgebiet, für welches das Amtshilfeübereinkommen in Kraft und wirksam ist, entweder durch Unterzeichnung und Ratifikation nach Artikel 28 oder durch räumliche Erstreckung nach Artikel 29, und das ein Unterzeichner dieser Vereinbarung ist;

b) der Ausdruck «zuständige Behörde» bedeutet für den jeweiligen Staat die in Anhang B des Amtshilfeübereinkommens aufgeführten Personen und Behörden;

c) der Ausdruck «Finanzinstitut eines Staates» bedeutet für den jeweiligen Staat (i) ein in dem Staat ansässiges Finanzinstitut, jedoch nicht Zweigniederlassungen dieses Finanzinstituts, die sich ausserhalb des Staates befinden, und (ii) eine Zweigniederlassung eines nicht in dem Staat ansässigen Finanzinstituts, wenn diese sich in dem Staat befindet;

d) der Ausdruck «meldendes Finanzinstitut» bedeutet ein Finanzinstitut eines Staates, bei dem es sich nicht um ein nicht meldendes Finanzinstitut handelt;

e) der Ausdruck «meldepflichtiges Konto» bedeutet ein von einem meldenden Finanzinstitut geführtes Finanzkonto, das anhand von Verfahren zur Erfüllung der Sorgfaltspflichten nach dem gemeinsamen Meldestandard als ein Konto identifiziert wurde, dessen Kontoinhaber eine oder mehrere Personen sind, die gegenüber einem anderen Staat meldepflichtige Personen sind, oder ein passiver NFE, der von einer oder mehreren einem anderen Staat gegenüber meldepflichtigen Personen beherrscht wird;

f) der Ausdruck «gemeinsamer Meldestandard» bedeutet den von der OECD zusammen mit den G20-Staaten entwickelten Standard für den automatischen Informationsaustausch über Finanzkonten in Steuersachen (einschliesslich der Kommentare);

g) der Ausdruck «Sekretariat des Koordinierungsgremiums» bedeutet das OECD-Sekretariat, das gemäss Artikel 24 Absatz 3 des Amtshilfeübereinkommens das aus Vertretern der zuständigen Behörden der Vertragsparteien des Amtshilfeübereinkommens zusammengesetzte Koordinierungsgremium unterstützt;

h) der Ausdruck «wirksame Vereinbarung» bedeutet in Bezug auf zwei zuständige Behörden, dass beide zuständigen Behörden ihre Absicht bekundet haben, miteinander automatisch Informationen auszutauschen, und die in Abschnitt 7 Absatz 2.1 dieser Vereinbarung genannten weiteren Voraussetzungen erfüllt haben. Die zuständigen Behörden, für die diese Vereinbarung wirksam ist, sind in Anhang E aufgeführt.

2. Jeder [im englischen und im französischen Wortlaut] grossgeschriebene und in dieser Vereinbarung nicht definierte Ausdruck wird die Bedeutung haben, die ihm zum jeweiligen Zeitpunkt nach dem Recht des die Vereinbarung anwendenden Staates zukommt, wobei diese Bedeutung mit der im gemeinsamen Meldestandard festgelegten Bedeutung übereinstimmt. Jeder in dieser Vereinbarung oder im gemeinsamen Meldestandard nicht definierte Ausdruck wird, sofern der Zusammenhang nichts anderes erfordert und die zuständigen Behörden sich nicht (im Rahmen ihres innerstaatlichen Rechts) auf eine gemeinsame Bedeutung einigen, die Bedeutung haben, die ihm zum jeweiligen Zeitpunkt nach dem Recht des diese Vereinbarung anwendenden Staates zukommt, wobei die Bedeutung nach dem in diesem Staat geltenden Steuerrecht Vorrang hat vor einer Bedeutung, die dem Ausdruck nach dem sonstigen Recht dieses Staates zukommt.

Abschnitt 2:
Austausch von Informationen in Bezug auf meldepflichtige Konten

1.1 Gemäss den Artikeln 6 und 22 des Amtshilfeübereinkommens und vorbehaltlich der geltenden Melde- und Sorgfaltsvorschriften nach dem gemeinsamen Meldestandard wird jede zuständige Behörde die gemäss diesen Vorschriften beschafften und in Absatz 2 genannten Informationen jährlich mit den anderen zuständigen Behörden automatisch austauschen, in Bezug auf die diese Vereinbarung wirksam ist.

1.2 Ungeachtet des Absatzes 1.1 werden die zuständigen Behörden der in Anhang A aufgeführten Staaten die in Absatz 2 genannten Informationen übermitteln, jedoch nicht erhalten. Die zuständigen Behörden der nicht in Anhang A aufgeführten Staaten werden die in Absatz 2 genannten Informationen stets erhalten. Die zuständigen Behörden werden diese Informationen nicht an die zuständigen Behörden der in Anhang A aufgeführten Staaten übermitteln.

2. Die für jedes meldepflichtige Konto eines anderen Staates auszutauschenden Informationen sind:

   a) Name, Anschrift, Steueridentifikationsnummer, Geburtsdatum und -ort (bei natürlichen Personen) jeder meldepflichtigen Person, die Inhaber des Kontos ist, sowie bei einem Rechtsträger, der Kontoinhaber ist und für den nach Anwendung von Verfahren zur Erfüllung der Sorgfaltspflichten gemäss dem gemeinsamen Meldestandard eine oder mehrere beherrschende Personen ermittelt wurden, die meldepflichtige Personen sind, Name, Anschrift und Steueridentifikationsnummer des Rechtsträgers sowie Name, Anschrift, Steueridentifikationsnummer, Geburtsdatum und -ort jeder meldepflichtigen Person;

   b) Kontonummer (oder funktionale Entsprechung, wenn keine Kontonummer vorhanden);

   c) Name und (gegebenenfalls) Identifikationsnummer des meldenden Finanzinstituts;

   d) Kontosaldo oder -wert (einschliesslich des Barwerts oder Rückkaufwerts bei rückkaufsfähigen Versicherungs- oder Rentenversicherungsverträgen) zum Ende des betreffenden Kalenderjahrs oder eines anderen geeigneten Meldezeitraums oder, wenn das Konto im Laufe des Jahres beziehungsweise Zeitraums aufgelöst wurde, die Auflösung des Kontos;

   e) bei Verwahrkonten:

   (1) Gesamtbruttobetrag der Zinsen, Gesamtbruttobetrag der Dividenden und Gesamtbruttobetrag anderer Einkünfte, die mittels der auf dem Konto vorhandenen Vermögenswerte erzielt und jeweils auf das Konto (oder in Bezug auf das Konto) im Laufe des Kalenderjahrs oder eines anderen geeigneten Meldezeitraums eingezahlt oder dem Konto gutgeschrieben wurden, sowie

   (2) Gesamtbruttoerlöse aus der Veräusserung oder dem Rückkauf von Finanzvermögen, die während des Kalenderjahrs oder eines anderen geeigneten Meldezeitraums auf das Konto eingezahlt oder dem Konto gutgeschrieben wurden und für die das meldende Finanzinstitut als

Verwahrstelle, Makler, Bevollmächtigter oder anderweitig als Vertreter für den Kontoinhaber tätig war;

f) bei Einlagenkonten der Gesamtbruttobetrag der Zinsen, die während des Kalenderjahrs oder eines anderen geeigneten Meldezeitraums auf das Konto eingezahlt oder dem Konto gutgeschrieben wurden; und

g) bei allen Konten, die nicht unter Buchstabe e oder f fallen, der Gesamtbruttobetrag, der in Bezug auf das Konto während des Kalenderjahrs oder eines anderen geeigneten Meldezeitraums an den Kontoinhaber gezahlt oder ihm gutgeschrieben wurde und für den das meldende Finanzinstitut Schuldner ist, einschliesslich der Gesamthöhe aller Einlösungsbeträge, die während des Kalenderjahrs oder eines anderen geeigneten Meldezeitraums an den Kontoinhaber geleistet wurden.

Abschnitt 3: Zeitraum und Form des Informationsaustauschs

1. Für die Zwecke des Informationsaustauschs nach Abschnitt 2 dieser Vereinbarung können der Betrag und die Einordnung von Zahlungen zugunsten eines meldepflichtigen Kontos nach den Grundsätzen des Steuerrechts des die Informationen austauschenden Staates bestimmt werden.

2. Für die Zwecke des Informationsaustauschs nach Abschnitt 2 dieser Vereinbarung wird in den ausgetauschten Informationen die Währung genannt werden, auf welche die jeweiligen Beträge lauten.

3. Im Hinblick auf Abschnitt 2 Absatz 2 und vorbehaltlich der in Abschnitt 7 dieser Vereinbarung vorgesehenen Notifikation einschliesslich der darin genannten Zeitpunkte sind Informationen ab den in Anhang F genannten Jahren innerhalb von neun Monaten nach Ablauf des Kalenderjahrs auszutauschen, auf das sie sich beziehen. Ungeachtet des Satzes 1 sind Informationen für ein Kalenderjahr nur dann auszutauschen, wenn diese Vereinbarung für beide zuständigen Behörden wirksam ist und in ihren jeweiligen Staaten Rechtsvorschriften bestehen, denen zufolge Meldungen für dieses Kalenderjahr gemäss dem in Abschnitt 2 dieser Vereinbarung und in den im gemeinsamen Meldestandard enthaltenen Verfahren zur Erfüllung der Melde- und Sorgfaltspflichten vorgesehenen Austauschumfang erfolgen müssen.

4. *gestrichen*

5. Die zuständigen Behörden werden die in Abschnitt 2 dieser Vereinbarung beschriebenen Informationen in einem XML-Schema für den gemeinsamen Meldestandard automatisch austauschen.

6. Die zuständigen Behörden werden auf ein oder mehrere Datenübertragungsverfahren einschliesslich Verschlüsselungsstandards hinwirken und sich auf diese verständigen, um eine möglichst weitgehende Standardisierung zu erzielen sowie Komplexität und Kosten möglichst gering zu halten, und sie in Anhang B aufführen.

Abschnitt 4:
Zusammenarbeit bei Einhaltung und Durchsetzung der Vereinbarung

Eine zuständige Behörde wird die andere zuständige Behörde unterrichten, wenn die erstgenannte (unterrichtende) zuständige Behörde Grund zu der Annahme hat, dass ein Fehler zu einer unrichtigen oder unvollständigen Informationsmeldung geführt hat oder dass ein meldendes Finanzinstitut die geltenden Meldepflichten und Verfahren zur Erfüllung der Sorgfaltspflichten nach dem gemeinsamen Meldestandard nicht einhält. Die unterrichtete zuständige Behörde wird sämtliche nach ihrem innerstaatlichen Recht zur Verfügung stehenden geeigneten Massnahmen ergreifen, um gegen die in der Unterrichtung beschriebenen Fehler oder Fälle von Nichteinhaltung vorzugehen.

Abschnitt 5: Vertraulichkeit und Datenschutzvorkehrungen

1. Alle ausgetauschten Informationen unterliegen den im Amtshilfeübereinkommen vorgesehenen Vertraulichkeitsvorschriften und sonstigen Schutzvorkehrungen einschliesslich der Bestimmungen, welche die Verwendung der ausgetauschten Informationen einschränken, und werden, soweit für die Gewährleistung des notwendigen Schutzes personenbezogener Daten erforderlich, im Einklang mit den gegebenenfalls von der übermittelnden zuständigen Behörde nach Massgabe ihres innerstaatlichen Rechts festgelegten und in Anhang C aufgeführten Schutzvorkehrungen ausgetauscht.

2. Eine zuständige Behörde wird das Sekretariat des Koordinierungsgremiums unverzüglich über alle Verstösse gegen die Vertraulichkeitsvorschriften und jedes Versagen der Schutzvorkehrungen sowie alle daraufhin verhängten Sanktionen und ergriffenen Gegenmassnahmen unterrichten. Das Sekretariat des Koordinierungsgremiums wird sämtliche zuständigen Behörden unterrichten, für die diese Vereinbarung eine wirksame Vereinbarung mit der erstgenannten zuständigen Behörde darstellt.

Abschnitt 6: Konsultationen und Änderungen

1. Treten bei der Durchführung oder Auslegung dieser Vereinbarung Schwierigkeiten auf, so kann eine zuständige Behörde um Konsultationen mit einer oder mehreren der zuständigen Behörden zur Ausarbeitung geeigneter Massnahmen ersuchen, durch welche die Einhaltung der Vereinbarung sichergestellt wird. Die zuständige Behörde, die um die Konsultationen ersucht hat, stellt gegebenenfalls sicher, dass das Sekretariat des Koordinierungsgremiums über alle ausgearbeiteten Massnahmen unterrichtet wird, und das Sekretariat des Koordinierungsgremiums wird sämtliche zuständigen Behörden, auch diejenigen, die nicht an den Konsultationen teilgenommen haben, über sämtliche ausgearbeiteten Massnahmen unterrichten.

2. Diese Vereinbarung kann mittels Konsens durch schriftliche Übereinkunft aller zuständigen Behörden geändert werden, für die diese Vereinbarung wirksam ist. Sofern nichts anderes vereinbart wurde, wird diese Änderung am ersten Tag des

Monats wirksam, der auf einen Zeitabschnitt von einem Monat nach der letzten Unterzeichnung dieser schriftlichen Übereinkunft folgt.

Abschnitt 7: Geltungsdauer der Vereinbarung

1. Eine zuständige Behörde muss zum Zeitpunkt der Unterzeichnung dieser Vereinbarung oder sobald wie möglich nach Einführung der zur Umsetzung des gemeinsamen Meldestandards erforderlichen Rechtsvorschriften in ihrem Staat eine Notifikation an das Sekretariat des Koordinierungsgremiums übermitteln:

    a) in der angeben ist, dass ihr Staat über die zur Umsetzung des gemeinsamen Meldestandards erforderlichen Rechtsvorschriften verfügt, und in der die jeweils massgeblichen Zeitpunkte für bestehende Konten, Neukonten sowie Anwendung oder Abschluss der Verfahren zur Erfüllung der Melde- und Sorgfaltspflichten genannt sind;

    b) in der bestätigt wird, ob der Staat in Anhang A aufzuführen ist;

    c) in der ein oder mehrere Datenübertragungsverfahren einschliesslich Verschlüsselung genannt sind (Anhang B);

    d) in der gegebenenfalls Vorkehrungen zum Schutz personenbezogener Daten genannt sind (Anhang C);

    e) in der angegeben ist, dass sie über geeignete Massnahmen zur Gewährleistung der Einhaltung der vorgeschriebenen Standards für Vertraulichkeit und Datenschutzvorkehrungen verfügt, und welcher der ausgefüllte und in Anhang D aufzunehmende Fragebogen zu Vertraulichkeit und Datenschutzvorkehrungen beigefügt ist; und

    f) eine Liste der Staaten der zuständigen Behörden, mit denen sie dieser Vereinbarung im Einklang mit (etwaigen) innerstaatlichen Gesetzgebungsverfahren Wirksamkeit zu verleihen beabsichtigt.

Die zuständigen Behörden müssen dem Sekretariat des Koordinierungsgremiums umgehend jede an den oben genannten Anhängen vorzunehmende nachträgliche Änderung notifizieren.

2.1 Diese Vereinbarung wird zum späteren der folgenden Zeitpunkte zwischen zwei zuständigen Behörden wirksam werden: (i) dem Tag, an dem die zweite der beiden zuständigen Behörden die Notifikation nach Absatz 1 an das Sekretariat des Koordinierungsgremiums übermittelt hat, in der unter anderem gemäss Absatz 1 Buchstabe f der Staat der anderen zuständigen Behörde aufgeführt ist, oder, sofern zutreffend, (ii) dem Tag, an dem das Amtshilfeübereinkommen für beide Staaten in Kraft getreten und wirksam ist.

2.2 Das Sekretariat des Koordinierungsgremiums wird eine auf der OECD-Webseite zu veröffentlichende Liste der zuständigen Behörden führen, welche die Vereinbarung unterzeichnet haben und zwischen denen diese Vereinbarung eine wirksame Vereinbarung darstellt (Anhang E).

2.3 Das Sekretariat des Koordinierungsgremiums wird die von den zuständigen Behörden gemäss Absatz 1 Buchstaben a und b übermittelten Informationen auf der OECD-Webseite veröffentlichen. Die gemäss Absatz 1 Buchstaben c-f übermittelten Informationen werden den anderen Unterzeichnern auf schriftliche Anfrage an das Sekretariat des Koordinierungsgremiums zur Verfügung gestellt werden.

3. Eine zuständige Behörde kann den Informationsaustausch nach dieser Vereinbarung aussetzen, indem sie einer anderen zuständigen Behörde schriftlich ihre Feststellung mitteilt, dass die letztgenannte zuständige Behörde diese Vereinbarung in erheblichem Umfang nicht einhält oder nicht eingehalten hat. Diese Aussetzung wird unmittelbar wirksam sein. Im Sinne dieses Absatzes umfasst die erhebliche Nichteinhaltung unter anderem die Nichteinhaltung der Vertraulichkeits- und Datenschutzbestimmungen dieser Vereinbarung und des Amtshilfeübereinkommens, die nicht fristgerechte oder angemessene Bereitstellung von Informationen nach dieser Vereinbarung durch die zuständige Behörde sowie eine dem Zweck des gemeinsamen Meldestandards entgegenstehende Festlegung des Status von Rechtsträgern oder Konten als nicht meldende Finanzinstitute beziehungsweise ausgenommene Konten.

4. Eine zuständige Behörde kann ihre Teilnahme an dieser Vereinbarung oder in Bezug auf eine bestimmte zuständige Behörde gegenüber dem Sekretariat des Koordinierungsgremiums schriftlich kündigen. Die Kündigung wird am ersten Tag des Monats wirksam werden, der auf einen Zeitabschnitt von zwölf Monaten nach der Kündigung folgt. Im Fall einer Kündigung werden alle bis zu diesem Zeitpunkt nach dieser Vereinbarung erhaltenen Informationen weiterhin vertraulich behandelt werden und den Bestimmungen des Amtshilfeübereinkommens unterliegen.

Abschnitt 8: Sekretariat des Koordinierungsgremiums

1. Sofern in der Vereinbarung nichts anderes vorgesehen ist, wird das Sekretariat des Koordinierungsgremiums sämtliche zuständigen Behörden über alle nach dieser Vereinbarung bei ihm eingegangenen Notifikationen unterrichten und sämtliche Unterzeichner der Vereinbarung in Kenntnis setzen, wenn eine neue zuständige Behörde die Vereinbarung unterzeichnet.

2. Alle Unterzeichner der Vereinbarung werden sich jährlich zu gleichen Teilen an den Kosten der Verwaltung der Vereinbarung durch das Sekretariat des Koordinierungsgremiums beteiligen. Ungeachtet des Satzes 1 werden berechtigte Länder nach Artikel X der Geschäftsordnung des Koordinierungsgremiums des Amtshilfeübereinkommens von der Kostenbeteiligung befreit sein.

Geschehen in französischer und englischer Sprache, wobei jeder Wortlaut gleichermassen verbindlich ist.

(Es folgen die Unterschriften)

☞ *Die Beilage «Gemeinsamer Melde- und Sorgfaltsstandard» ist hier nicht abgedruckt.*

Notifikation der Schweiz vom 4. Mai 2017 nach Abschnitt 7 Absatz 1 Buchstabe d[5]

Die zuständige Behörde der Schweiz notifiziert hiermit dem Sekretariat des Koordinierungsgremiums, dass sie die in Abschnitt 2 dieser Vereinbarung festgelegten Informationen gemäss der Datenschutzgesetzgebung der Schweiz übermittelt, vorausgesetzt:

- die übermittelten Informationen werden ausschliesslich für die im Übereinkommen über die gegenseitige Amtshilfe in Steuersachen vom 25. Januar 1988 in der mit dem Protokoll vom 27. Mai 2010 revidierten Fassung[6] und in der multilateralen Vereinbarung der zuständigen Behörden über den automatischen Informationsaustausch über Finanzkonten festgelegten Zwecke verwendet, für welche die Übermittlung dieser Daten vorgesehen ist. Die Verwendung dieser Daten zu anderen Zwecken ist nur mit vorgängiger Zustimmung der zuständigen Behörde der Schweiz möglich;

- die von der zuständigen Behörde der Schweiz übermittelten Informationen dürfen in keinem Fall von der zuständige Behörde, welche die Informationen erhält, in Verfahren verwendet oder veröffentlicht werden, welche die Verhängung oder Vollstreckung der Todesstrafe oder eine andere schwere Verletzung der Menschenrechte wie Folter zur Folge hätten; und

- für einen anderen als von der Schweiz oder analogieweise von der Europäischen Union[7] hinsichtlich der Datenschutzregelung als angemessen erachteten Staat gelten folgende Garantien bezüglich der von der Schweiz übermittelten Personendaten:

Recht auf Auskunft, Berichtigung und Löschung der Daten

Jede natürliche Person, die ihre Identität ausweist, hat das Recht auf Auskunft über ihre von der zuständigen Behörde, welche die Informationen erhält, bearbeiteten Daten, sofern:

- ihre Ersuchen aufgrund ihrer unzumutbaren Häufigkeit, ihrer Zahl, Wiederholung oder Systematik nicht offensichtlich missbräuchlich sind; oder
- die Ersuchen das Bearbeiten der Daten, die Veranlagung, Prüfung, Erhebung oder Vollstreckung der Steuern durch den Staat, der die Informationen erhält, nicht gefährden.

Jede natürliche Person, die ihre Identität ausweist, kann die Korrektur, die Änderung oder die Löschung ihrer Personendaten verlangen, wenn diese unzutreffend sind. Bei begründeten Zweifeln an der Rechtmässigkeit des Ersuchens kann die zuständige Behörde, welche die Informationen erhält, weitere Belege verlangen, bevor sie dem Ersuchen stattgibt.

---

[5] AS **2017** 3533. Diese Notifikation ersetzt diejenige vom 21. Dez.2016 (in der AS nicht veröffentlicht) und bleibt gültig, bis das Sekretariat des Koordinierungsgremiums über eine Änderung unterrichtet wird.
[6] SR **0.652.1**
[7] Die Schweiz verfügt über eine Angemessenheitsentscheidung der Europäischen Kommission gemäss Artikel 25 Absatz 6 der Richtlinie 95/46/EG vom 24. Oktober 1995 des Europäischen Parlaments und des Rates zum Schutz natürlicher Personen bei der Verarbeitung personenbezogener Daten und zum freien Datenverkehr.

Informiert die zuständige Behörde der Schweiz die zuständige Behörde, welche die Informationen erhält, dass sie eine unzutreffende Information übermittelt hat, so wird diese unzutreffende Information durch die zuständige Behörde, die die Informationen erhalten hat, entsprechend korrigiert, geändert oder gelöscht.

Die Person, deren Personendaten übermittelt werden, muss gemäss den im Recht des die Daten übermittelnden Staates dafür vorgesehenen Verfahren in allgemeiner Weise über die Sammlung dieser Daten informiert werden.

Beschwerderecht

Jede natürliche Person muss das Recht haben, bei Schäden aus der fehlerhaften Verwendung von der zuständigen Behörde der Schweiz übermittelter Personendaten durch die zuständige Behörde, welche die Informationen erhält, in geeigneter Weise Beschwerde einzulegen.

Datensicherheit

Die zuständige Behörde, welche die Informationen von der zuständigen Behörde der Schweiz erhält, muss Massnahmen zum Schutz der übermittelten Informationen ergreifen, so insbesondere gegen den unbefugten Zugriff auf diese Daten sowie gegen jegliche unbefugte Änderung und Weitergabe dieser Daten.

Datenaufbewahrung

Die zuständige Behörde, welche die Informationen erhält, sorgt für die Aufbewahrung der Personendaten in einer Form, welche die Identifikation der betroffenen Personen nur so lange zulässt, wie es für die Zwecke, für die sie beschafft oder weiterbearbeitet werden, erforderlich ist.

Begriffsbestimmungen

Im Sinne dieser Erklärung:

a) umfasst der Ausdruck *«Personendaten»* alle Informationen über eine bestimmte oder bestimmbare natürliche Person; als bestimmbar wird eine Person angesehen, die direkt oder indirekt identifiziert werden kann, insbesondere durch Zuordnung zu einer Kennnummer oder zu einem oder mehreren besonderen Merkmalen, die Ausdruck ihrer physischen, physiologischen, psychischen, wirtschaftlichen, kulturellen oder sozialen Identität sind;

b) hat der Ausdruck *«zuständige Behörde»* die im Übereinkommen über die gegenseitige Amtshilfe in Steuersachen in der revidierten Fassung definierte und verwendete Bedeutung;

c) verstehen sich die Ausdrücke *«Staat»* und *«wirksame Vereinbarung»* im Sinne der Definition der multilateralen Vereinbarung der zuständigen Behörden über den automatischen Informationsaustausch über Finanzkonten; und

d) sind die Listen der Staaten, deren Regelung zum Schutz der Personendaten von der Schweiz oder der Europäischen Kommission als angemessen erachtet werden, unter folgenden Adressen abrufbar:

www.edoeb.admin.ch/datenschutz/00626/00753/index.html

https://secure.edps.europa.eu/EDPSWEB/edps/site/mySite/lang/de/pid/71#adequacy_decision

Geltungsbereich am 19. Dezember 2022

Die Schweiz setzt den AIA grundsätzlich basierend auf der Multilateralen Vereinbarung der zuständigen Behörden über den automatischen Informationsaustausch über Finanzkonten (Multilateral Competent Authority Agreement; MCAA) um. Mit der EU, Hongkong und Singapur wurde der AIA auf der Grundlage bilateraler Staatsverträge vereinbart.

Die Liste der aktivierten bilateralen Austauschbeziehungen sämtlicher Staaten und Territorien kann auf der Webseite der OECD eingesehen werden. Die nachstehende Liste enthält die AIA-Partnerstaaten der Schweiz. Sie wird regelmässig aktualisiert und ist massgebend gegenüber den Listen der OECD (Stand am 19.12.2022).[1]

Partnerstaat	Inkrafttreten[2]
Albanien	01.01.2021
Andorra	01.01.2018
Anguilla[3]	01.01.2019
Antigua und Barbuda	01.01.2019
Argentinien	01.01.2018
Aruba[5]	01.01.2019
Aserbaidschan	01.01.2020
Australien	01.01.2017
Bahamas[3]	01.01.2019
Bahrain[3]	01.01.2019
Barbados	01.01.2018
Belize[5]	01.01.2018
Bermuda[3]	01.01.2018
Brasilien	01.01.2018
Britische Jungferninseln[3]	01.01.2018
Brunei Darussalam[5]	01.01.2021
Bulgarien[5]	01.01.2017
Cayman Inseln[3]	01.01.2018
Chile	01.01.2018
China (Volksrepublik)	01.01.2018
Cookinseln	01.01.2018
Costa Rica[5]	01.01.2018
Curaçao	01.01.2018
Dominica[5]	01.01.2020
Ecuador	01.01.2023
Europäische Union[6]	01.01.2017
Färöer Inseln	01.01.2018
Ghana	01.01.2020
Gibraltar[4]	01.01.2017
Grenada	01.01.2019
Grönland	01.01.2018
Guernsey	01.01.2017
Hongkong[8]	01.01.2018
Indien	01.01.2018
Indonesien	01.01.2018

Insel Man	01.01.2017
Island	01.01.2017
Israel	01.01.2019
Jamaika	01.01.2023
Japan	01.01.2017
Jersey	01.01.2017
Kanada	01.01.2017
Kasachstan	01.01.2022
Katar[3]	01.01.2019
Kolumbien	01.01.2018
Kuwait[3]	01.01.2019
Libanon[5]	01.01.2020
Liechtenstein	01.01.2018
Macao[5]	01.01.2020
Malaysia	01.01.2018
Malediven	01.01.2022
Mauritius	01.01.2018
Marshallinseln[3]	01.01.2019
Mexiko	01.01.2018
Monaco	01.01.2018
Montserrat[5]	01.01.2018
Nauru[3]	01.01.2019
Neukaledonien[3]	01.01.2023
Neuseeland	01.01.2018
Nigeria	01.01.2021
Niue[5]	Noch offen[9]
Norwegen	01.01.2017
Oman[5]	01.01.2022
Panama	01.01.2019
Pakistan	01.01.2020
Peru	01.01.2021
Republik Korea (Südkorea)	01.01.2017
Rumänien[5]	01.01.2017
Russland[9]	01.01.2018
Samoa[5]	01.01.2020
San Marino	01.01.2018
Saint Kitts und Nevis[5]	01.01.2018
Saint-Lucia	01.01.2018
Saint Vincent und die Grenadinen[5]	01.01.2018
Saudi-Arabien	01.01.2018
Seychellen	01.01.2018
Singapur[8]	01.01.2018
Sint Maarten[5]	01.01.2023
Südafrika	01.01.2018
Trinidad und Tobago[5]	Noch offen[9]
Türkei	01.01.2021
Turks und Caicos Inseln[3]	01.01.2018
Überseegemeinden der Niederlande (Bonaire, Saint Eustatius, Saba)	01.01.2019

Uruguay	01.01.2018
Vanuatu[5]	01.01.2020
Vereinigte Arabische Emirate[3]	01.01.2019
Vereinigtes Königreich[4]	01.01.2017

Quelle: vgl. Staatssekretariat für internationale Finanzfragen SIF (Automatischer Informationsaustausch)

[1] vgl. Staatssekretariat für internationale Finanzfragen SIF (Automatischer Informationsaustausch)

[2] Ab dem Inkrafttreten auf den 1. Januar eines bestimmten Jahres gilt ein Staat als teilnehmender Staat. Die meldepflichtigen Finanzinstitute sammeln ab diesem Zeitpunkt – unter Vorbehalt von Note 3 und 4 – Kontoinformationen von steuerlich in den jeweiligen Partnerstaaten ansässigen Personen. Diese Informationen werden zwischen den zuständigen Behörden erstmals im Herbst des darauffolgenden Jahres ausgetauscht.

[3] Diese Staaten und Territorien haben sich als «ständige nichtreziproke Jurisdiktionen» erklärt, d. h. sie liefern dauerhaft Kontoinformationen an die Partnerstaaten, jedoch erhalten sie keine solchen Daten.

[4] Der AIA wird mit dem Vereinigten Königreich seit dem 1. Januar 2021 auf der Grundlage der multilateralen AIA-Abkommen (Amtshilfeübereinkommen in Steuersachen und MCAA) umgesetzt.

[5] Diese Staaten und Territorien haben sich als «temporär nichtreziproke Jurisdiktionen» erklärt, d.h. sie werden vorerst Informationen über Finanzkonten liefern, jedoch keine solchen erhalten, bis sie die Voraussetzungen des AIA-Standards im Bereich der Vertraulichkeit und Datensicherheit erfüllen. Meldende schweizerische Finanzinstitute müssen ab dem Zeitpunkt der Aktivierung des AIA die relevanten Daten sammeln und innert der vorgegebenen Frist an die Eidgenössische Steuerverwaltung weiterleiten. Die Eidgenössische Steuerverwaltung wird diese Daten aber nur an die Partnerstaaten übermitteln, wenn diese die Voraussetzungen für den reziproken Datenaustausch erfüllen und eine aktualisierte Prüfung des Global Forum dies bestätigen wird.

[6] Das bilaterale AIA-Abkommen mit der EU gilt für alle 27 EU-Mitgliedstaaten und ist auch für die Åland-Inseln, die Azoren, Französisch-Guayana, Guadeloupe, die Kanarischen Inseln, Madeira, Martinique, Mayotte, Réunion und Saint-Martin anwendbar (☞ siehe aber Rumänien und Bulgarien).

[7] Diese Staaten und Territorien erfüllen die Voraussetzungen für eine Aktivierung des AIA noch nicht. Die sich aus den Abkommen ergebenden Rechte und Pflichten sind daher nicht wirksam. Es besteht insbesondere keine Pflicht der meldenden Finanzinstitute, Informationen über Finanzkonten zu sammeln und an die zuständige Behörde zu übermitteln. Damit die Schweiz diese Staaten und Territorien als AIA-Partner notifizieren kann, müssen sie die Voraussetzungen des globalen AIA-Standards erfüllen und ihr Interesse an der Einführung des AIA mit der Schweiz bekunden. Die Aktivierung des AIA erfolgt immer auf den 1. Januar eines Jahres.

[8] Die Schweiz setzt den AIA mit Hongkong und Singapur auf der Grundlage von spezifischen bilateralen Abkommen um.

[9] Die Datenübermittlung an Russland ist derzeit suspendiert. Die übrigen Rechte und Pflichten, die sich aus den einschlägigen Abkommen ergeben, bleiben vom Beschluss des Bundesrates unberührt, so insbesondere die Pflicht der meldenden Finanzinstitute, die Finanzkontendaten von in Russland steuerlich ansässigen Personen zu sammeln und der ESTV zu übermitteln.

1.6.1 Bundesbeschluss über den Prüfmechanismus zur Sicherstellung der standardkonformen Umsetzung des automatischen Informationsaustauschs über Finanzkonten mit Partnerstaaten ab 2018/2019[1]

vom 6. Dezember 2017 (☞ *in Kraft getreten am 6. Dezember 2017*)

Die Bundesversammlung der Schweizerischen Eidgenossenschaft,

gestützt auf die Artikel 54 Absatz 1 und 163 Absatz 2 der Bundesverfassung[2] sowie auf Artikel 148 Absätze 1 und 2 sowie 152 des Parlamentsgesetzes vom 13. Dezember 2002[3], nach Einsicht in die Botschaft des Bundesrates vom 16. Juni 2017[4],

beschliesst:

Art. 1

[1] Der Bundesrat prüft im Hinblick auf den ersten automatischen Informationsaustausch über Finanzkonten mit Partnerstaaten der multilateralen Vereinbarung der zuständigen Behörden vom 29. Oktober 2014[5] über den automatischen Informationsaustausch über Finanzkonten (AIA-Vereinbarung), der im September 2019 stattfindet, ob diese Partnerstaaten die Voraussetzungen für die standardkonforme Umsetzung des automatischen Informationsaustausch über Finanzkonten (AIA) erfüllen.

[2] Er prüft insbesondere, ob die folgenden Voraussetzungen erfüllt sind:
   a. Der Partnerstaat verfügt über die für die Umsetzung des AIA erforderlichen Rechtsvorschriften; dazu gehören insbesondere die Einhaltung des Spezialitätsprinzips, gemäss dem Informationen nur zu dem im Abkommen vorgesehenen Zweck verwendet werden dürfen;
   b. der Stand der Vertraulichkeit sowie der Vorkehrungen für die Datensicherheit und den Datenschutz entspricht im Partnerstaat den Standards der AIA-Vereinbarung;
   c. der Partnerstaat verfügt über ein angemessenes Netzwerk von Partnerstaaten, einschliesslich der relevanten Konkurrenzfinanzplätze, mit denen er den AIA umsetzt;
   d. dem Sekretariat des Koordinierungsgremiums der AIA-Vereinbarung liegen keine Meldungen über Verstösse gegen die Vertraulichkeitsvorschriften oder ein Versagen der Schutzvorkehrungen im Partnerstaat vor;
   e. es liegen keine Feststellungen der mit der Durchführung des AIA betrauten schweizerischen Behörden vor, dass nach Artikel 21 des Übereinkommens vom 25. Januar 1988[6] über die gegenseitige Amtshilfe in Steuersachen aufgrund der allgemeinen Sachlage oder im Einzelfall keine Verpflichtung der Schweiz zum automatischen Austausch von Informationen besteht;

---

[1] BBl 2018 39
[2] SR 101
[3] SR 171.10
[4] BBl 2017 4913
[5] SR 0.653.1
[6] SR 0.652.1

f. vom Datenaustausch betroffene Personen sind im Zusammenhang mit ausgetauschten Steuerinformationen im Partnerstaat nicht Verfahren ausgesetzt, die nachweisbar schwere Menschenrechtsverletzungen mit sich bringen oder zur Folge haben könnten.

³ Er fasst die Ergebnisse in einem Bericht zusammen.

Art. 2

¹ Der Bundesrat unterbreitet den Bericht den zuständigen parlamentarischen Kommissionen zur Konsultation.

² Er veranlasst unter Berücksichtigung der Empfehlungen der zuständigen parlamentarischen Kommissionen die nach der AIA-Vereinbarung erforderlichen Massnahmen.

³ In der Folgezeit überprüft der Bundesrat periodisch und risikobasiert, ob die Voraussetzungen gemäss Artikel 1 weiterhin gegeben sind und unterbreitet diese Berichte den zuständigen parlamentarischen Kommissionen zur Konsultation.

Art. 3

Dieser Beschluss untersteht nicht dem Referendum.

Nationalrat, 6. Dezember 2017   Ständerat, 5. Dezember 2017

1.7 Bundesgesetz über den internationalen automatischen Informationsaustausch in Steuersachen (AIAG)
SR 653.1

vom 18. Dezember 2015 (Stand am 1. Januar 2022)

Die Bundesversammlung der Schweizerischen Eidgenossenschaft,

gestützt auf Artikel 173 Absatz 2 der Bundesverfassung[1], nach Einsicht in die Botschaft des Bundesrates vom 5. Juni 2015[2],

beschliesst:

☞ *Die zukünftige Änderung durch folgendes Gesetz ist mit einem Hinweis im Text integriert:*
- *BG vom 25.9.2020 über den Datenschutz (Totalrevision); in Kraft ab 1.9.2023*

1. Abschnitt: Allgemeine Bestimmungen

Art. 1 Gegenstand

¹ Dieses Gesetz regelt die Umsetzung des automatischen Informationsaustauschs in Steuersachen (automatischer Informationsaustausch) zwischen der Schweiz und einem Partnerstaat:

   a. nach der multilateralen Vereinbarung vom 29. Oktober 2014[3] der zuständigen Behörden über den automatischen Informationsaustausch über Finanzkonten (AIA-Vereinbarung) einschliesslich ihrer Beilage;

   b. nach anderen internationalen Abkommen, die einen automatischen Informationsaustausch über Finanzkonten vorsehen.

² Vorbehalten sind die abweichenden Bestimmungen des im Einzelfall anwendbaren Abkommens.

Art. 2 Begriffe

¹ In diesem Gesetz bedeuten:

   a. *anwendbares Abkommen:* eine Vereinbarung oder ein Abkommen nach Artikel 1 Absatz 1, die oder das im Einzelfall anwendbar ist;

   b. *gemeinsamer Meldestandard (GMS):* der gemeinsame Melde- und Sorgfaltsstandard der Organisation für wirtschaftliche Zusammenarbeit und Entwicklung (OECD) für Informationen über Finanzkonten;

---

[1] SR **101**
[2] BBl **2015** 5437
[3] SR **0.653.1**

c. *Partnerstaat:* Staat oder Hoheitsgebiet, mit dem die Schweiz den automatischen Informationsaustausch vereinbart hat;
d. *schweizerisches Finanzinstitut:*
   1. ein in der Schweiz ansässiges Finanzinstitut, jedoch nicht eine Zweigniederlassung dieses Finanzinstituts, die sich ausserhalb der Schweiz befindet, oder
   2. eine Zweigniederlassung eines nicht in der Schweiz ansässigen Finanzinstituts, die sich in der Schweiz befindet;
e. *nicht dokumentiertes Konto:* ein bestehendes Konto natürlicher Personen, bei welchem ein meldendes schweizerisches Finanzinstitut in Anwendung der Bestimmungen des anwendbaren Abkommens die steuerliche Ansässigkeit des Kontoinhabers oder der Kontoinhaberin nicht feststellen kann;
f. *schweizerische Steueridentifikationsnummer für natürliche Personen:* die AHV-Nummer[1] nach dem Bundesgesetz vom 20. Dezember 1946[2] über die Alters- und Hinterlassenenversicherung;
g. *schweizerische Steueridentifikationsnummer für Rechtsträger (UID):* die Unternehmens-Identifikationsnummer nach dem Bundesgesetz vom 18. Juni 2010[3] über die Unternehmens-Identifikationsnummer;
h. *ausländische Steueridentifikationsnummer:* die Identifikationsnummer einer steuerpflichtigen Person nach dem Recht des Staates oder Hoheitsgebiets, in dem sie steuerlich ansässig ist;
i. *bestehendes Konto:* ein Finanzkonto, das am Tag vor Beginn der Anwendbarkeit des automatischen Informationsaustauschs mit einem Partnerstaat von einem meldenden schweizerischen Finanzinstitut geführt wird;
j. *Neukonto:* ein von einem meldenden schweizerischen Finanzinstitut geführtes Finanzkonto, das am Tag der Anwendbarkeit des automatischen Informationsaustauschs mit einem Partnerstaat oder später eröffnet wird;
k. *Konto von geringerem Wert:* ein bestehendes Konto einer natürlichen Person, das am 31. Dezember vor Beginn der Anwendbarkeit des automatischen Informationsaustauschs mit einem Partnerstaat einen Gesamtsaldo oder Gesamtwert von höchstens einer Million US-Dollar[4] aufweist;
l. *Konto von hohem Wert:* ein bestehendes Konto einer natürlichen Person, das am 31. Dezember vor Beginn der Anwendbarkeit des automatischen Informationsaustauschs mit einem Partnerstaat oder am 31. Dezember eines Folgejahres einen Gesamtsaldo oder Gesamtwert von mehr als einer Million US-Dollar aufweist.

2 Der Bundesrat kann den in den anwendbaren Abkommen verwendeten Begriff «teilnehmender Staat» für eine befristete Dauer breiter definieren als die Abkommen.

---

[1] Ausdruck gemäss Anhang Ziff. 21 des BG vom 18. Dez. 2020 (Systematische Verwendung der AHV-Nummer durch Behörden), in Kraft seit 1. Jan. 2022 (AS **2021** 758; BBl **2019** 7359). Diese Änd. wurde in den in der AS genannten Bestimmungen vorgenommen.
[2] SR **831.10**
[3] SR **431.03**
[4] Ausdruck gemäss Ziff. I des BG vom 19. Juni 2020, in Kraft seit 1. Januar 2021 (AS **2020** 5247; BBl **2019** 8135). Diese Änd. wurde in den in der AS genannten Bestimmungen vorgenommen.

Art. 3 Nicht meldende Finanzinstitute

¹ Als nicht meldendes Finanzinstitut, das ein staatlicher Rechtsträger ist, gelten namentlich:
   a. die Schweizerische Eidgenossenschaft;
   b. die Kantone und die Gemeinden;
   c. die Einrichtungen und Vertretungen, die sich im Alleineigentum einer Einheit nach Buchstabe a oder b befinden, insbesondere die Institutionen, Einrichtungen und Fonds des Sozialversicherungssystems auf Bundes-, Kantons- und Gemeindeebene.

² Als nicht meldendes Finanzinstitut, das eine internationale Organisation ist, gelten namentlich:
   a. Partnerorganisationen eines internationalen Sitzabkommens mit der Schweizerischen Eidgenossenschaft;
   b. diplomatische Missionen, ständige Missionen oder andere Vertretungen bei internationalen Organisationen, konsularische Vertretungen oder Sondermissionen, deren Status, Privilegien und Immunitäten im Wiener Übereinkommen vom 18. April 1961[1] über diplomatische Beziehungen, im Wiener Übereinkommen von 24. April 1963[2] über konsularische Beziehungen oder im Übereinkommen vom 8. Dezember 1969[3] über Sondermissionen festgelegt sind.

³ Als nicht meldendes Finanzinstitut, das eine Zentralbank ist, gelten namentlich die Schweizerische Nationalbank und die sich in ihrem Alleineigentum befindenden Einrichtungen.

⁴ Finanzinstitute nach den Absätzen 1–3 sind meldende Finanzinstitute in Bezug auf Zahlungen, die aus einer Verpflichtung im Zusammenhang mit gewerblichen Finanzaktivitäten stammen, die denen einer spezifizierten Versicherungsgesellschaft, eines Verwahrinstituts oder eines Einlageinstituts entsprechen.

⁵ Als nicht meldendes Finanzinstitut, das ein Altersvorsorgefonds mit breiter Beteiligung, ein Altersvorsorgefonds mit geringer Beteiligung, ein Pensionsfonds eines staatlichen Rechtsträgers, einer internationalen Organisation oder einer Zentralbank oder ein Rechtsträger ist, bei dem ein geringes Risiko besteht, dass er zur Steuerhinterziehung missbraucht wird, und der im Wesentlichen ähnliche Eigenschaften aufweist wie die nicht meldenden Finanzinstitute nach dem anwendbaren Abkommen, gelten namentlich die folgenden Institute der beruflichen Vorsorge:
   a.[4] die Vorsorgeeinrichtungen und anderen Vorsorgeformen, die gestützt auf die Artikel 48 und 49 des Bundesgesetzes vom 25. Juni 1982[5] über die berufliche Alters-, Hinterlassenen- und Invalidenvorsorge (BVG), Artikel 89a Absatz 6 oder 7 des Zivilgesetzbuches (ZGB)[6] oder Artikel 331 Absatz 1 des Obligationenrechts (OR)[7] in der Schweiz errichtet worden sind;

---

[1] SR 0.191.01
[2] SR 0.191.02
[3] SR 0.191.2
[4] Siehe Art. 41.
[5] SR 831.40
[6] SR 210
[7] SR 220

b. die Freizügigkeitseinrichtungen, die in Umsetzung der Artikel 4 Absatz 1 und 26 Absatz 1 des Freizügigkeitsgesetzes vom 17. Dezember 1993[1] (FZG) errichtet worden sind;
c. die Auffangeinrichtung nach Artikel 60 BVG;
d. der Sicherheitsfonds nach den Artikeln 56–59 BVG;
e. Einrichtungen der anerkannten Vorsorgeformen nach Artikel 82 BVG;
f. die Anlagestiftungen nach den Artikeln 53g–53k BVG, sofern sämtliche an der Anlagestiftung Beteiligten Pensionseinrichtungen oder andere Vorsorgeformen nach den Buchstaben a–e sind.

6 Sieht das anwendbare Abkommen keine Frist vor, so gilt ein Kreditkartenanbieter als qualifizierter Kreditkartenanbieter und somit als nicht meldendes Finanzinstitut, wenn er bei Inkrafttreten dieses Gesetzes die Voraussetzungen nach dem anwendbaren Abkommen erfüllt. Nimmt ein Kreditkartenanbieter die Geschäftstätigkeit nach Inkrafttreten dieses Gesetzes auf, so gilt er als nicht meldendes Finanzinstitut, wenn er die Voraussetzungen nach dem anwendbaren Abkommen spätestens sechs Monate nach Aufnahme der Geschäftstätigkeit erfüllt.

7 Als nicht meldendes Finanzinstitut, das ein ausgenommener Organismus für gemeinsame Anlagen ist, gelten namentlich schweizerische kollektive Kapitalanlagen, die dem Kollektivanlagengesetz vom 23. Juni 2006[2] unterstehen und die Voraussetzungen im anwendbaren Abkommen betreffend Beteiligungen am Organismus für gemeinsame Anlagen sowie betreffend Anteilsscheine, die als auf den Inhaber oder die Inhaberin lautende Wertpapiere ausgestaltet sind, erfüllen. Der Bundesrat legt die Kriterien fest, nach denen ein Organismus für gemeinsame Anlagen als nicht meldendes Finanzinstitut gilt. Er bezeichnet die Organismen.

8 Sieht das anwendbare Abkommen keine Frist vor, so erfüllen Organismen für gemeinsame Anlagen die Voraussetzung betreffend Anteilsscheine, die als auf den Inhaber oder die Inhaberin lautende Wertpapiere ausgestaltet sind, wenn sie:
a. ab Inkrafttreten dieses Gesetzes keine Anteilsscheine ausgeben, die als auf den Inhaber oder die Inhaberin lautende Wertpapiere ausgestaltet sind; und
b. über Massnahmen und Verfahren verfügen, die sicherstellen, dass Anteilsscheine, die als auf den Inhaber oder die Inhaberin lautende Wertpapiere ausgestaltet sind, so bald wie möglich, spätestens jedoch zwei Jahre nach Inkrafttreten dieses Gesetzes eingelöst werden oder nicht mehr verkehrsfähig sind.

9 Sieht das anwendbare Abkommen es vor, so gilt ein Trust als nicht meldendes Finanzinstitut, soweit der Treuhänder oder die Treuhänderin des Trusts (*Trustee*) ein meldendes Finanzinstitut ist und sämtliche nach dem anwendbaren Abkommen zu meldenden Informationen zu sämtlichen meldepflichtigen Konten des Trusts meldet.

10 ...[3]

11 Der Bundesrat kann weitere Rechtsträger als nicht meldende Finanzinstitute bezeichnen, wenn bei diesen ein geringes Risiko besteht, dass sie zur Steuerhinterziehung missbraucht werden, und die im Wesentlichen ähnliche Eigenschaften aufweisen wie die nicht meldenden Finanzinstitute nach dem anwendbaren Abkommen. Er legt die Kriterien fest, nach denen weitere Rechtsträger als nicht meldende Finanzinstitute gelten.

---

[1] SR **831.42**
[2] SR **951.31**
[3] Aufgehoben durch Ziff. I des BG vom 19. Juni 2020, mit Wirkung seit 1. Januar 2021 (AS **2020** 5247; BBl **2019** 8135).

Art. 4 Ausgenommene Konten

¹ Als ausgenommenes Konto, das ein Altersvorsorgekonto oder ein Konto ist, bei dem ein geringes Risiko besteht, dass es zur Steuerhinterziehung missbraucht wird, und das im Wesentlichen ähnliche Eigenschaften aufweist wie die ausgenommenen Konten nach dem anwendbaren Abkommen, gelten namentlich:

a. Konten im Rahmen der beruflichen Vorsorge, einschliesslich Gruppenversicherungsverträge, die von einem oder mehreren nicht meldenden schweizerischen Finanzinstituten geführt oder gehalten werden;

b. zulässige Formen zur Erhaltung des Vorsorgeschutzes, Freizügigkeitspolicen und -konten, die gestützt auf die Artikel 4 Absatz 1 und 26 Absatz 1 FZG[1] errichtet worden sind;

c.[2] gebundene Vorsorgeversicherungen bei Versicherungseinrichtungen und gebundene Vorsorgevereinbarungen mit Bankstiftungen als anerkannte Vorsorgeformen im Sinne von Artikel 82 Absatz 2 BVG[3].

² Als ausgenommenes Konto, bei dem ein geringes Risiko besteht, dass es zur Steuerhinterziehung missbraucht wird, und das im Wesentlichen ähnliche Eigenschaften aufweist wie die ausgenommenen Konten nach dem anwendbaren Abkommen, gelten namentlich:

a. Konten, die von einem oder mehreren nicht meldenden schweizerischen Finanzinstituten geführt oder gehalten werden;

b. Mietzinskautionskonten nach Artikel 257e OR[4].

³ Der Bundesrat kann weitere Konten als ausgenommene Konten bezeichnen, wenn bei diesen ein geringes Risiko besteht, dass sie zur Steuerhinterziehung missbraucht werden, und die im Wesentlichen ähnliche Eigenschaften aufweisen wie die ausgenommenen Konten nach dem anwendbaren Abkommen. Er legt die Kriterien fest, nach denen weitere Konten als ausgenommene Konten gelten.

Art. 5 Ansässigkeit von Finanzinstituten in der Schweiz

¹ Als in der Schweiz ansässig gelten Finanzinstitute, die in der Schweiz steuerpflichtig sind.

² Finanzinstitute, die in keinem Staat oder Hoheitsgebiet steuerlich ansässig sind, gelten als in der Schweiz ansässig, wenn sie:

a. nach schweizerischem Recht eingetragen sind;
b. den Ort ihrer Geschäftsleitung einschliesslich ihrer tatsächlichen Verwaltung in der Schweiz haben; oder
c. der schweizerischen Finanzmarktaufsicht unterstehen.

³ Ist ein Finanzinstitut in der Schweiz und in einem oder mehreren anderen Staaten oder Hoheitsgebieten ansässig, so gilt es als schweizerisches Finanzinstitut in Bezug auf die Finanzkonten, die es in der Schweiz führt.

---

[1] SR **831.42**
[2] Fassung gemäss Ziff. I des BG vom 19. Juni 2020, in Kraft seit 1. Januar 2021 (AS **2020** 5247; BBl **2019** 8135).
[3] SR **831.40**
[4] SR **220**

⁴ Ein Finanzinstitut in der Form eines Trusts gilt für die Zwecke des anwendbaren Abkommens und dieses Gesetzes als in der Schweiz ansässig, wenn mindestens einer oder eine der *Trustees* in der Schweiz ansässig ist. Die Ansässigkeit des *Trustees* oder der *Trustee* bestimmt sich nach den Absätzen 1–3.

⁵ Der Bundesrat legt die Kriterien fest, nach denen ein Finanzinstitut als ansässig im Sinne von Absatz 1 gilt. Er bezeichnet zudem die steuerbefreiten Finanzinstitute, die als ansässig im Sinne von Absatz 1 gelten.

Art. 6 Vereinbarungen über den Datenschutz

Sieht das anwendbare Abkommen vor, dass die informierende Behörde Datenschutzbestimmungen bezeichnen kann, die von der empfangenden Behörde einzuhalten sind, so kann der Bundesrat Vereinbarungen über den Datenschutz abschliessen. Die einzuhaltenden Datenschutzbestimmungen müssen mindestens dem Schutzniveau des Bundesgesetzes vom 19. Juni 1992[1] über den Datenschutz (DSG) und dieses Gesetzes entsprechen.

> ☞ *Art. 6 zweiter Satz wird gemäss BG vom 25.9.2020 über den Datenschutz (Totalrevision) per 1.9.2023 wie folgt geändert:*
>
> … *Die einzuhaltenden Datenschutzbestimmungen müssen mindestens dem Schutzniveau des Datenschutzgesetzes vom 25. September 2020 (DSG) und dieses Gesetzes entsprechen.*

2. Abschnitt: Gemeinsamer Meldestandard

Art. 7 Anwendung und Weiterentwicklung der AIA-Vereinbarung

¹ Die Rechte und Pflichten der meldenden schweizerischen Finanzinstitute richten sich im Rahmen der Umsetzung der AIA-Vereinbarung[2] nach der Beilage zur AIA-Vereinbarung und nach diesem Gesetz.

² Der Bundesrat kann Änderungen des GMS in die Beilage zur AIA-Vereinbarung aufnehmen, wenn diese von beschränkter Tragweite sind. Er unterbreitet der Bundesversammlung die übrigen Änderungen zur Genehmigung.

³ Als Änderungen von beschränkter Tragweite gelten namentlich solche, die:

a. für meldepflichtige Personen und meldende schweizerische Finanzinstitute keine neuen Pflichten begründen oder keine bestehenden Rechte aufheben;
b. sich in erster Linie an die Behörden richten, administrativ-technische Fragen regeln oder keine bedeutenden finanziellen Aufwendungen verursachen.

Art. 8 Kommentare der OECD

Änderungen der OECD-Kommentare zum Muster für eine Vereinbarung zwischen den zuständigen Behörden und zum GMS sind für die meldenden schweizerischen Finanzinstitute erst umzusetzen, wenn sie in ein Bundesgesetz, in eine Verordnung oder in eine Weisung der Eidgenössischen Steuerverwaltung (ESTV) aufgenommen worden sind.

---

[1] SR **235.1**
[2] SR **0.653.1**

Art. 9 Erleichterungen bei der Erfüllung der Melde- und Sorgfaltspflichten

¹ Meldende schweizerische Finanzinstitute können:
  a. dritte Dienstleister zur Erfüllung ihrer Melde- und Sorgfaltspflichten beiziehen; sie bleiben für die Erfüllung der Pflichten verantwortlich;
  b. die für Konten von hohem Wert geltenden Verfahren zur Erfüllung ihrer Sorgfaltspflichten auf bestimmte oder alle Konten von geringerem Wert anwenden;
  c. die für Neukonten geltenden Verfahren zur Erfüllung ihrer Sorgfaltspflichten auf bestimmte oder alle bestehenden Konten anwenden; die übrigen Vorschriften für bestehende Konten sind weiterhin anwendbar;
  d. bei bestimmten oder allen bestehenden Konten von Rechtsträgern auf eine Überprüfung, Identifizierung und Meldung verzichten, wenn diese Konten am 31. Dezember vor Beginn der Anwendbarkeit des automatischen Informationsaustauschs mit einem Partnerstaat einen Gesamtsaldo oder Gesamtwert von höchstens 250 000 US-Dollar aufweisen;
  e. bei bestimmten oder allen bestehenden Konten von geringerem Wert von natürlichen Personen für die Identifizierung meldepflichtiger Konten das Hausanschriftverfahren oder die Suche in ihren elektronischen Datensätzen anwenden;
  f. in Erfüllung ihrer Sorgfaltspflichten bei bestehenden Konten von Rechtsträgern als Beleg jede Einstufung in ihren Unterlagen in Bezug auf den Kontoinhaber oder die Kontoinhaberin verwenden, die auf der Grundlage eines standardisierten nationalen oder internationalen Branchenkodierungssystems ermittelt wurde und die sie im Einklang mit ihrer üblichen Geschäftspraxis für die Zwecke von Verfahren zur Bekämpfung der Geldwäscherei oder zu anderen gesetzlichen Zwecken, ausser zu Steuerzwecken, dokumentieren und vor dem Datum eingeführt haben, an dem das Finanzkonto als bestehendes Konto eingestuft wurde, sofern ihnen nicht bekannt ist oder nicht bekannt sein müsste, dass diese Einstufung nicht zutreffend oder unglaubwürdig ist;
  g. bestimmte oder alle Finanzkonten, die frühestens im Zeitpunkt des Inkrafttretens dieses Gesetzes eröffnet werden, als Neukonten behandeln; sie können bei der Kontoeröffnung die ausländische Steueridentifikationsnummer erheben.

² Sie können den Kreis der Begünstigten eines Trusts, die als beherrschende Personen des Trusts betrachtet werden, gleich bestimmen wie den Kreis der Begünstigten eines Trusts, die als meldepflichtige Personen eines Trusts, der ein Finanzinstitut ist, betrachtet werden. Sie müssen dabei angemessene organisatorische Massnahmen treffen, die sicherstellen, dass sie Ausschüttungen an die Begünstigten identifizieren können.

³ Der Bundesrat legt fest, welche im OECD-Kommentar zum GMS enthaltenen Alternativbestimmungen anwendbar sind.

Art. 10 Präzisierung der allgemeinen Meldepflichten

¹ Zur Bestimmung des Saldos oder Werts eines Finanzkontos oder eines sonstigen Betrags muss das meldende schweizerische Finanzinstitut den Betrag unter Verwendung des Kassakurses in US-Dollar umrechnen.[1] Zum Zweck der Meldung eines Kontos ermittelt das meldende schweizerische Finanzinstitut den Kassakurs zum letzten Tag des Kalenderjahres oder eines anderen geeigneten Zeitraums, für welches oder für welchen das Konto gemeldet wird.

---

[1] Fassung gemäss Ziff. I des BG vom 19. Juni 2020, in Kraft seit 1. Januar 2021 (AS **2020** 5247; BBl **2019** 8135).

² Der Bundesrat legt die Kriterien fest, nach denen:
   a. der Betrag und die Einordnung von Zahlungen zugunsten eines meldepflichtigen Kontos zu bestimmen sind;
   b. die verschiedenen Typen von Konten den im anwendbaren Abkommen definierten Kategorien von Finanzkonten zuzuweisen sind.

³ Stirbt eine meldepflichtige Person, so behandelt das meldende schweizerische Finanzinstitut ihr Konto so wie vor dem Tod, bis ihm der Nachlass mit eigener Rechtspersönlichkeit oder die berechtigten Erben und Erbinnen mitgeteilt werden.

Art. 11 Präzisierung der Sorgfaltspflichten

¹ Eine Selbstauskunft ist so lange gültig, bis eine Änderung der Gegebenheiten eintritt, aufgrund der dem meldenden schweizerischen Finanzinstitut bekannt ist oder bekannt sein müsste, dass die Selbstauskunft nicht zutreffend oder unglaubwürdig ist.

² Bestehende Konten natürlicher Personen müssen ab Beginn der Anwendbarkeit des automatischen Informationsaustauschs mit einem Partnerstaat innerhalb folgender Fristen überprüft werden:
   a. Konten von hohem Wert: innerhalb eines Jahres;
   b. Konten von geringerem Wert: innerhalb zweier Jahre.

³ Bestehende Konten von Rechtsträgern müssen innerhalb von zwei Jahren nach Beginn der Anwendbarkeit des automatischen Informationsaustauschs mit einem Partnerstaat überprüft werden.

⁴ Das meldende schweizerische Finanzinstitut kann die Fristen nach den Absätzen 2 und 3 ab Inkrafttreten dieses Gesetzes anwenden.

⁵ ...[1]

⁶ Bei den folgenden bestehenden Konten natürlicher Personen gilt die in den Unterlagen des meldenden schweizerischen Finanzinstituts erfasste Adresse im Rahmen des Hausanschriftverfahrens als aktuell:
   a. bei Konten, die nach Artikel 37*l* Absatz 4 des Bankengesetzes vom 8. November 1934[2] als nachrichtenlose Konten gelten;
   b. bei anderen Konten, bei denen es sich nicht um Rentenversicherungsverträge handelt, wenn:
      1. der Kontoinhaber oder die Kontoinhaberin in den letzten drei Jahren keine Transaktion in Bezug auf dieses oder ein anderes seiner beziehungsweise ihrer Konten beim meldenden schweizerischen Finanzinstitut vorgenommen hat,
      2. der Kontoinhaber oder die Kontoinhaberin in den letzten sechs Jahren mit dem meldenden schweizerischen Finanzinstitut, das dieses Konto führt, keinen Kontakt in Bezug auf dieses oder ein anderes seiner beziehungsweise ihrer Konten bei diesem Finanzinstitut hatte, und

---

[1] Aufgehoben durch Ziff. I des BG vom 19. Juni 2020, mit Wirkung seit 1. Januar 2021 (AS **2020** 5247; BBl **2019** 8135).
[2] SR **952.0**

3. im Falle eines rückkaufsfähigen Versicherungsvertrages das meldende schweizerische Finanzinstitut in den letzten sechs Jahren mit dem Kontoinhaber oder der Kontoinhaberin keinen Kontakt in Bezug auf dieses oder ein anderes Konto dieser Person bei diesem Finanzinstitut hatte.

7 Meldende schweizerische Finanzinstitute müssen angemessene organisatorische Massnahmen treffen, die sicherstellen, dass ihnen alle Informationen vorliegen, die nach dem anwendbaren Abkommen und diesem Gesetz im Rahmen der Kontoeröffnung erhoben werden müssen, insbesondere dass die Selbstauskunft erteilt wird.

8 Ein meldendes schweizerisches Finanzinstitut kann ein Neukonto nur dann ohne Vorliegen einer Selbstauskunft des Kontoinhabers oder der Kontoinhaberin eröffnen, wenn:

a. der Kontoinhaber ein Rechtsträger ist und es anhand der ihm vorliegenden oder der öffentlich verfügbaren Informationen in vertretbarer Weise feststellt, dass er eine nicht meldepflichtige Person ist; oder
b. ein anderer Ausnahmefall vorliegt; in diesem Fall muss es die Selbstauskunft innerhalb von 90 Tagen erhalten haben und plausibilisieren; der Bundesrat umschreibt die Ausnahmefälle näher.[1]

9 Liegen einem meldenden schweizerischen Finanzinstitut 90 Tage nach Eröffnung eines Neukontos die nach dem anwendbaren Abkommen und diesem Gesetz zur Plausibilisierung der Selbstauskunft notwendigen Informationen oder in einem Ausnahmefall nach Absatz 8 Buchstabe b die Selbstauskunft nicht vor, so muss es das Konto schliessen oder für alle Zu- und Abgänge so lange sperren, bis ihm alle Informationen vorliegen. Es steht ihm ein ausserordentliches Kündigungsrecht zu. Vorbehalten sind Fälle nach Artikel 9 des Geldwäschereigesetzes vom 10. Oktober 1997[2] (GwG).[3]

10 ...[4]

Art. 12 Präzisierung der besonderen Sorgfaltsvorschriften

1 Ein Konto mit einem negativen Saldo oder Wert gilt als ein Konto mit einem Saldo oder Wert von null.

2 – 4 ...[5]

---

[1] Fassung gemäss Ziff. I des BG vom 19. Juni 2020, in Kraft seit 1. Januar 2021 (AS **2020** 5247; BBl **2019** 8135).
[2] SR **955.**2.
[3] Fassung gemäss Ziff. I des BG vom 19. Juni 2020, in Kraft seit 1. Januar 2021 (AS **2020** 5247; BBl **2019** 8135).
[4] Aufgehoben durch Ziff. I des BG vom 19. Juni 2020, mit Wirkung seit 1. Januar 2021 (AS **2020** 5247; BBl **2019** 8135).
[5] Aufgehoben durch Ziff. I des BG vom 19. Juni 2020, mit Wirkung seit 1. Januar 2021 (AS **2020** 5247; BBl **2019** 8135).

3. Abschnitt: Registrierungspflicht der meldenden schweizerischen Finanzinstitute

Art. 13

¹ Wer zu einem meldenden schweizerischen Finanzinstitut nach einem Abkommen nach Artikel 1 Absatz 1 und nach diesem Gesetz wird, hat sich unaufgefordert bei der ESTV anzumelden.

² In der Anmeldung hat das meldende schweizerische Finanzinstitut anzugeben:

  a. seinen Namen oder seine Firma sowie seinen Sitz oder Wohnsitz; handelt es sich um eine juristische Person oder um eine Gesellschaft ohne juristische Persönlichkeit mit statutarischem Sitz im Ausland oder um ein Einzelunternehmen mit Sitz im Ausland, so sind der Name oder die Firma, der Ort der Hauptniederlassung und die Adresse der inländischen Leitung anzugeben;
  b. die UID;
  c. die Art der Tätigkeit;
  d. das Datum der Aufnahme der Tätigkeit.

³ Endet die Eigenschaft als meldendes schweizerisches Finanzinstitut nach einem Abkommen nach Artikel 1 Absatz 1 und nach diesem Gesetz oder wird die Geschäftstätigkeit aufgegeben, so hat sich das Finanzinstitut bei der ESTV unaufgefordert abzumelden.

⁴ Der oder die Trustee muss einen Trust nach Artikel 3 Absatz 9 anmelden. Der Bundesrat regelt die Einzelheiten der Anmeldung.[1]

4. Abschnitt: Informationspflicht der meldenden schweizerischen Finanzinstitute

Art. 14

¹ Die meldenden schweizerischen Finanzinstitute informieren die meldepflichtigen Personen direkt oder über ihre Vertragspartei spätestens am 31. Januar des Jahres, in dem erstmals sie betreffende Informationen an einen Partnerstaat übermittelt werden, über:

  a. ihre Eigenschaft als meldendes schweizerisches Finanzinstitut;
  b. die Abkommen nach Artikel 1 Absatz 1 und deren Inhalt, insbesondere über die aufgrund der Abkommen auszutauschenden Informationen;
  c. die Liste der Partnerstaaten der Schweiz und den Ort der Veröffentlichung der jeweils aktualisierten Liste;
  d. die in Anwendung der Abkommen nach Artikel 1 Absatz 1 zulässige Nutzung dieser Informationen;
  e. die Rechte der meldepflichtigen Personen nach dem DSG[2] und diesem Gesetz.

² Bei meldepflichtigen Konten, die geschlossen worden sind, erfolgt die Information einmalig an die letzte bekannte Adresse. Bei Konten, die die Kriterien nach Artikel 11 Absatz 6 Buchstabe a oder b erfüllen, kann die Information ausbleiben.

---

[1] Eingefügt durch Ziff. I des BG vom 19. Juni 2020, in Kraft seit 1. Januar 2021 (AS **2020** 5247; BBl **2019** 8135).
[2] SR **235.1**

³ Die meldenden schweizerischen Finanzinstitute veröffentlichen auf ihrer Website eine jährlich am 31. Januar aktualisierte Liste der Partnerstaaten der Schweiz oder verweisen auf die Liste des Eidgenössischen Finanzdepartements (EFD).

⁴ Das meldende schweizerische Finanzinstitut stellt dem Inhaber oder der Inhaberin des Kontos, das Gegenstand der Meldung ist, auf Ersuchen eine Kopie der Meldung zu.

5. Abschnitt: Meldepflichten und Meldeermächtigung

Art. 15 Übermittlung und Verwendung der Informationen

¹ Die meldenden schweizerischen Finanzinstitute übermitteln die nach dem anwendbaren Abkommen zu übermittelnden Informationen sowie die Informationen über ihre nicht dokumentierten Konten jährlich innerhalb von sechs Monaten nach Ablauf des betreffenden Kalenderjahres elektronisch an die ESTV. Führt ein meldendes schweizerisches Finanzinstitut keine meldepflichtigen Konten, so meldet es diesen Umstand der ESTV innerhalb derselben Frist.

² Die ESTV übermittelt die von den meldenden schweizerischen Finanzinstituten nach dem anwendbaren Abkommen an sie übermittelten Informationen innerhalb der im anwendbaren Abkommen festgelegten Fristen an die zuständigen Behörden der Partnerstaaten.

³ Sie weist die zuständigen Behörden der Partnerstaaten auf die Einschränkungen bei der Verwendung der übermittelten Informationen sowie auf die Geheimhaltungspflichten nach den Amtshilfebestimmungen des anwendbaren Abkommens hin.

⁴ Sieht das anwendbare Abkommen vor, dass die im Rahmen des automatischen Informationsaustauschs übermittelten Informationen von der empfangenden Behörde für andere Zwecke als für Steuerzwecke verwendet oder von dieser an einen Drittstaat weitergeleitet werden dürfen, sofern die zuständige Behörde des Staates, der die Informationen übermittelt hat, dieser Verwendung oder Weiterleitung zustimmt, so erteilt die ESTV nach entsprechender Prüfung ihre Zustimmung. Sollen die Informationen an Strafbehörden weitergeleitet werden, so erteilt die ESTV die Zustimmung im Einvernehmen mit dem Bundesamt für Justiz.

⁵ Informationen, die der ESTV nach Absatz 1 übermittelt werden, dürfen zur Anwendung und Durchsetzung des schweizerischen Steuerrechts nur weiterverwendet werden, wenn sie nach schweizerischem Recht hätten beschafft werden können.

Art. 16 Verjährung

¹ Der Anspruch gegenüber dem meldenden schweizerischen Finanzinstitut auf Übermittlung der Meldung verjährt fünf Jahre nach Ablauf des Kalenderjahres, in dem die Meldung zu übermitteln war.

² Die Verjährung wird durch jede auf die Geltendmachung der Meldung gerichtete Amtshandlung unterbrochen, die einem meldenden schweizerischen Finanzinstitut zur Kenntnis gebracht wird. Mit der Unterbrechung beginnt die Verjährung von Neuem.

³ Die Verjährung tritt spätestens zehn Jahre nach Ablauf des Kalenderjahres ein, in dem die Meldung zu übermitteln war.

Art. 17 In einem anderen Staat als meldendes Finanzinstitut geltender Trust

Gilt ein Trust in einem anderen Staat nach dessen Recht als meldendes Finanzinstitut, so ist jeder oder jede in der Schweiz ansässige Trustee ermächtigt, für den Trust die Meldung an die zuständige Behörde dieses Staates vorzunehmen.

5a. Abschnitt:[1] Aufbewahrungspflicht der meldenden schweizerischen Finanzinstitute

Art. 17a

Die meldenden schweizerischen Finanzinstitute müssen die zur Erfüllung der Pflichten nach der Beilage zur AIA-Vereinbarung[2] und nach diesem Gesetz erstellten Unterlagen und eingeholten Belege gemäss den Vorgaben von Artikel 958f OR[3] aufbewahren.

6. Abschnitt: Rechte und Pflichten der meldepflichtigen Personen

Art. 18 Mitteilungspflicht bei einer Änderung der Gegebenheiten bei Selbstauskunft

Wer eine Selbstauskunft nach dem anwendbaren Abkommen und diesem Gesetz erteilt hat, muss dem meldenden schweizerischen Finanzinstitut bei einer Änderung der Gegebenheiten die neu zutreffenden Angaben im Rahmen der Selbstauskunft mitteilen.

Art. 19 Ansprüche und Verfahren im Datenschutz

[1] In Bezug auf Informationen, die von meldenden schweizerischen Finanzinstituten gesammelt werden, und auf deren Übermittlung an die zuständigen Behörden der Partnerstaaten stehen den meldepflichtigen Personen die Rechte nach dem DSG[4] zu.

[2] Gegenüber der ESTV können meldepflichtige Personen ausschliesslich das Auskunftsrecht geltend machen und verlangen, dass unrichtige Daten, die auf Übermittlungsfehlern beruhen, berichtigt werden. Sofern die Übermittlung der Daten für die meldepflichtige Person Nachteile zur Folge hätte, die ihr mangels rechtsstaatlicher Garantien nicht zugemutet werden können, stehen ihr die Ansprüche nach Artikel 25a des Verwaltungsverfahrensgesetzes vom 20. Dezember 1968[5] (VwVG) zu.[6]

[3] Werden die der zuständigen Behörde eines Partnerstaates übermittelten Informationen infolge eines rechtskräftigen Entscheids berichtigt, so übermittelt das meldende schweizerische Finanzinstitut die berichtigten Informationen der ESTV. Diese leitet die berichtigten Informationen der betroffenen Behörde weiter.

---

[1] Eingefügt durch Ziff. I des BG vom 19. Juni 2020, in Kraft seit 1. Januar 2021 (AS **2020** 5247; BBl **2019** 8135).
[2] SR **0.653.1**
[3] SR **220**
[4] SR **235.1**
[5] SR **172.021**
[6] Fassung des zweiten Satzes gemäss Ziff. I 7 des BG vom 18. Juni 2021 über elektronische Verfahren im Steuerbereich, in Kraft seit 1. Jan. 2022 (AS **2021** 673; BBl **2020** 4705).

7. Abschnitt: Vom Ausland automatisch übermittelte Informationen

Art. 20 Verwendung der schweizerischen Steueridentifikationsnummer für natürliche Personen

Meldende Finanzinstitute und die zuständigen Behörden eines Partnerstaates verwenden im Rahmen der Übermittlung der für den automatischen Informationsaustausch erforderlichen Informationen betreffend natürliche Personen die AHV-Nummer.

Art. 21 Weiterleitung von Informationen

1 Die ESTV leitet Informationen, die ihr andere Staaten automatisch übermittelt haben, zur Anwendung und Durchsetzung des schweizerischen Steuerrechts den schweizerischen Behörden weiter, die für die Festsetzung und Erhebung der in den Anwendungsbereich des anwendbaren Abkommens fallenden Steuern zuständig sind. Sie weist diese Behörden auf die Einschränkungen bei der Verwendung der übermittelten Informationen sowie auf die Geheimhaltungspflichten nach den Amtshilfebestimmungen des anwendbaren Abkommens hin.

2 Sie leitet die von einem anderen Staat automatisch übermittelten Informationen anderen schweizerischen Behörden, für die die Informationen von Interesse sind, weiter, sofern dies nach dem anwendbaren Abkommen zulässig und nach schweizerischem Recht vorgesehen ist. Sie holt gegebenenfalls die Zustimmung der zuständigen Behörde des informierenden Staates ein.

8. Abschnitt: Organisation und Verfahren

Art. 22 Aufgaben der ESTV

1 Die ESTV sorgt für die richtige Anwendung der anwendbaren Abkommen und dieses Gesetzes.

2 Sie erlässt alle Verfügungen und trifft alle Entscheide, die für die Anwendung notwendig sind.

3 Sie kann die Verwendung bestimmter Formulare vorschreiben und verlangen, dass gewisse Formulare ausschliesslich in elektronischer Form eingereicht werden.

4 Sie kann Weisungen erlassen. Diese orientieren sich an den OECD-Kommentaren zum Muster für eine Vereinbarung zwischen den zuständigen Behörden und zum GMS.

Art. 23 Datenbearbeitung

1 Die ESTV kann zur Erfüllung ihrer Aufgaben nach den anwendbaren Abkommen und diesem Gesetz Personendaten, einschliesslich Personendaten über administrative und strafrechtliche Verfolgungen und Sanktionen in Steuersachen, bearbeiten.

2 Sie kann die Steueridentifikationsnummern nach Artikel 2 Absatz 1 Buchstaben f–h für die Erfüllung ihrer Aufgaben nach den anwendbaren Abkommen und diesem Gesetz systematisch verwenden.

Art. 24 Informationssystem

¹ Die ESTV betreibt ein Informationssystem zur Bearbeitung von Personendaten, einschliesslich Personendaten über administrative und strafrechtliche Verfolgungen und Sanktionen in Steuersachen, die sie gestützt auf die anwendbaren Abkommen und dieses Gesetz erhalten hat.

² Die Daten dürfen nur durch Mitarbeiter und Mitarbeiterinnen der ESTV oder durch von der ESTV kontrollierte Fachpersonen bearbeitet werden.

³ Das Informationssystem dient der ESTV zur Erfüllung ihrer Aufgaben nach den anwendbaren Abkommen und diesem Gesetz. Es darf namentlich verwendet werden, um:

a. Informationen nach Massgabe der anwendbaren Abkommen und des schweizerischen Rechts zu empfangen und weiterzuleiten;
b. ein Register der meldenden schweizerischen Finanzinstitute zu führen;
c. Rechtsverfahren im Zusammenhang mit den anwendbaren Abkommen und diesem Gesetz zu bearbeiten;
d. die Überprüfungen nach Artikel 28 durchzuführen;
e. administrative und strafrechtliche Sanktionen zu verhängen und zu vollstrecken;
f. Amts- und Rechtshilfeersuchen zu bearbeiten;
g. die Begehung von Steuerdelikten zu bekämpfen;
h. Statistiken zu erstellen.

⁴ Der Bundesrat legt die Einzelheiten fest, insbesondere über:

a. die Organisation und Führung des Informationssystems;
b. die Kategorien der bearbeiteten Personendaten;
c. den Katalog der Daten über administrative und strafrechtliche Verfolgungen und Sanktionen;
d. die Zugriffs- und Bearbeitungsberechtigungen;
e. die Dauer der Aufbewahrung, die Archivierung und die Vernichtung der Daten.

⁵ Die ESTV kann den schweizerischen Behörden, denen sie nach Artikel 21 Absatz 1 Informationen weiterleitet, im Abrufverfahren Zugriff auf die Daten im System gewähren, die diese zur Erfüllung ihrer gesetzlichen Aufgaben benötigen. Der Bundesrat legt fest, welchen Behörden die ESTV für welche Daten Zugriff gewähren darf.

Art. 25 Auskunftspflicht

Personen und Behörden, denen die ESTV nach den anwendbaren Abkommen und diesem Gesetz aus dem Ausland erhaltene Informationen übermittelt, sowie schweizerische Finanzinstitute müssen der ESTV Auskunft über alle Tatsachen erteilen, die für die Umsetzung der Abkommen und dieses Gesetzes relevant sind.

Art. 26 Geheimhaltungspflicht

¹ Wer mit dem Vollzug eines anwendbaren Abkommens und dieses Gesetzes betraut ist oder zu deren Vollzug beigezogen wird, hat gegenüber anderen Amtsstellen und Privaten über die in Ausübung dieser Tätigkeit gemachten Wahrnehmungen Stillschweigen zu bewahren.

² Keine Geheimhaltungspflicht besteht:
   a. bei der Übermittlung von Informationen und bei Bekanntmachungen nach dem anwendbaren Abkommen und diesem Gesetz;
   b. gegenüber Organen der Rechtspflege und der Verwaltung, die das EFD ermächtigt hat, im Einzelfall amtliche Auskünfte bei den mit dem Vollzug dieses Gesetzes betrauten Behörden einzuholen;
   c. soweit das anwendbare Abkommen die Aufhebung der Geheimhaltungspflicht zulässt und im schweizerischen Recht eine gesetzliche Grundlage für diese Aufhebung besteht.

³ Feststellungen über Dritte, die anlässlich einer Überprüfung nach Artikel 28 gemacht werden, dürfen nur für die Durchführung des anwendbaren Abkommens verwendet werden.

Art. 27 Statistiken

¹ Die ESTV veröffentlicht die für die Länderüberprüfung des Global Forum über Transparenz und Informationsaustausch für Steuerzwecke erforderlichen Statistiken.

² Es besteht kein Recht auf Zugang zu weiter gehenden als den nach Absatz 1 veröffentlichten Informationen.

Art. 28 Überprüfung

¹ Die ESTV überprüft die schweizerischen Finanzinstitute hinsichtlich der Erfüllung ihrer Pflichten nach den anwendbaren Abkommen und diesem Gesetz.

² Sie kann zur Abklärung des Sachverhaltes:
   a. die Geschäftsbücher, die Belege und andere Urkunden des Finanzinstituts an Ort und Stelle überprüfen oder deren Herausgabe verlangen;
   b. schriftliche und mündliche Auskünfte einholen.

³ Stellt sie fest, dass das Finanzinstitut seinen Pflichten nicht oder mangelhaft nachgekommen ist, so gibt sie ihm Gelegenheit, zu den festgestellten Mängeln Stellung zu nehmen.

⁴ Können sich das Finanzinstitut und die ESTV nicht einigen, so erlässt die ESTV eine Verfügung.

⁵ Auf Antrag erlässt die ESTV eine Feststellungsverfügung über:
   a. die Eigenschaft als Finanzinstitut nach den anwendbaren Abkommen und diesem Gesetz;
   b. den Inhalt der Meldungen nach den anwendbaren Abkommen und diesem Gesetz.

Art. 28a[1] **Elektronische Verfahren**

¹ Der Bundesrat kann die elektronische Durchführung von Verfahren nach diesem Gesetz vorschreiben. Dabei regelt er die Modalitäten der Durchführung.

² Die ESTV stellt bei der elektronischen Durchführung von Verfahren die Authentizität und Integrität der übermittelten Daten sicher.

³ Sie kann bei der elektronischen Einreichung von Eingaben, deren Unterzeichnung gesetzlich vorgeschrieben ist, anstelle der qualifizierten elektronischen Signatur eine andere elektronische Bestätigung der Angaben durch die eingebende Person anerkennen.

Art. 29 Anwendbares Verfahrensrecht

Soweit dieses Gesetz nichts anderes bestimmt, ist das VwVG[2] anwendbar.[3]

Art. 30 Rechtsmittel

¹ Gegen Verfügungen der ESTV nach den Artikeln 22–29 kann innert 30 Tagen nach der Eröffnung schriftlich Einsprache erhoben werden.

² Die Einsprache hat die Anträge zu enthalten und die zur Begründung dienenden Tatsachen anzugeben.

³ Ist gültig Einsprache erhoben worden, so überprüft die ESTV die Verfügung ohne Bindung an die gestellten Anträge und erlässt einen begründeten Einspracheentscheid.

⁴ Der Einspracheentscheid unterliegt der Beschwerde nach den allgemeinen Bestimmungen über die Bundesrechtspflege.

9. Abschnitt: Aussetzung und Kündigung

Art. 31

¹ Die zuständige schweizerische Behörde darf nur mit Zustimmung des Bundesrates handeln, wenn sie gestützt auf das anwendbare Abkommen:
a. den automatischen Informationsaustausch gegenüber einem Partnerstaat aussetzt oder kündigt;
b. das Abkommen kündigt.

² Sie setzt den automatischen Informationsaustausch gegenüber einem Partnerstaat in eigener Kompetenz aus, solange der Partnerstaat die Anforderungen der OECD an die Vertraulichkeit und die Datensicherheit nicht erfüllt.[4]

---

[1] Eingefügt durch Ziff. I 7 des BG vom 18. Juni 2021 über elektronische Verfahren im Steuerbereich, in Kraft seit 1. Jan. 2022 (AS **2021** 673; BBl **2020** 4705).
[2] SR **172.021**
[3] Fassung gemäss Ziff. I 7 des BG vom 18. Juni 2021 über elektronische Verfahren im Steuerbereich, in Kraft seit 1. Jan. 2022 (AS **2021** 673; BBl **2020** 4705).
[4] Eingefügt durch Ziff. I des BG vom 19. Juni 2020, in Kraft seit 1. Januar 2021 (AS **2020** 5247; BBl **2019** 8135).

10. Abschnitt: Strafbestimmungen

Art. 32 Verletzung der Melde- und Sorgfaltspflichten

Mit Busse bis zu 250 000 Franken wird bestraft, wer vorsätzlich:

a. die im anwendbaren Abkommen und in den Artikeln 9–12 genannten Sorgfaltspflichten betreffend die Überprüfung der Konten und die Identifizierung der meldepflichtigen Personen verletzt;
b. die Registrierungspflicht nach Artikel 13 verletzt;
c. die Informationspflicht nach Artikel 14 Absätze 1 und 3 verletzt;
d. die Meldepflichten nach Artikel 15 Absatz 1 verletzt.

Art. 33 Widerhandlungen gegen behördliche Anordnungen

Mit Busse bis zu 50 000 Franken wird bestraft, wer im Rahmen einer Überprüfung nach Artikel 28 einer an ihn oder sie gerichteten amtlichen Verfügung, die auf die Strafdrohung dieses Artikels hinweist, vorsätzlich nicht Folge leistet.

Art. 34 Widerhandlungen in Geschäftsbetrieben

Fällt eine Busse von höchstens 50 000 Franken in Betracht und würde die Ermittlung der nach Artikel 6 des Bundesgesetzes vom 22. März 1974[1] über das Verwaltungsstrafrecht (VStrR) strafbaren Personen Untersuchungsmassnahmen bedingen, die im Hinblick auf die angedrohte Strafe unverhältnismässig wären, so kann von einer Verfolgung dieser Personen abgesehen und an ihrer Stelle der Geschäftsbetrieb (Art. 7 VStrR) zur Bezahlung der Busse verurteilt werden. N 2

Art. 35 Falsche Selbstauskunft

Mit Busse bis zu 10 000 Franken wird bestraft, wer einem schweizerischen Finanzinstitut vorsätzlich eine falsche Selbstauskunft erteilt, Änderungen der Gegebenheiten nicht mitteilt oder über Änderungen der Gegebenheiten falsche Angaben macht.

Art. 36 Selbstanzeige

1 Zeigt der Täter oder die Täterin eine Pflichtverletzung aus eigenem Antrieb an, so bleibt er oder sie straflos, wenn er oder sie:

a. über den tatsächlichen Umfang und den Inhalt der Verpflichtungen vollständige und genaue Angaben gemacht hat;
b. zur Abklärung des Sachverhalts und zur Pflichterfüllung beigetragen hat; und
c. bisher noch nie wegen einer vorsätzlichen Widerhandlung der gleichen Art Selbstanzeige erstattet hat.

2 Die Straflosigkeit des Täters oder der Täterin hat auch Wirkung für die Teilnehmer und Teilnehmerinnen.

---

[1] SR 313.0

Art. 37 Verfahren

¹ Für die Verfolgung und Beurteilung von Widerhandlungen gegen dieses Gesetz ist das VStrR¹ anwendbar. N 2

² Verfolgende und urteilende Behörde ist die ESTV.

Art. 38 Wahl der Partnerstaaten

Der Bundesrat analysiert die in den möglichen Partnerstaaten anwendbaren Datenschutzbestimmungen sowie die Regularisierungsmöglichkeiten, bevor er der Bundesversammlung die Einführung des automatischen Informationsaustauschs mit diesen Staaten unterbreitet. Er fasst die Ergebnisse seiner Analyse in der Botschaft zusammen.

11. Abschnitt: Schlussbestimmungen

Art. 39 Genehmigungskompetenz

Die Bundesversammlung genehmigt mit einfachem Bundesbeschluss:
a. die Aufnahme eines Staates in die Liste nach Abschnitt 7 Absatz 1 Buchstabe f der AIA-Vereinbarung²;
b. in ihre Zuständigkeit fallende völkerrechtliche Verträge mit Staaten, die in diese Liste aufgenommen werden sollen, über den Marktzugang für Finanzdienstleister und über die Regularisierung der Steuersituation von Steuerpflichtigen.

Art. 40 Änderung eines anderen Erlasses

...³

Art. 41 Koordination mit der Änderung vom 25. September 2015 des ZGB (Personalfürsorgestiftungen)

Mit Inkrafttreten der Änderung vom 25. September 2015⁴ des ZGB⁵ (Personalfürsorgestiftungen) lautet Art. 3 Abs. 5 Bst. a des vorliegenden Gesetzes wie folgt:

...⁶

Art. 42 Referendum und Inkrafttreten

¹ Dieses Gesetz untersteht dem fakultativen Referendum.

² Der Bundesrat bestimmt das Inkrafttreten.

Datum des Inkrafttretens:⁷ 1. Jan. 2017
Art. 39: 27. Mai 2016

---

[1] SR **313.0**
[2] SR **0.653.1**
[3] Die Änderung kann unter AS **2016** 1297 konsultiert werden.
[4] AS **2016** 935
[5] SR **210**
[6] Eingefügt hiervor.
[7] BRB vom 20. April 2016

1.8 Auszug aus dem Abkommen zwischen der Schweizerischen Eidgenossenschaft und der Europäischen Union über den automatischen Informationsaustausch über Finanzkonten zur Förderung der Steuerehrlichkeit bei internationalen Sachverhalten (AIA-Abkommen mit der EU) SR 0.641.926.81

Abgeschlossen am 26. Oktober 2004
Von der Bundesversammlung genehmigt am 17. Dezember 2004[1]
In Kraft getreten durch Notenaustausch am 1. Juli 2005[2]
Geändert durch Protokoll am 27. Mai 2015[3]
Von der Bundesversammlung genehmigt am 17. Juni 2016[4]
In Kraft getreten durch Notenaustausch am 1. Januar 2017

(Stand am 1. Januar 2017)

Die Schweizerische Eidgenossenschaft, im Folgenden als «Schweiz» bezeichnet, und die Europäische Union,

...

sind wie folgt übereingekommen:

☞ *Das AIA-Abkommen mit der EU regelt im Wesentlichen drei Sachen:*

- *den automatischen Informationsaustausch nach dem globalen Standard der OECD (vgl. MCAA; für die Umsetzung gelangt das AIA-Gesetz zur Anwendung),*
- *den Informationsaustausch auf Ersuchen (Art. 5) gemäss geltendem OECD-Standard nach Art. 26 des OECD-MA (vgl. OECD-MA; für die Umsetzung gelangt das StAhiG zur Anwendung),*
- *die Quellensteuerbefreiung grenzüberschreitender Zahlungen von Dividenden, Zinsen und Lizenzgebühren zwischen verbundenen Unternehmen, die unverändert aus dem bisherigen Zinsbesteuerungsabkommen (ZBstA) übernommen worden ist.*

An dieser Stelle ist auszugsweise Art. 9 betreffend die Quellensteuerbefreiung abgedruckt (ehem. Art. 15 ZBstA).

...

---

[1] Art. 1 Abs. 1 Bst. a des BB vom 17. Dez. 2004 (AS **2005** 2557).
[2] Angewendet ab dem 1. Juli 2005 gemäss dem letzten Abs. des Abk. in Form eines Briefwechsels vom 26. Okt. 2004 zwischen der Europäischen Gemeinschaft und der Schweizerischen Eidgenossenschaft über den Zeitpunkt der Anwendung des Abkommens zwischen der Europäischen Gemeinschaft und der Schweizerischen Eidgenossenschaft über Regelungen, die den in der Richtlinie 2003/48/EG des Rates vom 3. Juni 2003 im Bereich der Besteuerung von Zinserträgen festgelegten Regelungen gleichwertig sind (SR **0.641.926.811**).
[3] AS **2016** 5003; BBl **2015** 9199
[4] AS **2016** 5001

Art. 9 Zahlungen von Dividenden, Zinsen und Lizenzgebühren zwischen Unternehmen

1. Unbeschadet der Anwendung der innerstaatlichen oder auf Abkommen beruhenden Vorschriften in der Schweiz und in den Mitgliedstaaten zur Verhütung von Betrug und Missbrauch werden Dividendenzahlungen von Tochtergesellschaften an Muttergesellschaften im Quellenstaat nicht besteuert, wenn:

- die Muttergesellschaft mindestens zwei Jahre lang eine direkte Beteiligung von mindestens 25 Prozent am Gesellschaftskapital der Tochtergesellschaft hält; und
- die eine Gesellschaft in einem Mitgliedstaat und die andere Gesellschaft in der Schweiz steuerlich ansässig ist; und
- nach den Doppelbesteuerungsabkommen mit Drittstaaten keine der beiden Gesellschaften in diesem Drittstaat steuerlich ansässig ist, und
- beide Gesellschaften ohne Befreiung der Körperschaftsteuer unterliegen und beide die Form einer Kapitalgesellschaft[7] aufweisen.

2. Unbeschadet der Anwendung der innerstaatlichen und auf Abkommen beruhenden Vorschriften in der Schweiz und in den Mitgliedstaaten zur Verhütung von Betrug und Missbrauch werden Zahlungen von Zinsen und Lizenzgebühren zwischen verbundenen Gesellschaften oder ihren Betriebsstätten im Quellenstaat nicht besteuert, wenn:

- diese Gesellschaften mindestens zwei Jahre lang durch eine direkte Beteiligung von mindestens 25 Prozent miteinander verbunden sind oder sich beide im Besitz einer dritten Gesellschaft befinden, die mindestens zwei Jahre lang eine direkte Beteiligung von mindestens 25 Prozent am Gesellschaftskapital der ersten und der zweiten Gesellschaft hält; und
- die eine Gesellschaft in einem Mitgliedstaat steuerlich ansässig ist oder dort eine Betriebsstätte unterhält und die andere Gesellschaft in der Schweiz steuerlich ansässig ist oder dort eine Betriebsstätte unterhält; und
- nach den Doppelbesteuerungsabkommen mit Drittstaaten keine der Gesellschaften in diesem Drittstaat steuerlich ansässig ist und keine der Betriebsstätten in diesem Drittstaat gelegen ist; und
- alle Gesellschaften insbesondere in Bezug auf Zinsen und Lizenzgebühren ohne Befreiung der Körperschaftsteuer unterliegen und jede die Form einer Kapitalgesellschaft[8] aufweist.

3. Bestehende Doppelbesteuerungsabkommen zwischen der Schweiz und den Mitgliedstaaten, die eine günstigere steuerliche Behandlung von Zahlungen von Dividenden, Zinsen und Lizenzgebühren vorsehen, bleiben unberührt. D110

...

[7] Für die Schweiz umfasst der Begriff «Kapitalgesellschaft» die:
- société anonyme/Aktiengesellschaft/società anonima;
- société à responsabilité limitée/Gesellschaft mit beschränkter Haftung/società a responsabilità limitata;
- société en commandite par actions/Kommanditaktiengesellschaft/società in accomandita per azioni.

[8] Für die Schweiz umfasst der Begriff «Kapitalgesellschaft» die:
- société anonyme/Aktiengesellschaft/società anonima;
- société à responsabilité limitée/Gesellschaft mit beschränkter Haftung/società a responsabilità limitata;
- société en commandite par actions/Kommanditaktiengesellschaft/società in accomandita per azioni.

1.8.1 Bundesgesetz über die Aufhebung des Zinsbesteuerungsgesetzes vom 17. Dezember 2004 und des Bundesgesetzes vom 15. Juni 2012 über die internationale Quellenbesteuerung
SR 641.92

vom 17. Juni 2016 (Stand am 1. Januar 2017)

Die Bundesversammlung der Schweizerischen Eidgenossenschaft,
gestützt auf Artikel 173 Absatz 2 der Bundesverfassung[1],
nach Einsicht in die Botschaft des Bundesrates vom 25. November 2015[2],
beschliesst:

Art. 1 Aufhebung von Bundesgesetzen

Der Bundesrat hebt das Zinsbesteuerungsgesetz vom 17. Dezember 2004[3] (ZBstG) und das Bundesgesetz vom 15. Juni 2012[4] über die internationale Quellenbesteuerung (IQG) auf, sobald die damit zusammenhängenden Rechtsmittelverfahren abgeschlossen sind, frühestens aber sechs Jahre nach Aufhebung der Abkommen, auf die diese Gesetze Anwendung finden.

Art. 2 Weitergeltung von Schweige- und Geheimhaltungspflichten

Die Schweige- und Geheimhaltungspflichten, die sich aus Artikel 10 ZBstG[5] und Artikel 39 IQG[6] ergeben, bleiben nach Aufhebung dieser Gesetze bestehen.

Datum des Inkrafttretens: 1. Januar 2017[7]

AS **2016** 4875
[1] SR **101**
[2] BBl **2015** 9199
[3] SR **641.91**
[4] SR **672.4**
[5] SR **641.91**
[6] SR **672.4**
[7] BRB vom 26. Okt. 2016 (AS **2016** 5001)

VStrR

Verwaltungsstrafrechtsgesetz

N 2 Bundesgesetz über das Verwaltungsstrafrecht (VStrR) SR 313.0

vom 22. März 1974 (Stand am 1. Januar 2020)

Die Bundesversammlung der Schweizerischen Eidgenossenschaft,

gestützt auf die Artikel 64bis, 106 und 114 der Bundesverfassung[1],[2] nach Einsicht in eine Botschaft des Bundesrates vom 21. April 1971[3],

beschliesst:

☞ *Die zukünftigen Änderungen durch folgende Gesetze sind mit einem Hinweis im Text integriert bzw. stehen am Schluss dieses Gesetzes:*
- *BG vom 25.9.2020 über die Totalrevision des Datenschutzgesetzes und Änderung weiterer Erlasse zum Datenschutz; in Kraft ab 1.9.2023*
- *BG vom 17.12.2021 über die Harmonisierung der Strafrahmen; voraussichtlich in Kraft ab 1.1.2024 (der Bundesrat bestimmt das Inkrafttreten)*

---

[1] [BS **1** 3]. Den genannten Bestimmungen entsprechen heute die Art. 123, 188 und 190 (nach Inkrafttreten des BB vom 8. Okt. 1999 über die Reform der Justiz - BBl **1999** 8633 - Art. 123, 188 und 189) der BV vom 18. April 1999 (SR **101**).
[2] Fassung gemäss Ziff. I des BG vom 22. Dez. 1999, in Kraft seit 1. Okt. 2000 (AS **2000** 2141; BBl **1998** 1529).
[3] BBl **1971** I 993

Erster Titel: Geltungsbereich des Gesetzes

Art. 1 Geltungsbereich

Ist die Verfolgung und Beurteilung von Widerhandlungen einer Verwaltungsbehörde des Bundes übertragen, so findet dieses Gesetz Anwendung.

Zweiter Titel: Verwaltungsstrafrecht

Erster Abschnitt: Allgemeine Bestimmungen

A. Anwendung des Schweizerischen Strafgesetzbuches

Art. 2

Die allgemeinen Bestimmungen des Strafgesetzbuches[1] gelten für Taten, die in der Verwaltungsgesetzgebung des Bundes mit Strafe bedroht sind, soweit dieses Gesetz oder das einzelne Verwaltungsgesetz nichts anderes bestimmt.

B. Ordnungswidrigkeit

Art. 3

Ordnungswidrigkeit im Sinne dieses Gesetzes ist die vom einzelnen Verwaltungsgesetz als solche bezeichnete oder die mit Ordnungsbusse bedrohte Übertretung.

C. Abweichungen vom Schweizerischen Strafgesetzbuch

I. Jugendliche

Art. 4[2]

Begeht ein Jugendlicher vor Vollendung des 15. Altersjahres eine mit Strafe bedrohte Tat, so wird er nicht strafrechtlich verfolgt.

II. Teilnahme

Art. 5

Anstiftung und Gehilfenschaft zu einer Übertretung, ausgenommen zu einer Ordnungswidrigkeit, sind strafbar.

---

[1] SR **311.0**
[2] Fassung gemäss Art. 44 Ziff. 2 des Jugendstrafgesetzes vom 20. Juni 2003, in Kraft seit 1. Jan. 2007 (AS **2006** 3545; BBl **1999** 1979).

III. Widerhandlungen in Geschäftsbetrieben, durch Beauftragte u. dgl.

Art. 6 Regel 1.

1 Wird eine Widerhandlung beim Besorgen der Angelegenheiten einer juristischen Person, Kollektiv- oder Kommanditgesellschaft, Einzelfirma oder Personengesamtheit ohne Rechtspersönlichkeit oder sonst in Ausübung geschäftlicher oder dienstlicher Verrichtungen für einen andern begangen, so sind die Strafbestimmungen auf diejenigen natürlichen Personen anwendbar, welche die Tat verübt haben.

2 Der Geschäftsherr, Arbeitgeber, Auftraggeber oder Vertretene, der es vorsätzlich oder fahrlässig in Verletzung einer Rechtspflicht unterlässt, eine Widerhandlung des Untergebenen, Beauftragten oder Vertreters abzuwenden oder in ihren Wirkungen aufzuheben, untersteht den Strafbestimmungen, die für den entsprechend handelnden Täter gelten.

3 Ist der Geschäftsherr, Arbeitgeber, Auftraggeber oder Vertretene eine juristische Person, Kollektiv- oder Kommanditgesellschaft, Einzelfirma oder Personengesamtheit ohne Rechtspersönlichkeit, so wird Absatz 2 auf die schuldigen Organe, Organmitglieder, geschäftsführenden Gesellschafter, tatsächlich leitenden Personen oder Liquidatoren angewendet.

Art. 7 Sonderordnung bei Bussen bis zu 5000 Franken 2.

1 Fällt eine Busse von höchstens 5000 Franken in Betracht und würde die Ermittlung der nach Artikel 6 strafbaren Personen Untersuchungsmassnahmen bedingen, die im Hinblick auf die verwirkte Strafe unverhältnismässig wären, so kann von einer Verfolgung dieser Personen Umgang genommen und an ihrer Stelle die juristische Person, die Kollektiv- oder Kommanditgesellschaft oder die Einzelfirma zur Bezahlung der Busse verurteilt werden.

2 Für Personengesamtheiten ohne Rechtspersönlichkeit gilt Absatz 1 sinngemäss.

IV. Strafzumessung

Art. 8 Bussen 1.

Bussen bis zu 5000 Franken sind nach der Schwere der Widerhandlung und des Verschuldens zu bemessen; andere Strafzumessungsgründe müssen nicht berücksichtigt werden.

Art. 9 Zusammentreffen von strafbaren Handlungen oder von Strafbestimmungen 2.

Die Vorschriften von Artikel 68 des Strafgesetzbuches[1] über das Zusammentreffen von strafbaren Handlungen oder Strafbestimmungen gelten nicht für Bussen und Umwandlungsstrafen.

---

[1] SR 311.0. Heute: von Art. 49

V. Umwandlung der Busse

Art. 10

¹ Soweit eine Busse nicht eingebracht werden kann, wird sie vom Richter in Haft, bei Jugendlichen in Einschliessung umgewandelt. Die Busse wegen einer Ordnungswidrigkeit unterliegt der Umwandlung nicht.

² Der Richter kann die Umwandlung ausschliessen, sofern der Verurteilte nachweist, dass er schuldlos ausserstande ist, die Busse zu bezahlen. Der Ausschluss der Umwandlung ist jedoch nicht zulässig, wenn der Verurteilte die Widerhandlung vorsätzlich begangen hat und wenn zur Zeit der Tat noch nicht fünf Jahre vergangen sind, seit er wegen einer Widerhandlung gegen das gleiche Verwaltungsgesetz, die nicht eine blosse Ordnungswidrigkeit war, verurteilt worden ist.[1]

³ Im Falle der Umwandlung werden 30 Franken einem Tag Haft oder Einschliessung gleichgesetzt, jedoch darf die Umwandlungsstrafe die Dauer von drei Monaten nicht übersteigen. Sind Teilzahlungen entrichtet worden, so setzt der Richter die Umwandlungsstrafe im Verhältnis dieser Teilzahlungen zum ganzen Bussenbetrag herab.

⁴ Wird die Busse, nachdem sie umgewandelt worden ist, bezahlt, so fällt die Umwandlungsstrafe, soweit sie noch nicht vollzogen ist, dahin.

VI. Verjährung

Art. 11

¹ Eine Übertretung verjährt in zwei Jahren.

² Besteht jedoch die Übertretung in einer Hinterziehung oder Gefährdung von Abgaben oder im unrechtmässigen Erlangen einer Rückerstattung, Ermässigung oder eines Erlasses von Abgaben, so beträgt die Verjährungsfrist fünf Jahre; sie kann durch Unterbrechung nicht um mehr als die Hälfte hinausgeschoben werden.

³ Die Verjährung ruht bei Vergehen und Übertretungen während der Dauer eines Einsprache-, Beschwerde- oder gerichtlichen Verfahrens über die Leistungs- oder Rückleistungspflicht oder über eine andere nach dem einzelnen Verwaltungsgesetz zu beurteilende Vorfrage oder solange der Täter im Ausland eine Freiheitsstrafe verbüsst.

> ☞ *Art. 11 Abs. 1–3 wird durch das BG über die Harmonisierung der Strafrahmen voraussichtlich per 1.1.2024 geändert (siehe S. 711).*

⁴ Die Strafe einer Übertretung verjährt in fünf Jahren.

D. Hinterziehung; Erschleichen eines Beitrages u. dgl.

I. Leistungs- und Rückleistungspflicht

Art. 12

¹ Ist infolge einer Widerhandlung gegen die Verwaltungsgesetzgebung des Bundes zu Unrecht

---

[1] Fassung gemäss Anhang Ziff. II 6 des Finanzinstitutsgesetzes vom 15. Juni 2018, in Kraft seit 1. Jan. 2020 (AS **2018** 5247, **2019** 4631; BBl **2015** 8901).

a. eine Abgabe nicht erhoben, zurückerstattet, ermässigt oder erlassen worden, oder
b. vom Bund, von einem Kanton, einer Gemeinde, einer Anstalt oder Körperschaft des öffentlichen Rechts oder von einer mit öffentlich-rechtlichen Aufgaben betrauten Organisation eine Vergütung oder ein Beitrag gewährt oder eine Forderung nicht geltend gemacht worden,

so sind die Abgabe, die Vergütung, der Beitrag oder der nicht eingeforderte Betrag und der Zins, ohne Rücksicht auf die Strafbarkeit einer bestimmten Person, nachzuentrichten oder zurückzuerstatten.

² Leistungs- oder rückleistungspflichtig ist, wer in den Genuss des unrechtmässigen Vorteils gelangt ist, insbesondere der zur Zahlung der Abgabe Verpflichtete oder der Empfänger der Vergütung oder des Beitrages.

³ Wer vorsätzlich die Widerhandlung begangen oder an ihr teilgenommen hat, haftet für den nachzuentrichtenden oder zurückzuerstattenden Betrag solidarisch mit den nach Absatz 2 Zahlungspflichtigen.

⁴ Leistungs- und Rückleistungspflicht verjähren nicht, solange die Strafverfolgung und Strafvollstreckung nicht verjährt sind.

II. Selbstanzeige

Art. 13

Hat der Täter die Widerhandlung, die eine Leistungs- oder Rückleistungspflicht begründet, aus eigenem Antrieb angezeigt,

hat er überdies, soweit es ihm zumutbar war, über die Grundlagen der Leistungs- oder Rückleistungspflicht vollständige und genaue Angaben gemacht, zur Abklärung des Sachverhalts beigetragen und die Pflicht, wenn sie ihm obliegt, erfüllt,

und hat er bisher noch nie wegen einer vorsätzlichen Widerhandlung der gleichen Art Selbstanzeige geübt,

so bleibt er straflos.

Zweiter Abschnitt: Besondere Bestimmungen

A. Strafbare Handlungen[1]

I. Leistungs- und Abgabebetrug

Art. 14

¹ Wer die Verwaltung, eine andere Behörde oder einen Dritten durch Vorspiegelung oder Unterdrückung von Tatsachen arglistig irreführt oder sie in einem Irrtum arglistig bestärkt und so für sich oder einen andern unrechtmässig eine Konzession, eine Bewilligung oder ein Kontingent, einen Beitrag, die Rückerstattung von Abgaben, eine andere Leistung des Gemeinwesens erschleicht, oder bewirkt, dass der

---

[1] Ab 1. Jan. 2007 sind die angedrohten Strafen und die Verjährungsfristen in Anwendung von Art. 333 Abs. 2-6 des Strafgesetzbuches (SR **311.0**) in der Fassung des BG vom 13. Dez. 2002 (AS **2006** 3459; BBl **1999** 1797) zu interpretieren beziehungsweise umzurechnen.

Entzug einer Konzession, einer Bewilligung oder eines Kontingents unterbleibt, wird mit Gefängnis oder mit Busse bestraft.[1]

2 Bewirkt der Täter durch sein arglistiges Verhalten, dass dem Gemeinwesen unrechtmässig und in einem erheblichen Betrag eine Abgabe, ein Beitrag oder eine andere Leistung vorenthalten oder dass es sonst am Vermögen geschädigt wird, so ist die Strafe Gefängnis bis zu einem Jahr oder Busse bis zu 30 000 Franken.

3 Sieht das einzelne Verwaltungsgesetz für die entsprechende nicht arglistig begangene Widerhandlung einen höheren Höchstbetrag der Busse vor, so gilt dieser auch in den Fällen der Absätze 1 und 2.

4 Wer gewerbsmässig oder im Zusammenwirken mit Dritten Widerhandlungen nach Absatz 1 oder 2 in Abgaben- oder Zollangelegenheiten begeht und sich oder einem andern dadurch in besonders erheblichem Umfang einen unrechtmässigen Vorteil verschafft oder das Gemeinwesen am Vermögen oder an andern Rechten besonders erheblich schädigt, wird mit Freiheitsstrafe bis zu fünf Jahren oder Geldstrafe bestraft. Mit der Freiheitsstrafe ist eine Geldstrafe zu verbinden.[2]

☞ *Art. 14 wird durch das BG über die Harmonisierung der Strafrahmen voraussichtlich per 1.1.2024 geändert (siehe S. 711 f.).*

II. Urkundenfälschung; Erschleichen einer falschen Beurkundung

Art. 15

1. Wer in der Absicht, sich oder einem andern einen nach der Verwaltungsgesetzgebung des Bundes unrechtmässigen Vorteil zu verschaffen oder das Gemeinwesen am Vermögen oder an andern Rechten zu schädigen, eine Urkunde fälscht oder verfälscht oder die echte Unterschrift oder das echte Handzeichen eines andern zur Herstellung einer unwahren Urkunde benützt oder eine Urkunde dieser Art zur Täuschung gebraucht,

wer durch Täuschung bewirkt, dass die Verwaltung oder eine andere Behörde oder eine Person öffentlichen Glaubens eine für die Durchführung der Verwaltungsgesetzgebung des Bundes erhebliche Tatsache unrichtig beurkundet, und

wer eine so erschlichene Urkunde zur Täuschung der Verwaltung oder einer anderen Behörde gebraucht,

wird mit Gefängnis oder Busse bis zu 30 000 Franken bestraft.

☞ *Art. 15 Ziff. 1 wird durch das BG über die Harmonisierung der Strafrahmen voraussichtlich per 1.1.2024 geändert (siehe S. 712).*

2. Ziffer 1 gilt auch für Urkunden des Auslandes.

---

[1] Fassung gemäss Ziff. III des BG vom 17. Juni 1994, in Kraft seit 1. Jan. 1995 (AS **1994** 2290; BBl **1991** II 969).
[2] Eingefügt durch Ziff. I 2 des BG vom 3. Okt. 2008 zur Umsetzung der revidierten Empfehlungen der Groupe d'action financière (AS **2009** 361; BBl **2007** 6269). Fassung gemäss Ziff. I 5 des BG vom 12. Dez. 2014 zur Umsetzung der 2012 revidierten Empfehlungen der Groupe d'action financière, in Kraft seit 1. Jan. 2016 (AS **2015** 1389; BBl **2014** 605).

III. Unterdrückung von Urkunden

Art. 16

¹ Wer in der Absicht, sich oder einem andern einen nach der Verwaltungsgesetzgebung des Bundes unrechtmässigen Vorteil zu verschaffen oder das Gemeinwesen am Vermögen oder an andern Rechten zu schädigen, Urkunden, die er nach dieser Gesetzgebung aufzubewahren verpflichtet ist, beschädigt, vernichtet oder beiseite schafft, wird mit Gefängnis oder Busse bis zu 30 000 Franken bestraft.

² Offenbart der Täter die beiseite geschafften Urkunden aus eigenem Antrieb und bevor die Verwaltung die Untersuchung abgeschlossen hat, so kann von einer Bestrafung Umgang genommen werden.

> ☞ *Art. 16 Abs. 1 und 2 wird durch das BG über die Harmonisierung der Strafrahmen voraussichtlich per 1.1.2024 geändert (siehe S. 712).*

³ Die Absätze 1 und 2 gelten auch für Urkunden des Auslandes.

IV. Begünstigung

Art. 17

1.[1] Wer in einem Verwaltungsstrafverfahren jemanden der Strafverfolgung oder dem Strafvollzug, soweit dieser der beteiligten Verwaltung obliegt, entzieht,

wer dazu beiträgt, einem Täter oder Teilnehmer die Vorteile einer Widerhandlung gegen die Verwaltungsgesetzgebung des Bundes zu sichern,

wird mit Freiheitsstrafe bis zu drei Jahren oder Geldstrafe bestraft. Die auf den Täter anwendbare Strafdrohung darf dabei nicht überschritten werden.

2. Wer dazu beiträgt, den Vollzug einer verwaltungsstrafrechtlichen Massnahme widerrechtlich zu verunmöglichen, wird mit Gefängnis bis zu einem Jahr oder Busse bis zu 30 000 Franken bestraft.

3. Steht der Begünstiger in so nahen Beziehungen zum Begünstigten, dass sein Verhalten entschuldbar ist, so kann von einer Bestrafung Umgang genommen werden.

> ☞ *Art. 17 wird durch das BG über die Harmonisierung der Strafrahmen voraussichtlich per 1.1.2024 geändert (siehe S. 712).*

---

[1] Fassung gemäss Ziff. I 2 des BG vom 3. Okt. 2008 zur Umsetzung der revidierten Empfehlungen der Groupe d'action financière, in Kraft seit 1. Febr. 2009 (AS **2009** 361; BBl **2007** 6269).

B. Gleichstellung der mit öffentlich-rechtlichen Aufgaben betrauten Organisationen

Art. 18

Soweit mit öffentlich-rechtlichen Aufgaben betraute Organisationen und ihre Organe oder Beauftragten die Verwaltungsgesetzgebung des Bundes anzuwenden haben, stehen sie in den Artikeln 14–17 dem Gemeinwesen und seiner Verwaltung gleich.

> ☞ Ein Dritter Abschnitt (Schutz von Personendaten) wird gemäss BG vom 25.9.2020 über den Datenschutz (Totalrevision) per 1.9.2023 wie folgt neu eingefügt:
>
> *Dritter Abschnitt: Schutz von Personendaten*
>
> *A. Beschaffung von Personendaten*
>
> *Art. 18a*
>
> *¹ Personendaten sind bei der betroffenen Person oder für diese erkennbar zu beschaffen, wenn dadurch das Verfahren nicht gefährdet oder unverhältnismässig aufwendig wird.*
>
> *² Erfolgte die Beschaffung von Personendaten ohne Wissen der betroffenen Person, so ist diese umgehend darüber zu informieren. Die Information kann zum Schutz überwiegender öffentlicher oder privater Interessen unterlassen oder aufgeschoben werden.*
>
> *B. Bearbeitung von Personendaten*
>
> *Art. 18b*
>
> *Bei der Bearbeitung von Personendaten sorgt die Verwaltungsbehörde des Bundes dafür, dass sie so weit wie möglich unterscheidet:*
>
> *a. zwischen den verschiedenen Kategorien betroffener Personen;*
> *b. zwischen auf Tatsachen und auf persönlichen Einschätzungen beruhenden Personendaten.*
>
> *C. Bekanntgabe und Verwendung von Personendaten bei hängigem Verfahren*
>
> *Art. 18c*
>
> *Die Verwaltungsbehörde des Bundes darf Personendaten aus einem hängigen Verwaltungsstrafverfahren zur Verwendung in einem anderen hängigen Verfahren bekannt geben, wenn anzunehmen ist, dass die Personendaten wesentliche Aufschlüsse geben können.*
>
> *D. Auskunftsrecht bei hängigem Verfahren*
>
> *Art. 18d*
>
> *Solange ein Verfahren hängig ist, haben die Parteien und die anderen Verfahrensbeteiligten nach Massgabe des ihnen zustehenden Akteneinsichtsrechts das Recht auf Auskunft über die sie betreffenden Personendaten.*
>
> *E. Richtigkeit der Personendaten*
>
> *Art. 18e*
>
> *¹ Die Verwaltungsbehörde des Bundes berichtigt unrichtige Personendaten unverzüglich.*
>
> *² Sie benachrichtigt die Behörde, die ihr die Personendaten übermittelt oder bereitgestellt oder der sie diese bekannt gegeben hat, unverzüglich über die Berichtigung.*

Dritter Titel: Verwaltungsstrafverfahren

Erster Abschnitt: Behörden; allgemeine Verfahrensvorschriften

A. Behörden

I. Anzeige und dringliche Massnahmen

Art. 19

¹ Strafanzeigen wegen Widerhandlungen gegen ein Verwaltungsgesetz des Bundes sind einem Beamten der beteiligten Bundesverwaltung oder einer Polizeistelle zu erstatten.

² Die Bundesverwaltung und die Polizei der Kantone und Gemeinden, deren Organe in ihrer dienstlichen Tätigkeit eine Widerhandlung wahrnehmen oder von einer solchen Kenntnis erhalten, sind verpflichtet, sie der beteiligten Verwaltung anzuzeigen.

³ Die Organe der Bundesverwaltung und der Polizei, die Zeugen der Widerhandlung sind oder unmittelbar nach der Tat dazukommen, sind bei Gefahr im Verzuge berechtigt, den Täter vorläufig festzunehmen, die mit der Widerhandlung in Zusammenhang stehenden Gegenstände vorläufig zu beschlagnahmen und zu diesem Zweck den Täter oder den Inhaber des Gegenstandes in Wohnungen und andere Räume sowie in unmittelbar zu einem Hause gehörende umfriedete Liegenschaften hinein zu verfolgen.

⁴ Ein vorläufig Festgenommener ist sofort dem untersuchenden Beamten der beteiligten Verwaltung zuzuführen; beschlagnahmte Gegenstände sind unverzüglich abzuliefern.

II. Untersuchung

Art. 20

¹ Für die Untersuchung ist die beteiligte Verwaltung zuständig. Mit der Durchführung von Einvernahmen, Augenscheinen und Zwangsmassnahmen sind besonders ausgebildete Beamte zu betrauen.

² Die Polizei der Kantone und Gemeinden unterstützt die Verwaltung in ihrer Untersuchung; insbesondere darf der untersuchende Beamte polizeiliche Hilfe in Anspruch nehmen, wenn ihm bei einer Untersuchungshandlung, die innerhalb seiner Amtsbefugnisse liegt, Widerstand geleistet wird.

³ Sind in einer Strafsache sowohl die Zuständigkeit der beteiligten Verwaltung als auch Bundesgerichtsbarkeit oder kantonale Gerichtsbarkeit gegeben, so kann das Departement, dem die beteiligte Verwaltung angehört, die Vereinigung der Strafverfolgung in der Hand der bereits mit der Sache befassten Strafverfolgungsbehörde anordnen, sofern ein enger Sachzusammenhang besteht und die Strafverfolgungsbehörde der Vereinigung vorgängig zugestimmt hat.[1]

---

[1] Eingefügt durch Ziff. I des BG vom 22. Dezember 1999, in Kraft seit 1. Okt. 2000 (AS **2000** 2141; BBl **1998** 1529).

III. Beurteilung

Art. 21 Sachliche Zuständigkeit 1.

¹ Für die Beurteilung ist die beteiligte Verwaltung zuständig; hält jedoch das übergeordnete Departement die Voraussetzungen einer Freiheitsstrafe, einer freiheitsentziehenden Massnahme oder einer Landesverweisung nach Artikel 66a oder 66a^{bis} des Strafgesetzbuchs[1] für gegeben, so ist das Gericht zuständig.[2]

² Der von der Strafverfügung der Verwaltung Betroffene kann die Beurteilung durch das Gericht verlangen.

³ Dem Bundesrat steht in allen Fällen die Überweisung der Strafsache an das Bundesstrafgericht frei.

⁴ Die zur Ausfällung der Hauptstrafe zuständige Behörde erkennt auch über Nebenstrafen, Massnahmen und Kosten.

Art. 22 Örtliche Zuständigkeit 2.

¹ Der Gerichtsstand ist bei dem Gericht begründet, das nach den Artikeln 31–37 der Strafprozessordnung vom 5. Oktober 2007[3] (StPO) zuständig ist oder in dessen Bezirk der Beschuldigte wohnt.[4] Die Verwaltung wählt zwischen den beiden Gerichtsständen.

² Artikel 40 Absatz 2 StPO gilt sinngemäss.[5] Das Bundesstrafgericht[6] ist in seinem Entscheid nicht an die von der Verwaltung getroffene Wahl gebunden.

IV. Verfahren gegen Jugendliche

Art. 23

¹ Begeht ein Jugendlicher nach Vollendung des 15., aber vor Vollendung des 18. Altersjahres eine mit Strafe bedrohte Tat, so sind für die Untersuchung und Beurteilung die Vorschriften dieses Gesetzes massgebend. Erscheinen jedoch besondere Erhebungen für die Beurteilung des Jugendlichen oder die Anordnung jugendrechtlicher Massnahmen als geboten oder stellt die zuständige kantonale Behörde der Jugendrechtspflege ein dahinlautendes Begehren oder hat der von der Strafverfügung der Verwaltung betroffene Jugendliche die gerichtliche Beurteilung verlangt, so hat die Verwaltung die Weiterführung des Verfahrens der zuständigen kantonalen Behörde der Jugendrechtspflege zu übertragen, gegebenenfalls unter Trennung des Verfahrens von demjenigen gegen andere Beschuldigte; die Artikel 73–83 dieses Gesetzes gelten sinngemäss.[7]

---

[1] SR **311.0**
[2] Fassung gemäss Anhang Ziff. 6 des BG vom 20. März 2015 (Umsetzung von Art. 121 Abs. 3–6 BV über die Ausschaffung krimineller Ausländerinnen und Ausländer), in Kraft seit 1. Okt. 2016 (AS **2016** 2329; BBl **2013** 5975).
[3] SR **312.0**
[4] Fassung gemäss Anhang 1 Ziff. II 11 der Strafprozessordnung vom 5. Okt. 2007, in Kraft seit 1. Jan. 2011 (AS **2010** 1881; BBl **2006** 1085).
[5] Fassung gemäss Anhang 1 Ziff. II 11 der Strafprozessordnung vom 5. Okt. 2007, in Kraft seit 1. Jan. 2011 (AS **2010** 1881; BBl **2006** 1085).
[6] Ausdruck gemäss Anhang Ziff. 10 des Strafgerichtsgesetzes vom 4. Okt. 2002, in Kraft seit 1. April 2004 (AS **2003** 2133 2131; BBl **2001** 4202).
[7] Fassung gemäss Art. 44 Ziff. 2 des Jugendstrafgesetzes vom 20. Juni 2003, in Kraft seit 1. Jan. 2007 (AS **2006** 3545; BBl **1999** 1979).

² In Abweichung von Artikel 22 bestimmt sich der Gerichtsstand nach Artikel 10 der Jugendstrafprozessordnung vom 20. März 2009[1].[2]

³ Der urteilsfähige Minderjährige kann neben dem Inhaber der elterlichen Sorge, dem Vormund oder dem Beistand selbständig die Rechtsmittel ergreifen.[3]

V. Staatsanwaltschaft des Bundes

Art. 24[4]

Die Staatsanwaltschaft des Bundes kann in jedem gerichtlichen Verfahren auftreten.

VI. Beschwerdekammer[5]

Art. 25

¹ Die Beschwerdekammer des Bundesstrafgerichts[6] entscheidet über die ihr nach diesem Gesetz zugewiesenen Beschwerden und Anstände.

² Wenn es für ihren Entscheid erforderlich ist, ordnet die Beschwerdekammer eine Beweisaufnahme an; sie kann dabei die Dienste der beteiligten Verwaltung und des für das betreffende Sprachgebiet gewählten eidgenössischen Untersuchungsrichters in Anspruch nehmen.

³ Wo es zur Wahrung wesentlicher öffentlicher oder privater Interessen nötig ist, hat die Beschwerdekammer von einem Beweismittel unter Ausschluss des Beschwerdeführers oder Antragstellers Kenntnis zu nehmen.

⁴ Die Kostenpflicht im Beschwerdeverfahren vor der Beschwerdekammer bestimmt sich nach Artikel 73 des Strafbehördenorganisationsgesetzes vom 19. März 2010[7].[8]

B. Beschwerde gegen Untersuchungshandlungen

I. Bei Zwangsmassnahmen

Art. 26

¹ Gegen Zwangsmassnahmen (Art. 45ff.) und damit zusammenhängende Amtshandlungen und Säumnis kann bei der Beschwerdekammer des Bundesstrafgerichts Beschwerde geführt werden.

---

[1] SR 312.1
[2] Fassung gemäss Anhang Ziff. 2 der Jugendstrafprozessordnung vom 20 März 2009, in Kraft seit 1. Jan. 2011 (AS **2010** 1573; BBl **2006** 1085, **2008** 3121).
[3] Fassung gemäss Anhang Ziff. 15 des BG vom 19. Dez. 2008 (Erwachsenenschutz, Personenrecht und Kindesrecht), in Kraft seit 1. Jan. 2013 (AS **2011** 725; BBl **2006** 7001).
[4] Fassung gemäss Anhang 1 Ziff. II 11 der Strafprozessordnung vom 5. Okt. 2007, in Kraft seit 1. Jan. 2011 (AS **2010** 1881; BBl **2006** 1085).
[5] Ausdruck gemäss Anhang Ziff. 10 des Strafgerichtsgesetzes vom 4. Okt. 2002, in Kraft seit 1. April 2004 (AS **2003** 2133 2131; BBl **2001** 4202). Diese Änd. ist im ganzen Erlass berücksichtigt.
[6] Ausdruck gemäss Anhang Ziff. 10 des Strafgerichtsgesetzes vom 4. Okt. 2002, in Kraft seit 1. April 2004 (AS **2003** 2133 2131; BBl **2001** 4202). Diese Änd. ist im ganzen Erlass berücksichtigt.
[7] SR 173.71
[8] Fassung gemäss Anhang Ziff. II 9 des Strafbehördenorganisationsgesetz vom 19. März 2010, in Kraft seit 1. Jan. 2011 (AS **2010** 3267; BBl **2008** 8125).

² Die Beschwerde ist einzureichen:

a. wenn sie gegen eine kantonale Gerichtsbehörde oder gegen den Direktor oder Chef der beteiligten Verwaltung gerichtet ist: bei der Beschwerdekammer;
b. in den übrigen Fällen: beim Direktor oder Chef der beteiligten Verwaltung.

³ Berichtigt der Direktor oder Chef der beteiligten Verwaltung in den Fällen von Absatz 2 Buchstabe b die Amtshandlung oder Säumnis im Sinne der gestellten Anträge, so fällt die Beschwerde dahin; andernfalls hat er sie mit seiner Äusserung spätestens am dritten Werktag nach ihrem Eingang an die Beschwerdekammer weiterzuleiten.

II. Bei sonstigen Untersuchungshandlungen

Art. 27

¹ Soweit nicht die Beschwerde nach Artikel 26 gegeben ist, kann gegen Amtshandlungen sowie gegen Säumnis des untersuchenden Beamten beim Direktor oder Chef der beteiligten Verwaltung Beschwerde geführt werden.

² Der Beschwerdeentscheid ist dem Beschwerdeführer schriftlich mitzuteilen und hat eine Rechtsmittelbelehrung zu enthalten.

³ Gegen den Beschwerdeentscheid kann bei der Beschwerdekammer des Bundesstrafgerichts Beschwerde geführt werden, jedoch nur wegen Verletzung von Bundesrecht, einschliesslich Überschreitung oder Missbrauch des Ermessens.

⁴ Für Beschwerden wegen Untersuchungshandlungen und Säumnis von Organen der mit öffentlich-rechtlichen Aufgaben des Bundes betrauten Organisationen gelten die Absätze 1–3 sinngemäss; erste Beschwerdeinstanz ist jedoch das übergeordnete Departement.

III. Gemeinsame Bestimmungen

Art. 28

¹ Zur Beschwerde ist berechtigt, wer durch die angefochtene Amtshandlung, die gerügte Säumnis oder den Beschwerdeentscheid (Art. 27 Abs. 2) berührt ist und ein schutzwürdiges Interesse an der Aufhebung oder Änderung hat; zur Beschwerde gegen die Freilassung eines vorläufig Festgenommenen oder Verhafteten durch die kantonale Gerichtsbehörde (Art. 51 Abs. 5, 59 Abs. 3) ist auch der Direktor oder Chef der beteiligten Verwaltung befugt.

² Mit der Beschwerde kann die Verletzung von Bundesrecht, die unrichtige oder unvollständige Feststellung des rechtserheblichen Sachverhalts oder die Unangemessenheit gerügt werden; vorbehalten bleibt Artikel 27 Absatz 3.

³ Die Beschwerde gegen eine Amtshandlung oder gegen einen Beschwerdeentscheid ist innert drei Tagen, nachdem der Beschwerdeführer von der Amtshandlung Kenntnis erhalten hat oder ihm der Beschwerdeentscheid eröffnet worden ist, bei der zuständigen Behörde schriftlich mit Antrag und kurzer Begründung einzureichen; befindet sich der Beschwerdeführer in Haft, so genügt die Aushändigung der Beschwerde an die Gefängnisleitung, die zur sofortigen Weiterleitung verpflichtet ist.

⁴ Die bei der unzuständigen Behörde eingereichte Beschwerde ist unverzüglich der zuständigen Behörde zu überweisen; rechtzeitige Einreichung der Beschwerde bei der unzuständigen Behörde wahrt die Beschwerdefrist.

⁵ Die Beschwerde hat, wenn es das Gesetz nicht anders bestimmt, keine aufschiebende Wirkung, soweit sie ihr nicht durch vorsorgliche Verfügung der Beschwerdeinstanz oder ihres Präsidenten verliehen wird.

C. Allgemeine Verfahrensbestimmungen

I. Ausstand

Art. 29

¹ Beamte, die eine Untersuchung zu führen, einen Entscheid zu treffen oder diesen vorzubereiten haben, sowie Sachverständige, Übersetzer und Dolmetscher treten in Ausstand, wenn sie:

a. in der Sache ein persönliches Interesse haben;
b.¹ mit dem Beschuldigten durch Ehe oder eingetragene Partnerschaft verbunden sind oder mit ihm eine faktische Lebensgemeinschaft führen;
b^{bis}. mit dem Beschuldigten in gerader Linie oder bis zum dritten Grade in der Seitenlinie verwandt oder verschwägert sind;²
c. aus anderen Gründen in der Sache befangen sein könnten.

² Ist der Ausstand streitig, so entscheidet darüber, unter Vorbehalt der Beschwerde an die Beschwerdekammer des Bundesstrafgerichts (Art. 27 Abs. 3), der Vorgesetzte des betreffenden Beamten oder desjenigen, der den Sachverständigen, Übersetzer oder Dolmetscher beigezogen hat.

³ Der Ausstand im gerichtlichen Verfahren sowie von kantonalen Beamten und Angestellten richtet sich nach dem einschlägigen eidgenössischen oder kantonalen Recht.

II. Rechtshilfe

Art. 30

¹ Die Verwaltungsbehörden des Bundes, der Kantone und der Gemeinden haben den mit der Verfolgung und Beurteilung von Verwaltungsstrafsachen betrauten Behörden in der Erfüllung ihrer Aufgabe Rechtshilfe zu leisten; sie haben ihnen insbesondere die benötigten Auskünfte zu erteilen und Einsicht zu gewähren in amtliche Akten, die für die Strafverfolgung von Bedeutung sein können.

² Die Rechtshilfe darf nur verweigert werden, soweit ihr wesentliche öffentliche Interessen, insbesondere die innere oder äussere Sicherheit des Bundes oder der Kantone, entgegenstehen oder wenn die Rechtshilfe die angegangene Behörde in der Durchführung ihrer Aufgabe wesentlich beeinträchtigen würde. Berufsgeheimnisse im Sinne der Artikel 171–173 StPO³ sind zu wahren.⁴

---

1   Fassung gemäss Anhang Ziff. 21 des Partnerschaftsgesetzes vom 18. Juni 2004, in Kraft seit 1. Jan. 2007 (AS **2005** 5685; BBl **2003** 1288).
2   Eingefügt durch Anhang Ziff. 21 des Partnerschaftsgesetzes vom 18. Juni 2004, in Kraft seit 1. Jan. 2007 (AS **2005** 5685; BBl **2003** 1288).
3   SR 312.0
4   Fassung des zweiten Satzes gemäss Anhang 1 Ziff. II 11 der Strafprozessordnung vom 5. Okt. 2007, in Kraft seit 1. Jan. 2011 (AS **2010** 1881; BBl **2006** 1085).

³ Im Übrigen sind für die Rechtshilfe die Artikel 43–48 StPO anwendbar.[1]

⁴ Die mit öffentlich-rechtlichen Aufgaben betrauten Organisationen sind im Rahmen dieser Aufgaben gleich den Behörden zur Rechtshilfe verpflichtet.

⁵ Anstände unter Bundesbehörden entscheidet der Bundesrat, Anstände zwischen Bund und Kantonen oder zwischen Kantonen die Beschwerdekammer des Bundesstrafgerichts. Bis der Entscheid erfolgt, sind angeordnete Sicherheitsmassregeln aufrechtzuerhalten.

III. Fristen

Art. 31

¹ Für die Berechnung der Fristen, die Fristverlängerung und die Wiederherstellung gegen die Folgen der Fristversäumnis gelten die Artikel 20–24 des Verwaltungsverfahrensgesetzes vom 20. Dezember 1968[2] sinngemäss.

² Die Fristen im gerichtlichen Verfahren richten sich nach der StPO[3].[4]

IV. Form der Mitteilungen und der Zustellung

Art. 31a[5]

¹ Mitteilungen erfolgen in Schriftform, soweit dieses Gesetz nichts Abweichendes bestimmt.

² Die Zustellung erfolgt durch eingeschriebene Postsendung oder auf andere Weise gegen Empfangsbestätigung.

³ Sie gilt als erfolgt, wenn die Sendung vom Adressaten oder von einer angestellten oder einer im gleichen Haushalt lebenden, mindestens 16 Jahre alten Person entgegengenommen wurde. Vorbehalten bleiben Anweisungen, eine Mitteilung dem Adressaten persönlich zuzustellen.

⁴ Sie gilt zudem als erfolgt:
 a. bei einer eingeschriebenen Postsendung, die nicht abgeholt worden ist: am siebten Tag nach dem erfolglosen Zustellungsversuch, sofern der Adressat mit einer Zustellung rechnen musste;
 b. bei persönlicher Zustellung, wenn der Adressat die Annahme verweigert und dies vom Überbringer festgehalten wird: am Tag der Weigerung.

---

[1] Fassung gemäss Anhang 1 Ziff. II 11 der Strafprozessordnung vom 5. Okt. 2007, in Kraft seit 1. Jan. 2011 (AS **2010** 1881; BBl **2006** 1085).
[2] SR **172.021**
[3] SR **312.0**
[4] Fassung gemäss Anhang 1 Ziff. II 11 der Strafprozessordnung vom 5. Okt. 2007, in Kraft seit 1. Jan. 2011 (AS **2010** 1881; BBl **2006** 1085).
[5] Eingefügt durch Anhang Ziff. 2 des Finanzdienstleistungsgesetzes vom 15. Juni 2018, in Kraft seit 1. Jan. 2020 (AS **2019** 4417; BBl **2015** 8901).

Zweiter Abschnitt: Untersuchung und Strafverfügung der Verwaltung

Erster Unterabschnitt: Allgemeine Bestimmungen

A. Verteidiger

I. Bestellung

Art. 32

1 Der Beschuldigte kann in jeder Lage des Verfahrens einen Verteidiger bestellen.

2 Als berufsmässige Verteidiger im Verfahren der Verwaltung werden zugelassen:
  a. die ihren Beruf in einem Kanton ausübenden patentierten Rechtsanwälte;
  b. Angehörige von Berufen, die der Bundesrat unter bestimmten Bedingungen zur Verteidigung in Verwaltungsstrafsachen ermächtigt hat.

3 Ausnahmsweise und unter Vorbehalt des Gegenrechts kann die beteiligte Verwaltung auch einen ausländischen Verteidiger zulassen.

4 Die Behörde kann den Verteidiger auffordern, sich durch schriftliche Vollmacht auszuweisen.

II. Amtlicher Verteidiger

Art. 33

1 Sofern der Beschuldigte nicht anderweitig verbeiständet ist, bestellt ihm die beteiligte Verwaltung von Amtes wegen aus dem Kreis der in Artikel 32 Absatz 2 Buchstabe a genannten Personen unter tunlicher Berücksichtigung seiner Wünsche einen amtlichen Verteidiger:
  a. wenn der Beschuldigte offensichtlich nicht imstande ist, sich zu verteidigen;
  b. für die Dauer der Untersuchungshaft, wenn diese nach Ablauf von drei Tagen aufrechterhalten wird.

2 Kann der Beschuldigte wegen Bedürftigkeit keinen Verteidiger beiziehen, so wird auf sein Verlangen ebenfalls ein amtlicher Verteidiger bestellt. Ausgenommen sind Fälle, bei denen nur eine Busse unter 2000 Franken in Betracht fällt.

3 Die Entschädigung des amtlichen Verteidigers wird auf Grund eines vom Bundesrat aufzustellenden Tarifs, unter Vorbehalt der Beschwerde an die Beschwerdekammer des Bundesstrafgerichts (Art. 25 Abs. 1), durch die beteiligte Verwaltung festgesetzt und gehört zu den Verfahrenskosten; der Beschuldigte, dem Kosten auferlegt werden, hat dem Bund diese Entschädigung in den Fällen von Absatz 1 zurückzuerstatten, wenn ihm nach seinem Einkommen oder Vermögen der Beizug eines Verteidigers zumutbar gewesen wäre.

B. Zustellung

I. Zustellungsdomizil

Art. 34[1]

¹ Mitteilungen sind den Adressaten an ihren Wohnsitz, ihren gewöhnlichen Aufenthaltsort oder an ihren Sitz zuzustellen.

² Beschuldigte mit Wohnsitz, gewöhnlichem Aufenthaltsort oder Sitz im Ausland haben in der Schweiz ein Zustellungsdomizil zu bezeichnen. Vorbehalten bleiben staatsvertragliche Vereinbarungen, wonach Mitteilungen direkt zugestellt werden können.

³ Mitteilungen an Parteien, die einen Rechtsbeistand bestellt haben, werden rechtsgültig an diesen zugestellt.

⁴ Für den von der Einziehung Betroffenen gelten diese Vorschriften sinngemäss.

II. Zustellung durch Veröffentlichung

Art. 34a[2]

¹ Die Zustellung erfolgt durch Veröffentlichung im Bundesblatt, wenn:
   a. der Aufenthaltsort des Empfängers unbekannt ist und trotz zumutbarer Nachforschungen nicht ermittelt werden kann;
   b. eine Zustellung unmöglich ist oder mit ausserordentlichen Umtrieben verbunden wäre;
   c. eine Partei oder ihr Rechtsbeistand mit Wohnsitz, gewöhnlichem Aufenthaltsort oder Sitz im Ausland kein Zustellungsdomizil in der Schweiz bezeichnet hat.

² Die Zustellung gilt am Tag der Veröffentlichung als erfolgt.

³ Von Endentscheiden wird nur das Dispositiv veröffentlicht.

⁴ Schlussprotokolle gelten auch ohne Veröffentlichung als zugestellt.

---

[1] Fassung gemäss Anhang Ziff. 2 des Finanzdienstleistungsgesetzes vom 15. Juni 2018, in Kraft seit 1. Jan. 2020 (AS **2019** 4417; BBl **2015** 8901).

[2] Eingefügt durch Anhang Ziff. 2 des Finanzdienstleistungsgesetzes vom 15. Juni 2018, in Kraft seit 1. Jan. 2020 (AS **2019** 4417; BBl **2015** 8901).

C. Teilnahme an Beweisaufnahmen

Art. 35

¹ Der untersuchende Beamte gestattet dem Beschuldigten und seinem Verteidiger, an Beweisaufnahmen teilzunehmen, wenn das Gesetz die Teilnahme nicht ausschliesst und keine wesentlichen öffentlichen oder privaten Interessen entgegenstehen.

² Der untersuchende Beamte darf die Teilnahme des Beschuldigten und des Verteidigers an einer Beweisaufnahme ausschliessen, wenn ihre Anwesenheit die Untersuchung beeinträchtigt.

D. Akteneinsicht

Art. 36

Die Artikel 26–28 des Verwaltungsverfahrensgesetzes vom 20. Dezember 1968[1] gelten sinngemäss.

Zweiter Unterabschnitt: Untersuchung

A. Umfang

Art. 37

¹ Der untersuchende Beamte der beteiligten Verwaltung erforscht den Sachverhalt und sichert den Beweis.

² Der Beschuldigte kann jederzeit die Vornahme bestimmter Untersuchungshandlungen beantragen.

³ Sind besondere Untersuchungshandlungen nicht nötig, so wird sogleich nach Artikel 61 das Schlussprotokoll aufgenommen.

⁴ Vorbehalten bleiben die Vorschriften von Artikel 65 über den Strafbescheid im abgekürzten Verfahren.

B. Protokollierung

Art. 38

¹ Die Eröffnung der Untersuchung, ihr Verlauf und die dabei gewonnenen wesentlichen Feststellungen sollen aus den amtlichen Akten ersichtlich sein.

² Das Protokoll über eine Einvernahme wird während der Verhandlung niedergeschrieben und ist unmittelbar nach Schluss der Einvernahme vom Einvernommenen, nachdem es ihm zur Kenntnis gebracht worden ist, und vom untersuchenden Beamten durch Unterschrift als richtig zu bestätigen; fehlt die Unterschrift des Einvernommenen, so ist der Grund anzugeben.

³ Das Protokoll über eine andere Untersuchungshandlung ist sobald als möglich, spätestens am folgenden Werktag aufzunehmen; seine Richtigkeit ist vom untersuchenden Beamten durch Unterschrift zu bestätigen.

---

[1] SR 172.021

⁴ In jedem Protokoll sind Ort und Zeit der Untersuchungshandlung und die Namen der Beteiligten anzugeben. Ferner ist kenntlich zu machen, was auf eigener Wahrnehmung des untersuchenden Beamten und was auf Mitteilung Dritter beruht.

C. Einvernahmen, Auskünfte

I. Beschuldigter

Art. 39

¹ Der Beschuldigte wird vorerst über Name, Alter, Beruf, Heimat und Wohnort befragt.

² Der untersuchende Beamte teilt dem Beschuldigten mit, welcher Tat er beschuldigt wird. Er fordert ihn auf, sich über die Beschuldigung auszusprechen und Tatsachen und Beweismittel zu seiner Verteidigung anzuführen.

³ Der Beschuldigte kann, sofern es sich nicht um seine erste Vernehmung handelt, verlangen, dass der Verteidiger zugegen sei; dieser hat das Recht, über den untersuchenden Beamten Ergänzungsfragen zu stellen.

⁴ Weigert sich der Beschuldigte auszusagen, so ist das aktenkundig zu machen.

⁵ Zwang, Drohung, Versprechungen, unwahre Angaben und verfängliche Fragen oder ähnliche Mittel sind dem untersuchenden Beamten untersagt.

II. Auskünfte

Art. 40

Der untersuchende Beamte kann mündliche oder schriftliche Auskünfte einholen oder Auskunftspersonen einvernehmen; wer auf Grund des Zeugnisverweigerungsrechts die Aussage verweigern kann, ist vorher darauf aufmerksam zu machen.

III. Zeugen

Art. 41

¹ Lässt sich der Sachverhalt auf andere Weise nicht hinreichend abklären, so können Zeugen einvernommen werden.

² Auf die Vernehmung und die Entschädigung der Zeugen sind die Artikel 163–166 und 168–176 StPO[1] und Artikel 48 des Bundesgesetzes vom 4. Dezember 1947[2] über den Bundeszivilprozess sinngemäss anwendbar; verweigert ein Zeuge ohne gesetzlichen Grund die Aussage, zu der er unter Hinweis auf Artikel 292 des Strafgesetzbuches[3] und dessen Strafdrohung aufgefordert worden ist, so ist er wegen Ungehorsams gegen diese Verfügung an den Strafrichter zu überweisen.[4]

³ Der Beschuldigte und sein Verteidiger haben Anspruch darauf, den Zeugeneinvernahmen beizuwohnen und über den untersuchenden Beamten Ergänzungsfragen zu stellen.

---

[1] SR **312.0**
[2] SR **273**
[3] SR **311.0**
[4] Fassung gemäss Anhang 1 Ziff. II 11 der Strafprozessordnung vom 5. Okt. 2007, in Kraft seit 1. Jan. 2011 (AS **2010** 1881; BBl **2006** 1085).

IV. Vorladung und Vorführung

Art. 42

1 Beschuldigte und Zeugen werden in der Regel schriftlich vorgeladen. Sie sind auf die gesetzlichen Folgen des Ausbleibens hinzuweisen.

2 Bleibt der gehörig Vorgeladene ohne genügende Entschuldigung aus, so kann er polizeilich vorgeführt werden. Der Vorführungsbefehl wird vom untersuchenden Beamten schriftlich erteilt.

3 Dem unentschuldigt Ausgebliebenen können die Kosten auferlegt werden, die durch sein Ausbleiben entstanden sind.

D. Sachverständige

Art. 43

1 Setzt die Feststellung oder Beurteilung von Tatsachen besondere Fachkenntnisse voraus, so können Sachverständige beigezogen werden.

2 Dem Beschuldigten ist Gelegenheit zu geben, sich zur Wahl und zu den vorzulegenden Fragen zu äussern.[1] Im Übrigen gelten für die Ernennung der Sachverständigen sowie für ihre Rechte und Pflichten die Artikel 183–185, 187, 189 sowie 191 StPO[2] und Artikel 61 des Bundesgesetzes vom 4. Dezember 1947[3] über den Bundeszivilprozess sinngemäss.[4]

E. Augenschein

Art. 44

1 Der untersuchende Beamte ordnet einen Augenschein an, wenn dies zur Aufklärung des Sachverhaltes beitragen kann. Der Beschuldigte und sein Verteidiger haben Anspruch darauf, dem Augenschein beizuwohnen.

2 Werden Geschäfts- und Betriebseinrichtungen einem Augenschein unterzogen, so ist auf die berechtigten Interessen des Inhabers Rücksicht zu nehmen.

F. Zwangsmassnahmen

I. Allgemeine Bestimmungen

Art. 45

1 Bei einer Beschlagnahme, Durchsuchung, vorläufigen Festnahme oder Verhaftung ist mit der dem Betroffenen und seinem Eigentum gebührenden Schonung zu verfahren.

2 Im Falle einer Ordnungswidrigkeit sind Zwangsmassnahmen nicht zulässig.

---

1 Fassung gemäss Anhang Ziff. 10 des Strafgerichtsgesetzes vom 4. Okt. 2002, in Kraft seit 1. April 2004 (AS **2003** 2133 2131; BBl **2001** 4202).
2 SR **312.0**
3 SR **273**
4 Fassung zweiter Satz gemäss Anhang 1 Ziff. II 11 der Strafprozessordnung vom 5. Okt. 2007, in Kraft seit 1. Jan. 2011 (AS **2010** 1881, BBl **2006** 1085).

II. Beschlagnahme

Art. 46 Gegenstand 1.

¹ Vom untersuchenden Beamten sind mit Beschlag zu belegen:
  a. Gegenstände, die als Beweismittel von Bedeutung sein können;
  b. Gegenstände und andere Vermögenswerte, die voraussichtlich der Einziehung unterliegen;
  c. die dem Staate verfallenden Geschenke und anderen Zuwendungen.

² Andere Gegenstände und Vermögenswerte, die zur Begehung der Widerhandlung gedient haben oder durch die Widerhandlung hervorgebracht worden sind, können beschlagnahmt werden, wenn es zur Verhinderung neuer Widerhandlungen oder zur Sicherung eines gesetzlichen Pfandrechtes als erforderlich erscheint.

³ Gegenstände und Unterlagen aus dem Verkehr einer Person mit ihrem Anwalt dürfen nicht beschlagnahmt werden, sofern dieser nach dem Anwaltsgesetz vom 23. Juni 2000[1] zur Vertretung vor schweizerischen Gerichten berechtigt ist und im gleichen Sachzusammenhang nicht selber beschuldigt ist.[2]

Art. 47 Verfahren 2.

¹ Der Inhaber eines beschlagnahmten Gegenstandes oder Vermögenswertes ist verpflichtet, ihn dem untersuchenden Beamten gegen Empfangsbescheinigung oder ein Doppel des Beschlagnahmeprotokolls herauszugeben.

² Die beschlagnahmten Gegenstände und Vermögenswerte werden im Beschlagnahmeprotokoll verzeichnet und sind zu verwahren.

³ Gegenstände, die schneller Wertverminderung ausgesetzt sind oder einen kostspieligen Unterhalt erfordern, kann die Verwaltung öffentlich versteigern lassen und in dringenden Fällen freihändig verkaufen.

III. Durchsuchung von Wohnungen und Personen

Art. 48 Gründe, Zuständigkeit 1.

¹ Wohnungen und andere Räume sowie unmittelbar zu einem Hause gehörende umfriedete Liegenschaften dürfen nur durchsucht werden, wenn es wahrscheinlich ist, dass sich der Beschuldigte darin verborgen hält oder dass sich Gegenstände oder Vermögenswerte, die der Beschlagnahme unterliegen, oder Spuren der Widerhandlung darin befinden.

² Der Beschuldigte darf nötigenfalls durchsucht werden. Die Durchsuchung ist von einer Person des gleichen Geschlechts oder von einem Arzt vorzunehmen.

³ Die Durchsuchung erfolgt aufgrund eines schriftlichen Befehls des Direktors oder Chefs der beteiligten Verwaltung.[3]

---

[1] SR **935.61**
[2] Eingefügt durch Ziff. I 7 des BG vom 28. Sept. 2012 über die Anpassung von verfahrensrechtlichen Bestimmungen zum anwaltlichen Berufsgeheimnis, in Kraft seit 1. Mai 2013 (AS **2013** 847; BBl **2011** 8181).
[3] Fassung gemäss Ziff. I der V vom 21. Nov. 2018, in Kraft seit 1. Jan. 2019 (AS **2018** 4587).

⁴ Ist Gefahr im Verzuge und kann ein Durchsuchungsbefehl nicht rechtzeitig eingeholt werden, so darf der untersuchende Beamte von sich aus eine Durchsuchung anordnen oder vornehmen. Die Massnahme ist in den Akten zu begründen.

Art. 49 Durchführung 2.

¹ Vor Beginn der Durchsuchung hat sich der untersuchende Beamte auszuweisen.

² Der anwesende Inhaber der Räume ist über den Grund ihrer Durchsuchung zu unterrichten und zu dieser beizuziehen; anstelle des abwesenden Inhabers ist ein Verwandter oder Hausgenosse beizuziehen. Im weitern ist die von der zuständigen kantonalen Behörde bezeichnete Amtsperson oder, falls der untersuchende Beamte von sich aus durchsucht, ein Mitglied der Gemeindebehörde oder ein Kantons-, Bezirks- oder Gemeindebeamter beizuziehen, der darüber wacht, dass sich die Massnahme nicht von ihrem Zweck entfernt. Ist Gefahr im Verzuge oder stimmt der Inhaber der Räume zu, so kann der Beizug von Amtspersonen, Hausgenossen oder Verwandten unterbleiben.

³ An Sonn- und allgemeinen Feiertagen und zur Nachtzeit darf im Allgemeinen nur in wichtigen Fällen und bei dringender Gefahr eine Durchsuchung stattfinden.

⁴ Das Protokoll über die Durchsuchung wird im Beisein der Beteiligten sofort aufgenommen; auf Verlangen ist den Beteiligten ein Doppel des Durchsuchungsbefehls und des Protokolls auszuhändigen.

IV. Durchsuchung von Papieren

Art. 50

¹ Papiere sind mit grösster Schonung der Privatgeheimnisse zu durchsuchen; insbesondere sollen Papiere nur dann durchsucht werden, wenn anzunehmen ist, dass sich Schriften darunter befinden, die für die Untersuchung von Bedeutung sind.

² Bei der Durchsuchung sind das Amtsgeheimnis sowie Geheimnisse, die Geistlichen, Rechtsanwälten, Notaren, Ärzten, Apothekern, Hebammen und ihren beruflichen Gehilfen in ihrem Amte oder Beruf anvertraut wurden, zu wahren.

³ Dem Inhaber der Papiere ist wenn immer möglich Gelegenheit zu geben, sich vor der Durchsuchung über ihren Inhalt auszusprechen. Erhebt er gegen die Durchsuchung Einsprache, so werden die Papiere versiegelt und verwahrt, und es entscheidet die Beschwerdekammer des Bundesstrafgerichts über die Zulässigkeit der Durchsuchung (Art. 25 Abs. 1).

V. Vorläufige Festnahme und Vorführung vor den Richter

Art. 51

¹ Der untersuchende Beamte kann den einer Widerhandlung dringend Verdächtigen vorläufig festnehmen, wenn ein Haftgrund nach Artikel 52 angenommen werden muss und Gefahr im Verzuge ist.

² Der Festgenommene oder der nach Artikel 19 Absatz 4 Zugeführte ist unverzüglich einzuvernehmen; dabei ist ihm Gelegenheit zu geben, den bestehenden Verdacht und die Gründe der Festnahme zu entkräften.

³ Muss nach wie vor ein Haftgrund angenommen werden, so ist der Festgenommene unverzüglich der zur Ausstellung von Haftbefehlen ermächtigten kantonalen Gerichtsbehörde zuzuführen. Ist die Festnahme in abgelegenem oder unwegsamem Gebiet erfolgt oder ist die zuständige kantonale Gerichtsbehörde nicht sogleich erreichbar, so hat die Zuführung innert 48 Stunden zu erfolgen.

⁴ Die Gerichtsbehörde prüft, ob ein Haftgrund bestehe; der untersuchende Beamte und der Festgenommene sind dazu anzuhören.

⁵ Hierauf verfügt die Gerichtsbehörde die Verhaftung oder die Freilassung, gegebenenfalls gegen Sicherheitsleistung. Der Entscheid kann mit Beschwerde angefochten werden (Art. 26).

⁶ Meldet der untersuchende Beamte gegen eine Freilassung sogleich die Beschwerde an, so wird die Festnahme vorläufig aufrecht erhalten. Der Direktor oder Chef der beteiligten Verwaltung hat der Gerichtsbehörde innert 24 Stunden mitzuteilen, ob er die Beschwerde aufrechterhalte. Hält er sie aufrecht, so bleibt die Festnahme bis zum Entscheid der Beschwerdekammer bestehen; vorbehalten bleibt die gegenteilige Anordnung der Beschwerdekammer oder ihres Präsidenten.

VI. Verhaftung

Art. 52 Zulässigkeit 1.

¹ Ist der Beschuldigte einer Widerhandlung dringend verdächtigt, so darf gegen ihn ein Haftbefehl erlassen werden, wenn bestimmte Umstände den Verdacht begründen, dass:

    a. er sich der Strafverfolgung oder dem Strafvollzug entziehen werde oder dass
    b. er Spuren der Tat verwischen, Beweisgegenstände beseitigen, Zeugen oder Mitbeschuldigte zu falschen Aussagen verleiten oder auf ähnliche Weise den Zweck der Untersuchung gefährden werde.

² Ein Haftbefehl darf nicht erlassen werden, wenn dies zu der Bedeutung der Sache in einem Missverhältnis stehen würde.

Haftbefehl 2.

Art. 53 Zuständigkeit; Form a.

¹ Der untersuchende Beamte kann einen Haftbefehl beantragen.

² Zum Erlass des Haftbefehls sind zuständig:

    a. wenn der Beschuldigte vorläufig festgenommen ist: die am Orte der Festnahme zuständige kantonale Gerichtsbehörde;
    b. in allen andern Fällen: die nach Artikel 22 zuständige kantonale Gerichtsbehörde.

³ Der Haftbefehl ist schriftlich zu erlassen und hat anzugeben: die Personalien des Beschuldigten und die Tat, deren er beschuldigt wird; die Strafbestimmungen; den Haftgrund; das Untersuchungsgefängnis, in das der Verhaftete einzuliefern ist; eine Belehrung über die Rechtsmittel, die Parteirechte, die Freilassung gegen Sicherheitsleistung und über das Recht zur Benachrichtigung der Angehörigen.

Art. 54 Vollzug; Fahndung b.

¹ Dem Beschuldigten ist bei der Verhaftung ein Doppel des Haftbefehls auszuhändigen.

² Der Verhaftete ist der zuständigen kantonalen Behörde unter gleichzeitiger Aushändigung eines Doppels des Haftbefehls zu übergeben.

³ Kann der Haftbefehl nicht vollzogen werden, so ist die Fahndung anzuordnen. Der Haftbefehl kann öffentlich bekannt gemacht werden.

Art. 55 Einvernahme des Verhafteten c.

¹ Die Behörde, die den Haftbefehl erliess, hat den Beschuldigten, sofern dieser nicht bereits einvernommen wurde (Art. 51 Abs. 4), spätestens am ersten Werktag nach der Verhaftung einzuvernehmen, um abzuklären, ob ein Haftgrund weiter bestehe; der untersuchende Beamte ist dazu anzuhören.

² Wird die Haft aufrechterhalten, so sind dem Beschuldigten die Gründe zu eröffnen; wird der Beschuldigte freigelassen, so gilt Artikel 51 Absatz 6 sinngemäss.

Art. 56 Mitteilung an die Angehörigen 3.

Der Verhaftete hat das Recht, wenn es der Zweck der Untersuchung nicht verbietet, seinen nächsten Angehörigen die Verhaftung durch den untersuchenden Beamten sogleich mitteilen zu lassen.

Art. 57 Dauer der Haft 4.

¹ Wird die Haft aufrechterhalten, so ist die Untersuchung möglichst zu beschleunigen. Die Haft darf in jedem Falle die voraussichtliche Dauer einer Freiheits- oder Umwandlungsstrafe nicht übersteigen.

² Eine nach Artikel 52 Absatz 1 Buchstabe b verfügte Untersuchungshaft darf nur mit besonderer Bewilligung der Behörde, die den Haftbefehl ausstellte, länger als 14 Tage aufrecht erhalten werden.

Art. 58 Durchführung der Haft 5.

¹ Die kantonale Behörde hat für den richtigen Vollzug der Haft zu sorgen. Der Verhaftete darf in seiner Freiheit nicht weiter beschränkt werden, als es der Zweck der Haft und die Ordnung im Untersuchungsgefängnis erfordern.

² Der mündliche oder schriftliche Verkehr des Verhafteten mit seinem Verteidiger bedarf der Bewilligung des untersuchenden Beamten, der ihn nur beschränken oder ausschliessen kann, wenn es der Zweck der Untersuchung erfordert. Eine Beschränkung oder ein Ausschluss dieses Verkehrs für mehr als drei Tage bedarf der Zustimmung der Behörde, die den Haftbefehl ausstellte; diese Zustimmung darf jeweils höchstens für zehn Tage erteilt werden.

³ Der Vollzug der Haft richtet sich im Übrigen nach den Artikeln 234–236 StPO[1].[2]

---

[1] SR 312.0
[2] Eingefügt durch Anhang 1 Ziff. II 11 der Strafprozessordnung vom 5. Okt. 2007, in Kraft seit 1. Jan. 2011 (AS 2010 1881; BBl 2006 1085).

Art. 59 Haftentlassung 6.

¹ Der untersuchende Beamte hat den Verhafteten freizulassen, sobald kein Haftgrund mehr besteht.

² Der Verhaftete kann jederzeit ein Haftentlassungsgesuch einreichen.

³ Solange die Akten nicht zur gerichtlichen Beurteilung überwiesen sind, entscheidet über das Gesuch die Behörde, die den Haftbefehl erliess. Sie hat den untersuchenden Beamten oder die Amtsstelle, bei der die Sache hängig ist, zum Gesuch anzuhören; die Vorschriften von Artikel 51 Absätze 5 und 6 gelten sinngemäss.

Art. 60 Freilassung gegen Sicherheitsleistung 7.

¹ Der Beschuldigte, der auf Grund von Artikel 52 Absatz 1 Buchstabe a zu verhaften wäre oder verhaftet ist, kann auf sein Verlangen gegen Sicherheitsleistung in Freiheit gelassen werden.

² Für die Freilassung gegen Sicherheitsleistung gelten die Artikel 238–240 StPO[1] sinngemäss.[2] Die Sicherheit ist jedoch beim Eidgenössischen Finanzdepartement[3] zu leisten; sie verfällt auch, wenn sich der Beschuldigte der Vollstreckung der ausgesprochenen Busse entzieht, wobei der Überschuss bei Verwendung der verfallenen Sicherheit dem Bunde zufällt.

G. Schlussprotokoll

Art. 61

¹ Erachtet der untersuchende Beamte die Untersuchung als vollständig und liegt nach seiner Ansicht eine Widerhandlung vor, so nimmt er ein Schlussprotokoll auf; dieses enthält die Personalien des Beschuldigten und umschreibt den Tatbestand der Widerhandlung.

² Der untersuchende Beamte eröffnet das Schlussprotokoll dem Beschuldigten und gibt ihm Gelegenheit, sich sogleich dazu auszusprechen, die Akten einzusehen und eine Ergänzung der Untersuchung zu beantragen.

³ Ist der Beschuldigte bei Aufnahme des Schlussprotokolls nicht zugegen oder stellt der anwesende Beschuldigte ein entsprechendes Begehren oder lassen es die Umstände, insbesondere die Schwere des Falles, sonst als geboten erscheinen, so sind das Schlussprotokoll und die nach Absatz 2 erforderlichen Mitteilungen schriftlich zu eröffnen unter Bekanntgabe des Ortes, wo die Akten eingesehen werden können. Die Frist, sich zu äussern und Anträge zu stellen, endigt in diesem Falle zehn Tage nach Zustellung des Schlussprotokolls; sie kann erstreckt werden, wenn zureichende Gründe vorliegen und das Erstreckungsgesuch innert der Frist gestellt wird.

⁴ Gegen die Eröffnung des Schlussprotokolls und seinen Inhalt ist keine Beschwerde zulässig. Die Ablehnung eines Antrages auf Ergänzung der Untersuchung kann nur in Verbindung mit dem Strafbescheid angefochten werden.

⁵ ...[4]

---

[1] SR **312.0**
[2] Fassung gemäss Anhang 1 Ziff. II 11 der Strafprozessordnung vom 5. Okt. 2007, in Kraft seit 1. Jan. 2011 (AS **2010** 1881; BBl **2006** 1085).
[3] Bezeichnung gemäss nicht veröffentlichtem BRB vom 19. Dez. 1997.
[4] Aufgehoben durch Anhang Ziff. 2 des Finanzdienstleistungsgesetzes vom 15. Juni 2018, mit Wirkung seit 1. Jan. 2020 (AS **2019** 4417; BBl **2015** 8901).

Dritter Unterabschnitt: Entscheid der Verwaltung

A. Art des Entscheids

I. Im Strafverfahren

Art. 62

1 Die Verwaltung erlässt einen Strafbescheid oder stellt das Verfahren ein; vorbehalten bleibt die Überweisung zur gerichtlichen Beurteilung (Art. 21 Abs. 1 und 3).

2 Die Einstellung des Verfahrens ist allen Personen mitzuteilen, die als Beschuldigte am bisherigen Verfahren teilgenommen haben. Eine mündlich mitgeteilte Einstellung ist auf Verlangen schriftlich zu bestätigen.

II. Über die Leistungs- oder Rückleistungspflicht

Art. 63

1 Die nachzuentrichtenden oder zurückzuerstattenden Abgaben, Vergütungen, Beiträge, Forderungsbeträge und Zinsen werden gemäss den Zuständigkeits- und Verfahrensvorschriften des betreffenden Verwaltungsgesetzes geltend gemacht.

2 Ist die Verwaltung befugt, über die Leistungs- und Rückleistungspflicht zu entscheiden, so kann sie ihren Entscheid mit dem Strafbescheid verbinden; der Entscheid unterliegt aber in jedem Falle der Überprüfung nur in dem Verfahren, welches das betreffende Verwaltungsgesetz für seine Anfechtung vorsieht, und hat die entsprechende Rechtsmittelbelehrung zu enthalten.

3 Fusst ein Strafbescheid auf einem Entscheid über die Leistungs- oder Rückleistungspflicht und wird lediglich dieser nach Absatz 2 angefochten und in der Folge geändert oder aufgehoben, so entscheidet die Verwaltung neu gemäss Artikel 62.

B. Strafbescheid

I. Im ordentlichen Verfahren

Art. 64

1 Der Strafbescheid ist schriftlich zu erlassen und stellt fest:
- den Beschuldigten;
- die Tat;
- die gesetzlichen Bestimmungen, die angewendet werden;
- die Strafe, die Mithaftung nach Artikel 12 Absatz 3 und die besonderen Massnahmen;
- die Kosten;
- die Verfügung über beschlagnahmte Gegenstände;
- das Rechtsmittel.

2 Weicht der Strafbescheid zum Nachteil des Beschuldigten wesentlich vom Schlussprotokoll ab, so sind diese Abweichungen anzugeben und kurz zu begründen.

3 ...[1]

---

[1] Aufgehoben durch Anhang Ziff. 2 des Finanzdienstleistungsgesetzes vom 15. Juni 2018, mit Wirkung seit 1. Jan. 2020 (AS 2019 4417, BBl 2015 8901).

II. Im abgekürzten Verfahren

Art. 65

¹ Ist die Widerhandlung offenkundig, beträgt die Busse nicht mehr als 2000 Franken und verzichtet der Beschuldigte nach Bekanntgabe der Höhe der Busse und der Leistungs- oder Rückleistungspflicht ausdrücklich auf jedes Rechtsmittel, so kann der Strafbescheid ohne vorherige Aufnahme eines Schlussprotokolls erlassen werden.[1]

² Der vom Beschuldigten und dem untersuchenden Beamten unterzeichnete Strafbescheid im abgekürzten Verfahren steht einem rechtskräftigen Urteil gleich; verweigert der Beschuldigte die Unterzeichnung, so fällt der gemäss Absatz 1 erlassene Strafbescheid dahin.

III. Selbständige Einziehung

Art. 66

¹ Führt das Strafverfahren nicht zu einem Strafbescheid oder zur Überweisung des Beschuldigten an das Strafgericht, sind aber nach Gesetz Gegenstände oder Vermögenswerte einzuziehen, Geschenke oder andere Zuwendungen verfallen zu erklären oder ist an Stelle einer solchen Massnahme auf eine Ersatzforderung zu erkennen, so wird ein selbständiger Einziehungsbescheid erlassen.

² Ein solcher Bescheid wird auch dann erlassen, wenn die Massnahme andere Personen als den Beschuldigten beschwert.

³ Artikel 64 gilt sinngemäss. Der Einziehungsbescheid ist den unmittelbar Betroffenen zu eröffnen.

C. Einsprache

I. Einreichung

Art. 67

¹ Gegen den Straf- oder Einziehungsbescheid kann der Betroffene innert 30 Tagen seit der Eröffnung Einsprache erheben.

² Wird innert der gesetzlichen Frist nicht Einsprache erhoben, so steht der Straf- oder Einziehungsbescheid einem rechtskräftigen Urteil gleich.

II. Einreichestelle und Form

Art. 68

¹ Die Einsprache ist schriftlich bei der Verwaltung einzureichen, die den angefochtenen Bescheid erlassen hat.

² Die Einsprache hat einen bestimmten Antrag zu enthalten und die zur Begründung dienenden Tatsachen anzugeben; die Beweismittel sollen bezeichnet und, soweit möglich, beigelegt werden.

---

[1] Fassung gemäss Anhang Ziff. 3 des Zollgesetz vom 18. März 2005, in Kraft seit 1. Mai 2007 (AS **2007** 1411; BBl **2004** 567).

³ Genügt die Einsprache den in Absatz 2 umschriebenen Anforderungen nicht, oder lassen die Begehren des Einsprechers oder deren Begründung die nötige Klarheit vermissen und stellt sich die Einsprache nicht als offensichtlich unzulässig heraus, so wird dem Einsprecher eine kurze Nachfrist zur Verbesserung eingeräumt.

⁴ Die Verwaltung verbindet diese Nachfrist mit der Androhung, nach unbenutztem Fristablauf auf Grund der Akten zu entscheiden oder, wenn Begehren, Begründung oder Unterschrift fehlen, auf die Einsprache nicht einzutreten.

III. Verfahren

Art. 69

¹ Ist Einsprache erhoben, so hat die Verwaltung den angefochtenen Bescheid mit Wirkung für alle durch ihn Betroffenen zu überprüfen; sie kann eine mündliche Verhandlung anordnen und die Untersuchung ergänzen.

² Fusst der angefochtene Bescheid auf einem Entscheid über die Leistungs- oder Rückleistungspflicht und ist dieser angefochten worden, so wird, bis darüber rechtskräftig entschieden ist, das Einspracheverfahren ausgesetzt.

IV. Strafverfügung

Art. 70

¹ Auf Grund der Ergebnisse ihrer neuen Prüfung trifft die Verwaltung eine Einstellungs-, Straf- oder Einziehungsverfügung. Sie ist dabei nicht an die gestellten Anträge gebunden, darf jedoch die Strafe gegenüber dem Strafbescheid nur dann verschärfen, wenn im Verfahren nach Artikel 63 Absatz 2 auf eine höhere Leistungs- oder Rückleistungspflicht erkannt worden ist. In diesem Fall ist ein Rückzug der Einsprache unbeachtlich.

² Die Verfügung ist zu begründen; im Übrigen gelten die Vorschriften von Artikel 64 über Inhalt und Eröffnung des Strafbescheides sinngemäss.

V. Überspringen des Einspracheverfahrens

Art. 71

Auf Antrag oder mit Zustimmung des Einsprechers kann die Verwaltung eine Einsprache als Begehren um Beurteilung durch das Strafgericht behandeln.

D. Begehren um gerichtliche Beurteilung

Art. 72

¹ Der von der Straf- oder Einziehungsverfügung Betroffene kann innert zehn Tagen seit der Eröffnung die Beurteilung durch das Strafgericht verlangen.

² Das Begehren um gerichtliche Beurteilung ist schriftlich bei der Verwaltung einzureichen, welche die Straf- oder Einziehungsverfügung getroffen hat.

³ Wird innert der gesetzlichen Frist die Beurteilung durch das Strafgericht nicht verlangt, so steht die Straf- oder Einziehungsverfügung einem rechtskräftigen Urteil gleich.

Dritter Abschnitt: Gerichtliches Verfahren

A. Verfahren vor den kantonalen Gerichten

I. Einleitung

Art. 73

¹ Ist die gerichtliche Beurteilung verlangt worden oder hält das übergeordnete Departement die Voraussetzungen einer Freiheitsstrafe, einer freiheitsentziehenden Massnahme oder einer Landesverweisung nach Artikel 66a oder 66a^(bis) des Strafgesetzbuchs[1] für gegeben, so überweist die beteiligte Verwaltung die Akten der kantonalen Staatsanwaltschaft zuhanden des zuständigen Strafgerichts.[2] Solange über die Leistungs- oder Rückleistungspflicht, die dem Strafverfahren zugrunde liegt, nicht rechtskräftig entschieden oder sie nicht durch vorbehaltlose Zahlung anerkannt ist, unterbleibt die Überweisung.

² Die Überweisung gilt als Anklage. Sie hat den Sachverhalt und die anwendbaren Strafbestimmungen zu enthalten oder auf die Strafverfügung zu verweisen.

³ Eine Untersuchung gemäss StPO[3] findet nicht statt; vorbehalten bleibt die Ergänzung der Akten gemäss Artikel 75 Absatz 2.[4]

II. Parteien

Art. 74

¹ Parteien im gerichtlichen Verfahren sind der Beschuldigte, die Staatsanwaltschaft des betreffenden Kantons oder des Bundes und die beteiligte Verwaltung.[5]

² Dem von der Einziehung Betroffenen stehen die gleichen Parteirechte und Rechtsmittel zu wie einem Beschuldigten.

III. Vorbereitung der Hauptverhandlung

Art. 75

¹ Das Gericht gibt den Parteien vom Eingang der Akten Kenntnis. Es prüft, ob ein rechtzeitig eingereichtes Begehren um gerichtliche Beurteilung vorliegt.

² Das Gericht kann von sich aus oder auf Antrag einer Partei die Akten vor der Hauptverhandlung ergänzen oder ergänzen lassen.

³ Die Parteien sind rechtzeitig von der Hauptverhandlung zu benachrichtigen.

---

[1] SR 311.0
[2] Fassung gemäss Anhang Ziff. 6 des BG vom 20. März 2015 (Umsetzung von Art. 121 Abs. 3–6 BV über die Ausschaffung krimineller Ausländerinnen und Ausländer), in Kraft seit 1. Okt. 2016 (AS **2016** 2329; BBl **2013** 5975).
[3] SR 312.0
[4] Fassung gemäss Anhang 1 Ziff. II 11 der Strafprozessordnung vom 5. Okt. 2007, in Kraft seit 1. Jan. 2011 (AS **2010** 1881; BBl **2006** 1085).
[5] Fassung gemäss Anhang 1 Ziff. II 11 der Strafprozessordnung vom 5. Okt. 2007, in Kraft seit 1. Jan. 2011 (AS **2010** 1881; BBl **2006** 1085).

⁴ Die Vertreter der Staatsanwaltschaft des Bundes und der Verwaltung müssen nicht persönlich erscheinen.[1]

⁵ Der Beschuldigte kann auf sein Ersuchen vom Erscheinen befreit werden.

IV. Säumnisurteil

Art. 76

¹ Die Hauptverhandlung kann auch stattfinden, wenn der Beschuldigte trotz ordnungsgemässer Vorladung ohne genügende Entschuldigung nicht erschienen ist. Ein Verteidiger ist zuzulassen.

² Der in Abwesenheit Verurteilte kann innert zehn Tagen, seitdem ihm das Urteil zur Kenntnis gelangt ist, die Wiedereinsetzung anbegehren, wenn er durch ein unverschuldetes Hindernis abgehalten worden ist, zur Hauptverhandlung zu erscheinen. Wird das Gesuch bewilligt, so findet eine neue Hauptverhandlung statt.

³ Das Gesuch um Wiedereinsetzung hemmt den Vollzug des Urteils nur, wenn das Gericht oder sein Präsident es verfügt.

⁴ Für den von der Einziehung Betroffenen gelten diese Vorschriften sinngemäss.

V. Hauptverhandlung

Art. 77

¹ Die Akten der Verwaltung über die von ihr erhobenen Beweise dienen auch dem Gericht als Beweismittel; dieses kann von sich aus oder auf Antrag einer Partei weitere zur Aufklärung des Sachverhalts erforderliche Beweise aufnehmen oder Beweisaufnahmen der Verwaltung wiederholen.

² Wo es zur Wahrung wesentlicher öffentlicher oder privater Interessen, insbesondere von Amts-, Berufs- oder Geschäftsgeheimnissen einer Partei oder eines Dritten nötig ist, hat das Gericht die Öffentlichkeit der Verhandlungen und Beratungen ganz oder teilweise auszuschliessen.

³ Das Gericht würdigt die Beweise frei.

⁴ Der rechtskräftige Entscheid über die Leistungs- oder Rückleistungspflicht ist für das Gericht verbindlich; handelt es sich um einen Entscheid der Verwaltung und findet das Gericht, er beruhe auf offensichtlicher Gesetzesverletzung oder auf einem Ermessensmissbrauch, so setzt es die Hauptverhandlung aus und weist die Akten zum neuen Entscheid an die beteiligte Verwaltung zurück. Artikel 63 Absatz 3 gilt sinngemäss.

VI. Rückzug der Strafverfügung oder des Begehrens um gerichtliche Beurteilung

Art. 78

¹ Die Verwaltung kann die Straf- oder Einziehungsverfügung mit Zustimmung der Staatsanwaltschaft des Bundes zurückziehen, solange das Urteil erster Instanz nicht eröffnet ist.[2]

---

[1] Fassung gemäss Anhang 1 Ziff. II 11 der Strafprozessordnung vom 5. Okt. 2007, in Kraft seit 1. Jan. 2011 (AS **2010** 1881; BBl **2006** 1085).

[2] Fassung gemäss Anhang 1 Ziff. II 11 der Strafprozessordnung vom 5. Okt. 2007, in Kraft seit 1. Jan. 2011 (AS **2010** 1881; BBl **2006** 1085).

² Bis zu diesem Zeitpunkte kann auch der Beschuldigte das Begehren um gerichtliche Beurteilung zurückziehen.

³ In diesen Fällen wird das gerichtliche Verfahren eingestellt.

⁴ Die Kosten des gerichtlichen Verfahrens trägt die Partei, die den Rückzug erklärt.

VII. Inhalt des Urteils

Art. 79

¹ Das Urteil stellt fest:
- den Beschuldigten;
- die Tat;
- die gesetzlichen Bestimmungen, die angewendet werden;
- die Strafe, die Mithaftung nach Artikel 12 Absatz 3 und die besonderen Massnahmen;
- die Kosten des gerichtlichen und des Verwaltungsverfahrens;
- den Entschädigungsanspruch (Art. 99 und 101);
- die Verfügung über beschlagnahmte Gegenstände.

² Das Urteil ist mit den wesentlichen Entscheidungsgründen den Parteien schriftlich zu eröffnen, unter Angabe der Fristen für die Rechtsmittel und der Behörden, an die es weitergezogen werden kann.

VIII. Rechtsmittel

Art. 80[1]

¹ Gegen Entscheide der kantonalen Gerichte können die Rechtsmittel der StPO[2] ergriffen werden.

² Auch die Staatsanwaltschaft des Bundes und die beteiligte Verwaltung können diese Rechtsmittel je selbstständig ergreifen.

B. Verfahren vor dem Bundesstrafgericht

Art. 81

Die Bestimmungen über das gerichtliche Verfahren gelten sinngemäss auch für das Verfahren vor dem Bundesstrafgericht.

---

[1] Fassung gemäss Anhang 1 Ziff. II 11 der Strafprozessordnung vom 5. Okt. 2007, in Kraft seit 1. Jan. 2011 (AS **2010** 1881; BBl **2006** 1085).
[2] SR **312.0**

C. Ergänzende Vorschriften

Art. 82[1]

Soweit die Artikel 73–81 nichts anderes bestimmen, gelten für das Verfahren vor den kantonalen Gerichten und das Verfahren vor dem Bundesstrafgericht die entsprechenden Vorschriften der StPO[2].

Art. 83 ...[3]

Vierter Abschnitt: Revision

A. Entscheide der Verwaltung

I. Revisionsgründe

Art. 84

¹ Ein durch Strafbescheid, Strafverfügung oder Einstellungsverfügung der Verwaltung rechtskräftig abgeschlossenes Strafverfahren kann auf Antrag oder von Amtes wegen wieder aufgenommen werden:

  a. auf Grund erheblicher Tatsachen oder Beweismittel, die der Verwaltung zur Zeit des früheren Verfahrens nicht bekannt waren;
  b. wenn nachträglich gegen einen Teilnehmer ein Strafurteil ausgefällt wurde, das mit dem Strafbescheid oder der Strafverfügung in unvereinbarem Widerspruch steht;
  c. wenn durch eine strafbare Handlung auf den Entscheid der Verwaltung eingewirkt worden ist.

² Die Revision zugunsten des Beschuldigten ist jederzeit zulässig. Einer neuen Verurteilung steht die nach der Rechtskraft des beanstandeten Entscheids eingetretene Verfolgungsverjährung nicht entgegen.

³ Die Revision zu Ungunsten des Beschuldigten ist nur zulässig auf Grund von Absatz 1 Buchstaben a und c und solange die Verfolgung der Widerhandlung nicht verjährt ist. Die Verjährung beginnt mit der Widerhandlung zu laufen; der frühere Entscheid ist kein Unterbrechungsgrund.

⁴ Für den Einziehungsbescheid und die Einziehungsverfügung gelten die Vorschriften der Artikel 84–88 sinngemäss.

---

[1] Fassung gemäss Anhang 1 Ziff. II 11 der Strafprozessordnung vom 5. Okt. 2007, in Kraft seit 1. Jan. 2011 (AS **2010** 1881; BBl **2006** 1085).
[2] SR **312.0**
[3] Aufgehoben durch Anhang 1 Ziff. II 11 der Strafprozessordnung vom 5. Okt. 2007, mit Wirkung seit 1. Jan. 2011 (AS **2010** 1881; BBl **2006** 1085).

II. Einleitung des Verfahrens

Art. 85 Auf Antrag 1.

¹ Die Revision können nachsuchen der Beschuldigte und, wenn er verstorben ist, sein Ehegatte, seine eingetragene Partnerin oder sein eingetragener Partner, seine Verwandten in gerader Linie und seine Geschwister.[1]

² Das Revisionsgesuch ist schriftlich und unter Angabe der Gründe und Beweismittel bei der Verwaltung einzureichen, die den beanstandeten Entscheid getroffen hat.

³ Das Gesuch hemmt den Vollzug des beanstandeten Entscheides nur, wenn die Verwaltung es verfügt; sie kann den Vollzug gegen Sicherheitsleistung aufschieben oder andere vorsorgliche Verfügungen treffen.

⁴ Die Verwaltung kann die Untersuchung ergänzen und eine mündliche Verhandlung anordnen.

Art. 86 Von Amtes wegen 2.

Leitet die Verwaltung die Revision von Amtes wegen ein, so kann sie die Untersuchung wieder eröffnen; den Betroffenen ist Gelegenheit zu geben, sich zum Revisionsgrund und zu der in Aussicht genommenen Änderung des Entscheides zu äussern.

III. Entscheid

Art. 87 Aufhebung des früheren Entscheides 1.

¹ Liegt ein Revisionsgrund vor, so hebt die Verwaltung den früheren Entscheid auf und trifft eine Einstellungs-, Straf- oder Einziehungsverfügung; sie entscheidet gleichzeitig über die Rückleistung von Bussen, Kosten und eingezogenen Vermögenswerten. Vorbehalten bleibt die Überweisung zur gerichtlichen Beurteilung (Art. 21 Abs. 1 und 3).

² Die Verfügung ist zu begründen; im Übrigen gilt Artikel 64 über Inhalt und Eröffnung des Strafbescheides sinngemäss.

³ Gegen die Straf- oder Einziehungsverfügung kann gemäss Artikel 72 die gerichtliche Beurteilung verlangt werden.

⁴ Der richterlichen Überprüfung unterliegt auch das Vorliegen eines Revisionsgrundes im Sinne von Artikel 84.

Art. 88 Verneinung des Revisionsgrundes 2.

¹ Liegt kein Revisionsgrund vor, so trifft die Verwaltung einen entsprechenden Entscheid.

² Bei Abweisung eines Revisionsgesuches können die Verfahrenskosten dem Gesuchsteller auferlegt werden.

³ Der Entscheid ist zu begründen und den am Revisionsverfahren Beteiligten durch eingeschriebenen Brief zu eröffnen.

⁴ Der Gesuchsteller kann gegen den abweisenden Entscheid innert 30 Tagen seit der Eröffnung bei der Beschwerdekammer des Bundesstrafgerichts Beschwerde führen (Art. 25 Abs. 1); die Verfahrensvorschriften von Artikel 28 Absätze 2–5 gelten sinngemäss.

---

[1] Fassung gemäss Anhang Ziff. 21 des Partnerschaftsgesetzes vom 18. Juni 2004, in Kraft seit 1. Jan. 2007 (AS **2005** 5685; BBl **2003** 1288).

B. Urteile der Strafgerichte

Art. 89[1]

Für die Revision rechtskräftiger Urteile kantonaler Gerichte oder des Bundesstrafgerichts gelten die Artikel 379–392 sowie die Artikel 410–415 StPO[2].

Fünfter Abschnitt: Vollzug

A. Zuständigkeit

Art. 90

1 Die Bescheide und Verfügungen der Verwaltung und die Urteile der Strafgerichte, soweit diese nicht auf Freiheitsstrafen oder freiheitsentziehende Massnahmen lauten, werden von der beteiligten Verwaltung vollstreckt.

2 Die Kantone vollziehen die Freiheitsstrafen und die freiheitsentziehenden Massnahmen. Der Bund hat die Oberaufsicht über den Vollzug.

B. Vollstreckung von Bussen

Art. 91

1 Soweit die Busse nicht eingebracht werden kann, wird sie auf Antrag der Verwaltung nach Artikel 10 in Haft oder Einschliessung umgewandelt.

2 Zuständig zur Umwandlung ist der Richter, der die Widerhandlung beurteilt hat oder zur Beurteilung zuständig gewesen wäre (Art. 22 und 23 Abs. 2).

C. Rückgabe beschlagnahmter Gegenstände; Verwertung

Art. 92

1 Mit Beschlag belegte Gegenstände und Vermögenswerte, die weder eingezogen noch dem Staate verfallen sind und an denen nicht ein gesetzliches Pfandrecht besteht, sind dem Berechtigten zurückzugeben. Wenn dieser nicht bekannt ist und der Wert der Gegenstände es rechtfertigt, erfolgt eine öffentliche Ausschreibung.

2 Meldet sich innert 30 Tagen kein Berechtigter, so kann die Verwaltung die Gegenstände öffentlich versteigern lassen. Meldet sich der Berechtigte nach der Verwertung, so wird ihm der Verwertungserlös unter Abzug der Verwertungskosten ausgehändigt.

3 Der Anspruch auf Rückgabe der Gegenstände oder Aushändigung des Erlöses erlischt fünf Jahre nach der öffentlichen Ausschreibung.

4 Ist streitig, welchem von mehreren Ansprechern die Sache zurückzugeben oder der Erlös auszuhändigen sei, so kann sich die Verwaltung durch gerichtliche Hinterlegung befreien.

---

[1] Fassung gemäss Anhang 1 Ziff. II 11 der Strafprozessordnung vom 5. Okt. 2007, in Kraft seit 1. Jan. 2011 (AS **2010** 1881; BBl **2006** 1085).

[2] SR 312.0

D. Verwendung der Bussen, eingezogenen Vermögenswerte usw.

Art. 93

¹ Wenn die Gesetzgebung nichts anderes bestimmt, fallen Bussen, eingezogene Gegenstände, Vermögenswerte, Geschenke und andere Zuwendungen, als Massnahme auferlegte Geldzahlungen sowie der Erlös aus den eingezogenen oder nach Artikel 92 verwerteten Gegenständen dem Bunde zu.

² Lehnt die beteiligte Verwaltung einen nach Artikel 59 Ziffer 1 Absatz 2 des Strafgesetzbuches[1] beanspruchten Anteil am Verwertungserlös eines eingezogenen Gegenstandes oder Vermögenswertes ab, so erlässt sie eine Verfügung nach dem Bundesgesetz vom 20. Dezember 1968[2] über das Verwaltungsverfahren.[3]

Sechster Abschnitt: Kosten, Entschädigung und Rückgriff

A. Kosten

I. Im Verfahren der Verwaltung

Art. 94 **Arten** 1.

¹ Die Kosten des Verfahrens der Verwaltung bestehen in den Barauslagen, mit Einschluss der Kosten der Untersuchungshaft und der amtlichen Verteidigung, in einer Spruchgebühr und in den Schreibgebühren.

² Die Höhe der Spruch- und der Schreibgebühr bestimmt sich nach einem vom Bundesrat aufzustellenden Tarif.

Art. 95 **Auferlegung** 2.

¹ Im Entscheid der Verwaltung werden die Kosten in der Regel dem Verurteilten auferlegt; aus Gründen der Billigkeit kann er von ihnen ganz oder teilweise befreit werden.

² Wird das Verfahren eingestellt, so können dem Beschuldigten Kosten ganz oder teilweise auferlegt werden, wenn er die Untersuchung schuldhaft verursacht oder das Verfahren mutwillig wesentlich erschwert oder verlängert hat.

³ Mehrere Beschuldigte haften solidarisch für die Kosten, wenn der Strafbescheid oder die Strafverfügung nichts anderes bestimmt.

Art. 96 **Beschwerde gegen Kostenerkenntnis** 3.

¹ Der mit Kosten beschwerte Beschuldigte kann, wenn das Verfahren eingestellt wurde oder wenn er die gerichtliche Beurteilung nicht verlangt, gegen das Kostenerkenntnis innert 30 Tagen seit Eröffnung des Entscheides bei der Beschwerdekammer des Bundesstrafgerichts Beschwerde führen (Art. 25 Abs. 1); die Verfahrensvorschriften von Artikel 28 Absätze 2–5 gelten sinngemäss.

---

[1] SR **311.0**. Heute: nach Art. 70 Abs. 1.
[2] SR **172.021**
[3] Fassung gemäss Anhang Ziff. 10 des Strafgerichtsgesetzes vom 4. Okt. 2002, in Kraft seit 1. April 2004 (AS **2003** 2133 2131; BBl **2001** 4202).

² Wird innert der gesetzlichen Frist keine Beschwerde eingereicht oder eine Beschwerde abgewiesen, so steht das Kostenerkenntnis einem gerichtlichen Urteil gleich.

II. Im gerichtlichen Verfahren

Art. 97

¹ Die Kosten des gerichtlichen Verfahrens und deren Verlegung bestimmen sich, vorbehältlich Artikel 78 Absatz 4, nach den Artikeln 417–428 StPO[1].[2]

² Im Urteil können die Kosten des Verfahrens der Verwaltung gleich wie die Kosten des gerichtlichen Verfahrens verlegt werden.

III. Kostenvergütung an den Kanton

Art. 98

¹ Der Kanton kann vom Bund die Erstattung der Prozess- und Vollzugskosten fordern, zu denen der Beschuldigte nicht verurteilt worden ist oder die der Verurteilte nicht bezahlen kann. Besoldungen und Taggelder von Beamten sowie Gebühren und Stempel sind ausgenommen.

¹ᵇⁱˢ Sind durch die Übertragung von Verfahren nach Artikel 20 Absatz 3 ausserordentliche Kosten entstanden, so kann der Bund sie den Kantonen auf Gesuch hin ganz oder teilweise vergüten.[3]

² Anstände zwischen dem Bund und einem Kanton über die Vergütung der Kosten entscheidet die Beschwerdekammer des Bundesstrafgerichts (Art. 25 Abs. 1).

B. Entschädigung

I. Im Verfahren der Verwaltung

Art. 99 Anspruch 1.

¹ Dem Beschuldigten, gegen den das Verfahren eingestellt oder der nur wegen Ordnungswidrigkeit bestraft wird, ist auf Begehren eine Entschädigung für die Untersuchungshaft und für andere Nachteile, die er erlitten hat, auszurichten; sie kann jedoch ganz oder teilweise verweigert werden, wenn er die Untersuchung schuldhaft verursacht oder das Verfahren mutwillig erschwert oder verlängert hat.

² Dem Inhaber eines beschlagnahmten Gegenstandes oder einer durchsuchten Wohnung, der nicht als Beschuldigter ins Verfahren einbezogen worden ist, steht ein Anspruch auf Entschädigung zu, insoweit er unverschuldet einen Nachteil erlitten hat.

³ Die Entschädigung geht zu Lasten des Bundes.

---

[1] SR 312.0
[2] Fassung gemäss Anhang 1 Ziff. II 11 der Strafprozessordnung vom 5. Okt. 2007, in Kraft seit 1. Jan. 2011 (AS **2010** 1881; BBl **2006** 1085).
[3] Eingefügt durch Ziff. I des BG vom 22. Dez. 1999, in Kraft seit 1. Okt. 2000 (AS **2000** 2141; BBl **1998** 1529).

Art. 100 Geltendmachung 2.

¹ Der Entschädigungsanspruch des Beschuldigten erlischt, wenn er nicht innert eines Jahres nach Eröffnung der Einstellung oder nach Eintritt der Rechtskraft des Entscheides geltend gemacht wird.

² Der Entschädigungsanspruch nach Artikel 99 Absatz 2 erlischt, wenn er nicht innert eines Jahres seit der Durchsuchung oder, im Falle einer Beschlagnahme, seit der Rückgabe des beschlagnahmten Gegenstandes oder der Aushändigung des Verwertungserlöses geltend gemacht wird.

³ Das Entschädigungsbegehren ist der beteiligten Verwaltung schriftlich einzureichen und hat einen bestimmten Antrag sowie dessen Begründung zu enthalten.

⁴ Über das Begehren trifft die Verwaltung spätestens innert drei Monaten einen Entscheid. Gegen den Entscheid kann innert 30 Tagen seit der Eröffnung bei der Beschwerdekammer des Bundesstrafgerichts Beschwerde geführt werden (Art. 25 Abs. 1); die Verfahrensvorschriften von Artikel 28 Absätze 2–5 gelten sinngemäss.

II. Im gerichtlichen Verfahren

Art. 101

¹ Im gerichtlichen Verfahren gilt Artikel 99 sinngemäss. Das Gericht entscheidet auch über die Entschädigung für Nachteile im Verfahren vor der Verwaltung.

² Bevor das Gericht eine Entschädigung festsetzt, hat es der beteiligten Verwaltung Gelegenheit zu geben, sich zum Anspruch und seiner Höhe zu äussern und Anträge zu stellen.

III. Rückgriffsanspruch

Art. 102

¹ Wer das Verfahren durch Arglist veranlasst hat, kann verpflichtet werden, dem Bunde die nach Artikel 99 oder 101 auszurichtenden Entschädigungen ganz oder teilweise zu ersetzen.

² Über den Rückgriffsanspruch entscheidet die beteiligte Verwaltung.

³ Gegen den Entscheid kann innert 30 Tagen seit der Eröffnung bei der Beschwerdekammer des Bundesstrafgerichts Beschwerde geführt werden (Art. 25 Abs. 1); die Verfahrensvorschriften von Artikel 28 Absätze 2–5 gelten sinngemäss. Wird innert der gesetzlichen Frist nicht Beschwerde erhoben, so steht der Entscheid einem rechtskräftigen Urteil gleich.

⁴ Der Rückgriffsanspruch erlischt, wenn er nicht innert drei Monaten seit Rechtskraft des Entscheids oder Urteils über den Entschädigungsanspruch geltend gemacht wird.

Siebenter Abschnitt: Abwesenheitsverfahren

Art. 103

¹ Ist der Beschuldigte, ohne in der Schweiz ein Zustellungsdomizil zu haben, unbekannten Aufenthaltes, so kann das Verfahren von der Verwaltung und den Gerichten in seiner Abwesenheit durchgeführt werden. Artikel 34 Absatz 2 ist anwendbar.

² Wenn der Beschuldigte sich stellt oder ergriffen wird, so kann er innert 30 Tagen, seitdem er vom Strafbescheid, von der Strafverfügung oder vom Urteil Kenntnis erhalten hat, bei der Behörde, die zuletzt gesprochen hat, die Wiedereinsetzung verlangen.

³ Wird das Gesuch rechtzeitig gestellt, so ist das ordentliche Verfahren durchzuführen.

⁴ Bei Einziehung und Umwandlung der Busse in Freiheitsstrafe gelten die Absätze 1–3 sinngemäss.

Vierter Titel: Schlussbestimmungen

A. Änderung von Bundeserlassen

Art. 104

¹ Änderungen des geltenden Bundesrechts finden sich im Anhang, der Bestandteil dieses Gesetzes ist.

² Der Bundesrat wird ermächtigt, die Vollziehungsverordnung vom 27. November 1934[1] zum Bundesratsbeschluss vom 4. August 1934 über die eidgenössische Getränkesteuer diesem Gesetz anzupassen.

B. Neue Zuständigkeiten

Art. 105

Wo nach bisherigem Recht Strafverfügungen vom Bundesrat auszugehen hatten, wird diese Zuständigkeit den Departementen zugewiesen; der Bundesrat kann sie auf die den Departementen unmittelbar nachgeordneten Amtsstellen übertragen.

C. Übergangsbestimmungen

Art. 106

¹ Strafverfahren, in denen die Strafverfügung der Verwaltung nach Artikel 293 oder 324 des Bundesstrafrechtspflegegesetzes vom 15. Juni 1934[2] vor dem Inkrafttreten der neuen Vorschriften getroffen worden ist, werden nach bisherigem Recht fortgesetzt.

---

1 [BS **6** 283; AS **1974** 1955, **2007** 1469 Anhang 4 Ziff. 27. AS **2007** 2909 Art. 23 Ziff. 1]. Siehe heute: die Biersteuerverordnung vom 15. Juni 2007 (SR **641.411.1**).

2 [BS **3** 303; AS **1971** 777 Ziff. III 4, **1974** 1857 Anhang Ziff. 2, **1978** 688 Art. 88 Ziff. 4, **1979** 1170, **1992** 288 Anhang Ziff. 15 2465 Anhang Ziff. 2, **1993** 1993, **1997** 2465 Anhang Ziff. 7, **2000** 505 Ziff. I 3 2719 Ziff. II 3 2725 Ziff. II, **2001** 118 Ziff. I 3 3071 Ziff. II 3 3096 Anhang Ziff. 2 3308, **2003** 2133 Anhang Ziff. 9, **2004** 1633 Ziff. I 4, **2005** 5685 Anhang Ziff. 19, **2006** 1205 Anhang Ziff. 10, **2007** 6087, **2008** 1607 Anhang Ziff. 1 4989 Anhang 1 Ziff. 6 5463 Anhang Ziff. 3, **2009** 6605 Anhang Ziff. II 3. AS **2010** 1881 Anhang 1 Ziff. I 1].

² Strafbarkeit und Mithaftung des Vertretenen, Auftraggebers oder Geschäftsherrn wegen Widerhandlungen, die vor Inkrafttreten dieses Gesetzes begangen worden sind, richten sich ausschliesslich nach dem alten Recht.

D. Ausführung. Inkrafttreten

Art. 107

¹ Der Bundesrat erlässt die erforderlichen Ausführungsbestimmungen.

² Er bestimmt das Inkrafttreten dieses Gesetzes.

Datum des Inkrafttretens: 1. Januar 1975[1]

Anhang: Änderung von Bundeserlassen

…[2]

---

[1] BRB vom 25. Nov. 1974
[2] Die Änderungen können unter AS **1974** 1857 konsultiert werden.

Änderung des VStrR durch das BG vom 17.12.2021 über die Harmonisierung der Strafrahmen; voraussichtlich in Kraft ab 1.1.2024 (der Bundesrat bestimmt das Inkrafttreten)

Ingress

gestützt auf Artikel 123 Absatz 1 der Bundesverfassung[24],

Art. 11 Abs. 1–3

¹ Eine Übertretung verjährt in vier Jahren.

² Besteht die Übertretung jedoch in einer Hinterziehung oder Gefährdung von Abgaben oder im unrechtmässigen Erlangen einer Rückerstattung, einer Ermässigung oder eines Erlasses von Abgaben, so beträgt die Verjährungsfrist sieben Jahre.

³ Bei Verbrechen, Vergehen und Übertretungen ruht die Verjährung:

    a. während der Dauer eines Einsprache-, Beschwerde- oder gerichtlichen Verfahrens über die Leistungs- oder Rückleistungspflicht oder über eine andere nach dem einzelnen Verwaltungsgesetz zu beurteilende Vorfrage; oder

    b. solange der Täter im Ausland eine Freiheitsstrafe verbüsst.

Art. 14

A. Strafbare Handlungen
I. Leistungs- und Abgabebetrug

¹ Wer die Verwaltung, eine andere Behörde oder einen Dritten durch Vorspiegelung oder Unterdrückung von Tatsachen arglistig irreführt oder sie in einem Irrtum arglistig bestärkt und so für sich oder einen andern unrechtmässig eine Konzession, eine Bewilligung oder ein Kontingent, einen Beitrag, die Rückerstattung von Abgaben oder eine andere Leistung des Gemeinwesens erschleicht oder so bewirkt, dass der Entzug einer Konzession, einer Bewilligung oder eines Kontingents unterbleibt, wird mit Freiheitsstrafe bis zu drei Jahren oder Geldstrafe bestraft.

² Bewirkt der Täter durch sein arglistiges Verhalten, dass dem Gemeinwesen unrechtmässig und in einem erheblichen Betrag eine Abgabe, ein Beitrag oder eine andere Leistung vorenthalten oder dass es sonst am Vermögen geschädigt wird, so ist die Strafe Freiheitsstrafe bis zu drei Jahren oder Geldstrafe.

³ Wer gewerbsmässig oder im Zusammenwirken mit Dritten Widerhandlungen nach Absatz 1 oder 2 in Abgaben- oder Zollangelegenheiten begeht und sich oder einem andern dadurch in besonders erheblichem Umfang einen unrechtmässigen Vorteil verschafft oder das Gemeinwesen am Vermögen oder an andern Rechten besonders erheblich schädigt, wird mit Freiheitsstrafe bis zu fünf Jahren oder Geldstrafe bestraft.

---

[24] SR **101**

⁴ Sieht ein Verwaltungsgesetz für eine dem Absatz 1, 2 oder 3 entsprechende nicht arglistig begangene Widerhandlung eine Busse vor, so ist in den Fällen nach den Absätzen 1–3 zusätzlich eine Busse auszufällen. Deren Bemessung richtet sich nach dem entsprechenden Verwaltungsgesetz.

Art. 15 Ziff. 1

1. Wer in der Absicht, sich oder einem andern einen nach der Verwaltungsgesetzgebung des Bundes unrechtmässigen Vorteil zu verschaffen oder das Gemeinwesen am Vermögen oder an andern Rechten zu schädigen, eine Urkunde fälscht oder verfälscht oder die echte Unterschrift oder das echte Handzeichen eines andern zur Herstellung einer unwahren Urkunde benützt oder eine Urkunde dieser Art zur Täuschung gebraucht,

wer durch Täuschung bewirkt, dass die Verwaltung oder eine andere Behörde oder eine Person öffentlichen Glaubens eine für die Durchführung der Verwaltungsgesetzgebung des Bundes erhebliche Tatsache unrichtig beurkundet, und wer eine so erschlichene Urkunde zur Täuschung der Verwaltung oder einer anderen Behörde gebraucht,

wird mit Freiheitsstrafe bis zu drei Jahren oder Geldstrafe bestraft.

Art. 16 Abs. 1 und 2

¹ Wer in der Absicht, sich oder einem andern einen nach der Verwaltungsgesetzgebung des Bundes unrechtmässigen Vorteil zu verschaffen oder das Gemeinwesen am Vermögen oder an andern Rechten zu schädigen, Urkunden, die er nach dieser Gesetzgebung aufzubewahren verpflichtet ist, beschädigt, vernichtet oder beiseiteschafft, wird mit Freiheitsstrafe bis zu drei Jahren oder Geldstrafe bestraft.

² *Betrifft nur den französischen Text.*

Art. 17

IV. Begünstigung

1. Wer in einem Verwaltungsstrafverfahren jemanden der Strafverfolgung oder dem Strafvollzug, soweit dieser der beteiligten Verwaltung obliegt, entzieht,

wer dazu beiträgt, einem Täter oder Teilnehmer die Vorteile einer Widerhandlung gegen die Verwaltungsgesetzgebung des Bundes zu sichern,

wird mit Freiheitsstrafe bis zu drei Jahren oder Geldstrafe bestraft.

2. Ist die Vortat eine Übertretung, so wird der Täter mit Busse bestraft.

3. Wer dazu beiträgt, den Vollzug einer verwaltungsstrafrechtlichen Massnahme widerrechtlich zu verunmöglichen, wird mit Freiheitsstrafe bis zu einem Jahr oder Geldstrafe bestraft.

4. Begünstigt der Täter seine Angehörigen oder jemand anderen, zu dem er in so nahen persönlichen Beziehungen steht, dass sein Verhalten entschuldbar ist, so bleibt er straflos.

BGG

Bundesgerichtsgesetz

N 3 Auszug aus dem Bundesgesetz über das Bundesgericht (Bundesgerichtsgesetz, BGG)
SR 173.110

vom 17. Juni 2005 (Stand am 1. Juli 2022)

Die Bundesversammlung der Schweizerischen Eidgenossenschaft,

gestützt auf die Artikel 188–191c der Bundesverfassung[1], nach Einsicht in die Botschaft des Bundesrates vom 28. Februar 2001[2],

beschliesst:

---

[1] SR **101**
[2] BBl **2001** 4202

1. Kapitel: Stellung und Organisation

1. Abschnitt: Stellung

Art. 1 Oberste Recht sprechende Behörde

¹ Das Bundesgericht ist die oberste Recht sprechende Behörde des Bundes.

² Es übt die Aufsicht über die Geschäftsführung des Bundesstrafgerichts, des Bundesverwaltungsgerichts und des Bundespatentgerichts aus.[1]

³ Es besteht aus 35–45 ordentlichen Bundesrichtern und Bundesrichterinnen.

⁴ Es besteht ausserdem aus nebenamtlichen Bundesrichtern und Bundesrichterinnen; deren Zahl beträgt höchstens zwei Drittel der Zahl der ordentlichen Richter und Richterinnen.[2]

⁵ Die Bundesversammlung legt die Zahl der Richter und Richterinnen in einer Verordnung fest.

Art. 2 Unabhängigkeit

¹ Das Bundesgericht ist in seiner Recht sprechenden Tätigkeit unabhängig und nur dem Recht verpflichtet.

² Seine Entscheide können nur von ihm selbst nach Massgabe der gesetzlichen Bestimmungen aufgehoben oder geändert werden.

Art. 3 Verhältnis zur Bundesversammlung

¹ Die Bundesversammlung übt die Oberaufsicht über das Bundesgericht aus.

² Sie entscheidet jährlich über die Genehmigung des Voranschlags, der Rechnung und des Geschäftsberichts des Bundesgerichts.

Art. 4 Sitz

¹ Sitz des Bundesgerichts ist Lausanne.

² Eine oder mehrere Abteilungen haben ihren Standort in Luzern.

...

---

[1] Fassung gemäss Anhang Ziff. 2 des BG vom 20. März 2009 über das Bundespatentgericht, in Kraft seit 1. Jan. 2012 (AS **2010** 513, **2011** 2241; BBl **2008** 455).

[2] Siehe auch Art. 132 Abs. 4 hiernach.

2. Kapitel: Allgemeine Verfahrensbestimmungen

...

5. Abschnitt: Fristen

Art. 44 Beginn

¹ Fristen, die durch eine Mitteilung oder den Eintritt eines Ereignisses ausgelöst werden, beginnen am folgenden Tag zu laufen.

² Eine Mitteilung, die nur gegen Unterschrift des Adressaten oder der Adressatin oder einer anderen berechtigten Person überbracht wird, gilt spätestens am siebenten Tag nach dem ersten erfolglosen Zustellungsversuch als erfolgt.

Art. 45 Ende

¹ Ist der letzte Tag der Frist ein Samstag, ein Sonntag oder ein vom Bundesrecht oder vom kantonalen Recht anerkannter Feiertag, so endet sie am nächstfolgenden Werktag.

² Massgebend ist das Recht des Kantons, in dem die Partei oder ihr Vertreter beziehungsweise ihre Vertreterin den Wohnsitz oder den Sitz hat.

Art. 46 Stillstand

¹ Gesetzlich oder richterlich nach Tagen bestimmte Fristen stehen still:
 a. vom siebenten Tag vor Ostern bis und mit dem siebenten Tag nach Ostern;
 b. vom 15. Juli bis und mit dem 15. August;
 c. vom 18. Dezember bis und mit dem 2. Januar.

² Absatz 1 gilt nicht in Verfahren betreffend:
 a. die aufschiebende Wirkung und andere vorsorgliche Massnahmen;
 b. die Wechselbetreibung;
 c. Stimmrechtssachen (Art. 82 Bst. c);
 d. die internationale Rechtshilfe in Strafsachen und die internationale Amtshilfe in Steuersachen;
 e. die öffentlichen Beschaffungen.[1]

Art. 47 Erstreckung

¹ Gesetzlich bestimmte Fristen können nicht erstreckt werden.

² Richterlich bestimmte Fristen können aus zureichenden Gründen erstreckt werden, wenn das Gesuch vor Ablauf der Frist gestellt worden ist.

Art. 48 Einhaltung

¹ Eingaben müssen spätestens am letzten Tag der Frist beim Bundesgericht eingereicht oder zu dessen Handen der Schweizerischen Post oder einer schweizerischen diplomatischen oder konsularischen Vertretung übergeben werden.

---

[1] Fassung gemäss Anhang 7 Ziff. II 2 des BG vom 21 Juni 2019 über das öffentliche Beschaffungswesen, in Kraft seit 1. Jan. 2021 (AS 2020 641; BBl 2017 1851)

² Im Falle der elektronischen Einreichung ist für die Wahrung einer Frist der Zeitpunkt massgebend, in dem die Quittung ausgestellt wird, die bestätigt, dass alle Schritte abgeschlossen sind, die auf der Seite der Partei für die Übermittlung notwendig sind.[1]

³ Die Frist gilt auch als gewahrt, wenn die Eingabe rechtzeitig bei der Vorinstanz oder bei einer unzuständigen eidgenössischen oder kantonalen Behörde eingereicht worden ist. Die Eingabe ist unverzüglich dem Bundesgericht zu übermitteln.

⁴ Die Frist für die Zahlung eines Vorschusses oder für eine Sicherstellung ist gewahrt, wenn der Betrag rechtzeitig zu Gunsten des Bundesgerichts der Schweizerischen Post übergeben oder einem Post- oder Bankkonto in der Schweiz belastet worden ist.

Art. 49 Mangelhafte Eröffnung

Aus mangelhafter Eröffnung, insbesondere wegen unrichtiger oder unvollständiger Rechtsmittelbelehrung oder wegen Fehlens einer vorgeschriebenen Rechtsmittelbelehrung, dürfen den Parteien keine Nachteile erwachsen.

Art. 50 Wiederherstellung

¹ Ist eine Partei oder ihr Vertreter beziehungsweise ihre Vertreterin durch einen anderen Grund als die mangelhafte Eröffnung unverschuldeterweise abgehalten worden, fristgerecht zu handeln, so wird die Frist wiederhergestellt, sofern die Partei unter Angabe des Grundes innert 30 Tagen nach Wegfall des Hindernisses darum ersucht und die versäumte Rechtshandlung nachholt.

² Wiederherstellung kann auch nach Eröffnung des Urteils bewilligt werden; wird sie bewilligt, so wird das Urteil aufgehoben.

...

---

[1] Fassung gemäss Anhang Ziff. II 2 des BG vom 18. März 2016 über die elektronische Signatur, in Kraft seit 1. Jan. 2017 (AS **2016** 4651; BBl **2014** 1001).

3. Kapitel: Das Bundesgericht als ordentliche Beschwerdeinstanz

...

3. Abschnitt: Beschwerde in öffentlich-rechtlichen Angelegenheiten

Art. 82 Grundsatz

Das Bundesgericht beurteilt Beschwerden:
a. gegen Entscheide in Angelegenheiten des öffentlichen Rechts;
b. gegen kantonale Erlasse;
c. betreffend die politische Stimmberechtigung der Bürger und Bürgerinnen sowie betreffend Volkswahlen und -abstimmungen.

Art. 83 Ausnahmen

Die Beschwerde ist unzulässig gegen:
a. Entscheide auf dem Gebiet der inneren oder äusseren Sicherheit des Landes, der Neutralität, des diplomatischen Schutzes und der übrigen auswärtigen Angelegenheiten, soweit das Völkerrecht nicht einen Anspruch auf gerichtliche Beurteilung einräumt;
b. Entscheide über die ordentliche Einbürgerung;
c. Entscheide auf dem Gebiet des Ausländerrechts betreffend:
   1. die Einreise,
   2. Bewilligungen, auf die weder das Bundesrecht noch das Völkerrecht einen Anspruch einräumt,
   3. die vorläufige Aufnahme,
   4. die Ausweisung gestützt auf Artikel 121 Absatz 2 der Bundesverfassung und die Wegweisung,
   5.[1] Abweichungen von den Zulassungsvoraussetzungen,
   6.[2] die Verlängerung der Grenzgängerbewilligung, den Kantonswechsel, den Stellenwechsel von Personen mit Grenzgängerbewilligung sowie die Erteilung von Reisepapieren an schriftenlose Ausländerinnen und Ausländer;
d. Entscheide auf dem Gebiet des Asyls, die:
   1.[3] vom Bundesverwaltungsgericht getroffen worden sind, ausser sie betreffen Personen, gegen die ein Auslieferungsersuchen des Staates vorliegt, vor welchem sie Schutz suchen,
   2. von einer kantonalen Vorinstanz getroffen worden sind und eine Bewilligung betreffen, auf die weder das Bundesrecht noch das Völkerrecht einen Anspruch einräumt;
e. Entscheide über die Verweigerung der Ermächtigung zur Strafverfolgung von Behördenmitgliedern oder von Bundespersonal;
f.[4] Entscheide auf dem Gebiet der öffentlichen Beschaffungen, wenn:

---

[1] Fassung gemäss Ziff. I 1 der V der BVers vom 20. Dez. 2006 über die Anpassung von Erlassen an die Bestimmungen des Bundesgerichtsgesetzes und des Verwaltungsgerichtsgesetzes, in Kraft seit 1. Jan. 2008 (AS **2006** 5599).
[2] Eingefügt durch Ziff. I 1 der V der BVers vom 20. Dez. 2006 über die Anpassung von Erlassen an die Bestimmungen des Bundesgerichtsgesetzes und des Verwaltungsgerichtsgesetzes, in Kraft seit 1. Jan. 2008 (AS **2006** 5599).
[3] Fassung gemäss Ziff. I 2 des BG vom 1. Okt 2010 über die Koordination des Asyl- und des Auslieferungsverfahrens, in Kraft seit 1. April 2011 (AS **2011** 925; BBl **2010** 1467).
[4] Fassung gemäss Anhang 7 Ziff. II 2 des BG vom 21 Juni 2019 über das öffentliche Beschaffungswesen, in Kraft seit 1. Jan. 2021 (AS **2020** 641; BBl **2017** 1851).

1. sich keine Rechtsfrage von grundsätzlicher Bedeutung stellt; vorbehalten bleiben Beschwerden gegen Beschaffungen des Bundesverwaltungsgerichts, des Bundesstrafgerichts, des Bundespatentgerichts, der Bundesanwaltschaft sowie der oberen kantonalen Gerichtsinstanzen, oder
2. der geschätzte Wert des zu vergebenden Auftrags den massgebenden Schwellenwert nach Artikel 52 Absatz 1 in Verbindung mit Anhang 4 Ziffer 2 des Bundesgesetzes vom 21. Juni 2019[1] über das öffentliche Beschaffungswesen nicht erreicht;

f[bis]. Entscheide des Bundesverwaltungsgerichts über Verfügungen nach Artikel 32*i* des Personenbeförderungsgesetzes vom 20. März 2009[2];[3]

g. Entscheide auf dem Gebiet der öffentlich-rechtlichen Arbeitsverhältnisse, wenn sie eine nicht vermögensrechtliche Angelegenheit, nicht aber die Gleichstellung der Geschlechter betreffen;

h.[4] Entscheide auf dem Gebiet der internationalen Amtshilfe, mit Ausnahme der Amtshilfe in Steuersachen;

i. Entscheide auf dem Gebiet des Militär-, Zivil- und Zivilschutzdienstes;

j.[5] Entscheide auf dem Gebiet der wirtschaftlichen Landesversorgung, die bei schweren Mangellagen getroffen worden sind;

k. Entscheide betreffend Subventionen, auf die kein Anspruch besteht;

l. Entscheide über die Zollveranlagung, wenn diese auf Grund der Tarifierung oder des Gewichts der Ware erfolgt;

m.[6] Entscheide über die Stundung oder den Erlass von Abgaben; in Abweichung davon ist die Beschwerde zulässig gegen Entscheide über den Erlass der direkten Bundessteuer oder der kantonalen oder kommunalen Einkommens- und Gewinnsteuer, wenn sich eine Rechtsfrage von grundsätzlicher Bedeutung stellt oder es sich aus anderen Gründen um einen besonders bedeutenden Fall handelt;

n. Entscheide auf dem Gebiet der Kernenergie betreffend:
1. das Erfordernis einer Freigabe oder der Änderung einer Bewilligung oder Verfügung,
2. die Genehmigung eines Plans für Rückstellungen für die vor Ausserbetriebnahme einer Kernanlage anfallenden Entsorgungskosten,
3. Freigaben;

o. Entscheide über die Typengenehmigung von Fahrzeugen auf dem Gebiet des Strassenverkehrs;

p.[7] Entscheide des Bundesverwaltungsgerichts auf dem Gebiet des Fernmeldeverkehrs, des Radios und des Fernsehens sowie der Post betreffend:[8]
1. Konzessionen, die Gegenstand einer öffentlichen Ausschreibung waren,

---

[1] SR **172.056.1**
[2] SR **745.1**
[3] Eingefügt durch Ziff. I 2 des BG vom 16. März 2012 über den zweiten Schritt der Bahnreform 2, in Kraft seit 1. Juli 2013 (AS **2012** 5619, **2013** 1603; BBl **2011** 911).
[4] Fassung gemäss Anhang Ziff. 1 des Steueramtshilfegesetzes vom 28. Sept. 2012, in Kraft seit 1. Febr. 2013 (AS **2013** 231; BBl **2011** 6193).
[5] Fassung gemäss Anhang 2 Ziff. II 1 des Landesversorgungsgesetzes vom 17. Juni 2016, in Kraft seit 1. Juni 2017 (AS **2017** 3097; BBl **2014** 7119).
[6] Fassung gemäss Ziff. I 1 des Steuererlassgesetzes vom 20. Juni 2014, in Kraft seit 1. Jan. 2016 (AS **2015** 9; BBl **2013** 8435).
[7] Fassung gemäss Art. 106 Ziff. 3 des BG vom 24. März 2006 über Radio und Fernsehen, in Kraft seit 1. April 2007 (AS **2007** 737; BBl **2003** 1569).
[8] Fassung gemäss Anhang Ziff. II 1 des Postgesetzes vom 17. Dez. 2010, in Kraft seit 1. Okt. 2012 (AS **2012** 4993; BBl **2009** 5181).

2. Streitigkeiten nach Artikel 11a des Fernmeldegesetzes vom 30. April 1997[1],
3.[2] Streitigkeiten nach Artikel 8 des Postgesetzes vom 17. Dezember 2010[3];
q. Entscheide auf dem Gebiet der Transplantationsmedizin betreffend:
   1. die Aufnahme in die Warteliste,
   2. die Zuteilung von Organen;
r. Entscheide auf dem Gebiet der Krankenversicherung, die das Bundesverwaltungsgericht gestützt auf Artikel 34[4] des Verwaltungsgerichtsgesetzes vom 17. Juni 2005[5] (VGG) getroffen hat;
s. Entscheide auf dem Gebiet der Landwirtschaft betreffend:
   1.[6] ...
   2. die Abgrenzung der Zonen im Rahmen des Produktionskatasters;
t. Entscheide über das Ergebnis von Prüfungen und anderen Fähigkeitsbewertungen, namentlich auf den Gebieten der Schule, der Weiterbildung und der Berufsausübung;
u.[7] Entscheide auf dem Gebiet der öffentlichen Kaufangebote (Art. 125-141 des Finanzmarktinfrastrukturgesetzes vom 19. Juni 2015[8]);
v.[9] Entscheide des Bundesverwaltungsgerichts über Meinungsverschiedenheiten zwischen Behörden in der innerstaatlichen Amts- und Rechtshilfe;
w.[10] Entscheide auf dem Gebiet des Elektrizitätsrechts betreffend die Plangenehmigung von Starkstromanlagen und Schwachstromanlagen und die Entscheide auf diesem Gebiet betreffend Enteignung der für den Bau oder Betrieb solcher Anlagen notwendigen Rechte, wenn sich keine Rechtsfrage von grundsätzlicher Bedeutung stellt;
x.[11] Entscheide betreffend die Gewährung von Solidaritätsbeiträgen nach dem Bundesgesetz vom 30. September 2016[12] über die Aufarbeitung der fürsorgerischen Zwangsmassnahmen und Fremdplatzierungen vor 1981, ausser wenn sich eine Rechtsfrage von grundsätzlicher Bedeutung stellt oder aus anderen Gründen ein besonders bedeutender Fall vorliegt;
y.[13] Entscheide des Bundesverwaltungsgerichts in Verständigungsverfahren zur Vermeidung einer den anwendbaren internationalen Abkommen im Steuerbereich nicht entsprechenden Besteuerung.

---

[1] SR **784**.10
[2] Eingefügt durch Anhang Ziff. II 1 des Postgesetzes vom 17. Dez. 2010, in Kraft seit 1. Okt. 2012 (AS **2012** 4993; BBl **2009** 5181).
[3] SR **783**.0
[4] Berichtigt von der Redaktionskommission der BVers (Art. 58 Abs. 1 ParlG – SR **171**.10).
[5] SR **173**.32. Dieser Art. ist aufgehoben. Siehe heute: Art. 33 Bst. i VGG in Verbindung mit Art. 53 Abs. 1 des BG vom 18. März 1994 über die Krankenversicherung (SR **832**.10).
[6] Aufgehoben durch Anhang Ziff. 1 des BG vom 22. März 2013, mit Wirkung seit 1. Jan. 2014 (AS **2013** 3463 3863; BBl **2012** 2075).
[7] Eingefügt durch Anhang Ziff. 3 des Finanzmarktaufsichtsgesetzes vom 22. Juni 2007 (AS **2008** 5207; BBl **2006** 2829). Fassung gemäss Anhang Ziff. 1 des Finanzmarktinfrastrukturgesetzes vom 19. Juni 2015, in Kraft seit 1. Jan. 2016 (AS **2015** 5339; BBl **2014** 7483).
[8] SR **958**.1
[9] Eingefügt durch Anhang Ziff. 3 des Finanzmarktaufsichtsgesetzes vom 22. Juni 2007, in Kraft seit 1. Jan. 2009 (AS **2008** 5207; BBl **2006** 2829).
[10] Eingefügt durch Anhang Ziff. II 1 des Energiegesetzes vom 30. Sept. 2016, in Kraft seit 1. Jan. 2018 (AS **2017** 3839; BBl **2013** 7561).
[11] Eingefügt durch Art. 21 Abs. 2 des BG vom 30. Sept. 2016 über die Aufarbeitung der fürsorgerischen Zwangsmassnahmen und Fremdplatzierungen vor 1981, in Kraft seit 1. April 2017 (AS **2017** 753; BBl **2016** 101).
[12] SR **211**.223.13
[13] Eingefügt durch Art. 36 Abs. 2 des BG vom 18. Juni 2021 über die Durchführung von internationalen Abkommen im Steuerbereich, in Kraft seit 1. Jan. 2022 (AS **2021** 703; BBl **2020** 9219).

Art. 84 Internationale Rechtshilfe in Strafsachen

¹ Gegen einen Entscheid auf dem Gebiet der internationalen Rechtshilfe in Strafsachen ist die Beschwerde nur zulässig, wenn er eine Auslieferung, eine Beschlagnahme, eine Herausgabe von Gegenständen oder Vermögenswerten oder eine Übermittlung von Informationen aus dem Geheimbereich betrifft und es sich um einen besonders bedeutenden Fall handelt.

² Ein besonders bedeutender Fall liegt insbesondere vor, wenn Gründe für die Annahme bestehen, dass elementare Verfahrensgrundsätze verletzt worden sind oder das Verfahren im Ausland schwere Mängel aufweist.

Art. 84a[1] Internationale Amtshilfe in Steuersachen

Gegen einen Entscheid auf dem Gebiet der internationalen Amtshilfe in Steuersachen ist die Beschwerde nur zulässig, wenn sich eine Rechtsfrage von grundsätzlicher Bedeutung stellt oder wenn es sich aus anderen Gründen um einen besonders bedeutenden Fall im Sinne von Artikel 84 Absatz 2 handelt.

Art. 85 Streitwertgrenzen

¹ In vermögensrechtlichen Angelegenheiten ist die Beschwerde unzulässig:

a. auf dem Gebiet der Staatshaftung, wenn der Streitwert weniger als 30 000 Franken beträgt;
b. auf dem Gebiet der öffentlich-rechtlichen Arbeitsverhältnisse, wenn der Streitwert weniger als 15 000 Franken beträgt.

² Erreicht der Streitwert den massgebenden Betrag nach Absatz 1 nicht, so ist die Beschwerde dennoch zulässig, wenn sich eine Rechtsfrage von grundsätzlicher Bedeutung stellt.

Art. 86 Vorinstanzen im Allgemeinen

¹ Die Beschwerde ist zulässig gegen Entscheide:

a. des Bundesverwaltungsgerichts;
b. des Bundesstrafgerichts;
c. der unabhängigen Beschwerdeinstanz für Radio und Fernsehen;
d. letzter kantonaler Instanzen, sofern nicht die Beschwerde an das Bundesverwaltungsgericht zulässig ist.

² Die Kantone setzen als unmittelbare Vorinstanzen des Bundesgerichts obere Gerichte ein, soweit nicht nach einem anderen Bundesgesetz Entscheide anderer richterlicher Behörden der Beschwerde an das Bundesgericht unterliegen.

³ Für Entscheide mit vorwiegend politischem Charakter können die Kantone anstelle eines Gerichts eine andere Behörde als unmittelbare Vorinstanz des Bundesgerichts einsetzen.

---

[1] Eingefügt durch Anhang Ziff. 1 des Steueramtshilfegesetzes vom 28. Sept. 2012, in Kraft seit 1. Febr. 2013 (AS **2013** 231; BBl **2011** 6193).

Art. 87 Vorinstanzen bei Beschwerden gegen Erlasse

1 Gegen kantonale Erlasse ist unmittelbar die Beschwerde zulässig, sofern kein kantonales Rechtsmittel ergriffen werden kann.

2 Soweit das kantonale Recht ein Rechtsmittel gegen Erlasse vorsieht, findet Artikel 86 Anwendung.

Art. 88 Vorinstanzen in Stimmrechtssachen

1 Beschwerden betreffend die politische Stimmberechtigung der Bürger und Bürgerinnen sowie betreffend Volkswahlen und -abstimmungen sind zulässig:

    a. in kantonalen Angelegenheiten gegen Akte letzter kantonaler Instanzen;

    b. in eidgenössischen Angelegenheiten gegen Verfügungen der Bundeskanzlei und Entscheide der Kantonsregierungen.

2 Die Kantone sehen gegen behördliche Akte, welche die politischen Rechte der Stimmberechtigten in kantonalen Angelegenheiten verletzen können, ein Rechtsmittel vor. Diese Pflicht erstreckt sich nicht auf Akte des Parlaments und der Regierung.

Art. 89 Beschwerderecht

1 Zur Beschwerde in öffentlich-rechtlichen Angelegenheiten ist berechtigt, wer:

    a. vor der Vorinstanz am Verfahren teilgenommen hat oder keine Möglichkeit zur Teilnahme erhalten hat;

    b. durch den angefochtenen Entscheid oder Erlass besonders berührt ist; und

    c. ein schutzwürdiges Interesse an dessen Aufhebung oder Änderung hat.

2 Zur Beschwerde sind ferner berechtigt:

    a. die Bundeskanzlei, die Departemente des Bundes oder, soweit das Bundesrecht es vorsieht, die ihnen unterstellten Dienststellen, wenn der angefochtene Akt die Bundesgesetzgebung in ihrem Aufgabenbereich verletzen kann;

    b. das zuständige Organ der Bundesversammlung auf dem Gebiet des Arbeitsverhältnisses des Bundespersonals;

    c. Gemeinden und andere öffentlich-rechtliche Körperschaften, wenn sie die Verletzung von Garantien rügen, die ihnen die Kantons- oder Bundesverfassung gewährt;

    d. Personen, Organisationen und Behörden, denen ein anderes Bundesgesetz dieses Recht einräumt.

3 In Stimmrechtssachen (Art. 82 Bst. c) steht das Beschwerderecht ausserdem jeder Person zu, die in der betreffenden Angelegenheit stimmberechtigt ist.

4. Kapitel: Beschwerdeverfahren

1. Abschnitt: Anfechtbare Entscheide

Art. 90 Endentscheide

Die Beschwerde ist zulässig gegen Entscheide, die das Verfahren abschliessen.

Art. 91 Teilentscheide

Die Beschwerde ist zulässig gegen einen Entscheid, der:
a. nur einen Teil der gestellten Begehren behandelt, wenn diese Begehren unabhängig von den anderen beurteilt werden können;
b. das Verfahren nur für einen Teil der Streitgenossen und Streitgenossinnen abschliesst.

Art. 92 Vor- und Zwischenentscheide über die Zuständigkeit und den Ausstand

¹ Gegen selbständig eröffnete Vor- und Zwischenentscheide über die Zuständigkeit und über Ausstandsbegehren ist die Beschwerde zulässig.

² Diese Entscheide können später nicht mehr angefochten werden.

Art. 93 Andere Vor- und Zwischenentscheide

¹ Gegen andere selbständig eröffnete Vor- und Zwischenentscheide ist die Beschwerde zulässig:
a. wenn sie einen nicht wieder gutzumachenden Nachteil bewirken können; oder
b. wenn die Gutheissung der Beschwerde sofort einen Endentscheid herbeiführen und damit einen bedeutenden Aufwand an Zeit oder Kosten für ein weitläufiges Beweisverfahren ersparen würde.

² Auf dem Gebiet der internationalen Rechtshilfe in Strafsachen und dem Gebiet des Asyls sind Vor- und Zwischenentscheide nicht anfechtbar.[1] Vorbehalten bleiben Beschwerden gegen Entscheide über die Auslieferungshaft sowie über die Beschlagnahme von Vermögenswerten und Wertgegenständen, sofern die Voraussetzungen von Absatz 1 erfüllt sind.

³ Ist die Beschwerde nach den Absätzen 1 und 2 nicht zulässig oder wurde von ihr kein Gebrauch gemacht, so sind die betreffenden Vor- und Zwischenentscheide durch Beschwerde gegen den Endentscheid anfechtbar, soweit sie sich auf dessen Inhalt auswirken.

Art. 94 Rechtsverweigerung und Rechtsverzögerung

Gegen das unrechtmässige Verweigern oder Verzögern eines anfechtbaren Entscheids kann Beschwerde geführt werden.

---

[1] Fassung gemäss Ziff. I 2 des BG vom 1. Okt 2010 über die Koordination des Asyl- und des Auslieferungsverfahrens, in Kraft seit 1. April 2011 (AS **2011** 925; BBl **2010** 1467).

2. Abschnitt: Beschwerdegründe

Art. 95 Schweizerisches Recht

Mit der Beschwerde kann die Verletzung gerügt werden von:
a. Bundesrecht;
b. Völkerrecht;
c. kantonalen verfassungsmässigen Rechten;
d. kantonalen Bestimmungen über die politische Stimmberechtigung der Bürger und Bürgerinnen und über Volkswahlen und -abstimmungen;
e. interkantonalem Recht.

Art. 96 Ausländisches Recht

Mit der Beschwerde kann gerügt werden:
a. ausländisches Recht sei nicht angewendet worden, wie es das schweizerische internationale Privatrecht vorschreibt;
b. das nach dem schweizerischen internationalen Privatrecht massgebende ausländische Recht sei nicht richtig angewendet worden, sofern der Entscheid keine vermögensrechtliche Sache betrifft.

Art. 97 Unrichtige Feststellung des Sachverhalts

1 Die Feststellung des Sachverhalts kann nur gerügt werden, wenn sie offensichtlich unrichtig ist oder auf einer Rechtsverletzung im Sinne von Artikel 95 beruht und wenn die Behebung des Mangels für den Ausgang des Verfahrens entscheidend sein kann.

2 Richtet sich die Beschwerde gegen einen Entscheid über die Zusprechung oder Verweigerung von Geldleistungen der Militär- oder Unfallversicherung, so kann jede unrichtige oder unvollständige Feststellung des rechtserheblichen Sachverhalts gerügt werden.[1]

Art. 98 Beschränkte Beschwerdegründe

Mit der Beschwerde gegen Entscheide über vorsorgliche Massnahmen kann nur die Verletzung verfassungsmässiger Rechte gerügt werden.

3. Abschnitt: Neue Vorbringen

Art. 99

1 Neue Tatsachen und Beweismittel dürfen nur so weit vorgebracht werden, als erst der Entscheid der Vorinstanz dazu Anlass gibt.

2 Neue Begehren sind unzulässig.

---

1 Fassung gemäss Ziff. IV 1 des BG vom 16. Dez. 2005, in Kraft seit 1. Jan. 2007 (AS **2006** 2003; BBl **2005** 3079).

4. Abschnitt: Beschwerdefrist

Art. 100 Beschwerde gegen Entscheide

¹ Die Beschwerde gegen einen Entscheid ist innert 30 Tagen nach der Eröffnung der vollständigen Ausfertigung beim Bundesgericht einzureichen.

² Die Beschwerdefrist beträgt zehn Tage:

    a. bei Entscheiden der kantonalen Aufsichtsbehörden in Schuldbetreibungs- und Konkurssachen;

    b.[1] bei Entscheiden auf den Gebieten der internationalen Rechtshilfe in Strafsachen und der internationalen Amtshilfe in Steuersachen;

    c.[2] bei Entscheiden über die Rückgabe eines Kindes nach dem Europäischen Übereinkommen vom 20. Mai 1980[3] über die Anerkennung und Vollstreckung von Entscheidungen über das Sorgerecht für Kinder und die Wiederherstellung des Sorgerechts oder nach dem Übereinkommen vom 25. Oktober 1980[4] über die zivilrechtlichen Aspekte internationaler Kindesentführung;

    d.[5] bei Entscheiden des Bundespatentgerichts über die Erteilung einer Lizenz nach Artikel 40d des Patentgesetzes vom 25. Juni 1954[6].

³ Die Beschwerdefrist beträgt fünf Tage:

    a. bei Entscheiden der kantonalen Aufsichtsbehörden in Schuldbetreibungs- und Konkurssachen im Rahmen der Wechselbetreibung;

    b. bei Entscheiden der Kantonsregierungen über Beschwerden gegen eidgenössische Abstimmungen.

⁴ Bei Entscheiden der Kantonsregierungen über Beschwerden gegen die Nationalratswahlen beträgt die Beschwerdefrist drei Tage.

⁵ Bei Beschwerden wegen interkantonaler Kompetenzkonflikte beginnt die Beschwerdefrist spätestens dann zu laufen, wenn in beiden Kantonen Entscheide getroffen worden sind, gegen welche beim Bundesgericht Beschwerde geführt werden kann.

⁶ …[7]

⁷ Gegen das unrechtmässige Verweigern oder Verzögern eines Entscheids kann jederzeit Beschwerde geführt werden.

Art. 101 Beschwerde gegen Erlasse

Die Beschwerde gegen einen Erlass ist innert 30 Tagen nach der nach dem kantonalen Recht massgebenden Veröffentlichung des Erlasses beim Bundesgericht einzureichen.

---

[1] Fassung gemäss Anhang Ziff. 1 des Steueramtshilfegesetzes vom 28. Sept. 2012, in Kraft seit 1. Febr. 2013 (AS **2013** 231; BBl **2011** 6193).
[2] Fassung gemäss Anhang Ziff. 2 des BG vom 21. Juni 2013 (Elterliche Sorge), in Kraft seit 1. Juli 2014 (AS **2014** 357; BBl **2011** 9077).
[3] SR **0.211.230.01**
[4] SR **0.211.230.02**
[5] Eingefügt durch Anhang Ziff. 2 des BG vom 20. März 2009 über das Bundespatentgericht, in Kraft seit 1. Jan. 2012 (AS **2010** 513, **2011** 2241; BBl **2008** 455).
[6] SR **232.14**
[7] Aufgehoben durch Anhang 1 Ziff. II 2 der Zivilprozessordnung vom 19. Dez. 2008, mit Wirkung seit 1. Jan. 2011 (AS **2010** 1739; BBl **2006** 7221).

5. Abschnitt: Weitere Verfahrensbestimmungen

Art. 102 Schriftenwechsel

1 Soweit erforderlich stellt das Bundesgericht die Beschwerde der Vorinstanz sowie den allfälligen anderen Parteien, Beteiligten oder zur Beschwerde berechtigten Behörden zu und setzt ihnen Frist zur Einreichung einer Vernehmlassung an.

2 Die Vorinstanz hat innert dieser Frist die Vorakten einzusenden.

3 Ein weiterer Schriftenwechsel findet in der Regel nicht statt.

Art. 103 Aufschiebende Wirkung

1 Die Beschwerde hat in der Regel keine aufschiebende Wirkung.

2 Die Beschwerde hat im Umfang der Begehren aufschiebende Wirkung:

   a. in Zivilsachen, wenn sie sich gegen ein Gestaltungsurteil richtet;
   b. in Strafsachen, wenn sie sich gegen einen Entscheid richtet, der eine unbedingte Freiheitsstrafe oder eine freiheitsentziehende Massnahme ausspricht; die aufschiebende Wirkung erstreckt sich nicht auf den Entscheid über Zivilansprüche;
   c. in Verfahren auf dem Gebiet der internationalen Rechtshilfe in Strafsachen, wenn sie sich gegen eine Schlussverfügung oder gegen jede andere Verfügung richtet, welche die Übermittlung von Auskünften aus dem Geheimbereich oder die Herausgabe von Gegenständen oder Vermögenswerten bewilligt;
   d.[1] in Verfahren auf dem Gebiet der internationalen Amtshilfe in Steuersachen.

3 Der Instruktionsrichter oder die Instruktionsrichterin kann über die aufschiebende Wirkung von Amtes wegen oder auf Antrag einer Partei eine andere Anordnung treffen.

Art. 104 Andere vorsorgliche Massnahmen

Der Instruktionsrichter oder die Instruktionsrichterin kann von Amtes wegen oder auf Antrag einer Partei vorsorgliche Massnahmen treffen, um den bestehenden Zustand zu erhalten oder bedrohte Interessen einstweilen sicherzustellen.

Art. 105 Massgebender Sachverhalt

1 Das Bundesgericht legt seinem Urteil den Sachverhalt zugrunde, den die Vorinstanz festgestellt hat.

2 Es kann die Sachverhaltsfeststellung der Vorinstanz von Amtes wegen berichtigen oder ergänzen, wenn sie offensichtlich unrichtig ist oder auf einer Rechtsverletzung im Sinne von Artikel 95 beruht.

3 Richtet sich die Beschwerde gegen einen Entscheid über die Zusprechung oder Verweigerung von Geldleistungen der Militär- oder Unfallversicherung, so ist das Bundesgericht nicht an die Sachverhaltsfeststellung der Vorinstanz gebunden.[2]

---

1 Eingefügt durch Ziff. II des BG vom 21. März 2014, in Kraft seit 1. Aug. 2014 (AS **2014** 2309; BBl **2013** 8369).
2 Fassung gemäss Ziff. IV 1 des BG vom 16. Dez. 2005, in Kraft seit 1. Jan. 2007 (AS **2006** 2003; BBl **2005** 3079).

Art. 106 Rechtsanwendung

¹ Das Bundesgericht wendet das Recht von Amtes wegen an.

² Es prüft die Verletzung von Grundrechten und von kantonalem und interkantonalem Recht nur insofern, als eine solche Rüge in der Beschwerde vorgebracht und begründet worden ist.

Art. 107 Entscheid

¹ Das Bundesgericht darf nicht über die Begehren der Parteien hinausgehen.

² Heisst das Bundesgericht die Beschwerde gut, so entscheidet es in der Sache selbst oder weist diese zu neuer Beurteilung an die Vorinstanz zurück. Es kann die Sache auch an die Behörde zurückweisen, die als erste Instanz entschieden hat.

³ Erachtet das Bundesgericht eine Beschwerde auf dem Gebiet der internationalen Rechtshilfe in Strafsachen oder der internationalen Amtshilfe in Steuersachen als unzulässig, so fällt es den Nichteintretensentscheid innert 15 Tagen seit Abschluss eines allfälligen Schriftenwechsels. Auf dem Gebiet der internationalen Rechtshilfe in Strafsachen ist es nicht an diese Frist gebunden, wenn das Auslieferungsverfahren eine Person betrifft, gegen deren Asylgesuch noch kein rechtskräftiger Endentscheid vorliegt.[1]

⁴ Über Beschwerden gegen Entscheide des Bundespatentgerichts über die Erteilung einer Lizenz nach Artikel 40d des Patentgesetzes vom 25. Juni 1954[2] entscheidet das Bundesgericht innerhalb eines Monats nach Anhebung der Beschwerde.[3]

6. Abschnitt: Vereinfachtes Verfahren

Art. 108 Einzelrichter oder Einzelrichterin

¹ Der Präsident oder die Präsidentin der Abteilung entscheidet im vereinfachten Verfahren über:

a. Nichteintreten auf offensichtlich unzulässige Beschwerden;
b. Nichteintreten auf Beschwerden, die offensichtlich keine hinreichende Begründung (Art. 42 Abs. 2) enthalten;
c. Nichteintreten auf querulatorische oder rechtmissbräuchliche Beschwerden.

² Er oder sie kann einen anderen Richter oder eine andere Richterin damit betrauen.

³ Die Begründung des Entscheids beschränkt sich auf eine kurze Angabe des Unzulässigkeitsgrundes.

---

[1] Fassung gemäss Anhang Ziff. 1 des Steueramtshilfegesetzes vom 28. Sept. 2012, in Kraft seit 1. Febr. 2013 (AS **2013** 231; BBl **2011** 6193).
[2] SR **232.14**
[3] Eingefügt durch Anhang Ziff. 2 des BG vom 20. März 2009 über das Bundespatentgericht, in Kraft seit 1. Jan. 2012 (AS **2010** 513, **2011** 2241; BBl **2008** 455).

Art. 109 Dreierbesetzung

1 Die Abteilungen entscheiden in Dreierbesetzung über Nichteintreten auf Beschwerden, bei denen sich keine Rechtsfrage von grundsätzlicher Bedeutung stellt oder kein besonders bedeutender Fall vorliegt, wenn die Beschwerde nur unter einer dieser Bedingungen zulässig ist (Art. 74 und 83–85). Artikel 58 Absatz 1 Buchstabe b findet keine Anwendung.

2 Sie entscheiden ebenfalls in Dreierbesetzung bei Einstimmigkeit über:
   a. Abweisung offensichtlich unbegründeter Beschwerden;
   b. Gutheissung offensichtlich begründeter Beschwerden, insbesondere wenn der angefochtene Akt von der Rechtsprechung des Bundesgerichts abweicht und kein Anlass besteht, diese zu überprüfen.

3 Der Entscheid wird summarisch begründet. Es kann ganz oder teilweise auf den angefochtenen Entscheid verwiesen werden.

7. Abschnitt: Kantonales Verfahren

Art. 110 Beurteilung durch richterliche Behörde

Soweit die Kantone nach diesem Gesetz als letzte kantonale Instanz ein Gericht einzusetzen haben, gewährleisten sie, dass dieses selbst oder eine vorgängig zuständige andere richterliche Behörde den Sachverhalt frei prüft und das massgebende Recht von Amtes wegen anwendet.

Art. 111 Einheit des Verfahrens

1 Wer zur Beschwerde an das Bundesgericht berechtigt ist, muss sich am Verfahren vor allen kantonalen Vorinstanzen als Partei beteiligen können.

2 Bundesbehörden, die zur Beschwerde an das Bundesgericht berechtigt sind, können die Rechtsmittel des kantonalen Rechts ergreifen und sich vor jeder kantonalen Instanz am Verfahren beteiligen, wenn sie dies beantragen.

3 Die unmittelbare Vorinstanz des Bundesgerichts muss mindestens die Rügen nach den Artikeln 95–98 prüfen können. ...[1]

Art. 112 Eröffnung der Entscheide

1 Entscheide, die der Beschwerde an das Bundesgericht unterliegen, sind den Parteien schriftlich zu eröffnen. Sie müssen enthalten:
   a. die Begehren, die Begründung, die Beweisvorbringen und Prozesserklärungen der Parteien, soweit sie nicht aus den Akten hervorgehen;
   b. die massgebenden Gründe tatsächlicher und rechtlicher Art, insbesondere die Angabe der angewendeten Gesetzesbestimmungen;
   c. das Dispositiv;
   d. eine Rechtsmittelbelehrung einschliesslich Angabe des Streitwerts, soweit dieses Gesetz eine Streitwertgrenze vorsieht.

---

[1] Zweiter Satz aufgehoben durch Anhang 1 Ziff. II 2 der Zivilprozessordnung vom 19. Dez. 2008, mit Wirkung seit 1. Jan. 2011 (AS 2010 1739, BBl 2006 7221).

² Wenn es das kantonale Recht vorsieht, kann die Behörde ihren Entscheid ohne Begründung eröffnen. Die Parteien können in diesem Fall innert 30 Tagen eine vollständige Ausfertigung verlangen. Der Entscheid ist nicht vollstreckbar, solange nicht entweder diese Frist unbenützt abgelaufen oder die vollständige Ausfertigung eröffnet worden ist.

³ Das Bundesgericht kann einen Entscheid, der den Anforderungen von Absatz 1 nicht genügt, an die kantonale Behörde zur Verbesserung zurückweisen oder aufheben.

⁴ Für die Gebiete, in denen Bundesbehörden zur Beschwerde berechtigt sind, bestimmt der Bundesrat, welche Entscheide ihnen die kantonalen Behörden zu eröffnen haben.

5. Kapitel: Subsidiäre Verfassungsbeschwerde

Art. 113 Grundsatz

Das Bundesgericht beurteilt Verfassungsbeschwerden gegen Entscheide letzter kantonaler Instanzen, soweit keine Beschwerde nach den Artikeln 72–89 zulässig ist.

Art. 114 Vorinstanzen

Die Vorschriften des dritten Kapitels über die kantonalen Vorinstanzen (Art. 75 bzw. 86) gelten sinngemäss.

Art. 115 Beschwerderecht

Zur Verfassungsbeschwerde ist berechtigt, wer:

a. vor der Vorinstanz am Verfahren teilgenommen hat oder keine Möglichkeit zur Teilnahme erhalten hat; und
b. ein rechtlich geschütztes Interesse an der Aufhebung oder Änderung des angefochtenen Entscheids hat.

Art. 116 Beschwerdegründe

Mit der Verfassungsbeschwerde kann die Verletzung von verfassungsmässigen Rechten gerügt werden.

Art. 117 Beschwerdeverfahren

Für das Verfahren der Verfassungsbeschwerde gelten die Artikel 90–94, 99, 100, 102, 103 Absätze 1 und 3, 104, 106 Absatz 2 sowie 107–112 sinngemäss.

Art. 118 Massgebender Sachverhalt

¹ Das Bundesgericht legt seinem Urteil den Sachverhalt zugrunde, den die Vorinstanz festgestellt hat.

² Es kann die Sachverhaltsfeststellung der Vorinstanz von Amtes wegen berichtigen oder ergänzen, wenn sie auf einer Rechtsverletzung im Sinne von Artikel 116 beruht.

Art. 119 Gleichzeitige ordentliche Beschwerde

¹ Führt eine Partei gegen einen Entscheid sowohl ordentliche Beschwerde als auch Verfassungsbeschwerde, so hat sie beide Rechtsmittel in der gleichen Rechtsschrift einzureichen.

² Das Bundesgericht behandelt beide Beschwerden im gleichen Verfahren.

³ Es prüft die vorgebrachten Rügen nach den Vorschriften über die entsprechende Beschwerdeart.

5a. Kapitel:[1] **Revision gegen Entscheide von Schiedsgerichten in der internationalen Schiedsgerichtsbarkeit**

Art. 119a

¹ Das Bundesgericht beurteilt Revisionsgesuche gegen Entscheide von Schiedsgerichten in der internationalen Schiedsgerichtsbarkeit unter den Voraussetzungen von Artikel 190*a* des Bundesgesetzes vom 18. Dezember 1987[2] über das Internationale Privatrecht.

² Für das Revisionsverfahren gelten die Artikel 77 Absatz 2bis und 126. Soweit das Bundesgericht das Revisionsgesuch nicht als offensichtlich unzulässig oder unbegründet befindet, stellt es dieses der Gegenpartei und dem Schiedsgericht zur Stellungnahme zu.

³ Heisst das Bundesgericht das Revisionsgesuch gut, so hebt es den Schiedsentscheid auf und weist die Sache zur Neubeurteilung an das Schiedsgericht zurück oder trifft die notwendigen Feststellungen.

⁴ Ist das Schiedsgericht nicht mehr vollständig, so ist Artikel 179 des Bundesgesetzes über das Internationale Privatrecht anwendbar.

…

---

[1] Eingefügt durch Anhang Ziff. II 5 des Strafbehördenorganisationsgesetzes vom 19. März 2010 (AS **2010** 3267; BBl **2008** 8125). Fassung gemäss Anhang Ziff. II 1 des BG vom 19. Juni 2020, in Kraft seit 1. Jan. 2021 (AS **2020** 4179; BBl **2018** 7163).

[2] SR **291**

OR

Obligationenrecht

N 4 Auszug aus dem Bundesgesetz betreffend die Ergänzung des Schweizerischen Zivilgesetzbuches (Fünfter Teil: Obligationenrecht) SR 220

vom 30. März 1911 (Stand am 1. Januar 2023)

Die Bundesversammlung der Schweizerischen Eidgenossenschaft,

nach Einsicht in die Botschaften des Bundesrates vom 3. März 1905 und 1. Juni 1909[1],

beschliesst:

---

[1] BBl **1905** II 1, **1909** III 725, **1911** I 845

Zehnter Titel:[1] Der Arbeitsvertrag
Erster Abschnitt: Der Einzelarbeitsvertrag

...

C. Pflichten des Arbeitgebers

...

Arbeitsgeräte, Material und Auslagen VI.

Art. 327 Arbeitsgeräte und Material 1.

¹ Ist nichts anderes verabredet oder üblich, so hat der Arbeitgeber den Arbeitnehmer mit den Geräten und dem Material auszurüsten, die dieser zur Arbeit benötigt.

² Stellt im Einverständnis mit dem Arbeitgeber der Arbeitnehmer selbst Geräte oder Material für die Ausführung der Arbeit zur Verfügung, so ist er dafür angemessen zu entschädigen, sofern nichts anderes verabredet oder üblich ist.

Auslagen 2.

Art. 327a Im Allgemeinen a.

¹ Der Arbeitgeber hat dem Arbeitnehmer alle durch die Ausführung der Arbeit notwendig entstehenden Auslagen zu ersetzen, bei Arbeit an auswärtigen Arbeitsorten auch die für den Unterhalt erforderlichen Aufwendungen.

² Durch schriftliche Abrede, Normalarbeitsvertrag oder Gesamtarbeitsvertrag kann als Auslagenersatz eine feste Entschädigung, wie namentlich ein Taggeld oder eine pauschale Wochen- oder Monatsvergütung festgesetzt werden, durch die jedoch alle notwendig entstehenden Auslagen gedeckt werden müssen.

³ Abreden, dass der Arbeitnehmer die notwendigen Auslagen ganz oder teilweise selbst zu tragen habe, sind nichtig.

Art. 327b Motorfahrzeug b.

¹ Benützt der Arbeitnehmer im Einverständnis mit dem Arbeitgeber für seine Arbeit ein von diesem oder ein von ihm selbst gestelltes Motorfahrzeug, so sind ihm die üblichen Aufwendungen für dessen Betrieb und Unterhalt nach Massgabe des Gebrauchs für die Arbeit zu vergüten.

² Stellt der Arbeitnehmer im Einverständnis mit dem Arbeitgeber selbst ein Motorfahrzeug, so sind ihm überdies die öffentlichen Abgaben für das Fahrzeug, die Prämien für die Haftpflichtversicherung und eine angemessene Entschädigung für die Abnützung des Fahrzeugs nach Massgabe des Gebrauchs für die Arbeit zu vergüten.

³ ...[2]

---

[1] Fassung gemäss Ziff. I des BG vom 25. Juni 1971, in Kraft seit 1. Jan. 1972 (AS **1971** 1465; BBl **1967** II 241). Siehe auch Art. 7 Schl- und Ueb des X. Tit. am Schluss des OR.

[2] Aufgehoben durch Anhang Ziff. 12 des Unfallversicherungsgesetzes vom 20. März 1981, mit Wirkung seit 1. Jan. 1984 (AS **1982** 1676 1724 Art. 1 Abs. 1; BBl **1976** III 141).

Art. 327c Fälligkeit c.

¹ Auf Grund der Abrechnung des Arbeitnehmers ist der Auslagenersatz jeweils zusammen mit dem Lohn auszurichten, sofern nicht eine kürzere Frist verabredet oder üblich ist.

...

Sechsundzwanzigster Titel:[1] Die Aktiengesellschaft

Erster Abschnitt: Allgemeine Bestimmungen

...

IV. Kapitalband

Art. 653s[2] Ermächtigung 1.

¹ Die Statuten können den Verwaltungsrat ermächtigen, während einer Dauer von längstens fünf Jahren das Aktienkapital innerhalb einer Bandbreite (Kapitalband) zu verändern. Sie legen fest, innerhalb welcher Grenzen der Verwaltungsrat das Aktienkapital erhöhen und herabsetzen darf.

² Die obere Grenze des Kapitalbands darf das im Handelsregister eingetragene Aktienkapital höchstens um die Hälfte übersteigen. Die untere Grenze des Kapitalbands darf das im Handelsregister eingetragene Aktienkapital höchstens um die Hälfte unterschreiten.

³ Die Statuten können die Befugnisse des Verwaltungsrats beschränken. Sie können insbesondere vorsehen, dass der Verwaltungsrat das Aktienkapital nur erhöhen oder nur herabsetzen kann.

⁴ Die Statuten dürfen den Verwaltungsrat nur dann ermächtigen, das Aktienkapital herabzusetzen, wenn die Gesellschaft nicht auf die eingeschränkte Revision der Jahresrechnung verzichtet hat.

Art. 653t[3] Statutarische Grundlagen 2.

¹ Wird ein Kapitalband eingeführt, so müssen die Statuten Folgendes angeben:
1. die untere und die obere Grenze des Kapitalbands;
2. das Datum, an dem die Ermächtigung des Verwaltungsrats zur Veränderung des Aktienkapitals endet;
3. Einschränkungen, Auflagen und Bedingungen der Ermächtigung;
4. Anzahl, Nennwert und Art der Aktien sowie die Vorrechte einzelner Kategorien von Aktien oder Partizipationsscheinen;
5. Inhalt und Wert von besonderen Vorteilen sowie die Namen der begünstigten Personen;
6. Beschränkungen der Übertragbarkeit neuer Namenaktien;

---

[1] Siehe auch die SchlB. zu diesem Tit. am Ende des OR.
[2] Eingefügt durch Ziff. I des BG vom 19. Juni 2020 (Aktienrecht), in Kraft seit 1. Jan. 2023 (AS **2020** 4005, **2022** 109; BBl **2017** 399).
[3] Eingefügt durch Ziff. I des BG vom 19. Juni 2020 (Aktienrecht), in Kraft seit 1. Jan. 2023 (AS **2020** 4005, **2022** 109; BBl **2017** 399).

7. eine Einschränkung oder Aufhebung des Bezugsrechts beziehungsweise die wichtigen Gründe, aus denen der Verwaltungsrat das Bezugsrecht einschränken oder aufheben kann, sowie die Zuweisung nicht ausgeübter oder entzogener Bezugsrechte;
8. die Voraussetzungen für die Ausübung vertraglich erworbener Bezugsrechte;
9. die Ermächtigung des Verwaltungsrats zur Erhöhung des Kapitals mit bedingtem Kapital und die Angaben gemäss Artikel 653b;
10. die Ermächtigung des Verwaltungsrats zur Schaffung eines Partizipationskapitals.

² Nach Ablauf der für die Ermächtigung festgelegten Dauer streicht der Verwaltungsrat die Bestimmungen über das Kapitalband aus den Statuten.

Art. 653u[1] **Erhöhung und Herabsetzung des Aktienkapitals innerhalb des Kapitalbands** 3.

¹ Im Rahmen seiner Ermächtigung kann der Verwaltungsrat das Aktienkapital erhöhen und herabsetzen.

² Beschliesst der Verwaltungsrat, das Aktienkapital zu erhöhen oder herabzusetzen, so erlässt er die notwendigen Bestimmungen, soweit sie nicht im Ermächtigungsbeschluss der Generalversammlung enthalten sind.

³ Bei einer Herabsetzung des Aktienkapitals innerhalb des Kapitalbands sind die Bestimmungen zur Sicherstellung von Forderungen, zum Zwischenabschluss und zur Prüfungsbestätigung bei der ordentlichen Kapitalherabsetzung sinngemäss anwendbar.

⁴ Nach jeder Erhöhung oder Herabsetzung des Aktienkapitals macht der Verwaltungsrat die erforderlichen Feststellungen und ändert die Statuten entsprechend. Der Beschluss über die Statutenänderung und die Feststellungen des Verwaltungsrats sind öffentlich zu beurkunden.

⁵ Im Übrigen gelten die Vorschriften über die ordentliche beziehungsweise die Kapitalerhöhung aus bedingtem Kapital und über die Kapitalherabsetzung sinngemäss.

Art. 653v[2] **Erhöhung oder Herabsetzung des Aktienkapitals durch die Generalversammlung** 4.

¹ Beschliesst die Generalversammlung während der Dauer der Ermächtigung des Verwaltungsrats, das Aktienkapital herauf- oder herabzusetzen oder die Währung des Aktienkapitals zu ändern, so fällt der Beschluss über das Kapitalband dahin. Die Statuten sind entsprechend anzupassen.

² Beschliesst die Generalversammlung ein bedingtes Kapital, so erhöhen sich die obere und die untere Grenze des Kapitalbands entsprechend dem Umfang der Erhöhung des Aktienkapitals. Die Generalversammlung kann stattdessen im Rahmen des bestehenden Kapitalbands nachträglich eine Ermächtigung des Verwaltungsrats zur Erhöhung des Kapitals mit bedingtem Kapital beschliessen.

...

---

[1] Eingefügt durch Ziff. I des BG vom 19. Juni 2020 (Aktienrecht), in Kraft seit 1. Jan. 2023 (AS **2020** 4005, **2022** 109; BBl **2017** 399).
[2] Eingefügt durch Ziff. I des BG vom 19. Juni 2020 (Aktienrecht), in Kraft seit 1. Jan. 2023 (AS **2020** 4005, **2022** 109; BBl **2017** 399).

L. Eigene Aktien

Art. 659[1] **Voraussetzungen und Einschränkungen des Erwerbs** I.

¹ Die Gesellschaft darf eigene Aktien nur dann erwerben, wenn frei verwendbares Eigenkapital in der Höhe des Anschaffungswerts vorhanden ist.

² Der Erwerb eigener Aktien ist auf 10 Prozent des im Handelsregister eingetragenen Aktienkapitals beschränkt.

³ Steht der Erwerb im Zusammenhang mit einer Übertragbarkeitsbeschränkung oder einer Auflösungsklage, so beträgt die Höchstgrenze 20 Prozent. Die über 10 Prozent hinaus erworbenen Aktien sind innert zweier Jahre zu veräussern oder durch Kapitalherabsetzung zu vernichten.

Art. 659a[2] **Folgen des Erwerbs** II.

¹ Erwirbt eine Gesellschaft eigene Aktien, so ruhen für diese Aktien das Stimmrecht und die damit verbundenen Rechte.

² Das Stimmrecht und die damit verbundenen Rechte ruhen auch, wenn die Gesellschaft eigene Aktien überträgt und die Rücknahme oder die Rückgabe entsprechender Aktien vereinbart wird.

³ Wird das Stimmrecht ausgeübt, obwohl es ruht, so kommen die Bestimmungen über die unbefugte Teilnahme an der Generalversammlung (Art. 691) zur Anwendung.

⁴ Die Gesellschaft hat in der Bilanz für die eigenen Aktien einen dem Anschaffungswert entsprechenden Betrag als Minusposten des Eigenkapitals darzustellen (Art. 959*a* Abs. 2 Ziff. 3 Bst. e).

Art. 659b[3] **Eigene Aktien im Konzern** III.

¹ Kontrolliert eine Gesellschaft ein oder mehrere Unternehmen (Art. 963), so gelten für den Erwerb ihrer Aktien durch diese Unternehmen die Voraussetzungen, Einschränkungen und Folgen für den Erwerb eigener Aktien sinngemäss.

² Die kontrollierende Gesellschaft hat für die Aktien gemäss Absatz 1 einen dem Anschaffungswert dieser Aktien entsprechenden Betrag gesondert als gesetzliche Gewinnreserve auszuweisen.

---

1 Fassung gemäss Ziff. I des BG vom 19. Juni 2020 (Aktienrecht), in Kraft seit 1. Jan. 2023 (AS **2020** 4005, **2022** 109; BBl **2017** 399).
2 Eingefügt durch Ziff. I des BG vom 4. Okt. 1991 (AS **1992** 733; BBl **1983** II 745). Fassung gemäss Ziff. I des BG vom 19. Juni 2020 (Aktienrecht), in Kraft seit 1. Jan. 2023 (AS **2020** 4005, **2022** 109; BBl **2017** 399).
3 Eingefügt durch Ziff. I des BG vom 4. Okt. 1991 (AS **1992** 733; BBl **1983** II 745). Fassung gemäss Ziff. I des BG vom 19. Juni 2020 (Aktienrecht), in Kraft seit 1. Jan. 2023 (AS **2020** 4005, **2022** 109; BBl **2017** 399).

Zweiter Abschnitt: Rechte und Pflichten der Aktionäre

...

Dritter Abschnitt: Organisation der Aktiengesellschaft

...

B. Der Verwaltungsrat[1]

...

VII. Drohende Zahlungsunfähigkeit, Kapitalverlust und Überschuldung

Art. 725[2] **Drohende Zahlungsunfähigkeit** 1.

¹ Der Verwaltungsrat überwacht die Zahlungsfähigkeit der Gesellschaft.

² Droht die Gesellschaft zahlungsunfähig zu werden, so ergreift der Verwaltungsrat Massnahmen zur Sicherstellung der Zahlungsfähigkeit. Er trifft, soweit erforderlich, weitere Massnahmen zur Sanierung der Gesellschaft oder beantragt der Generalversammlung solche, soweit sie in deren Zuständigkeit fallen. Er reicht nötigenfalls ein Gesuch um Nachlassstundung ein.

³ Der Verwaltungsrat handelt mit der gebotenen Eile.

Art. 725a[3] **Kapitalverlust** 2.

¹ Zeigt die letzte Jahresrechnung, dass die Aktiven abzüglich der Verbindlichkeiten die Hälfte der Summe aus Aktienkapital, nicht an die Aktionäre zurückzahlbarer gesetzlicher Kapitalreserve und gesetzlicher Gewinnreserve nicht mehr decken, so ergreift der Verwaltungsrat Massnahmen zur Beseitigung des Kapitalverlusts. Er trifft, soweit erforderlich, weitere Massnahmen zur Sanierung der Gesellschaft oder beantragt der Generalversammlung solche, soweit sie in deren Zuständigkeit fallen.

² Hat die Gesellschaft keine Revisionsstelle, so muss die letzte Jahresrechnung vor ihrer Genehmigung durch die Generalversammlung überdies einer eingeschränkten Revision durch einen zugelassenen Revisor unterzogen werden. Der Verwaltungsrat ernennt den zugelassenen Revisor.

³ Die Revisionspflicht nach Absatz 2 entfällt, wenn der Verwaltungsrat ein Gesuch um Nachlassstundung einreicht.

⁴ Der Verwaltungsrat und die Revisionsstelle oder der zugelassene Revisor handeln mit der gebotenen Eile.

---

[1] Fassung gemäss Ziff. I des BG vom 4. Okt. 1991, in Kraft seit 1. Juli 1992 (AS **1992** 733; BBl **1983** II 745).
[2] Fassung gemäss Ziff. I des BG vom 19. Juni 2020 (Aktienrecht), in Kraft seit 1. Jan. 2023 (AS **2020** 4005, **2022** 109; BBl **2017** 399).
[3] Eingefügt durch Ziff. I des BG vom 4. Okt. 1991 (AS **1992** 733; BBl **1983** II 745). Fassung gemäss Ziff. I des BG vom 19. Juni 2020 (Aktienrecht), in Kraft seit 1. Jan. 2023 (AS **2020** 4005, **2022** 109; BBl **2017** 399).

Art. 725b[1] Überschuldung 3.

1 Besteht begründete Besorgnis, dass die Verbindlichkeiten der Gesellschaft nicht mehr durch die Aktiven gedeckt sind, so erstellt der Verwaltungsrat unverzüglich je einen Zwischenabschluss zu Fortführungswerten und Veräusserungswerten. Auf den Zwischenabschluss zu Veräusserungswerten kann verzichtet werden, wenn die Annahme der Fortführung gegeben ist und der Zwischenabschluss zu Fortführungswerten keine Überschuldung aufweist. Ist die Annahme der Fortführung nicht gegeben, so genügt ein Zwischenabschluss zu Veräusserungswerten.

2 Der Verwaltungsrat lässt die Zwischenabschlüsse durch die Revisionsstelle oder, wenn eine solche fehlt, durch einen zugelassenen Revisor prüfen; er ernennt den zugelassenen Revisor.

3 Ist die Gesellschaft gemäss den beiden Zwischenabschlüssen überschuldet, so benachrichtigt der Verwaltungsrat das Gericht. Dieses eröffnet den Konkurs oder verfährt nach Artikel 173a des Bundesgesetzes vom 11. April 1889[2] über Schuldbetreibung und Konkurs.

4 Die Benachrichtigung des Gerichts kann unterbleiben:
1. wenn Gesellschaftsgläubiger im Ausmass der Überschuldung im Rang hinter alle anderen Gläubiger zurücktreten und ihre Forderungen stunden, sofern der Rangrücktritt den geschuldeten Betrag und die Zinsforderungen während der Dauer der Überschuldung umfasst; oder
2. solange begründete Aussicht besteht, dass die Überschuldung innert angemessener Frist, spätestens aber 90 Tage nach Vorliegen der geprüften Zwischenabschlüssen, behoben werden kann und dass die Forderungen der Gläubiger nicht zusätzlich gefährdet werden.

5 Verfügt die Gesellschaft über keine Revisionsstelle, so obliegen dem zugelassenen Revisor die Anzeigepflichten der eingeschränkt prüfenden Revisionsstelle.

6 Der Verwaltungsrat und die Revisionsstelle oder der zugelassene Revisor handeln mit der gebotenen Eile.

Art. 725c[3] Aufwertung von Grundstücken und Beteiligungen 4.

1 Zur Behebung eines Kapitalverlusts nach Artikel 725a oder einer Überschuldung nach Artikel 725b dürfen Grundstücke und Beteiligungen, deren wirklicher Wert über die Anschaffungs- oder Herstellungskosten gestiegen ist, bis höchstens zu diesem Wert aufgewertet werden. Der Aufwertungsbetrag ist unter der gesetzlichen Gewinnreserve gesondert als Aufwertungsreserve auszuweisen.

2 Die Aufwertung ist nur zulässig, wenn die Revisionsstelle oder, wenn eine solche fehlt, ein zugelassener Revisor schriftlich bestätigt, dass die gesetzlichen Bestimmungen eingehalten sind.

---

[1] Eingefügt durch Ziff. I des BG vom 19. Juni 2020 (Aktienrecht), in Kraft seit 1. Jan. 2023 (AS **2020** 4005, **2022** 109; BBl **2017** 399).
[2] SR **281.1**
[3] Eingefügt durch Ziff. I des BG vom 19. Juni 2020 (Aktienrecht), in Kraft seit 1. Jan. 2023 (AS **2020** 4005, **2022** 109; BBl **2017** 399).

³ Die Aufwertungsreserve kann nur durch Umwandlung in Aktien- oder Partizipationskapital sowie durch Wertberichtigung oder Veräusserung der aufgewerteten Aktiven aufgelöst werden.

...

Achtundzwanzigster Titel:[1] Die Gesellschaft mit beschränkter Haftung

Erster Abschnitt: Allgemeine Bestimmungen

...

N. Erwerb eigener Stammanteile

Art. 783

¹ Die Gesellschaft darf eigene Stammanteile nur dann erwerben, wenn frei verwendbares Eigenkapital in der Höhe der dafür nötigen Mittel vorhanden ist und der gesamte Nennwert dieser Stammanteile 10 Prozent des Stammkapitals nicht übersteigt.

² Werden im Zusammenhang mit einer Übertragbarkeitsbeschränkung, einem Austritt oder einem Ausschluss Stammanteile erworben, so beträgt die Höchstgrenze 35 Prozent. Die über 10 Prozent des Stammkapitals hinaus erworbenen eigenen Stammanteile sind innerhalb von zwei Jahren zu veräussern oder durch Kapitalherabsetzung zu vernichten.

³ Ist mit den Stammanteilen, die erworben werden sollen, eine Nachschusspflicht oder eine Nebenleistungspflicht verbunden, so muss diese vor deren Erwerb aufgehoben werden.

⁴ Im Übrigen sind für den Erwerb eigener Stammanteile durch die Gesellschaft die Vorschriften über eigene Aktien entsprechend anwendbar.

...

Zweiunddreissigster Titel:[2] Kaufmännische Buchführung, Rechnungslegung, weitere Transparenz- und Sorgfaltspflichten[3] E30

Erster Abschnitt: Allgemeine Bestimmungen

A. Pflicht zur Buchführung und Rechnungslegung

Art. 957

¹ Der Pflicht zur Buchführung und Rechnungslegung gemäss den nachfolgenden Bestimmungen unterliegen:

---

[1] Fassung gemäss Ziff. I 2 des BG vom 16. Dez. 2005 (GmbH-Recht sowie Anpassungen im Aktien-, Genossenschafts-, Handelsregister- und Firmenrecht), in Kraft seit 1. Jan. 2008 (AS **2007** 4791; BBl **2002** 3148, **2004** 3969).
[2] Fassung gemäss Ziff. I 2 des BG vom 23. Dez. 2011 (Rechnungslegungsrecht), in Kraft seit 1. Jan. 2013 (AS **2012** 6679; BBl **2008** 1589). Siehe auch die UeB dieser Änd. am Schluss des Textes.
[3] Fassung gemäss Ziff. I des BG vom 19. Juni 2020 (Indirekter Gegenvorschlag zur Volksinitiative «Für verantwortungsvolle Unternehmen – zum Schutz von Mensch und Umwelt»), in Kraft seit 1. Jan. 2022 (AS **2021** 846; BBl **2017** 399).

1. Einzelunternehmen und Personengesellschaften, die einen Umsatzerlös von mindestens 500 000 Franken im letzten Geschäftsjahr erzielt haben;
2. juristische Personen.

² Lediglich über die Einnahmen und Ausgaben sowie über die Vermögenslage müssen Buch führen:

1. Einzelunternehmen und Personengesellschaften mit weniger als 500 000 Franken Umsatzerlös im letzten Geschäftsjahr;
2. diejenigen Vereine und Stiftungen, die nicht verpflichtet sind, sich ins Handelsregister eintragen zu lassen;
3. Stiftungen, die nach Artikel 83*b* Absatz 2 ZGB¹ von der Pflicht zur Bezeichnung einer Revisionsstelle befreit sind.

³ Für die Unternehmen nach Absatz 2 gelten die Grundsätze ordnungsmässiger Buchführung sinngemäss.

B. Buchführung

Art. 957a

¹ Die Buchführung bildet die Grundlage der Rechnungslegung. Sie erfasst diejenigen Geschäftsvorfälle und Sachverhalte, die für die Darstellung der Vermögens-, Finanzierungs- und Ertragslage des Unternehmens (wirtschaftliche Lage) notwendig sind.

² Sie folgt den Grundsätzen ordnungsmässiger Buchführung. Namentlich sind zu beachten:

1. die vollständige, wahrheitsgetreue und systematische Erfassung der Geschäftsvorfälle und Sachverhalte;
2. der Belegnachweis für die einzelnen Buchungsvorgänge;
3. die Klarheit;
4. die Zweckmässigkeit mit Blick auf die Art und Grösse des Unternehmens;
5. die Nachprüfbarkeit.

³ Als Buchungsbeleg gelten alle schriftlichen Aufzeichnungen auf Papier oder in elektronischer oder vergleichbarer Form, die notwendig sind, um den einer Buchung zugrunde liegenden Geschäftsvorfall oder Sachverhalt nachvollziehen zu können.

⁴ Die Buchführung erfolgt in der Landeswährung oder in der für die Geschäftstätigkeit wesentlichen Währung.

⁵ Sie erfolgt in einer der Landessprachen oder in Englisch. Sie kann schriftlich, elektronisch oder in vergleichbarer Weise geführt werden.

C. Rechnungslegung

I. Zweck und Bestandteile

Art. 958

¹ Die Rechnungslegung soll die wirtschaftliche Lage des Unternehmens so darstellen, dass sich Dritte ein zuverlässiges Urteil bilden können.

---

¹ SR 210

² Die Rechnungslegung erfolgt im Geschäftsbericht. Dieser enthält die Jahresrechnung (Einzelabschluss), die sich aus der Bilanz, der Erfolgsrechnung und dem Anhang zusammensetzt. Die Vorschriften für grössere Unternehmen und Konzerne bleiben vorbehalten.

³ Der Geschäftsbericht muss innerhalb von sechs Monaten nach Ablauf des Geschäftsjahres erstellt und dem zuständigen Organ oder den zuständigen Personen zur Genehmigung vorgelegt werden. Er ist vom Vorsitzenden des obersten Leitungs- oder Verwaltungsorgans und der innerhalb des Unternehmens für die Rechnungslegung zuständigen Person zu unterzeichnen.

II. Grundlagen der Rechnungslegung

Art. 958a **Annahme der Fortführung** 1.

¹ Die Rechnungslegung beruht auf der Annahme, dass das Unternehmen auf absehbare Zeit fortgeführt wird.

² Ist die Einstellung der Tätigkeit oder von Teilen davon in den nächsten zwölf Monaten ab Bilanzstichtag beabsichtigt oder voraussichtlich nicht abwendbar, so sind der Rechnungslegung für die betreffenden Unternehmensteile Veräusserungswerte zugrunde zu legen. Für die mit der Einstellung verbundenen Aufwendungen sind Rückstellungen zu bilden.

³ Abweichungen von der Annahme der Fortführung sind im Anhang zu vermerken; ihr Einfluss auf die wirtschaftliche Lage ist darzulegen.

Art. 958b **Zeitliche und sachliche Abgrenzung** 2.

¹ Aufwände und Erträge müssen voneinander in zeitlicher und sachlicher Hinsicht abgegrenzt werden.

² Sofern die Nettoerlöse aus Lieferungen und Leistungen oder die Finanzerträge 100 000 Franken nicht überschreiten, kann auf die zeitliche Abgrenzung verzichtet und stattdessen auf Ausgaben und Einnahmen abgestellt werden.

³ Erfolgt die Rechnungslegung nicht in Franken, so ist zur Festlegung des Wertes gemäss Absatz 2 der Jahresdurchschnittskurs massgebend.¹

III. Grundsätze ordnungsmässiger Rechnungslegung

Art. 958c

¹ Für die Rechnungslegung sind insbesondere die folgenden Grundsätze massgebend:
1. Sie muss klar und verständlich sein.
2. Sie muss vollständig sein.
3. Sie muss verlässlich sein.
4. Sie muss das Wesentliche enthalten.
5. Sie muss vorsichtig sein.
6. Es sind bei der Darstellung und der Bewertung stets die gleichen Massstäbe zu verwenden.
7. Aktiven und Passiven sowie Aufwand und Ertrag dürfen nicht miteinander verrechnet werden.

---

¹ Eingefügt durch Ziff. I des BG vom 19. Juni 2020 (Aktienrecht), in Kraft seit 1. Jan. 2023 (AS **2020** 4005, **2022** 109; BBl **2017** 399).

² Der Bestand der einzelnen Positionen in der Bilanz und im Anhang ist durch ein Inventar oder auf andere Art nachzuweisen.

³ Die Rechnungslegung ist unter Wahrung des gesetzlichen Mindestinhalts den Besonderheiten des Unternehmens und der Branche anzupassen.

IV. Darstellung, Währung und Sprache

Art. 958d

¹ Die Bilanz und die Erfolgsrechnung können in Konto- oder in Staffelform dargestellt werden. Positionen, die keinen oder nur einen unwesentlichen Wert aufweisen, brauchen nicht separat aufgeführt zu werden.

² In der Jahresrechnung sind neben den Zahlen für das Geschäftsjahr die entsprechenden Werte des Vorjahres anzugeben.

³ Die Rechnungslegung erfolgt in der Landeswährung oder in der für die Geschäftstätigkeit wesentlichen Währung. Wird nicht die Landeswährung verwendet, so müssen die Werte zusätzlich in der Landeswährung angegeben werden. Die verwendeten Umrechnungskurse sind im Anhang offenzulegen und gegebenenfalls zu erläutern.

⁴ Die Rechnungslegung erfolgt in einer der Landessprachen oder in Englisch.

D. Veröffentlichung und Einsichtnahme[1]

Art. 958e

¹ Jahresrechnung und Konzernrechnung sind nach der Genehmigung durch das zuständige Organ mit den Revisionsberichten entweder im Schweizerischen Handelsamtsblatt zu veröffentlichen oder jeder Person, die es innerhalb eines Jahres nach der Genehmigung verlangt, auf deren Kosten in einer Ausfertigung zuzustellen, wenn das Unternehmen:
 1. Anleihensobligationen ausstehend hat; oder
 2. Beteiligungspapiere an einer Börse kotiert hat.

² Die übrigen Unternehmen müssen den Gläubigern, die ein schutzwürdiges Interesse nachweisen, Einsicht in den Geschäftsbericht und in die Revisionsberichte gewähren. Im Streitfall entscheidet das Gericht.

³ Nutzt das Unternehmen eine Verzichtsmöglichkeit gemäss Artikel 961d Absatz 1, 962 Absatz 3 oder 963a Absatz 1 Ziffer 2, so richten sich die Veröffentlichung und die Einsichtnahme nach den Vorschriften für die eigene Jahresrechnung.[2]

---

[1] Fassung gemäss Ziff. I des BG vom 19. Juni 2020 (Aktienrecht), in Kraft seit 1. Jan. 2023 (AS **2020** 4005, **2022** 109; BBl **2017** 399).

[2] Eingefügt durch Ziff. I des BG vom 19. Juni 2020 (Aktienrecht), in Kraft seit 1. Jan. 2023 (AS **2020** 4005, **2022** 109; BBl **2017** 399).

E. Führung und Aufbewahrung der Geschäftsbücher

Art. 958f

¹ Die Geschäftsbücher und die Buchungsbelege sowie der Geschäftsbericht und der Revisionsbericht sind während zehn Jahren aufzubewahren. Die Aufbewahrungsfrist beginnt mit dem Ablauf des Geschäftsjahres.

² Der Geschäftsbericht und der Revisionsbericht sind schriftlich und unterzeichnet aufzubewahren.

³ Die Geschäftsbücher und die Buchungsbelege können auf Papier, elektronisch oder in vergleichbarer Weise aufbewahrt werden, soweit dadurch die Übereinstimmung mit den zugrunde liegenden Geschäftsvorfällen und Sachverhalten gewährleistet ist und wenn sie jederzeit wieder lesbar gemacht werden können.

⁴ Der Bundesrat erlässt die Vorschriften über die zu führenden Geschäftsbücher, die Grundsätze zu deren Führung und Aufbewahrung sowie über die verwendbaren Informationsträger.

Zweiter Abschnitt: Jahresrechnung und Zwischenabschluss[1]

A. Bilanz

I. Zweck der Bilanz, Bilanzierungspflicht und Bilanzierungsfähigkeit

Art. 959

¹ Die Bilanz stellt die Vermögens- und Finanzierungslage des Unternehmens am Bilanzstichtag dar. Sie gliedert sich in Aktiven und Passiven.

² Als Aktiven müssen Vermögenswerte bilanziert werden, wenn aufgrund vergangener Ereignisse über sie verfügt werden kann, ein Mittelzufluss wahrscheinlich ist und ihr Wert verlässlich geschätzt werden kann. Andere Vermögenswerte dürfen nicht bilanziert werden.

³ Als Umlaufvermögen müssen die flüssigen Mittel bilanziert werden sowie andere Aktiven, die voraussichtlich innerhalb eines Jahres ab Bilanzstichtag oder innerhalb des normalen Geschäftszyklus zu flüssigen Mitteln werden oder anderweitig realisiert werden. Als Anlagevermögen müssen alle übrigen Aktiven bilanziert werden.

⁴ Als Passiven müssen das Fremd- und das Eigenkapital bilanziert werden.

⁵ Verbindlichkeiten müssen als Fremdkapital bilanziert werden, wenn sie durch vergangene Ereignisse bewirkt wurden, ein Mittelabfluss wahrscheinlich ist und ihre Höhe verlässlich geschätzt werden kann.

⁶ Als kurzfristig müssen die Verbindlichkeiten bilanziert werden, die voraussichtlich innerhalb eines Jahres ab Bilanzstichtag oder innerhalb des normalen Geschäftszyklus zur Zahlung fällig werden. Als langfristig müssen alle übrigen Verbindlichkeiten bilanziert werden.

⁷ Das Eigenkapital ist der Rechtsform entsprechend auszuweisen und zu gliedern.

---

[1] Fassung gemäss Ziff. I des BG vom 19. Juni 2020 (Aktienrecht), in Kraft seit 1. Jan. 2023 (AS **2020** 4005, **2022** 109; BBl **2017** 399).

II. Mindestgliederung

Art. 959a

¹ Unter den Aktiven müssen ihrem Liquiditätsgrad entsprechend mindestens folgende Positionen einzeln und in der vorgegebenen Reihenfolge ausgewiesen werden:
1. Umlaufvermögen:
   a. flüssige Mittel und kurzfristig gehaltene Aktiven mit Börsenkurs,
   b. Forderungen aus Lieferungen und Leistungen,
   c. übrige kurzfristige Forderungen,
   d. Vorräte und nicht fakturierte Dienstleistungen,
   e. aktive Rechnungsabgrenzungen;
2. Anlagevermögen:
   a. Finanzanlagen,
   b. Beteiligungen,
   c. Sachanlagen,
   d. immaterielle Werte,
   e. nicht einbezahltes Grund-, Gesellschafter- oder Stiftungskapital.

² Unter den Passiven müssen ihrer Fälligkeit entsprechend mindestens folgende Positionen einzeln und in der vorgegebenen Reihenfolge ausgewiesen werden:
1. kurzfristiges Fremdkapital:
   a. Verbindlichkeiten aus Lieferungen und Leistungen,
   b. kurzfristige verzinsliche Verbindlichkeiten,
   c. übrige kurzfristige Verbindlichkeiten,
   d. passive Rechnungsabgrenzungen;
2. langfristiges Fremdkapital:
   a. langfristige verzinsliche Verbindlichkeiten,
   b. übrige langfristige Verbindlichkeiten,
   c. Rückstellungen sowie vom Gesetz vorgesehene ähnliche Positionen;
3. Eigenkapital:
   a. Grund-, Gesellschafter- oder Stiftungskapital, gegebenenfalls gesondert nach Beteiligungskategorien,
   b. gesetzliche Kapitalreserve,
   c. gesetzliche Gewinnreserve,
   d.[1] freiwillige Gewinnreserven,
   e.[2] eigene Kapitalanteile als Minusposten, A89
   f.[3] Gewinnvortrag oder Verlustvortrag als Minusposten,
   g.[4] Jahresgewinn oder Jahresverlust als Minusposten.

³ Weitere Positionen müssen in der Bilanz oder im Anhang einzeln ausgewiesen werden, sofern dies für die Beurteilung der Vermögens- oder Finanzierungslage durch Dritte wesentlich oder aufgrund der Tätigkeit des Unternehmens üblich ist.

---

[1] Fassung gemäss Ziff. I des BG vom 19. Juni 2020 (Aktienrecht), in Kraft seit 1. Jan. 2023 (AS **2020** 4005, **2022** 109; BBl **2017** 399).
[2] Fassung gemäss Ziff. I des BG vom 19. Juni 2020 (Aktienrecht), in Kraft seit 1. Jan. 2023 (AS **2020** 4005, **2022** 109; BBl **2017** 399).
[3] Eingefügt durch Ziff. I des BG vom 19. Juni 2020 (Aktienrecht), in Kraft seit 1. Jan. 2023 (AS **2020** 4005, **2022** 109; BBl **2017** 399).
[4] Eingefügt durch Ziff. I des BG vom 19. Juni 2020 (Aktienrecht), in Kraft seit 1. Jan. 2023 (AS **2020** 4005, **2022** 109; BBl **2017** 399).

⁴ Forderungen und Verbindlichkeiten gegenüber direkt oder indirekt Beteiligten und Organen sowie gegenüber Unternehmen, an denen direkt oder indirekt eine Beteiligung besteht, müssen jeweils gesondert in der Bilanz oder im Anhang ausgewiesen werden.

B. Erfolgsrechnung; Mindestgliederung

Art. 959b

¹ Die Erfolgsrechnung stellt die Ertragslage des Unternehmens während des Geschäftsjahres dar. Sie kann als Produktionserfolgsrechnung oder als Absatzerfolgsrechnung dargestellt werden.

² In der Produktionserfolgsrechnung (Gesamtkostenverfahren) müssen mindestens folgende Positionen je einzeln und in der vorgegebenen Reihenfolge ausgewiesen werden:

1. Nettoerlöse aus Lieferungen und Leistungen;
2. Bestandesänderungen an unfertigen und fertigen Erzeugnissen sowie an nicht fakturierten Dienstleistungen;
3. Materialaufwand;
4. Personalaufwand;
5. übriger betrieblicher Aufwand;
6. Abschreibungen und Wertberichtigungen auf Positionen des Anlagevermögens;
7. Finanzaufwand und Finanzertrag;
8. betriebsfremder Aufwand und betriebsfremder Ertrag;
9. ausserordentlicher, einmaliger oder periodenfremder Aufwand und Ertrag;
10. direkte Steuern;
11. Jahresgewinn oder Jahresverlust.

³ In der Absatzerfolgsrechnung (Umsatzkostenverfahren) müssen mindestens folgende Positionen je einzeln und in der vorgegebenen Reihenfolge ausgewiesen werden:

1. Nettoerlöse aus Lieferungen und Leistungen;
2. Anschaffungs- oder Herstellungskosten der verkauften Produkte und Leistungen;
3. Verwaltungsaufwand und Vertriebsaufwand;
4. Finanzaufwand und Finanzertrag;
5. betriebsfremder Aufwand und betriebsfremder Ertrag;
6. ausserordentlicher, einmaliger oder periodenfremder Aufwand und Ertrag;
7. direkte Steuern;
8. Jahresgewinn oder Jahresverlust.

⁴ Bei der Absatzerfolgsrechnung müssen im Anhang zudem der Personalaufwand sowie in einer Position Abschreibungen und Wertberichtigungen auf Positionen des Anlagevermögens ausgewiesen werden.

⁵ Weitere Positionen müssen in der Erfolgsrechnung oder im Anhang einzeln ausgewiesen werden, sofern dies für die Beurteilung der Ertragslage durch Dritte wesentlich oder aufgrund der Tätigkeit des Unternehmens üblich ist.

C. Anhang

Art. 959c

¹ Der Anhang der Jahresrechnung ergänzt und erläutert die anderen Bestandteile der Jahresrechnung. Er enthält:
1. Angaben über die in der Jahresrechnung angewandten Grundsätze, soweit diese nicht vom Gesetz vorgeschrieben sind;
2. Angaben, Aufschlüsselungen und Erläuterungen zu Positionen der Bilanz und der Erfolgsrechnung;
3. den Gesamtbetrag der aufgelösten Wiederbeschaffungsreserven und der darüber hinausgehenden stillen Reserven, soweit dieser den Gesamtbetrag der neugebildeten derartigen Reserven übersteigt, wenn dadurch das erwirtschaftete Ergebnis wesentlich günstiger dargestellt wird;
4. weitere vom Gesetz verlangte Angaben.

² Der Anhang muss weiter folgende Angaben enthalten, sofern diese nicht bereits aus der Bilanz oder der Erfolgsrechnung ersichtlich sind:
1. Firma oder Name sowie Rechtsform und Sitz des Unternehmens;
2. eine Erklärung darüber, ob die Anzahl Vollzeitstellen im Jahresdurchschnitt nicht über 10, über 50 beziehungsweise über 250 liegt;
3. Firma, Rechtsform und Sitz der Unternehmen, an denen direkte oder wesentliche indirekte Beteiligungen bestehen, unter Angabe des Kapital- und des Stimmenanteils;
4.[1] Anzahl eigener Anteile, die das Unternehmen selbst oder die von ihm kontrollierten Unternehmen (Art. 963) halten;
5. Erwerb und Veräusserung eigener Anteile und die Bedingungen, zu denen sie erworben oder veräussert wurden;
6. der Restbetrag der Verbindlichkeiten aus kaufvertragsähnlichen Leasinggeschäften und anderen Leasingverpflichtungen, sofern diese nicht innert zwölf Monaten ab Bilanzstichtag auslaufen oder gekündigt werden können;
7. Verbindlichkeiten gegenüber Vorsorgeeinrichtungen;
8. der Gesamtbetrag der für Verbindlichkeiten Dritter bestellten Sicherheiten;
9. je der Gesamtbetrag der zur Sicherung eigener Verbindlichkeiten verwendeten Aktiven sowie der Aktiven unter Eigentumsvorbehalt;
10. rechtliche oder tatsächliche Verpflichtungen, bei denen ein Mittelabfluss entweder als unwahrscheinlich erscheint oder in der Höhe nicht verlässlich geschätzt werden kann (Eventualverbindlichkeit);
11. Anzahl und Wert von Beteiligungsrechten oder Optionen auf solche Rechte für alle Leitungs- und Verwaltungsorgane sowie für die Mitarbeitenden;
12. Erläuterungen zu ausserordentlichen, einmaligen oder periodenfremden Positionen der Erfolgsrechnung;
13. wesentliche Ereignisse nach dem Bilanzstichtag;
14.[2] bei einem vorzeitigen Rücktritt oder einer Abberufung der Revisionsstelle: die Gründe, die dazu geführt haben;

---

[1] Fassung gemäss Ziff. I des BG vom 19. Juni 2020 (Aktienrecht), in Kraft seit 1. Jan. 2023 (AS **2020** 4005, **2022** 109; BBl **2017** 399).
[2] Fassung gemäss Ziff. I des BG vom 19. Juni 2020 (Aktienrecht), in Kraft seit 1. Jan. 2023 (AS **2020** 4005, **2022** 109; BBl **2017** 399).

15.[1] alle Kapitalerhöhungen und Kapitalherabsetzungen, die der Verwaltungsrat innerhalb eines Kapitalbands vorgenommen hat.

³ Einzelunternehmen und Personengesellschaften können auf die Erstellung des Anhangs verzichten, wenn sie nicht zur Rechnungslegung nach den Vorschriften für grössere Unternehmen verpflichtet sind. Werden in den Vorschriften zur Mindestgliederung von Bilanz und Erfolgsrechnung zusätzliche Angaben gefordert und wird auf die Erstellung eines Anhangs verzichtet, so sind diese Angaben direkt in der Bilanz oder in der Erfolgsrechnung auszuweisen.

⁴ Unternehmen, die Anleihensobligationen ausstehend haben, müssen Angaben zu deren Beträgen, Zinssätzen, Fälligkeiten und zu den weiteren Konditionen machen.

D. Bewertung

I. Grundsätze

Art. 960

¹ Aktiven und Verbindlichkeiten werden in der Regel einzeln bewertet, sofern sie wesentlich sind und aufgrund ihrer Gleichartigkeit für die Bewertung nicht üblicherweise als Gruppe zusammengefasst werden.

² Die Bewertung muss vorsichtig erfolgen, darf aber die zuverlässige Beurteilung der wirtschaftlichen Lage des Unternehmens nicht verhindern.

³ Bestehen konkrete Anzeichen für eine Überbewertung von Aktiven oder für zu geringe Rückstellungen, so sind die Werte zu überprüfen und gegebenenfalls anzupassen.

II. Aktiven

Art. 960a Im Allgemeinen 1.

¹ Bei ihrer Ersterfassung müssen die Aktiven höchstens zu den Anschaffungs- oder Herstellungskosten bewertet werden.

² In der Folgebewertung dürfen Aktiven nicht höher bewertet werden als zu den Anschaffungs- oder Herstellungskosten. Vorbehalten bleiben Bestimmungen für einzelne Arten von Aktiven.

³ Der nutzungs- und altersbedingte Wertverlust muss durch Abschreibungen, anderweitige Wertverluste müssen durch Wertberichtigungen berücksichtigt werden. Abschreibungen und Wertberichtigungen müssen nach den allgemein anerkannten kaufmännischen Grundsätzen vorgenommen werden. Sie sind direkt oder indirekt bei den betreffenden Aktiven zulasten der Erfolgsrechnung abzusetzen und dürfen nicht unter den Passiven ausgewiesen werden.

⁴ Zu Wiederbeschaffungszwecken sowie zur Sicherung des dauernden Gedeihens des Unternehmens dürfen zusätzliche Abschreibungen und Wertberichtigungen vorgenommen werden. Zu den gleichen Zwecken kann davon abgesehen werden, nicht mehr begründete Abschreibungen und Wertberichtigungen aufzulösen.

---

[1] Eingefügt durch Ziff. I des BG vom 19. Juni 2020 (Aktienrecht), in Kraft seit 1. Jan. 2023 (AS **2020** 4005, **2022** 109; BBl **2017** 399).

Art. 960b Aktiven mit beobachtbaren Marktpreisen 2.

¹ In der Folgebewertung dürfen Aktiven mit Börsenkurs oder einem anderen beobachtbaren Marktpreis in einem aktiven Markt zum Kurs oder Marktpreis am Bilanzstichtag bewertet werden, auch wenn dieser über dem Nennwert oder dem Anschaffungswert liegt. Wer von diesem Recht Gebrauch macht, muss alle Aktiven der entsprechenden Positionen der Bilanz, die einen beobachtbaren Marktpreis aufweisen, zum Kurs oder Marktpreis am Bilanzstichtag bewerten. Im Anhang muss auf diese Bewertung hingewiesen werden. Der Gesamtwert der entsprechenden Aktiven muss für Wertschriften und übrige Aktiven mit beobachtbarem Marktpreis je gesondert offengelegt werden.

² Werden Aktiven zum Börsenkurs oder zum Marktpreis am Bilanzstichtag bewertet, so darf eine Wertberichtigung zulasten der Erfolgsrechnung gebildet werden, um Schwankungen im Kursverlauf Rechnung zu tragen. Solche Wertberichtigungen sind jedoch nicht zulässig, wenn dadurch sowohl der Anschaffungswert als auch der allenfalls tiefere Kurswert unterschritten würden. Der Betrag der Schwankungsreserven ist insgesamt in der Bilanz oder im Anhang gesondert auszuweisen.

Art. 960c Vorräte und nicht fakturierte Dienstleistungen 3.

¹ Liegt in der Folgebewertung von Vorräten und nicht fakturierten Dienstleistungen der Veräusserungswert unter Berücksichtigung noch anfallender Kosten am Bilanzstichtag unter den Anschaffungs- oder Herstellungskosten, so muss dieser Wert eingesetzt werden.

² Als Vorräte gelten Rohmaterial, Erzeugnisse in Arbeit, fertige Erzeugnisse und Handelswaren.

Art. 960d Anlagevermögen 4.

¹ Als Anlagevermögen gelten Werte, die in der Absicht langfristiger Nutzung oder langfristigen Haltens erworben werden.

² Als langfristig gilt ein Zeitraum von mehr als zwölf Monaten.

³ Als Beteiligungen gelten Anteile am Kapital eines anderen Unternehmens, die langfristig gehalten werden und einen massgeblichen Einfluss vermitteln. Dieser wird vermutet, wenn die Anteile mindestens 20 Prozent der Stimmrechte gewähren.

III. Verbindlichkeiten

Art. 960e

¹ Verbindlichkeiten müssen zum Nennwert eingesetzt werden.

² Lassen vergangene Ereignisse einen Mittelabfluss in künftigen Geschäftsjahren erwarten, so müssen die voraussichtlich erforderlichen Rückstellungen zulasten der Erfolgsrechnung gebildet werden.

³ Rückstellungen dürfen zudem insbesondere gebildet werden für:
1. regelmässig anfallende Aufwendungen aus Garantieverpflichtungen;
2. Sanierungen von Sachanlagen;
3. Restrukturierungen;
4. die Sicherung des dauernden Gedeihens des Unternehmens.

⁴ Nicht mehr begründete Rückstellungen müssen nicht aufgelöst werden.

E. Zwischenabschluss

Art. 960f[1]

¹ Ein Zwischenabschluss ist nach den Vorschriften zur Jahresrechnung zu erstellen und enthält eine Bilanz, eine Erfolgsrechnung und einen Anhang. Die Vorschriften für grössere Unternehmen und Konzerne bleiben vorbehalten.

² Vereinfachungen oder Verkürzungen sind zulässig, sofern keine Beeinträchtigung der Darstellung des Geschäftsgangs entsteht. Es sind mindestens die Überschriften und Zwischensummen auszuweisen, die in der letzten Jahresrechnung enthalten sind. Zudem enthält der Anhang des Zwischenabschlusses die folgenden Angaben:
1. den Zweck des Zwischenabschlusses;
2. die Vereinfachungen und Verkürzungen, einschliesslich allfälliger Abweichungen von den für die letzte Jahresrechnung verwendeten Grundsätzen;
3. weitere Faktoren, welche die wirtschaftliche Lage des Unternehmens während der Berichtsperiode wesentlich beeinflusst haben, insbesondere Ausführungen zur Saisonalität.

³ Der Zwischenabschluss ist als solcher zu bezeichnen. Er ist vom Vorsitzenden des obersten Leitungs- oder Verwaltungsorgans und der innerhalb des Unternehmens für den Zwischenabschluss zuständigen Person zu unterzeichnen.

Dritter Abschnitt: Rechnungslegung für grössere Unternehmen

A. Zusätzliche Anforderungen an den Geschäftsbericht

Art. 961

Unternehmen, die von Gesetzes wegen zu einer ordentlichen Revision verpflichtet sind, müssen:
1. zusätzliche Angaben im Anhang der Jahresrechnung machen;
2. als Teil der Jahresrechnung eine Geldflussrechnung erstellen;
3. einen Lagebericht verfassen.

B. Zusätzliche Angaben im Anhang zur Jahresrechnung

Art. 961a

Im Anhang der Jahresrechnung müssen zusätzlich Angaben gemacht werden:
1. zu den langfristigen verzinslichen Verbindlichkeiten, aufgeteilt nach Fälligkeit innerhalb von einem bis fünf Jahren und nach fünf Jahren;
2. zum Honorar der Revisionsstelle je gesondert für Revisionsdienstleistungen und andere Dienstleistungen.

---

[1] Eingefügt durch Ziff. I des BG vom 19. Juni 2020 (Aktienrecht), in Kraft seit 1. Jan. 2023 (AS **2020** 4005, **2022** 109; BBl **2017** 399).

C. Geldflussrechnung

Art. 961b

Die Geldflussrechnung stellt die Veränderung der flüssigen Mittel aus der Geschäftstätigkeit, der Investitionstätigkeit und der Finanzierungstätigkeit je gesondert dar.

D. Lagebericht

Art. 961c

¹ Der Lagebericht stellt den Geschäftsverlauf und die wirtschaftliche Lage des Unternehmens sowie gegebenenfalls des Konzerns am Ende des Geschäftsjahres unter Gesichtspunkten dar, die in der Jahresrechnung nicht zum Ausdruck kommen.

² Der Lagebericht muss namentlich Aufschluss geben über:
1. die Anzahl Vollzeitstellen im Jahresdurchschnitt;
2. die Durchführung einer Risikobeurteilung;
3. die Bestellungs- und Auftragslage;
4. die Forschungs- und Entwicklungstätigkeit;
5. aussergewöhnliche Ereignisse;
6. die Zukunftsaussichten.

³ Der Lagebericht darf der Darstellung der wirtschaftlichen Lage in der Jahresrechnung nicht widersprechen.

E. Erleichterungen[1]

Art. 961d

¹ Auf die zusätzlichen Angaben im Anhang zur Jahresrechnung, die Geldflussrechnung und den Lagebericht kann verzichtet werden, wenn:
1. das Unternehmen einen Abschluss oder eine Konzernrechnung nach einem anerkannten Standard zur Rechnungslegung erstellt; oder
2. eine juristische Person, die das Unternehmen kontrolliert, eine Konzernrechnung nach einem anerkannten Standard zur Rechnungslegung erstellt.[2]

² Es können eine Rechnungslegung nach den Vorschriften dieses Abschnitts verlangen:
1. Gesellschafter, die mindestens 10 Prozent des Grundkapitals vertreten;
2. 10 Prozent der Genossenschafter oder 20 Prozent der Vereinsmitglieder;
3. jeder Gesellschafter oder jedes Mitglied, das einer persönlichen Haftung oder einer Nachschusspflicht unterliegt.

---

[1] Fassung gemäss Ziff. I des BG vom 19. Juni 2020 (Aktienrecht), in Kraft seit 1. Jan. 2023 (AS **2020** 4005, **2022** 109; BBl **2017** 399).
[2] Fassung gemäss Ziff. I des BG vom 19. Juni 2020 (Aktienrecht), in Kraft seit 1. Jan. 2023 (AS **2020** 4005, **2022** 109; BBl **2017** 399).

Vierter Abschnitt: Abschluss nach anerkanntem Standard zur Rechnungslegung

A. Im Allgemeinen

Art. 962

¹ Es müssen zusätzlich zur Jahresrechnung nach diesem Titel einen Abschluss nach einem anerkannten Standard zur Rechnungslegung erstellen:
1. Gesellschaften, deren Beteiligungspapiere an einer Börse kotiert sind, wenn die Börse dies verlangt;
2. Genossenschaften mit mindestens 2000 Genossenschaftern;
3. Stiftungen, die von Gesetzes wegen zu einer ordentlichen Revision verpflichtet sind.

² Es können zudem einen Abschluss nach einem anerkannten Standard verlangen:
1. Gesellschafter, die mindestens 20 Prozent des Grundkapitals vertreten;
2. 10 Prozent der Genossenschafter oder 20 Prozent der Vereinsmitglieder;
3. Gesellschafter oder Mitglieder, die einer persönlichen Haftung oder einer Nachschusspflicht unterliegen.

³ Die Pflicht zur Erstellung eines Abschlusses nach einem anerkannten Standard entfällt, wenn eine Konzernrechnung nach einem anerkannten Standard erstellt wird.

⁴ Das oberste Leitungs- oder Verwaltungsorgan ist für die Wahl des anerkannten Standards zuständig, sofern die Statuten, der Gesellschaftsvertrag oder die Stiftungsurkunde keine anderslautenden Vorgaben enthalten oder das oberste Organ den anerkannten Standard nicht festlegt.

B. Anerkannte Standards zur Rechnungslegung

Art. 962a

¹ Wird ein Abschluss nach einem anerkannten Standard zur Rechnungslegung erstellt, so muss dieser im Abschluss angegeben werden.

² Der gewählte anerkannte Standard muss in seiner Gesamtheit und für den ganzen Abschluss übernommen werden.

³ Die Einhaltung des anerkannten Standards muss durch einen zugelassenen Revisionsexperten geprüft werden. Es ist eine ordentliche Revision des Abschlusses durchzuführen.

⁴ Der Abschluss nach einem anerkannten Standard muss dem obersten Organ anlässlich der Genehmigung der Jahresrechnung vorgelegt werden, bedarf aber keiner Genehmigung.

⁵ Der Bundesrat bezeichnet die anerkannten Standards. Er kann die Voraussetzungen festlegen, die für die Wahl eines Standards oder den Wechsel von einem Standard zum andern erfüllt sein müssen.

Fünfter Abschnitt: Konzernrechnung

A. Pflicht zur Erstellung

Art. 963

¹ Kontrolliert eine rechnungslegungspflichtige juristische Person ein oder mehrere rechnungslegungspflichtige Unternehmen, so muss sie im Geschäftsbericht für die Gesamtheit der kontrollierten Unternehmen eine konsolidierte Jahresrechnung (Konzernrechnung) erstellen.

² Eine juristische Person kontrolliert ein anderes Unternehmen, wenn sie:
1. direkt oder indirekt über die Mehrheit der Stimmen im obersten Organ verfügt;
2. direkt oder indirekt über das Recht verfügt, die Mehrheit der Mitglieder des obersten Leitungs- oder Verwaltungsorgans zu bestellen oder abzuberufen; oder
3. aufgrund der Statuten, der Stiftungsurkunde, eines Vertrags oder vergleichbarer Instrumente einen beherrschenden Einfluss ausüben kann.

³ Ein nach Artikel 963*b* anerkannter Standard kann den Kreis der zu konsolidierenden Unternehmen definieren.

⁴ Vereine, Stiftungen und Genossenschaften können die Pflicht zur Erstellung einer Konzernrechnung an ein kontrolliertes Unternehmen übertragen, wenn das betreffende kontrollierte Unternehmen durch Stimmenmehrheit oder auf andere Weise sämtliche weiteren Unternehmen unter einheitlicher Leitung zusammenfasst und nachweist, dass es die Beherrschung tatsächlich ausübt.

B. Befreiung von der Pflicht zur Erstellung

Art. 963a

¹ Eine juristische Person ist von der Pflicht zur Erstellung einer Konzernrechnung befreit, wenn sie:
1. zusammen mit den kontrollierten Unternehmen zwei der nachstehenden Grössen in zwei aufeinander folgenden Geschäftsjahren nicht überschreitet:
   a. Bilanzsumme von 20 Millionen Franken,
   b. Umsatzerlös von 40 Millionen Franken,
   c. 250 Vollzeitstellen im Jahresdurchschnitt;
2. von einem Unternehmen kontrolliert wird, dessen Konzernrechnung nach schweizerischen oder gleichwertigen ausländischen Vorschriften erstellt und ordentlich geprüft worden ist; oder
3. die Pflicht zur Erstellung einer Konzernrechnung an ein kontrolliertes Unternehmen nach Artikel 963 Absatz 4 übertragen hat.

² Eine Konzernrechnung ist dennoch zu erstellen, wenn:
1. dies für eine möglichst zuverlässige Beurteilung der wirtschaftlichen Lage notwendig ist;

2.[1] Gesellschafter, die mindestens 20 Prozent des Grundkapitals vertreten, oder 10 Prozent der Genossenschafter oder 20 Prozent der Vereinsmitglieder dies verlangen;
3. ein Gesellschafter oder ein Vereinsmitglied, der oder das einer persönlichen Haftung oder einer Nachschusspflicht unterliegt, dies verlangt; oder
4. die Stiftungsaufsichtsbehörde dies verlangt.

³ Erfolgt die Rechnungslegung nicht in Franken, so ist zur Festlegung der Werte gemäss Absatz 1 Ziffer 1 für die Bilanzsumme der Umrechnungskurs zum Bilanzstichtag und für den Umsatzerlös der Jahresdurchschnittskurs massgebend.[2]

C. Anerkannte Standards zur Rechnungslegung

Art. 963b

¹ Die Konzernrechnung folgender Unternehmen muss nach einem anerkannten Standard zur Rechnungslegung erstellt werden:

1. Gesellschaften, deren Beteiligungspapiere an einer Börse kotiert sind, wenn die Börse dies verlangt;
2. Genossenschaften mit mindestens 2000 Genossenschaftern;
3. Stiftungen, die von Gesetzes wegen zu einer ordentlichen Revision verpflichtet sind.

² Artikel 962a Absätze 1–3 und 5 ist sinngemäss anwendbar.

³ Die Konzernrechnung von übrigen Unternehmen untersteht den Grundsätzen ordnungsmässiger Rechnungslegung. Im Anhang zur Konzernrechnung nennt das Unternehmen die Bewertungsregeln. Weicht es davon ab, so weist es im Anhang darauf hin und vermittelt in anderer Weise die für den Einblick in die Vermögens-, Finanzierungs- und Ertragslage des Konzerns nötigen Angaben.

⁴ Eine Konzernrechnung ist dennoch nach einem anerkannten Standard zur Rechnungslegung zu erstellen, wenn:

1. Gesellschafter, die mindestens 20 Prozent des Grundkapitals vertreten oder 10 Prozent der Genossenschafter oder 20 Prozent der Vereinsmitglieder dies verlangen;
2. ein Gesellschafter oder ein Vereinsmitglied, der oder das einer persönlichen Haftung oder einer Nachschusspflicht unterliegt, dies verlangt; oder
3. die Stiftungsaufsichtsbehörde dies verlangt.

…

---

[1] Fassung gemäss Ziff. I des BG vom 19. Juni 2020 (Aktienrecht), in Kraft seit 1. Jan. 2023 (AS **2020** 4005, **2022** 109; BBl **2017** 399).
[2] Fassung gemäss Ziff. I des BG vom 19. Juni 2020 (Aktienrecht), in Kraft seit 1. Jan. 2023 (AS **2020** 4005, **2022** 109; BBl **2017** 399).

Übergangsbestimmungen der Änderung vom 23. Dezember 2011[1]

A. Allgemeine Regel

Art. 1

1 Die Bestimmungen des Schlusstitels des Zivilgesetzbuches[2] gelten für dieses Gesetz, soweit die folgenden Bestimmungen nichts anderes vorsehen.

2 Die Bestimmungen der Gesetzesänderung vom 23. Dezember 2011 werden mit ihrem Inkrafttreten auf bestehende Unternehmen anwendbar.

B. Kaufmännische Buchführung und Rechnungslegung

Art. 2

1 Die Vorschriften des 32. Titels finden erstmals Anwendung für das Geschäftsjahr, das zwei Jahre nach Inkrafttreten dieser Gesetzesänderung beginnt.

2 Für die Anwendung der Bestimmungen zur Rechnungslegung von grösseren Unternehmen sind die Bilanzsumme, der Umsatzerlös und die Vollzeitstellen im Jahresdurchschnitt in den zwei vor dem Inkrafttreten dieser Gesetzesänderung vorangegangenen Geschäftsjahren massgebend.

3 Die Bestimmungen zur Konzernrechnung finden erstmals Anwendung auf das Geschäftsjahr, das drei Jahre nach Inkrafttreten dieser Gesetzesänderung beginnt. Für die Befreiung von der Pflicht zur Erstellung einer Konzernrechnung sind die zwei vorangehenden Geschäftsjahre massgebend.

4 Bei erstmaliger Anwendung der Vorschriften zur Rechnungslegung kann auf die Nennung der Zahlen der Vorjahre verzichtet werden. Bei der zweiten Anwendung müssen nur die Zahlen des Vorjahres angegeben werden. Werden Zahlen der vorgängigen Geschäftsjahre genannt, so kann auf die Stetigkeit der Darstellung und die Gliederung verzichtet werden. Im Anhang ist auf diesen Umstand hinzuweisen.

...

---

[1] AS 2011 5863; BBl 2008 1589
[2] SR 210

BVors

Berufliche Vorsorge

N 5 Berufliche Vorsorge (BVors)

5.1 Auszug aus dem Bundesgesetz über die berufliche Alters-, Hinterlassenen- und Invalidenvorsorge (BVG)

5.2 Auszug aus der Verordnung über die berufliche Alters-, Hinterlassenen- und Invalidenvorsorge (BVV 2)

5.3 Verordnung über die steuerliche Abzugsberechtigung für Beiträge an anerkannte Vorsorgeformen (BVV 3)

N 5.1 Auszug aus dem Bundesgesetz über die berufliche Alters-, Hinterlassenen- und Invalidenvorsorge (BVG) SR 831.40

vom 25. Juni 1982 (Stand am 1. Januar 2023)

Die Bundesversammlung der Schweizerischen Eidgenossenschaft,

gestützt auf Artikel 34^{quater} der Bundesverfassung[1] und auf Artikel 11 der Übergangsbestimmungen der Bundesverfassung,[2] nach Einsicht in eine Botschaft des Bundesrates vom 19. Dezember 1975[3],

beschliesst:

☞ *Die zukünftigen Änderungen durch folgende Gesetze sind mit einem Hinweis im Text integriert:*
- *BG vom 17.12.2021 über die AHV 21; in Kraft ab 1.1.2024*
- *BG vom 17.6.2022 über die Modernisierung der Aufsicht (AHVG); voraussichtlich in Kraft ab 1.1.2024 (der Bundesrat bestimmt das Inkrafttreten)*

Erster Teil: Zweck und Geltungsbereich

Art. 1[4] Zweck

1 Berufliche Vorsorge umfasst alle Massnahmen auf kollektiver Basis, die den älteren Menschen, den Hinterbliebenen und Invaliden beim Eintreten eines Versicherungsfalles (Alter, Tod oder Invalidität) zusammen mit den Leistungen der eidgenössischen Alters-, Hinterlassenen- und Invalidenversicherung (AHV/IV) die Fortsetzung der gewohnten Lebenshaltung in angemessener Weise erlauben.

2 Der in der beruflichen Vorsorge versicherbare Lohn oder das versicherbare Einkommen der Selbständigerwerbenden darf das AHV-beitragspflichtige Einkommen nicht übersteigen.

3 Der Bundesrat präzisiert die Grundsätze der Angemessenheit, der Kollektivität, der Gleichbehandlung, der Planmässigkeit sowie des Versicherungsprinzips. Er kann ein Mindestalter für den vorzeitigen Altersrücktritt festlegen.

---

[1] [BS **1** 3; AS **1973** 429]. Den genannten Bestimmungen entsprechen heute Art. 111 – 113 und 196 Ziffern 10 und 11 der BV vom 18. April 1999 (SR **101**).

[2] Fassung gemäss Ziff. I des BG vom 23. Juni 2000, in Kraft seit dem 1. Jan. 2001 (AS **2000** 2689; BBl **2000** 255).

[3] BBl **1976** I 149

[4] Fassung gemäss Ziff. I des BG vom 3. Oktober 2003 (1. BVG-Revision), in Kraft seit 1. Jan. 2006 (AS **2004** 1677; BBl **2000** 2637).

Art. 2[1] Obligatorische Versicherung der Arbeitnehmer und der Arbeitslosen

[1] Arbeitnehmer, die das 17. Altersjahr überschritten haben und bei einem Arbeitgeber einen Jahreslohn von mehr als 22 050 Franken[2] beziehen (Art. 7), unterstehen der obligatorischen Versicherung.

[2] Ist der Arbeitnehmer weniger als ein Jahr lang bei einem Arbeitgeber beschäftigt, so gilt als Jahreslohn der Lohn, den er bei ganzjähriger Beschäftigung erzielen würde.

[3] Bezüger von Taggeldern der Arbeitslosenversicherung unterstehen für die Risiken Tod und Invalidität der obligatorischen Versicherung.

[4] Der Bundesrat regelt die Versicherungspflicht für Arbeitnehmer in Berufen mit häufig wechselnden oder befristeten Anstellungen. Er bestimmt, welche Arbeitnehmer aus besonderen Gründen nicht der obligatorischen Versicherung unterstellt sind.

Art. 3 Obligatorische Versicherung von Selbständigerwerbenden

Berufsgruppen von Selbständigerwerbenden können vom Bundesrat auf Antrag ihrer Berufsverbände der obligatorischen Versicherung allgemein oder für einzelne Risiken unterstellt werden. Voraussetzung ist, dass in den entsprechenden Berufen die Mehrheit der Selbständigerwerbenden dem Verband angehören.

Art. 4 Freiwillige Versicherung

[1] Arbeitnehmer und Selbständigerwerbende, die der obligatorischen Versicherung nicht unterstellt sind, können sich nach diesem Gesetz freiwillig versichern lassen.

[2] Die Bestimmungen über die obligatorische Versicherung, insbesondere die in Artikel 8 festgesetzten Einkommensgrenzen, gelten sinngemäss für die freiwillige Versicherung.

[3] Selbständigerwerbende haben ausserdem die Möglichkeit, sich ausschliesslich bei einer Vorsorgeeinrichtung im Bereich der weitergehenden Vorsorge, insbesondere auch bei einer Vorsorgeeinrichtung, die nicht im Register für die berufliche Vorsorge eingetragen ist, zu versichern. In diesem Fall finden die Absätze 1 und 2 keine Anwendung.[3]

[4] Die von den Selbstständigerwerbenden geleisteten Beiträge und Einlagen in die Vorsorgeeinrichtung müssen dauernd der beruflichen Vorsorge dienen.[4]

Art. 5 Gemeinsame Bestimmungen

[1] Dieses Gesetz gilt nur für Personen, die bei der eidgenössischen Alters- und Hinterlassenenversicherung (AHV) versichert sind.[5]

---

[1] Fassung gemäss Ziff. I des BG vom 3. Oktober 2003 (1. BVG-Revision), in Kraft seit 1. Jan. 2005 (AS **2004** 1677; BBl **2000** 2637).
[2] Betrag gemäss Art. 5 der V vom 18. April 1984 über die berufliche Alters-, Hinterlassenen- und Invalidenvorsorge in der Fassung der Änd. vom 12. Okt. 2022, in Kraft seit 1. Jan. 2023 (AS **2022** 609).
[3] Eingefügt durch Ziff. I des BG vom 3. Oktober 2003 (1. BVG-Revision), in Kraft seit 1. Jan. 2005 (AS **2004** 1677; BBl **2000** 2637).
[4] Eingefügt durch Ziff. I des BG vom 3. Oktober 2003 (1. BVG-Revision), in Kraft seit 1. Jan. 2005 (AS **2004** 1677; BBl **2000** 2637).
[5] Fassung gemäss Ziff. I des BG vom 3. Oktober 2003 (1. BVG-Revision), in Kraft seit 1. Jan. 2005 (AS **2004** 1677; BBl **2000** 2637).

² Es gilt für die registrierten Vorsorgeeinrichtungen nach Artikel 48. Die Artikel 56 Absatz 1 Buchstaben c und d und 59 Absatz 2 sowie die Bestimmungen über die finanzielle Sicherheit (Art. 65 Abs. 1, 2 und 2bis, 65c, 65d Abs. 1, 2 und 3 Bst. a zweiter Satz und b, Art. 65e, 67, 71 und 72a–72g) gelten auch für die nicht registrierten Vorsorgeeinrichtungen, die dem Freizügigkeitsgesetz vom 17. Dezember 1993¹ (FZG) unterstellt sind.²

> ☞ *Art. 5 Abs. 2 wird durch das BG vom 17.6.2022 über die Modernisierung der Aufsicht (AHVG) voraussichtlich per 1.1.2024 wie folgt geändert:*
>
> *² Es gilt für die registrierten Vorsorgeeinrichtungen nach Artikel 48. Die Artikel 56 Absatz 1 Buchstaben c, d und i und 59 Absatz 2 sowie die Bestimmungen über die finanzielle Sicherheit (Art. 65 Abs. 1, 2 und 2bis, 65c, 65d Abs. 1, 2 und 3 Bst. a zweiter Satz und b, 65e, 67, 71 und 72a–72g) gelten auch für die nicht registrierten Vorsorgeeinrichtungen, die dem Freizügigkeitsgesetz vom 17. Dezember 1993 (FZG) unterstellt sind.*

Art. 6 Mindestvorschriften

Der zweite Teil dieses Gesetzes enthält Mindestvorschriften.

Zweiter Teil: Versicherung

Erster Titel: Obligatorische Versicherung der Arbeitnehmer

1. Kapitel: Voraussetzungen der obligatorischen Versicherung

Art. 7 Mindestlohn und Alter

¹ Arbeitnehmer, die bei einem Arbeitgeber einen Jahreslohn von mehr als 22 050 Franken³ beziehen, unterstehen ab 1. Januar nach Vollendung des 17. Altersjahres für die Risiken Tod und Invalidität, ab 1. Januar nach Vollendung des 24. Altersjahres auch für das Alter der obligatorischen Versicherung.⁴

² Dieser Lohn entspricht dem massgebenden Lohn nach dem Bundesgesetz vom 20. Dez. 1946⁵ über die Alters- und Hinterlassenenversicherung (AHVG). Der Bundesrat kann Abweichungen zulassen.

Art. 8 Koordinierter Lohn

¹ Zu versichern ist der Teil des Jahreslohnes von 25 725 Franken bis und mit 88 200 Franken⁶. Dieser Teil wird koordinierter Lohn genannt.⁷

---

1 SR **831.42**
2 Fassung gemäss Ziff. I des BG vom 17. Dez. 2010 (Finanzierung von Vorsorgeeinrichtungen öffentlichrechtlicher Körperschaften), in Kraft seit 1. Jan. 2012 (AS **2011** 3385; BBl **2008** 8411).
3 Betrag gemäss Art. 5 der V vom 18. April 1984 über die berufliche Alters-, Hinterlassenen- und Invalidenvorsorge in der Fassung der Änd. vom 12. Okt. 2022, in Kraft seit 1. Jan. 2023 (AS **2022** 609).
4 Fassung gemäss Ziff. I des BG vom 3. Oktober 2003 (1. BVG-Revision), in Kraft seit 1. Jan. 2005 (AS **2004** 1677; BBl **2000** 2637).
5 SR **831.10**
6 Beträge gemäss Art. 5 der V vom 18. April 1984 über die berufliche Alters-, Hinterlassenen- und Invalidenvorsorge in der Fassung der Änd. vom 12. Okt. 2022, in Kraft seit 1. Jan. 2023 (AS **2022** 609).
7 Fassung gemäss Ziff. I des BG vom 3. Oktober 2003 (1. BVG-Revision), in Kraft seit 1. Jan. 2005 (AS **2004** 1677; BBl **2000** 2637).

² Beträgt der koordinierte Lohn weniger als 3 675 Franken[1] im Jahr, so muss er auf diesen Betrag aufgerundet werden.[2]

³ Sinkt der Jahreslohn vorübergehend wegen Krankheit, Unfall, Arbeitslosigkeit, Mutterschaft, Vaterschaft, Adoption oder aus ähnlichen Gründen, so behält der bisherige koordinierte Lohn mindestens so lange Gültigkeit, als die Lohnfortzahlungspflicht des Arbeitgebers nach Artikel 324a des Obligationenrechts (OR) bestehen würde oder ein Mutterschaftsurlaub nach Artikel 329f OR, ein Vaterschaftsurlaub nach Artikel 329g OR, ein Betreuungsurlaub nach Artikel 329i OR oder ein Adoptionsurlaub nach Artikel 329j OR dauert.[3] Die versicherte Person kann jedoch die Herabsetzung des koordinierten Lohnes verlangen.[4]

Art. 9 Anpassung an die AHV

Der Bundesrat kann die in den Artikeln 2, 7, 8 und 46 erwähnten Grenzbeträge den Erhöhungen der einfachen minimalen Altersrente der AHV anpassen. Bei der oberen Grenze des koordinierten Lohnes kann dabei auch die allgemeine Lohnentwicklung berücksichtigt werden.

Art. 10 Beginn und Ende der obligatorischen Versicherung

¹ Die obligatorische Versicherung beginnt mit dem Antritt des Arbeitsverhältnisses, für Bezüger von Taggeldern der Arbeitslosenversicherung mit dem Tag, für den erstmals eine Arbeitslosenentschädigung ausgerichtet wird.[5]

² Unter Vorbehalt von Artikel 8 Absatz 3 endet die Versicherungspflicht, wenn:
a. das ordentliche Rentenalter erreicht wird (Art. 13);
b. das Arbeitsverhältnis aufgelöst wird;
c. der Mindestlohn unterschritten wird;
d.[6] der Anspruch auf Taggelder der Arbeitslosenversicherung endet.[7]

³ Für die Risiken Tod und Invalidität bleibt der Arbeitnehmer während eines Monats nach Auflösung des Vorsorgeverhältnisses bei der bisherigen Vorsorgeeinrichtung versichert.[8] Wird vorher ein neues Vorsorgeverhältnis begründet, so ist die neue Vorsorgeeinrichtung zuständig.[9]

...

---

[1] Betrag gemäss Art. 5 der V vom 18. April 1984 über die berufliche Alters-, Hinterlassenen- und Invalidenvorsorge in der Fassung der Änd. vom 12. Okt. 2022, in Kraft seit 1. Jan. 2023 (AS **2022** 609).
[2] Fassung gemäss Ziff. I des BG vom 3. Oktober 2003 (1. BVG-Revision), in Kraft seit 1. Jan. 2005 (AS **2004** 1677; BBl **2000** 2637).
[3] Fassung gemäss Anhang Ziff. 2 des BG vom 1. Okt. 2021, in Kraft seit 1. Jan. 2023 (AS **2022** 468; BBl **2019** 7095 7303).
[4] Fassung gemäss Anhang Ziff. II des BG vom 3. Okt. 2003, in Kraft seit 1. Juli 2005 (AS **2005** 1429; BBl **2002** 7522, **2003** 1112 2923).
[5] Fassung Art. 117a des Arbeitslosenversicherungsgesetzes vom 26. Juni 1982, in Kraft seit 1. Juli 1997 (AS **1982** 2184; BBl **1980** III 489).
[6] Fassung gemäss Ziff. I des BG vom 19. März 2010 (Strukturreform), in Kraft seit 1. Jan. 2012 (AS **2011** 3393; BBl **2007** 5669).
[7] Fassung gemäss Ziff. I des BG vom 3. Oktober 2003 (1. BVG-Revision), in Kraft seit 1. Jan. 2005 (AS **2004** 1677; BBl **2000** 2637).
[8] Fassung gemäss Anhang Ziff. 3 des Freizügigkeitsgesetzes vom 17. Dez. 1993, in Kraft seit 1. Jan. 1995 (AS **1994** 2386; BBl **1992** III 533).
[9] Fassung des Satzes gemäss Art. 117a des Arbeitslosenversicherungsgesetzes vom 26. Juni 1982, in Kraft seit 1. Juli 1997 (AS **1982** 2184; BBl **1980** III 489).

Sechster Teil: Umfang der Leistungen, Steuerrecht und besondere Bestimmungen[1]

Erster Titel: Umfang der Leistungen[2]

Art. 79a[3] **Geltungsbereich**

Die Bestimmungen dieses Titels gelten für alle Vorsorgeverhältnisse, unabhängig davon, ob die Vorsorgeeinrichtung im Register für die berufliche Vorsorge eingetragen ist oder nicht.

Art. 79b[4] **Einkauf**

1 Die Vorsorgeeinrichtung darf den Einkauf höchstens bis zur Höhe der reglementarischen Leistungen ermöglichen. BVV 2

2 Der Bundesrat regelt die Fälle der Personen, die im Zeitpunkt, in dem sie den Einkauf verlangt haben, noch nie einer Vorsorgeeinrichtung angehört haben. BVV 2

> ☞ *Art. 79b Abs. 2 wird durch das BG vom 17.12.2021 über die AHV 21 per 1.1.2024 wie folgt geändert:*
>
> *2 Der Bundesrat regelt den Einkauf von Personen, die:*
> *a. bis zum Zeitpunkt, in dem sie den Einkauf verlangen, noch nie einer Vorsorgeeinrichtung angehört haben;*
> *b. eine Leistung der beruflichen Vorsorge beziehen oder bezogen haben.*

3 Wurden Einkäufe getätigt, so dürfen die daraus resultierenden Leistungen innerhalb der nächsten drei Jahre nicht in Kapitalform aus der Vorsorge zurückgezogen werden. Wurden Vorbezüge für die Wohneigentumsförderung getätigt, so dürfen freiwillige Einkäufe erst vorgenommen werden, wenn die Vorbezüge zurückbezahlt sind.

4 Von der Begrenzung ausgenommen sind die Wiedereinkäufe im Falle der Ehescheidung oder gerichtlichen Auflösung einer eingetragenen Partnerschaft nach Artikel 22c FZG[5],[6].

Art. 79c[7] **Versicherbarer Lohn und versicherbares Einkommen**

Der nach dem Reglement der Vorsorgeeinrichtung versicherbare Lohn der Arbeitnehmer oder das versicherbare Einkommen der Selbständigerwerbenden ist auf den zehnfachen oberen Grenzbetrag nach Artikel 8 Absatz 1 beschränkt.

---

[1] Fassung gemäss Ziff. I 10 des BG vom 19. März 1999 über das Stabilisierungsprogramm 1998, in Kraft seit 1. Jan. 2001 (AS **1999** 2374; BBl **1999** 4).

[2] Fassung gemäss Ziff. I 10 des BG vom 19. März 1999 über das Stabilisierungsprogramm 1998, in Kraft seit 1. Jan. 2001 (AS **1999** 2374; BBl **1999** 4).

[3] Eingefügt durch Ziff. I 10 des BG vom 19. März 1999 über das Stabilisierungsprogramm 1998 (AS **1999** 2374; BBl **1999** 4). Fassung gemäss Ziff. I des BG vom 3. Oktober 2003 (1. BVG-Revision), in Kraft seit 1. Jan. 2006 (AS **2004** 1677; BBl **2000** 2637).

[4] Eingefügt durch Ziff. I des BG vom 3. Oktober 2003 (1. BVG-Revision), in Kraft seit 1. Jan. 2006 (AS **2004** 1677; BBl **2000** 2637).

[5] SR **831.42**. Heute: Art. 22d FZG.

[6] Eingefügt durch Art. 37 Ziff. 3 des Partnerschaftsgesetzes vom 18. Juni 2004, in Kraft seit 1. Jan. 2007 (AS **2005** 5685; BBl **2003** 1288).

[7] Eingefügt durch Ziff. I des BG vom 3. Oktober 2003 (1. BVG-Revision), in Kraft seit 1. Jan. 2006 (AS **2004** 1677; BBl **2000** 2637).

Zweiter Titel: Steuerrechtliche Behandlung der Vorsorge[1]

Art. 80 Vorsorgeeinrichtungen

[1] Die Bestimmungen dieses Titels gelten auch für die Vorsorgeeinrichtungen, die nicht im Register für die berufliche Vorsorge eingetragen sind.

[2] Die mit Rechtspersönlichkeit ausgestatteten Vorsorgeeinrichtungen des privaten und des öffentlichen Rechts sind, soweit ihre Einkünfte und Vermögenswerte ausschliesslich der beruflichen Vorsorge dienen, von den direkten Steuern des Bundes, der Kantone und der Gemeinden und von Erbschafts- und Schenkungssteuern der Kantone und Gemeinden befreit.

[3] Liegenschaften dürfen mit Grundsteuern, insbesondere Liegenschaftensteuern vom Bruttowert der Liegenschaft und Handänderungssteuern belastet werden.

[4] Mehrwerte aus der Veräusserung von Liegenschaften können entweder mit der allgemeinen Gewinnsteuer oder mit einer speziellen Grundstückgewinnsteuer erfasst werden. Bei Fusionen und Aufteilungen von Vorsorgeeinrichtungen dürfen keine Gewinnsteuern erhoben werden.

Art. 81 Abzug der Beiträge

[1] Die Beiträge der Arbeitgeber an die Vorsorgeeinrichtung und die Einlagen in die Arbeitgeberbeitragsreserven, einschliesslich derjenigen nach Artikel 65e, gelten bei den direkten Steuern des Bundes, der Kantone und Gemeinden als Geschäftsaufwand.[2]

[2] Die von den Arbeitnehmern und Selbständigerwerbenden an Vorsorgeeinrichtungen nach Gesetz oder reglementarischen Bestimmungen geleisteten Beiträge sind bei den direkten Steuern des Bundes, der Kantone und Gemeinden abziehbar.

[3] Für den versicherten Arbeitnehmer sind die vom Lohn abgezogenen Beiträge im Lohnausweis anzugeben; andere Beiträge sind durch die Vorsorgeeinrichtungen zu bescheinigen.

Art. 81a[3] Abzug des Beitrags der Rentnerinnen und Rentner

Der Beitrag der Rentnerinnen und Rentner zur Behebung einer Unterdeckung nach Artikel 65d Absatz 3 Buchstabe b ist bei den direkten Steuern des Bundes, der Kantone und Gemeinden abziehbar.

Art. 82[4] Gleichstellung anderer Vorsorgeformen

[1] Arbeitnehmer und Selbstständigerwerbende können Beiträge für weitere, ausschliesslich und unwiderruflich der beruflichen Vorsorge dienende, anerkannte Vorsorgeformen abziehen. Als solche Vorsorgeformen gelten:

---

[1] Eingefügt durch Ziff. I 10 des BG vom 19. März 1999 über das Stabilisierungsprogramm 1998, in Kraft seit 1. Jan. 2001 (AS **1999** 2374; BBl **1999** 4).
[2] Fassung gemäss Ziff. I des BG vom 18. Juni 2004, in Kraft seit 1. Jan. 2005 (AS **2004** 4635; BBl **2003** 6399).
[3] Eingefügt durch Ziff. I des BG vom 18. Juni 2004, in Kraft seit 1. Jan. 2005 (AS **2004** 4635; BBl **2003** 6399).
[4] Fassung gemäss Anhang Ziff. 2 des BG vom 18. Dez. 2020 (Erbrecht), in Kraft seit 1. Jan. 2023 (AS **2021** 312; BBl **2018** 5813).

a. die gebundene Selbstvorsorge bei Versicherungseinrichtungen;
b. die gebundene Selbstvorsorge bei Bankstiftungen.

² Der Bundesrat legt in Zusammenarbeit mit den Kantonen die Abzugsberechtigung für Beiträge nach Absatz 1 fest.

³ Er regelt die Einzelheiten der anerkannten Vorsorgeformen, insbesondere bestimmt er den Kreis und die Reihenfolge der Begünstigten. Er legt fest, inwieweit der Vorsorgenehmer die Reihenfolge der Begünstigten ändern und deren Ansprüche näher bezeichnen kann; die vom Vorsorgenehmer getroffenen Anordnungen bedürfen der Schriftform.

⁴ Die aus einer anerkannten Vorsorgeform Begünstigten haben einen eigenen Anspruch auf die ihnen daraus zugewiesene Leistung. Die Versicherungseinrichtung oder die Bankstiftung zahlt diese den Begünstigten aus.

Art. 83 Besteuerung der Leistungen

Die Leistungen aus Vorsorgeeinrichtungen und Vorsorgeformen nach den Artikeln 80 und 82 sind bei den direkten Steuern des Bundes, der Kantone und der Gemeinden in vollem Umfang als Einkommen steuerbar.

Art. 83a[1] Steuerliche Behandlung der Wohneigentumsförderung

¹ Der Vorbezug und der aus einer Pfandverwertung des Vorsorgeguthabens erzielte Erlös sind als Kapitalleistung aus Vorsorge steuerbar.

² Bei Wiedereinzahlung des Vorbezugs oder des Pfandverwertungserlöses kann der Steuerpflichtige verlangen, dass ihm die beim Vorbezug oder bei der Pfandverwertung für den entsprechenden Betrag bezahlten Steuern zurückerstattet werden. Für solche Wiedereinzahlungen ist ein Abzug zur Ermittlung des steuerbaren Einkommens ausgeschlossen.

³ Das Recht auf Rückerstattung der bezahlten Steuern erlischt nach Ablauf von drei Jahren seit Wiedereinzahlung des Vorbezugs oder des Pfandverwertungserlöses an eine Einrichtung der beruflichen Vorsorge.

⁴ Alle Vorgänge gemäss den Absätzen 1–3 sind der Eidgenössischen Steuerverwaltung von der betreffenden Vorsorgeeinrichtung unaufgefordert zu melden.

⁵ Die Bestimmungen dieses Artikels gelten für die direkten Steuern von Bund, Kantonen und Gemeinden.

Art. 84 Ansprüche aus Vorsorge

Vor ihrer Fälligkeit sind die Ansprüche aus Vorsorgeeinrichtungen und Vorsorgeformen nach den Artikeln 80 und 82 von den direkten Steuern des Bundes, der Kantone und der Gemeinden befreit.

…

---

[1] Eingefügt durch Ziff. I des BG vom 17. Dez. 1993 über die Wohneigentumsförderung mit Mitteln der beruflichen Vorsorge, in Kraft seit 1. Jan. 1995 (AS **1994** 2372, BBl **1992** VI 237).

N 5.2 Auszug aus der Verordnung über die berufliche Alters-, Hinterlassenen- und Invalidenvorsorge (BVV 2) SR 831.441.1

vom 18. April 1984 (Stand am 1. Januar 2023)

Der Schweizerische Bundesrat,

gestützt auf Artikel 97 Absatz 1 des Bundesgesetzes vom 25. Juni 1982[1] über die berufliche Alters-, Hinterlassenen- und Invalidenvorsorge (BVG), [...],

verordnet:

...

5. Kapitel:[2] Einkauf, versicherbarer Lohn und versicherbares Einkommen

Art. 60a Einkauf
(Art. 1 Abs. 3 und 79b Abs. 1 BVG)

1 Für die Berechnung des Einkaufs müssen die gleichen, nach fachlich anerkannten Grundsätzen festgelegten Parameter eingehalten werden wie für die Festlegung des Vorsorgeplans (Art. 1g).

2 Der Höchstbetrag der Einkaufssumme reduziert sich um ein Guthaben in der Säule 3a, soweit es die aufgezinste Summe der jährlichen gemäss Artikel 7 Absatz 1 Buchstabe a der Verordnung vom 13. November 1985[3] über die steuerliche Abzugsberechtigung für Beiträge an anerkannte Vorsorgeformen vom Einkommen höchstens abziehbaren Beiträge ab vollendetem 24. Altersjahr der versicherten Person übersteigt. Bei der Aufzinsung kommen die jeweils gültigen BVG-Mindestzinssätze zur Anwendung.

3 Hat eine versicherte Person Freizügigkeitsguthaben, die sie nicht nach Artikel 3 und 4 Absatz 2bis FZG in eine Vorsorgeeinrichtung übertragen musste, reduziert sich der Höchstbetrag der Einkaufssumme um diesen Betrag.

---

[1] SR **831.40**
[2] Eingefügt durch Ziff. I der V vom 27. Nov. 2000 (AS **2000** 3086). Fassung gemäss Ziff. I der V vom 10. Juni 2005, in Kraft seit 1. Jan. 2006 (AS **2005** 4279).
[3] SR **831.461.3**

Art. 60b[1] Sonderfälle
(Art. 79b Abs. 2 BVG)

¹ Für Personen, die aus dem Ausland zuziehen und die noch nie einer Vorsorgeeinrichtung in der Schweiz angehört haben, darf in den ersten fünf Jahren nach Eintritt in eine schweizerische Vorsorgeeinrichtung die jährliche Zahlung in Form eines Einkaufs 20 Prozent des reglementarischen versicherten Lohnes nicht überschreiten. Nach Ablauf der fünf Jahre muss die Vorsorgeeinrichtung den Versicherten, die sich noch nicht in die vollen reglementarischen Leistungen eingekauft haben, ermöglichen, einen solchen Einkauf vorzunehmen.

² Lässt die versicherte Person im Ausland erworbene Vorsorgeansprüche oder -guthaben übertragen, so gilt die Einkaufslimite nach Absatz 1 erster Satz nicht, sofern:

  a. diese Übertragung direkt von einem ausländischen System der beruflichen Vorsorge in eine schweizerische Vorsorgeeinrichtung erfolgt;
  b. die schweizerische Vorsorgeeinrichtung eine Übertragung zulässt; und
  c. die versicherte Person für diese Übertragung keinen Abzug bei den direkten Steuern des Bundes, der Kantone und Gemeinden geltend macht.

Art. 60c Versicherbarer Lohn und versicherbares Einkommen
(Art. 79c BVG)

¹ Die Begrenzung des versicherbaren Lohnes oder des versicherbaren Einkommens nach Artikel 79c BVG gilt für die Gesamtheit aller Vorsorgeverhältnisse, die ein Versicherter bei einer oder mehreren Vorsorgeeinrichtungen hat.

² Hat der Versicherte mehrere Vorsorgeverhältnisse und überschreitet die Summe aller seiner AHV-pflichtigen Löhne und Einkommen das Zehnfache des oberen Grenzbetrages nach Artikel 8 Absatz 1 BVG, so muss er jede seiner Vorsorgeeinrichtungen über die Gesamtheit seiner Vorsorgeverhältnisse sowie die darin versicherten Löhne und Einkommen informieren. Die Vorsorgeeinrichtung weist den Versicherten auf seine Informationspflicht hin.

³ Für Versicherte, die am 1. Januar 2006 das 50. Altersjahr vollendet haben, gilt bei zu diesem Zeitpunkt bestehenden Vorsorgeverhältnissen die Begrenzung des versicherbaren Lohns oder des versicherbaren Einkommens für die Risiken Tod und Invalidität nach Artikel 79c BVG nicht.

Art. 60d Einkauf und Wohneigentumsvorbezug
(Art. 79b Abs. 3 BVG)

In den Fällen, in denen eine Rückzahlung des Vorbezugs für die Wohneigentumsförderung nach Artikel 30d Absatz 3 Buchstabe a BVG nicht mehr zulässig ist, darf das Reglement der Vorsorgeeinrichtung freiwillige Einkäufe zulassen, soweit sie zusammen mit den Vorbezügen die reglementarisch maximal zulässigen Vorsorgeansprüche nicht überschreiten.

...

---

[1] Fassung gemäss Ziff. I der V vom 24. Sept. 2010, in Kraft seit 1. Jan. 2011 (AS **2010** 4587).

N 5.3 Verordnung über die steuerliche Abzugsberechtigung für Beiträge an anerkannte Vorsorgeformen (BVV 3)
SR 831.461.3

vom 13. November 1985 (Stand am 1. Januar 2021)

Der Schweizerische Bundesrat,

gestützt auf Artikel 82 Absatz 2 des Bundesgesetzes vom 25. Juni 1982[1] über die berufliche Alters-, Hinterlassenen- und Invalidenvorsorge (BVG) und Artikel 99 des Versicherungsvertragsgesetzes vom 2. April 1908 (VVG)[2],

verordnet:

☞ *Die zukünftige Änderung durch folgende Verordnung ist mit einem Hinweis im Text integriert:*
- *VO zur Änderung der Kollektivanlagenverordnung, KKV (L-QIF); voraussichtlich in Kraft ab 1.8.2023 (Vernehmlassungsvorlage vom 23.9.2022)*

1. Abschnitt: Anerkannte Vorsorgeformen

Art. 1 Vorsorgeformen

[1] Als anerkannte Vorsorgeformen im Sinne von Artikel 82 BVG gelten:
   a. die gebundene Vorsorgeversicherung bei Versicherungseinrichtungen;
   b. die gebundene Vorsorgevereinbarung mit Bankstiftungen.

[2] Als gebundene Vorsorgeversicherungen gelten besondere Kapital- und Rentenversicherungen auf den Erlebens-, Invaliditäts- oder Todesfall, einschliesslich allfälliger Zusatzversicherungen für Unfalltod oder Invalidität, die:[3]
   a. mit einer der Versicherungsaufsicht unterstellten oder mit einer öffentlich-rechtlichen Versicherungseinrichtung gemäss Artikel 67 Absatz 1 BVG abgeschlossen werden und
   b. ausschliesslich und unwiderruflich der Vorsorge dienen.

[3] Als gebundene Vorsorgevereinbarungen gelten besondere Sparverträge, die mit Bankstiftungen abgeschlossen werden und ausschliesslich und unwiderruflich der Vorsorge dienen. Sie können durch eine Risiko-Vorsorgeversicherung ergänzt werden.

---

[1] SR **831.40**
[2] SR **221.229.1**
[3] Berichtigung vom 3. Febr. (AS **1986** 326).

⁴ Vertragsmodelle für gebundene Vorsorgeversicherungen und -vereinbarungen sind der Eidgenössischen Steuerverwaltung einzureichen. Diese prüft, ob Form und Inhalt den gesetzlichen Vorschriften entsprechen und teilt das Ergebnis mit.

Art. 2 Begünstigte Personen

¹ Als Begünstigte sind folgende Personen zugelassen:
  a. im Erlebensfall der Vorsorgenehmer;
  b.¹ nach dessen Ableben die folgenden Personen in nachstehender Reihenfolge:
    1.² der überlebende Ehegatte oder die überlebende eingetragene Partnerin oder der überlebende eingetragene Partner,
    2. die direkten Nachkommen sowie die natürlichen Personen, die von der verstorbenen Person in erheblichem Masse unterstützt worden sind, oder die Person, die mit dieser in den letzten fünf Jahren bis zu ihrem Tod ununterbrochen eine Lebensgemeinschaft geführt hat oder die für den Unterhalt eines oder mehrerer gemeinsamer Kinder aufkommen muss,
    3. die Eltern,
    4. die Geschwister,
    5. die übrigen Erben.

² Der Vorsorgenehmer kann eine oder mehrere begünstigte Personen unter den in Absatz 1 Buchstabe b Ziffer 2 genannten Begünstigten bestimmen und deren Ansprüche näher bezeichnen.³

³ Der Vorsorgenehmer hat das Recht, die Reihenfolge der Begünstigten nach Absatz 1 Buchstabe b Ziffern 3–5 zu ändern und deren Ansprüche näher zu bezeichnen.⁴

Art. 2a⁵ Kürzung der Leistungen bei vorsätzlicher Herbeiführung des Todes der versicherten Person durch die begünstigte Person

¹ Die Einrichtung der gebundenen Vorsorge kann in ihrem Reglement vorsehen, dass sie die Leistung an eine begünstigte Person kürzt oder verweigert, wenn sie Kenntnis davon erlangt, dass diese den Tod des Vorsorgenehmers vorsätzlich herbeigeführt hat.

² Die frei gewordene Leistung fällt den nächsten Begünstigten nach Artikel 2 zu.

Art. 3 Ausrichtung der Leistungen

¹ Die Altersleistungen dürfen frühestens fünf Jahre vor dem ordentlichen Rentenalter der AHV (Art. 21 Abs. 1 des BG vom 20. Dez. 1946⁶ über die Alters- Hinterlassenen- und Invalidenversicherung; AHVG) ausgerichtet werden. Sie werden bei Erreichen des ordentlichen Rentenalters der AHV fällig. Weist der Vorsorgenehmer nach, dass er weiterhin erwerbstätig ist, kann der Bezug bis höchstens fünf Jahre nach Erreichen des ordentlichen Rentenalters der AHV aufgeschoben werden.⁷

---

1 Fassung gemäss Anhang Ziff. 4 der V vom 27. Okt. 2004, in Kraft seit 1. Jan. 2005 (AS **2004** 4643).
2 Fassung gemäss Ziff. I 4 der V vom 29. Sept. 2006 über die Umsetzung des Partnerschaftsgesetzes vom 18. Juni 2004 in der beruflichen Alters-, Hinterlassenen- und Invalidenvorsorge, in Kraft seit 1. Jan. 2007 (AS **2006** 4155).
3 Fassung gemäss Anhang Ziff. 2 der V vom 10. Juni 2005, in Kraft seit 1. Jan. 2006 (AS **2005** 4279).
4 Eingefügt durch Anhang Ziff. 2 der V vom 10. Juni 2005, in Kraft seit 1. Jan. 2006 (AS **2005** 4279).
5 Eingefügt durch Ziff. I 3 der V vom 26. Aug. 2020 über Änderungen in der beruflichen Vorsorge, in Kraft seit 1. Okt. 2020 (AS **2020** 3755).
6 SR **831.10**
7 Fassung gemäss Ziff. I der V vom 17. Okt. 2007, in Kraft seit 1. Jan. 2008 (AS **2007** 5177).

² Eine vorzeitige Ausrichtung der Altersleistungen ist zulässig bei Auflösung des Vorsorgeverhältnisses aus einem der folgenden Gründe:

   a. wenn der Vorsorgenehmer eine ganze Invalidenrente der eidgenössischen Invalidenversicherung bezieht und das Invaliditätsrisiko nicht versichert ist;
   b.[1] ...
   c. wenn der Vorsorgenehmer seine bisherige selbständige Erwerbstätigkeit aufgibt und eine andersartige selbständige Erwerbstätigkeit aufnimmt;
   d.[2] wenn die Vorsorgeeinrichtung nach Artikel 5 des Freizügigkeitsgesetzes vom 17. Dezember 1993[3] zur Barauszahlung verpflichtet ist.

³ Die Altersleistung kann ferner vorher ausgerichtet werden für:

   a. Erwerb und Erstellung von Wohneigentum zum Eigenbedarf;
   b. Beteiligungen am Wohneigentum zum Eigenbedarf;
   c. Rückzahlung von Hypothekardarlehen.[4]

⁴ Eine solche Ausrichtung kann alle fünf Jahre geltend gemacht werden.[5]

⁵ Die Begriffe Wohneigentum, Beteiligungen und Eigenbedarf richten sich nach den Artikeln 2–4 der Verordnung vom 3. Oktober 1994[6] über die Wohneigentumsförderung mit Mitteln der beruflichen Vorsorge.[7]

⁶ Ist die versicherte Person verheiratet oder lebt sie in eingetragener Partnerschaft, so ist die vorzeitige Ausrichtung der Altersleistungen nach den Absätzen 2 Buchstaben c und d sowie 3 nur zulässig, wenn der Ehegatte, die eingetragene Partnerin oder der eingetragene Partner schriftlich zustimmt. Kann die Zustimmung nicht eingeholt werden oder wird sie verweigert, so kann die versicherte Person das Gericht anrufen.[8]

Art. 3a[9] Übertragung von Vorsorgekapital in Vorsorgeeinrichtungen oder in andere anerkannte Vorsorgeformen

¹ Der Vorsorgenehmer kann das Vorsorgeverhältnis auflösen, wenn er sein Vorsorgekapital:

   a. für den Einkauf in eine steuerbefreite Vorsorgeeinrichtung verwendet;
   b. in eine andere anerkannte Vorsorgeform überträgt.

² Er kann sein Vorsorgekapital nur dann teilweise übertragen, wenn er es für den vollständigen Einkauf in eine steuerbefreite Vorsorgeeinrichtung verwendet.

---

1 Aufgehoben durch Ziff. I 3 der V vom 26. Aug. 2020 über Änderungen in der beruflichen Vorsorge, mit Wirkung seit 1. Jan. 2021 (AS **2020** 3755 3758).
2 Fassung gemäss Art. 22 Ziff. 2 der Freizügigkeitsverordnung vom 3. Okt. 1994, in Kraft seit 1. Jan. 1995 (AS **1994** 2399).
3 SR **831.42**
4 Eingefügt durch Ziff. I der V vom 18. Sept. 1989 (AS **1989** 1903). Fassung gemäss Art. 20 der V vom 3. Okt. 1994 über die Wohneigentumsförderung mit Mitteln der beruflichen Vorsorge, in Kraft seit 1. Jan. 1995 (AS **1994** 2379).
5 Eingefügt durch Art. 20 der V vom 3. Okt. 1994 über die Wohneigentumsförderung mit Mitteln der beruflichen Vorsorge, in Kraft seit 1. Jan. 1995 (AS **1994** 2379)
6 SR **831.411**
7 Eingefügt durch Art. 20 der V vom 3. Okt. 1994 über die Wohneigentumsförderung mit Mitteln der beruflichen Vorsorge, in Kraft seit 1. Jan. 1995 (AS **1994** 2379)
8 Eingefügt durch Ziff. I 4 der V vom 29. Sept. 2006 über die Umsetzung des Partnerschaftsgesetzes vom 18. Juni 2004 in der beruflichen Alters-, Hinterlassenen- und Invalidenvorsorge, in Kraft seit 1. Jan. 2007 (AS **2006** 4155).
9 Eingefügt durch Ziff. I 3 der V vom 26. Aug. 2020 über Änderungen in der beruflichen Vorsorge, in Kraft seit 1. Jan. 2021 (AS **2020** 3755 3758).

³ Die Übertragung von Vorsorgekapital und der Einkauf sind bis zum Erreichen des ordentlichen Rentenalters der AHV (Art. 21 Abs. 1 AHVG[1]) zulässig. Weist der Vorsorgenehmer nach, dass er weiterhin erwerbstätig ist, so kann eine solche Übertragung oder ein solcher Einkauf bis höchstens fünf Jahre nach Erreichen des ordentlichen Rentenalters vorgenommen werden.

⁴ Eine solche Übertragung oder ein solcher Einkauf ist allerdings nicht mehr möglich, sobald eine Versicherungspolice ab fünf Jahren vor Erreichen des ordentlichen Rentenalters fällig wird.

Art. 4 Abtretung, Verpfändung und Verrechnung

¹ Für die Abtretung, Verpfändung und Verrechnung von Leistungsansprüchen gilt Artikel 39 BVG sinngemäss.[2]

² Für die Verpfändung des Vorsorgekapitals oder des Anspruchs auf Vorsorgeleistungen für das Wohneigentum der versicherten Person gilt Artikel 30b BVG oder Artikel 331d des Obligationenrechts[3] und die Artikel 8–10 der Verordnung vom 3. Oktober 1994[4] über die Wohneigentumsförderung mit Mitteln der beruflichen Vorsorge sinngemäss.[5]

³ Ansprüche auf Altersleistungen können dem Ehegatten ganz oder teilweise vom Vorsorgenehmer abgetreten oder vom Gericht zugesprochen werden, wenn der Güterstand anders als durch Tod aufgelöst wird. Die Einrichtung des Vorsorgenehmers hat den zu übertragenden Betrag an eine vom Ehegatten bezeichnete Einrichtung nach Artikel 1 Absatz 1 oder an eine Vorsorgeeinrichtung zu überweisen; vorbehalten bleibt Artikel 3.[6]

⁴ Absatz 3 gilt sinngemäss bei der gerichtlicher Auflösung einer eingetragenen Partnerschaft, wenn die beiden Partnerinnen oder Partner vereinbart haben, dass das Vermögen gemäss den Bestimmungen über die Errungenschaftsbeteiligung geteilt wird (Art. 25 Abs. 1 zweiter Satz des Partnerschaftsgesetzes vom 18. Juni 2004[7]).[8]

Art. 5[9] Anlagevorschriften

¹ Die Gelder der gebundenen Vorsorgevereinbarung sind als Spareinlagen (Kontolösung) bei einer dem Bankengesetz vom 8. November 1934[10] unterstellten Bank anzulegen, bei Anlagen in der Form der anlagegebundenen Sparlösung (Wertschriftensparen) durch Vermittlung einer solchen Bank.

---

[1] SR **831.10**
[2] Fassung gemäss Art. 20 der V vom 3. Okt. 1994 über die Wohneigentumsförderung mit Mitteln der beruflichen Vorsorge, in Kraft seit 1. Jan. 1995 (AS **1994** 2379)
[3] SR **220**
[4] SR **831.411**
[5] Eingefügt durch Art. 20 der V vom 3. Okt. 1994 über die Wohneigentumsförderung mit Mitteln der beruflichen Vorsorge, in Kraft seit 1. Jan. 1995 (AS **1994** 2379)
[6] Eingefügt durch Ziff. I der V vom 9. Dez. 1996 (AS **1996** 3455).
[7] SR **211.231**
[8] Eingefügt durch Ziff. I 4 der V vom 29. Sept. 2006 über die Umsetzung des Partnerschaftsgesetzes vom 18. Juni 2004 in der beruflichen Alters-, Hinterlassenen- und Invalidenvorsorge, in Kraft seit 1. Jan. 2007 (AS **2006** 4155).
[9] Fassung gemäss Anhang Ziff. 2 der V vom 19. Sept. 2008, in Kraft seit 1. Jan. 2009 (AS **2008** 4651).
[10] SR **952.0**

² Gelder, welche die Bankstiftung im eigenen Namen bei einer Bank anlegt, gelten als Spareinlagen jedes einzelnen Vorsorgenehmers im Sinne des Bankengesetzes vom 8. November 1934.

³ Für die Anlage der Gelder der gebundenen Vorsorgevereinbarung gelten beim Wertschriftensparen die Artikel 49–58 der Verordnung vom 18. April 1984[1] über die berufliche Alters-, Hinterlassenen- und Invalidenvorsorge (BVV 2) sinngemäss. Abweichend davon kann vollständig in ein kapitalerhaltendes Produkt oder eine Obligation guter Bonität investiert werden.

> ☞ *Art. 5 Abs. 3 soll durch die VO zur Änderung der KKV (L-QIF) voraussichtlich per 1.8.2023 wie folgt geändert werden (Entwurf):*
>
> *³ Für die Anlage der Gelder der gebundenen Vorsorgevereinbarung gelten beim Wertschriftensparen die Artikel 49–58 der Verordnung vom 18. April 1984 über die berufliche Alters-, Hinterlassenen- und Invalidenvorsorge (BVV 2) sinngemäss. Abweichend davon kann vollständig in ein kapitalerhaltendes Produkt oder eine Obligation guter Bonität investiert werden. Unzulässig sind Anlagen in Limited Qualified Investor Funds sowie in ausländische kollektive Kapitalanlagen, die keiner ausländischen Aufsicht unterstehen.*

2. Abschnitt: Steuerliche Behandlung

Art. 6 Bankstiftungen

Bankstiftungen, deren Einkünfte und Vermögenswerte ausschliesslich der Vorsorge im Sinne dieser Verordnung dienen, sind für die Steuerpflicht den Vorsorgeeinrichtungen nach Artikel 80 BVG gleichgestellt.

Art. 7 Abzugsberechtigung für Beiträge

¹ Arbeitnehmer und Selbständigerwerbende können bei den direkten Steuern von Bund, Kantonen und Gemeinden ihre Beiträge an anerkannte Vorsorgeformen in folgendem Umfang von ihrem Einkommen abziehen:

a. jährlich bis 8 Prozent des oberen Grenzbetrages nach Artikel 8 Absatz 1 BVG, wenn sie einer Vorsorgeeinrichtung nach Artikel 80 BVG angehören;

b. jährlich bis 20 Prozent des Erwerbseinkommens, jedoch höchstens bis 40 Prozent des oberen Grenzbetrages nach Artikel 8 Absatz 1 BVG, wenn sie keiner Vorsorgeeinrichtung nach Artikel 80 BVG angehören.

² Sind beide Ehegatten oder beide eingetragenen Partnerinnen oder Partner erwerbstätig und leisten sie Beiträge an eine anerkannte Vorsorgeform, so können beide diese Abzüge für sich beanspruchen.[2]

³ Beiträge an anerkannte Vorsorgeformen können längstens bis fünf Jahre nach Erreichen des ordentlichen Rentenalters der AHV (Art. 21 Abs. 1 AHVG[3]) geleistet werden.[4]

---

[1] SR **831.441.1**
[2] Fassung gemäss Ziff. I 4 der V vom 29. Sept. 2006 über die Umsetzung des Partnerschaftsgesetzes vom 18. Juni 2004 in der beruflichen Alters-, Hinterlassenen- und Invalidenvorsorge, in Kraft seit 1. Jan. 2007 (AS **2006** 4155).
[3] SR **831.10**
[4] Eingefügt durch Ziff. I der V vom 21. Febr. 2001 (AS **2001** 1068). Fassung gemäss Ziff. I der V vom 17. Okt. 2007, in Kraft seit 1. Jan. 2008 (AS **2007** 5177).

⁴ Im Jahr, in dem die Erwerbstätigkeit beendet wird, kann der volle Beitrag geleistet werden.¹

Art. 8 Bescheinigungspflichten

Versicherungseinrichtungen und Bankstiftungen müssen den Vorsorgenehmern die erbrachten Beiträge und Leistungen bescheinigen.

3. Abschnitt: Inkrafttreten

Art. 9

¹ Diese Verordnung tritt mit Ausnahme von Artikel 6 am 1. Januar 1987 in Kraft.

² Artikel 6 tritt rückwirkend auf den 1. Januar 1985 in Kraft.

Schlussbestimmung der Änderung vom 21. Febr. 2001[2]

Den Vorsorgenehmerinnen der Jahrgänge 1944, 1945 und 1946 dürfen Altersleistungen frühestens sechs Jahre vor Erreichen des ordentlichen Rentenalters der AHV (Art. 21 Abs. 1 AHVG[3]) ausgerichtet werden.

Schlussbestimmung der Änderung vom 19. Sept. 2008[4]

Die Anlage der Gelder der gebundenen Vorsorgevereinbarung ist bis zum 1. Januar 2011 an die Bestimmungen dieser Änderung anzupassen.

---

[1] Eingefügt durch Ziff. I der V vom 21. Febr. 2001 (AS **2001** 1068). Fassung gemäss Ziff. I der V vom 17. Okt. 2007, in Kraft seit 1. Jan. 2008 (AS **2007** 5177).
[2] AS **2001** 1068
[3] SR **831.10**
[4] AS **2008** 4651

RP

Regionalpolitik

N 6 Regionalpolitik (RP)

6.1 Bundesgesetz über Regionalpolitik (BRP)

6.2 Verordnung über die Gewährung von Steuererleichterungen im Rahmen der Regionalpolitik

6.3 Verordnung des WBF über die Festlegung der zu den Anwendungsgebieten für Steuererleichterungen gehörenden Gemeinden

6.4 Verordnung des WBF über die Gewährung von Steuererleichterungen im Rahmen der Regionalpolitik

N 6.1 Bundesgesetz über Regionalpolitik
SR 901.0

vom 6. Oktober 2006 (Stand am 1. Januar 2013)

Die Bundesversammlung der Schweizerischen Eidgenossenschaft,

gestützt auf Artikel 103 der Bundesverfassung[1], nach Einsicht in die Botschaft des Bundesrates vom 16. November 2005[2],

beschliesst:

1. Abschnitt: Allgemeine Bestimmungen

Art. 1 Zweck

Dieses Gesetz soll die Wettbewerbsfähigkeit einzelner Regionen stärken und deren Wertschöpfung erhöhen und so zur Schaffung und Erhaltung von Arbeitsplätzen in den Regionen, zur Erhaltung einer dezentralen Besiedlung und zum Abbau regionaler Disparitäten beitragen.

Art. 2 Grundsätze

Die Regionalpolitik beruht auf folgenden Grundsätzen:

a. Die Anforderungen an eine nachhaltige Entwicklung werden berücksichtigt.
b. Die Regionen entwickeln eigene Initiativen zur Verbesserung der Wettbewerbsfähigkeit und zur Erhöhung der Wertschöpfung.
c. Die regionalen Zentren bilden die Entwicklungsmotoren.
d. Die Kantone sind die zentralen Ansprechpartner des Bundes und stellen die Zusammenarbeit mit den Regionen sicher.
e. Die Bundesstellen pflegen untereinander und mit in- und ausländischen Institutionen und Organisationen eine enge Zusammenarbeit.

Art. 3 Regionen

1 Als Regionen gelten Gruppen von Kantonen und Gemeinden sowie Zusammenschlüsse von Kantonen oder Gemeinden mit anderen öffentlich-rechtlichen oder privaten Körperschaften oder Verbänden.

2 Bei der Bildung von Regionen ist der geografischen Verbundenheit, der wirtschaftlichen Funktionalität und dem Ziel der gemeinsamen Aufgabenlösung gegenüber institutionellen Grenzen Priorität einzuräumen.

---

[1] SR **101**
[2] BBl **2006** 231

³ Den bestehenden regionalen Strukturen ist Rechnung zu tragen, soweit sie sich zur Erfüllung des Zweckes dieses Gesetzes eignen.

⁴ Es obliegt den Regionen zu entscheiden, welche organisatorischen Einheiten sie zur Erfüllung ihrer Aufgaben schaffen wollen.

2. Abschnitt: Massnahmen

Art. 4 Förderung von Initiativen, Programmen und Projekten

¹ Finanzhilfen können gewährt werden an die Vorbereitung, die Durchführung und die Evaluation von Initiativen, Programmen und Projekten, die:

a. das unternehmerische Denken und Handeln in einer Region fördern;
b. die Innovationsfähigkeit in einer Region stärken;
c. regionale Potenziale ausschöpfen und Wertschöpfungssysteme aufbauen oder verbessern; oder
d. die Zusammenarbeit unter öffentlichen und privaten Institutionen, unter Regionen und mit den Agglomerationen fördern.

² Die Finanzhilfen werden nur gewährt, wenn:

a. die Initiativen, Programme und Projekte für die betroffene Region Innovationscharakter haben; und
b. der Nutzen der geförderten Initiativen, Programme und Projekte zum grössten Teil in Regionen anfällt, die mehrheitlich spezifische Entwicklungsprobleme und Entwicklungsmöglichkeiten des Berggebietes und des weiteren ländlichen Raumes aufweisen.

Art. 5 Förderung von Entwicklungsträgern, regionalen Geschäftsstellen und anderen regionalen Akteuren

Finanzhilfen können den Entwicklungsträgern, regionalen Geschäftsstellen und anderen regionalen Akteuren gewährt werden für:

a. die Erarbeitung und die Realisierung mehrjähriger Förderstrategien; oder
b. die Koordination und die Begleitung der Initiativen, Programme und Projekte ihrer Region.

Art. 6 Förderung der grenzüberschreitenden Zusammenarbeit

¹ Mit Finanzhilfen kann die schweizerische Beteiligung an Programmen, Projekten und innovativen Aktionen der grenzüberschreitenden Zusammenarbeit gefördert werden, sofern:

a. dadurch die Wertschöpfung einer Grenzregion mittelbar oder unmittelbar erhöht wird; oder
b. ihr aus nationaler Sicht strategische Bedeutung zukommt.

² Beteiligungen von nationaler strategischer Bedeutung sind in Zusammenarbeit mit den Kantonen durch den Bund zu koordinieren.

³ An Bauprojekte werden keine Finanzhilfen gewährt.

⁴ Bei der Förderung der grenzüberschreitenden Zusammenarbeit sind die europäische und die nationale territoriale Zusammenarbeit sowie ihre Umsetzung und ihr Zeitplan zu berücksichtigen.

Art. 7 Darlehen für Infrastrukturvorhaben

¹ Der Bund kann zinsgünstige oder zinslose Darlehen für die Finanzierung von Infrastrukturvorhaben gewähren, soweit diese:

a. in einem direkten Zusammenhang mit der Realisierung und der Weiterführung von Vorhaben nach Artikel 4 stehen;
b. Bestandteil eines Wertschöpfungssystems sind und zu dessen Stärkung beitragen; oder
c. unmittelbar Nachfolgeinvestitionen in anderen Wirtschaftsbereichen einer Region induzieren.

² Diese Darlehen können nur für Infrastrukturvorhaben gewährt werden:

a. deren Nutzen zum grössten Teil in Regionen anfällt, die mehrheitlich spezifische Entwicklungsprobleme und Entwicklungsmöglichkeiten des Berggebietes und des weiteren ländlichen Raumes aufweisen;
b. an deren Finanzierung sich der Kanton mindestens gleichwertig beteiligt; und
c. die der Bund nicht schon auf andere Weise unterstützt.

Art. 8 Verzinsung, Rückzahlung der Darlehen und Darlehensverluste

¹ Bei der Festlegung des Zinssatzes ist den finanziellen Möglichkeiten des Darlehensnehmers oder der Darlehensnehmerin Rechnung zu tragen.

² Die gewährten Darlehen müssen nach höchstens 25 Jahren zurückbezahlt sein. Bei der Festlegung der Laufzeit ist die Lebensdauer der geförderten Infrastruktureinrichtung zu berücksichtigen.

³ Allfällige Verluste aus gewährten Darlehen sind zur Hälfte vom Kanton zu tragen, der sie dem Darlehensnehmer oder der Darlehensnehmerin zugesprochen hat.

Art. 9 Allgemeine Voraussetzungen und Bedingungen

¹ Alle Empfängerinnen und Empfänger von Finanzhilfen nach den Artikeln 4–6 und von Darlehen nach Artikel 7 haben sich angemessen mit eigenen Mitteln am Vorhaben zu beteiligen.

² Sie ergreifen geeignete Massnahmen zur Überwachung der Realisierung und zur Evaluation der geförderten Vorhaben.

³ Den Zielen der raumrelevanten Sektoralpolitiken des Bundes und der Raumplanung ist soweit möglich Rechnung zu tragen.

⁴ Die Finanzhilfen und die Darlehen können im Einzelfall von weiteren Bedingungen abhängig gemacht oder mit weiteren Auflagen verknüpft werden.

Art. 10 Berggebiet und weiterer ländlicher Raum

Der Bundesrat legt zusammen mit den Kantonen das Gebiet fest, welches mehrheitlich spezifische Entwicklungsprobleme und Entwicklungsmöglichkeiten des Berggebietes und des weiteren ländlichen Raumes aufweist (Art. 4 Abs. 2 Bst. b und Art. 7 Abs. 2 Bst. a).

Art. 11 Ausrichtung der Finanzhilfen und Darlehen

[1] Die Finanzhilfen nach den Artikeln 4–6 und die Darlehen nach Artikel 7 werden auf der Grundlage von Programmvereinbarungen in Form von Pauschalbeträgen ausgerichtet.

[2] Die Höhe der Finanzhilfen und Darlehen richtet sich nach der Gesamtwirkung der Programme und Massnahmen.

Art. 12 Steuererleichterungen

[1] Soweit ein Kanton Steuererleichterungen nach Artikel 23 Absatz 3 des Bundesgesetzes vom 14. Dezember 1990[1] über die Harmonisierung der direkten Steuern der Kantone und Gemeinden gewährt, kann der Bund für die direkte Bundessteuer ebenfalls Steuererleichterungen gewähren.

[2] Steuererleichterungen bei der direkten Bundessteuer werden nur gewährt, soweit:

a. ein industrielles Unternehmen oder ein produktionsnaher Dienstleistungsbetrieb neue Arbeitsplätze schafft oder bestehende neu ausrichtet;
b. das Vorhaben die regionalwirtschaftlichen Anforderungen dieses Gesetzes erfüllt;
c. der Kanton die Nachzahlung von missbräuchlich beanspruchten Steuererleichterungen verlangt.

[3] Der Bundesrat legt, nach Konsultation der Kantone, die Gebiete fest, in denen Unternehmen von diesen Erleichterungen profitieren können, und regelt die Modalitäten der Finanzaufsicht, insbesondere die Pflicht, Informationen über die Wirkung der gewährten Steuererleichterungen einzuholen und weiterzuleiten. N 6.2

Art. 13 Flankierende Massnahmen

Der Bund kann Massnahmen treffen für:

a. die Stärkung der Kooperation sowie die Nutzung von Synergien zwischen der Regionalpolitik und den anderen Sektoralpolitiken des Bundes;
b. die Förderung von Regionen mit besonderen Problemen;
c. die Schaffung und den Betrieb eines Wissenssystems zur Regionalentwicklung;
d. die Qualifizierung der regionalen Geschäftsführerinnen und Geschäftsführer und der anderen regionalen Akteure sowie der Verantwortlichen für die Vorbereitung und Realisierung von Initiativen, Programmen und Projekten.

3. Abschnitt: Umsetzung

Art. 14 Mehrjahresprogramm

[1] Die Bundesversammlung legt in einem Mehrjahresprogramm fest:

a. die Förderschwerpunkte und Förderinhalte für die Regionalpolitik;
b. die Schwerpunkte der flankierenden Massnahmen nach Artikel 13.

[2] Das Mehrjahresprogramm umfasst acht Jahre.

[3] Die Kantone bringen bei der Ausarbeitung des Mehrjahresprogramms ihre Bedürfnisse und strategischen Überlegungen ein und tragen dabei auch den Bedürfnissen ihrer Regionen Rechnung.

---

[1] SR 642.14

Art. 15 Aufgaben der Kantone

¹ Die Kantone erarbeiten gestützt auf die Vorgaben des Mehrjahresprogramms zusammen mit ihren Entwicklungsträgern, regionalen Geschäftsstellen oder anderen regionalen Akteuren mehrjährige kantonale Umsetzungsprogramme und aktualisieren sie periodisch.

² Sie stellen zusammen mit den Entwicklungsträgern und den regionalen Geschäftsstellen oder anderen regionalen Akteuren die Koordination der regions- und kantonsübergreifenden sowie der grenzüberschreitenden Vorhaben sicher.

³ Sie entscheiden im Rahmen der verfügbaren Mittel, für welche Vorhaben Finanzhilfen oder Darlehen gewährt werden.

Art. 16 Programmvereinbarungen und finanzielle Beteiligung der Kantone

¹ Der Bund schliesst gestützt auf die kantonalen Umsetzungsprogramme mit den Kantonen mehrjährige Programmvereinbarungen ab. Diese bilden die Grundlage für einen pauschal bemessenen Beitrag des Bundes.

² Die Kantone haben sich an der Realisierung ihrer Umsetzungsprogramme im gleichen Ausmass finanziell zu beteiligen wie der Bund.

Art. 17 Überwachung

¹ Der Kanton sorgt für geeignete Massnahmen zur Überwachung der Realisierung der geförderten Initiativen, Programme, Projekte und Infrastrukturvorhaben.

² Der Bund trifft geeignete Massnahmen zur Überwachung der Realisierung des Mehrjahresprogramms.

Art. 18 Evaluation des Mehrjahresprogramms

Der Bundesrat sorgt für die wissenschaftliche Evaluation des Mehrjahresprogramms und erstattet der Bundesversammlung Bericht.

Art. 19 Gesuche um Steuererleichterungen und Verfahren

¹ Der Kanton entscheidet über die Gewährung kantonaler Steuererleichterungen. Er leitet das Gesuch mit seinen Entscheiden und Anträgen an das Staatssekretariat für Wirtschaft (SECO) weiter.

² Das SECO prüft die Gesuche zuhanden des Eidgenössischen Departements für Wirtschaft, Bildung und Forschung (WBF)[1]. Dieses entscheidet über die Einräumung und das Ausmass von Steuererleichterungen bei der direkten Bundessteuer.

³ Die Steuererleichterungen bei der direkten Bundessteuer werden, nach Massgabe des vom WBF getroffenen Entscheides und im Einvernehmen mit dem Eidgenössischen Finanzdepartement, von der für die Veranlagung der Unternehmen zuständigen kantonalen Behörde verfügt.

---

[1] Ausdruck gemäss Ziff. I 26 der V vom 15. Juni 2012 (Neugliederung der Departemente), in Kraft seit 1. Jan. 2013 (AS 2012 3655). Diese Änd. wurde im ganzen Erlass berücksichtigt.

Art. 20 Zusammenarbeit

Der Bundesrat entscheidet, wie die Zusammenarbeit mit den Kantonen, dem Berggebiet und dem weiteren ländlichen Raum organisatorisch sichergestellt wird.

4. Abschnitt: Finanzierung

Art. 21 Fonds für Regionalentwicklung

[1] Der Bund äufnet zur Finanzierung der Massnahmen nach diesem Gesetz einen Fonds für Regionalentwicklung.

[2] Die jährlichen Zinserträge, Rückzahlungen und Garantieleistungen aus den Darlehen, welche nach dem Bundesgesetz vom 21. März 1997[1] über Investitionshilfe für Berggebiete (IHG) zugesichert und ausbezahlt worden sind, und aus den Darlehen, die nach Artikel 7 gewährt werden, sind dem Fonds für Regionalentwicklung gutzuschreiben.

[3] Die Fondsentnahmen und Darlehenskonditionen sind unter Berücksichtigung der Verluste aus laufenden Darlehen, den Zinserträgen und der Teuerung festzulegen. Soweit möglich ist eine längerfristige Werterhaltung des Fonds anzustreben.

Art. 22 Bereitstellung der Mittel

[1] Die Bundesversammlung bewilligt mit einfachem Bundesbeschluss einen auf acht Jahre befristeten Zahlungsrahmen für weitere Einlagen in den Fonds für Regionalentwicklung.

[2] Bei der Festlegung des Zahlungsrahmens ist dem im Mehrjahresprogramm ausgewiesenen Bedarf, den aus dem Fonds für Regionalentwicklung verfügbaren Mitteln sowie der Finanzlage des Bundes Rechnung zu tragen.

5. Abschnitt: Rechtsschutz

Art. 23

Entscheide von Bundesverwaltungsbehörden sowie letztinstanzliche kantonale Entscheide unterliegen der Beschwerde an das Bundesverwaltungsgericht.

6. Abschnitt: Schlussbestimmungen

Art. 24 Aufhebung und Änderung bisherigen Rechts

Die Aufhebung und die Änderung bisherigen Rechts werden im Anhang geregelt.

Art. 25 Übergangsbestimmungen

[1] Die Mittel des Investitionshilfefonds nach Artikel 14 IHG[2] werden auf den Zeitpunkt des Inkrafttretens dieses Gesetzes in den Fonds für Regionalentwicklung überführt.

---

[1] [AS **1997** 2995, **2000** 179 187, **2002** 290 2504, **2003** 267, **2004** 3439 Art. 1, **2006** 2197 2359 Anhang Ziff. 122 2359 Art. 1]

[2] [AS **1997** 2995, **2000** 179 187, **2002** 290 2504, **2003** 267, **2004** 3439 Art. 1, **2006** 2197 2359 Anhang Ziff. 122 2359 Art. 1]

² Für die Investitionshilfedarlehen gelten bis zu deren vollständiger Rückzahlung die Bestimmungen des IHG.

³ Die Auszahlung der Verpflichtungen, welche gestützt auf das IHG, das Bundesgesetz vom 8. Oktober 1999[1] über die Förderung der schweizerischen Beteiligung an die Gemeinschaftsinitiative für grenzüberschreitende, transnationale und interregionale Zusammenarbeit (INTERREG III) in den Jahren 2000–2006, den Bundesbeschluss vom 21. März 1997[2] über die Unterstützung des Strukturwandels im ländlichen Raum und den Artikel 6a des Bundesbeschlusses vom 6. Oktober 1995[3] zugunsten wirtschaftlicher Erneuerungsgebiete vom Bund eingegangen wurden, wird nach Inkrafttreten dieses Gesetzes durch den Fonds für Regionalentwicklung sichergestellt.

Art. 26 Referendum und Inkrafttreten

¹ Dieses Gesetz untersteht dem fakultativen Referendum.

² Der Bundesrat bestimmt das Inkrafttreten.

Datum des Inkrafttretens: 1. Jan. 2008[4]

Art. 14 und 22: 15. März 2007[5]

Anhang (Art. 24)

Aufhebung und Änderung bisherigen Rechts

I

Folgende Erlasse werden aufgehoben:

...

4. Bundesbeschluss vom 6. Oktober 1995[6] zugunsten wirtschaftlicher Erneuerungsgebiete

...

---

[1] [AS **2000** 609, **2006** 4275]
[2] [AS **1997** 1610, **2000** 187 Art. 11, **2006** 2197 Anhang Ziff. 124 4297]
[3] [AS **1996** 1918, **2001** 1911, **2006** 2197 Anhang Ziff. 144 4301]
[4] V vom 28. November 2007 (AS **2007** 6861)
[5] BRB vom 28. Febr. 2007 (AS **2007** 688)
[6] [AS **1996** 1918, **2001** 1911, **2006** 2197 Anhang Ziff. 144 4301]

N 6.2 Verordnung über die Gewährung von Steuererleichterungen im Rahmen der Regionalpolitik
SR 901.022

vom 3. Juni 2016 (Stand am 1. Juli 2016)

Der Schweizerische Bundesrat,

gestützt auf Artikel 12 Absatz 3 des Bundesgesetzes vom 6. Oktober 2006[1] über Regionalpolitik,

verordnet:

1. Abschnitt: Grundsatz und Anwendungsgebiete

Art. 1 Grundsatz

[1] Im Rahmen der Regionalpolitik kann der Bund industriellen Unternehmen und produktionsnahen Dienstleistungsbetrieben (Unternehmen) Steuererleichterungen gewähren für Vorhaben, die:

  a. die Voraussetzungen nach dem Gesetz und dieser Verordnung erfüllen; und
  b. in einer Gemeinde der Anwendungsgebiete realisiert werden.

[2] Das Eidgenössische Departement für Wirtschaft, Bildung und Forschung (WBF) umschreibt die Unternehmen gemäss Absatz 1. N 6.4

Art. 2 Begriffe

In dieser Verordnung gelten als:

  a. ländliches Zentrum: Gemeinde im ländlichen Raum mit:
    1. wichtigen zentralörtlichen Funktionen für das Umland und die umliegenden Gemeinden,
    2. einer gewissen Distanz zur Agglomeration, und
    3. je nach Distanz, zwischen 2000 und 10 000 Einwohnerinnen und Einwohnern;
  b. kleinstädtisches Zentrum: Stadt, die:
    1. eine wichtige Zentrumsfunktion auf regionaler Ebene hat,
    2. mindestens zehn Kilometer von einem grösseren Zentrum entfernt liegt oder die Kerngemeinde einer Agglomeration bildet, und
    3. zusammengezählt mindestens 8500 Einwohnerinnen und Einwohner und mindestens 3500 Beschäftigte aufweist;
  c. mittelstädtisches Zentrum: Stadt, die:
    1. eine wichtige Zentrumsfunktion auf regionaler und nationaler Ebene hat,
    2. mindestens zehn Kilometer von einem grösseren Zentrum entfernt liegt oder die Kerngemeinde einer Agglomeration bildet, und
    3. mindestens 40 000 Einwohnerinnen, Einwohner und Beschäftigte aufweist;

[1] SR **901.0**

d. suburbaner Raum: Gemeinden, die:
   1. ein mittel- oder kleinstädtisches Zentrum umgeben,
   2. an den urbanen Raum angrenzen,
   3. mit dem Zentrum in einer engen funktionalen Beziehung stehen;
e. grossstädtisches Zentrum: Stadt, die auf nationaler Ebene eine wichtige Zentrumsfunktion hat und zusammengezählt mindestens 70 000 Einwohnerinnen, Einwohner und Beschäftigte aufweist;
f. metropolitanes Zentrum: Stadt, die auf nationaler, aber auch internationaler Ebene eine wichtige Zentrumsfunktion hat und zusammengezählt mindestens 200 000 Einwohnerinnen, Einwohner und Beschäftigte aufweist.

Art. 3 Anwendungsgebiete

¹ Steuererleichterungen können in einer Gemeinde gewährt werden, die folgende Anforderungen erfüllt:

a. Sie ist:
   1. ein mittel- oder kleinstädtisches Zentrum oder gehört als suburbane Gemeinde zu einem solchen Zentrum,
   2. ein ländliches Zentrum, oder
   3. ein kleineres, weniger urbanes Zentrum, das dennoch eine Zentrumsfunktion wahrnimmt.
b. Sie gehört hinsichtlich der Arbeitslosigkeit, des Einkommens, der Wirtschaft und der Bevölkerung zu den strukturschwächsten Gebieten der Schweiz.

² Diese Anwendungsgebiete dürfen zusammen höchstens zehn Prozent der Schweizer Bevölkerung umfassen.

³ Das WBF legt die Gemeinden, die zu den Anwendungsgebieten gehören, nach Anhörung der Kantone fest. N 6.3

Art. 4 Gemeindefusionen

¹ Fusioniert eine Gemeinde mit einer in einem Anwendungsgebiet liegenden Gemeinde, so gehört die fusionierte Gemeinde bis zur nächsten Aktualisierung zu den Anwendungsgebieten.

² Die fusionierte Gemeinde scheidet aus den Anwendungsgebieten aus, wenn ein mittelstädtisches Zentrum ausserhalb der Anwendungsgebiete oder ein grossstädtisches oder metropolitanes Zentrum an der Fusion beteiligt ist.

³ Die Aufnahme einer zusätzlichen Gemeinde in die Anwendungsgebiete infolge einer Fusion ändert für die Gemeinden der Anwendungsgebiete nichts.

Art. 5 Berichterstattung, Aktualisierung und Überprüfung

¹ Das WBF erstattet dem Bundesrat einmal pro Legislaturperiode über die Festlegung der Anwendungsgebiete Bericht.

² Es aktualisiert die Liste der in den Anwendungsgebieten liegenden Gemeinden einmal pro Legislaturperiode.

³ Es überprüft jede zweite Legislaturperiode:
  a. die Kriterien zur Festlegung der Gemeinden nach Artikel 3 Absatz 1 Buchstabe a;
  b. die Kriterien und deren Gewichtung zur Aufnahme von Gemeinden in die Anwendungsgebiete.

2. Abschnitt: Voraussetzungen

Art. 6 Voraussetzungen für die Gewährung von Steuererleichterungen

¹ Steuererleichterungen können nur gewährt werden, wenn:
  a. der Kanton für das Vorhaben ebenfalls Steuererleichterungen gewährt;
  b. das Vorhaben:
     1. vorsieht, dass im Unternehmen neue Arbeitsplätze geschaffen oder bestehende Arbeitsplätze neu so ausgerichtet werden, dass sie langfristig erhalten bleiben, und
     2. eine besondere regionalwirtschaftliche Bedeutung aufweist.

² Handelt es sich beim Gesuchsteller um einen produktionsnahen Dienstleistungsbetrieb, so kann der Bund Steuererleichterungen nur dann gewähren, wenn das Vorhaben mindestens zehn neue Arbeitsplätze vorsieht.

³ Bei Vorhaben, die zu einer Verschiebung von Arbeitsplätzen von einem Kanton in einen anderen führen, können für die Steuererleichterungen nur die neu geschaffenen Arbeitsplätze berücksichtigt werden.

⁴ Für Vorhaben, die im Unternehmen oder in Unternehmen derselben Gruppe insgesamt zu einer Verringerung der Anzahl Arbeitsplätze führen, werden keine Steuererleichterungen gewährt.

⁵ Die Gewährung einer Steuererleichterung kann aus staatspolitischen Gründen abgelehnt werden, namentlich wenn ein Vorhaben in Konflikt mit anderen Zielen des Bundes steht.

⁶ Das WBF kann die Voraussetzungen für die Gewährung von Steuererleichterungen näher umschreiben.

Art. 7 Bemessung der Zahl der Arbeitsplätze

¹ Die Zahl der vorgesehenen oder neu auszurichtenden Arbeitsplätze bemisst sich nach dem Total der Stellenprozente. 100 Stellenprozente entsprechen dabei einem Arbeitsplatz.

² Massgebend sind die Stellenprozente aus befristeten oder unbefristeten Arbeitsverträgen nach schweizerischem Recht, die durch das Unternehmen selbst oder durch die Muttergesellschaft in der Schweiz abgeschlossen werden.

Art. 8 Regionalwirtschaftliche Bedeutung

¹ Die besondere regionalwirtschaftliche Bedeutung eines Vorhabens bestimmt sich insbesondere nach folgenden Kriterien:
  a. Einbettung in eine kantonale Wirtschaftsentwicklungsstrategie oder ähnliche Grundlagen;

b. zu schaffende oder neu auszurichtende Arbeitsplätze innerhalb des Anwendungsgebiets;
c. geplante Investitionen innerhalb des Anwendungsgebiets;
d. geplante oder getätigte Einkäufe oder Bestellungen oder nachgefragte Dienstleistungen innerhalb des Anwendungsgebiets;
e. Zusammenarbeit mit Forschungsinstituten und Bildungseinrichtungen, die einen direkten Bezug zum geplanten Vorhaben aufweist;
f. geplante Ausbildungsmöglichkeiten innerhalb des Anwendungsgebiets;
g. neuartige Lösung zur Verbesserung von Produkten, Produktionsprozessen oder betriebswirtschaftlichen Prozessen;
h. Absatzmarkt, der über die Grenze des Anwendungsgebiets hinausreicht.

² Als Investitionen im Sinne von Absatz 1 Buchstabe c gelten:
a. Sachanlagen, die nach den Rechnungslegungsstandards Swiss GAAP FER[1] (FER) oder den International Accounting Standards[2] (IAS) aktiviert werden können;
b. immaterielle Werte gemäss den Rechnungslegungsstandards FER oder IAS.

Art. 9 Form des kantonalen Steuererleichterungsentscheids

Der kantonale Steuererleichterungsentscheid muss folgende Elemente enthalten:
a. die Dauer der kantonalen Steuererleichterung;
b. den für die gesamte Dauer der Steuererleichterung gewährten Höchstbetrag;
c. Rückforderungsgrundsätze für unrechtmässig beanspruchte Steuererleichterungen.

3. Abschnitt: Dauer und Höhe der Steuererleichterungen

Art. 10 Beginn und Dauer

¹ Die Steuererleichterung des Bundes wird höchstens für die Dauer der kantonalen Steuererleichterung und höchstens für zehn Kalenderjahre gewährt.

² Das WBF regelt den Beginn der Steuererleichterung des Bundes. N 6.4

Art. 11 Höhe

¹ Die Steuererleichterung des Bundes entspricht dem kleineren der beiden folgenden Beträge:
a. den für das betreffende Unternehmen erwarteten Steuerersparnissen auf kantonaler und kommunaler Ebene;
b. dem Höchstbetrag der Steuererleichterungen, den der Kanton für die Bundessteuer beantragt.

² Sie übersteigt aber in keinem Fall den vom Bund festgelegten Höchstbetrag.

³ Das WBF regelt die Ansätze und die Berechnung des Höchstbetrags für die Steuererleichterungen des Bundes. Es stellt dabei sicher, dass die Steuerersparnisse und die Arbeitsplätze, die geschaffen oder neu ausgerichtet werden sollen, in einem angemessenen Verhältnis stehen. N 6.4

---

[1] www.fer.ch
[2] www.ifrs.org

4. Abschnitt: Verfahren

Art. 12 Gesuch des Unternehmens

1 Das Unternehmen richtet das Gesuch um Steuererleichterung des Bundes an den Kanton, in dem das Vorhaben umgesetzt werden soll.

2 Das Gesuch muss einen Geschäftsplan zum Vorhaben einschliesslich folgender Angaben enthalten:

a. eine Beschreibung der Ziele des Vorhabens;
b. eine Beschreibung der Phasen und des Vorgehens bei der Umsetzung des Vorhabens;
c. eine Planbilanz und eine Planerfolgsrechnung für die gesamte Dauer der beantragten Steuererleichterung;
d. das geplante Investitionsvolumen; und
e. eine Aufstellung der Arbeitsplätze, die jährlich geschaffen oder neu ausgerichtet werden sollen.

Art. 13 Antrag des Kantons

1 Entscheidet der Kanton, dem gesuchstellenden Unternehmen eine kantonale Steuererleichterung zu gewähren, so kann er das vollständige Dossier mit seinem Entscheid und seinem Antrag auf Gutheissung des Gesuchs an das Staatssekretariat für Wirtschaft (SECO) weiterleiten.

2 Der Antrag des Kantons muss die folgenden Angaben enthalten:

a. den kantonalen Steuererleichterungsentscheid;
b. eine Bestätigung, dass sein Entscheid mit Artikel 23 Absatz 3 des Bundesgesetzes vom 14. Dezember 1990[1] über die Harmonisierung der direkten Steuern der Kantone und Gemeinden übereinstimmt;
c. eine Schätzung der nach seinem Entscheid für das gesuchstellende Unternehmen zu erwartenden Steuerersparnisse auf kantonaler und kommunaler Ebene;
d. den für die Steuererleichterung beantragten Höchstbetrag;
e. den für die Steuererleichterung beantragten Beginn;
f. den ohne die Steuererleichterung für die beantragte Dauer zu erwartenden Bundessteuerbetrag;
g. den Geschäftsplan;
h. eine Darstellung der besonderen regionalwirtschaftlichen Bedeutung des Vorhabens.

3 Der Kanton muss seinen Antrag spätestens 270 Kalendertage nach Beginn der Steuerpflicht beim SECO unter Verwendung des vorgegebenen Formulars einreichen. Für Vorhaben von bestehenden Unternehmen muss der Antrag spätestens im selben Kalenderjahr eingereicht werden, in dem zum ersten Mal ein Umsatz durch das Vorhaben generiert wird.

4 Reicht der Kanton den Antrag nicht formgerecht ein, so räumt ihm das SECO eine Nachfrist zur Verbesserung ein. Es verbindet diese Nachfrist mit der Androhung, nach unbenutztem Fristablauf nicht auf den Antrag einzutreten. Das SECO informiert gleichzeitig das gesuchstellende Unternehmen über die Nachfrist.

---

[1] SR 642.14

⁵ Reicht der Kanton den Antrag nicht fristgerecht ein, so wird darauf nicht eingetreten.

⁶ Das SECO kann weitere Angaben verlangen.

Art. 14 Zuständigkeit

Der Kanton bestimmt die kantonale Stelle, die für die Antragsstellung, die Verlängerung und die Aufsicht des Vollzugs zuständig ist.

Art. 15 Verfügung des WBF

¹ Das WBF entscheidet über das Gesuch gestützt auf den Antrag des Kantons und die Beurteilung des SECO.

² Der Antrag des Kantons wird nach dem im Zeitpunkt seiner vollständigen Einreichung beim SECO geltenden Bundesrecht beurteilt.

³ In seiner Verfügung legt das WBF insbesondere folgende Elemente fest:
  a. den Höchstbetrag der Steuererleichterung;
  b. den Beginn, die Dauer und das Ende der Steuererleichterung;
  c. die Bedingungen und Auflagen.

⁴ Die Verfügung des WBF wird dem gesuchstellenden Unternehmen eröffnet.

⁵ Das WBF informiert den antragstellenden Kanton sowie die für die Veranlagung zuständige kantonale Behörde über die dem Unternehmen eingeräumte Bundessteuererleichterung. Es informiert ebenfalls die Eidgenössische Steuerverwaltung (ESTV).

⁶ Das SECO kann einem Unternehmen auf dessen Antrag gestatten, die Nutzung der Steuererleichterung während deren Dauer ganz oder teilweise aufzuschieben. Betrag und Dauer der gewährten Steuererleichterung bleiben dadurch unberührt.

Art. 16 Aufsicht

¹ Das SECO überprüft die Einhaltung der Bedingungen und Auflagen.

² Die ESTV übermittelt dem SECO jährlich die vom Kanton erhaltenen Daten über die Höhe der steuerbaren Reingewinne, für die die direkte Bundessteuer nicht erhoben wurde.

³ Die Kantone liefern dem SECO spätestens zwölf Monate nach Geschäftsabschluss des Unternehmens die Daten zur Entwicklung der Arbeitsplätze sowie alle anderen Daten und Dokumente, die für die Überprüfung der Einhaltung der Bedingungen und Auflagen sowie für die Evaluation der Auswirkungen der gewährten Steuererleichterungen erforderlich sind.

⁴ Sie melden dem SECO Abweichungen vom ursprünglichen Vorhaben, die sich möglicherweise auf die Steuererleichterungsverfügung auswirken, sobald sie davon Kenntnis erhalten.

Art. 17 Revisionsstelle

Unternehmen, die der Revisionspflicht nach Artikel 727 oder 727a des Obligationenrechts (OR)[1] unterstehen, müssen die Daten zur Entwicklung der Arbeitsplätze jährlich durch die Revisionsstelle bestätigen lassen und diese an die Kantone und den Bund weiterleiten.

Art. 18 Information

Das SECO veröffentlicht jährlich:
a. die aggregierten Daten der gesamtschweizerisch tatsächlich gewährten Steuererleichterungen;
b. je Vorhaben, für das Steuererleichterungen gewährt werden:
   1. den Namen des Unternehmens,
   2. den Durchführungsort,
   3. die Grössenordnung der Zahl der Arbeitsplätze, die dadurch geschaffen oder neu ausgerichtet werden sollen.

5. Abschnitt: Widerruf und unrechtmässige Beanspruchung

Art. 19 Widerruf

1 Das WBF widerruft seine Verfügung betreffend Bundessteuererleichterungen, sofern ein Kanton seinen entsprechenden kantonalen Steuererleichterungsentscheid widerruft. Die Widerrufsverfügung des WBF richtet sich materiell am kantonalen Widerrufsentscheid aus, insbesondere enthält sie gleichartige Nachzahlungsmodalitäten.

2 Zudem widerruft das WBF seine Verfügung betreffend Bundessteuererleichterungen ganz oder teilweise, unabhängig von einem kantonalen Entscheid, insbesondere wenn:
a. die in der Verfügung festgelegten Mindestanforderungen nicht erfüllt sind;
b. die in der Verfügung festgelegten Bedingungen oder Auflagen nicht oder nicht mehr erfüllt sind; oder
c. die Steuererleichterung unrechtmässig beansprucht wurde.

3 Im Fall eines Widerrufs nach Absatz 2 muss der Betrag der gewährten Steuererleichterung entrichtet werden.

4 Das WBF kann seine Verfügungen gemäss Absatz 1 oder 2 nur während einer Frist widerrufen, die der anderthalbfachen Dauer der Bundessteuererleichterung entspricht.

Art. 20 Unrechtmässig beanspruchte Steuererleichterungen

Eine Steuererleichterung gilt namentlich als unrechtmässig beansprucht, wenn:
a. die Voraussetzungen für die Gewährung der Steuererleichterung an das Vorhaben nicht oder nicht mehr erfüllt sind; oder
b. das Unternehmen die Steuererleichterung missbräuchlich beansprucht hat, namentlich indem es falsche Angaben gemacht hat.

---

[1] SR 220

6. Abschnitt: Schlussbestimmungen

Art. 21 Aufhebung eines anderen Erlasses

Die Verordnung vom 28. November 2007[1] über die Gewährung von Steuererleichterungen im Rahmen der Regionalpolitik wird aufgehoben.

Art. 22 Übergangsbestimmungen für die Steuererleichterungen

¹ Steuererleichterungen, die nach altem Recht gewährt wurden, bleiben bis zum Ende ihrer Laufzeit gültig.

² Das WBF kann Steuererleichterungen, die nach altem Recht gewährt wurden, bis zum Ende ihrer Laufzeit gemäss dem zum Zeitpunkt der Verfügung anwendbaren alten Recht ändern. Vorbehalten bleibt Absatz 3.

³ Änderungen bezüglich des Orts des Vorhabens werden gemäss den zum Zeitpunkt des geplanten Umzugs geltenden Anwendungsgebieten beurteilt. Bei einem Umzug innerhalb desselben Kantons kann die Verfügung geändert werden. Bei einem Umzug in einen anderen Kanton ist ein neues Gesuch um Steuererleichterung, insbesondere unter Berücksichtigung von Artikel 6 Absatz 3, einzureichen.

⁴ Artikel 17 gilt nicht für Unternehmen, die der Revisionspflicht nach Artikel 727 oder 727*a* OR[2] unterstehen und denen nach altem Recht Steuererleichterungen gewährt wurden.

⁵ Das SECO veröffentlicht die Angaben nach Artikel 18 Buchstabe b nicht zu Unternehmen, denen nach altem Recht Steuererleichterungen gewährt wurden.

Art. 23 Übergangsbestimmungen für Bürgschaften

¹ Für Bürgschaften, die aufgrund des Bundesgesetzes vom 6. Oktober 1995[3] zugunsten wirtschaftlicher Erneuerungsgebiete und vor Inkrafttreten der Verordnung vom 28. November 2007[4] über die Gewährung von Steuererleichterungen im Rahmen der Regionalpolitik gewährt wurden, gelten bis zu ihrem Auslaufen die Übergangsbestimmungen nach Artikel 22.

² Bürgschaften, die vor Inkrafttreten der Verordnung vom 28. November 2007 über die Gewährung von Steuererleichterungen im Rahmen der Regionalpolitik beschlossen wurden, können auf maximal acht Jahre verlängert werden.

³ Widerruft ein Kanton einen Rückbürgschaftsbeschluss, so widerruft der Bund den entsprechenden Bürgschaftsentscheid ebenfalls.

⁴ Der Widerruf des Bürgschaftsentscheids des WBF richtet sich materiell am kantonalen Widerrufsentscheid aus.

Art. 24 Inkrafttreten

Diese Verordnung tritt am 1. Juli 2016 in Kraft.

---

[1] [AS **2007** 6865]
[2] SR **220**
[3] [AS **1996** 1918, **2001** 1911, **2006** 2197 Anhang Ziff. 144 4301. AS **2007** 681 Anhang Ziff. I 4]
[4] [AS **2007** 6865]

N 6.3 Verordnung des WBF über die Festlegung der zu den Anwendungsgebieten für Steuererleichterungen gehörenden Gemeinden
SR 901.022.1

vom 10. Oktober 2022 (Stand am 1. Januar 2023)

Das Eidgenössische Departement für Wirtschaft, Bildung und Forschung (WBF),

gestützt auf Artikel 3 Absatz 3 der Verordnung vom 3. Juni 2016[1] über die Gewährung von Steuererleichterungen im Rahmen der Regionalpolitik,

verordnet:

Art. 1 Anwendungsgebiete

Als Anwendungsgebiete gelten folgende Gemeinden:

a. im Kanton Aargau: Klingnau, Menziken, Reinach, Zurzach;
b. im Kanton Appenzell Ausserrhoden: Bühler, Wolfhalden;
c. im Kanton Appenzell Innerrhoden: Gonten, Oberegg, Schlatt-Haslen;
d. im Kanton Bern: Biglen, Corgémont, Court, Frutigen, Hasle bei Burgdorf, Huttwil, Langnau im Emmental, Loveresse, Lützelflüh, Meiringen, Moutier, Oberdiessbach, Péry-La Heutte, Reconvilier, Reichenbach im Kandertal, Rüegsau, Schwarzenburg, Sonceboz-Sombeval, Sumiswald, Tavannes, Tramelan, Worb;
e. im Kanton Basel-Landschaft: Oberdorf;
f. im Kanton Freiburg: Billens-Hennens, Mézières, Romont, Villaz;
g. im Kanton Glarus: Glarus, Glarus Süd;
h. im Kanton Graubünden: Albula/Alvra, Bregaglia, Cazis, Disentis/Mustér, Fideris, Furna, Ilanz/Glion, Jenaz, Küblis, Luzein, Poschiavo, Schiers, Schluein, Scuol, Seewis im Prättigau, Thusis, Trun, Val Müstair, Zernez;
i. im Kanton Jura: Alle, Cornol, Courgenay, Courrendlin, Courroux, Courtedoux, Courtételle, Delémont, Haute-Sorne, Les Bois, Porrentruy, Rossemaison, Saignelégier;
j. im Kanton Luzern: Schüpfheim, Willisau, Wolhusen;
k. im Kanton Neuenburg: La Chaux-de-Fonds, Le Landeron, Le Locle, Val-de-Travers;
l. im Kanton St. Gallen: Ebnat-Kappel, Flums, Goldach, Mels, Rheineck, Rorschach, Rorschacherberg, Uzwil, Wattwil;
m. im Kanton Schaffhausen: Hallau, Oberhallau, Siblingen, Trasadingen, Wilchingen;
n. im Kanton Solothurn: Balsthal, Breitenbach;
o. im Kanton Thurgau: Amriswil, Hefenhofen;
p. im Kanton Tessin: Ascona, Bellinzona, Biasca, Brione sopra Minusio, Cadenazzo, Gordola, Locarno, Losone, Lumino, Minusio, Muralto, Orselina, Tenero-Contra, Terre di Pedemonte;
q. im Kanton Uri: Altdorf, Bürglen, Erstfeld, Gurtnellen, Schattdorf, Seedorf, Silenen;

[1] SR **901.022**

r. im Kanton Waadt: Aigle, Bex, Château-d'Oex, Cheseaux-Noréaz, Cossonay, Echallens, Grandson, Lavey-Morcles, Montagny-près-Yverdon, Moudon, Penthalaz, Rennaz, Sainte-Croix, Valeyres-sous-Montagny, Vallorbe, Yverdon-les-Bains;
s. im Kanton Wallis: Ardon, Bitsch, Brig-Glis, Collombey-Muraz, Conthey, Dorénaz, Fully, Gampel-Bratsch, Leuk, Martigny, Martigny-Combe, Massongex, Monthey, Naters, Niedergesteln, Raron, Riddes, Saint-Léonard, Saint-Maurice, Saxon, Sierre, Sion, St. Niklaus, Steg-Hohtenn, Turtmann-Un-terems, Vernayaz, Vétroz, Vouvry;
t. im Kanton Zürich: Bachenbülach, Dürnten, Rüti.

Art. 2 Aufhebung eines anderen Erlasses

Die Verordnung des WBF vom 3. Juni 2016[1] über die Festlegung der zu den Anwendungsgebieten für Steuererleichterungen gehörenden Gemeinden wird aufgehoben.

Art. 3 Inkrafttreten

Diese Verordnung tritt am 1. Januar 2023 in Kraft.

Karte

★ mittelstädtische Zentren mit suburbanen Gemeinden
▲ kleinstädtische Zentren mit suburbanen Gemeinden
• ländliche Zentren
• weitere Zentren im ländlichen Raum

---

[1] AS **2016** 2183

N 6.4 Verordnung des WBF über die Gewährung von Steuererleichterungen im Rahmen der Regionalpolitik
SR 901.022.2

vom 3. Juni 2016 (Stand am 1. Juli 2016)

Das Eidgenössische Departement für Wirtschaft, Bildung und Forschung (WBF),

gestützt auf die Artikel 1 Absatz 2, 10 Absatz 2 und 11 Absatz 3 der Verordnung vom 3. Juni 2016[1] über die Gewährung von Steuererleichterungen im Rahmen der Regionalpolitik (Bundesratsverordnung),

verordnet:

Art. 1 Industrielle Unternehmen

Als industrielle Unternehmen im Sinne der Bundesratsverordnung gelten Unternehmen, die, unabhängig davon, ob sie ihren Sitz im Inland oder im Ausland haben, in einem der folgenden Wirtschaftszweige tätig sind:

a. verarbeitendes Gewerbe und Herstellung von Waren gemäss Abschnitt C der Allgemeinen Systematik der Wirtschaftszweige des Bundesamtes für Statistik (BFS) von 2008[2];

b. Erbringung von Dienstleistungen der Informationstechnologie gemäss Abschnitt J Abteilung 62 der Allgemeinen Systematik der Wirtschaftszweige des BFS von 2008.

Art. 2 Produktionsnahe Dienstleistungsbetriebe

Als produktionsnahe Dienstleistungsbetriebe im Sinne der Bundesratsverordnung gelten industrielle Unternehmen, die Vorhaben ausserhalb der Wirtschaftszweige nach Artikel 1 realisieren.

Art. 3 Vorhaben

Das Vorhaben besteht in der Gründung oder Neuausrichtung einer juristischen Einheit oder einer Betriebsstätte.

Art. 4 Neuausrichtung

Eine Neuausrichtung der Arbeitsplätze liegt vor, wenn die betriebliche Tätigkeit insgesamt oder Teile davon wesentlich geändert werden. Wesentlich ist eine Änderung, wenn sie:

a. eine neuartige Lösung zur Verbesserung von Produkten, Produktionsprozessen oder betriebswirtschaftlichen Prozessen zur Folge hat; und

b. Investitionen auslöst, die nicht ausschliesslich dazu dienen, bestehende Investitionen zu ersetzen.

---

[1] SR 901.022
[2] www.noga.bfs.admin.ch

Art. 5 Lehrstellen und Personalverleih

¹ Lehrstellen werden als Arbeitsplätze angerechnet.

² Nicht als Arbeitsplätze angerechnet werden die Stellen, die von Personal nach Artikel 27 der Arbeitsvermittlungsverordnung vom 16. Januar 1991[1] besetzt sind.

Art. 6 Regionalwirtschaftliche Bedeutung

¹ Die regionalwirtschaftliche Bedeutung ist gegeben, wenn das Vorhaben mindestens vier Kriterien von Artikel 8 Absatz 1 Buchstaben a-h der Bundesratsverordnung entspricht.

² Die vier massgebenden Kriterien sind vom Kanton im Antrag auszuweisen.

Art. 7 Beginn der Steuererleichterung des Bundes

¹ Die Steuererleichterung beginnt am Tag, an dem das neu gegründete Unternehmen oder die neu eröffnete Betriebstätte nach Artikel 54 Absatz 1 des Bundesgesetzes vom 14. Dezember 1990[2] über die direkte Bundessteuer (DBG) steuerpflichtig wird. Wenn die Steuerpflicht zum Zeitpunkt der Antragsstellung noch nicht begonnen hat, so beginnt die Laufzeit der Steuererleichterung spätestens am 1. Januar des Kalenderjahres, das dem Kalenderjahr folgt, in dem der vollständige Antrag nach Artikel 13 Absatz 2 der Bundesratsverordnung beim SECO eingereicht wurde.

² Für Vorhaben bestehender Unternehmen beginnt die Laufzeit der Steuererleichterung am 1. Januar des Kalenderjahres, in dem durch das betreffende Vorhaben nach anerkannten Rechnungslegungsstandards gemäss Obligationenrecht[3] zum ersten Mal ein Umsatz erzielt wurde.

³ Wird bis zum Zeitpunkt der Antragsstellung durch das Vorhaben eines bestehenden Unternehmens kein Umsatz erzielt, so beginnt die Laufzeit der Steuererleichterung spätestens am 1. Januar des Kalenderjahres, das dem Kalenderjahr folgt, in dem der vollständige Antrag nach Artikel 13 Absatz 2 der Bundesratsverordnung beim SECO eingereicht wurde.

⁴ Die Steuererleichterung des Bundes muss nicht gleichzeitig mit derjenigen des Kantons beginnen.

Art. 8 Ausnahmen

¹ In begründeten Fällen, in denen das Unternehmen die wertschöpfende Aktivität nur verzögert aufnehmen kann, namentlich bei baulichen Massnahmen, kann die Steuererleichterung abweichend von Artikel 7 Absätze 1 und 3 später beginnen.

² Die Steuererleichterung nach Absatz 1 beginnt spätestens am 1. Januar des sechsten Kalenderjahres, nachdem der Antrag eingereicht wurde.

³ Das Kalenderjahr, in dem der Antrag nach Artikel 13 Absatz 2 der Bundesratsverordnung beim SECO eingereicht wurde, wird in Absatz 2 nicht einbezogen.

⁴ Der Antrag des Kantons um einen späteren Beginn nach Absatz 1 muss eine Begründung und einen detaillierten Zeitplan enthalten.

---

[1] SR 823.111
[2] SR 642.11
[3] SR 220

Art. 9 Höchstbetrag

¹ Der Höchstbetrag der Steuererleichterung nach Artikel 11 Absatz 3 der Bundesratsverordnung wird aufgrund folgender Masszahlen berechnet:
   a. AP_{neu}: Anzahl Arbeitsplätze, die durch das Vorhaben neu geschaffen werden sollen;
   b. $AP_{erhalten}$: Anzahl Arbeitsplätze, die durch das Vorhaben erhalten und gemäss Artikel 4 neu ausgerichtet werden sollen;
   c. B_{neu}: Betrag pro neu zu schaffenden Arbeitsplatz;
   d. $B_{erhalten}$: Betrag pro zu erhaltenden und gemäss Artikel 4 neu auszurichtenden Arbeitsplatz;
   e. N: Dauer der Steuererleichterung des Bundes in Anzahl Kalenderjahren.

² Das WBF berechnet den Höchstbetrag der Steuererleichterung für deren gesamte Dauer aufgrund folgender Formel:

$[(AP_{neu} \times B_{neu}) + (AP_{erhalten} \times B_{erhalten})] \times N$

³ B_{neu} beträgt 95 000 Franken, $B_{erhalten}$ 47 500 Franken.

⁴ Das WBF überprüft mindestens jede zweite Legislaturperiode die Formel und die massgebenden Werte.

⁵ Gewährte Steuererleichterungen werden durch die allfällige Anpassung der Formel und der massgebenden Werte nicht berührt.

Art. 10 Ermittlung der neu zu schaffenden Arbeitsplätze (AP_{neu})

¹ Wenn in der ersten Hälfte der Laufzeit der Steuererleichterungen mindestens 50 Prozent der gemäss Geschäftsplan über die gesamte Dauer der Steuererleichterung des Bundes geplanten neuen Arbeitsplätze geschaffen werden, so entspricht AP_{neu} der im Geschäftsplan enthaltenen Gesamtzahl dieser Arbeitsplätze.

² Wenn in der ersten Hälfte der Laufzeit der Steuererleichterungen weniger als 50 Prozent der gemäss Geschäftsplan über die gesamte Dauer der Steuererleichterung des Bundes geplanten neuen Arbeitsplätze geschaffen werden, so entspricht AP_{neu} der Anzahl der in der ersten Hälfte geschaffenen Arbeitsplätze multipliziert mit dem Faktor 2.

³ Läuft die Steuererleichterung über eine ungerade Anzahl Jahre, so wird die Erfüllungsfrist um sechs Monate verlängert.

⁴ Bei Vorhaben produktionsnaher Dienstleistungsbetriebe ist die Voraussetzung gemäss Artikel 6 Absatz 2 der Bundesratsverordnung bis zur Hälfte der Laufzeit zu erfüllen.

Art. 11 Anrechnung der Steuerschuld an die Steuererleichterung

¹ Die geschuldete direkte Bundessteuer des Unternehmens wird von der für die Veranlagung des Unternehmens zuständigen kantonalen Behörde, unter Vorbehalt von Artikel 15 Absatz 6 der Bundesratsverordnung, so lange an den Betrag der gewährten Steuererleichterung des Bundes angerechnet, bis dieser aufgebraucht ist, jedoch nicht über die Dauer der Steuererleichterung hinaus.

² An den Betrag der Steuererleichterung können ausschliesslich die aus dem Vorhaben anfallenden Steuern angerechnet werden.

³ Der Kanton sichert die Kontrolle über die Abrechnung für jede Steuerperiode der Steuererleichterung.

Art. 12 Bearbeitungsfrist

Der Antrag des Kantons wird innerhalb von drei Monaten nach Einreichung des vollständigen Antrags beim SECO bearbeitet. Falls die Bearbeitungsdauer nicht eingehalten werden kann, informiert das SECO den Kanton über das weitere Vorgehen.

Art. 13 Jahresrapport

¹ Der Kanton übermittelt die Daten nach Artikel 16 Absatz 3 der Bundesratsverordnung unter Verwendung des vom SECO vorgegebenen Jahresrapportformulars (Jahresrapport).

² Der Jahresrapport ist zu unterschreiben:
   a. vom Unternehmen zur Bestätigung der Richtigkeit der angegebenen Informationen;
   b. vom Kanton zur Bestätigung, dass er die angegebenen Informationen auf ihre Plausibilität hin geprüft hat.

³ Fehlt eine Unterschrift, so gilt der Jahresrapport als unvollständig und nicht eingereicht.

⁴ Anstatt den Jahresrapport zu unterzeichnen, kann das Unternehmen auch einen separaten Bericht mit den im Jahresrapport geforderten Informationen unterzeichnen.

⁵ Die Bestätigung der Revisionsstelle nach Artikel 17 der Bundesratsverordnung ist dem Jahresrapport beizulegen. Anstatt eine separate unterzeichnete Bestätigung beizulegen, kann die Revisionsstelle den Jahresrapport unterschreiben.

Art. 14 Weiterführung der Steuererleichterung

¹ Das SECO prüft die Einhaltung der Bedingungen und Auflagen für die Weiterführung der Steuererleichterung insbesondere auf der Grundlage des Jahresrapports.

² Soweit es für diese Prüfung notwendig ist, kann das SECO weitere Angaben und Dokumente, insbesondere eine Kopie der Arbeitsverträge, verlangen.

³ Nach Ablauf der Hälfte der Dauer der Steuererleichterung informiert es schriftlich über deren Weiterführung oder deren Ende und setzt dem Unternehmen eine Frist zur Stellungnahme. Das SECO informiert gleichzeitig den antragstellenden Kanton, die für die Veranlagung zuständige kantonale Behörde sowie die Eidgenössische Steuerverwaltung.

⁴ Nach erfolgter Information kann das Unternehmen beim SECO innerhalb der nach Absatz 3 festgelegten Frist eine beschwerdefähige Verfügung des WBF verlangen.

Art. 15 Inkrafttreten

Diese Verordnung tritt am 1. Juli 2016 in Kraft.

StGB

Strafgesetzbuch

N 7 Auszug aus dem Schweizerischen Strafgesetzbuch (StGB) SR 311.0

vom 21. Dezember 1937 (Stand am 1. Januar 2023)

Die Bundesversammlung der Schweizerischen Eidgenossenschaft,

gestützt auf Artikel 123 der Bundesverfassung[1],[2] nach Einsicht in eine Botschaft des Bundesrates vom 23. Juli 1918[3],

beschliesst:

☞ *Die zukünftige Änderung durch folgendes Gesetz ist mit einem Hinweis im Text integriert:*
- *BG vom 17.12.2021 über die Harmonisierung der Strafrahmen; voraussichtlich in Kraft ab 1.1.2024 (der Bundesrat bestimmt das Inkrafttreten)*

---

[1] SR **101**
[2] Fassung gemäss Ziff. I des BG vom 30. Sept. 2011 in Kraft seit 1. Juli 2012 (AS **2012** 2575; BBl **2010** 5651 5677).
[3] BBl **1918** IV 1

Auszug StGB | Die Steuergesetze des Bundes | Ausgabe 2023

...

Zweites Buch: Besondere Bestimmungen

...

Siebzehnter Titel: Verbrechen und Vergehen gegen die Rechtspflege

...

Art. 305bis[1] **Geldwäscherei**

1. Wer eine Handlung vornimmt, die geeignet ist, die Ermittlung der Herkunft, die Auffindung oder die Einziehung von Vermögenswerten zu vereiteln, die, wie er weiss oder annehmen muss, aus einem Verbrechen oder aus einem qualifizierten Steuervergehen herrühren, wird mit Freiheitsstrafe bis zu drei Jahren oder Geldstrafe bestraft.[2]

1bis. Als qualifiziertes Steuervergehen gelten die Straftaten nach Artikel 186 des Bundesgesetzes vom 14. Dezember 1990[3] über die direkte Bundessteuer und nach Artikel 59 Absatz 1 erstes Lemma des Bundesgesetzes vom 14. Dezember 1990[4] über die Harmonisierung der direkten Steuern der Kantone und Gemeinden, wenn die hinterzogenen Steuern pro Steuerperiode mehr als 300 000 Franken betragen.[5]

2. In schweren Fällen ist die Strafe Freiheitsstrafe bis zu fünf Jahren oder Geldstrafe. Mit der Freiheitsstrafe wird eine Geldstrafe bis zu 500 Tagessätzen verbunden.[6] Ein schwerer Fall liegt insbesondere vor, wenn der Täter:
   a. als Mitglied einer Verbrechensorganisation handelt;
   b. als Mitglied einer Bande handelt, die sich zur fortgesetzten Ausübung der Geldwäscherei zusammengefunden hat;
   c. durch gewerbsmässige Geldwäscherei einen grossen Umsatz oder einen erheblichen Gewinn erzielt.

> ☞ *Art. 305bis Ziff. 2 erster Absatz wird durch das BG über die Harmonisierung der Strafrahmen voraussichtlich per 1.1.2024 wie folgt geändert:*
>
> *2. In schweren Fällen ist die Strafe Freiheitsstrafe bis zu fünf Jahren oder Geldstrafe.*

3. Der Täter wird auch bestraft, wenn die Haupttat im Ausland begangen wurde und diese auch am Begehungsort strafbar ist.[7]

---

[1] Eingefügt durch Ziff. I des BG vom 23. März 1990, in Kraft seit 1. Aug. 1990 (AS **1990** 1077; BBl **1989** II 1061).
[2] Fassung gemäss Ziff. I 4 des BG vom 12. Dez. 2014 zur Umsetzung der 2012 revidierten Empfehlungen der Groupe d'action financière, in Kraft seit 1. Jan. 2016 (AS **2015** 1389; BBl **2014** 605).
[3] SR **642.11**
[4] SR **642.14**
[5] Eingefügt durch Ziff. I 4 des BG vom 12. Dez. 2014 zur Umsetzung der 2012 revidierten Empfehlungen der Groupe d'action financière, in Kraft seit 1. Jan. 2016 (AS **2015** 1389; BBl **2014** 605). Siehe auch die UeB dieser Änd. am Schluss des Textes.
[6] Strafdrohungen neu umschrieben gemäss Ziff. II 1 Abs. 16 des BG vom 13. Dez. 2002, in Kraft seit 1. Jan. 2007 (AS **2006** 3459; BBl **1999** 1979).
[7] Berichtigt von der Redaktionskommission der BVers (Art. 33 GVG – AS **1974** 1051).

Art. 305ter[1] Mangelnde Sorgfalt bei Finanzgeschäften und Melderecht[2]

1 Wer berufsmässig fremde Vermögenswerte annimmt, aufbewahrt, anlegen oder übertragen hilft und es unterlässt, mit der nach den Umständen gebotenen Sorgfalt die Identität des wirtschaftlich Berechtigten festzustellen, wird mit Freiheitsstrafe bis zu einem Jahr oder Geldstrafe bestraft.[3]

2 Die von Absatz 1 erfassten Personen sind berechtigt, der Meldestelle für Geldwäscherei im Bundesamt für Polizei Wahrnehmungen zu melden, die darauf schliessen lassen, dass Vermögenswerte aus einem Verbrechen oder aus einem qualifizierten Steuervergehen nach Artikel 305bis Ziffer 1bis herrühren.[4]

...

Übergangsbestimmung der Änderung vom 12. Dezember 2014[5]

Artikel 305bis ist nicht anwendbar auf qualifizierte Steuervergehen im Sinne von Artikel 305bis Ziffer 1bis, die vor dem Inkrafttreten der Änderung vom 12. Dezember 2014 begangen wurden.

...

---

1 Eingefügt durch Ziff. I des BG vom 23. März 1990, in Kraft seit 1. Aug. 1990 (AS **1990** 1077; BBl **1989** II 1061).
2 Fassung gemäss Ziff. I des BG vom 18. März 1994, in Kraft seit 1. Aug. 1994 (AS **1994** 1614; BBl **1993** III 277).
3 Strafdrohungen neu umschrieben gemäss Ziff. II 1 Abs. 16 des BG vom 13. Dez. 2002, in Kraft seit 1. Jan. 2007 (AS **2006** 3459; BBl **1999** 1979).
4 Eingefügt durch Ziff. I des BG vom 18. März 1994 (AS **1994** 1614; BBl **1993** III 277). Fassung gemäss Ziff. I 4 des BG vom 12. Dez. 2014 zur Umsetzung der 2012 revidierten Empfehlungen der Groupe d'action financière, in Kraft seit 1. Jan. 2016 (AS **2015** 1389; BBl **2014** 605).
5 AS **2015** 1389; BBl **2014** 605

Vorlagen

Vorlagen im gesetzgeberischen Prozess

N 8 Überblick über wichtige Vorlagen im gesetzgeberischen Prozess[1]

An dieser Stelle erhalten Sie Informationen über ausgewählte Vorlagen, welche im gesetzgeberischen Prozess bereits weit fortgeschritten (von beiden Räten angenommene parlamentarische Initiativen und Motionen oder bereits vom Bundesrat ausgearbeitete Entwürfe sowie Volksinitiativen) und Gegenstand der politischen Diskussion sind.

- *8.1 Teilrevision des Mehrwertsteuergesetzes*
- *8.2 Abschaffung des Eigenmietwertes*
- *8.3 Mindestbesteuerung grosser Unternehmensgruppen*
- *8.4 Elektronische Verfahren bei der Mehrwertsteuer*
- *8.5 Meldung von Einzelunternehmen an das Handelsregister durch die ESTV*
- *8.6 Einführung des Trusts im OR und steuerliche Anpassungen*

[1] Quelle: vgl. ESTV

8.1 Teilrevision des Mehrwertsteuergesetzes
(Botschaft vom 24.9.2021)

Am 24.9.2021 hat der Bundesrat die Botschaft zur Änderung des Mehrwertsteuergesetzes verabschiedet. Die Teilrevision umfasst verschiedene Anpassungen, namentlich in den Bereichen Steuerpflicht, Steuerabrechnung und Steuersicherung. Im Bereich des Versandhandels sollen elektronische Plattformen wie Internet-Marktplätze selbst als Leistungserbringer und Leistungserbringerinnen gelten und nicht mehr die Unternehmen, die ihre Produkte über diese Plattformen vertreiben. Entziehen sich Plattformen oder Versandhandelsunternehmen ihren Mehrwertsteuerpflichten, kann die ESTV ein Einfuhrverbot oder eine Vernichtung der Sendungen verfügen und die Namen der fehlbaren Unternehmen zum Schutz der Kunden und Kundinnen veröffentlichen. Die Vorlage sieht weiter die Einführung der jährlichen Abrechnung mit Ratenzahlungen zur Senkung des administrativen Aufwands der Unternehmen vor. Als Massnahmen zur Steuersicherung soll einerseits der Handel mit Emissionsrechten und vergleichbaren Rechten der Bezugsteuer unterstellt und andererseits die Möglichkeit geschaffen werden, in bestimmten Fällen von einem Mitglied des geschäftsführenden Organs einer juristischen Person eine Sicherheit zu verlangen. Schliesslich setzt die Vorlage die überwiesenen Motionen der Kommission für Wirtschaft und Abgaben des Ständerates (WAK-S) «Keine Mehrwertsteuer auf subventionierten Aufgaben», «Beseitigung der Ungleichbehandlung von Sport- und Kulturvereinen», «Mehrwertsteuer für ausländische Tour Operators» sowie «Reduzierter Mehrwertsteuersatz für Damenhygieneartikel» und «Keine Behinderung der hausärztlich koordinierten Versorgung durch den Fiskus» um. Am 10.5.2022 nahm der Nationalrat die Revision mit 129 zu 53 Stimmen bei einer Enthaltung an. Die Vorlage muss nun vom Ständerat behandelt werden (voraussichtlich in der 1. Hälfte 2023).

8.2 Abschaffung des Eigenmietwertes
(Parlamentarische Initiative vom 27.5.2021)

Aufgrund einer parlamentarischen Initiative hat die WAK-S am 27.5.2021 einen Bericht über den Systemwechsel bei der Wohneigentumsbesteuerung zuhanden des Bundesrates verfasst. Am 21.9.2021 ist der Ständerat auf die Vorlage zur Abschaffung des Eigenmietwerts eingetreten. Im Schweizer Steuersystem soll es zu einem grundsätzlichen Wechsel kommen: Die Besteuerung des Eigenmietwerts soll auf Bundes- und Kantonsebene abgeschafft werden. Am 29.9.2022 ist der Nationalrat zwar auf die Vorlage eingetreten; er will die Abschaffung des Eigenmietwertes aber noch nicht beraten und schickt sie auf eine Zusatzrunde zurück in die Kommission. Die Vorlage sei zu komplex geworden, befand er. Mit der Beratung ist nun frühestens im Herbst 2023 zu rechnen.

8.3 Mindestbesteuerung grosser Unternehmensgruppen
(Mindestbesteuerungsverordnung, MindStV)
(Vernehmlassung vom 17.8.2022)

Am 17.8.2022 hat der Bundesrat die Vernehmlassung zur Verordnung über die Mindestbesteuerung grosser Unternehmensgruppen (Mindestbesteuerungsverordnung, MindStV) eröffnet. Der Bundesrat wählt für die Umsetzung des OECD/G20-Projekts zur Besteuerung der digitalen Wirtschaft (siehe dazu S. 279) ein schrittweises Vorgehen. Auf der Grundlage einer Verfassungsänderung (BB vom 16.12.2022 über eine besondere Besteuerung grosser Unternehmensgruppen; siehe S. 3 und 7f.) wird die weltweit beschlossene Mindeststeuer anhand der MindStV umgesetzt, bis ein entsprechendes Gesetz ausgearbeitet ist. Die

Mindestbesteuerung von Unternehmensgruppen mit einem weltweiten Umsatz von über 750 Mio. Euro soll mittels einer Ergänzungssteuer sichergestellt werden. Der Entwurf der MindStV ist auf Seite 287f. abgedruckt. Die Verordnung übernimmt die von der OECD/G20 erarbeiteten Mustervorschriften mit einem Verweis, um die internationale Kompatibilität des schweizerischen Regelwerks zu gewährleisten. Daneben präzisiert die MindStV insbesondere die Aufteilung des Kantonsanteils an der Ergänzungssteuer. Unter Voraussetzung der Annahme der Verfassungsänderung in der Volksabstimmung vom 18.6.2023 wird die MindStV per 1.1.2024 in Kraft gesetzt.

8.4 Elektronische Verfahren bei der Mehrwertsteuer; Änderung der MWSTV (Vernehmlassung vom 29.6.2022)

Am 1.1.2022 ist Artikel 65a des Bundesgesetzes über die Mehrwertsteuer (MWSTG) in Kraft getreten. Diese Bestimmung sieht vor, dass der Bundesrat die elektronische Durchführung von Verfahren vorschreiben und dabei deren Modalitäten regeln kann. Erste Prozesse bei der Mehrwertsteuer sollen nur noch elektronisch abgewickelt werden (Vernehmlassung vom 29.6.2022). Es sind dies die Anmeldung als steuerpflichtige Person und die Abrechnung sowie Korrekturen an der Abrechnung. Erfolgt eine Anmeldung oder Abrechnung einschliesslich der Korrekturen nicht elektronisch über das hierfür vorgesehene Portal, wird die ESTV die nicht korrekte Anmeldung oder Abrechnung zurückweisen und die steuerpflichtige Person an ihre Verpflichtung nach Artikel 123 MWSTV erinnern (auf die entsprechenden Änderungen wird in der MWSTV direkt hingewiesen, siehe S. 495 und 510).

8.5 Automatisierte Meldung von Einzelunternehmen an das Handelsregister durch die ESTV; Änderung des MWSTG (Vernehmlassung vom 29.6.2022)

Die Geheimhaltungsbestimmung des Mehrwertsteuergesetzes soll angepasst werden (Vernehmlassung vom 29.6.2022), damit die ESTV dem Bundesamt für Statistik und den Handelsregisterbehörden Einzelunternehmen, die bei der Mehrwertsteuer mindestens 100 000 Franken Umsatz deklarieren, aber nicht im Handelsregister eingetragen sind, automatisiert melden darf. Eine Überprüfung der Eintragungspflicht bei Einzelunternehmen mit weniger als 100 000 Franken Umsatz erübrigt sich dadurch künftig, was den administrativen Aufwand von Einzelunternehmen und von den Handelsregisterbehörden reduziert.

8.6 Einführung des Trusts im OR und steuerliche Anpassungen (Vernehmlassung vom 12.1.2022)

Die Errichtung eines Trusts soll gemäss Vernehmlassung vom 12.1.2022 künftig auch nach Schweizer Recht möglich sein. Im Auftrag des Parlaments schlägt der Bundesrat deshalb die Einführung eines neuen Rechtsinstituts im Obligationenrecht (OR) vor. Neben der neuen Regelung des Trusts im OR sollen verschiedene Bundesgesetze entsprechend angepasst werden. Namentlich soll künftig in den Steuergesetzen explizit geregelt werden, wie Trusts steuerlich behandelt werden. Derzeit erfolgt die Besteuerung nach Massgabe der allgemeinen steuerrechtlichen Grundsätze sowie zweier Kreisschreiben. Konkret schlägt der Bundesrat vor, die bisherigen Prinzipien beizubehalten. Unwiderrufliche Trusts ohne feste Ansprüche der Begünstigten sollen neu im Grundsatz analog zur Stiftung besteuert werden.

D

Dictionnaire

Dictionnaire (d|f|i|e)

Dictionnaire | Die Steuergesetze des Bundes | Ausgabe 2023

183 Tage
f 183 jours
i 183 giorni
e 183 days

à fonds perdu-Zuschuss
f prestation à fonds perdu
i prestazione a fondo perso
e à fonds perdu contribution

Abfindung
f versement de capital
i liquidazione in capitale
e lump-sum settlement

Abgabe
f droit
i tassa
e duty

Abgabe, Ausnahmen
f exonération du droit
i esenzione da tassa
e tax exemption, duty

Abgabe, Emissionsabgabe
f droit d'émission
i tassa di emissione
e stamp duty

Abgabe, Stempelabgaben
f droit de timbre
i tasse di bollo
e stamp duty

Abgeltungssteuer
f impôt libératoire
i imposta liberatoria
e final withholding tax

abgezogene Vermögenswerte
f avoirs transférés
i valori patrimoniali trasferiti
e withdrawn assets

Abkommen, Anwendung
f accord, application de l'
i accordo, applicazione dell'
e convention, application of the

Abkommen, Geltungsbereich
f convention, champ d'application de la
i convenzione, campo d'applicazione della
e convention, scope of the

Abkommen, zwischenstaatliches
f convention internationale
i convenzione internazionale
e international convention

Abkommensvergünstigungen
f avantages prévus par la Convention
i benefici della Convenzione
e treaty benefits

Abmeldung, als Steuerpflichtiger
f déclaration d'assujettissement
i annuncio dell'assoggettamento
e de-registration, as taxable person

Abrechnung, Einreichung der
f décompte, remise du
i rendiconto, presentazione del
e return, submission of the

Abrechnung, nach vereinbarten Entgelten
f décompte selon les contreprestations convenues
i rendiconto secondo le controprestazioni convenute
e reporting, based on agreed considerations

Abrechnung, nach vereinnahmten Entgelten
f décompte selon les contreprestations reçues
i rendiconto secondo le controprestazioni ricevute
e reporting, based on collected considerations

Abrechnung, zwischen Bund und Kantonen
f décompte avec la Confédération et cantons
i conteggio tra confederazione e cantoni
e reporting, between federation and canton

Abrechnungsart
f mode de décompte
i sistema di rendiconto
e reporting, form of

Abrechnungsart, Wechsel
f mode de décompte, changement
i sistema di rendiconto, cambiamento
e form of reporting, change

Abrechnungsmethode, effektive
f méthode de décompte effective
i metodo di rendiconto effettivo
e effective reporting method

Abrechnungsperiode
f période de décompte
i periodo di rendiconto
e reporting period

Abrechnungsverfahren, vereinfachtes
f procédure simplifiée
i procedura di conteggio semplificata
e simplified settlement procedure

Abschlagsrückerstattungen
f remboursement par acomptes
i rimborso per acconti
e reimbursement, on account

Abschlussvollmacht
f pouvoir de signature
i firma autorità
e signing authority

Abschreibungen
f amortissements
i ammortamenti
e depreciation / amortisation

Abschreibungen, auf Gestehungskosten
f amortissements sur le coût d'investissement
i ammortamenti sui costi di produzione
e depreciation, of production costs

Abschreibungen, Goodwill
f amortissements, goodwill
i ammortamenti, goodwill
e depreciations, goodwill

Abschreibungen, selbst geschaffener Mehrwert
f amortissements, valeur ajoutée générée en interne
i ammortamenti, valore aggiunto generata internamente
e depreciations, internally generated added value

Abschreibungen, wiedereingebrachte
f amortissements récupérés
i ammortamenti recuperati
e depreciation, recovered

Absicht, dauernden Verbleibens
f intention de s'établir
i intenzione di stabilirsi durevolmente
e intention to remain permanently

Absorption
f absorption
i incorporazione
e merger

Abspaltung
f séparation
i separazione
e spin-off

Dictionnaire (d|f|i|e) | Dictionnaire

Abstammung
f parentèle
i discendenza
e descent

Abtretung, von Forderungen
f cession d'une créance
i cessione del credito
e assignment, of claims

Abzüge
f déductions
i deduzioni
e deductions

Abzüge, allgemeine
f déductions générales
i deduzioni generali
e deductions, in general

Abzüge, Bussen
f déductions, amendes
i deduzioni, multe
e deductions, fines

Abzüge, finanzielle Sanktionen
f déductions, sanctions financières
i deduzioni, sanzioni pecuniarie
e deductions, financial sanctions

Abzüge, Mitarbeit der Ehegatten
f déductions, collaboration des époux
i deduzioni, collaborazione dei coniugi
e deductions, collaboration of spouses

Abzüge, Pauschalabzug
f déductions forfaitaires
i deduzioni complessive
e lump-sum deduction

Abzüge, Selbständigerwerbender
f déductions, activité lucrative indépendante
i deduzioni, attività lucrativa indipendente
e deductions, gainful activity self-employed

Abzüge, Sozialabzug
f déductions sociales
i deduzioni sociali
e social deduction

Abzüge, Steuerabzug
f déductions, retenue d'impôt
i deduzioni, ritenuta d'imposta
e tax deduction

Abzüge, Steueraufwand
f déductions, charges d'impôts
i deduzioni, oneri di imposta
e deductions, tax expense

Abzüge, Unselbständigerwerbender
f déductions, activité lucrative dépendante
i deduzioni, attività lucrativa dipendente
e employed, deductions

Abzüge, Vorsteuerabzug
f déduction de l'impôt préalable
i deduzione dell'imposta precedente
e deductions, deduction of input tax

administrative Sanktionen
f sanctions administratives
i sanzioni amministrative
e administrative sanctions

Adoption
f adoption
i adozione
e adoption

Affidavit
f affidavit
i affidavit
e affidavit

Agio-Lösung
f solution dite de l'agio
i soluzione aggio
e agio solution

AHV
f AVS
i AVS
e old age, survivors and invalidity insurance

AHV, Ergänzungsleistungen
f AVS, prestations complémentaires
i AVS, prestazioni complementari
e complementary contribution

Aktenaufbewahrung
f conservation, dossiers
i conservazione, atti
e record-keeping

Akteneinsicht
f consultation des dossiers
i esame degli atti
e access records

Aktien
f actions
i azioni
e shares

Aktien, Gratisaktien
f actions gratuites
i azioni gratuite
e bonus shares

Aktiven, nicht betriebsnotwendige
f actif/substance non nécessaire à l'exploitation
i attivi non necessari all'azienda
e assets, non-operating

Alimente
f pension alimentaire
i alimenti
e alimony

allgemeine Abzüge
f déductions générales
i deduzioni generali
e general deductions

Alters-, Hinterlassenen- und Invalidenversicherung
f assurance vieillesse, survivants et invalidité
i assicurazione vecchiaia, superstiti e invalidità
e old age, survivors and invalidity insurance

Altersleistungen
f prestations de vieillesse
i prestazioni di vecchiaia
e retirement benefits

Altersvorsorgefonds, anerkannter
f fonds de pension reconnu
i fondo di previdenza professionale riconosciuto
e recognised pension funds

ALV
f AC
i AD
e unemployment insurance

ALV, Taggeld
f AC, indemnité journalière
i AD, indennità giornaliere
e unemployment insurance, daily allowance

amtliche Kontrolle
f contrôle officiel
i controllo ufficiale
e official audit

Amtsblatt, Publikation von Entscheiden
f feuille officielle, publication des décisions
i foglio ufficiale, pubblicazione di sentenze
e official gazette, publication of decisions

Amtsgeheimnis
f secret de fonction
i segreto d'ufficio
e official secret

Dictionnaire | Die Steuergesetze des Bundes | Ausgabe 2023

Amtshilfe
- f collaboration entre autorités
- i assistenza tra autorità
- e administrative assistance

Amtshilfe, Fristen
- f assistance administrative, délais
- i assistenza amministrativa, termini
- e administrative assistance, deadlines

Amtshilfe, internationale
- f assistance administrative internationale
- i assistenza amministrativa internazionale
- e administrative assistance, international

Amtshilfe, Steuerprüfung im Ausland
- f assistance administrative, contrôles fiscaux à l'étranger
- i assistenza amministrativa, controlli fiscali all'estero
- e administrative assistance, tax audits abroad

Amtshilfe, verstorbene Person
- f assistance administrative, personne décédée
- i assistenza amministrativa, persone defunte
- e administrative assistance, deceased person

Amtshilfe, Vollstreckung
- f assistance administrative, recouvrement
- i assistenza amministrativa, recupero
- e administrative assistance, recovery

Amtshilfe, Zustellung von Schriftstücken
- f assistance administrative, notification de documents
- i assistenza amministrativa, notifica di documenti
- e administrative assistance, service of documents

Amtspflichten
- f obligations des autorités
- i doveri dell'autorità
- e official obligations

Amtsträger
- f agents publics
- i funzionari
- e civil servants

Änderung, nachträgliche
- f modification ultérieure
- i modifica successiva
- e change, subsequent

Änderung, rechtskräftiger Entscheide
- f modification des décisions entrées en force
- i modificazione delle decisioni cresciute in giudicato
- e change to the assessment

Änderung, Vorsteuerabzug
- f modification de la déduction de l'impôt préalable
- i modifica della deduzione dell'imposta precedente
- e change, input tax deduction

Angemessenheit
- f adéquation
- i adeguatezza
- e reasonableness

Anhören, des Steuerpflichtigen
- f entendre le contribuable
- i diritto ad essere sentito del contribuente
- e hearing, of the person liable to taxes

Anlagefonds
- f fonds de placement
- i fondo d'investimento
- e investment funds

Anlagekosten
- f dépenses d'investissement
- i spese d'investimento
- e investment costs

Anlagevermögen, betriebliches
- f biens immobilisés de l'exploitation
- i beni immobili aziendali
- e fixed operating assets

Anlagevermögen, betriebsnotwendiges
- f immobilisations nécessaires à l'entreprise
- i capitale investito necessario all'attività aziendale
- e fixed assets, operationally necessary

Anleger
- f investisseurs
- i investitori
- e investors

Anleihe
- f emprunt
- i prestito
- e bond / loan

Anleihensobligationen
- f obligation d'emprunt
- i obbligazione di prestito
- e bond

Anmeldung, als Steuerpflichtiger
- f inscription comme contribuable
- i annuncio dell'inizio dell'assoggettamento
- e registration, as a person liable to taxes

Anpassung, der kantonalen Gesetzgebung
- f adaption de la législation cantonale
- i adeguamento delle legislazioni cantonali
- e amendment of the cantonal legislation

Anrechnung ausländischer Quellensteuern
- f imputation d'impôts étrangers prélevés à la source
- i computo di imposte alla fonte estere
- e recognition of foreign withholding taxes

Anrechnung, bei Grundstücken
- f imputation, méthode d'imputation
- i computo, sistema di computo dell'imposta
- e imputation, imputation method

Anrechnung, der Steuer
- f imputation de l'impôt
- i imputazione dell'imposta
- e tax credit

Anrechnung, Geschäftsverluste bei der Grundstückgewinnsteuer
- f crédit d'impôt sur les gains immobiliers pour pertes d'entreprise
- i credito d'imposta sugli utili immobiliari per perdite aziendali
- e tax credit on profit from real estate for business losses

ansässige Person
- f résident
- i residente
- e resident

Anschaffungskosten
- f frais d'acquisition, fortune
- i costi d'acquisto
- e cost of acquisition

Anschuldigung
- f griefs
- i imputazioni
- e accusation

Anspruch auf Vergünstigungen
f droit aux avantages
i diritto a benefici
e entitlement to benefits

Ansprüche, aus Vorsorge
f prétentions de prévoyance
i pretese derivanti dalla previdenza
e claims arising from providence

Anstiftung
f instigation
i istigazione
e incitement

Anteile, an Grundstücken
f parts d'immeubles
i parti d'immobili
e shares, of property

Antiquitäten
f antiquités
i antichità
e antiques

Antrag, auf Rückerstattung
f demande de remboursement
i domanda di rimborso
e request for refund

Antrag, der Behörden
f proposition d'autorités
i domanda / istanza dell'autorità
e application, of the authorities

Antrag, der Steuerpflichtigen
f demande du contribuable
i domanda / istanza del contribuente
e application, of the person liable to pay taxes

Anwendungsgebiete, Steuererleichterungen
f zones d'application, allégements fiscaux
i zone di applicazione, sgravio di imposta
e application areas, tax relief

Anzeige
f dénonciation à l'autorité
i denuncia
e denunciation

Anzeige, Selbstanzeige
f dénonciation, annonce spontanée
i denuncia, autodenuncia
e denunciation, self-indictment

Arbeitgeber
f employeur
i datore di lavoro
e employer

Arbeitgeberbeitragsreserven
f réserves de cotisations d'employeur
i riserve dei contributi del datore di lavoro
e n.a.

Arbeitnehmer
f salariés
i salariati
e employee

Arbeitnehmer, ausländische
f travailleurs étrangers
i lavoratori stranieri
e foreign employee

Arbeitnehmer, ohne Niederlassungsbewilligung
f travailleurs sans permis d'établissement
i lavoratori senza permesso di domicilio
e employees without residence permit

Arbeitnehmer, Quellensteuer
f travailleurs, impôt à la source
i lavoratori, all'imposta alla fonte
e employees, source tax (on wages)

Arbeitsbeschaffungsreserven
f réserves de crise
i riserve di crisi
e job creation reserve

Arbeitsbeschaffungsreserven, Übertragung
f réserves de crise, transfert des
i riservi di crisi, trasferimento di
e job creation reserve, transfer of

Arbeitsentgelte, kleine
f rémunérations, petites
i rimunerazioni, piccole
e remunerations, minor

Arbeitslosenversicherung
f assurance-chômage
i assicurazione contro la disoccupazione
e unemployment insurance

Arbeitslosigkeit
f chômage
i disoccupazione
e unemployment

Arbeitsverhältnis
f activité pour le compte d'autrui
i rapporto di lavoro
e employment

Arbeitsverhältnis, öffentlich-rechtliches
f activités de droit public
i rapporto di lavoro di diritto pubblico
e public law employment

Arbeitsverhältnis, zum Bund
f activité / travail pour le compte de la Confédération
i attività per conto della Confederazione
e employment on behalf of the Confederation

Architekten
f architectes
i architetti
e architects

Archivierung
f archivage
i archiviazione
e archiving

Arrest / Beschlagnahme
f séquestre
i sequestro
e attachment

Artist
f artiste
i artista
e artist

Ärzte
f médecins
i medici
e doctors

Aufbewahrung, Dauer / Frist
f conservation, délais
i conservazione, termini
e safekeeping, time limits

Aufbewahrung, durch Behörden
f conservation, autorités
i conservazione, autorità
e safekeeping, authorities

Aufbewahrung, durch Steuerpflichtige
f conservation, contribuable
i conservazione, contribuente
e safekeeping, taxable person

Aufdeckung, stille Reserven
f déclaration des réserves latentes
i dichiarazione di riserve occulte
e disclosure, hidden reserves

Aufdeckung stiller Reserven, Sondersteuer
f déclaration des réserves latentes, imposition séparée
i dichiarazione di riserve occulte, tassa separata
e disclosure of hidden reserves, special tax rate

Aufenthalt, gewöhnlicher
f séjourner de façon habituelle
i soggiorno / dimora abituale
e usual residence

Aufenthalt, Quellensteuer
f séjour, imposition à la source
i soggiorno / dimora, imposta alla fonte
e residence, source tax

Aufenthalt, Unterbrechung
f séjour, interruption
i soggiorno, interruzione
e residence, interruption

Aufenthaltsbewilligung
f autorisation de séjour
i permesso di soggiorno
e residence permit

Auffangeinrichtung
f institution supplétive
i istituto collettore
e substitute institution

Aufgabe, der Erwerbstätigkeit
f cesser d'exercer un activité lucrative
i cessazione dell'attività lucrativa
e termination, gainful activity

Aufgeld
f agios
i aggio
e premium

Auflösung, Ehe
f dissolution, mariage
i scioglimento, matrimonio
e dissolution, marriage

Auflösung, Gesellschaft
f dissolution, société
i scioglimento, società
e liquidation, business

Aufnahme, der Erwerbstätigkeit
f début de l'activité lucrative
i inizio dell'attività lucrativa
e start of a gainful activity

Aufschubstatbestände
f différé, faits justifiant un
i differimento, fattispecie
e tax deferral cases

Aufsicht
f surveillance
i vigilanza
e public supervision

Aufsichtsbeschwerde
f recours à l'autorité de surveillance
i reclamo all'autorità di vigilanza
e complaint of the supervisory body

Aufsichtsratsvergütungen
f tantièmes
i indennità per amministratore
e supervisory board emoluments

Aufspaltung
f division
i divisione
e division

Aufwand, geschäftsmässig begründet
f charges justifiées par l'usage commercial
i oneri giustificati dall'uso commerciale
e expense, business related

Aufwand, geschäftsmässig nicht begründet
f charges non justifiées par l'usage commercial
i oneri non giustificati dall'uso commerciale
e expense, non-business related

Aufwandbesteuerung
f dépense, imposition d'après la
i dispendio, imposta secondo il
e expenses, tax based on

Aufwendungen, unausscheidbare
f impenses inéductibles
i spese indivisibili
e expenses, non-deductible

Aufwendungen, wertvermehrende
f impenses augmentant la valeur
i costi che hanno aumentato il valore
e value-increasing expenditure

Aufwertung
f réévaluation
i rivalutazione contabile
e revaluation

Aufzeichnungen
f enregistrements
i documenti
e records

Ausbeutung, von Bodenschätzen
f exploitation de ressources naturelles
i estrazione di risorse naturali
e exploitation of mineral resources

Ausbildung
f formation
i formazione
e training

Ausbildung, berufsorientierte
f formation à des fins professionnelles
i formazione professionale
e professional education

Ausbildungskosten
f frais de formation
i costi di formazione
e training costs

Auseinandersetzung, güterrechtliche
f liquidation du régime matrimonial
i scioglimento del regime dei beni
e settlement, marital property rights

Ausfuhr / Export
f exportation
i esportazione
e export

Ausfuhr, im Reiseverkehr
f exportation dans le trafic touristique
i esportazione nel traffico turistico
e export in the touristic industry

Ausfuhrverfahren
f procedure d'exportation
i regime d'esportazione
e export procedure

Ausgaben / Einnahmen, Aufstellung
f dépenses / recettes, relevé
i uscite / entrate, distinte
e expenditure / receipts, statement

ausgenommene Leistungen
f prestations exclues du champ de l'impôt
i prestazioni escluse dall'imposta
e exempt from the tax without credit, supplies

Ausgleichsfonds
f fonds de compensation
i fondo di compensazione
e compensation fund

Ausgleichskasse
f assurance de compensation
i assicurazioni di compensazione
e settlement fund

Ausgleichszahlung
 f paiements compensatoires
 i pagamenti compensativi
 e compensatory payment

Ausgleichszins
 f intérêt compensatoire
 i interesse di compensazione
 e compensatory interest

Auskunftspflicht, der Behörden
 f renseignements des autorités
 i informazione dell'autorità, obbligo d'
 e obligation, to provide information of the authorities

Auskunftspflicht, des Steuerpflichtigen
 f renseignements du contribuable
 i informazione del contribuente, obbligo d'
 e obligation, to provide information of the taxpayer

Auskunftspflicht, Dritter
 f renseignements de tiers
 i informazione di terzi, obbligo d'
 e obligation, to provide information to third parties

Auskunftsrecht
 f renseignements, droit d'obtenir des
 i informazione, diritto d'
 e right to receive information

Ausland
 f étranger
 i estero
 e abroad

Ausland, Arbeitsverhältnis zum Bund
 f étranger, activité pour le compte de la Confédération
 i estero, attività per conto della Confederazione
 e abroad, employment on behalf of the Confederation

Ausland, Leistungen aus dem
 f étranger, prestations de l'
 i estero, prestazioni dall'
 e abroad, services from

Ausland, Lieferung / Beförderung ins
 f étranger, livraison à l'
 i estero, fornitura all'
 e abroad, delivery / transport

Ausland, Sitz / Verwaltung im
 f étranger, siège / administration
 i estero, sede / amministrazione all'estero
 e abroad, residence / management

Ausland, Sitzverlegung ins
 f étranger, transfert de siège à l'
 i estero, trasferimento di sede all'estero
 e abroad, transfering the registered office

Ausland, Übertragung ins
 f étranger, report hors de Suisse
 i estero, trasferimento all'
 e abroad, transfer

Ausland, Werte im
 f étranger, éléments à l'
 i estero, patrimonio all'estero
 e abroad, values

Ausland, Wohnsitz im
 f étranger, domicile à l'
 i estero, domicilio all'estero
 e abroad, place of domicile

Ausländer
 f étrangers
 i stranieri
 e foreigner

ausländisch beherrschte Gesellschaft
 f sociétés dominées par des étrangers
 i società dominate da stranieri
 e foreign controlled company

ausländische Betriebstätte
 f établissement stable sis à l'étranger
 i stabilimento d'impresa all'estero
 e permanent establishment abroad

ausländische Betriebstätte, Verlustverrechnung
 f établissement stable situé à l'étranger, déduction de pertes
 i stabilimento d'impresa situato all'estero, compensazione di perdite
 e permanent establishment abroad, offsetting of losses

ausländische Gesellschaft / Unternehmen
 f société / entreprise étrangère
 i società / imprese estera
 e foreign company

ausländische Handelsgesellschaft
 f société commerciale étrangère
 i società commerciali estere
 e trading companies, foreign

ausländische Liegenschaften, Verluste
 f étranger, pertes sur des immeubles à l'
 i estero, perdite su immobili all'
 e foreign real estate, loss on

ausländische Personengesamtheiten
 f communautés de personnes étrangères
 i comunità di persone straniere
 e foreign partnership

ausländische Staaten
 f états étrangers
 i stati esteri
 e foreign states

ausländische Steuern
 f impôts à l'étranger
 i imposta estera
 e tax, foreign

ausländische Währung
 f monnaie étrangère
 i valuta estera
 e foreign currency

Auslandverluste
 f pertes à l'étranger
 i perdite all'estero
 e foreign losses

Ausnahmen, ausgenommene Leistungen
 f exceptions, prestations exclues du champ de l'impôt
 i eccezioni, prestazioni escluse dall'imposta
 e exempt from the tax without credit, supplies

Ausnahmen, von der Steuer
 f exceptions, impôts
 i eccezioni, tassa
 e exceptions, tax

Ausnahmen, von der Steuerpflicht
 f exonérations de l'assujettissement
 i esenzione dall'assoggettamento
 e exceptions, from the tax liability

Aussage verweigern
 f refuser de déposer
 i non rispondere al procedimento
 e refuse to give evidence

Ausschluss, vom Vorsteuerabzug
 f exclusion de la déduction de l'impôt
 i esclusione della deduzione dell'imposta
 e exclusion, from deduction of input tax

Ausschüttung
 f distribution
 i distribuzione
 e distribution

Ausstand
 f récusation
 i ricusazione
 e challenge

Austausch, Beteiligungsrechte
f échange de droits de participation
i scambio di diritti di partecipazione
e exchange, of investments

Austauschreparaturen
f réparation avec échange de pièces
i riparazioni con sostituzione di pezzi
e exchange repair

Ausübungspreis
f prix d'exercice
i prezzo di esercizio
e exercise price

automatisierte Kasse
f caisse enregistreuse
i cassa di registrazione automatica
e automated registration

B

Bank
f banque
i banca
e bank

Bankbürgschaft
f cautionnement d'une banque
i fideiussione bancaria
e bank guarantee

Bankgeheimnis
f secret bancaire
i segreto bancario
e bank secrecy

Bankkonto
f compte bancaire
i conto bancario
e bank account

Bankstiftungen
f fondations bancaires
i fondazioni bancarie
e bank foundations

Barauslagen
f dépenses en espèces
i spese in contanti
e out-of-pocket expenses

Barwert
f valeur actuelle
i valore monetario
e monetary value

Bauausführung
f chantier de construction
i cantiere di costruzione
e building site

Baukonsortien
f consortiums de construction
i impresa consortile
e construction consortiums

Baukreditzinsen
f intérêts du crédit à la construction
i interessi di credito di costruzione
e building loan interest

Bauleistungen
f travaux immobiliers
i prestazioni di costruzione
e construction services

Baurechtsvertrag, Einkünfte aus
f droit de superficie, revenus
i contratto di superficie, redditi
e ground rent contract, income from

Baurechtszinsen
f intérêts du droit de superficie
i interessi di diritto di superficie
e ground rent

Bausparabzug
f déduction pour l'épargne-logement
i deduzione per il risparmio mirato per l'alloggio
e deduction for building society savings

Baustelle
f chantier de construction
i cantiere di costruzione
e construction project

Beamte
f fonctionnaires
i funzionario
e civil servant

Befähigung verschaffen, zu verfügen
f pouvoir de disposer
i potere di disporre
e competence, to disposition

Beförderung, grenzüberschreitende
f transport transfrontalier
i trasporto all'estero
e transportation, cross-border

Beförderung, Transport
f transport
i trasporto
e transportation

Beförderungsleistungen
f prestations de transport
i prestazioni di trasporto
e transportation services

befreiter Anleger
f investisseurs exonérés
i investitori esentati
e exempt investor

Befreiung, Verzicht auf
f libération, renonciation à la
i esenzione, rinuncia all'
e exemption, waiver of

Befreiung, von der Steuerpflicht
f exemption, assujettissement à l'impôt
i esenzioni, obbligo d'imposta
e exemption, tax liability

Befreiung, von Einfuhren
f importations franches d'impôt
i importazioni esenti da imposta
e tax exempted imports

Befreiung, von Einkünften
f revenus exonérés
i redditi esenti da tassa
e tax exempt income

Befreiung, von Leistungen
f exonérées de l'impôt, prestations
i esenti dall'imposta, prestazioni
e exempt from the tax, supplies

Befreiungsmethode
f méthode d'exemption
i metodo dell'esenzione
e exemption method

Begehren, um gerichtliche Beurteilung
f demande de jugement
i domanda di decisione giudiziaria
e application, for a court ruling

Beginn, der Steuerpflicht
f début de l'assujettissement
i inizio dell'assoggettamento
e commencement, of the tax liability

Begründung, schriftliche
f motif, par écrit
i motivazione, per scritto
e written grounds

Begründung, von Beteiligungsrechten
f création de droits de participation
i costituzione di diritti di partecipazione
e creation, of investments

begünstigte Person
f bénéficiaire
i beneficiario
e beneficiary

Begünstigte, institutionelle
f bénéficiaires institutionnels
i beneficiari istituzionali
e institutional beneficiaries

Begünstigung
- f entrave à l'action pénale
- i favoreggiamento
- e aiding and abetting

Beherbergung
- f hébergement
- i alloggio
- e accommodation

behinderungsbedingte Kosten
- f frais liés au handicap
- i spese per disabilità
- e costs incurred by disability

Behörden
- f autorités
- i autorità
- e authorities

Beilagen, zur Steuererklärung
- f annexes, déclaration d'impôt
- i allegati, dichiarazione d'imposta
- e attachments, to the tax return

Beiträge, an Vorsorgeeinrichtung
- f cotisations de la prévoyance
- i contributi di previdenza
- e contributions, to providential institutions

Beitragsjahre, Einkauf
- f années d'assurance, rachat
- i anni d'assicurazione, acquisto
- e contribution years, purchase

Belege
- f pièces justificatives
- i giustificativi
- e supporting documentation

Bemessung, zeitliche
- f imposition dans le temps
- i determinazione del periodo fiscale
- e assessment, time-based

Bemessungsgrundlage
- f base de calcul
- i base del calcolo
- e measurement base

Bemessungsperiode
- f périodes de calcul
- i periodi di computo
- e assessment period

Bergwerk
- f mine
- i miniera
- e mine

Berichtigung
- f rectification
- i rettifica
- e amendment

Berichtigung, Schreibversehen
- f rectification, erreurs de transcription
- i rettifica, errore di scrittura
- e amendment, transcription error

berufliche Vorsorge
- f prévoyance professionnelle
- i previdenza professionale
- e providence, occupational

Berufsgeheimnis
- f secret professionnel
- i segreto professionale
- e professional secret

Berufskosten
- f dépenses professionnelles
- i spese professionali
- e business expenses

Berufskosten, Pendler-Abzug
- f déduction fiscale accordée aux pendulaires
- i deduzione fiscale concessa ai lavoratori pendolari
- e commuter Tax Benefits

berufsorientierte Aus- und Weiterbildung
- f fins professionnelles, formation et formation continue à des
- i professionale, formazione e formazione continua
- e professional education and training

Beschäftigungsschwierigkeiten
- f emploi menacé
- i difficoltà d'occupazione
- e employment difficulties

Bescheinigung
- f attestation
- i certificato
- e certificate

Bescheinigung, Mitarbeiterbeteiligungen
- f attestation, participations de collaborateur
- i attestazione, partecipazioni di collaboratore
- e certificate, employee participation

Bescheinigung, über Steuerabzug
- f attestation, déduction de l'impôt
- i certificato, deduzione d'imposta
- e certificate, tax deduction

Bescheinigungspflicht, Dritter
- f attestation de tiers, obligation
- i obbligo di certificato di terzi
- e obligatory certification, of third parties

beschränkte Steuerpflicht
- f assujettissement limité
- i assoggettamento limitato
- e limited tax liability

Beschwerde, gegen Einspracheentscheid
- f recours contre la décision sur réclamation
- i ricorso contro la decisione sul reclamo
- e objection decision, appeal against

Beschwerde, gegen Untersuchungshandlung
- f plainte au sujet des actes d'enquête
- i reclamo contro atti d'inchiesta
- e administrative appeal, against investigatory activities

Beschwerde, in öffentlich-rechtlichen Angelegenheiten
- f recours en matière de droit public
- i ricorso in materia di diritto pubblico
- e appeals in public-judicial matters

Beschwerde, in Strafsachen
- f recours en matière pénale
- i ricorso in materia penale
- e appeal in criminal matters

Beschwerde, vor Bundesgericht
- f recours devant le Tribunal fédéral
- i Tribunale federale, ricorso al
- e administrative appeal, to the Federal Court

Beschwerde, vor Bundesverwaltungsgericht
- f recours devant le Tribunal administratif fédéral
- i ricorso al Tribunale amministrativo federale
- e appeal, to the Federal Administrative Court

Beschwerde, vor kantonalem Verwaltungsgericht
- f recours devant le Tribunal administratif cantonal
- i ricorso al Tribunale amministrativo federale
- e appeal, to the Cantonal Administrative Court

Beschwerde, vor kantonaler Rekurskommission
- f recours devant la commission cantonale de recours
- i ricorso davanti alla commissione cantonale di ricorso
- e administrative appeal, to the cantonal appeals commission

Dictionnaire | Die Steuergesetze des Bundes | Ausgabe 2023

Beschwerdeverfahren
f procédure de recours
i procedura di ricorso
e appeal proceedings

Besitzdauer
f durée de la possession
i durata della proprietà
e tenure

Bestechungsgelder
f commissions occultes
i retribuzioni corruttive
e bribes

Besteuerung, nach dem Aufwand
f imposition d'après la dépense
i imposta secondo il dispendio
e lump-sum taxation

Beteiligung
f participation
i partecipazione
e investment

Beteiligung, Austausch
f participation, échange
i partecipazione, scambio
e investments, exchange

Beteiligung, Begriff
f participation, définition
i partecipazione, definizione
e investment, definition

Beteiligung, Begründung
f participation, création de droits de
i partecipazione, costituzione di diritti di
e investments, creation of

Beteiligung, Beteiligungsabzug
f participations, réduction pour
i partecipazioni, riduzione dell'imposta sul netto da
e deduction, investment

Beteiligung, Buchgewinne
f participation, bénéfice comptable
i partecipazione, utile contabile
e investment, book profit

Beteiligung, Buchverlust
f participation, perte comptable
i partecipazione, perdita contabile
e investment, book loss

Beteiligung, eigene
f participation, propres droits de
i partecipazione, propri diritti di
e own investments

Beteiligung, Ersatzbeschaffung
f participation, remplacement de
i partecipazione, sostituzione di
e investment, replacement of

Beteiligung, Haltedauer
f participation, durée de la possession
i partecipazione, durata della proprietà
e investment, tenure

Beteiligung, Handwechsel
f participation, transfert
i partecipazione, trasferimento
e investments, change of the majority

Beteiligung, Nettoertrag aus
f participations, rendement net des
i partecipazioni, ricavo netto da
e net income, from investments

Beteiligung, qualifizierte / wesentliche
f participation importante / qualifiée
i partecipazione determinante / qualificata
e investment, qualifying

Beteiligung, Übertragung
f participation, transfert
i partecipazione, trasferimento
e investments, transfer

Beteiligung, Verkauf
f participation, vente
i partecipazione, vendita
e investment, sale

Beteiligung, Verwaltung
f participation, gestion
i partecipazione, amministrazione
e investment, administration

Beteiligung, Verwaltungsaufwand
f participation, frais d'administration
i partecipazione, spese d'amministrazione
e investment, administrative expense

Beteiligung, zu Geschäftsvermögen erklärt
f participation, déclarée comme fortune commerciale
i partecipazione, dichiarata come sostanza commerciale
e investment, declared as business asset

Beteiligungsabzug
f réduction pour participations
i riduzione da partecipazioni
e investment deduction

Beteiligungsertrag
f rendement des participations
i ricavo di partecipazione
e income from investments

Beteiligungsgesellschaft
f sociétés de participation
i società di partecipazioni
e investment company

Betreibung
f procédure de poursuite
i esecuzione
e debt collection

Betreuung, Kinder / Jugendliche
f protection de l'enfance et de la jeunesse
i assistenza all'infanzia ed alla gioventù
e care, child and youth

Betrieb
f exploitation
i esercizio
e establishment

Betrieb, Übertragung
f exploitation, transfert
i esercizi, trasferimento
e enterprises, transfer

betriebliches Anlagevermögen
f biens immobilisés de l'exploitation
i beni immobili aziendali
e fixed operating assets

betriebsnotwendige Substanz
f substance nécessaire à l'exploitation
i sostanza necessaria all'esercizio aziendale
e intrinsic assets

betriebsnotwendiges Anlagevermögen
f immobilisations nécessaires à l'entreprise
i capitale investito necessario all'attività aziendale
e operationally necessary fixed assets

Betriebssparkasse
f caisse d'épargne d'entreprise
i cassa di risparmio dell'impresa
e mutual benefit association

Betriebsstätte, allgemein
f établissement stable, en général
i stabilimento d'impresa, in generale
e permanent establishment, in general

Betriebsstätte, ausländische
f établissement stable sis à l'étranger
i stabilimento d'impresa all'estero
e permanent establishment abroad

Betriebsstätte, Verluste aus
f établissement stable,
  pertes sur un
i stabilimento d'impresa, perdita
  subita da uno
e permanent establishment,
  loss from

Betriebsstätten ausländischer Unternehmen, Sockelsteuer
f établissements stables
  d'entreprises étrangères, impôt
  résiduel
i stabilimenti d'impresa di imprese
  estere, imposta residua
e permanent establishment of
  foreign companies, residual
  withholding tax

Betriebsstätten, von ausländischen Unternehmen
f établissements stables
  d'entreprises étrangères
i stabilimenti d'impresa di imprese
  estere
e branch of foreign resident
  companies

bewegliches Vermögen
f fortune mobilière
i sostanza mobiliare
e movable assets

Beweisabnahme
f offre de preuves
i ammissione delle prove
e acceptance of the evidence

Beweisausforschung
f recherche indéterminée de preuves
i ricerca generalizzata e
  indiscriminata di prove
e fishing expeditions

Beweismittel
f moyens de preuve
i mezzi di prova
e proofs

Bewertung
f évaluation
i valutazione
e valuation

Bewertung, Grundstücke
f évaluation, immeubles
i valutazione, immobili
e valuation, property

Bewertung, Mitarbeiterbeteiligungen
f evaluation des participations
  de collaborateur
i stima delle partecipazioni
  di collaboratore
e valuation, employee participation

Bewilligung
f autorisation
i autorizzazione
e approval

Bezug, der Steuer
f perception de l'impôt
i riscossione dell'imposta
e collection, of the tax

Bezug, Rechtsmittel
f perception de l'impôt,
  voies de droit
i riscossione dell'imposta,
  rimedio giuridico
e collection of the tax, right of appeal

Bezugsprovision
f commission de perception
i provvigione di riscossione
e subscription commission,
  commission

Bezugsteuer
f impôt sur les acquisitions
i imposta sull'acquisto
e acquisition tax

Bezugsteuerpflicht
f impôt sur les acquisitions,
  assujettissement
i imposta sull'acquisto,
  assoggettamento
e liability for acquisition tax

Bezugsteuerschuld
f dette fiscale
i debito fiscale
e acquisition tax liability

Bezugsverjährung
f prescription du droit de percevoir
  l'impôt
i prescrizione del diritto
  di riscossione
e time limitation for collection

Bilanz
f bilan
i bilancio
e balance sheet

Bilanz, Unterbilanz
f bilan déficitaire
i bilancio deficitario
e short balance

Bilanzvorschrift
f bilan, règles concernant le
i bilancio
e balance sheet regulation

Bildung, Ausbildung
f formation
i formazione
e education, training

Bildung, Weiterbildung
f formation, formation continue
i formazione, formazione continua
e education, further education

Bildungsinstitutionen
f coopération dans le domaine de
  la formation
i cooperazione in materia di
  istruzione
e educational institutions

Blockchain-Technologie
f technologie de la blockchain
i tecnologia blockchain
e blockchain technology

Boni, Aufwand
f bonis, charges
i abbuoni, oneri
e bonus, expenses

Boni, Einkommen aus Arbeitsverhältnis
f bonis, revenus provenant d'un
  rapport de travail
i abbuoni, proventi di un'attività
  dipendente
e bonus, employment

Börse / Handel mit Anteilen
f bourse
i borsa
e stock market

Börsenagent
f agents de change
i agenti di borsa
e stock exchange agent

Bruder
f frère
i fratello
e brother

Bruttobetrag
f montant brut
i cifra lorda
e gross amount

Bruttoeinkünfte
f revenu brut
i redditi lordi
e gross earnings

Bruttozinsklausel
f clause de montant brut
i clausole cosiddette di «gross-up»
e gross interest clause, gross-up

Bücher, Geschäftsbücher
f compte de résultats
i libri contabili
e financial statements

Bücher, Literatur
f livres
i libri
e books

Dictionnaire | Die Steuergesetze des Bundes | Ausgabe 2023

Buchforderungen
- f créances comptables
- i crediti contabili
- e book claims

Buchführung
- f comptabilité
- i contabilità
- e accounting

Buchführung, vereinfachte
- f comptabilité simplifiée
- i contabilità semplificata
- e simplified bookkeeping

Buchgewinn, auf Beteiligung
- f bénéfice comptable sur la participation
- i utile contabile sulla partecipazione
- e book profit, on investment

Buchhaltung
- f comptabilité
- i contabilità
- e bookkeeping

Buchprüfung
- f examen / contrôle des livres
- i esame di libri contabili
- e audit

Buchverlust, auf der Beteiligung
- f perte comptable sur la participation
- i perdita contabile sulla partecipazione
- e book loss, on the investment

Buchwert
- f valeur comptable
- i valore contabile
- e book value

Bundesbedienstete, im Ausland
- f fonctionnaires suisses à l'étranger
- i funzionari della confederazione all'estero
- e federal employee, abroad

Bundesgericht
- f Tribunal fédéral
- i Tribunale federale
- e Supreme Court

Bundesgericht, Beschwerde vor
- f Tribunal fédéral, recours devant le
- i ricorso al Tribunale federale
- e federal Court, administrative appeal to the

Bundesrechtspflege
- f procédure fédérale
- i procedura federale
- e federal administration of justice

Bundesstrafgericht
- f Tribunal pénal fédéral
- i Tribunale penale federale
- e federal Criminal Court

Bundesverwaltungsgericht
- f Tribunal administratif fédéral
- i Tribunale amministrativo federale
- e federal Administrative Court

Bundesverwaltungsgericht, Beschwerde vor
- f Tribunal administratif fédéral, recours devant le
- i Tribunale amministrativo federale, ricorso al
- e federal Administrative Court, appeal to the

Bürgerrecht
- f droit de cité
- i diritto di cittadinanza
- e citizenship

Bürgschaft
- f cautionnements
- i fideiussione
- e guarantee

Busse
- f amende
- i multe
- e fine

Cost plus
- f cost plus
- i cost plus
- e cost plus

Coupon, gesonderter
- f coupon distinct
- i coupon separato
- e coupon, separated

Darlehen, an Konzerngesellschaften
- f prêts à des sociétés du groupe
- i prestiti alle società del gruppo
- e intercompany loans

Darlehen, Forderung
- f prêt, créance
- i prestito, credito
- e loan, receivables

Darlehen, Schuld
- f prêt, dette
- i prestito, debito
- e loan, debt

Daten
- f données
- i dati
- e data

Datenformate, einheitliche
- f formats de données uniformes
- i formati di dati uniformi
- e data formats, uniform

Datenschutz
- f protection des données
- i protezione dei dati
- e data protection

Datenträger, ohne Marktwert
- f support de données sans valeur marchande
- i supporti di dati senza valore di mercato
- e data storage media, without market value

Dauer, der Steuerpflicht
- f durée d'assujettissement
- i durata d'assoggettamento
- e duration, of the tax liability

Dauer, Mindestdauer
- f durée minimale
- i durata minima
- e minimum duration

dauernde Lasten
- f charges durables
- i oneri permanenti
- e permanent charges

dealing at arm's lengh
- f dealing at arm's lengh
- i dealing at arm's lengh
- e dealing at arm's lengh

Deklaration
- f déclaration
- i dichiarazione
- e declaration

Denkmalpflege
- f restauration des monuments historiques
- i cura di monumenti storici
- e preservation of historic monuments

Depotbank
- f banque dépositaire
- i banca depositaria
- e depositary bank

derivative Finanzinstrumente
- f dérivés, instruments financiers
- i derivati, strumenti finanziari
- e derivates

Devisen
f devises
i divise
e foreign currencies

Dienstaltersgeschenk
f primes d'ancienneté
i premio d'anzianità
e length of service gift

Dienstbarkeit
f servitude
i servitù
e servitude

Dienstleistung, Ort der
f prestations de services, lieu des
i prestazioni di servizi, luogo delle
e service, place of a

Dienstleistungen, aus dem Ausland
f prestations de services de l'étranger
i prestazioni di servizi dall'estero
e services, from abroad

Dienststelle
f collectivité publique
i ente pubblico
e agencies

Dienstverhältnis
f rapports de service
i rapporto di dipendenza
e employment

dingliche Rechte
f droits de jouissance réels
i diritti di godimento reali
e right in rem

Diplomatie
f diplomatie
i diplomazia
e diplomacy

Diskont
f escompte
i sconto
e discount

Diskriminierungsverbot
f règle de non-discrimination
i non discriminazione regola
e non-discrimination rule

Dividenden
f dividendes
i dividendi
e dividends

Dividenden, Naturaldividenden
f dividendes en nature
i dividendi in natura
e dividend in kind

Dividenden, Substanzdividende
f dividendes, substance
i dividendi, sostanza
e dividends, substance

Dolmetscher
f interprète
i interpreti
e interpreter

Domizilerklärung
f déclaration de domicile
i dichiarazione di domicilio
e domicile deposition

Doppelbelastung, wirtschaftliche
f double imposition économique
i doppia imposizione economica
e economic double taxation

Doppelbesteuerung, interkantonale
f double imposition intercantonale
i doppia imposizione intercantonale
e double taxation, intercantonal

Doppelbesteuerung, internationale
f double imposition internationale
i doppia imposizione internazionale
e double taxation international

Doppelbesteuerung, sonstige
f double imposition, autres
i doppia imposizione, altri
e double taxation, others

Doppelbesteuerung, Vermeidung
f double imposition, élimination
i doppia imposizione, eliminazione
e double taxation, avoidance

Drittbetreuung
f garde assurée par un tiers
i cura prestata da terzi
e childcare by third parties

Druckerzeugnisse
f imprimés
i stampati
e printed matter

Durchsuchung
f perquisition
i perquisizione
e search

E

E-Books / E-Papers
f livres / journaux électroniques
i libri / giornali elettronici
e e-books / e-papers

Effektenhändler
f commerçant de titres
i negoziatore di titoli
e securities dealer

Effektenhändler, gewerbsmässiger
f commerçant de titres professionnel
i negoziatore di titoli professionale
e commercial dealer in securities

Effektenhändler, Nummer
f commerçant de titres, numéro du
i negoziatore di titoli, numero di
e dealer in securities, number

Effektenhändler, Registrierung
f commerçant de titres, enregistrement des
i negoziatore di titoli, registrazione
e dealer in securities, registration

Effektenhändler, Umsatzregister
f commerçant de titres, registre des négociations
i negoziatore di titoli, registro delle negoziazioni
e dealer in securities, transfer register

Effektenhändler, Verzeichnis
f commerçant de titres, liste
i negoziatore di titoli, elenco
e dealer in securities, list

effektive Abrechnungsmethode
f méthode de décompte effective
i metodo di rendiconto effettivo
e effective reporting method

Ehe, Scheidung
f mariage, divorce
i matrimonio, divorzio
e marriage, divorce

Ehe, Trennung
f mariage, séparation
i matrimonio, separazione
e separation, marriage

Ehe, ungetrennte
f mariage, ménage commun
i matrimonio, comunione domestica
e marriage, unseparated

Ehegatten, Abzug bei Mitarbeit
f époux, collaboration, déduction
i coniugi, collaborazione, deduzione
e spouses, deduction / collaboration

Ehegatten, Quellensteuer
f époux, imposition à la source
i coniugi, imposta alla fonte
e spouses, source tax

Dictionnaire | Die Steuergesetze des Bundes | Ausgabe 2023

Ehegatten, Steuerhinterziehung
 f époux, soustraction d'impôt
 i coniugi, sottrazione d'imposta
 e spouses, tax evasion

Ehegatten, Steuerpflicht
 f époux, assujettissement
 i coniugi, assoggettamento
 e spouses, liability to pay taxes

Ehegatten, Steuertarif
 f époux, barème de l'impôt
 i coniugi, tariffa fiscale
 e spouses, tax scale

Ehegatte, überlebender
 f conjoint survivant
 i coniuge superstite
 e surviving spouse

Ehegatten, Unterhaltsbeiträge
 f époux, pension alimentaire
 i coniugi, alimenti
 e spouses, alimony

Ehegatten, Unterzeichnung beider
 f époux, signatures des
 i coniugi, firma dei
 e spouses, signature in the case of

Ehegatten, Verfahren
 f époux, procédure
 i coniugi, procedura
 e spouses, proceedings

eigene Beteiligungsrechte/Aktien
 f propres droits de participation
 i propri diritti di partecipazione
 e own investments

Eigenfinanzierung, Abzug auf
 f autofinancement, déduction pour
 i autofinanziamento, deduzione per
 e notional interest deduction on equity

Eigenkapital
 f capital propre
 i capitale proprio
 e owner's equity

Eigenkapital, verdecktes
 f capital propre dissimulé
 i capitale proprio occulto
 e owner's equity, hidden

Eigenkapitalunterlegungssätze
 f taux de couverture du capital propre
 i tassi di copertura stabiliti
 e equity coverage rate

Eigenmietwert
 f valeur locative
 i valore locativo
 e rental value

Eigennutzung, der Liegenschaft
 f usage propre de l'habitation
 i utilizzazione a scopo personale di fondi
 e owner occupation

Eigentum
 f propriété
 i proprietà
 e property

Eigentumsbeschränkung
 f restriction à la propriété
 i restrizione del diritto di proprietà
 e restriction on title

Eigentumsförderung
 f encouragement à la propriété
 i sostegno della proprietà privata
 e promotion of ownership

Eigentumswechsel, unter Ehegatten
 f transfert de propriété entre époux
 i trasferimento di proprietà tra coniugi
 e property transfer, between spouses

Eigenverbrauch
 f prestation à soi-même
 i consumo proprio
 e own use

einfache Gesellschaft
 f société simple
 i società semplice
 e unregistered partnership

einfache Staatssteuer
 f impôt cantonal simple
 i imposta cantonale
 e simple state tax

Einfuhr
 f importation
 i importazione
 e import

Einfuhr, Gegenstände in kleinen Mengen
 f importation, biens en petites quantités
 i importazione, beni in piccole quantità
 e import, items in small quantities

Einfuhr, steuerbefreite
 f importations franches d'impôt
 i importazioni esenti da imposta
 e imports, tax exempt

Einfuhrdokument
 f document d'importation
 i documenti d'importazione
 e import document

Einfuhrsteuer
 f impôt sur les importations
 i imposta sull'importazione di beni
 e import tax

Einfuhrsteuer, Steuerpflicht
 f impôt sur les importations, assujettissement
 i imposta sull'importazione, assoggettamento
 e import tax, tax liability

Einfuhrsteuer, Veranlagung
 f impôt sur les importations, taxation à l'
 i importazione, imposizione dell'
 e import tax assessment

Einfuhrzollabgabe
 f droits de douane à l'importation
 i tributi doganali all'importazione
 e import customs duty

Eingabe
 f requête
 i allegato
 e complaint

eingetragene Partnerschaft
 f partenariat enregistré
 i unione domestica registrata
 e registered civil partnership

einheitliche Leitung
 f direction unique
 i direzione unica
 e common management

Einigung
 f accord
 i consenso
 e consensus

einjährige Steuerperiode
 f période fiscale annuelle
 i periodo fiscale annuale
 e one-year tax period

Einkauf, von Beitragsjahren
 f rachat d'années d'assurance
 i acquisto d'anni d'assicurazione
 e purchase, of contribution years

Einkauf, von Gütern
 f achat des marchandises
 i acquisto di beni
 e purchase, of goods

Einkommenssteuer
 f impôt sur le revenu
 i imposta sul reddito
 e income tax

Einkommenssteuerwert
 f valeur d'impôt sur le revenu
 i valore dell'imposta sul reddito
 e income tax value

Dictionnaire (d|f|i|e) | **Dictionnaire**

Einkünfte, aus beweglichem Vermögen
- f revenus de la fortune mobilière
- i redditi a sostanza mobiliare
- e income from movable property

Einkünfte, aus Nutzniessung
- f usufruit
- i usufrutto
- e usufruct

Einkünfte, aus unbeweglichem Vermögen
- f revenus de la fortune immobilière
- i redditi a sostanza immobiliare
- e income, from immovable property

Einkünfte, aus Vorsorge
- f revenus de la prévoyance
- i redditi da fonti previdenziali
- e income, from providence

Einkünfte, ausländische
- f revenus / recettes de source étrangère
- i redditi da fonti estere
- e income, foreign

Einkünfte, ausserordentliche
- f revenus / recettes extraordinaires
- i redditi straordinari
- e income, extraordinary

Einkünfte, Ehegatten
- f revenus, conjoints
- i redditi, coniugi
- e income, spouses

Einkünfte, einmalige
- f revenus uniques
- i redditi di carattere straordinario
- e income, unique

Einkünfte, Ersatzeinkünfte
- f revenus acquis en compensation
- i proventi compensativi
- e compensating revenue

Einkünfte, Kinder
- f revenus, enfants
- i reddito, figli
- e income, children

Einkünfte, Nebeneinkünfte
- f revenus accessoires
- i redditi accessori
- e additional income

Einkünfte, nicht regelmässige
- f revenus à caractère non périodique
- i proventi non periodici
- e income, infrequent

Einkünfte, Quellensteuer
- f revenus, imposition à la source
- i redditi, imposta alla fonte
- e income, withholding tax / source tax

Einkünfte, Selbständigerwerbender
- f revenus, activité lucrative indépendante
- i redditi, attività lucrativa indipendente
- e income, self employed

Einkünfte, steuerfreie
- f revenus, exonérés de l'impôt
- i redditi, esenti da tassa
- e income, tax exempt

Einkünfte, übrige / andere
- f revenus en général
- i redditi, altri proventi
- e income, general

Einkünfte, Unselbständigerwerbender
- f revenus, activité lucrative dépendante
- i redditi, attività lucrativa dipendente
- e income, employed

Einkünfte, wiederkehrende
- f revenus périodiques
- i redditi di carattere periodico
- e income, periodical

Einlage, Eigenkapital
- f apport en capital propre
- i apporto capitale proprio
- e contribution, equity

Einlage, Rückzahlung
- f apport, remboursement
- i apporto, rimborso
- e investment, repayment

Einlage, Sachen
- f apport en nature
- i conferimento / apporto in natura
- e contribution in kind

Einlage, Stiftung
- f apport, fondation
- i apporto, fondazione
- e contributions, foundation

Einlage, Vorsorgeeinrichtung
- f versements à des institutions de prévoyance
- i versamenti a istituzioni di previdenza
- e contributions, to providential institutions

Einlageentsteuerung
- f dégrèvement ultérieur de l'impôt préalable
- i sgravio fiscale successivo
- e de-taxation

Einmalprämie, Versicherung
- f prime unique, assurance
- i premio unico, assicurazione
- e single premium, insurance

Einmalverzinsung, Obligation
- f intérêt unique, obligation
- i interesse unico, obbligazione
- e one-time interest, bond

Einnahmen / Ausgaben, Aufstellung
- f recettes / dépenses, relevé
- i entrate / uscite, distinte
- e receipts / expenditure, statement

Einschätzungsentscheid
- f décision de taxation
- i decisione di tassazione
- e assessment decision

Einschätzungsentscheid, Einsprache
- f réclamation contre la décision de taxation
- i reclamo contro una decisione di tassazione
- e objection, against assessment decision

Einschätzungsgemeinde
- f commune de taxation
- i comune di tassazione
- e assessment municipality

Einschätzungsverfahren
- f procédure de taxation
- i procedura di tassazione
- e assessment proceedings

Einschätzungsvorschlag
- f proposition de taxation
- i proposta di tassazione
- e assessment proposition

Einsprache, als Rekurs weiterleiten
- f réclamation, transmise à titre de recours
- i reclamo, trasmessa come ricorso
- e objection, forwarding as an administrative appeal

Einsprache, gegen Veranlagungsverfügung
- f réclamation contre la décision de taxation
- i reclamo contro una decisione di tassazione
- e objection, against assessment decision

Einsprache, Rückzug
 f réclamation, retrait d'une
 i reclamo, ritiro del
 e objection, withdrawal of an

Einspracheentscheid
 f décision sur la réclamation
 i decisione su reclamo
 e objection decision

Einspracheentscheid, Beschwerde gegen
 f décision sur réclamation, recours contre la
 i decisione sul reclamo, ricorso contro la
 e appeal against an objection decision

Einspracheentscheid, Rekurs gegen
 f décision sur réclamation, recours contre la
 i decisione sul reclamo, ricorso contro la
 e administrative appeal against a decision

Einstellungsverfügung
 f décision de non-lieu
 i decisione di archiviazione
 e order of cessation

Einvernahme
 f audition
 i audizione
 e hearing

Einvernehmen, gegenseitiges
 f commun accord
 i intesa reciproca
 e agreement, mutual

Einzelunternehmen
 f entreprise individuelle
 i impresa individuale
 e sole proprietorship

Einziehung
 f confiscation
 i confisca
 e confiscation

elektronische Bestätigung der Angaben
 f confirmation électronique des données
 i conferma dei dati per via elettronica
 e electronic confirmation of the data

elektronische Bücher
 f livres électroniques
 i libri elettronici
 e e-books

elektronische Daten
 f données électroniques
 i dati elettronici
 e electronic data

elektronische Verfahren
 f procédures électroniques
 i procedure elettroniche
 e electronic procedures

elektronische Zeitungen
 f journaux électroniques
 i giornali elettronici
 e e-papers

elterliche Sorge
 f autorité parentale
 i autorità parentale
 e parental custody

elterliche Sorge, getrennt besteuerte Eltern
 f autorité parentale, parents imposés séparément
 i autorità parentale, genitori tassati separatamente
 e parental custody, separately-taxed parents

Emission, von Anteilen
 f émission des parts
 i emissione delle quote
 e issuance of parts

Emissionsabgabe
 f droit d'émission
 i tassa di emissione
 e stamp duty

Emissionsgeschäft
 f opération d'émission
 i negozio di emissione
 e security issuing

Emissionsprospekt
 f prospectus d'émission
 i prospetto d'emissione
 e underwriting prospectus

Ende, der Steuerpflicht
 f fin de l'assujettissement
 i fine dell' assoggettamento
 e end of tax liability

Energiesparen
 f économiser l'énergie
 i risparmio di energia
 e energy saving

Enteignung
 f expropriation
 i espropriazione
 e expropriation

Entgelt
 f contre-prestation, définition
 i controprestazione, definizione
 e consideration, definition

Entgelt, nachträgliche Anpassung
 f contre-prestation, adaptation ultérieure
 i controprestazione, adeguamento successivo
 e consideration, subsequent adjustment

Entgelt, vereinbartes
 f contre-prestations convenues
 i controprestazione convenuta
 e consideration, agreed

Entgelt, vereinnahmtes
 f contre-prestations reçues
 i controprestazione ricevuta
 e consideration, collected

Entgeltsminderung
 f diminution de la contre-prestation
 i diminuzione della controprestazione
 e reduction of the consideration

Entlastung von der Verrechnungssteuer
 f dégrèvement de l'impôt anticipé
 i sgravio dell'imposta preventiva
 e relief from withholding tax

Entlastungsbegrenzung
 f limitation de la réduction fiscale
 i limitazione dello sgravio fiscale
 e limitation of tax reliefs

Entrichtung, der Steuer
 f paiement de l'impôt
 i pagamento dell'imposta
 e payment of taxes

Entschädigung
 f rémunération / indemnité
 i indennità
 e compensation

Entschädigung, für Nichtausübung
 f indemnité, pour renonciation à l'exercice
 i indennità, per mancato esercizio
 e indemnity, for abandonment

Entschädigung, Gerichtsverfahren
 f indemnité, dans la procédure
 i indennità, procedimento giudiziario
 e compensation, proceeding

Entscheid, Änderung rechtskräftiger Entscheide
 f décision, modification des décisions entrées en force
 i decisione, modificazione delle decisioni cresciute in giudicato
 e decision, change to the assessment

Entscheid, Beschwerdeentscheid
 f décision sur recours
 i decisione su ricorso
 e decision, administrative appeal

Entscheid, Einschätzungsentscheid
 f décision de taxation
 i decisione di tassazione
 e assessment decision

Entscheid, Einspracheentscheid
 f décision sur la réclamation
 i decisione su reclamo
 e objection decision

Entsendung, von Mitarbeitern
 f détachement de collaborateurs
 i distaccamento di collaboratori
 e assignment of employees

Entsorgungsgebühren
 f taxes d'élimination
 i tassa di smaltimento
 e disposal fees

Entstehung, Steuerforderung
 f naissance de la créance fiscale
 i nascere del credito fiscale
 e constitution of the tax claim

Entwicklungsaufträge
 f mandats de développement
 i mandati di sviluppo
 e development mandate

Entwicklungsträger
 f agences de développement
 i agenzie di sviluppo
 e development agencies

Erbeinsetzung
 f institution d'héritier
 i istituzione d'erede
 e institution of an heir

Erben / Erbberechtigte
 f héritiers
 i eredi
 e heir / inheritor

Erbengemeinschaft
 f hoiries / communauté héréditaire
 i comunione ereditaria
 e community of heirs

Erbenhaftung
 f héritiers, responsabilité des
 i responsabilità degli eredi
 e liability of the heirs

Erbenvertreter
 f représentant des héritiers
 i rappresentante degli eredi
 e representative of heirs

Erbfolge
 f droits de succession
 i successione
 e succession

Erbgang / Erbschaft
 f succession
 i successione / eredità
 e devolution of inheritance / inheritance

Erblasser
 f défunt
 i defunto
 e testator

Erbschaft / Erbgang
 f succession
 i eredità / successione
 e inheritance / devolution of inheritance

Erbschaftsklage
 f action en pétition d'hérédité
 i petizione d'eredità
 e inheritance suit

Erbschaftssteuerinventar
 f inventaire pour l'impôt sur les successions
 i inventario dell'imposta di successione
 e death duty inventory

Erbschaftsverwalter
 f liquidateur de la succession
 i amministratore dell'eredità
 e estate administrator

Erbteil
 f part successorale
 i parte di successione
 e distributive share

Erbteilung
 f partage successoral
 i divisione dell'eredità
 e division of the estate

Erbvertrag
 f pacte successoral
 i contratto successorio
 e family settlement

Erbvorbezug
 f avancement d'hoirie
 i anticipo ereditario
 e advance against inheritance

erfolgsneutrale Vorgänge
 f résultat, éléments sans influence sur le
 i risultato, operazioni senza influenza sul
 e profit-neutral transactions

Erfolgsrechnung
 f compte de résultat
 i conto economico
 e income statement

ergänzende Kapitalsteuer
 f impôt complémentaire sur le capital
 i imposta sul capitale posticipata
 e capital tax surtax

ergänzende Vermögenssteuer
 f impôt complémentaire sur la fortune
 i imposta sul patrimonio posticipata
 e wealth tax surtax

Ergänzungsleistungen
 f prestations complémentaires
 i prestazioni complementari
 e complementary contribution

Ergänzungssteuer
 f impôt complémentaire
 i imposta integrativa
 e complementary tax

Erlass, der Steuer
 f remise de l'impôt
 i condono dell'imposta
 e remission of the tax

Erlass, Rechtsmittel
 f remise de l'impôt, voies de droit
 i condono dell'imposta, rimedio giuridico
 e tax remission, right of appeal

Erlassgesuch
 f demande de remise
 i domanda di condono
 e request for remission

Ermässigung
 f réduction
 i riduzione
 e reduction

Ermässigung, bei Steuerhinterziehung
 f réduction, soustraction d'impôt
 i riduzione, sottrazione d'imposta
 e reduction, tax evasion

Ermässigung, Grundstückgewinnsteuer
 f réduction, impôt sur les gains immobiliers
 i riduzione, imposta sul maggior valore immobiliare
 e reduction, tax on profit from real estate

Ermessen, pflichtgemässes
 f appréciation consciencieuse
 i valutazione coscienziosa
 e fair discretion

Dictionnaire | Die Steuergesetze des Bundes | Ausgabe 2023

Ermessensmissbrauch
- f abus de pouvoir
- i abuso d'arbitrio
- e abuse of discretion

Eröffnung, der Veranlagung
- f notification de la taxation
- i notificazione della tassazione
- e communication of the assessment

Errungenschaftsbeteiligung
- f participation aux acquêts
- i partecipazione agli acquisti
- e participation in acquired property

Ersatzbeschaffung
- f remploi
- i sostituzione di beni
- e replacement

Ersatzbeschaffung, Beteiligungen
- f remplacement de participation
- i sostituzione di partecipazione
- e replacement of investment

Ersatzeinkünfte
- f revenus acquis en compensation
- i proventi compensativi
- e compensating revenue

Ersatzgrundstück
- f immeuble de remplacement
- i fondo sostitutivo
- e compensating property

Ersatzneubau
- f construction de remplacement
- i immobile di sostituzione
- e replacement construction

Erschleichen, einer falschen Beurkundung
- f obtention frauduleuse d'une constatation fausse
- i conseguimento fraudolento di una falsa attestazione
- e obtaining, a fraudulent document

Erschleichen, eines Beitrages
- f obtention frauduleuse d'un subside
- i conseguimento fraudolento di contributi
- e obtaining, a fraudulent contribution

Ertrag, aus Beteiligungsrechten
- f rendement des participations
- i ricavo di partecipazione
- e income from investments

Ertrag, aus beweglichem Vermögen
- f rendement de la fortune mobilière
- i reddito da sostanza mobiliare
- e income from movable capital assets

Ertrag, aus kollektiver Kapitalanlage
- f produit provenant de fonds de placement
- i reddito da fondo d'investimento
- e income, from investment fund

Ertrag, aus unbeweglichem Vermögen
- f rendement de la fortune immobilière
- i reddito da sostanza immobiliare
- e income, from immovable property

Ertrag, Zinsertrag
- f rendement de l'épargne
- i redditi da risparmio
- e interest income

Ertragswert
- f valeur de rendement
- i valore di reddito
- e expectation value

Erwerb, eigener Beteiligungsrechte
- f acquisition des propres droits de participation
- i acquisto dei propri diritti di partecipazione
- e acquisition, of own investments

Erwerbspreis
- f prix d'acquisition
- i prezzo d'acquisto
- e purchase price

Erwerbstätigkeit, Aufgabe
- f activité lucrative, cessation
- i attività lucrativa, cessazione dell'
- e gainful activity, termination

Erwerbstätigkeit, Aufnahme
- f début de l'activité lucrative
- i assunzione dell'attività lucrativa
- e beginning, gainful activity

Erwerbstätigkeit, Aufwandbesteuerung
- f activité lucrative, imposition d'après la dépense
- i attività lucrativa, imposta secondo il dispendio
- e gainful activity, lump-sum taxation

Erwerbstätigkeit, beider Ehegatten
- f activité lucrative des deux conjoints
- i attività lucrativa dei due coniugi
- e gainful activity of both spouses

Erwerbstätigkeit, Nebenerwerbstätigkeit
- f activité lucrative accessoire
- i attività lucrativa accessoria
- e part-time activity

Erwerbstätigkeit, selbständige
- f activité lucrative indépendante
- i attività lucrativa indipendente
- e gainful activity, self-employed

Erwerbstätigkeit, Steuerpflicht
- f activité lucrative, assujettissement
- i attività lucrativa, assoggettamento
- e gainful activity, tax liability

Erwerbstätigkeit, unselbständige
- f activité lucrative dépendante
- i attività lucrativa dipendente
- e gainful activity, employed

Erwerbstätigkeit, vorwiegend selbständige
- f activité lucrative indépendante, prépondérante
- i attività lucrativa indipendente, preponderante
- e self-employed gainful activity, predominant

Expatriates
- f expatriés
- i espatriati
- e expatriates

Export/Ausfuhr
- f exportation
- i esportazione
- e export

Exportförderung
- f promotion des exportations
- i promovimento dell'esportazione
- e promotion of export

F

Fabrikationsstätte
- f usines
- i officina
- e place of manufacture

Fahrkosten, Abzug
- f frais de déplacement, déduction
- i spese di trasporto, deduzione
- e transport costs, deduction

Fahrkosten, private Nutzung von Geschäftsfahrzeugen
f frais de déplacement, utilisation privée d'un véhicule de fonction
i spese di trasporto, uso privato di veicoli aziendali
e travel costs, private use of business vehicles

Fahrnis
f objets mobiliers
i bene mobile
e movable property

Fahrzeug (privates), Fahrkosten
f véhicule privé, frais de déplacement
i veicolo privato, spese di trasporto
e private vehicle, transport costs

Fahrzeugkaskoversicherung
f assurance de corps de véhicule
i assicurazione casco veicoli
e automobile comprehensive insurance

Fälligkeit, der Steuer
f échéance de l'impôt
i scadenza dell'imposta
e settlement date, of the tax

Fälligkeit, Verzugszins
f échéance, intérêt moratoire
i scadenza, interessi di mora
e settlement date, of the interest on arrears

Familie
f famille
i famiglia
e family

Familienbesteuerung
f famille, imposition de la
i famiglia, imposizione della
e family taxation

Familienlasten
f famille, charges de
i famiglia, oneri familiari
e family charges

familienrechtliche Verpflichtung
f famille, obligations fondées sur le droit de la
i famiglia, obblighi fondati sul diritto di
e family law, obligations

Faustpfand
f nantissement
i pegno manuale
e collateral / security

Festsetzung, der Steuer
f fixation de l'impôt
i determinazione della imposta
e determination of the tax

Festsetzungsverjährung
f prescription du droit de taxation
i prescrizione del diritto di tassazione
e time limitation for the establishment of the tax

Feststellungsverfügung
f décision en constatation
i decisione di accertamento
e declaratory order

Finanzgesellschaft
f société financière
i società finanziaria
e financial company

Finanzhilfe
f aides financières
i aiuti finanziari
e financial assistance

Finanzierung
f financement
i finanziamento
e finance

finanzielle Sanktionen
f sanctions financières
i sanzioni pecuniarie
e financial sanctions

Finanzierungsaufwand
f frais de financement
i spesa di finanziamento
e cost of financing

Finanzinstitution
f établissement financier
i istituzione finanziaria
e financial institution

Finanzmarktinfrastruktur
f infrastructure des marchés financiers
i infrastruttura finanziaria
e financial market infrastructure

Fonds
f fonds
i fondo
e investment fund

Fondsleitung
f direction du fonds
i direzione del fondo
e fund management

Forderung
f créance
i credito
e claim

Forderungsverzicht
f abandon de créance
i rinuncia ai crediti
e cancelation of debt

Formmängel
f vices de forme
i lacune formali
e defect of form

Formulare
f formules
i moduli
e forms

Forschung und Entwicklung
f recherche et développement
i ricerca e sviluppo
e research and development

Forschungs- und Entwicklungsaufwand, zusätzlicher Abzug
f dépenses de recherche et de développement, déduction supplémentaire
i spese di ricerca e sviluppo, ulteriore deduzione delle
e research and development expenditures, further deduction

Frachturkunden
f documents de transport
i documenti di trasporti
e transportation documents

Franchise
f franchise
i franchigia
e franchise

freier Beruf
f profession libérale
i libera professione
e professional occupation

Freigabe, von Reservevermögen
f libération des montants libérés
i liberazione dei fondi di riserva
e release, of reserves

Freigrenze, für Zinsbeträge
f franchise, intérêts
i franchigia, interesse
e tax exemption limit, interest

Freiheitsstrafe / Gefängnisstrafe
f peine privative / emprisonnement
i pena privativa / detenzione
e detention / imprisonment

Freilassung, gegen Sicherheitsleistung
f mise en liberté sous caution
i libertà contro cauzione
e release against guaranty

Freistellung
 f exemption
 i esonero
 e exemption

freiwillige Leistungen
 f versements bénévoles
 i prestazioni volontarie
 e voluntary payments

freiwillige Versteuerung
 f imposition volontaire
 i imposizione volontaria
 e voluntary taxation

Freizügigkeitspolice
 f police de libre-passage
 i polizza di libero passaggio
 e transferable policy

Freizügigkeitsstiftung
 f fondations de libre passage
 i fondazioni di libero passaggio
 e occupational mobility foundation

fremde Rechnung
 f compte d'autrui
 i conto di terzi
 e for account of others

fremde Währung
 f monnaie étrangère
 i valuta estera
 e foreign currency

Fremdkapital
 f fonds étranger
 i capitale di terzi
 e outside capital

Fristen, Aufbewahrung
 f délais, conservation
 i termini, conservazione
 e time limits, safekeeping

Fristen, Berechnung
 f délais, calcul
 i termini, calcolo
 e time limits, calculation

Fristen, Ersatzbeschaffung
 f délais, remploi
 i termini, sostituzione
 e deadline, replacement

Fristen, Erstreckung
 f délais, prolongation
 i termini, proroga
 e time limits, extension

Fristen, Rechtsmittel
 f délais, voies de droit
 i termini, rimedio giuridico
 e time limits, right of appeal

Fristen, Sperrfrist
 f délai de blocage
 i termine di blocco
 e blocking period

Fristen, Steuererklärung / Abrechnung
 f délais, déclaration / décompte
 i termini, dichiarazione / rendiconto
 e time limits, declaration / reporting

Fristen, Stillstand
 f délais, suspension
 i termini, sospensione
 e time limitation, suspension

Fristen, Verjährungsfrist
 f délais, prescription
 i termini, prescrizione
 e deadline, time limitation period

Fristen, Zahlung und Fälligkeit
 f délais, paiement et échéance
 i termini, pagamento e scadenza
 e time limits, payment / settlement date

Fristwiederherstellung
 f rétablissement du délai
 i restituzione dei termini
 e reinstatement of the time limit

Funktion
 f fonction
 i funzione
 e function

Funktionen, Verlegung
 f fonctions, transfert de
 i funzioni, trasferimento di
 e functions, transfer of

Fürsorgeeinrichtungen
 f institutions de prévoyance
 i istituzioni di previdenza
 e welfare facilities

Fusion / Zusammenschluss
 f fusion / concentration
 i fusione / concentrazione
 e merger / amalgamation

fusionsähnlicher Zusammenschluss
 f concentration équivalant à des fusions
 i concentrazioni aventi carattere di fusione
 e merger-equivalent amalgamation

G

Gärtner
 f horticulteurs
 i orticoltori
 e horticulturist

Gastgewerbe
 f restauration
 i ristorazione
 e restaurants

Gaststaatgesetz
 f loi sur l'Etat hôte
 i legge sullo Stato ospite
 e Guest State Law

Gebiet
 f territoire
 i territorio
 e territory

Gebietskörperschaft, lokale
 f collectivités territoriales
 i corporazione territoriale locale
 e territorial corporation, local

Gebinde
 f emballages
 i imballaggi
 e casks

Gebrauch, Überlassung zum
 f mise à disposition à des fins d'usage
 i messa a disposizione per l'uso
 e availability, for use

Gebrauchtgegenstand
 f bien d'occasion
 i bene usato
 e used good

Gebühren, der Steuerverwaltung
 f émoluments de l'AFC
 i emolumenti dell'AFC
 e fees, of the tax administration

gebundene Vorsorgeversicherung
 f contrat de prévoyance liée
 i contratto di previdenza vincolata
 e bound providence insurance

Gefängnisstrafe / Freiheitsstrafe
 f emprisonnement / peine privative
 i detenzione / pena privativa
 e imprisonment / detention

Gegenleistung
 f contre-prestation
 i controvalore
 e reward / consideration

Dictionnaire (d|f|i|e) | Dictionnaire

Gegenrecht
- f réciprocité, réserve de
- i reciprocità
- e reciprocal law

Gegenrechtsvereinbarung
- f conventions de réciprocité
- i accordo di reciprocità
- e reciprocal agreement

Gegenstand, Begriff
- f biens, définition
- i beni, definizione
- e good, definition

Gegenstand, beweglicher
- f bien mobilier
- i beni mobili
- e good, movable

Gegenstand, der Steuer
- f objet de l'impôt
- i oggetto dell'imposta
- e object, of the tax

Gegenstand, unbeweglicher
- f bien immobilier
- i beni immobili
- e good, immovable

Gegenwartsbemessung
- f système postnumerando
- i sistema postnumerando
- e assessment based on current year

Geheimhaltung
- f secret
- i segreto
- e confidentiality

Gehilfenschaft
- f assistance
- i complicità
- e assistance / aiding and abetting

Geldmarktpapiere
- f papiers monétaires
- i titoli del mercato monetario
- e money-market securities

Geldspiele
- f jeux d'argent
- i giochi in denaro
- e money games

Geldspiele, Einsatzkosten
- f jeux d'argent, coûts de mise
- i giochi in denaro, costi di spiegamento
- e money games, stake costs

Geldspiele, Gewinne
- f jeux d'argent, gains provenant de
- i giochi in denaro, vincite ai
- e money games, winnings

Geldspiele, Naturalgewinne
- f jeux d'argent, gains en nature
- i giochi in denaro, vincite in natura
- e money games, gains in kind

Geldstrafe
- f peine pécuniaire
- i pena pecuniaria
- e financial penalty / fine

Geldverkehr, Umsätze
- f marché monétaire, opérations
- i mercato monetario, operazioni
- e money-market, operations

Geldwäscherei
- f blanchiment d'argent
- i riciclaggio di denaro
- e money laundering

geldwerte Rechte
- f droits appréciables
- i diritti valutabili in denaro
- e pecuniary rights

geldwerte Vorteile
- f avantages appréciables
- i prestazioni valutabili in denaro
- e pecuniary benefits

Gelegenheitsgeschenke
- f présents d'usage
- i regali usuali
- e casual gifts

Gemeindesteueramt
- f office municipal d'impôts
- i ufficio comunale di tassazione
- e municipal tax office

Gemeindesteuern
- f impôts communaux
- i imposte comunali
- e community taxes

gemeinnützige juristische Personen
- f utilité publique, organisations d'
- i utilità pubblica, organizzazioni di
- e charitable organisation

gemeinnützige Zuwendungen
- f versements d'utilité publique
- i prestazioni di utilità pubblica
- e charitable donations

gemeinnützige Zwecke
- f utilité publique
- i utilità pubblica, scopo di
- e charitable purposes

gemeinsame elterliche Sorge, getrennt besteuerte Eltern
- f autorité parentale en commun, parents imposés séparément
- i autorità parentale in comune, genitori tassati separatamente
- e joint parental care, separately-taxed parents

Gemeinsamer Meldestandard
- f Norme commune de déclaration
- i standard comune di comunicazione di informazioni
- e Common Reporting Standard

Gemeinschaftsunternehmen
- f entreprises communes
- i impresa gestita in comune
- e cooperative venture

Gemeinwesen
- f collectivités publiques
- i ente pubblico
- e political units

gemischte Versicherung
- f assurance mixte
- i assicurazione mista
- e mixed insurance

gemischte Verwendung
- f double affectation
- i doppia utilizzazione
- e mixed use

Genossenschaft
- f sociétés coopératives
- i società cooperativa
- e cooperative

Genossenschaftsanteile
- f parts de sociétés coopératives
- i quote in società cooperative
- e share of cooperative

Genugtuungssumme
- f réparation du tort moral
- i riparazione morale
- e reparation sum

Genussscheine
- f bons de jouissance
- i buoni di godimento
- e participating certificate

Gerichtskosten
- f frais de justice
- i spese giudiziali
- e court costs

geringfügiger Steuerbetrag
- f montant insignifiant de l'impôt
- i ammontare d'imposta irrilevante
- e insignificant tax amount

Gesamtveräusserung
f aliénation à titre universel
i alienazione globale
e global disposal

Geschäftsabschluss
f compte de résultats
i libri contabili
e books of account

Geschäftsaufnahme
f début de l'activité
i inizio dell'attività
e starting business activities

Geschäftsbereich
f champ d'activité
i campo di attività
e business sector

Geschäftsbericht
f rapport de gestion
i rapporto di gestione
e annual report

Geschäftsbetrieb
f entreprise
i impresa commerciale
e business operations

Geschäftsbücher
f livres comptables
i libri contabili
e financial statements

Geschäftseinrichtung, feste
f installation fixe
i sede fissa di affari
e fixed place of business

Geschäftsergebnis
f résultat commercial
i risultato di esercizio
e trading result

Geschäftsfahrzeug, private Nutzung
f véhicule de fonction, utilisation privée
i veicoli aziendali, uso privato
e business vehicle, private use

Geschäftsführung
f direction
i direzione
e management

Geschäftsjahr, Begriff
f exercice, définition
i esercizio, definizione
e business year, definition

Geschäftsleitung
f direction
i direzione
e management

Geschäftsort, Verlegung
f exploitation de l'entreprise, transfert du lieu
i esercizio, trasferimento del luogo
e place of business, transfer

Geschäftssitz
f siège social
i sede sociale
e registered office of the company

Geschäftsstelle
f bureau
i ufficio
e office

Geschäftstätigkeit
f activité commerciale
i attività di impresa
e commercial activity

Geschäftstätigkeit, keine
f activité commerciale, aucune
i attività commerciale, alcuna
e commercial activity, no

Geschäftstätigkeit, untergeordnete
f activité subsidiaire
i attività marginale
e commercial activity, minor

Geschäftsveräusserung
f cession d'un fonds de commerce
i lienazione di un'attività commerciale
e alienation of business

Geschäftsverfahren
f procédé commercial
i procedura d'affari
e procedure, trade practice

Geschäftsverkehr, wie unter Dritten
f conditions proposées aux tiers
i relazioni d'affari, tra terzi
e dealing at arm's lengh

Geschäftsvermögen
f fortune commerciale
i sostanza commerciale
e business assets

Geschäftsvermögen, Überführung ins
f fortune commerciale, transfert à la
i sostanza commerciale, trasferimento nella
e business assets, transfer to

Geschenke
f cadeaux / primes
i regali
e gifts

Geschenke, steuerfreie
f primes exonérés de l'impôt
i regali esenti da tassa
e gifts, tax exempt

Gesellschaft, ausländische
f société étrangère
i società estere
e foreign companies

Gesellschaft, einfache
f société simple
i società semplice
e unregistered partnership

Gesellschaft, mit beschränkter Haftung
f société à responsabilité limitée
i società a garanzia limitata
e company, limited liability

Gesellschaft, Personengesellschaft
f société de personnes
i società di persone
e partnership

Gesellschaften, mit Beteiligungen
f sociétés de participation
i società di partecipazioni
e investment company

Gesellschafter
f associés
i socio
e partner

Gesellschafteranteile
f parts sociales
i quota sociale
e partnership interest

gesperrte Mitarbeiteroptionen
f options de collaborateur bloquées
i opzioni di collaboratore bloccate
e employee stock options with blocking period

Gestehungskosten
f coût d'investissement
i prezzo di costo
e prime costs

Gesuch, um Erlass
f demande de remise
i domanda di condono
e remission, request for

Gesuch, um Meldung
f demande de déclaration
i domanda di notifica
e request for notification

Gewerbe
f commerce
i commercio
e commerce

gewerbliche Tätigkeit
f activité commerciale
i attività di impresa
e commercial activity

gewerbsmässiger Effektenhändler
- f commerçant de titres professionnel
- i negoziatore di titoli professionale
- e commercial dealer in securities

Gewinn, aus Veräusserung von Vermögen
- f bénéfices provenant de l'aliénation de la fortune
- i utili conseguiti dall'alienazione di sostanza
- e capital gain

Gewinn, Berechnung Reingewinn
- f bénéfice, détermination du bénéfice net
- i utile, determinazione dell'utile netto
- e profit, calculation of the net profit

Gewinn, Kapitalgewinn
- f gain en capital
- i utile in capitale
- e capital gain

Gewinn, Lotteriegewinne
- f loteries, gains faits dans les
- i lotteria, vincite alla
- e lottery wins

Gewinn, natürliche Personen
- f bénéfice, personne physique
- i utile, persona fisica
- e profit, partnerships

Gewinn, nichtausgeschütteter
- f bénéfices non distribués
- i utili non distribuiti
- e profits, undistributed

Gewinn, versteuerter
- f bénéfice imposé
- i reddito dichiarato
- e profit, taxed

Gewinnabsicht
- f but lucratif
- i intenzione di profitto
- e view to gain

Gewinnanteil
- f part au bénéfice
- i quota di utile
- e share of profit

Gewinnausscheidung
- f répartition du bénéfice
- i ripartizione dell'utile
- e tax apportionment, profit

Gewinnausschüttung
- f bénéfice, distribution de
- i utili, distribuzione di
- e dividend

Gewinnausschüttung, verdeckte
- f bénéfice, distribution dissimulée de
- i utili, distribuzione dissimulata di
- e dividend, hidden

Gewinnmarge
- f bénéfice, marge de
- i utile, margine di
- e profit margin

Gewinnsteuer
- f bénéfice, impôt sur le
- i utile, imposta sull'
- e profit tax

Gewinnsteuerwert
- f valeur déterminante pour l'impôt sur le bénéfice
- i valore dell'utile per scopi fiscali
- e taxable value of profit

Gewinnungskosten
- f frais d'acquisition
- i costi di conseguimento
- e production costs

Gewinnverkürzung
- f érosion de la base d'imposition
- i erosione della base imponibile
- e base erosion

Gewinnverlagerung
- f transfert de bénéfices
- i trasferimento degli utili
- e profit shifting

Gleichbehandlung
- f égalité de traitement
- i parità di trattamento
- e equal treatment

Glücksspiel
- f jeux de hasard
- i giochi d'azzardo
- e game of hazard

Goodwill
- f goodwill
- i goodwill
- e goodwill

Goodwill, Abschreibungen
- f goodwill, amortissements
- i goodwill, ammortamenti
- e goodwill, depreciations

Grabunterhaltskosten
- f frais d'entretien de la tombe
- i costi di manutenzione della tomba
- e tomb maintenance costs

Gratifikationen
- f gratifications
- i gratificazioni
- e bonus

Gratisaktien
- f actions gratuites
- i azioni gratuite
- e bonus shares

Grenzbereinigung
- f rectification de limites
- i ricomposizione particellare
- e recomposition limits

Grenzgänger
- f frontaliers
- i frontalieri
- e frontier worker

Grosseltern
- f grands-parents
- i avi / nonni
- e grandparents

Grossrenovationen, von Liegenschaften
- f rénovations importantes d'immeubles
- i ristrutturazioni considerevoli di edifici
- e major property renovations

Grundbesitz, direkter
- f immeubles en propriété directe
- i possesso fondiario diretto
- e direct property ownership

Grundbuch, Eintrag im
- f registre foncier, inscription au
- i iscrizione nel registro fondiario
- e land register, registration in

Grundbuchamt
- f bureau du registre foncier
- i ufficio del registro fondiario
- e land registry

Grundeigentum, Ertrag
- f propriété foncière, rendement
- i proprietà immobiliare, reddito
- e real estate, income

Grundeigentümerbeiträge
- f contributions du propriétaire foncier
- i contributi dei proprietari d'immobili
- e contribution by owner of real estate

Gründeranteil
- f parts de fondateur
- i quota di fondatore
- e founder share

Grundkapital
- f capital-actions
- i capitale azionario
- e nominal capital

Grundpfand
- f gage immobilier
- i pegno immobiliare
- e mortgage

Grundstück
- f propriété foncière
- i fondo
- e property

Grundstückgewinn
- f gains immobiliers
- i utile da sostanza immobiliare
- e profit on real estate

Grundstückgewinnsteuer
- f impôt sur les gains immobiliers
- i imposta sul maggior valore immobiliare
- e tax on profit from real estate

Grundstückgewinnsteuer, Ermässigung
- f impôt sur les gains immobiliers, réduction
- i imposta sul maggior valore immobiliare, riduzione
- e tax on profit from real estate, reduction

Grundtarif
- f tarif de base
- i aliquota di base
- e base rate

Gründung
- f fondation
- i costituzione
- e formation

Gründungsjahr
- f année de fondation
- i anno di fondazione
- e year of foundation

Gruppenbesteuerung
- f imposition de groupe
- i imposizione di gruppo
- e group taxation

Gruppenersuchen
- f demandes groupées
- i domande raggruppate
- e group requests

Gruppenversicherung
- f assurance de groupe
- i assicurazione di gruppo
- e group insurance

Gutachten, von Sachverständigen
- f rapports d'experts
- i perizia
- e expert opinion, by specialists

Güter
- f biens
- i beni
- e assets

Güter, immaterielle
- f biens immatériels
- i beni immateriali
- e assets, intangible

güterrechtliche Auseinandersetzung
- f liquidation du régime matrimonial
- i scioglimento del regime dei beni
- e marital property rights settlement

Güterstand
- f régime matrimonial
- i regime dei beni
- e contractual regime

Güterzusammenlegung
- f réunion parcellaire
- i raggruppamento di terreni
- e pooling of assets

Guthaben
- f avoirs
- i crediti
- e credit

Guthaben, im Konzern
- f avoirs dans le groupe
- i crediti all'interno di un gruppo
- e internal group credit

Guthaben, Kundenguthaben
- f avoirs de clients
- i averi di clienti
- e client credit balance

H

Haft
- f arrêts
- i arresto
- e detention / imprisonment

Haftung, für die Steuer
- f responsabilité de l'impôt
- i responsabilità per la tassa
- e tax liability

Haltedauer, Beteiligung
- f durée de la possession, participation
- i durata della proprietà, partecipazione
- e tenure, investment

Handänderung
- f mutation
- i trasferimento di proprietà immobiliare
- e transfer of real estate

Handänderung, wirtschaftliche
- f mutation économique
- i trasferimento economica
- e economic transfer of ownership

Handänderungssteuer
- f impôt sur les mutations
- i imposta sul trasferimento di proprietà
- e property exchange tax

Handelsbestand
- f stock commercial
- i stock commerciale
- e commercial inventory

Handelsgesellschaft, ausländische
- f société commerciale étrangère
- i società commerciali estere
- e trading companies, foreign

Handelsplatz
- f plate-forme de négociation
- i sede di negoziazione
- e trading venue

Handelsregister
- f registre du commerce
- i registro di commercio
- e commercial registry

Handlung, strafbare
- f acte punissable
- i atto punibile
- e criminal actions

Handwechsel, von Beteiligungen
- f transfert de la majorité des participations
- i trasferimento della maggioranza delle partecipazioni
- e change of the majority of the investments

Härte, offenbare
- f conséquences manifestement rigoureuses
- i conseguenze particolarmente gravose
- e obvious hardship

Hauptniederlassung
- f siège principal
- i sede principale
- e principal residence

Hauptsitzgesellschaft
- f société de siège principal
- i società sede centrale
- e headquarters company

Hauptsteuerdomizil
- f domicile fiscal principal
- i domicilio fiscale principale
- e main tax domicile

Dictionnaire (d|f|i|e) | Dictionnaire

Hausangestellte
f employée de maison
i domestica
e domestic servant

Hausrat
f mobilier de ménage
i suppellettili domestiche
e household contents

Heilbehandlungen
f soins médicaux
i cure mediche
e healing treatments

Heimathafen
f port d'attache
i porto d'immatricolazione
e home port

Heimatort
f commune d'origine
i luogo di origine
e home town

Heirat
f mariage
i matrimonio
e marriage

Herabsetzung, des Kapitals
f réduction du capital
i riduzione del capitale
e reduction, of the capital

Herabsetzung, des Steuersatzes
f réduction du taux de l'impôt
i riduzione dell'aliquota
e reduction, of the tax rate

Herabsetzungsklage
f action en réduction
i azione di riduzione
e abatement suit

Hilfstätigkeit
f activité auxiliaire
i attività ausiliare
e auxiliary activity

Hinterziehung, Steuerhinterziehung
f soustraction d'impôt
i sottrazione d'imposta
e tax evasion

hoheitliche Tätigkeit, Begriff
f activité relevant de la
  souveraineté publique, définition
i attività sovrana, definizione
e public service

Höherschätzung
f taxation plus élevée
i reformatio in peius della
  tassazione
e write-up estimate

Holdinggesellschaft
f société holding
i società holding
e holding company

Hotelgewerbe
f hôtellerie
i settore alberghiero
e hotel business

Hypothekargläubiger
f créancier hypothécaire
i creditore ipotecario
e mortgage creditor

I

ideelle Zwecke
f buts idéaux
i scopi ideali
e non-profit purposes

Identifikation
f identification
i identificazione
e identification

immaterielle Güter
f biens immatériels
i beni immateriali
e intangible assets

Immobilienanlagefonds
f fonds de placement immobiliers
i fondi di investimento
  immobiliare
e real estate investment funds

Immobiliengesellschaft
f société immobilière
i società immobiliare
e real estate company

Immobilienvermietung
f location d'immeubles
i locazione di immobili / affitto
e property rental

Import
f importation
i importazione
e import

Indexierung
f index
i indice
e indexation

indirekte Teilliquidation
f liquidation partielle indirecte
i liquidazione parziale indiretta
e indirect partial liquidation

Information der beschwerdeberechtigten Person
f information des personnes
  habilitées à recourir
i informazione delle persone
  legittimate a ricorrere
e information of the person
  entitled to appeal / of the taxpayer

Information, nachträgliche
f information ultérieure
i informazione ulteriore
e subsequent information

Informationen
f informations
i informazioni
e information

Informationen, vom Ausland übermittelt
f renseignements transmis
  de l'étranger
i informazioni trasmesse dall'estero
e information, forwarded
  from abroad

Informationen, Ware
f informations, marchandise
i informazioni, merce
e information, commodity

Informationsaustausch
f échange de renseignements
i scambio di informazioni
e exchange of information

Informationsaustausch, auf Ersuchen
f échange de renseignements
  sur demande
i scambio di informazioni
  su domanda
e exchange of information
  on request

Informationsaustausch, automatischer
f échange automatique
  de renseignements
i scambio automatico
  di informazioni
e automatic exchange
  of information

Informationsaustausch, Finanzkonten
f échange de renseignements,
  comptes financiers
i scambio di informazioni,
  conti finanziari
e exchange of information,
  financial accounts

Informationsaustausch, spontaner
f échange spontané de renseignements
i scambio spontaneo di informazioni
e spontaneous exchange of information

Infrastrukturunternehmen
f entreprises d'infrastructure
i imprese d'infrastruttura
e infrastructure companies

Ingenieure
f ingénieurs
i ingegneri
e engineers

Inkasso
f recouvrement
i incasso
e debt collection

Inland, Begriff
f territoire suisse, définition
i territorio svizzera, termine
e swiss territory, definition

Inland, Leistungen im
f territoire suisse, prestations sur le
i territorio svizzera, prestazioni in
e domestic supplies

Inland, Sitz im
f territoire suisse, siège
i territorio svizzero, sede
e Switzerland, residence in

Inland, Wohnsitz im
f territoire suisse, domicile
i Svizzera, domicilio in
e Switzerland, domicile in

Inländer, Begriff
f domicilié en Suisse, définition
i cittadino svizzero, termine
e swiss resident, definition

inländische Gewinne, von Ausländern
f bénéfices suisses réalisés par des étrangers
i redditi conseguiti in svizzera, da stranieri
e swiss profits, of foreigners

Inlandsteuer
f impôt grevant les opérations sur le territoire suisse
i imposta sulle prestazioni eseguite sul territorio svizzero
e domestic tax

Insertionskosten
f frais d'insertion
i costi d'inserzione
e insertion costs

Instandstellungskosten
f frais de remise en état des immeubles
i spese di riattazione degli immobili
e repair costs

institutionelle Begünstigte
f bénéficiaires institutionnels
i beneficiari istituzionali
e institutional beneficiaries

interkantonale Doppelbesteuerung
f intercantonale, double imposition
i intercantonale, doppia imposizione
e intercantonal, double taxation

interkantonale Steuerausscheidung
f répartition intercantonale
i ripartizione intercantonale
e intercantonal tax apportionment

interkantonale Verhältnisse
f rapport intercantonal
i rapporto intercantonale
e intercantonal relationships

interkommunale Steuerausscheidung
f péréquation intercommunale
i ripartizione intercomunale
e intercommunal tax apportionment

internationale Organisationen
f organisations internationales
i organizzazioni internazionali
e international organisations

internationale Quellenbesteuerung
f imposition transfrontalière à la source
i imposizione alla fonte in ambito transfrontaliero
e cross-border withholding tax

internationale Steuerausscheidung
f répartition internationale
i ripartizione internazionale
e international tax apportionment

internationale Verhältnisse
f base internationale
i rapporti internazionali
e international relationships

internationaler Verkehr
f trafic international
i traffico internazionale
e international traffic

internationale Abkommen im Steuerbereich, Durchführung
f conventions internationales dans le domaine fiscal, exécution
i convenzioni internazionali in ambito fiscale, esecuzione
e international agreements on tax matters, implementation

Invalidität
f invalidité
i invalidità
e invalid

Invaliditätskosten
f frais d'invalidité
i spese per invalidità
e invalidity costs

Inventar
f inventaire
i inventario
e inventory

Investitionen
f investissement
i investimento
e investment

Investitionskosten
f investissements
i investimenti
e investment costs

Investmentgesellschaft, mit festem Kapital
f sociétés d'investissement à capital fixe
i società di investimento a capitale fisso
e investment company, with fixed capital

Investmentgesellschaft, mit variablem Kapital
f sociétés d'investissement à capital variable
i società di investimento a capitale variabile
e investment company, with variable capital

Investment-Klub
f club d'investissement
i club d'investimento
e investment club

J

Jahreslohn
f salaire annuel
i salario annuo
e annual salary

Jahresrechnung
f comptes annuels
i conto annuale
e annual report

Jahressteuer
f impôt annuel entier
i imposta annuale
e annual tax amount

Jubiläumsgeschenk
f primes pour ancienneté de service
i premi d'anzianità
e anniversary gift

jüdische Gemeinde
f communauté juive
i comunità ebraica
e jewish community

juristische Person, Begriff
f personne morale, définition
i persona giuridica, definizione
e legal entity, definition

juristische Person, Besteuerung
f personne morale, taxation
i persona giuridica, tassazione
e legal entity, taxation

juristische Person, Steuerstrafrecht
f personne morale, dispositions pénales
i persona giuridica, disposizioni penali
e legal entity, fiscal offences law

K

Kalenderjahr, Steuerperiode
f année civile, période fiscale
i anno civile, periodo fiscale
e calendar year, tax period

Kalenderjahr, Verjährung / Fälligkeit
f année civile, prescription / échéance
i anno civile, prescrizione / scadenza dell'imposta
e calendar year, statute of limitations / settlement date

kalkulatorischer Zins, Sicherheitseigenkapital
f intérêt notionnel, capital propre de sécurité
i interesse figurativo, capitale proprio di garanzia
e notional interest, security capital

Kapital
f capital
i capitale
e capital

Kapital, Eigenkapital
f capital propre
i capitale proprio
e owner's equity

Kapitalabfindung
f versement de capital
i liquidazione in capitale
e lump-sum settlement

Kapitalabfindung, Vorsorge
f versement de capital, prévoyance
i liquidazione in capitale, previdenza
e lump-sum settlement, providence

Kapitalausscheidung
f répartition du capital
i ripartizione del capitale
e tax apportionment, capital

Kapitalband
f marge de fluctuation du capital
i forbice del capitale
e capital band

Kapitalbeschaffung, kollektive
f obtention collective de capitaux
i raccolta collettiva di capitali
e capital procurement, collective

Kapitalbeteiligung
f participations en capital
i partecipazione in capitale
e capital investment

Kapitaleinlage
f apport de capitaux
i apporto di capitale
e capital contribution

Kapitaleinlageprinzip
f principe de l'apport de capital
i principio degli apporti di capitale
e capital contribution principle

Kapitaleinlageprinzip, Begrenzung
f principe de l'apport en capital, limitation
i principio degli apporti di capitale, limitazione
e capital contribution principle, limitation

Kapitalerhöhung
f versements supplémentaires de capitaux
i aumento di capitale
e capital increase

Kapitalertrag
f rendement
i redditi
e investment income

Kapitalgesellschaft
f société de capitaux
i società di capitali
e corporate entity

Kapitalgewinn
f gain en capital
i utile in capitale
e capital gain

Kapitalgewinn, aus Beteiligungen
f gain en capital des participations
i utile in capitale di partecipazioni
e capital gain of investments

Kapitalgewinn, bewegliches Privatvermögen
f gain en capital, fortune privée mobilière
i utile in capitale, sostanza mobiliare privata
e capital gain, private owned movable assets

Kapitalherabsetzung
f réduction du capital
i riduzione del capitale
e reduction, of the capital

Kapitalleistung, aus Vorsorge
f prestations en capital, prévoyance
i prestazioni in capitale, della previdenza
e lump-sum benefit, providence

Kapitalleistung, übrige
f prestations en capital, autres
i prestazioni in capitale, altri
e lump-sum benefit, others

Kapitalmarkt
f marché des capitaux
i mercato dei capitali
e capital market

Kapitalsteuer
f impôt sur le capital
i imposta sul capitale
e capital tax

Kapitalsteuer, ergänzende
f impôt complémentaire sur le capital
i imposta sul capitale posticipata
e capital tax surtax

Kapitalverkehr
f circulation des capitaux
i traffico dei capitali
e capital transactions

Kapitalverluste
f pertes en capital
i perdita sul capitale
e capital loss

Kapitalvermögen
f capital mobilier
i capitale mobiliare
e capital assets

Kapitalversicherung, rückkaufsfähige
f assurance de capital susceptible de rachat
i assicurazione di capitale soggetta a riscatto
e endowment insurance, redeemable

Kapitalwert
f valeur en capital
i valore capitalizzato
e capital value

Kapitalzahlung, aus Versicherung
f prestations en capital
i pagamenti in capitale
e capital payment

Kapitalzuwachs, aus Erbschaft
f augmentation de fortune, succession
i aumento di capitale, successione
e capital appreciation, inheritance

Kassenobligation
f obligation de caisse
i obbligazione di cassa
e bond

Kaufpreis, Begriff
f prix d'achat, définition
i prezzo d'acquisto, definizione
e purchase price, definition

Kaufpreis, Finanzierung des
f prix d'achat, financement
i prezzo d'acquisto, finanziamento
e purchase price, financing

Kinder- und Jugendbetreuung
f protection de l'enfance et de la jeunesse
i assistenza all'infanzia ed alla gioventù
e child / youth care

Kinder, Einkommen
f enfants, revenu
i figli, reddito
e children, income

Kinder, Sozialabzug für
f enfants, réduction pour les
i figli, deduzione sociale per
e children, social allowance for

Kinder, Unterhalt für
f enfants, contribution d'entretien pour les
i figli, mantenimento dei
e children, maintenance for

Kinder, Vermögen
f enfants, fortune
i figli, patrimonio
e children, assets

Kinderbetreuungskosten
f frais d'entretien des enfants
i costi per la cura dei bambini
e costs for care of children

Kirche
f église
i parrocchia
e church

kleine Arbeitsentgelte
f petites rémunérations
i piccole rimunerazioni
e minor remunerations

kollektive Kapitalanlagen
f placements collectifs de capitaux
i investimenti collettivi di capitale
e collective investments

kollektive Kapitalanlagen, direkter Grundbesitz
f placements collectifs de capitaux, immeubles en propriété directe
i investimenti collettivi di capitale, possesso fondiario diretto
e collective investments, direct property ownership

kollektive Kapitalbeschaffung
f obtention collective de capitaux
i raccolta collettiva di capitali
e collective capital procurement

Kollektivgesellschaft
f société en nom collectif
i società in nome collettivo
e general partnership

Kollektivität, BVG
f collectivité, LPP
i collettività, LPP
e collectivity

Kollisionsnormen
f règles de conflit
i norme di conflitto
e conflict of law rules

Kommanditaktiengesellschaft
f société en commandite par actions
i società in accomandita per azioni
e partnership limited by shares

Kommanditgesellschaft
f société en nom commandite
i società in accomandita
e limited partnership

Kommissionär
f commissionnaire général
i commissionario generale
e general commission agent

Kommissionsgeschäft
f contrat de commission
i contratto di commissione
e commission transaction

kommunale Steuern
f impôts communaux
i imposte comunali
e community taxes

Konkordat / Steuerabkommen
f concordat / arrangements fiscaux
i concordato / trattato fiscale
e concordat / tax treaty

Konkurs
f poursuite pour dettes
i fallimento
e bankruptcy

Konsortialdarlehen
f prêts consortiaux
i prestiti consorziali
e syndicated loans

Konsultativgremium
f organe consultatif
i organo consultivo
e consultative body

Konsum
f consommation
i consumo
e consumption

Konsumentenpreise, Landesindex
f indice suisse des prix à la consommation
i indice nazionale dei prezzi al consumo
e swiss consumer price index

Konto
f compte
i conto
e account

Kontonummer
f numéro de compte
i numero di conto
e account number

Kontrolle
f contrôle
i controllo
e audit

Kontrollorgan
f organe de contrôle
i organo di controllo
e supervisory body

Konzern
- f groupe
- i gruppo
- e group

Konzern, Guthaben im
- f groupe, avoirs dans le
- i gruppo, crediti all'interno di un
- e group, internal credit

Konzerngesellschaft, ausländische
- f société de groupe sise à l'étranger
- i società appartenente ad un gruppo
- e group company, foreign

Konzernverhältnis
- f sein d'un groupe
- i interno di un gruppo
- e group relationships

konzessionierte Unternehmen
- f entreprises titulaires d'une concession
- i imprese titolari di una concessione
- e licensed companies

koordinierter Lohn
- f salaire coordonné
- i salario coordinato
- e coordinated salary

körperliche Nachteile
- f dommages corporels
- i danno corporale
- e physical handicaps

Körperschaft
- f collectivité
- i corporazione
- e corporation

Körperschaft, lokale
- f collectivité locale
- i ente locale
- e local authority

Korporationen mit Teilrechten
- f corporations avec des droits partiels
- i corporazioni con diritto parziale
- e corporation with partial rights

Korrektur, Abrechnung
- f correction
- i correzione
- e correction

Korrektur, Entgelt
- f correction, contre-prestation
- i correzione, controprestazione
- e correction, consideration

Korrektur, Rechnung
- f correction, facture
- i correzione, fattura
- e correction, invoice

Korrektur, Vorsteuerabzug
- f correction, déduction de l'impôt préalable
- i correzione, deduzione dell'imposta precedente
- e correction, input tax deduction

Kosten, Anlagekosten
- f dépenses d'investissement
- i spese d'investimento
- e costs, investment costs

Kosten, Ausbildungskosten
- f frais de formation professionnelle
- i costi di formazione professionale
- e costs, training costs

Kosten, behinderungsbedingte
- f frais liés au handicap
- i spese per disabilità
- e costs incurred by disability

Kosten, Berufskosten
- f dépenses professionnelles
- i spese professionali
- e costs, professional expenses

Kosten, Denkmalpflege
- f frais de restauration de monuments historiques
- i costi per cura di monumenti storici
- e costs, for the preservation of historical monuments

Kosten, Fahrten
- f frais de déplacement
- i costi di trasporto
- e costs, for travel

Kosten, geschäftsmässig begründete
- f frais justifiés par l'usage commercial
- i costi aziendali giustificate
- e costs, business related

Kosten, Gestehungskosten
- f coût d'investissement
- i prezzo di costo
- e prime costs

Kosten, Gewinnungskosten
- f frais d'acquisition
- i costi di conseguimento
- e costs, production costs

Kosten, Gutachten
- f frais de rapports d'experts
- i costi per una perizia
- e costs, for expert opinions

Kosten, Kinderbetreuungskosten
- f frais d'entretien des enfants
- i costi per la cura dei bambini
- e costs for care of children

Kosten, Krankheitskosten
- f frais provoqués par la maladie
- i spese per malattia
- e costs of illness

Kosten, Liegenschaftenunterhalt
- f frais d'entretien, immeuble
- i spese di manutenzione
- e costs, maintenance costs

Kosten, nicht abziehbare
- f frais non déductibles
- i costi non deducibili
- e costs, non-deductible

Kosten, Steueramtshilfe
- f frais, assistance administrative fiscale
- i spese, assistenza amministrativa fiscale
- e costs, tax administrative assistance

Kosten, Umschulungskosten
- f frais de reconversion professionnelle
- i spese di riqualificazione
- e costs, re-training costs

Kosten, Verfahrenskosten
- f frais de procédure
- i spese procedurali
- e costs, of the procedures

Kosten, Verpflegungskosten
- f frais de repas
- i costi per pasti
- e costs, for food and board

Kosten, Verwaltungskosten
- f frais d'administration
- i spese d'amministrazione
- e costs, of administration

Kosten, Weiterbildungskosten
- f frais de formation continue professionnel
- i spese di formazione continua
- e costs, further education

Kosten, Wiedereinstiegskosten
- f frais de réinsertion professionnelle
- i costi di reinserimento professionale
- e costs, re-entry costs

Kostenaufschlag
- f coût majoré d'une marge
- i costo aumentato di un margine
- e cost plus

Kostenerkenntnis
- f décision sur les frais
- i riconoscimento di costi
- e cost recognition

Dictionnaire | Die Steuergesetze des Bundes | Ausgabe 2023

Krankenversicherung
- f assurance maladie
- i cassa malattia
- e health insurance

Krankheitskosten
- f frais provoqués par la maladie
- i spese per malattia
- e costs of illness

Kredit
- f crédit
- i credito
- e credit

Kreditkartenkommission
- f commissions sur les cartes de crédit
- i commissioni su carte di credito
- e credit card commission

Kryptowährungen
- f cryptomonnaies
- i criptovalute
- e cryptocurrencies

Kultur
- f culture
- i cultura
- e culture

Kultus
- f culte
- i culto
- e cult

Kundenguthaben
- f avoirs de clients
- i averi di clienti
- e client credit balance

Kündigung
- f dénonciation, contrat
- i disdetta
- e notice

Künstler
- f artiste
- i artista
- e artist

Kunstwerke
- f œuvres d'art
- i opere d'arte
- e objects of art

Kurswert
- f cours
- i corso
- e market price

Kürzung, des Anspruchs
- f réduction du montant réclamé
- i riduzione della pretesa
- e reduction, of the claim

Kuxen
- f parts de mine
- i quote minare
- e shares in mines

L

Lager
- f stockage
- i deposito
- e storage

Landwirtschaft
- f agriculture
- i agricoltura
- e agriculture

land- und forstwirtschaftliche Grundstücke
- f immeubles ruraux et forestiers
- i terreni agricoli e boschi
- e agricultural and forestry property

landwirtschaftliche Heimwesen
- f domaines agricoles
- i azienda agricola
- e agricultural property

Lebensaufwand
- f train de vie
- i dispendio
- e cost of living

Lebensgemeinschaft, faktische
- f vie de couple de fait
- i convivenza di fatto
- e cohabitation, de facto

Lebenshaltungskosten
- f frais occasionnés par le train de vie
- i spese corrispondenti al tenore di vita
- e cost of living

Lebensinteressen, Mittelpunkt der
- f intérêts vitaux, centre des
- i interessi vitali, centro degli
- e vital interests, centre of

Lebenspartnerin / Lebenspartner
- f partenaire
- i concubino / concubina
- e life partner

Lebensversicherer
- f assureurs-vie
- i assicuratori vita
- e life assurer

Lebensversicherung, rückkaufsfähige
- f assurance sur la vie susceptible de rachat
- i assicurazione sulla vita riscattabile
- e life insurance, redeemable

Lehranstalt
- f établissement d'instruction
- i scuola
- e educational establishment

Lehrling
- f stagiaire / apprenti
- i apprendista
- e apprentice

Leibrente
- f rentes viagères
- i rendite vitalizie
- e life annuity

Leistungen, aus dem Ausland
- f prestations de l'étranger
- i prestazioni dall'estero
- e supplies, from abroad

Leistungen, aus Vorsorge
- f prestation de prévoyance
- i prestazione della previdenza
- e benefit, providential

Leistungen, im Inland
- f prestations sur le territoire suisse
- i prestazioni sul territorio svizzero
- e supplies, domestic

Leistungen, steuerbare
- f prestations imposables
- i prestazioni imponibili
- e taxable supplies

Leistungen, steuerbefreite
- f prestations exonérées de l'impôt
- i prestazioni esenti da imposta
- e supplies, exempt from the tax

Leistungen, von der Steuer ausgenommene
- f prestations, exclues du champ de l'impôt
- i prestazioni, escluse dall'imposta
- e supplies, exempt from the tax without credit

Leistungen, von Gesetzes wegen
- f prestations en vertu de la loi
- i prestazioni in virtù di una legge
- e supplies, prescribed by law

Leistungsbetrug
- f escroquerie en matière de prestations
- i truffa in materia di prestazione di tasse
- e contributions fraud

Leistungsempfänger
- f destinataire de la prestation
- i destinatario della prestazione
- e recipient of the supply

Dictionnaire (d|f|i|e) | Dictionnaire

Leitung
- f direction
- i direzione
- e management

Leitung/Verwaltung, tatsächliche
- f direction/administration effective
- i direzione/amministrazione effettiva
- e management, actual

Leitung, einheitliche
- f direction unique
- i direzione unica
- e common management

letzter Wohnsitz
- f dernier domicile
- i ultimo domicilio
- e last residence

Liberierung
- f libération
- i liberare
- e contribution

Lieferung/Beförderung ins Ausland
- f livraison à l'étranger
- i fornitura all'estero
- e delivery/transport abroad

Lieferung, Ort der
- f livraisons, lieu des
- i fornitura, luogo della
- e delivery, place of

Lieferung, von Gegenständen
- f livraison de biens
- i fornitura di oggetti
- e delivery of goods

Liegenschaft
- f immeuble
- i immobile
- e real estate

Liegenschaft, Eigennutzung
- f habitation, usage propre
- i fondi, utilizzazione a scopo personale
- e owner occupation

Liegenschaft, Grossrenovationen
- f immeubles, rénovations importantes d'
- i edifici, ristrutturazioni considerevoli di
- e major property renovations

Liegenschaft, Instandstellungskosten
- f immeuble, frais de remise en état
- i immobile, spese di riattazione
- e property, repair costs

Liegenschaft, Unterhaltskosten
- f immeuble, frais d'entretien
- i immobile, spese di manutenzione
- e property, maintenance costs

Liegenschaft, Unternutzung
- f immeuble, sous-utilisation
- i immobile, utilizzazione limitata
- e real estate, under-utilisation of

Liegenschaft, Verluste aus ausländischer
- f immeubles à l'étranger, pertes
- i immobili all'estero, perdite su
- e real estate, loss on foreign

Liegenschaft, Zweckentfremdung
- f immeuble, changement d'affectation
- i immobile, modifica dello scopo d'utilizzazione
- e real estate, misuse of

Liegenschaftenhändler
- f agents immobiliers
- i commerciante d'immobili
- e real estate agent

Liquidation, Gesellschaft
- f liquidation, société
- i liquidazione, società
- e liquidation, business

Liquidationsgewinn
- f benefice de liquidation
- i utili di liquidazione
- e liquidation profit

Liquidationsüberschuss/-ergebnis
- f liquidation, excédent/produit de
- i liquidazione, eccedenza di
- e liquidation surplus/result

Lizenzgebühren
- f redevances
- i canoni
- e license fees

LoB-Klausel
- f règle de la limitation des avantages
- i regola della limitazione dei benefici
- e limitation-on-benefits rule

Lohn
- f salaire
- i salario
- e salary

Lohnausweis
- f certificat de salaire
- i certificato di salario
- e salary certificate

Lohnveredlung
- f travaillés à façon contrat d'entreprise
- i lavorazione
- e job processing

Löschung, im Handelsregister
- f radiation du registre du commerce
- i cancellazione dal registro di commercio
- e de-registration in the commercial registry

Löschung, im Register der Steuerpflichtigen
- f radiation du registre des contribuables
- i cancellazione dal registro dei contribuenti
- e de-registration in the register of taxable persons

Lotterie, Einsatzkosten
- f mises
- i costi delle poste giocate
- e cost of tickets/wager

Lotterie, Naturalgewinne
- f loteries, gains en nature
- i lotterie, vincite in natura
- e lotteries, gains in kind

Lotterie, zur Verkaufsförderung
- f loteries destinées à promouvoir les ventes
- i lotterie destinati a promuovere le vendite
- e promotional lotteries

Lotteriegewinne
- f gains faits dans les loteries
- i vincite alla lotteria
- e lottery wins

Luftfahrt
- f navigation aérienne
- i aviazione/aeronautica
- e aviation

M

Mahnung
- f sommation
- i diffida
- e reminder

Makler
- f courtier
- i mediatore
- e broker

Mäklerprovision
- f commission de courtage
- i provvigione di mediatore
- e finder's fee

Mängel, eines Entscheides
 f erreur dans la décision
 i vizi di una decisione
 e flaw, in a decision

Mantelhandel
 f manteau d'actions
 i mantello di azioni
 e change of the majority of the investments

Margenbesteuerung
 f imposition de la marge
 i imposizione dei margini
 e margin taxation

Marktwert
 f valeur marchande
 i valore di mercato
 e market value

Massnahmen, gegen Missbrauch
 f mesures contre l'utilisation sans cause légitime
 i provvedimenti contro l'uso senza causa legittima
 e abuse, measures against

Medikamente
 f médicaments
 i medicinali
 e medication

Mehrheit, Beherrschung
 f majorité, domination
 i maggioranza, dominio
 e majority, control

Mehrheit, von Leistungen
 f pluralité de prestations
 i pluralità di prestazioni
 e plurality, of supplies

Mehrwert, selbst geschaffen
 f valeur ajoutée, générée en interne
 i valore aggiunto, generata internamente
 e added value, internally generated

Meldepflicht
 f obligation d'information
 i obbligo di comunicazione
 e obligation to notify

Meldeverfahren
 f procédure de déclaration
 i procedura di notifica
 e notification procedure

Meldeverfahren, Ordnungsbusse
 f procédure de déclaration, amende d'ordre
 i procedura di notifica, multa disciplinare
 e notification procedure, disciplinary fine

Meldeverfahren, Verzugszins
 f procédure de déclaration, intérêt moratoire
 i procedura di notifica, interesse di mora
 e notification procedure, interest on late payment

Meldung, Einspruch bei Versicherungsleistungen
 f opposition à la déclaration
 i opposizione alla notifica
 e appeal, against the notification

Meldung, Gesuch um
 f déclaration, demande de
 i notifica, domanda di
 e notification, request for

Meldung, statt Steuerentrichtung
 f déclaration remplaçant le paiement de l'impôt
 i notifica invece del pagamento
 e notification, instead of paying taxes

Meliorationskosten
 f frais d'amélioration foncière
 i costi di miglioria
 e cost of improvement

Methodenwechsel
 f méthode, changement
 i metodo, cambiamento
 e method, change

Mietertrag
 f revenu des locations
 i redditi di locazione
 e rental income

Mietwert
 f valeur locative
 i valore locativo
 e rental value

Militärversicherung
 f assurance militaire
 i assicurazione militare
 e military insurance

Minderjährige
 f mineurs
 i minorenni
 e minors

Mindestbesteuerung / Mindeststeuer
 f imposition minimale / impôt minimal
 i imposizione minima / imposta minima
 e minimum taxation / minimum tax

Mindestdauer
 f durée minimale
 i durata minima
 e minimum duration

Mindestlohn / Mindestalter
 f salaire et âge minima
 i salario minimo ed età
 e minimum salary and age

Mineralölsteuer
 f impôt sur les huiles minérales
 i imposta sugli oli minerali
 e mineral oil tax

Minimalsteuer
 f impôt minimal
 i imposta minima
 e minimum tax

Missbrauch
 f abus
 i abuso
 e abuse

Missbrauch, des Ermessens
 f abus de pouvoir
 i abuso d'arbitrio
 e abuse of discretion

missbräuchliche Steuerentlastung
 f dégrèvement d'impôt, prétention abusive
 i sgravio d'imposta, pretesa abusiva
 e improper tax relief

Mitarbeit, der Ehegatten
 f collaboration des époux
 i collaborazione dei coniugi
 e collaboration, of spouses

Mitarbeiteraktien
 f actions de collaborateurs
 i azioni dei collaboratori
 e employee shares

Mitarbeiterbeteiligungen
 f participations de collaborateur
 i partecipazioni di collaboratore
 e employee participation

Mitarbeiterbeteiligungsplan
 f plan de participations de collaborateur
 i piano di partecipazioni dei collaboratori
 e employee participation plan

Mitarbeiteroptionen
 f options de collaborateurs
 i opzioni dei collaboratori
 e employee stock options

Miteigentümer
 f copropriétaire
 i comproprietario
 e joint tenant

Mitglieder
 f membres
 i socio / membro
 e members

Mitglieder, der Verwaltung
 f membres de l'administration
 i membri dell'amministrazione
 e members, of the administration

Mitgliederbeiträge
 f cotisations de membres
 i contributi
 e membership fee

Mithaftung / Solidarhaftung
 f responsabilité solidaire
 i responsabilità solidale
 e joint and several liability

Mittelpunkt, der Lebensinteressen
 f centre des intérêts vitaux
 i centro degli interessi vitali
 e centre of vital interests

Mitversicherung
 f coassurance
 i coassicurazione
 e co-insurance

Mitwirkung
 f collaboration
 i collaborazione
 e collaboration

Mitwirkung, des Verkäufers
 f participation du vendeur
 i collaborazione del venditore
 e involvement, of the vendor

Mitwirkungspflichten
 f obligations de collaborer
 i obblighi di collaborare
 e obligations to collaborate

modifizierte Besteuerung nach dem Aufwand
 f imposition modifiée d'après la dépense
 i imposizione secondo il dispendio modificata
 e modified taxation based on expenses

Montagestelle
 f montage ouvert
 i montaggio
 e installation project

Motorfahrzeug
 f véhicule automobile
 i veicolo a motore
 e motor vehicle

Musiker
 f musicien
 i musicista
 e musician

Mutterschaft
 f maternité
 i maternità
 e maternity

Mutterschaftsurlaub
 f congé de maternité
 i congedo di maternità
 e maternity leave

Mutterschaftsversicherung, Einkünfte aus
 f assurance maternité, revenus
 i assicurazione maternità, redditi
 e maternity insurance, income

N

Nachbesteuerung, des Vermögens
 f imposition complémentaire de la fortune
 i imposta complementare
 e additional taxation, of assets

Nachbesteuerung, vereinfachte
 f rappel d'impôt simplifié
 i ricupero semplificato d'imposta
 e additional taxation, simplified

Nacherben
 f appelés
 i eredi sostituiti
 e reversionary heirs

Nacherbschaft
 f substitution fidéicommissaire
 i eredità sostituita
 e estate in expectancy

Nachforderung, Mehrwertsteuer
 f demande de supplément de la TVA
 i riscossione posticipata dell'IVA
 e supplemental claim of VAT

Nachforderung, Steuerabzug
 f paiement complémentaire, retenue
 i pagamento arretrati, ritenuta
 e tax appraisal, deduction for taxes

Nachkommen
 f descendants
 i discendente
 e descendants

Nachlass
 f succession
 i successione
 e estate of inheritance

Nachlasswerte, Beiseiteschaffen
 f successorales, soustraction de valeurs
 i successione, distrazione di beni
 e estate assets under will, removal

Nachsteuer
 f rappel d'impôt
 i ricupero d'imposta
 e supplementary tax

Nachsteuerverfahren
 f procédure de rappel d'impôt
 i procedura di ricupero d'imposta
 e supplementary tax proceedings

nachträgliche Änderung
 f modification ultérieure
 i modifica successiva
 e subsequent change

nachträgliche Anpassung, des Entgelts
 f adaptation ultérieure de la contre-prestation
 i adeguamento successivo dell'controprestazione
 e subsequent adjustment, of the consideration

nachträgliche ordentliche Veranlagung
 f taxation ordinaire ultérieure
 i tassazione ordinaria ulteriore
 e posterior ordinary tax assessment

Nachweis
 f preuve
 i prova
 e proof

Nachweis, der effektiven Kosten
 f preuve de frais effectifs
 i prova dei costi effettivi
 e proof, of the effective costs

Nachweis, im Haftungsfall
 f preuve en cas de responsabilité
 i prova in caso di responsabilità
 e proof, in case of liability

Nachzahlung
 f acquitter l'impôt
 i pagamento successivo
 e additional payment

nahestehende Person
 f proches des personnes
 i persone vicine
 e related pary

Nahrungsmittel, Zubereitung / Service
 f préparation des denrées alimentaires
 i preparazione di alimenti
 e foodstuffs, preparation / service

Naturaldividenden
 f dividendes en nature
 i dividendi in natura
 e dividend in kind

Naturalleistungen
 f prestations en nature
 i prestazioni in natura
 e allowance in kind

Dictionnaire | Die Steuergesetze des Bundes | Ausgabe 2023

natürliche Personen, im Ausland
f personnes physiques domiciliées à l'étranger
i persone fisiche, risiedano all'estero / svolongo
e individuals, living abroad

natürliche Person, Begriff
f personne physique, définition
i persona fisica, definizione
e individual, definition

natürliche Person, Besteuerung
f personne physique, taxation
i persona fisica, tassazione
e individual, taxation

Nebeneinkünfte
f revenus accessoires
i redditi accessori
e additional income

Nebenerwerbstätigkeit
f activité lucrative accessoire
i attività lucrativa accessoria
e part-time activity

Nebentätigkeit
f activité accessoire
i attività accessorie
e ancillary activities

Nennwert
f valeur nominale
i valore nominale
e nominal value

Nennwerterhöhung
f augmentation de la valeur nominale
i aumento del valore nominale
e increase in nominal value

Netto-Allphasensteuer
f impôt général à la consommation
i imposta sul valore aggiunto netto su ogni fase
e net all-phase taxation

Nettoertrag, aus Beteiligung
f rendement net des participations
i ricavo netto da partecipazioni
e net income, from investments

neue Tatsache
f nouveau, fait
i nuovi, fatti
e new facts

Neugründung
f fondation nouvelle
i neocostituzione
e new formation

Nexus-Regel
f règle de nexus
i regola del nexus
e nexus rule

Nichtausübung, einer Tätigkeit
f renonciation à une activité
i mancato esercizio di un'attività
e non-pursuit, of an activity

Nichtbesteuerung
f non-imposition
i non imposizione
e non-taxation

Nichterbe
f non héritier
i non-erede
e non-heir

Nichtigkeitsbeschwerde
f pourvoi en nullité
i ricorso per cassazione
e plea of nullity

Niederlassungsbewilligung
f permis d'établissement
i permesso di domicilio
e residence permit

Nominalwert
f valeur nominale
i valore nominale
e nominal value

Normalsatz
f taux normal
i aliquota normale
e standard tax rate

Notar
f notaire
i notaio
e notary (public)

Nutzniesser, Steuerpflicht
f usufruitier, assujettissement
i usufruttuario, assoggettamento
e usufructuary, tax liability

Nutzniessung, Einkünfte
f usufruit
i usufrutto
e usufruct

Nutzniessung, Vermögen
f usufruit, patrimoine
i usufrutto, patrimonio
e usufruct, assets

Nutzung, eines Gegenstandes
f usage de biens
i godimento di un valore
e exploitation, of a good

Nutzung, im Ausland
f exploitation à l'étranger
i impiego all'estero
e exploitation abroad

Nutzungsänderung
f modification de l'affectation
i modifica d'utilizzazione
e change of use

Nutzungsberechtigter
f bénéficiaire
i beneficiario
e beneficiary

Nutzungsrechte
f droits de jouissance
i diritti di godimento
e usufructuary right

O

Obligation
f obligation
i obbligazione
e bond

Obligation, Anleihensobligation
f obligation d'emprunt
i obbligazione di prestito
e bond

Obligation, Einmalverzinsung
f obligation, intérêt unique
i obbligazione, interesse unico
e bond, one-time interest

Obligation, Kassenobligation
f obligation de caisse
i obbligazione di cassa
e bond

Obligation, Rückzahlung
f obligation, remboursement
i obbligazione, rimborso
e bond, repayment

obligatorische Versicherung
f assurance obligatoire
i assicurazione obbligatoria
e obligatory insurance

offenbare Härte
f conséquences manifestement rigoureuses
i conseguenze particolarmente gravose
e obvious hardship

Offenlegung, freiwillige
f divulgation volontaire
i divulgazione volontaria
e voluntary disclosure

Dictionnaire (d|f|i|e) | Dictionnaire

öffentliche Hand
- f pouvoirs publics
- i poteri pubblici
- e public sector

öffentlicher Dienst
- f fonctions publiques
- i servizio pubblico
- e civil service

öffentlich-rechtliche Abgaben
- f contributions de droit public
- i tributi di diritto pubblico
- e public law contributions

öffentlich-rechtliche Aufgaben
- f tâches de l'administration publique
- i compiti di diritto pubblico
- e public law tasks / duties

öffentlich-rechtliche Eigentumsbeschränkung
- f restrictions de droit public
- i limitazione di diritto pubblico
- e public law restrictions

öffentlich-rechtliche Körperschaft
- f collectivité de droit public
- i corporazione di diritto pubblico
- e public law corporations

öffentlich-rechtliches Arbeitsverhältnis
- f activité / travail de droit public
- i rapporto di lavoro di diritto pubblico
- e public law employment

Onkel
- f oncle
- i zio
- e uncle

Option, Mitarbeiteroptionen
- f options de collaborateurs
- i opzioni dei collaboratori
- e employee stock options

Option, Versteuerung MWST
- f option, imposition TVA
- i opzione, assoggettamento IVA
- e option, taxation VAT

Optionsanleihe
- f emprunt à option
- i prestito a opzione
- e convertible bond

ordnungsmässige Rechnungslegung
- f établissement régulier des comptes
- i rendiconto regolare
- e proper accounting

Ordnungswidrigkeiten
- f inobservation de prescriptions d'ordre
- i inosservanza di prescrizioni d'ordine
- e irregularities

ordre Public
- f ordre public
- i ordre public
- e ordre public / public policy

Organisationsdienstleistungen
- f travaux d'organisation
- i lavori organizzativi
- e organisational services

Organisationseinheit
- f unités organisationnelles
- i unità organizzative
- e organisational unit

Organisatoren
- f organisateurs
- i organizzatori
- e event organizers

Ort, der Arbeitsausübung
- f lieu d'affectation
- i luogo di servizio
- e place of employment

Ort, der Dienstleistungen
- f lieu des prestations de services
- i luogo delle prestazioni di servizi
- e place, of a service

Ort, der Leitung
- f siège de la direction
- i luogo della direzione
- e place, of management

Ort, der Lieferung
- f lieu des livraisons
- i luogo delle forniture
- e place, of delivery

P

Pachtzins
- f loyer
- i affitto
- e rent

Parteien, Beiträge an
- f partis politiques, versements
- i partiti, versamenti
- e political party, donation

Parteientschädigung
- f indemnité aux parties
- i spese ripetibili
- e damages

Partizipationsscheine
- f bons de participation
- i buoni di partecipazione
- e participation certificate / preference share

Partnerschaft, eingetragene
- f partenariat enregistré
- i unione domestica registrata
- e registered civil partnership

Parzellierung
- f parcellement
- i parcellamento
- e parcellation

Patenkind
- f filleul(e)
- i figlioccio
- e godchild

Patentbox
- f patent box
- i patent box
- e patent box

Patente
- f brevets
- i brevetti
- e patents

Patente und vergleichbare Rechte, Begriffe
- f brevets et droits comparables, définitions
- i brevetti e diritti simili, definizioni
- e patents and comparable rights, definitions

Patente, Behandlung von Verlusten
- f brevets, traitement des pertes
- i brevetti, trattamento fiscale delle perdite
- e patents, treatment of losses from

Patente, Berechnung Gewinn
- f brevets, détermination du bénéfice net provenant de
- i brevetti, determinazione dell'utile netto dai
- e patents, calculation of the profit from

Patente, Einkommen / Gewinn
- f brevets, revenu / bénéfice net provenant de
- i brevetti, reddito / utile netto dai
- e patents, income / profit from

Patente, Forschungs- und Entwicklungsaufwand
- f brevets, dépenses de recherche et de développement
- i brevetti, spese di ricerca e sviluppo
- e patents, expenditures of research and development

Patente, Vermögen / Kapital
f brevets, patrimoine / capital propre
i brevetti, sostanza / capitale proprio
e patents, assets / capital

Pauschalabzug
f déductions forfaitaires
i deduzioni complessive
e lump-sum deduction

pauschale Steueranrechnung
f imputation forfaitaire d'impôt
i computo globale dell'imposta
e flat-rate, tax credit

Pauschalmethoden
f méthodes forfaitaires
i metodi forfetari
e flat rate methods

Pauschalsteuersatz
f taux forfaitaires
i aliquota forfettaria
e flat tax rate

Pension / Ruhegehalt
f pension / retraite
i pensione
e pension

Person, ansässige
f résident
i residente
e resident

Person, begünstigte
f bénéficiaire
i beneficiario
e beneficiary

Person, berechtigte
f personne admissible
i soggetto qualificato
e qualified person

Person, eng verbundene
f personnes proches
i persone strettamente vincolate
e person, closely related

Person, eng verbundene; Definition
f personne étroitement liée, définition
i persona strettamente correlata, definizione
e person, closely related; definition

Personal
f personnel de l'entreprise
i personale
e staff

Personalsteuer
f impôt personnel
i imposta personale
e personnel tax

Personalvorsorge
f prévoyance en faveur du personnel
i previdenza del personale
e personnel providence

Personengesamtheiten, ohne juristische Persönlichkeit
f communautés de personnes sans personalité juridique
i comunità di persone senza personalità giuridica
e partnership without legal personality

Personengesellschaft
f société de personnes
i società di persone
e partnership

Personenunternehmung
f entreprise de personnes
i impresa di persone
e partnership

Personenvereinigungen
f groupements de personnes
i unioni di persone
e associations

Pfand, Faustpfand
f nantissement
i pegno manuale
e collateral, security

Pfand, Grundpfand
f gage immobilier
i pegno immobiliare
e mortgage

Pfand, Verpfändung
f mise en gage
i costituzione in pegno
e pledge

Pfandbrief
f lettre de gage
i cartelle ipotecarie
e mortage bond

Pflegekind
f enfant placé
i bambino in affidamento
e foster-child

Pflegeleistungen
f soins de santé
i prestazioni di cura
e care services

Pflichten, Amtspflichten
f obligations des autorités
i doveri dell'autorità
e obligations, official obligations

Pflichten, des Antragstellers
f obligations du requérant
i obblighi dell'istante
e obligations, of the petitioner

Pflichten, des Steuerpflichtigen
f obligations du contribuable
i obblighi del contribuente
e obligations, of the taxable person

Pflichten, des Steuerschuldners
f obligations du débiteur des prestations imposables
i obblighi del debitore della prestazione imponibile
e obligations, of the tax debtor

Pflichten, Verfahrenspflichten
f obligations de procédure
i obblighi procedurali
e procedural obligations

pflichtgemässes Ermessen
f appréciation consciencieuse
i valutazione coscienziosa
e fair discretion

Planmässigkeit
f planification
i secondo un piano
e according to plan

politische Parteien, Zuwendungen
f partis politiques, versements
i partiti, versamenti
e political party, donation

politische Unterabteilungen
f subdivisions politiques
i divisioni politiche
e political subdivisions

Postnumerandobesteuerung
f taxation postnumerando
i tassazione postnumerando
e postnumerando taxation

Praktikant
f stagiaire
i praticante
e trainee

Prämien, für Versicherung
f primes d'assurance
i premi d'assicurazione
e premium, for insurance

Prämien, für Vorsorgeeinrichtung
f primes à des institutions de prévoyance
i premi a istituzioni di previdenza
e contributions, to providential institutions

Präponderanzmethode
- f méthode de la prépondérance
- i metodo della preponderanza
- e n.a.

Primärmarkt
- f marché primaire
- i mercato primario
- e primary market

Privatanteile
- f parts privées
- i quote private
- e private part (expenses)

Privataufwand
- f dépenses privées
- i spese private
- e cost of living

Privatbankiers
- f banquiers privés
- i banchieri privati
- e private banker

Privatentnahme
- f transfert dans la fortune privée
- i prelevamento privato
- e personal drawings

privates Fahrzeug, Fahrkosten
- f véhicule privé, frais de déplacement
- i veicolo privato, spese di trasporto
- e private vehicle, transport costs

Privatvermögen
- f fortune privée
- i sostanza privata
- e private assets

Privatvermögen, Überführung ins
- f fortune privée, transfert à la
- i sostanza privata, trasferimento nella
- e private assets, transfer to

Progression
- f progression
- i progressione
- e progression

Provision
- f commission
- i provvigione
- e commission

Provision, Bezugsprovision
- f commission de perception
- i provvigione di riscossione
- e commission, subscription commission

Provision, Vermittlungsprovision
- f commissions d'intermédiaire
- i provvigione di mediazione
- e commission, agents commission

provisorische Rechnung
- f bordereau provisoire
- i calcolo provvisorio
- e provisional invoice

Psychotherapie, Kosten
- f psychothérapie, frais
- i psicoterapia, costi
- e psychotherapy, costs

qualifizierte Beteiligung
- f participation qualifiée
- i partecipazione qualificata
- e qualifying investment

Quasi-Ansässigkeit
- f quasi-résidence
- i quasi residenza
- e quasi-residency

Quellenbesteuerung des Erwerbseinkommens
- f imposition à la source du revenu de l'activité lucrative
- i imposizione alla fonte del reddito da attività lucrativa
- e withholding tax on earned income

Quellenbesteuerung von Ersatzeinkünften
- f imposition à la source sur les revenus acquis en compensation
- i ritenuta alla fonte di proventi compensativi
- e source taxation of substitutive income

Quellenbesteuerung, Wechsel von der ordentlichen Besteuerung zur
- f imposition à la source, passage de l'imposition ordinaire à
- i ritenuta alla fonte, passaggio da tassazione ordinaria a
- e source taxation, switch from ordinary taxation to

Quellenbesteuerung, Wechsel zur ordentlichen Besteuerung
- f imposition à la source, passage à l'imposition ordinaire
- i ritenuta alla fonte, passaggio alla tassazione ordinaria
- e source taxation, switch to ordinary taxation

Quellenstaat
- f état de la source
- i stato d'origine
- e source country

Quellensteuer
- f imposition à la source
- i imposta alla fonte
- e withholding tax / source tax

Quellensteuer, Ablieferung der
- f impôt à la source, paiement de l'
- i imposta alla fonte, versamento dell'
- e withholding tax, payment of

Quellensteuer, Arbeitnehmer
- f impôt à la source, travailleurs
- i imposta alla fonte, lavoratori
- e source tax (on wages), employees

Quellensteuer auf Kapitalerträgen, Strafbestimmungen
- f impôts prélevés à la source sur des revenus de capitaux, dispositions pénales
- i imposte alla fonte riscosse sui redditi di capitali, disposizioni penali
- e withholding tax on capital income, penal provisions

Quellensteuer, ausländische
- f impôt à la source étranger
- i imposta alla fonte estera
- e withholding tax, foreign

Quellensteuer, Frist für Antrag
- f impôt à la source, date limite pour demande
- i imposta alla fonte, scadenza per richiesta
- e source tax, deadline for request

Quellensteuer, Meldepflicht
- f impôt à la source, obligation d'annoncer
- i imposta alla fonte, obbligo di segnalazione
- e source tax, obligation to register for

Quellensteuer, mit Aufenthalt / Wohnsitz in der Schweiz
- f impôt à la source, avec séjour / domicile en Suisse
- i imposta alla fonte, con dimora fiscale / domicilio in Svizzera
- e source tax (on wages), with residence / stay in Switzerland

Quellensteuer, nachträgliche ordentliche Veranlagung auf Antrag
- f impôt à la source, taxation ordinaire ultérieure sur demande
- i imposta alla fonte, tassazione ordinaria ulteriore su richiesta
- e source tax, compulsory ordinary tax assessment upon request

Quellensteuer, nachträgliche ordentliche Veranlagung von Amtes wegen
f impôt à la source, taxation ordinaire ultérieure d'office
i imposta alla fonte, tassazione ordinaria ulteriore d'ufficio
e source tax, compulsory ordinary tax assessment ex officio

Quellensteuer, Nachzahlung
f impôt à la source, paiement ultérieur
i imposta alla fonte, pagamento supplementare
e source tax, additional payment

Quellensteuer, nicht rückforderbare
f impôts à la source étrangers non remboursables
i imposte alla fonte estere non recuperabili
e non-recoverable foreign withholding tax

Quellensteuer, notwendige Vertretung
f impôt à la source, obligation d'être représenté
i imposta alla fonte, rappresentanza obbligatoria
e source tax, compulsory representation

Quellensteuer, obligatorische nachträgliche ordentliche Veranlagung
f impôt à la source, taxation ordinaire ultérieure obligatoire
i imposta alla fonte, tassazione ordinaria ulteriore obbligatoria
e source tax, posterior compulsory ordinary tax assessment after withholding

Quellensteuer, ohne Aufenthalt / Wohnsitz in der Schweiz
f impôt à la source, sans séjour / domicile en Suisse
i imposta alla fonte, senza dimora fiscale / domicilio in Svizzera
e source tax (on wages), without residence / stay in Switzerland

Quellensteuer, ordentliche Veranlagung
f imposition à la source, procédure de taxation ordinaire
i imposta alla fonte, procedura ordinaria di tassazione
e source tax, ordinary assessment

Quellensteuer, örtliche Zuständigkeit
f impôt à la source, compétence territoriale
i imposta alla fonte, competenza territoriale
e source tax, local authority to tax

Quellensteuer, Pauschalabzug
f impôt à la source, déductions forfaitaires
i imposta alla fonte, deduzioni complessive
e source tax, lump-sum deduction

Quellensteuer, Rückvergütung AHV-Leistungen
f impôt à la source, remboursement des prestations AVS
i imposta alla fonte, rimborso delle prestazioni AVS
e source tax, reimbursement of social security payments

Quellensteuer, Tarife
f impôt à la source, barèmes
i imposta alla fonte, tariffe
e source tax, rate

Quellensteuer, Verfahren bei der
f impôt à la source, perception de l'
i imposta alla fonte, procedura
e withholding tax, procedure in case of

Quellensteuer, Vermögen
f impôt à la source, fortune
i imposta alla fonte, sostanza
e source tax, wealth

Quellensteuer, Voraussetzungen nachträgliche ordentliche Veranlagung
f impôt à la source, conditions préalables pour la taxation ordinaire ultérieure
i imposta alla fonte, condizione per la tassazione ordinaria ulteriore
e source tax, condition for posterior ordinary tax assessment

Quellensteuer, Zins
f impôt à la source, intérêts
i imposta alla fonte, interessi
e source tax, interest

Quellensteuerabzug, Ausgestaltung
f retenue de l'impôt à la source, calcul
i ritenuta d'imposta alla fonte, calcolo
e source tax withholding, calculation

R

Rabatte
f rabais
i ribassi
e rebates

Ratenzahlung
f paiement par tranches
i pagamento parziale
e payment by instalments

Realisierung, stille Reserven
f réalisation des réserves latentes
i realizzazione delle riserve occulte
e realisation of hidden reserves

Rechnung, Begriff
f facture, définition
i fattura, definizione
e invoice, definition

Rechnung, Korrektur
f facture, correction
i fattura, correzione
e invoice, correction

Rechnung, provisorische
f bordereau provisoire
i calcolo provvisorio
e invoice, provisional

Rechnungsfehler
f erreurs de calcul
i errore di calcolo
e calculation error

Rechnungsstellung
f relevé
i rendiconto
e invoicing

Rechtseinheit
f entité juridique
i ente giuridico
e legal entity

Rechtsgeschäfte
f opérations juridiques
i negozi giuridici
e legal act

Rechtshilfe
f entraide judiciaire
i assistenza giudiziaria
e legal assistance

Rechtskraft
f entrée en force
i passaggio in giudicato
e legal force

Dictionnaire (d|f|i|e) | Dictionnaire

Rechtsmittel, im ordentlichen Verfahren
f voies de droit, procédure ordinaire
i rimedio giuridico, procedura ordinaria
e right of appeal, ordinary procedure

Rechtsmittel, sonstige
f voies de droit, autres
i rimedio giuridico, altri
e right of appeal, others

Rechtsmittelbelehrung
f voies de droit, indication des
i rimedio giuridico, indicazione
e instructions on the right of appeal

Rechtsschutz
f protection juridique
i protezione giuridica
e legal protection

reduzierte Besteuerung
f imposition réduite
i imposizione ridotta
e reduced taxation

reduzierter Steuersatz
f taux réduit
i aliquota ridotta
e reduced tax rate

Referenten
f conférenciers
i conferenzieri
e lecturers

Regionalpolitik
f politique régionale
i politica regionale
e regional policy

Register, Steuerregister
f registre fiscal
i registro fiscale
e tax register

Register, Umsatzregister
f registre des négociations
i registro delle negoziazioni
e transfer register

Regularisierung, von Vermögenswerten
f régularisation fiscale des avoirs
i regolarizzazione fiscale di valori patrimoniali
e regularisation of assets

Reihengeschäft
f opération en chaîne
i operazioni a catena
e chain business

Reingewinn
f bénéfice net
i utile netto
e net profit

Reingewinnsteuer
f impôt sur le bénéfice net
i imposta sull'utile netto
e tax on net profit

Reinvermögen
f fortune nette
i sostanza netta
e net assets

Reiseverkehr, Ausfuhr im
f trafic touristique, exportation
i traffico turistico, esportazione
e touristic industry, export in the

Reklamecharakter
f caractère publicitaire
i carattere pubblicitario
e publicity character

Rekurs, gegen Einspracheentscheid
f recours contre la décision sur réclamation
i ricorso contro la decisione sul reclamo
e administrative appeal against a decision

Rekurskommission, Beschwerde vor kantonaler
f commission cantonale de recours, recours devant la
i commissione cantonale di ricorso, ricorso davanti alla
e appeals commission, administrative appeal to the cantonal

Rekurskommission, kantonale
f commission canonale de recours
i commissione cantonale di ricorso
e cantonal appeals commission

Rekursschrift
f mémoire de recours
i ricorso
e appeal

Rekursverfahren
f procédure de recours
i procedura di ricorso
e appeal proceedings

Rekursverfahren, vor Steuerrekursgericht
f recours devant le Tribunal de recours
i ricorso davanti al Tribunale di ricorso
e administrative appeal, to the appeals Court

Rente
f rente
i rendite
e pension

Rente, Leibrente
f rentes viagères
i rendite vitalizie
e life annuity

Rentenalter, ordentliches
f âge ordinaire de la retraite
i età ordinaria della rendita
e ordinary retirement age

Reorganisation
f réorganisation
i riorganizzazione
e reorganization

Repartitionsfaktoren
f facteurs de répartition
i fattori di ripartizione
e n.a.

Reservefonds
f fonds de réserve
i fondo di riserva
e reserve funds

Reserven
f réserves
i riserve
e reserves

Reserven, Einlagen
f réserves, apport
i riserve, apporto
e reserves, contribution

Reserven, stille
f réserves latentes
i riserve occulte
e reserves, hidden

Reserven, unbesteuerte
f réserves non imposables
i riserve non tassate
e untaxed reserves

Reservenbildung, steuerfreie
f constitution de réserves franches d'impôts
i cumulazione di riserve non soggetta a imposte
e creation of reserves, tax free

Revision
f révision
i revisione
e revision

Revisionsgrund
f motif de révision
i motivo di revisione
e basis for revision

Dictionnaire | Die Steuergesetze des Bundes | Ausgabe 2023

Richter, Vorführung vor den
- f juge, présentation au
- i giudice, portando prima del
- e judge, bringing before the

Risikokapitalgesellschaft
- f sociétés de capital-risque
- i società di capitale a rischio
- e venture capital company

Rückbaukosten
- f frais de démolition
- i spese di demolizione
- e deconstruction costs

Rückerstattung, Abschlagsrückerstattung
- f remboursement par acomptes
- i rimborso per acconti
- e reimbursement, on account

Rückerstattung, Anspruch
- f remboursement, droit
- i rimborso, diritto
- e refund, entitlement

Rückerstattung, Antrag
- f remboursement, demande
- i rimborso, domanda
- e refund, request

Rückerstattung, Ausländer
- f remboursement, étrangers
- i rimborso, stranieri
- e refund, foreigners

Rückerstattung, bei unvollständiger Steuererklärung
- f remboursement en cas de déclaration incomplète
- i rimborso in caso di dichiarazioni incomplete
- e refund in case of incomplete tax return

Rückerstattung der Verrechnungssteuer
- f remboursement de l'impôt anticipé
- i rimborso dell'imposta preventiva
- e refund of withholding tax

Rückerstattung, durch den Bund
- f remboursement par la Confédération
- i rimborso da parte della Confederazione
- e refund, by the federal government

Rückerstattung, durch den Kanton
- f remboursement par le canton
- i rimborso da parte del Cantone
- e refund, by the canton

Rückerstattung, Kürzung
- f remboursement, réduction
- i rimborso, riduzione
- e refund, reduction

Rückerstattung, ohne Antrag
- f remboursement sans demande préalable
- i rimborso senza previa istanza
- e refund, without application

Rückerstattung, Personenvereinigung
- f remboursement, groupements de personnes
- i rimborso, unioni di persone
- e refund, for partnerships

Rückerstattung, Quellensteuer
- f restitution, impôt à la source
- i rimborso, imposta alla fonte
- e refund, source tax

Rückerstattung, Steuer
- f remboursement de l'impôt
- i rimborso dell'imposta
- e refund, of the tax

Rückerstattung, Treuhandverhältnis
- f remboursement, rapports fiduciaires
- i rimborso da rapporti fiduciari
- e refund, trust relationship

Rückerstattung, unrechtmässige
- f remboursement injustifié de l'impôt / restitution d'impôt illégale
- i rimborso illecita d'imposta
- e refund, illegal

Rückerstattung, Untergang des Anspruchs
- f remboursement, extinction du droit au
- i rimborso, estinzione del diritto al
- e refund, extinguishing the entitlement of

Rückerstattung Verrechnungssteuer, Frist für Antrag
- f remboursement de l'impôt anticipé, délai applicable
- i rimborso dell'imposta preventiva, termine
- e refund of withholding tax, deadline for application

Rückerstattung, Verwirkung
- f remboursement, déchéance du droit
- i rimborso, perdita del diritto
- e refund, forfeiture

Rückerstattung, Verzeichnis der Berechtigten
- f remboursement, liste des participants
- i rimborso, elenco degli aventi diritto
- e list, of the entitled parties

Rückforderung, bezahlter Steuern
- f restitution de l'impôt payé
- i restituzione dell'imposta pagata
- e reclaim, of taxes paid

Rückgriffsanspruch
- f recours contre un tiers
- i pretesa di regresso
- e recourse application

Rückkauf, eigene Beteiligungsrechte
- f rachat des propres droits de participation
- i riscatto dei propri diritti di partecipazione
- e repurchase, own investments

rückkaufsfähige Kapitalversicherung
- f assurance de capital susceptible de rachat
- i assicurazione di capitale soggetta a riscatto
- e redeemable endowment insurance

Rückleistungspflicht
- f assujettissement à une restitution
- i obbligo di restituzione
- e duty to make restitution

Rückstellungen
- f provisions
- i accantonamenti
- e accruals

Rückvergütungen
- f ristournes
- i rimborsi
- e reimbursements

Rückweisung, an die Vorinstanz
- f renvoi à l'instance antérieure
- i rinvio all'istanza precedente
- e return, to the prior authority

Rückzahlung, Einlagen / Kapital
- f remboursement d'apports / capital
- i rimborso degli apporti / capitale
- e repayment, contributions / capital

Rückzahlung, Einlagen in Vorsorge
- f prévoyance, remboursement des versements
- i previdenza, rimborso dei versamenti
- e providence, repayment of contributions

Dictionnaire (d|f|i|e) | Dictionnaire

Rückzahlung, Obligationen
- f remboursement d'obligations
- i rimborso di obbligazioni
- e repayment, of bonds

Rückzug, der Strafverfügung
- f révocation du prononcé pénal
- i revoca della decisione penale
- e revocation of the penal order

Rückzug, einer Einsprache
- f retrait d'une réclamation
- i ritiro del reclamo
- e withdrawal of an objection

Ruhegehalt / Pension
- f retraite / pension
- i pensione
- e pension

Ruhestandsleistung
- f prestation de retraite
- i prestazione di pensione
- e retirement benefit

S

Sacheinlage
- f apport en nature
- i conferimento / apporto in natura
- e contribution in kind

Sachgesamtheiten
- f assemblages
- i insiemi
- e single unit

Saldosteuersätze
- f taux de la dette fiscale nette
- i aliquote saldo
- e net tax rates

Saldosteuersatzmethode
- f méthode des taux de la dette fiscale nette
- i metodo delle aliquote saldo
- e net tax rate method

Saldosteuersatzmethode, Wechsel
- f méthode des taux de la dette fiscale nette, changement
- i metodo delle aliquote saldo, modifiche
- e net tax rate method, change

Sammlerstücke
- f pièces de collection
- i pezzi da collezione
- e collection items

Samnaun
- f Samnaun
- i Samnaun
- e Samnaun

Sampuoir
- f Sampuoir
- i Sampuoir
- e Sampuoir

Sanierung
- f assainissement
- i risanamento
- e reconstruction

Sanierung, Verluste
- f assainissement, pertes
- i risanamento, perdite
- e restructuring, loss

Sanktionen, administrative
- f sanctions administratives
- i sanzioni amministrative
- e sanctions, administrative

Sanktionen, finanzielle
- f sanctions financières
- i sanzioni pecuniarie
- e sanctions, financial

Satzmilderung
- f réduction du taux
- i aliquota ridotta
- e tax rate abatement

Säumnisurteil
- f jugement par défaut
- i sentenza contumaciale
- e delinquent tax judgement

Satz, des Gesamteinkommens
- f taux du revenu total
- i aliquota applicabile al reddito complessivo
- e tax rate of the total taxable income

Satzbestimmung
- f calcul / détermination du taux
- i determinazione dell'aliquota
- e determining the tax rate

Schätzung
- f estimation
- i stima
- e estimation

Scheidung, Ehe
- f divorce
- i divorzio
- e divorce

Schenker
- f donateur
- i donatore
- e donator

Schenkung
- f donation
- i donazione
- e donation

Schichtarbeit
- f travail en équipes
- i lavoro a turno
- e shift work

Schiedsgericht
- f tribunal arbitral
- i tribunale arbitrale
- e court of arbitration

Schiedsverfahren
- f arbitrage
- i arbitrato
- e arbitration

Schifffahrt
- f navigation
- i navigazione
- e shipping

Schreibversehen
- f erreurs de transcription
- i errore di scrittura, svista manifesta
- e transcription error

Schuldbuchguthaben
- f avoirs figurant au livre de la dette
- i averi iscritti nel libro del debito
- e debt register credit balance

Schulden
- f dettes
- i debiti
- e debts

Schulden, Schuldzinsen
- f dettes, intérêts passifs
- i debiti, interessi su debiti
- e debts, interest costs

Schuldentilgung
- f remboursement des dettes
- i estinzione di debiti
- e amortization

Schuldenverzeichnis
- f état des dettes
- i elenco degli debiti
- e list of debts

Schuldner, der steuerbaren Leistung
- f débiteur de la prestation imposable
- i debitore della prestazione imponibile
- e debtor, of the taxable service

Schwarzarbeit
- f travail au noir
- i lavoro nero
- e illicit work

Schweigepflicht
- f obligation de garder le secret
- i obbligo del segreto
- e duty to maintain confidentiality

Schweizer Bürgerrecht
 f nationalité suisse
 i cittadino svizzero
 e Swiss citizenship

Schwester
 f sœur
 i sorella
 e sister

Sekundärmarkt
 f marché secondaire
 i mercato secondario
 e secondary market

selbständige Erwerbstätigkeit
 f activité lucrative indépendante
 i attività lucrativa indipendente
 e self-employed gainful activity

Selbstanzeige, straflose
 f dénonciation spontanée non punissable
 i autodenuncia esente da pena
 e self-denunciation, not subject to punishment

Selbstveranlagung
 f taxation par le contribuable lui-même
 i auto accertamento
 e self-assessment

Seriengülten
 f lettres de rentes émises en série
 i rendite fondiarie emesse in serie
 e ground-rent issued in series

Serienschuldbriefe
 f cédules hypothécaires
 i cartelle ipotecarie emesse in serie
 e promissory note issued in series

SICAF
 f SICAF
 i SICAF
 e SICAF

SICAV
 f SICAV
 i SICAV
 e SICAV

Sicherheitseigenkapital, Berechnung
 f capital propre de sécurité, calcul
 i capitale proprio di garanzia, calcolo
 e security capital, calculation

Sicherheitseigenkapital, kalkulatorischer Zins
 f capital propre de sécurité, intérêt notionnel
 i capitale proprio di garanzia, interesse figurativo
 e security capital, notional interest

Sicherheitsfonds
 f fonds de garantie
 i fondo di garanzia
 e collateral fund

Sicherheitsleistung
 f garanties
 i garanzie, prestazione di
 e lodging of security

Sicherstellung
 f sûreté
 i garanzie
 e security

Sicherstellung, Rechtsmittel
 f sûreté, voies de droit
 i costituzione di garanzie, rimedio giuridico
 e providing a surety, right of appeal

Sicherstellungsverfügung
 f sûreté, demande de
 i decisione di richiesta di garanzie
 e ruling requiring security

Sicherungsmassnahmen
 f mesures conservatoires
 i misure provvisionali
 e collateral measures

Signatur, qualifizierte elektronische
 f signature électronique qualifiée
 i firma elettronica qualificata
 e signature, qualified electronic

Sitz, der Unternehmung
 f siège de l'entreprise
 i sede dell'impresa
 e registered office of the company

Sitz, im Ausland
 f siège à l'étranger
 i sede all'estero
 e management abroad, place of

Sitzungsgelder
 f jetons de présence
 i gettoni di presenza
 e attendance fees

Sitzverlegung, in die Schweiz / in den Kanton
 f transfert de siège en Suisse
 i trasferimento di sede in Svizzera
 e transferring the registered office to Switzerland

Sitzverlegung, innerhalb der Schweiz
 f transfert de siège à l'intérieur de la Suisse
 i trasferimento di sede all'interno della Svizzera
 e transferring the registered office within Switzerland

Sitzverlegung, ins Ausland
 f transfert de siège à l'étranger
 i trasferimento della sede all'estero
 e transfering the registered office abroad

Sitzverlegung, vorübergehende
 f transfert de siège temporaire
 i trasferimento temporaneo
 e transfer of the registered office, temporary

Skonti
 f escomptes
 i sconti
 e discounts

Sockelsteuer
 f impôt résiduel
 i imposta residua
 e residual withholding tax

Sold, für Militär
 f solde du service militaire
 i soldo del servizio militare
 e pay, for military

Solidarbürgschaft
 f cautionnement solidaire
 i fideiussione solidale
 e joint warranty

Solidarhaftung / Mithaftung
 f responsabilité solidaire
 i responsabilità solidale
 e joint and several liability

Sondersatz
 f taux spécial
 i aliquota speciale
 e special rate

Sondersteuer, Aufdeckung stiller Reserven
 f imposition séparée, déclaration des réserves latentes
 i tassa separata, dichiarazione di riserve occulte
 e special tax rate, disclosure of hidden reserves

Sonderveranlagungen
 f taxation spéciale
 i tassazione speciale
 e special assessment

Sondervermögen
 f biens distincts
 i beni distinti
 e special assets

Sorgfalt
 f soin
 i diligenza
 e diligence

Sozialabzug, für Kinder
f réduction pour les enfants
i deduzione sociale per figli
e social allowance for children

Sozialabzüge
f déductions sociales
i deduzioni sociali
e social deduction

Sozialfürsorge
f assistance sociale
i assistenza sociali
e social welfare

Sozialversicherung
f prévoyance sociale
i previdenza sociale
e social security

Spaltung / Aufspaltung / Abspaltung
f scission / division / séparation
i scissione / divisione / separazione
e demerger / division / spin-off

Spareinlagen
f dépôts d'épargne
i depositi a risparmio
e savings

Sparkasse
f caisse d'épargne
i cassa di risparmio
e savings institution

Sparverein
f association d'épargne
i associazione di risparmio
e savings association

Spenden
f dons
i offerta / carità
e donations

Sperrfrist
f délai de blocage
i termine di blocco
e blocking period

Sperrfristverletzung
f violation du délai de blocage
i violazione del termine di blocco
e violation of blocking period

Sperrkonto
f compte bloqué
i conto bancario bloccato
e blocked account

Spesenreglement
f règlements des remboursements de frais
i regolamento spese
e expense compensation regulations

Spezialwerkzeuge
f outillages spéciaux
i arnesi speciali
e special tools

Spielbankengesetz
f lois sur les maisons de jeux
i legge sulle case da gioco
e casino law

Spitalbehandlung
f soins hospitaliers
i cura ospedaliera
e hospital treatment

Spitex
f aide et soins à domicile
i Spitex
e home care

spontaner Informationsaustausch
f échange spontané de renseignements
i scambio spontaneo di informazioni
e spontaneous exchange of information

spontaner Informationsaustausch, Fristen
f échange spontané de renseignements, délais
i scambio spontaneo di informazioni, termini
e spontaneous exchange of information, deadlines

spontaner Informationsaustausch, Steuervorbescheid
f échange spontané de renseignements, décision anticipée en matière fiscale
i scambio spontaneo di informazioni, decisione fiscale anticipata
e spontaneous exchange of information, ruling

Sportler
f sportifs
i sportivi
e sportsman

sportliche Anlässe
f manifestations sportives
i manifestazioni sportive
e sporting event

Sport-Toto-Klub
f club de Sport-Toto
i club di sport-toto
e sport tote club

Sprungrekurs
f réclamation, transmise à titre de recours
i reclamo, trasmessa come ricorso
e objection, forwarding as an administrative appeal

Staatenlose
f apatrides
i persone prive di cittadinanza
e stateless

Staatsangehörigkeit
f nationalité
i nazionalità
e nationality

Staatsbürgerschaft
f citoyenneté
i cittadinanza
e citizenship

Staatsvertrag
f convention internationale
i convenzione internazionale
e international treaty

Stammanteile
f parts sociales
i quote sociali
e shares / interests

Stammkapital
f capital social
i capitale azionario
e authorised capital

Statuswechsel
f changement de statut
i cambio dello status
e change of status

Statutenänderung
f modification des statuts
i modificazione dello statuto
e change to the articles of incorporation

Stellenwechsel
f changement d'emploi
i cambiamento di impiego
e change of employment

Stellvertretung
f représentation
i rappresentanza
e substitution

Stempelabgaben
f droit de timbre
i tasse di bollo
e stamp duty

Stempelabgaben, kantonale
f droit de timbre, cantonal
i tasse di bollo, cantonale
e stamp duty, cantonal

Step-up
- f step-up
- i step-up
- e step-up

Steuer, auf dem Umsatz im Inland
- f impôts, opérations faites sur le territoire suisse
- i imposta sulle operazioni eseguite nella Svizzera
- e tax, on domestic turnover

Steuer, ausländische
- f impôts à l'étranger
- i imposta estera
- e tax, foreign

Steuer, Ausnahmen von der
- f impôts, exceptions
- i tassa, eccezioni
- e tax, exceptions

Steuer, Einfuhrsteuer
- f impôt sur les importations
- i imposta sull'importazione di beni
- e tax, import tax

Steuer, Festsetzung
- f impôt, fixation
- i imposta, determinazione
- e tax, determination

Steuer, Überwälzung der
- f impôt, transfert
- i imposta, traslazione
- e tax, transfer

Steuerabkommen / Konkordat
- f arrangements fiscaux / concordat
- i trattato fiscale / concordato
- e tax treaty / concordat

Steuerabzug
- f retenue d'impôt
- i ritenuta d'imposta
- e tax deduction

Steueramnestie
- f amnistie fiscale
- i amnistia fiscale
- e tax amnesty

Steueramtshilfe
- f assistance administrative fiscale
- i assistenza amministrativa fiscale
- e administrative assistance in tax matters

Steueramtshilfe, Kosten
- f assistance administrative fiscale, frais
- i assistenza amministrativa fiscale, spese
- e administrative assistance in tax matters, costs

Steueranrechnung
- f imputation de l'impôt
- i imputazione dell'imposta
- e tax credit

Steueranrechnung, pauschale
- f imputation forfaitaire d'impôt
- i computo globale dell'imposta
- e tax credit, flat-rate

Steueraufschub
- f report de l'imposition
- i differimento fiscale
- e tax deferral

Steueraufwand
- f charges d'impôts
- i oneri di imposta
- e deductions, tax expense

Steuerausscheidung, interkantonale
- f répartition intercantonale
- i ripartizione intercantonale
- e intercantonal tax apportionment

Steuerausscheidung, interkommunale
- f intercommunale, péréquation
- i intercomunale, ripartizione
- e tax apportionment, intercommunal

Steuerausscheidung, internationale
- f internationale, répartition
- i internazionale, ripartizione
- e tax apportionment, international

Steuerausweis
- f mention de l'impôt
- i dichiarazione fiscale
- e tax voucher

steuerbare Leistungen
- f prestations imposables
- i prestazioni imponibili
- e taxable supplies

Steuerbefreiung, Einkommen / Leistungen / etc.
- f exonération de l'impôt, prestations / revenues / etc.
- i esenzione da imposta, prestazioni / redditi / etc.
- e tax exemption, supplies / income / etc.

Steuerbefreiung, Ende der
- f exonération de l'impôt, fin de l'
- i fine di un'esenzione fiscale
- e tax exemption, end of

Steuerbefreiung, Steuerpflicht
- f exemption, assujettissement à l'impôt
- i esenzioni, obbligo d'imposta
- e exemption, tax liability

Steuerbefreiung, Übergang zu einer
- f exonération de l'impôt, passage à une
- i passaggio a un'esenzione fiscale
- e tax exemption regime, transition to

Steuerbehörden
- f autorités fiscales
- i autorità fiscale
- e tax authorities

Steuerberechnung
- f calcul de l'impôt
- i calcolo dell'imposta
- e calculation of the tax / duty

Steuerbetrug
- f fraude fiscale
- i frode fiscale
- e tax fraud

Steuerbezug
- f perception de l'impôt
- i riscossione dell'imposta
- e tax collection

Steuerentlastung
- f dégrèvement d'impôt
- i sgravio d'imposta
- e tax relief

Steuerentlastung, missbräuchliche
- f dégrèvement d'impôt abusive
- i sgravio d'imposta abusiva
- e tax relief, improper

Steuerentlastung, ungerechtfertigte
- f dégrèvement d'impôt, sans cause légitime
- i sgravio d'imposta senza causa legittima
- e tax relief, illegal

Steuerentrichtung
- f paiement de l'impôt
- i pagamento dell'imposta
- e payment of the tax

Steuererhebung
- f perception/prélèvement de l'impôt
- i riscossione / prelievo dell'imposta
- e duty imposition

Steuererklärung
- f déclaration d'impôt
- i dichiarazione d'imposta
- e tax declaration

Steuererklärung, Beilagen
- f déclaration d'impôt, annexes
- i dichiarazione d'imposta, allegati
- e tax return, attachments

Dictionnaire (d|f|i|e) | Dictionnaire

Steuererklärungspflicht
- f obligation de déposer une déclaration d'impôt
- i obbligo di allestire la dichiarazione fiscale
- e obligation to submit a tax declaration

Steuererlass
- f remise de l'impôt
- i condono dell'imposta
- e tax remission / tax waiver

Steuererlass, Ablehnungsgründe
- f remise de l'impôt, motifs de refus
- i condono dell'imposta, motivi di diniego
- e tax remission / tax waiver, grounds for refusal

Steuererlass, Begründung
- f remise de l'impôt, motivation
- i condono dell'imposta, motivazione
- e tax remission / tax waiver, substantiation of a request

Steuererlass, Behörde
- f remise de l'impôt, autorité
- i condono dell'imposta, autorità
- e tax remission / tax waiver, authority

Steuererlass, Gesuch
- f remise de l'impôt, demande
- i condono dell'imposta, domanda
- e tax remission / tax waiver, request

Steuererlass, Prüfung und Entscheid
- f remise de l'impôt, examen et décision
- i condono dell'imposta, verifica e decisione
- e tax remission / tax waiver, examination and decision

Steuererlass, Rechtsmittel
- f remise de l'impôt, voies de droit
- i condono dell'imposta, rimedi giuridici
- e tax remission / tax waiver, appeal

Steuererlass, Voraussetzungen
- f remise de l'impôt, conditions
- i condono dell'imposta, condizioni
- e tax remission / tax waiver, conditions

Steuererleichterungen
- f allégements fiscaux
- i sgravio di imposta
- e tax relief

Steuererleichterungen, Anwendungsgebiete
- f allégements fiscaux, zones d'application
- i sgravio di imposta, zone di applicazione
- e tax relief, application areas

Steuererleichterungen, Definitionen
- f allégements fiscaux, définitions
- i agevolazioni fiscali, definizioni
- e tax relief, definitions

Steuererleichterungen, Höhe
- f allégements fiscaux, montant
- i agevolazioni fiscali, ammontare
- e tax relief, amount

Steuererleichterungen, Voraussetzungen
- f allégements fiscaux, conditions
- i agevolazioni fiscali, condizioni
- e tax relief, conditions

Steuererleichterungen, Widerruf
- f allégements fiscaux, révocation
- i agevolazioni fiscali, revoca
- e tax relief, revocation / repeal

Steuerermässigung
- f réduction d'impôt
- i riduzione dell'imposta
- e tax relief

Steuerermässigung, Patente
- f réduction d'impôt, brevets
- i riduzione dell'imposta, brevetti
- e tax relief, patents

Steuerersparnis, ungerechtfertigte
- f économie d'impôt injustifiée
- i vantaggio, indebiti
- e tax savings, unjustified

Steuerfaktoren
- f éléments imposables
- i elementi imponibili
- e tax factors

Steuerforderung, Änderung
- f créance fiscale, modification
- i credito fiscale, modifica
- e tax claim, change

Steuerforderung, Entstehung
- f créance fiscale, naissance
- i credito fiscale, nascita
- e tax claim, constitution

Steuerforderung, Untergang
- f créance fiscale, extinction
- i credito fiscale, estinzione
- e extinguishing, tax duty

Steuerforderung, Verjährung
- f créance fiscale, prescription
- i crediti d'imposta, prescrizione
- e tax claim, time limitation of

Steuerforderung, Verpfändung
- f créance fiscale, mise en gage
- i credito fiscale, costituzione in pegno del
- e tax claim, pledge

steuerfreie Geschenke
- f primes exonérés de l'impôt
- i regali esenti da tassa
- e tax exempt gifts

Steuerfuss
- f taux d'imposition
- i aliquota
- e basis of taxation

Steuergefährdung
- f mise en péril de l'impôt
- i messa in pericolo dell'imposta
- e tax endangerment

Steuerhehlerei
- f recel
- i ricettazione fiscale
- e receiving untaxed goods

Steuerhinterziehung
- f soustraction d'impôt
- i sottrazione d'imposta
- e tax evasion

Steuerhinterziehung, Ehegatten
- f soustraction d'impôt, époux
- i sottrazione d'imposta, coniugi
- e tax evasion, spouses

Steuerhinterziehung, Ermässigung
- f soustraction d'impôt, réduction
- i sottrazione d'imposta, riduzione
- e tax evasion, reduction

Steuerhinterziehung, versuchte
- f soustraction d'impôt, tentative de
- i sottrazione, tentativo
- e tax evasion, attempted

Steuerhoheit
- f compétence fiscale
- i sovranità fiscale
- e tax jurisdiction

Steuernachbezug
- f perception ultérieure de l'impôt
- i riscossione successiva dell'imposta
- e subsequent tax collection

Steuernachfolge
- f succession fiscale
- i successione fiscale
- e tax succession

Dictionnaire | Die Steuergesetze des Bundes | Ausgabe 2023

Steuernachforderung
- f reprise d'impôt
- i ripresa fiscale
- e tax re-adjustment

steuerneutrale Vorgänge
- f opérations sans incidence fiscale
- i operazioni senza incidenze fiscali
- e tax-neutral transactions

Steuerobjekt
- f objet de l'impôt
- i oggetto dell'imposta
- e taxable object

Steuerperiode
- f période fiscale
- i periodo fiscale
- e tax period

Steuerperiode, einjährige
- f période fiscale annuelle
- i periodo fiscale annuale
- e one-year tax period

Steuerperiode, zweijährige
- f période fiscale de deux ans
- i periodo fiscale biennale
- e tax period, two-year

Steuerpflicht
- f assujettissement à l'impôt
- i assoggettamento dall'imposta
- e tax liability

Steuerpflicht, Art der Erfüllung der
- f obligation fiscale, forme d'exécution de l'
- i obbligazione fiscale, modo di esecuzione dell'
- e tax liability, performance of the

Steuerpflicht, Ausnahmen
- f assujettissement à l'impôt, exonérations
- i assoggettamento dall'imposta, esenzioni
- e tax liability, exceptions from

Steuerpflicht, Befreiung
- f assujettissement à l'impôt, exemption
- i obbligo d'imposta, esenzioni
- e tax liability, exemptions

Steuerpflicht, Beginn der
- f assujettissement, début de l'
- i assoggettamento, inizio dell'
- e tax liability, commencement of

Steuerpflicht, beschränkte
- f assujettissement limité
- i assoggettamento limitato
- e tax liability, limited

Steuerpflicht, Dauer
- f assujettissement, durée d'
- i assoggettamento, durata d'
- e tax liability, duration of the

Steuerpflicht, Ende der
- f assujettissement, fin de l'
- i assoggettamento, fine dell'
- e tax liability, end of

Steuerpflicht, Überprüfung
- f assujettissement, contrôle
- i tassazione, esame
- e tax liability, review

Steuerpflicht, unbeschränkte
- f assujettissement illimité
- i assoggettamento illimitato
- e tax liability, unlimited

Steuerpflicht, unterjährige
- f assujettissement inférieur à douze mois
- i assoggettamento inferiore a un anno
- e tax liability less than twelve months

Steuerpflicht, Wechsel
- f assujettissement, modification
- i assoggettamento, modifica
- e tax liability, change

Steuerregister
- f registre fiscal
- i registro fiscale
- e tax register

Steuerrekursgericht
- f Tribunal de recours
- i Tribunale di ricorso
- e appeals Court

Steuerrekursgericht, Rekurs vor
- f Tribunal de recours, recours devant le
- i Tribunale di ricorso, davanti al
- e appeals Court, administrative appeal to the

Steuerrückbehalt
- f retenue d'impôt
- i ritenuta di imposta
- e tax retention

Steuerrückerstattung
- f remboursement de l'impôt
- i rimborso dell'imposta
- e tax refund

Steuerrückerstattung, Verjährung
- f remboursement de l'impôt, prescription
- i rimborso dell'imposta, prescrizione
- e tax refund, statute of limitations

Steuersatz
- f taux d'impôt
- i aliquota d'imposta
- e tax rate

Steuersatz, Herabsetzung
- f taux de l'impôt, réduction du
- i aliquota, riduzione dell'
- e tax rate, reduction of the

Steuersicherung
- f sûreté de l'impôt
- i garanzie
- e security for the tax

Steuerstrafrecht
- f dispositions pénales
- i disposizioni penali
- e tax criminal law

Steuersubjekt
- f sujet de l'impôt
- i soggetto fiscale
- e taxable person

Steuersubstitution
- f substitution fiscale
- i sostituzione fiscale
- e tax substitution

Steuertarif
- f barème de l'impôt
- i tariffa fiscale
- e tax scale

Steuertarif, für Ehegatten
- f barème de l'impôt, époux
- i tariffa fiscale, coniugi
- e tax scale, spouses

Steuerumgehung
- f éluder un impôt
- i eludere un'imposta
- e tax avoidance

Steuervergehen
- f délit fiscal
- i delitto fiscale
- e tax offence

Steuervergehen, qualifiziertes
- f délit fiscal qualifié
- i delitto fiscale qualificato
- e qualified tax offence

Steuervergünstigungen
- f allégements fiscaux
- i sgravi fiscali
- e tax benefits

Steuervertreter
- f représentant fiscal
- i rappresentante fiscale
- e tax representative

Steuervorbescheid
 f décision anticipée en matière fiscale, ruling
 i decisione fiscale anticipata, ruling
 e ruling

Steuerwiderhandlung
 f infraction fiscale
 i contravvenzione fiscale
 e tax infractions

Steuerzahlung
 f paiement de l'impôt
 i pagamento dell'imposta
 e payment of taxes

Stiefeltern
 f beaux-parents
 i matrigna / patrigno
 e step-parents

Stiefkind
 f enfant d'un premier lit
 i figliastro
 e step-child

Stiftung
 f fondations
 i fondazione
 e foundation

stille Reserven
 f réserves latentes
 i riserve occulte
 e hidden reserves

stille Reserven, Aufdeckung
 f réserves latentes, déclaration des
 i riserve occulte, dichiarazione di
 e hidden reserves, disclosure

stille Reserven, Realisierung
 f réserves latentes, réalisation
 i riserve occulte, realizzazione
 e hidden reserves, realisation

stille Reserven, Verfügung über Höhe
 f réserves latentes, décision sur le montant
 i riserve occulte, decisione sull'importo
 e hidden reserves, decision on the amount

stille Reserven, versteuerte
 f réserves latentes imposées
 i riserve occulte già tassate
 e taxed hidden reserves

Stillschweigen
 f secret, garder le
 i segreto, mantenere il
 e confidentiality

Stillstand, der Frist
 f suspension du délai
 i sospensione del termine
 e suspension, of the deadline

Stimmenmehrheit
 f majorité des voix
 i maggioranza dei voti
 e voting majority

Stipendien
 f bourses d'études
 i borse di studio
 e scholarships

Stockwerkeigentümergemeinschaft
 f communauté de copropriétaires par étages
 i comunione dei comproprietari
 e condominium community

strafbare Handlung
 f acte punissable
 i atto punibile
 e criminal actions

Strafbescheid
 f mandat de répression
 i decreto penale
 e penalty decision

Strafbestimmung
 f lois pénales
 i disposizione penale
 e penal regulations

Strafgerichtsbarkeit
 f voie pénale
 i giurisdizione penale
 e penal jurisdiction

Strafgesetzbuch
 f code pénal
 i codice penale
 e penal code

straflose Selbstanzeige
 f dénonciation spontanée non punissable
 i autodenuncia esente da pena
 e self-denunciation, not subject to punishment

strafrechtliche Sanktionen
 f sanctions pénales
 i sanzioni penali
 e penal sanctions

Strafurteil
 f jugement pénal
 i sentenza penale
 e sentence

Strafverfahren
 f procédure pénale
 i procedimento penale
 e criminal proceedings

Strafverfolgung
 f poursuite pénale
 i azione penale
 e criminal prosecution

Strafverfolgung, Verjährung
 f poursuite pénale, prescription
 i azione penale, prescrizione
 e prosecution, time limitation of

Strafverfügung
 f décision pénale
 i decisione penale
 e appeal decision

Strafvollzug
 f exécution de la peine
 i esecuzione della pena
 e execution of sentence

Studenten
 f étudiants
 i studenti
 e students

Stundung
 f sursis à la perception
 i dilazione
 e respite

Substanz, betriebsnotwendige
 f substance nécessaire à l'exploitation
 i sostanza necessaria all'esercizio aziendale
 e assets, intrinsic

Subventionen
 f subventions
 i sussidi
 e subsidies

systemrelevante Banken, Konzernobergesellschaften
 f banques d'importance systémique, sociétés mères
 i banche di rilevanza sistemica, società madri delle
 e systemically important banks, group parent company

T

Taggeld, ALV
 f indemnité journalière, AC
 i indennità giornaliere, AD
 e daily allowance, unemployment insurance

Tante
 f tante
 i zia
 e aunty

Tantiemen
 f tantièmes
 i tantièmes
 e percentage

Dictionnaire | Die Steuergesetze des Bundes | Ausgabe 2023

Tarif
- f barème
- i tariffa
- e scale

Täter
- f auteur
- i autore
- e offender

Tätigkeit, Nichtausübung
- f activité, renonciation à une
- i attività, mancato esercizio di
- e activity, not carrying out of

Tätigkeit, vorbereitender Art
- f activité de caractère préparatoire
- i attività di carattere preparatorio
- e activities, of a preparatory nature

Tatsache, erhebliche
- f fait important
- i fatti rilevanti
- e facts, significant

Tatsache, neue
- f fait nouveau
- i fatti nuovi
- e facts, new

tatsächliche Verwaltung
- f administration effective
- i amministrazione effettiva
- e actual administration

tatsächliche Verwaltung, Verlegung
- f administration effective, transfert
- i amministrazione effettiva, trasferimento
- e actual administration, transfer

Tausch
- f échange
- i permuta
- e exchange

Teilbesteuerung
- f imposition partielle
- i imposizione parziale
- e partial taxation

Teilbetrieb
- f partie distincte d'exploitation
- i ramo di attività
- e part of an establishment

Teilhaber
- f associée
- i socio
- e partner

Teilung
- f scission
- i scissione
- e division

Teilveräusserung
- f aliénation partielle
- i alienazione parziale
- e partial disposal

Teilveräusserung, von Grundstücken
- f aliénation partielle d'immeubles
- i alienazione parziale d'immobili
- e partial alienation of property

Teilvermögen
- f part de patrimoine
- i parte di un patrimonio
- e part of assets

Telekommunikationsdienstleistungen
- f services de télécommunications
- i prestazioni di telecomunicazione
- e telecommunications services

Termingeschäft
- f opérations à terme
- i operazione a termine
- e forward transactions

Testamentsvollstrecker
- f exécuteur testamentaire
- i esecutore testamentario
- e executor of a will

Thesaurierungsfonds
- f fonds de thésaurisation
- i fondi di tesaurizzazione
- e growth fund

Tochtergesellschaft
- f filiale
- i filiale / affiliata / controllata
- e subsidiary

Todesfall
- f décès
- i caso di morte
- e death

Todesfallversicherung
- f assurance décès vie entière
- i assicurazione sulla vita
- e life assurance

Too-big-to-fail-Instrumente
- f instruments «too big to fail»
- i strumenti «too big to fail»
- e too-big-to-fail instruments

Transitverfahren
- f régime du transit
- i regime di transito
- e transit procedure

transparenter Rechtsträger, steuerlich
- f entité transparente sur le plan fiscal
- i entità fiscalmente trasparente
- e fiscally transparent entity

Transparenz
- f transparence
- i trasparenza
- e transparency

Transponierung
- f transposition
- i trasposizione
- e transposition

Transport
- f transport
- i trasporto
- e transportation

Treaty-Shopping
- f stratégies de chalandage fiscal
- i strategie di abuso di trattati fiscali
- e treaty-shopping

Trennung, Ehe
- f séparation, mariage
- i separazione, matrimonio
- e marriage, separation

Treuhandanlagen
- f placements fiduciaires
- i investimenti fiduciari
- e fiduciary investments

Treuhänder
- f fiduciaire
- i fiduciario
- e trustee

Treuhandverhältnis
- f rapports fiduciaires
- i rapporto fiduciario
- e trustee relationship

Trinkgelder
- f pourboires
- i mance
- e perquisites

Trust
- f trust
- i trust
- e trust

Trustbestimmungen
- f termes du trust
- i disposizioni del trust
- e trust provisions

Trustee
- f trustee
- i trustee
- e trustee

Tschlin
- f Tschlin
- i Tschlin
- e Tschlin

Two-Pillar Solution
f solution à deux piliers
i soluzione a due pilastri
e two-pillar solution

U

Überbrückungsleistungen für ältere Arbeitslose
f prestations transitoires pour les chômeurs âgés
i prestazioni transitorie per i disoccupati anziani
e bridging benefits for older unemployed

Überführung, ins Geschäftsvermögen
f transfert à la fortune commerciale
i trasferimento nella sostanza commerciale
e transfer, to business assets

Überführung, ins Privatvermögen
f transfert à la fortune privée
i trasferimento nella sostanza privata
e transfer, to private assets

Überlappung, der Steuerperioden
f chevauchement de périodes fiscales
i sovrapposizione dei periodi fiscali
e overlapping of tax periods

Überlassung, zum Gebrauch
f mise à disposition à des fins d'usage
i messa a disposizione per l'uso
e availability, for use

Überprüfung, Angaben
f contrôle des informations
i verifica delle informazioni
e review, of information

Überprüfung, Steuerpflicht
f contrôle d'assujettissement
i esame della tassazione
e review, tax liability

Überschuldung
f surendettement
i eccedenza dei debiti
e over indebtedness

übertragbare Kosten
f frais pouvant être reportés
i spese riportabili
e transferable costs

Übertragung, ins Ausland
f report hors de Suisse
i trasferimento all'estero
e transfer abroad

Übertragung, steuerbarer Urkunden
f transfert de titres imposables
i trasferimento di documenti imponibili
e assignment, of taxable documents

Übertragung, von Aktiven und Passiven
f transfert des actifs et passifs
i trasferimento di attivi e passivi
e transfer, of assets and liabilities

Übertragung, von Arbeitsbeschaffungsreserven
f transfert des réserves de crise
i trasferimento di riservi di crisi
e transfer, of job creation reserve

Übertragung, von Beteiligungsrechten
f transfert des participations
i trasferimento di partecipazioni
e transfer, of investments

Übertragung, von Betrieben
f transfert d'exploitations
i trasferimento di esercizi
e transfer, of enterprises

Überwälzung, der Steuer
f transfert de l'impôt
i traslazione dell'imposta
e transfer, tax

Überwälzungsvorschrift
f obligation de transfert
i obbligo di traslazione dell'imposta
e shifting regulation

UID
f IDE
i IDI
e n.a.

umlauffähige Schuldtitel
f titres de créance négociables
i titoli di credito negoziabili
e tradable promissory notes

Umrechnungskurs
f cours de conversion
i corso di conversione
e exchange rate

Umsatz, im Ausland
f opérations à l'étranger
i cifra d'affari all'estero
e turnover, abroad

Umsatzabgabe
f droits de timbre de négociation
i tassa di negoziazione
e transfer stamp tax

Umsatzabstimmung
f contrôle de la concordance des chiffres d'affaires
i verifica della concordanza delle cifre d'affari
e turnover adjustment

Umsatzbonifikation
f bonifications
i abbuono sulla cifra d'affari
e turnover bonus

Umsätze, im Bereich des Geldverkehrs
f opérations dans le marché monétaire
i cifra d'affari nel traffico monetario
e operations, in the money-market

Umsätze, steuerbare
f opérations imposables
i operazioni imponibili
e taxable turnover

Umsatzgrenze
f limite des opérations
i limite della cifra d'affari
e turnover limit

Umsatzregister, Effektenhändler
f registre des négociations, commerçant de titres
i registro delle negoziazioni, negoziatore di titoli
e transfer register, dealer in securities

Umschulungskosten
f frais de reconversion professionnelle
i spese di riqualificazione
e re-training costs

Umstrukturierung
f restructuration
i ristrutturazione
e restructuring

Umtriebe, Vermeidung übermässiger
f complications inutiles, éviter
i complicazioni sproporzionate, evitare
e inconvenience, avoidance of excessive

Umwandlung
f transformation
i trasformazione
e conversion

Umweltschutz
f protection de l'environnement
i protezione dell'ambiente
e environmental protection

unbedeutender Wert
f valeur insignifiante
i valore minimo
e insignificant value

unbeschränkte Steuerpflicht
f assujettissement illimité
i assoggettamento illimitato
e unlimited tax liability

unbesteuerte Reserven
f réserves non imposables
i riserve non tassate
e untaxed reserves

unbewegliches Vermögen
f fortune immobilière
i sostanza immobiliare
e land and buildings / immovable property

Unfallversicherung
f assurance-accidents
i assicurazione contro gli infortuni
e accident insurance

ungerechtfertigte Steuerentlastung
f dégrèvement d'impôt, sans cause légitime
i sgravio d'imposta senza causa legittima
e illegal tax relief

ungerechtfertigte Steuerersparnis
f économie d'impôt injustifiée
i risparmio fiscale ingiustificato
e unjustified tax savings

ungetrennte Ehe
f ménage commun
i comunione domestica
e unseparated marriage

Ungültigkeitsklage
f action en nullité
i azione di nullità
e suit for annulment, rescission, cancellation

Unkostengemeinschaft
f communautés de frais généraux
i comunità di spese
e cost-sharing partnership

unselbständige Erwerbstätigkeit
f activité lucrative dépendante
i attività lucrativa dipendente
e employed gainful activity

Unterbeteiligung, Darlehensforderung
f sous-participation, créances provenant de prêts
i sottopartecipazione, crediti da mutui
e subparticipation, loan receivable

Unterbilanz
f bilan déficitaire
i bilancio deficitario
e short balance

Unterbrechung, Aufenthalt
f interruption du séjour
i interruzione del soggiorno
e interruption, of residence

Unterbrechung, Verjährung
f interruption de la prescription
i interruzione della prescrizione
e interruption, of the time limitation

Unterdeckung
f découvert limité
i copertura insufficiente
e shortage of cover

Untergang, Anspruch auf Rückerstattung
f extinction du droit au remboursement
i estinzione del diritto al rimborso
e extinguishing, entitlement of refund

Unterhalt, der Familie
f entretien de la famille
i mantenimento della famiglia
e family maintenance

Unterhalt, für Kinder
f contribution d'entretien pour les enfants
i mantenimento dei figli
e maintenance for children

Unterhaltsbeiträge, Ehegatten
f pension alimentaire, époux
i alimenti, coniugi
e alimony, spouses

Unterhaltskosten, Liegenschaft
f frais d'entretien, immeuble
i spese di manutenzione, immobili
e maintenance costs, property

Unterkunft
f logement
i alloggio
e accommodation

Unternehmen, ausländisches
f entreprise étrangère
i imprese estere
e foreign company

Unternehmen, unabhängiges
f entreprise indépendante
i impresa indipendente
e business, independent

Unternehmen, verbundene
f entreprises associées
i imprese vicine
e related / affiliated company

Unternehmensgewinne
f bénéfice d'entreprise
i utili di un'impresa
e business profit

Unternehmensgruppen, grosse
f groupes d'entreprises, grands
i gruppi di imprese, grandi
e multinational enterprises (MNEs)

Unternehmens-Identifikationsnummer
f numéro unique d'identification des entreprises (IDE)
i numero d'identificazione delle imprese (IDI)
e company identity number

unternehmerische Tätigkeit
f activité entrepreneuriale
i attività imprenditoriale
e business activity

Unternutzung, von Liegenschaften
f sous-utilisation d'immeubles
i utilizzazione limitata d'immobili
e under-utilisation of real estate

Unterschrift
f signature
i firma
e signature

Unterstellungserklärung
f déclaration d'engagement
i dichiarazione d'adesione
e declaration of submission

Unterstützung, Abzug
f subsides, déduction
i sussidi d'assistenza, deduzione
e assistance, deduction

Unterstützung, Einkommen
f subsides, revenue
i sussidi d'assistenza, reddito
e assistance, income

Untersuchung
f enquête
i inchiesta
e investigation

Untersuchungsmassnahmen
f mesures d'enquête
i provvedimenti d'inchiesta
e investigation measures

Unterzeichnung, beider Ehegatten
f signatures des époux
i firma dei coniugi
e signature, in the case of spouses

Unterzeichnung, elektronische
- f signature par voie électronique
- i firma per via elettronica
- e signature, electronic

Urheberrechte
- f droits d'auteur
- i diritti d'autore
- e copyright

Urkunden
- f pièces justificatives / titres
- i documenti
- e documents

Urkunden, Übertragung steuerbarer
- f titres imposables, transfert de
- i documenti imponibili, trasferimento di
- e taxable documents, assignment of

Urkunden, Umsatz von
- f titres, négociation de
- i titoli, negoziazione dei
- e titles, transfer of

Urkunden, Unterdrückung von
- f titres, suppression de
- i documenti, soppressione di
- e documents, suppression of

Urkundenfälschung
- f faux dans les titres
- i falsità in documenti
- e forgery of documents

Urproduktion
- f production naturelle
- i produzione naturale
- e original production

V

Veranlagung, einjährige
- f taxation annuelle
- i tassazione annuale
- e one-year assessment period

Veranlagung, nachträgliche
- f taxation subséquente
- i tassazione ulteriore
- e subsequent assessment

Veranlagungsverfahren
- f procédure de taxation
- i procedura di tassazione
- e assessment proceedings

Veranlagungsverfügung
- f décision de taxation
- i decisione di tassazione
- e assessment decision

Veranlagungsverfügung, Einsprache
- f décision de taxation, réclamation contre la
- i decisione di tassazione, reclamo contro una
- e assessment decision, objection against

Veranlagungsverjährung
- f prescription du droit de taxer
- i prescrizione del diritto di tassare
- e assessment limitation

Veranstalter
- f organisateurs
- i organizzatori
- e event organizers

Veräusserung
- f aliénation
- i alienazione
- e sale / alienation

Veräusserung, Teilveräusserung
- f aliénation partielle
- i alienazione parziale
- e partial disposal

Verbrechen
- f crime
- i crimine
- e crime

verbundene Unternehmen
- f entreprises associées
- i imprese vicine
- e related / affiliated company

verdeckte Gewinnausschüttung
- f distribution dissimulée de bénéfice
- i distribuzione dissimulata di utili
- e dividend, hidden

verdecktes Eigenkapital
- f capital propre dissimulé
- i capitale proprio occulto
- e owner's equity, hidden

Veredelung
- f perfectionnement
- i ferfezionamento
- e processing job

Verein
- f association
- i associazione
- e associations

vereinbarte Entgelte
- f contre-prestations convenues
- i controprestazioni convenute
- e agreed considerations

vereinfachte Nachbesteuerung
- f rappel d'impôt simplifié
- i ricupero semplificato d'imposta
- e simplified additional taxation

vereinfachtes Abrechnungsverfahren
- f procédure simplifiée
- i procedura di conteggio semplificata
- e simplified settlement procedure

Vereinfachungen
- f facilités
- i semplificazioni
- e simplifications

vereinnahmte Entgelte
- f contre-prestations reçues
- i controprestazioni ricevute
- e collected considerations

Verfahren
- f procédure
- i procedura
- e procedure

Verfahren, bei der Quellensteuer
- f procédure, perception de l'impôt à la source
- i procedura, riscossione dell'imposta alla fonte
- e procedure, for source tax

Verfahren, Beschwerdeverfahren
- f recours, procédure de
- i ricorso, procedura di
- e procedure, appeal proceedings

Verfahren, Ehegatten
- f procédure, époux
- i procedura, coniugi
- e proceedings, for spouses

Verfahren, Einschätzungsverfahren
- f taxation, procédure de
- i tassazione, procedura di
- e assessment proceedings

Verfahren, Rekursverfahren
- f recours, procédure de
- i ricorso, procedura di
- e procedure, recourse proceedings

Verfahren, Strafverfahren
- f procédure pénale
- i procedimento penale
- e criminal proceedings

Verfahren, Veranlagungsverfahren
- f taxation, procédure de
- i tassazione, procedura di
- e assessment proceedings

Verfahrensgarantien
- f garanties de procédure
- i garanzie procedurali
- e procedural guarantees

Verfahrensgrundsätze
- f principes généraux de procédure
- i principi di procedura
- e procedure principles

Verfahrenskosten
- f frais de procédure
- i spese procedurali
- e procedural costs

Verfahrenspflichten
- f obligations de procédure
- i obblighi procedurali
- e procedural obligations

Verfahrenspflichten, Verletzung von
- f obligations de procédure, violation
- i obblighi procedurali, violazione
- e procedural obligations, infringement of

Verfahrensrechte
- f droits de procédure
- i diritti procedurali
- e procedural rights

Verfügung, Strafverfügung
- f décision pénale
- i decisione penale
- e appeal decision

Verfügung, Veranlagungsverfügung
- f décision de taxation
- i decisione di tassazione
- e assessment decision

Verfügungssperre
- f blocage de décision
- i blocco dei beni
- e block disposal

Vergangenheitsbemessung
- f système praenumerando
- i sistema praenumerando
- e assessment based on prior years

Vergehen, Steuervergehen
- f délits fiscaux
- i delitti fiscali
- e offences, tax evasion

Vergünstigungen
- f avantages
- i benefici
- e benefits

Vergütung, der Mehrwertsteuer
- f remboursement de la TVA
- i rimborso dell'IVA
- e refund, of VAT

Vergütungszinssätze
- f taux de l'intérêt rémunératoire
- i tassi d'interesse rimuneratori
- e interest rates for refunds

Verhaltensmuster
- f modèle de comportement
- i modello di comportamento
- e behaviour pattern

Verheimlichung, von Werten
- f distrait des biens
- i dissimulazione di valori
- e concealment, of assets

Verjährung, Bezugsverjährung
- f prescription du droit de percevoir l'impôt
- i prescrizione del diritto di riscossione
- e time limitation for collection

Verjährung, des Rückvergütungsanspruchs
- f prescription du droit au remboursement
- i prescrizione del diritto alla restituzione
- e time limitation of the claim for reimbursement

Verjährung, Steuerforderung
- f prescription de la poursuite pénale
- i prescrizione dell'azione penale
- e time limitations of the tax claim

Verjährung, Strafverfolgung
- f prescription, poursuite pénale
- i prescrizione, azione penale
- e time limitation of prosecution

Verjährung, Unterbrechung
- f prescription, interruption
- i prescrizione, interruzione
- e time limitation, interruption

Verjährung, Veranlagungsverjährung
- f prescription du droit de taxer
- i prescrizione del diritto di tassare
- e assessment limitation

Verjährungsfrist
- f prescription
- i prescrizione
- e time limitation period

Verkauf
- f ventes
- i vendite
- e sales

Verkauf, Beteiligungsrechte
- f vente des participations
- i vendita di partecipazioni
- e sale, investments

Verkauf, Betriebsmittel
- f vente de moyens d'exploitation
- i vendita di mezzi d'esercizio
- e sale of operating means

Verkäufer
- f vendeur
- i venditore
- e alienator

Verkehr, internationaler
- f trafic international
- i traffico internazionale
- e traffic international

Verkehrsunternehmen
- f entreprise de transport
- i impresa di trasporto
- e transport business

Verkehrswert
- f valeur vénale
- i valore di mercato
- e market value

Verlagerungsverfahren
- f report du paiement de l'impôt
- i procedura di riporto del pagamento
- e movement procedure

Verlegung, Funktionen
- f transfert de fonctions
- i trasferimento di funzioni
- e transfer of functions

Verlegung, Sitz
- f transfert de siège
- i trasferimento di sede
- e transfering the registered office

Verlegung, tatsächliche Verwaltung
- f transfert de l'administration effective
- i trasferimento dell'amministrazione effettiva
- e transfer of the actual administration

Verlegung, Vermögenswerte
- f transfert de valeurs patrimoniales / des actifs
- i trasferimento dei beni patrimoniali / dei attivi
- e transfer of assets

Verlegung, Wohnsitz
- f transfert du domicile
- i trasferimento del domicilio
- e transfer of domicile

Verlobte/Verlobter
- f fiancée / fiancé
- i fidanzata / fidanzato
- e fiancé

Verluste
- f pertes
- i perdite
- e losses

Verluste, aus ausländischen Liegenschaften
- f pertes sur des immeubles à l'étranger
- i perdite su immobili all'estero
- e loss, on foreign real estate

Verluste, aus Betriebsstätte
f pertes sur un établissement stable
i perdita subita da uno stabilimento d'impresa
e loss, from permanent establishment

Verluste, Buchverlust
f pertes, perte comptable
i perdite, perdita contabile
e loss, book loss

Verluste, Grundstückgewinnsteuer
f pertes, impôt sur les gains immobiliers
i perdite, imposta sugli utili immobiliari
e losses, tax on profit from real estate

Verluste, Kapitalverluste
f pertes en capital
i perdita sul capitale
e capital loss

Verluste, Sanierung
f pertes, assainissement
i perdite, risanamento
e loss, from restructuring

Verlustrisiko
f risque de pertes
i rischio di perdita
e downside risk

Verlustschein
f acte de défaut de biens
i attestato di carenza beni
e loss certificate

Verlustverrechnung
f déduction de pertes
i compensazione di perdite
e offsetting of losses

Verlustverrechnung, ausländische Betriebsstätte
f déduction de pertes, établissement stable situé à l'étranger
i compensazione di perdite, stabilimento d'impresa situato all'estero
e offsetting of losses, permanent establishment abroad

Verlustvortrag
f report des pertes
i perdite riportate
e loss carry-forward

Vermächtnis
f legs
i legato
e bequest

Vermächtnisnehmer
f légataire
i legatario
e Legatee / devisee

Vermietung
f location
i locazione
e renting

Vermittler
f intermédiaire
i intermediario
e intermediary

Vermittler, von Grundstücken
f intermédiaire, opérations immobilières
i intermediario, operazioni immobiliari
e intermediary, real estate

Vermittlungsprovision
f commissions d'intermédiaire
i provvigione di mediazione
e agents commission

Vermögen, bewegliches
f fortune mobilière
i sostanza mobiliare
e movable assets

Vermögen, Ertrag aus unbeweglichem
f fortune immobilière, rendement
i sostanza immobiliare, reddito
e immovable property, income from

Vermögen, Kinder
f fortune des enfants
i patrimonio dei figli
e assets of children

Vermögen, Nutzniessung
f patrimoine, usufruit
i patrimonio, usufrutto
e assets, usufruct

Vermögen, unbewegliches
f fortune immobilière
i sostanza immobiliare
e land and buildings / immovable property

Vermögensanfall, von Todes wegen
f dévolution pour cause de mort
i devoluzione per causa di morte
e devolution, because of death

Vermögensentwicklung
f évolution de fortune
i evoluzione patrimoniale
e asset development

Vermögensertrag
f rendement de la fortune (mobilière)
i reddito della sostanza (mobiliare)
e income from (movable) assets

Vermögensertrag, besondere Fälle
f rendement de la fortune, cas particuliers
i reddito della sostanza, casi speciali
e income from assets, specific cases

Vermögensmassen
f masses de biens
i masse patrimoniali
e fund, estate

Vermögensrechte
f droits patrimoniaux
i diritti patrimoniali
e property rights

Vermögenssteuer
f impôt sur la fortune
i imposta sulla sostanza
e property / wealth tax

Vermögenssteuer, ergänzende
f impôt complémentaire sur la fortune
i imposta sul patrimonio posticipata
e wealth tax surtax

Vermögensübergang
f cession de fortune
i trapasso di patrimonio
e conveyance of property

Vermögensübertragung
f transfert d'éléments de patrimoine
i trasferimento di elementi del patrimonio
e transfer of assets

Vermögensverwaltungskosten
f frais d'administration, fortune
i costi d'amministrazione, beni
e costs of administration, fortune

Vermögenszuwachs
f plus-values
i plusvalore
e capital appreciation

Verpachtung
f affermage
i affitto
e rent

Verpflegung
f pension
i vitto
e food and board

Verpflegungskosten
 f frais de repas
 i costi per pasti
 e costs, for food and board

Verpflichtungen, familienrechtliche
 f obligations fondées sur le droit de la famille
 i obblighi fondati sul diritto di famiglia
 e obligations, according to family law

Verpfründung
 f contrat d'entretien viager
 i vitalizio
 e maintenence and support for life

Verrechnung
 f compensation
 i compensazione / computo
 e offsetting

Verrechnung, von Verlusten
 f déduction de pertes
 i compensazione di perdite
 e offsetting of losses

Verrechnungspreise
 f prix de transfert
 i prezzi di trasferimento
 e transfer pricing

Verrechnungssteuer
 f impôt anticipé
 i imposta preventiva
 e withholding tax

Verrechnungssteueramt
 f office de l'impôt anticipé
 i ufficio dell'imposta preventiva
 e withholding tax office

Versandhandel
 f vente par correspondance
 i vendita per corrispondenza
 e mail-order trade

Versichertennummer
 f numéro d'assuré
 i numero d'assicurato
 e insurance number

Versicherung, Einmalprämie
 f assurance, prime unique
 i assicurazione, premio unico
 e insurance, single premium

Versicherung, obligatorische
 f assurance, obligatoire
 i assicurazione, obbligatoria
 e insurance, obligatory

Versicherung, Rückversicherung
 f assurance, réassurance
 i assicurazione, riassicurazione
 e insurance, reinsurance

Versicherung, vorzeitige Auflösung
 f assurance, réalisation anticipée
 i assicurazione, risoluzione anticipata
 e insurance, premature realisation

Versicherungsanspruch
 f droit de l'assurance
 i pretesa assicurativa
 e insurance claim

Versicherungsbestand
 f portefeuille de l'assureur
 i portafoglio di assicurazioni
 e insurance portfolio

Versicherungsgesellschaften
 f sociétés d'assurances
 i società di assicurazione
 e insurance companies

Versicherungsleistung
 f prestation d'assurance
 i prestazioni d'assicurazione
 e insurance benefit

Versicherungsprämien
 f primes d'assurance
 i premi d'assicurazione
 e insurance premiums

Versicherungsprämien, Abzug
 f primes d'assurance, déduction
 i premi d'assicurazione, deduzione
 e insurance premiums, deduction

Versicherungsumsätze
 f opérations d'assurance
 i operazioni di assicurazione
 e insurance turnover

Versicherungsverhältnis
 f contrat d'assurance
 i rapporto assicurativo
 e insurance relationship (contractual)

Verständigungsverfahren
 f procédure amiable
 i procedura amichevole
 e settlement proceedings

Vertragsstaat
 f état contractant
 i stato contraente
 e contracting state

Vertragsverhältnisse
 f contrat
 i rapporti contrattuali
 e contractual relationships

Vertreter
 f représentant
 i rappresentante
 e representative

Vertreter, Steuervertreter
 f représentant fiscale
 i rappresentante fiscale
 e tax representative

Vertreter, unabhängiger
 f agent indépendant
 i rappresentante indipendente
 e representative, independent

Vertreter, von Erben
 f représentant des héritiers
 i rappresentante degli eredi
 e representative, of heirs

Vertretung, notwendige
 f obligation d'être représenté
 i rappresentanza obbligatoria
 e duty to appoint a representative

Veruntreuung
 f détournement
 i appropriazione indebita
 e embezzlement

Verwaltung, von Beteiligungen
 f gestion de participations
 i amministrazione di partecipazioni
 e administration of investments

Verwaltung, im Ausland
 f direction à l'étranger
 i amministrazione all'estero
 e administration abroad, place of

Verwaltung, tatsächliche
 f administration effective
 i amministrazione effettiva
 e administration, actual

Verwaltungsaufwand, Beteiligungen
 f frais d'administration, participation
 i spese d'amministrazione, partecipazione
 e administrative expense, investments

Verwaltungsgericht, Beschwerde vor kantonalem
 f Tribunal administratif cantonal, recours devant le
 i Tribunale amministrativo federale, ricorso al
 e Cantonal Administrative Court, appeal to the

Verwaltungsgericht, kantonales
 f Tribunal administratif cantonal
 i Tribunale amministrativo cantonale
 e Cantonal Administrative Court

Verwaltungsrat
 f conseil d'administration
 i consiglio d'amministrazione
 e board of directors

Dictionnaire (d|f|i|e) | Dictionnaire

Verwaltungsratsvergütungen
- f tantièmes
- i indennità per amministratore
- e board of directors emoluments

Verwaltungsstrafverfahren
- f procédure pénale administrative
- i procedura penale amministrativa
- e administrative criminal proceedings law

Verwaltungstätigkeit
- f activité d'administrateur
- i attività amministrativa / ausiliaria
- e administrative position

Verwendung, vorübergehende
- f utilisation temporaire
- i utilizzazione temporanea
- e temporary use

Verwendungsgrad
- f coefficient d'affectation
- i coefficiente di utilizzazione
- e level of use

Verwirkung, Recht
- f péremption d'un droit
- i perenzione di un diritto
- e forfeiture, right

Verwirkung, Rückerstattung
- f déchéance du droit, remboursement
- i perdita del diritto, rimborso
- e forfeiture, refund

Verzeichnis, Beilagen
- f liste des annexes
- i elenco degli allegati
- e list, of attachments

Verzeichnis, Steuerpflichtige
- f registre des contribuables présumés
- i ruolo dei contribuenti
- e register, of persons liable to pay taxes

Verzugszinssätze
- f taux de l'intérêt moratoire
- i tassi d'interesse moratori
- e default interest rates

Volljährigkeit
- f majorité
- i maggiore età
- e age of majority

Vollmacht, zum Abschluss
- f pouvoir de signature
- i firma autorità
- e signing authority

Vollstreckung
- f exécution
- i esecuzione
- e enforcement

Vollzug, des Gesetzes
- f exécution de la loi
- i esecuzione della legge
- e execution of the law

Vollzug, Strafvollzug
- f exécution de la peine
- i esecuzione della pena
- e execution of sentence

vorbereitende Tätigkeit
- f activité de caractère préparatoire
- i attività di carattere preparatorio
- e activities, of a preparatory nature

Vorempfang
- f avancement d'hoirie
- i anticipo
- e advance against inheritance

Vorladung
- f citation
- i citazione
- e summons

Vorprüfung, ausländischer Ersuchen
- f examen préliminaire des demandes étrangères
- i esame preliminare delle domande estere
- e preliminary assessment of foreign request

Vorräte
- f stocks
- i scorte
- e inventory

Vorsorge, Abzug von Beiträgen etc.
- f prévoyance, déduction des cotisations etc.
- i previdenza, deduzione dei contributi etc.
- e providence, deduction of contributions etc.

Vorsorge, Einkauf von Beitragsjahren
- f prévoyance, rachat d'années d'assurance
- i previdenza, acquisto d'anni d'assicurazione
- e providence, purchase of contribution years

Vorsorge, Einkünfte aus
- f prévoyance, revenus provenant de la
- i previdenza, proventi da fonti previdenziali
- e providence, revenues from

Vorsorge, gebundene Selbstvorsorge
- f prévoyance individuelle liée
- i previdenza individuale vincolata
- e providence, bound own providence

Vorsorge, Kapitalabfindung
- f prévoyance, versement de capital
- i previdenza, liquidazione in capitale
- e providence, lump-sum settlement

Vorsorge, Kapitalleistung aus
- f prévoyance, prestations en capital
- i previdenza, prestazioni in capitale
- e providence, lump-sum benefit

Vorsorge, Leistungen aus
- f prévoyance, prestation de
- i previdenza, prestazione della
- e providential benefit

Vorsorge, Rückzahlung von Einlagen
- f prévoyance, remboursement des versements
- i previdenza, rimborso dei versamenti
- e providence, repayment of contributions

Vorsorgebeiträge
- f cotisations de la prévoyance
- i contributi di previdenza
- e contributions, to providential institutions

Vorsorgeeinrichtung
- f institution de prévoyance
- i istituzione di previdenza
- e providential institution

Vorsorgekapital, Übertragung
- f capital de prévoyance, transfert
- i capitale di previdenza, trasferimento
- e retirement capital, transfer

Vorsteuerabzug
- f déduction de l'impôt préalable
- i deduzione dell'imposta precedente
- e input tax deduction

Vorsteuerabzug, Anspruch auf
- f déduction de l'impôt préalable, droit à la
- i deduzione dell'imposta precedente, diritto alla
- e input tax deduction, right to

Vorsteuerabzug, Ausschluss vom
- f déduction de l'impôt préalable, exclusion
- i deduzione dell'imposta precedente, esclusione
- e input tax deduction, exclusion of

Vorsteuerabzug, fiktiver
f déduction fictive de l'impôt préalable
i deduzione fittizia dell'imposta precedente
e input tax deduction, deemed

Vorsteuerabzug, Korrektur
f déduction de l'impôt préalable, correction
i deduzione dell'imposta precedente, correzione
e input tax deduction, correction

Vorsteuerabzug, Kürzung
f déduction de l'impôt préalable, réduction de la
i deduzione dell'imposta precedente, riduzione della
e input tax deduction, reduction

Vorsteuerabzug, Leistungen im Ausland
f déduction de l'impôt préalable, prestations à l'étranger
i deduzione dell'imposta precedente, prestazioni all'estero
e input tax deduction, for supplies abroad

Vorteile, geldwerte
f avantages appréciables
i prestazioni valutabili in denaro
e pecuniary benefits

vorübergehende Verwendung
f utilisation temporaire
i utilizzazione temporanea
e temporary use

vorzeitige Auflösung, der Versicherung
f réalisation anticipée de l'assurance
i risoluzione anticipata dell'assicurazione
e premature realisation, of the insurance

Vorzugswert
f valeur préférentielle
i valore preferenziale
e preferential value

W

Wahlmöglichkeit
f possibilités de choix
i possibilità di scelta
e choice possibilities

Wahlrecht
f droit d'option
i diritto d'opzione
e optional right

Währung, fremde
f monnaie étrangère
i valuta estera
e currency, foreign

Wandelanleihe
f emprunt convertible
i prestito convertibile
e convertible loans

Warenmuster
f échantillons distribués
i campione di merce
e commercial sample

Warenvorräte
f stocks de marchandises
i depositi di merci
e inventory of merchandise

Wasser
f eau
i acqua
e water

Wechsel
f effet de change
i effetto cambiario
e bill of exchange / promissory note

Wechsel, bei Saldosteuersatzmethode
f changement, méthode des taux de la dette fiscale nette
i modifiche, metodo delle aliquote saldo
e change of the net tax rate method

Wechsel, der Methode
f changement de la méthode
i cambiamento del metodo
e change, of the method

Wechsel von der ordentlichen Besteuerung zur Quellenbesteuerung
f passage de l'imposition ordinaire à l'imposition à la source
i passaggio da tassazione ordinaria a ritenuta alla fonte
e switch from ordinary to source taxation

Wechsel von der Quellenbesteuerung zur ordentlichen Besteuerung
f passage de l'imposition à la source à l'imposition ordinaire
i passaggio dalla ritenuta alla fonte alla tassazione ordinaria
e switch from source to ordinary taxation

Wegzug
f départ
i partenza
e moving

Wegzugskanton
f canton de domicile antérieur
i cantone di partenza
e canton from which departed

Weiterbidlung, berufsorientierte
f formation continue à des fins professionnelles
i formazione continua professionali
e professional training

Weiterbildungskosten
f frais de formation continue
i spese di formazione continua
e further education costs

Weiterleiten, von Mitteln
f transmission de fonds
i versamento di mezzi finanziari
e transfer, of funds

Werbung
f publicité
i pubblicità
e advertising

Werkstätte
f atelier
i laboratorio
e workshop

Wert, Barwert / Kapitalwert
f valeur actuelle / en capital
i valore monetario / capitalizzato
e monetary / capital value

Wert, Bewertung
f valeur, évaluation
i valore, valutazione
e valuation

Wert, Buchwert
f valeur comptable
i valore contabile
e book value

Wert, Eigenmietwert
f valeur locative
i valore locativo
e rental value

Wert, Einkommenssteuerwert
f valeur d'impôt sur le revenu
i valore dell'imposta sul reddito
e income tax value

Wert, Ertragswert
f valeur de rendement
i valore di reddito
e expectation value

Wert, Gewinnsteuerwert
- f valeur déterminante pour l'impôt sur le bénéfice
- i valore dell'utile per scopi fiscali
- e taxable value of profit

Wert, Kurswert
- f valeur, cours
- i valore, corso
- e market price

Wert, Naturalleistungen
- f valeur, prestations en nature
- i valore, prestazioni in natura
- e value, allowance in kind

Wert, Nennwert
- f valeur nominale
- i valore nominale
- e nominal value

Wert, unbedeutender
- f valeur insignifiante
- i valore minimo
- e insignificant value

Wert, Verkehrswert / Marktwert
- f valeur marchande
- i valore di mercato
- e market value

Wert, Vorzugswert
- f valeur préférentielle
- i valore preferenziale
- e preferential value

Wert, Zeitwert
- f valeur résiduelle
- i valore attuale
- e fair value

Wertberichtigung
- f correction de valeur
- i rettifica di valore
- e depreciation / amortisation

Wertdifferenz
- f différence de valeur
- i differenza di valore
- e value gap

Wertfreigrenze
- f franchise-valeur
- i limite di franchigia secondo il valore
- e tax and duty free limit

Wertpapiere
- f papiers-valeur
- i carte-valori
- e securities

Wertpapiere, ausländische
- f papiers-valeur étrangers
- i carte-valori estere
- e securities, foreign

Wertschriften
- f titres
- i titoli
- e securities

wertvermehrende Aufwendungen
- f impenses augmentant la valeur
- i costi che hanno aumentato il valore
- e value-increasing expenditure

Wertverminderung
- f perte de valeur
- i perdita di valore
- e value reduction

Wertzerfall
- f effondrement de valeur
- i diminuzione del valore
- e decrease in value

wesentliche Beteiligung
- f participation importante
- i partecipazione determinante
- e qualifying investment

Wettbewerb
- f concurrence
- i concorrenza
- e competition

Wettbewerbsneutralität
- f neutralité concurrentielle
- i neutralità concorrenziale
- e competitive neutrality

Wettbewerbsverzerrungen
- f distorsion des conditions de concurrence
- i distorsione della concorrenza
- e distortion of competition

Wetten
- f paris
- i scommesse
- e bets

Widerhandlung
- f infraction
- i infrazione
- e contravention

Widerhandlung, im Geschäftsbetrieb
- f infractions dans une entreprise
- i infrazione nell'azienda
- e violations in business operations

Wiederausfuhr
- f réexportation
- i riesportazione
- e re-export

wiedereingebrachte Abschreibungen
- f amortissements récupérés
- i ammortamenti recuperati
- e recovered depreciation

Wiedereinstiegskosten
- f frais de réinsertion professionnelle
- i costi di reinserimento professionale
- e re-entry costs

Willensvollstrecker
- f exécuteur testamentaire
- i esecutore testamentario
- e executor of a will

Wirkung, aufschiebende
- f effet suspensif
- i effetto sospensivo
- e effect, suspensive

wirtschaftliche Doppelbelastung
- f double imposition économique
- i doppia imposizione economica
- e economic double taxation

wirtschaftliche Handänderung
- f mutation économique
- i trasferimento economica
- e economic transfer of ownership

Wochenaufenthalter
- f résidents à la semaine
- i dimoranti settimanali
- e weekly residents

Wohneigentum
- f propriété du logement
- i proprietà abitativa
- e home ownership

Wohneigentumsförderung
- f encouragement à la propriété du logement
- i promozione della proprietà d'abitazioni
- e home ownership promotion

Wohnrecht
- f droit d'habitation
- i diritto d'abitazione
- e right of occupation

Wohnsitz, im Ausland
- f domicile à l'étranger
- i domicilio all'estero
- e domicile abroad

Wohnsitz, im Inland
- f domicile en Suisse
- i domicilio in Svizzera
- e domicile, domestic

Wohnsitz, Quellensteuer
 f domicile, imposition à la source
 i domicilio fiscale, imposta alla fonte
 e domicile, source tax

Wohnsitz, Verlegung
 f domicile, transfert
 i domicilio, trasferimento
 e domicile, transfer

Wohnstätte
 f habitation permanente
 i domicilio fisso
 e place of residence, permanent

Wohnzwecken, zu
 f fins d'habitation, à des
 i scopo abitativo, a
 e living purposes, for

Z

Zahlstelle
 f agent payeur
 i agente pagante
 e paying agent

Zahlung, der Steuer
 f paiement de l'impôt
 i pagamento dell'imposta
 e payment of taxes

Zahlungserleichterungen
 f facilités de paiement
 i facilitazioni di pagamento
 e payment relief

Zahlungsunfähigkeit
 f insolvabilité
 i insolvibilità
 e insolvency

Zahlungsverzug
 f retard dans le paiement
 i pagamento tardivo
 e payments in arrears

Zahnarzt
 f dentiste
 i dentista
 e dentist

zeitgleiche Dividendenverbuchung
 f comptabilisation simultanée des dividendes
 i contabilizzazione simultanea dei dividendi
 e simultaneous recording of dividends

zeitliche Bemessung
 f imposition dans le temps
 i determinazione del periodo fiscale
 e time-based assessment

zeitliche Bemessung, Wechsel
 f imposition dans le temps, modification
 i basi temporali, modificazione
 e time-based assessment, change

Zeitung
 f journal
 i giornale
 e newspaper

Zeitwert
 f valeur résiduelle
 i valore attuale
 e fair value

zentrale Gegenpartei
 f contrepartie centrale
 i controparte centrale
 e central counterparty

Zerobond
 f obligation, à coupon zéro
 i obbligazione, a cedola zero
 e zero bond

Zession, von Forderungen
 f cession d'une créance
 i cessione del credito
 e cession, of claims

Zeugeneinvernahme
 f audition de témoins
 i interrogatorio di testimoni
 e hearing of witnesses

Zinsbesteuerung
 f fiscalité de l'épargne
 i fiscalità del risparmio
 e tax on interest

Zinsen, Baukredit
 f intérêts du crédit à la construction
 i interessi di credito di costruzione
 e interest, building loan

Zinsen, Baurecht
 f intérêts du droit de superficie
 i interessi di diritto di superficie
 e ground rent

Zinsen, Einmalverzinsung
 f intérêt unique
 i interesse unico
 e one-time interest

Zinsen, Schuldzinsen
 f intérêts passifs
 i interessi maturati su debiti
 e interest costs

Zinsen, verdecktes Eigenkapital
 f intérêts sur le capital propre dissimulé
 i interessi sul capitale proprio occulto
 e interest, on hidden owner's equity

Zinsen, Vergütungszins
 f intérêt rémunératoire
 i interesse rimunerativo
 e interest rates for refunds

Zinsen, Verzugszins
 f intérêt moratoire
 i interesse di mora
 e late payment, interest on

Zinsen, Zinsertrag
 f intérêts, revenues de l'épargne
 i interessi, redditi da risparmio
 e interest income

Zinsmeldung
 f déclaration d'intérêts
 i comunicazioni relative ai interessi
 e interest notification

Zinssatz, Drittvergleich
 f taux d'intérêt appliqué à des tiers
 i aliquota dell'interesse conforme al mercato
 e interest rate, applied to third parties

Zinszahlung
 f paiement des intérêts
 i pagamento di interessi
 e interest payment

Zivildienst, Taschengeld
 f service civil, argent de poche
 i servizio civile, piccole spese
 e community service, pocket money

Zolllagerverfahren
 f régime de l'entrepôt douanier
 i regime di deposito doganale
 e bonded warehouse procedure

Zollschuld
 f dette douanière
 i obbligazione doganale
 e customs duty

Zollüberwachung
 f surveillance douanière
 i vigilanza doganale
 e customs supervision

Zollveranlagung
 f procédure douanière
 i procedura d'imposizione doganale
 e customs assessment

Zugehörigkeit, persönliche
 f rattachement personnel
 i appartenenza personale
 e appurtenance, personal

Zugehörigkeit, wirtschaftliche
f rattachement économique
i appartenenza economica
e appurtenance, economic

Zugriffsberechtigung
f droit d'accès aux données
i diritto d'accesso
e access authorization

Zulagen, aus Arbeitsverhältnis
f allocations provenant d'une activité
i assegni di un'attività dipendente
e allowances, from employment

Zusammenschluss / Fusion
f concentration / fusion
i concentrazione / fusione
e amalgamation / merger

Zusatzstrafe
f peine complémentaire
i pena complementare
e additional punishment

Zuschuss
f versement supplémentaire
i versamento suppletivo
e allowance, supplementary benefit

Zuständigkeit
f compétence
i competenza
e competence

Zustellung
f notification
i notificazione
e notification / delivery

Zustellungsbevollmächtigter
f destinataire autorisé
i destinatario autorizzato
e attorney, representative legitimated to be notified

Zuwendung
f versement
i prestazione
e contribution

Zuwendungen, an politische Parteien
f versements aux partis politiques
i versamenti ai partiti
e donation, political party

Zuwendungen, an Vorsorgeeinrichtungen
f versements à des institutions de prévoyance
i versamenti a istituzioni di previdenza
e contributions, to providential institutions

Zuwendungen, gemeinnützige
f versements d'utilité publique
i prestazioni di utilità pubblica
e donations, charitable

Zuwendungen, nicht begründete
f avantages non justifiés procurés à des tiers
i prestazioni non-giustificate
e donations, unjustified

Zwangsmassnahmen
f mesures de contrainte
i provvedimenti coattivi
e enforcement measures

Zwangsverwertungsverfahren
f procédure de réalisation forcée
i procedura di realizzazione dei beni
e compulsory exploitation proceedings

Zwangsvollstreckung
f exécution forcée
i esecuzione forzata
e enforcement of a judgement

Zweckentfremdung, von Liegenschaften
f changement d'affectation d'immeubles
i modifica dello scopo d'utilizzazione di immobili
e misuse of real estate

Zweckverbände
f groupements
i consorzi
e joint authority

Zweigniederlassung
f succursale
i succursale
e branch

Zweiverdienerabzug
f déduction sur le travail du conjoint
i deduzione per coniugi con doppio reddito
e gainful activity of both spouses

Zweiverdienerehepaare
f couples mariés à deux revenus
i coniugi con doppio reddito
e spouses with double income

Zwischenabschluss
f clôture intermédiaire
i chiusura dei conti intermedia
e interim financial statement

Zwischenveranlagung
f taxation intermédiaire
i tassazione intermedia
e interim assessment

S

Stichwortverzeichnis

Direkt vergleichendes Stichwortverzeichnis

☞ *Bitte beachten Sie für die Lesbarkeit des Stichwortverzeichnisses folgende Notierung:*

StHG	24	Art. 24 StHG; das Stichwort findet sich in Artikel 24 des StHG. Es kann sich auch um das Stichwort eines noch nicht in Kraft getretenen Erlasses handeln, wenn im Text auf die zukünftige Änderung hingewiesen wird.
StHG	**24**	Art. 24 StHG; die Zahl ist fett: das Stichwort findet sich im Titel von Artikel 24.
StHG	[17]	Art. 17 StHG; die Zahl steht in einer Klammer: Das Stichwort findet sich in einem Absatz in Artikel 17, welcher nicht mehr oder noch nicht angewandt wird.
VO DBG	C 7	Verordnung zum DBG C Art. 7; das Stichwort findet sich im Artikel 7 der mit C bezeichneten Verordnung zum DBG (hier: Berufskostenverordnung).
N	**1.5** 14a	Nebenerlass 1.5 Art. 14a; das Stichwort findet sich in Artikel 14a des mit 1.5 fett nummerierten Nebenerlasses (hier: Steueramtshilfegesetz, StAhiG). Dabei ist zu beachten, dass in der Regel nur die wichtigsten Stichwörter bzw. die Stichwörter in den Überschriften aufgeführt sind.
vgl. a.	↑ Wort	Verweis auf ein Synonym oder auch ein anderes in diesem Zusammenhang in den Erlassen gebräuchliches Wort.
VVO	A50	Verwaltungsverordnung A50; das Stichwort deutet auf das mit A50 indexierte Dokument (hier: das aktualisierte KS ESTV Nr. 5a, «Umstrukturierungen»). Eine entsprechende Legende findet sich nach dem Stichwortverzeichnis.

183 Tage
VO DBG B 1
OECD 15

A

à fonds perdu-Zuschuss
StHG 7b, 24
DBG 20, 60, 125
VStG 5
StG 5, 6 ff.
StV 10

Abfindung
vgl. ↑ Kapitalabfindung

Abgabe
vgl. ↑ Steuer

Abgabe, Ausnahmen
vgl. a. ↑ Steuerbefreiung
StG 3, 6, 14, 22, 24, 46
StV 16, 25a

Abgabe, Emissionsabgabe
StG 5 ff., 27 ff., 31 ff., 45 ff.
StV 9 ff.

Abgabe, Stempelabgaben
VStG 71
VStV 46
StG 1 ff.
StV 1 ff.

Abgangsentschädigung
vgl. a. ↑ Kapitalabfindung
VVO A48

Abgeltungssteuer
vgl. ↑ Quellenbesteuerung, internationale

Abkommen, Anwendung
OECD 3, 25, 30
N 1.8 9; 3 106

Abkommen, Geltungsbereich
OECD 1, 30
N 1.2 1; 2 1; 5.1 1, 79a

Abkommen, zwischenstaatliches
StHG 6
DBG 6, 14, 52
OECD 1 ff.
VStV 21
N 1.1 1 ff.; 1.3 1 ff.

Abkommensvergünstigungen
OECD 1, 29

Abmeldung, als Steuerpflichtiger
DBG 161
MWSTG 14, 66
MWSTV 82

Abrechnung, Einreichung
vgl. a. ↑ Deklaration
VStG 38
VStV 18 f., 21, 32 f., 41, 49
StG 34
StV 9 ff., 23 f., 28
MWSTG 71
MWSTV 126 ff.

Abrechnung, nach vereinbarten Entgelten
MWSTG 10, 12, 39 ff., 48
MWSTV 79, 81, 106 f., 126 f.
VVO MI 15

Abrechnung, nach vereinnahmten Entgelten
MWSTG 39 ff.
MWSTV 79, 81 f., 106 f.
VVO MI 15

Abrechnung, zwischen Bund und Kantonen
DBG 196
VStG 57 f.
N 1.2 20 ff.

Abrechnungsart
MWSTG 39
MWSTV 79, 81, 106 f.
VVO MI 15

Abrechnungsart, Wechsel der
MWSTG 39
MWSTV 79, 81, 106 f.

Abrechnungsmethode, effektive
MWSTG 36
MWSTV 79, 81, 98, 106, 126, 166

Abrechnungsperiode
vgl. a. ↑ Steuerperiode
MWSTG 35, 47

Abrechnungsverfahren, vereinfachtes
StHG 11, 32, 35
DBG 37a, 83, 91
VO DBG K 1, 21 ff.

Abschlagsrückerstattungen
VStG 29
VStV 65 f.

Abschlussvollmacht
OECD 5, 29

Abschreibungen
StHG 10, 23 f., 24c, 28, 78g
DBG 27, 28, 30, 58, 61a, 62, 64, 70
MWSTG 31 f.
MWSTV 70, 73
N 1.2 11; 4 959b, 960a

Abschreibungen, auf Anlagevermögen
N 4 959b, 960a
VVO C78

Abschreibungen, auf Gestehungskosten
StHG 28
DBG 62, 70

Abschreibungen, Goodwill
vgl. ↑ Abschreibungen, selbst geschaffener Mehrwert

Abschreibungen, selbst geschaffener Mehrwert
StHG 24c, 78g
DBG 61a

Abschreibungen, wiedereingebrachte
DBG 62, 70

Absicht, dauernden Verbleibens
StHG 3
DBG 3

Absorption
vgl. a. ↑ Fusion
StHG 8, 24, 57b
DBG 19, 61, 181a
VStG 5
StG 6, 9, 14

Abspaltung
StHG 8, 24, 57b
DBG 19, 61, 181a
OECD 10
VStG 5
StG 6, 9, 14

Abtretung, von Forderungen
MWSTG 15, 44
MWSTV 23 ff., 108, 134, 164

Abzüge
StHG 9 f., 23 f., 28, 33, 35b f., 72d
DBG 18b, 25 ff., 31 f., 33, 35, 37, 61, 66 f., 85, 92, 99b, 139, 205c
VO DBG A 2; C 1; E 1 f.; F 1; G 1; H 1; I 1; K 7, 11; M 6
OECD 7, 24
VStV 38
VVO B84

Abzüge, allgemeine
StHG 9
DBG 25, 33 f.
VO DBG A 2
N 1.2 11; 5.1 81; 5.3 7

Abzüge, Bussen
StHG 10, 25
DBG 27, 59

Abzüge, finanzielle Sanktionen
StHG 10, 25
DBG 27, 59

Abzüge, Mitarbeit der Ehegatten
StHG 9, 33, 36a
DBG 33, 85
VO DBG C 2
N 5.3 7

Abzüge, Pauschalabzug
StHG 9, 33 f., 35b
DBG 26, 32, 85, 99b
VO DBG C 3 f., 5 ff., 9 ff.; F 5; I 4; K 1, 11
N 1.2 11

Abzüge, Selbständigerwerbender
vgl. a. ↑ Erwerbstätigkeit
StHG 10
DBG 27 ff.
OECD 7
N 5.3 7

Abzüge, Sozialabzug
StHG	9, 11, 33
DBG	**35**, 37a, 38, 85
VO DBG	A 2; E **2**; K 1, 11

Abzüge, Steuerabzug
StHG	11, **33**, **36**, 37, 38a, 49, 56, 58 f.
DBG	37a, **85**, 88 ff., 92 ff., 99a, 100, 137 f., 175, 184, 187
VO DBG	K 1, 2, 7
VStG	48 ff., 69
VStV	3 f., 26a, 42, **50**, 67 f.

Abzüge, Steueraufwand
vgl. a. ↑ Steueranrechnung
StHG	25
DBG	59

Abzüge, Unselbständigerwerbender
vgl. a. ↑ Erwerbstätigkeit
StHG	9, 33, 33b
DBG	26, 85, 89a
VO DBG	A 2; C 1 ff.; I 1 ff.

Abzüge, Vorsteuerabzug
MWSTG	1, 28 ff., 40 f.
MWSTV	58 ff., 148

administrative Sanktionen
DBG	112a
VStG	36a
StG	32a

Affidavit
vgl. ↑ Domizilerklärung

Agio-Lösung
vgl. ↑ Transponierung

AHV
StHG	6 f., 9, 23, 32 f., 35, 75
DBG	14, 22, 24, 33, 56, 84 f., 203
VO DBG	K 22 ff.; M 6
VStG	5, 8
VStV	46, 53
StG	13, 17a, 22
N	**5.1**; **5.3** 3 f.

AHV-Nummer
VStG	36a, 38
MWSTV	134
N	**1.7** 20

AHV, Ergänzungsleistungen
StHG	7
DBG	24
VStG	8

Aktenaufbewahrung
StHG	42
DBG	112a, 126
VStG	36a, 62
StG	32a, 46
MWSTG	70, 76c
MWSTV	122, 137, 147
N	**1.7** 17a; **4** 958 f.

Akteneinsicht
StHG	39, 41
DBG	103, 110 f., **114**, 142, 193
VO DBG	O 1

Aktien
VStG	36, 57
VStV	66
StG	32
N	**1.5** 8, 15; **2** 36

Aktien
vgl. a. ↑ Beteiligung
StHG	7
DBG	18b, 20
OECD	10
VStG	4 f.
VStV	9, **20** ff.
StG	1, 5 ff., 13 f., 17
StV	9

Aktien, Gratisaktien
StHG	7
DBG	20
VStG	20 f., 25
VStV	20 f., 24, 69
StG	5
StV	9
VVO	C17

Aktionärsoptionen
vgl. a. ↑ geldwerte Vorteile
VVO	A84

Aktiven, nicht betriebsnotwendige
StHG	7a, 25a[bis]
VO StHG	C 1
DBG	20a, 30, 64

Alimente
vgl. ↑ Unterhaltsbeiträge

allgemeine Abzüge
StHG	9
DBG	25, **33** f.
VO DBG	A 2
N	**1.2** 11; **5.1** 81; **5.3** 7

Alters-, Hinterlassenen- und Invalidenversicherung
vgl. ↑ AHV

Altersleistungen
vgl. a. ↑ Leistungen, aus Vorsorge
N	**5.3** 3

Altersvorsorgefonds, anerkannter
vgl. a. ↑ Vorsorgeeinrichtung
N	**1.7** 3

ALV
StHG	9, 23
DBG	33, 56
VO DBG	K 3
StG	13, 22
N	**5.1** 2, 10

ALV, Taggeld
vgl. ↑ Ersatzeinkünfte

amtliche Kontrolle
VStG	62
VStV	24
StG	46
N	**1.2** 23

Amtsblatt, Publikation von Entscheiden
DBG	116

Amtsgeheimnis
vgl. a. ↑ Geheimhaltung
StHG	39
DBG	110 ff.
OECD	26
VStG	37
StG	33
MWSTG	74
MWSTV	108
N	**2** 50, 77; **3** 84

Amtshilfe
StHG	38a ff.
DBG	111 f., 112a, 195
OECD	26, 27
VStG	36 ff.
StG	32 ff.
MWSTG	74, 75 f.
N	**1.1** 11; **1.4** 1 ff.; **1.5** 1 ff.; **1.5.1** 1 ff.; **1.6** 1 ff.; **1.7** 1 ff.; **1.8** 1 ff.; **3** 83

Amtshilfe, Fristen
N	**1.4** 14; **1.5** 5; **1.5.1** 12; **1.7** 11

Amtshilfe, internationale
MWSTG	75a
N	**1.4** 1 ff.; **1.5** 1 ff.; **1.5.1** 1 ff.; **1.6** 1 ff.; **1.7** 1 ff.; **1.8** 1 ff.; **3** 46, 83, 84a, 100, 107

Amtshilfe, Steuerprüfung im Ausland
N	**1.4** 9, Anh.

Amtshilfe, verstorbene Person
N	**1.5** 18a

Amtshilfe, Vollstreckung
N	**1.4** 11 ff.

Amtshilfe, Zustellung von Schriftstücken
N	**1.4** 17; **1.5** 2; **2** 31a, 34 f.

Amtspflichten
StHG	39
DBG	109 ff.

Amtsträger
StHG	10, 25
DBG	27, 59
VVO	A96, A95

Änderung, nachträgliche
vgl. ↑ Korrektur

Änderung, rechtskräftiger Entscheide
StHG	51 ff.
DBG	147 ff.
VStG	59 f.
StG	44
MWSTG	85

Änderung, Vorsteuerabzug
MWSTG	30 ff., **41**
MWSTV	65 ff., 69 ff., 72 ff., 126, 128

Angemessenheit
N	**5.1** 1

Anhören, des Steuerpflichtigen
StHG 48
DBG 135, 143
N 2 55

Anlagefonds
vgl. ↑ kollektive Kapitalanlagen

Anlagekosten
StHG 8, 12
DBG 18 f.

Anlagevermögen, betriebliches
StHG 8, 24
DBG 18 f., 58, 61
N 4 960d

Anlagevermögen, betriebsnotwendiges
vgl. a. ↑ Substanz
StHG 8
DBG 30, 64

Anleger
StHG 7, 23
DBG 10, 56
VStG 5
VStV 38a
StG 17, **17a**

Anleihe
vgl. a. ↑ Obligation
OECD 11
VStG 4a, 5
VStV 15, 18
StG 4
N 4 958e, 959c

Anleihensobligationen
vgl. a. ↑ Obligation
OECD 11
VStV 15, **18**
StG 4
N 4 958e, 959c

Anmeldung, als Steuerpflichtiger
VStG 38, 40, 62
VStV 1, **17**, 23, **31**, **40**, **46**
StG 34, 37, 46
StV 1, 12, **19**, **26**
MWSTG **66**, 77, 98
MWSTV 121a

Anpassung, der kantonalen Gesetzgebung
StHG 72 f.

Anrechnung ausländischer Quellensteuern
N 1.1 24 ff., 30 ff.; **1.2** 1 ff.; **1.2.1** 1
VVO C25

Anrechnung, bei Grundstücken
StHG 12

Anrechnung, der Steuer
StHG 12, 27, 30, 33a f., 35a, 77
DBG 32, 82, 89 f., 99a, 162
VO DBG K 12 f.
OECD 23A, **23B**

N 1.1 24 ff., 30 ff.; **1.2** 1 ff.; **1.2.1** 1; **1.2.2**
VVO C25

ansässige Person
StHG 3, 20
DBG 3, 50
OECD Präambel, 1, 3, **4**, 6, 8, 10 ff., 21 ff., 29
N 1.2 2 f., 13; **1.2.2** 1; **1.3** 1

Anschaffungskosten
DBG 34, 58
VStV 25a
N 4 959a, 960a ff.

Anschuldigung
StHG 57a
DBG 183

Anspruch, auf Vergünstigungen
OECD 29

Ansprüche, aus Vorsorge
StHG 9
DBG 33, 204
VStG 7
VStV 43
N 5.3 3 f.

Anstiftung
StHG 56 f., 60
DBG **177**, 181
N 2 5

Anteile, an Grundstücken
StHG 12
VO DBG F 1
OECD 6, 13

Anteilsrechte
vgl. ↑ Beteiligungsrechte

Antiquitäten
MWSTG 24a, 115a
MWSTV **48a**

Antrag, auf Rückerstattung
VStG 29 f.
VStV 12, **64**, **68**
N 1.1 25 ff.

Antrag, der Behörden
DBG 103, 193 f.
VO DBG D 5; J 2
N 2 53; **6.2** 13

Antrag, der Steuerpflichtigen
StHG 8, 33b, 35a, 51 f., 78c
DBG 18a, 89a, 99a, 132, 147, 150, 168, 193
VO DBG K 10 f., 14; M 5
OECD 25
VStG 29 ff., 42, **48** f., 54, 62, 70b
VStV 3, 51 ff., 59 ff., 63, **64** f., 67, **68**
StG 39, 46
StV 21
MWSTG 13, 34 ff., 37, 39, 60 f., 68, 83, 90
MWSTV 104, 146, 151, 154 f.
N 1.2 13 16; **2** 85

Anwalt
MWSTV 111
N 1.5 8; 2 32, 46, 50

Anwendungsgebiete, Steuererleichterungen
N 6.2 1, 3; **6.3** 1 f.

Anzeige
DBG 188, 194
VO DBG D 5
VStG 37, 67
StG 33
StV 25
N 2 19; 4 725

Anzeige, Selbstanzeige
StHG 56, **57b**, 59
DBG 175, 177 f., **181a**, 186 f.
MWSTG 102
N 1.7 36; 2 13
VVO B15

Arbeitgeber
StHG 4, 7, 7c, 11, 32, 35, 37, 38a, 45
DBG 3, 5, 17, 17a, 24, 37a, 84, 88, 91, 95, 100, 127, 129, 137
VO DBG C 1, 6; I 1 f., 4; K 1, **5**, **23**; N 1, 7 f., 10, 12, 15, 17
OECD 15, 17, 21
VStV 45 f.
MWSTV 21
MWSTG 28, 47
N 4 327

Arbeitgeberbeitragsreserven
N 5.1 81

Arbeitnehmer
StHG 32, 35
DBG 83 ff., 88, 91, 97a, 107, 127
VO DBG K 1, 5, 9 ff., 14 f.
OECD 15 f., 18 f.
VStV 45
N 4 327a f.; **5.1** 2, 7

Arbeitnehmer, ausländische
StHG 32 ff., **35** f., 38
DBG 83 f., **89** f., 107
VO DBG K 5, 9 f., 12 f., **14** f.
OECD 15 f., 18 f.
VStV 45
N 4 327a f.; **5.1** 2, 7

Arbeitnehmer, ohne Niederlassungsbewilligung
StHG 32, 33a f., 38
DBG 83 f., **89** f., 107
VO DBG K 5, 9 f., 12 f.

Arbeitnehmer, Quellensteuer
StHG **32, 35**
DBG **83**, 91
VO DBG K 1, 4 f., 9 ff., 14 f.
VVO A91

Arbeitsentgelte, kleine
StHG 11, 32, 35
DBG 37a, 83, 91
VO DBG K 21 ff.

Direkt vergleichendes Stichwortverzeichnis | **Stichworte**

Arbeitslosenversicherung
vgl. ↑ ALV
DBG 33, 56
VO DBG K 3
Arbeitslosigkeit
VO DBG L 3
N **5.1** 8; **6.2** 3
Arbeitsortprinzip
vgl. ↑ Ort, der Arbeitsausübung
Arbeitsverhältnis
DBG 3, 5 f., 17, 95
VO DBG B 1 ff.; C 2;K 18 f.
OECD 19
N **5.1** 10
Arbeitsverhältnis, öffentlich-rechtliches
StHG 4, 35
DBG 3, 5 f., 17, **95**
VO DBG B 1 ff.; K 18 f.
OECD 19
N **3** 83, 85, 89
VVO E40
Arbeitsverhältnis, zum Bund
StHG 4, 35
DBG 3, 5 f., 17, 95
VO DBG B 1 ff.; K 18 f.
OECD 19
N **3** 83, 85, 89
VVO E40
Arbeitswegkostenabzug
vgl. ↑ Pendlerabzug / Fahrkostenabzug
Architekten
MWSTV 111
Archivierung
vgl. ↑ Aufbewahrung
Arrest / Beschlagnahme
StHG 78
DBG 165, **170**
VStG 47
StG 43
MWSTG 76a, 93
MWSTV 134
N **2** 46, 92
Artist
vgl. ↑ Künstler
Ärzte
MWSTG 21
MWSTV 34 f., 97
N **2** 50
atypische stille Beteiligungen
VVO B17
Aufbewahrung, Dauer / Frist
StHG 42
DBG 112a, 126
VStG 36a, 62
VStV 67
StG 32a, 46
StV 21
MWSTG 70, 76d

MWSTV 137
N **4** 958 f.
Aufbewahrung, durch Behörden
StHG 39a
DBG 112a
VStG 36a
VStV 2, 67
StG 32a
StV 21
MWSTG 76d
MWSTV 137
Aufbewahrung, durch Steuerpflichtige
StHG 42
DBG 126
VStG 62
StG 46
MWSTG 70
MWSTV 122, **147**
N **1.7** 17a; **4** 958 f.
Aufdeckung stiller Reserven, Sondersteuer
StHG 78g
Aufdeckung, stille Reserven
StHG 24c, 25a^{bis}, 78g
VO StHG C 1
DBG **61a**
Aufenthalt, gewöhnlicher
StHG 3 f., 6, 7 f., **32** ff.
VO StHG A 3
DBG 3 ff., 8, 14, 17d, **83** ff., 105, 120, 159
VO DBG C 9; K 9 ff.
OECD 4
VStG 9, 17, 22
VStV 25, **51** f., 58
StG 4
N **2** 61, 64, 103
Aufenthalt, Quellensteuer
StHG **32**, **35**, 38
DBG 83 ff., 88, **91** ff., 107
VO DBG K 9 ff., 14 ff.
VStV 58
Aufenthalt, Unterbrechung
StHG 3
DBG 3
Aufenthaltsbewilligung
vgl. ↑ Niederlassungsbewilligung
Auffangeinrichtung
StG 13
Aufgabe / Beginn, der Erwerbstätigkeit
StHG 11
DBG 23, 37b
VO DBG A 3 f.; M 1
Aufgeld
StHG 7b, 24
DBG 20, 60, 125
OECD 11

VStG 5
StG 6
Auflösung, Ehe
vgl. ↑ Scheidung, Ehe
Auflösung, Gesellschaft
vgl. ↑ Liquidation, Gesellschaft
aufschiebende Wirkung
DBG 169
VStG 47
StG 43
MWSTG 86, 93
N **3** 103
Aufschubstatbestände
StHG 8, 12, 24
DBG **18a**, 30, 64
VO DBG M 3
N **4** 725a
Aufsicht
DBG 2, 102, **103**, **104a**, [**104b**], 141
VO DBG D 1
OECD 16
VStG 5
VStV 36, 38a, 66 f.
StG 13, 17a, 21, 26, 28
N **2** 90; **3** 1, 3, 100; **5.3** 1; **6.1** 12; **6.2** 16
Aufsichtsratsvergütungen
StHG 4, 7, 35
DBG 5, 17, **93**, 125
VO DBG K 14 f.
OECD **16**
StG 6
N **4** 663b^{bis}
Aufspaltung
StHG 8, 24, 57b
DBG 19, 61, 181a
OECD 10
VStG 5
StG 6, 9, 14
Aufstellung, Einnahmen / Ausgaben
StHG 42
DBG 125
MWSTV 128
Aufwand, geschäftsmässig begründet
StHG 9 f., **25** f.
DBG 25, 27 f., **59**, 62 ff.
VVO A95
Aufwand, geschäftsmässig nicht begründet
StHG 24 f.
DBG 27, 34, 58
VVO A96, A95
Aufwandbesteuerung
StHG **6**, 78e
DBG **14**, 205d
VO DBG E 1 ff., 7
N **1.2** 4
VVO A90, E32

Aufwendungen, wertvermehrende
StHG 12
DBG 34, 58
VO DBG G 1
MWSTV 70 f., 73 f.

Aufwertung
StHG 8, 24
DBG 18 f., 28, 58, 60, 62, 70
VO DBG A 3
VStG 18
N 4 670, 960 ff.

Aufzeichnungen
vgl. a. ↑ Beilagen
StHG 42
DBG 125 f.
MWSTG 68, 70, 73, 79, 98
MWSTV **48d**, 128, 134

Ausbeutung, von Bodenschätzen
DBG 4, 21, 51
OECD 5 f.

Ausbildung
StHG 7, 9 f., 25
DBG 17, 27, 33, 35, 59
OECD 20
MWSTG 21
MWSTV 10
VVO A87, MBI 20

Ausbildung, berufsorientierte
StHG 7, 9 f., 25
DBG 17, 27, 33, 35, 59
MWSTG 21
MWSTV 10
VVO A87

Ausbildungskosten
StHG 7, 9 f., 25, 32
DBG 17, 27, 33, 59, 84
VVO A87

Auseinandersetzung, güterrechtliche
StHG 3, 7, 12
DBG 9, 12, 24

Ausfuhr / Export
MWSTG **23**, 53 f., 59 ff., 63
MWSTV 118; B 1 f.

Ausfuhr, im Reiseverkehr
MWSTG 23
MWSTV B 1 f.

Ausfuhrverfahren
MWSTG 53 f., 60

Ausgaben / Einnahmen, Aufstellung
StHG 42
DBG 125
MWSTV 128

ausgenommene Leistungen
MWSTG 21 f., 29, 45a
MWSTV **34** ff., 150

Ausgleichsfonds
StG 13

Ausgleichskasse
StHG 11, 23

DBG 37a, 56
VO DBG K 22 ff.
VStV 38a

Ausgleichszahlung
vgl. a. ↑ geldwerte Vorteile
VVO A58, 50

Ausgleichszins
vgl. ↑ Verzugszins

Auskunftspflicht, der Behörden
StHG 39, 71
DBG 110 ff.
VO DBG O 1
OECD 26 f.
VStG 36
StG 32
MWSTG 75
N **2** 20, 40
VVO A34

Auskunftspflicht, des Steuerpflichtigen
StHG 42, 49
VO StHG A 5
DBG 123, 126, 136, 157, 167d, 174, 191
VStG **39**, 48, 62
VStV 6, 12, 22, 27, 42
StG **35**, 46
StV 3, 8, 16
MWSTG 68
N **2** 39
VVO A34

Auskunftspflicht, Dritter
StHG **44**, 49
DBG 123, **128** f., 136, 157, **158** f., 174, 191 f.
VStG **49**, 62
StG **36**, 46
MWSTG 73, 78
MWSTV 130
N **1.7** 25; **2** 40
VVO A34

Auskunftsrecht
VO DBG O 1
MWSTG **69**
VVO B108

Ausland
StHG 4, 8, 35
DBG 4 ff., 11, 51 f., 91 ff., 133
VO DBG K 4, 13, 16 ff.
OECD 4
VStG 9, 24
StG 13
MWSTG 8, 23, 54, 105
MWSTV 3, 4, 9 f., 12, 28, 41 ff., 90

Ausland, Arbeitsverhältnis zum Bund
StHG 3
DBG 3, 6
VO DBG B 1 ff.; K 18 f.
VVO E40

Ausland, Leistungen aus dem
vgl. a. ↑ Bezugsteuer
MWSTG 1, 10, 23, **45**, 52
MWSTV 9a, 91, 111, 126 f., 144, 149

Ausland, Lieferung ins
MWSTG 18, 23
MWSTV 41 ff., 63, 90

Ausland, Personenbeförderung ins
MWSTG 8
MWSTV 41 ff.

Ausland, Sitz / Verwaltung im
StHG 4, 20 f., 35 ff., 38
DBG 4, 6 f., 11, 51 f., 91 ff., 116, 126a, 136a, 173
VO DBG K 14 ff.
OECD 4
VStG 9 f., 24
VStV 17, 31, 36 f.
StV 19
MWSTG 1, 10, 14, 45, 67, 107
MWSTV 5, 7, 9a, 91, 143 f., 149, **151** ff., 166a
N **1.5** 22i^bis
VVO MI 22

Ausland, Sitzverlegung ins
StHG 24d
DBG 8, 54 f., 58, 61b, 79 f.
VStG 4 f., 12, 15 f., 29
VStV **22**, 24, **33**
MWSTG 15, 93, 105

Ausland, Übertragung ins
StHG 8, 24
DBG 18, 19, 30, 61, 64

Ausland, Werte im
DBG 6, 52
VStV 9
StG 22

Ausland, Wohnsitz im
StHG 4, 35 ff.
DBG 3 f., 7, 13, 91 ff., 105 ff., 116, 126a, 136a, 165, 169, 173, 193
VO DBG B 1 ff.; I 2 f.; K 14 ff.; N 13 f.
OECD 4
VStV 10, 47
StV 9, 52
StG 22, 30, 43
MWSTG 105, 107
MWSTV 151 f.
VVO E40

Ausland-Ausland-Geschäfte
VVO A95

Ausländer
StHG 4
DBG 161
VStG 4, 7, **27**, **69**
VStV **9**, 31, 34, 36, 43
StG 13 f., 16, 17a, 19
MWSTG 17

ausländisch beherrschte Gesellschaft
OECD 9
VStV **9**

ausländische Betriebsstätte
StHG 8, 24d
DBG 6, 18, 52, 61b
VO DBG A 4, 6
OECD 5, 29

ausländische Betriebsstätte, Verlustverrechnung
DBG 6, 52
OECD 29

ausländische Gesellschaft / Unternehmen
StHG 20, 24, 35, 37 f.
DBG 11, 49, 55, 93, 100, 107, 181, 207a
VStG 24 f.
VStV 14a, 36 f.
StG 13 f., 17a, **19**, 21, 25
StV 26
MWSTG 10, 14, 17, 95
MWSTV 7, **9a**, 28, 151 f.

ausländische Handelsgesellschaft
vgl. a. ↑ ausländische Personengesamtheiten
StHG 20
DBG 11, 49, 55, 181
OECD 3
VStG 9, 15, 24 f., 30
VStV 17, 55
StG 9
StV 19
MWSTG 17

ausländische Konzerngesellschaft
vgl. a. ↑ Konzerngesellschaft
StHG 24, 37
DBG 100, 207a
VStV 14a
StG 14, 17a

ausländische Liegenschaften, Verluste
DBG 6, 52

ausländische Personengesamtheiten
StHG 20
DBG 11, 49, 55, 181
OECD 3
VStG 9, 15, 24 f., 30
VStV 17, 55
StG 9
StV 19
MWSTG 17
N 2 6 f.

ausländische Quellensteuer, Anrechnung
N 1.1 24 ff., 30 ff.; **1.2** 1 ff.; **1.2.1** 1
VVO C 25

ausländische Staaten
StHG 23
DBG 14, 56
VStG **28**

ausländische Steuern
StHG 6
DBG 14, 32, 34
N **1.1** 30 ff.; **1.2** 1 ff.; **1.2.1** 1

ausländische Währung
StHG 31
DBG 80
VStV **4**
StG 14, **28**
StV 21 f.
MWSTG 21, 54
MWSTV **45**, 58, 116

Auslandverluste
DBG 6, 52
OECD 29

Ausnahmen, ausgenommene Leistungen
vgl. ↑ ausgenommene Leistungen

Ausnahmen, von der Steuer
vgl. a. ↑ Befreiung
StHG 5, 7, 8, 23
DBG 16, 19, 24, 30, 60 f., 64
VStG **5, 8**
StG **6**, 9, **14, 22**
StV **16**, 25a
MWSTG 21 f., 29, 45a
MWSTV **34** ff., 150
N **6.1** 12

Ausnahmen, von der Steuerpflicht
StHG 23
DBG 56
VStG 45
VStV 45
MWSTG 10
MWSTV 9 f.

Aussage verweigern
StHG 57a
DBG 183
N **2** 40

Ausscheidungsverluste
VVO E 59

Ausschluss, vom Vorsteuerabzug
MWSTG 29

Ausschüttung
StHG 7 f.
DBG 18b, 20 f., 58, 69, 131
OECD 10
VStG 28 f., 35, 38 f.

Ausstand
DBG **109**, 195
N **2** 29; **3** 92

Austausch, Beteiligungsrechte
StHG 8, 24
DBG 19, 61

Austauschreparaturen
MWSTG 24

Ausübungspreis
StHG 7d
DBG 17b

automatischer Informationsaustausch
N **1.4** 6; **1.6** 1 ff.; **1.7** 1 ff.; **1.8** 1 ff.

automatisierte Kasse
MWSTG 26

B

Bank
OECD 26, 29
VStG 4, 5, 9 f., 15 f., 28, 40
VStV 19, **30** f., 36 f., 56
StG 6, 13 f., 17a, **19**, 36 f.
StV 21, 23, 25a
MWSTG 21, 78, 93
MWSTV 66
N **1.5** 8, 21 ff.; **5.3** 5

Bankbürgschaft
DBG 169
VStV 10

Bankgeheimnis
vgl. a. ↑ Geheimhaltung
StHG 43
DBG 112
OECD 26
VStG 40
StG 37
MWSTG 78
N **2** 30

Bankkonto
N **1.4** 5; **1.5** 1, 3, 6 ff.; **1.5.1** 2 ff.

Bankstiftungen
N **5.3** 6

Barwert
vgl. a. ↑ Wert
VStV 43, 47

Bauausführung
vgl. a. ↑ Betriebsstätte
StHG 4, 21
DBG 4, 51
OECD 5

Baukonsortien
VStV 55

Bauleistungen
MWSTG 8
VVO MBI 04

Baurechtsvertrag, Einkünfte aus
StHG 7
DBG 21

Baurechtszinsen
StHG 7, 9
DBG 21, 32
OECD 6

Bausparabzug
StHG 72d

Baustelle
vgl. a. ↑ Betriebsstätte
StHG 4, 21
DBG 4, 51
OECD 5

Beamte
vgl. ↑ Behörden

Befähigung verschaffen, zu verfügen
MWSTG 3, 7

Beförderung/Transport
DBG 5, 91
OECD 3
StG 3, 6, 22
MWSTG 7f., 21, 23, 37
MWSTV 6, 41 ff.
VVO MBI 09

Beförderung, grenzüberschreitende
MWSTG 8, 23
MWSTV 5a ff., 41 f.

Beförderungsleistungen
MWSTG 8, 23
MWSTV 5a ff., 14, 41 f.

befreiter Anleger
StHG 23
DBG 56
VStV 38a
StG 17, **17a**

Befreiung, Verzicht auf
MWSTG 10, **11**, 14, 93

Befreiung, von der Steuerpflicht
StHG 9, **23**, 24c ff., 78g
DBG 3, 6, **15**, 33a, **56**, 59, 61a f.
VStG 28
VStV 38a, 52
StG 17, **17a**
MWSTG 10 f., **14**, 93, 107, 113
MWSTV 9 f., 166a
VVO A30

Befreiung, von Einfuhren
MWSTG 7, **53**
MWSTV 4a, 63, 77, 90, **113**, 166b; A 1 f.

Befreiung, von Einkünften
StHG 7, 78a
DBG 16, 20, **24**, 205a
VStG 3, 5, 8
StG 3

Befreiung, von Leistungen
MWSTG 23, 45a
MWSTV 41 ff., 63, **113**, 126 f., 143, 144 f., 149, 153; A 1 f.; B 1 f.

Befreiungsmethode
DBG 6, 52
OECD **23A**

Begehren, um gerichtliche Beurteilung
N 2 21, 72, 78

Beginn, der Steuerpflicht
StHG 4b, 20, 22, 24c
VO StHG B 1
DBG 8, **54**, 61a
VO DBG A 2 ff.; K 12 f.
VStG 12, 30, 32
VStV 17, 21, 31, 40, 46
StG 7, 11, 15, 20, 23, 26, **34**
StV 9 ff., **18** f., 26
MWSTG **14**, 48, 56, 66
MWSTV 9 f., **78**
N **5.2** 60b
VVO MI 21

Begründung, schriftliche
StHG 41, 48, 50
DBG 132, 135, 140, 143, 167c
VO DBG L 18
OECD 25
VStG 42, 52, 54
StG 39
StV 16, 21
MWSTG 82, 83

Begründung, von Beteiligungsrechten
StG 5, 6 f., **8** f.
StV **9** ff.

begünstigte Person
StHG 4a, 45
DBG 15, 129
OECD 10 ff.
VStG 21, 28
VStV 36, 62
MWSTG 107
MWSTV 90, 113, 126, **143** ff.
N **5.3** 2

Begünstigte, institutionelle
StHG 23
DBG 56
VStG 28
MWSTG 107
MWSTV 90, 113, 126, **143** ff.

Begünstigung
N 2 17

Beherbergung
MWSTG 8, 21, 25

Beherrschung
vgl. ↑ Stimmenmehrheit

behinderungsbedingte Kosten
StHG 9
DBG 33

Behörden
StHG 39 ff.
DBG 102 ff.
OECD 2 ff., 25 ff., 29
VStG **34** f.
VStV 1
StG 31 ff.
StV 1
MWSTG 65, 74 ff.
MWSTV **131** ff.
N 2 19 ff.

Beilagen, zur Steuererklärung
StHG 42, 71
DBG 124, **125**, 127, 174, 207a
VStG 25, 38 f., 62
StG 24, 46
StV 21

Beiträge, an Vorsorgeeinrichtung
vgl. a. ↑ Vorsorge, Abzüge
VVO A63

Beitragsjahre, Einkauf
StHG 7, 9, 11
DBG 24, 33, 37b, **205**
VO DBG M 4
VStV 45
N **5.1** 79b; **5.2** 60a f.; **5.3** 3a
VVO A63

Belege
StHG 42
VO StHG A 5
DBG 123, 126
VO DBG I 2, M 5
VStG 38 ff., 48, 50, 62
VStV 2, 5, 17, 26, 27, 31, 46, 63
StG 34 f., 37, 46
StV 2, 16, 17, 19
MWSTG 70, 73, 78, 98
MWSTV 56, 122, 140, 147

Bemessung, des Eigenkapitals
StHG 17, **31**

Bemessung, des Einkommens
StHG **16**
DBG **41**
VO DBG A 1, 2 f.

Bemessung, des Reingewinns
StHG **31**
DBG **80**

Bemessung, des Vermögens
StHG **17**

Bemessung, zeitliche
StHG 15 ff., **31**
DBG 40 ff., **79** ff.
VO DBG A 1 ff.; B 5
MWSTG 34 f.

Bemessungsgrundlage
vgl. a. ↑ Steuerberechnung
StHG 6, 7 ff., 12, 13 f., **16** f., 24 ff., 29 f., **31**, 32, 35
DBG 14, 16 ff., 25 ff., **41**, 57 ff., **80**, 84, 92 ff.
VO DBG A 2 f.; K 2, 16, 22
VStG **4** ff.
VStV **14** ff., **20** ff., **28** ff., 39 ff., **43** ff.
StG 1, **5**, **13**, 21
StV 9 ff., 26a ff.
MWSTG 24, 38, 46, **54**
MWSTV 45 ff.
VVO MI 07

Direkt vergleichendes Stichwortverzeichnis | Stichworte

beneficial owner
vgl. ↑ Nutzungsberechtigter
Bergwerk
DBG 4, 51
OECD 5
Berichtigung
StHG 24, 56
DBG 58, 62, 70, 178
Berichtigung, Schreibversehen
StHG 52
DBG 150
VStG 60
MWSTG 85
berufliche Vorsorge
vgl. a. ↑ Vorsorge
StHG 4, 7, 9 f., 23, 35, 45
DBG 5, 22, 24, 27, 33, 37b, 38, 56, 59, 95 f., 129, 204 f.
VO DBG K 18 f.; M 4, 6
OECD 3, 18 f.
VStV 38a
StG 13, 17 f., 22
StV 18, 25
MWSTG 3, 15
N 5.1; 5.2; 5.3
berufliche Vorsorge, Freizügigkeit
N 5.1 79b; 5.2 60a
VVO A86
Berufsgeheimnis
vgl. a. ↑ Geheimhaltung
StHG 43
DBG 127
OECD 26
VStG 36
StG 32
MWSTG 68, 73, 78
N 2 30, 77
Berufskosten
StHG 9, 11, 33
DBG 26, 37a, 85
VO DBG C 1 ff.; I 1 ff.
VVO A87, B83
Berufskosten, Pendlerabzug
vgl. a. ↑ privates Fahrzeug, Fahrkostenabzug
StHG 9
DBG 26
VO DBG C 3, 5
berufsorientierte Aus- und Weiterbildung
StHG 7, 9 f., 25
DBG 17, 27, 33, 59
VVO A87
berufsorientierte Ausbildungskosten
StHG 7, 9 f., 25, 32
DBG 17, 27, 33, 59, 84
VVO A87
Bescheinigung
StHG 42, 45
DBG 126, 129, 172, 186

Bescheinigung, Mitarbeiterbeteiligungen
StHG 45
DBG 129
VO DBG N 1 ff.
VVO A82
Bescheinigung, über Steuerabzug
VStG 14, 33, 48 ff., 62
VStV 3 f., 41, 50, 53 f., 60, 67 f.
Bescheinigungspflicht, Dritter
StHG 43
DBG 127, 158, 174, 192
N 5.3 8
beschränkte Steuerpflicht
StHG 4, 4b, 21
DBG 4 ff., 51 f.
VStV 51, 59
Beschwerdeverfahren
vgl. a. ↑ Rekursverfahren
StHG 50
DBG 140 ff.
VStG 54 ff.
N 1.5 19; 3 82 ff.
Beschwerde, gegen Einspracheentscheid
StHG 50
DBG 139, 140 ff.
VStG 54 f.
MWSTG 81, 86
N 1.2 18; 6.1 23
Beschwerde, gegen Untersuchungshandlung
N 2 26 f.
Beschwerde, in öffentlich-rechtlichen Angelegenheiten
vgl. ↑ Beschwerde, vor Bundesgericht
Beschwerde, in Strafsachen
StHG 61
DBG 188
Beschwerde, vor Bundesgericht
StHG 57bis, 73
DBG 146, 182
VStG 3, 56, 58
VStV 1, 66
StV 1
N 1.3 6; 3 82
Beschwerde, vor Bundesverwaltungsgericht
MWSTG 68, 83, 86, 92 f.
N 6.1 23
Beschwerde, vor kantonalem Verwaltungsgericht
StHG 50, 57[bis]
DBG 145, 182

Beschwerde, vor kantonaler Rekurskommission
vgl. a. ↑ Steuerrekursgericht
StHG 50
DBG 132, 139, **140** ff., 169, 172
VStG 54 f., 58
VStV 66
Besitzdauer
vgl. a. ↑ Haltedauer
StHG 12
Bestechungsgelder
StHG 10, 25
DBG 27, 59
VVO A96
Besteuerung, nach dem Aufwand
StHG 6, 78e
DBG 14, 205d
VO DBG E 1 ff., 7
N 1.2 4
VVO A90
Beteiligung
StHG 7 ff., 8, 24, 24c, 25a[bis], 28 f.
VO StHG C 1
DBG 18, 18b, 20 f., 27, 56, 61 f., 64, 69 f., 207a
OECD 8, 10, 13
VStG 4 f., 12, 18
VStV 20, 23 f.
StG 1, 4, 5, 6 f., 8 f., 10 f., 13 f.
StV 9, 10
MWSTG 3, 10, 29, 73
N 1.2 5; 1.3; 4 663c
Beteiligung, Austausch
StHG 8, 24
DBG 19, 61
Beteiligung, Begriff
MWSTG 29
N 1.3 2; 4 960d
Beteiligung, Begründung
StG 5, 6 f., 8 f.
StV 9 ff.
Beteiligung, Beteiligungsabzug
StHG 28
DBG 69 f.
VVO A72
Beteiligung, Buchgewinne
DBG 61
Beteiligung, Buchverlust
DBG 61
Beteiligung, eigene
StHG 7
DBG 20
VStG 4a, 12
VStV 24a
N 4 659 f., 783, 959a, 959c
VVO A42
Beteiligung, Ersatzbeschaffung
StHG 8, 24
DBG 30, 64

Beteiligung, Haltedauer
StHG 7a, 24, 28
DBG 20a, 61, 64, 70
VStG 4a

Beteiligung, Handwechsel
vgl. a. ↑ Mantelhandel
StG 5, 7 f., 10
StV 10

Beteiligung, Nettoertrag aus
vgl. a. ↑ Beteiligungsabzug
StHG 28
DBG 69, 70, 207a

Beteiligung, qualifizierte/wesentliche
StHG 7 f., 24
DBG 18b, 20 f., 69, 207a
OECD 5, 29
MWSTG 3, 10, 29, 73
MWSTV 38
N 1.3 2; 4 959c, 960d

Beteiligung, Übertragung
StHG 7a, 8, 12, 24
DBG 19, 20a, 61, 207a
StG 14
MWSTG 15, 38
MWSTV 81, 83, 102

Beteiligung, Verkauf
StHG 7 f., 8, 12, 24
DBG 16, 18, 18b, 20a, 30, 58, 64, 70, 207a
StG 5, 7 f., 10, **13**
StV 10, 18
MWSTG 10, 29

Beteiligung, Verwaltung
vgl. a. ↑ Holdinggesellschaft
StHG 28
DBG 69 f.
MWSTG 10, 29
N **1.3**

Beteiligung, Verwaltungsaufwand
StHG 28
DBG 18b, 70

Beteiligung, zu Geschäftsvermögen erklärt
StHG 8
DBG 18, 18b

Beteiligungsabzug
StHG 28
DBG 69 f.
VVO A72

Beteiligungsertrag
StHG 7, 28
DBG 18b, 20 f., 69 f., 207a
OECD 10
VStG 1, **4**, 13, 20, 21
VStV 9, 20 f., **26a**
N **1.2** 5; **1.3**; **1.8** 9

Beteiligungsgesellschaft
StHG 24, 28

DBG 69 f., 207a
OECD 29
N 1.3 1 ff.; **1.8** 9; 4 659b, 663c

Betreibung
StHG 78
DBG 165, 167, 169 f.
VO DBG G 1; J 3; L 2
VStG 45 ff., 51, 58
VStV 8
StG **42 f.**
StV 5
MWSTG 74, 86, **89**, 93
MWSTV 22, 134, **142**
VVO MBI 26

Betreuung, Kinder und Jugendliche
StHG 9
DBG 33
MWSTG 8, 21

Betrieb
StHG 8, 24
DBG 18a, 19, 61
StG 6

Betrieb, Übertragung
vgl. a. ↑ Umstrukturierung
StHG 8, 24
DBG 19, 61
VStG 5
MWSTG 15, 38
MWSTV 81, 83, 102

betriebliches Anlagevermögen
StHG 8, 24
DBG 18 f., 58, 61
N 4 960d

betriebsnotwendige Substanz
vgl. a. ↑ Anlagevermögen
StHG 7a
DBG 20a

betriebsnotwendiges Anlagevermögen
vgl. a. ↑ Substanz
StHG 8
DBG 30, 64

Betriebssparkasse
VStG 9
VStV 54, 68

Betriebsstätte, allgemein
StHG 4, 21, 23 f., 24 c f., 35, 38
VO StHG B 5; C 2
DBG 4, 6 f., 13, 51 f., 55 f., 58, 60, 61a f., 79 f., 91, 93, 107, 161
VO DBG A 4, 6; K 4
OECD 5, 7, 10 ff., 21 f., 24, 29
VStG 24 f.
VStV 17
StG 13
StV 19, 26
MWSTG 7 f., 10, 13, 67, 93, 95
MWSTV 5, 6a f., 9 f., 77, 121a, 151, 166a
N **1.2** 2a, 11

Betriebsstätte, ausländische
StHG 8, 24d
DBG 6, 18, 52, 61b
VO DBG A 4, 6
OECD 5, 29

Betriebsstätte, Begriff
DBG **4**, 51
OECD 5
MWSTV 5

Betriebsstätte, Verluste aus
DBG 6, 52
OECD 29

Betriebsstätten ausländischer Unternehmen, Sockelsteuer
N **1.2** 2a
VVO C25

Betriebsstätten, von ausländischen Unternehmen
MWSTG 10, 67, 93, 95
MWSTV 7, 9, 77
VVO MI 22

bewegliches Vermögen
StHG 6 ff., 14
DBG 14, **20** f., 32,
VO DBG E 1
OECD 2, 13, 22
VStG 1, 4

Beweisabnahme
StHG 41
DBG **115**
VO DBG O 1

Beweisausforschung
N **1.5** 7

Beweismittel
vgl. a. ↑ Nachweis
StHG 48, 51, 53, 57a
DBG 114, 132, 140, 147, 151, 167c, 183
OECD 26
VStV 67
StV 16
MWSTG 81
MWSTV 134
N 2 25, 35, 46; 4 963

Bewertung
vgl. a. ↑ Wert
StHG 7d, **14** f., 24, 53
DBG 17b, 58, 62, 84, 151
VO DBG C 6; N 4 f., 12
StG 8
N 4 670, 960 ff.

Bewertung, Grundstücke
StHG 14, 53
VVO E57

Bewertung, Wertpapiere ohne Kurswert
StHG 14 f.
VVO D12

874

Direkt vergleichendes Stichwortverzeichnis | Stichworte

Bewilligung
MWSTG 7, 13, 23, 37, 63
MWSTV 18, 78 ff., 81, 85 f., 117 ff., 150; B 7

Bezug, der Steuer
StHG 37 ff., 49
DBG 88, 100, 102 f., 107, 121, 160 f., **162 f.**, 166
VO DBG J 2; K 6, 20, 24; L 17
VStG 2, 18, 47
VStV **8 f.**
StG 43
MWSTG **86** ff., 106
MWSTV 134, 149

Bezugsprovision
StHG 11, 37
DBG 37a, 88, 100
VO DBG K **6**, 24
VStG 2

Bezugsteuer
MWSTG 1, 28, **45** ff.
MWSTV 91, 99a, **111**, 126 f., 144, 149, 151
VVO MI 14

Bezugsteuerpflicht
MWSTG **45**, 66
MWSTV 91, 99a

Bezugsteuerschuld
MWSTG 48

Bezugsverjährung
DBG **121**, 185
MWSTG **91**, 106

Bilanz
StHG 31, 42
DBG 79, 125, 186
VO DBG A 3 f., **6 f.**
VStG 5
VStV 21 f.
StG 6, 13
StV 9 f., 12, 18 f., 25a, 32
N 4 959 ff.

Bilanz, Unterbilanz
StHG 10, 25
DBG 31, 67
N 4 725

Bilanzvorschrift
N 4 959 ff.

Bildung, Ausbildung
StHG 7, 9 f., 25
DBG 17, 27, 33, 35, 59
OECD 20
MWSTG 21
MWSTV 10
VVO A87, MBI 20

Bildung, Weiterbildung
StHG 7, 9 f., 25
DBG 17, 27, 33, 59
MWSTG 21
MWSTV 10
VVO A87, MBI 20

Bildungsinstitutionen
MWSTG 21
MWSTV 30, **38a**

Blockchain-Technologie
VVO D13

Boni, Aufwand
StHG 25
DBG 59

Boni, Einkommen aus Arbeitsverhältnis
StHG 7, 32
DBG 17, 83 f.
OECD 15
VStV 20, 69
N 4 663b^{bis}

Börse
vgl. a. ↑ Finanzmarktinfrastruktur
OECD 29
VStG 21
VStV 33, **62**
StG 13 ff., 17 ff.
MWSTG 78

Börsenagent
StG **19**

Bruttobetrag
StHG 6
DBG 14
VO DBG K Anh.
OECD 10 f.
VStV 3 f., 25, 53 f.

Bruttoeinkünfte
StHG 32, 33a, 36
DBG 84, 92 ff.
VO DBG K 9, 14, 16 f., 20

Bücher, Geschäftsbücher
vgl. a. ↑ Buchhaltung
StHG 16, 31, 42
DBG 18, 28, 41, 62, 79, 125 f., 157, 186
VO DBG A 3, **4**, **6** f.
VStG 39 f., 48, 50, 62
VStV 2, 19, 31, 64
StG 1, 24, 35, 37, 46
StV 21
MWSTG 70, 73, 98
MWSTV 21, [76], 128, 134, 140
N 4 957 ff.

Bücher, Literatur
MWSTG 25
MWSTV **51 f.**

Buchforderungen
VStG 4
StG 4

Buchführung
vgl. ↑ Buchhaltung

Buchführung, vereinfachte
StHG 42
DBG 28, 62, 125

Buchgewinn, auf Beteiligung
DBG 61

Buchhaltung
vgl. a. ↑ Geschäftsbücher
StHG 16, 31, 42
DBG 18, 28, 41, 62, 79, 125 f., 157, 186
VO DBG A 3, **4**, **6 f.**
VStG 2, 9, 21, 23, 32, 34, 45, 64
StV 2, 9, 12, 17
MWSTG 70, 72, 78
MWSTV 21, [76], 128, 134, 140
N 4 957 ff.
VVO MI 16

Buchprüfung
DBG 183
VStG **40**, 50, 62
VStV 2, 7, 24, 34, 63
StG 37, 46
StV 2, **4**, 19
MWSTG 78
MWSTV 140

Buchverlust, auf der Beteiligung
DBG 61

Buchwert
vgl. a. ↑ Wert
StHG 14

Bundesbedienstete, im Ausland
DBG 3
VStV **52**

Bundesgericht
StHG 61
DBG 102, 112a, 147, 188, 197
VStG 3, 36, 58
StG 3, 32
MWSTG 75
MWSTV 141
N 2 20, 25; **3**

Bundesgericht, Beschwerde vor
StHG 57bis, **73**
DBG **146**, 182
VStG 3, **56**, 58
VStV 1, 66
StV 1
N **1.3** 6; 3 82

Bundesrechtspflege
DBG 108
VStG 36
StG 3
StV 17
N **1.3** 6

Bundesstrafgericht
N 2 81

Bundesverwaltungsgericht
N 3 1, 86

Bundesverwaltungsgericht, Beschwerde vor
MWSTG 68, 83, 86, 92 f.
N **6.1** 23

B

Bürgerrecht
StHG 6, 32
DBG 3, 14, 83
VO DBG K 12 f.
OECD 3, 24 f.
Bürgschaft
DBG 169
VStV 10
StG 6
StV 6
MWSTG 21, 93
N 6.2 23
Bussen
vgl. a. ↑ finanzielle Sanktionen
StHG 10, 25, 55 f., 57a f., 59, 78c
DBG 27, 59, 166 f., 174 ff., 183, 185 ff., 192, 196 f.
VO DBG J 3
OECD 27
VStG 61 ff., 67
VStV 8
StG 45 ff.
StV 5
MWSTG 89, 96 ff., 100, 106
MWSTV 22
N 2 7 f., 10, 91, 93

C

Contingent Convertible Bonds (CoCos)
vgl. ↑ Pflichtwandelanleihe
cost plus
vgl. ↑ Kostenaufschlag
Coupon, gesonderter
VStG 5, **71**
VStV 15, 18, 28, 32, 62
StV 22
Covid-19
MWSTV 35
VVO B23
Covid-19 Erwerbsausfall
VVO B23

D

Darlehen, an Konzerngesellschaften
StHG 29
VO StHG C 1
DBG 33
MWSTG 18
Darlehen, Forderung
vgl. a. ↑ Zinsertrag
StHG 13
DBG 125
OECD 22
VStG 4
StG 4, 13, 18
StV 21

MWSTG 18
N 6.1 7, 11
Darlehen, Schuld
vgl. a. ↑ Schuldzinsen
StHG 10, 13
DBG 13, 27, 125
VO DBG L 3 f.
OECD 22, 24
StG 4
N 4 725, 960e
Daten
vgl. a. ↑ Aufbewahrung
StHG [38b], **39a**
DBG [104a], **112a**
VStV 34a, [35a], **36a**
VStV 2, 67
StG 41a, 32a
StV 21
MWSTG 65a, **76** ff.
MWSTV 10, 111, 122, 131 ff., **134** ff., 147
N **1.4** 4, 18, 21; **1.5** 4a, 22g; **1.5.1** 11; **1.6** 2; **1.7** 11, 24, 28a
Datenformate, einheitliche
StHG 71
Datenschutz
MWSTG 76 ff.
MWSTV **131** ff.
N **1.5** 5a; **1.6** 5; **1.7** 6, 19, 38
Datenträger, ohne Marktwert
MWSTG 45, 52
MWSTV **111**
Dauer, Mindestdauer
StHG 3, 6 ff., 8, 11, 24
DBG 3 f., 14, 18b f., 20 f., 37b, 51, 61, 70, 205a
VO DBG M 6, 11
StG 9
StV 26b
MWSTG 11 f., 37, 39
MWSTV 5, 45, 78, 98
N **5.3** 2 f., 7; 7 3
dauernde Lasten
vgl. a. ↑ Nutzungsrechte
StHG 9
DBG 33
VO DBG E 1
dealing at arm's length
vgl. ↑ Geschäftsverkehr, wie unter Dritten
Deklaration
vgl. ↑ Abrechnung / Steuererklärung
Denkmalpflege
StHG 9
DBG 32
Depotbank
VStG 10, 15
VStV **30** f.
MWSTG 21
MWSTV 66

derivative Finanzinstrumente
StG 19
MWSTG 21
VVO A60
Devisen / Devisenkurs
vgl. ↑ ausländische Währung
Dienstaltersgeschenk
DBG 17
Dienstbarkeit
StHG 12
Dienstleistung, Begriff
vgl. a. ↑ Leistung
MWSTG 3, 9
MWSTV 9a, 10
Dienstleistung, Ort der
MWSTG **8**, 10, 23, 45
MWSTV 90, 126 f.
VVO MI 06
Dienstleistungen, aus dem Ausland
vgl. a. ↑ Bezugsteuer
MWSTG 1, 10, 23, **45**, 52
MWSTV 9a, 91, 111, 126 f., 144, 149
Dienstleistungsgesellschaften
VVO A49
Dienststelle
MWSTG 12, 21
MWSTV 12, 38, 66
Dienstverhältnis
VStV 45
dingliche Rechte
StHG 4, 21
DBG 4, 51
Diplomatie
StHG 23
DBG 15, 56, 133
OECD **28** f., 32
VStG **28**
MWSTG 107
MWSTV **143** ff.
N 3 48
VVO MI 17
Diskont
StHG 7d
DBG 17b
VO DBG N 11
Diskriminierungsverbot
vgl. ↑ Gleichbehandlung
Dividenden
vgl. a. ↑ Beteiligungsertrag
StHG 7, 28
DBG 18b, 20 f., 69 f., 207a
OECD **10**
VStG 1, **4**, 13, 20, 21
VStV 9, **20** f., **26a**
N **1.2** 5; **1.3**; **1.8** 9

Dividenden, Naturaldividenden
StHG 7
DBG 16, 20
OECD 10
VStG 4, 20
VStV 24

Domizilerklärung
VStG 11, 62
VStV 34 ff.

Doppelbelastung, wirtschaftliche
vgl. ↑ Teilbesteuerung

Doppelbesteuerung, interkantonale
StHG 4b, 22, 38a
VO StHG A 2 ff.

Doppelbesteuerung, internationale
DBG 6 f., 52
OECD 4 f., 6 ff., 22, 23, 25
N 1.1 1 ff.; 1.2 1 ff.; 1.8 9

Doppelbesteuerung, Vermeidung
vgl. a. ↑ Zugehörigkeit
StHG 4b, 22, 38a
VO StHG A 2 ff.
DBG 6 f., 52
OECD 4 f., 6 ff., 22, 23 f., 25
N 1.1 1 ff.; 1.2 1 ff.; 1.4 21; 1.8 9

Doppelbesteuerung, sonstige
StHG 6
DBG 14, 105, 197
VStV 21
MWSTG 9
N 1.1 1 ff.; 1.3 1 ff.

Dreieckstheorie, Leistungsempfänger VSt
VVO C22

Dreiparteienverhältnis
MWSTG 20

Drittbetreuung
StHG 9
DBG 33

Druckerzeugnisse
MWSTG 25
MWSTV 50, 51
VVO MBI 03

dualistisches System
vgl. ↑ Grundstückgewinnsteuer im Privatvermögen

Durchlaufgesellschaft
vgl. ↑ ausländisch beherrschte Gesellschaft

Durchsuchung
N 1.5 13; 2 45, 48, 50

E

E-Books / E-Papers
MWSTG 25
MWSTV 50a, 51a

Effektenhändler
VStV 36
StG 13 f., 17, 18, 46
StV 2, 18 f., **20** f., **23**, 25 f., 32

Effektenhändler, gewerbsmässiger
StG 14, 17
StV 25a

Effektenhändler, Nummer
StV 21

Effektenhändler, Registrierung
StV 20

Effektenhändler, Umsatzregister
StV 2, **21**

Effektenhändler, Verzeichnis
StV 23, 25

effektive Abrechnungsmethode
MWSTG 36
MWSTV 79, 81, 98, 106, **126**, 166

Ehe, ungetrennte
StHG 3, 6, 11, 18, 40
DBG 9, 13 f., 33, 42, 113
VVO A75

Ehe, Scheidung
StHG 7, 9, 12, 18
DBG 23, 33, 36, 42
VO DBG K 13
N 5.3 4

Ehe, Trennung
StHG 7, 9, 12, 18
DBG 23, 33, 36, 42
VO DBG K 13
N 5.3 4

Ehegatten, Abzug bei Mitarbeit
StHG 9, 33, 36a
DBG 33, 85
VO DBG C 2
N 5.3 7
VVO A75

Ehegatten, Quellensteuer
StHG 32 ff., 35a, 36a
DBG 83, 85, 89 f., 99a
VO DBG K 1 f., 9 f., 13 f.

Ehegatten, Steuerhinterziehung
StHG 57
DBG 180

Ehegatten, Steuerpflicht
StHG 3, 6
DBG 3, **9**, 12 ff.
VStV 57

Ehegatten, Steuertarif
StHG 11, 18, 33
DBG 36, 42, 85
VO DBG K 1, 11, Anh.
VVO A75

Ehegatten, überlebender
StHG 11, 18
DBG 12, 37b, 42

Ehegatten, Unterhaltsbeiträge
StHG 3, 7, 9
DBG 9, 23, 33
VVO A75

Ehegatten, Unterzeichnung beider
StHG 57
DBG 113, 180

Ehegatten, Veranlagung
StHG **18**
DBG 42
VStV 57

Ehegatten, Verfahren
StHG 18, 32, 33a f., **40**, 54, 57
DBG 13, 42, 83, 85, 89a, 109, 113 f., 117, 155, 180
VO DBG K 1, 9 f.
VStV 57

Ehepaarbesteuerung
VVO A75

eigene Beteiligungsrechte / Aktien
StHG 7
DBG 20
VStG 4a, 12
VStV 24a
N 4 659 f., 783, 959a, 959c
VVO A42

Eigenfinanzierung, Abzug auf
StHG 25a^{bis} f.
VO StHG C 1 ff.
VVO C103

Eigenkapital
StHG 8, 17, 23, 25a^{bis}, **29**, 31
VO StHG C 1 ff.
DBG 19 f., 58, 61b, 125, 131, 151
OECD 22
VStV 14a, 29
StV 9
N 4 959

Eigenkapitalunterlegungssätze
StHG 25a^{bis}
VO StHG C 1 f., 4

Eigenkapitel, verdecktes
StHG 24, **29a**
DBG **65**, 125
VVO A38

Eigenmietwert
vgl. a. ↑ Wert
StHG 6 f.
DBG 14, 21
VO DBG F 5
OECD 6

Eigenmietwertzuschlag DBSt
VVO B82

Eigennutzung, der Liegenschaft
vgl. a. ↑ Eigenmietwert
StHG 7
DBG 21
OECD 6

Eigentum
StHG 8, 12, 21, 23, 44
DBG 4, 18, 18b, 21, 51, 56, 128, 172, 207
VO DBG G 1
VStG 21
StG 13
MWSTG 21
MWSTV 2
N 5.1 83a

Eigentumsbeschränkung
StHG 12

Eigentumsförderung
N 5.1 79a, 83a

Eigentumswechsel, unter Ehegatten
StHG 12

Eigenverbrauch
MWSTG 31 f., 70
MWSTV 69 ff., 92, 126, 128

einfache Gesellschaft
StHG 20, 45
DBG 10, 13, 18, 129
OECD 3
VStG 24 f.
VStV 55
MWSTG 15
MWSTV 12
N 2 6

Einfuhr
MWSTG 1, 23, 28 f., 32, 45, **50** ff., 96, 107, 112
MWSTV 3, 33, 61, 111, **112** ff., 148; A 1 f.

Einfuhr, Gegenstände in kleinen Mengen
MWSTG 7, 53
MWSTV 4a, 77, 166b; A 1 ff.

Einfuhr, steuerbefreite
MWSTG 7, **53**
MWSTV 4a, 63, 77, 90, **113**, 166b; A 1 f.

Einfuhrdokument
MWSTG 64
MWSTV 3

Einfuhrsteuer
MWSTG 1, **50** ff.
MWSTV 112 ff.

Einfuhrsteuer, Steuerpflicht
MWSTG 51

Einfuhrsteuer, Veranlagung
MWSTG **62**
MWSTV **33**, 112

Einfuhrzollabgabe
MWSTG 60

Eingabe
vgl. ↑ Rechtsmittel

eingetragene Partnerschaft
vgl. a. ↑ Ehe
StHG 3
DBG 9, 12

N 2 29, 85; **5.1** 79b; **5.3** 2 f., 7
VVO A75

einheitliche Leitung
StHG 24
DBG 61
MWSTG 13
MWSTV **15**, 77

Einigung
OECD 3 f., 25

Einkauf, von Beitragsjahren
StHG 7, 9, 11
DBG 24, 33, 37b, **205**
VO DBG M 4
VStV 45
N **5.1** 79b; **5.2** 60a f.; **5.3** 3a
VVO A63

Einkauf, von Gütern
OECD 5, 7

Einkommen
vgl. ↑ Einkünfte

Einkommenssteuer
StHG 2, 7 ff.
DBG 1, 9 ff., **16** ff.
VO DBG A 1 ff.; K 1 ff.
VStG 22
VStV 51
N 1.2 3

Einkommenssteuerwert
vgl. a. ↑ Wert
StHG 8, 14
DBG 18a, 19

Einkünfte VSt, in Buchhaltung
VVO C27, C26

Einkünfte, aus beweglichem Vermögen
vgl. ↑ Ertrag

Einkünfte, aus Nutzniessung
StHG 7, 35
DBG 20, 21, 94
VO DBG K 17
OECD 6, 21
VStG 21
VStV 36, 62

Einkünfte, aus unbeweglichem Vermögen
vgl. ↑ Ertrag

Einkünfte, aus Vorsorge
vgl. a. ↑ Vorsorge
StHG 4, 4b, 7, 11, 35, 45
DBG 5, 17, 20, **22**, 24, 37b, **38**, 95 f., 105, 129, 161, **204**
VO DBG K 18; M 6
OECD 3, 18 f.
N 4 663b^{bis}, 959c; **5.1**; 5.3
VVO A63

Einkünfte, ausländische
StHG 6
DBG 14
VStV 34

Einkünfte, ausserordentliche
StHG 77
VO DBG A 3
VStV 69

Einkünfte, Ehegatten
StHG 3
DBG 9

Einkünfte, einmalige
StHG 7, 11, 15
DBG 16, 23, 37, 40
VO DBG A 2 f.; K 3

Einkünfte, Ersatzeinkünfte
StHG 7, 32
DBG 23, 84
VO DBG K 3
VVO C75

Einkünfte, Kinder
StHG 3
DBG 3, **9**, 13, 105

Einkünfte, Nebeneinkünfte
StHG 7, 32 f., 35
DBG 17, 84 f., 92 f.
VO DBG K 16
OECD 15 f.

Einkünfte, nicht regelmässige
StHG 15
DBG 40
VO DBG A 2

Einkünfte, Quellensteuer
StHG 32, 35 f., 36
DBG 83 ff., 89 f., 91 ff., 99a
VO DBG A 1 ff., 16 ff., Anh.
N **1.1** 24 ff.; **1.2** 1 ff.; **1.3** 1 ff.; **1.8** 9
VVO C74-69

Einkünfte, Selbständigerwerbender
vgl. a. ↑ Erwerbstätigkeit
StHG 7, **8**, 16, 35
DBG **18** ff., 37b, 41, 92, 125
VO DBG K 16; M 1
OECD 7

Einkünfte, steuerfreie
StHG 7, 78a
DBG 16, 20, **24**, 205a
VStV 3, 5, 8
StG 3

Einkünfte, übrige / andere
StHG 6, 7, 11, 35
DBG 14, 16, **23**, 37 ff., 91
VO DBG A 2; E 4
OECD 21, 23A f.

Einkünfte, Unselbständigerwerbender
vgl. a. ↑ Erwerbstätigkeit
StHG **7**, 7d f., 9, 11, 32 f., 35
VO StHG 1
DBG **17**, 17b ff., 37a, 83 ff., 91, 125
VO DBG A 2; K 9; N 1 ff.
OECD 15

Direkt vergleichendes Stichwortverzeichnis | **Stichworte**

Einkünfte, wiederkehrende
StHG 7, 11, 15
DBG 16, 23, 37, 40
VO DBG A 2; K 1, 3
Einlage, Eigenkapital
StHG 7b, 24
DBG 20, 58, 60, 67
VStG 5
StG 5, 8, 14
StV 9 f.
Einlage, Rückzahlung
StHG 7b
DBG 20, 125
VStG 5
VStV 14, 20, 28
StG 6, 9, 14
Einlage, Sachen
StG 8, 14
StV 9 f.
Einlage, Stiftung
StHG 26
DBG 66
VStG 5
StG 5
Einlage, Vorsorgeeinrichtung
vgl. ↑ Vorsorge, Abzüge
Einlageentsteuerung
MWSTG 31, **32**, 70, 113
MWSTV 72 ff., 78, 81, 126, **165**
Einmalprämie, Versicherung
StHG 7, **78a**
DBG 20, **205a**
VStG 7 f.
StG 21, 24
VVO A36
Einmalverzinsung, Obligation
DBG 20
Einnahmen / Ausgaben, Aufstellung
StHG 42
DBG 125
MWSTV 128
Einsatzkosten, Lotterie
StHG 9
DBG 33
Einschätzungsentscheid
vgl. ↑ Verfügung
StHG 41, **46**, 49
DBG 116, 130, **131**, 137
VStG **41, 52**
StG 38
Einschätzungsentscheid, Einsprache
vgl. ↑ Veranlagungsverfügung
StHG 48
DBG 132 ff., 139
VStG **42**, 44, 53
StG **39**, 41
N 1.2 18
Einschätzungsverfahren
vgl. ↑ Veranlagung

StHG 46 ff.
DBG 102 ff., 105 ff., **122** ff., **130** ff., 136 ff.
VStG 34 f., **38** ff., 48 ff.
VStV 1, 6, 63, 66 f., 68 f.
StG 31, **34** ff., **38** ff.
StV 1
Einsprache, als Rekurs weiterleiten
DBG 132
MWSTG 83
N 2 71
Einsprache, gegen Veranlagungsverfügung
StHG 48
DBG **132** ff., 139
VStG 42, 44, **53**
StG **39**, 41
MWSTG 83
N 1.2 18
Einsprache, Rückzug
DBG 134
VStG 42
StG 39
Einspracheentscheid
StHG 48, 50
DBG 103, **135**, 140 f.
VStG 42, 54
StG 39
StV 17
MWSTG 83
N 1.2 18
Einspracheentscheid, Beschwerde gegen
StHG **50**
DBG 139, **140** ff.
VStG 54 f.
MWSTG 81, 86
N 1.2 18; **6.1** 23
Einspracheentscheid, Rekurs gegen
vgl. a. ↑ Beschwerde
Einstellungsverfügung
DBG 183
VO DBG C 4
MWSTG 103
N 2 62, 70, 84, 87, 100
Einvernahme
VO DBG D 1
VStV **6**, 63
StV 3
N 2 20, 38 ff., 55
Einvernehmen, gegenseitiges
StHG 9
DBG 32, 85
VO DBG F 7
OECD 4, 10 f., 25, 27
MWSTG 4, 62, 103
MWSTV 117, 146
Einzelunternehmen
StHG 8
DBG 19

OECD 3, 7
VStV 20, 56
StG 9
Einziehung
N 2 66 ff.
elektronische Bestätigung der Angaben
vgl. ↑ elektronische Verfahren
elektronische Bücher
MWSTG 25
MWSTV 50a, **51a**
elektronische Daten
vgl. ↑ Daten
elektronische Verfahren
StHG [38b], 71
DBG [104a]
VStG 34a, [35a]
StG **41a**
MWSTG **65a**
MWSTV [123]
N 1.5 **4a**; 1.7 **28a**
elektronische Zeitungen
MWSTG 25
MWSTV 50a, **51a**
elterliche Sorge
StHG 3, 7, 9, 54
DBG **9**, 13, 23, 33, 35, 105, 155
VStV 57
N 2 23
VVO A75
elterliche Sorge, getrennt besteuerte Eltern
DBG 35
Emission, von Anteilen
vgl. a. ↑ Emissionsabgabe
VStV 31
StG 5 ff., 14
StV 9 ff.
VVO A69, A57
Emissionsabgabe
StG 5 ff., 27 ff., 31 ff., 45 ff.
StV 9 ff.
Emissionsgeschäft
vgl. a. ↑ Umsatzabgabe
StG 18 f.
Emissionsprospekt
VStV 17
StV 9, 11
Ende, der Steuerpflicht
StHG 4b, 15, 17 f., 20, 22, 24d, 33a, 38
VO StHG B 1
DBG **8**, 35, **54** f., 61b, 89, 105 ff., 181a
VO DBG A 2 f f.; K 9 ff., 13
VStG 29
VStV 33
StV 7, **25**
MWSTG 14 f., 66, 71
MWSTV **82**

Energiesparen
StHG 9
DBG 32
VO DBG F 1 ff.; H 1 ff.
Enteignung
StHG 12
Entgelt
StHG 11, 12, 25
DBG 37b, 59
OECD 24
StG 5 f., 13, 16
StV 9, 21, **22**
MWSTG 1, **3**, 18, 24, 54
MWSTV 45
Entgelt, nachträgliche Anpassung
MWSTG 41 ff., 54, 56 ff.
MWSTV **116**
Entgelt, vereinbartes
vgl. a. ↑ Abrechnungsart
MWSTG 10, 12, 39 ff., 48
MWSTV 79, 81, 106 f., 126 f.
Entgelt, vereinnahmtes
vgl. a. ↑ Abrechnungsart
MWSTG 39 ff.
MWSTV 79, 81 f., 106 f.
Entgeltsminderung
vgl. ↑ Rabatte / Skonti
Entlastung von der Verrechnungssteuer
N 1.1 24 ff.
Entlastungsbegrenzung
StHG 25b, 78g
Entrichtung, der Steuer
StHG 11, 37, 56
DBG 37a, 88, **163** ff., 175
VStG 11, **12** ff., **19** f., 28, 32, 38, 47
VStV **21** ff., **32**, **41**, **47**, **49**
StG 10 f., 17, 25, 34, 43
StV 9 ff., 24, 28
MWSTG 38, **56**, 63, 77 ff., **86** ff., 93 f.
MWSTV 117 f.
N 2 12, 63
VVO M1 15
Entschädigung
vgl. a. ↑ Kapitalabfindung
StHG 4, 7, 35
DBG 5, 17, 23, 92 f.
VO DBG G 1; K 3, 14
OECD 15 f., 21
VStV 45
MWSTG 18
Entschädigung, für Nichtausübung
StHG 7
DBG 23
OECD 15 f., 21
Entschädigung, Gerichtsverfahren
DBG 195
VO DBG D 4, 6
MWSTG 84
N 2 99 f.

Entscheid, Änderung rechtskräftiger Entscheide
StHG 51 ff.
DBG 147 ff.
VStG 59 f.
StG 44
MWSTG 85
Entscheid, Beschwerdeentscheid
StHG 50, 57bis
DBG 143, 145 f.
VStG 54 ff., 58
N 3 112
Entscheid, Einschätzungsentscheid
vgl. a. ↑ Verfügung
StHG 41, **46**, 49
DBG 116, 130, **131**, 137
VStG **41**, **52**
StG 38
Entscheid, Einspracheentscheid
StHG 48, 50
DBG 103, **135**, 140 f.
VStG 42, 54
StG 39
StV 17
MWSTG 83
N 1.2 18
Entsendung, von Mitarbeitern
MWSTV 28
Entsorgungsgebühren
MWSTV 14, **27**
Entstehung, Steuerforderung
vgl. a. ↑ Fälligkeit
StHG 7
DBG 20
VO DBG J 3
OECD 27
VStG **12**, 16
StG 7, **15**, **23**
MWSTG 40, 43, **48**, **56**
MWSTV 45, [76] ff., 115
Entwicklungsaufträge
DBG 29, 63
Entwicklungsträger
N 6.1 5
Erben / Erbberechtigte
StHG 8, 11, **53a**, 56
DBG 10, 12, 18a, 37b, 153, **153a**, 156 ff., 174, 178
VO DBG L 9; M 11 f.
VStV 51
VStV 58 f., 69
MWSTG 16
Erbengemeinschaft
DBG **10**
VStV 58 f.
Erbenhaftung
DBG 12, **13**
VStV 69
MWSTG 16

Erbenvertreter
StHG 53a, 56
DBG 153a, 157, 178
VStV 59
Erbfolge
StHG 12
Erbgang / Erbschaft
StHG 7, 12, 17, 24, 53a, 56, 58, 78d
DBG 13, 24, 37b, 60, 153a, 156 f., 178, 204, 205b[bis]
VO DBG M 11
VStV **58** f.
Erblasser
StHG 11, 53a f.
DBG 12 f., 37b, 153a, 155, 157 ff.
VStV **58** f.
MWSTG 16
Erbschaft / Erbgang
StHG 7, 12, 17, 24, 53a, 56, 58, 78d
DBG 13, 24, 37b, 60, 153a, 156 f., 178, 204, 205b[bis]
VO DBG M 11
VStV **58** f.
Erbschaftsverwalter
StHG 53a
DBG 13, 153a, 157
Erbteil
DBG 12
MWSTG 16
Erbteilung
StHG 8, 12
DBG 18a
Erbvorbezug
StHG 12
DBG 12
MWSTG 16
Erfahrungszahlen
StHG 46
DBG 130
erfolgsneutrale Vorgänge
vgl. a. ↑ Ausnahmen
StHG 8, 24
DBG 19, 30, **60**, 61, 64
Erfolgsrechnung
StHG 24, 31, 42
DBG 29 f., 58, 63 f., 79, 125, 186
StV 9, 12
N 4 959b
ergänzende Vermögenssteuer
StHG 14
Ergänzungsleistungen
StHG 7
DBG 24
VStV 8
Ergänzungssteuer
BV [197 Ziff. 15]
OECD [4.4 1, 4 ff.]
VVO C104

Erlass, der Steuer
vgl. ↑ Steuererlass

Ermässigung
StHG 7, 11, 28
DBG 18b, 20, 36, 69 f., 207
OECD 24
N 1.2 5; 2 11 f.

Ermässigung, bei Steuerhinterziehung
StHG 56, 57b
DBG 175, 178, 181a

Ermässigung, der Steuer
vgl. a. ↑ Entlastungsbegrenzung
StHG 8 f., 10a, 14, 24b, 25a ff., 29
VO StHG B 1 ff.
DBG 70, 207
N 1.2 5; 1.4 7; 1.5.1 9; 2 11

Ermässigung, Grundstückgewinnsteuer
StHG 12

Ermessen, pflichtgemässes
StHG 46, 48, 57a
DBG 130, 132, 183
MWSTG 54, 79, 86, 92
N 2 27, 77

Ermessensmissbrauch
N 2 27, 77

Eröffnung, der Veranlagung
StHG 41, 46, 51 f.
DBG 116, **131** ff.
VStG 41 f., 52 f.
StG 38 f.
MWSTG 82 f.
N 3 49, 112

Errungenschaftsbeteiligung
N 5.3 4

Ersatzbeschaffung
StHG 8, 12, 23 f.
VO StHG A 5
DBG **30, 64**
VVO E54

Ersatzbeschaffung, Beteiligungen
StHG 8, 24
DBG 30, **64**

Ersatzeinkünfte
StHG 7, 32
DBG 23, 84
VO DBG K 3
VVO C75

Ersatzgrundstück
StHG 12
VO StHG A 5

Ersatzneubau
StHG 9
DBG 32
VO DBG F 2 ff.
VVO C100

Erschleichen, einer falschen Beurkundung
N 2 15

Erschleichen, eines Beitrages
N 2 12 f.

Ertrag, aus Beteiligungsrechten
StHG 7, 28
DBG 18b, 20 f., 69 f., 207a
OECD 10
VStG 1, **4**, 13, 20, 21
VStV 9, 20 f., **26a**
N 1.2 5; 1.3; **1.8** 9

Ertrag, aus beweglichem Vermögen
StHG 6, 7 f., 9, 28
DBG 14, **20** f., 33, 205a
VO DBG E 1
OECD 10 ff.
VStG 1, **4**, 13, 20, 21 ff.
VStV **14** ff., **20** ff., 24 ff., **28** ff., 34 ff., 51 ff., 58 ff., 63 ff., 66 ff.

Ertrag, aus kollektiver Kapitalanlage
vgl. ↑ kollektive Kapitalanlagen

Ertrag, aus unbeweglichem Vermögen
StHG 6, **7**, 26
DBG 14, **21**, 66
OECD **6**, 21
VStG 5
VStV 28

Ertrag, Zinsertrag
StHG 7
DBG 20
OECD 11
VStG 1, **4**, 5, 9, 12, 20, 21, 28, 69
VStV **14** ff., **17** ff., 54 f.
StV 22
MWSTG 21
MWSTV 66
N 1.2.1 1; **1.8** 9

Ertragsgutschrift, ausländischer Banken
VVO A66

Ertragswert
vgl. a. ↑ Wert
StHG 14

Erwerb, eigener Beteiligungsrechte
StHG 7
DBG 20
VStG **4a**, 12
VStV **24a**
N 4 659 f., 783, 959a, 959c
VVO A42

Erwerbspreis
StHG 7d, 12
DBG 17b
VO DBG N 4
VStG 4a

Erwerbstätigkeit, Aufgabe/Aufnahme
StHG 11
DBG 23, 37b
VO DBG A 3 f.; M 1

Erwerbstätigkeit, Aufwandbesteuerung
StHG 6
DBG 14
N **5.3** 7

Erwerbstätigkeit, beider Ehegatten
StHG 9, 33, 36a
DBG 33, 85
VO DBG C 2
N **5.3** 7
VVO A75

Erwerbstätigkeit, Nebenerwerbstätigkeit
StHG 7, 9, 33
DBG **16**, 17, 18, 85
VO DBG A 2; C 10

Erwerbstätigkeit, selbständige
StHG 7, 8 f., **10** f., 16 f., 35, 42
DBG **18** ff., 27 ff., 37b, 41, 92, 125 f.
VO DBG A 3 f.; K 16; M 1 ff.
OECD 7
N 5.1 1, 3, 79c
VVO A71

Erwerbstätigkeit, Steuerpflicht
StHG 3 f., 15 ff.
DBG 3 ff., 40 f.
N **5.3** 7

Erwerbstätigkeit, unselbständige
StHG 7, 7d f., 9, 11, 32 ff., 35
VO StHG A 4
DBG **17** ff., **26**, 37a, 83 ff., 91, 125
VO DBG A 2; C 1; I 1, 4; K 9; N 11 ff.
OECD 15

Erwerbstätigkeit, vorwiegend selbständige
StHG 8
DBG 18

Expatriates
vgl. a. ↑ Berufskosten
VO DBG I 1 ff., 4a

Export/Ausfuhr
MWSTG 23, 53 f., 59 ff., 63
MWSTV 118; B 1 f.

F

Fabrikationsstätte
vgl. a. ↑ Betriebsstätte
DBG **4**, 51
OECD 5

Fahrkostenabzug
StHG 9
DBG 26
VO DBG C 3, 5 f.

Fahrkosten, private Nutzung von Geschäftsfahrzeugen
VO DBG C 5a

Fahrnis
StHG 6
DBG 14

Fahrzeugkaskoversicherung
StV 27

Fälligkeit, der Steuer
vgl. a. ↑ Entstehung, der Steuerforderung
DBG 161 ff., 167a
VO DBG J 1, 3 f.; K 2
VStG 16, 38
VStV 18 f., 21, 26, 32, 36, 41, 47
StG 11, 20, 26, 29, 34
StV 26
MWSTG 56, 71, 86

Fälligkeit, Verzugszins
DBG 161, 164
VO DBG J 3
VStG 16
StG 29
MWSTG 57, 87

Familie
StHG 6, 12
DBG 14, 34
VO DBG C 1; I 2; L 3

Familienbesteuerung
StHG 3
DBG 9
VVO A75

Familienlasten
StHG 33
DBG 85
OECD 24

familienrechtliche Verpflichtung
StHG 7, 9
DBG 24, 33

Faustpfand
StHG 4, 21, 35
DBG 5, 51, 94
VO DBG K 17

Festsetzung, der Steuer
StHG 15, 31, 47 f., 53, 57, 57b, 77
DBG 40, 79, 85, 131, 135, 152, 175, 181a, 207a
VO DBG E 3
OECD 23A f.
VStV 2
StG 27
MWSTG 42 f., 48, 56, 71, 79, 86, 102

Festsetzungsverjährung
MWSTG 42 f., 48

Feststellungsverfügung
DBG 108
OECD 4, 25

Feuerwehrsold
StHG 7, 72n
DBG 24

Finanzgesellschaft
OECD 26, 29
StG 13
StV 25a
VVO MBI 14

Finanzhilfe
N 6.1 11

finanzielle Sanktionen
StHG 10, 25
DBG 27, 59

Finanzierung
StHG 7a
DBG 20a
N 6.1 21

Finanzierungsaufwand
vgl. a. ↑ Schuldzinsen
StHG 28
DBG 18b, 70

Finanzinstitution
OECD 26, 29
VVO MBI 14

Finanzmarktinfrastruktur
VStG 5
VStV 33
StG 13, 19
StV 23, 25a
MWSTG 78

fishing expeditions
vgl. ↑ Beweisausforschung

Fonds
vgl. ↑ kollektive Kapitalanlage

Fondsleitung
VStG 10
VStV 30 f., 36
MWSTG 21

Forderung
vgl. a. ↑ Darlehen
StHG 13
DBG 125
OECD 22
VStG 4
StG 4, 13, 18
StV 21
MWSTG 18
N 6.1 7, 11

Forderungsverzicht
vgl. a. ↑ Sanierung
VStG 5
MWSTG 18

Formmängel
N 3 49 f., 84, 97

Formulare
StHG 33a, 71
DBG 89, 102, 124
VO DBG G 1; K 5
VStG 48
VStV 1, 18 ff., 21, 26a, 32, 41, 47, 49 f., 52, 63 ff.
StG 1
StV 9 ff., 17, 23 ff., 28 ff.

Forschung und Entwicklung
StHG 10a, 24b, 25a, 25b
VO StHG B 5, 7 ff.
DBG 29, 63
MWSTG 21
MWSTV 29 f., 38a, 111
VVO MBI 25

Forschungs- und Entwicklungsaufwand, zusätzlicher Abzug
StHG 10a, 24b, 25a, 25b
VVO E31

Frachturkunden
StG 3

Franchise
vgl. ↑ Lizenzgebühren

freier Beruf
vgl. ↑ selbständige Erwerbstätigkeit

Freigrenze, für Zinsbeträge
VStV 16
VVO B16

Freiheitsstrafe / Gefängnisstrafe
StHG 59
DBG 186 ff.
N 2 11, 14, 17, 21, 57 f., 73, 90, 103; 3 103; 7 305bis f.

Freilassung, gegen Sicherheitsleistung
N 2 60

Freistellung
vgl. ↑ Befreiungsmethode

freiwillige Leistungen
StHG 9, 25
DBG 33a, 59
VStV 5
MWSTG 3, 18

freiwillige Versteuerung
MWSTG 107
MWSTV 39, 150

Freizügigkeit BVG
VVO A86

Freizügigkeitspolice
StHG 7
DBG 22, 24

Freizügigkeitsstiftung
StHG 23
DBG 56
VStV 38a
StG 13
N 5.1 5; 5.3 3

fremde Rechnung
StV 25a
MWSTG 23

fremde Währung
VStV 4
StG 14, 28
StV 21 f.
MWSTG 21, 54
MWSTV 45, 58, 116

Fremdkapital
 StHG 29a
 DBG   65, 125
Fristen, Aufbewahrung
 StHG   42
 DBG   112a, 126
 VStG   36a, 62
 VStV   67
 StG   32a, 46
 StV   21
 MWSTG 70, 76d
 MWSTV **137**
 N   4 958 f.
Fristen, Berechnung
 N   3 44 ff.
Fristen, Ersatzbeschaffung
 StHG   8, 12
 DBG   30, 64
Fristen, Erstreckung
 DBG   119, 166
 MWSTG 90
 N   3 47
Fristen, Rechtsmittel
 StHG   48, 50 ff.
 DBG   132, **133**, 140 f., **148**, 150, 169
 OECD   25
 VStG   32, 42, 53 ff., 58, 60
 VStV   **35**, 42
 StG   39
 MWSTG 64, 83, 90, 96, 114 f.
 MWSTV 166
 N   **1.2** 14; **2** 31; **3** 44, 100
Fristen, Sperrfrist
 StHG   7d, 14a, 24
 DBG   17b, 19, 61
 VO DBG N 3 f., 11 f.
 StG   9
Fristen, Steuererklärung/Abrechnung
 DBG   124
 VStG   31
 VStV   18 f., 21 f., 26 f., 32, 41, 49, 65
 StG   34
 StV   9 ff., 19, 24, 28
 MWSTG 56, 71 f., 98
 MWSTV 78 f., 81, 98, 166
Fristen, Stillstand
 StHG   47
 DBG   120 f., 185
 VStG   4a, 17
 StG   30
 MWSTG 42, 56, 59, 91
 N   **1.5** 5; **3** 46
Fristen, Verjährungsfrist
 StHG   **47**, **58**, **60**
 DBG   120, 184 f., **189**
 VStG   17
 VStV   12, 42
 StG   30

 StV   8
 MWSTG 42, 59, 91, 105 f.
 N   **1.7** 16; **2** 11
Fristen, Zahlung und Fälligkeit
 DBG   161, 163 f., 166
 VStG   16, 31
 VStV   18 f., 21 f., 32, 41, 49
 StG   11, 20, 26, 34
 StV   24, 28
 MWSTG 56 f., 61, 86, 88
 MWSTV 156
Fristwiederherstellung
 DBG   133
 N   **2** 31; **3** 50
Funktionen, Verlegung
 StHG   24c f.
 DBG   61a f.
Fürsorgeeinrichtungen
 VStV   45 f., **53**
Fusion/Zusammenschluss
 StHG   8, 24
 DBG   19, 61
 OECD   10
 VStG   5
 StG   6, 9, 14
 MWSTG 38
fusionsähnlicher Zusammenschluss
 StHG   8, 24, 57b
 DBG   19, 61, 181a
 OECD   10
 VStG   5
 StG   6, 9, 14
 MWSTG 38

G

Gärtner
 MWSTG 21, 28
 VVO   MBI 02
Gastgewerbe
 MWSTG 8, 21, 25
 MWSTV 53, 56
 VVO   MBI 08
Gaststaatgesetz
 StHG   4a, 23
 DBG   15, 56
 VStG   28
 MWSTG 107
 MWSTV 90, 143 ff.
Gebiet
 OECD   30
 VStV   67
 MWSTG 3, 4, 8, 21
 MWSTV **1**, 41, 43
 N   **6.1** 10; **6.2** 1 ff.; **6.3** 1 f.
Gebinde
 MWSTG 18

Gebrauch, Überlassung zum
 MWSTG 7, 21, 23
 MWSTV 2, 10
Gebrauchtgegenstand
 MWSTG 21
 MWSTV 48a, 90
Gebühren, der Steuerverwaltung
 DBG   123, 183, 195
 VO DBG D 4; L 18; O 1 ff.
 VStG   44
 StG   41
 MWSTG 84
 N   **1.5** 18; **1.5.1** 4
gebundene Vorsorgeversicherung
 vgl. a. ↑ Vorsorge
 StHG   4, 9, 35, 45
 DBG   5, 22, 33, 96, 129
 VO DBG K 19
 N   **5.3** 1 ff.
Gefängnisstrafe/Freiheitsstrafe
 StHG   59
 DBG   186 ff.
 N   **2** 11, 14, 17, 21, 57 f., 73, 90, 103; **3** 103; **7** 305bis f.
Gegenleistung
 StHG   7a
 DBG   20a
 StG   5, 8, 16
 MWSTG 3
Gegenrecht
 StHG   23
 DBG   56
 VStG   28
 MWSTG 107
 MWSTV 151
Gegenstand, Begriff
 MWSTG 3
 MWSTV 62
Gegenstand, beweglicher
 MWSTG 3, 21, 28a, 31
 MWSTV 48a, 63, 90
Gegenstand, der Steuer
 StHG   6, **7** ff., **13** f., **24** ff., **29** f., 32, 35
 DBG   14, **16** ff., **25** ff., **57** ff., 84, 92 ff.
 VO DBG K 3, 16 ff.
 VStG   **4** ff.
 VStV   **14** ff., **20** ff., **28** ff., **39** ff., **43** ff.
 StG   1, **5**, **13**, 21
 StV   9 ff., 26a ff.
 MWSTG **18** ff., 45, **52**
 MWSTV **26** ff.
Gegenstand, unbeweglicher
 MWSTG 3, 24, 31 f., 70
 MWSTV 79, 82, **93**, 127
Gegenwartsbemessung
 vgl.   ↑ zeitliche Bemessung
Gehaltsnebenleistungen
 vgl.   ↑ Nebeneinkünfte

Geheimhaltung
StHG 39, 43
DBG 110 ff., 127
OECD 26
VStG 36, **37**, 40
StG 32, **33**, 37
MWSTG 68, 73, **74**, 78
MWSTV 108
N **1.1** 34; **1.4** 21 f.; **1.5** 15, 22h; **1.7** 26; **2** 30, 50, 77; **3** 84, 103

Gehilfenschaft
StHG 56 f., 60
DBG 177 f., 181, 189, 191
N 2 5

Geldmarktpapiere
vgl. a. ↑ Obligation
StG 4, 14
VVO C20

Geldspiele
StHG 7, 9
DBG 24, 33
VStG 1, 6, 12 f., 16, **20a** f., 38, 64
VStV 41 ff., 60, 68
MWSTG 21
MWSTV 10

Geldspiele, Einsatzkosten
StHG 9
DBG 33

Geldspiele, Gewinne
StHG 7, 9
DBG 24, 33
VStG 1, **6**, 12 f., 16, **20a** f., 38, 64
VStV 41 ff., 60, 68

Geldspiele, Naturalgewinne
StHG 7, 9
DBG 24, 33
VStG 1, **20a**, 38, 64
VStV 41a, 41c

Geldstrafe
vgl. a. ↑ Bussen
StHG 10, 25, 59
DBG 27, 59, 186 f.
N **2** 14, 17; **7** 305bis f.

Geldverkehr, Umsätze
MWSTG 21

Geldwäscherei
N 7 305bis

geldwerte Leistungen
vgl. ↑ geldwerte Vorteile

geldwerte Rechte
DBG 158

geldwerte Vorteile
vgl. a. ↑ verdeckte Gewinnausschüttung
StHG 7, 7d ff., 32, 35, 37, 45
DBG 17, 17b ff., 18b, 20, 84, 97a, 100
VStG 4, 20
VStV 14, 20 f., 28
MWSTV 128

N 4 663b^{bis}
VVO B86

Gemeindesteuern
vgl. a. ↑ kommunale Steuern
StHG 1, 11, 25, 33b, 36a f.
DBG 59, 100
OECD 2
VStG 3, 22, 24, 31

gemeinnützige juristische Personen
StHG 23
DBG 56
VStG 24
StG 6
MWSTG 3, 10, 21
MWSTV 38a

gemeinnützige Zuwendungen
StHG 9, 25
DBG 33a, 59
VStG 5
MWSTG 3, 18

gemeinnützige Zwecke
StHG 9, 23, 25
DBG 33a, 56, 59
VStG 5, 24
StG 6
MWSTG 3, 21

gemeinsame elterliche Sorge, getrennt besteuerte Eltern
DBG 35

Gemeinsamer Meldestandard
N **1.6** 1 ff., 7; **1.7** 2, 7 ff.

Gemeinschaftsunternehmen
OECD 8
VStV 55

Gemeinwesen
StHG 39a
DBG 112a
VStV 26a
MWSTG 3, **12**, 18, 21, 37
MWSTV 12 f., 29, **38** f., 66, 97 f.
N **2** 14 ff.
VVO MBI 19

gemischte Versicherung
StV 26a

gemischte Verwendung
MWSTG 30
MWSTV 126

Genossenschaft
StHG 20, 24, 27 ff.
DBG 49, 56, 60 f., 64 f., **68** ff., 125, 131, 207a
VStG 4a f., 9
VStV 11, **23** ff.
StG 4 f., 8, 10, 12 f., 36
StV 7, 9 ff., **12**, 17, 18, 25

Genossenschaftsanteile
StHG 7 f., 8, 28
DBG 18, 18b, 20 f., 27, 56, 61, 64, **69** f., 207a

OECD 8, 10, 13
VStG 4 f., 12, 18
VStV 20, 23 f.
StG 1, 4, **5**, 6 f., **8** f., 10 f., 13 f.
StV 12
MWSTG 3, 10, 29, 73

Genugtuungssumme
StHG 7
DBG 24
MWSTG 18

Genussscheine
StHG 7c
DBG 17a
VO DBG N 1
OECD 10
VStG 4 f., 18
VStV 9, **20** f.
StG 1, 5, 7, 9, 13 f.
StV 11 f.

geringfügiger Steuerbetrag
MWSTG 7, 53
MWSTV 4a, 77, 166b; A 1 ff.

Geschäftsabschluss
vgl. ↑ Jahresrechnung

Geschäftsaufnahme
VO DBG A 3
VStV 17, 31, 40, 46
StV 18 f., 26

Geschäftsbereich
StHG 57
DBG 181

Geschäftsbericht
VStV 21, 23
StV 9, 12, 17
N 4 663b^{bis}

Geschäftsbetrieb
vgl. a. ↑ Personenunternehmung
StHG 4, 8 f., 21, 24, 24c f., 57b
VO StHG B 5; C 2
DBG 4, 6 f., 13, 18 f., 51 f., 55, 58, 60, 61a f., 79 f., 161, 181a
VO DBG A 4, 6; C 2
OECD 5, 26
VStG 24
MWSTG 100
N 2 6

Geschäftsbücher
vgl. a. ↑ Buchhaltung
StHG 16, 31, 42
DBG 18, 28, 41, 62, 79, 125 f., 157, 186
VO DBG A 3, **4**, 6 f.
VStG 39 f., 48, 50, 62
VStV 2, 19, 31, 64
StG 1, 24, 35, 37, 46
StV 21
MWSTG 70, 73, 98
MWSTV 21, [76], 128, 134, 140
N 4 957 ff.

Direkt vergleichendes Stichwortverzeichnis | **Stichworte**

Geschäftseinrichtung, feste
vgl. a. ↑ Betriebsstätte
DBG 4, 51
OECD 5
MWSTV 5

Geschäftsergebnis
DBG 58

Geschäftsfahrzeug, private Nutzung
vgl. a. ↑ Privatanteile / Naturalleistung
VO DBG C 5a

Geschäftsführung
vgl. ↑ Geschäftsleitung

Geschäftsjahr, Begriff
StHG 31
DBG 79
MWSTG 34
MWSTV [76]
N 4 957 ff.

Geschäftsjahr, sonstiges
StHG 10 f., 16 f., 25, 77
DBG 29 ff., 37b, 41, 52, 63 f., 67, 80, 207a
VO DBG A 3, 6
VStV 21
StG 9
StV 11, 18, 22, 24, 28
MWSTG 14, 34, 72
MWSTV 9, 9a, 140
N 4 957 ff.

Geschäftsleitung
vgl. a. ↑ Sitz
StHG 4, 23, 35
DBG 5, 56, 93
OECD 3 ff., 7 ff., 13, 15, 22
VStG 15
VStV 17, 22
StG 35, 46
MWSTG 15

Geschäftsort, Verlegung
vgl. ↑ Sitzverlegung

Geschäftssitz
vgl. ↑ Sitz, der Unternehmung

Geschäftsstelle
vgl. a. ↑ Betriebsstätte
DBG 4, 51
OECD 5
MWSTV 5
N 6.1 5

Geschäftstätigkeit
DBG 4, 51
VO DBG A 3 f.
OECD 3, 5, 7, 19, 21, 29
VStG 6, 9
VStV 17, 31, 39, 46
StG 22
StV 18, 25 f.
MWSTG 10, 14 f., 28 ff., 53, 66
MWSTV 7 ff.

Geschäftstätigkeit, untergeordnete
OECD 5, 29

Geschäftsveräusserung
MWSTG 38
MWSTV 101 ff.

Geschäftsverfahren
OECD 12, 26

Geschäftsverkehr, wie unter Dritten
StHG 24
DBG 33, 58
OECD 7, 9, 11, 12
MWSTG 24, 32, 54
MWSTV 26, 94
N 1.5.1 9 ff.

Geschäftsvermögen
StHG 7a, 8, 10, 12, 14, 17
DBG 18 f., 18b, 20a, 27
VO DBG M 3
VStV 24a

Geschäftsvermögen, gewillkürtes
vgl. ↑ Beteiligungen, zu Geschäftsvermögen erklärt

Geschäftsvermögen, Überführung ins
StHG 7a, 12
DBG 20a

Geschenke
StHG 7, 12, 24
DBG 17, 24, 60
MWSTG 31
MWSTV B 1
N 2 46, 66, 93

Gesellschaft, ausländische
vgl. a. ↑ Unternehmen
StHG 20, 24, 35, 37 f.
DBG 11, 49, 55, 93, 100, 107, 181, 207a
VStG 24 f.
VStV 14a, 36 f.
StG 13 f., 17a, 19, 21, 25
StV 26
MWSTG 10, 14, 17, 95
MWSTV 7, 9a, 28, 151 f.

Gesellschaft, einfache
StHG 20, 45
DBG 10, 13, 18, 129
OECD 3
VStG 24 f.
VStV 55
MWSTG 15
MWSTV 12
N 2 6

Gesellschaft, mit beschränkter Haftung
vgl. ↑ Kapitalgesellschaft

Gesellschaft, Personengesellschaft
StHG 7a, 8, 20, 24, 45
DBG 10, 13, 18 ff., 20a, 49, 55, 61, 129, 181
VO DBG M 11

OECD 3, 7, 13
VStG 24 f., 49
VStV 17, 20, 55
StG 13
StV 18, 25
MWSTG 3, 15, 17
MWSTV 12
N 1.2 2, 9, 11; 2 6 f.

Gesellschaften, mit Beteiligungen
StHG 24, 28
DBG 69 f., 207a
OECD 29
N 1.3 1 ff.; 1.8 9; 4 659b, 663c

Gesellschafter
vgl. a. ↑ Teilhaber
StHG 21, 44 f.
DBG 4, 10, 13, 51, 55, 128 f.
VStG 27
VStV 28, 55, 60
StG 6
MWSTG 15, 17

Gesellschafteranteile
DBG 10, 13

Gestehungskosten
StHG 24, 28
DBG 58, 62, 70, 207a

Gesuch, um Erlass
DBG 103, 167c, 167d, 205e, 207b
VO DBG L 5 f.
VStG 18, 62
VStV 27
StG 12, 46
StV 17
MWSTG 64, 92

Gesuch, um Meldung
VStG 20, 70c
VStV 24, 25 f.
N 1.3 5

Gewerbe
vgl. ↑ Geschäftsbetrieb

gewerbliche Tätigkeit
vgl. ↑ Geschäftstätigkeit

gewerbsmässiger Effektenhändler
StG 14, 17
StV 25a

gewerbsmässiger Wertschriftenhandel
StHG 8
DBG 18
VVO A81

gewillkürtes Geschäftsvermögen
vgl. ↑ Beteiligungen, zu Geschäftsvermögen erklärt

Gewinn, Berechnung Reingewinn
StHG 24, 26
DBG 58 ff.
VO DBG A 3 f., 6 f.
OECD 7

885

Gewinn, Kapitalgewinn
StHG 7 f., 24, 28
DBG 16, 18, 18b, 20a, 70, 207 f.
VO DBG A 3
OECD 13
VStG 5
VStV 28 f., 32

Gewinn, natürliche Personen
vgl. ↑ Einkommenssteuer

Gewinn, nichtausgeschütteter
OECD 10

Gewinn, Veräusserung von Vermögen
StHG 7 f., 8, 12
DBG 16, 18, 20a
OECD 2, 13

Gewinn, versteuerter
StHG 29
DBG 58, 80, 125

Gewinnabsicht
MWSTG 10

Gewinnanteil
StHG 7
DBG 18b, 20, 56
VStG 4
VStV 9, **44**, 60
MWSTG 18

Gewinnausscheidung
vgl. a. ↑ Steuerausscheidung
StHG 22
DBG 52

Gewinnausschüttung
StHG 7 f.
DBG 18b, 20 f., 58, 69, 131
OECD 10
VStV 28 f., 35, 38 f.

Gewinnausschüttung, verdeckte
vgl. a. ↑ geldwerte Vorteile
StHG 24
DBG 58, 65

Gewinnmarge
StHG 24
DBG 58

Gewinnsteuer
vgl. a. ↑ Einkommenssteuer
StHG 2, **24**, 27, 77
DBG 1, **57** ff., 68 f.
VO DBG A 7
OECD 7, 8 ff., 24
N 1.2 5

Gewinnsteuerwert
vgl. a. ↑ Wert
StHG 24
DBG 61, 207 a

Gewinnungskosten
vgl. a. ↑ Berufskosten
StHG 9, 36

DBG 26, 92
VO DBG C 1 ff.; I 1 ff.
VStV 29

Gewinnverkürzung
OECD 29

Gewinnverlagerung
OECD 29

Gleichbehandlung
OECD **24**

Glücksspiel
vgl. ↑ Geldspiele

Goodwill
vgl. ↑ Mehrwert, selbst geschaffen

Goodwill, Abschreibungen
vgl. ↑ Abschreibungen, selbst geschaffener Mehrwert

Gratifikationen
vgl. a. ↑ Nebeneinkünfte
StHG 33
DBG 17, 84 f.
N 4 663b^{bis}

Gratisaktien
StHG 7
DBG 20
VStG 20 f., 25
VStV 20 f., 24, 69
StG 5
StV 9
VVO C 17

Gratisoptionen
vgl. a. ↑ geldwerte Vorteile
VVO A 84

Grenzbereinigung
StHG 12

Grenzgänger
StHG 35
DBG 91
VO DBG K 1, 8, 14
OECD 15

Grossrenovationen, von Liegenschaften
MWSTV **71**, **74**

Grundbesitz, direkter
vgl. a. ↑ kollektive Kapitalanlagen
StHG 7, 13, 20, 23, 26, 45
DBG 10, 20, 49, 56, 66, 72, 129
VStG 5
VStV 28

Grundbuch, Eintrag im
DBG 172

Grundeigentum, Ertrag
vgl. ↑ Ertrag, aus unbeweglichem Vermögen

Grundeigentümerbeiträge
VO DBG G 1

Gründeranteil
OECD 10

Grundkapital
StHG 7 ff., 24, 28 f.
DBG 18, 18b, 20 f., 33, 61, 64, 69 f., 125, 207a
OECD 24
VStG 4a f.
VStV 9, 20, 22 f., 26a
StG 5 f., 8 f., 14
StV 9, 12

Grundpfand
StHG 4, 6, 21, 35
DBG 5, 14, 51, 94
VO DBG K 17
OECD 11
VStV 15
StG 4
MWSTG 93

Grundstück
vgl. a. ↑ Liegenschaft
StHG 4, 7, 8, 12, 14, 21, 35
VO StHG A 5
DBG 4 ff., 13, 18, 32, 51 f., 55, 94, 161, 172, **173**, 207
VO DBG F 1
OECD 6, 11
MWSTG 8, 21
MWSTV 5, 104, 150

Grundstückgewinn
StHG 3, 12, **19**

Grundstückgewinnsteuer
StHG 2, **12**, 19, 23
DBG 34, 59

Grundstückgewinnsteuer, Ermässigung
StHG 12

Grundtarif
DBG 36

Gründung
vgl. a. ↑ Begründung, von Beteiligungsrechten
StHG 5, 23
DBG 54
StG 5 f., 36
MWSTV 38
MWSTV 134, 143

Gründungsjahr
StHG 5, 23, 31
DBG 79
VO DBG A 7

Gruppenbesteuerung
MWSTG **13**, 15, 67, 73
MWSTV **15** ff., 77
VVO MI 03

Gruppenersuchen
N 1.5 3, 6, 14a; **1.5.1** 2 f.

Gruppenersuchen, Inhalt
N 1.5 6; **1.5.1** 3

Gruppenversicherung
DBG 22
VStV **45**

Gutachten, von Sachverständigen
DBG 123, 183
StV 3
N 2 43

Güter
OECD 5, 7
StG 3, 22

Güter, immaterielle
vgl. a. ↑ Patente
StHG 6, 8a, 14, 24a f., 25b, 29
DBG 14, 20
OECD 12
MWSTG 3
MWSTV 111
N 4 959a; 6.2 8
VVO MBI 25

güterrechtliche Auseinandersetzung
StHG 3, 7, 12
DBG 9, 12, 24

Güterstand
StHG 3, 12
DBG 9

Güterzusammenlegung
StHG 12

Guthaben
vgl. ↑ Darlehen

Guthaben, im Konzern
VStV 14a

Guthaben, Kundenguthaben
VStG 4, 5, 9, 16
VStV 14 f., 16 f., 19, 44
VVO A79, B16

H

Haft
N 2 52 ff.

Haftung, für die Steuer
StHG 24, 37, 56 f.
DBG 12, 13, 55, 61, 88, 92, 100, 177
VStG 10, 15, 41
VStV 26, 35
StG 10, 38
MWSTG 15 f., 49, 51, 82, 102
MWSTV 22, 24 f., 164
N 2 12

Haltedauer, Beteiligung
vgl. a. ↑ Mindestdauer
StHG 7a, 24, 28
DBG 20a, 61, 64, 70
VStG 4a

Handänderung
StHG 12

Handänderung, wirtschaftliche
StHG 12

Handänderungssteuer
DBG 59
MWSTG 2, 24
N 5.1 80

Handel, mit Anteilen
vgl. a. ↑ gewerbsmässiger Wertschriftenhandel
VStG 21
VStV 33, 62
StG 13 ff., 17 ff.
MWSTG 78

Handelsbestand
StG 14
StV 25a

Handelsgesellschaft, ausländische
StHG 20
DBG 11, 49, 55, 181
OECD 3
VStG 9, 15, 24 f., 30
VStV 17, 55
StG 9
StV 19
MWSTG 17

Handelsplatz
vgl. a. ↑ Finanzmarktinfrastruktur
VStV 33

Handelsregister
DBG 161, 171
VStG 9, 47
VStV 11, 23
StG 4 f., 7, 43
StV 7, 9, 12

Handlung, strafbare
StHG 56, 60
DBG 178, 189
VStG 37, 64
StG 33, 47
MWSTG 74, 103
MWSTV 134, 149
N 2 9, 14

Handwechsel, von Beteiligungen
vgl. a. ↑ Mantelhandel
StG 5, 7 f., 10
StV 10

Härte, offenbare
DBG 166, 167, 167c
VO DBG K 11
VStG 18, 20, 29
StG 12

Hauptniederlassung
vgl. ↑ Zweigniederlassung

Hauptsitzgesellschaft
vgl. a. ↑ Sitz, der Unternehmung
OECD 29

Hauptsteuerdomizil
vgl. ↑ Zugehörigkeit, persönliche

Hausrat
StHG 13

Heilbehandlungen
MWSTG 8, 21
MWSTV 34 f., 97

Heimathafen
OECD 8

Heimatort
vgl. ↑ Bürgerrecht

Heirat
vgl. a. ↑ Ehe
StHG 11, 18
DBG 33, 42, 113
VO DBG K 1 f., 12

Herabsetzung, des Kapitals
vgl. a. ↑ Rückzahlung, Einlagen / Kapital
VStG 4a

Herabsetzung, des Steuersatzes
VStG 13

Hilflosenentschädigung
vgl. ↑ Unterstützung

Hilfstätigkeit
vgl. a. ↑ Geschäftstätigkeit, untergeordnete
OECD 5, 29
MWSTV 5

Hinterziehung, Steuerhinterziehung
StHG 53, 56 ff.
DBG 120, 152 ff., 175 ff., 181 f., 182 ff., 186 ff., 194, 196 f.
OECD Präambel, 29
MWSTG 96 f., 105
N 2 11, 12

Hochseeschiff
vgl. ↑ Schifffahrt

hoheitliche Tätigkeit, Begriff
MWSTG 3, 18

Holdinggesellschaft
vgl. a. ↑ Verwaltung, Beteiligung
MWSTG 29
MWSTV 21

Hotelgewerbe
MWSTG 8, 21, 25
VVO MBI 08

Hypothekargläubiger
vgl. a. ↑ Grundpfand
DBG 94
VO DBG K 17

Hypothekarzinsen
vgl. a. ↑ Schuldzinsen
VVO C 74

I

ideelle Zwecke
StHG 26a
DBG 66a

Identifikation
N 1.5 6, 14a; 1.5.1 3

immaterielle Güter
vgl. a. ↑ Patente
StHG 6, 8a, 14, 24a f., 25b, 29
DBG 14, 20
OECD 12
MWSTG 3
MWSTV 111
N 4 959a; **6.2** 8
VVO MBI 25

Immobilienanlagefonds
vgl. ↑ kollektive Kapitalanlagen, direkter Grundbesitz

Immobiliengesellschaft
StHG 12
DBG **207**

Immobilienvermietung
vgl. a. ↑ Liegenschaft
StHG 7
DBG 21
OECD 6, 21
MWSTG 21
VVO MBI 17

Import
vgl. ↑ Einfuhr

Indexierung
DBG 39, 205c
StV 26b
MWSTG **5**

indirekte Teilliquidation
vgl. a. ↑ Vermögensertrag, besondere Fälle
VVO A59, B11

Information der beschwerdeberechtigten Person
N 1.5 14 f., 17, 21a, 22b

Information, nachträgliche
N 1.5 21a

Informationen
vgl. a. ↑ Daten
StHG **39a**
DBG **112a**
VStG **36a**
VStV 2, 67
StG **32a**
StV 21
MWSTG 76 ff.
MWSTV 10, 111, 122, 131 ff., **134 ff.**, 147
N 1.5 22 f.; **1.6** 3, 5, 7; **1.7** 23

Informationen, vom Ausland übermittelt
N 1.5 22e; **1.7** 20 f.

Informationen, Ware
OECD 5, 12
MWSTV 5, 10, 111

Informationsaustausch
vgl. a. ↑ Amtshilfe
OECD 26

N 1.3 7; 1.4 4 ff.; 1.5 1, 6 ff., 16 ff., 21a, 22a ff.; **1.5.1** 2 ff.; **1.6** 1 ff.; **1.7** 1 ff.; **1.8** 1 ff.; 3 84
VVO D14

Informationsaustausch, auf Ersuchen
N 1.4 5; 1.5 1, 3, 6 ff.; **1.5.1** 2 ff.; **1.8** 5

Informationsaustausch, automatischer
N 1.4 6; 1.6 1 ff.; **1.7** 1 ff.; **1.8** 1 ff.

Informationsaustausch, Finanzkonten
N 1.6 1 ff.; 1.7 1 ff.; 1.8 1 ff.

Informationsaustausch, spontaner
N 1.4 7; 1.5 1, 3, 22a ff.; **1.5.1** 5 ff.

Infrastrukturunternehmen
vgl. ↑ Verkehrsunternehmen

Ingenieure
MWSTG 8
MWSTV 111

Inkasso
OECD 27
MWSTG 21

Inland, Begriff
MWSTG 3
MWSTV 1

Inland, Leistungen im
MWSTG 1, 10, 14, 18, 21, 23, 45, 53 f., 60, 107
MWSTV 9a

Inland, Sitz im
vgl. ↑ Sitz, der Unternehmung

Inland, Wohnsitz im
vgl. a. ↑ Aufenthalt
StHG 3 f., 6, 7 f., **32** ff.
VO StHG A 3
DBG 3 ff., 8, 14, 17d, **83** ff., 105, 120, 159
VO DBG C 9; I 2; K 9 ff.; N 15
OECD 4
VStG 9, 17, 22, 47
VStV 25
StG 4

Inländer, Begriff
VStG 9
StG 4

inländische Gewinne, von Ausländern
DBG 6, 52
VStG 24
VStV 34

Inlandsteuer
MWSTG 1, **10** ff., 18 ff., 24 f., 26 f., 28 ff., 34 ff., **65**
MWSTV 7 ff., 26 ff., 45 ff., 58 f., [76], 77 ff., 121a ff.

Instandstellungskosten
StHG 9
DBG 32
VO DBG F 1; G 1
MWSTV 70 f., 73 f.

institutionelle Begünstigte
StHG 23
DBG 56
VStG 28
MWSTG 107
MWSTV 90, 113, 126, **143 ff.**

interkantonale Doppelbesteuerung
StHG 4b, 22, 38a
VO StHG A 2 ff.

interkantonale Steuerausscheidung
vgl. a. ↑ Doppelbesteuerung
StHG 4b, 22, 38a
VO StHG A 2 ff.
VVO E53, E52

interkantonale Verhältnisse
vgl. a. ↑ Doppelbesteuerung
StHG 4b, 74
VO StHG A 2, 5
DBG 6, 52, 105 f.
VVO E51

interkantonale Verlustverrechnung
VVO E58

internationale Abkommen, Durchführung
N 1.1 1 ff.; 3 83

internationale Organisationen
StHG 4a, 23
DBG 15, 56
VStG **28**
VVO B20, MI 17

internationale Steuerausscheidung
vgl. ↑ Doppelbesteuerung

internationale Transporte
DBG 91
VVO C69

internationale Verhältnisse
vgl. a. ↑ Doppelbesteuerung
StHG 3 f.
DBG 3 ff., 105 f.
OECD 28

internationaler Verkehr
StHG 4, 35
DBG 5, 91
OECD 3, 8, 13, 15, 22
MWSTG 23
MWSTV 41 ff., 115

Invalidität
StHG 11
DBG 37b
VO DBG M 1
StV 26b
N **5.1**; **5.2**; **5.3**

Invaliditätskosten
vgl. ↑ behinderungsbedingte Kosten
Inventar
StHG **54**, 56, 58
DBG **154** ff., 165, 174, 178, 184
OECD 6
MWSTG 89
Investitionskosten
StHG 9
DBG 32
VO DBG F 4
VVO C100
Investmentgesellschaft, mit festem Kapital
StHG 20
DBG 49
VStG 9 f.
VStV 31
StG 4
MWSTG 21
VVO A70, A69
Investmentgesellschaft, mit variablem Kapital
VStG 10
VStV 31
VVO A70, A69
Investment-Klub
VStV **60**
VVO C24

J

Jahreslohn
N **5.1** 7 f., 79c
Jahresrechnung
vgl. a. ↑ Geschäftsbücher
StHG 16, 31, 42
DBG 18, 28, 41, 62, 79, 125 f., 157, 186
VO DBG A 3, **4**, 6 f.
VStV **2**, 9, 21, 23, 32, 34, 45, 64
StV **2**, 9, 12, 17
MWSTG 70, 72, 78
MWSTV 21, [76], 128, 134, 140
N 4 957 ff.
Jahressteuer
StHG 11, 15
DBG 38, 40
Jubiläumsgeschenk
DBG 17
juristische Person, Begriff
StHG 20
DBG **49**
OECD 3
juristische Person, Besteuerung
StHG 2, **20** ff., 24, 29, 35
DBG 1, **49** ff., 61, **71** ff., 92 ff.
VO DBG A 6 f.; K 16 ff.
VStG 24

juristische Person, Steuerstrafrecht
StHG 57
DBG **181** f.

K

Kalenderjahr, Steuerperiode
StHG 15 ff., 31, 35a, 38 f., 77
DBG 40 ff., 79 f., 99a, 107, 207a
VO DBG A 2 f., 6 f.; K 12 f.
VStG 5, 29 f., 70b
VStV 16, 50, 54
MWSTG 34 f., **47**
MWSTV [76]
kalkulatorischer Zins, Sicherheitseigenkapital
StHG 25a^{bis} f.
VO StHG C **3**, **5**
VVO B84
Kapital
vgl. ↑ Grundkapital
Kapital, Eigenkapital
StHG 8, 17, 23, 25a^{bis}, **29**, 31
VO StHG C 1 ff.
DBG 19 f., 58, 61b, 125, 131, 151
OECD 22
VStV 14a, 29
StV 9
N 4 959
Kapitalabfindung, aus Vorsorge
vgl. ↑ Kapitalleistung, aus Vorsorge
Kapitalabfindungen für wiederkehrende Leistungen
StHG 4b, 7, 11
DBG 17, 23, **37**
VO DBG K 3
OECD 15, 21
VStV 45
N 4 663b^{bis}
VVO A48
Kapitalausscheidung
vgl. a. ↑ Steuerausscheidung
StHG 22
Kapitalband
StHG 7b
DBG 20
VStG 5
StG 7, 9
N 4 653s ff., 959c
Kapitalbeschaffung, kollektive
vgl. a. ↑ Obligation
VStG 4
StG 4
Kapitalbeteiligung
vgl. ↑ Beteiligung

Kapitaleinlage
vgl. a. ↑ Einlage, ins Eigenkapital
StHG 24, 25
DBG 60, 67
VStG 5
StG 5
StV 9 f.
Kapitaleinlageprinzip
vgl. a. ↑ Rückzahlung, Einlagen / Kapital
StHG **7b**
DBG 20, 125
VStG 5
VStV 20, 28
VVO A74
Kapitaleinlageprinzip, Begrenzung
StHG **7b**
DBG 20
VStG 5
Kapitalerhöhung
StG 5 ff., 36
StV 9, 12, 19
Kapitalertrag
vgl. ↑ Ertrag
Kapitalgesellschaft
StHG 20, 24, 27 ff.
DBG 49, 56, 60 f., 64 f., 68 ff., 125, 131, 207a
VStG 4a f., 9
VStV 11, **21** f., 24 ff.
StG 4 f., 8, 10, 12 f., 36
StV 7, 9 ff., **11**, 17, 18, 25
Kapitalgewinn
StHG 7 f., 24, 28
DBG 16, 18, 18b, 20a, 70, 207 f.
VO DBG A 3
OECD 13
VStG 5
VStV 28 f., 32
Kapitalgewinn, aus Beteiligungen
vgl. ↑ Verkauf, von Beteiligungen
Kapitalgewinn, bewegliches Privatvermögen
StHG 7
DBG 16, 20a
Kapitalherabsetzung
vgl. a. ↑ Rückzahlung, Einlagen / Kapital
VStG 4a
Kapitalleistung, aus Vorsorge
StHG 4, 4b, 7, 11, 35, 45
DBG 17, 22, 24, **38**, 95 f., 105, 161, **204**
VO DBG K 3, **19**, Anh.
OECD 3, 18 f.
N **5.1** 83 f.; **5.3**
VVO A48

Kapitalleistung, übrige
StHG 7, 11
DBG 17, 23
VO DBG A 2
OECD 15, 21
VStG 7
VStV 43, 47
N 4 663b^{bis}

Kapitalleistung, Wohnsitz
StHG 4b
DBG 105

Kapitalmarkt
VStG 13
StG 13

Kapitalsteuer
StHG 2, 22, **29** f.
OECD 2, 22

Kapitalverkehr
MWSTG 21
MWSTV 66

Kapitalverluste
DBG 70
VO DBG L 4
N 4 725

Kapitalvermögen
vgl. ↑ bewegliches Vermögen

Kapitalversicherung, rückkaufsfähige
StHG 7, **78a**
DBG 20, 24, **205a**
VStG 7 f.
StG 22, 24
StV 26a f., 30a

Kapitalwert
vgl. a. ↑ Wert
VStV 43, 47

Kapitalzahlung
vgl. ↑ Kapitalleistung / Kapitalabfindung

Kapitalzuwachs, aus Erbschaft
StHG 7, 17, 24
DBG 24, 60

Kassenobligation
vgl. a. ↑ Obligation
VStG 16
VStV 15, **19**
StG 4

Kassenzettel
MWSTG 26
MWSTV 57

Kaufpreis, Finanzierung des
StHG 7a
DBG 20a

Kinder- und Jugendbetreuung
StHG 9
DBG 33
MWSTG 8, 21

Kinder, Einkommen
StHG 3
DBG 3, **9**, 13, 105

Kinder, Sozialabzug für
StHG 9, 33
DBG 35, 85
VO DBG K 1, 11

Kinder, Unterhalt für
StHG 7, 9
DBG 23, 33
VO DBG K 1, 11
VVO A 75

Kinder, Vermögen
StHG 3, 54
DBG 155

Kinderbetreuungskosten
StHG 9
DBG 33

Kirche
StHG 23
DBG 56

Kirchensteuer
DBG 59
OECD 2

kleine Arbeitsentgelte
StHG 11, 32, 35
DBG 37a, 83, 91
VO DBG K 21 ff.

kollektive Kapitalanlagen
StHG 7, 13, 20, 23, **26**, 45
DBG **10**, 20, 49, 56, **66**, 72, 129
OECD 29
VStG 4 f., 9 ff., 15, **26** f.
VStV 26a, **28** ff., 34 ff.
StG 1, 4, 6, 13 f., 17a
MWSTG 21
MWSTV 66
VVO A 69

kollektive Kapitalanlagen, Anleger
VVO A 70

kollektive Kapitalanlagen, direkter Grundbesitz
StHG 7, 13, 20, 23, 26, 45
DBG 10, 20, 49, 56, 66, 72, 129
VStG 5
VStV 28

kollektive Kapitalbeschaffung
vgl. a. ↑ Obligation
VStG 4
StG 4

Kollektivgesellschaft
vgl. ↑ Personengesellschaft

Kollektivität, BVG
N 5.1 1

Kommanditaktiengesellschaft
DBG 49
StG 5 f., 12 f.
StV 7, 9 ff.

Kommanditgesellschaft
vgl. ↑ Personengesellschaft

Kommissionär
vgl. ↑ Vertreter, unabhängiger

Kommissionsgeschäft
MWSTG 54

kommunale Steuern
StHG 1, 11, 25, 33b, 36a f.
DBG 59, 100
OECD 2
VStG 3, 22, 24, 31

Konkurs
StHG 53a, 78
DBG 153a, 161, 167, 170
VO DBG L **14**
VStG 16, 29, 45 ff., 58
VStV 5, 8
StG 42 f.
StV 5
MWSTG 74, 86, 93
MWSTV 24, 134
N 4 725a
VVO MBI 26

Konsortialdarlehen
VVO A 92

konsularische Vertretung
vgl. ↑ Diplomatie

Konsultativgremium
MWSTG 109
MWSTV 157 ff.

Konsum
MWSTG 25
MWSTV 53, **54** f.

Konsumentenpreise, Landesindex
DBG 39, 205c
StV 26b
MWSTG 5

Konto
VStG 5
VStV 36
MWSTG 51
N 1.5 6; 1.6 1 ff.; 1.7 1 ff.

Kontonummer
N 1.5 6; 1.6 1 ff.; 1.7 2, 4

Kontrolle
DBG 88, 100, 103
OECD 9, 24
StV 21
MWSTG 42, **78**, 96, 104
MWSTV 22, **140**
N 1.2 23

Kontrollorgan
MWSTG 68

Konzern
StHG 7c
DBG 17a, 70
VO DBG N 1
VStV 14a
MWSTG 28, 45, 128
N 4 963 ff.

Konzern, Guthaben im
VStV 14a

Konzerngesellschaft, ausländische
StHG 24, 37
DBG 100, 207a
VStV 14a
StG 14, 17a

Konzernverhältnis
VStV 26a

konzessionierte Unternehmen
vgl. ↑ Verkehrsunternehmen

koordinierter Lohn
N 5.1 8

körperliche Nachteile
StHG 11
DBG 23

Körperschaft
StHG 7, 23
DBG 112, 181
OECD 2, 4, 19, 26 f.
VStG 24

Körperschaft, lokale
StHG 23
DBG 56
OECD 2, 4, 19, 26 f.

Körperschaft, lokale
OECD 2 ff., 19, 26 f.

Korrektur, Abrechnung
MWSTG 72, 96, 102
MWSTV 129
VVO MI 15

Korrektur, Entgelt
MWSTG 41 ff., 54, 56 ff.
MWSTV 116

Korrektur, Rechnung
MWSTG 27

Korrektur, Vorsteuerabzug
MWSTG 30 ff., 41
MWSTV 65 ff., 69 f., 72 ff., 126, 128

Kosten, Anlagekosten
StHG 8, 12
DBG 18 f.

Kosten, Ausbildungskosten
StHG 7, 9 f., 25, 32
DBG 17, 27, 33, 59, 84
VVO A87

Kosten, behinderungsbedingte
StHG 9
DBG 33

Kosten, Berufskosten
StHG 9, 11, 33
DBG 26, 37a, 85
VO DBG C 1 ff.; I 1 ff.
VVO A87, B83

Kosten, Denkmalpflege
StHG 9
DBG 32

Kosten, Fahrten
DBG 26
VO DBG C 5, 9, 11

Kosten, geschäftsmässig begründete
vgl. ↑ Aufwand

Kosten, Gestehungskosten
StHG 24, 28
DBG 58, 62, 70, 207a

Kosten, Gewinnungskosten
StHG 9, 36
DBG 26, 92
VO DBG C 1 ff.; I 1 ff.
VStV 29

Kosten, Gutachten
DBG 123, 183
VO DBG O 1

Kosten, Kinderbetreuungskosten
StHG 9
DBG 33

Kosten, Krankheitskosten
StHG 9
DBG 33
VO DBG L 3
VVO A56, MBI 21

Kosten, Liegenschaftenunterhalt
StHG 9
DBG 32
VO DBG F 1 f.; G 1
MWSTV 70 f., 73 f.
VVO C100

Kosten, nicht abziehbare
StHG 9 f.
DBG 27, 34
VO DBG C 1; G 1

Kosten, Steueramtshilfe
VO DBG O 1 ff.
N 1.4 26; 1.5 18; 1.5.1 4

Kosten, Umschulungskosten
StHG 7, 9 f., 25, 32
DBG 17, 27, 33, 59, 84

Kosten, Verfahrenskosten
DBG 135, 144, 167d, 183 ff., 195, 198
VO DBG L 18
VStG 44, 51
StG 41
MWSTG 84, 92, 106

Kosten, Verpflegungskosten
StHG 6
DBG 14, 26
VO DBG C 6, 9, 11

Kosten, Verwaltungskosten
StHG 9
DBG 32
VO DBG E 1; F 1; G 1
OECD 7

Kosten, Weiterbildungskosten
StHG 7, 9 f., 25, 32
DBG 17, 27, 33, 59, 84
VVO A87

Kosten, Wiedereinstiegskosten
vgl. ↑ Bildung

Kostenaufschlag
StHG 24
DBG 58
OECD 7, 9, 11 f.

Kostenerkenntnis
N 2 96

Krankenversicherung
StHG 9, 23
DBG 33, 56
VO DBG K 3

Krankheitskosten
StHG 9
DBG 33
VO DBG L 3
VVO A56, MBI 21

Kredit
VO DBG L 3
StG 22
StV 25a
MWSTG 21
MWSTV 66

Kreditkartenkommission
MWSTV 46

Kryptowährungen
VVO D13

Kultur
MWSTG 8, 10, 21
MWSTV 36, 97
VVO MBI 23

Kultus
StHG 23
DBG 56
VStG 24
StG 6
MWSTG 3, 21

Kundenguthaben
VStV 4, 5, 9, 16
VStV 14 f., 16 f., 19, 44
VVO A79, B16

Kündigung
OECD 30, 32

Künstler
StHG 35
DBG 92, 107
VO DBG K 16, Anh. 4
OECD 12, 17
MWSTG 8, 21, 53 f.
MWSTV 36, 48a
VVO C72

Kunstwerke
OECD 12
MWSTG 24a, 53 f., 115a
MWSTV 36, 48a

Kurswert
vgl. a. ↑ Wert
StV 22
MWSTG 54
MWSTV 45, 116

Kürzung, des Anspruchs
DBG 70
VStG 57 f.

Kuxen
vgl. a. ↑ Aktien
OECD 10

L

Lager
OECD 5
MWSTG 23, 58
MWSTV 4 f., 14, 78 f., 81, 115, 118, 150

land- und forstwirtschaftliche Grundstücke
StHG 8, 12, 14
DBG 18
OECD 6
VVO A83

land- und forstwirtschaftliche Grundstücke, Bewertung
StHG 14
DBG 18
OECD 6
VVO A83

land- und forstwirtschaftliche Grundstücke, Kapitalgewinne
StHG 8, 12, 14
DBG 18
OECD 6
VVO A83

Landwirtschaft
DBG 18
OECD 6
MWSTG 21, 25, 28
N 3 83
VVO MBI 01

landwirtschaftliche Heimwesen
StHG 12

Leasinggeschäfte, mit Immobilien
MWSTV 2
VVO E61

Lebensaufwand
StHG 46
DBG 130

Lebensgemeinschaft, faktische
DBG 109
N 2 29; 5.3 2

Lebenshaltungskosten
vgl. a. ↑ Privataufwand
StHG 6
DBG 14
VO DBG L 2

Lebensinteressen, Mittelpunkt der
vgl. a. ↑ Aufenthalt
OECD 4

Lebensmittel, Zubereitung / Service
MWSTG 25
MWSTV 53 ff.

Lebenspartnerin / Lebenspartner
vgl. ↑ Partnerschaft

Lebensversicherer
VStV 38a
StG 17a
StV 26, 28

Lebensversicherung, rückkaufsfähige
StHG 7, 78a
DBG 20, 24, **205a**
VStG 7 f.
StG 22, 24
StV 26a f., 30a

Lehranstalt
DBG 3

Lehrling
OECD 20
VVO C73

Leibrente
StHG 7, 9
DBG 22, 33
VStG 7, 13
VStV 47, 50
StV 26a

Leistung, an Zahlungs statt
MWSTG 24

Leistung, Begriff
MWSTG 3

Leistungen, aus dem Ausland
vgl. a. ↑ Bezugsteuer
MWSTG 1, 10, 23, **45**, 52
MWSTV 9a, 91, 111, 126 f., 144, 149

Leistungen, aus Vorsorge
StHG 4, 4b, 7, 11, 35, 45
DBG 5, 17, 20, **22**, 24, 37b, **38**, 95 f., 105, 129, 161, **204**
VO DBG K 18 f.; M 6
OECD 3, 18 f.
N 4 663b^{bis}, 959c; **5.1**; 5.3
VVO A63

Leistungen, im Inland
MWSTG 1, 10, 14, 18, 21, 23, 45, 53 f., 60, 107
MWSTV 9a

Leistungen, steuerbare
MWSTG 10, 12, 25, 31, 37, 113
MWSTV 77, 79, 99

Leistungen, steuerbefreite
MWSTG 23, 45a
MWSTV 41 ff., 63, **113**, 126 f., 143, **144 f.**, 149, 153; A 1 f.; B 1 f.

Leistungen, von der Steuer ausgenommene
MWSTG 21 f., 29, 45a
MWSTV **34 ff.**, 150

Leistungen, von Gesetzes wegen
MWSTG 3

Leistungsbetrug
N 2 14

Leistungsempfänger
MWSTG 20 f., 26, 41
MWSTV 31, 57, 59

Leitung
vgl. a. ↑ Geschäftsleitung

Leitung / Verwaltung, tatsächliche
vgl. a. ↑ Sitz
StHG 20 ff.
DBG 50, 52, 105
OECD 4, 8, 13, 15, 22
N 1.5 22bis
VVO D14

Leitung, einheitliche
StHG 24
DBG 61
MWSTG 13
MWSTV **15**, 77

letzter Wohnsitz
DBG 159

Liberierung
StG 14

Lieferung / Beförderung ins Ausland
MWSTG 18, 23
MWSTV 41 ff., 63, 90

Lieferung, Begriff
vgl. a. ↑ Leistung
MWSTG 3

Lieferung, Ort der
MWSTG 7, 9, 45
MWSTV 3 f., 90
VVO MI 06

Lieferung, von Gegenständen
MWSTG 3, 7, 21, 23, 25, 28, 53 f., 60
MWSTV 4, 14, 61, 90, 144, 148

Liegenschaften
vgl. a. ↑ Grundstück
StHG 8 f., 12, 23
DBG 13, 18a, 21, 32, 51 f., 55 f., 207
VO DBG F 1, 3 f.; G 1; H 1; M 3
OECD 6, 13
MWSTG 8, 21
MWSTV 5, 104, 150
VVO MBI 17

Liegenschaft, Eigennutzung
vgl. a. ↑ Eigenmietwert
StHG 7
DBG 21
OECD 6

Direkt vergleichendes Stichwortverzeichnis | **Stichworte**

Liegenschaft, Grossrenovationen
MWSTV 71, 74
Liegenschaft, Instandstellungskosten
StHG 9
DBG 32
VO DBG F 1; G 1
MWSTV 70 f., 73 f.
Liegenschaft, Unterhaltskosten
StHG 9
DBG 32
VO DBG F 1 f.; G 1
MWSTV 70 f., 73 f.
VVO C100
Liegenschaft, Unternutzung
DBG 21
Liegenschaft, Verluste aus ausländischer
DBG 6, 52
Liegenschaft, Zweckentfremdung
StHG 14
Liegenschaftenhändler
StHG 4, 8, 21
DBG 4, 13, 18, 51
Liquidation, Gesellschaft
StHG 7b, 24
DBG 20, 54 f., 79 f., 207
VO DBG L 14 ff.; M 1 ff., 6, 9, **11**
OECD 13
VStG 4, 5, 15, 29
VStV 9, **22** f., 28, **33**, 62
StG 6
MWSTG 14 f., 38, 66
VVO A19
Liquidationsgewinn
StHG 11
DBG **37b**, 58
VO DBG M 1 ff.
VStG 15
VStV 20 ff., 24, 33, 69
StG 5
VVO A73
Liquidationsüberschuss / -ergebnis
StHG 7, 7b f., 11, 24
DBG 18b, 20, 37b, 55, 58, 207
VO DBG M 1 ff.
VStG 4a, 15
VStV 20 ff., 24, 33, 69
StG 5
VVO A73
Lizenzgebühren
vgl. a. ↑ immaterielle Güter
StHG 8a, 24b
OECD **12**, 24
N 1.2 1, 8, 11; **1.2.1** 1; **1.8** 9
LoB-Klausel
vgl. ↑ Anspruch auf Vergünstigungen

Lohn
vgl. ↑ Einkünfte, Unselbständigerwerbender
Lohnausweis
DBG 125
VVO D11
Lohnveredlung
MWSTG 53 f.
Löschung, im Handelsregister
DBG 161, **171**, 207
VStG 47
VStV **11**
StV 7
MWSTG 95
Löschung, im Register der Steuerpflichtigen
MWSTG 14, 66, 82
MWSTV 82
Lotterie, Einsatzkosten
StHG 9
DBG 33
Lotterie, Naturalgewinne
StHG 7, 9
DBG 24, 33
VStG 1, **20a**, 38, 64
VStV 41a, 41c
Lotterie, zur Verkaufsförderung
StHG 7, 9
DBG 24, 33
VStG 1, **6**, 12 f., 16, **20a** f., 38, 64
VStV 41b, 41c, 60, 68
Lotteriegewinne
vgl. a. ↑ Geldspiele
StHG 7, 9
DBG 24, 33
VStG 1, **6**, 12 f., 16, 20a f., 38, 64
VStV 41 ff., 60, 68
Luftfahrt
StHG 4, 35
DBG 5, 91
OECD 3, 6, 8, 13, 15, 22
StG 22
StV 27
MWSTG 23
MWSTV **41**, 113
Lunch-Check
vgl. ↑ Einkünfte, Unselbständigerwerbender

M

Mahnung
StHG 43, 46, 55
DBG 127, 130, 165, 167d, 174
VO DBG K 23
VStG 16, 45
StG 29, 42
MWSTG 86 f., 98

Makler
vgl. ↑ Vermittler
Mäklerprovision
vgl. ↑ Vermittlungsprovision
Mängel, eines Entscheides
StHG 50
DBG 140
N 3 49
Mantelhandel
vgl. ↑ Liquidation / Handwechsel
Margenbesteuerung
MWSTG **24a**, 28a
MWSTV **48a** ff.
Marktwert
vgl. a. ↑ Wert
StHG 7d, 14 f., 24
DBG 16, 17b, 58, 69, 207a
VO DBG N 4 f., 12
StG 8, 16
StV 9 f.
MWSTG 24, 45, 52, 54, 108
MWSTV 111
N 4 670, 960b
Massgeblichkeit
vgl. ↑ Gewinn, Berechnung Reingewinn
Massnahmen, gegen Missbrauch
vgl. ↑ Steuerentlastung, missbräuchliche
Medikamente
MWSTG 25
MWSTV 34, **49**
Mehrheit, Beherrschung
StHG 24
DBG 61
OECD 9
VStV 9
StG 5, 7 f., 10
StV 10
Mehrheit, von Leistungen
MWSTG **19**, 52
MWSTV 31 ff., **112** ff.
Mehrwert, selbst geschaffen
StHG 24c f., 25a^bis, 78g
VO StHG C 1
DBG 61a f.
Meldepflicht
StHG 45
DBG **129**, 174, 192
VO DBG K 5
VStG 40
VStV 40
N **1.6** 1 ff.; **1.7** 2, 7, 9 f., 15 ff.; **1.8** 1 ff.

M

Meldeverfahren
VStG 1, 11, **19** f., 38 f., 61 f., 70c
VStV 24 ff., **26a**, **38a**, 45, **47** ff.
MWSTG 27, 31, **38**
MWSTV 63, 81 f., **83**, 90, 93, **101** ff., 126 f.
VVO B104, C23, MI 11

Meldeverfahren, (Art. 9 AIA EU)
N **1.8** 9

Meldeverfahren, Dividenden an ausländische Gesellschaften
VStG 20, 70c
VStV **26a**
N **1.3**
VVO B104, C23

Meldeverfahren, Frist
VStG 16, 20, 70c
VStV 26 f.
VVO B104

Meldeverfahren, Konzernverhältnis
VStG 20, 70c
VStV **26a**
N **1.3**
VVO C23

Meldeverfahren, Ordnungsbusse
VStG 20, 64, 70c
VVO B104

Meldeverfahren, Verzugszins
VStG 16, 70c
VVO B104

Meldung, Einspruch bei Versicherungsleistungen
VStG 19
VStV **48** f.

Meldung, Gesuch um
VStG 20, 70c
VStV 24, **25** f.
N **1.3** 5

Meldung, statt Steuerentrichtung
VStG 1, 11, **19** f., 38 f., 61 f., 70c
VStV 24 ff., **26a**, **38a**, 45, **47** ff.
N **1.3** 3
VVO B104, C23, MI 11

Methodenwechsel
MWSTG 37
MWSTV 78, **79**, **81**, **98**, 106 f., 166

Mietertrag
StHG 7
DBG 20, 21
OECD 6

Militärversicherung
StHG 76
DBG 22, **202**

Minderjährige
StHG 54
DBG 35, 155, 157
VO DBG A 5; I 2
N 2 23

Mindestbesteuerung / Mindeststeuer
BV [129a], [197 Ziff. 15]
OECD **4.3**; [**4.4** 1 ff.]
VVO C104

Mindestdauer
vgl. a. ↑ Haltedauer
StHG 3, 6 ff., 8, 11, 24
DBG 3 f., 14, 18b f., 20 f., 37b, 51, 61, 70, 205a
VO DBG M 6, 11
StG 9
StV 26b
MWSTG 11 f., 37, 39
MWSTV 5, 45, 78, 98
N **5.3** 2 f., 7; 7 3

Mindestlohn / Mindestalter
N **5.1** 7

Mineralölsteuer
MWSTV 145

Minimalsteuer
StHG 27

Missbrauch
OECD Präambel, 29
VStG 5, 8
N **1.1** 28 ff.

Missbrauch, des Ermessens
N 2 27, 77

missbräuchliche Steuerentlastung
OECD Präambel, 29
N **1.1** 28 ff.; **1.2** 6

Mitarbeit, der Ehegatten
StHG 9, 33, 36a
DBG 33, 85
VO DBG C 2
N **5.3** 7
VVO A75

Mitarbeiteraktien
StHG 7c f.
DBG 17a f.
VO DBG N 1, 4 f., 7 f., 11 f., 15
VVO A89, A82

Mitarbeiterbeteiligungen
vgl. a. ↑ geldwerte Vorteile
StHG 4, **7c** f., **14a**, 32, 35, 37, 45
DBG 5, 17, **17a** ff., 84, 93, 97a, 100, 129
VO DBG N 1 ff.
VStG 4a
VVO A89, A82

Mitarbeiterbeteiligungen, bei der Arbeitgeberin
VVO A89

Mitarbeiterbeteiligungen, Bescheinigung
StHG 45
DBG 129
VO DBG N 1 ff.
VVO A82

Mitarbeiterbeteiligungen, Bewertung
StHG 7d, **14a**
DBG 17b
VO DBG N 4 f., 12
VVO A89, A82

Mitarbeiterbeteiligungen, Definition
StHG **7c**
DBG **17a**
VVO A82

Mitarbeiterbeteiligungsplan
VO DBG N 4 ff., 11
VStG 4a
VVO A82

Mitarbeiteroptionen
StHG 7c f., 7 f., 37, 45
DBG 17a f., 17d, 97a, 100
VO DBG N 1, 5, 7 f., 15
VVO A89, A82

Mitarbeiteroptionen, gesperrte
StHG 7d, 7 f., 32
DBG 17b, 17d, 97a
VVO A82

Miteigentümer
StHG 44
DBG 128
VStG 49

Mitglieder
StHG 24
DBG 60
VO DBG K 16
OECD **28**
VStG 9
VStV 55
MWSTG 3, 21
MWSTV 16 ff.

Mitglieder, der Verwaltung
StHG 4, 35, 45, 57b
DBG 5, 93, 125, 129, 181 f.
VO DBG K 14
OECD 16

Mitgliederbeiträge
StHG 9, 26
DBG 66

Mithaftung / Solidarhaftung
vgl. a. ↑ Haftung
StHG 24, 56, 57b
DBG 12, **13**, **55**, 61, 92, 177, 181a
VStG 10, 15, 41
VStV 35, 69
StG 10
MWSTG **15** f., **49**, 51, 82, 102
MWSTV 22

Mittelpunkt, der Lebensinteressen
vgl. a. ↑ Aufenthalt
OECD 4

Mitversicherung
StV 28

Stichworte

Mitwirkung
StHG 7a, 57, 57a, **71**
DBG 20a, 117, **177**, 181, 183
VStV 2
N 1.5 15, 21

Mitwirkung, des Verkäufers
StHG 7a
DBG 20a

Mitwirkungspflichten
StHG 42
DBG 124 f., **126, 157**

modifizierte Besteuerung nach dem Aufwand
StHG 6
DBG 14
VO DBG E 4
N 1.2 4
VVO A 90

monistisches System
vgl. ↑ Grundstückgewinnsteuer im Privat- und Geschäftsvermögen

Montagestelle
vgl. a. ↑ Betriebsstätte
StHG 4, 21
DBG 4, 51
OECD 5

Monteur-Klausel
vgl. ↑ 183 Tage

Motorfahrzeug
VO DBG C 5
N 4 327b
VVO MBI 05

Münzen
MWSTG 21, 107
MWSTV 44, 48a, **61**, 113

Musiker
vgl. ↑ Künstler

Mutterschaft
N 5.1 8

Mutterschaftsurlaub
N 5.1 8

Mutterschaftsversicherung, Einkünfte aus
vgl. ↑ Einkünfte, andere / übrige

N

Nachbesteuerung, des Vermögens
vgl. a. ↑ Regularisierung, von Vermögenswerten
StHG 14

Nachbesteuerung, vereinfachte
StHG 53
DBG **153a**

Nachforderung, Mehrwertsteuer
MWSTG 64

Nachforderung, Steuerabzug
StHG 49
DBG **138**
VStV 26a

Nachlass
vgl. a. ↑ Erbschaft
StHG 56, 58
DBG 13, 153a, 156 f., 178

Nachlasswerte, Beiseiteschaffen
StHG 56, 58
DBG **178**, 184

Nachsteuer
StHG 24, 53 f., 56, 57a f., 78d
DBG 19, 61, **151** ff., 161, 181a, 205b^{bis}
VO DBG J 3

Nachsteuerverfahren
StHG 53, 57a
DBG 152, **153**, 183

nachträgliche Änderung
vgl. ↑ Korrektur

nachträgliche Anpassung, des Entgelts
MWSTG 41 ff., 54, 56 ff.
MWSTV 116

nachträgliche ordentliche Veranlagung
StHG 33a f., **35a** f., 38
DBG 89 f., 99a f., 107, 136a
VO DBG K 9 ff., 14 f.
VVO A 91

Nachweis
vgl. a. ↑ Beweismittel
StHG 11
DBG 37b, 124, 133
VStV 2, 20, 24a, 42, 64
StG 6, 17, 22
StV 2, 18, 21, 25a
MWSTG 15, 20, 23, 28, 51, 64, 81, 92
MWSTV 59, 69, 72, 88, 145

Nachweis, der effektiven Kosten
StHG 28, 33b, 35b
DBG 26, 70, 89a, 99a f.
VO DBG C 4 f., 7, 9 f.; I 2; K 10, 15

Nachweis, im Haftungsfall
DBG 13, 55
VStG 15

Nachzahlung
StHG 38a, 49
DBG 107, **138**

nahestehende Person
vgl. ↑ Person, eng verbundene
StHG 7, 23 f.
DBG 20, 33, 56, 58
OECD 5, 7, 9, 11, 12
VStV 20
MWSTG 3, 24, 31, 38, 107
MWSTV 26, 52, **94**
N 1.5.1 9 ff.; 2 17; 4 663b^{bis} f.

Naturalbezüge, Arbeitnehmer
VVO C76, D11

Naturalbezüge, Selbständigerwerbender
VVO C77

Naturaldividenden
StHG 7
DBG 16, 20
OECD 10
VStG 4, 20
VStV 24

Naturalleistungen
StHG 7, 32
DBG 16, 84, 88, 100
VO DBG K 16

natürliche Person, Begriff
StHG 3 f.
DBG 3 ff., 9 ff.
OECD 3

natürliche Person, Besteuerung
StHG 2, 3 ff., 32 ff.
DBG 1, 3 ff., **83** ff., 91 ff., 125 f., 204 ff.
VO DBG K 9 ff., 14 ff.
VStG 22, 30
VStV 51
MWSTG 16

natürliche Personen, im Ausland
StHG 3
DBG 3, 6
VO DBG B 1 ff.; K 18 f.
VVO E40

Nebeneinkünfte
StHG 7, 32 f., 35
DBG 17, 84 f., 92 f.
VO DBG K 16
OECD 15 f.

Nebenerwerbstätigkeit
vgl. a. ↑ Erwerbstätigkeit
StHG 7, 9, 33
DBG **16**, 17, 18, 85
VO DBG A 2; C 10

Nebenleistungen
MWSTG 19, 21

Nebensteuerdomizil
vgl. ↑ wirtschaftliche Zugehörigkeit

Nebentätigkeit
MWSTG 23
MWSTV 89

Nennwert
vgl. a. ↑ Wert
StHG 7a
DBG 20a
VStG 4a
VStV 20
StG 5 ff., 9 ff.
StV 9, 21

895

Nennwerterhöhung
DBG 20
VStV 24
StG 5 ff.
StV 9
Netto-Allphasensteuer
MWSTG 1
Nettoertrag, aus Beteiligung
vgl. a. ↑ Beteiligungsabzug
StHG 28
DBG 69, **70**, 207a
neue Tatsache
vgl. ↑ Tatsache
Neugründung
vgl. ↑ Gründung
Nexus-Regel
OECD **4.**3
Nichtausübung, einer Tätigkeit
StHG 7
DBG 23
Nichtbesteuerung
OECD Präambel, 29
MWSTG 9
Nichtigkeitsbeschwerde
vgl. ↑ Beschwerde, in Strafsachen
Niederlassungsbewilligung
StHG 32, 39a
DBG 83, 112a
VO DBG K 12 f.
Nominalwert
vgl. ↑ Nennwert
Normalsatz
MWSTG 25, 55
MWSTV 82, 93
Notar
StG 36
VVO MBI 18
Nutzniesser, Steuerpflicht
StHG 4, 21
DBG 4 f., 51, 94
Nutzniessung, Einkünfte
StHG 7, 35
DBG 20, 21, 94
VO DBG K 17
OECD 6, 21
VStG 21
VStV 36, 62
Nutzniessung, Vermögen
StHG 13
OECD 6
Nutzung, eines Gegenstandes
MWSTG 3, 7, 21, 23
MWSTV 69 f., 73
Nutzung, im Ausland
MWSTG 23
Nutzungsänderung
MWSTG 31 f.

MWSTV 70, 73
VVO MI 10
Nutzungsberechtigter / Begünstigter
vgl. a. ↑ Nutzniesser
StHG 4a, 45
DBG 15, 129
OECD 10 ff.
VStG 21, 28
VStV 36, 62
MWSTG 107
MWSTV 90, 113, 126, **143** ff.
N 5.3 2
Nutzungsrechte
vgl. a. ↑ dauernde Lasten
StHG 4, 7, 21
DBG 4 f., 20 f., 51, 94
OECD 5 f., 21
VStG 21
VStV 36, 62

O

Obligation
StHG 7
DBG 20
OECD 11
VStG 4, 16
VStV **14** ff.
StG 1, 4, 13 f.
MWSTG 93
N 4 958e, 959c; **5.3** 5
VVO A93, A60
Obligation, Anleihensobligation
vgl. a. ↑ Obligation
OECD 11
VStV 15, **18**
StG 4
N 4 958e, 959c
Obligation, Derivate
VVO A60
Obligation, Einmalverzinsung
DBG 20
Obligation, Kassenobligation
VStG 16
VStV 15, **19**
StG 4
Obligation, Rückzahlung
DBG 20
VStV 14
obligatorische Versicherung
StHG 9
DBG 33
StG 13
N 5.1 2 f., 7, 10
offenbare Härte
DBG 166, 167, 167c
VO DBG K 11
VStV 18, 20, 29
StG 12

öffentliche Hand
StG 6
StV 18, 25
öffentlicher Dienst
OECD **19**
öffentlich-rechtliche Abgaben
MWSTG 18, 24
öffentlich-rechtliche Aufgaben
VStG 36
StG 32
MWSTG 75
N **2** 30
öffentlich-rechtliche Eigentumsbeschränkung
StHG 12
öffentlich-rechtliche Körperschaft
DBG 3
VStG 69
N **2** 12
öffentlich-rechtliche Vorsorgeleistung
N 5.1 80; 5.3 1
VVO C71
öffentlich-rechtliches Arbeitsverhältnis
StHG 4, 35
DBG 3, 5 f., 17, **95**
VO DBG B 1 ff.; K 18 f.
OECD 19
N **3** 83, 85, 89
VVO E40
Option
vgl. a. ↑ Kapitalgewinn, aus beweglichem Privatvermögen
VVO A60
Option, Aktionärs- / Gratisoptionen
vgl. a. ↑ geldwerte Vorteile
VVO A84
Option, Mitarbeiteroptionen
StHG 7c f., 7 f., 37, 45
DBG 17a f., 17d, 97a, 100
VO DBG N 1, 5, 7 f., 15
VVO A89, A82
Option, MWST
MWSTG 22
MWSTV **39**, 150
Optionsanleihe
vgl. a. ↑ Obligation
VStG 4a
Ordnungsbusse
VStG 20, 64, 67
StG 47
N **2** 3
Ordnungsbusse, Meldeverfahren
VStG 20, 64, 70a
VVO B104

Direkt vergleichendes Stichwortverzeichnis | Stichworte

Ordnungswidrigkeiten
VStG 64, 67
StG 47
N 2 3
Ordre public
StHG 10, 25
DBG 27, 59
OECD 26 f.
Organisationsdienstleistungen
MWSTG 21
Organisationseinheit
MWSTG 18
MWSTV 38
Organisatoren
DBG 92
VO DBG K 16
MWSTG 8, 23
MWSTV 14, 97, 153
Ort, der Arbeitsausübung
StHG 4, 35
DBG 5, 91 ff.
VO DBG K 16
OECD 15
Ort, der Dienstleistungen
MWSTG 8, 10, 23, 45
MWSTV 90, 126 f.
VVO MI 06
Ort, der Leitung
vgl. a. ↑ Geschäftsleitung
OECD 5
VStV 17, 22
Ort, der Lieferung
MWSTG 7, 9, 45
MWSTV 3 f., 90
VVO MI 06

P

Pachtzins
vgl. ↑ Verpachtung
Parallelität, des Instanzenzuges
VVO B10
Parteien, Beiträge an
StHG 9
DBG 33
Parteientschädigung
MWSTG 84
Partizipationsscheine
StHG 7c
DBG 17a, 18b, 20
VO DBG N 1
VStG 4 f.
VStV 20
StG 1, 5 ff., 13 f.
StV 9
Partnerschaft, eingetragene
vgl. a. ↑ Ehe
StHG 3

DBG 9, 12
N 2 29, 85; 5.1 79b; 5.3 2 f., 7
VVO A75
Patentbox
vgl. a. ↑ Steuerermässigung, Patente
StHG 8a, 14, 24b, 25b, 29
VO StHG B 1 ff.
VVO C102
Patente
vgl. a. ↑ immaterielle Güter
StHG 6, 8a, 14, 24a f., 25b, 29
VO StHG B 1 ff.
DBG 14
OECD 12
MWSTV D Anh.
N 1.2.1 1
VVO MBI 25
Patente und vergleichbare Rechte, Begriffe
StHG 24a
VVO MBI 25
Patente, Behandlung von Verlusten
StHG 24b, 25b
VO StHG B 6
Patente, Berechnung Gewinn
StHG 8a, 24b, 25b
VO StHG B 1 ff.
VVO C102
Patente, Einkommen / Gewinn
StHG 8a, 24b, 25b
VO StHG B 1 ff.
VVO C102
Patente, Forschungs- und Entwicklungsaufwand
StHG 24b
VO StHG B 7 ff.
VVO E31
Patente, Vermögen / Kapital
StHG 14, 29
VVO MBI 25
Pauschalabzug
StHG 9, 33 f., 35b
DBG 26, 32, 85, 99b
VO DBG C 3 f., 5 ff., 9 ff.; F 5; I 4; K 1, 11
N 1.2 11
Pauschalbesteuerung
vgl. ↑ Aufwandbesteuerung
pauschale Steueranrechnung
vgl. ↑ Anrechnung ausländischer Quellensteuern
Pauschalmethoden
MWSTG 30
MWSTV 47, 65, 66
Pauschalsteuersatzmethode
MWSTG 37
MWSTV 77, 97 ff., 107, 127 f., 166
VVO MI 13

Pendlerabzug, Berufskosten
vgl. a. ↑ privates Fahrzeug, Fahrkostenabzug
StHG 9
DBG 26
VO DBG C 3, 5
Pension / Ruhegehalt
vgl. a. ↑ Rente
StHG 4, 6, 35
DBG 5, 14, 95 f.
VO DBG K 18
OECD 3, 18 f.
VStG 7 f., 13
VStV 43, 46 f., 50
Person, ansässige
StHG 3, 20
DBG 3, 50
OECD Präambel, 1, 3, 4, 6, 8, 10 ff., 21 ff., 29
N 1.2 2 f., 13; 1.2.2 1; 1.3 1
Person, begünstigte
StHG 4a, 45
DBG 15, 129
OECD 10 ff.
VStG 21, 28
VStV 36, 62
MWSTG 107
MWSTV 90, 113, 126, 143 ff.
N 5.3 2
Person, berechtigte
OECD 29
Person, eng verbundene
vgl. a. ↑ nahestehende Person
OECD 5
MWSTG 3, 24, 38, 107
MWSTV 26, 52, 94
Person, eng verbundene; Definition
OECD 5
MWSTG 3
N 1.5.1 9
Personal
StHG 10, 25
DBG 27, 59
VO DBG C 6
VStG 9
StV 2
MWSTG 21, 24
MWSTV 47, 53, 69, 72, 94
Personalvorsorge
vgl. ↑ Vorsorge
Personengesamtheiten, ohne juristische Persönlichkeit
StHG 20
DBG 11, 49, 55, 181
OECD 3
VStG 9, 15, 24 f., 30
VStV 17, 55
StG 9
StV 19
MWSTG 17
N 2 6 f.

Personengesellschaft
StHG 7a, 8, 20, 24, 45
DBG 10, 13, 18 ff., 20a, 49, 55, 61, 129, 181
VO DBG M 11
OECD 3, 7, 13
VStG 9, 15, 24 f., 30, 49
VStV 17, 20, 55
StG 13
StV 18, 25
MWSTG 3, 15, 17
MWSTV 12
N 1.2 2, 9, 11; 2 6 f.

Personenunternehmung
vgl. ↑ Personengesellschaft / Einzelunternehmung

Personenvereinigungen
vgl. ↑ Personengesamtheiten

Pfand, Faustpfand
StHG 4, 21, 35
DBG 5, 51, 94
VO DBG K 17

Pfand, Grundpfand
StHG 4, 6, 21, 35
DBG 5, 14, 51, 94
VO DBG K 17
OECD 11
VStV 15
StG 4
MWSTG 93

Pfand, Verpfändung
DBG 127
VO DBG K 2; M 6
VStG 46
VStV 60
StV 25a
MWSTG 18, 44, 99
MWSTV 2, 24, 108
N 2 46, 92; 4 663b^{bis}; 5.1 83a; 5.3 4

Pfandbrief
VStG 40
VStV 15
StG 4, 37
StV 23
MWSTG 78

Pflegeleistungen
vgl. a. ↑ Krankheit
DBG 3
MWSTG 8, 21
MWSTV 34 f., 97
VVO MBI 21

Pflichten, Amtspflichten
StHG 39
DBG 109 ff.

Pflichten, des Antragstellers
VStG 48
VStV 12, 51 ff., **64**
N 1.2 16

Pflichten, des Steuerpflichtigen
StHG 40, **42**, 46, **55**, 57, 57a
VO StHG A 5
DBG 12, 113, **124**, **126**, **136**, 174, 181 ff., 196 f.
VO DBG B 7 f.
VStG 14 f., 40
VStV 23
StG 24, 34 f., 37, 46
MWSTG 15 f., 39, **66** ff., 82, 92, 98, 105
MWSTV **121 a** ff.
VVO MI 21

Pflichten, des Steuerschuldners
StHG 37 f., 49
DBG 88, **100**, 107, **136** ff.
VO DBG K 5 f.

Pflichten, Verfahrenspflichten
StHG 40, **42**, 46, **55**, 57, 57a
VO StHG A 5
DBG 12, 113, **124**, **126**, **136**, 174, 181 ff., 196 f.
VO DBG B 7 f.
VStG 14 f., 40
VStV 23
StG 24, 34 f., 37, 46
MWSTG 15 f., 39, **66** ff., 82, 92, 98, 105
MWSTV **121 a** ff.

pflichtgemässes Ermessen
StHG 46, 48, 57a
DBG 130, 132, 183
MWSTG 54, **79**, 86, 92
N 2 27, 77

Pflichtwandelanleihe
vgl. a. ↑ Anleihe
VStG 5
StG 6

Planmässigkeit
N 5.1 1

politische Parteien, Zuwendungen
StHG 9
DBG 33

politische Unterabteilungen
OECD 2 ff., 19, 26 f., 29

Praktikant
OECD 20
VVO C73

Prämien, für Versicherung
StHG 9, 33
DBG 22, 32 f., 85, 204, 205a
StV 44, 46
StG 1, **21** ff., 24
StV **26** ff., 30a

Prämien, für Vorsorgeeinrichtung
vgl. ↑ Vorsorge, Abzüge

Präponderanzmethode
vgl. a. ↑ Erwerbstätigkeit, vorwiegend selbständig
VVO C12

Preise, Ehrengaben, Stipendien
VVO A88

Primärmarkt
vgl. a. ↑ Emission, von Anteilen
VVO A69, A57

Principal-Gesellschaft
VVO B109

Privatanteile
VO DBG C 5a
VVO C77, D11, MI 08

Privataufwand
StHG 9
DBG 34
VO DBG C 1

Privatbankiers
VStV 56

Privatentnahme
StHG 8, 42
DBG 18, 125

privates Fahrzeug, Fahrkostenabzug
StHG 9
DBG 26
VO DBG C 3, 5 f.

privatrechtliche Vorsorgeleistung
N 5.1 80
VVO C70

Privatvermögen
StHG 7 f., 9, 12
DBG 16, 20 f., **32**
VO DBG F 1; G 1; H 1; M 3

Privatvermögen, Überführung ins
StHG 8
DBG 18 f., 207
VO DBG A 4

Progression
DBG 39

Progressionsvorbehalt
vgl. ↑ Doppelbesteuerung, Vermeidung

Provision
StHG 7
DBG 17

Provision, Bezugsprovision
StHG 11, 37
DBG 37a, 88, 100
VO DBG K 6, 24
VStG 2

Provision, Vermittlungsprovision
DBG 55, 173
StG 14

provisorische Rechnung
StHG 77
DBG 161 f.
VO DBG J 1, 3, 5

Psychotherapie, Kosten
vgl. ↑ Krankheitskosten

Psychotherapie, Leistung
MWSTG 21
MWSTV 35

Q

Qualified Intermediaries
VVO C21

qualifizierte Beteiligung
vgl. a. ↑ Beteiligung
StHG 7 f., 24
DBG 18b, 20 f., 69, 207a
MWSTG 3, 10, 29, 73
MWSTV 38
N 1.3 2; 4 959c, 960d

Quasi-Ansässigkeit
VO DBG K 14
VVO A91, E67

Quellenbesteuerung des Erwerbseinkommens
StHG 32 ff., 35 f., 38 f., 49
DBG 83 ff., 91 ff., 107, 126a, 136 ff.
VO DBG K 1 ff.
VVO A91, B81, C75, E67

Quellenbesteuerung von Ersatzeinkünften
StHG 32
DBG 84
VO DBG K 3
VVO A91, C75

Quellenbesteuerung, internationale
N 1.8.1 1

Quellenbesteuerung, Wechsel von der ordentlichen Besteuerung zur
VO DBG K 13
VVO A91, E67

Quellenbesteuerung, Wechsel zur ordentlichen Besteuerung
StHG 4b, 33a f., 35a f., 38 f.
DBG 89 f., 99a f., 107, 136a
VO DBG K 9 f., 12, 15
VVO A91, E67

Quellenstaat
N 1.8 9

Quellensteuer
StHG 2, 32 ff., 35 ff., 59
DBG 1, 37a, 83 f., 91 ff., 107, 167, 167b
VO DBG I 4; K 1 ff.; L 5, 7
N 1.1 24 ff.; 1.3 1
VVO B81, B80, C75-C68

Quellensteuer auf Kapitalerträgen, Strafbestimmungen
N 1.1 28 ff.

Quellensteuer, Ablieferung
StHG 38
DBG 100, 107
VO DBG K 2, 23

Quellensteuer, Arbeitnehmer
StHG 32, 35
DBG 83, 91
VO DBG K 1, 4 f., 9 ff., 14 f.
VVO A91

Quellensteuer, ausländische
DBG 32
N 1.1 30 ff.; 1.2 1 ff.; 1.2.1 1

Quellensteuer, Frist für Antrag
StHG 33b, 35a
DBG 89a, 99a
VO DBG K 10, 14
VVO A91

Quellensteuer, Meldepflicht
VO DBG K 5
VVO A91

Quellensteuer, mit Aufenthalt / Wohnsitz in der Schweiz
StHG 32 ff., 38
DBG 83 ff., 107
VO DBG K 9 ff.
VVO A91

Quellensteuer, nachträgliche ordentliche Veranlagung auf Antrag
StHG 33b, 35a
DBG 89a, 99a, 136a
VO DBG K 10 f., 14, 19
VVO A91

Quellensteuer, nachträgliche ordentliche Veranlagung von Amtes wegen
StHG 35b
DBG 99b
VO DBG K 15
VVO A91

Quellensteuer, Nachzahlung
StHG 49
DBG 138

Quellensteuer, nicht rückforderbare
vgl. a. ↑ Anrechnung ausländischer Quellensteuern
N 1.2 1 ff.
VVO C25

Quellensteuer, notwendige Vertretung
VO StHG A 7 f.
DBG 126a, 136a

Quellensteuer, obligatorische nachträgliche ordentliche Veranlagung
StHG 33a
DBG 89
VO DBG K 9
VVO A91

Quellensteuer, ohne Aufenthalt / Wohnsitz in der Schweiz
StHG 35 ff., 38

DBG 91 ff., 107
VO DBG K 14 ff.
VVO A91, B80

Quellensteuer, örtliche Zuständigkeit
StHG 38 f.
DBG 107 f.
VVO A91, C75

Quellensteuer, Pauschalabzug
StHG 33a, 35b
DBG 85, 99b

Quellensteuer, Rückvergütung AHV-Leistungen
StHG 32 f., 35
DBG 84 f.

Quellensteuer, Tarife
StHG 33
DBG 85
VO DBG K 1, 8, 11, 19, Anh.
VVO A91, B80

Quellensteuer, Verfahren
StHG 49
DBG 136 ff., 167, 167b, 193
VO DBG I 4; K 12 ff.; L 5, 7

Quellensteuer, Vermögen
StHG 33a

Quellensteuer, Voraussetzungen nachträgliche ordentliche Veranlagung
StHG 33a f., 35a f.
DBG 89 f., 99a f.
VO DBG K 14
VVO A91

Quellensteuer, Zins
StHG 33a, 35a
DBG 89, 99a
VO DBG K 12, 19

Quellensteuerabzug, Ausgestaltung
StHG 11, **33**, 36, 37, 38a, 49
DBG 37a, **85**, 88, 92 ff., 100, 137 f.
VO DBG K 1, 2, 7
VVO A91

quellensteuerpflichtige Person, interkantonale Verhältnisse
VVO E67

R

Rabatte
StHG 25
DBG 59
MWSTV 46, 126 f.

Ratenzahlung
DBG 166
VO DBG J 2

Realisierung, stille Reserven
StHG 8, 11, 24d, 78g
DBG 18a, 37b, 61b
VO DBG A 3; M 3, 6, 9

Rechnung, Begriff
MWSTG 3, 26 f.
MWSTV 103, 155

Rechnung, Korrektur
MWSTG 27

Rechnung, provisorische
StHG 77
DBG 161 f.
VO DBG J 1, 3, 5

Rechnungsfehler
vgl. a. ↑ Schreibversehen
StHG 52
DBG 150
VStG 60
MWSTG 85

Rechnungslegung, ordnungsmässige
vgl. a. ↑ Buchhaltung
VStV 14a
N 4 958c

Rechnungsstellung
VStG 57
MWSTG 4, 25, 26 f., 40, 48
MWSTV 3, 45, 48c, 57, 96, 103, 155
VVO MI 16

Rechtseinheit
VStV 11
StV 7

Rechtsgeschäfte
StHG 12, 39a
DBG 112a

Rechtshilfe
StHG 38a
N 2 30; 3 84

Rechtskraft der Steuerforderung, Voraussetzungen
MWSTG 43, 48, 72, 88 ff., 105

Rechtsmittel, im ordentlichen Verfahren
StHG 48 f., 50, 73
DBG 132 ff., 139, 140 ff., 145, 146
VStG 42
StG 39
MWSTG 81 ff.
N 3

Rechtsmittel, sonstige
StHG 40, 51 f., 57[bis]
DBG 113, 147 ff., 168, 172, 182
VO DBG D 6
OECD 25 f.
VStG 51, 53 ff., 56, 58 f.
VStV 48, 60
StV 43
StV 17
MWSTG 85, 93
MWSTV 141
N 1.3 6; 3

Rechtsmittelbelehrung
StHG 41
DBG 116

VStG 42, 54
StG 39
MWSTG 82
N 2 27, 53, 63; 3 49, 112

Rechtsschutz
vgl. ↑ Rechtsmittel

reduzierte Besteuerung
OECD Präambel, 29

reduzierter Steuersatz
MWSTG 25, 55

Referenten
StHG 35
DBG 92, 107
VO DBG K 16, Anh. 4
MWSTG 8, 21
VVO C72

Regionalpolitik
N 6.1; 6.2; 6.3; 6.4

Register, Steuerregister
DBG 122
VStV 67
MWSTG 26 f., 45, 74, 82, 98
MWSTV 78, 82

Register, Umsatzregister
StG 46
StV 2, 21

Regularisierung, von Vermögenswerten
vgl. ↑ Selbstanzeige

Reihengeschäft
MWSTG 23
MWSTV 3
VVO A58

Reingewinn
vgl. a. ↑ Gewinn
StG 24 f., 28, 31
DBG 57, 58, 67 ff., 79, 80, 151, 207a
VO DBG A 3 f., 6 f.

Reingewinnsteuer
vgl. ↑ Gewinnsteuer

Reinvermögen
StHG 13, 29
DBG 55
StG 8

Reisebüro
MWSTG 8, 23
MWSTV 14, 153
VVO MBI 12

Reiseverkehr, Ausfuhr im
MWSTG 23
MWSTV B 1 f.

Reklamecharakter
MWSTG 25
MWSTV 50 ff., 52

Rekurs, gegen Einspracheentscheid
vgl. a. ↑ Beschwerde

Rekurskommission, Beschwerde vor kantonaler
vgl. a. ↑ Steuerrekursgericht
StHG 50
DBG 132, 139, 140 ff., 169, 172
VStG 54 f., 58
VStV 66

Rekurskommission, kantonale
vgl. a. ↑ Steuerrekursgericht
StHG 50
DBG 104
VStG 35

Rekursverfahren
vgl. ↑ Beschwerdeverfahren

Rente
vgl. a. ↑ Ruhegehalt / Pension
StHG 6, 76
DBG 14, 95 f., 202, 204
VO DBG E 1; K 3, 10
VStG 4, 8
VStV 15, 43, 46 ff.
StG 4

Rente, Leibrente
StHG 7, 9
DBG 22, 33
VStG 7, 13
VStV 47, 50
StV 26a

Rentenalter, ordentliches
VO DBG M 6
N 5.1 10; 5.3 3

Reorganisation
vgl. ↑ Umstrukturierung

Repartition, pStA
VVO E63

Repartitionsfaktoren
vgl. a. ↑ Bewertung, Grundstücke
VVO E57

Reserven
StHG 29
DBG 58, 64, 69
VStG 5
VStV 24
StG 6
N 4 959c

Reserven, Einlagen
vgl. ↑ Einlagen, ins Eigenkapital

Reserven, stille
StHG 8, 11, 24, 24b ff., 25a[bis], 29, 78g
VO StHG C 1
DBG 18 ff., 30, 37b, 61 ff., 64, 80, 125
VO DBG A 4; M 3
N 4 959c

Reserven, unbesteuerte
DBG 207a

Residualsteuer
vgl. ↑ Quellensteuer, nicht rückforderbare

Revision
StHG	51
DBG	6, 120, **147** ff.
VStG	59
VStV	66
StG	44
MWSTG	85
N	1.2 22; 2 84 ff.

Revisionsgrund
StHG	51
DBG	147
N	2 84

Richter, Vorführung vor den
N	2 42

Rückbaukosten
StHG	9
DBG	32
VO DBG	F 2 ff.
VVO	C100

Rückerstattung der Verrechnungssteuer
VStG	21 ff.
VStV	51 ff.
N	1.1 24 ff.

Rückerstattung Verrechnungssteuer, Frist für Antrag
VStG	17, 32
N	1.1 27
VVO	B112

Rückerstattung, Abschlagsrückerstattung
VStG	29
VStV	65 f.

Rückerstattung, Anspruch
VStG	14, **21** ff., 33, 48 ff., 69, 70 ff.
VStV	12, 24, 26 f., 38a, 51 ff., 58, 62, 63 ff., **66** ff.
StG	8
MWSTG	53, **59** ff., 82, 88, 102
MWSTV	57, 143, **146**

Rückerstattung, Antrag
VStG	29 f.
VStV	12, **64**, 68
N	1.1 25 ff.

Rückerstattung, Ausländer
VStG	29, **69** f.
VStV	52

Rückerstattung, bei unvollständiger Steuererklärung
VStG	23, 64, 70 f.
VVO	A94

Rückerstattung, durch den Bund
VStG	34, **51**
VStV	63 ff.

Rückerstattung, durch den Kanton
VStG	31, 35, **52**, 55
VStV	**66** ff.

Rückerstattung, Kürzung
VStG	52, **57** f.

Rückerstattung, ohne Antrag
VStG	29
VStV	69

Rückerstattung, Personenvereinigung
VStG	24
VStV	55

Rückerstattung, Quellensteuer
StHG	38a
DBG	138

Rückerstattung, Steuer
StHG	38a
DBG	107, 162, 168
VO DBG	K 7, 19
VStG	1, 21 ff., 33 ff., 48
VStV	3, 12 f., 24 ff., **51** ff.
StV	8
MWSTG	53, **59** ff., 82, 88, 107
MWSTV	57, 143, **146**
N	1.1 24 ff., 28 f.

Rückerstattung, Treuhandverhältnis
VStV	61

Rückerstattung, unrechtmässige
StHG	56, 58
DBG	175, 184
VStG	21, 51, 57, 61 ff.
StG	46
MWSTG	57, 96
N	1.1 28 f.

Rückerstattung, Untergang des Anspruchs
VStG	32

Rückerstattung, Verjährung
VStV	12, 42
MWSTG	59
N	1.1 27

Rückerstattung, Verwirkung
VStG	23, 25, 32, 64, 70 f.
VStV	12, 42, 53, 56
VVO	A94

Rückerstattung, Verzeichnis der Berechtigten
VStV	53, 55

Rückforderung, bezahlter Steuern
DBG	168
StG	42

Rückgriffsanspruch
StHG	49
DBG	138
VStG	46
N	2 102

Rückkauf, eigene Beteiligungsrechte
StHG	7
DBG	20
VStG	**4a**, 12
VStV	24a
N	4 659 f., 783, 959a, 959c
VVO	A42

rückkaufsfähige Kapitalversicherung
StHG	7, **78a**
DBG	20, 24, **205a**
VStG	7 f.
StG	22, 24
StV	26a f., 30a

Rückleistungspflicht
VStG	58
N	2 12, 63

Rückstellungen
StHG	10, 23 f.
DBG	27, **29** f., 58, **63** f.
N	4 958, 959a, 960, 960e

Rückvergütungen
StHG	25
DBG	59

Rückweisung, an die Vorinstanz
StHG	73

Rückzahlung, Einlagen / Kapital
StHG	7b
DBG	20, 125
VStG	5
VStV	14, 20, 28
StG	6, 9, 14

Rückzahlung, Einlagen in Vorsorge
StHG	7
DBG	22

Rückzahlung, Obligationen
DBG	20
VStV	14

Rückzug, der Strafverfügung
N	2 78

Rückzug, einer Einsprache
DBG	134
VStG	42
StG	39

Ruhegehalt / Pension
vgl. a.	↑ Rente
StHG	4, 6, 35
DBG	5, 14, 95 f.
VO DBG	K 18
OECD	3, 18 f.
VStG	7 f., 13
VStV	43, 46 f., 50

Ruhestandsleistungen
OECD	3, 18

Ruling
vgl. a.	↑ Steuervorbescheid, Auskunftsrecht
VVO	B108

S

Sacheinlage
vgl. a.	↑ Einlage, ins Eigenkapital
StG	8, 14
StV	9 f.

Sachgesamtheiten
MWSTG 19
MWSTV 32 f., 88, **112**

Saldosteuersätze
MWSTG 35, 37
MWSTV 84 ff.; C 1 ff.
VVO MI 12

Saldosteuersatzmethode
MWSTG 35, 37
MWSTV 77 ff., 90, 99, **100**, **107**, 127, 166
VVO MI 12

Saldosteuersatzmethode, Wechsel
MWSTG 37
MWSTV 78, **79**, 81, 107, 166

Sammlerstücke
MWSTG 21, 24a, 115a
MWSTV 48a ff., 63, 90

Samnaun
MWSTG 4
MWSTV 77

Sampuoir
MWSTG 4
MWSTV 77

Sanierung
StHG 24
DBG 60, 167
VO DBG L 4, 14 ff.
VStG 18
StG 5, 6, 12
StV 17
VVO A77

Sanierung, Verluste
StHG 10, 25
DBG 31, 67
StV 17

Sanktionen, administrative
DBG 112a
VStG 36a
StG 32a

Sanktionen, finanzielle
StHG 10, 25
DBG 27, 59

Satz, des Gesamteinkommens
StHG 4b, 6
DBG 7, 14
VO DBG E 4

Satzbestimmung
StHG 15
DBG 40
VO DBG A 2 ff.; E 3

Satzmilderung
StHG 11
DBG 37b

Säule 3a
VVO A63, B84

Säumnisurteil
N 2 76

Schätzung
vgl. a. ↑ pflichtgemässes Ermessen
VStV 38
MWSTG 8, 79

Scheidung, Ehe
StHG 7, 9, 12, 18
DBG 23, 33, 36, 42
VO DBG K 13
N 5.3 4

Schenkung
StHG 7, 12, 24
DBG 24, 60, 204

Schichtarbeit
DBG 26
VO DBG C 6

Schiedsgericht
N 3 119a

Schiedsverfahren
OECD 3, 25

Schifffahrt
StHG 4, 35
DBG 5, 91
OECD 3, 6, **8**, 13, 15, 22
StG 22
MWSTV 1, 113
VVO C69

Schmiergelder
vgl. ↑ Bestechungsgelder

Schreibversehen
StHG 52
DBG 150
VStG 60
MWSTG 85

Schuldbriefe
vgl. ↑ Serienschuldbriefe

Schuldbuchguthaben
VStG 4
VStV 14, 18

Schulden
vgl. a. ↑ Darlehen
StHG 10, 13
DBG 13, 27, 125
VO DBG L 3 f.
OECD 22, 24
StG 4
N 4 725, 960e

Schulden, Schuldzinsen
StHG 9 f., 35
DBG 27, **33**, 65, 70, 94
VO DBG E 1; K 17
OECD 24
N 1.2 11

Schuldentilgung
DBG 34

Schuldenverzeichnis
DBG 125

Schuldner, der steuerbaren Leistung
StHG 37 f., 49
DBG 37a, **88**, **100**, 107, **136** ff.
VO DBG K 5 f.
OECD 11 f.
VStG **10**, 12, 21
VStV 5

Schwarzarbeit
StHG 11
DBG 37a

Schweigepflicht
StHG 39, 43
DBG 110 ff., 127
OECD 26
VStG 36, **37**, 40
StG 32, **33**, 37
MWSTG 68, 73, **74**, 78
MWSTV 108
N 1.1 34; 1.4 21 f.; 1.5 15, 22h;
    1.7 26; 2 30, 50, 77; 3 84, 103

Schweiz
vgl. ↑ Inland

Schweizer Bürgerrecht
StHG 6, 32
DBG 3, 14, 83
VO DBG K 12 f.
OECD 3, 24 f.

Securities Lending
VVO A58

Sekundärberichtigung
N 1.1 18
VVO B111

sekundäres Steuerdomizil
vgl. ↑ Betriebsstätte

Sekundärmarkt
vgl. a. ↑ Börse/Handel mit Anteilen
VVO A69, A57

selbständige Erwerbstätigkeit
StHG 7, 8 f., **10** f., 16 f., 35, 42
DBG 18 ff., 27 f., 37b, 41, 92, 125 f.
VO DBG A 3 f.; K 16; M 1 ff.
OECD 7
N 5.1 1, 3, 79c
VVO A71

Selbstanzeige, straflose
StHG 56, **57b**, 59
DBG 175, 177 f., **181a**, 186 f.
MWSTG 102
N 1.7 36; 2 13
VVO B15

Selbstveranlagung
VStG 38
StG 34
MWSTG 66

Seriengülten
VStG 4
VStV 14, 15, 17 ff.

Serienschuldbriefe
VStG 4
VStV 14, 15, 17 ff.

SICAF
vgl. a. ↑ Investmentgesellschaft, mit festem Kapital
VVO A70, A69

SICAV
vgl. a. ↑ Investmentgesellschaft, mit variablem Kapital
VVO A70, A69

Sicherheitseigenkapital, Berechnung
StHG 25a[bis]
VO StHG C 2, 5

Sicherheitseigenkapital, kalkulatorischer Zins
StHG 25a[bis] f.
VO StHG C 3, 5
VVO B84

Sicherheitsfonds
StG 13

Sicherheitsleistung
DBG 166
VStV 10
StV 6
MWSTG 21, 86, 90, 93 f., 98
MWSTV 114 f., 118
N 2 60

Sicherstellung
DBG 127, 166, **169**, 173
VO DBG L 12
VStG **47**, 51
VStV 9 f.
StG 43
StV 6
MWSTG 56, 92, **93** f.
MWSTV **114** f., 134

Sicherstellung, Rechtsmittel
DBG 169
VStG 47
StG 43
MWSTG 93

Sicherstellungsverfügung
StHG 78
DBG 169 f.
VStG 47
StG 43
MWSTG 93

Sicherungsmassnahmen
OECD 27
MWSTG 44, **94**
MWSTV 134

Signatur, qualifizierte elektronische
vgl. ↑ elektronische Verfahren

Sitz, der Unternehmung
vgl. a. ↑ tatsächliche Verwaltung
StHG 20 ff.
DBG 50, 52, 105
OECD 4, 29
VStG 9, 24

VStV 17, 31, 46
StG 4
StV 19, 26
MWSTG 7 f., 10, 13
MWSTV 7 ff., 18, 77, 151

Sitz, im Ausland
vgl. a. ↑ Verwaltung
StHG 4, 20 f., 35 ff., 38
DBG 4, 6 f., 11, 51 f., 91 ff., 116, 126a, 136a, 173
VO DBG K 14 ff.
OECD 4
VStG 9 f., 24
VStV 17, 31, 36 f.
StV 19
MWSTG 1, 10, 14, 45, 67, 107
MWSTV 5, 7, 9a, 91, 143 f., 149, 151 f., 166a
N 1.5 22i[bis]
VVO D14, MI 22

Sitzungsgelder
StHG 4, 7, 35
DBG 5, 17, 93
VO DBG K 14 f.
OECD 16
MWSTG 18
N 4 663b[bis]

Sitzverlegung, in die Schweiz / in den Kanton
vgl. ↑ Beginn der Steuerpflicht

Sitzverlegung, innerhalb der Schweiz
StHG 10, 22, 24 f., 57b
VO StHG A 3
DBG 60, 181a

Sitzverlegung, ins Ausland
StHG 24d
DBG 8, 54 f., 58, 61b, 79 f.
VStG 4 f., 12, 15 f., 29
VStV **22**, 24, **33**
MWSTG 15, 93, 105

Sitzverlegung, vorübergehende
DBG 8, 54
VStG 20

Skonti
StHG 25
DBG 59
MWSTV 46, 126 f.

Sockelsteuer
vgl. ↑ Quellensteuer, nicht rückforderbare

Sold, für Feuerwehr
StHG 7, 72n
DBG 24

Sold, für Militär
StHG 7
DBG 24
MWSTG 18

Solidarhaftung / Mithaftung
vgl. ↑ Haftung
StHG 24, 56, 57b

DBG 12, **13**, **55**, 61, 92, 177, 181a
VStG 10, 15, 41
VStV 35, 69
StG 10
MWSTG **15** f., **49**, 51, 82, 102
MWSTV 22

Sonderfälle, interkantonal
VVO E56

Sondersatz
MWSTG 25

Sondersteuer, Aufdeckung stiller Reserven
StHG 78g

Sondervermögen
OECD 20

Sorgfalt
StHG 51
DBG 13, 55, 147
StV 2
N **1.6** 1 ff.; **1.7** 2, 9, 11; **1.8** 1 f.

Sozialabzug, für Kinder
StHG 9, 33
DBG 35, 85
VO DBG K 1, 11

Sozialabzüge
StHG 9, 11, 33
DBG **35**, 37a, 38, 85
VO DBG A 2; E 2; K 1, 11

Sozialfürsorge
VStG 5
VStV 45 f., 53
StG 6

Sozialversicherung
StHG 23
DBG 56
VO DBG C 2
VStV 38a
StG 13, 17a
MWSTV 34

Spaltung / Aufspaltung / Abspaltung
StHG 8, 24, 57b
DBG 19, 61, 181a
OECD 10
VStG 5
StG 6, 9, 14

Spareinlagen
vgl. ↑ Kundenguthaben

Sparkasse
VStG 4, 5, 9, 16, 40
VStV 16, 19, 36, **54**, 56, 68
StG 37
StV 25a
MWSTG 78

Sparverein
VStG 9
VStV **54**, 68

Spende
- StHG 9, 25
- DBG 33a, 59
- VStG 5
- MWSTG 3, 18

Sperrfrist
- StHG 7d, 14a, 24
- DBG 17b, 19, 61
- VO DBG N 3 f., 11 f.
- StG 9

Sperrfristverletzung
- StHG 24
- DBG 19, 61
- StG 9

Spesenreglement
- vgl. ↑ Berufskosten

Spezialsteuerdomizil
- vgl. ↑ Geschäftsbetrieb, Grundstück

Spezialwerkzeuge
- MWSTV 31

Spielbankengesetz
- StHG 7
- DBG 24

Spitalbehandlung
- vgl. a. ↑ Krankheit
- MWSTG 21
- MWSTV 97

Spitex
- vgl. a. ↑ Krankheit
- MWSTG 21
- MWSTV 97

spontaner Informationsaustausch
- N 1.4 7; 1.5 1, 3, 22a ff.; 1.5.1 5 ff.

spontaner Informationsaustausch, Fristen
- N 1.5.1 12

spontaner Informationsaustausch, Steuervorbescheid
- N 1.5.1 9 f., 16

Sportler
- StHG 35
- DBG 92, 107
- VO DBG K 16, Anh. 4
- OECD 17
- MWSTG 8, 21
- VVO C72

sportliche Anlässe
- MWSTG 21
- MWSTV 97
- VVO MBI 24

Sport-Toto-Klub
- VStG 6
- VStV 60

Sportverbänden, internationale
- VVO B20

Sprungrekurs
- vgl. ↑ Einsprache, als Rekurs weiterleiten

Staatenlose
- OECD 24

Staatsangehörigkeit
- vgl. ↑ Staatsbürgerschaft

Staatsbürgerschaft
- vgl. a. ↑ Bürgerrecht
- StHG 6, 32
- DBG 3, 14, 83
- VO DBG K 12 f.
- OECD 3, 24 f.

Staatsvertrag
- vgl. a. ↑ Abkommen, zwischenstaatliches
- OECD 1 ff.
- N 1.1 1 ff.; 1.3 1 ff.

Stammanteile
- vgl. ↑ Aktien

Stammkapital
- vgl. ↑ Grundkapital

statische Treuhandgesellschaften
- StG 19a

Statuswechsel
- VVO F11

Statutenänderung
- StV 9

Stellenwechsel
- StHG 7
- DBG 24
- VStV 45

Stellvertretung
- MWSTG 20, 51

Stempelabgaben
- VStG 71
- VStV 46
- StG 1 ff.
- StV 1 ff.

Stempelabgaben, kantonale
- DBG 200
- VStG 3
- StG 3

Step-up
- vgl. ↑ Aufdeckung, stille Reserven

Steuer, auf dem Umsatz im Inland
- vgl. ↑ Inlandsteuer

Steuer, ausländische
- StHG 6
- DBG 14, 32, 34
- N 1.1 30 ff.; 1.2 1 ff.; 1.2.1 1

Steuer, Ausnahmen von der
- vgl. a. ↑ Befreiung
- StHG 5, 7, 8, 23
- DBG 16, 19, 24, 30, 60 f., 64
- VStG 5, 8
- StG 6, 9, 14, 22
- StV 16, 25a

Steuer, Einfuhrsteuer
- MWSTG 21 f., 29, 45a
- MWSTV 34 ff., 150

Steuer, Einfuhrsteuer
- vgl. a. ↑ Einfuhr
- MWSTG 1, 50 ff.
- MWSTV 112 ff.

Steuer, Festsetzung
- StHG 15, 31, 47 f., 53, 57, 57b, 77
- DBG 40, 79, 85, 131, 135, 152, 175, 181a, 207a
- VO DBG E 3
- OECD 23A f.
- VStV 2
- StG 27
- MWSTG 42 f., 48, 56, 71, 79, 86, 102

Steuer, Überwälzung der
- VStG 14, 32, 41, 46, 63
- VStV 12, 24, 26a, 38a
- StV 8
- MWSTG 6, 92

Steuerabzug / Rückbehalt
- StHG 11, 33, 36, 37, 38a, 49, 56, 58 f.
- DBG 37a, 85, 88 ff., 92 ff., 99a, 100, 137 f., 175, 184, 187
- VO DBG K 1, 2, 7
- VStG 48 ff., 69
- VStV 3 f., 26a, 42, 50, 67 f.

Steueramnestie
- vgl. ↑ straflose Selbstanzeige

Steueramtshilfe
- vgl. ↑ Amtshilfe, internationale

Steueramtshilfe, Kosten
- VO DBG O 1 ff.
- N 1.4 26; 1.5 18; 1.5.1 4

Steueranrechnung
- StHG 12, 27, 30, 33a f., 35a, 77
- DBG 32, 82, 89 f., 99a, 162
- VO DBG K 12 f.
- OECD 23A, 23B
- N 1.1 24 ff.; 1.2 1 ff.; 1.2.1 1; 1.2.2
- VVO C25

Steueraufschub
- StHG 8, 12, 24
- DBG 18a, 30, 64
- VO DBG M 3

Steueraufwand
- vgl. a. ↑ Steueranrechnung
- StHG 25
- DBG 59

Steuerausscheidung, interkantonale
- vgl. a. ↑ Doppelbesteuerung
- StHG 4b, 22, 38a
- VO StHG A 2 ff.
- VVO E53, E52

Steuerausscheidung, internationale
- vgl. ↑ Doppelbesteuerung

Steuerausweis
MWSTG 27

steuerbare Leistungen
MWSTG 10, 12, 25, 31, 37, 113
MWSTV 77, 79, 99

Steuerbefreiung, Einkommen / Leistungen / etc.
StHG 7, 24c ff., 78g
DBG 16, 20, **24**, 61a f., 205a
VStG 3
StG **3, 6, 14, 22,** 24, 46
StV **16,** 25a
MWSTG 18, **23,** 31, **53,** 96
MWSTV 41 ff., 63, **113,** 126 f., 143, 144 f., 149, 151, 153

Steuerbefreiung, Ende der
StHG 24c, 78g
DBG 61a

Steuerbefreiung, Steuerpflicht
StHG 9, **23,** 24c ff., 78g
DBG 3, 6, **15,** 33a, **56,** 59, 61a f.
VStG 28
VStV 38a, 52
StG 17, **17a**
MWSTG 10 f., **14,** 93, 107, 113
MWSTV **9** f., 166a
VVO A30

Steuerbefreiung, Übergang zu einer
StHG 24d
DBG 61b

Steuerbehörden
StHG 39 ff.
DBG 102 ff.
OECD 2 f., 25 f.
VStG **34** ff.
VStV 1
StG 31 ff.
StV 1
MWSTG 65, 74 ff.
MWSTV **131** ff.
N 2 19 ff.

Steuerberechnung
vgl. a. ↑ Steuersatz
StHG 6, **11,** 15, 18, **27** f., **30,** 33
DBG 7, 14, **36** ff., 40, 42, **68** ff., 85, 92 ff.
VO DBG A 2 f.; E 3 f.; K **1,** 8, 11, 19, Anh.; M 10
VStG 13
VStV 18 ff., 21 f., 32 f., 41, 49
StG **8** ff., **16, 24,** 28
StV **9** ff., 26a ff.
MWSTG 24 f., 45 f., **54,** 61, 63, 70, 73
MWSTV 45 ff., 58, 128

Steuerbetrug
StHG **59**
DBG **186,** 193
VStG **67**
StG **50**
MWSTG 103
N 2 14

Steuerbezug
StHG 37 ff., 49
DBG 88, 100, 102 f., 107, 121, 160 f., **162** f., 166
VO DBG J 2; K 6, 20, 24; L 17
VStG 2, 18, 47
VStV 8 f.
StG 43
MWSTG **86** ff., 106
MWSTV 134, 149

Steuerentlastung
MWSTV 143, 146
N **1.1** 24 ff.; **1.2** 1 ff.; **1.3** 1 ff.

Steuerentlastung, missbräuchliche
OECD Präambel, 29
N **1.1** 28 ff.; **1.2** 6

Steuerentlastung, ungerechtfertigte
OECD Präambel, 29
N **1.1** 28 ff.; **1.2** 6

Steuerentrichtung
StHG 11, 37, 56
DBG 37a, 88, **163** ff., 175
VStG 11, **12** ff., **19** f., 28, 32, 38, 47
VStV **21** ff., **32,** 41, 47, 49
StG 10 f., 17, 25, 34, 43
StV **9** ff., 24, 28
MWSTG 38, **56,** 63, 77 ff., **86** ff., 93 f.
MWSTV **117** f.
N 2 12, 63
VVO MI 15

Steuererhebung
vgl. a. ↑ Veranlagung / Bezug
StHG 2
DBG 2
OECD 2
VStG 1, 4, 38
VStV 1 ff.
StG 1, 34
MWSTG 1

Steuererklärung
StHG [38b], 39, 40, 42, 46, 57, 71
VO StHG A 2
DBG [104a], 113, **124** f., 130 f., 151, 162, 174, 180, 207a
VStG 31, 39, 62
VStV 1, 27, 69
StG 35, 46
StV 1

Steuererklärung, Beilagen
StHG 42, 71
DBG 124, **125,** 127, 174, 207a
VStG 25, 38 f., 62
StV 24, 46
StG 21

Steuererklärungspflicht
StHG 42
VO StHG A 2
DBG 124

Steuererlass
StHG 56, 58, 73
DBG 103, **167** ff., 175, 184
VO DBG L 1 ff.
VStG 18
VStV 27
StG **12,** 53
StV 17
MWSTG 61, **64, 92,** 96, 101
N 2 11; 3 83
VVO B13

Steuererlass, Ablehnungsgründe
DBG **167a**
VO DBG L 2 ff.

Steuererlass, Begründung
DBG **167c**
VO DBG L 18

Steuererlass, Behörde
DBG **167b, 167e**
VO DBG L 8

Steuererlass, Gesuch
DBG 103, **167c,** 167d, 205e, 207b
VO DBG L **5** ff.
VStG 18, 62
VStV 27
StG 12, 46
StV 17
MWSTG 64, 92

Steuererlass, Kosten des Gesuchs
DBG 167d
VO DBG L **18**

Steuererlass, Prüfung und Entscheid
DBG 167 ff.
VO DBG L 10 ff.

Steuererlass, Rechtsmittel
StHG 73
DBG 167d, **167g**
StV 17
MWSTG 92

Steuererlass, Voraussetzungen
DBG **167**
VO DBG L 2 ff.

Steuererlass, Zwangsvollstreckung
DBG 167
VO DBG L 14 ff.

Steuererleichterungen / -vergünstigungen
StHG 5, 23
OECD 1 ff.
N **6.1** 12, 19; **6.2** 1 ff.; **6.3** 1; **6.4** 1 ff.

Steuererleichterungen, Anwendungsgebiete
N **6.2** 1, 3; **6.3** 1 f.

Steuererleichterungen, Definitionen
N **6.2** 2 f.; **6.3** 1; **6.4** 1 ff.

Steuererleichterungen, Höhe
N **6.2** 11; **6.4** 9

Steuererleichterungen, unrechtmässige
OECD Präambel, 29
N 6.2 19

Steuererleichterungen, Voraussetzungen
N 6.2 6 ff.

Steuerermässigung
vgl. a. ↑ Entlastungsbegrenzung
StHG 8 f., 10a, 14, 24b, 25a ff., 29
VO StHG B 1 ff.
DBG 70, 207
N 1.2 5; 1.4 7; 1.5.1 9; 2 11

Steuerermässigung, Patente
StHG 8a, 14, 24b, 25b, 29
VO StHG B 1 ff.
VVO C102

Steuerersparnis, ungerechtfertigte
StHG 25a^bis
VO StHG C 1
DBG 70
OECD Präambel, 29
VStG 21

Steuerfaktoren
StHG 46, 48, 57
DBG 130 f., 135, 157, 180

Steuerforderung, Änderung
MWSTG 41 ff., 54, 56 ff., 72
MWSTV 116

Steuerforderung, Entstehung
vgl. a. ↑ Fälligkeit
StHG 7
DBG 20
VO DBG J 3
OECD 27
VStG 12, 16
StG 7, 15, 23
MWSTG 40, 43, 48, 56
MWSTV 45, [76] ff., 115

Steuerforderung, Untergang
VStG 17

Steuerforderung, Verjährung
StHG 47
DBG 120 f.
VStG 17, 70a
MWSTG 42 f., 48, 56, 70, 91
MWSTV 117

Steuerforderung, Verpfändung
vgl. a. ↑ Pfand
MWSTG 44
MWSTV 108

Steuergefährdung
VStG 62
VStV 9
StG 46
MWSTG 94
N 1.1 29, 31; 2 11

Steuerhehlerei
MWSTG 99, 101

Steuerhinterziehung
StHG 53, 56 ff.
DBG 120, 152 ff., 175 ff., 181 f., 182 ff., 186 ff., 194, 196 f.
OECD Präambel, 29
MWSTG 96 f., 105
N 2 11, 12

Steuerhinterziehung, Ehegatten
StHG 57
DBG 180

Steuerhinterziehung, Ermässigung
StHG 56, 57b
DBG 175, 178, 181a

Steuerhinterziehung, versuchte
StHG 56 f., 58
DBG 176, 181, 184

Steuerhoheit
StHG 1
StG 3

Steuernachbezug
MWSTV 149

Steuernachfolge
DBG 12 f.
VStV 57
MWSTG 16, 49

Steuernachforderung
StHG 38a, 49
DBG 107, 138

steuerneutrale Vorgänge
vgl. ↑ Ausnahmen

Steuerobjekt
vgl. a. ↑ Gegenstand der Steuer
StHG 6, 7 ff., 13 f., 24 ff., 29 f., 32, 35
DBG 14, 16 ff., 25 ff., 57 ff., 84, 92 ff.
VO DBG K 3, 16 ff.
VStG 4 ff.
VStV 14 ff., 20 ff., 28 ff., 39 ff., 43 ff.
StG 1, 5, 13, 21
StV 9 ff., 26a ff.
MWSTG 18 ff., 45, 52
MWSTV 26 ff.
VVO MI 04

Steuerperiode
StHG 4b, 10, 15 ff., 25, 31, 35a, 38
DBG 31, 39, 40 ff., 79 ff., 99a, 107
VO DBG A 2 ff., 6; B 5; K 12 f.
OECD 15
MWSTG 34 f., 47
MWSTV [76]

Steuerpflicht
StHG 3 ff., 20 ff., 32 f.
DBG 3 ff., 49 ff., 83 ff.
VO DBG A 2 ff.
VStG 10 f.
StG 10, 17, 25, 34
MWSTG 10 f., 45 ff., 51, 66
MWSTV 9 ff., 102
VVO MI 02, 21

Steuerpflicht, Art der Erfüllung
VStG 11

Steuerpflicht, Ausnahmen
StHG 23
DBG 56
VStG 45
VStV 45
MWSTG 10
MWSTV 9 f.

Steuerpflicht, Befreiung
StHG 9, 23, 24c ff., 78g
DBG 3, 6, 15, 33a, 56, 59, 61a f.
VStG 28
VStV 38a, 52
StG 17, 17a
MWSTG 10 f., 14, 93, 107, 113
MWSTV 9 f., 166a
VVO A30

Steuerpflicht, Beginn der
StHG 4b, 20, 22, 24c
VO StHG B 1
DBG 8, 54, 61a
VO DBG A 2 ff.; K 12 f.
VStG 12, 30, 32
VStV 17, 21, 31, 40, 46
StG 7, 11, 15, 20, 23, 26, 34
StV 9 ff., 18 f., 26
MWSTG 14, 48, 56, 66
MWSTV 9 f., 78
N 5.2 60b
VVO MI 21

Steuerpflicht, beschränkte
StHG 4, 4b, 51
DBG 4 ff., 51 f.
VStG 51, 59

Steuerpflicht, Ende der
StHG 4b, 15, 17 f., 20, 22, 24d, 33a, 38
VO StHG B 1
DBG 8, 35, 54 f., 61b, 89, 105 ff., 181a
VO DBG A 2 ff.; K 9 ff., 13
VStG 29
VStV 33
StV 7, 25
MWSTG 14 f., 66, 71
MWSTV 82

Steuerpflicht, Überprüfung
VStG 40
VStV 17, 46
StG 37
StV 19
MWSTG 77 f., 98
MWSTV 134

Steuerpflicht, unbeschränkte
StHG 3, 20
DBG 3, 6, 50, 52
VStG 24a, 51

Steuerpflicht, unterjährige
StHG 15, 17
DBG 40
VO DBG A 2 ff.; K 9

Steuerpflicht, Wechsel
StHG 4b, 22, 33a, 35a, 37, 38 f.
DBG 54, 89, 99a, 105 f., 107
VO DBG K 9 f., 12 ff.
VVO E67

Steuerregister
DBG 122
VStV 67
MWSTG 26 f., 45, 74, 82, 98
MWSTV 78, 82

Steuerrekursgericht
vgl. a. ↑ Rekurskommission, kantonale
StHG 50
DBG 104

Steuerrückerstattung
vgl. a. ↑ Rückerstattung
StHG 38a
DBG 107, 162, 168
VO DBG K 7, 19
VStG 1, 21 ff., 33 ff., 48
VStV 3, 12 f., 24 ff., 51 f.
StV 8
MWSTG 53, 59 ff., 82, 88, 107
MWSTV 57, 143, 146
N 1.1 24 ff., 28 f.

Steuersatz
BV 128 ff.
StHG 6, 11, 15, 18, 27 f., 30, 33
DBG 7, 14, 36 ff., 40, 42, 68 ff., 85, 92 ff.
VO DBG A 2 f.; E 3 f.; K 1, 8, 11, 19, Anh.; M 10
VStG 13
StG 8 ff., 16, 24
StV 28
MWSTG 25, 37, 46, 55, 115
MWSTV 49 ff.
N 1.2 9
VVO M I 07

Steuersatz, Herabsetzung
VStG 13

Steuersicherung
vgl. a. ↑ Sicherstellung
DBG 169 ff.
StG 19a
MWSTG 93 ff.

Steuerstrafrecht
StHG 55 ff.
DBG 174 ff.
VStG 61 ff.
StG 45 ff.
MWSTG 96 ff.
N 2 2 ff.

Steuersubjekt
vgl. a. ↑ Steuerpflicht
MWSTG 10 ff.
MWSTV 7 ff., 12 ff.

Steuersubstitution
MWSTG 17, 49

Steuertarif
vgl. a. ↑ Steuersatz
StHG 6, 11, 15, 18, 27 f., 30, 33
DBG 7, 14, 36 ff., 40, 42, 68 ff., 85, 92 ff.
VO DBG A 2 f.; E 3 f.; K 1, 8, 11, 19, Anh.; M 10
N 1.2 9

Steuertarif, für Ehegatten
StHG 11, 18, 33
DBG 36, 42, 85
VO DBG K 1, 11, Anh.
VVO A75

Steuerumgehung
DBG 70
OECD Präambel, 29
VStG 21
N 2 12 f., 14 ff.

Steuervergehen
StHG 59 ff.
DBG 120, 152, 186 ff., 190, 194
VO DBG D 2, 5
N 7 305bis f., 333

Steuervergehen, qualifiziertes
StHG 59
DBG 186
N 7 305bis f., 333

Steuervertreter
StHG 40, 56 f.
DBG 116, 117, 126a, 136a, 177, 181 f., 193
VStV 57, 59
MWSTG 67, 83
MWSTV 155

Steuervorbescheid
N 1.5.1 8 ff., 16
VVO B108

Steuerwiderhandlung
DBG 190
VO DBG D 2

Steuerzahlung
vgl. ↑ Entrichtung, der Steuer

Stiftung
StHG 20, 26, 29, 45
DBG 49, 66, 71, 129
VStV 11
StG 9
MWSTG 3, 18, 21, 37
MWSTV 12, 38, 97

stille Reserven
StHG 8, 11, 24, 24b ff., 25a[bis], 29, 78g
VO StHG C 1
DBG 18 ff., 30, 37b, 61 ff., 64, 80, 125
VO DBG A 4; M 3
N 4 959c

stille Reserven, Aufdeckung
StHG 24c, 25a[bis], 78g
VO StHG C 1
DBG 61a

stille Reserven, Realisierung
StHG 8, 11, 24d, 78g
DBG 18a, 37b, 61b
VO DBG A 3; M 3, 6, 9

stille Reserven, Verfügung über Höhe
StHG 78g

stille Reserven, versteuerte
StHG 8, 24, 24b
DBG 19, 61, 125

Stillschweigen
vgl. ↑ Schweigepflicht

Stillstand, der Frist
StHG 47
DBG 120 f., 185
VStG 4a, 17
StG 30
MWSTG 42, 56, 59, 91
N 1.5 5; 3 46

Stimmenmehrheit
StHG 24
DBG 61
OECD 9
VStV 9
StG 5, 7 f., 10
StV 10

Stipendien
vgl. a. ↑ Unterstützung
VVO A88

Stockwerkeigentümergemeinschaft
VO DBG G 1
VStG 24
VStV 55
MWSTG 21

strafbare Handlung
StHG 56, 60
DBG 178, 189
VStG 37, 64
StG 33, 47
MWSTG 74, 103
MWSTV 134, 149
N 2 9, 14

Strafbescheid
N 2 64

Strafbestimmungen
VStG 61 f.
StG 45 f.
MWSTG 96 ff.
N 1.1 28 ff.; 1.2 23; 1.5 22j ff.; 1.7 32 ff.; 2 1 ff.; 7 305bis f.

Strafgerichtsbarkeit
StHG 57[bis]
DBG 182
N 2 20

Strafgesetzbuch
StHG 59
DBG 192
VStG 62
StG 46
N 2 2 ff., 7 305[bis] f.

straflose Selbstanzeige
StHG 56, **57b**, 59
DBG 175, 177 f., **181a**, 186 f.
MWSTG 102
N 1.7 36; 2 13
VVO B15

strafrechtliche Sanktionen
DBG 112a
VStG 36a
StG 32a
MWSTG 76 f., 76d

Strafurteil
N 4 84

Strafverfahren
StHG 53, **57a**, 61
DBG 153, 182 f., 185, 188 f.
VStG 51, 57
VStV 26 f., 37, 69
MWSTG 42, 56, 76a, **104**, 106
MWSTV 134
N 2 19, 62

Strafverfolgung
StHG 56, **57b**, 59
DBG 120, 152 f., 175 ff., 181a, 186 ff.
OECD 26
VStG 62
StG 46
MWSTG 102, **103**
N 2 12, 17, 20, 52

Strafverfolgung, Verjährung
StHG **58, 60**
DBG **184** f., **189**
VO DBG D 5
MWSTG 105 f.
N 2 11

Strafverfügung
MWSTG 105
N 2 67, 70, 72, 78, 84, 87

Strafvollzug
StHG **61**
N 2 10, 17, 52, 90

Studenten
OECD **20**
VVO C73

Stundung
DBG 120
VO DBG L 12, 14
VStV 5
StG **12**, 30, 46, [53]
VStV **17**

Substanz, betriebsnotwendige
vgl. a. ↑ Anlagevermögen
StHG 7a
DBG 20a

Subventionen
StHG 9
DBG 32
MWSTG 18
MWSTV **29**
VVO MI 05

Swiss Finance Branch
VVO B109

systemrelevante Banken, Konzernobergesellschaften
StHG 28
DBG 70
VStG 5

T

Taggeld, ALV
vgl. ↑ Ersatzeinkünfte

Tantiemen
StHG 4, 7, 32, 35
DBG 5, 17, 84, 93, 125
VO DBG K 14 f.
OECD 16
StG 6
N 4 663b^bis

Tarif
vgl. ↑ Steuertarif

Täter
StHG 60
DBG 188 f., **191**

Tätigkeit, Nichtausübung
StHG 7
DBG 23

Tätigkeit, vorbereitender Art
OECD 5

Tatsache, erhebliche
StHG 41, 54
DBG 115, 155
VStG 39, 48, 62
VStV 2, 27
StG 46
MWSTG 62, 68, 80

Tatsache, neue
StHG 51, 53
DBG 142, 147, 151
VStV 17
N 2 84; 3 99

tatsächliche Verwaltung
vgl. a. ↑ Sitz
StHG 20 ff.
DBG 50, 52, 105
OECD 4, 8, 13, 15, 22
N 1.5 22i^bis
VVO D14

tatsächliche Verwaltung, Verlegung
StHG 7b, 10, 22, 24 f., 24c f.
VO StHG A 3; B 5
DBG 20, 54 f., 58, 60, 61a f., 79 f.
VStG 5
VStV 22

Tausch
StHG 8, 24
DBG 19, 61
OECD 26, 28 f.

StG 16
StV 21
MWSTG 24

Teilbesteuerung
StHG 7, 8
DBG **18b**, 20
VVO A68, A67

Teilbesteuerung, interkantonal
VVO E64

Teilbetrieb
vgl. a. ↑ Betrieb
StHG 8, 24
DBG 19, 61
StG 6

Teilhaber
vgl. a. ↑ Gesellschafter
StHG 21, 44 f.
DBG 4, **10**, 13, 51, 55, 128 f.
VStG 27
VStV 28, 55, 60
StG 6
MWSTG 15, 17

Teilung
vgl. ↑ Spaltung

Teilveräusserung
StHG 28
DBG 70

Teilvermögen
MWSTG 38
MWSTV 81, 83, **101** f.

Telekommunikationsdienstleistungen
MWSTG 10
MWSTV **10**, 14, 145
VVO MBI 13

Termingeschäft
VStV **62**
MWSTG 21
MWSTV 66

Testamentsvollstrecker
vgl. ↑ Willensvollstrecker

Thesaurierungsfonds
vgl. ↑ kollektive Kapitalanlagen

thin capitalization
vgl. ↑ verdecktes Eigenkapital

Tochtergesellschaft
StHG 24
DBG 61

Tod, Ehegatten
StHG 18
DBG 42

Todesfall
DBG 153

Todesfallversicherung
StHG 7, 11
DBG 23, 38
VStG 5
StV 26a f.

Too-big-to-fail-Instrumente
StHG 28
DBG 70
VStG 5

transfer pricing
vgl. ↑ Verrechnungspreise

Transitverfahren
MWSTG 23, 64
MWSTV 41 ff., 115

transparenter Rechtsträger, steuerlich
OECD 1

Transparenz
N 1.5 22i[bis]
VVO D14

Transponierung
vgl. a. ↑ Vermögensertrag, besondere Fälle
VVO B11

Transport
DBG 5, 91
OECD 3
StG 3, 6, 22
MWSTG 7 f., 21, 23, 37
MWSTV 6, 41 ff.
VVO MBI 09

Treaty-Shopping
OECD 29

Trennung, Ehe
StHG 7, 9, 12, 18
DBG 23, 33, 36, 42
VO DBG K 13
N 5.3 4

Treuhandanlagen
VStV 61
MWSTG 21
MWSTV 66

Treuhänder
StHG 43
DBG 127
OECD 26
StG 36

Treuhandkonto
VVO C14

Treuhandverhältnis
VStV 61
StV 18
VVO C15

Trinkgelder
DBG 17, 84, 100

Trust
N 1.7 13, 17
VVO E62

Tschlin
vgl. ↑ Valsot

Two-Pillar Solution
OECD 4.3; [4.4 1 ff.]
VVO C104

U

Überbrückungsleistungen für ältere Arbeitslose
StHG 7
DBG 24

Überführung, ins Geschäftsvermögen
StHG 7a, 12
DBG 20a

Überführung, ins Privatvermögen
StHG 8
DBG 18 f., 207
VO DBG A 4

Überlassung, zum Gebrauch
MWSTG 7, 21, 23
MWSTV 2, 10

Überprüfung, Angaben
VStG 40, **50**, 52, **57**
VStV 34, 37
StG 37
StV 19
MWSTG 77 f., 98
MWSTV 112, 131, 134

Überprüfung, Steuerpflicht
VStG **40**
VStV 17, 46
StG **37**
StV 19
MWSTG 77 f., 98
MWSTV 134

Überschuldung
VO DBG L 4
N 4 725

übertragbare Kosten
StHG 9
DBG 32
VO DBG F 4
VVO C100

Übertragung, ins Ausland
StHG 8, 24
DBG 18, 19, 30, 61, 54

Übertragung, steuerbarer Urkunden
StG 1, 13 f.

Übertragung, Aktiven und Passiven
vgl. a. ↑ Umstrukturierung
StHG 24
DBG 54, 61, 207a
OECD 5

Übertragung, von Beteiligungsrechten
StHG 7a, 8, 12, 24
DBG 19, 20a, 61, 207a
StG 14
MWSTG 15, 38
MWSTV 81, 83, 102

Übertragung, von Betrieben
vgl. a. ↑ Umstrukturierung
StHG 8, 24
DBG 19, 61
VStG 5
MWSTG 15, 38
MWSTV 81, 83, 102

Überwälzung, der Steuer
VStG **14**, 32, 41, 46, **63**
VStV 12, 24, 26a, 38a
StV 8
MWSTG 6, 92

Überwälzungsvorschrift
VStG **63**

UID
MWSTG 26, 66, 74

Umrechnungskurs
VStV 4
StG 28
StV 21

Umsatz, ausgenommener
vgl. ↑ Leistungen, von der Steuer ausgenommene

Umsatz, befreiter
vgl. ↑ Leistungen, von der Steuer befreite

Umsatz, im Ausland
MWSTG 10, 14, 23, 54
MWSTV 9 f.

Umsatzabgabe
StG **13** ff.
StV **18** ff.
VVO A57

Umsatzabstimmung
MWSTV 128

Umsatzbonifikation
StHG 25
DBG 59

Umsätze, im Bereich des Geldverkehrs
MWSTG 21

Umsätze, steuerbare
vgl. ↑ steuerbare Leistungen

Umsatzgrenze
MWSTG **10**, **12**, 14, **45**
MWSTV 9 f., 78 f., 81 f., 86 f., 89, 97, 166a

Umsatzregister, Effektenhändler
StV 2, **21**

Umschulungskosten
StHG 7, 9 f., 25, 32
DBG 17, 27, 33, 59, 84

Umstrukturierung
StHG 8, 12, 24
DBG 19, 61
OECD 10
VStG 5
StG 6, 9, 14
MWSTG 29, 38
MWSTV 83, 102
VVO A50

Umtriebe, Vermeidung übermässiger
VStG 20
VStV 19, 45, 54
StV 21, 24, 28
MWSTG 80

Umwandlung
StHG 8, 24, 57b
DBG 19, 61, 181a
VStG 5
StG 6, 9, 14
StV 21
N 2 10

Umweltschutz
StHG 9
DBG 32
VO DBG F 1 ff.

unbedeutender Wert
MWSTG 7, 53
MWSTV 4a, 77, 166b; A 1 ff.

unbeschränkte Steuerpflicht
StHG 3, 20
DBG 3, 6, 50, 52
VStV 24a, 51

unbesteuerte Reserven
DBG 207a

unbewegliches Vermögen
StHG 6 f., 12, 14
DBG 14, 21
OECD 2, 6, 13, 21 f.

Unfallkosten
VVO A56

Unfallversicherung
StHG 9
DBG 33
VO DBG K 3
StG 22

ungerechtfertigte Steuerentlastung
OECD Präambel, 29
N 1.1 28 ff.; 1.2 6

ungerechtfertigte Steuerersparnis
StHG 25a[bis]
VO StHG C 1
DBG 70
OECD Präambel, 29
VStG 21

ungetrennte Ehe
StHG 3, 6, 11, 18, 40
DBG 9, 13 f., 33, 42, 113
VVO A75

Unkostengemeinschaft
MWSTG 21

unselbständige Erwerbstätigkeit
StHG 7, 7d f., 9, 11, 32 ff., 35
VO StHG A 4
DBG 17 ff., 26, 37a, 83 ff., 91, 125
VO DBG A 2; C 1; I 1, 4; K 9; N 11 ff.
OECD 15

Unterbeteiligung, Darlehensforderung
StG 4, 13, 18
StV 21
VVO A92

Unterbilanz
StHG 10, 25
DBG 31, 67
N 4 725

Unterbrechung, Aufenthalt
StHG 3
DBG 3

Unterbrechung, Verjährung
StHG 47
DBG 120 f., 185
OECD 27
VStG 17
StG 30
MWSTG 42, 91
N 2 84

Unterdeckung
N 4 725; 5.1 81a

Untergang, Anspruch auf Rückerstattung
VStG 32

Unterhalt, der Familie
StHG 9
DBG 34
VO DBG C 1

Unterhalt, für Kinder
StHG 7, 9
DBG 23, 33
VO DBG K 1, 11
VVO A75

Unterhaltsbeiträge, Ehegatten
StHG 3, 7, 9
DBG 9, 23, 33
VVO A75

Unterhaltskosten, Liegenschaft
StHG 9
DBG 32
VO DBG F 1 f.; G 1
MWSTV 70 f., 73 f.
VVO C100

Unterkunft
StHG 6
DBG 14, 16
VO DBG C 9; I 2 ff.
MWSTG 25

Unternehmen, ausländisches
vgl. a. ↑ Gesellschaft
StHG 20, 24, 35, 37 f.
DBG 11, 49, 55, 93, 100, 107, 181, 207a
VStG 24 f.
VStV 14a, 36 f.
StG 13 f., 17a, 19, 21, 25
StV 26
MWSTG 10, 14, 17, 95
MWSTV 7, 9a, 28, 151 f.

Unternehmen, unabhängiges
OECD 7, 9

Unternehmen, verbundene
OECD 9
VStV 26a
MWSTG 3, 24, 38

Unternehmensgewinne
vgl. ↑ Gewinn

Unternehmensgruppen, grosse
BV [129a], [197 Ziff. 15]
OECD 4.3; [4.4 1 ff.]
VVO C104

Unternehmens-Identifikationsnummer
vgl. ↑ UID

unternehmerische Tätigkeit
vgl. ↑ Geschäftstätigkeit

Unternutzung, von Liegenschaften
DBG 21

Unterschrift
vgl. a. ↑ elektronische Verfahren
StHG 40 ff.
DBG 113, 124 f., 180
VStV 3
MWSTG 83
N 2 38, 68

Unterstellungserklärung
MWSTG 7
MWSTV 3

Unterstützung, Abzug
StHG 9, 11
DBG 33, 36

Unterstützung, Einkommen
StHG 7, 9
DBG 24, 33

Untersuchung
StHG 46, 48, 57bis
DBG 130, 135, 143 f., 182 f., 190 ff.
VO DBG D 2 ff.
VStG 52, 54
N 2 20, 32, 37

Direkt vergleichendes Stichwortverzeichnis | Stichworte

Untersuchungsmassnahmen
DBG 103, 183, **190**ff., 195
VO DBG D 1 ff.
VStG 44, 54, 57
VStV 66
StG 41
MWSTG 100

Unterzeichnung, beider Ehegatten
StHG 57
DBG 113, 180

Unterzeichnung, elektronische
vgl. ↑ elektronische Verfahren

Urheberrechte
vgl. a. ↑ immaterielle Güter
StHG 6
DBG 14
OECD 12
MWSTG 21
MWSTV 36

Urkunden
StHG 42, 59
DBG 126, 140, 157, 186, 200
OECD 31
VStG 3, 39 f., 48, 50, 71
VStV 8
StG 3, 5, 13 f., 16, 17, 18, 27, 35, 37
StV 16, 18, 22, 25a
N 2 16

Urkunden, Übertragung steuerbarer
StG 1, 13 f.

Urkunden, Umsatz von
StG 1

Urkunden, Unterdrückung von
N 2 16

Urkundenfälschung
StHG 59
DBG 186
N 2 15 f.

Urproduktion
vgl. ↑ Landwirtschaft

V

Valsot
MWSTG 4

Veranlagung, Ehegatten
StHG 18
DBG 42
VStV 57

Veranlagungsverfahren
StHG 46 ff.
DBG 102 ff., 105 ff., **122** ff., **130** ff., 136 ff.
VStG 34 f., **38** ff., 48 ff.
VStV 1, 6, 63, 66 f., 68 f.
StG 31, **34** ff., **38** f.
StV 1
MWSTG 62, 65 ff.
MWSTV 121a ff.

Veranlagungsverfügung
StHG 41, **46**, 49
DBG 116, 130, **131**, 137
VStG **41**, **52**
StG 38
MWSTG 42 f., 62, 65, 79, **82** f.

Veranlagungsverfügung, Einsprache
StHG 48
DBG **132** ff., 139
VStG 42, 44, **53**
StG **39**, 41
MWSTG 83
N 1.2 18

Veranlagungsverjährung
StHG 47
DBG 120
MWSTG 42, 48

Veranstalter
DBG 92
VO DBG K 16
MWSTG 8
MWSTV 14, 97, 153

Veräusserung
StHG 8, 12, 14, 24, 28
DBG 16, 18 ff., 20, 60, 170
VO DBG M 3
OECD 2, 13
StG 14
MWSTG 21, 24, 38, 54
MWSTV **9**, 62, 83, 105

Veräusserung, Teilveräusserung
StHG 28
DBG 70

Verbrechen
StHG 51, 53
DBG 147, 151
N 7 305bis, 333

verbundene Unternehmen
OECD 9
VStV 26a
MWSTG 3, 24, 38

verdeckte Gewinnausschüttung
vgl. a. ↑ geldwerte Vorteile
StHG 24
DBG 58, 65

verdecktes Eigenkapital
StHG 24, **29a**
DBG 65, 125
VVO A38

Veredelung
MWSTG 23, 53 f., 64

Verein
StHG 20, **26** f., 29
DBG 49, **66** f., **71**
VStG 9
VStV 54, 68
StG 9
MWSTG 3, 10, 37

vereinbarte Entgelte
vgl. a. ↑ Abrechnungsart
MWSTG 10, 12, 39 ff., 48
MWSTV 79, 81, 106 f., 126 f.

vereinfachte Nachbesteuerung
StHG **53a**
DBG 153a

vereinfachtes Abrechnungsverfahren
StHG 11, 32, 35
DBG **37a**, 83, 91
VO DBG K 1, 21 ff.

Vereinfachung, interkantonal
VVO E50

Vereinfachungen
MWSTG 80
MWSTV 55

vereinnahmte Entgelte
vgl. a. ↑ Abrechnungsart
MWSTV 39 ff.
MWSTV 79, 81 f., 106 f.

Verfahren
StHG 39 ff., 55 ff.
DBG 102 ff., 174 ff.
VStG **38** ff., **61** ff.
VStV 59
StG 34 ff., 45 ff.
MWSTG 62, 65 ff., 81 ff., 96 ff.
MWSTV 121a ff., 131, 141 ff., 155
N 1.2 16 f.; **1.5** 5, 16 ff.; 1.5.1 2; 2 19 ff., 47, 62 ff.; 3 90 ff.; 6.1 19

Verfahren, bei der Quellensteuer
StHG 49
DBG 136 ff., 167, 167b, 193
VO DBG I 4; K 12 ff.; L 5, 7

Verfahren, Beschwerdeverfahren
StHG 50
DBG 140 ff.
VStG 54 ff.
N 3 82 ff.

Verfahren, Ehegatten
StHG 18, 32, 33a f., **40**, 54, 57
DBG 13, 42, 83, 85, 89a, 109, 113 f., 117, 155, 180
VO DBG K 1, 9 f.
VStV 57

Verfahren, Einschätzungsverfahren
vgl. ↑ Veranlagung

Verfahren, Rekursverfahren
vgl. a. ↑ Beschwerdeverfahren

Verfahren, Strafverfahren
StHG 53, **57a**, 61
DBG 153, 182 f., 185, 188 f.
VStG 51, 57
VStV 26 f., 37, 69
MWSTG 42, 56, 76a, **104**, 106
MWSTV 134
N 2 19, 62

Verfahren, Veranlagungsverfahren
vgl. ↑ Veranlagung
Verfahrensgarantien
MWSTG 104
Verfahrensgrundsätze
StHG 39 ff., 51, 57bis
DBG 109 ff., 147, 153, 182
Verfahrenskosten
DBG 135, 144, 167d, 183, 185, 195, 198
VO DBG L 18
VStG 44, 51
StG 41
MWSTG 84, 92, 106
Verfahrenspflichten
StHG 40, 42, 46, 55, 57, 57a
VO StHG A 5
DBG 12, 113, 124, 126, 136, 174, 181 ff., 196 f.
VO DBG B 7 f.
VStG 14 f., 40
VStV 23
StG 24, 34 f., 37, 46
MWSTG 15 f., 39, 66 ff., 82, 92, 98, 105
MWSTV 121a ff.
Verfahrenspflichten, Verletzung von
StHG 46, 55, 57, 57a, 58
DBG 123, 174, 181, 182 f., 196 f.
VStG 40, 48, 63
VStV 12, 27
StG 37
StV 8
MWSTG 98, 105
Verfahrensrechte
StHG 40, 41
DBG 113, 114 ff., 167d, 167g
VStG 15
MWSTG 15 f., 62, 65 ff., 69
MWSTV 121a ff.
Verfügung, Strafverfügung
MWSTG 105
Verfügung, Veranlagungsverfügung
StHG 41, 46, 49
DBG 116, 130, 131, 137
VStG 41, 52
StG 38
MWSTG 42 f., 62, 65, 79, 82 f.
Vergehen, Steuervergehen
StHG 59 ff.
DBG 120, 152, 186 ff., 190, 194
VO DBG D 2, 5
N 7 305bis f., 333
Vergünstigungen
OECD 1, 29
Vergütung, der Mehrwertsteuer
MWSTG 107
MWSTV 57, 151 ff.
VVO MI 18

Vergütungszins
DBG 162 f.
VO DBG J 2, 4, 5; P 1 ff.
VStG 70c
MWSTG 61, 88, 94, 108
MWSTV 146, 156
Vergütungszinssätze
VO DBG P 1 ff.
Verhaltensmuster
N 1.5 3; 1.5.1 2
Verheimlichung, von Werten
StHG 56, 58
DBG 178, 184
Verjährung, Bezugsverjährung
DBG 121, 185
MWSTG 91, 106
Verjährung, des Rückvergütungsanspruchs
vgl. a. ↑ Rückerstattung
DBG 168
VStG 17, 32
VStV 12, 42
StV 8
N 1.1 27
VVO B112
Verjährung, Steuerforderung
StHG 47
DBG 120 f.
VStG 17, 70a
MWSTG 42 f., 48, 56, 70, 91
MWSTV 117
Verjährung, Strafverfolgung
StHG 58, 60
DBG 184 f., 189
VO DBG D 5
MWSTG 105 f.
N 2 11
Verjährung, Unterbrechung
StHG 47
DBG 120 f., 185
OECD 27
VStG 17
StG 30
MWSTG 42, 91
N 2 84
Verjährung, Veranlagungsverjährung
StHG 47
DBG 120
MWSTG 42, 48
Verjährungsfrist
StHG 47, 58, 60
DBG 120, 184 f., 189
VStG 17, 32
VStV 12, 42
StG 30
StV 8
MWSTG 42, 59, 91, 105 f.
N 1.1 27; 1.7 16; 2 11
VVO B112

Verkauf
vgl. ↑ Veräusserung
Verkauf, Beteiligungsrechte
StHG 7 f., 8, 12, 24
DBG 16, 18, 18b, 20a, 30, 58, 64, 70, 207a
StG 5, 7 f., 10, 13
StV 10, 18
MWSTG 10, 29
Verkauf, Betriebsmittel
MWSTV 2, 95, 128
Verkäufer
StHG 7a
DBG 13, 20a, 55, 173
OECD 13
VStV 24a, 62
StG 10, 14
StV 21
MWSTG 2, 38
MWSTV 83, 105
Verkehr, internationaler
StHG 4, 35
DBG 5, 91
OECD 3, 8, 13, 15, 22
MWSTG 23
MWSTV 41 ff., 115
Verkehrsunternehmen
StHG 23
DBG 56
Verkehrswert
vgl. a. ↑ Wert
StHG 7d, 14 f., 24
DBG 16, 17b, 58, 69, 207a
VO DBG N 4 f., 12
StG 8, 16
StV 9 f.
MWSTG 24, 45, 52, 54, 108
MWSTV 111
N 4 670, 960b
Verlagerungsverfahren
MWSTG 36, 63
MWSTV 77, 117 ff., 126
Verlegung, Funktionen
StHG 24c f.
DBG 61a f.
Verlegung, Sitz
vgl. ↑ Sitzverlegung
Verlegung, tatsächliche Verwaltung
StHG 7b, 10, 22, 24 f., 24c f.
VO StHG A 3; B 5
DBG 20, 54 f., 58, 60, 61a f., 79 f.
VStG 5
VStV 22
Verlegung, Vermögenswerte
StHG 24c f.
DBG 61a f.

Verlegung, Wohnsitz
StHG 4b, 6, 10, 38 f.
VO StHG A 2, 4
DBG 8, 14, 105
VStG 16
StG 43
N 5.2 60b

Verluste
StHG 10, 23 f., 24b, 25, 25b
DBG 6, 27 f., 31, 52, 62, 67
VO DBG M 9
VStV 29
StG 6
StV 17
N 4 725; 6.1 7, 21

Verluste, aus ausländischen Liegenschaften
DBG 6, 52

Verluste, aus Betriebsstätte
DBG 6, 52
OECD 29

Verluste, Buchverlust
DBG 61

Verluste, Kapitalverluste
DBG 70
VO DBG L 4
N 4 725

Verluste, Sanierung
StHG 10, 25
DBG 31, 67
StV 17

Verlustrisiko
StHG 10
DBG 29, 63

Verlustschein
VO DBG L 16
VStV 8
StV 5
MWSTG 15, 91

Verlustverrechnung
StHG 10, 23 ff., 25, 25b
DBG 6, 28, 31, 52, 62, 67

Verlustverrechnung, ausländische Betriebsstätte
DBG 6, 52
OECD 29

Verlustvortrag
StHG 10, 25, 25b
DBG 6, 31, 52, 67
VO DBG M 9

Vermächtnis
StHG 7, 11 f., 24
DBG 24, 60, 204

Vermächtnisnehmer
StHG 11
DBG 37b
VO DBG M 11 f.

Vermietung
vgl. a. ↑ Ertrag, aus Vermögen
StHG 7
DBG 20, 21
OECD 6, 21
MWSTG 21, 23

Vermittler
OECD 5, 29
StG 13, 17
MWSTG 21, 23

Vermittler, von Grundstücken
StHG 4, 21
DBG 4, 13, 51, 55, 173
MWSTG 8

Vermittlungsprovision
DBG 55, 173
StG 14

Vermögen, bewegliches
StHG 6 ff., 14
DBG 14, 20 f., 32,
VO DBG E 1
OECD 2, 13, 22
VStG 1, 4

Vermögen, Ertrag aus unbeweglichem
StHG 6, 7, 26
DBG 14, 21, 66
OECD 6, 21
VStG 5
VStV 28

Vermögen, Kinder
StHG 3, 54
DBG 155

Vermögen, Nutzniessung
StHG 13
OECD 6

Vermögen, unbewegliches
StHG 6 f., 12, 14
DBG 14, 21
OECD 2, 6, 13, 21 f.

Vermögensanfall, von Todes wegen
StHG 7
DBG 24

Vermögensentwicklung
StHG 46
DBG 130

Vermögensertrag
StHG 6, 7 f., 9, 28
DBG 14, 20 f., 33, 205a
VO DBG E 1
OECD 10 ff.
VStG 1, 4, 13, 20, 21 ff.
VStV 14 ff., 20 ff., 24 ff., 28 ff., 34 ff., 51 ff., 58 ff., 63 ff., 66 ff.

Vermögensertrag, besondere Fälle
StHG 7a
DBG 20a

Vermögensmassen
VStG 24
VStV 55

Vermögensrechte
StHG 7

Vermögenssteuer
StHG 2, 6, 13 ff., 15, 17, 72d
DBG 34
VStG 22
VStV 51, 58

Vermögenssteuer, ergänzende
StHG 14

Vermögensübertragung
vgl. a. ↑ Umstrukturierung
StHG 8, 24
DBG 19, 61
OECD 5
VStG 5
MWSTG 38
MWSTV 81, 83, 102

Vermögensverwaltungskosten
StHG 9
DBG 32

Vermögenswerte, Regularisierung
vgl. ↑ Selbstanzeige

Vermögenszuwachs
OECD 2

Verpachtung
StHG 7, 8
DBG 18a, 20, 21
OECD 6
MWSTG 21
VVO A76

Verpflegung
DBG 16, 26
VO DBG C 6, 9, 11
MWSTG 25

Verpflegungskosten
StHG 6
DBG 14, 26
VO DBG C 6, 9, 11

Verpflichtungen, familienrechtliche
StHG 7, 9
DBG 24, 33

Verpfründung
StHG 7
DBG 22

Verrechnung, von Verlusten
StHG 10, 23 ff., 25, 25b
DBG 6, 28, 31, 52, 62, 67

Verrechnungspreise
StHG 24
DBG 58
OECD 7, 9, 11, 12
MWSTG 56
VVO A49

Verrechnungssteuer
StHG 7
DBG 20
VStG 1 ff.
VStV 1 ff.
N 1.1 24 ff.; 1.2 16 ff., 20 ff.; 1.3 1 ff.

Verrechnungssteueramt
VStG 25, **52** ff., 57 f.
VStV 66

Versandhandel
MWSTG 7
MWSTV **4a**, 77, 166b

Versichertennummer
StHG 39
DBG 112a

Versicherung/Rückversicherung
OECD 29
StG 21 f.
MWSTG 21
MWSTV 16
VVO MBI 16

Versicherung, Einmalprämie
StHG 7, **78a**
DBG 20, **205a**
VStV 7 f.
StG 21, 24
VVO A36

Versicherung, obligatorische
StHG 9
DBG 33
StG 13
N 5.1 2 f., 7, 10

Versicherung, vorzeitige Auflösung
VStV 43
N 5.1 10; 5.3 3

Versicherungsanspruch
DBG 204
VStG 7
VStV 43, 60

Versicherungsbestand
VStG 7
VStV 43

Versicherungsgesellschaften
StHG 23, 25
DBG 56, 59
VStV 45 f., **53**
MWSTG 21
MWSTV 16
VVO MBI 16

Versicherungsleistung
StHG 7
DBG 20
VStG 1, 7 f., 12 f., 16, **19**, 33
VStV 43 f., 48 ff., **60**

Versicherungsprämien
StHG 9, 33
DBG 22, 32 f., 85, 204, 205a
VStV 44, 46

Versicherungsprämien, Abzug
StHG 9, 33
DBG 32 f., 85

Versicherungsumsätze
StG 21 f.
MWSTG 21
MWSTV 16
VVO MBI 16

Versicherungsverhältnis
DBG 127
VStV 45, 47

Verständigungsverfahren
OECD 3 f., **25**
N 1.1 2 ff.

Vertragsverhältnisse
StHG 7, 43
DBG 20, 205a

Vertreter
StHG 40, 56 f., 57b
VO StHG A 7 f.
DBG 109, 113, 116 f., 126a, 136a, 157, 177, 181 f., 193
OECD 25
MWSTG 102
MWSTV 134
N 1.4 21; 2 6; 3 45

Vertreter, Steuervertreter
StHG 40, 56 f.
DBG 116, **117**, **126a**, **136a**, 177, 181 f., 193
VStV 57, 59
MWSTG **67**, 83
MWSTV 155

Vertreter, unabhängiger
OECD 5, 29

Vertreter, von Erben
StHG 53a, 56
DBG 153a, 157, 178
VStV 59

Vertretung, notwendige
VO StHG A 7 f.
DBG 126a, 136a

Veruntreuung
StHG 59
DBG 187, 193

Verwaltung, im Ausland
vgl. a. ↑ Sitz
StHG 4, 20 f., 35 ff., 38
DBG 4, 6 f., 11, 51 f., 91 ff., 116, 126a, 136a, 173
VO DBG K 14 ff.
OECD 4
VStG 9 f., 24
VStV 17, 31, 36 f.
StV 19
MWSTG 1, 10, 14, 45, 67, 107

StG 1, **21** ff., 24
StV **26** ff., 30a

MWSTV 5, 7, 9a, 91, 143 f., 149, 151 ff., 166a
N 1.5 22i^{bis}
VVO MI 22

Verwaltung, tatsächliche
vgl. a. ↑ Sitz
StHG 20 ff.
DBG 50, 52, 105
OECD 4, 8, 13, 15, 22
N 1.5 22i^{bis}
VVO D14

Verwaltung, von Beteiligungen
vgl. a. ↑ Holdinggesellschaft
StHG 28
DBG **69** f.
MWSTG 10, 29
N **1.3**

Verwaltungsaufwand, Beteiligungen
StHG 28
DBG 18b, 70

Verwaltungsgericht, Beschwerde vor kantonalem
StHG 50, 57bis
DBG **145**, 182

Verwaltungsgericht, kantonales
StHG 50
DBG 145

Verwaltungsrat
StHG 4, 35, 45
DBG 5, **93**, 129
VO DBG K 14 f.
OECD 16
StV 9
MWSTG 18
N 4 663b^{bis}
VVO C68

Verwaltungsratsvergütungen
StHG 4, 7, 35
DBG 5, 17, 93, 125
VO DBG K 14 f.
OECD 16
StG 6
N 4 663b^{bis}

Verwaltungsstrafverfahren
DBG 191 f., 195
VO DBG D 4, 6
VStG 61 f., 67
StG 45 f., **50**
MWSTG 15, 100 ff.
N 2 1 f.

Verwaltungsverfahren
VStG 59
StG 44
MWSTG 81, 85

Verwendung, vorübergehende
MWSTG 23, 53 f., 64
MWSTV 63

Verwendungsgrad
MWSTG 30, 38
MWSTV 68, **105**, 126

Verwirkung, Recht
StHG 53
DBG **152**
VStG **23, 25**
VStV 53, 56

Verwirkung, Rückerstattung
VStG **23, 25**, 32, 64, 70d
VStV 12, 42, 53, 56
VVO A94

Verzeichnis, Beilagen
vgl. ↑ Beilagen

Verzeichnis, Steuerpflichtige
vgl. ↑ Steuerregister

Verzugszins
StHG 53 f.
DBG 151, 153a, 162, **164**, 166 f., 196 f.
VO DBG J 2, 3, 5; P 1 ff.
OECD 27
VStG 15, **16**, 45, 47
VStV 8, 10, 12
StG 29, 42 f.
StV 5 f., 8
MWSTG 57 f., **87**, 89 f., 93, 108
MWSTV 22
N 2 12

Verzugszinssätze
VO DBG P 1 ff.

Volljährigkeit
VO DBG A 5

Vollmacht, zum Abschluss
OECD 5, 29

Vollstreckung
DBG 165, 169
OECD 26 f.
VStG 47
VStV 8
StG 43
StV 5
MWSTG 89 f., 92
MWSTV 134
N 2 91

Vollzug, des Gesetzes
StHG 39, **74**
DBG 104, 109 ff., 117, 122, 139, 165
VO DBG F **9**
OECD 26
VStG 31, 35, 37, 55, **73**
StG 33, **54**
MWSTG 74, 107
MWSTV 117

Vollzug, Strafvollzug
StHG **61**
N 2 10, 17, 52, 90

vorbereitende Tätigkeit
OECD 5

Vorempfang
DBG 12

Vorladung
N 2 42

Vorräte
MWSTV 113
N 4 959a, 960c

Vorsorge, Abzug von Beiträgen etc.
StHG 9, 10, 25
DBG 27, 33, 59
VO DBG M 6
StG 22
N 5.1 81; 5.2 60a f.; 5.3
VVO A63, B84

Vorsorge, Einkauf von Beitragsjahren
StHG 7, 9, 11
DBG 24, 33, 37b, **205**
VO DBG M **4**
VStV 45
N 5.1 79b; 5.2 60a f.; 5.3 3a
VVO A63

Vorsorge, Einkünfte aus
StHG 4, 4b, 7, 11, 35, 45
DBG 5, 17, 20, **22**, 24, 37b, **38**, 95 f., 105, 129, 161, **204**
VO DBG K 18; M 6
OECD 3, 18 f.
N 4 663b^bis, 959c; 5.1; 5.3
VVO A63

Vorsorge, gebundene Selbstvorsorge
StHG 4, 9, 35, 45
DBG 5, 22, 33, 96, 129
VO DBG K 19
N 5.3 1 ff.

Vorsorge, Kapitalabfindung aus
vgl. ↑ Vorsorge, Kapitalleistung aus

Vorsorge, Kapitalleistung aus
StHG 4, 4b, 7, 11, 35, 45
DBG 17, 22, 24, **38**, 95 f., 105, 161, **204**
VO DBG K 3, **19**, Anh.
OECD 3, 18 f.
N 5.1 83 f.; 5.3
VVO A48

Vorsorge, Leistungen aus
StHG 4, 4b, 7, 11, 35, 45
DBG 5, 17, 20, **22**, 24, 37b, **38**, 95 f., 105, 129, 161, **204**
VO DBG K 18 f.; M 6
OECD 3, 18 f.
N 4 663b^bis, 959c; 5.1; 5.3
VVO A63

Vorsorge, Rückzahlung von Einlagen
StHG 7
DBG 22

Vorsorgebeiträge
vgl. a. ↑ Vorsorge, Abzüge
VVO A63

Vorsorgeeinrichtung
StHG 23
DBG 56

OECD 3 f., 29
VStV 38a
StG 13, 17a
StV 18, 25
MWSTG 3, 15
N 5.1 80; 5.2 60a f.; 5.3 1

Vorsorgekapital, Übertragung
N 5.3 3a

Vorsteuerabzug
MWSTG 1, 28 ff., 40 f.
MWSTV 58 ff., **148**
VVO MI 09

Vorsteuerabzug, Anspruch auf
MWSTG 29, 40, 113
MWSTV 58 ff., 75

Vorsteuerabzug, Ausschluss vom
MWSTG 29

Vorsteuerabzug, fiktiver
MWSTG 28a
MWSTV 48c, **63**, 90

Vorsteuerabzug, Korrektur
MWSTG 30 ff., 41
MWSTV 65 ff., 69 ff., 72 ff., 126, 128

Vorsteuerabzug, Kürzung
MWSTG 33
MWSTV 30, **75**, 126, 128, 165

Vorsteuerabzug, Leistungen im Ausland
MWSTG 29

Vorteile, geldwerte
vgl. a. ↑ verdeckte Gewinnausschüttung
StHG 7, 7d ff., 32, 35, 37, 45
DBG 17, 17b ff., 18b, 20, 84, 97a, 100
VStG 4, 20
VStV 14, 20 f., 28
MWSTV 128
N 4 663b^bis
VVO B86

vorübergehende Verwendung
MWSTG 23, 53 f., 64
MWSTV 63

vorzeitige Auflösung, der Versicherung
VStV 43
N 5.1 10; 5.3 3

Vorzugswert
vgl. ↑ Ertragswert

W

Wahlmöglichkeit
VO DBG F 3
MWSTG 39, 64, **114**
MWSTV 9, 9a, 45, **68**, 77, 166

Wahlrecht
StG 15

Wahlrecht, DBA oder Art. 9 AIA EU
N 1.8 9

Währung, fremde
VStV 4
StG 14, **28**
StV 21 f.
MWSTG 21, 54
MWSTV 45, 58, 116

Wandelanleihe
vgl. a. ↑ Obligation
VStG 4 a f.

Wandlungskapital
vgl. a. ↑ Pflichtwandelanleihe
StG 6

Warenmuster
MWSTG 31

Warenvorräte
MWSTV 113
N 4 960c

Wasser
VO DBG G 1; H 1
StG 22
MWSTG 18, 24 f.
MWSTV 14, 48, 97, 145

Wechsel
VStG 4
VStV 15, 19
StG 4
VVO A 92

Wechsel von der ordentlichen Besteuerung zur Quellenbesteuerung
VO DBG K **13**
VVO A 91, E 67

Wechsel von der Quellenbesteuerung zur ordentlichen Besteuerung
StHG 4b, 33a f., 35a f., 38 f.
DBG 89 f., 99a f., 107, 136a
VO DBG K 9 f., **12**, 15
VVO A 91, E 67

Wechsel, bei Saldosteuersatzmethode
MWSTG 37
MWSTV 78, **79**, **81**, **107**, 166

Wechsel, der Methode
MWSTG 37
MWSTV 78, **79**, **81**, 98, 106 f., 166

Wegzug
StHG 4b, 22, 24
DBG 8, 58, 60
VStG 4
VStV 69

Wegzugskanton
StHG 4b

Weiterbildung, berufsorientierte
StHG 7, 9 f., 25
DBG 17, 27, 33, 59
MWSTG 21
MWSTV 10
VVO A 87

Weiterbildungskosten
StHG 7, 9 f., 25, 32
DBG 17, 27, 33, 59, 84
VVO A 87

Weiterleiten, von Mitteln
MWSTG 18
MWSTV 30

Werbung
MWSTG 31
MWSTV 52, 69, 72

Werkstätte
vgl. a. ↑ Betriebsstätte
DBG 4, 51
OECD 5
MWSTV 5

Wert, Barwert / Kapitalwert
VStV 43, 47

Wert, Bewertung
StHG 7d, **14** f., 24, 53
DBG 17b, 58, 62, 84, 151
VO DBG C 6; N 4 f., 12
StG 8
N 4 670, 960 ff.

Wert, Buchwert
StHG 14

Wert, Eigenmietwert
StHG 6 f.
DBG 14, 21
VO DBG F 5
OECD 6

Wert, Einkommenssteuerwert
StHG 8, 14
DBG 18a, 19

Wert, Ertragswert
StHG 14

Wert, Gewinnsteuerwert
StHG 24
DBG 61, 207a

Wert, Kurswert
StV 22
MWSTG 54
MWSTV 45, 116

Wert, Naturalleistungen
DBG 16, 84

Wert, Nennwert
StHG 7a
DBG 20a
VStG 4a
VStV 20
StG 5 ff., 9 ff.
StV 9, 21

Wert, unbedeutender
MWSTG 7, 53
MWSTV 4a, 77, 166b; A 1 ff.

Wert, Verkehrswert / Marktwert
StHG 7d, 14 f., 24
DBG 16, 17b, 58, 69, 207a
VO DBG N 4 f., 12
StG 8, 16
StV 9 f.
MWSTG 24, 45, 52, 54, 108
MWSTV 111
N 4 670, 960b

Wert, Zeitwert
MWSTG 31 f.
MWSTV 69, **70**, 72, **73**, 82, 93

Wertberichtigung
StHG 28
DBG 62
N 4 959b, 960a f.

Wertdifferenz
StHG 13

Wertfreigrenze
MWSTG 53
MWSTV A 1 f.

Wertpapiere
StHG 14 f.
DBG 125, 169
VStG 28, 71
VStV 60, 62
MWSTG 21
MWSTV 66
N 4 960b

Wertpapiere, ausländische
VStG 71
StG 1, 13 f., 16
StV 22

Wertpapiere, ohne Kurswert
StHG 14 f.
VVO D 12

Wertschriften
StHG 14 f.
DBG 125, 169
VStG 28, 71
VStV 60, 62
MWSTG 21
MWSTV 66
N 4 960b

Wertschriftenhandel, gewerbsmässiger
StHG 8
DBG 18
VVO A 81

Wertschriftenverzeichnis
DBG 125

wertvermehrende Aufwendungen
StHG 12
DBG 34, 58
VO DBG G 1
MWSTV 70 f., 73 f.

Stichworte

Wertverminderung
MWSTG 60
wesentliche Beteiligung
vgl. a. ↑ Beteiligung
StHG 7 f., 24
DBG 18b, 20 f., 69, 207a
MWSTG 3, 10, 29, 73
MWSTV 38
N 1.3 2; 4 959c, 960d
Wettbewerb
VStV 39
MWSTG 1, 3, 9, 21, 23, 25, 54, 80
N 6.1 1
Wettbewerbsneutralität
MWSTG 1, 21, 23, 25
Wettbewerbsverzerrungen
MWSTG 9
Wetten
vgl. ↑ Geldspiele
Widerhandlung
StHG 56 f.
DBG 178, 180, 190, 193
VO DBG D 2, 4
VStG 61 f., **67**
StG 45 f.
Widerhandlung, im Geschäftsbetrieb
DBG 181a
MWSTG 100
N 1.7 34; 2 6
Wiederausfuhr
MWSTG 59, **60** f.
wiedereingebrachte Abschreibungen
DBG 62, 70
Wiedereinstiegskosten
vgl. ↑ Bildung
Willensvollstrecker
StHG 53a, 56
DBG 13, 153a, 157, 178
VStV 48
wirtschaftlich Berechtigter
vgl. ↑ Nutzungsberechtigter
wirtschaftliche Doppelbelastung
vgl. ↑ Teilbesteuerung
wirtschaftliche Handänderung
StHG 12
Wochenaufenthalter
StHG 38
DBG 91, 107
Wohneigentum
StHG 72 f.
OECD 6, 13, 22
N 5.1 79b, 83a
Wohneigentumsförderung
N 5.1 79b, 83a
VVO A62

Wohnrecht
vgl. a. ↑ dauernde Lasten
StHG 7
DBG 21
OECD 6
Wohnsitz, im Ausland
StHG 4, 35 ff.
DBG 3 f., 7, 13, 91 ff., 105 ff., 116, 126a, 136a, 165, 169, 173, 193
VO DBG B 1 ff.; I 2 f.; K 14 ff.; N 13 f.
OECD 4
VStG 10, 47
VStV 9, 52
StG 22, 30, 43
MWSTG 105, 107
MWSTV 151 f.
VVO E40
Wohnsitz, im Inland
vgl. a. ↑ Aufenthalt
StHG 3 f., 6, 7 f., **32** ff.
VO StHG A 3
DBG 3 ff., 8, 14, 17d, **83** ff., 105, 120, 159
VO DBG C 9; I 2; K **9** ff.; N 15
OECD 4
VStG 9, 17, 22, 47
VStV 25
StG 4
Wohnsitz, Quellensteuer
StHG 32, **35**, 38
DBG 83 ff., 88, **91** ff., 107
VO DBG K 9 ff., 14 ff.
VStV 58
Wohnsitz, Verlegung
StHG 4b, 6, 10, 38 f.
VO StHG A 2, 4
DBG 8, 14, 105
VStG 16
StG 43
N 5.2 60b
Wohnstätte
vgl. ↑ Wohnsitz
Wohnzwecken, zu
MWSTG 21, 22

Z

Zahlstelle
VStV 31, 35, 41
Zahlung, der Steuer
vgl. ↑ Entrichtung, der Steuer
Zahlungserleichterungen
DBG **166**
StG 12
MWSTG **90**
MWSTV 115

Zahlungsunfähigkeit
DBG 13
VStV 5
Zahlungsverzug
MWSTG 94
Zahnarzt
MWSTG 21
MWSTV 34 f.
zeitgleiche Dividendenverbuchung
VVO B105
zeitliche Bemessung
StHG 15 ff., **31**
DBG 40 ff., **79** ff.
VO DBG A 1 ff.; B 5
MWSTG 34 f.
zeitliche Bemessung, Wechsel
StHG 77
zeitliche Wirkung, Praxisfestlegungen MWST
VVO M1 20
Zeitung
MWSTG 25
MWSTV **50** f.
Zeitwert
vgl. a. ↑ Wert
MWSTG 31 f.
MWSTV 69, **70**, 72, **73**, 82, 93
zentrale Gegenpartei
vgl. a. ↑ Finanzmarktinfrastruktur
VStG 5
StG 13, 19
StV 23, 25a
Zerobond
vgl. ↑ Obligation
Zession, von Forderungen
MWSTG 15, 44
MWSTV 23 ff., 108, 134, **164**
Zeugeneinvernahme
DBG 192
N 2 41
Zinsbesteuerung
N 1.8 9; 1.8.1 1
Zinsen, Baurecht
StHG 7, 9
DBG 21, 32
OECD 6
Zinsen, Einmalverzinsung
DBG 20
Zinsen, Schuldzinsen
StHG 9 f., 35
DBG 27, **33**, 65, 70, 94
VO DBG E 1; K 17
OECD 24
N 1.2 11

Zinsen, verdecktes Eigenkapital
StHG 24
DBG 65

Zinsen, Vergütungszins
DBG 162 f.
VO DBG J 2, 4, 5; P 1 ff.
VStG 70c
MWSTG 61, **88**, 94, 108
MWSTV 146, **156**

Zinsen, Verzugszins
StHG 53 f.
DBG 151, 153a, 162, **164**, 166 f., 196 f.
VO DBG J 2, 3, 5; P 1 ff.
OECD 27
VStG 15, **16**, 45, 47
VStV 8, 10, 12
StG 29, 42 f.
StV 5 f., 8
MWSTG 57 f., 87, 89 f., 93, 108
MWSTV 22
N 2 12

Zinsen, Zinsertrag
StHG 7
DBG 20
OECD 11
VStG 1, **4**, 5, 9, 12, 20, 21, 28, 69
VStV 14 ff., 17 ff., 54 f.
StV 22
MWSTG 21
MWSTV 66
N 1.2.1 1; 1.8 9

Zinssatz, Drittvergleich
StHG 25a^{bis}
VO StHG C 5

Zinssätze und Abzüge
VVO B84

Zinssätze, Fremdwährungen
VVO B85

Zivildienst, Taschengeld
StHG 7
DBG 24

Zolllagerverfahren
MWSTG 23, 64

Zollschuld
MWSTG 51, 56

Zollüberwachung
MWSTG 23

Zollveranlagung
MWSTG 56, 58 f., 61 ff.

Zugehörigkeit, persönliche
StHG 3, 4b, **20**
DBG 3, 6, **50**, 52, 105
OECD 4

Zugehörigkeit, wirtschaftliche
StHG 4, 4b, 21 f.
VO StHG A 2 f.
DBG 4 ff., 11, **51** f., 55, 106
OECD 5

Zugriffsberechtigung
DBG 112a
VStG 36a
StG 32a
StV 21
MWSTG 76d

Zulagen, aus Arbeitsverhältnis
StHG 7
DBG 17, 92
VO DBG K 16

Zusammenschluss / Fusion
StHG 8, 24
DBG 19, 61
OECD 10
VStG 5
StG 6, 9, 14
MWSTG 38

Zusatzstrafe
DBG 188

Zuschuss
StHG 7b, 24
DBG 20, 60, 125
VStG 5
StG 5, 6 ff.
StV 10

Zuständigkeit
StHG 1, 4b, 38 f., 42, 46
VO StHG A 2 ff.
DBG 1 f., 104 ff., 107 f., 124, 130 f.
VO DBG B 5
OECD 3
VStG 30 ff., 38
VStV 1, 8, 51 ff., 63, 66 f.
StG 1, 34
StV 9 ff., 19
MWSTG 1, **62**, 65 f., 71, 86, 101, 103
N 2 21 ff., 48 ff., 90; 3 92

Zustellung
StHG 48, 50
DBG 117, 124, 132, 140 f., 161, 164, 169, 193
VO DBG J 3
MWSTG 93
N 1.4 17; 1.5 2; 2 31a, 34 f.

Zustellungsbevollmächtigter
VO StHG A 7 f.
DBG 117, 126a, 136a

Zuwendung
StHG 9 f., 25
DBG 27, 33, 58 f.
MWSTG 3, 18
N 2 46, 66, 93

Zuwendungen, an politische Parteien
StHG 9
DBG 33

Zuwendungen, an Vorsorgeeinrichtungen
vgl. ↑ Vorsorge, Abzüge

Zuwendungen, gemeinnützige
StHG 9, 25
DBG 33a, 59
VStG 5
MWSTG 3, 18

Zuwendungen, nicht begründete
vgl. a. ↑ geldwerte Vorteile
StHG 24
DBG 58

Zwangsmassnahmen
VO DBG D 1
N 1.5 13, 19; 2 20

Zwangsvollstreckung
vgl. a. ↑ Sicherstellung
DBG 165
VO DBG L 14 ff.
VStG 45 ff.
VStV 8
StG 42 f.
StV 5
MWSTG 89, 93
MWSTV 24

Zweckentfremdung, von Liegenschaften
StHG 14

Zweckverbände
MWSTV 12, 97

Zweigniederlassung
vgl. a. ↑ Betriebsstätte
DBG 4, 51
OECD 5
VStV 17
StG 13
StV 19, 21, 26
MWSTV 5

Zweiverdienerabzug
vgl. ↑ Erwerbstätigkeit, beider Ehegatten

Zweiverdienerehepaare
vgl. ↑ Erwerbstätigkeit, beider Ehegatten

Zwischenabschluss
VO DBG A 4, 6

Zwischenveranlagung
vgl. ↑ zeitliche Bemessung

VVO

Liste wichtiger Verwaltungsverordnungen

Liste wichtiger Verwaltungsverordnungen (VVO) der Eidgenössischen Steuerverwaltung (ESTV) und der Schweizerischen Steuerkonferenz (SSK)

In der nachfolgenden Liste sind die Querverweise auf die Verwaltungsverordnungen resp. -anweisungen der ESTV und Kreisschreiben der SSK unter der offiziellen Nummerierung und Datierung mit dem entsprechenden Schlagwort aufgeführt. Die Liste selbst bietet einen umfassenden Überblick über die wichtigsten dieser verwaltungsinternen Anweisungen (inkl. der MWST-Informationen).

Die Verweise sind zudem unter ihrem Schlagwort und dem entsprechenden Index im Stichwortverzeichnis integriert. Weshalb? Die Erfahrung hat gezeigt, dass Anwender häufig geläufige steuerrechtliche Begriffe (z.B. «indirekte Teilliquidation») vergeblich im Gesetz suchen; sei es, weil die Fachwörter im Gesetz synonym verwendet oder aber nur indirekt erwähnt werden. In den Verwaltungsverordnungen der ESTV wird das Gesetz konkretisiert; folglich sind die gesuchten Wörter nicht selten darin enthalten. Der Benutzer kann somit ein gesuchtes Wort der entsprechenden Anweisung und in der Folge auch dem gesuchten Gesetzesartikel zuordnen.

Im Werk «Die steuerrechtlichen Kreis- und Rundschreiben des Bundes 2023» sind sämtliche auf den nächsten zwei Seiten aufgeführten Dokumente originalgetreu abgedruckt; dank dem identischen Index lassen sich diese darin gezielt finden.

Scan to shop.

Liste nach Typ der Verwaltungsverordnung / Chronologie

A Kreisschreiben ESTV

KS ESTV Nr. 50	13.07.2020	Bestechungsgelder an Amtsträger	A96
KS ESTV Nr. 49	13.07.2020	Ausland-Ausland-Geschäfte	A95
KS ESTV Nr. 48	04.12.2019	Verwirkung des Anspruchs auf Rückerstattung der VSt	A94
KS ESTV Nr. 47	25.07.2019	Obligationen	A93
KS ESTV Nr. 46	24.07.2019	Konsortial-, Schuldscheindarlehen, Wechsel, Unterbeteiligungen	A92
KS ESTV Nr. 45	12.06.2019	Quellenbesteuerung des Erwerbseinkommens	A91
KS ESTV Nr. 44	24.07.2018	Aufwandbesteuerung	A90
KS ESTV Nr. 37a	04.05.2018	Mitarbeiterbeteiligungen; Arbeitgeberin	A89
KS ESTV Nr. 43	26.02.2018	Preise, Ehrengaben, Stipendien	A88
KS ESTV Nr. 42	30.11.2017	Berufsorientierte Aus- und Weiterbildung	A87
KS ESTV Nr. 41	18.09.2014	Freizügigkeit in der beruflichen Vorsorge	A86
KS ESTV Nr. 39	23.12.2013	Aktionärsoptionen	A84
KS ESTV Nr. 38	17.07.2013	Kapitalgewinnbesteuerung bei Landwirten *(Stand: 29.9.2017)*	A83
KS ESTV Nr. 37	30.10.2020	Besteuerung von Mitarbeiterbeteiligungen	A82
KS ESTV Nr. 36	27.07.2012	Gewerbsmässiger Wertschriftenhandel	A81
KS ESTV Nr. 35	02.12.2011	Konzessionierte Verkehrs- und Infrastrukturunternehmen	A80
KS ESTV Nr. 34	26.07.2011	Kundenguthaben	A79
KS ESTV Nr. 33	04.02.2011	Stempelabgabe auf Versicherungsprämien	A78
KS ESTV Nr. 32	23.12.2010	Sanierung	A77
KS ESTV Nr. 31	22.12.2010	Verpachtung	A76
KS ESTV Nr. 30	21.12.2010	Ehepaar- und Familienbesteuerung	A75
KS ESTV Nr. 29c	23.12.2022	Kapitaleinlageprinzip *(Stand: 1.1.2023)*	A74
KS ESTV Nr. 28	03.11.2010	Liquidationsgewinne	A73
KS ESTV Nr. 27	17.12.2009	Beteiligungsabzug	A72
KS ESTV Nr. 26	16.12.2009	Selbständiger Erwerb USR II	A71
KS ESTV Nr. 25	23.02.2018	Kollektive Kapitalanlagen; Anleger	A70
KS ESTV Nr. 24	20.11.2017	Kollektive Kapitalanlagen	A69
KS ESTV Nr. 23a	31.01.2020	Teilbesteuerung im GV *(Stand: 1.1.2020)*	A68
KS ESTV Nr. 22a	31.01.2020	Teilbesteuerung im PV *(Stand: 1.1.2020)*	A67
KS ESTV Nr. 21	01.04.2008	Ertragsgutschrift ausländischer Banken	A66
KS ESTV Nr. 18	17.07.2008	Vorsorgebeiträge und Säule 3a	A63
KS ESTV Nr. 17	03.10.2007	Wohneigentumsförderung BVG	A62
KS ESTV Nr. 15	03.10.2017	Obligationen und Derivate	A60
KS ESTV Nr. 14	06.11.2007	Indirekte Teilliquidation	A59
KS ESTV Nr. 13	01.01.2018	Securities Lending	A58
KS ESTV Nr. 12	10.03.2011	Umsatzabgabe *(aktualisierte Version)*	A57
KS ESTV Nr. 11	31.08.2005	Krankheits- und Unfallkosten	A56
KS ESTV Nr. 5a	01.02.2022	Umstrukturierungen *(aktualisierte Version)*	A50
KS ESTV Nr. 4	19.03.2004	Dienstleistungsgesellschaften	A49
KS ESTV Nr. 1	03.10.2002	Abgangsentschädigung	A48
KS ESTV Nr. 5	19.08.1999	Eigene Beteiligungsrechte	A42
KS ESTV Nr. 6	06.06.1997	Verdecktes Eigenkapital	A38
KS ESTV Nr. 24	30.06.1995	Einmalprämienversicherung	A36
KS ESTV Nr. 19	07.03.1995	Auskunftspflicht	A34
KS ESTV Nr. 12	08.07.1994	Steuerbefreiung jP	A30
KS ESTV Nr. 8	06.05.1985	Liquidation von Kapitalgesellschaften	A19

B Rundschreiben / Mitteilungen ESTV

M ESTV Nr. 19	13.09.2022	Verjährungsfristen – Rückerstattung VSt	B112
M ESTV Nr. 17	19.07.2022	Sekundärberichtigung VSt	B111
M ESTV Nr. 13	12.01.2021	Sachauslagen	B110
M ESTV Nr. 12	24.05.2019	Prinzipalgesellschaften / Swiss Finance Branches ab 1.1.2020	B109
M ESTV Nr. 11	29.04.2019	Steuervorbescheide / Steuerrulings	B108
M ESTV Nr. 10	05.02.2019	Guthaben im Konzern VSt	B107
M ESTV Nr. 8	10.07.2018	Zeitgleiche Dividendenverbuchung in Konzernverhältnissen	B105
M ESTV Nr. 4	01.02.2017	Rückforderung von Verzugszinsen VSt	B104
RS ESTV	01.2023	Geldwerte Leistungen 2023	B86
RS ESTV	01.2023	Zinssätze Fremdwährungen 2023	B85
RS ESTV	04.01.2023	Zinssätze DBST und Sicherheitseigenkapital / Abzüge 2023 *(online)*	B84
RS ESTV	21.09.2022	Berufskosten / Ausgleich kalte Progression 2023	B83
RS ESTV	10.07.2019	Eigenmietwertzuschlag DBST ab Steuerperiode 2018	B82
RS ESTV	01.2023	Quellenbesteuerung und DBA 2023	B81
RS ESTV	22.12.2022	Quellensteuertarife 2023	B80
RS ESTV	06.04.2020	Covid-19 Erwerbsausfall	B23
RS ESTV	25.01.2018	Massnahmen zur Bekämpfung der Schwarzarbeit	B21

Nr.	Datum	Titel	#
RS ESTV	12.12.2008	Steuerbefreiung von internationalen Sportverbänden	B20
RS ESTV	28.04.2015	Atypische stille Beteiligungen	B17
RS ESTV	24.02.2010	Freigrenze für Zinsen von Kundenguthaben	B16
RS ESTV	10.07.2018	Straflose Selbstanzeige	B15
RS ESTV	29.06.2015	Steuererlass DBST	B13
RS ESTV	18.07.2006	Indirekte Teilliquidation und Transponierung	B11
RS ESTV	24.03.2004	Parallelität des Instanzenzuges	B10

C Merkblätter ESTV / Erläuterungen EFD

Faktenblatt EFD	13.01.2022	OECD-Mindeststeuer in der Schweiz	C104
E EFD	13.11.2019	Abzug auf Eigenfinanzierung	C103
E EFD	13.11.2019	Patentbox	C102
E EFD	09.03.2018	Liegenschaftskosten	C100
MB ESTV A	03.12.2019	Abschreibung auf Anlagevermögen	C78
MB ESTV N 1	2007	Naturalbezüge Selbständigerwerbender *(Stand: 1.1.2022)*	C77
MB ESTV N 2	2007	Naturalbezüge Arbeitnehmender	C76
MB ESTV	01.01.2023	Ersatzeinkünfte	C75
MB ESTV	01.01.2023	Hypothekarzinsen	C74
MB ESTV	01.01.2023	Studenten, Lehrlinge, Praktikanten	C73
MB ESTV	01.01.2023	Künstler, Sportler, Referenten	C72
MB ESTV	01.01.2023	Öffentlich-rechtliche Vorsorgeleistung	C71
MB ESTV	01.01.2023	Privatrechtliche Vorsorgeleistung	C70
MB ESTV	01.01.2023	Internationale Transporte	C69
MB ESTV	01.01.2023	Verwaltungsräte	C68
MB ESTV	11.2014	Einkünfte VSt in einfacher BH	C27
MB ESTV	11.2014	Einkünfte VSt in doppelter BH	C26
MB ESTV	21.10.2020	Anrechnung ausländischer Quellensteuern DA-M	C25
MB ESTV	06.2002	Investment-Clubs	C24
MB ESTV	30.06.2002	Meldeverfahren im Konzernverhältnis	C23
MB ESTV	02.2001	Dreieckstheorie und Leistungsempfänger VSt	C22
MB ESTV	03.2001	Qualified Intermediaries	C21
MB ESTV	04.1999	Geldmarktpapiere	C20
MB ESTV	30.04.1999	Gratisaktien	C17
MB ESTV	09.1993	Treuhandverhältnisse	C15
MB ESTV	05.1993	Treuhandkonto	C14
MB ESTV	12.11.1992	Präponderanzmethode	C12

D Wegleitungen / Arbeitspapiere ESTV, SSK, SIF

RL ESTV et al.	05.10.2021	Verhaltenskodex Steuern 2021	D15
Anleitung SIF	01.11.2019	Transparenz; Empfehlungen des Global Forum	D14
Arbeitspapier ESTV	14.12.2021	Kryptowährungen	D13
WL ESTV, SSK	28.08.2008	Bewertung von Wertpapieren ohne Kurswert *(Stand: 16.12.2022)*	D12
WL ESTV, SSK	30.11.2021	Neuer Lohnausweis *(aktuelle Version: gültig ab 1.1.2023)*	D11

E Kreisschreiben / Analysen SSK

KS SSK Nr. 35	26.08.2020	Quellensteuerpflichtige Personen, interkantonale Verhältnisse	E67
KS SSK Nr. 34	15.01.2020	Interkantonale Steuerausscheidung STAF	E66
KS SSK Nr. 33	06.09.2011	Konzessionierte Verkehrs- und Infrastrukturunternehmen	E65
KS SSK Nr. 32	01.07.2009	Teilbesteuerung interkantonal	E64
KS SSK Nr. 31	02.06.2015	Repartition der pStA	E63
KS SSK Nr. 30	22.08.2007	Trusts	E62
KS SSK Nr. 29	27.06.2007	Leasinggeschäfte mit Immobilien	E61
KS SSK Nr. 27	15.03.2007	Ausscheidungsverluste	E59
KS SSK Nr. 24	17.12.2003	Interkantonale Verlustverrechnung	E58
KS SSK Nr. 22	26.08.2020	Repartitionsfaktoren *(Stand: 1.1.2020)*	E57
KS SSK Nr. 21	28.11.2001	Vorgehen bei Sonderfällen	E56
KS SSK Nr. 19	31.08.2001	Ersatzbeschaffung	E54
KS SSK Nr. 18	27.11.2001	Interkantonale Steuerausscheidung nP	E53
KS SSK Nr. 17	27.11.2001	Interkantonale Steuerausscheidung jP	E52
KS SSK Nr. 16	31.08.2001	Interkantonales Verhältnis im StHG	E51
KS SSK Nr. 15	31.08.2001	Vereinfachung und Koordination	E50
KS SSK Nr. 01	30.06.2010	Öffentlich-rechtliches Arbeitsverhältnis im Ausland	E40
Analyse SSK	25.08.2021	Aufwandbesteuerung; ausserkantonale Liegenschaften	E32
Analyse SSK	04.06.2020	F&E-Aufwand; zusätzlicher Abzug STAF	E31
Analyse SSK	05.02.2020	Neue Rechnungslegung; steuerrechtliche Analyse	E30

MWST-Informationen ESTV, BAZG

Liste (MI, MBI, ZI) *(siehe folgende Seiten)*	MI

Gesamtliste der MWST-Informationen der ESTV HA MWST und des BAZG

MWST-Infos ESTV (MI)

MWST-Info 02	01/2018	Steuerpflicht	MI 02
MWST-Info 03	01/2018	Gruppenbesteuerung	MI 03
MWST-Info 04	01/2018	Steuerobjekt	MI 04
MWST-Info 05	01/2018	Subventionen und Spenden	MI 05
MWST-Info 06	01/2018	Ort der Leistungserbringung	MI 06
MWST-Info 07	01/2018	Steuerbemessung und Steuersätze	MI 07
MWST-Info 08	01/2018	Privatanteile	MI 08
MWST-Info 09	01/2018	Vorsteuerabzug und Vorsteuerkorrekturen	MI 09
MWST-Info 10	01/2018	Nutzungsänderungen	MI 10
MWST-Info 11	01/2018	Meldeverfahren	MI 11
MWST-Info 12	01/2018	Saldosteuersätze	MI 12
MWST-Info 13	01/2018	Pauschalsteuersätze	MI 13
MWST-Info 14	01/2018	Bezugsteuer	MI 14
MWST-Info 15	01/2018	Abrechnung und Steuerentrichtung	MI 15
MWST-Info 16	01/2018	Buchführung und Rechnungsstellung	MI 16
MWST-Info 17	01/2018	Leistungen an internationale Organisationen	MI 17
MWST-Info 18	01/2018	Vergütungsverfahren	MI 18
MWST-Info 19	01/2018	Steuersatzänderung per 1. Januar 2018	MI 19
MWST-Info 20	10/2020	Zeitliche Wirkung von Praxisfestlegungen	MI 20
MWST-Info 21	01/2018	Neue Steuerpflichtige	MI 21
MWST-Info 22	01/2018	Ausländische Unternehmen	MI 22

Zoll-Infos BAZG (ZI)

Zoll-Info 52.01	01/2022	MWST auf der Einfuhr von Gegenständen	ZI 01
Zoll-Info 52.02	01/2022	Werkvertragliche Lieferungen	ZI 02
Zoll-Info 52.03	01/2022	Einfuhr eines Gegenstands – Verkauf auf der Strasse etc.	ZI 03
Zoll-Info 52.04	01/2022	Einfuhr eines Gegenstands – Verkauf an einer Auktion	ZI 04
Zoll-Info 52.10	01/2022	Einfuhrsteuer – vorübergehenden Verwendung	ZI 10
Zoll-Info 52.13	01/2022	Mitteilung an ausländische Leistungserbringer	ZI 13
Zoll-Info 52.15	01/2022	Mehrwertsteuersätze	ZI 15
Zoll-Info 18.85	01/2022	Steuerbehandlung von inländischen Rückwaren	ZI 85
Zoll-Info 18.86	01/2022	Rückerstattung wegen Wiederausfuhr	ZI 86
Zoll-Info 52.21	01/2022	Software	ZI 21
Zoll-Info 52.22	01/2022	Einfuhr von Kunstwerken	ZI 22
Zoll-Info 52.23	01/2022	Heimtiere	ZI 23
Zoll-Info 52.24	01/2022	Umschliessungen und Gebinde	ZI 24
Zoll-Info 52.25	01/2022	Ort der Lieferung und Importeur bei Einfuhren	ZI 25

Gesamtliste der Mehrwertsteuer-Informationen | VVO

Übersicht MWST-Branchen-Infos ESTV (MBI)

MWST-Branchen-Info 01	01/2018	Urproduktion und nahe stehende Bereiche	MBI 01
MWST-Branchen-Info 02	01/2018	Gärtner und Floristen	MBI 02
MWST-Branchen-Info 03	01/2018	Druckerzeugnisse	MBI 03
MWST-Branchen-Info 04	01/2018	Baugewerbe	MBI 04
MWST-Branchen-Info 05	01/2018	Motorfahrzeuggewerbe	MBI 05
MWST-Branchen-Info 06	01/2018	Detailhandel	MBI 06
MWST-Branchen-Info 07	01/2018	Elektrizität und Erdgas in Leitungen	MBI 07
MWST-Branchen-Info 08	01/2018	Hotel- und Gastgewerbe	MBI 08
MWST-Branchen-Info 09	01/2018	Transportwesen	MBI 09
MWST-Branchen-Info 10	01/2018	Transportunternehmungen des öff. Verkehrs	MBI 10
MWST-Branchen-Info 11	01/2018	Luftverkehr	MBI 11
MWST-Branchen-Info 12	01/2018	Reisebüros sowie Kur- und Verkehrsvereine	MBI 12
MWST-Branchen-Info 13	01/2018	Telekommunikation und elektr. Dienstleistungen	MBI 13
MWST-Branchen-Info 14	01/2018	Finanzbereich	MBI 14
MWST-Branchen-Info 15	01/2018	Vorsteuerpauschale für Banken	MBI 15
MWST-Branchen-Info 16	01/2018	Versicherungswesen	MBI 16
MWST-Branchen-Info 17	01/2018	Vermietung und Verkauf von Immobilien	MBI 17
MWST-Branchen-Info 18	01/2018	Rechtsanwälte und Notare	MBI 18
MWST-Branchen-Info 19	01/2018	Gemeinwesen	MBI 19
MWST-Branchen-Info 20	01/2018	Bildung	MBI 20
MWST-Branchen-Info 21	01/2018	Gesundheitswesen	MBI 21
MWST-Branchen-Info 22	01/2018	Hilfsorganisationen und karitative Einrichtungen	MBI 22
MWST-Branchen-Info 23	01/2018	Kultur	MBI 23
MWST-Branchen-Info 24	01/2018	Sport	MBI 24
MWST-Branchen-Info 25	01/2018	Forschung und Entwicklung	MBI 25
MWST-Branchen-Info 26	01/2018	Betreibungs- und Konkursämter	MBI 26

Die vollständige Sammlung der MWST-Publikationen finden Sie in den umfassenden Bänden I und II des Werkes «Die Mehrwertsteuererlasse des Bundes».

Scan to shop.

Vergleiche

Steuerbelastungsvergleiche

Steuerbelastungsvergleiche und Ranglisten auf Taxbooks.ch

Die untenstehenden Steuerbelastungsvergleiche werden kostenlos von unserem Partner Taxbooks.ch zur Verfügung gestellt. Die Zahlen stammen aus Quellen der ESTV, den entsprechenden Steuergesetzen bzw. Erlassen selbst sowie aus einschlägigen Steuerbelastungsprogrammen. Das Zusammenführen der Zahlen erfolgte nach bestem Wissen und Gewissen durch das Redaktionsteam. Es handelt sich dabei nicht um eine amtliche Veröffentlichung. Massgebend sind alleine die Veröffentlichungen durch die Bundeskanzlei oder durch die Staatskanzleien der entsprechenden Kantone.

Natürliche Personen
Einkommenssteuern natürliche Personen im Jahr 2022 (alphabetisch geordnet)
Einkommenssteuern natürliche Personen im Jahr 2022 (nach Höhe der Steuerbelastung)
Vermögenssteuern natürliche Personen im Jahr 2022 (alphabetisch geordnet)
Vermögenssteuern natürliche Personen im Jahr 2022 (nach Höhe der Steuerbelastung)
Milderung der wirtschaftlichen Doppelbelastung im Jahr 2023

Juristische Personen
Gewinnsteuern juristische Personen im Jahr 2022 (alphabetisch geordnet)
Gewinnsteuern juristische Personen im Jahr 2022 (nach Höhe der Steuerbelastung)
Kapitalsteuern juristische Personen im Jahr 2022 (alphabetisch geordnet)
Kapitalsteuern juristische Personen im Jahr 2022 (nach Höhe der Steuerbelastung)
Kapitalsteuern Holdinggesellschaften im Jahr 2022 (alphabetisch geordnet)
Kapitalsteuern Holdinggesellschaften im Jahr 2022 (nach Höhe der Steuerbelastung)

Spezialsteuern
Handänderungssteuern im Jahr 2023
Erbschafts- und Schenkungssteuern im Jahr 2023

Die ausführlichen Tabellen können unter «www.taxbooks.ch/taxrates» eingesehen und heruntergeladen werden.

Download.